U0605927

郑秉文自选集（上卷）

福利国家与经济理论
福利制度与模式比较
福利模式与福利陷阱
拉丁美洲的城市化与社会保障改革

人民出版社

策划编辑:郭 倩

责任编辑:郭 倩 高 寅 张 燕

封面设计:肖 辉

责任校对:吕 飞

图书在版编目(CIP)数据

郑秉文自选集/郑秉文 著. −北京:人民出版社,2014.12

ISBN 978 − 7 − 01 − 013493 − 2

Ⅰ.①郑… Ⅱ.①郑… Ⅲ.①社会福利制度-中国-文集②社会保障制度-中国-文集 Ⅳ.①D632.1 − 53

中国版本图书馆 CIP 数据核字(2014)第 084621 号

郑秉文自选集

ZHENGBINGWEN ZIXUANJI

(上、中、下卷)

郑秉文 著

人民出版社 出版发行

(100706 北京市东城区隆福寺街 99 号)

北京中科印刷有限公司印刷 新华书店经销

2014 年 12 月第 1 版 2014 年 12 月北京第 1 次印刷

开本:710 毫米×1000 毫米 1/16 印张:85.25

插页:11 字数:1384 千字

ISBN 978 − 7 − 01 − 013493 − 2 定价:179.00 元(全三卷)

邮购地址 100706 北京市东城区隆福寺街 99 号

人民东方图书销售中心 电话 (010)65250042 65289539

版权所有·侵权必究

凡购买本社图书,如有印制质量问题,我社负责调换。

服务电话:(010)65250042

郑秉文

郑秉文,中国社会科学院美国研究所所长,中国社会科学院世界社保研究中心主任,教授,博士生导师,政府特殊津贴享受者,中国新兴经济体研究会副会长,人力资源和社会保障部咨询专家委员会委员,全国社会保险标准化技术委员会(SAC/TC474)委员,中国人民大学劳动人事学院、北京大学经济学院、国家行政学院、武汉大学社会保障研究中心等十几所高校的兼职教授。1955年生于辽宁省;1977年恢复高考后在辽宁大学读书,获学士学位;1983年在中国社会科学院研究生院读书,1986年获硕士学位留校工作;1992年获博士学位并公派赴法做博士后研究;1995年回到中国社会科学院研究生院,先后任培训中心主任、院长助理、副院长等职务;2000年10月至2004年7月在中国社会科学院欧洲研究所工作,任副所长;2004年7月至2014年5月在中国社会科学院拉美研究所工作。1985年以来发表论文、文章、内参等300多篇,英文论文十几篇,著作和译著十几种,合计700万字。主要研究领域是福利国家,福利制度,社会保障制度比较,社会保障基金投资,企业年金基金等。

自　　序

我们这一代人是幸运的,亲身经历和参与了改革开放。作为学者,尤其作为社会科学研究者,如果在理论上能够有所建树,就更为幸运。如果在实践上能够有所参与并对某些改革有所推动,就会获得极大的满足。

从在中国社会科学院读研究生和首次发表文章开始算起,我在这里学习、工作、研究已超过 30 年的时间,其中,前 15 年在研究生院工作,主要以教学管理和研究国际问题为主,后 15 年转到研究所工作,主要以研究社会保障为主。1983 年我到中国社科院研究生院读书时是 28 岁,现已花甲,两鬓斑白。看着自己的一系列研究成果散落于各种期刊中,时常有结集出版的冲动,以期对以往的学术研究进行一次梳理。在好友的敦促下,决定出版《自选集》。

《自选集》收集的是近十年本人独立撰写的学术论文,绝大部分发表在核心期刊。根据研究的内容和主题,这里筛选出 48 篇文章,分为十编。

第一编,福利国家与经济理论。

这个部分由 3 篇文章组成,研究的主要内容是从西方经济思想史和西方经济学的角度试图对福利国家和社会保障的存在进行诠释。福利国家诞生于第二次世界大战后,到 20 世纪 60 年代末发展到鼎盛阶段,1973 年第一次石油危机又将其推向危机的边缘,沉重的财政负担和低下的经济效率使"福利国家何去何从"从此成为西方经济学界一个长盛不衰的研究话题。其实,西方经济学的百年嬗变就是国家干预与自由放任两大思潮此消彼长和兴衰交替的历史演进过程,第二次世界大战以来,福利国家正好经历了凯恩斯主义占绝对统治地位和新自由主义重新崛起(20 世纪 70 年代末 80 年代初开始)的更替;其中,20世纪 50 年代以来凯恩斯宏观经济学对福利国家诞生原因的诠释和 80 年代以来微观经济学(信息经济学)对福利国家效率低下的分析正好是对福利国家这枚

"硬币"两个侧面的窥测。发表在《中国社会科学》上的两篇论文表达的是从经济学视角对福利国家这一崭新历史现象的主要看法,目的是为了在主流经济学和福利国家之间、在西方经济学和社会保障制度之间建立一个沟通桥梁,旨在对福利国家与社会保障的存在根据和交汇互动给出一个规范性的解释。这个板块的内容是我研究社会保障一以贯之的理论基础、观察西方福利制度的主要理论工具、链接经济学与社会保障制度研究中的一个努力,其中,"时间一致性"理论和信息经济学等基本原理始终是我理解社会保障的钥匙。

第二编,福利制度与模式比较。

这个板块反映的是从政治经济学的基本原理出发,对福利国家的起源、合作主义的本质、福利政制(régime)的基础、福利模式的比较、全球化对福利社会和福利国家的影响等重大现实问题的一些基本看法。从本质上讲,这个板块探讨的是现代福利国家中各种福利模式共存的合作主义(corporatism)因素多寡程度与福利模式的划分之间的关系问题,或称三方合作主义(tripartite,即雇主、工会和政府)因素多寡程度问题。在现有的大量文献和数据的支持下,我对合作主义的社会福利及其历史地位和发展趋势发表了个人意见。其中,我在《经济研究》上发表的文章提出了对中国福利制度框架中引入合作主义因素及其前景等问题的看法,并将之与中国传统文化和现行体制结合起来,以期表达我对中国福利模式未来框架重构的见解。世界上几乎所有国家的福利因素都在不断增加,绝少有相反,与之相随相伴地必然是合作主义因素的不断增加,这是一个趋势。可以说,福利因素与合作主义因素之间的伴随性是内生的,区别仅在于多寡和快慢,于是就有了比较,有了不同模式的比较研究这门学问。中国经济增长推动社会发展,福利因素与合作主义因素也必将与日俱增,问题在于要有个理性追求,有个制度目标。

第三编,福利模式与福利陷阱。

这部分文章着重对福利模式(WR)问题进行分析与探讨。经济学是有流派的,任何一个经济学家都自觉不自觉归属到某个流派当中去;任何一位作者,都是有主观价值判断的,提笔写作时必然下意识地在字里行间流淌出个人的主观倾向性看法,甚至有时会情不自禁。就福利模式的研究来看,无论是按照传统的贝弗里奇模式和俾斯麦模式的两分法,还是按照艾斯平—安德森提出的著名的三分法(北欧、欧洲大陆、英美),或是后人扩展而来的四分法(将南欧分离出来),抑或按照我提出的将儒家模式独立出去之后的五分法(即福利模式分为5种:以英语国家为主和英美为代表的盎格鲁·美利坚模式,北欧的斯堪的纳维亚模式,西欧的莱茵模式,南欧及其广大拉美地区的拉丁模式,主要分布在东亚地区的儒家模式),我始终认为,中国社会保障制度发展迟早要面临福利模式的选择问题,这是一个必须面对的选择,事关重大,涉及未来经济发展潜力和社会发展弹性等重大问题,因此应尽早提出这个问题,早些讨论,早些决定;同时,我还认为,以英美为代表的盎格鲁·美利坚模式更具吸引力,更适合中国的国情,而另一个极端,即以法国为代表的拉丁模式(含广大南美大陆国家)的碎片化制度却存在诸多弊端。为此,在这个板块里,我利用法文第一手资料撰写了法国模式和英法模式的对比研究,还分析了不同模式受到欧债危机不同影响的原因。

第四编,拉丁美洲的城市化与社会保障改革。

这个板块与上部分一样,也由3篇长文构成,提出的是我对拉丁模式的三个主要观点:一是提出了拉美地区特有的"增长性贫困"和"3%拐点假说",认为拉美地区经济增长与贫困率同步发展,只有当增长超过3%时贫困率才开始下降。拉美社会保障制度的减困幅度和减困系数都小于欧盟和美国,除初次分配不公和初始贫困率较高等因素之外,这个现象与拉美私有化社保制度存在一些问题存在高度相关性,由此提出,拉美社会保障私有化模式将面临严峻考验。二是对城市化进程中拉丁模式存在的问题和面临的挑战进行了梳理,认为减贫措施、就业政策、失业保险、养老保险、住房政策、医疗保险和教育等社会政策领域有得有失,进而对教训方面作了深入分析,提出拉美地区存在"过度城市化"的观点。这些利弊权衡既是对拉美"过度城市化"的比较分析,也是对社会保障的拉丁模式所作的实证分析。三是对拉美地区特有的贫民窟现象进行思考,认为"过度城市化"进程中,大面积贫民窟的出现、存在、发展与合法化过程,具有相当的必然性,在未来几代人时间里是不可能消除的,它既是对进口替代工业化战略(ISS)的理性回应,也是对"过度城市化"教训的自然反应,更是对错误选择的住房供应体系和错误实施的住房政策付出的沉重代价,对当前中国实施的新型城镇化政策具有一定的启发。

第五编,国际社会保障改革与投资体制比较。

这部分的主要内容可归纳为两点:第一是介绍和评价美国社会保障"布

什改革"（2001—2005 年）的过程、内容和结果以及对美国现行社会保障制度存在的可持续性问题作了财务分析。"布什改革"试图拯救美国社会保障制度，提高未来财务可持续性，为此专门成立了改革委员会，耗巨资制订了三套改革方案，旨在将现行的 DB 型现收现付制改造为类似中国的统账结合制度。"布什改革"引发一场长达 5 年之久的全社会大讨论，学术界的反对派和支持派针锋相对，发表和出版了大量著述，对改革方案进行了非常详细的解剖。虽然改革最终流产，但全社会参与的大辩论仿佛对美国社会保障制度本身进行了一次"体检"和"胸透"，美国现行制度长期支付能力及其制约的参数调整弹性接受了一次测量和检验。我发表的这些中文文献对三套改革方案的技术细节、改革的原因、改革的利弊比较、改革的前景作了翔实介绍和总体评价，从中可以客观地认识美国社会保障制度的本质和长期财务可持续性的发展趋势。第二是对新加坡中央公积金制的特征进行了分析和评估，对诸多假定条件下社会保险基金投资资本市场对经济增长和包括储蓄、收入分配、消费、价格等在内的宏观经济条件的影响进行了分析，对美国基本社会保险基金迄今为止仍不越雷池一步（投资股市）的深层原因进行了诸多分析。

第六编，中国社会保障基金管理与国际金融危机。

这部分主要是对 2008 年国际金融危机期间全球养老基金总量及其投资损失作出估算，对各国各类养老基金的分类及其资产配置进行全景式的扫描，对后危机时代投资体制和投资策略的改革趋势作出预测，对不同类型社会保险制度所决定的社会保险基金投资体制改革特征给出评价，进而对中国社会保险基金投资体制改革和社会保障制度改革取向进行探讨。首次提出"主权养老基金"（SPFs）的概念，对主权养老基金的概念、分类、治理结构、风险容忍度、投资策略等进行详细阐述，对中国外汇超额储备与建立外汇型主权养老基金的可行性、与央行和财政部的关系、应该注意的问题、建立主权养老基金与现行"全国社会保障基金"（SSF）理事会的关系和投资策略的区别、与基本养老保险基金功能的区分等给出分析框架和研究边界。同时对欧盟社会保险基金的法律组织形式作出尝试性划分，对历史渊源进行追溯，对不同组织形式在中国的适用性问题进行探索，最后，对当时历史条件下中国社会保险基金经常遭到违规挪用情况下的投资体制改革模式和投资策略发表个人看法，既带有明显的时代烙印，又具有一定的前瞻性。

第七编,中国企业年金治理与模式抉择。

过去的 10 年恰好是企业年金制度确定 DC 型信托制的关键历史时期,但刚刚诞生的 DC 型信托制年金制度面临极大的生存挑战,信托精神遭受潜在的 DB 型年金需求的"威胁"。为正本清源和扫清理论障碍,这部分论文均具有论战性,甚至成为当时学界捍卫刚刚诞生的 DC 型信托制的檄文。其一,从欧美几百年法学传统角度论述中国建立的 DC 型年金制需要保护的必要性,由此给出一个宏大理论背景和制度环境。其二,从英美 DC 型年金蓬勃发展的历史趋势和 DB 型年金不断萎缩的翔实数据展示各国年金制度改革纷纷放弃 DB 和建立 DC 的历史大趋势,以此作为中国企业年金制度何去何从和站在十字路口上的背景衬托。其三,阐述刚刚诞生的 DC 型信托制的重要意义和规避潜在的 DB 型契约制的历史意义,从社会保障制度改革的需要和模式出发,阐述确立适合的年金模式的重要性。其四,从中国企业生命周期普遍较短、政府财政风险需要规避、企业职工养老资产需要保护等多方面出发,论述坚定走 DC 型道路的必要性。其五,首次提出坚持、推动、普及 DC 型信托制年金发展道路的路线图,主张建立"中国版"的养老基金管理公司制度架构,为建立"中国版"的 401(k)年金体系做好制度铺垫。进一步,在十八届三中全会的背景下,提出建立"中国版"养老基金管理公司是"牛鼻子",对推进机关事业单位养老金改革、建立基本养老保险基金投资体制,促进企业年金市场快速发展具有特殊意义。其六,面对中国个税改革不到位的现状和年金税优政策不完整的约束,提出建立"部分 TEE"税收模式的政策建议和具体路径。

第八编,中国社会保障改革与跨越中等收入陷阱。

这个板块主要研究的是中国社会保障改革的几个核心内容,包括对中国社会保障制度成就与教训的基本判断和基本评价,对存在问题现状的描述及其改革方向和改革路径的探索等。第一,从流动人口社会保障的需要与差距入手,分析社会保障制度存在的固有内生缺陷。从"用工荒"的表面现象出发,阐述新生代农民工择业需求悄然发生的诸多变化,认为在人口结构变化和劳动力需求之间存在矛盾。第二,从"中等收入陷阱"诸多诱因的研究中,我归纳了改革开放以来实现两次历史性跨越的条件,预测了未来实现第三次历史性跨越的时间,进而分析了规避中等收入陷阱诱因的诸多可能性。第三,还着重分析了目前社会保障政策以外普遍存在的十分严重的经办服务管理体制改革问题,认为传统的"重政策、轻管理;重投入、轻服务"的惯性思维仍然在发挥作用,陈旧的管理体制模式远不适应现代社会保障制度的需要,在人员编制机制、行政管理经费列支渠道和经办管理服务体制机制上远不能满足社会保障支出规模日益增加、覆盖范围逐年扩大、人民群众期望值与日俱增的实际需要,如不彻底改革,将很有可能出现"投入上去了,服务质量下来了"的局面,引起群众抱怨和社会不满。为此,我提出了三项重要政策建议。

第九编,中国社会保障改革与经济发展。

这个板块讨论的内容主要集中在中国社会保障制度改革方向与路径上,具体包括:其一,通过研究失业保险制度在国际金融危机中的表现,指出失业保险制度存在的诸多问题及其制度根源,进而指出改革的制度目标和实现路径,大胆地给出三个政策选项和若干政策建议。其二,作为最早提出制度碎片化概念的学者,我对碎片化制度的危害、碎片化制度的改革路径、碎片化制度改革动力学比较等进行探源。其三,对金融危机期间出台的抗击危机和扩大内需的社会保障政策组合的结构和效果进行审视,并将之作为反周期的社会政策和经济政策的一个组成部分,甚至作为转变增长方式的一个生产要素来看待,进而提出政策建议。其四,对美国"9·11"事件中社会保障体系巨灾风险补偿功能的经验教训予以归纳和总结,提出建立发展政府计划、保险公司、慈善机构的"三条腿战略"的巨灾风险补偿机制。其五,对学术界和政策面一直以来热议的社会保障费改税的观点进行剖析,对费改税的利弊进行权衡,指出费改税的 8 个不利之处,预测费改税 8 个不可行的关键点。最后,对基本养老保险基金投资体制"2011 改革"未果作了详细分析,并对当时参与文案设计的历史进程和来龙去脉作了回忆,认为"2011 改革"是一次压力测试,它提出了很多问题,也留下了很多经验和启示。

第十编,中国社会保障改革与"名义账户制"。

中国社会保障制度取得的成就举世瞩目,但需要克服的困难也是空前的,重要的是,这些困难相互交织,相互制约,成为社会保障制度设计和改革中不得不考虑的约束条件:老龄化和少子化对社会保障代际支付能力实现平衡提出挑战,大规模人口流动和农村劳动力转移对社会保障便携性带来巨大困难,经济高速发展和城乡居民收入迅速提高为社会保障保持替代水平造成障碍,统账结合的制度设计致使巨大的转型成本需要财政出面予以解决,统筹层次低下为改革投资体制和提高收益率带来极大困难,等等。所有这些问题,均与制度设计特征有很大关系,其直接后果主要有两点:一是参保激励性不好,道德风险充满制度各个角落,形成逆向选择,导致制度运行质量很差,极大地抵消了财政投入逐年提高所带来的正面效应;二是制度收入受到负激励的极大影响,精算平衡难以实现,长期内支付能力受到严重威胁。作为最早译介、引入和研究名义账户制(下简称 NDC)的中国学者,我在十多年前就提出,引入和建立 NDC 是解决这些制度困境的一把钥匙,中国目前面临的很多困难可以通过建立 NDC 予以全部或部分解决。这个板块的五篇文章均为 NDC 研究,其中《经济研究》的文章专注于 NDC 的基础理论探索及其思想渊源。其他均是研究 NDC 的专述,它们分别对欧盟国家实行 NDC 的可行性和欧亚六国引入 NDC 之后的实际运行情况进行实证分析,此外对中国引入 NDC 的环境、优势、路径、可行性和适用性等提出看法,大胆提出和积极主张中国应以 NDC 理论为基础进行制度创新。笔者最后给出的是一个完整与变形的 NDC 改革方案,这个改革方案早在 2008 年受原劳动和保障部委托进行课题研究时便提交给主管部门,2013 年应邀参加养老保障制度改革顶层设计时再次提交给人力资源和社会保障部,其精神实质与十八届三中全会通过的《决定》中提出的"完善个人账户制度"是一致的。

以上是对《自选集》十编内容的简述与归纳。

《自选集》没有收入合作撰写的文章。有些论文较长,原刊为节省篇幅在发表时统一删除了注释和参考文献,《自选集》对其做了恢复。有的原刊采用的是"括弧注",但人民出版社要求采用"页脚注",在转换工作过程中有可能存在遗漏。所有论文的原发表刊物都在文后加以注明。这里还需说明的是,本书绝大部分论文使用的是当初投稿时的文档,虽然与原见刊的最终版本进行了比对和校正,但仍有略微差异。

在付梓之际,笔者对中国社科院拉美所同事、对中国社科院世界社保研究中心和社会保障实验室同事的帮助表示感谢,对人民出版社的领导和相关同志的努力表示感谢,对鼓励我出版《自选集》的好友表示感谢。

郑秉文

2014 年 12 月于北京

总 目

上 卷

中 卷

下 卷

目　　录

第四编　拉丁美洲的城市化与社会保障改革

第一编　福利国家与经济理论

2002 年，与美国麻省理工学院（MIT）的彼得·戴蒙德（Peter Diamond）教授

经济理论中的福利国家[*]

内容提要：本文目的在于试图用经济学的基本原理来解释建立社会保障的理论依据，并以此来诠释西方福利国家存在的理性缘由，以期在主流经济学和社会保障及福利国家之间建立一个对话渠道；在这个基础之上，试图运用经济学的理论框架来论证社会保障的建立和福利国家的存在不仅仅是由于"社会正义"的需要，更重要的，它还是由于"经济效率"的原因。本文首先对战后西方世界正式宣布确立福利国家以来半个世纪中西方经济学研究社会保障和福利国家的学说史作一个概要性的回顾，并将其划分为三个阶段，对每个阶段的研究特点和热点问题予以分析讨论；然后着重对第三个阶段即 20 世纪 80 年代至今西方经济学研究福利国家的成果和现状设立单独专题进行较为深入的评析，分别从微观经济学、宏观经济学、信息经济学、公共物品和公共选择理论等几个方面就社会保障和福利国家的效率功能进行私人保险市场与社会保障制度之间的效率比较，研究之中对西方经典经济学家的论述进行较为细致的考察并作出梳理，以期对失业、医疗健康、教育和养老等领域的社会保障和社会福利的存在根据给出规范性的结论。

一、经济学研究福利国家的历史回顾

虽然"福利国家"这个概念是 1941 年由威廉·坦普尔（Temple，W.）最初提出来的[①]，以区别于纳粹德国为统治者服务的"权力国家"，但是，人们还是

---

* 本文成稿以后分别征求了张宇燕和韩廷春同志的意见，特此鸣谢。

① Temple，W.，*Citizen and Churchman*，London：Eyre & Spottiswoode，1941.

常常把 1948 年 7 月 5 日英国国民可以享用国民保险的这一天作为英国福利国家的诞生日①。从此,现代资本主义历史翻开了新的一页,欧洲各主要资本主义国家纷纷开始效法建立了福利国家。虽然福利国家发端于英国、普及于欧洲,并几乎扩散于整个西方世界,但是,随着二战后"大英帝国"的衰落和法、德等欧洲大陆国家的百废待兴,世界的经济中心早已转移到美国。于是,在 1936 年凯恩斯发表《就业、利息和货币通论》以后,经济学作为一门解释社会经济现象的科学,其研究的中心也随之从英国移至美国;于是,美国开始逐渐成为研究福利国家理论最活跃的发源地,成为以获得诺贝尔经济学奖为标志的世界级经济学大师辈出的摇篮,成为对社会保障和福利国家理论研究贡献最显著的地方。

第二次世界大战以来,经济学或经济学家对福利国家研究的历史大致可以分为三个阶段:第一个阶段是 20 世纪 60 年代中期之前,第二个阶段是 20 世纪 60 年代中期至 80 年代初期,20 世纪 80 年代初至今为第三个阶段。

20 世纪 60 年代中期之前可以称为第一个阶段。在这个时期,除英、法等一些老牌资本主义国家以外,社会保障在其他国家刚刚起步不久,福利制度的确立作为一个新生事物日新月异,如日中天,发展态势逼人,运行质量很好,没有出现任何经济问题和财政障碍,整个资本主义世界呈现一片繁荣景象。似乎出于上述原因,福利国家作为一个崭新的历史现象还未引起经济学家足够的关注,经济学本身对此兴趣不大,"福利国家似乎尚未成为经济学家会议议程中的重要内容"②,而其仅仅是社会学家、政治学家和研究公共管理的学者经常探讨的话题。在福利国家方兴未艾的这个时期里,凯恩斯主义的需求管理、充分就业等宏观经济的政策主张占统治地位,较多地吸引了经济学家的注意力,经济学的主流对蒸蒸日上、雨后春笋般的福利经济的发展并未给予过多的关注。

20 世纪 60 年代中期至 80 年代初期可以称之为第二个阶段。期间发生的两个事件对经济学家研究福利国家起到了促进作用。第一个事件是 1964 年美国政府发动的"向贫困宣战"。在许多美国经济学家看来,"向贫困宣战"

---

① Marsh, D.C., *The Welfare State: Concept and Development*, London: Longman, 1980.

② Atkinson, A.B., "Economics of Welfare State: Introductory Comments", *European Economic Review*, 31(1978), pp.177 – 181.

引发了"关于公共政策应该如何应对贫困的问题,使它已经成为深入人心并长期讨论的一个神秘话题"[①]。可以这样认为,美国经济学研究福利和保障问题是从研究贫困问题开始的。1961 年至 1963 年美国南方发生了声势浩大的民权运动,游行静坐和抗议示威如火如荼并向北方漫延;由于民权运动的影响,人们对种族暴力活动的厌恶、马丁·路德·金"我有一个梦想"的感召、肯尼迪遇刺事件等因素,人们开始日益关注贫困问题,并最终于 1964 年迫使新上台的约翰逊政府发动了"向贫困宣战"。在约翰逊"伟大社会"的计划之下,"向贫困宣战"运动不但推动了社会福利和社会保障的立法进程——1964 年颁发了《食品券法案》、1965 年颁发了"医疗保健"计划(Medicare)和"医疗援助"计划(Medicaid)[②],而且更重要的是这个运动推动了经济学对诸如贫困和社会福利问题的研究进程。人力资本理论和劳动经济学得到了空前的发展,从而带动了主流经济学的一些分支学科开始对卫生保健和教育政策进行研究分析,经济学家开始关注诸如失业保险、养老金计划和其他形式社会保障问题中"供给方面的因素(supply side factors)"的研究,同时,对国家干预功能和经济作用的争论及对私有化的辩论等都将社会福利的供给与提供方式的研究自然地联系起来[③]。

这是西方经济学开始对福利国家问题进行深入研究的一个重要时期。经济学家向福利国家的"进军"丰富了福利经济学的内容,拓宽了福利经济学的研究领域,从而使"新福利经济学"最终得以完善。概括起来,这个时期经济学研究福利国家主要有四个特征。

第一个特征是,经济学对社会不平等测量的研究极大地受到了伦理学的影响,在评估福利国家重新分配的作用时,认为它具有可以发挥积极作用的可能性,并在福利经济的分析中得以证明。"市场失灵"概念和理论的确立与流行,使福利的公共提供问题得以找到理论依据,不完全的竞争市场、公共物品的供给问题和外部性现象的存在成为经济学证明公共提供社会服务的合理性

　　[①]　Atkinson, A.B.(1978), Gramlich, Edward M. (1989), "Economists' View of the Welfare System", *American Economic Review*, 79/2 (May), pp.191 - 196.

　　[②]　Whitaker, W.H., and Federico, R.C., *Social Welfare in Today's World*, Boston, WCB, McGraw-Hill, 1997, pp.171 - 173.

　　[③]　Atkinson, A.B., "Economics of Welfare State: Introductory Comments", *European Economic Review*, 31(1978), pp.177 - 181.

的依据之一,对市场信息不完善的研究成果大大地支持了政府提供服务项目。例如,政府养老金计划似乎不仅可以纠正居民收入方面贫富的差距,而且也可以有利于纠正分布在不同时段之间收入分配的市场失灵现象。上述这些被认为带有强烈的"福利主义"色彩的供给机制说明了政府养老金计划或全民健康服务计划似乎表现出了社会的责任感。当然了,一些经济学家对"福利主义框架"(welfarist framework)的研究方法也提出过批评,例如,阿特金森(Atkinson,A.B.)认为应该超越这个研究的框架,要考虑"非福利主义"的目标①。

第二个特征是,在研究福利国家的文献中人们可以发现,从"供给方"(supply side)的角度出发即以供给学派的方法来研究福利国家问题是这个时期的一个重要特征。在宏观经济分析方面,供给学派针对凯恩斯的"需求管理"理论提出了"供给管理"的研究思路,强调福利国家的作用应该在于影响"供给"而不是影响"需求",从而可以促进私人储蓄和私人投资,进而可以促进就业和增加就业机会,达到福利的最大化。

一些经济学家从"供给方"分析福利国家的研究兴趣当然受到了许多其他经济学家的批评,甚至有人称这是福利国家研究的"黑暗时期"②。对此持批评态度的经济学家认为,就社会保障而言,过多地关心"供给方"的因素会产生使给付计划功能失调的可能性,例如,在评价就业供给对失业保障的反应时,人们可能更容易从宏观经济的角度考虑问题,从而忽略了失业保险的真正目的。这些经济学家主张应该将要点放在居民个体家庭中的经济福利计量方面,例如研究家庭收入变化动因和分配问题等,进行可以扩展到对一个阶层和职业群体的研究③。

这个时期福利国家研究的第三个特征是经济学家们开始将微观经济理论运用到福利国家的研究框架之中,并且逐渐形成了一个趋势;微观经济学的引入为"新福利经济学"的形成起到了重要的推动作用。以失业保险为例,经济

---

① Atkinson, A.B., "Economics of Welfare State: Introductory Comments", *European Economic Review*, 31(1978), pp.177−181.

② Atkinson, A. B., "Economics of Welfare State: Introductory Comments", *European Economic Review*, 31(1978), pp.177−181.

③ Le Grand, J., "Inequalities in Health: Some International Comparison", *European Economics Review*, 31(1987), pp.182−191.

学家们提出了关于个人在闲暇和收入之间进行平衡和选择的假设前提,这个假设是指个人方面的预期收入(福利)最大化问题,而不考虑社会和制度方面的因素,也不考虑行政法规的社会作用(即在工作机会面前宁可选择失业所承担的社会责任)。对不完全竞争市场、公共物品(社会福利)的决定与提供、市场外部性等"市场失灵"的研究在这个时期也达到了一个新的阶段,尤其是对信息不对称即不完全信息的研究得到了长足的发展,"逆向选择"和"道德风险"的存在被认为是私人保险市场上不能达到帕累托最优的重要原因。在这个时期,两篇重要论文的发表被学界认为是促进社会保障和福利国家研究中的第二件大事。一篇论文是诺贝尔经济学奖得主阿罗(Arrow, K.J.)于1963年在《美国经济评论》上发表的《不确定性和医疗保健的福利经济学》[①]。这篇著名论文的意义和产生的影响不仅仅在于它意味着经济学从此对医疗保健作为一个福利项目的特性开始表示关注,将医疗保健与其他商品区分开来,并将其纳入微观经济学的视野,而且还在于它首先在社会福利研究中引入了"分配机制"的研究方法,认为分配机制不但反映了社会预期和社会判断,也反映了个人决策的因素;甚至有的经济学家评论这篇论文的影响和意义时认为,人们不得不承认它对后来发展起来的教育和人力资本理论以及基于个人选择的其他理论产生了重要的影响[②]。另一篇重要论文是2001年诺贝尔经济学奖得主阿克洛夫于1970年发表在《经济学季刊》上的《"柠檬"市场:质量的不确定性与市场机制》[③]。阿克洛夫(Akerlof, G.A.)在文中以旧车市场模型为例开创了逆向选择理论的先河,认为逆向选择问题是由于旧车市场上买者和卖者对车的质量信息不对称而造成的:买者只知道旧车的平均质量,支付的是平均质量的价格,其结果是高质量的旧车会逐渐驱出市场,于是市场上的旧车质量就会总体下降,进而买者愿意支付的价格也会进一步下降,如此重复下去,市场就有可能被摧毁,帕累托改进就不可能实现。逆向选择和道德风险一样,都被认为是私人保险市场上"信息不对称"的表现,是导致私人保险市

① Arrow, K.J., "Uncertainty and the Welfare Economics of Medical Care", *American Economic Review*, 53(1963), pp.942–973.

② Atkinson, A.B., "Economics of Welfare State: Introductory Comments", *European Economic Review*, 31(1978), pp.177–181, p.179.

③ Akerlof, George A., "The Market for 'Lemons': Qualitative Uncertainty and the Market Mechanism", *Quarterly Journal of Economics*, 84 (Aug. 1970), pp. 488–500.

场无效率的重要原因。这篇论文被认为是对信息经济学贡献最大的单篇论文之一。

第四个特征是,经济学家们开始关注经济政策和社会政策的协调性问题。我们知道,所谓福利国家的财政危机,本质上讲是发生在"经济现实"与"社会愿望"之间的关于国家公共支出等若干领域与范围的冲突和矛盾。社会政策的核心问题可以被理解为是集体契约的地位和公共支出的结构问题,而经济政策的核心问题则可以说是经济发展的比例与结构问题。如何协调好经济政策和社会政策二者之间的相互关系是避免国家崩溃以保持国家正常运行的重要手段,甚至有人认为,20 世纪 30 年代之所以发生那场经济、社会和政治的大危机,其根本原因之一就是没有一个适当的社会计划相配合,没有协调好经济政策和社会政策的关系①。经济政策之所以与社会政策之间产生矛盾,就是因为社会政策的目标超出了经济政策所能考虑的基本社会目标的范围,社会政策的制定没有建立在经济政策的基础之上,政治过程的作用没有以经济基础为根据,经济进步没有将社会政策及其产生的对经济变革过程中的诸多影响作为其制度保障。社会政策不应该背离或抛开经济政策,例如,资源的合理配置可以通过使生产满足劳动力的要求来实现,而不能反过来。社会政策不仅要补充经济政策,而且还应该针对经济政策。

经济学家之所以逐渐对社会政策的重要性和协调性重视起来,是因为如果社会政策的制定脱离了经济政策和经济现实,就会产生副作用,就会使经济政策的执行过程中产生经济成本;在一些经济学家看来,1973 年的经济危机之所以那么使人们措手不及,产生的危害那么深远,其中这是一个重要的原因。他们认为,经济发展和经济政策当然也要考虑人们的生活方式,实现他们的信仰和价值——它们是制定经济政策的重要依据之一,所以,经济发展和经济政策的目标不仅仅只是向社会提供物质产品,否则,经济学家和经济学就会被认为是"玩世不恭"。制定社会政策时不应该只有良好的愿望而不考虑后果。

福利国家的财政危机在一些经济学家眼里还被认为是社会计划失败的结果,如果社会政策恰当,不脱离经济发展的现实,能够有机地与经济政策相协

---

① 参见 OECD 秘书处:《危机中的福利国家》,华夏出版社 1990 年版,第 110 页。

调,使公共支出能有一个恰当的规模,就可以解决福利国家中存在的诸多社会问题。强调社会政策的协调性,还因为"社会保障"已经普及"社会服务"的各个方面:收入政策,就业政策,税收政策,家庭政策,教育政策,住房政策,保健政策甚至闲暇等,它们已构成了20世纪80年代社会政策的基本内容,概而言之,它不仅涉及一些物质产品,而且还涉及许多社会服务的供给方式和供给数量问题,不仅包括一些现金给付,而且还包括许多实物给付的范围。

公共政策被认为必须要考虑到私人主体行为的主动性及其对私人主体预期形成的影响,这样,公共行为就应该使私人主体的预期可以导致可取的行为,而不应该使之产生无效的效果。总之,经济体系的发展越来越使公共政策变得更为重要,但同时在一定程度上其有效范围也受到了较大的限制。

20世纪80年代至今可以称为是经济学研究社会保障和福利国家的第三个阶段。由于英国和美国分别奉行新自由主义的货币主义和供给学派政策,新保守主义成为其意识形态的主流,在整个80年代英美发动了对福利国家的一场改革运动,福利项目受到了大幅度的削减。一方面由于撒切尔夫人和里根为应对福利国家出现的财政危机而掀起了对福利国家的鞭挞,另一方面由于1981年智利摒弃了现收现付制的养老保险融资体制而较为成功地实现了向基金制的转型,从而导致一些主要发达资本主义国家纷纷效法英美在本国掀起了福利制度改革的浪潮,一些拉美国家以智利为榜样也先后加入了养老金体制的改革行列。进入90年代以后,苏联东欧国家经济转型的改革运动推动了英国国内福利制度的转型,养老、失业、医疗、住房和教育等制度设计问题再次引发了对福利制度和社会保障制度模式选择的一场大讨论。

上述第三阶段中全球性经济变革的大背景必将引致理论层面的大讨论。可以说,20世纪80年代以来,是经济学讨论社会保障改革和福利国家命运最活跃的时期,甚至至今这场讨论也未结束。在这个时期,经济学讨论福利国家问题呈现出如下特点:微观经济学对福利国家的研究达到一个新的境界,宏观经济学作为一门独立的学科对福利国家进行了深入的研究,高等教育、医疗保健和养老保险等相关福利部门成为大批经济学家从不同的角度和方法论进行专题化深入研究的专门领域,培养和产生了一批著名的经济学家,拓展和丰富了经济学的研究疆界,构建和确定了福利国家经济学的理论大厦,影响了主要福利国家一系列福利政策的制定,推进了他们的福利制度改革。尤其是,公共部门经济学、公共财政学、公共选择理论、计量经济学、博弈论和信息经济学等一些新兴学科的产生和介入极大地拓展和丰富了社会保障和福利国家的研究疆域,推动和促进了社会保障经济学和福利国家经济学的确立和发展。下面将对第三个阶段即 20 世纪 80 年代初以来上述学科的前沿现状及其在不同福利部门的发展应用逐一进行讨论。

二、微观经济学与福利国家

微观经济学早已发现自由市场制度偶然会在个别场合下出现一些不尽如人意之处,存在某些"障碍",并曾表示出某种担心①。1920 年庇古的《福利经济学》和第二次世界大战前一批经济学家创建和发展起来的旧福利经济在战后受到了鲍莫尔(Baumol)和阿罗等经济学家的重要补充和修改,从而使之在深入研究市场失灵和国家干预合理性的基础上形成了新福利经济学;虽然早在 1958 年"市场失灵"这个概念就已提出②,吸引了一批经济学家开始对"市场失灵"进行系统研究并取得了巨大的成就③,但是,将微观经济学中关于"市场失灵"的研究范畴更加系统地运用于福利国家存在合理性的分析之上,从而形成福利国家理论的微观基础则出现在 20 世纪 80 年代关于福利国家的大辩论之中。

简单地讲,微观经济理论中"市场失灵"的研究范围主要包括如下方面。

(一)市场的不确定性

首先,经济学家们认为,有充足的理由认为私人市场不能很好地提供那些需要大量交易成本的某些特殊产品和服务。例如,在资本市场上,学生贷款和

---

① 例如,西斯蒙第在 1819 年出版的《政治经济与原理》中就"察觉"(马克思语)到自由市场制度似乎存在两个方面的"障碍",即分配不均和孕育着生产过剩的危机(西斯蒙第:《政治经济学原理》,商务印书馆 1981 年版,第 46、61、85 页)。1820 年,马尔萨斯曾提出商品的供给与需求之间市场力量难以使之保持一种适当的比例(马尔萨斯:《政治经济学原理》,商务印书馆 1962 年版,第 291—334 页)。穆勒在其 1848 年出版的《政治经济学原理》中对市场机制提出了五点局限性等等(埃里克·罗尔:《经济思想史》,商务印书馆 1981 年版,第 346—347 页)。

② Bator, F. M., "The Anatomy of Market Failure", *Quarterly Journal of Economics*, Aug (1958), pp. 351 – 379.

③ 参见郑秉文:《市场缺陷分析》,辽宁人民出版社 1993 年版,第 3—17 页。

风险资本的提供是不充足的,因为存在着"顾客赖账"的可能性;再例如,私人保险市场不能为人们提供许多重要的风险担保。其次,市场缺乏大规模的协作性,即缺乏一定的互补市场相互联系的供给,典型的例证是城市规划中工厂、零售商、地产商和其他企业之间的广泛协作问题。再次,市场不能提供充足的就业机会。许多经济学家把高失业率看作是市场机制失灵最显著的一个证据。工人和机器的周期性失业是一种典型的市场失灵现象,在过去的两个世纪里,它被认为是一直困扰资本主义经济的一个难题①。最后,在农产品的供给、补贴和价格方面,在农民的价格扶持和收入方面,既涉及保险问题,也涉及收入转移问题,但市场往往表现不佳②。

（二）市场的规模经济易引发自然垄断

大多数经济学家认为,由规模收益导致的自然垄断阻碍了市场的进入,从而必然导致垄断价格,进而导致资源分配无效率(剩余损失、资源误置和生产无效率)③。由于垄断价格将使价格不等于边际成本,从而使之总体上不符合帕累托最优条件,不能实现资源有效配置。此外,在规模收益递增条件下,厂商的平均成本曲线总是向下倾斜,边际成本总是小于平均成本。这样,按边际成本定价的结果就将使价格总是处于平均成本以下,所以厂商就不能弥补成本,他们就不会按照帕累托最优规则行事。还有的经济学家认为,垄断还可以导致一种"X—非效率"④。

（三）在存在外部性的情况下市场不能达到帕累托最优

当某厂商的经济决策(或个人的消费决策)经过非市场的价格手段直接地、不可避免地影响了其他厂商的生产函数或成本函数(或其他人的效用函

---

① Stiglitz, J.E., *Economics of the Public Sector*, W.W. Nortor & Company, Inc., 1988, pp.79 - 81.

② Newbery, D., and Stiglitz, J.E., *The Theory of Commodity Price Stabilization*, New York：Oxford University Press, 1981.

③ 参见郑秉文:《市场缺陷分析》,辽宁人民出版社1993年版,第61—78页。

④ Leibenstein, H., "Allocation efficiency versus X-inefficiency", *American Economic Review*, Jun (1966), pp. 392 -415. 莱本斯坦在这篇著名的论文中认为,追求成本最小行为是竞争市场条件下厂商的行为特征,但它不是那种没有竞争压力市场条件下受"庇护"的垄断者的行为特征。受庇护的垄断者和兼并者的经济和行为很可能丧失了追求成本最小化与利润最大化的能力,从而导致了X—非效率。后来,莱本斯坦于1979年和1981年又分别发表了两篇论文,实证分析了X—非效率理论,进而又提出了"微观的微观理论"(micro-micro theory)。

数)并成为后者自己所不能加以控制的变量时,那么,对前者来说就有外部性。外部性的典型例证是污染,即污染者的私人边际成本已经不等于社会边际成本,而是大大小于后者,从而导致资源不合理的分配和效率的损失。这里主要是指"负的外部性",而"正的外部性"主要是指能给别人带来利润和利益的活动或产品,例如,初等教育具有正的外部性,能为全社会带来利益,因此,这类产品也被称为"优效型物品"。对于"负的外部性",市场无力控制,供给往往过剩,导致福利损失;而对于"正的外部性",市场则往往供给不足。

(四)市场不能提供最优数量的公共物品

在私人物品面前,消费者手持钞票只要用"买"和"不买"就可表现出个人消费偏好,而公共物品在消费中的非竞争性、非排他性、非拒绝性和外部经济性等特征决定了它的供给曲线是"虚拟"的,因此不存在产品价格信息和稀缺性的信息传递过程(市场)。由于市场价格机制对公共物品面临困境,即它将那些不愿意支付现行价格的理性人排除在公共物品的消费之外,所以,公共物品的定价就具有强制性(例如以税收的方式),从而导致出现"搭便车"问题即出现自发价格机制"失灵",这样就需要市场外部力量介入,需要在消费者(选民)与供给者(国家)之间插入一个技术媒介即选举制度,用以决定公共物品供给的数量等问题或在公共项目之间进行选择。将集体的非市场决策过程作为其主要研究对象的公共选择理论以其创始人布坎南 1986 年获得诺贝尔经济学奖为标志,将公共物品的决定理论推向新的研究境界。

(五)竞争性市场常常带来不公平的收入分配

资源配置上的帕累托最优与收入分配没有什么关系,因为每一种帕累托最优都可能与社会成员不同的效用分配有关,即理论上讲存在着无数帕累托最优的可能性。它主要表现在两个方面,一是由于公共物品的存在不能实现帕累托最优的选择,所以公共物品的数量一旦通过公共选择确定下来就要被所有人消费而不管其资金来源如何(但肯定市场不能为公共物品筹资),这样,就有公平性的问题,就需要政府制定一组税收政策来解决其资金问题,而政府在制定税收政策中不得不考虑其在社会成员之中的效用水平造成的对收入分配的影响。二是不同人群之间和代际之间的公平问题。竞争市场除了会使一部分人缺乏赖以生存的基本生活资料和生产资料而导致贫者越贫以外,代际之间的公平问题也需要政府制订某种计划予以校正,以实现各代人的利益。

（六）信息不对称导致市场失灵

自由市场中交易者之间的信息是不对称的，即一方比另一方占有较多的相关信息，处于信息优势地位，而另一方则由于处于信息劣势地位，不能作出正确的决策，从而使市场不能达到帕累托最优，在保险市场上，信息不对称实际上也是个委托代理问题，即投保人（代理人）和保险商（委托人）之间存在的信息不对称现象将导致市场效率损失。例如，投保人通过采取保险商不可观测的行动影响到其损失的概率和数量时就会出现道德风险问题，而当高风险的人向保险商隐瞒事实导致后者无法作出区分时就出现逆向选择问题。其实，对信息不对称导致保险市场失灵的研究早在 20 世纪 60—70 年代就已开始了，例如，1963 年阿罗、1968 年波利（Pauly）、1970 年泽克豪泽（Zeckhauzer）、1976 年马歇尔（Marshall）、1977 年费尔德斯坦（Feldstein）和弗里德曼（Friedman），1976 年罗斯柴尔和斯蒂格利茨等人的研究①。虽然许多经典性文献产生于 70 年代以前，但是信息不对称理论越来越激起经济学家们的兴趣并被广泛应用到社会保险的研究领域则是 80 年代以后的事情。1996年维克瑞（Vikery，W.）和米尔利斯（Mirlees，J.A.），2001 年阿克洛夫（Akerlof，G.A.）、斯宾塞（Spence，M.）和斯蒂格利茨因对信息不对称理论作出开拓性贡献而分别获得诺贝尔经济学奖。

三、宏观经济学与福利国家

如果说前面讨论的是微观经济层面上市场失灵的话，那么，这里讨论的主

---

① Arrow, K. J., "Uncertainty and the Welfare Economics of Medical Care", *American Economic Review*, 53 (1963), pp.942 – 973. Pauly, M. V., "The Economics of Moral Hazard", *American Economic Review*, 58 (1968), pp.531 – 537. Zeckhauser, R., "Medical Insurance：A Case Study of the Tradeoff Between Risk Spreading and Appropriate Incentives", *Journal of Economic Theory*, 2 (March 1970), pp.10 – 26. Marshall, J. M., "Moral Hazard", *American Economic Review*, 66 (1976), pp.880 – 890. Rothschild, M., & Stiglitz, J.E., "Equilibrium in Competitive Insurance Markets", *Quarterly Journal of Economics*, 90 (1976), pp.629 – 650. Feldstein, M.S. & Friedman, B., "Tax Subsidies, the Rational Demand for Insurance and the Health Care Crisis", *Journal of Public Economics*, 7 (1977), pp.155 – 178.

要是宏观经济层面的市场失灵问题。所谓"宏观经济失灵",是指与市场的不稳定性有关的失灵,包括失业、收入分配、不发达、国际收支不平衡等。经济学家之所以将之称为"宏观经济失灵",是因为目前能对其作出最好解释的不是微观经济理论,而是宏观经济理论,或者说宏观经济学作为一门独立存在的科学,对市场稳定性问题的解释能够比微观经济学更为详细,更有独到之处①。近20年来,宏观经济失灵方面的研究主要集中在以下几个方面。

(一)经济增长理论中的市场失灵:内生增长理论

与经济增长有关的市场失灵的研究由来已久。为克服凯恩斯短期分析的局限性,哈罗德—多马的研究试图从长期和动态的角度,不仅将投资看作是总需求的一部分,而且重要的是将它看成是创造供给的要素之一,即平均储蓄倾向 s 和资本产出率 v 要有一定的比率,如果这个比率低于预计需求的增长,那么预期增长率就会低于现实增长率,反之,就会高于现实增长率,供给就会"超额"。换言之,如果不提高劳动力的技术水平,现实增长率就不会超过劳动力的增长率 n 即自然增长率。

20 世纪 80 年代以来,罗默(Romer)、卢卡斯(Lucas)和格罗斯曼(Grossman)等经济学家提出的内生增长理论(endogenous growth)②认为,在经济增长中,技术进步和人力资本发挥着重要的内生作用,它既是生产过程的结果,又是技术进步的源泉,而政府支出则可以促进人力资本的开发和技术进步,提高私人部门的生产率。这是因为:第一,私人投资很难获取知识积累所产生的全部收益,市场经济的增长率必须靠政府干预才能达到理想的水平;第二,技术进步的结果在寻求新知识的过程中可以导致垄断,在对已有知识的传播过程中可以导致对现有垄断的侵蚀,而政府的介入可以协调这两个方面的失灵现象;第三,由于人力资本形成方面存在着诸如信息不对称、文化、宗教等市场失灵,所以,政府有必要干预人力资本的形成过程以提高经济增长率。

(二)社会公平实现过程中的市场失灵:收入再分配理论

通常情况下,市场不能保证有效率和公平的社会状态。经济公平的一

---

① 关于宏观经济学的作用及微观经济学和宏观经济学在这方面发挥作用的争论,参见[意]尼古拉·阿克塞拉:《经济政策原理:价值与技术》,中国人民大学出版社 2001 年版,第 130 页。

② Romer, D., "Increasing Returns and Long-run Growth", *Journal of Political Economy*, 94(1986), pp. 10002 – 10037. Grossman, G. and E. Helpman, *Innovation and Growth in the Global Economy*, Cambridge Mass.: MIT Press, 1991.

个重要指标是收入分配,即包括收入、财富、消费等"经济价值"在内的要素在不同个人之间的分配。收入再分配的政策与措施本身就是一种公共物品,根据阿特金森和斯蒂格利茨的研究①,基本的公平原则可以分为横向公平(horizontal equity)和纵向公平(vertical equity),前者要求境况相同的人在所有相关方面应该得到相同的待遇,后者要求境况不同的人应该得到不同的待遇。

1. 收入扶持。在竞争性市场上,人们可以买到许多保险,但却买不到"贫困保险"。市场之所以缺乏"贫困保险"的供给,是因为对保险商来讲它无利可图。政府利用"收入扶持"(income support)计划可以减少不公平,保证每个人享有最低的生活水平,在这个意义上讲,收入扶持就等于政府提供了私人无法提供的贫困保险。这就是政府提供收入扶持计划的一个理论依据。收入扶持计划有多种形式,例如基本收入计划(低于某种收入水平的人可以获得一定的补贴)、所得税计划(正的所得税是针对那些收入超过某一水平的人,负的所得税针对那些收入低于这一水平的人)、工资补贴计划(针对那些收入低于某一水平且继续工作的人)、工作福利计划(享受某种福利的人必须接受政府提供的工作),等等。毫无疑问,收入扶持的资金来源于税收即个人能工作时缴纳的税收,换句话说,政府提供的这种"贫困保险"的资金来源于个人能工作时以纳税的形式上缴的保险费。

2. 税收的扭曲效应。个人收入既是个人才能的结果,又是受到税收政策影响以后的结果。收入扶持计划既然是"家计调查"式的即针对低收入人群的,那么,低收入是否与他的工作能力有关? 这就需要了解人的"能力"。而能力属于私人信息,个人具有对其隐匿的动机,并很可能将一些必要的信息隐匿起来,不予披露,使政府无法决定对谁课征正的税收,对谁课征负的税收。于是,在个人信息条件下即在信息不对称条件下,政府的税收计划很可能扭曲市场的资源配置,不能很好地达到旨在既提高效率又维持公平的政策目的②。所谓个人信息,在工作能力上主要表现为先天禀赋、兴趣偏好、技术技能和培

———

① Atkinson, A.B. and J.E. Stiglitz, *Lectures on Public Economics*, New York: Mc-Graw Hill, 1980, pp.353 - 356.

② Blackorby, C. and D. Donaldson, "Cash Versus Kind, Self-selection and Efficient Transfers", *American Economic Review*, 78 (1988), pp.691 - 700.

训经历等。如果再分配的政策依据是初始资源的状况和个人工作的能力,那么,就应该对后者进行分类,对能力较弱的人给予补贴,给较强的予以课税,以实现社会公平。这就要求公共部门具有完全的信息,可是这个假定是不现实的,因为拥有私人信息的个人一般情况下是不愿意披露它的(例如个人资源状况和受教育培训的情况),也不易被人们观察到,这样,就只能对其收入这个起码在表面上能够反映其支付能力的指示器进行征税。所以,经济学家们认为,私人信息条件下的任何再分配都是一件很困难的事情,它会扭曲资源配置,应该设计一种多方激励相容的税制结构,消除拥有个人信息的主体之间的勾结行为和操纵资源配置的潜在可能性,尽可能减少因信息不对称而产生的再分配政策的低效率①。

3. 现金转移和实物转移的利弊权衡。正如奥肯"漏桶"原理所指出的②,转移支付过程中的渗漏情况不仅出现在现金转移支付中,同样也出现在实物转移过程中,这种渗漏即相关的成本和支出都与税收的扭曲效应有关,它以降低效率为代价。问题是哪一种转移支付的成本更低一些,扭曲效应更少一些,这是一个利弊权衡的选择问题。

实物转移支付是指由政府直接提供物品、服务和提供特定物品和服务的票证,包括住宅、医疗保险服务、教育、食品券、医疗券等,它们在收入扶持政策与措施中扮演着重要的角色。经济学家们的研究证明,与现金转移相比较,实物转移具有以下特点:第一,实物转移支付的管理成本较高。据布兰查德(Blanchard)的估算,例如在食品方案中,其贮藏、运输、分配和管理过程中产生的成本非常高,大约比现金支付的管理成本高出36%。既然如此,为什么在西方福利社会中(包括美国)还广泛存在着实物转移? 这是因为实物转移支付具有一些现金转移支付所不可替代的优势,这些优势主要表现在以下几个特点中。第二,受益人对某些实物转移的主观评价较好,很受欢迎。例如,斯米丁(Smeeding)认为,穷人以公共住房的方式每收到1美元的补贴,其价值

---

① Harmmond, P.J., "Markets as Constraints: Multilateral Incentive Compatibility in Continuum Economies", *Review of Economic Studies*, 54 (1987), pp.399 - 412. Stiglitz, J.E., "Pareto Efficient and Optimal Taxation and the New Welfare Economics", in *Handbook of Public Economics*, A. J. Auerbach and Feldstein, M. (eds.), Amsterdam North-Holland, 1987.

② 参见[美]阿瑟·奥肯:《平等与效率》,华夏出版社1999年版,第89—96页。

只相当于直接收到 80 美分①。再例如,美国的"抚养未成年子女的家庭援助"
(AFDC)属于收入调查型的(现金)津贴,据赫茨特(Husted)的调查,AFDC 之
所以受到较好的评价是因为它同时具有社会保险的性质和利他主义两个方面
的因素,而对食品券的评价人们则主要认为它具有利他主义的优势②。第三,
实物转移对"福利欺诈"可以起到限制的作用。据一些经济学家的研究,有些
中产阶级家庭愿意获得现金而不想要实物,这样就限制了那些不具备资格的
人采取撒谎虚报的办法去申请的行为,尤其是在公共住房的方案中;由于实物
转移可以减少欺诈行为,所以,更多的资源可以通过实物转移这一方式流入真
正需要它们的人手中。据英国社会保障部的估计,由个人的福利欺诈行为导
致的损失 1991—1992 年度大约为 4.47 亿英镑,1992—1993 年度为 5.58 亿英
镑③。第四,实物转移还有益于某些产业部门。例如,关于公共住房的转移方
案肯定会有利于建筑业,因此建筑行业极力支持那些偏爱该项目的政治联盟;
再例如,美国的农业利益集团一直是食品券的热烈支持者④。第五,在信息不
对称的情况下,实物转移支付可以通过减少市场的作用来克服市场不确定的
影响。而现金转移的作用则正好相反,因为,将相同的转移支付发给收入不同
的人会导致不同的消费水平和不同的效用函数,即会出现收入分配不公平。
第六,实物转移还具有消费约束的作用。在一些国家甚至发达国家,非必需品
(奢侈品)容易获得(如烟草制品等),而必需品(如食物)反而不易获得。社
会上的穷人对富人的模仿和对社会的炫耀已经成为内生偏好,所以,现金转移
支付很少能使这些穷人实现其对非必需品的需求,而实物转移正好克服了这
一问题。实物转移的消费约束作用还表现在可以避免利用"黑市"逃避消费
约束,尤其对医疗保健计划来说。例如,医疗保健计划的受益者很难出售这项
医疗保障的权利,而如果是现金转移,这样的计划就很可能提供超出受益人所

---

① 上述关于布兰查德和斯米丁的 2 个数据转引自[美]哈维·S.罗森:《财政学》(第四
版),中国人民大学出版社 2000 年版,第 154 页。

② Husted, Thomas A., "Micro-Based Examination of the Demand for Income-Redistribution
Benefits", *Public Finance Quarterly*, 18 (April 1990), pp.157 – 181.

③ Bailey, Stephem J., *Public Sector Economics-Theory*, *Policy and Practice*, London: Macmillan
Press Ltd, 1995, p.169.

④ 关于"福利欺诈"和有利于建筑业和食品业的资料,转引自[美]哈维·S.罗森:《财政
学》(第四版),中国人民大学出版社 2000 年版,第 154—155 页。

需的医疗保障。

（三）失业保险供给中的市场失灵：弗里德曼及其以后的失业理论

在凯恩斯之后，对失业理论贡献最大的经济学家当属弗里德曼及以他为代表的新货币主义。弗里德曼及其货币主义认为，资本主义市场经济具有内在稳定性，政府的干预政策对失业来说虽然在短期内有一定的效果，但只是暂时的，并且它与通货膨胀有关；而在长期来看，要想把货币的市场利率和市场失业率控制在"自然利率"和"自然失业率"以下是不可能的。"自然利率"是投资与储蓄的均衡价格，或称资本需求与资本供给之间的均衡价格，"自然失业率"①是指存在的岗位空缺和失业人数之间的均衡点。如果市场利率和失业率处于均衡状态，那么商品与劳动力这两个市场则处于自然状态。在这个状态下，如果增加货币供给量，就会导致利率下降和商品需求的增加，产出也就增加，就业也必然随着增加，同时，通货膨胀也将会高于预期；这样，价格上涨将会增加市场利率上扬的压力，使之再次回到自然利率水平，从而使失业率也会重新回到原来的自然失业率水平。货币主义的结论是，从长期来看，政府的任何行为都是徒劳无效的，失业和通货膨胀之间根本没有此消彼长的替代关系，即无论通货膨胀达到什么水平，长期来看，自然失业率的水平是个常态，较低水平的市场失业率是暂时的、临时的和短期的。弗里德曼对失业及其政府干预效果的结论是悲观的。

后来的经济学引入了许多创新性的分析工具，对失业问题进行了深入的研究。这些理论虽然对失业现象的解释和对失业现象的分类各不相同，但几乎都认为国家应该采取措施解决失业问题，而不应该无所作为。值得注意的是，这些理论几乎都涉及工资（刚性）问题，并都使用了信息不对称的理论工具。

1. 隐性合同理论。该理论认为，造成失业的重要原因之一是隐性合同（implicit contracts）的存在。假定雇员和雇主厌恶风险的程度不同，并且他们之间存在着信息不对称。这样，雇员与雇主之间达成的劳动合同中事实上就

---

① 在弗里德曼之后，人们一般也将"自然失业率"称为"非加速通货膨胀的失业率"（non-accelerating inflation rate of unemployment，简称 NAIRU），是指实际通货膨胀等于预期通货膨胀而且二者都不变的失业率，是个正数。如果失业率保持在低于 NAIRU 的水平，通货膨胀率将一直加速；如果要降低通货膨胀率，就需要使失业率在 NAIRU 之上。

包含着一种隐性的内容,即双方达成一种默契:在企业经济条件较好时雇员愿意自动放弃一部分潜在工资以换取在企业经济条件较差时雇主愿意支付相同的工资水平,而不至于在企业经济较差时被解雇。雇主之所以愿意作出这个隐性合同的承诺,主要是为了防范和避免道德风险的存在,即在信息不完善的条件下,这种方式可以更好地监督和防止雇员偷懒。隐性合同理论既向人们解释了失业的原因,又解释了造成工资刚性的社会因素,同时还指出了隐性合同造成一种无效率的就业[①]。

2. 局内人—局外人理论。局内人 局外人理论(insider-outsider)指出,雇主在对雇员即"局内人"进行培训之后,如果雇主继续培训新雇员即"局外人",那么"局内人"将会认为现有的地位和工资水平受到了威胁,于是"局内人"一方面要求进一步提高工资,另一方面拒绝对培训"局外人"予以合作,试图极力破坏聘用"局外人"的计划,其结果就导致了工资刚性和失业现象加剧与持续的现象,切断了"局内人"与"局外人"两个群体之间的流动。

3. 效率工资理论。一般情况下,工资水平是由劳动的供给与需求的均衡来决定的,即劳动市场出清工资;而效率工资(efficiency wage)是指可以使劳动成本最小化的高于市场出清工资的水平。高于市场出清工资水平的效率工资之所以可以实现生产成本的最小化和利润最大化,是因为在低工资条件下,虽然节省了一些劳动成本,但却很可能由雇员工作的低效率所抵消;而高于市场出清的工资可以使雇员努力地加倍工作来报答雇主,虽然成本增长了,但劳动生产提高得更快,对雇主来说也是有利可图的。雇主之所以愿意采取这种效率工资的方式来激励雇员,是因为雇员拥有较多的、雇主不易观察到的私人信息,雇主与雇员之间信息具有不对称性,前者很难监督后者的工作状况和努力程度,只能采取这种办法为后者施加压力和动力,于是效率工资就出现了。经济学家们认为,效率工资的存在无疑是导致低就业率和高失业率的重要原因之一[②]。

---

① Rosen, S., "Implicit Contracts", *Journal of Economic Literature*, 23(1985), pp.1144 - 1175.

② Shapiro, C. and Stiglitz J., "Equilibrium Unemployment as a Worker Discipline Device", *American Economic Review*, 74 (1984), pp.434 - 444. Akerlof, G., "Gift Exchange and Efficiency Wages: Four Views", *American Economic Review*, 74(2) (1984), pp.79 - 83.

4."道德风险"对失业保险效率的经验性研究。在大多数国家里,像失业、退休、疾病等这类社会保险津贴属于缴费性给付,与家庭子女津贴这类非缴费性给付最重要的区别在于:前者的功能是为了防止绝对贫困的产生,目的在于维持生计;而后者的功能是使受益者可以有一个比较体面的生活。这是大多数国家实行强制性失业保险的重要原因之一,也可以说这是出于外部性的考虑。还有一个更重要的原因,即出于效率的考虑:在逆向选择和道德风险严重的情况下,私人市场不可能提供足够的类似保险。

对保险商来说,逆向选择使他几乎不可能制定一个理想的保费标准,理论上讲应该交纳不同的保险费,但他们无法对不同失业风险水平的人群进行辨认和分类,投保者可能是那些高风险的人,从而导致这类保险市场没有供给。道德风险使保险商很难调查失业的真正原因,或者此类的判断成本很高,对这些外生的相关因素无法控制。此外,比道德风险更难发现的是雇主很可能与雇员达成私下协议,如同前面讲到的隐含合同与效率工资等。

即使不存在逆向选择和道德风险,如同通货膨胀那样,私人市场也无法提供失业保险计划,因为失业是一种不可保护的风险。在某种意义上讲,失业概率与总的经济形势关系密切,失业概率很可能是相关的,而不是独立的,这样,保险商就不太可能通过集合风险的办法来分散、降低和消除总的风险。从这个意义上来看,社会性的失业保险本质上是一种再分配的模式。

强制性失业保险的普及正是由消费外部性、信息不对称和再分配工具等因素导致的结果。强制性的失业保险可以消除和避免逆向选择问题,但却不能完全排除道德风险问题,换句话说,失业保险是否会成为或在多大程度上成为导致失业的因素,这是经济学家们越来越关心的一个研究范畴。有的研究表明,如果失业津贴替代率较高,其经济状况好于低收入者,失业津贴就会成为就业的"负激励"(disincentive),就会产生"失业陷"。据1997年的一项测算①,英国大约有51万失业者的失业津贴替代率在70%以上,所以他们没有寻找工作的激励,对失业津贴的依赖性越来越大;在经济激励方面,"失业陷阱"如同"贫困陷阱"状况下一样,人们缺乏长时间工作和继续寻找工作的

---

① UK DSS, *The Government's Expenditure Plans 1997 - 1998 to 1999 - 2000*: *Social Security Department Report*, Cm 3613, London: HMSO, 1997, p.52.

激励。

　　为减少道德风险的影响,一方面经济学家们建议失业津贴的替代率要适当,使之既具有减少失业持续期的激励功能,同时又能达到劳动再生产的目的;另一方面,经济学家们在极力探讨一种新的失业保险激励设计。对于后者,近十年来经济学家们提出了两种改革思路,一种是"再就业奖金计划"(reemployment bonuses),一种是"寻找工作计划"(job search)。20 世纪 90 年代初,美国西北大学经济系的迈耶(Meyer, B.D.)教授为此做了著名的"奖金实验(The bonus experiments)":将随机选取的失业者分成 2 个小组,其中一个小组给予奖金,另一个不给。在给予奖金的小组中,如果他们在 11 周内可以找到工作岗位并连续工作 4 个月以上就可以获得 500 美元的奖金。其结果是,这个小组领取失业津贴的时间要比没有奖金的那个小组平均少一周的时间,节省下来的失业津贴总数要多于支付给他们奖金的总数。"奖金实验"的结果是很成功的,它显示,经济刺激可以对失业津贴的发放周期产生影响,它为"尽早实现再就业不会降低其收入"提供了根据;但是,永久性的奖金计划似乎并没有什么优势,因为这项实验忽略了对奖金申请人数量的影响的研究。"寻找工作计划"的结果很令人满意,也很有前途,如将上述两种计划混合使用,从理论上讲就可以减少领取失业津贴的周期,尽管其成本/收益分析不十分准确,但却证明它是有意义的,是有益于资源配置的①。

　　5. 英国新型失业制度的实施。美国迈耶教授"再就业奖金计划"和"寻找工作计划"的实验在大西洋彼岸的英国得以开花结果。20 世纪 90 年代末英国设立了"寻找工作津贴"(Jobseeker's Allowance,简称 JSA),主要是针对那些正在积极寻找工作、年龄在 18 岁至领取退休金年龄以下的人。该津贴有两种,一种是"缴费性"的,另一种是收入调查性的。对于缴费性的"寻找工作津贴",只有那些缴纳了足够的国民保险费的人才有资格和权利申请,它是为期最高 6 个月的个人津贴,25 岁或 25 岁以上的人每周 53.05 英镑,不论是否有银行储蓄和配偶是否有收入。收入调查型的"寻找工作津贴"主要是针对那些收入较低的人,在他们找到工作之前可以一直获得这种个人津贴,其性质是

　　①　Meyer, Bruce D., "Lessons From the U.S. Unemployment Insurance Experiments", *Journal of Economic Literature*, Vol. 33, No.1 (March 1995), pp. 91－132.

"年龄关联"(age-related)式的,25 岁或 25 岁以上每周 53.05 英镑,其给付比率取决于"收入扶持"(Income Support)①。

此外,英国还设立了"回到工作中奖金"(Back to Work Bonus)。领取"寻找工作津贴"的人和 60 岁以下领取"收入扶持"的人均可以获得这种奖金。制定这个计划的目的是为了激励人们在领取这个奖金期间参加适量的工作,以此来加强与劳动力市场的联系。要想增加"回到工作中奖金"的数量,就必须具有已经领取"收入扶持"或"寻找工作津贴"至少 91 天的权利。增加"回到工作中奖金"的数量既可以针对夫妇中的某一个,也可以针对那些由于从事有报酬的工作或因增加了收入而终止了津贴的人。所谓有报酬的工作是指 16 小时或 16 小时以上的就业权利,或指配偶具有 24 小时或 24 小时以上的工作权利②。

(四)反通货膨胀中的市场失灵:收入政策理论

通货膨胀现象被认为是市场竞争的结果,即各竞争主体试图通过提高自己商品和服务的价格以增加自己在总收入中份额的最终结果③。收入政策是国家通过控制分配总量来控制一般物价水平上涨的一种工具。例如,通过控制利润率和工资率等来控制社会总成本以减少价格上涨的因素。换句话说,如果国家出面采取某些措施能够使全社会各收入者维持其收入份额不变或就其收入份额变化情况达成协议,使之能够此消彼长,相互抵消,总额不变,那么,通货膨胀就有可能避免发生。诚然,在开放经济条件下,还有其他一些因素也可以引起最终产品价格的变化。例如,进口原材料的价格变化、税收、租

---

① 为更好地了解英国的这两个计划,有必要进一步了解英国的"收入扶持":"收入扶持"给付的对象是 16 岁以上没有工作的人,或者其收入或储蓄低于某个设定水平的人,他们包括单亲、退休人员、长期患病和残疾者。"收入扶持"由以下津贴构成:"单人津贴",发放的条件是基于年龄、是否单亲家庭、是否有配偶;"年龄关联的津贴"发放给未独立的子女;还有"住房补助"。60 岁以上老年人的"收入扶持"现在被称为"最低收入保障"。此外,存款超过 8000 英镑不发给"收入扶持",存款在 3000—8000 英镑之间的将给予一部分。永久需要照顾者或住院者如果存款超过 16000 英镑也不予发放,但在 10000—16000 英镑之间的将给予一部分。超过 60 岁且存款超过 12000 英镑的人也不给"收入扶持",但存款在 6000—12000 英镑之间将给予一部分。

② National Statistics, *UK 2002-The Official Yearbook of the United Kingdom of Great Britain and Northern Ireland*, published with the permission of the controller of Her Majesty's Stationery Office (HMSO), The Stationary Office, 2001, pp.176 – 177.

③ 关于反通货膨胀的收入政策这一部分有些内容参考了[意]尼古拉·阿克塞拉:《经济政策原理:价值与技术》,中国人民大学出版社 2001 年版,第 360—369 页。

金在名义收入中份额的变化,等等,如果这些条件没有得到满足,仅仅在收入政策中要求工资率和平均劳动生产率之间保持同步变化并使利润率保持不变,那也不能保证通货膨胀不发生。

反通货膨胀的收入政策根据其强制性的程度大致可以分为以下几类:

1. 指数化的社会保险给付。为了应付通货膨胀,指数化债券具有许多长处,尤其对储蓄投资型退休金来说。通货膨胀率上升将使债券持有人面临重大风险,如果一种债券支付 7% 的收益,而通货膨胀率是 10%,那么,退休者的状况就比其预期差多了,因为个人没有办法储备资金以确保不受高通货膨胀率之苦。福利国家可以比任何个人或私人市场更好地承担这种风险。目前,许多福利国家的社会保障给予就是根据消费物价指数(CPI)进行指数化的。

2. 集权型收入政策(statist incomes policies)。这类直接控制的措施主要是指国家制定有关法规(例如工资冻结)强行取代雇主和雇员的自由决策,其特点是及时有效,但也常常会出现问题。我们知道,如果仅仅控制工资率而对利润率放任自流不加任何行政和市场的约束,价格仍有可能上涨。从理论上讲,生产率增长较快的行业似乎其工资增长率要更快一些,这样,在利润率不变的情况下该行业价格上涨就将导致一般物价水平的上涨,除非它被生产率增长更快的行业中价格的下降所抵消。但事实上则不然,因为工资刚性的力量使之下降速度较慢,所以,其最终结果很可能是在生产率增长较快的行业里价格变化不会太大,而在生产率增长较慢的行业里正相反,它的价格上涨会带动一般物价水平的上涨。上述分析说明,对生产率增长速度不同的行业实行不同的收入政策是很难奏效的。此外,对工资率的强制规定收到的效果似乎比限制利润率更为简单一些,因为后者涉及许多公司内部信息保护问题,外界难以界定。

3. 市场型收入政策(market incomes policies)。由于通货膨胀会使收入和财富发生再分配,对债权人产生不利的影响,在开放经济条件下会导致竞争力下降和国际收支不平衡问题,恶性通货膨胀对经济系统具有毁灭性的打击,所以,它如同污染一样,具有强烈的外部性。为此,一些经济学家提出了两种市场型的收入政策。一种类似“污染权”的拍卖,即将生产不经济的配额分配给有关企业,后者可以自己使用,也可以自由出售。这种价格上涨(工资率和利润率)增加的“许可证”制度可以在总体上控制行业性的价格水平。另一种类似于“庇古税”,即通过税收制度对不提高价格的企业给予奖励性的激励政策,而对提高价格的企业则实行惩罚性的收入政策。

市场型的这两种收入政策在理论上讲既实现了宏观经济目标,又赋予了企业微观经济的灵活性,但其缺点是,由于各行业的生产率增长速度不同,那些增长率慢的企业很可能因惩罚而陷于更加不利的地位,所以,市场型的收入政策面临的困难与集权型的很相似。

4. 制度型收入政策(institutional incomes policies)。这种类型的收入政策旨在把分配博弈的性质从非合作性的变为合作性的,通过建立一套游戏规则在国家、雇主和雇员三方之间经过讨价还价建立起一种交易制度并就收入价格等一系列社会问题达成共识,以期避免分配中出现的矛盾激化现象所带来的通货膨胀。其具体措施主要有三种。第一种是诉诸法律的仲裁方式,国家通过提出合作的要求以期达到合作的目的。第二种是经济交易方式,即政府要事先预测私人投资的水平,然后决定政府的投资计划和工资增长率,使储蓄和投资相等以避免成本推动型和需求拉上型的通货膨胀;这种既要稳定货币又要实现投资预期水平的政策非常复杂,其内容与其收入政策相比差别比较大。第三种被认为政治交易,政府就三方一致认可的经济社会事务采取联合一致的行动来签订"社会契约"。一些经济学家认为,这种比较普遍实行的"社会契约"行动本质上讲就是实现"新合作主义"(neo-corporatism)的经济制度。据塔兰特立(Tarantelli)的研究,较多的合作主义因素可以在失业率既定的情况下成功地降低通货膨胀率,也可在既定的通货膨胀率下成功地降低失业率,并且,合作主义因素的多寡与奥肯贫困指数之间存在负相关的关系。但也有一些学者经过研究之后对这一结论持相反的态度[1]。大部分西方国家均被认为具有合作主义的因素,其区别仅仅在于因素的多寡和程度的高低,其中,相比较而言,美英等五个讲英语的国家被认为是合作主义因素最少的,而西欧尤其是北欧国家被认为是最多的,典型的新合作主义国家一般是指瑞典、奥地利等[2]。欧洲国家始终保持着较低的通货膨胀率和较高的失业率,这与

---

[1]　转引自[意]尼古拉·阿克塞拉:《经济政策原理:价值与技术》,中国人民大学出版社2001年版,第367页。

[2]　关于合作主义经济模式和福利制度的研究,参见郑秉文:《全球化对欧洲合作主义福利国家的挑战》,《世界经济》2002年6月号,第38—45页;郑秉文:《合作主义:中国福利制度框架的重构》,《经济研究》2002年第2期,第71—79页。

其具有较多的合作主义因素不无一定的内在关系。从这个意义上讲,新合作主义的社会制度结构应该引起人们的关注和深入的研究。

　　新合作主义具有特定的构成要素:第一,契约的传统与理念;第二,明显判别的群体利益和更为广泛的公众利益的理念;第三,群体成员遵守纪律的理念,也就是说集体利益需要一种纪律约束机制。而个人收益预期则不会产生这些要求。于是,一些学者便将合作主义契约看成"是对市场失灵的一种反应;由于各种各样的因素,市场失灵变得越来越普遍。另外,它们也被看作是对政府失灵的一种反应,即一种加强政治权威的方式,因为权威的下降似乎也在呈上升趋势"①。实际上,合作主义的社会契约作为一种可行的替代方式已被看作是对市场自身进行选择的替代物和政府某些传统决策机构(立法、行政或审判机构)的替代物。根据第二次世界大战后半个世纪以来西方新合作主义的演变,我们可以将合作主义的基本特征作出这样的界定:第一,合作主义福利制度以三方伙伴合作为主要内容,它已成为缓和社会矛盾冲突、制衡利益集团、维持社会稳定的一种制度安排;第二,三方伙伴中的雇员组织是社会政治过程中具有相对独立法律地位、以缔结社会契约为社会目的、具有公共性质的功能性社会组织;第三,在这个经济发展与社会公正具有相互兼容能力的制度安排中,雇员组织必须是由国家公共权力机关认可并在法律框架内具有合法代表性和垄断性的法人组织。

四、公共物品和公共选择理论中的教育

　　福利国家几乎都将教育作为一个重要的福利项目来对待,所以,它自然是福利国家经济学中一个不可或缺的研究内容。现实世界中教育的"价格"差距非常之大,例如在美国等讲英语的国家大学学费很高,而在欧洲大陆国家基本上是免费的。战后以来,经济学家们对教育的研究总的来说是很活跃的,并主要集中在教育的性质、财政来源、供给和需求的效率等方面。

---

　　① Crouch, Colin and Dore, Ronald., "Whatever Happened to Corporatism?", in *Corporatism and Accountability: Organized Interest in British Public Life*, Colin Crouch and Ronald Dore (eds.), Oxford: Clarendon Press, 1990, p.3, 6.

（一）教育的性质

自从 1954 年萨缪尔森将公共物品和私人物品区分开来并正式使用公共物品（public good）这个概念以来[1]，经济学家对教育是否属于公共物品始终存在着很大的争议。有的经济学家认为教育是公共物品，而有的经济学家则认为是私人物品。例如，伦敦经济学院巴尔教授就认为"教育不是公共物品"[2]。这个争论是有意义的，因为它关系到教育这个产品的供给方式和财政来源问题。

在一些教科书中，教育经常被作为"市场失灵"的例子被引证，认为如果把教育留给消费者和教育者去自愿选择就将导致教育的供给不足，政府应该尽到刺激教育供给的职责，并将这种观点追溯到亚当·斯密和萨伊。针对这种"传统的"教义，许多经济学家进行了再思考甚至发生了转变。最典型的例证是弗里德曼。他对国家干预教育的理解和看法就曾经发生过转变，由拥护国家干预[3]到最终主张自由市场政策，并率先提出了"代金券"的倡议[4]。为了证明市场失灵对教育不发生作用、教育不是纯粹的公共物品，一些经济学家进行了大量的实证分析，甚至对"教育的经济史"进行了深入的考察研究。例如，美国乔治·麦森大学市场运行研究中心主任经济学教授杰克·海（High, Jack）和艾里希（Ellig, Jerome）等人就做了细致而深入的考察工作。

杰克·海等人考证了 18 世纪至 19 世纪政府在广泛参与教育之前和刚开始之后英国和美国私人市场提供教育的历史，并将纽约、新英格兰、俄亥俄、芝加哥和圣·路易斯等地区城市作为典型考察对象，发现私立教育虽然在美国并不像在英国那样完整，但它仍然为那个时期市场供给教育的程度和教育类型提供了一幅相当清晰的画面。最后这两位学者认为，历史资料的记载非常有力地驳斥了教育的市场失灵的传统观念，得出了下述几个结论：（1）在英国和美国都广泛地存在着教育的市场需求和供给。（2）政府行动不仅增加了公

---

① Samuelson, P.A., "The Pure theory of Public Expenditures", *Review of Economics and Statistics*, Nov(1954).pp.1387 - 1389.

② Barr, N., *The Economics of Welfare State*, Oxford University Press, 1998, p.329.

③ Friedman, M., "The Role of Government in Education", in *Economics and the Public Interest*, ed. Robert A. Solo, New Brunswick : Rutgers University Press, 1955.

④ West, E.G., *Nonpublic School Aid*, Lexington, Mass., DC. Heath and Co., 1976, pp.92 - 93.

立教育的供给,替代了私立教育,有时甚至故意抑制私立教育。(3)私立教育更具有多样性,所以它是对消费者需求的一种反映。(4)政府参与的优势在于为贫困的劳动阶级提供了适当的教育类型①。

尽管如此,有许多经济学家还是坚持相左的观点。例如,巴罗(Barlow,Robin)教授在1970年的一篇讨论美国地方学校财政效率的论文中认为,教育基本上是一个纯粹的公共物品②。巴罗的这篇论文被认为是"对实证政治经济学的一项重要贡献"③,因为在文中巴罗试图以美国密执根为案例,对教育的实际水平和最优水平进行了比较,提出了个人(或家庭)的投票行为是实现个人利益最大化的假设,指出如果额外退税的价值超过税收的增加,家庭将投票赞成更高的税收水平。最后巴罗得出的结论认为,密执根1956年提供的实际教育数量水平并没有达到最优水平。巴罗的论文引起了广泛的讨论,有人同意他的观点,认为教育是纯粹的公共物品,但也有人认为教育是准公共物品,还有人认为教育是优效型物品,还有的经济学家则反对他,认为教育是纯粹的私人物品。

教育的最优数量水平是指这样一种水平,在该水平下,个人需求的纵向加总等于为这些个人提供教育所需要的边际费用。如果教育是一种纯粹的公共物品(如同国防),向一个人提供的总量就可以向所有人提供。换言之,纯粹的公共物品的重要特性之一是每个人对其享用的数量都是相等的,即数量上具有均匀性(uniformity)和个人需求曲线可以纵向加总等特点。但事实却是,教育不可能在消费上具有完全的可分性。

从教育的"生产"方面来看,它并不具备纯粹的公共物品的特征:接收的学生越多,需要的教师就越多,校舍就越大,因此成本也就越高。当然,在超过一定的规模之后,教育具有一些"成本不变"(a constant-cost)的特征。但在消

---

① Jack High and Jerome Ellig, "The Private Supply of Education: Some Historical Evidence", pp.361 - 362, in *Public Goods and Market Failures-A Critical Examination*, Transaction Publishers, Tyler Cowen (eds.), New Brunswick (USA) and London (UK), 1992. Originally published in 1988 by The CATO Institute, George Mason University.

② Barlow, Robin, "Efficiency Aspects of Local School Finance", *Journal of Political Economy*, 78(Sept./Oct. 1970), pp.1028 - 1040.

③ Barzel, Yoram, *Productivity Change, Public goods & Transaction Costs*, Elgar Edward Publishing Inc, 1995, p.160.

费方面,教育具有一些公共物品的特点,这是因为"教育的报酬"(the returns from education)具有广泛的传播性,尤其对社会来说,其报酬远远超过了受教育者个人,并且,教育的性质越接近于公共物品,相对于整个社会的那部分报酬来说,受教育者个人获得的报酬份额就越少。

反过来说,如果把教育看作是一个国家范围内的公共物品,那么,在美国一个州的范围内进行的教育就是一件不经济的事情了,人们就应该看不到州立教育或地方教育,更不用说私立教育了,正如人们看不到每个州都提供国防设施一样。事实是,美国的教育主要不是由联邦政府直接经办和资助的,甚至大多数州立法将教育留给地方机构实施。由此看来,"教育的收益"(the benefits from education)的传播性非常狭窄。此外,私立教育的广泛存在及其与公立教育并存这个事实表明,教育不是一个纯粹公共物品,即使含有一些公共物品的成分和因素,那也是非常有限的。一项研究表明,对于那些无子女的投票人来说,他们绝大部分人投票反对教育的公共支出,例如,43%的投票赞成教育征税的人没有学龄子女,而66%的投反对票的人没有学龄子女[1]。

上述分析说明:(1)教育既不是一个纯粹的公共物品,也不是一个纯粹的私人物品,而是一种"优效型的公共物品"(merit good),或称"准公共物品"(quasi-public good)。(2)公共部门提供教育的均匀性(uniformity)的政策目标以及由其所允许的纵向需求加总是由公共部门强加的,是福利国家出于"父爱主义"的考虑,而绝非是由教育这个"物品"本身的技术性质所必需的和决定的,即公共部门提供教育的动机绝非出于"教育是一种公共物品"的考虑。(3)那么,即如何进一步解释私立教育的存在呢? 私人系统提供私立教育的理论根据是什么?

(二)私立教育存在的原因

如同其他公共物品一样,公共部门提供教育的数量决策来自于公共选择;所不同的是,公共部门提供教育的实际数量一般来说就是关键投票人(crucial voters)所赞成的合意数量,即在多数原则条件下中间投票人(median voters)的合意数量。这个数量一般来说与最优数量是不同的。实际的教育数量在现实

---

① Barzel, Yoram, *Productivity Change*, *Public goods & Transaction Costs*, Elgar Edward Publishing Inc, 1995, p.162.

世界中是否"最优",还取决于一些其他因素,例如:取决于家庭的"价格"及收入,而后者对不同家庭来说是有很大区别的;于是,私立学校的存在就成为可能的了,它为获得合意的教育数量提供了机会。

从教育的需求方面来看,应该区分以下两个概念,即投票人对公共部门教育支出行为所表现出的需求和对私人部门所表现出的需求。对于前者来说,教育数量水平的提高适用于所有人,因为只有当所有人都获得同样的额外的教育时,个人对公立学校额外教育的需求才会得到满足,因此,个人的需求反映了由额外教育所带来的直接利益和每个人都获得同样额外的教育所带来的间接利益。所以,这种"外部性"基本上被"内在化"了。对于后者来说,私立教育条件下不会发生这种内在化,因为私立教育的增加与否仅对他们个人的需求或很小一部分人的需求有意义。

由于公立学校的财政来自于税收,所以,只要家庭所在地属于该学区内,他的教育税收就不能免除,除非他拒绝使用公立学校的服务(从理论上讲)。如果来自合意的而不是均匀的(uniform)教育数量的净收益超过了额外的费用,家庭还可以选择私立学校。有些家庭对教育数量的需求少于公立学校提供的数量水平,所以,对于这些家庭而言,就读私立学校的成本永远是超过其净收益的,因为这时他的收益是负的且支出是正的。但有些家庭对教育数量水平的要求超过了公立学校所提供的标准,所以对这些家庭而言,净收益可以超过其额外费用。

现在,我们假定中间投票人总能获得他所合意的教育数量水平,私立学校的成本/单位是和公立学校完全相同的;假定公立学校的资金完全来源于居民的财产税,并假定财产评估在各家庭之间差距是很大的;还假定,中间投票人或关键投票人的收入一般来说少于中等收入(median income)。在上述若干假定条件下,对不同的家庭来说,其教育"价格"的差距就非常大。此外,当收入增加时,教育的需求数量也会随着增加,因此财产税也将增加。巴罗指出①,当收入增加时,教育数量水平提高以后所带来的收益比额外的税收成本增长得快。因此,边际的收益/负担比率(marginal benefit/burden ratio)随着收

---

① Barlow, Robin, "Efficiency Aspects of Local School Finance", *Journal of Political Economy*, 78(Sept./Oct. 1970), pp.1028 – 1040.

入的增加而上升,合意的公立教育数量水平也会随着收入的增长而提高。例如,如果对一项将教育数量水平提高到中等收入合意水平以上的议案进行投票表决,这时,边际的收益/负担比率较低的那些人即低于中等收入的那些人将会投票反对提高教育数量水平,并且投票表决的最终结果将是教育的数量不会超过关键投票人所合意的数量。但是在对一项将教育数量水平降至中等收入那些人的合意水平之下的提案进行表决时,情况就完全不同了,收入刚刚超过中等水平的那些人将会投票反对降低教育数量水平。

华盛顿大学的巴泽尔(Barzel,Yoram)教授在巴罗的研究基础上引申并发展了巴罗的论述,并由此得出了与之完全相反的结论。他认为①,随着收入的增加,合意的教育数量水平和公立学校提供教育的均匀数量(uniform amount)之间的差别和矛盾将会增大,这种差别和矛盾将会使私立教育愈发具有吸引力。当这种差别和矛盾增大到足够程度时,私立教育可能会受到偏爱。私立学校的可获性将使最高收入者的边际收益/负担比率由大于1下降到0。选择私立教育的个人将会投票赞成降低公立教育的数量,因为这样可以减少他们的捐税,这就是那些没有学龄子女的家庭总是投票赞成零水平教育数量的根本原因。由于所有低于中等收入的人也都投票赞成降低公立教育的数量,所以,经过投票确定的教育数量将达不到中等收入投票人的合意水平。因此,在巴泽尔看来,只有当进入私立学校的激励较弱的情况下巴罗的结论才是成立的,就是说,经过投票决定的公立教育的数量就是中等收入者的合意数量。当高收入家庭移出公立学校系统时,他们自己就会获得合意的任何教育数量水平,这时,他们的税收缴付事实上就成为从富人转移到社区其他人的一种转移支付。在这种情况下,巴泽尔认为,巴罗所说的财产税资助公立学校具有税收递减的性质将不复存在。

概而言之,巴泽尔认为,高收入家庭转向私立学校的行为将会影响公立学校实际数量水平的投票结果,它主要表现在两个方面。第一,随着投票确定的公立教育数量水平的下降,高收入家庭的边际收益/负担比率将从大于1下降到0。因此,在没有私立学校的地方,他们将会支持公立教育数量水平的提

---

① Barzel, Yoram, *Productivity Change*, *Public goods & Transaction Costs*, Elgar Edward Publishing Inc, 1995, pp.164 - 165.

高,而在私立学校允许存在的地方,他们则几乎不赞成提高公立教育的数量水平。随着高收入家庭投票支持的变化,中间投票人即关键投票人的立场将具有向低收入者方向移动的倾向,并且对公立教育的支持水平和支持程度将会下降。第二,公立教育数量水平的下降又会反过来导致更多高收入家庭移出,这个循环的结果最终将使那些继续留在公立学校系统的家庭可以获得一个礼物,即在要求使用公立教育资源的家庭越来越少的情况下,随着教育数量水平的下降,对那些留下来的家庭而言,其平均税收价格也将随之下降。由此,巴泽尔最终得出的结论是,"教育主要是一种私人物品",而不是巴罗所定义的纯粹的公共物品。

（三）教育代金券的设想

为克服公共教育效率低下等问题,许多新自由主义经济学家提出了代金券的设想,即福利国家应将教育的补贴直接给予教育消费者,而不应给予学校,这样就可以通过选择学校来强化消费者主权,而学校则会根据家庭的需求和消费者的偏好作出相应的反应,在学校之间引入竞争机制,优胜劣汰。此外,一般情况下,在私立学校就读的家庭无权得到任何补贴,代金券方案的另一个优点就是这些家庭可以凭代金券自行支付这笔费用,从而减轻了公立学校的负担,即减轻了福利国家的财政负担。总之,代金券制度通常被认为可以增进经济效率,实现资源最优配置。

代金券设想的倡导者是新自由主义的弗里德曼和詹克斯（Jencks,Christopher）等经济学家,根据他们的设计①,归纳起来,代金券应具有如下特征:（1）代金券设想的本质是教育应该部分地由私人来提供,通过补助金政策强制要求全社会接受学校教育,并制定一些名额分配和补差的制度以增进效率与公平。（2）所谓"补差"即获得的代金券不够支付全额学费时,家庭可以自己支付剩余的部分;或者,在不实行补差制度的情况下对低收入家庭在代金券的基础上给予一定的补偿性增量,以实现向那些贫富学生比例严重失调的学校转移资源。（3）代金券的价值以公立学校中的平均支出为标准,或低于这个标准。总体来说,基础代金券应满足公立教育的全部支出。（4）学生可

---

① Friedman, Milton, *Capitalism and Freedom*, Chicago: University of Chicago Press, 1960. Jencks, Christopher, *Education Vouchers: A Report on the Financing of Elementary Education by Grants to Parents*, Cambridge, Mass.: Cambridge Center of the Study of Public Policy, 1970.

以选择任何学校来消费代金券,不论是公立还是私立的;学校也可以完全自由地选择学生。(5)对需求大于供给的学校应给予限制,因为至少大部分名额需要通过投票来最终予以决定。

但也有一些经济学家认为代金券的设想是值得商榷的。例如,在经济效率方面,如果家庭和学生本人不能获得充分相关信息的话,就不可能对学校的标准进行监督、鉴别和选择。再例如,就公平这一目标而言,代金券制度对中产阶级的家庭来讲非常有利,但在信息不对称条件下这是以牺牲社会底层群体的利益为代价的,因为代金券制度在根据社会等级对教育进行分配(质量和数量)的过程中可能更加助长了不公平的因素。最后,公平问题因此就转化为两个群体之间权利的平衡问题,由此代金券制度有可能导致降低社会的凝聚力。

(四)信息不对称与贷款市场不足

与失业等相比较,信息不对称问题对教育来讲并不十分严重,它仅与竞争的可行性有关系,即与教育的供给和学生贷款的私人市场供给有关。教育的供给问题前面已经有过论述。由信息不对称导致的学生贷款私人市场供给不足问题会引发许多其他问题,例如,从效率的角度讲,如果一个人连最基本的食物也负担不起,那么,不仅存在不公平,还存在着效率损失。在一个完善的资本市场中,学生可以以他们未来的收入作为抵押来进行融资,但现实中资本市场是不完善的,贷款机构需要的抵押物是物质资本及金融财产,而不是人力资本的预期;这就将导致消费不足,从而为政府提高经济效率和维护社会公正而进行干预提供了一个理由。政府干预可以采取以下形式:国家可以对私人机构向学生实施的贷款进行担保,也可以自己提供学生贷款,或者为教育提供资助,等等。

五、信息不对称理论中的医疗保健

医疗保健作为一种重要的实物转移支付首先被认为是福利国家体现社会公平的一项重要指标和手段,是富人向穷人的再分配,是体现纵向公平的一个标志。这种强制性转移具有强烈的消费外部性,富人之所以赞同这一计划是因为从自利的角度看,健康状况良好的劳工将会有利于经济增长。从政治上考虑,对穷人来说,实物转移比家计调查型的现金转移使他们产生的耻辱感要少一些。穷人拥有的关于健康的信息要少于富人,其利用信息的能力也差一些,而社会医疗保健制度可部分地予以弥补。

当然,更为重要的是,国家介入社会医疗保健主要还是由于经济效率方面的原因。

(一)私人医疗保险市场的不确定性

私人医疗保险市场存在着许多特殊性和不确定性,从信息不对称的角度来看,首先是逆向选择的存在,其次是道德风险问题。私人保险的这些"市场失灵"使之供给不足,效率低下,最后终于导致公共卷入。巴尔教授在分析美国"医疗保健"和"医疗援助"公共计划出台的成因时说,正是由于 20 世纪 60 年代以前基本上以私人保险为主的制度出现了问题,结果才导致在 60 年代中期建立了这两个专门针对老年人和穷人的保障制度。[①]

1. 医疗保健市场的特殊性。为什么公共部门要参与医疗保险服务的提供而不能像家庭保险和财产保险那样完全交给私人部门来管理? 经济学家们将医疗市场与标准竞争性市场进行比较之后,发现前者具有许多特殊性(见表 1)。

表 1　医疗市场与标准竞争市场之间的区别

标准竞争性市场	医疗市场
有许多卖者	医院的数量有限(除少数大城市以外)
公司的目标是利润最大化	大部分医疗不以赢利为目的
商品具有同质性	商品具有不同质性
买者的信息是充分的	买者的信息是不充分的
消费者直接付款	消费者只支付一部分费用

资料来源:Stiglitz, J.E., *Economics of The Public Sector*, 2nd ed., New York: W. W. Norton & Company, Inc, 1988, p.290, table.ll - l.

在斯蒂格利茨看来,医疗保健市场的主要问题在于存在市场失灵,具体表现为有限的竞争和有限的信息。不能满足上述标准竞争性市场的 5 项条件就必然导致消费不足,经济没有效率,从而需要国家的介入。

---

① Barr, N., *The Economics of Welfare State*, Oxford University Press, 1998, p.302.

2.医疗保健在产出度量上的困难。医疗保健只是一种投入,它的产出是改善后的健康状况;对前者的支出可以估算,但是对后者的度量却是很困难的,除非根据诸如婴儿死亡率、预期寿命和疾病导致的损失等指标进行粗略的估算。所以"健康"这个"商品"的特殊性表明,国家的介入为医疗保健的产出制定一系列评估标准、建立一套有效的监控体系,将会大大提高其资源配置效率。

3.信息极度贫乏。既然医疗保健市场与标准假设相去甚远,那么,消费者对获取相关"商品"的信息就肯定不是完全的,即它们几乎都在无差异曲线之外。阿罗1963年发表的《不确定性和医疗保健经济学》开拓了这个领域的研究,这篇经典性论文告诉人们:医疗保健市场是不适用于相关标准假定的,它具有许多不确定性,患者极度缺乏治疗效果的概率和相对效率的信息;对医疗保健服务的消费缺乏何时需求和需求多少等相关信息,较弱的信息可获性导致了较弱的判断力,由此产生一些不确定性;消费者要想了解这些信息就只有向医生咨询,而医生恰恰是出售这种商品的人;消费者即使获得了一些信息,也不一定能够作出完全正确的理解,失误的判断很可能导致错误的选择;而错误选择的成本很高,与其他商品相比,在许多情况下它往往具有不可更改性、不可重复性甚至不可逆转性等特点。

4.交易费用过大。私人医疗保健制度的交易费用被认为高于公共医疗保健制度下的交易成本,其中部分原因是前者的会计成本和诉讼成本①占了相当大的比例,而会计成本和诉讼成本的高昂被认为主要是由信息贫乏造成的。较高的交易费用直接导致了两个后果:一是减少了医疗福利水平。由于医疗保险的价格昂贵,人们为了得到其保险福利就不得不"忍痛"放弃较高的工资而留在提供医疗保险的雇主那里,这可以被认为是美国还有1.78亿人(1992年)拥有私人健康保险的重要原因之一,如同罗森所说,"健康保险可行性的下降与成本增加的问题便紧密地联系在一起"②。二是导致没有医疗保险的人口比例越来越大。由于价格昂贵,买不起保险的人口比例可能会逐年增加,以私人保险制度占主导地位的美国为例,1980年没有保险的人口比例为

①　Stiglitz, J.E., *Economics of The Public Sector*, *2nd edition*, New York: W. W. Norton & Company, Inc., 1988, pp. 293-294.

②　[美]哈维·S.罗森:《财政学》,中国人民大学出版社2000年版,第207页。

12.5%,到 1992 年这一比例增至 16%,即 3890 万人口没有任何健康保险。部分地由于上述原因,在 OECD 国家中,美国的医疗保健支出增长速度是最快的,1961 年仅占其 GDP 的 5.5%,到 1995 年已高达 15.7%;美国人均医疗保健支出也是世界上最高的,1993 年为 2566 美元(而英国只有 909 美元,日本 1113 美元,加拿大 1793 美元)①。

5. 逆向选择。导致医疗保险市场供给不足的重要原因之一是逆向选择。不同的人感染疾病的禀赋是不同的,从理论上讲,天生体弱者只有支付较高的保险费才能买到医疗保险,但是,逆向选择的结果是高风险的人隐瞒其真实风险状况,积极投保的很可能都是天生体弱的人。正如阿克洛夫所言,购买保险的人恰恰是那些更加需要保险的人,所以,由于购买保险人的风险高于平均风险,美国 65 岁以上的老年人很难轻松地买到医疗保险②。投保者藏匿私人信息的行动使保险商发现公司在亏损,为了经营下去,他只好提高保费,但这样的结果却使风险相对较小的人觉得吃亏而纷纷退出市场;面对留下的风险较高的人,保险商出于经营的目的须再次提高保费从而再次逼使一些人退出市场。这种恶性循环继续下去将会使退出市场的人越来越多,最后,在其他假设条件不变的情况下,医疗保险市场就会出现供给不足。

对保险商来讲,"撇奶油"的心理倾向本来是想吸收良性风险的人,回避那些恶性风险或天生体弱的人,但由于他不掌握投保人的私人信息,对他们的风险情况很难判断和分类,最终结果可能恰好相反,于是逆向选择将导致出现市场失灵。强制性的社会医疗保险是向所有不同风险的人提供相同标准的保险,良性风险的人不得不参加,从而分散了风险,使社会福利损失降至最低。

在私人保险制度下,雇主为了吸引工人和提高劳动率有可能为其雇员"集体"购买医疗保险,这样是否就避免了逆向选择呢?③ 这种"打包"式的雇主计划被认为有可能降低劳动力市场的流动性,虽然目前大量的经济计量研

---

① 上述数据引自[美]哈维·S.罗森:《财政学》,中国人民大学出版社 2000 年版,第 206—208 页。

② Akerlof, George A., "The Market for 'Lemons': Qualitative Uncertainty and the Market Mechanism", *Quarterly Journal of Economics*, 84 (Aug. 1970), pp.492－493.

③ 事实上在美国由于"所得税法"等原因的激励作用,大约 90% 以上的雇主以福利的形式为其雇员集体购买私人医疗保险。

究还没有确凿的证据表明它可以导致"工作锁定",但其"不可携带"性却是公认的。① 重要的是,雇主"打包"式的计划并没有完全避免逆向选择。我们知道,雇主的这个医疗保健计划是"含在"公司全部成本之中的,提供了这个福利必定要"挤占"其他的福利工资待遇,例如,如果雇主不提供这项医疗保健福利,雇员的工资很可能要稍稍再高一些。在这种情况下,那些可以通过其他方式获得医疗保险的雇员(如通过其配偶和遗产等方式)或身体很健康的年轻雇员就有可能不选择这些雇主,而选择那些不提供医疗保险但工资水平相对较高的雇主,这时这些雇主就会发现他的雇员患病风险高于平均风险,他支付的医疗保险费会高于市场的平均费用,于是他就会作出降低工资总体水平或者"高工资无保险"的重新选择。如果作出的决定是"低工资有保险",那么他就很可能面临恶性循环,即吸收的雇员很可能是一些更加体弱多病和患病风险更高的人,这样的循环结果最终会促使雇主宁可选择"高工资无保险"的决定,于是"打包"式医疗保健就不可避免地会出现需求不足,最终导致私人市场保险供给的不足。

6.道德风险。即使不存在逆向选择,道德风险所导致的人们积极性的扭曲也能足以破坏私人市场的存在。道德风险主要通过三种形式表现出来。第一,投保人通过个人行动故意对医疗保健的需求施加影响,例如,参保以后人们很可能较少努力地去避免风险,如不太注意饮食、吸烟和锻炼身体等;个人减少了健康预防措施势必影响医疗保健的需求概率,导致资源配置效率低下。第二,为家庭提供的保险项目中存在着医疗服务消费的选择性问题,在某些情况下,个人可以很小的成本获得较大的精神收益,从而影响了保险商的成本控制函数。类似事件对于投保人来说不是完全无法预料的"外生"事件,而属于消费者的一种故意选择,例如主动妊娠或头发移植,等等。对这类道德风险保险商很难精算保费,也很难计算损失。第三,在私人医疗保险市场"第三方支付"的制度下,"过度消费"的心理倾向很普遍,人们普遍存在着一种"多多益善"的消费动机。

---

① Holtz-Eakin, D., "Health Insurance Provision and Labour Market Efficiency in the US and Germany", in *Social Protection Versus Economic Flexibility*, Rebecca Blank and Richard Freeman (eds.), Chicargo: University of Chicago Press, 1994.

（二）公共医疗保险中的道德风险及其后果

如果说20世纪60—70年代以阿罗为代表的经济学家的兴趣主要是将信息不对称理论运用于论证私人医疗保险市场注定失灵的话，那么，80年代初以来以波利和布劳格（Blaug）等为代表的经济学家们讨论的中心话题就开始转向如何将公共医疗保险中信息失灵的后果最小化，于是，防止过度消费，改革支付制度，有效控制成本，建立和完善评估体系等改善具体的政府干预措施等便成为福利国家研究中的热点话题。

社会医疗保险的强制性对避免逆向选择很有效果，但对道德风险却似乎束手无策；而目前各国医疗保健体制中的"第三方支付"则被认为是导致产生道德风险的"制度性"因素。几乎与其他任何社会保障项目都不同，医疗保险的支付制度具有特殊性，它不是由受保者本人直接支付，即不是由消费者本人而是由第三者支付。这种"第三方支付"的特点和结果是：

1. 患者和医生在"交易"过程中从心理上讲他们各自的感受都是"免费的"。在"第三方支付"制度下，尽管医疗保健的社会成本为正数，并且数目可能很大，但他们双方在整个"交易"过程中都面临着"零"成本，其边际私人成本也是"零"；由于医疗保健的供给者并没有受到其购买者支付能力的约束，其结果必将是私人成本与社会成本的背离。

2. 社会医疗保险越全面，受保者个人对其行为后果承担的责任就越少，承担损失的行为动机就越少，受保人的精神收益就越大。在医生方面也存在着道德风险，他或是因为其服务得到了计额式的酬金而获得经济收益，或是因为其服务而获得了精神收益（在非计额酬金制度下）。于是，在患者即消费者方面就出现了过度消费的倾向，而在医生方面则存在着过度供给的动机。这样，医疗保险制度从整体上就面临着"使用过度"的现象，私人医疗保险市场上的逆向选择导致的消费不足在社会医疗保险制度下就表现为道德风险导致的消费过度。

3. 在"第三方支付"制度下，医生事实上是患者和国家（保险制度）这两个委托人共同的代理人，在这复杂的三角形的委托—代理关系中，由于信息不对称，投入产出的联系过于松散，三方之间信息不畅，加之"健康"的标准和治疗的效果与其他"产品"相比很难界定和度量，医生不太容易向他的两个委托人提供足以证明其绩效的"事实"，所以，"健康"的标准很难写进合同之中，更何况一种疾病存在着多种治疗方案,采取哪一种为最佳就更难以"明文规定"了。

(三)公共医疗保健制度模式的比较

经济学界普遍认为,社会医疗保健制度的模式大体上可以被划分为三种:一是以美国为代表的"准精算型模式"(quasi-actuarial)。其特点主要是由雇主和个人购买,由市场供给;在资金来源方面国家基本不负任何责任(老年人和穷人除外),完全市场化,但国家以立法的方式给予税收优惠性质的"隐性补贴"以鼓励私人雇主积极为雇员购买保险;①国家仅仅对老年人(Medicare)和穷人(Medicaid)这两个群体负起责任来,资金主要来源于税收,在前者中,给付标准在各州是统一的,但由联邦政府统一管理,无须家计调查(只要到了65岁,百万富翁与赤贫者具有相同的权利),在后者中需要家计调查,给付标准由各州在联邦政府的规定范围内具体确定。二是另一个极端即以英国为典型代表的"普享型模式"(universal)。其特点是由国家统一管理,资金主要来源于普通税收,少量来自保险费(税),全国居民均享有基本上是免费的、相等的医疗待遇的权利;全科医生占有重要的中心地位,成为这个制度的"门卫",不通过他,患者就不可能住院或看专科医生。属于这个类型的国家还有荷兰、瑞典、挪威、意大利、希腊等。在这一模式中,不同的国家亦稍有变异。三是居于上述二者之间的"基金型模式"(funding scheme)。资金来源于雇主和雇员按比例强制性缴纳的保险费(税),国家适时给予少量补贴;基金的设立是按社会职业进行界定并相互独立,基金的管理方式是实行社会合伙人的自治或半自治的模式,在政府和医生组织、基金和医生组织之间或三者之间进行集体谈判签订协议,最后由政府批准或备案并最终由政府出面直接监管或委托监管。医疗药物和门诊基本上是免费的。德国、法国、日本、加拿大、比利时等均属于这一模式。与上述两种模式相比,由于这类模式的国家较多,所以,他们之间存在较大的差异性。

在上述三个模式中,就覆盖人口比例来看,"准精算型模式"覆盖面最小,"普享型模式"最大,甚至为100%,"基金型模式"有少量人口被排除在外;就

---

① 关于美国医疗保险的隐性补贴问题有大量的文献,可参见:Newhous, J., Gmmer, "Medical Care Cost: How Much Welfare Loss?", *Journal of Economic Perspective* 6, no.3 (1992), pp. 3–22.

公共和个人支付费用的比例来看,"准精算模式"中个人支付比例最大,近60%,"基金型模式"其次,在25%左右,而"普享型模式"最少,在10%左右。

从福利国家的政府责任即从供给的角度看,这三种模式之间的差异性不外乎可以简化为主要依靠市场和主要依靠政府的两种模式以及居于二者之间混合式配置与提供的模式;若从人口覆盖面的角度看,无外乎是多和少,大和小之间的差别,即政府承担的责任大一些,覆盖面就大甚至是100%,反之则反;从融资渠道来看,政府责任小的主要是依靠私人市场的融资办法(主要针对工薪者),政府承担较大责任的模式里主要是通过普通税收,而居于二者之间的则主要是依靠雇主和雇员的缴费积累。在分析评估这三种模式时,经济学家们见仁见智,分歧较大,这涉及许多原因,其中既有价值观的偏好,也有评估角度的差异,还有公平与效率的利弊权衡问题,医疗保健的"产出"和健康的标准等难以量化的特殊性也削弱了不同模式之间的可比性,等等。例如,巴尔多次指出美国医疗保健制度成本很高,而英国的制度则规避了这一缺点,其支出远远低于国际标准,并且还有许多值得称赞的地方,但同时他也承认这一制度不完善,许多患者为一点点小毛病而需要排队等候,降低了效率,所以,英国的制度也不是唯一可行的制度,如果进行改革,"就只有冒着把孩子和洗澡水一起泼出去的相当大的风险"①。显然,巴尔等这些学者的态度总的来说是倾向于英国模式的。但那些持批评态度的学者则认为英国"过度的医疗膨胀"是无效率的,因为对这个制度的投入中劳动力的比例高于一般水平,大约有3/4的支出是花在直接雇佣人员的身上②。事实上,尽管这三种模式之间甚至同一模式中不同国家之间存有较大的差异性(例如德国和法国),但它们所面临的困难却是相同的,它们都程度不同地、阶段性地经历过同样的财政危机,都共同面临着同样迫切的改革任务。一言以蔽之,如同在其他公共领域一样,经济学家们对模式的评价中存在的争议主要是由谁来供给即在私人部门和公共部门之间谁提供更有效率的问题。虽然这样的讨论始终在进行之中,从未停止过,但事实上许多经济学家已基本上达成这样一个共识:由于信息不对称和道德风险的存在,"实际上,无论由谁来提供,都可能导致一个缺乏完

①　Barr, N., *The Economics of Welfare State*, Oxford University Press, 1998, pp.296-318.

②　Baumol, William, "Children of the Performing Arts, the Economics Dilemma: the Climbing Costs of Health care and Education", *Journal of Cultural Economics*, 20 (1996), pp.183-206.

全效率的保险体制"①。

（四）公共医疗保健制度的改革

西方发达国家医疗保健的支出比例越来越大，已成为公共支出中一个沉重的负担。究其原因，在其他假设条件不变的情况下主要是由下列三个因素造成的：一是老龄化使人的预期寿命得以延长；二是医疗技术的进步致使医疗设备越来越昂贵；三是"第三者支付"制度下道德风险已成为过度消费的直接原因。于是，20 世纪 80 年代初以来"第三者支付"和道德风险问题自然就成为经济学家们讨论控制医疗保险成本时的重要内容之一，争论的焦点集中在如何改善政府的干预和干预的形式等方面。

近十几年来，医疗保健的相关经济理论中主要有三种思潮倾向。一是私有化的理论倾向。针对这种思潮，经济学家们普遍认为，从信息失灵的角度来看，国家不干预的、完全的私人医疗保健市场是低效率的。从逻辑上讲，它可能导致二元体系，从而导致严重的社会不平等：一极是富人可以消费的高质量的私人体系，另一极是穷人无从消费的公共体系的缺失。第二个理论倾向是"有管理的医疗"（managed care）。这种理论已经变得非常流行，它是指消费者向一个私人的"医生公司"预先付款"定购产品"，"医生公司"向消费者提供一揽子服务计划。该体制的优点在于可以有效地使"第三方支付"产生的问题得以内在化，从而可以很好地抑制过度消费和鼓励节约；所谓"医生公司"，其实质是取消了医生作为患者和保险公司这两个委托人的代理人地位，由复杂的三角关系变成"医生公司"与患者之间简单的委托—代理关系，即将医生与保险公司"合二为一"。在这方面，美国的"健康维护组织"（HMOs）的绩效日益成为经济学家们研究的主要经典性案例；据悉，该组织发展得十分迅速，仅 10 年的时间，就从 1080 万人发展到 4140 万人。② 三是混合供给的理论倾向。这项研究对医疗保健这个公共物品提出的改革设想与对其他公共物品一样，建议采取"公共提供、私人生产"的办法，具体地说，公共部门继续承担起融资的责任来，但具体生产的任务则交给私人部门来负责。强制性的公共融资与有弹性的私人供给的混合方案可以较好地抑制道德风险，规避由此产

---

① ［美］鲍德威、威迪逊：《公共部门经济学》，中国人民大学出版社 2000 年版，第 348 页。
② 参见［美］哈维·S.罗森：《财政学》，中国人民大学出版社 2000 年版，第 202 页。

生的"第三方支付"问题即过度供给的激励问题,总支出可以得到一定程度的控制。

六、关于养老金的经济学

20 世纪 80 年代初以来,尤其在养老保障制度的私有化改革大潮之中,"保险经济学"在公共部门经济学、公共财政学和信息经济学中愈来愈占有重要的地位,在这些学科中的分量和篇幅愈来愈大,已经成为这些教科书中不可或缺的一个重要组成部分。其中,在这个时期,也许是老龄化的"白色浪潮"使然,也许是养老保险本身更具刺激性的缘故,关于养老保障问题的研究在保险经济学、公共部门经济学和公共财政经济学中已经是最成熟、最活跃和最重要的内容,是社会保障经济学家讨论最多、社会保险文献中出现频率最高的题目,可以说,关于养老问题的研究在西方经济学中得到了长足的发展,"养老金经济学"(economics of pensions)概念早已经频频出现于相关文献之中。

(一)私人保险和公共保险并存的理论根据

经济学家假设,在养老保险中,人是理性的和厌恶风险的,即只要缴费的净成本不超过他确定的未来收益,人们就愿意为养老保险缴费即愿意购买保险;养老金领取者的寿命概率是独立的,且是已知的并且小于 1,一般情况下,死亡率的平均数据在大部分国家从统计学上讲是可靠的,因此没有任何逆向选择,也基本上不存在道德风险(假设自杀的成本很高,概率很小,可以忽略不计)。所以,基于上述的"产品"特点,私人市场上养老保险的提供几乎是不存在任何技术问题的。但是,存在的主要问题在于通货膨胀。由于未来的通货膨胀水平不是固定的,具有不确定性,并且其概率分布是不得而知的,作为一种共同性的危机,即通货膨胀的概率不是相互独立的(不论年龄,涉及所有人,不管是否愿意),所以,通货膨胀是一种不可保护的风险。当经济活动中出现通货膨胀的危机趋势时,市场的性质致使任何一个私人机构都不能单独提供可以完全抵御通货膨胀的有效措施[1]。私人养老保险只能提供有限的指

---

[1]　Bodie, Zvi, "Pensions as Retirement Income Insurance", *Journal of Economic Literature*, 28 (Mar.1990), pp.28–49.博迪教授说,"在美国事实上没有任何私人养老金方案能提供退休后对通货膨胀的自动保护",第 36 页。

数化,而超出部分的保险最终只能由政府出面解决,只有国家才能以现收现付的形式提供适当的抵御通货膨胀的担保,所以有坚定的效率理由认为政府至少要对养老保险作出部分干预。这种干预或是体现在向私人计划提供通货膨胀补偿金上,或是国家应该在现收现付制或混合体制的基础上亲自介入提供养老金。国家实施强制性的社会养老保险还出于外部性的考虑,因为那些不购买养老金权利的人会产生外部成本。

(二)关于养老保险私有化的争论

如同前文所述,20 世纪 70 年代世界性的经济危机中出现的福利国家的财政危机和老龄化直接导致了养老保险制度的改革,1981 年智利实行新的个人账户存储式养老保险制度的成功试验更是掀起了一场养老保险私有化的世界性浪潮。所谓养老保险私有化,主要是指建立个人账户的普及化、现收现付制转向基金制、公共部门的中央垄断性管理转向私人基金公司的分散经营性管理、"给付确定型"(Defined Benefit,以下简称 DB)转为"缴费确定型"(Defined Contribution,以下简称 DC),等等。继智利之后,拉美先后有 7 个国家开始尝试以自由市场政策为主导的激进式改革,英美等发达国家的私人养老金计划也迅速铺开。据统计,英国 75% 的劳动力在国家收入关联养老金计划之外与私人养老金计划签约,美国的 401(K)计划已为 1910 万人投保者积累了 4400 亿美元的资产,年缴费流量达 1000 亿美元①。

私有化的浪潮自然也引起了经济学界的一场大争论,如同以往的情况一样,基于对其评价和研究结果的不同,经济学家们当然也因此而分成了不同的营垒。以著名经济学家安龙(Aaron, H.)为代表的一些学者坚决反对激进的私有化,另一个极端是以克里克夫(Kotlikoff, L.)和萨克斯(Sachs, J.)为代表的激进派坚决支持私有化改革,养老金经济学家费尔德斯坦教授(Feldstein, M.S.)则属于倾向于私有化改革的"拥护派"。处于这两个极端之间的"中间派"有阿特金森和巴尔等,他们基本上赞成公共养老金计划,而查恩德(Chand)、加格尔(Jaeger, A.)和霍尔兹蔓(Holzmann, R.)等"怀疑派"则认为

---

①　这里的数据转引自许晓茵、王广学:《社会保障私有化及其理论基础》,《经济学动态》1999 年第 10 期,第 58 页。

向基金制转变可能会导致存款数量增加,激烈的"大转变"在财政上不一定可行①。

简单地说,经济学家们之间的激烈争论主要集中在现收现付制和基金制、公共与私人养老金、DC 与 DB 制等相关范畴之间的经济效率比较以及转型过程中的成本等热点问题的分析结论上。现收现付制向基金制转型过程中涉及的成本问题主要是指由谁来支付老一代的养老金。这个很具现实意义的问题吸引了众多经济学家们的讨论,查恩德和加格尔为国际货币基金组织(以下简称 IMF)撰写的一项研究报告基本上可以被认为是这方面具有代表性的主流观点,他们认为:"进行如此的(完全基金制)更替所消耗的财政成本可能是非常巨大的,并且在很多情况下,满足这些成本可能需要的财政调整实际上比全面落实现收现付制所需的成本还要高。"②巴尔认为,对现收现付制进行如此私有化的改革所需要的成本比对一个可持续性的制度进行私有化所需要的费用要高得多;私有化不是针对财政问题的解决方案。如果问题在于公共计划无法持续下去,那么,解决的唯一办法就是通过扩大缴费额和削减给付额或者将这两种方案混合进行以期使公共计划能够持续下去。因此,实施向基金制的改进,无论在其他方面还有什么优点,都不应该以短期成本受到限制作为理由③。

(三)社保资金筹资方式与经济增长的关系

费尔德斯坦在 1973 年那篇著名的论文中指出④,美国的现收现付制使储蓄降低了大约 50%,并由此使资本存量与没有社会保险制度时相比减少了38%。这篇论文发表以来所引起的反响特别是引起的关于现收现付制降低储

---

① 关于这些经济学家们的不同观点,可以参见他们的如下文献: Atkinson, A.B., *Incomes and the Welfare State Essays on Britain and Europe*, Cambridge: Cambridge University Press, 1995, 第五章;Feldstein, M. S., "The Missing Piece in Policy Analysis: Social Security Reform", *American Economic Review*, Vol. 86, No. 2(1996); Chand, Sheetal K., and Jaeger, A., "Aging Populations and Public Pension Schemes", Occasional Paper No.147 (Washington: IMF), 1996。

② Chand, Sheetal K., and Albert Jaeger, "Aging Populations and Public Pension Schemes", Occasional Paper No.147 (Washington: IMF), 1996, pp.32 - 33.

③ Barr, N., "Reforming pensions: Myths, Truths, and Policy Choices", Working Paper WP/00/139, Washington, DC, IMF, 2000, http://www.imf.org/external/pubs/cat.

④ Feldstein, M. S., "Social Security, Induced Retirement and Aggregate Capital Accumulation", Harvard Institute of Economic Research Discussion Paper No.312 (London), 1973.

蓄率的争论在经济学家中演变成为长期的争论,并吸引了许多经济学家的深入研究。总的说来,对于"费尔德斯坦之谜",有人赞成,有人怀疑,但始终没有在理论上得到进一步的精确印证。盖尔(Gale, W.)1998 年的一篇论文指出[1],由于存在着计量经济学方面的偏差,所以,现收现付制导致的"储蓄抵消"比以前设想的要大得多,而基金制对总体储蓄的影响则比以前所设想的要小得多。还有些经济学家认为[2],公共养老保险计划确实降低了私人部门的储蓄,尽管其影响程度很难估计,但要对公共保险制度对储蓄的冲击进行跨国间的准确概括是一件不可能的事情。

即使基金制确实可以提高储蓄,并且美国的一些经验性的证据表明它促进了储蓄的增长,但对产出增长是否具有一定的促进作用这个问题上也存在着很大的争议。针对基金制通过扩大和深化资本市场可以间接地提高产出的论点,戴蒙德(Diamond)在 1995 年指出[3],这种"学说"在 OECD 国家还没有得到印证,但是很可能与转型国家和发展中国家具有某种潜在的联系。"基金制可以提高未来的产出"这一论证过程中有三个主要环节:基金制是否比现收现付制能带来更高的储蓄率;更高的储蓄是否可以成功地转换为更有效率的投资;这些投资能否成功并促进产出的提高。这三个环节中没有一个环节是必然成立的。

(四)债务的性质及其清偿的必要性问题

现收现付制下每个社会成员都拥有积累的权利。这些权利属于非长期借款,因此,可以被看作是隐性债务。那么,养老保险债务的实质是什么?债务清偿有无需求和必要?在完全基金制下,债务总额是承诺在未来将要支付的养老金的当前价值,而资产总额就是当前养老保险基金所拥有的财产。在 DC 制度下,债务和资产的当前价值从定义上讲是相等的;因此,这一制度的当前净价值为零,因此,这一制度的一个重要特点是债务和资产两者都是显性的。

---

① Gale, W., "The Effects of Pensions on Wealth: A Re-evaluation of Theory and Evidence", *Journal of Political Economy*, Vol. 106, No. 4(1998).

② Mackenzie, G. A., Gerson, P., Cuevas, A., "Pension Regimes and Saving", Occasional Paper 153, Washington, DC, IMF, 1997, p.1.

③ Diamond, P., "Government Provision and Regulation of Economic Support in Old Age", in *Annual Bank Conference on Development Economics* 1995, M. Bruno and B. Pleskovic (eds.), Washington, DC, World Bank, 1995.

在现收现付制下,债务总额同时也是所承诺在未来将要支付的养老金的当前价值。为了缓解由老龄化等因素导致的债务危机,政府可以改变这一承诺的条件,例如,缩小指数的基础,提高退休年龄,或者延长给付核算的平均时限,等等。但基金制的债务是显性的,它没有这样的问题,如果政府利用职能来改变法规就会打破隐性债务和显性债务之间的等效性。

既然如此,是否有必要清偿这些债务? 在这个问题上,经济学家们的看法是普遍一致的,认为全面均衡的现收现付制应该是当前的养老金正好与当前的缴费相吻合,其资产总额为零①。老龄化的出现使这一支付呈现出未来的债务,因此其当前净价值为负数,但是,只要这一制度能够保持均衡,这一负数就永远都不会浮出水面。这一负数的当前净价值会与政府由于掌握了强制性现收现付制的权利所拥有的某种铸币税相吻合。如果政府将使其私有化,将权利和义务转移给一个私人计划,而这后一制度又能够将养老保险的水平保持在不超过当前的缴费所能允许的程度,那么,政府就没有必要为这种无法解决的负的当前净价值和将来再次可能出现的负的净价值提供任何补偿。从这个意义上说,现收现付制拥有的"真正的"当前净价值事实上为零,因此,反映在公共账户上,这一制度的当前净价值就应该是零。

由此,经济学家们的讨论结果可以归纳为两点:第一,重要的不是未来债务总额数量的大小而是它的维持能力。第二,关键问题不在于将隐性债务(现收现付制)或显性债务(基金制)最小化,而在于债务的数量应该予以最优化。

(五)风险分散化的多支柱型制度及其效率比较

世界银行 1994 年的发展报告推荐了一种多支柱型的养老保险制度,即包括强制性的、公共管理的、非基金制的支柱和一个强制性的但属于私人性质的基金的支柱,同时还需要一个补充性的、自愿的、私有的基金制支柱。世界银行对多支柱型养老制度的推荐是基于效率的理由,认为多支柱型养老保险制度可以使得风险被分散或减少。说到底,从本质上讲,实施多支柱的根本理由是在基金制和现收现付制之间、公共与私人养老金之间抑或 DC 与 DB 之间进

---

① Eatwell, J., Elmann, M., Karlsson, M., Nuti, M., Shapiro, J., *Hard budgets*, *Soft States*, London, Institute for Public Policy Research, 2000, pp.136 – 137.

行利弊权衡的选择与搭配。

这方面存在着两种观点。第一,私人养老金可能会将风险分散化。一般说来,在养老金领取权积累期,DC 能够抵御通货膨胀的冲击,可一旦养老金进入支付期,则只能抵御预期通胀率已知的通货膨胀的影响,因为养老金领取者只能得到相等于他的养老金积累的当前价值的津贴,在预期寿命已知的情况下,其津贴的标准由积累的余额来决定,实际的报酬率则由津贴的支付者实现。事实上,DC 和 DB 都不能很好地抵御无法预测的退休以后的通货膨胀;至于经济风险和人口风险(前者主要表现在通货膨胀上,后者是指老龄化),无论对于基金制还是现收现付制,它们都具有共同的危害性,只不过,相比较而言,私人的基金制比现收现付制更容易受到纯粹货币现象的影响,而现收现付制则更易受到人口风险的影响。基金制的缺点可能会来自其他方面,例如要面临经营风险,投资风险,年金市场风险,还可能导致规范金融市场能力的丧失从而出现不公平的问题,也许还会造成效率报酬的浪费等。

第二,许多学者基本形成了这样一个共识[1],即从逻辑上讲,一种混合型制度或称非基金制的公共养老保险和依赖于股票市场操作的分散化的基金制的组合,与完全基金制相比,能够减少风险的出现。霍尔兹曼认为[2],“多支柱方法对养老保险改革来说是正确的途径……多支柱型的养老保险制度所具有的根本优势就存在于风险多样化之中”。但是,智利进行的养老保险制度改革的关键教训或有效实施私人养老保险制度的基本条件有两个,即要依靠两条腿走路:一个是政府部门的能力,正如汤普森所说的[3],要知道 DC 制度究竟会怎样有效地避免出现不负责任的行为现在还为时过早,这是因为 DC 所需要的完善的监督制度产生于公共部门的“政治动力学”。另一个是私人部门的能力,意指资本市场规章制度的广泛发展是私有化的一个关键的组成部分。

在对现收现付制和基金制之间进行效率比较时,它们在行政管理费用方

① Bodie, Z., Marcus, A. J., Merton, R. C., “Defined Benefit versus Defined Contribution Plans: What Are the Real Tradeoffs?”, in *Pensions in the US economy*, Z. Bodie, J. B. Shoven and D. Wise (eds.), Chicago, IL: Chicago University Press.

② Holzmann, R., “The World Bank Approach to Pension Reform”, *International Social Security Review*, Vol. 53, No. 1 (2000), p.13, 21.

③ Thompson, L., *Older and wiser: The Economics of Public Pensions*, Washington, DC: Urban Institute Press, 1998, p.22.

面存在较大的差异性始终是经济学家们研究的一个热点。通常认为,个人基金账户的行政管理费用比现收现付制的更高一些,这方面的证据被认为是十分确凿的。美国社会保障部咨询委员会估计①,基金制"额外的"行政管理费用要超过个人 40 年工作所积累的全部养老金的大约 20%。在英国②,个人账户价值的 40% 被用于行政管理。因此,行政管理费用是养老金账户最沉重的负担之一。但比较起来,这方面在经合组织(OECD)国家中可能还不算最突出,而在那些比较贫穷的国家里这种情况则是相当普遍和极其严重的。从效率方面的理由来看,政府对养老金的指数化所作的承诺,或者说以现收现付形式的不断介入是非常有效率的,没有证据表明它具有负面的效率影响,但这也并不意味着现收现付制从未出现过浪费。此外,在公平方面有充足的证据表明它所带来的效果是有益的。

(六)关于养老保险的覆盖面及其模式选择

总的说来,正如伊特威尔等经济学家们所说,"对于养老保险改革来说,没有'理想的'模式"③。至于公共养老保险的规模,从国家财政负担的角度讲,不能简单地对"大"或"小"作出绝对地"好"或"不好"的判断,它涉及具体的国情和价值偏好等许多因素,而只能说,问题的关键在于,公共养老金的规模应该是最优化,而不是最小化。具体地讲,它可以小一些,像智利的那样,提供最低的保险;或者像英国那样非常接近于穷困线;或者像美国那样再大一些;在更加贫穷的国家,财政约束的指向可以相对再具体一些,如针对某个群体;随着国家的逐渐富裕,选择的范围可以继续扩大一些。至于给付的标准和性质,它可以是收入调查型的(如智利),或富裕调查型的(如澳大利亚),或单一费率型的(如新西兰),或部分收入相互关联型的(如美国);或完全收入关联型的(如瑞典)。至于融资方式及由此产生的均匀消费(consumption smoothing)的效用组合的选择,它可以是单纯的国家现收现付制(如瑞典),也

① Orszag, P., "Rethinking Pension Reform: Ten Myths About Social Security Systems", in *New Ideas About Old-Age Security*, Robert Holzmann and Joseph E. Stiglitz (eds.), Washington DC, World Bank, 1999, p.33.

② Barr, N., "Reforming Pensions: Myths, Truths, and Policy Choices", Working Paper WP/00/139, Washington DC, IMF, 2000, http://www.imf.org/external/pubs/cat.

③ Eatwell, J., Elmann, M., Karlsson, M., Nuti, M., Shapiro, J., *Hard budgets, Soft States*. London, Institute for Public Policy Research, 2000, p.140.

可以是国家直接建立的基金制(如新加坡),还可以是国家现收现付制与私人基金制的混合体制(如英国或美国),或者可以是几乎完全的私人计划(如智利、澳大利亚)。同时,上述这些养老保险可以是职业年金性的,或 DB 型的(通常在英国),或个人 DC 型计划(澳大利亚)。

参考文献:

[美]阿瑟·奥肯:《平等与效率》,华夏出版社 1999 年版。

[美]鲍德威、威迪逊:《公共部门经济学》,中国人民大学出版社 2000年版。

[美]哈维·S.罗森:《财政学》(第四版),中国人民大学出版社 2000年版。

[意]尼古拉·阿克塞拉:《经济政策原理:价值与技术》,中国人民大学出版社 2001 年版。

[美]斯蒂格利茨:《经济学》(第 2 版),中国人民大学出版社 2000 年版。

郑秉文:《市场缺陷分析》,辽宁人民出版社 1993 年版。

郑秉文:《20 世纪西方经济学发展历程回眸》,《中国社会科学》2001 年第3 期。

Akerlof, George A., "The Market for 'Lemons': Qualitative Uncertainty and the Market Mechanism", *Quarterly Journal of Economics*, 84 (Aug. 1970).

Akerlof, G., "Gift Exchange and Efficiency Wages: Four Views", *American Economic Review*, 74(2) (1984).

Arrow, K.J., "Uncertainty and the Welfare Economics of Medical Care", *American Economic Review*, 53(1963).

Atkinson, A.B., "Economics of Welfare State: Introductory Comments", *European Economic Review*, 31(1978).

Atkinson, A.B.(May.1978), Gramlich, Edward M.(1989), "Economists' View of the Welfare System", *American Economic Review*, 79(2).

Bailey, Stephen J., *Public Sector Economics-Theory*, *Policy and Practice*, London:Macmillan Press Ltd, 1995.

Barr, N., *The Economics of Welfare State*, Oxford University Press, 1998.

Barr, N., "Reforming pensions: Myths, Truths, and Policy Choices", Working Paper WP/00/139, Washington DC, IMF, 2000, http://www. imf. org/external/pubs/cat.

Bator, F. M., "The Anatomy of Market Failure", *Quarterly Journal of Economics*, Aug. 1958.

Barlow, Robin, "Efficiency Aspects of Local School Finance", *Journal of Political Economy*, 78(Sept./Oct. 1970).

Blackorby, C. and D. Donaldson, "Cash Versus Kind, Self-selection and Efficient Transfers", *American Economic Review*, 78(1988).

Bodie, Zvi, "Pensions as Retirement Income Insurance", *Journal of Economic Literature*, 28 (Mar.1990).

Bodie, Z., Marcus, A. J., Merton, R. C.,"Defined Benefit versus Defined Contribution Plans: What Are the Real Tradeoffs?", in *Pensions in the US economy*, Z. Bodie, J. B. Shoven and D. Wise (eds.), Chicago, IL: Chicago University Press, 1988.

Dumont, J-P., *Les Systèmes Etrangers de Sécurité Sociale*, Paris, Economica, 1988.

Dumont, J-P., *Les Systèmes de Protection Sociale en Europe*, Paris, Economica. 1993.

Feldstein, M.S.,"Social Security, Induced Retirement and Aggregate Capital Accumulation", Harvard Institute of Economic Research Discussion Paper No.312 (London), 1973.

Holtz-Eakin, D., "Health Insurance Provision and Labour Market Efficiency in the US and Germany", in *Social Protection Versus Economic Flexibility*, Rebecca Blank and Richard Freeman (eds.), Chicargo: University of Chicargo Press, 1994.

Holzmann, R., "The World Bank Approach to Pension Reform", *International Social Security Review*, Vol. 53, No. 1(2000).

Jack High and Jerome Ellig, "The Private Supply of Education: Some Historical Evidence", in *Public Goods and Market Failures-A Critical*

Examination, Tyler Cowen (eds.), Transaction Publishers, New Brunswick (USA) and London (UK), 1992. Originally published in 1988 by The CATO Institute, George Mason University.

Leibenstein, H., "Allocation efficiency versus X-inefficiency", *American Economic Review*, Jun. 1966.

Le Grand, J., "Inequalities in Health: Some International Comparison", *European Economics Review*, 31(1987).

Marshall, J. M., "Moral Hazard", *American Economic Review*, 66(1976).

Meyer, Bruce D., "Lessons From the U. S. Unemployment Insurance Experiments", *Journal of Economic Literature*, Vol. 33, No.1(Mar. 1995).

National Statistics, *UK 2002-The Official Yearbook of the United Kingdom of Great Britain and Northern Ireland*, published with the permission of the controller of Her Majesty's Stationery Office (HMSO), The Stationary Office, 2001.

Newbery, D., and Stiglitz, J. E., *The Theory of Commodity Price Stabilization*, New York: Oxford University Press, 1981.

Newhous, J., Gmmer., "Medical Care Cost: How Much Welfare Loss?", *Journal of Economic Perspective* 6, No.3(1992).

Pauly, M. V., "The Economics of Moral Hazard", *American Economic review*, 58(1968).

Rothschild, M., & Stiglitz, J. E., "Equilibrium in Competitive Insurance Markets", *Quarterly Journal of Economics*, 90(1976).

Rosen, S., "Implicit Contracts", *Journal of Economic Literature*, 23(1985).

Stiglitz, J. E., *Economics of the Public Sector*, W. W. Norton & Company, Inc., 1988.

Thompson, L., *Older and wiser: The Economics of Public Pensions*, Washington DC: Urban Institute Press, 1998.

Zeckhauser, R., "Medical Insurance: A Case Study of the Tradeoff Between Risk Spreading and Appropriate Incentives", *Journal of Economic Theory*, 2(Mar. 1970).

（本文原载于《中国社会科学》2003 年第 1 期,第 41—63 页）

20世纪西方经济学发展历程回眸*

内容提要：虽然西方经济学在20世纪百年的演进中经历了多次裂变、碰撞和整合，但主张自由市场体制和政府干预两种思潮之间的争斗和抗衡仍然是20世纪发展的一条主线；20世纪上半叶出现的张伯伦、凯恩斯和理性预期三次革命推动了西方经济学的发展；凯恩斯主义对20世纪70年代出现的"滞胀"无能为力，退出"正统"地位，货币主义、供给学派、合理预期、新制度学派和公共选择等新自由主义思潮崛起，甚至成为美英等西方主要国家经济学的"正统"。20世纪末出现的以斯蒂格利茨为首的新凯恩斯主义的第四次"整合"为西方经济学一时形成的"正统"理论"真空"注入了生机；20世纪西方经济学在研究方法的演变上曾具有六个倾向，即证伪主义的普遍化，假定条件的多样化，分析工具的数理化，研究领域的非经济化，案例使用的经典化和学科交叉的边缘化。

如同20世纪的经济发展史是迄今为止人类历史上最辉煌的百年，西方经济学在经过了几百年的演变之后，20世纪也得到了长足的发展，呈现出一种此前任何一个世纪都无法达到的高度；20世纪的西方经济学在百年的发展中出现过碰撞、裂变、斗争、困惑，也曾出现过异化、交融、激动、辉煌；可以说，西方经济学在整个20世纪尽现出异彩纷呈，各领风骚，景象万千。

20世纪西方经济学百年学说史向人们昭示，既要承认西方经济学的解释功能，即西方经济学对一般市场经济状态的运行规律和特点等共性问题的解

---

* 在本文初稿征求意见时，余永定、左大培、张宇燕，尤其是杨春学等专家学者提出了许多宝贵建议，在此笔者表示衷心的感谢。

释与描述;又要看到其揭示功能,即须将西方经济学置于其社会制度的大背景之下,洞察其与社会实践的关系。对于前者的某些有用性,采取借鉴、参考和利用的态度将是马克思主义一分为二的科学分析问题的方法,而对于后者即西方经济学为资产阶级国家服务的庸俗性,任何盲目崇拜和生搬硬套的做法都将是非马克思主义实事求是的科学态度。

一、国家与市场:一条永恒的主线

可以说,早在经济学作为一门独立学科诞生之初,就已经出现主张国家干预与主张自由放任两大思潮之间的分歧与论战。20世纪西方经济学发展的主线依然还是紧紧围绕着这个既古老但又永新的主线而展开的,所不同的仅仅在于,双方各自的学派更繁杂了,争论的范围与内容更泛化了,两种思潮此消彼长,兴衰交替的周期或被政府御用的周期更缩短了。

(一)二战前关于国家与市场的论争及凯恩斯主义的诞生

在19世纪末,占支配地位的仍然是"看不见的手"的自由放任理念,认为,在竞争环境中,通过市场的力量,个人的最大化行为会转化为一种最优化的社会状态;这个传统后来构成经济学家偏爱"自由放任"的一种比喻,并最终演变成在19世纪占据统治地位的"生产自动创造需求"的萨伊定律。

当历史刚刚踏入20世纪门槛的时候,经济学家们逐渐看到,在现实世界中,市场机制并非万无一失,经济的周期性波动伴随着失业等不良经济现象时有发生。以凡勃伦、康芒斯等为代表的旧制度学派主张国家调节和仲裁劳资矛盾、反对自由放任政策。马歇尔的门徒庇古创立了福利经济学,虽然总体上讲他仍然排斥政府干涉经济生活,但对自由放任的理想主义也进行了激烈的批评,认为国家应出面校正生产外部性以防止出现边际私人净产值与边际社会净产值相背离的现象发生。以缪尔达尔、林达尔、伦德堡、俄林和林德贝克等为主要代表人物的瑞典学派在1929—1933年大危机中逐渐成熟起来,他们秉承该学派的理论先驱威克塞尔国家干预经济的理论传统,以瑞典社会民主党执政半个世纪的实践经验为其佐证与支持,运用宏观动态的分析方法,形成了比较系统的"混合经济理论",在20世纪西方经济学中独树一帜,魅力无穷。

　　如果说上述对古典经济学自由市场学说提出质疑、抨击的众多西方经济学家只是对其进行"局部革命"的话,那么,凯恩斯1936年发表的《通论》则是对其进行的一次全面的反动和彻底的批判。凯恩斯主义认为,通过利率把储蓄转化为投资和借助于工资的变化来调节劳动供求的自发市场机制,并不能自动地创造出充分就业所需要的那种有效需求水平。在竞争性私人体制中,"三大心理规律"使有效需求往往低于社会的总供给水平,从而导致就业水平总是处于非充分就业的均衡状态。因此,要实现充分就业,就必须抛弃自由放任的传统政策,政府必须运用积极的财政与货币政策,以确保足够水平的有效需求。凯恩斯最根本的理论创新就在于为国家干预经济的合理性提供了一整套经济学的证明,这是凯恩斯主义出现以前任何经济学都根本做不到的。

　　凯恩斯的经济理论和政策建议后来通过其信徒们的努力广泛地被西方国家政府运用为其经济政策的行动指南,总需求水平这一概念的重要性被广泛接受。如果说在此之前像美国"新政"这类反危机的政策只是一种临时应急的措施,还谈不上明确地以一种经济学说作为其理论基础的话,那么,从此以后,以维持充分就业水平为目标的宏观管理就开始成为西方国家的常规政策。凯恩斯主义影响了20世纪西方经济学的走势,使西方正统经济学说的理论核心以此作为一个崭新的转折点,"凯恩斯时代"由此正式开始,凯恩斯本人成为"战后繁荣之父";与此同时,古典经济学自由市场体制论退出了正统经济学的统治地位。

　　(二)二战后以来凯恩斯主义与货币主义和供给学派等的论争

　　20世纪60—70年代是西方经济学最繁荣的时期。"在野"的自由主义思潮在新保守主义的旗帜下休养生息,重整旗鼓,在70年代凯恩斯主义陷入危机时东山再起;货币主义、供给学派、新制度经济学、公共选择理论等,学派林立,令人眼花缭乱,目不暇接,它们或昙花一现,各领风骚,或孤芳自赏,独树一帜;它们或是自诩为"嫡传"的凯恩斯主义者,或公开声明是凯恩斯主义的叛逆者。概而要之,芝加哥学派①所主张的是全面维护亚当·斯密"看不见的手"的历史传统和全面恢复"自由放任"的理论纲领,倡导的是对新古典的回归和凯恩斯经济干预主义的抗衡,坚持的是以哈耶克为代表的经济新自

---

　　① 　由于这些流派的代表人物绝大部分都曾在芝加哥大学任职,所以有人称之为芝加哥学派。

由主义的理论经济学体系和市场自由竞争的根本原则。20世纪下半叶,诸多自由主义学派来势凶猛,"是市场还是国家"的争论再次白热化,使20世纪最后几十年的西方经济学进入了"战国时代",曾登上美国"正统"经济学的宝座和成为英国的"御用"经济学,"撒切尔主义"和"里根经济学"应运而生,并曾经喧宾夺主,如日中天,占有一席之地,影响了一代经济学者,对"主流"的自我发展产生了巨大的影响,在20世纪西方经济学说史上留下了浓浓的一笔,使得西方经济学在20世纪是如此地璀璨夺目,流光溢彩,以至于在我们回眸其百年发展史的时候,不得不对足以构成凯恩斯主流经济学劲敌甚至动摇其"正统"地位的现代货币主义和供给学派等予以专门论述。

现代货币主义即货币学派的创始人和领袖是1976年诺贝尔经济学奖获得者、芝加哥大学教授米·弗里德曼,他被誉为是战后至今世界上最具影响力的经济学家,甚至被经济学界誉为泰斗。弗里德曼从"个人主义"的微观经济结构入手,在"永久收入"的理论基础之上恢复了货币在宏观经济结构中的关键地位,以此提出了与凯恩斯干预主义相抗衡的自由主义论点,认为①,在国家不进行任何干预的情况下,市场经济的行情动荡远远低于干预时的程度;国家的真正作用不在于短期内影响市场,而首先应保证货币总量能定期和有规律地增加。这是因为,第一,凯恩斯的有效需求管理和财政政策是无效的。在凯恩斯那里,由于人们的欲望已经得到满足,所以,用于消费方面的支出呈递减趋势,而储蓄则呈递增趋势,这样,政府应通过增加公共支出来抵消个人消费的减少以保证经济持续增长。弗里德曼驳斥了凯恩斯的边际消费递减规律,认为人们的欲望原有的得到满足之后,新的随即产生,是永无止境的,扩张性政策会导致通货膨胀,而实行"单一规则"的货币政策以有效地控制货币供给数量则应是货币政策的唯一最佳选择,即根据国民收入的平均增长率制定一个长期不变的货币增长率。弗氏认为,1929—1933年大危机中约有1万家美国银行倒闭破产,造成美国国内货币供给量下降了1/3。如果美联储能在这次大危机中发挥作用,那么那场大危机原本是可以避免的,最多也不过是一

---

① 参见[美]米尔顿·弗里德曼:《弗里德曼的货币理论结构——与批评者商榷》,中国财政经济出版社1989年版;《货币稳定方案》,上海人民出版社1991年版。

次小规模的经济衰退①。第二,关于"自然失业率"。凯恩斯主义认为,高就业水平是有效利用社会资源的保证,即要想有效利用社会资源,就必须有高水平的就业。弗里德曼认为这是一种模糊甚至错误的想法,认为,高就业水平恰恰是没有最好地利用社会资源的一个标志:为了社会生产而牺牲了对闲暇的享受,而前者的价值要远远小于后者的价值,这样,通货膨胀政策就会使人们产生错觉,"强迫"人们认为他们的实际工资高于这些工资的实际价值。第三,关于失业与通货膨胀。既然自然失业率是一个常数,随着时间的推移而发生变化,那么,自然失业率就是一种经济条件,这样,货币就具有"中立"的性质,人们就很难通过改变通胀率来改变自然失业率即改变经济条件。在短期内也许失业率和通胀率之间存在某种比例关系,但长期内,这种关系会消失,即就业水平与通胀率之间是没有关系的。如果要把失业率减少到"自然率"以下,那么通胀率就会非常之高,代价也会非常之大。弗氏指出,在 19 世纪 60—70 年代,美国政府因为要达到全民就业的目标,结果使国内通胀率从 1960 年的 1% 上升到 1979 年的 13%②。

　　凯恩斯主义者与货币主义者之间爆发的这场旷日持久的"血腥之争"(the bloody debate)从 20 世纪 50 年代开始,一直到 70 年代结束。他们相互指责攻击,甚至竭尽嘲讽辱骂之能事。例如,在 60 年代末的一次研讨会上,麻省理工学院的罗伯特·索罗在评论弗氏的一篇论文时嘲讽道:"米尔顿和我之间的另一个区别在于,任何事情都使米尔顿想起货币供应;那好,任何事情也使我想起了性,但我可不把它写进我的论文中去。"③再如,凯恩斯在给罗斯福总统的一封信中是这样嘲笑货币的作用的:"有的人似乎在暗示……通过增加货币供应量能增加产出提高收入。但这就像买一根粗腰带来试图变胖一样。在当今美国,你的腰带对于你的肚子来说确实太长了。"④

---

　　① 参见《弗里德曼:历史终于向他低头》,侯明清译,2006 年 11 月 17 日,见 www.macrochina.com.cn/eco/xjrw/20010111024225.shtml。

　　② 参见《弗里德曼:历史终于向他低头》,侯明清译,2006 年 11 月 17 日,见 www.macrochina.com.cn/eco/xjrw/20010111024225.shtml。

　　③ Todd G. Buchholz, *New Ideas From Dead Economists-An Introduction To Modern Economic Thought*, A Plume/Penguin Books USA Inc.1989, p.233.

　　④ John Mayaynard Keynes, *The Collected Writings of John Maynard Keynes*, vol.xxi, London: Macmillan/St.Martin's Press for the Royal Economic Society, 1973, p.294.

现代货币主义在整个20世纪80年代几乎被英国撒切尔政府全盘接受,成为撒切尔主义的理论基础。撒切尔主义认为,以往的"教训是政府不应试图'人为地'保持充分就业,而应允许市场力量来决定'自然'的就业水平。而且,对付通货膨胀的货币主义方法意味着以失业必然上升为条件而对经济进行挤压(通货紧缩)。这样,至少在短期内,失业基本上变成了'解决问题',而不是'制造问题'的方法之一"。撒切尔的通货紧缩政策导致失业率一路攀升:20世纪50—60年代,失业率只有1%—2%左右,而撒切尔1979年上台时为4.5%,1981年猛增至9.1%,1985年高达13%。① 货币主义与撒切尔主义使英国告别充分就业,社会福利政策开始大规模收缩与私有化。

弗里德曼的货币主义与其说反对干预主义不如说希望政府只对货币供给进行干预,但本质上讲,对货币供应量的干预也是最大的干预。

在大西洋彼岸的美国,凯恩斯主义受到了来自供给学派的严峻挑战。供给学派的显著特征如同它们名字一样,特别强调"供给"。20世纪60年代末产生于美国、以拉弗尔、费尔德斯坦和蒙德尔为代表的供给学派全盘否定凯恩斯"需求决定供给"的需求管理这个核心命题,认为它是导致产生"滞胀"的根本原因,因为增长与刺激需求将导致货币供给数量的增长,由此必然导致通货膨胀;认为鼓励刺激需求无疑等于抑制储蓄,从而导致了投资率和劳动率的下降,进而降低了积累在促进经济增长中的作用。供给学派主张全面恢复新古典经济学的自由主义精神,尤其是恢复萨伊定律,反对凯恩斯"需求管理"的国家干预主义,针锋相对地提出了"供给管理",强调财政政策的作用应该影响供给而不是影响需求,以促进私人储蓄和投资。为此,南加州大学阿瑟·拉弗教授在一次鸡尾酒会的餐巾纸上画的一条旨在降低税率的曲线即所谓"拉弗曲线"便成了白宫的"药方"。这个"降税"的药方基于3个理论假设②:第一,认为税收量不一定与边际税率呈同方向变化,在达到某一点时则会朝相反方向变化;第二,降低边际税率将鼓励人们用劳动代替休闲;第三,高税收还将造成低投资率,使投资减少,资本存量降低,因此,降低边际税率将鼓励投资和生产。

---

① Ramesh Mishra, "The Welfare State in Capitalist Society", *Harvester Wheatsheaf*, 1990, pp. 20 - 21.

② William Niskanen, *Reaganomics*, New York: Oxford University Press, 1988.

供给学派在学术上建树不多,在理论上缺乏体系的完整性,所以,它仅是解决"滞胀"的一种对策而已。虽然一贯自诩反对凯恩斯的干预主义,标榜自己为自由放任主义,但是,就"干预"的本质来讲,强调"供给管理"反对"需求管理",国家干预供给与干预需求岂不是"半斤八两"？供给学派之所以一度得势,是因为在资本主义经济进入"滞胀"怪圈和凯恩斯主义失灵的大背景下其被里根政府所采纳:因一时所需而一举成名。

正如有人所描述的,如果说从罗斯福到尼克松尤其是肯尼迪和约翰逊,每一位总统都打着凯恩斯式的领结,那么,只有里根总统打着一条亚当·斯密式的领带。但里根却信心百倍,1980 年在和卡特竞选总统时,他曾这样诙谐地玩弄着这几个术语:经济萧条是指你的邻居失业时出现的情形;经济危机是指你失业时出现的情形;而经济恢复则是指卡特失业时的情形。根据供给学派的基本理论,"里根经济学"的政策主张就是大幅减税,于是出现了"里根减税":1981 年第一次总统预算将非劳动所得收入的最高税率从 70% 降到了 50%,把资本收益的最高税率由 28% 减到了 20%。于是,减税被西方经济学家称为"彻头彻尾的供给学派的里根经济学",其结果是,"1983—1984 年,美国成功地实现了经济复苏,使失业降了下来,到 1986 年,失业率回到 20 世纪 70 年代末期水平"[1]。开出的"药方"都是减税,但支撑撒切尔主义的货币学派哲学与支持里根经济学的供给学派理念却大相径庭,前者是不增加财政赤字,实行紧缩,而后者是假定减税可以增加生产供给活动进而提高产出和减少赤字。

二、主流经济学的三次革命

20 世纪主流经济学的三次革命性理论突破为 20 世纪现代经济学的发展奠定了基础,铺平了道路,从而形成了今天任何一个西方经济学院学生或经济学教授既人人皆知又无法跨越的基本理论框架。

(一)"张伯伦革命"

亚当·斯密以后的一百多年里是自由资本主义发展的鼎盛时期,那时垄

---

① Ramesh Mishra, "The Welfare State in Capitalist Society", *Harvester Wheatsheaf*, 1990, pp. 20 - 21.

断还是个别现象。正如 1982 年诺贝尔奖得主斯蒂格勒所言,"亚当·斯密作为建立传统的伟大人物,在垄断领域也没有给我们留下空白,他创造或者说提出了三个权威性的传统"①。这三个传统分别是:对正规的垄断理论置之不理、将他那个时代的垄断现象看作是国家赋予的专营特权、对垄断和勾结行为无须采取什么行动。当资本主义进入垄断阶段之后,经济学理论已无法对其进行解释,现实世界中的普遍垄断现象开始引起经济学家的关注。从 19 世纪初的西斯蒙第、穆勒、麦克库洛赫,到 19 世纪末和 20 世纪初的马歇尔、古诺、埃奇沃思、西奇威克,尤其是庇古和斯拉法,他们早已对垄断理论和市场的不完全性作了大量的研究。但问题在于,他们始终沿袭着"斯密传统",即将自由竞争作为普遍现象而把垄断作为例外来构造他们的理论框架,甚至奈特和史密斯 1929 年出版的《经济学》中仍然还认为"在今天,把竞争当作普遍现象和把垄断当作例外是比较合理的"②。

一直到 20 世纪 30 年代中期美国哈佛大学的张伯伦和英国剑桥的罗宾逊夫人分别出版了《垄断竞争理论》和《不完全竞争经济学》,才正式宣告"斯密传统"的彻底结束。始于张、罗二人的"张伯伦革命"的主要贡献在于:他们摒弃了长期以来以马歇尔为代表的新古典经济学关于把"完全竞争"作为普遍情况而把垄断看作个别例外情况的传统假定,认为完全竞争与完全垄断是两种极端情况,提出了一套在经济学教科书中沿用至今的用以说明处在两种极端之间的"垄断竞争"的市场模式,并在其成因比较、均衡条件、福利效应等方面运用边际分析的方法完成了微观经济的革命,将市场结构分成了更加符合资本主义进入垄断阶段实际情况的 4 种类型,即完全竞争市场、垄断竞争市场、寡头垄断市场和完全垄断市场③。"张伯伦革命"的经济学意义就在于,20世纪中期宏观经济学之所以能够得到长足的发展,其天然逻辑的发展起点就是对垄断的分析,从这个起点出发,恰恰使得西方经济学比较正确地描述和表达了百年经济历史的本质和现状。

---

① G.J.斯蒂格勒:《经济学家和说教者》,上海三联书店 1990 年版,第 55 页。
② 转引自高鸿业等编著:《垄断经济学》,商务印书馆 1964 年版,第 14—15 页。
③ 参见罗宾逊:《不完全竞争经济学》,商务印书馆 1964 年版,第 76—77 页;高鸿业、范家骧、罗志如编著:《当代资产阶级经济学说》(第二册　垄断经济学),商务印书馆 1964 年版,第 15 页。

（二）"凯恩斯革命"

如果说 1929—1933 年大危机是对当时微观经济学的反动的话，那么，凯恩斯主义就是对新古典经济学的一次革命，而《货币通论》则使得西方经济学在分析方法上实现了微观分析与宏观分析的分野，凯恩斯本人就成为现代宏观经济学甚至 20 世纪西方经济学的开山鼻祖，从而在整个 20 世纪西方经济学的演进与发展中成为一个永恒的主角。

如同凯恩斯 1936 年出版的《就业、利息和货币通论》著作名称那样，凯恩斯主义的推演逻辑是从充分就业开始的：（1）以往假设的充分就业均衡是建立在萨伊定律基础之上，其前提是错误的，因为总供给与总需求函数的分析结果显示，通常情况下的均衡是小于充分就业的均衡。（2）之所以存在非自愿失业和小于充分就业的均衡，其根源在于有效需求不足，因为总供给在短期内不会有大的变化，所以就业量就取决于总需求。（3）有效需求不足的原因在于"三个基本心理因素，即心理上的消费倾向，心理上的灵活偏好，以及心理上的对资本未来收益之预期"。（4）政府不加干预就等于听任有效需求不足继续存在，听任失业与危机继续存在；政府须采取财政政策刺激经济而非货币政策，增加投资，弥补私人市场之有效需求不足，"这是唯一切实办法，可以避免现行经济形态之全部毁灭"①。（5）提出了一国政府应当实现的六大经济目标：充分就业、价格稳定、长期经济增长、国际收支平衡、收入均等化和资源最优配置。

凯恩斯之所以从宏观的视角对大量的宏观概念进行归纳与整合之后，使经济学的发展开始跳出价格分析的限制，从而翻开了 20 世纪西方经济学的崭新一页，是因为资本主义发展到垄断阶段迫切需要一种全新的角度和全新的理论对腐朽的自由资本主义的缺陷给予解释和弥补。

凯恩斯主义的诞生是 20 世纪西方经济学得以向前大大推进的一个重要标志；说到底，凯恩斯革命是一场方法的革命；凯恩斯之后，无数凯恩斯的追随者们对凯恩斯体系本身存在的种种"空隙"和"硬伤"给予修正、弥补、完善，使之在碰撞中交融，在裂变中整合。凯恩斯主义内部发生的冲突、裂变、整合是凯恩斯主义得以发展、充实的重要前提和体现。例如 20 世纪 50 年代后期爆

---

① 以上引言参见凯恩斯：《就业、利息和货币通论》，商务印书馆 1981 年版，第 207、323 页。

发了持续几十年的"两个剑桥之争"——这场影响很大的学术争论的历史意义和学术价值对 20 世纪主流经济学的发展与贡献是深远的、巨大的。

以罗宾逊和斯拉法为代表的英国剑桥学派从资本的测量问题着眼,认为生产过程投入的资本是异质的,因此不存在共同的测量单位;进而对作为新古典主义微观经济学支柱之一的边际生产力分配理论进行了批判。以萨缪尔森、索洛和托宾为首的新古典综合派即美国剑桥学派终以认输而结束了这场学术论战。"两个剑桥之争"的历史性学术意义不在于谁胜谁负,而在于①:其一,导致后凯恩斯学派作为一个比较系统的学术群体而最终成熟起来,其中一些理论建设和政策主张成为 20 世纪西方经济的精神遗产,具有进步的科学意义,例如福利改革和税制改革等,其政策主张直指资本主义分配不公等社会现象。其二,促使新古典综合派演变成为后凯恩斯主流经济学,从而架起了沟通宏观经济学与微观经济学之间的桥梁。凯恩斯主义导致了宏观经济学的诞生,但如何将宏观经济学与微观经济学有机地融合在一起,使后者的基本概念与理论成为前者的框架,将个量问题与总量研究结合起来,使消费者行为理论、一般厂商理论等引申至宏观经济学,这就成了一代经济学家的历史任务。希克斯、萨缪尔森较好地完成了一次综合,为寻求宏观与微观经济学的沟通而作出了贡献。

(三)"预期革命"

20 世纪 70 年代发展起来以美国罗·卢卡斯、托·萨金特、罗·巴罗、尼·华莱士等学者为代表的新古典宏观经济学因使用"理性预期"这一重要经济学概念并以此建立起其理论体系而被普遍称为"理性预期学派"②。所谓"预期"是指对同当前决策有关的经济变量进行的预测,如为决定产量而是否进行投资时企业对其产品的未来价格进行的预测,劳资关于工资水平的谈判中工会对未来物价水平走向作出的预测,等等。他们认为,虽然凯恩斯也曾反复讲到预期,但他的预期只是适应性预期,具有随机性,没有理性的解释,即属"后向预期",这是因为凯恩斯主义是一个充满矛盾的体系,其假设前提是错

① 参见[英]卡什博特:《新剑桥学派、凯恩斯学派、货币学派关于宏观经济对策的争论》,中国经济出版社 1988 年版。
② 参见吴易风:《从新古典学派和新凯恩斯学派的论战看市场经济与政府干预》,载高鸿业主编:《西方经济学与中国经济体制改革》(第二册),中国社会科学出版社 1996 年版。

误的。第一,凯恩斯主义中的当事人不以追求最大化为目标。第二,同一经济人在不同函数和方程中具有不同的行为。新古典宏观经济学提出的假定条件正好与上述两个假定相反。第三,"理性预期"假定市场是连续出清的,即通过工资和价格的不断调整,供给总是等于需求,处于均衡状态。从三个假定出发,卢卡斯的演绎逻辑是:货币对产量等其他经济变量具有重要影响;货币供给的冲击导致货币存量的随机变动,由此引起经济波动;由于货币供给的冲击引起经济波动是通过总需求曲线完成的,所以,货币供给的冲击将导致需求的冲击;这样,需求的干扰将导致经济波动;既然从货币政策的角度来看政府赖以干预经济的宏观经济政策无效,那么,"政策无效性"可以被一般化,即"政府失灵论"。

　　"理性预期"被称为 20 世纪西方经济学的"预期革命",对 20 世纪经济学产生了重大影响,"理性预期"作为一种宏观分析工具在西方经济学中已被广泛采用,甚至被它的论敌使用,并且在股票、债券、外汇市场的运行分析中也得到了广泛应用。虽然总体上讲"理性预期"已进入西方主流经济学工具箱之中,但也有许多经济学家指出用任何"预期失误"或信息不完善性来解释经济周期都是缺乏说服力的,认为"理性预期"有许多局限性和本身不可克服的缺陷。例如,20 世纪 80 年代开始斯蒂格利茨等新凯恩斯主义经济学家对合理预期提出了批判,对政府干预的思想重新作了表述:市场出清还是非市场出清,政府失灵还是市场失灵,政策无效还是政策有效,这是新古典宏观经济学和新凯恩斯主义经济学的理论观点和政策主张分歧的关键所在。在这个问题上,新古典学派的理想主义超越了现实感,新凯恩斯学派则较少沉湎于理想主义而较多地面对资本主义现实①。再例如,人们在谈论股票市场时比论及宏观经济时更为赞同理性预期理论,这是因为,和大多数其他市场相比,股票市场具有较强的流动性:人们买进卖出都很容易,并几乎不存在交易费用;而其他提供商品或服务的有形市场较为复杂,并具有刚性,辞人、雇人、转产、关闭工厂都存在成本,因为合同强化了劳动的名义价格、资本和机器设备的确定性,却降低了流动性和灵活性。

---

　　① 参见吴易风:《从新古典学派和新凯恩斯学派的论战看市场经济与政府干预》,载高鸿业主编:《西方经济学与中国经济体制改革》(第二册),中国社会科学出版社 1996 年版。

此外,"理性预期学派"作为新自由主义思潮的一个重要流派,其"政府失灵论"的逻辑演绎结果与公共选择等学派一起共同向凯恩斯主义提出了严重挑战。1956 年美国麻省理工学院巴托教授首次创造并使用了"市场失灵"这一概念①,并将市场垄断视为"市场失灵"现象之一,"市场失灵"一词随即便风靡半个世纪;到 20 世纪 70 年代"滞胀"时期,以布坎南为首的公共选择学派针锋相对地提出了"政府失灵";在 20 世纪的最后十几年里,人们可以发现,"市场失灵"与"政府失灵"的概念充斥于经济学文献,它们针锋相对,难分胜负,没有赢家,形成了独特的 20 世纪末没有经济学"主流"的理论"真空"状态。

三、新凯恩斯主义的第四次"整合"

20 世纪七八十年代后期面对"滞胀"所表现的束手无策和"撒切尔主义"与"里根经济学"的先后诞生标志着经济学凯恩斯时代的终结;随后,货币主义和供给学派相继丢掉了经济学的"正统"宝座,使西方经济学的"主流"理论在 20 世纪的最后十几年里一时形成了"真空"状态。正如一位美国经济学家所描述的,这个"真空"状态实际上就是"战国"的"动乱世界":"由于凯恩斯的缘故,于是我们都是凯恩斯主义者;由于弗里德曼的缘故,于是我们现在都是货币主义者;而由于动乱世界的缘故,于是我们现在又都成了折中主义者了"②。就在这人人都是折中主义者的时候,美国教授斯蒂格利茨 1993 年出版的经济学教科书被认为引发了新凯恩斯主义的第四次"综合"浪潮。

在此之前,西方经济学界曾出现过 3 本广为流行并被认为具有里程碑意义的经济学教科书。第一本是 1848 年穆勒出版的《政治经济学原理》,该书一反传统,在基本上维持亚当·斯密"看不见的手"的原理的同时,还对自由放任的资本主义制度大胆地提出了"改善"的政策主张。第二本具有里程碑意义的经济学教科书是马歇尔 1890 年出版的《经济学原理》。作为剑桥学派的创始人,马歇尔兼收并蓄,折中调和,吸收了各派庸俗理论,从生产成本说决

---

① Bator, F. M., "The Anatomy of Market Failure", *Quarterly Journal of Economics*, Aug. 1958.

② Todd G. Buchholz, *New Ideas From Dead Economists-An Introduction To Modern Economic Thought*, A Plume/Penguin Books USA Inc, 1989, p.240.

定供给、边际效用价值说决定需求出发,进而建立了均衡价值论,其"折中的理论体系"在理论上和方法上对 20 世纪上半叶资产阶级经济学的各个流派均产生了广泛的影响;其《经济学原理》在其有生之年出了 8 版,跨度 30 年。进入 20 世纪以来,在斯蒂格利茨之前,以马歇尔为代表的新古典经济学曾经历了三次重大修改:第一次是修正传统的垄断例外论的"张伯伦"革命,第二次是为资产阶级国家干预经济奠定理论基础的"凯恩斯革命",第三次是 20 世纪中叶的萨缪尔森。萨氏试图将马歇尔新古典经济学与凯恩斯主义即将微观分析与宏观分析折中糅合在一起,创立了新古典综合派的理论体系,成为后凯恩斯主流经济学,在第二次世界大战后的 40 年里始终居于正统地位。于是,作为新古典综合派或称后凯恩斯主义的标志,萨氏撰写的教科书《经济学》就成为代替马歇尔《经济学原理》的第三个里程碑。半个世纪以来,该书广为流行,空前畅销,被译为数十个国家的文字,已出了十几版①。

　　20 世纪 80 年代以来,由于新古典综合派既不能解释"滞胀"的存在,又提不出应时政策,其正统地位开始动摇,来自包括货币主义等新自由主义种种流派的抨击、责难和进攻大有在整体或部分上取而代之之势。论战之中,1993年被誉为"经济学革命领袖"的斯蒂格利茨出版了被认为是第四个里程碑的教科书《经济学》,从而,在 20 世纪的最后几年里,该书迅速在世界 300 多所学院和大学被采用和广泛认可,其中文译本在 1997 年出版后的 3 年里就销售了 12 万册,被中国出版界和学界视为一大奇迹。对于斯蒂格利茨的贡献,不管有人将之称为是对"新古典综合派的反动"也好②,还是冠之以对后凯恩斯主义的革命也罢,或将之称为第四个里程碑,抑或誉之为新凯恩斯主义的"第四次综合",至少,在西方经济学的"百年表演舞台"上,能够成为历史主角而走向前台向 20 世纪报以热烈掌声的经济学观众"谢幕"的,是斯氏;至少在 20世纪末主张国家干预经济生活、批评自由市场缺陷的新古典综合派"正统"地位受到多重夹击、似乎已经过时的窘境下,是斯氏,是他的《经济学》独树一帜,成为众人瞩目的一道亮丽风景线;至少,不无夸张地说,是斯氏,是他为 20世纪末的西方经济学的发展作出了以下的努力与开拓。

---

　　①　这一段参见高鸿业:《译者序》,载斯蒂格利茨:《经济学》,中国人民大学出版社 1997 年版,第 7 页。

　　②　张旭:《20 世纪经济学解析》,中国社会科学出版社 2000 年版,第 51 页。

正如斯氏的自白,"经济学界已经逐渐认识到宏观经济行为必须与其背后的微观经济学原理联系在一起;只有一套经济学原理,而不是两套。但是,在现有的教科书中,这种观点根本就没有得到体现"①。斯氏在承认萨缪尔森成功地将二者融合起来的前提下,试图超过萨氏的努力,将宏观经济学的表述置于扎实的微观经济学之上,例如,充分就业模型,存在失业模型和综合模型三个模型,便是在外部约束条件改变下,从微观经济学的基本模型直接推导得出并进而展开而成的,从而实现了微观经济学和宏观经济学的逐步衍生和有机连接。此为其一。

斯氏一改后凯恩斯主义固守新古典的"完美",将诸如信息问题、激励问题、道德问题、逆向选择问题等许多不在新古典经济学视野之内的近二三十年来经济学的新成果和新发展纳入其研究领域,使之更加具有实际应用价值;尤其是对新古典综合派走下坡路之后崛起的新自由主义各学派加以整合和综合之后,使之不但大大推进和包容了凯恩斯经济学和新古典综合的理论体系,同时,还烙有深刻的理性预期学派甚至新制度经济学等20世纪后半叶发展起来的几乎各种学派的明显痕迹。此为其二。

其三,可能由于斯氏的最大贡献是对财政的研究,或许因为他是研究公共部门经济学的顶尖经济学家,他始终十分注重政府干预经济的积极作用。他认为,市场的"常态"是信息的不完善性和市场的不完全性,公共产品、外部性、垄断等"市场失灵"现象界定了政府活动的范围;市场失灵现象的根源在于没有人对市场负责,没有人干预市场;与其他社会组织相比,政府的普遍性、合法性、强制性等特点决定了政府应该出面干预的理由;至于如何干预,斯氏针对"科斯定理"提出了"非分散化基本定理",并将"科斯定理"称之为"科斯谬见",认为在解决外部性和产权明晰等难题时,"科斯定理"及其"自愿解决"或称"协商解决"将克服不了"搭便车"问题,高昂的交易费用将导致无效率;恰恰相反,要依靠政府的依法调控,否则就不能实现市场有效配置资源的作用②。

最后,还需指出的是,斯氏对中国改革道路的取向和改革成就始终给予很

---

① 斯蒂格利茨:《经济学》(第二版),中国人民大学出版社2000年版,第7页。

② 关于斯蒂格利茨"非分散化基本定理"的详细论述及其对"科斯定理"的抨击,详见斯蒂格利茨:《政府在市场经济中的角色》,郑秉文等译,中国物资出版社1998年版。

高的赞誉、评价和支持,认为中国不搞国营企业私有化和贸易自由化是一个正确的选择;他不但了解中国,而且还在其《经济学》第二版中专设一章谈中国改革,为中国的"第二步改革"提出了许多建设性看法。对 IMF 和美国财政部"唆使和诱导"俄罗斯进行"休克疗法"的行为从而导致"俄罗斯经济持续坍塌"的后果表示出了对前者的极大愤慨和对后者的无比惋惜;认为"休克疗法"事实上是"太多的休克和太少的疗法",其结果是,"迅猛的私有化只是让一小部分寡头集团获得了对国家资产的控制……产出下降了一半……贫困率激增到 50%"①。

四、研究方法的六个倾向

20 世纪西方经济学呈现出了长足的发展,还集中体现在其研究方法和研究角度的巨大变化方面,可以说,分析方法的变化带来的是西方经济学研究深度的推进和广度的拓展;反过来说,20 世纪西方经济学之所以产生诸多"革命"和理论创新,在很大程度上得益于其研究方法和角度的巨大变化。方法论的变化力度对 20 世纪西方经济学的发展产生了至关重大的推动作用,从而使其在 20 世纪的发展过程中呈现出其鲜明的时代特征,甚至研究方法的演变历程在某种意义上代表了西方经济学的发展脉络。举其要者,20 世纪西方经济学研究方法的变化可纳其以下六个趋势。

（一）证伪主义的普遍化趋势

布劳格在其《经济学方法论》中将 20 世纪经济学方法的演变历史归纳为一句话:"证伪主义者,整个 20 世纪的故事。"②发生于 19 世纪的证伪主义与实证主义的较量,同样贯穿于 20 世纪经济学发展的始终,促进了西方经济学循环渐进地不断前进。据统计,20 世纪 70—80 年代的 20 年间,西方经济学界出版了 50 多本经济学方法论的著作,其中几乎都和证伪主义者有一定的联系,在 1991 年总结的当代西方经济学家达成的 13 个共识点中,有 7 个和证伪主义有直接联系。实证主义在被现实世界"证实"之后,证伪主义出来用事实

---

① 斯蒂格利茨:《我从世界经济危机中学到了什么》,见 http://www.csdn.net.cn/century/wencui/010108200/0101082019.htm。

② ［英］马克·布劳格:《经济学方法论》,北京大学出版社 1990 年版。

和理论推导提出质疑,以此推动了经济学的发展①。

(二)假定条件的多样化趋势

或"市场神话"与"国家神话",或各种理想国与乌托邦,来自经济学内部和外部(其他学科)大量形形色色的或极端或模糊难懂的理念、信念、概念等对西方经济学的主流与支流都产生了强有力的冲击力,为了重建和发展他们自己的理论以反对和解释来自对方的理论,经济学家们不得不或放宽假设,或修改前提,或一反传统逆向假定,以构建和拓宽其研究领域②。例如,"经济人"的假定是新古典经济学的研究基础,是新古典微观经济学的核心,也是新古典宏观经济学的基石之一,在数百年的发展过程中得到了不断的完善和充实,在西方经济学中占据了主流位置。可是,在 20 世纪百年中,"经济人"的假定条件受到了诸多的修改和拓展,甚至批评和攻击。例如,西蒙认为经济人的计算能力是"有限理性"的,行为者无法在诸多种可能的选择中作出最终选择;贝克尔拓展了"经济人"的假设,认为个人效用函数中具有利他主义的因素,这才是人类行为的一般性;鲍莫尔主张用"最大销售收益来代替最大利润的目标函数",因为实证经验表明经理层的薪金与销售收益的关系大于它与利润的相关程度;莱本斯坦 1966 年至 1981 年发表的 4 篇论文中一反"利润极大化、效用极大化、成本极小化"的经济人假定传统,认为上述假定在完全竞争下是适用的,而在垄断型企业里,利益最大化原则是个"例外",人的本性是"惰性",受到庇护的垄断者和兼并者的经济行为已经丧失了追求成本最小化和利润最大化的能力,从而导致了"X—非效率",为此,莱本斯坦提出了"微观的微观理论"(micro-micro theory),即"意味着对标准理论简单地假设的东西进行详细的研究"③;公共选择学派提出的挑战是,"经济人"在追求个人利益最大化时,并不能得出集体利益最大化的结论,"阿罗定理"即可说明个人福利的简单加总不一定与社会福利一致;新制度主义对"经济人"假定的修改则

---

① 参见张旭:《20 世纪经济学解析》,中国社会科学出版社 2000 年版,第 163 页。

② 在这方面,张建伟博士作了深入的研究,参见张建伟:《现实主义、制度主义与中国经济学发展》,《中国社会科学》2000 年第 4 期。

③ Leibenstein, H., "X-inefficiency Exists-reply to An Economist", *American Economic Review*, 68(1978), pp.203–211; Leibenstein, H., "A Branch of Economics in Mining: Micro-micro Theory", *Journal of Economic Literature*, 17(1979), pp.477–502.也可详见郑秉文:《市场缺陷分析》,辽宁人民出版社 1993 年版,第 80—88 页。

更为宽泛,认为这个假定过于"简单化",因为除了物质经济利益以外,人还有追求安全、自尊、情感、地位等社会性的需要;凯恩斯宏观经济学的诞生被一些学者认为是对"经济人"个体研究方法的最大"克服",因为凯恩斯主义的基础和归宿都是围绕总供给与总需求等一系列"总量"关系而展开的。

(三)分析工具的数理化趋势

经济学与数学的结合本来不是始于 20 世纪,但是,数学在经济学中的应用与发展尤其在第二次世界大战以来,是如此的专门化、技术化、职业化甚至到了被称之为登峰造极的程度,却实实在在发生在 20 世纪,从而使经济学这个大厦更严密,表达更准确,思维更成熟。数学化成为经济学发展的主流趋势,主要表现在以下三个方面①:

第一,计量经济学的崛起。"计量经济学"一词是挪威经济学家拉格·弗里希于 20 世纪 20 年代创造的②,后来,库普曼、克莱因、迪鲁布等作出了巨大贡献,尤其是诺贝尔奖获得者克莱因,从 50 年代开始制作了最早的宏观经济计量模型,为宏观经济理论开辟了新的地平线;随着大型计量机的诞生和使用,经济结构的各种参数得出推算出来,为制定政策提供了依据。需要指出的是,克莱因教授自 80 年代以来,多次来到中国,在国家有关部门的支持下,开办了几期计量经济学培训班,为中国培养了第一批计量经济研究人才。第一代计量经济学家的数理贡献在经济学方法论体系的整体性、严密性和形式化等方面发挥的巨大作用主要体现在"宏观"经济研究方面,而在"微观"研究方面具有开创性探索是从贝克尔开始的,他将经济计量原则首次引入原来无法以数学来计量的领域,如爱情、利他主义、慈善和宗教虔诚等,并获得了巨大成功。但,这只具有局部的意义。因此,可以这样说,对于此前的计量经济学,如果我们将之称为"宏观计量经济学"似乎更为恰如其分——宏观计量的分析方法是对 20 世纪经济学的最大贡献之一。幸运的是,在 20 世纪的最后一年即 2000 年 10 月 11 日瑞典皇家科学院宣布③:2000 年度诺贝尔经济学奖正式

---

① 关于西方经济学研究方法中数学化、公理化和数量化的应用与评价,杨春学博士作了深入的研究,详见杨春学:《20 世纪经济学的重大发展》,《经济学动态》1999 年第 10 期。

② Mary S. Morgan, *The History of Econometric Ideas*, New York: Cambridge University Press, 1990.

③ 参见《2000 年度诺贝尔经济学奖得主揭晓》,2000 年 10 月 11 日,见 http://pds. henanews.org.cn/news/2000.htm。

授予给美国的詹姆斯·海克曼和丹尼尔·麦克法登教授,以表彰他们在微观计量经济领域的贡献。从某种意义上讲,这可以被称为"微观计量经济学"正式诞生的标志。微观计量经济学的研究领域主要是横截面数据的微观数据,即指同一时点的条件,或是纵向数据在连续年份中的同一观察单位。微观计量经济学可以在个人层面上对许多新的问题进行经验性研究,例如是什么因素决定人们去工作,什么因素决定工作时间的长短,经济激励效应如何影响人们对教育、职业和居住地进行选择,不同的劳动力市场和教育计划对个人收入和就业会产生什么样的效应,等等。

第二,统计学在经济学中的大规模运用。计量经济学之所以在20世纪得到了长足的发展,成为经济学中一个极富魅力的分支,首先得益于统计学在经济学中的广泛使用并最终成为构建计量经济学体系的一个重要基础。例如,弗里德曼的《1867—1960年美国货币史》就是成功运用统计研究的一部经典性著作①,他通过一系列的资料统计分析,得出了货币实际数量的长期变化和实际收入的长期变化之间具有一种密切的相关性,从而构建了弗氏的货币数量说。统计分析的运用不但支持了计量经济学的发展,还促进了经济学其他相关分支的诞生和发展,例如,库兹涅茨对季节性的波动、国民收入的长期变化和经济增长的经典性研究既建立在统计分析的基础之上,又为统计分析建立了一个牢固的阵地,与此同时,还大大推动了诸如发展经济学、国际经济学、技术进步和产业结构等新的理论分野和发展。

第三,博弈论的引进。作为一个崭新的研究方法,博弈论的应用范围已延伸至政治学、军事、外交、国际关系和犯罪学等,但其在经济学中的应用最为成功;进入20世纪80年代以来,博弈论逐渐成为主流经济学的一部分,甚或可以说成为微观经济学的基础,还有人试图以博弈论语言重建整个微观经济学。博弈论研究的内容主要是决策主体的行为发生直接相互作用时的决策以及该决策的均衡问题。借助于博弈论这一强有力的分析工具,"机制设计"、"委托—代理"、"契约理论"等已被推向当代经济学的前沿②。

西方许多经济学家对过度滥用数学的现象也进行了激烈的抨击。20世

---

① Mary S. Morgan: *The History of Econometric Ideas*, New York: Cambridge University Press, 1990.

② 参见张维迎:《博弈论与信息经济学》,上海三联书店1996年版。

纪 60 年代被称为"奇怪的 60 年代",因为数学模型的"图腾"崇拜现象广为流行,甚至出现了"没有理论的经济计量"和"与理论相矛盾的经济计量"趋势,"其中竟有按照特定的意识和愿望来编造经济理论和经济计量"。对此,里昂惕夫很不以为然,在分析了 1972—1981 年间发表在《美国经济评论》上各种文章的类型之后,给美国《科学》杂志写了一封信,指出"专业经济学杂志中数学公式连篇累牍,引导读者从一系列多少有点道理但却完全武断的假设走向陈述精确而却又不切实际的结论"①。

（四）研究领域的非经济化趋势

经济学方法论的演进与肯定并非完全建立在对前一种方法或另一种方法的否定之上,而更多地是随着时代主题和研究角度的变化、随着个人兴趣和专业特长的不同而愈加显示出重要性和独特性的。20 世纪西方经济学的演变中出现的一个十分引人注目的现象是,其研究领域与范围开始逐渐超出了传统经济学的分析范畴,经济分析的对象扩张到几乎所有人类行为,小至生育、婚姻、离婚、家庭、犯罪等,大至国家政治、投票选举、制度分析等。对于经济学研究领域的这种帝国式的"侵略"与扩张,有人将之称为"经济学帝国主义"②,其主要表现在三个方面:

第一,家庭作为一个"生产"的基本单位被纳入微观经济分析之中。在人力资本理论中,舒尔茨和贝克尔认为,家庭就像一个企业,既生产用于增加未来收益的"产品"——繁衍后代、教育子女等,也生产"消费"——衣食住行、休闲保健等,因此,家庭需根据其货币收入与时间这两种资源进行有效配置和做出合理决策。在边际收入等于投资的边际成本的均衡点上,所有投资活动的收益率都相等。从上述命题出发,人力资本理论对许多以往被认为诸如年龄与收益关系曲线、男女教育不平等等非经济学研究领域的活动进行了经济学分析,甚至提出了孩子需求的价格和收入弹性的概念,对诸如收入分配模型、失业的持续时间等很多经济活动现象给出了崭新的解释③。

第二,国家和政府被视为一种"政治市场"纳入经济分析之中。1988 年被

① 朱绍文:《经典经济学与现代经济学》,北京大学出版社 2000 年版,第 361、376—377 页。

② George J. Stigler, "Economics-Imperial Science?", *Scandinavian Journal of Economics*, Vol. 86, No.3(1984), pp.301-314.

③ 参见[美]加里·S. 贝克尔:《人类行为的经济分析》,上海三联书店 1995 年版。

授予诺贝尔经济学奖的布坎南和塔洛克创建的公共选择理论是抨击国家干预最为激烈的一种理论,其研究领域和方法横跨了经济学(经济计量学)、政治学(表决制度的比较研究)、社会学(行为逻辑研究)、哲学(自由概念的逻辑分析),他们的研究对象主要有如下四个方面:(1)政治制度和最佳经济状态之间的关系。该理论所要研究的是公共产品的生产与分配的决策过程、运转机制,即为什么一部分人通过其政治制度(直接的或代议的)的途径可以选择这种而不是那种预算结构,选择这种而不是那种税率,即对民主社会中决定公益事业的生产与分配的过程进行微观经济分析。(2)研究官僚主义经济理论。在这里,国家被当作一部公共生产机器来作为研究对象,从而探讨公共经济部门这部机器诸如奖罚制度和个人行为等各种机械结构,分析官僚机器对社会财富分配结构及对社会财富的使用效率。(3)深入研究代议制政治制度的运转逻辑。即对民主制度下的投票论、集体偏好等进一步展开讨论。(4)对国家与市场的本质、国家与市场的关系进行重新定义。通过对上述领域的研究,公共选择理论得出的结论是:(1)资本主义市场经济面临着严峻的制度和政治挑战,原因是,现行的代议制民主政体即公共选择机制没有新意,阿罗定理显示,没有一种投票制度能以令人满意的方式沟通个人和集体,应设计一种新的政治技术和表现民主的新方式,以阻止行政官僚主义继续发展。(2)国家机器与政府支出不断膨胀,效率低下,是官僚主义的恶果。究其原因,一是公共部门缺乏竞争,二是公共部门不关心费用成本;从而导致官吏越多,官僚主义越严重。(3)由于存在上述"政府失灵",因此,市场是解决问题的唯一选择①。

　　第三,法律制度与经济制度被纳入微观经济分析之中。20 世纪下半叶,新制度经济学使经济学的自由主义传统又一次得到复兴,从而使一个陈旧的命题在 20 世纪下半叶被赋予了崭新的生命力,成为西方经济学中逐渐居于一定主导地位的独特的思考方法和研究工具,以至于其主要理论巨匠科斯和诺思先后获得诺贝尔经济学奖。"制度革命"被西方经济学界看作是 20 世纪经济学最伟大的成就之一。布劳格对新制度主义的方法论赞赏有加,说"美国

---

　　①　参见[法]亨利·勒帕日:《美国新自由主义经济学》,北京大学出版社 1985 年版,第118—150 页。

制度主义者的作品是解释的模式……它寻求通过区分事件或活动在一个关系模型中的地位来对它们进行解释,而这个关系模型据说是把经济系统作为一个整体来描述它的特征"①。

科斯提出的"交易费用"是新制度学派的一个重要概念,它已被认为是可以适用于对所有社会活动和组织机构进行分析的一种理论工具。所谓"交易费用"是指所有的组织成本,即组织成本也都是交易费用;组织的实质是不同的契约安排,而组织形式的选择本质上就是交易费用的比较;由此可以说,交易费用是制度的源泉。于是,交易费用的高和低是评价制度的一个重要标准,社会一切组织形态所遵循的假定前提是低成本组织趋向替代高成本组织。产权理论是新制度经济学最关注和最引起其他流派感兴趣的一个领域。"科斯定理"认为,产权完整与否主要可以从其所有者对它具有的排他使用权、收入独享权、自由转让权这"三权"来衡量;当产权明确界定之后,经济活动中的当事人就会自发地进行谈判,将外部性内在化,从而改善资源的配置效率。换言之,只要产权关系明晰,不管它属于谁,私人成本和社会成本就不能产生背离;虽然权利属于谁的问题会影响财富的分配结果,但是,如果交易费用为零,无论权利如何界定,都可以通过市场的交易活动和权利买卖者互定合约或"自愿协商"而达到资源的最佳配置②。

制度变迁理论被西方一些学者认为超越了意识形态的束缚。诺思认为③,制度是社会的一组博弈规则,制度的框架决定了组织生存和发展的机会,反过来,组织的演化又会影响制度变迁的路径和过程。诺思将前人关于技术的变迁、演进和创新过程中所具有的报酬递增性质、自我强化机制和路径依赖性质等研究思路几乎完全推广到对制度变迁的解释:在制度变迁中,同样存在着报酬递增和自我强化的机制,不同的路径最后会导致完全不同的结果,一旦走上某一路径,它的既定方向在以后的发展和演变中会得到自我强化,即人们过去作出的选择决定了他们现在可能的选择。所以,在诺思看来,制度的演

①　[英]马克·布劳格:《经济学方法论》,第四章,九,制度主义和样板模型的建立,北京大学出版社 1990 年版。

②　参见[美]罗·哈里·科斯:《企业、市场与法律》,盛洪、陈郁等译,上海三联书店 1990年版。

③　参见[美]道格拉斯·C. 诺思:《经济史中的结构与变迁》,上海三联书店 1994 年版。

化不外乎有两种不同的结局,要么进入良性循环的轨道,加速优化,要么在恶性循环的路径上滑下去,不断恶化,甚至被"锁定"在一种无效率的状态中,忍受长期的经济停滞而不能自拔。

毋庸讳言,新制度经济学的诞生使西方经济学实现了对诸如寻租理论、委托—代理、契约理论、经济史的研究的深入,在这个意义上讲,没有"制度革命",20世纪西方经济学的许多理论是无法形成的。但是,许多西方经济学家认为制度分析还没有成为一个独立而公认的成熟体系,一些基本概念经不起仔细推敲,例如,许多经济学家认为"科斯定理"零交易费用的假设提出了质疑;再如,巴泽尔批评诺思说[①],由于民族和国家间的生存竞争,一个民族或国家不可能长期停留在低效率的制度状态。

(五)案例使用的经典化趋势

在西方经济学中,用案例的办法来阐明一个定理或寓意一个规律已经司空见惯,人人皆知的"看不见的手"就是明证。但是,20世纪西方经济学中的"举例",不仅已经发展到了"经典化"的地步,而且在有些定理中,不举例已不足以说明问题,甚至所举的案例已具有不可替代性;这种案例的唯一性,既简单明了,通俗易懂,又几十年上百年一贯制,代代相传,成为一种象征[②]。被一些学者认为"博大湛深"、"深奥无比"的科斯定理,是通过一个简单的"牛群到毗邻的谷地里吃谷"的故事来完成的;1977年诺贝尔奖获得者米德在论述外部性的发生与补偿时,给读者讲述的是"蜜蜂与果园"的例子;同样论述外部性,庇古的举例更为浪漫与优美,是"火车与飞鸟"的故事……百年来,经济学家的笔下已为后人留下了许许多多的经典性"案例幽默"。例如,科斯续用了庇古"火车与飞鸟"的故事来说明"科斯定理",后来,1971年他的两个经济学家好友斯蒂格勒和艾智仁同游日本时,在火车上见到窗外的稻田就想起了庇古与科斯之争,于是问管理员车轨附近的稻田是否受到火车的损害而地价下降,得到的回答正好相反,车轨旁的稻田地价较高,因为火车将吃稻的飞鸟吓

---

① 参见余永定、张宇燕、郑秉文主编:《西方经济学》,经济科学出版社1997年版,第626页。

② 这里列举的关于"蜜蜂与果园"、"火车与飞鸟"、"灯塔"等幽默案例,其具体细节展开和资料出处可以详见郑秉文:《市场缺陷分析》,辽宁人民出版社1993年版,第139、179—181、357—359页。

跑了。10 年后,他们在美国相聚时,幽默地讲起了"火车与飞鸟"的故事,说"在日本发现了科斯定理的大错",引起哄堂大笑。

一提起"灯塔",人们就会知道是指公共物品消费中收费难的"搭便车"难题。最初举例灯塔的是 1848 年的穆勒,于是在此后的一个半世纪里,灯塔便"常明不熄",频繁地出现在文献之中,几代人传下来,一直到今天。其中,不乏几十名著名的经济学家围绕着灯塔写出了许许多多的著名论文,甚至引出了科斯"偷看灯塔"令人捧腹的幽默词句。灯塔,既成为经济学中一个经典性的象征,又给经济学留下了一个赢得永恒的传统,使 20 世纪的经济学诗意盎然,如诗如画,美不胜收。

（六）学科交叉的边缘化趋势

在 20 世纪西方经济学的工具箱里,不仅保留了上个世纪留下来的一些非经济要素、时间、社会心理等,而且,还引入了技术、信息等诸多新要素,使"技术"成了新宠,"信息"成为热点,从而使经济学越来越从科学技术与社会进步相互关系的角度得到全面的发展。还需指出的是,随着经济学认识领域的拓宽和方法论的多元化,经济学与其他学科的交流和相互渗透得以大大加深,大量非经济学概念的引入与百年前的经济学相比已面目全非。面对物理学、生物学等自然科学的挑战和哲学、精神分析学等人文社会科学诸多学派的"侵入",西方经济学的大家族中又派生出许多交叉学科和边缘学派,例如,混沌经济学、不确定经济学、行为经济学、法律经济学、实验经济学……它们百家争鸣,各得其位,共同发展,成为 20 世纪西方经济学的一大景观。

参考文献:

　［美］阿尔弗雷德·S. 艾克纳:《经济学为什么还不是一门科学》,北京大学出版社 1990 年版。

　［英］马克·布劳格:《经济学方法论》,北京大学出版社 1990 年版。

　［英］特伦斯·S. 哈奇森:《经济学的革命与发展》,北京大学出版社 1992 年版。

　［美］亨利·威廉·斯波格尔:《经济思想的成长》（上、下册）,中国社会科学出版社 1999 年版。

　［美］J. 斯蒂格利茨:《政府在市场经济中的作用》,郑秉文等译,中国物资

出版社 1998 年版。

吴易风、王健、方松英:《政府干预和市场经济——新古典宏观经济学和新凯恩斯主义经济学研究》,商务印书馆 1998 年版。

高鸿业主编:《西方经济学与中国经济体制改革》(第一册),中国社会科学出版社 1994 年版。

高鸿业主编:《西方经济学与中国经济体制改革》(第二册),中国社会科学出版社 1996 年版。

胡代光、吴易风、丁冰:《当前外国经济学的新动向与中国经济学的发展》,经济科学出版社 1998 年版。

张旭:《20 世纪经济学解析》,中国社会科学出版社 2000 年版。

余永定、张宇燕、郑秉文主编:《西方经济学》,经济科学出版社 1997 年第一版,1999 年第二版。

杨春学:《20 世纪经济学的重大发展》,《经济学动态》1999 年第 10 期。

郑秉文:《市场缺陷分析》,辽宁人民出版社 1993 年版。

Bruce Greenwald, Joseph Stiglitz, "New and Old Keynesians", *Journal of Economics Perspectives*, Vol.7(1993).

H.W. Arndt, *Economic Development: The History of An Idea*, Chicago: University of Chicago Press,1987.

Todd G. Buchholz, *New Ideas From Dead Economists-An Introduction To Modern Economic Thought*, A Plume/Penguin Books USA Inc, 1989.

(本文原载于《中国社会科学》2001 年第 3 期,第 82—92 页)

"时间一致性"对社保理论的贡献[*]

——税率对劳动供给的影响

内容提要：2004 年诺贝尔经济学奖获得者普雷斯科特从对欧美之间劳动供给差异性的研究中得出结论，劳动供给差异性主要是由税收政策差异性导致的；从这项研究出发，进而延伸到对社会保障制度财政可持续性的研究上来，认为，现收现付制不利于激励劳动供给，不能解决资金出路问题；而积累制的强行性储蓄特征克服了"时间不一致性"难题，边际税率的引入可以解决其财政支付能力问题。本文在对税收政策对经济影响的作用所产生的理论争议进行了评述之后，认为从"时间一致性"角度对社会保障制度重新审视是方法论上的创新，改变了对诸如社会公平等经济学的传统思维定式，拓展了宏观经济学对社会保障的研究视野，对中国的社会保障制度改革具有重要的启示。

2004 年 11 月 11 日，诺贝尔经济学奖这个殊荣由芬恩·基德兰德和爱德华·普雷斯科特来分享。据诺奖评审委员会介绍，这两位学者之所以获此殊荣，主要是因为他们在 1977 年和 1982 年分别合作发表的两篇学术论文中作出了两个重要贡献：一是通过对宏观经济政策运用中"时间一致性"的研究，为经济政策特别是货币政策的实际有效运用提供了思路；二是在对商业周期的研究中，通过对引起商业周期波动的各种因素和各因素间相互关系的分析，使人们对于这一现象的认识更加深入，并为开展更广泛的研究提供了基础。

其实，普雷斯科特不仅仅在商业周期、经济发展、一般均衡理论等方面为

---

[*] 2004 年 10—11 月本人在英国学术访问期间正值写作过程当中，在查阅资料等方面曾得到英国学术院的帮助，特此鸣谢。本文个别内容曾在有关报纸上零散地发表过。

经济学作出了重要的贡献,而且,他在社会保障理论方面也是一位非常重要的经济学家,对社会保障理论有深入的研究。

一、欧美劳动供给差异性对税收政策作用的诠释

(一)一个有趣的现象:欧美劳动供给差异性很大

普雷斯科特从探讨影响欧美劳动供给的税收问题开始进而对社会保障理论提出了一些重大的理论问题。无意之中,普雷斯科特在研究商业周期的过程中发现了这样一个有趣的现象:美国人工作的时间比欧洲人多出将近一半左右,但在20世纪70年代的时候却不是这样,那时正相反,美国人工作的时间少于法国人。

这个奇怪的现象促使普雷斯科特饶有兴趣地进一步收集资料和寻找答案,在经过对德国和意大利的比较研究之后,发现结果也是这样;进而对英国、加拿大和日本发掘的资料中也看到了几乎是相同的结果。在综合了OECD和联合国的相关资料以后发现,美国与法、德、意、英、加、日这6个国家比较起来,在1993—1996年和1970—1974年这两个时期中的产出、劳动供给和生产率等指标有如下一些十分令人感兴趣的特征(见表1)。

第一,1993—1996年日本和美国的劳动供给即每人工作小时(人均工时)的数量远远高于德国、法国和意大利,加拿大和英国处于中间地位。

第二,美国人均产出大约比欧洲国家始终高出30%—40%①,这一点是毫无疑问的。

第三,但从表1中可以发现一个非常奇怪的现象,对人均产出的这种差异性只能用人均工时的差异性来解释,他们之间基本是正相关的,而不能用生产率的差异性来解释:美国每工时的产出即生产率并不是最高的,例如法国生产率就比美国高出10%而其人均工时几乎却是最低的;德国生产率几乎与美国相同但人均产出和人均工时却低得很多;日本的情况最糟,人均工时最高甚至比美国还高,但生产率却最低甚至比欧美任何一个国家都低。

---

① 下文引用的数据资料凡是没有注明出处的,均引自:Prescott, Edward C., "Why do Americans Work So Much More Than Europeans?", *Federal Reserve Bank of Minneapolis Quarterly Review*, Vol.28, No.1(July 2004), pp. 2 - 13.

表1　1993—1996 年和 1970—1974 年七国诸多指标比较

时期	国家	假定美国为 100			劳动供给（注）		差距（预测供给减实际供给）	预测因素	
		人均产出	人均工时	产出/工时	实际供给	预测供给		税率	消费/产出
1993—1996 年	德国	74	75	99	19.3	19.5	0.2	0.59	0.74
	法国	74	68	110	17.5	19.5	2.0	0.59	0.74
	意大利	57	64	90	16.5	18.8	2.3	0.64	0.69
	加拿大	79	88	89	22.9	21.3	-1.6	0.52	0.77
	英国	67	88	76	22.8	22.8	0	0.44	0.83
	日本	78	104	74	27.0	29.0	2.0	0.37	0.68
	美国	100	100	100	25.9	24.6	-1.3	0.40	0.81
1970—1974 年	德国	75	105	72	24.6	24.6	0	0.52	0.66
	法国	77	105	74	24.4	25.4	1.0	0.49	0.66
	意大利	53	82	65	19.2	28.3	9.1	0.41	0.66
	加拿大	86	94	91	22.2	25.6	3.4	0.41	0.72
	英国	68	110	62	25.9	24.0	-1.9	0.45	0.77
	日本	62	127	49	29.8	35.8	6.0	0.25	0.60
	美国	100	100	100	23.5	26.4	2.9	0.40	0.74

注:"劳动供给"是指 16—64 岁的每周人均工时。

资料来源:Prescott, Edward C., "Why do Americans Work So Much More Than Europeans?", *Federal Reserve Bank of Minneapolis Quarterly Review*, Vol.28, No.1(July 2004) p.3 and 7. 根据 Table 1 和 Table2 制作。

　　第四,20 世纪 70 年代的数据显示,美国与其他国家之间的差异不在于人均产出,与 20 世纪 90 年代相比这几乎没有什么太大的变化,欧洲大约还是美国的 70% 左右。

　　第五,20 世纪 70 年代的不同之处在于,欧洲人均产出虽然还是比美国低,但其原因绝不是像 20 世纪 90 年代那样由较低的人均工时造成的,而是由较低的生产率造成的。

　　第六,除了意大利是个特殊情况之外,英国、德国和法国的人均工时都高出美国许多,就是说,20 世纪 70 年代欧洲人在市场上工作的时间比美国人多;20 世纪 90 年代正相反,美国人比欧洲人工作得多。

　　第七,"劳动供给"是指 15—64 岁在市场部门每人工作小时的数量即人均工时。那么,为什么不同国家劳动供给的差异性如此之大? 不同历史阶段的劳动供给为什么会发生相反的变化? 20 世纪 70 年代与 20 世纪 90 年代相比,美国和欧洲的劳动供给发生了如此之大的变化,是什么原因造成的?

(二)税率对劳动供给发生作用

经过研究,普雷斯科特发现,对劳动市场发挥作用甚至决定性作用的因素之一是税制,即在劳动供给发生如此重大变化这个现象的背后,可能在相当大程度上是税率变动的结果驱使的。

在表 1 的右侧显示了劳动供给与税率变动之间的相互关系:1993—1996 年欧洲大陆国家的税率比 1970—1974 年提高了很大幅度,与美国相比,欧洲大陆堪称是高税收国家,他们几乎无一例外地都在 0.52 以上,意大利高达 0.64。于是,劳动供给的预测值与实际值之间的差距就非常接近,平均起来也就是每周相差 1—2 个小时左右,这是由高税收压抑劳动供给激励的结果造成的。假设,如果他们延长工作时间并能够额外多提供 100 欧元产出,但却只能额外多得 40 欧元的消费,近 60 欧元都直接或间接地纳税了,于是,劳动供给就自然很低;从表 1 可以看出,德国、法国和意大利这三个国家税率最高,劳动供给所以就最低。但是比较起来,在 1970—1974 年由于税率很低,均在 0.52 以下,所以劳动供给就必然较高,劳动的实际供给与预测供给之间的差距也就自然很小。当时的例外只有意大利和日本,他们的税率虽然最低,但供给也是最低的,实际供给与预测供给之间的差距也最大。根据普雷斯科特的研究,这些"例外"主要不是由税率导致的,而是其他一些原因的结果,例如,意大利主要是社会稳定问题和卡特尔主义等因素打破了劳动供给均衡所造成的,而日本的"例外"则是由于统计方面出了问题。

普雷斯科特认为,既然欧美之间的税率是可比的,那么劳动供给就也具有可比性,因为从总体上来看,欧美之间并没有什么其他根本的特质差异性,他们之间的人口也没有什么其他更为明显的差异性。由此,普雷斯科特认为,欧美之间劳动供给上存在的巨大差异性主要是由税率的差异性造成的,它进而对劳动市场的正常运行和社会保障体系中失业津贴的性质等许多方面都带来了某种"制度约束"。

(三)税制对福利收益具有影响作用

那么,如何解释美国的现象呢? 美国在 1970—1974 年和 1993—1996 年这两个时期的"劳动收入税率"都是40%,没有任何变化,更没降低,但劳动供给却增加了10%左右①。普列斯科特为此对这个具有挑战性的问题进行了更为深入的研究。他发现,这个奇怪的现象主要是由家庭主妇参与市场所导致的;而家庭主妇参与市场的激励主要来自1986年美国税制改革;这次税制改革的结果很可能导致她们走进市场后降低了家庭的实际边际税率,从而促进了家庭从单职工向双职工的转变,进而增加了美国的劳动供给。

　　之所以说美国单职工家庭向双职工家庭的转变很可能是1993—1996年边际税率低于1970—1974年所导致的结果,是因为1972年的边际税率事实上要远远高于1994年(见表2)。

表2　美国税制改革对家庭劳动供给的影响(二人家庭为例)

2个阶段	家庭职工的人数	假定增加的数量		假设的劳动收入税率	
		劳动收入	税收	平均	边际
改革前: (1970—1974年)	1	10%	1.3%	13.0%	20.0%
	2	20%	5.3%	26.5%	40.0%
改革后: (1993—1996年)	1	10%	1.5%	10.0%	20.0%
	2	20%	2.6%	13.0%	20.0%

资料来源:Edward C. Prescott,"Why do Americans Work So Much More Than Europeans?", *Federal Reserve Bank of Minneapolis Quarterly Review*, Vol.28, No.1(July 2004), p.8, Table 3.

　　普雷斯科特在参考了包括费尔德斯坦在内许多经济学家的研究成果基础上,进一步明确提出(见表2):美国1986年改革之前单职工家庭增加工时后其额外劳动收入的边际税率是20%;但如果家庭主妇也参与市场成为双职工家庭的话,额外增加的劳动收入边际税率就有可能是40%,于是劳动供给的积极性受到压抑;在1986年改革后的1993—1996年,单职工的税率与改革前

————————

　　①　在论述边际税率对劳动供给产生影响的时候,普雷斯科特通篇使用的概念几乎都是"劳动收入税"。据笔者所知,不同国家对"劳动收入税"包括的项目是不太一样的。为了能与中国的情况具有一定的可比性(美国的劳动收入税率是40%),笔者通过E-mail向普雷斯科特请教在美国这个概念都包括哪些税种,他回答说大约包括六大类:社保税、医疗照顾保险税、州地方社保税、联邦政府所得税、消费税和包括烟酒等在内的货物税。为给山东大学2004年9月9日的会议赶写一篇论文,本文初稿写作始于2004年9月初,在普雷斯科特回答这些问题时,他还没有获诺贝尔奖。

没有什么变化,还是 20%,但双职工家庭的边际税率却可能发生了非常大的变化即有可能降到了 20%,而不是 20 世纪 70 年代的 40% 了,这就大大刺激了双职工家庭比例的增加。

"福利收益"是指当前和未来任何时期消费比例的绝对提高但同时家庭不受任何政策变化影响的一种状态,即所谓的"终身消费等式"。从理论上讲,税率越高的国家,降低边际税率后获得的福利收益就越大。因此,在欧洲高税收国家,削减劳动收入边际税率所增加的福利收益是很大的。假设法国将劳动收入所得税率从 60% 减少到美国 40% 的水平,在"终身消费等式"里法国的"福利收益"就会提高 19%,这对福利收益来说就是一个非常巨大的数字了。这个测量办法考虑到了税制改革以后休闲时间减少的因素,即从每周81.2 小时减少到 75.8 小时,这意味着减少了 6.6%。经过计算普雷斯科特还惊奇地发现,即使假设法国劳动收入所得税率降低的幅度如此之大,但其税入却没有减少。但相比之下,如果假设美国从 40% 降到 30%,其福利收益的获得就相对非常小,只有 7%。

二、社会保障制度引入边际因素的重要意义

(一)现收现付制不可克服的缺陷

普雷斯科特将上述税制对劳动供给的分析得出的结论进一步延伸用于对养老制度的影响的分析。根据他的观察,美国目前实行的现收现付制具有一些不可克服的致命缺陷。总结起来,可以归纳为如下几个方面:

第一,积累制的社保缴费可以看成是某种性质的储蓄,当前的社保缴费与未来的退休收益由此紧密挂起钩来。从本质上讲,积累制社保制度的缴费是一种"边际税率性质的储蓄"。但是,实行现收现付制的美国社会养老制度中几乎没有什么"边际储蓄"的因素,即使人们想在劳动力市场上多提供劳动也几乎不能为其未来退休收益带来什么太大的收益,激励因素十分有限,不利于增加社保制度的总收入。这是现收现付制不可克服的一个重大缺陷,也是美国社保制度的一个致命弱点。

第二,退休者的实际退休津贴价值低于其当初的社保缴费。普雷斯科特计算的结果是,上个世纪美国的贴现率是 4%,实际工资增长率是 2%。由于

这两个系数非常稳定,所以,按照这两个系数来计算,美国人退休的给付现值就只有社保缴费现值的1/4。

第三,美国社保制度中退休给付计算公式中累进税的因素太多,对劳动供给的激励十分不利,所以,在现实中必然会导致出现这样奇怪的现象,即退休夫妇中双职工家庭获得的退休津贴与单职工家庭相比其水平过低,显得很不合理。

第四,由于税制的某些缺陷,对相当一部分人来说,社保制度中退休津贴的构成里有很大一部分易受到所得税的影响。

第五,还是由于税制的原因,对许多退休者来说,当年的应税劳动收入对其未来退休津贴水平所产生的影响太小或说几乎没有什么影响,他们二者之间的联系不紧密。

(二)完全积累制不可替代的优势

普雷斯科特在分析了现收现付制的缺陷之后,将之与完全积累制进行了比较,在对产出、资本/产出、劳动供给、人均消费、社保隐形债务/净产出、福利收益六个方面进行计算以后发现,稳态下的两个制度里,积累制具有现收现付制不可比拟的优势。

表3给出了现收现付制和完全积累制两个不同融资制度各自稳态条件下的比较情况:完全积累制稳态下的劳动供给比现收现付制高出11%,消费高出17%,"终生消费等式"即福利收益高出9%;其他也都好于现收现付制。

表3　现收现付制与完全积累制之间各项指数的比较

制度类型	产出	资本/产出	劳动供给	人均消费	社保隐形债务/净产出	福利收益
现收现付制	100	2.77	100	100	4.62	100
完全积累制	123	4.91	111	117	0	109

资料来源:Prescott, Edward C., "Why do Americans Work So Much More Than Europeans?", *Federal Reserve Bank of Minneapolis Quarterly Review*, Vol.28, No.1(July 2004), p.10,Table 4.

(三)现收现付制向积累制过渡的可行性问题

既然完全积累制与现收现付制相比具有这么多优点,为什么不能立即向完全积累制过渡?

众所周知,从现收现付制向积累制转变必然涉及天文数字的转型成本,不解决这笔预筹资金就不可能实现制度的转型,否则,第一代人的福利水平在转轨启动阶段必将受到影响,成为改革的受损者,进而成为改革的反对者。

虽然美国多年来社保制度的运转情况一直很好,收入远远大于支出,余额高达近1.3万亿美元,但转型成本仍然是一个转型障碍。包括中国在内的所有发达国家和转型国家在改革过程中都无一例外面临转型成本的困难并成为改革的一个难以逾越的瓶颈。

那么,普雷斯科特如何看待美国转型成本问题?美国改革的可行性到底有多大?这个问题是美国众多经济学家十几年来讨论最多、争论最激烈的一个问题。美国学界多年来为改革提供的改革方案多如牛毛,即使在2001年12月美国抛出了一个改革一揽子方案之后仍有学者和机构不断献计献策,仅2004年国会议员向国会提交的改革议案就十多个。

与众多学者的观点相比,普雷斯科特对解决改革成本的看法具有独到之处,在他看来,转型成本是完全可以解决的,理由如下。

第一,美国的劳动供给在20世纪70年代和90年代发生的变化为美国社会保障制度转轨提供了一个重要的启示:税制改革是一个关键。一个给定的稳态制度在改革起始阶段解决其成本的一个最好的思路就是增加其劳动供给;否则,如果劳动供给是固定的,现收现付制向完全积累制过渡就必然以牺牲一代人的福利水平为代价;但如果劳动供给不是固定的甚至是不断增加的,转轨过程中就有可能解决成本问题,从而保证每一代的福利都不会受到影响;因此,税制改革有可能解决劳动供给和转型成本问题。

第二,人口增长和给付待遇水平的提高这两个因素可以相互抵消,不会影响制度转型的成本。首先来看人口的变动。如果人口增长是正的,领取津贴的人口就相对小一些,相对于GDP来说就等于无形之中降低了制度转型启动阶段的隐形债务规模。美国人口的增长是正的,所以这个问题产生的影响是正的。再来看给付水平。现收现付制度下人口正增长所固有的一个内生规律是其给付水平具有攀高的倾向;如果社保工薪税是给定的,税收水平不提高,那就等于是提高了当前制度下的隐形债务规模。所以,当前和未来美国的给付支出将会在一定程度增加转型成本的规模。

上述两个因素合在一起相互抵消,呈中性。鉴于这个分析,普雷斯科特认为,美国社保制度改革还是可行的,他提出的方案将是适用和有效的。

（四）现收现付制向积累制的过渡期问题

既然向完全积累制转型和过渡是可行的，那么，"节省"的下一个关键因素就是这个转轨期到底需要有多少时间。设计一个改革日程表是决定其成功与否的一个重要因素。

根据普雷斯科特的计算，稳态下现收现付制的债务是一个天文数字，对美国来说几乎是当年国民收入总值（GNI）的4.62倍，在改革的第一年几乎是国民收入总值的2.3倍。为此，他建议改革实施后37岁以下的年轻人都进入新制度，这既对年轻一代人的当前处境有益，例如改革之初22岁年轻人的福利收益就可提高4%，也对退休一代的长远利益有利，例如改革之后年均资本／产出45年以后将可以从2.77提高到4.91。

根据普雷斯科特的测算，按照他的方案设计，这个过渡期大约需要45年的时间（见表4）。改革成本将随着进程的深入而逐渐减少并稳定下来，45年之后减少到"0"。就是说，从现收现付制向完全积累制的过渡期中解决巨额债务的时间大约需要45年的时间。

表4　美国向完全积累制过渡后不同阶段的预测

改革过渡期	养老制度债务／产出	资本／产出
1年之后	2.30	2.71
15年之后	1.57	2.80
30年之后	0.63	3.08
45年之后	0	3.31
60年之后	0	3.32

注：假定15—37岁的工人选择了完全积累制；假定期为60年。
资料来源：Prescott, Edward C., "Why do Americans Work So Much More Than Europeans?", *Federal Reserve Bank of Minneapolis Quarterly Review*, Vol.28, No.1(July 2004), p.11, Table 5.

（五）改革方案的具体建议与设计

普雷斯科特认为，他提出的这个改革方案是一个两全其美的福利改进的方案，既可解决转型成本，又不至于使第一代人受损。他提出如下政策建议。

第一，全面降低税率。他建议将美国劳动收入所得税的整体水平从40%降到31.3%。降低税率是社保制度改革配套措施中不可分割的一部分，是向完全积累制过渡的一个前提。目前美国的劳动收入税率是40%左右，这个税率太高。

第二,建立个人账户系统,全面改革(社会保障)工薪税制度。将目前实施现收现付的 12.4% 社保工薪税一分为二:3.7% 进入个人账户实行完全积累制;8.7% 进入政府账户,实行现收现付,用于支付残疾和其他福利事业。

第三,在过渡期内,人们有权利在两个并行运转的制度之间进行选择,即或是选择继续留在原来制度里维持一切不变,或是选择享有从 40% 降到 31.3% 的劳动收入税率的待遇并将其"节省"下来的劳动收入的 8.7% 转为其个人社会保险工薪税。

第四,社会保险工薪税 8.7% 的设定基本没有影响目前的退休金替代率:假定资本收入税率保持在 4%(美国从 1880 年至 2002 年几乎一直保持这个税率);假定职业生涯从 22 岁开始,工作 41 年即在 63 岁退休(这是美国平均的退休年龄);再假定退休以后的余命为 19 年。这样,在其他因素不变的前提下,社会保障(OASDI)养老金替代率平均就应是 0.319。但由于美国应税税基的年龄事实上是按 60 岁计算的,所以,替代率实际上可达 0.36。这是一个考虑到的可以抵消的因素。另一个因素是,8.7% 工薪税实际上比目前实行的 12.40% 并没有下降多少,因为在目前的这 12.40% 中,"养老及遗属保险"实际是 10.60%,另 1.80% 属于"残障保险"项目。

第五,8.7% 政府账户的投资运营完全由政府负责,投资收益率仍维持在 4% 左右,这是当前这个制度已经实行了几十年的投资收益率,仍是可行的;不需进行任何额外的转移支付①。

---

① 笔者在此作出如下说明:最初阅读普雷斯科特文章时笔者对其文字表述的理解是,社保税从 12.4% 降到 8.7% 并全部进入个人账户实行完全积累制,并由政府负责账户资金投资营运。但是,这样"节省"下来的只有 3.7%,40% 由此只降到了 36.3% 而不是 31.3% 啊? 再者,新旧制度供人们自由选择,那么,新制度的风险大了,缴费率低了,其替代率肯定要远远低于旧制度,有谁愿意选择进入新制度呢? 还有其他一些问题,从文字上看似乎都有些模糊,数据之间相互对不上。笔者给他发 E-mail 就此请教(这时他已获得诺奖),本文中的表述是根据他回复的 E-mail 重新理解整理的,与阅读他 2004 年 7 月发表的论文内容不完全一致,也与笔者给山东大学的会议论文(即将结集出版)和 2004 年 11 月在《中国证券报》上发表的 4 个连载不一致,那时还是原来的理解;这里特此说明,以此为准。即使本文这里使用的是新的解释,但有些问题还是没有解决(例如,税率并没有真正降下来),有的还是核对不上(例如,3.7 和 8.7 的关系),有的他没回答(如税率没降下来)。在他获奖整一个月后即 2004 年 11 月 11 日发表在《华尔街日报》上的文章中,他对账户缴费比例的设想又作了调整,将账户比例提高到 9.3%(见后文关于理论争议部分)。

第六,退休时所有的个人账户资金均须购买年金即予以年金化,不得一次性提取。

第七,考虑到社会公平问题,应允许低收入人群多缴纳工薪税,可以超出8.7%以上;配偶之间的纳税问题可以另外设立一个方案,即他们每人设立一个独立的个人账户,其工薪税可以在2个账户之间平分,而不得设立混合的"家庭账户"。

第八,由于种种原因,某些退休阶层以往的缴费积累可能会导致退休津贴水平较低,甚至不足以维持最低生活安全保障,建议设立家计调查式的补充退休津贴制度予以弥补。

三、普雷斯科特对社会保障理论的贡献

从普雷斯科特这篇论文和其他文章来看,他对社会保障理论的贡献可以归纳为如下几个方面。

(一)用税收理论重新评估社会保障两种融资制度的前途:现收现付制的出路只能向积累制过渡

普雷斯科特从研究税率对劳动供给产生的影响出发,进而延伸到了劳动供给弹性对社保制度的影响。普雷斯科特在对某些工业化国家劳动供给弹性进行的估算中发现,有些国家的弹性非常大,大约是3,这个系数与测度商业波动周期的系数几乎完全相同。劳动供给弹性系数大对社保制度改革来说是一件好事,否则,社保制度就必然面临着一个残酷的两难选择:或是提高当前工作的年轻一代人的税收水平,这就势必降低他们的福利收益;或是削减退休老年人的福利水平,但这势必遭到他们的反对。但是劳动供给弹性的大小与税制的性质有很大的关系。现收现付制的社保缴费(税)的性质决定了它不可能具有较强的边际因素,这就意味着,随着人口老龄化的发展趋势,退休津贴的支付困难会越来越大,但资金来源渠道的扩大绝不能指望和依靠提高缴费税率的办法来解决,而只能采取降低边际税率的办法。因为在现收现付制下,单纯依靠增加社会保障工薪税(即社会保险缴费)提高税率并不能增加收入,所以就不可能弥补其资金缺口。

与现收现付制相比,完全积累制具体优势可以归结为:其一,增加劳动激

励因素,提高劳动供给。其二,不但不能降低福利收益,反而可以将之提高:在发达国家由于资本/劳动比率较高,工资收入会自然增加,福利收益也就必然随之提高。一言以蔽之,既然劳动供给取决于边际税率,那么潜在的福利收益就必然会增加。其三,不但可以达到改善青年人境域的目的,同时可以实现不影响退休者未来给付水平的目的。对年轻人来说,当他们增加工作时间的时候,不仅可以增加产出,而且在其额外增加的产出中能够获得一个更大的消费份额。其四,普雷斯科特的这项研究事实上已经得到了某些国际案例的支持,例如,西班牙1998年税制改革中降低边际税率后,劳动供给增加了12%,税入同时也增加了几个百分点。西班牙的案例间接地证明,引入劳动收入边际税率的因素比简单地降低平均税率的作用更为明显,因为它可以"熨平"税率日程表进而可以增加劳动供给和总体收入水平。

(二)用"时间一致性"重新定义公平概念:改变了经济学的传统思维定式

作为一个国际知名经济学家,普雷斯科特的一个重要经济学贡献在于它将"时间一致性"的分析方法运用到社保制度改革的研究之中,一举改变了经济学在社会保障研究中对公平概念的根深蒂固的传统思维定式。

从"时间一致性"的角度来分析,真正能够体现社会公平的制度是积累制,而不是现收现付制。在对现收现付制和积累制这两种模式的评价中经济学家们对它们各自优劣特征的看法没有太大的分歧,分歧大多集中在利弊权衡与偏好取舍的争论之中。绝大多数经济学家达成共识是,在老龄化面前,前者在融资方面其财政可持续性较差,但公平性较好,因为其再分配作用较大;后者的特征正相反,即财政可持续性较强,但缺点是公平性较差,因为它几乎不具备再分配的功能。

但是,当普雷斯科特从"时间一致性"这个独特角度来分析这个问题时,上述"定论"就几乎完全被推翻了,传统经济学的思维定式开始发生动摇,普雷斯科特提出了一个令世人惊讶的完全相反的结论:他之所以主张将现收现付制改造成积累制,一个重要的目的就是为了实现公平的目的。在他看来,积累制比现收现付制更能体现公平的原则,这是因为,积累制一个最大的特征是实施强制性储蓄。那么,为什么要建立一个强制性的储蓄式的完全积累制?普雷斯科特自问自答说,从根本上讲,"答案是,它能让大家都懂得时间不一致性的问题。如果个别人知道有人会为他们提供消费的话,他们就不会再去储蓄了,不管为他们提供消费的人是纳税人、家庭还是慈善机构"①。换言之,现收现付制的再分配功能却是不公平的;所谓公平绝不是指财富的再分配,也不是转移,而是要在消费过程中消除"时间不一致性"问题。在社会保障制度的研究中,这显然是关于公平概念的一个全新的理解,是一次理念的换位,他赋予了公平概念以全新的思维方式。

(三)用边际税率方法重新审视两种社保融资模式的本质:边际因素的有无和多寡是衡量制度优劣的关键

在全球范围的社保制度改革中,如果将经济学家分为支持私有化改革即赞成积累制和反对积累制这两个阵营的话,普雷斯科特的学术主张和研究结论无疑属于赞成积累制的学者,属于两大阵营中支持积累制的一员。但是,普雷斯科特的研究方法、演绎过程以及对这两个制度的本质认识却是独特的,几乎是独一无二的。从税收的角度看,如果将社保制度看成是一个相对独立的税收体系的话,那么,现收现付制和积累制这两个制度之间的本质区别就在于税制的区别,前者是非边际性质的税制,而后者则属于边际税率体系。

显然,在普雷斯科特看来,税制的不同、边际税率因素的多寡甚至有无,是决定这两种制度各自解决时间不一致性的能力的关键,是能否"熨平"税率日程表的关键,因此是衡量制度优劣的一个关键,此为其一;积累制是边际税率的体系,它在当前缴费与未来收益二者之间建立起了一种精算关系,而现收现付制则不可能,此为其二;建立起精算关系的边际税率体系对当前可提高劳动供给弹性以增加劳动供给,对未来则可将权利承诺性质的退休资产变成边际性质的退休资产,就是说,不同性质的税制决定了不同性质的退休资产,此为其三;能改变退休资产性质的制度只能是强制性的储蓄制度,即人们现在的支付行为对未来是一种储蓄的性质,而不是纳税的性质,此为其四。

一言以蔽之,边际税收体系的最大优越性就在于可以将现收现付制的退休权利预期变成边际性质的退休资产,这就是在社保制度中引入边际因素或说向积累制过渡的最终目的,也是现收现付制与积累制的本质区别所在。

正是这种对边际因素的多少和有无的判断,才是最终判断制度优劣的一

① Edward C. Prescott, "Why do Americans Work So Much More Than Europeans?", *Federal Reserve Bank of Minneapolis Quarterly Review*, Vol.28, No.1(July 2004), p.11.

个最新的衡量标准,这就是普雷斯科特给我们的一个最大启发。或说,当今全球范围的社保制度改革的一个总趋势就是为引入这个因素所进行的努力。这个衡量标准对普雷斯科特来说可能是最关键的,其意义甚至远远重要于资产的投资收益率、由谁来投资等当前经济学家们正在激烈争论的诸多领域:在这两个方面,普雷斯科特给出的建议很简单,所有账户资金交由政府投资,收益率继续维持在目前的4%。从投资策略来看,这是典型的中央集中投资管理的"新加坡模式",而非个人分散投资管理的"智利模式";"普雷斯科特模式"与"新加坡模式"之间的区别仅仅在于前者收益率的市场化因素很高,而后者的市场化因素较少。

(四)用"时间一致性"和边际分析方法重新解释个人账户的作用:体现社会公平和个人福利收益的基本根据

从历史上看,个人账户制度诞生于企业补充保险(企业年金),是企业补充保险的一个制度基础和运行载体,这是私人市场的事情。在实践中,将企业补充保险的私人部门因素首次引入到社会保障这个公共部门的是1981年的智利。20多年来,个人账户问题在社会保障理论研究中是一个重要主题,不同的研究方法、不同的学术流派、不同国家的学者和改革实践已经把引入和建立个人账户作为一个重点和难点。可以说,社会保障研究中涉及个人账户的文献很多。但是,普雷斯科特开历史之先河,将"时间一致性"的独特角度引入研究之中,运用边际税率的方法,对个人账户的性质和作用重新作了解释,把这项研究提高到一个前所未有的境界,令人耳目一新,刮目相看;他从一个崭新的独特角度使人们对个人账户的本质特性开始重新审视与肯定,为社会保障理论的研究拓宽了疆域,开阔了视野,将研究推向了一个新阶段。

个人账户的本质作用在于两个方面:一方面,它在积累制中可以成为体现社会公平的载体。现收现付制不需要个人账户,全社会范围的再分配对个人未来退休的承诺依据更多的是对以往职业生涯中缴费水平与能力的"历史回忆与评价"。但积累制强调的是对缴费者个体纵向消费周期的"熨平",即使退休也须将其购买年金作为一个给付条件;退休给付的标准主要是建立在对"缴费历史进行精确计算"的基础之上;没有个人账户就不能进行这种精确的计算,退休给付就无从谈起;正是从这个意义上讲,账户资金积累计算的精确度越高(指与某些混合型相比),就越能体现社会公平;个人账户是联系当前给付与未来给付以保证"时间一致性"进而实现社会公平的唯一根据。

　　另一方面,它是积累制中体现边际因素的唯一标志,是记录边际费率的唯一依据,是计算边际费率的唯一形式。没有个人账户作为一个内生机制就不可能有积累制的存在,于是就不可能称其为一个与现收现付制完全性质不同的独立"税制体系"了,边际性质的基本特征就不复存在了。

　　从"时间一致性"的角度来解释社会保障制度改革中引入个人账户的意义,这个演绎过程本身显然并不十分复杂,但其论证的观点即积累制的财政可持续性能力问题却是非常复杂的。普雷斯科特的"时间一致性"对这个问题的阐述是建立在数理推演基础之上,给出的结论和答案是简单明了的、严谨科学的,几乎是无懈可击的。

　　(五)"时间一致性"的本质是"规则胜于慎重":应该成为社会保障制度设计的一个基本原则

　　从商业周期驱动力的角度看,经济政策的设计始终是宏观经济学研究的一个重要领域。基德兰德和普雷斯科特对这些领域作出的重要贡献,不仅体现在或应用于包括金融改革和货币政策设计在内的宏观经济分析领域,还包括作为公共政策的社会保障计划的设计方面。在某种意义上说,"时间一致性"的本质所解释的就是几乎所有公共政策领域的"长期稳定性"问题,社会保障计划自然包括其中。例如,如果政策制定者没有实现作出某种特定的决策,就不能在稍后的时间里执行最适宜的政策,于是有可能出现货币政策的目标虽然是稳定物价但却仍然通胀高企不下的情况;如果企业决策者没能预计到银根将要松动、通胀即将来临,他们就不会提高产品价格和工资;如果家庭没有预计未来资本税收将要走高,他们就不会减少储蓄额;如果社会保障政策没有考虑到老龄化因素,这个制度就没有可能解决未来由于支付规模增加所导致的财政问题;等等。

　　所有上述情况下出现的"时间不一致性"难题必然要影响到政策的"长期稳定性"和人们的预期。税率和税制变动对劳动供给的影响进而对社会保障积累制的要求等研究中所运用的方法,都体现了"时间一致性"对其所作出的具体解释。可以说,这是新古典宏观经济学对社会保障理论的一个重要贡献,对制定社会政策和设计社会保障制度具有重要的现实意义,尤其对社会保障融资难题具有极大的启示作用;它奠定了经济政策的社会公信力与政策方案的可行性研究的基础,对未来社会保障制度的理论研究、模式设计和改革进程所应该产生的潜在影响必将显现出来。

由此我们可以这样总结:时间一致性的关键是事前采取什么样的政策行动是最优化的? 时间一致性的难题在于事后"最优化规则"如果失灵了就要看它与政策制定者的预期是否存在差距? 如果是这样,那么它就不是最优化的。所以,时间一致性的核心是"规则胜于慎重";只要认定解决方案是最优化的,那么就要毫不犹豫地去执行它。这就是社会保障设计中应该注意到的一个十分重要的问题:长期稳定性。

在社会保障理论研究中,新古典宏观经济学派的经济学家们对积累制可谓情有独钟,他们坚决支持积累制的私有化改革;作为公认的新古典宏观经济学实际经济周期学派的代表人物,普雷斯科特对未来经济政策预期中社会保障制度的时间一致性问题的精辟阐述,必将对社会保障制度的研究产生重大的学术影响,甚至对世界范围内社会保障制度改革的进程产生深远的影响。

四、税率对劳动供给影响作用的理论争议

(一)不同的观点:税率变动几乎不影响劳动供给

普雷斯科特将"时间一致性"的论述引入到对社会保障制度融资模式的分析之中,其意义是深远的:从一个全新的角度,用一个全新的方法,得出了一个学界和政界人人皆知的结论,多了一个评估社会保障制度可持续性的参照系。这里,解决社保制度"时间一致性"难题的核心理论支柱是税收理论问题,这个理论是支撑普雷斯科特将之用于分析社会保障两个不同融资制度优劣分析的关键所在:到底边际税率的变化对劳动供给的影响有多大? 换言之,劳动供给的变化敏感度之于边际税率的变化究竟有多大? 如果答案是否定的,或是模糊的,那么,它对社保制度的分析和解释就失去了理论根据,就不能证明积累制优于现收现付制,所有演绎就都无从谈起。

然而,在经济学界,这是一个长期以来存在争议的难题,也是一个人人皆知的事实。普雷斯科特从劳动供给的角度对社保理论研究的介入及其所有解释和建树,实际上是陷入了这场由来已久的理论争议之中。

在普雷斯科特那里,边际税率的高低和变化对劳动供给的弹性具有相当

的作用。如前所述,普雷斯科特的这个观点毫无疑问将之划为保守派经济学家之列,他获诺贝尔奖在客观上加强了保守派营垒的声音,在他之前许多经济学家的类似论述已经汗牛充栋,他们认为,降低边际税率的刺激作用表现在多工作、多储蓄、多投资等方面,进而可以大幅提高经济增长率。著名经济学家、里根经济顾问委员会主席马丁·费尔德斯坦是保守派的代表人物,并发表了大量论述,他认为里根时期之所以经济复苏迅速,增长强劲,收入增加,主要就是减税的成果,其中 1986 年减税法案就是一个最主要的措施。前文普雷斯科特对美国 1986 年改革降低了家庭双职工的边际税率的推测和假设,费尔德斯坦早在其 1993 年的一项研究中就曾发现了类似的结果,认为 1986 年税制改革对家庭劳动供给具有潜在的影响,他后来在 1995 年对克林顿税制改革方案的分析中又进一步证明了这项研究①。还有丹尼尔等许多著名经济学家对此都有大量的著述②。减税会促进福利收益提高和经济增长,保守派对此看法非常一致,但由于估算的方法不同,统计口径不一,取值的历史参照系也不尽相同,所以,他们之间分歧在于减税带来的福利收益的估算结果不尽相同,而且差异非常之大。有人估算说,每降低 1 美元税入所带来的经济收益相当于40 美分,还有人计算说,每减少边际收入税率 1 美元可获得相当于 30 美分的产出;还有经济学家计算的结果是 33 美分或 38 美分不等,最高者估到 50 美分。但大多数人倾向于中位数 40 美分,换言之,在不降税的情况下每多纳税一美元就意味着等于多损失 40 美分③。

　　反对派的观点不在于降低边际税率是否存在影响,而在于其对增长正面和负面影响的大小比较、利弊权衡和两相取舍。反对派的代表人物主要有奥尔扎格(Orszag, P.)、本海默(Bernheim, B. Douglas)、斯兰罗德(Slemrod,

---

　　① Feldstein, Martin, "The Effect of Marginal Tax Rates on Taxable Income: A Panel Study of the 1986 Tax Reform Act", *Journal of Political Economy*, 103(June 1995), pp.551 - 572. Feldstein, Martin, and Feenberg, Daniel R., "Higher Tax Rates with Little Revenue Gain: An Empirical Analysis of the Clinton Tax Plan", *Tax Notes*, 58 (March 1993), pp.1653 - 1657.

　　② Mitchell, Daniel, "Reducing Tax Rates Across the Board: A Cornerstone of Pro-Growth Tax Relief", *Heritage Foundation Report*, No. 711 (Jan. 2001).

　　③ 关于减税增加福利收益的估算数值的争议详见:Vedder, Richard K. and Gallaway, Lowell E., "Tax Reduction and Economic Welfare", *Prepared for the Joint Economic Committee*, April 1999.

Joel)等著名经济学家。他们的观点归纳如下。

第一,对税收政策变动产生影响的总体估价。反对派认为,首先,在评估减税对经济影响的时候,既要考虑到其潜在的正面影响,还要考虑到负面影响。不能仅仅从正面一个角度予以考察,更不能忽视其负面作用。其次,总体评估起来,其结果就未必完全是正面的,负面影响也很大,可能要大于正面影响,正负相加,相互抵消。再次,经验性案例研究显示,正面影响往往很小,甚至可以忽略不计。最后,他们认为,减税对经济的影响是多方面的,包括劳动行为、储蓄、投资、风险评估等,综合这几个方面的情况来看,其正面影响十分有限。

第二,对劳动供给激励作用的看法。从理论上讲,减率既可以增加劳动者的工作积极性,但同时也存在着对劳动供给的负激励因素:对有些人来说,既然可以用较少的工作获得同样多的税后收入,那么在增加税后收入后就存在着劳动积极性降低的可能性。普雷斯科特的减税增加劳动供给理论中所指的主要是针对双职工家庭中的女性,但是早有许多经济学家对此发表过论述,认为减率并没有导致女性提供劳动的数量,因为对相当人来说,她们本来就是全职工作的。例如,密执根大学的斯兰罗德等两位教授认为[1],"几乎所有的研究都证明,女性的市场参与率和工时数量对其税后收入根本没有什么反应,因而对边际税率变动的反应也很弱。事实证明,如果说女性市场参与率和退休决策一定受到一些影响的话,那也不足以完全将其归因于对总体劳动供给的影响,更不能得出任何结论认为劳动供给受到税收政策的很大影响"。还有经济学家认为[2],边际税率的变动只对那些高收入已婚女性的劳动参与率非常敏感,例如对那些"收入非产高"的已婚妇女来说,劳动供给弹性大约在0.6—1.0 之间。

第三,对国民储蓄激励作用的看法。从理论上讲,今天的储蓄会增加明天的产出,较高的国民储蓄将导致较高的投资,生产率的增量将促进经济增长进而提高国民收入;此外,从利率和红利收入必须纳税的角度看,降低边际收入

　　[1]　Joel Slemrod and Jon Bakija, *Taxing Ourselves: A Citizen's Guide to the Great Debate over Tax Reform*, Cambridge: MIT Press, 1996, p.106.

　　[2]　Eissa, Nada, "Taxation and Labor Supply of Married Women: The Tax Reform Act of 1986 as a Natural Experiment", NBER Working Paper 5023, February 1995.

税率也将导致刺激私人储蓄。但是,如果具体分析下去的话,其结果就具有很多不确定性了。例如,如果私人储蓄的目的是为了用于养老或子女教育,减税就有可能对储蓄产生负激励;再例如,即使降税在某种程度上对提高私人储蓄具有一定的促进作用,但对国民储蓄总量来说也是微乎其微的,这是因为,减税所让出的资源往往主要被用于消费而没有用于储蓄,因此私人储蓄的增量要小于公共储蓄的增量。本海默就认为,基于宏观经济数据的大多数研究得出的结论是,"税后回报率对储蓄的影响并不很大"[①]。

第四,对经济增长的影响的总体估计。基于上述对劳动供给和储蓄等方面影响的估价,这些经济学家认为,降低边际税率并不能对经济增长带来什么太大的好处,在低税收与高增长之间并没有必然的联系。斯兰罗德所作的实证研究表明[②],美国经济增长的黄金时期是 20 世纪 60 年代,但那时最高的边际税率竟达 70% 以上;20 世纪 60 年代也是经济增长较快的年代,但边际税率却从 1993 年的 31% 提高到了 39.6%。自由派的著名经济学家奥尔扎格在 2001 年的一篇论文中曾对布什政府的减税政策作过详细的预测[③],他对布什政府的减税政策进行了激烈的批评和抨击,他的计算结果是,到 2012 年布什政府减税政策的负面作用将使 GDP 减少 0.6 至 0.9 个百分点,而带来的收益却只有 0.4 至 0.5 个百分点,二者相抵,总体经济收益是负数,即产生的影响是-0.1 至-0.5 个百分点。如果我们按照 1 个百分点大约是 1700 亿美元计算的话,减少的经济收益就大约在 200 亿—900 亿美元。

(二)普雷斯科特针锋相对:税率变动必然影响劳动供给

第一,劳动供给决定于税率变动:激烈地批评。针对自由派的上述观点,普雷斯科特在 2004 年 10 月 24 日发表的文章里毫不留情地给予了反驳。他

---

① Bernheim, B. Douglas and John Karl Scholz, "Saving, Taxes", in *The Encyclopedia of Taxation and Tax Policy*, Joseph Cordes, Robert Ebel, and Jane Gravelle (eds.), Washington:Urban Institute Press, 1999, p. 326.

② Slemrod, Joel, "What Do Cross-Country Studies Teach About Government Involvement, Prosperity, and Economic Growth?", *Brookings Papers on Economic Activity*, No. 2(1995), pp. 373 – 431.

③ Orszag, Peter R., "Marginal Tax Rate Reductions and the Economy: What Would Be the Long-Term Effects of the Bush Tax Cut?", Paper for *Center on Budget and Policy Priorities*, Mar.16 (2001).

直截了当地说,"劳动供给不受税率的影响,不管税率是上升还是下降,劳动参与率都是不变的",这种流行的看法"是极端错误的"。他说,每个国家都是活生生的实验室,而最好的实验室就是欧美之间的比较。经济理论和经验性数据都已表明,欧美之间劳动参与率的巨大差异既不是文化差异造成的,更不是失业救济制度等其他因素造成的,事实上,只能由边际税率给出最有说服力的解释:"我承认,当我在进行这项研究的时候我被这个结果震惊了,我原本以为还是其他制度约束发挥作用的结果呢,但我错了。"这项发现并不仅仅适用于欧洲国家,而且日本和智利等也给出了同样的证明,"这是非常重要的,因为有些分析家们批评说文化差异性可以解释欧美之间劳动供给差异性的问题,比如,法国人比美国人更喜欢休闲,而硬币的另一面是美国人更喜欢工作。这是愚蠢的说法"。法国和其他国家的税率如果与美国相同,他们的劳动供给总量就会与美国相差无几。

普雷斯科特最近的一项研究发现,德国人和美国人工作同样多的时间,但应税的市场工作时间与非应税的家庭工作时间的比例却是不同的,就是说,德国人的工作时间还是那么多,只不过他们大部分的工作不是在应税的市场时间里而已。再比如意大利,那里的地下经济发达,许多人并不一定比美国人工作得少,他们只不过做了一些不纳税的工作而已,所以,意大利政府在测量产出时不得不将地下经济部门的产出也算进来,总产出就一下子增加了 25%。

至于美国 20 世纪 90 年代边际税率变动与经济增长率是否保持一致的问题,普雷斯科特回应道,有些经济学家认为 1993 年以后美国税率提高以后才直接导致增加了政府收入,减少了政府债务。这是一个谬误。他认为,美国政府债务占国民总收入的比重在随后几年里确实一直很高,直到 90 年代末"高技术高峰期"才降下来;但是,之所以在高技术高峰期债务能降下来,是因为 90 年代初期边际税率低所导致的正面结果在 90 年代末才反映出来,就是说,90 年代末的高增长正是优于 1990 年初低税率的结果;这个时期劳动供给必预测多出了 5% 左右。人们工作得多,产出得多,税入就多起来。他说,如果你认为"富人高税"、"杀富济贫"才是解决问题的原因,那你就大错特错了。"最重要的事情是要牢记,劳动供给并不是一成不变的,不管是欧洲人,还是美国人,他们都会对他们的所得税作出反应的";在相同的激励下,不管是美国人还是欧洲人,在工作与休闲之间作出的选择都是一样的;欧洲工人的重税只要松绑,你就会看到"国民生产总值"提高,还能看到"国民幸福总值"(gross national happiness)得以大幅提高。

普雷斯科特给予的结论是:改变税法必将改变劳动行为。这个法则不仅适用于欧洲,也同样适用于美国。对美国来说,它意味着不应将精力放在减税上,而应放在税率上①。

第二,社保制度必须建立个人账户:解决"时间不一致性"难题的关键。既然边际税率的变动对劳动供给负有主要责任,那么,改革社会保障制度的关键就是建立个人账户制度。对此,普雷斯科特在 2004 年 11 月 11 日《华尔街日报》发表的文章里再一次对其社保改革思想作了翔实的阐述和简单的发挥,重申并调整了他的一些政策主张,语言之精彩可谓妙语连珠。

首先,只有建立强制性个人账户代之以自愿性的,才能最终完全解决"时间不一致性"难题。自愿性的个人账户只能解决部分人的问题,从时间一致性的角度看,必须将自愿性账户变成强制性的:"没有一个强制性的账户,对于那些储蓄不足的人来说,我们就不能解决其'时间不一致性'难题,他们终将成为其家庭和纳税人的福利负担。"他评价说,2001 年布什政府成立的"加强社会保障总统委员会"提交的《加强社会保障、为全体美国人民创造个人福祉》(下简称《布什报告》)的最大贡献就是建立一套个人账户系统;总的来看,这个方案的实施将可以增加国民储蓄,提高劳动供给②。但遗憾的是在其三个具体改革模式中个人账户都是自愿型的,这是《布什报告》的最大缺陷,改革还没到位,还应继续下去,应将自愿性改为强制性的账户。

其次,只有建立强制性个人账户才能增加国民储蓄和增加劳动供给。既然在美国企业补充保险中 401(k)等其他养老计划的个人账户早已使用,在社会保障改革中政府就不应该对其采取庇护的态度。在社会保障中引入强制性储蓄账户有许多好处,例如,增加透明度,增强便携性,促进经济增长等,但最大的优势其实只有两个:第一个是可以增加国民储蓄。个人资产增加了,就意

---

① 这一段引用的直接引言和数据来自:Prescott, Edward C., "Are Europeans Lazy? No, Just Overtaxed", in *Opinion Journal of the Editorial page of The Wall Street Journal*, October 24, 2004。

② 《布什报告》设计的三个模式之间的区别是划入个人账户的缴费比例不同,它们分别是 2%、2.5% 和 4%。关于《布什报告》改革方案的细节,详见郑秉文如下两篇论文:《围绕美国社会保障"私有化"的争论》,《国际经济评论》2003 年第 1 期,第 31—36 页;《美国社保改革:迈向股票市场的一跃》,《改革》2003 年第 2 期,第 118—127 页。

味着资本增加了,意味着对工资收入产生了积极影响,进而意味着多工作的人可以多受益。资本多了,就意味着生产性资产多了。第二个优势是可以提高劳动参与率。对此,他给出这样一个意义深刻的警句:"任何一种年轻时逼你缴税年老时向你返还的纳税制度都必定对劳动供给产生某种负面影响",在这种制度下,"人们肯定就是少工作。但是,如果人们对自己的储蓄有控制权,支撑他们的养老资产是个人储蓄而不是转移支付,他们就会多工作,于是大家的境况就都会变得好起来。这是一个双赢的制度,政治家和政策制定者应该对此求之不得"。

最后,只有建立强制性个人账户才能将社会养老制度独立起来并从整体社会福利制度中分离出来,实现由转移支付制度向强制储蓄制度的过渡。当前几乎所有国家的现收现付社会保障制度本来就是强制性的,这就完全没有必要将现行的强制性社保缴费铸造一个"永垂不朽的福利制度",而是应将"退休储蓄制度从福利制度中分离出来,达到这个目标的最有效途径就是将我们的转移支付制度改造成一个强制储蓄制度"。有人会问:我们不能从转移支付制度向个人储蓄制度过渡,因为退休的一代正在午餐;突然将工作一代的钱转向个人储蓄,谁为他们买单? 普雷斯科特对此调整了其原来的思路,给出的药方是将目前 12.4%缴费的 3/4 即 9.3%划入个人账户,将余下 3.1%用于社会统筹和福利制度,这样,转型成本大约十几年之后就可以消化掉①。

五、对中国的若干启示

虽然经济学界对税率变化对经济影响的评价存在着激烈的争论,并且普雷斯科特对社会保障制度改革提出的政策主张主要是针对美国的,但这丝毫不影响他的理论贡献具有普遍的意义,更不影响他"时间一致性"的研究思路对社会保障理论研究的极大启发。至少,对于当前中国社会保障制度改革来说,他的研究结果和理论工具可以提供如下启示。

第一,如何看待增加劳动供给和就业机会之间的矛盾问题。一方面几乎

---

① 以上这一段直接引言和数据引自:Prescott, Edward C., "Why Does the Government Patronize Us?", *The Wall Street Journal*, November 2004, p. A16.

是"无限"的劳动供给,另一方面是存量有限的就业机会,在这个矛盾面前,如果单纯地将注意力放在各种形式的提前退休上以解决当前的就业压力的话,从长远看,无疑是将矛盾推向了未来。如果换个思路,从劳动供给和税率改革二者之间互动关系的角度来看待这个问题,似乎就应该把注意力放在税收改革上;于是,有关提前退休的某些观念就需要改变,甚至得到逆向的思维结果,例如适当延长法定退休年龄等。这个思路对于未来社保制度的可持续性来说,显然是考虑到"时间一致性"问题的一个体现。

第二,如何看待当前社保缴费比例和税收比例与劳动供给的关系问题。仅从社保缴费比例来看,四项保险与住房公积金等合计已逼近(有些地区已超过)50%,总体劳动收入税率已超过美国等,接近于欧洲。这个比例显然太高,无论是单位部分还是个人部分。其结果一是具有抑制劳动供给、压抑供给弹性的负面影响作用,二是形成恶性循环,三是将某些困难与问题推向了未来。降低社保缴费比例是一个趋势,降低以后的福利收益的增加会充分体现出来的。

第三,如何看待当前个人账户与社会统筹之间比例的关系问题。那么,为什么说解决资金来源的唯一出路在于逐渐扩大个人账户比例和缩小社会统筹规模? 这就涉及个人账户与社会统筹这两个部分的比例协调问题。所谓协调,其含义就目前来看应该是:在社会保障这个第一支柱中应由社会统筹构成的"最低养老金"和个人账户组成的"账户养老金"这两部分构成。其中"最低养老金"水平越低,"账户养老金"才能越高。因此,"最低养老金"的给付标准应设定在接近于"低保线"某一点上,旨在留出空间将个人账户比例最大化。这是因为,普雷斯科特边际税率研究的结论告诉我们,现收现付制这个相对"独立"的体系靠自身是没有什么出路的,单靠提高其缴费水平是不能从根本上解决资金困境的;只有将之转型为以个人账户为核心的边际费率性质的养老制度才能从根本上解决其融资难题,才能具有财政的长期可持续性,才能增加激励机制,才能提高 GDP,才能减少社保制度转型成本。在个人和单位的28%缴费中,划入个人账户的比例是 11%,东三省试点中从 11%降到了 8%。但是,从长期改革的目标来看,这个比例显然是太小了,边际因素太少了,因此,财政风险就肯定太大了。个人账户(账户养老金)比例的逐渐扩大与现收现付制规模(最低养老金)的逐渐缩小,这才应是解决资金问题的唯一根本出路所在①。

第四，如何看待社保缴费在社保基金融资中的地位和作用问题。这里应该解决既相互依赖又相互制约的两个问题：一个问题是社保给付应主要来源于社保缴费，而不应或较少依靠转移支付。另一个问题是社保给付资金的短缺在目前的制度设计下不要过高的指望靠提高缴费比例来解决。这两个问题的提出表面看上去好像是完全相互矛盾的。第一个问题的答案来自于几乎所有发达国家的实践，独立运行的社保制度的困难必须靠对自身的改革来解决，这既是当前各国改革的动因，又是市场经济所应遵循的一个基本原则。第二个问题的答案来自于普雷斯科特的研究给我们的启发。既然"现收现付制的资金缺口不可能指望靠提高缴费率来解决"这个结论具有无懈可击的科学性，那么，对于目前中国的制度现状来说，这个结论就是适用的：在28%的缴费中，只有11%（或8%）划入个人账户，其余均为社会统筹的现收现付制。于是，我们从普雷斯科特那里得到启迪就应该是，解决社保制度的财政可持续性问题的最终根本出路在于逐渐扩大个人账户的比例，缩小社会统筹的规模。如果是相反，短期看好像在操作上简单容易了，"做实账户"的负担降低了，但长期无疑是饮鸩止渴，矛盾还是推向了未来。逐渐扩大账户的规模以至最终实现个人账户100%的完全积累制，这是迟早的事情。

第五，如何看待社保基金的投资主体与投资模式问题。普雷斯科特提出了资金交由政府管理和4%收益率的设想。美国社保基金投资的名义收益率半个世纪以来几乎都在6%—9%以上，"普雷斯科特模式"提到那个4%是实际收益率（扣除通胀率后）；美国的这个收益率几乎完全是真实的市场利率，而"新加坡模式"的收益率是经过中央政府"管理的"，含有财政"暗补"的成分，对资本市场的发展不利②；除了这一点不同以外，在投资主体上是完全一样，"新加坡模式"与"普雷斯科特模式"都是由中央政府即实行中央集中投资的模式。

"普雷斯科特模式"给我们的启发是，在目前条件下，中国个人账户资金

①　上述关于中国社保制度缴费比例改革思路的详细论述，参见郑秉文：《建立社保基金投资管理体系的战略思考》，《公共管理学报》2004年第4期，第4—21页。

②　关于新加坡投资模式中"暗补"等弊病的分析，详见郑秉文：《中央公积金投资策略的经验教训》，《辽宁大学学报》2004年第1期，第107—121页。

交由中央政府投资管理基本是可行的,或说只能采取由中央政府集中统一投资的模式,而不能实行"智利模式"分散型的个人投资模式。甚至,在中央集中投资前提下,即使"带进来"少许"新加坡模式"的因素也是可以"容忍"的,因为这是目前唯一选择,是适合目前中国资本市场现状的,符合参保人目前投资素质的现状的。在这方面,某些国家的经验教训已经为我们提供了反面教训,瑞典就是一个例子。

瑞典自1998年对其现收现付社保制度改革以后,将全部社保缴费18.5%分为两部分:16%实行名义账户制①,由国家负责投资,这部分没有出现什么大问题;2.5%划入个人账户,实行完全积累制。问题就出在这个完全由个人分散决策的"智利模式"里:其一,大多数参保人的金融投资知识有限,面临许多困难。其二,基金650多只,基金管理公司70多家,再加上多如牛毛的国际基金,投资者不知道如何选择和选择谁,且根据法律规定,参保人必须从国内外的基金中至少选择5只基金。其三,由于股票市场几年来始终不景气,大面积滑坡,许多人损失惨重,从2000年到2003年底普遍缩水40%,于是,参保人越来越不愿意进行个人投资(个人可以选择将其交由国家投资管理的一个非契约型基金)。2000年秋刚建立个人账户的时候大约2/3的人选择了个人分散投资模式,而从此之后就越来越少,2003年新参加工作的人只有10%②。

鉴于这2.5%个人分散投资决策的积累制面临危机的窘境,最近瑞典政府组织了一个由斯德哥尔摩经济学院的教授哈马维斯领衔的特别委员会,对个人账户投资制度进行专门调查,使命有三个:一是对进入市场门槛的基金公司和行政管理当局向账户投资者发行和提供的投资指南进行评估;二是对基金和基金公司可供选择的数量和风险等进行全面检查,并考虑改革某些投资制度和信息提供机制,例如把某些个人投资者集中起来,分成不同的类型,进行小规模的"集合投资";三是对制度成本进行评估,其中一个主要对象就是基金公司的费用。

---

①　关于瑞典1998年改革成功地引入"名义账户制"的细节,详见郑秉文:《欧亚六国社会保障"名义账户"制利弊分析及其对中国的启示》,《世界经济与政治》2003年第5期,第56—61页。

②　关于瑞典账户投资的经验和教训的分析,详见 Turner, John, "Individual Account: Lessons From Sweden", *International Social Security Review*, Vol.57, No.1, 2004, pp.65–84.

参考文献：

郑秉文：《建立社保基金投资管理体系的战略思考》,《公共管理学报》2000 年第 4 期。

郑秉文：《中央公积金投资策略的经验教训》,《辽宁大学学报》2004 年第 1 期。

郑秉文：《欧亚六国社会保障"名义账户"制利弊分析及其对中国的启示》,《世界经济与政治》2003 年第 5 期。

郑秉文：《围绕美国社会保障"私有化"的争论》,《国际经济评论》2003 年第 1 期。

郑秉文：《美国社保改革：迈向股票市场的一跃》,《改革》2003 年第 2 期。

Bernheim, B. Douglas and John Karl Scholz, "Saving, Taxes", in *The Encyclopedia of Taxation and Tax Policy*, Joseph Cordes, Robert Ebel, and Jane Gravelle (eds.), Washington: Urban Institute Press, 1999.

Eissa, Nada, "Taxation and Labor Supply of Married Women: The Tax Reform Act of 1986 as a Natural Experiment", NBER Working Paper 5023, February 1995.

Feldstein, Martin, "The Effect of Marginal Tax Rates on Taxable Income: A Panel Study of the 1986 Tax Reform Act", *Journal of Political Economy*, 103 (June 1995).

Feldstein, Martin, and Feenberg, Daniel R., "Higher Tax Rates with Little Revenue Gain: An Empirical Analysis of the Clinton Tax Plan", *Tax Notes*, 58 (March 1993).

Joel Slemrod and Jon Bakija, *Taxing Ourselves: A Citizen's Guide to the Great Debate over Tax Reform*, Cambridge: MIT Press, 1996.

Mitchell, Daniel, "Reducing Tax Rates Across the Board: A Cornerstone of Pro-Growth Tax Relief", *Heritage Foundation Report* No.711(Jan. 2001).

Orszag, Peter R., "Marginal Tax Rate Reductions and the Economy: What Would Be the Long-Term Effects of the Bush Tax Cut?", Paper for *Center on Budget and Policy Priorities*, Mar.16, 2001.

Prescott, Edward C., "Why do Americans Work So Much More Than

Europeans?", *Federal Reserve Bank of Minneapolis Quarterly Review*, Vol.28, No. 1(July 2004).

Prescott, Edward C.,"Why Does the Government Patronize Us?", *The Wall Street Journal*, Nov. 2004.

Prescott, Edward C., "Are Europeans Lazy? No, Just Overtaxed", in *Opinion Journal of the Editorial page of The Wall Street Journal*, October 24, 2004.

Slemrod, Joel, "What Do Cross-Country Studies Teach About Government Involvement, Prosperity, and Economic Growth?", *Brookings Papers on Economic Activity*, No.2(1995).

Turner, John, "Individual Account: Lessons From Sweden", *International Social Security Review*, Vol.57, No.1(2004).

Vedder, Richard K. and Gallaway, Lowell E.,"Tax Reduction and Economic Welfare", *Prepared for the Joint Economic Committee*, April 1999.

（本文原载于《中国人口科学》2005 年第 1 期,第 29—41 页）

第二编　福利制度与模式比较

2002 年，与美国的约瑟夫·E.斯蒂格利茨（Joseph E. Stiglitz）教授

"福利模式"比较研究与福利改革实证分析

——政治经济学的角度

内容提要：本文试图从艾斯平—安德森的"三分法"出发,在对"福利模式"研究做了理论史的回顾与评述的基础上,对福利模式的主流学说与观点进行了分析;从政治经济学的角度论述了建立福利模式理论的学术意义和对经济政策和社会政策的理论贡献,从"非商品化"的规范分析角度研究了福利模式的类型、比较与演变等;以"再商品化"的实证分析方法对不同福利模式的改革现实进行了测度,从而揭示了福利模式改革进程中的发展趋势,并对改革结果给出了基本判断和结论。

一、"福利模式"理论的创建:艾斯平——安德森的学术贡献

众所周知,丹麦学者艾斯平—安德森(Esping-Andersen)在其1990年出版的《福利资本主义的三个世界》中首次使用了"福利体制"(welfare régime)或称"福利模式"概念,在其1999年的《后工业经济的社会基础》中他坚持使用"福利体制"这个基本范畴。于是,从1990年开始,"福利模式"理论开始逐渐成为一个学科,并走进了大学课堂,进入了大学的教科书,从此,关于"福利模式"的研究由于艾斯平—安德森的原因而成为一个使用非常广泛的专有术语,成为研究福利国家和福利制度比较的一个主要概念和工具,甚至开创了一门崭新的学科"福利模式",西方国家许多高校直接将之表达为缩写"WR",即"Welfare Régime"。

（一）作为"福利模式"概念的范畴：某些定义域

在过去 15 年的福利模式理论学说史中,绝大多数学者将精力集中在福利模式的分类、数量、测量要素、要素组成与比例等方面,文献浩如烟海;而比较起来,对一些基本定义、概念、术语和范畴的研究却受到了一定的忽视。所以,在福利模式的研究中存在着许多不同的表述,学者之间的学术交流基本上是基于对某些概念的"约定",虽然没有出现过因术语的使用而产生的歧误与讹传,没有导致"笔墨官司",但在概念定义方面还是需要给予澄清的,尤其在中国目前将福利模式理论刚刚引入和介绍并欲以深入的过程中以及在高等院校将之开始搬上大学课堂之际,这是一项基础工作,更具有一定的学术意义。例如,在艾斯平—安德森《福利资本主义的三个世界》当中、之前和之后,在福利模式理论的整个学说史中,我们看到经典作家使用的术语与概念包括了"福利国家"、"福利体制"、"福利世界"、"福利模式"、"国家族"和"国家群"等,那么,它们之间是否有区别? 如果有的话,这些区别的性质又是什么?

在欧洲主流理论界,总的来说,WR(福利模式)研究作为一个学科得以确立并在高校"登堂入室"被认为是"从政治经济学的大背景中提炼出来的结果"[1],即福利模式与体制的研究被认为是政治经济学的一个重要分支或重要课题。一般来说,福利体制被认为由三个元素组成,即政府、家庭和市场,这三者之间的相互组合或者说相互连接可以导致防范社会风险与保障生活水平的福利结果以及社会分层效应;福利结果是指人民福祉与社会风险的隔离现状,其中"非商品化"(decommodification)和"非家庭化"(defamilialization)被认为是其测量的关键因素;而社会阶层则描述了福利混合和福利结果对再分配所产生的影响的现状。从艾斯平—安德森的逻辑来看,"福利体制"在他的"三分法"中是一个关键概念,是其理论核心。从 1990 年以来的学术发展趋势来看,福利体制已经越来越成为模式研究中的一个不可替代的概念,是模式研究中的一个基本理论工具和出发点,已经逐渐被学界所接受。

上述关于福利体制的不同元素之间的相互关系决定着这样一个逻辑:

---

[1]　Powell, M. and Barrientos, A., "Theory and Method in the Welfare Modelling Business", Paper presented to COST A15 Conference, Oslo, April 5 – 6, 2002.

"福利体制"这个概念显然应该比"福利国家"概念的适用范围更为广泛。用鲍威尔和巴雷托的话来说,"门外汉也许都可以得出这样的结论:如果只考虑福利国家的社会政策观点,那就仍然是福利体制著作的主题"①。但是,什么是"福利国家"呢? 对这个概念的定义从文献来看,对它的争论由来已久,许多学者认为这是一个很模糊不清的概念,甚至就连艾斯平—安德森本人在《福利资本主义的三个世界》中也没有正面回答,他只是引用了常见的教科书式的定义:"国家对于公民的一些基本的、最低限度的福利负有保障责任"。②但他紧接着又立即对这个定义提出了一大堆问题,例如这个定义回避了诸如此类的问题:社会政策是否具有解放的性质? 它们是否有助于制度的合理化? 它们与市场过程相互冲突还是相辅相成? 进而,"基本"的含义是什么? 要求一个福利国家满足我们更多的、超出"基本"的或"最低限度"的福利需求不是更合乎情理吗? 等等。就是说,对福利国家的概念定义是一个历史性的跨世纪的争论,人们很难给出一个比较权威和各个学科都可以广泛接受的定义,用艾斯平—安德森本人的话来说,"除非我们对尚待解释的现象有一种共同的、通用的概念,否则我们无法验证这些相互矛盾的观点"③,所以,包括艾斯平—安德森本人在内的许多学者只能不加区别地使用一个共同的教科书式的定义。尽管如此,我们还是应该尽量给出福利国家定义的研究边界,或者说至少给出福利国家这个概念的定义域及其研究的基本范畴。一般来说,我们认为起码应该将转移支付、物资服务和充分就业这三方面的基本内容纳入福利国家的研究范畴。对于这样一个定义域,应该是可以被广泛接受的,例如,米什拉就这样认为,"福利国家是指政府维持国民最低标准的责任的制度化。在战后的福利国家里,这主要意味着三种类型的承诺与制度:充分就业政策,满足基本需求的普遍公益,及各种防止和解除贫困的措施"④。

① Powell, M. and Barrientos, A., "Theory and Method in the Welfare Modelling Business", Paper presented to COST A15 Conference, Oslo, April 5-6, 2002.
② [丹麦]艾斯平—安德森:《福利资本主义的三个世界》,郑秉文译,法律出版社2003年版,第19页。
③ [丹麦]艾斯平—安德森:《福利资本主义的三个世界》,郑秉文译,法律出版社2003年版,第18页。
④ [加]R.米什拉:《资本主义社会的福利国家》,郑秉文译,法律出版社2003年版,第40页。

在浩如烟海的文献中,我们常常会遇到"福利模式"(model)这个术语。可以说,在"福利模式"与"福利体制"这两个概念之间也是很模糊的,甚至很少有人去加以认真的区别。但有一点是可以肯定的:在艾斯平—安德森之前,学界大多数人使用的是"模式",而艾斯平—安德森却大量地使用了"体制"这个概念。这样就可推论出,在"模式"和"体制"之间或多或少可能还是有些区别的,至少在艾斯平—安德森那里是不一样的,或换个角度说,至少是艾斯平—安德森首次开始大量使用"体制"这个概念并将之纳入福利比较研究之中甚至最终将这两个概念区分开来。但困难的是,艾斯平—安德森本人在其所有相关著作中都没给出任何对其加以区分的说明,也没对"体制"一词的内涵加以详细论述,更没给予比较。鉴于此,我们只能通过对 20 世纪 90 年代以来关于福利比较的学术著作中,就是否分离出第四个福利类型的争论里予以分析,以此作为一个分析工具和研究路径来看这两个概念之间的区别。

(二)作为"福利模式"分析的一个基本工具:艾斯平—安德森的"三分法"

艾斯平—安德森教授在《福利资本主义的三个世界》中的重要理论贡献是运用"非商品化"这个工具成功地将福利资本主义分为三个世界或称三种模式①。

第一种类型是"自由主义"福利体制。在这种福利体制中居支配地位的是不同程度地运用经济调查和家计调查式的社会救助,辅以少量的"普救式"转移支付或作用有限的社会保险计划。这种源于"济贫法"传统的制度所给付的对象主要是那些收入较低、依靠国家救助的工人阶层,因此,这种体制的非商品化效应最低,社会权利的扩张受到有力地抑制,建立的社会秩序属于分层化的类型。这一模式的典型代表是美国、加拿大和澳大利亚等,即主要是盎格鲁—撒克逊国家历史中确立的制度。

第二种类型是"保守主义"福利体制。该制度类型的特点是社会权利的资格以工作业绩为计算基础,即以参与劳动市场和社保缴费记录为前提条件,带有保险的精算性质。这类制度最初发生在德国并得到长期发展,而后扩展

---

① 这部分内容详见〔丹麦〕艾斯平—安德森:《福利资本主义的三个世界》,法律出版社 2003 年版。

到整个欧洲大陆,目前奥地利、法国、德国和意大利等许多国家都属于这类国家。在这种制度中,总的来说,其社会权利是根据不同国家所能提供的非商品化程度和不同的保险精算程度而产生变化的,即取决于一个人的工作和参保年限、过去的表现与现在的给付之间的关联程度。

第三种类型是"社会民主主义"福利模式。它缘于贝弗里奇的普遍公民权原则,资格的确认几乎与个人需求程度或工作表现无关,而主要取决于公民资格或长期居住资格。由于普救主义原则和非商品化的社会权利扩展到了新中产阶级,定额式的给付原则是其福利津贴给付一个基本原则,所以这种福利制度还被称为"人民福利"模式。与其他两种制度相比,他们寻求相当水平的甚至能够满足新中产阶级品位的平等标准的服务和给付,而不是像有些国家那样只满足于最低需求上的平等,所以,这种制度的非商品化程度最强,给付最慷慨。与其他两种制度相比,虽然属于这类制度的国家数量最少,只存在于斯堪的纳维亚几个国家之中,但"人民福利"的理念和社会民主主义思想却牢牢扎根,经久不衰,并始终成为社会改革与社会发展的主要推动力。社会民主主义思想排斥国家和市场、工人阶级和中产阶级之间的二元化局面,力图追求平等以保证工人能够分享境况较佳的中产阶级所享有的权利,所以,人们常常将之作为福利资本主义的"福利橱窗"。

将现代社会保障制度与福利模式分成上述三种类型不仅具有学术上的开拓性,而且重要的是,它有助于人们认识这三种制度各自不同阶级依托的基础社会结构中非商品化与合作主义的因素。

(三)作为"福利模式"的一个基本方法:"非商品化"

除了蒂特马斯等福利模式研究先驱的思想积淀与影响以外,艾斯平—安德森提出的具有广泛影响的"福利体制"概念与术语以及关于福利国家的"三分法",显然是建基于对截然不同的"社会政策体制"(social policy regime)的考察之上。"社会政策体制"被看作是政治联盟和社会联盟之间、社会组织和机构之间、创造和维持社会政策之间历史关系的产物。于是,根据对"社会政策体制"的定义,我们可以这样说,所谓"福利体制"就不仅仅是指国家制定和执行的各种政策的总和,而是指总体上的社会政治解决方案。政策的变动反映的是政治同盟和代表不同利益和价值的各阶层之间的斗争。斗争与妥协的结果必将被转换成截然不同的"福利供给体系"。而不同的"福利供给体系"

必将导致各个社会经济部门尤其是政府、市场和家庭之间各种不同组合的责任分配方案。所以,"福利模式"研究中所使用的方法与工具首先应该是政治经济学,其次是"比较社会政策学",或者说它使用的是从政治经济学趋向于"比较社会政策学"的一种研究方法,尤其当"福利模式"的研究集中在政府与市场之间的关系的时候,这个研究就成为建立在政治经济学和"比较社会政策学"对福利国家进行分类的基础之上的一个学科了①。

比较社会政策学侧重的是对社会政治和社会阶层之间动态关系的研究。不同的社会政治下工业化生产所导致的不平等现象是有差异的,对社会分层化和政治运动所产生的影响也是不同的;而利益集团、社会阶层和政治运动的发展必将导致福利产品提供模式的不同,这些模式反过来又强化了这种制度模式下特定形式的政治联盟和阶级形式。社会政策是指公共领域为实现一定目标而制定的强制实施的方案,它可以包括土地制度,食品补贴,税收支出,以及医疗、教育和社会保障等。公共事务的范围不仅局限于中央政府,向下可以延伸到地方政府、团体甚至是俱乐部,向上可以扩展到跨国间的政策乃至全球范围的政策。

政治经济学视野下的福利国家研究所侧重的主要是非商品化程度的差异性对福利国家形成的不同轨迹或不同路径,而不同的轨迹和路径必将导致不同模式的福利供给制度,即主要研究的是道路依赖问题。一般情况下,福利制度的非商品化程度当然包括对弱势人群的保护程度及其对市场的依赖程度。"非商品化"社会的特征之一是改善了弱势群体的社会地位,影响了社会不平等性的程度,在一定程度上改造了"前商品化"社会的政治结构。瑞典等北欧的社会民主主义模式被看作是最不商品化的,英语传统的自由主义模式则是最商品化的,而欧洲大陆保守主义模式居中,他们被看作更多地保留了前商品化的某种退化,其形式是合作主义的社会结构。三个模式的划分被认为是艾斯平—安德森将"非商品化"研究方法成功地运用于福利模式分析的一个典型的政治经济学的案例。

"商品化的劳动"这个术语显然使人们联想到经典作家所描述的贴有价

---

① 关于福利模式研究的政治经济学方法论的详细阐述,可以参见 Davis, Peter R., "Rethinking the Welfare Regime Approach", in "Global Social Policy", Bob Deacon (eds.), London, *Journal of University of Sheffield*, Vol.1 (1), Sage Publications, 2001, pp.79 – 80。

格标签和优惠券的工人,他们为了急于找到工作而必须为其人力资源和技能找到最佳的价格。正如艾斯平—安德森所说,从表面上看,工人们是自由的,在市场中,"工人可以在工作、雇主或者休闲等多种可替代效用之间作出自由选择"①。但是,这种自由是监狱围墙内的自由,是虚幻的自由,因为他们必须生存,然后才能再生产他们自身。这样,工人的自由只能表现在必须出卖他们自己,否则他就没有别的赖以维持生计的办法可供选择。于是,劳动的商品化遇到了两个问题:一是市场的不确定性问题。在自由市场中工人不能保证经常被"卖"出去以保证其生存下去;就是说,在市场经济中工人实际上无法自由地进行选择。二是劳动的商品化毕竟与其他任何商品的出售是不一样的。比如,艾斯平—安德森以洗衣机为例,还有的学者形象地以汽车为例说②,缸垫或者轮胎漏气时可以在制造商那里进行返修,但工人受伤就必须离开市场以使身体复原,这就往往需要一份可以替代的收入,并且当雇主找到替代的劳动时,他们就会像报废的汽车一样被雇主所遗弃。当工人离开市场时就必须找到一种生存手段。这样,就提出两个问题:第一个问题是,对同一种福利体制下的劳动来说,非商品化的过程是如何转化的? 第二个问题是,不同福利体制下所允许的非商品化劳动程度有什么不同? 具体讲,既然商品化这个关键的概念始终是分析福利体制的一个工具,那么,自由主义模式、保守主义模式和社会民主主义这三种模式分别在多大程度上容纳或排斥劳动的非商品化?这些问题似乎就应该是政治经济学视野中所应该研究的主要问题。

　　当然了,在将非商品化作为分析福利体制的理论工具的时候,艾斯平—安德森也受到一些学者的批评。例如,鲁姆(Room, G.)就对"非商品化"的概念本身提出了质疑③。他认为,根据马克思主义劳动商品化的论述,劳动商品化是伴随着人力资源的减少而出现的,劳动被商品化就意味着社会自我发展的动力被商品化了,这样,非商品化就意味着是对这些劳动的解放。而在艾斯

---

　　① ［丹麦］艾斯平—安德森:《福利资本主义的三个世界》,郑秉文译,法律出版社 2003 年版,第 40 页。

　　② 这里的引文参见 Hagberg, Sarah, "A Brief Analysis of Esping-Anderson's 'The Three Worlds of Welfare Capitalism' as a Measurement for the Commodification of Labor in Contemporary Welfare States", INTS 4763, Paper #1,2000。

　　③ Room, G., "Commodification and Decommodification: A Developmental Critique", Institute for International Policy Analysis, Discussion Paper, University of Bath, 28 (1999), pp.331 – 351.

平—安德森那里,非商品化是以保障收入或消费的形式出现的,而不是在广义上对社会的自我发展的概括和描述。鉴于此,鲁姆提出应该对非商品化进行重新定义和测度以恢复其马克思原来的本意,提出了"构造非商品化自我发展指数"的概念以取代"非商品化"概念。艾斯平—安德森在回应鲁姆的时候,承认将非商品化理解成自我发展是具有可行性的,但不同意鲁姆将之只局限于工作的范畴,因为如果这样就不是将问题放在整个自我发展的大背景下来分析了。

从本质上讲,关于非商品化的争议实际所涉及的是福利的测度问题,而关于福利测度的方法长期以来一直存在着争议。在相当长时期内,福利测度的标准始终集中在经济增长等方面,例如人均 GDP 等,这显然是不够的,应该对人和社会发展进行综合的考察,例如,高夫(Gough, I.)在将艾斯平—安德森的"非商品化"用于分析发展国家时就提出了"人力发展指数",将社会和经济发展进行复合测度①。

将政治经济学的"非商品化"角度作为出发点和研究工具来分析和测度福利国家的模式,据此将之划分为不同的类别,这是福利国家比较研究中一个十分引人注目的热点。

(四)作为"福利模式"研究的延伸与扩展:概念与定义的争论

20 世纪 90 年代的争论主要是围绕着是否存在一个独立的"南欧模式"而展开的。大体上看存在两种观点,一种认为存在着第四种类型即"南欧模式"或称"地中海模式"等,另一种认为不存在。后者的代表人物当然是艾斯平—安德森了。就前者的观点来看,我们还可以将其分为两种观点。一种是以亚伯拉罕逊(Abrahamson) 等为代表的学者将合作主义因素作为衡量福利类型的一个重要标准②,认为南欧这些国家与德国和法国这些西欧国家相比可以被看成是合作主义福利国家中的一个不完善的或不成熟的"版本",这些学者还将这些不同的"版本"视为不同的"族"(family),即将"版本"与"族"这两个概念对应起来予以等同地使用。所以,在这些学者那里,他们显然将福利体制

---

① 这里的资料见 Powell, M. and Barrientos, A. "Theory and Method in the Welfare Modelling Business", Paper presented to COST A15 Conference, Oslo, April 5 - 6, 2002。

② Abrahamson, P., "Welfare Pluralism", in *Mixed Economy of Welfare*, Cross-National Research Paper 6, L. Hantrais et al.(eds), Loughborough: Loughborough University, 1992.

的三种分类中又分离出来一个小的"模式"分支,这个小分支或称"版本"被包含在"保守主义类型"之内,就是说,在"保守主义"的"体制"中,包含着一种"次体制",这是一种不成熟或不完全的保守主义体制。在这种意义上说,"模式"和"族"都从属于"体制",这些学者的研究思路显然是基本上沿着艾斯平—安德森的逻辑进行的。另一种观点是在具体分析"社会民主主义"体制类型过程中一些学者提出来的,他们认为这个类型中所归纳的北欧国家不是整齐划一的,他们通过对"社会民主"的作用的比较分析认为,北欧事实上存在着两类国家,它们之间存在着"本质"的区别:丹麦和芬兰属于一类,挪威和瑞典则属于另一类。前一组由于历史和地缘等因素,其社会民主的作用不是很大,而后一组中社会民主则发挥着真正的作用;导致这一差异的是其社会和政治系统的自身特征所决定的,而不仅仅是福利制度所决定的。因此,对于福利模式的划分,或是应该将之分为四个类型,或是还有一个办法:既然"社会民主主义体制"这个概念不能涵盖所有的北欧国家,对某些国家是"名不副实"的,那么就可以换成另外一个更为"中性"的概念"北欧福利模式"(Nordic welfare model),这样就可以把所有的北欧国家都包括在内了。持这种观点的学者虽然认为他们将北欧国家独立出来成为第四类的原因是由于其"本质"具有不同特点,但同时又没有给出深入的要素分析,且又同时提议可以维持对其现有的分类,只不过换了一个名词建议而已。由此看来,在这些学者那里,"模式"的内涵事实上还是小于艾斯平—安德森所使用的"体制"这个概念的,他们所使用的分析工具和分析结果最终还是没有走出艾斯平—安德森"三个世界"的逻辑[1]。

其他一些学者的研究也可以用来佐证我们这里"体制"的含义要大于"族"和"群"的含义的结论。例如,有的学者认为[2],虽然南欧国家与西欧和北欧相比存在许多不同的特征,甚至可以单独将之列为一个"国家族"(families of nations),但还不足以构成一个独立的"福利体制"。因为区分和判

---

[1]　Kosonen, P., "Globalization and the Nordic welfare states", in *Globalization and European Welfare States*, R. Sykes et al. (eds.), Basingstoke: Palgrave, 2001, pp.153-72.

[2]　Guillen, A-M. and Alvarez, S., "Globalization and the Southern Welfare States", in *Globalization and European Welfare States*, R. Sykes et al. (eds.), Basingstoke: Palgrave, 2001, pp. 103-126.

断"体制"分类的一个重要标志是"家庭化"的程度,从这个"原则"来考察,南欧国家还没有完全偏离保守主义的福利体制。因此,这些学者所使用的概念"族"显然要小于"体制"。如前所述,在最近几年关于东亚福利制度的研究中,一些学者重新提出了它们的分类归属问题①,认为在当今世界上存在着一个"东亚群"(cluster),诸如日本、韩国、新加坡、香港和台湾等国家和地区,其经济政策目标中压倒一切的是经济增长,这是一个最明显的体制特征。另外,在社会权利和社会分层化方面,在政府、市场和家庭这三者之间的关系等方面,该"群"也存在着许多不同的特征,甚至应该将这个"群"称为福利资本主义的"第四个世界"。

总的来说,在1990年艾斯平—安德森出版该书之后,福利制度和福利国家的"分类法"研究中呈现出这样三个特点:第一,虽然许多学者对南欧或东亚等国家福利制度的研究分析中对它们的本质特征进行了分析,包括现金和物资服务政策、税收政策和福利混合等,但是,其分类结果和技术根据仍然不是很清楚,尤其是如何进行测度和赋予权重问题,其理论基础和理论工具等没有继续下去,因此,没有产生很大的影响。从另一个方面讲,即使他们所使用的方法有所不同,但其基本结论还是大同小异,非常相似,对福利体制的"识别"和分类并没有产生根本动摇,也没有超出蒂特马斯和艾斯平—安德森的研究框架,甚至从某种意义上讲,反倒支持和发展了这两位学者"三分法"的这种福利体制分析路径。第二,对福利国家和福利制度的分析中,"识别技术"的应用更加广泛和深入,在文献中有许多成功的例子。例如,群分析、族分析、要素分析等都被广泛地用于福利体制的研究之中。不同的"识别技术"是否合适在很大程度上取决于可用的数据和研究的目的。群分析中的数据排序可以被看成是一工具,在对不同的制度进行识别时,它提供了非静态的数据。大部分的群分析和要素分析得到的结果大体上是相似的。第三,关于验证福利体制分类方法的有效性问题。学者们普遍认为,这是非常困难的一件工作,正如有的学者所指出的,"部分是由不同的群分析的技术困难造成的。群分析能最好表明我们现在所走的道路是否正确,但却不能验证策略是否合

① Holliday, I., "Productivist welfare capitalism: social policy in East Asia", *Political Studies*, 48(2000), pp.706-723.

适,更不能指出策略是否有错误。今后需要做的工作是对分析技术进行识别和测试,以便进一步区分不同的制度模式"。①

毫无疑问,福利国家研究中最常见的还是"福利体制"这个概念。在一些非英语母语的学者中,他们常常将"模式"与"体制"混合起来使用。在本文中,笔者就是这样的②。

二、"福利模式"理论的起源与发展:关于"分类法"的争议

(一)蒂特马斯"三分法"的历史性贡献

虽然"福利体制"(welfare régime)这个概念和术语是由艾斯平—安德森第一次使用,但对福利制度模式的分类研究最早可以追溯至 1944 年缪尔达尔(Myrdal)的一本重要的著作③,在这本书中,缪尔达尔在对国家的研究中多处涉及模式问题。

维伦斯基(Wilensky)和勒博(Lebeaux)1958 年出版的《工业社会与社会福利》对福利制度作了比较研究④。他们认为,划分福利服务模式的方法有四种:一是根据接受服务的人群的种类来划分,例如,老年人、退伍军人和残疾人等;二是根据资金来源的渠道来划分的,例如,公共税收或私人部门的捐款等;三是根据管理的层次来划分的,例如,联邦、州和地方政府的不同层级来管理的服务;四是根据服务的性质来划分,例如,医疗保健、教育和失业等社会服务

---

① Powell, M. and Barrientos, A., "Theory and Method in the Welfare Modelling Business", Paper presented to COST A15 Conference, Oslo, April 5 - 6, 2002.

② 笔者在中文的术语使用中经常将"福利模式"与"福利体制"这两个概念交替起来,但没有其他含义。因为在笔者看来,中文中这两个概念没有太大的区别。且,非英语母语的作者在英文写作中也经常将艾斯平—安德森使用的 regime 换为 model 来混合使用。例如,参见北海道大学著名福祉政策学教授宫本太郎的诸多论文:Taro Miyamoto, "The Dynamics of the Japanese Welfare State in Comparative Perspective: Between 'Three Worlds' and the Developmental State", *The Japanese Journal of Social Security Policy*, Vol.2, No.2 (December 2003), pp.14 - 16.

③ Myrdal, A., *Nations and Family: The Swedish Experiment in Democratic Family and Population Policy*, London: Kegan Paul, Trench, Trubner, 1944.

④ Wilensky, Harold L., Lebeaux, Charles N., *Industrial Society and Social Welfare: The impact of industrialization on the supply and organization of social welfare services in the United States*, New York: Russell Sage Foundation, 1958, pp.137 - 147, 283 - 334.

项目。综合这四种分类条件,他们明确提出了"补救型福利"和与之相对应的
"制度型福利"这两种模式。他们认为,基于社会福利机构的"补救型"模式是
在福利提供的正常结构即家庭和市场不能起作用时,福利国家才发挥作用;在
这种模式中,家庭和国家(the economy)之间的关系是相互依赖的,所有个人
的基本需求基本都能得到满足;美国就属于这种"补救型"福利国家。在"制
度型"福利模式中,福利国家提供社会服务被认为是"正当的"和"天经地义
的",是现代工业社会的一项首要职能;在这种模式中,发挥作用的是政府和
国家(the economy),这二者是相互依存并可以满足人们需求的两个基本组
织;这种模式属于"再分配型福利国家"。

蒂特马斯(Titmuss)在同年出版的《福利国家文论》中对维伦斯基和勒博
的上述研究给予了肯定,提出了基本相同的看法①。后来蒂特马斯 1974 年出
版的《社会政策》②这本名著又极大地丰富了 16 年前他提出的这些福利国家
模式分类的思想,将福利国家模式的研究工作向前推进了一大步,把福利模式
分为三种理想类型。第一种是基本上承继了维伦斯基和勒博传统的"补救
型"福利模式,代表国家是美国,即假定市场和家庭这两个部门不能正常发挥
有效的作用时,社会福利机构才临时发挥作用。第二种是"工业成就型"福利
模式。在这种模式中,社会福利制度在满足不同社会价值需要,保持不同职业
地位差异和工作表现等方面具有显著的作用。社会福利具有一定的功能,专
家技术官僚发挥一定的辅助作用,通过社会保险人们现有的社会地位状况和
特权受到了一定的保护,所以该模式也被称为"保姆模式"(handmeiden
mode)。这种类型的代表国家是德国。第三种是"制度再分配型"模式,它排
除了市场的作用,社会福利是根据需要的原则来提供一种"普救性"
(universality)和"有选择性"(selectivity)相结合的服务,其目标是平等、社会团
结。有趣的是,蒂特马斯列举的第三种代表国家不是斯堪的纳维亚国家,而是
坦桑尼亚。

蒂特马斯的三分法对后来福利国家的研究产生了深远的影响,艾斯
平—安德森对蒂特马斯给予了高度的评价。他认为蒂特马斯的三分法是极

---

① Titmuss, R., *Essays on the Welfare State*, London: Allen and Unwin, 1958.
② Titmuss, R., *Social Policy*, London: Allen and Unwin, 1974.

具权威性的,所谓"补缺型"福利国家,是指"只有当家庭或市场运作失灵时,国家才承担起责任来"那种类型的福利制度,这种福利制度"试图将其责任限定在少数应该得到帮助的社会群体范围"。而制度型福利国家模式属于那种"致力于全体居民,具有普救主义的性质,并且体现为一种对福利的制度性义务"的福利模式,它将福利责任扩展到一切至关重要的社会福利分布领域。艾斯平—安德森认为蒂特马斯的贡献主要有三个方面:第一,他促成了福利国家比较研究领域的诸多新进展。第二,蒂特马斯的研究促使人们跳出福利支出的黑箱,将注意力转移到福利国家的内容上来:特定性的还是普救式的福利计划,资格条件,给付的性质和服务的质量,该国公民权利的扩张在多大程度上包含了就业和工作生活的权利,等等。第三,多种福利国家类型的出现使得对福利国家作简单的线性分类难以继续下去,而蒂特马斯的研究成果使人们能够从总体上对不同的国家类型进行详尽的比较研究①。

在许多学者的研究中,包括艾斯平—安德森在内,我们都可以看到蒂特马斯著名的三分法的影子。但是,在艾斯平—安德森和蒂特马斯这两位著名学者之间,他们的研究成果既存在着相当大的连续性,同时也存在着一些不同之处。蒂特马斯更侧重于福利国家传统目标的研究,如保护收入损失、防止贫困和限制社会不平等。他划分的第一种福利模式的福利国家仅仅是一个社会保障体系,与第二种模式中主要关心工人保障形成鲜明对比,而第三种模式所保护的是全体公民。艾斯平—安德森与蒂特马斯的明显区别在于,他研究的不是基于传统的福利国家保障功能,而是福利国家的社会政治关系和劳动力市场政策。参见表1。

在蒂特马斯之后,还有许多学者出版了研究福利国家的专著,例如米什拉(Mishra, R.)在其1981年的著作中对资本主义社会各种福利模式的历史渊源和相互之间异同进行了分析,但对模式划分问题没有作过多的探讨②。在

---

① 参见[丹麦]艾斯平—安德森:《福利资本主义的三个世界》,郑秉文译,法律出版社2003年版,第6—37页。

② Mishra, R., Society and Social Policy, 2nd edn, Basingstoke:Macmillan, 1981.米什拉比较有影响的著作还有两本,一本是《资本主义社会的福利国家》,法律出版社2003年版;另一本是 Globalization and the Welfare State, Edward Elgar,1999.

模式分类上,比较引起学界注意的应该是弗尼斯(Furniss)和蒂尔顿(Tilton)

表1　蒂特马斯与艾斯平—安德森福利体制三分法的对比

蒂特马斯的划分方法	工业成就型	补救型	制度再分配型
艾斯平—安德森的方法	保守合作主义型	自由主义型	社会民主主义型
地理位置	欧洲大陆	盎格鲁—撒克逊	斯堪的那维亚
思想与历史渊源	俾斯麦	贝弗里奇	贝弗里奇
社会目标	工人的收入扶持政策	贫困与失业的救助	所有人平等与公平的再分配
给付的基本原则	缴费型的原则	选择型的原则	普享型的原则
给付的技术原则	社会保险型的原则	目标定位型的原则	再分配型的原则
给付结构	部分给付型(缴费关联与收入关联的)	家计调查型	统一费率
可及性的方式	社会地位与工作环境	需求与贫困程度	公民地位与居住资格
融资机制	就业关联型的缴费	税收	税收
管理与控制决策	社会伙伴合作制	中央政府控制	国家与地方政府控制

资料来源:根据相关资料作者绘制。

1977年出版的一本著作,他们将福利国家也划分为三种模式①,这三种模式的划分与蒂特马斯的划分相差无几,但赋予的名称则有较大的区别:第一种模式是"绝对国家模式"(positive state),代表国家是美国;第二种是"社会保障国家模式"(social security state),代表国家是英国;第三种是"社会福利国家模式"(social welfare state),代表国家是瑞典。虽然这两位学者引用蒂特马斯的地方不多,但他们之间的划分基本是相对应的。现在回过头来看,就目前掌握的文献来说,弗尼斯和蒂尔顿的这种"三分法"更接近于后来艾斯平—安德森"三分法"的模式,或者换个角度讲,后者更接近于前者,前者对后者提出的福利资本主义三个世界的划分可能起到了很大的或直接的影响。遗憾的是,艾斯平—安德森提出"三分法"时却根本没有引用弗尼斯和蒂尔顿,也没提到弗

---

① Furniss, N. and Tilton, T., *The Case for the Welfare State*, Bloomington: Indiana University Press, 1977, p.16.

尼斯和蒂尔顿。仅就三种模式的划分来说,我们可以看出,艾斯平—安德森与弗尼斯和蒂尔顿的划分,甚至代表国家的举例都惊人地相似。从学说史的角度来看,毫无疑问弗尼斯和蒂尔顿的研究将蒂特马斯的"三分法"向前推进了一大步或向"艾斯平—安德森的方向"迈进了一大步。

艾斯平—安德森的目的是提供一种新的福利国家概念,其中包含就业、宏观经济管理、传统的收入转移和社会服务等。他研究的焦点主要在政府和市场、政府和经济关系中的福利国家运转等方面。这就是"体制"的概念,它事实上对分析范畴作了规定:首先,"体制"意味着在政府和经济关系中,复杂的法律与组织特征系统是交织在一起的;其次,福利体制直接隐含着社会权利和社会阶层,福利体制的分类主要是通过权利和阶层的分化来进行的;最后,社会权利是按照社会权利允许人们独立于市场而获得的生活标准的程度来测量,社会阶层区域是根据平等、公平和贫困等标准来划分的人群①。

如前文所述,艾斯平—安德森对三种主要福利体制的划分在相当大程度上模仿了蒂特马斯的分类法:自由主义与补救主义,保守主义与工业成就,社会民主主义与制度再分配模式。这些基本相对应的三种模式之间是非常相似的,但他们二者之间是存在重要区别的。蒂特马斯注重狭义的福利国家,而艾斯平—安德森将福利体制的研究边界延伸到了政府、市场和家庭的三者关系之中,将之作为一个重要的参考变量来对福利体制进行度量与比较:以英美为代表的自由主义福利国家发挥的作用是补救性质的,以德国为代表的保守主义国家中家庭发挥着非常突出的作用,而在社会民主主义体制中,福利国家则是发挥着重要作用的支配机构。

在艾斯平—安德森1999年的《后工业经济的社会基础》中②,他的分析变得越来越清晰。首先,他回顾了1990年《福利资本主义的三个世界》中的主要内容,进而将福利体制的分析焦点延伸到政府—市场—家庭的关系之中,进一步完全打破了蒂特马斯狭义的福利国家的定义,并更加明确了将"福利国家体制"简化为"福利体制"。其次,艾斯平—安德森 将1990年出版的《福利

---

① 关于社会权利的论述,参见郑秉文:《社会权利:现代福利国家模式的起源与诠释》,《山东大学学报》2005年第2期。

② Esping-Andersen, G., *Social Foundations of Postindustrial Economies*, Oxford: Oxford University Press, 1999.

资本主义的三个世界》中的分层化分析又延伸为社会风险分析,即不同国家采用的是不同的福利生产机构来实现降低社会风险这个目标的,这种体制就是混合型福利体制。最后,在这本书中,他进一步对《福利资本主义的三个世界》中政府/市场关系的分析方法予以展开,在将家庭的分析方法使用于对社会权利即使用非商品化的方法来测量福利体制的基础之上,还进一步使用了"非家庭化"(defamilialism)的测量方法,而"非家庭化"是指个人的生活标准不依赖于家庭地位的程度。

毫无疑问,就艾斯平—安德森"三分法"的研究来说,他1999年《后工业经济的社会基础》的出版使三个福利世界模式的分析框架在理论上更臻佳境,使人们可以在政治经济学的分析角度上得出这样的理论抽象与概括:自由主义福利体制的特征可以被理解为当"市场失灵"时所产生的狭义社会风险的救助机制,保守主义福利体制则集中于"家庭失灵"(family failure)时导致的社会风险,社会民主主义福利体制涉及的社会风险比较多一些,它包括对人的发展在内的社会发展所具有的潜在威胁的可能性。

(二)是"三分法"还是"四分法"

艾斯平—安德森的《福利资本主义的三个世界》出版之后,其对福利国家和福利制度模式的研究吸引了世界范围内众多的经济学家、政治学家和社会学家的关注,他们从各自学科出发围绕着艾斯平—安德森福利模式的分类法展开了讨论,有的学者对艾斯平—安德森的"三分法"持支持的态度,有的持改良主义的态度,也有反对的。

对艾斯平—安德森三个世界的分类提出不同的质疑是20世纪90年代理论界的一个重要特征。有些学者认为将福利资本主义分为三个世界过于武断,因为这种三分法并没有准确地描述福利制度的类型,指出福利体制事实上存在着多元化的趋势,至少可以分为三个类型以上。

20世纪90年代初首先对艾斯平—安德森的"三分法"进行质疑的是卡斯尔斯(Castles)和米切尔(Mitchell),他们在《福利资本主义世界是三个还是四个?》中提出了"四个福利资本主义体制"的分类法[1],对艾斯平—安德森分类

---

① Castles, F. and Mitchell, D., "Three worlds of welfare capitalism or four?", in *Families of Nations*, Brookfield, F. Castles (eds.), Vt.: Dartmouth, 1993.

法的理论提出了挑战。他们认为,对福利制度给予分类的理论根据应该是福利国家赖以生存的社会支出的规模和福利工具等。与艾斯平—安德森一样,他们也选择了 18 个 OECD 样板国家,并大幅度调整了参数,将房产等财产转换成 GDP,进而将转移支付和津贴给付的平等程度作为重要参数予以交叉列表,从而将福利国家分为四类。其中前三类基本是对艾斯平—安德森"三分法"的复制,例如第一类是"转移支出低/津贴给付平等"类型的国家,对应于自由主义模式,第二类是"转移支付高/给付平等程度低"类型的国家,对应于保守主义模式,第三类是"转移支付高和津贴给付平等"类型的国家,对应于民主主义模式。他们争论的是第四种类型的识别问题,认为还存在着一种"转移支付低/给付平等程度高"类型的国家。例如,澳大利亚、新西兰、芬兰、爱尔兰和英国都属于这种类型。他们将"第四世界"称为大洋洲国家(Antipodean states)福利体制类型,认为第四世界与自由主义福利体制是不同的,而艾斯平—安德森却简单地将这些国家置于自由主义福利体制之中。第四世界的特点是,它们减少社会不平等的办法总体采用的是税制和其他转移支付的机制,而且它们都有一些独特的政治特征,例如高度的工会密度和低水平的左翼党派的执政,等等。

卡斯尔斯和米切尔的四分法在后来卡斯尔斯 1998 年出版的《公共政策比较》中得到了进一步的补充和发展,他明确地将南欧一些国家划入第四种类型,并且,将样板国家扩大到 21 个 OECD 国家。在将这 21 个国家的公共政策进行了比较研究之后,他惊奇地发现,四种类型福利国家恰好与其文化分类是一致的,即英语区、欧洲大陆区、斯堪的纳维亚和南欧。此外,在他的研究中发现了一个困境:"四分法"很难将瑞士和日本纳入到任何一个类型里面来,这两个国家的归属成为一个"问题"。最后,卡斯尔斯自己坦诚地说,他的四分法与艾斯平—安德森的三分法非常类似,只是附加了一个南欧①。

除了"四分法"以外,卡斯尔斯在福利模式研究方面还有两个较大的学术贡献。一个贡献是他对福利制度和社会保障制度"分类法"的研究具有独到之处。他首先将时间的概念引入到分类法的研究当中,认为随着时间的推移,

---

① Castles, F., *Comparative Public Policy*, Cheltenham: Edward Elgar, 1998, pp.8-9, 136, 149-150.

福利国家的类别归属不是静止不变的,不同的时期福利国家的类别划分与归属是不同的。另外,不同的分析目的和不同的参量所导致的研究结果是不同的。比如说,如果考虑到收入转移,从社会保障的角度讲,事实上只有转移支付高和低两个福利世界[1]。卡斯尔斯的另一个学术贡献是将"国家族"(family)的概念在模式分类的研究之中更为广泛和明确地使用起来。每个"族"的国家在某些方面和某些时段都非常相似,如 1974 年 4 个斯堪的纳维亚国家的公共支出中有 3 个名列前茅,而南欧国家则最低,到 1993 年时,这两个"族"的支出规模还保持着原来这样的位置。在同期的这两个时点上,西班牙、荷兰、美国、加拿大和日本等国的排列顺序基本上都是这样非常相似的[2]。卡斯尔斯关于福利国家"族"的分析引起了一些学者的很大兴趣,在学术界产生了一定的影响。例如,奥滨格(Obinger)和瓦格夏尔(Wagschal)对卡斯尔斯研究过的 21 个国家的税收政策进行了分析之后,发现除挪威之外,得到了相同的四个"族";在对这 21 个 OECD 国家的公共政策进行了深入的分析之后,又将参考变量扩大到 29 个,发现对国家"族"的分析结果与卡斯尔斯的结论基本是一致的,但在 1960—1995 年这个时段中,意大利和爱尔兰始终是南欧的成员,爱尔兰,意大利,日本和瑞士在另外三个时段中则改变了其类别的归属[3]。

　　总的来说,将南欧独立出来的"四分法"对欧洲学界的影响很大,许多学者、大学和科研机构早已将之作为学术研究的一个基本工具。例如,在劳动力市场的研究中就很普遍。例如,有的学者将南欧独立分出来,称之为"拉丁模式",参见表 2。

　　这些学者认为,不同福利模式下对劳动力市场的态度是不一样的,于是采取的劳动力市场政策也是不一样的。反过来讲,不同劳动力市场政策的理念必然采取着不同的劳动力市场政策,而实施不同劳动力市场政策的国家就不应该被划入同一个福利模式当中。所以,应该根据不同的劳动力市场政策的性质将欧洲分为四种福利模式,而不是简单的三种,因为南欧国家的情况与北

---

　　[1]　Castles, F., *Comparative Public Policy*, Cheltenham: Edward Elgar, 1998, p.152.

　　[2]　Castles, F., *Comparative Public Policy*, Cheltenham: Edward Elgar, 1998, pp.163－165, 176.

　　[3]　Obinger, H. and Wagschal, U., "Families of nations and public policy", *West European Politics*, 24 (2001), pp.99－114.

欧的差距很大。鉴于此,应该将南欧国家单独列为"拉丁模式"①。

表2　福利体制与劳动力市场政策之间的关系

体制类型	失业保险的覆盖率	积极劳动力市场政策的地位	劳动力市场政策的目的	理论基础
斯堪的那维亚模式(北欧国家如瑞典、丹麦)	全面的	占据中心地位	社会一体化的充分就业	公正平等的凯恩斯干预主义
合作主义模式(中欧国家如德国、法国)	变化的	相对中心地位	减少公共部门的压力	社会团结的国家中心主义
自由主义模式(大西洋国家如英国、爱尔兰)	很弱的	强烈地予以反对	尽量支持商业发展	讲究效率的对市场不干预的自由主义
拉丁模式(南欧国家如意大利、葡萄牙)	很不完整的	地位很弱	避免使用福利制度	强调公民社会

资料来源:Greve, Bent, "Labour Market Issues in the European Community", Jean Monnet Center of
　　Excellence, Research Paper no.7/01, Roskilde University, Denmark, Scheme 1, 2001, p.17.

(三)是"四分法"还是"五分法"

不但一些欧洲学者对"四分法"非常青睐,对艾斯平—安德森的"三分法"提出质疑和挑战的还有一些亚洲学者,他们极力倡导的是"四分法"甚至"五分法"。其中,引起争议最大的是对日本的测度与评价问题,这是产生争议的一个焦点。有人认为,日本的福利模式具有其独特性,属于一个单独的和特殊的福利资本主义模式,与欧洲的差别很大。尤其是从劳动力市场政策来看,它一方面成功地控制了失业率,在20世纪90年代之前一直在3%以下,与瑞典很相像;但另一方面与瑞典相比又存在一些不同的地方,即日本的社会支出规模始终很小,它在成功地控制失业率的同时还保持了在OECD国家中最低的劳动力市场政策的支出,而瑞典的低失业率是以积极劳动力市场政策的高支出为代价的。这个被称之为"日本型福祉"(Japanese Style Welfare Society,简称JSWS)的理论最早是在大平正芳首相1978—1980年执政时期日本学界首先提出来的,

_____

① Greve, Bent, "Labour Market Issues in the European Community", Jean Monnet Center of
Excellence, Research Paper no.7/01, Roskilde University, Denmark, 2001, pp.17-19.

那时,正值日本经济发展速度最快而西方福利国家普遍面对危机的时候,所以,当时对 1979 年制定和实施《新社会经济 7 年计画》产生了较大的影响。"日本型福祉"理论只"风光"了 10 年左右,到 20 世纪 80 年代末和 90 年代初,随着日本泡沫经济的破灭而开始逐渐被人忘记并销声匿迹。这时,"公司主导型社会"(Company-Oriented Society,简称 JSCS)理论取而代之开始"流行"起来。比较起来,"公司主导型社会"与"日本型福祉"理论的共同点在于,它们都认为日本福利国家模式特殊和唯一,与欧洲福利国家模式是不一样的,但其不同点在于,日本是一个公司与家庭福利占主导地位的国家,公司福利和家庭福利在相当程度上替代了国家福利,对前者来说,它不是所有公民能够普享的,而只有服从公司和家庭的制度安排才能享有这些福利①。

上述两个理论在本质上讲就研究思路来说没什么两样,它们都认为日本福利国家与欧洲任何其他国家都没有可比性,是一个特殊模式;它之所以有别于其他任何国家,是因为日本的社会经济条件具有特殊性和唯一性。

随着艾斯平—安德森"三个世界"的"非商品化"分析方法的传入,到 20 世纪 90 年代末和进入 21 世纪初的时候,"福利国家比较研究"的理论与方法开始在日本受到青睐。这个理论反对先将日本的社会经济条件划入另类,然后据此找出日本模式的特殊性,而认为应该从比较的研究角度出发,只有这样才能从福利模式中找到日本自己的位置和不同于其他福利国家的独特性。在这方面,日本北海道大学的宫本太郎(Taro Miyamoto)教授最近发表的一篇英文论文颇具代表性②,他运用"福利国家比较研究"的方法,认为艾斯平—安德森"三分法"存在两个问题。一个是对欧洲国家模式分类的包容性问题,例如,撒切尔之前的英国就已有覆盖全体国民的最低收入保障制度和"国民健康服务"制度(NHS),表现出较多的社会民主主义模式的特征;澳大利亚和新西兰在这方面也有很多社会民主主义的特征。所以,这些国家同时兼有保守主义和社会民主主义模式的某些特征,应该是"混合型"的模式。第二个问题

① 参见下文对这段历史的回顾:Taro Miyamoto, "The Dynamics of the Japanese Welfare State in Comparative Perspective: Between 'Three Worlds' and the Developmental State", *The Japanese Journal of Social Security Policy*, Vol.2, No.2 (December 2003), pp.13-14。

② 下面关于他的观点均出自此文:Taro Miyamoto, "The Dynamics of the Japanese Welfare State in Comparative Perspective: Between 'Three Worlds' and the Developmental State", *The Japanese Journal of Social Security Policy*, Vol.2, No.2 (December 2003), pp.15-17.

是关于如何划分日本模式的问题。他认为,艾斯平—安德森将日本定性为带有自由主义模式某些特点的保守主义国家似有不妥,因为:第一,日本没有像欧洲那样存在着独立的保守主义或自由主义的政党,政治制度的结构有很大的差异性;第二,日本福利国家形成的过程中政党起的作用很小,而国家官僚机器发挥的作用比较大;第三,自民党虽然对协调社会各利益集团的关系作用很大,但它并没有自己明确的福利国家的纲领。鉴于此,他认为不能把日本置于三个福利世界的模式当中,因为这个"三分法"没有注意和考虑到福利国家在经济发展过程中所处的不同起点问题。艾斯平—安德森"福利体制"理论建基于西方福利国家工业化的大背景之下,不适合于东亚的情况:首先,东亚国家社会支出的规模无一例外都比较小,因为他们优先考虑的是将有限的资源用于发展经济而不是福利方面;其次,虽然福利支出规模不大,但对市场提供福利的干预和管制却很严厉;再次,东亚国家社会保障制度是针对不同的社会阶层而设立的,条块分割,国家公职人员享有一定的特权,而自雇者的福利制度与较快的经济增长相比则显得比较落后;最后,与欧洲国家相比,"家庭化"倾向比较严重,即指家庭福利状况独立于市场的程度比较低。例如,韩国老年人家庭的收入中来自子女的占 44.3%,台湾地区占 53.2%,而丹麦和美国几乎是零。上述这些带有儒家文化的东亚福利模式四个特征说明,东亚福利模式应该称之为"发展型国家",而不是真正意义上的"福利型国家",不属于艾斯平—安德森"三分法"中的任何一种。

对日本来说,虽然"发展型国家"的这四个特征它都具备,但它又有许多自己的特点,是"东亚模式"的一个分支。例如,日本福利制度建立的时间比其他东亚国家都早一些,医疗和养老制度在战前就建立了,全民医疗和养老制度在 1961 年就实现了,社会保障支出虽然比欧洲国家低,但比其他东亚国家要高得多,以 1995 年为例,韩国和台湾地区(1996 年)分别占 GDP 的 8.7%和 11.1%,而日本是 17.2%。最后,宫本太郎给出的结论是,日本福利国家属于在艾斯平—安德森"三分法"与东亚发展型国家二者之间的一个模式。

(四)是"三分法"还是"无限划分"

还有些学者对艾斯平—安德森三个福利模式划分的理论基础即非商品化方法提出了强烈的反对意见,其代表人物主要是鲍威尔(Powell)和巴雷托(Barriento)。在他们 2001 年发表的论文《积极劳动力市场政策与福利体制》中,这两位著名的英国政策学家对非商品化的福利体制分类理论进行了抨击①,代之将"积极劳动力市场政策"(下简称 ALMP)引入福利制度的分析框架之中。他们指出,福利体制在本质上讲与非商品化和非家庭化都没有任何关系,而是建立在一种不同程度的福利混合的基础之上的;鉴于此,应该将社会保障、教育和 ALMP 这三项公共支出在 GDP 中的百分比作为主要参量,据此再将私人市场的保险计划在 GDP 中的百分比和就业保护纳入分析范畴并给予指数化表达。这样的优势在于,变量因素所表示的是对福利混合程度中的不同分量的测量结果。例如,自由主义福利体制在 GDP 比例中市场私人保险具有较高的水平,而保守主义福利体制则有强大的就业保护措施和机构,社会民主主义体制中的社会保障支出在 GDP 比例中水平较高。通过对 ALMP 的分类变化来研究福利体制中 ALMP 的作用,然后再通过 ALMP 在福利混合测量中的比重对国家进行分类,这样就有助于人们更加清晰地对福利体制进行识别。虽然他们使用了不同分析方法,但他们测量的结论与艾斯平—安德森的分类法所获得的结果却非常相似;另外,几乎与卡斯尔斯和米切尔一样,他们的研究结果显示,最好应该将南欧福利体制单列出来,因为南欧国家与另外三种福利模式具有许多不同之处。

还有一些学者在符合与赞成艾斯平—安德森"三分法"的基础上又将之予以细化和具体化。例如,夏特(W. Schut)等采用了"无限穷尽的方法"对艾斯平—安德森的"三分法"进行了深入的考察,不但发现其研究结果支持了三个福利世界的划分,而且在每一个"世界"里又继续"细分"了几个"档次":自由主义模式中虽然包括美国,加拿大,澳大利亚和英国,但它们之间存在着一定的细微差异,可以将它们继续"分割下去",例如,"最补救"的福利国家是美国,其次是"相对补救"的澳大利亚,加拿大和英国是"不纯的"的"次补救"福利国家;合作主义模式中包括法国、德国、比利时等,它们互相之间的差异性不是很大,混合的性质更多一些,例如荷兰既有合作主义的特征,又有一点社会民主的特征;社会民主主义模式也是这样,瑞典和丹麦是最纯的北欧模式,而挪威的社会民主福利国家形式纯度差一点。这些学者认为,这样细化的分析

---

① Powell, M. and Barrientos, A., "ALMP and Welfare regimes", Paper presented to ESF conference, Helsinki, 2001.

不但从更广泛的角度证明了艾斯平—安德森的分类法,而且更好地评价了每个国家的具体情况。"无限穷尽的方法"是基于对收入再分配、收入不平等性、社会福利以及贫困水平这四个项目的分析为主要依据的,其结论是,社会民主主义和合作主义的福利国家之间的分界线不是十分清晰,但这两种模式与自由主义福利国家之间的分界线则是十分清楚的。所以,根据这个基本判断,福利资本主义划分为两个世界更容易一些①。

许多学者还试图将艾斯平—安德森的分类法运用到某个特定的政策领域,也有学者反其道而行之,试图将"福利产出"作为一个整体予以考虑以给出一个崭新的分析框架。引起学界关注的是琼·迈尔斯(Myles, J.)的研究②。所谓"整体的考虑"的方法是指,现在的许多分析方法混淆了体制模式和具体政策二者之间的关系,忽略了另外相似的体制中福利机构和福利政策在运行和执行过程中的差异性。比如说,自由主义福利体制国家制定的资助和分配政策模式具有本质的不同,但这样也不应该把具体政策作为支持或反对福利体制分类法的论据。艾斯平—安德森的"三分法"只是对三个福利生产机构之间的识别作了划分,以此来作为划分福利体制的根据,与通过具体的政策来识别就没有什么两样了,区别仅在于清晰度更高一些、适用范围更广一些而已。虽然迈尔斯的论文批判了艾斯平—安德森的分类法,但由于他没有明确提出一套相对比较完整的分析框架,没有给出一个测试福利体制的合适手段,所以,只是在学界起到了一个抛砖引玉的作用。还有学者认为,艾斯平—安德森的研究主要集中于劳动力市场指标上面,而忽视了家庭经济和劳动力的性别差异③。

是否存在着无数的福利模式? 在理论上如何"无限划分"下去? 这个争议到目前为止始终没有停止过。从实践和经验上讲,同一模式中不同国家存在着许多不同的体制特征,这是一个事实。例如,德国被认为是保守主义模式的一个典型国家,而法国则在绝大多数学者那里被认为是最"靠近"德国的一

---

① Wildeboer Schut, J., Vrooman, J., and de Beer, P., *On Worlds of Welfare*, The Hague: Social and Cultural Planning Office, 2001, pp.18 - 20.

② Myles, J., "How to Design a 'Liberal' Welfare State: A Comparison of Canada and the United State", *Social Policy and Administration*, 32 (1998), pp.341 - 364.

③ Pierson, Christopher., "Contemporary Challenges to Welfare State Development", *Political Studies*, 46 (1998), pp.777 - 794.

个国家,而鲜有例外将之视为德国的另类。但是,法国的福利制度肯定不同于英国,在很多细微方面也是有别于德国的;战后错过了效法贝弗里奇型体制的机会,战前也曾多次与俾斯麦型体制擦肩而过,失之交臂;由于特殊的历史文化和社会经济等"道路依赖"的结果,与德国模式相比有一些自己的独特之处,呈现出混合性的特征。法国福利制度的第一个特征是养老保障制度架构重叠纵横交错,关系繁杂,其管理架构由 3 个层次和 4 个制度组成:"普通保险制度"负责覆盖所有非农业工资收入劳动者,包括工业、商业、服务业;"农业保险制度"负责覆盖所有农业经营者和农业工资收入劳动者;"特殊保险制度"负责覆盖范围为公务员、职业军人、地主公共机构人员、法国铁路公司(国营)、电气煤气工作人员、矿工、海员等;此外还有一个"非工资收入者保险制度",它负责覆盖所有非农业职业与非工资收入劳动者,例如手工业者、工业家、商人、自由职业者等。第二个特征是失业保险制度强调的是"保险和团结的双重机制",所以,失业津贴的给付计算十分复杂,层次也多。第三个特征是法国议会对社会保障预算基本上是"不作为"的,没有审批的功能,也基本上没有预算制度。第四个特征是法国所有养老和医疗的缴费都"统筹"到基金里,其行政管理均由私人性质的"基金会"负责,而多如牛毛的"基金会"在法律地位上是"私人法律地位的公共机构"。

概而言之,艾斯平—安德森之后对福利模式"三分法"的争议可谓见仁见智。但毕竟应该看到这样一个事实:几乎所有的理论争议和探讨,不管其观点如何,不管主张应该划分多少个模式,也无论其测度标准是什么,他们几乎都是以艾斯平—安德森的《福利资本主义的三个世界》这本书为起点的,是从他的"三分法"开始的,最终还是把它作为重要甚至唯一的参考系。

三、三个福利模式的再测度与结论:改革前后的比较

20 世纪末以来,面对老龄化和全球化的压力,许多福利国家都或多或少地进行了改革,改革的总趋势是削减给付标准,提高缴费水平和严格给付条件等,以摆脱国家的财政负担,缓解财政危机;可以说,在整个 20 世纪 90 年代"三个世界"的福利国家几乎都进行了"再商品化"的改革。"再商品化"改革显然是对"非商品化"福利制度的一种否定或逆转。

可以看出,上述提及的学者研究福利模式时使用的"非商品化"指数的资料大多是 20 世纪 70 或 80 年代的数据。那么,二三十年过去了,今天福利世界中"失业保险"、"养老保障"和"医疗津贴"还能继续支持三个福利体制的"非商品化"潜力效果吗? 对这三个福利体制再测度的结果将会如何?

（一）失业保险模式的改革

与养老和医疗保险比较起来,失业保障是一项非常特殊的社会保险项目,它只能由国家作为发起人单方面立法提供,而不像前两项保险那样可以部分地由市场提供或称混合提供。所以,失业保险在所有国家都是由政府负担的,市场没有任何责任。

众所周知,与其他保险一样,严重的逆向选择和道德风险使失业保险的效率十分低下,以致私人市场不可能提供足够的类似保险。但是,由国家立法并发起的强制性社会失业保险虽然可以消除和避免逆向选择,却不能完全排除道德风险,换言之,如果失业津贴替代率较高,其经济状况好于低收入者,失业津贴就会导致产生"失业陷阱"[1]。

失业保险的特殊性还在于,在诸多社会风险中,失业风险在传统工人运动中一直被视为是"非商品化"的一项主要斗争目标,甚至在某种意义上是导火索,而在雇主那里它反过来始终是瓦解旨在非商品化的工人集体行动的一项重要武器,因此它是劳资之间斗争的一个焦点。很明显,在医疗保险那里,领取津贴就直接等于"丧失了竞争能力",但在失业保险中则完全不同:领取津贴的失业者与那些处于就业状态的人依然处于竞争状态,甚至失业率越高劳动力市场上的竞争就越激烈,并往往直接导致就业市场总体工资水平的下降。与疾病风险相比,失业风险很大程度上是外生的,并且对绝大多数人来说这种风险都会影响到其生存的机会。

上述失业保险的种种特殊性使之成为福利国家社会支出中最为沉重的财政负担之一。在欧洲过去 20 年的改革里,持续的高失业率为各国政府财政预算带来了巨大压力,人们开始认为非商品化的失业保险是阻碍调整个人期望和就业市场积极性的一个因素。于是,进入 20 世纪 90 年代以来,失业保险津贴就成为"再商品化"改革进程中一项最重要的内容,同时也是最具有争议的

---

[1]　参见郑秉文:《经济理论中的福利国家》,《中国社会科学》2003 年第 1 期。

一项改革。

　　保守主义福利体制中过去 20 年的改革可以分为三种情况：一是替代率不断攀升的国家，如法国和瑞士等，都已达到 75%；二是不断下降的国家，如荷兰、比利时和德国等，其中荷兰的幅度要大一些，由 80% 下降到 75%；三是基本稳定的国家，如奥地利和日本表现得相当稳定。意大利的情况是个例外，可以不在统计范围之内，因为 1980 年意大利为工业部门雇员建立了一个专项失业基金，而其他部门雇员的福利只占很小比例，1999 年又为建筑业建立了一个专门基金。但总的来说意大利的替代率在欧洲大陆一直是比较低的。

　　自由主义福利体制各国的失业替代率变化趋势不是很明显：爱尔兰由相当高水平的 60% 下降到了西方国家中的最低水平，加拿大和美国基本保持没动，英国和澳大利亚却出现了明显的上升，但澳大利亚是家计调查型的[①]。

　　总体上看，我们可以得出这样一个结论，即自由主义福利体制呈现出的依然是一种多样性的态势，社会民主主义和保守主义体制的变化趋势中存在着一定程度的收敛，除个别情况外，还不能说显著下降。就国家的数量来看，提高替代率的国家要比降低的国家多；因此，就替代率作为非商品化社会政策的一个重要制度特征而言，1979—1999 年间的这些数据显示，这 18 个国家总体而言他们的"非商品化"程度变化不明显，既未出现高峰，也没有出现大幅下降的趋势。

　　从失业保障的发展特征上看，我们不难得出以下矛盾的结论：一方面，1999 年的平均收入替代率为 59%，这个水平要高于 1979 年的 56%。即使不把意大利计算在内，1999 年的平均替代率也要高于 1979 年；此外，平均而言1999 年的津贴给付持续期限也要比 1979 年长。这样一种变化趋势给出的结论显然应该是，1999 年的失业保险制度要比 1979 年的更为非商品化，而不是相反。但是，另一方面，在失业津贴给付的资格条件、等候期限和持续期限等方面却存在一些强烈的收缩或称"再商品化"倾向。这方面"再商品化"改革

---

　　① 　上述数据引自 Allan, James P. and Scruggs, Lyle, "Three Worlds Divided or Convergent? Comparing European Welfare States in the Late 1990s", a Paper Prepared for Delivery at the Twelfth International Conference of Europeanists, Palmer House Hilton, Chicago, Illinois, March 30—April 1, 2000。

最明显的国家是比利时、丹麦、爱尔兰和荷兰,它们都减少了替代率,大幅度提高了获取津贴的资格条件,强化了对市场的依赖度。丹麦在某种程度上也削减了替代率,缩短了福利的最大持续期限,提高了获取津贴的"门槛"。德国失业保障制度的市场化改革尽管程度有限,但也在相当程度上削减了替代率,"收紧"了资格条件。总的来说,平均合格期从 24 周上升到了 39 周,如果不算荷兰将高达 30 周;津贴给付的等候期限也整整上增加了 1 天①。虽然澳大利亚、芬兰、法国和英国 4 个国家失业津贴替代率有所提高,表现出非商品化的特征,但澳大利亚和英国的津贴给付是家计调查型的,只不过表面上看起来很慷慨而已。

上述失业保险改革中出现的"非商品化"和"再商品化"两个特征并存与发展的"矛盾现象"告诉人们,与其他福利项目相比,失业保障制度的改革具有相当的难度,某些领域的"扩张"常常是为了"换取"另外领域的"收缩";毕竟"充分就业"在福利国家中早已根深蒂固,深入人心,它是福利国家的一个重要支柱。换个角度,失业保障制度改革中的这种"矛盾现象"可以称之为改革的多样性。

(二)养老保障模式的改革

社会养老保障是构成 OECD 国家社会保障福利中最大和最复杂的一个组成部分,并且是历史最悠久、改革调整最频繁的一个福利项目。由于社会养老保障属于一种"延迟支付",所以最容易受到人口老龄化的影响,且数额巨大,影响深远。从某种意义上来说,普遍导致福利国家陷入财政"危机"的正是由于社会养老保障这些特殊性存在的结果,20 世纪 80 年代以来推动福利制度"再商品化"改革的也是社会养老保障普遍陷入困境的结果。

在表 3 中可以看出,无论是最低养老金还是标准养老金的净替代率,无论是在社会民主主义体制里还是在自由主义体制里,它们都呈现出不断提高的趋势。

---

① 上述这些数据可以参见 Allan, James P. and Scruggs, Lyle, "Three Worlds Divided or Convergent? Comparing European Welfare States in the Late 1990s", a Paper Prepared for Delivery at the Twelfth International Conference of Europeanists, Palmer House Hilton, Chicago, Illinois, March 30—April 1, 2000.

表 3　1979 年和 1997 年最低养老金与标准养老金的净替代率

国家	最低养老金净替代率（%）		标准养老金净替代率（%）	
	1979 年	1997 年	1979 年	1997 年
社会民主主义体制				
丹麦	51	58	57	65
芬兰	41	58	66	71
荷兰*	56	45	56	45
挪威	44	49	65	68
瑞典	45	53	73	76
社会民主主义体制平均值	47.4	52.6	63.4	65
变化系数	0.13	0.11	0.11	0.18
保守主义体制				
奥地利	40	42	81	89
比利时	31	36	66	80
法国	36	41	58	62
德国	44	54	51	62
意大利	16	17	87	85
日本	12	26	64	59
瑞士	27	26	44	60
保守主义体制平均值	29.4	34.6	64.4	71.0
变化系数	0.41	0.36	0.24	0.18
自由主义体制				
澳大利亚	34	40	34	40
加拿大	31	42	37	46
爱尔兰	28	34	32	39
新西兰	42	42	42	42
英国	30	30	37	63
美国**	30	34	54	58
自由主义体制平均值	32.5	37.0	39.9	48.0
变化系数	0.16	0.14	0.20	0.21
三个体制平均值	35.4	40.4	55.8	61.7
三个体制变化系数	0.32	0.28	0.29	0.25

注：* 1981 年数据，** 包括食品券。

资料来源：根据下面资料两个表格绘制：Allan, James P. and Scruggs, Lyle A., "Still Three Worlds of Welfare Capitalism? Comparing Welfare Regime Change in Advanced Industrial Societies", A Paper Prepared for Delivery at the 59th Annual Meeting of the Midwest, Palmer House Hilton, Chicago, Illinois, April 19-22, 2001, Table 3, Table 4.

　　在最低养老金的净替代率中,只有冰岛和瑞士下降了,新西兰和英国没有变化,其余 14 个国家都不同程度地出现了上升的趋势;三个福利体制上升的幅度差不多,大约 5 个百分点。标准养老金的情况基本也是与此相对应的:冰岛和意大利下降了,新西兰没有变化;提高幅度最大是自由主义福利体制,大约 9 个百分点,其次是保守主义体制,大约 7 个百分点,最少的是社会民主主义体制,只有 1.6 个百分点。值得注意的是,保守主义体制标准养老金的替代率在 1979 年时与社会民主主义体制的替代率几乎是一样的,在 64% 左右,但前者在 1997 年提高到了 71%,而后者则几乎没有什么变化。就是说,欧洲大陆标准养老金提高的幅度远远大于其他体制的国家,已经远远超过了社会民主主义体制的北欧国家(高出 6 个百分点)。

　　社会养老金的上述总结变化情况告诉人们,非商品化趋势发展得比较明显的恰恰发生在自由主义体制之中,尤其是标准养老金,其替代率平均值提高的幅度高达 7.8%,保守主义体制是 6.6%,而社会民主主义体制只有 1.6%;最低养老金替代率平均值在自由主义体制那里提高了 4.5%,保守主义和社会民主主义体制分别是 5.2%;按这个指标衡量的总体趋势说明,非商品化在所有三个体制国家中都在日益强化,而鲜有证据能表明其再商品化具有明显的发展趋势。

　　很显然,养老保障中的"再商品化"改革力度远远大于失业保障制度的情况,其基本特点是:第一,虽然大多数国家资格条件的改革步伐不大,但自由主义体制的英国和社会民主主义模式的瑞典大幅度提高资格条件的激烈行动却成为这两个模式的改革先锋,它向人们昭示,这是一个最具改革潜力和改革震动最小最现实的领域,是"再商品化"中对政府来说最具吸引力的一个单项改革措施;第二,提高个人缴费比例意味着加强了个人与制度之间的精算关系,将当前的缴费与未来的给付密切地联系起来,这实际是对传统"非商品化"观念的一个极大冲击,它孕育着"再商品化"的一个意义重大的改革趋势,是社会养老保障制度不断收敛的一个重要体现;第三,虽然与 1979 年相比,几乎所有国家 1999 年的替代率平均值都略有上升,但最低养老金净替代率的"再商品化"改革没有标准养老金的改革力度更强;第四,非商品化程度较低的自由主义体制国家在"再商品化"改革中所表现出的力度并没有非商品化程度较高的社会民主主义体制各国所表现出来的"再商品化"更强;第五,经过研究一些学者给出了这样的一个结论,即当今三个福利世界的划分及其国家排名顺序基本还没有"逃出"艾斯平—安德森当时所描述的"三个世界"框架,但也有一些明显的例外。例如,澳大利亚从1980年的排名第7跃居1999年的第1位,斯堪的纳维亚半岛国家自1980年以来变动不算太大,占据了其后的4个排名,而中间的排名大多数被保守主义模式所占据,只是自由主义体制中的加拿大从1980年的第15位跃升至并列第7位,其他自由主义体制国家基本都处于排名的后半段位置①。

（三）医疗健康保险模式的改革

就福利国家三种模式来看,医疗健康制度的变化是最小的,它的变迁并没有随着时光的流逝而像失业和养老那样总处于不断的变革和调整之中。制度的相对稳定性和连续性是发达国家医疗健康保障制度的一个基本特征。

三个福利体制中都有一些国家的疾病医疗保险与失业保险是连在一起的,可能正是由于这个原因,一些学者的研究结果都得出的结论是,由于失业改革的混合性,疾病医疗保障制度的改革在20世纪90年代总的来说既没有出现趋同性,又没有出现趋异性。

在社会民主主义模式近二十年的演变中,有3个国家的替代率做了较大幅度的下调,由于丹麦与荷兰的疾病保险与失业津贴是挂钩的,前者"盯住"后者,所以疾病保险替代率下降幅度较大,瑞典次之。挪威的情况很特殊,它的疾病津贴对工资的替代率始终是100%的,没有任何折扣,几十年来从未进行过任何变革。芬兰的改革历程有些曲折,医疗保险替代率比失业替代率上升得要快一些,1979年的替代率是46%,1991年上调到85%,到1997年又回落到75%。由此看来,社会民主主义体制中疾病医疗保障制度的趋势应该概括为稳中有降②。

大陆保守主义制度中只有德国的替代率经历过温和的下调改革,除此之外,包括日本在内的所有保守主义模式国家的替代率都是一路攀升的,其中比

①　Allan, James P. and Scruggs, Lyle, "Three Worlds Divided or Convergent? Comparing European Welfare States in the Late 1990s", a Paper Prepared for Delivery at the Twelfth International Conference of Europeanists, Palmer House Hilton, Chicago, Illinois, March 30—April 1, 2000.

②　以上关于替代率的数据参见 Allan, James P., "Partisan Politics and Welfare State Outcomes: A Comparative Study of Eighteen Advanced Industrial democracies, 1979 - 1997", Keele European Parties Research Unit, (KEPRU), Working Paper 12, Keele University, 2002.

利时和瑞士上调的幅度较大。欧洲大陆的另一个特点是,除了法国和意大利以外,其他国家的医疗保险制度与其失业保险相比,其津贴给付替代率都很慷慨。保守主义模式还有一个特点是,相对于患有疾病且失业的人来说,那些患疾病但拥有工作的人在待遇上更有优势并受到保护,这种偏向与保守主义福利模式的"维持现状"的特征是非常吻合的。毫无疑问,保守主义体制的这些改革特征可以印证为这样一句话:"非商品化"的因素潜能远远盛于"再商品化"的发展取向。

自由主义福利模式的疾病医疗保险替代率与其失业保险的津贴给付很相像,呈现出一种"混合"的局面:澳大利亚和新西兰的疾病医疗给付是家计调查型的,其替代率的改革曲线是先升后降,但波动幅度不大;加拿大的疾病保险在自由主义体制中是比较慷慨的,但在 20 世纪 90 年代之前是上升的,90年代以后是下降的;英国和爱尔兰的替代率下降幅度是最大的;美国在发达国家中是唯一没有覆盖全国的医疗保险计划的国家。所以,除了美国以外,其他自由主义模式国家提供的疾病保险都与其失业保险一样,强调社会平等的原则,这方面与社会民主主义模式很相像,只是运行的方向相反:对由于疾病原因退出劳动力市场和失业这二者之间区分开来,并对劳动力也商品化了,而社会民主主义模式则不是这样。自由主义模式国家的替代率在 20 世纪 80—90年代这 20 年中基本是呈下降趋势的,变化系数是上升的,这充分说明,自由主义模式演进的一个基本轮廓是"非商品化"因素在减少,而"再商品化"因素在增加。

在医疗健康保险项目中,只有替代率的收缩稍微表现出"再商品化"的迹象,而持续期限、等候期限和资格条件的变动相当有限。对替代率进行收缩和下调的国家数量很有限,并且一般来说,对替代率进行改革的同时都对失业和医疗的后 3 项也进行了下调。例如,爱尔兰和丹麦这两个国家不仅削减了替代率,失业保险津贴的持续期限(丹麦)和资格条件(爱尔兰)也都进行了下调。德国和荷兰降低替代率的同时与之配合对其他项目也进行了调整。可以说,20 世纪 90 年代医疗保障方面进行温和"再商品化"改革的只有这几个国家。

(四)20 年前后福利模式的比较结果

在过去 20 年中,如果引用詹姆斯(James,A.)的研究结果和排名顺序表格(见表4),失业、养老和医疗这三个主要福利项目指标的变化说明了以下问题。

第一,总的来说,养老、失业和医疗这三项指标存在着从强到弱的"再商品化"的发展趋势,总体上具有"福利收缩"的态势。尽管在医疗等方面"非商品化"因素具有扩张的迹象,但不能说"非商品化"在总体上对"再商品化"具有压倒一切的优势,至多只能说在医疗福利领域中具有某种"趋同"的潜在倾向。

第二,福利国家虽然经历了长达几十年的改革,尤其是在社会民主主义体制中一些国家进行了"激烈的"改革,福利标准下调的"再商品化"改革占据主要地位,但同时这个福利体制中的福利国家依然还是非常慷慨的,福利国家的典型性并没有由于其激烈地改革而受到根本动摇,福利国家的一些基本原则也没有受到根本的撼动。

第三,三组国家得分结果所决定的排名顺序表现出了不同的个性特征:在这三组国家中,只有爱尔兰和日本这两个国家的得分低于他们在1980年的得分;其意义在于它再次说明了三个体制的分类模式得到了强化。斯堪的纳维亚国家依然占据了前4名的位置,与1980年的排名相比,芬兰现在的排名更为提前,表明了斯堪的纳维亚体制中各国之间的趋同性。后面7个国家的排名也几乎没有出乎意料,大多数欧洲大陆"合作主义"国家都在其中,只有意大利除外。其中奥地利和荷兰的排名最高,分别列第5和第6位,这个"升位"的现象与他们在20世纪90年代坚持"非商品化"的表现基本上是一致的。对于第三组国家来说,情况比较复杂:加拿大从第15位跃居第10位,是其"再商品化"因素没有增加的结果所致。除了英国和加拿大以外,第三组的行列里依然还是全部为盎格鲁—撒克逊国家,是"非商品化"因素最少的国家。

第四,自由主义体制一些国家的排名顺序出现一些费解之处。这里主要是指英国和美国。例如,英国的情况就显得非常奇怪,从原来的第13位跃居为第11位,这显然与我们的经验性研究结果有较大出入,在笔者看来其可信度有问题。美国的情况也有些出乎笔者的意料,它从原来的倒数第2位即排名第17跃居为第14位,这与其1996年废除了实行60多年的"未成年子女家庭援助"(AFDC)而代之以"困难家庭临时援助"(TANF)等一系列改革措施的结果似乎相去甚远①。

表4　1980年与1999年根据"非商品化指数"排名顺序的比较

国家	根据1999年数据的排名	根据1980年艾斯平—安德森的排名
瑞典	1	（1）
挪威	2	（2）
丹麦	3	（3）
芬兰	4	（8）
奥地利	5	（6）
荷兰	6	（4）
德国	7	（9）
比利时	8	（5）
法国	9	（10）
加拿大	10	（15）
英国	11	（13）
日本	12	（11）
意大利	13	（12）
美国	14	（17）
爱尔兰	15	（14）
新西兰	16	（16）
澳大利亚	17	（18）
瑞士*	na	（7）

注：* 由于资料医疗给付的数据无法获得，所以瑞士的评分和排名不包括在内。

资料来源：Allan, James P. And Scruggs, Lyle, "Three Worlds Divided or Convergent? Comparing European Welfare States in the Late 1990s", a Paper Prepared for Delivery at the Twelfth International Conference of Europeanists, Palmer House Hilton, Chicago, Illinois, March 30—April 1, 2000, Table 3.

参考文献：

郑秉文：《社会权利：现代福利国家模式的起源与诠释》,《山东大学学报》

———

① AFDC是主要为失去父母经济支持的未成年子女提供的一项援助,其受益人主要是经济状况得不到保障的单身母亲及其子女。但公众对这一援助项目越来越不满意,因为其中许多受益人被认为通过长期依赖的方式滥用了这一福利。与AFDC相比,TANF收缩了援助的对象范围,使援助的对象不仅是最需要的那些人,而且这些人的行为还要符合社会的道德规范等条件。

2005 年第 2 期。

郑秉文:《经济理论中的福利国家》,《中国社会科学》2003 年第 1 期。

[丹麦]艾斯平—安德森:《福利资本主义的三个世界》,法律出版社 2003 年版。

[加] R.米什拉:《资本主义社会的福利国家》,法律出版社 2003 年版。

Abrahamson, P., "Welfare Pluralism", in *Mixed Economy of Welfare*, L. Hantrais et al. (eds.), Cross-National Research Paper 6, Loughborough: Loughborough University, 1992.

Allan, James P.and Scruggs, Lyle, "Three Worlds Divided or Convergent? Comparing European Welfare States in the Late 1990s", a Paper Prepared for Delivery at the Twelfth International Conference of Europeanists, Palmer House Hilton, Chicago, Illinois, March 30—April 1, 2000.

Allan, James P. and Scruggs, Lyle A., "Still Three Worlds of Welfare Capitalism? Comparing Welfare Regime Change in Advanced Industrial Societies", A Paper Prepared for Delivery at the 59th Annual Meeting of the Midwest, Palmer House Hilton, Chicago, Illinois, April 19 – 22, 2001.

Allan, James P., "Partisan Politics and Welfare State Outcomes: A Comparative Study of Eighteen Advanced Industrial democracies, 1979 – 1997", Keele European Parties Research Unit, (KEPRU), Working Paper 12, Keele Universit, 2002.

Castles, F. and Mitchell, D., "Three worlds of welfare capitalism or four?", in *Families of Nations*, F. Castles (eds.), Brookfield, Vt.: Dartmouth, 1993.

Castles, F., *Comparative Public Policy*, Cheltenham: Edward Elgar, 1998.

Davis, Peter R., "Rethinking the Welfare Regime Approach", in *Global Social Policy*, Bob Deacon (eds.), London, Journal of University of Sheffield, Vol.1 (1), Sage Publications, 2001.

Esping-Andersen, G., *Social Foundations of Postindustrial Economies*, Oxford: Oxford University Press, 1999.

Furniss, N. and Tilton, T., *The Case for the Welfare State*, Bloomington: Indiana University Press, 1977.

Greve, Bent, "Labour Market Issues in the European Community, Jean Monnet Center of Excellence", Research Paper no. 7/01, Roskilde University, Denmark, 2001.

Guillen, A-M. and Alvarez, S. "Globalization and the Southern Welfare States", in *Globalization and European Welfare States*, R. Sykes et al. (eds.), Basingstoke: Palgrave, 2001.

Hagberg, Sarah, "*A Brief Analysis of Esping-Anderson's 'The Three Worlds of Welfare Capitalism' as a Measurement for the Commodification of Labor in Contemporary Welfare States*", INTS 4763, Paper #1, 2000.

Holliday, I., "Productivist welfare capitalism: social policy in East Asia", *Political Studies*, 48 (2000).

Kosonen, P., "Globalization and the Nordic welfare states", in *Globalization and European Welfare States*, R. Sykes et al. (eds.), Basingstoke: Palgrave, 2001.

Mishra, R., *Society and Social Policy*, 2nd ed., Basingstoke: Macmillan, 1981.

Mishra, R., *Globalization and the Welfare State*, Edward Elgar, 1999.

Myles, J., "How to Design a 'Liberal' Welfare State: A Comparison of Canada and the United State", *Social Policy and Administration*, 32 (1998).

Myrdal, A., *Nations and Family: The Swedish Experiment in Democratic Family and Population Policy*, London: Kegan Paul, Trench, Trubner, 1944.

Obinger, H. and Wagschal, U., "Families of nations and public policy", *West European Politic*, 2001.

Pierson, Christopher, "Contemporary Challenges to Welfare State Development", *Political Studies*, 46(1998), pp.777 - 94.

Powell, M. and Barrientos, A., "Theory and Method in the Welfare Modelling Business", Paper presented to COST A15 Conference, Oslo, April 5 - 6, 2002.

Powell, M. and Barrientos, A., "ALMP and Welfare regimes", Paper presented to ESF conference, Helsinki, 2001.

Room, G., "Commodification and Decommodification: A Developmental Critique, Institute for International Policy Analysis", Discussion Paper, University of Bath, 1999.

Taro Miyamoto, "The Dynamics of the Japanese Welfare State in Comparative Perspective: Between 'Three Worlds' and the Developmental State", *The Japanese Journal of Social Security Policy*, Vol.2, No.2 (December 2003).

Titmuss, R., *Essays on the Welfare State*, London: Allen and Unwin, 1958.

Titmuss, R., *Social Policy*, London: Allen and Unwin, 1974.

Wildeboer Schut, J., Vrooman, J., and de Beer, P., *On Worlds of Welfare*, The Hague: Social and Cultural Planning Office, 2001.

Wilensky, Harold L., Lebeaux, Charles N., *Industrial Society and Social Welfare: The impact of industrialization on the supply and organization of social welfare services in the United States*, New York: Russell Sage Foundation, 1958.

（本文原载于《学术界》2005 年第 3 期,第 31—47 页）

社会权利:现代福利国家模式的起源与诠释

内容提要:人类进入 20 世纪以来,社会事务不断的国家化逐渐体现在社会权利的要求方面,于是,社会权利便成为现代福利国家的一个催生婆,并日益成为保证企业竞争力和最大限度适应经济发展的一个"生产性投资"。本文以社会权利作为研究福利模式的一个起点,认为社会福利的"非商品化"与社会权利相对应,是现代福利国家本质特征的一个体现,同时也是对"前商品化"一个反动。社会权利不是无条件的,其扩展程度越宽,非商品化程度就越高,由此福利国家便逐渐形成三种不同的模式。不同模式的福利国家对其社会分层化产生的影响是不同的,因此,它们各自的产业结构也就不同。这样,福利国家的三个模式在现实世界中就显得有意义了,即不同模式下福利国家的产业结构、就业路径和劳动力市场的弹性具有较大的差异性,后者反过来又成为测度不同模式福利制度的重要因素。

"福利国家"这个术语的出现是战后的事情,至今只有半个多世纪的历史。但是,现代社会保障制度则形成于一百多年前的德国;如果继续上溯的话,四百多年前即 1601 年英国伊丽莎白时代的《济贫法》可以被看作是国家作为"国家保护人"对人类进入工业革命时代门槛之时对人类社会安全需求的第一个回应;从这个意义上讲,《济贫法》被认为是现代社会保障制度和福利国家的雏形,它标志着人类开始进入工业革命的社会。

从《济贫法》到现代福利国家,在这漫长的三四百年的历史演进过程中,资本主义制度的发展依时间顺序逐渐开始显露出三个特征:政治事务民主化,经济运作市场化,社会事务国家化(国家逐渐干预福利事业,成为福利国家)。几乎是相对应地,社会运动与工人斗争也依次地表现为,在 18 世纪所要求的是"公民权利",19 世纪主要集中在"政治权利"或曰"经济权利"上,进入 20 世纪,从现代福利国家的角度看,主要表现在"社会权利"方面。

一、社会权利:"非商品化"福利国家的本质体现

在现实世界中,战后以来西方现代福利国家由诞生到崛起和鼎盛时期,再到陷入经济危机,形成了一个抛物线状的发展态势。但是对福利国家制度模式和社会保障模式的理论研究却是越来越热,呈现出一条上升的曲线。尤其近十几年以来,这个领域里的著述浩如烟海,流派纷争,方法各异。

在这些著述中,丹麦籍著名学者艾斯平—安德森(Gosta Esping-Andesen)对福利国家和福利制度模式的研究在世界范围内吸引了众多的经济学家、政治学家和社会学家,他们从各自学科角度出发围绕着艾斯平—安德森"福利模式"的分类法展开了讨论。尽管对艾斯平—安德森创立的福利模式"三分法"的争议见仁见智,但后人们几乎都是以艾斯平—安德森为起点,从社会权利的起点出发,根据马歇尔的理论框架,将"非商品化"作为主要和唯一的分析方法来对待社会权利的问题,并把"非商品化"作为研究社会权利与福利国家之间的一个桥梁,使二者有机地联系起来,使之成为研究社会权利的一个工具。研究者们通过对社会权利的分析,演绎出对不同福利国家和福利制度的比较分析,进而对福利资本主义的三个类型进行了深入的剖析①。

如果说福利国家是资本主义生产方式的必然产物,那么福利国家就应该是管理公共物品的一种工具,是一个权力中心,因此它又具有促成自身发展的倾向。那么,据此人们可以将福利国家定义为对于公民的一些基本的、最低限度的福利负有保障责任的政制。因此,所谓福利国家就是对福利支出的主旨给予的一个制度承诺:对社会的公民权利和共同责任作出承诺,对"社会权利"给予法律保护。换言之,第一,当现代工业经济破坏了传统社会制度进而社会权利以法律的名义被固定下来并赋予一定的财产意义的时候,福利国家就出现了。第二,"社会权利"既可以看成是对福利国家的起源的诠释,又可

---

① 参见[丹麦]艾斯平—安德森:《福利资本主义的三个世界》,郑秉文译,法律出版社 2003 年版。

以看成是福利国家的本来意义。第三,所谓"社会权利"是指,在工业化社会中,既然福利国家的福利政策和经济政策必须对工人给予强烈的社会保证,以最大限度地规避和降低工业化社会(与传统社会相比)为个人带来的各种社会风险,旨在维持资本主义的再生产,那么,"社会权利"就应该定义为:它是保证企业竞争力和最大限度地适应经济发展的过程中的一种"生产性投资"。这个生产性投资是福利国家得以诞生、存在和发展的前提之一。第四,由此,社会公民权利往往被认为是福利国家的一个核心概念。

　　将"非商品化"这个重要概念引入"社会权利"和福利国家体制的分析框架之中并将之作为一个主要理论工具,以此演绎出一整套比较严密的逻辑体系,这是福利模式研究中的一个重要贡献。如果假设社会公民权利是福利国家的核心概念,那么,首先,它必须包括"社会权利"的授予;假如社会权利在法律上和事实上被赋予了财产所有权的性质,假如它们是神圣不可侵犯并假定社会权利的资格基础是公民资格而不是其能力,那么它们必然带有"非商品化"的性质;如果承认福利国家中社会权利的存在和扩展是其经济政策和社会政策的基础,那么,社会权利就可以视为是非商品化的"容纳能力"。于是,判断社会权利的一个重要标准就是它在多大程度上允许人们依靠纯粹市场之外的力量去改善其生活水准。因此,从这个意义上,"非商品化"的定义内涵就是指个人福利相对地既独立于其收入之外又不受其购买力影响的保障程度,而社会权利就是对公民作为"商品"的地位的一种反动、一种限制或一个削弱的因素。

二、社会权利:"前资本主义"中
"前商品化"的必然结果

　　在人类社会进入资本主义社会之前,在劳动力没有被完全商品化的时候,传统的社会福利存在于"不完全商品化"的形式之中。因此,所谓"不完全商品化的社会福利制度"这个概念的含义就是指,中世纪里决定一个人生存能力的不是劳动契约,而是家庭、教会或君主的福利环境。于是,"前资本主义"历史阶段中的劳动力就可以相应地被称为"前商品化"的劳动力。这就是"前商品化"概念的第一个含义。

　　但是,前资本主义社会并不是绝对没有商品形式。例如,封建社会的农业生产是现金农作物。再例如,中世纪的城镇中人们从事的生产也有商品交换。庄园经济或专制经济也存在着课税,也进行一定的商品买卖。但总的来说,在前资本主义社会中,劳动的商品形式尚未大规模发展起来,劳动者为了生存只是偶尔出卖他们的劳动力,真正意义上的商品化的劳动者是不存在的。这就是"前商品化"的第二个含义。

在前资本主义,虽然不劳动就不能生存,但是,生产者、农民、农奴或熟练工匠不论其工作效能如何,其家庭成员总能保持一定的自给自足。并且,封建劳役采取了一定程度的互惠形式,农民在一定程度上可以得到领主的家长般的帮助。在城市,劳动者一般来说是"基尔特"或兄弟会的当然成员,穷人通常还能够从教堂得到帮助。因此,与赤裸裸的自由放任政策下资本主义商品逻辑和救济制度相比,"前资本主义"的社会救助更多的是企图体现其慷慨和仁慈,大部分人依靠通行规则和社会组织基本上是可以维持生计的,即当大多数人不完全依赖于工资形式的收入而生存时,商品形式无从谈起,这就是"前商品化"的第三个含义。

第四层含义是,工人的"前商品化"地位还普遍地存在于自由放任主义极盛时期。这是因为,在自由放任时期,面对救济制度的严重不足,"前商品化"便成为一种自发的回应和保护措施,它不但具有相当大的合理性,而且还具有相当的生命力。一方面是基尔特组织不断被废除,但另一方面其他互助性质的福利社团却经久不衰。"前商品化"的社会政策是"防止资本主义倒塌的拱壁"之一①,也是我们今天所考察的现代福利国家的基石之一。

在艾斯平—安德森和卡尔·波拉尼(Karl Polanyi)等许多学者眼里,英国的斯宾汉兰德制度是前商品化制度的一个典型案例,因此是英国资本主义发展过程中的一个羁绊。所谓斯宾汉兰德制度,是指1795年5月6日由英国伯克郡斯宾汉兰德的地方长官制定的济贫制度,后为英格兰各地区普遍采用。这种制度不是规定最低工资标准,而是补贴工人的收入使之达到一定水平:一个工人每周的补贴水准按12公斤面包的价格折算,他的妻子和每个孩子各按6公斤面包折算。由于斯宾汉兰德制度实行的是"社会工资"制度,从而减弱了那些脱离了

①　[丹麦]艾斯平—安德森:《福利资本主义的三个世界》,郑秉文译,法律出版社2003年版,第45页。

土地的工人迁往新兴工业都市的流动愿望，阻碍了劳动力商品化的进程，一味地固守着前商品化的原则，恪守着封建社会的保护传统，成为英国资本主义发展的羁绊，因此，1834年它被济贫法修正案即"新济贫法"取而代之。

三、社会权利：对劳动异化的反动

尽管"前商品化"因素普遍地存在于资本主义社会之中，但是毋庸置疑地是，资本主义的迅猛发展无情地摧毁了旧制度的藩篱，"前商品化"时期的经济保障日益凋敝。于是，与自由放任主义资本主义原则相伴而生的必将是劳动的商品化。

当人们为了生计和必要的生活保障而不得不到市场上寻找工作和就业机会的时候，他本人及其家庭成员的所有经济来源与生活保障就不得不依靠他的"工资劳动"了。当资本主义绝大多数社会成员的生活需求必须通过商品交换得以满足时，购买力和收入分配问题便突显出来了。当人们的劳动成为商品的时候，他们独立于市场之外的生存权利便岌岌可危了。于是，"前资本主义"的"前商品化"福利就开始慢慢地让位于他们的"现金交易能力"和"现金交易关系"了。其他商品可以待价而沽，直至市场上的价格令人满意为止。但工人们不同，他们必须先生存，然后再生产他们自身和他们生活其间的社会。如果没有其他赖以维持生计的办法可供选择，劳动者则不能惜售自身。

劳动力的商品化构成了资本主义社会中一个最为矛盾的问题。在马克思主义看来，商品化问题是资本积累过程中阶级演变分析的核心所在，劳动力的商品化意味着人的异化。马克思在《1844年经济学—哲学手稿》这部首次论述资本主义社会异化劳动的经典著作中揭示了资本主义社会"异化劳动"所造成的劳动者与其劳动产品严重脱节的不平等现象，指出劳动固然为富人生产出奇妙的作品，却替劳动者生产出穷困。劳动生产出宫殿，替劳动者生产出茅棚……劳动者用机器来代替劳动，却把一部分劳动者抛回到野蛮方式的劳动，把剩下的一部分劳动者变成机器。劳动生产出聪明才智，替劳动者却生产出愚蠢和白痴[①]。马克思运用异化劳动的概念，对资本主义的商品化进行了

---

① 参见马克思：《1844年经济学—哲学手稿》（单行本），人民出版社1979年版，第131页。

深入分析批判,归纳起来,它包含着四个内容,即工人同自己的劳动产品、同自己的生产活动、同自己的类本质相异化,以及人同人相异化。于是,我们可以认为,马克思给予的结论已经非常明确,他认为私有财产首先是劳动异化的基础和原因,其次是劳动异化的结果,最后它是一切异化的根源。剩余价值的存在是使得无产者为了生计而出卖劳动力的资本从而成为劳动异化的物质基础。因此,劳动异化成为无产者不想为而又必须为之的结果,即为了生存必须付出的劳动。

可以说,19 世纪出现的马克思主义和 20 世纪初的社会主义,无论它们是一种理论学说还是一种意识形态或是一种政治制度,都是对资本主义将劳动力商品化这一历史事实的回应而诞生的。在马克思主义看来,劳动力的商品化是阶级形成过程中的必然要素之一:独立的生产者转变为无产的领薪者,失去的是对自己劳动力的支配权,换取的是劳动工资,因此,他们的家庭及其一切福利必定开始依赖市场,开始依赖雇主的支配。在资本主义社会,与其他任何商品一样,劳动力这个商品之间也存在竞争,也遵循着同样的供求规律;竞争越激烈,价格就越低;价格越低廉,工人的生活就越陷入贫困之中不能自拔,就越依赖于对劳动工资的获得,其福利和生活保障对现金交易关系的依赖性就越大。当资本主义生产关系完全占据统治地位、普遍的商品化市场原则渗透于社会每个角落的时候,个人福利的状况和水平就开始逐渐被货币关系彻底支配,货币就成为劳动的唯一目的。

正如布罗代尔所指出的,在前资本主义制度,尽管货币已颇为流行,但大多数农民生活在货币之外,那时显然不是资本主义社会①。资本主义就是充分的商品化和市场化。只有资本主义制度才能使货币的逻辑冲破对土地和劳动力商品化的限制,一切物品都可买卖,一切物品的买卖都受法律保护,并且,重要的是货币成了劳动力商品化的价格尺度,劳动力终于成了一种自己可以出卖自己的一种特殊商品。正是从这个意义上讲,当一切物与一切人都遵从货币的逻辑作为商品去自由合法地交换时,资本主义制度就出现了,现代福利国家的诞生就成为一种必然了。

---

① 参见[法]布罗代尔:《15 至 18 世纪的物质文明、经济和资本主义》第二卷,顾良、施康强译,三联书店 1992 年版,第 568 页。

四、社会权利：现代福利国家的"催生婆"

劳动商品化既是一个历史现象，又是一个社会现象，同时也是一个政治现象。作为一个政治现象，它必然产生它的政治对立面。

首先，劳动商品化的境地导致"非商品化"的工人运动政策。劳动力商品化无疑是导致阶级分裂和无产阶级的产生、发展与壮大，导致工人的集体联合和工人运动的主要原因之一。没有商品化的劳动就不可能产生以非商品化为主旨的工人运动，工人就不可能将非商品化作为工人运动政策的主导原则。对工人运动发展而言，非商品化既是劳工团结与统一的起点和终点，又是工人集体行动的动机和目标。艾斯平—安德森说得好，"当工作是出于自由选择而非生活所迫时，非商品化可能就等同于非无产阶级化了"①。所谓起点和动机，是指现代福利国家的经济社会政策的原动力在于人类需求和劳动力的商品化过程；所谓终点和目标，主要是指工人的福利取决于能否最终将其从现金交易关系的桎梏中解放出来。

其次，现代社会权利的确立是对商品化地位的动摇。一方面，资本主义的劳动契约意味着劳动被商品化了，作为商品的劳动摆脱了封建专制的劳动力控制体系；另一方面，工人运动的结果和现代社会权利的引入又不同程度地动摇了纯粹商品化的地位。尤其在福利国家，虽然市场是政治的产物之一，但更重要的在于它是福利国家全部社会制度的内在组成部分之一。于是，在社会权利面前，不同的就业资源所形成的市场不平等就有可能导致在"局内人"和"局外人"之间出现分裂，使得工人运动难以形成。因此，非商品化的目标增强了劳动者的力量，削弱了雇主的绝对权威，但社会权利的结果却起到了瓦解工人运动的作用。虽然非商品化福利制度是工人运动的主要结果，但同时也成为福利资本主义统治的一个重要手段。

最后，社会权利导致非商品化福利国家的诞生。既然现实社会中并不存在抽象而纯粹的劳动力商品化形式，那么，社会权利的确立就将福利国家的福利

---

① ［丹麦］艾斯平—安德森：《福利资本主义的三个世界》，法律出版社2003年版，第41页。

支出规模以法律的形式固定下来。非商品化福利国家的出现可以认为是战后的事情。根据艾斯平—安德森的定义,"非商品化福利国家"的含义是指,公民在必要时可以自由地选择不工作,而无须担心会失去工作、收入或一般福利。例如,根据这个定义,人们可以要求疾病保险以保证人们在患病期间能够享受到与正常工资水平相等的补贴,并可以在个人认为必要的时间内享受休息的权利①。

由此看来,社会权利的上述特征是最终导致现代福利国家诞生的基本条件,甚至在某种意义上可以看作是现代福利国家的"催生婆"。

五、社会权利:决定三种不同福利模式的根据

在现代福利国家中,社会权利从来都不是无条件的,而是有条件的。社会权利的扩展程度越宽,非商品化的程度就高,反之,就越低。我们可以给出这样三个关于社会权利的参考系:第一,在资格条件方面,如果获得某种生活水准的权利无需与以往的就业记录、工作业绩、需求检验或缴费记录挂钩,那么这个福利制度就意味着具有较高的非商品化程度。第二,在收入替代水平方面,如果津贴给付水平恰好可以迫使津贴领取者尽快重返工作,那么就是一般比较合意的水平。第三,在资格授权方面,几乎所有的先进资本主义国家都认识到,诸如失业、伤残、疾病和养老等某些主要形式的社会权利能保护人们抵御基本的社会风险,它们被认为是基本的社会权利。

根据上述社会权利的三个参考系,依据其非商品化程度的大小,社会保障制度或曰福利国家的类型便可以分为如下三种②。

第一种类型是"自由主义"福利国家体制。在这种福利体制中居支配地位的是不同程度地运用经济调查和家计调查式的社会救助,辅以少量的普救式转移支付或作用有限的社会保险计划。这种源于"济贫法"传统的制度所给付的对象主要那些收入较低、依靠国家救助的工人阶层。因此,这种体制的非商品化效应最低,社会权利的扩张受到有力地抑制,建立的社会秩序属于分

---

① 参见[丹麦]艾斯平—安德森:《福利资本主义的三个世界》,郑秉文译,法律出版社2003年版,第24—25页。

② 参见[丹麦]艾斯平—安德森:《福利资本主义的三个世界》,郑秉文译,法律出版社2003年版,第6—37页。

层化的类型。这一模式的典型代表是美国、英国、加拿大和澳大利亚等,即主要是在盎格鲁—撒克逊国家的历史中确立的制度。

第二种类型是"保守主义"福利制度。该制度类型的特点是社会权利的资格以工作业绩为计算基础,即以参与劳动市场和社保缴费记录为前提条件。这类制度最初发生在德国并得到长期发展,而后扩展到整个欧洲大陆,目前包括奥地利、法国、德国和意大利等许多国家都属于这种类型。在这种制度中,总的来说,其社会权利是根据不同国家所能提供的非商品化程度和不同的保险精算程度而产生变化的,即取决于一个人的工作和参保年限、过去的表现与现在的给付之间的关联程度。从历史上看,在这些国家,中央统制的"合作主义"(corporatism)遗产根深叶茂并得以发扬光大,合作主义与教会有着传统的渊源关系,所以,传统的家庭关系在社会保障制度中占有重要的位置。在这些国家,市场化和商品化的自由主义原则几乎从未占过上风,私人保险和职业补充保险从未担当过主角,公民的社会权利问题几乎从未受到过质疑。在这些国家,合作主义政制几乎完全取代市场而成为福利提供者的国家工具之一,而国家的作用主要是维护社会阶级和地位的差异,保护既有的阶级分化现状,再分配对社会权利的阶级归属和社会分层几乎没有什么影响。

第三种是"社会民主主义"制度。它缘于贝弗里奇的普遍公民权原则[①],资格的确认几乎与个人需求程度或工作表现无关,而主要取决于公民资格或长期居住资格。由于普救主义原则和非商品化的社会权利扩展到了新中产阶级,统一定额式的给付原则是其福利津贴给付一个基本原则,所以这种福利制度还被称为"人民福利"模式。与其他两种制度相比,他们寻求相当水平的甚至能够满足新中产阶级品位的平等标准的服务和给付,而不是像有些国家那样只满足于最低需求上的平等,所以,这种制度的非商品化程度最强,给付最慷慨。与上述两种制度相比,虽然属于这类制度的国家数量最少,只存在于斯堪的纳维亚几个国家之中,但"人民福利"的理念和社会民主主义思想却牢牢扎根,经久不衰,并始终成为社会改革与社会发展的主要推动力。由于社会民主主义思想排斥国家和市场、工人阶级和中产阶级之间的二元化局面,力图追

---

① 参见[英]贝弗里奇:《贝弗里奇报告》,劳动和社会保障部社会保险研究所组织翻译,中国劳动社会保障出版社2004年版。

求平等以保证工人能够分享境况较佳的中产阶级所享有的权利，所以，人们常常将之作为福利资本主义的"福利橱窗"。

现代社会保障制度与福利模式被划分为上述三种类型，是基于对其各自不同阶级依托的基础、社会结构中非商品化与合作主义的因素、国家与市场在福利产品提供中的作用等方面的认识而划分的。

首先，这三种不同的福利制度所依托的阶级基础是不同的。在"自由主义模式"中，大面积经济调查式的社会救济、少量的普救式的转移支付与作用有限的社会保障计划使中产阶级与市场结合在一起，并逐渐予以制度化，可以说，中产阶级是市场化制度的主要支撑者。在"保守主义模式"中，等级森严的合作主义制度使本来就是社会中坚的中产阶级的地位在社会保险中进一步得到巩固，从而使中产阶级对福利国家更加忠诚。而在"社会民主主义模式"制度中，由于私人部门的福利市场相对发展不足，慷慨的福利提供可以满足不同阶层的各种需求，所以，人民福利的国家使传统的工人阶级和新中产阶级都从中受益，高昂的预算和社会支出使上述阶层和阶级形成一种紧密的社会连带关系，与福利国家形成一种紧密的依赖关系。

发生于 20 世纪 70—80 年代现代福利国家的危机表面上看仅是个纯粹的财政问题，但实际上解决问题的关键还在于阶级结构和利益的调整。如果运用阶级结构的分析方法来看待当前西方福利国家的改革前途，剖析以往的改革历程，我们就会发现一些很有意义的内在互动规律。在"保守主义模式"类型的合作主义国家，既然它铸就了中产阶级的忠诚，那么，面对福利的危机的改革，只要中产阶级的利益稍微受到触动而采取不配合或反对的态度，那么改革就必将成效甚微。法国 1995 年 12 月改革的流产甚至总理的下台、2003 年 5 月公共部门的大示威、欧洲大陆国家改革步履维艰屡屡受挫（与其他国家相比）等似乎都给人们以某种启发①。在"社会民主主义模式"中，尽管人民福

---

① 面对不堪重负的社会福利开支，法国 1995 年提出一个"微调"的方案，但由于三方伙伴的"合作主义"社会结构和经济结构等诸多原因，持续一个月的大罢工抗议示威最后迫使政府就范，阿兰·贝总理被迫辞职。2002 年拉法兰新政府再一次提出了一个更为温和的改革方案，并得到了希拉克总统的完全支持，但又一次遭到了工会的强烈反对：2003 年 5 月 13 日开始举行持续近一个月的大罢工，几乎所有的航空、客运和铁路陷于瘫痪，造成了重大的经济损失和社会影响。这个温和的改革方案，其主要内容只是将公共部门和国有企业的法定退休年龄与私人部门和企业的"拉齐"而已，即从目前的 37.5 年纳税期延长至 40 年，仅仅延长了 2.5 年的退休期而已。

利思想深入人心,但只要支撑这个制度的工人和中产阶级联合起来达成共识,当局的改革时间表就有可能将福利国家置于现实之中。瑞典就是一个很好的例子:瑞典的工会运动高度集中,组织异常严密,它与社会民主党政府共同合作,在瑞典 20 世纪 90 年代社会保障改革中发挥了重要的作用。例如,在1994 年和 1999 年两次颁布关于"名义账户制"改革法令的前后,政府始终不断地保持与雇员组织和雇主组织进行沟通,得到了他们的支持与理解,尤其是工会的支持。舆论界普遍认为,没有工会的支持,瑞典目前的改革成就是难以获得的①。在"自由主义模式"中,一方面,大量弱势社会阶层对制度的忠诚建立在他们急需的社会补救这个补缺型福利体制之上,他们既是这个制度的主要救助对象,又是这个制度的主要支持者;另一方面,这个最基本的救助已是福利制度的"底线",其他任何改革措施对他们来说几乎或至少都是中性的,而对于那些本来其福利就已经市场化的中产阶级来说,其容忍程度和制度变革的余地都不是其他两种制度所能同日而语的,具有很大的灵活性。英国1986 年以来进行的多次改革之所以能够进展比较顺利,其根本原因就在于此②。

其次,这三种不同福利制度中合作主义因素的多寡程度是不同的。简单地讲,合作主义是指雇员组织、雇主组织和国家三方伙伴协商合作的社会机制与结构及其在现代社会保障和福利国家中的作用③。在合作主义福利模式中存在一个规律,即劳动非商品化程度越高,它们的合作主义倾向也就越高。换句话说,由于非商品化是指劳动者独立于市场之外获取福利程度的能力,所以,非商品化倾向与合作主义因素具有某种内在关联性。例如,在这三种模式中,养老、医疗和失业保险等社会保障项目在"自由主义模式"中的非商品化程度最低,在"社会民主主义模式"中则最高,在"保守主义模式"中居中。就

① 关于瑞典"名义账户制"的改革情况,参见郑秉文:《欧亚六国社会保障"名义账户"制利弊分析及其对中国的启示》,《世界经济与政治》2003 年第 5 期。
② 参见郑秉文、胡云超:《英国养老制度改革"市场化"取向的经验与教训》,《辽宁大学学报》2003 年第 4 期。
③ 关于合作主义的分析,参见郑秉文:《(译者跋)"合作主义"理论与现代福利制度》,载[加]R.米什拉:《资本主义社会的福利国家》,郑秉文译,法律出版社 2003 年版;郑秉文:《全球化对欧洲合作主义福利国家的挑战》,《世界经济》2002 年第 6 期。

是说,非商品化程度越高,其三方合作的程度就越高①。

最后,这三种不同福利制度对其阶级结构和阶级分化所产生的影响是不同的。中产阶级的福利状况对于福利国家来说非常重要,甚至是分析福利国家的一个重要对象。另外,这三种不同的福利模式对其阶级结构分化的倾向所产生的影响也是不同的。我们知道,在现实中,随着工人阶级财产状况逐渐的改善和新中产阶级的兴起,"自由主义模式"中传统的定额式普救主义事实上促成了两极分化的结局:穷人靠国家,余下的人靠市场;市场作用的因素不断增加,它越发成为满足人们日益增长的对更高层次社会福利的需求的一个主导供给者,国家和市场之间的二元化格局使公共福利支出增长最快的那部分越来越成为专门发放给贫困阶层的补贴,而中产阶级的责任则越来越游离于福利支出之外。

"保守主义模式"的社会保障模式主要是按社会地位划分的,属于"国家合作主义"的性质。这种结构不但对工薪阶层具有分化的作用,明显的特权把人们固定在各自恰如其分的社会位置上,而且还将个体的忠诚直接系于君主或中央政府的权威之上。

"社会民主主义模式"的本质是在市场之外试图通过强制性立法形式将新中产阶级纳入其中,它是对普救主义精神的一种诉求。在实行均等定额的给付制度下,为了实现相应的津贴给付预期,一些北欧国家开始正式将非均等的给付方式引入改革之中。因此,"社会民主主义模式"不仅成功地保留了普救主义原则,有效地遏制了市场的作用,同时还维持了相当程度的政治共识。但问题是,在瑞典和挪威等这些国家,政治共识的获得是建立在社会各阶层广泛支持高额税负政策的基础之上,换言之,这类福利国家运转的前提是高福利支出和高税收缴费。

---

① 许多学者研究的结果与艾斯平—安德森的测度结果是完全吻合的。例如,威廉姆森和兰博尔根据国际劳工组织提供的资料,筛选出 18 个国家和 22 年(1959—1980 年)的 396 组数据,设计出一组相关系数以后,获得一种测度方法,运用该方法,将 18 个案例国家按合作主义因素评分的高低多寡予以排列,其结果基本上是相同的,即合作主义因素最多的是北欧国家,最少的是讲英语的那些国家,而日本、澳大利亚和西欧的一些国家处于中间状态。威廉姆森和兰博尔之所以将养老金和老龄人口与 GDP 等变量引入测度方案之中并据此来对合作主义因素进行测评,是因为从中可以捕捉到对养老金给付可以产生影响的一些重要原因,其计算结果证明,这些变量正是测度和评价一个政制的合作主义因素和合作程度的重要变量。参见[美] 约翰・B.威廉姆森、弗雷德・C.帕姆佩尔:《养老保险比较分析》,马胜杰译,法律出版社 2002 年版,第 297—332 页。

六、社会权利:导致三个模式不同的社会分层化

上述三种福利模式的特征显示,"自由主义模式"中社会保障的市场化程度胜于其他两种模式,"社会民主主义模式"中普救主义最为显著,而"保守主义模式"的合作主义则长盛不衰。那么,是什么原因导致截然不同的三个制度群组形成如此特征各异的福利模式?

从工人运动的角度来看,社会保障和现代福利国家的出现是长期工人运动与斗争的重要结果之一。在工人的社会权利与工人运动斗争目标所体现的非商品化福利国家中,这二者之间存在着很大的相关性。从某种角度看,工人阶级对资产阶级斗争的原动力就是非商品化目标的一个必然结果,可以说,最终导致工人集体行动的是为非商品化福利而斗争的目标。在市场力量控制的制度下,工人们为"非商品化"而进行斗争,这完全是一个符合逻辑的历史规律。但是在为非商品化而斗争的过程中,具体的社会环境对工人运动和工人斗争的形式、对斗争目标的结果及其产生的作用会产生很大影响。例如,在欧洲大陆,传统的基尔特或手工业社团所追求的带有强烈色彩的兄弟会社实际上就是现代职业福利计划的某种雏形,它不可避免地带有某种狭隘的行业意识。再例如,基督教尤其是天主教的强大使工人运动的结果和目标不可能完全避免某种家庭保障模式的因素的影响,并且,这种传统下的阶级动员和阶级团结所产生的作用要远远大于其他两种模式下的作用。

从国家权力或作为统治阶级的资产阶级的角度来看,不管是哪种福利模式,最初在上层推动将社会保障纳入立法程序的几乎都是统治阶级的代表人物,甚至他们被认为是这种模式的奠基人,他们本人的名字与这种模式紧密地联系在一起,例如19世纪德国的俾斯麦、20世纪30年代美国的罗斯福和20世纪40年代英国的贝弗里奇。这个判断与上述关于工人运动的结论是不矛盾的。例如,德国的俾斯麦就将社会保障"视为抵御社会主义的良药,作为赢得工人阶级对威廉独裁统治的忠诚的手段"①。在福利政策的设计中,统治阶

---

① [丹麦]艾斯平—安德森:《福利资本主义的三个世界》,法律出版社2003年版,第122页。

级必然考虑特定的历史条件,并为其所用,俾斯麦设计的合作主义福利模式,其重要目的之一就不可能排除对日渐崛起的集体行动和工人运动分而治之的图谋。

总的来说,在社会保障和福利国家的形成过程中,诸多历史因素都曾发挥过决定性作用。如果说教会、贵族或专制主义的因素是解释"保守主义模式"形成的重要因素之一,那么相反的是,自由放任经济思潮意识形态、相对不太发达的工会组织和衰弱的专制主义等许多因素对"自由主义模式"的形成必然也产生过重要的影响。

虽然社会权利被赋予了法律上神圣不可侵犯财产所有权的性质,其资格基础是公民资格而与其能力无关,独立于市场之外,但是,福利国家的这种带有非商品化性质的社会权利在事实上还是涉及社会分层化问题。正是社会权利被赋予了财产权的含义,所以,福利国家也可以被认为是社会等级形成过程中的一个社会分层化体系。虽然福利国家中的收入分配被认为是其非商品化的结果,不公平现象减少了,但正是由于这种根植于社会权利之中的收入分配原则才导致了福利国家分层化现象的存在,所以它依然存在着贫穷,存在着阶级,存在着社会地位的巨大鸿沟。除了分配等其他原因,不同福利模式下公民社会权利的结构也是存在差异性的,或说,不同福利制度的特征对社会成员的阶级分化和身份地位具有一定的影响。

毋庸置疑,三个福利模式都涉及社会分层化,只是程度不同而已,但是社会分层化程度与其相对应的非商品化程度是基本相对应的。例如,在"自由主义模式"中,较强的个人自由主义倾向与其较弱的非商品化程度是相一致的;在"社会民主主义模式"中,非商品化程度最高,而相对应的是其普救主义因素也最多;在"保守主义模式"中,中度的非商品化程度决定了其合作主义是根深蒂固的。

"保守主义模式"的分层化结果与其合作主义政制始终控制欧洲大陆的悠久历史密切相关。合作主义的起源,除了天主教会在社会改革中曾发挥着相当的作用以外,还与产生于中世纪的"基尔特"传统有关。基尔特组织是基于相互扶助的精神而由职业相同的商人组成的自我管理的团体。一方面,它根据特许的自治权和裁判权,订立自治规约和处理商人之间的纠纷;另一方面,除了保护会员职业上的利益以外,还对其死亡、疾病、火灾等个人和家庭灾难及困难共同出资给予一定的救济。可以说,基尔特传统是导致欧洲大陆福利国家社会阶层差别较大、等级制度较严和特权势力较强的一个非常重要的制度原因,是路径依赖的结果之一。

"自由主义模式"追求的理想目标在理论上讲与"保守主义模式"的分层化相反:它对政府采取积极的政策持否定态度,认为自由放任的政策和制度可以导致最理想的社会阶级结构,只要政治权力对市场制度或"市场出清"保持不干预①,就可以实现在法律、契约和现金纽带面前人人平等。在这个模式中,工会的作用受到遏制,精英主义得到崇尚,平等主义深入人心,市场原则至高无上。自由市场制度下的货币交易关系在社会各阶层的福利关系中发挥着主导的作用,社会分层的结构也几乎是按照市场化和货币化的原则而形成的。在社会分层化的残酷竞争过程中,为解决"市场失灵"下出现的弱势群体,国家采取的贫困救助政策就表现为典型的补救主义。

"社会民主主义模式"之所以被认为在绝大多数人与其社会保障之间建立起了非常融合的关系,是因为它追求的目标模式是以"中产阶级"为标准的普救主义模式,而不是以"卑微者"为标准的社会给付。对于日益增长的新白领工资阶层和比较富裕的工人阶层来说,基本定额式福利津贴已经不能满足他们的要求。如果福利标准设定得很低,不以中产阶级的标准来设定社会给付标准,其结果必将导致他们中的很多人转向私人市场去购买福利项目,这样就不可避免地会出现社会分层化和两极分化,刺激私人市场的发展。以瑞典为代表的"社会民主主义模式"将普遍的权利资格与较高的收入给付有机地结合在一起,既能完全满足中产阶级的期望,又可以将身为社会公民的一般工人纳入一个不断向上攀升的福利制度阶梯之中。这样既实现了社会的普遍团结,又巩固了福利国家。从这个意义上说,保护和捍卫"社会民主主义模式"福利国家的正是"中产阶级"的普救主义。

---

① 所谓"市场出清"是建立在个人理性和价格机制基础上的意愿的供给等于意愿的需求的一种状态,这种状态可以通过完全市场竞争和垄断市场两种方式达到。在完全竞争市场条件下,对于由市场即供求关系决定的价格,厂商和消费者都会自由地作出反应,从而使供求等于需求。劳动力市场上的最低工资是由供求曲线决定的,它虽然达到了市场的均衡但却往往由于工人的偷闲而使厂商的效率受损。那么在"效率工资"的条件下,厂商的边际收益与其边际成本也相等,达到了帕累托最优,却往往不能达到充分就业,即意愿的供给不能满足意愿的需求,这时的市场就是不出清的。因此,"市场出清"与"帕累托最优"是两回事。

七、社会权利:产生三个模式不同的
产业结构与就业路径

正如人们所说,福利国家中所有商品市场都是政治的产物,是福利国家制度中的一个不可分割的组成部分,劳动力市场当然也包括其中。对于福利国家来说,不管人们是滞留在劳动力市场之中还是退出了这个市场,都不影响法律对他们所规定的应该享有某种程度非商品化权利的"保护",所以,福利国家中的劳动力市场不是独立自主运行的,而是在一定程度上受到福利国家制度的某种约束,例如通过调节工资、劳动力供给或劳动力成本等手段进行管理和调节。因此,在分析福利国家的劳动力市场时,国家应被看成是一个内生变量。福利国家劳动力市场的弹性取决于其不同类型的制度框架和社会政策。正是在这个意义上,福利国家可以说已经被制度化了,已经变成一个"社会机制",对未来社会的发展将具有决定性的影响力,而绝不仅仅是工业化发展过程中一个简单的"副产品"①。

但是,具体到福利制度的差异性,不同模式的福利国家对劳动力市场的诸多方面具有不同的影响,例如就业路径、服务业增长率、职业结构、产业结构和社会福利活动的比重等。以瑞典、德国和美国为代表的三种不同的福利制度表现出三种迥然相异的分层化趋势,对劳动力市场具有三种不同的影响,从而形成了三种不同模式的产业结构和就业路径:"社会民主主义模式"的劳动力市场是"社会福利主导型的就业路径","保守主义模式"的劳动力市场是以传统就业模式为主的合作主义占统治地位的就业路径,"自由主义模式"的劳动力市场是二元化就业路径。

第一,不同福利制度中就业增长的路径是不同的。在"自由主义模式"中,由于其津贴是补缺型和救助式的,所以在医疗保健等一些服务领域,就业增长比较强劲。例如在美国,20世纪60年代就业的快速增长主要出现在教育、流通和政府管理等领域,但70年代主要在生产服务、医疗保健和"休闲"

---

① [丹麦]艾斯平—安德森:《福利资本主义的三个世界》,郑秉文译,法律出版社2003年版。下文对就业路径的分析中引用的数据均来自该书第八、九章。

服务业。公共部门对就业也发挥着不同的吸纳作用。例如，那些绝大部分属于"保守主义模式"和"社会民主主义模式"的公共部门职员，在"自由主义模式"中属于企业管理人员，属于商业服务领域和大多数私人部门的社会服务领域。就是说，在国家干预之外的"剩余"领域形成了一个庞大的服务体系，从而也形成了一个就业资助体系。例如，美国有 100 余万人受雇于人事代理服务业，仅此一项就占全部生产服务就业的 8%。

但在以瑞典为代表的"社会民主主义模式"里，政府的角色发挥着绝对的作用，这一领域的就业比重很小，大部分人受雇于政府设立的劳动力服务部门。由于国家的财政负担日益沉重，为了维持和扩大福利国家的就业，政府不得不对公共部门的雇员实行工资节制政策。而公共部门实行工资节制的结果却影响了整个经济体系，导致整个 20 世纪 80 年代瑞典公共部门和私人部门的工会之间产生了最为严重的冲突，多次发生大规模罢工。一般情况下，对峙的双方中一方是男性占多数的私人部门，另一方是女性为多数的公共部门。两个经济部门之间的这种严重对峙局势在许多"保守主义模式"福利国家中多有发生，法国是最为典型的，1995 年 12 月大罢工和 2003 年 5 月公共部门的大规模游行示威行动就是一个突出的例证①。

欧洲大陆的保守主义福利模式中较浓厚的合作主义也是一个严重制约就业机会的因素，"剩余"领域里就业机会的增长居于上述两个模式之间。合作主义政制对就业问题的掣肘主要表现在"局内人—局外人"的分裂上②：在集体谈判过程中那些有工作的人为谋求和维持工资的最大化和利益的制度化，千方百计地排斥局外人进入就业市场，既大大地损害了局外人就业机会的增长，又为劳动力市场弹性带来了严重的负面效应。例如，德国一方面存在一支非常精干的劳动大军，它不得不提高其劳动生产率，其结果是这支劳动大军逐渐缩小，生产效能日益提高，但另一方面他们却不得不支撑着一群日益增长

---

① 关于法国福利制度的特征及其改革中出现的问题原因分析，参见郑秉文：《法国社会保障制度的独特性：框架与组织行为——与英国模式和德国模式的比较》，《管理研究》（内部交流）2004 年第 1、2 期连载；[法]卡特琳·米尔丝：《社会保障经济学》，郑秉文译，法律出版社 2003 年版。

② 关于福利国家"局内人—局外人"的研究，参见郑秉文：《经济理论中的福利国家》，《中国社会科学》2003 年第 1 期；[英]尼古拉斯·巴尔：《福利国家经济学》，郑秉文、穆怀中译，劳动社会保障出版社 2003 年版。

的、非生产性的"局外"人口。德国的非经济活动人口占 60%,而瑞典只有 49%。所以,从某种意义上讲,"保守主义模式"国家的劳动生产率大致是与其失业率的增长相伴而生的,或说欧洲国家合作主义政制并没有从根本上触动各职业阶层之间和各就业部门之间传统的分层形式,这是欧洲一直保有较高失业率的一个重要原因。

在德国,专业性就业机会增长十分微弱,传统服务业的就业机会也没有很大的增加。美国则不同,传统意义上的"好职业"(指管理性职位)和"坏职业"(指事务性职位)的就业机会的增长都十分强劲。

第二,不同福利制度中产业成长及其就业趋势存在着差异性。不同就业趋势的结构性后果对不同的产业刺激作用存在很大区别,从而导致三种福利模式各具特色的三种产业发展路径。

以瑞典为代表的"社会民主主义模式"带有一种强烈的"福利服务"偏向,社会福利领域就业是高度专业化的,人们几乎完全依赖于福利国家的这个大厦。在这个大厦里,人们可以尽情享受医疗保健、学校教育等诸多福利设施,而对商业性"休闲"服务业的需求就自然比较少。庞大的公共部门使私人部门服务特别是私人服务和"休闲"服务业的规模缩减到了最低限度,新的就业机会主要是公共部门提供的,大约占 80%,并且其中的 75%提供给了妇女。

以德国为代表的"保守主义模式"中,一方面是它的传统经济处于衰落之中,制造业就业在总就业中所占的份额近半个世纪以来始终没有提高;另一方面,新的经济形态和新的职业种类难以出现,服务业停滞不前,社会服务和休闲服务业就业增长十分缓慢。这样,由福利国家和家庭内部不得不出面吸纳的相对"过剩人口"存量就始终居高不下,整体就业水平徘徊不前。所以,从整体上来说,与另两种模式相比,德国以庞大的传统工业为主,私人部门和公共服务部门都相对不发达,其职业结构没有提升和专业化。其结果是,一方面其生产活动人口的比例呈不断下降趋势,另一方面,家庭主妇、青年人和老年人等几乎完全依赖于社会福利津贴的人口比例却日益增加。

以美国为代表的"自由主义模式"则表现出几种产业竞相发展、共同繁荣的趋势,不但传统的工业经济仍保持着持久的活力,朝着专业化方向强力推进,而且生产服务领域、商业服务领域和"休闲"服务业都得到了长足的发展。不但高管白领职业的需求享有很大的市场潜力,而且低技能的职业也存在很大的市场潜力,受到最大程度的吸纳,发展势头日益看好。

在三种不同福利模式的产业就业中,德国传统产业的主导程度大约是另外两个国家的 2 倍;瑞典的社会福利部门几乎是另两个国家的 2 倍;而美国则在生产服务和"休闲"服务方面 2 倍于另两个国家。

第三,不同福利模式中职业结构特征是不同的。福利模式的不同在对其产业结构和就业路径产生重要影响的同时,必然也会对其职业结构产生很大的影响,因此,不同福利模式下职业结构的发展趋势显示出了不同的特征。

"保守主义模式"的职业特征在许多方面与"社会民主主义模式"很相像。例如,由于德国劳动力成本很高,三方协商伙伴机制和"共同决策"机制对低工资的"垃圾职业"的增长具有相当大的抑制作用 ,阻碍了那些以低工资为基础的服务性职业的增长,所以,从社会分层化的角度看,所谓的德国"垃圾职业"与美国的传统略有差异,具有一些新的特征即具有某种程度的专业化因素。再例如,德国以强大的工会力量介入经济生活而著称于世,这在某种程度上对"垃圾职业"的就业发展路径也具有某种抑制作用。再例如,由于德国产业结构中传统工业占有很大比例,所以蓝领职业占绝对优势,而其他商业和休闲服务性职业很不发达,其结果是职业结构开始出现分化①。

以瑞典为代表的"社会民主主义模式"的职业结构特征是:首先,国家实行严格的共同责任式的工资政策和基于共同责任之上的工资谈判机制等原因在很大程度上削弱了"垃圾职业"(主要指餐饮、保洁、勤杂人员等职业岗位)的增长,所以瑞典是一个"垃圾职业"极少的国家,而另一方面与美国等国家相比,瑞典的专业化程度却极高。其次,虽然瑞典的经济增长率一直相当平庸,但妇女就业情况的表现却十分出色,并且,妇女的工作表现也十分优秀并发挥着重要的社会作用。再次,由于高度专业化,公共部门和福利服务事业非常发达,如前所述,女性的作用在公共部门占据绝对优势,而私人部门则被高度男性化了,从而形成了一个以妇女为主导的公共部门和以男性为主导的私人部门这样两极就业结构分别发展的趋势。这种带有"职业性别隔离"的就业状况不利于劳动力市场的全面发展,在一定程度上造成了就业困难。最后

---

① 关于德国模式中"共同决策"等特征,参见郑秉文:《译者的话:股票·福利·经济制度——盎格鲁—撒克逊模式与日德模式的比较》,载[英]罗那德·多尔:《股票资本主义:福利资本主义》,李岩、李晓桦译,社会科学文献出版社 2002 年版。

还有一个特点是,瑞典属于"管理"职业最少的经济制度类型,国家社会福利体系以外的服务业职业处于欠发展状态。

以美国为代表的"自由主义模式"具有很引人注意的一些职业结构特征。首先,美国企业"过度管理"的现象十分明显,对白领高管阶层的需求和所占的比例远远大于其他两种模式。与欧洲相比,美国的经济制度、企业制度和福利制度存在三个重要特征:一是由于美国的福利制度相对欠发达,所以额外的津贴给付成为集体谈判和雇主责任的重要方面,这就需要大量的白领高管人员从中协调和斡旋,客观上对管理阶层存在着巨大的需求潜力。二是美国不像欧洲那样存在着管理工人的强大工会组织,它不得不借助于大量高管人员对工人进行监督和控制,所以,美国企业的劳资关系具有对立性的斗争倾向。三是美国不像欧洲那样具有历史悠久、体系健全的劳动力交流机制和工人培训机制,加之劳动力流动较快,因此,企业需要为招募人才和培训员工等设立一个独立而庞大的人事部门。美国企业因"福利国家"的"缺位"而产生的对管理人员的需求导致了美国企业的一个重要管理倾向,即"过度管理",从而导致美国的企业管理理论比较发达,咨询等中介机构的商业服务比较成熟,逐渐形成了一个远比欧洲成熟和庞大的经理人才市场并且长盛不衰,吸纳了大量的一流精英人才,成为一个十分活跃的劳动力市场。美国上述人事管理内在化为商业企业自身的行为在具有高度中央统制的另外两个模式中则表现为比较发达的国家服务体系,它们大多成为公共部门一个不可分割的组成部分,而企业本身只需要极少的管理人员,所以,这是欧洲"经理人才市场"远不如美国发达与成熟的一个重要原因。例如,高管人员在全部就业人口的比例中,美国是 11.5%,德国是 5.7%,而瑞典只占 2.4%。

其次,美国的"过度管理"一方面使"好职业"(主要指管理性的岗位)的增长速度很快,甚至快于"坏职业"(主要指"垃圾职业"等许多服务性质的行业)的增长速度,但另一方面由于其他私人服务性职业的数量格外庞大而使"垃圾职业"也占有相当大的比例。美国的公共部门非常庞大,但同时社会服务业也十分发达。据统计,在总就业人口中,"垃圾职业"的比例美国高达 7.8%,而瑞典和德国则分别只有 4.4% 和 5.0%;其他服务部门从业人口美国高达 15.7%,而瑞典和德国则分别只有 3.8%。

最后也是最关键的一个特征是,"过度管理"和"垃圾职业"(包括服务行业）的同步快速增长几乎使美国成为一个效率很高、运转速度很快的"就业机器"，拓展就业机会的领域十分广阔，就业机会的增长远远快于另外两种模式的国家，并且，不但"好职业"的增长十分明显，"坏职业"也成为吸纳大量劳动力的一个主要"机器"，甚至，"好职业"的增长速度经常超过"坏职业"。当然，美国就业机会潜力很大还取决于许多其他原因，例如私人服务经济领域更富有弹性的工资结构、工会组织状况远远落后于欧洲等。

第四，不同福利模式中就业二元化倾向是不同的。"社会民主主义模式"（如瑞典）和"保守主义模式"（如德国）的就业结构具有以"女性化的公共部门"和"男性化的私人部门"为主要特征的"二元化"倾向，并由此形成了一个"职业性别隔离"的就业状况。由于"过度管理"和庞大的"垃圾职业"（包括发达的商业休闲服务业）同步发展壮大的趋势，"自由主义模式"（如美国）的就业结构具有以"好职业"和"坏职业"共存并举为主要特征的"二元化"倾向，进而不可避免地也出现了"职业隔离"现象。虽然随着时间的推移，黑人、拉美裔居民和妇女的境况不断改善，但总的来说，由于种种原因，这些社会弱势群体对"垃圾职业"和服务部门的依赖程度并没有明显的减弱。他们成为休闲等服务行业中从事低薪职业的主要劳动后备军来源之一。

比较起来，如果美国的就业取向中市场化因素更多一些，那么，这种"市场化"的就业分配机制从理论上讲最终应该更趋向于"平等化"，就是说"好职业"和"坏职业"在不同民族、年龄和性别中的分配应该更加趋向于"民主化"。美国几十年来的市场化就业分配机制事实上也正是这样发展的，无论是在性别之间还是种族之间，职业的分配都变得更加公平。尽管如此，随着商业和休闲业的迅猛发展导致了"好职业"和"坏职业"的二元化趋势快速发展，在职业品位和工资福利待遇方面出现了事实不平等。这种情况不同于其他两种模式。

此外，美国"市场化"的就业分配机制所导致的分层化结果使少数民族和妇女等弱势群体依然在底层人口中占绝大多数，他们基本上被"锁定"在"垃圾职业"部门，进而使之成为一个一旦进入就难以脱逃的、工资几乎接近于贫困线的"职业隔离区"。比较起来，男性白种人独占管理和专业职业领域。在这种制度模式下，社会福利的"目标定位"也基本被这个制度"锁定"在这个群体身上，他们成为这种补救型再分配制度的主要转移支付对象。

在"社会民主主义模式"的瑞典和"保守主义模式"的德国中,前者的体制依靠的是最大化的就业参与度,这既是普救式福利制度的根本原则和理念,又是支撑这种福利制度的一个重要经济支柱(指一个足够大的"费基")。而对后者来说,日益缩小的就业规模使得它不得不寄希望于劳动生产率的进一步提高,否则,这种福利制度就无法应对日益增长的退休者和庞大的非经济活动人口,就是说,日益庞大的"剩余"经济人口的成本必须要依靠日益缩小的经济活动人口的劳动力效益的提高来承担和给予"买单"。

参考文献:

马克思:《1844年经济学—哲学手稿》(单行本),人民出版社1979年版。

[丹麦]艾斯平—安德森:《福利资本主义的三个世界》,郑秉文译,法律出版社2003年版。

[法]布罗代尔:《15至18世纪的物质文明、经济和资本主义》第二卷,顾良、施康强译,三联书店1992年版。

[英]贝弗里奇:《贝弗里奇报告》,劳动和社会保障部社会保险研究所组织翻译,中国劳动社会保障出版社2004年版。

[法]卡特琳·米尔丝:《社会保障经济学》,郑秉文译,法律出版社2003年版。

[加]R.米什拉:《资本主义社会的福利国家》,郑秉文译,法律出版社2003年版。

[英]尼古拉斯·巴尔:《福利国家经济学》,郑秉文、穆怀中译,劳动社会保障出版社2003年版。

[英]罗那德·多尔:《股票资本主义:福利资本主义》,李岩、李晓桦译,社会科学文献出版社2002年版。

[美]约翰·B.威廉姆森、弗雷德·C.帕姆佩尔:《养老保险比较分析》,马胜杰等译,法律出版社2002年版。

郑秉文:《欧亚六国社会保障"名义账户"制利弊分析及其对中国的启示》,《世界经济与政治》2003年第5期。

郑秉文、胡云超:《英国养老制度改革"市场化"取向的经验与教训》,《辽宁大学学报》2003年第4期。

郑秉文:《法国社会保障制度的独特性:框架与组织行为——与英国模式和德国模式的比较》,《管理研究》(内部交流)2004 年第 1、2 期连载,武汉大学社会保障中心《管理研究》编辑部。

郑秉文:《经济理论中的福利国家》,《中国社会科学》2003 年第 1 期。

郑秉文:《全球化对欧洲合作主义福利国家的挑战》,《世界经济》2002 年第 6 期。

(本文原载于《山东大学学报》2005 年第 2 期,第 1—11 页)

论"合作主义"理论中的福利政制[*]

　　内容提要：本文对"合作主义"的概念起源、内涵和中文译名的不同译法进行了分析，进而对合作主义即三方伙伴主义在西方国家的实践作了历史回顾。在此基础上对西方国家保守主义和自由主义关于合作主义的不同看法与评价作了比较详细的考察。本文指出，虽然西方学界对此争论了几十年，甚至至今仍在争论之中，但合作主义作为工人运动的结果之一，是西方福利制度与福利国家得以维持和发展的一个机制，是调节各种社会矛盾的一个缓冲器，在西方福利国家中是一个历史的产物，对西方福利国家的发生与发展，对拯救西方资本主义的种种危机发挥了相当的作用。

一、"合作主义"的概念、渊源与定义

　　（一）"合作主义"（corporatism）术语的译名

　　"corporatism"这个词在中文的文献中出现过许多译法，港台学者的译法也多有不同。学科的不同造成了语境上的差异，由此带来了对这个概念的内涵和外延理解的差异性（尽管这些差异从本质上看不是很大）。

　　国内许多学者将之译为"法团主义"，认为作为一个分析术语，它似已成

---

　　* 这是为中文版《资本主义社会的福利国家》（［加］R.米什拉著，郑秉文译，法律出版社2003年版）而写的《译者跋："合作主义"理论与现代福利制度》，完稿于2001年11月。本文后面注释中提到的 R.米什拉本书都是指这本书。本文原文较长，其中部分内容后来在杂志上发表过，这里全部予以删除。因为读者没有看到该书的中文版原文，所以有必要解释一下笔者使用的"政制"这个概念。这个概念可以近似地看作"政治体制"的缩写，但又不完全一样，这里的"政制"等于英文里的"régime"，而这个英文词实际来自法文。本文这里使用的"政制"主要是指"三方合作"的制度安排典型特征的含义。

为一个一般化的分析概念,"用于观察各种不同时空的制度现象"①。也有的学者将之译为"组合主义",认为"在最近十年中,组合主义被用来描述涵盖相当广泛的各种政治关系与政治运作规则"②。还有一种比较广泛的译法"统合主义"。将之译为"社团主义"的也比较普遍,例如,《剑桥百科全书》和《布莱克维尔政治学词典》和国内其他一些学者的翻译③。比较起来,国内学者译为"合作主义"的似乎多一些④。在笔者看来,将"corporatism"译成"合作主义"更恰当一些。

科比(W.korpi)认为,三方伙伴主义或合作主义应被准确地理解为劳资之间正在发生的阶级冲突的一部分或冲突过程中的一个阶段,它代表了劳动者对劳资之间特有冲突能够施加政治影响力的一种形式⑤。米什拉(R.Mishra)对这个定义十分赞赏,他直接将"合作主义"与"三方伙伴主义"等同起来,认为"合作主义"基本上应被理解为,根据总的国家形势为谋求各种经济和社会目标之间达到平衡状态而在社会(societal)层面上实行的三方伙伴主义。在他看来,所谓"三方伙伴主义"就是指政府、劳工组织和雇主组织建立起的"社会伙伴关系",即"合作主义"就是"主要利益集团之间的制度化合作"(institutionalized cooperation among major interests)。在这里,"合作主义"被直接看作是"合作"(cooperation)的制度化安排。米什拉还多次一起使用"合作"(cooperation)与"三方伙伴制度"(tripartite institutions),以此来解释"合作

① 张静:《法团主义》,中国社会科学出版社1998年版,第20页。译为法团主义的学者还有孙立平(见《向市场经济过渡过程中的国家自主性可能》)、林荣远(见《现代社会冲突——自由政治随感》),等等。

② [澳]安戈、陈佩华:《中国、组合主义及东亚模式》,史禾译,《战略与管理》2001年第1期,第52页。将之译为"组合主义"的还有:《西方的第三条道路》(见《中国经济时报》1998年10月9日);霍布斯鲍姆:《极端的年代》,郑明萱译,江苏人民出版社1999年版,第163—165页。

③ 参见《剑桥百科全书》,中国友谊出版公司1998年版,第302页;《布莱克维尔政治学百科全书》,中国政法大学出版社1992年版,第175页;Adrian Karatnycky:《转轨国家1999—2000:从后革命的停滞到发展》,秋风译,见http://hdpu.edu/cn/Nskx/ma/ma2.htm.

④ 据笔者的了解,国内学者译为"合作主义"更为普遍一些。例如,尚晓援:《"社会福利"与"社会保障"的再认识》,《中国社会科学》2001年第3期,第119页;戈壁·怀特:《公民社会、"民主化"和发展》,《马克思主义与现实》2000年第1期;康晓光:《转型时期的中国社团》,见http://www.cydf.org/gb/conference/speech/paper-c/6.htm。

⑤ Korpi, W., *The Democratic Class Struggle*, Routledge, London, 1983, pp. 20–21.

主义"(corporatism)这个概念①。由此看来,至少在米什拉那里或者说在论述福利国家的文献中,将"corporatism"译成"合作主义"是比较贴切的。

(二)合作主义概念的历史渊源和内涵

英国著名左派历史学家霍布斯鲍姆(J. Hobsbawm)将独裁者萨拉查(Oliveira Salazar)统治下的葡萄牙(1927—1974)称为"最彻底最典型"的"合作主义国家"。据他的研究②,合作主义在意识形态上最早起源于欧洲封建社会一种右派势力"组织化国家统制"(organic statism)。这种意识形态,缅怀的是想象中的中古世纪或封建社会的古风,虽然有阶级、有贫富,可是人人各安其所,没有阶级斗争,众人接受自己在阶级制度中的地位。组织化的社会包括了每一个社会群体或"特权阶层",这些群体或阶层在社会上有其一定的角色及功能,却合为一个集体性的实体存在。合作主义的思想渊源即来自这种意识形态。合作主义政权的起源及动机都比后起的法西斯长,两者之间虽有着相当的差异,却缺乏明显的界限。事实上,教廷对主张极权的世俗政权深恶痛绝,对法西斯也反对到底。可是,天主教国家展示的"合作主义国家"形式(corporate state)到了意大利法西斯的时期,却更为发扬光大。意大利有着天主教的传统,这自然是被合作主义思想吸引的主要原因。而那些实行合作主义的天主教国家,有时根本就被直呼为"神职派法西斯"(clerical fascist)。法西斯派之所以得势于天主教国家,可能直接源自整合派天主教义(integrist Catholicism)。当年天主教教会对希特勒推动的种族主义态度暧昧不明,二战后,教会中某些高级神职人员曾予以纳粹亡命余孽及各类法西斯党徒相当的资助,其中不乏被控血腥罪名的战犯。教会之所以和法西斯拉关系,是因为它们都共同痛恶18世纪以来的启蒙运动、法国大革命,以及在教会眼里由此衍生的一切祸害。

施密特(P. Schmitter)与哥诺特(R. Grote)认为合作主义思想渊源于两种哲学的综合,即欧洲天主教义和民族主义,前者强调和谐与社会的统一,后者

① 参见[加]R.米什拉本书第三章中"社会合作主义:重要的评价"的部分以及第五章的"奥地利"部分。这里,米什拉写道:"the basic tripartite institutions of cooperation such as the Social Partnership in Austria..."
② [美]霍布斯鲍姆:《极端的年代》,郑明萱译,江苏人民出版社1999年版,第163—166页。

重视应适应本民族文化传统,强调个体对民族利益的服从和牺牲,从而使社会结为一体。战后,这个术语再次兴起,但这次以更为现实的集权的面目出现,合作主义(Corporazioni)在意大利法西斯中得到了最公开的表达,既而又为葡萄牙、西班牙、巴西和法国维希政府所效法,一些欧洲小国也有类似做法。所以,"在20年代、30年代和40年代期间,合作主义在理论上被设想为法西斯政权的一个基本意识形态部分"①。

　　研究福利国家的西方学者对社会合作主义的理解大同小异。著名学者艾斯平—安德森(Gosta Esping-Andersen)在其名著《福利资本主义的三个世界》中说:合作主义的统一标准是普天之下皆为兄弟的博爱精神,即以社会地位、强制性排他性的会员制、互助理念和垄断的代表权为基础。进入现代资本主义,合作主义一般依职业团体而存,旨在支持传统认可的社会地位界限,并以之作为社会生活和经济活动的组织纽带。此类团体常常是从旧的同业行会直接演变而来的,作为互助友好的集团,它们总是出现于更具特权的工人群体中,如管道工人、木匠工人。在其他情况下,社区福利是在国家参与下建立起来的,如矿工和水手群体,当社会福利法制化的步伐在19世纪末叶加快时,合作主义思潮便扩散起来②。

　　施密特和帕尼克(F.Panitch)认为,"合作主义不仅仅是私人部门之间的一种安排,它本质上是一种得到官方承认的三方合作。"由于合作主义代表了一种国家和社会因素的重合,所以很难确定它是属于国家的力量还是社会的力量。双方的决定因素之间互相包容,任何一方对另一方而言都是不可或缺的。从这个层面上讲,合作主义是企业和组织起来的劳动者的代表对国家政策谈判和协商的参与,并受到国家的支持③。

　　威廉姆逊(J.B.Williamson)和兰博尔(F.C.Rampel)给予的概括很简练,从

---

　　①　[美]P.C.施密特、J.R.哥诺特:《法国主义的命运:过去、现在和将来》,转引自张静:《法团主义》,中国社会科学出版社1998年版,第181页;罗那德·H.奇尔科特:《比较政治经济学理论》,社会科学文献出版社2001年版,第178页。

　　②　Gosta Esping-Andersen, *The Three Worlds of Welfare Capitalism*, Polity Press, 1990, p.60.

　　③　Schimitter, P C., "Neo-corporatism and the State", in *The Political Economy of Corporatism*, edited by Wyn Grant, London: Macmillan, 1985, pp. 35 - 37. Panitch, Fred C., "Recent Theorizing of Corporatism: Reflections on a Growth Industry", *British Journal of Sociology*, 31 (1980), p. 173.

决策横的层面上讲,合作主义强调两个核心:一是合作与独立,反对冲突;二是以国家为基础的对劳动和商业组织成员的合法垄断[1]。合作主义的现代用法无疑突出了介于国家和公民社会之间的利益集团的作用。例如,《布莱克维尔政治学百科全书》给出的现代合作主义的定义是:"合作主义是一种特殊的社会政治过程,在这个过程中,数量有限的、代表种种智能利益的垄断组织与国家机构就公共政策的产出进行讨价还价。为换取有利的政策,利益组织的领导人应允通过提供其成员的合作来实施政策。"[2]1992年出版的《剑桥百科全书》对这一词条给出的定义是:"决定和实施经济和社会政策的权力由制造商集团共同享有或派代表参加的安排方式。社团的成员必须遵守国家规定的各项原则,他们如果做不到这一点,社团的决策和代表权便归于无效。"[3]施密特认为,对于合作主义概念的理解存在一个特殊的价值取向问题。首先,这些定义是否能够阐明一个社会更广更深的含义。其次,对定义的归纳描述不能是空泛的,而是能够提供一个清晰的,以实际经验为依据的标准,从而判断一个社会是否符合这个定义。他在1974年的一篇著名论文《还是合作主义的世纪吗?》中给出的定义是,合作主义是"一种利益代表制度,它由少数具有卓越才能的,能够进行义务服务和与世无争的人所组成,有着等级差别和职能差异,并且得到国家承认或许可,同时国家允许它们在各自的领域中享受一定的垄断权利,而这些组织通过选举以及提出要求和给予支持作为回报"[4]。帕尔(Pahl,R.P.)和温克勒(Winkler,J.T)把合作主义界定为"国家指导和控制私有企业走向团结、秩序、民族主义和成功四大目标的一种经济体系"[5]。

　　近十几年来在西方研究福利国家的文献中,"合作主义"这一术语的使用频率越来越高,合作主义理论已逐渐被有些学者认为是"政治经济学"理论中

---

[1]　Williamson, J.B., Pampel, F.C., *Old-Age Security in Comparative Perspective*, Oxford University Press, 1993, p. 17.

[2]　戴维·米勒、弗农·波格丹诺编:《布莱克维尔政治学百科全书》,中国政法大学出版社1992年版,第175页。

[3]　《剑桥百科全书》,中国友谊出版公司1998年版,第302页。

[4]　Schmitter, P., "Still the Century of Corporatism?", *Review of Politics*, 36/1:85-131, 1974.

[5]　转引自罗那德·H.奇尔科特:《比较政治经济学理论》,社会科学文献出版社2001年版,第179页。

制度主义的一个分支①。他们认为,经济、社会、政治行为不能仅仅根据个体成员的选择和偏好来理解,也不能仅仅根据公共机构的习惯和指令来理解。这是因为,在国家和市场之间的某个地带存在着许多自我组织的、半公共性质的团体,而个体和公司都或多或少地依赖这些团体来确定彼此的预期,并据此为彼此之间的经常冲突提供实际的解决方案。

由于战后以来"合作主义悄然兴起"(creeping corporatism),社会经济结构中合作主义因素具有上升的趋势并日益发挥重要的作用,将其作为制度主义政治经济学来研究社会经济体制的学者越来越多。例如,克劳奇(Colin Crouch)和多尔(Ronald Dore)认为,合作主义是一种制度安排,这种"合作主义安排"是一种制度化了的模式,它包括政府机构和个人利益群体(包括那些"理想利益")之间或明确或含蓄的契约。在契约中,这些群体获得一定的传统利益或特别利益,同时它们要做的则是利益的代表者保证它们成员的行为不影响公众的利益。由此看来,合作主义特定的构成要素应该有:(1)契约的理念;(2)具有明显差别的群体利益和更为广泛的公众利益的理念;(3)群体成员遵守纪律的理念。也就是说集体利益需要一种约束机制,需要用纪律来进行保障。而个人收益预期则不会产生这些要求。于是,一些学者便将合作主义契约看成"是对市场失灵的一种反应;由于各种各样的因素,市场失灵变得越来越普遍。其次,它们也被看作是对政府失灵的一种反应,即一种加强政治权威的方式,因为权威的下降似乎也在呈上升趋势"②。实际上,合作主义的社会契约作为一种可行的替代方式已被看作是:(1)对市场自身进行选择的替代物;(2)政府某些传统决策机构(立法、行政、或审判机构)的替代物。

(三)合作主义概念的定义及其延伸

从浩如烟海的研究福利国家的文献中人们可以发现,学界对福利国家的研究考察颇使人感到"只知源自何处,不知走向何方",即对其起源生成的研究远远要比后者深刻得多。"福利国家源于自由的合作主义"——这是西方

---

① [美]P.C.施密特、J.R.哥诺特:《法团主义的命运:过去、现在和将来》,转引自张静:《法团主义》,中国社会科学出版社1998年版,第181、168页。

② Colin Crouch and Ronald Dore, "Whatever Happened to Corporatism?", in *Corporatism and Accountability：Organized Interest in British Public Life*, Colin Crouch and Ronald Dore (eds.), Oxford, Clarendon Press, 1990, p.3, 6.

学界对福利国家起源研究所持的主要观点之一①。福利国家之所以被认为"源于"合作主义，在他们看来，是因为后者的精髓在于"妥协"与"共识"（compromise and consensus）：资本主义的大生产必然导致资本集中，而资本集中必然促进劳工团结起来，这时，政府、劳工和雇主三方或是达成妥协与共识，共同决策与管理国家，或是相反②。

正是从这个意义上讲，在论述合作主义与福利国家的关系时，高夫指出，建立起福利国家基石的1942年贝弗里奇报告本身就是"合作主义式的合作阶段的产物"，具体表现就是涵盖"社会工资"（social wage）等一系列内容的"社会契约"（social contract）。例如，英国1974年、1976年的社会契约，挪威1976年的社会契约，瑞典1974年、1975—1976年的社会契约，等等。社会契约的主要内容为社会工资。高夫认为，只要社会工资在总劳动成本中而不是在"利润"中"筹集"，那么福利支出增加的标准就不会妨碍社会资本的积累，因此，"社会契约可作为达到这个目的的一个工具……就经济上来说。社会政策会日益故意地成为整体经济政策的一个附属的部分。就政治上而言，福利国家将反映并扩大压力，使劳工运动进一步整合到先进资本主义社会的国家结构中……福利国家则是合作主义国家的前兆"③。米什拉在对澳大利亚1983年签署的第一个"社会契约"进行研究之后，对社会契约给出的定义是：本质上讲既是一种整合的方法，更是一种形式——即福利资本主义管理混合经济的一种制度安排。这种制度安排具有把经济发展与社会公正相互兼容的能力④。

随着制度的变迁和社会的发展，"合作主义"概念的定义和内涵发生了如此较大的变化：它曾与天主教联系在一起，二战中又与法西斯有染，使人们对

---

① 原文为"The welfare state was rooted in a liberal corporatism"，见 Arthar Gould, *Capitalist Welfare System: A Comparison of Japan, Britain & Sweden*, Longman Group UK Limited, 1993, p. 245.

② 关于这方面的研究很多，参见如下文献：Lash, S. and Urry, J., *The End of Organised Capitalism*, Policy Press, Cambridge, 1987, p. 309. Pierson, C., *Beyond the Welfare State*, Polity Press, Cambridge, 1991, pp. 3 - 4. Gould, A., *Capitalist Welfare System: A Comparison of Japan, Britain & Sweden*, Longmen Group UK Limited, 1993, pp. 243 - 245.

③ 参见 Ian Gough：《福利国家的政治经济学》，巨流图书公司1995年版，第211—212页。

④ 参见［加］R. 米什拉本书，第四章的"澳大利亚"部分。

其意识形态的渊源再一次与独裁统治联系在一起;二战以后,现代福利国家的诞生与发展使合作主义概念的含义开始发生巨大变化,在学界逐渐用于福利制度模式的分析与描述,使其内涵得以重新解释和界定;20世纪70年代西方普遍陷入危机,这个概念再度引起学界的普遍关注与使用,其研究的内容得到空前的充实和成熟起来;20世纪90年代"第三条道路"盛行于西方主要国家,全球化浪潮为合作主义制度带来了挑战,这个概念又开始频频出现在研究者的笔下,成为深入分析研究福利制度的一个重要工具。

纵观上述战后半个世纪以来这个概念的演变历史,我们可以将其基本特征作出如下界定:(1)合作主义福利制度以三方伙伴合作为主要内容,使之成为缓和阶级矛盾与社会冲突、制衡利益集团、维持社会稳定的一个必然的社会历史阶段;(2)三方伙伴中的雇员组织是社会政治过程中具有相对独立法律地位、以缔结社会契约为社会目的、具有公共性质的功能性社会组织;(3)在这个具有使经济发展与社会公正相互兼容的能力的制度安排中,雇员组织必须是由国家公共权力机关认可、在法律框架内具有合法代表性和垄断性的法人组织。

二、合作主义与现代福利国家

(一)合作主义作为福利制度的分析工具

西方现代福利国家自战后诞生以来经历过辉煌,也经历过沧桑。对于其半个多世纪的短暂历史,学者们将其发展历程划分了许多阶段。例如,米什拉就把它划分为三个阶段:"前危机阶段"(1973年前),"危机阶段"(20世纪70年代中期和后期),"后危机阶段"(1980年以后)①。"前危机阶段"属于标准的凯恩斯—贝弗里奇范式;"危机阶段"中凯恩斯主义受到普遍质疑,新保守主义开始出现;"后危机阶段"新保守主义开始大行其道。笔者认为,战后至今的半个多世纪里,西方福利国家的发展可以分为5个阶段,几乎以每10年为一个周期而发生着变化。20世纪50年代是初创时期,以英国为首宣布建成福利国家开始,德、法、日、加拿大和北欧等国家纷纷开始效法;60年代为黄

---

① 参见[加]R.米什拉本书,第1页。

金时期,主要欧洲福利国家发展至鼎盛,相关的制度法规建设相对完善起来;70 年代为"危机时期",其标志是 1973 年的石油危机,凯恩斯主义—贝弗里奇模式和福利国家的现实遇到前所未有的信任危机和经济危机;80 年代是"逆转时期"或"改革时期",其标志为 1979 年英国撒切尔夫人上台和 1981 年美国里根当选,新保守主义经济和社会政策取而代之,在一些主要发达国家掀起了福利改革和削减福利项目的浪潮;90 年代可以称为"调整时期",其特征表现为主要西方发达国家开始对新保守主义和社会民主主义两种思潮的批评,"第三条道路"应运而生并开始受到青睐。

　　学界对战后半个世纪以来福利国家的发展历史作出了不同的阶段划分,他们见仁见智,但是,1973 年石油危机爆发所导致的现代福利国家的危机是一个分水岭,学界对福利国家现象和现代福利制度的研究开始进入冷静分析、重新审视和热烈讨论的新阶段。20 世纪后 1/4 时期西方文献中研究福利国家的文献可谓汗牛充栋,从纵向上讲,在对"1973 危机"之前和之后的分析比较方面使用了许多分析方法,从横向上看,对当今福利国家的模式分类也令人眼花缭乱。但是,值得注意的是,许多西方学者在分析方法和研究手段上,不管是纵向还是横向上看,"合作主义"作为一种分析比较现代福利制度的工具,已经越来越频繁地出现在学者的笔下和经典著作之中,甚至,它已成为研究现代福利制度和社会保障制度问题的主要分析工具之一。例如,高夫教授(I.Gough)主张,现代福利制度大体上可以分为两类,尤其 1973 年以后福利国家的重组"是依据着两种形式——新自由主义的形式与合作主义的形式……我已看到英国、美国和新西兰正热烈追求新自由主义的途径……合作主义的途径则在北欧整个地保存下来……"①艾斯平—安德森在其名著《福利资本主义的三个世界》中将西方世界福利制度分为盎格鲁—撒克逊模式(Anglo-Saxon)、欧洲大陆传统模式(Continental European Tradition)和"社会民主"模式(Social Democratic)三种不同制度模式,并运用劳动力和福利项目的"非商品化"作为分析工具分别对这三种模式中的合作主义因素进行考察,根据其多寡程度又将福利制度划分为"合作主义"与"极端国家主义"运行机制完全不同的两种类型国家。第一种模式在其起源及演变中具有很大的自由主义特

---

① 　Ian Gough:《福利国家的政治经济学》,巨流图书公司 1995 年版,第 X 页。

点,公共福利的责任范围较窄,主要是针对穷人,私人市场解决办法的比重较大。第二种模式的前提是就业和贡献相关联的公共社会保险计划,它具有相当大程度上的"家庭化"特点,家庭成员的福利水平很大程度上取决于男性劳动力的社会权利(social entitlements)及家庭成员(妇女)照料儿童和老人的程度。第三种"社会民主"模式主要是指斯堪的纳维亚制度,其前提是普遍性和平均性的给付原则,既与特殊需求无关又与就业记录无关,只与公民资格有关。这种"社会民主"模式被认为是典型的合作主义政制。如同其他许多欧洲学者尤其是北欧学者那样,艾斯平—安德森具有强烈的亲合作主义倾向,他认为,虽然它也有这样那样的问题,但迄今为止,在正常的情况下(失业率较低,没有发生经济危机),这种模式仍然是可行的①。

米什拉在《资本主义社会的福利国家》中通篇将福利制度分为"合作主义"和"新保守主义"两个类型,甚至在其1999年出版的《全球化与福利国家》中称,在20世纪70年代末人们面临着两种选择:一是奉行货币主义的失业政策,二是采取"新合作主义"的充分就业政策②。米什拉还认为,"70年代的经济衰退和通货膨胀相当大地削弱了凯恩斯主义福利国家的可信度。对旧模式的信心危机,一方面导致了新保守主义政制的出现,另一方面导致了社会合作主义政制——作为对凯恩斯主义福利国家的替代——的崛起"③。

总之,在西方一些学者那里,"合作主义"这个术语已经成为描述和分析当代西方福利制度模式的一种工具(与此相对应的便是新保守主义或称新自由主义,甚或货币主义等),甚至有的学者认为福利国家已经变成合作主义的一种体现④。尤其是1973年经济危机以后,时代赋予"合作主义"这个术语的现代意义已经逐渐地使之与20世纪上半叶的特定历史含义越来越远。这个术语正越来越多地出现在研究社会福利体制的文献之中。

(二)合作主义政制的类型

就合作主义本身来说,一些学者将它们分为多种类型。例如,威廉姆森将

---

① Gosta Esping-Andersen, *The Three Worlds of Welfare Capitalism*, Polity Press, 1990, pp.70 - 73, pp. 124 - 125, pp. 26 - 27.

② Mishra R., *Globalization and the Welfare State*, Edward Elgar, 1999, p. 20.

③ 参见[加]R.米什拉本书第五章,见"总结与结论"。

④ 参见[英]约翰 · 基恩:《公共生活与晚期资本主义》,社会科学文献出版社1999年版,第14页。

之分为"民主型合作主义"和"专制型合作主义"。所谓民主型合作主义是以澳大利亚和瑞典这样的国家为代表,指正式或非正式的在劳动和资本之间培养协作的经国家批准的组织架构。在这些国家里,劳动者在国家层次上被组织成十分有力的联盟中心,雇主也通常组成高度集中代表自身利益的团体。当劳工、资本家和政府讨论公共养老金政策和其他经济社会政策时,劳工代表由劳工选举产生并全权代表劳工利益。劳工参与是自愿的,而非强迫的。劳工和资本家参与这一过程是因为他们认为民主合作主义代表了共同的最大利益。

专制型合作主义主要出现于 20 世纪 20—30 年代几个欧洲法西斯国家和后来的一些拉美的独裁国家,包括巴西和阿根廷①。在独裁主义国家和极权主义国家的背景下,合作主义的组织结构受到作为社会统治机器的政府的强烈影响,其基本特点是在增强国家权力的同时,削减各种利益集团的影响力,尤其是削减组织起来的劳工的影响力②。同民主型合作主义相反,在独裁的合作主义的背景下,劳工代表实质上是对中央政府负责而不是对普通的工会成员负责。

民主型和专制型的合作主义在增加公共养老金支出和养老金政策发展方面态度是一致的。在合作主义的专制形式中,这类政策旨在安抚。在民主的合作主义情况下,它被认为能够增进工人和管理者之间的合作,从而推动经济增长。从长远来看,还能凭借所占有的资源生产出更多地用于公共养老金和其他形式社会福利的财富。然而,从短期来看,作为刺激经济增长或减少通货膨胀压力的部分努力,合作主义会减少养老金支出或放缓养老金支出增加的速度③。

也有的学者将合作主义分成"国家合作主义"和"社会合作主义"。"国家合作主义"的共同特征是:有限程度的自由主义民主和人民参与,统治精英对社会的全面控制,相对不发达的工业经济。在实行国家合作主义的国家里,因政

---

① Williamson, Peter J., *Corporatismin Perspective.* London, Sage, 1989, p. 34. Erickson, Kenneth P., *The Brazilian Corporative State and Working-Class politics.* Berkeley: University of California Press, 1977, p.4.

② Schmitter,P.C., "Still the Century of Corporatism?" *Review of Politics*, 36 (1974), p. 103.

③ 以上关于民主型合作主义和专制型合作主义的论述参见 Williamson, J.B. and Pampel, F.C.,*Old-Age Security in Comparative Perspective*, Oxford University Press, 1993, pp.17 - 18.

府特许而得以存在的利益组织发挥着政府和经济生产者之间的媒介、渠道或桥梁的作用,而政府则通过这些组织限制或控制生产者团体的独立活动。国家合作主义可以加强劳动纪律和管理,同时使相对低效和落后的工业利益集团在一定程度上免受国际竞争的损害。"社会合作主义"是与议会、政党和选举等正式民主制度并存的一种政治过程和制度。它的基础是职能代表制,即代表社会经济利益的垄断组织被政府允许在商讨政府政策的过程中拥有特权地位,这种商讨过程通常是在正式的民主决策程序之外,作为对政府给予的这种特权地位的回报,利益组织则保证其成员服从利益组织与政府共同制定的政策条款。与国家合作主义不同,社会合作主义产生于某些成熟的资本主义国家,在这些国家中,利益集团对社会代表性的垄断程度获得了高度发展。这些利益组织不但高度集中,而且有能力对那些违反集体协议条款的成员实行有效的制裁①。

三、合作主义与资本主义

(一)合作主义是缓解资本主义社会冲突的重要方案

米什拉教授在《资本主义社会的福利国家》中对资本主义社会与资本主义经济作了深刻的研究。他认为,每个民族国家都是一个社会系统,这个系统是一个由各种制度秩序(经济的、政治的、军事的、教育的、福利的,等等)和利益集

---

① 以上关于国家合作主义和社会合作主义的论述引自康晓光:《转型时期的中国社团》,见http://www.cydf.org/gb/conference/speech/paper-c/6.htm 。在该文中康晓光又对国家社会主义和社会合作主义作了这样的评论:与欧洲不同,墨西哥的合作主义体制,应属于专制型的,它不是通过政府的行政部门与垄断性职能团体进行协商来建立合作关系,而是通过在官方政党的组织系统之内建立垄断性职能团体来实现国家与社会的结合。墨西哥的"革命制度党"与一般的政党不同,它不是为赢得政权而建立的,而是政府为了巩固自己的统治而建立的,所以被称为"官方党"。尽管墨西哥也是实行多党制的国家,但是政府组建的"官方党"在历次选举中永远处于不败之地,因此许多人把墨西哥恰当地称为"一党制国家"或"党政合一国家"。"党政合一"体制使墨西哥的社团主义政党体制发挥了与欧洲的合作主义体制相同的功能。社会合作主义广泛存在于欧洲,其典型是奥地利,其次是斯堪的纳维亚国家。奥地利在商会、工会、农会和各种职业委员会中都实行义务会员制,每个劳动公民至少是其中一个组织的成员,而每个社团都是一个高度集中的利益组织。例如,最高工会组织可以操纵工人代表,全国的各个工会都是它的下属单位,而且在财政上依赖最高工会组织。国家在商议价格控制和经济计划中保证代表的平等性,集体的社会经济协商则是在非常不正式的非官僚机构(平等委员会)中进行的,各个利益组织负责帮助政府贯彻共同制定的政策。利用这些组织,政府对部门和地区保持着最大限度的有效控制。

团组成的具有相对凝聚力的整体。在这个"整体"内部,它既不是完全冲突的社会,也不是完全和睦的社会,更不能用共同的价值将二者捆在一起。社会就是一个"冲突与合作共存的舞台"(an arena of both conflict and cooperation),这是社会冲突或曰社会矛盾之一。上述制度秩序中任何一个都有可能具有内在的功能不良和矛盾,能引起不均衡和不稳定,这是因为市场机制易受外部势力的影响,经济的无政府状态将会导致社会失衡和功能不良,这是冲突的根源之二。不同的制度秩序之间也会产生冲突和摩擦,例如,市场经济和民主政体在目标模式和基本原则上的差异性就是一个潜在的冲突来源。市场经济的原则通过竞争谋求效率和利润的最大化,奖勤罚懒,这就导致产生一个非道德的系统,与其政治秩序的"一人一票"的平等参与和"代议制"原则形成冲突,因为后者所追求的目标很可能是与市场经济逻辑相反的充分就业,最低生活标准、职业安全,等等。此为资本主义社会冲突来源之三。每个公民同时作为政治上的选举人和经济上的纳税人,这两个角色也是一个矛盾,前者的角色倾向是要求政府不断扩大他们的经济、政治和社会权利,而后者的角色则表现得很自私。这是第四种冲突的来源。

20世纪70年代的经济危机打破了凯恩斯主义福利国家的均衡。福利国家的定义在米什拉看来不外乎有三个标准:充分就业、普遍的社会公益服务和最低生活标准。所谓凯恩斯主义福利国家的均衡可以说是接近充分就业的经济增长与低通胀结合起来的均衡;致使凯恩斯范式福利国家瓦解的力量是物质上的,而非精神的;既然对凯恩斯主义继而代之的是新保守主义和(社会)合作主义,新保守主义和合作主义试图协调解决经济生产与社会分配目标的方法实际上就是解决福利资本主义社会中上述诸多冲突可能性的两种不同的方法。虽然这两种不同的方法在福利制度的实践方面有许多相同之处,但在各自所代表的价值观、社会分配权力与特权等方面却相去甚远。

(二)合作主义与新保守主义的对立

撒切尔和里根所代表的新保守主义提出的诊断和解决方法是"以牺牲福利因素为代价来加强资本主义中的资本主义因素",具体处方是降低高收入者税率、惩戒工会、允许存在一个"自然失业率",等等。特定的解决问题的方式是特定的意识形态的结果。在合作主义政制看来,由于福利国家出现了"问题"才导致福利国家陷入危机;而在新保守主义者看来则恰恰相反:导致福利国家陷入危机的这些"问题"正是解救危机的一个办法,例如失业。"失业有助于降低工资、使通货膨胀下降、促进劳动纪律和流动性"。

新右派和右翼的新保守主义与社会民主主义的合作主义是对20世纪70年代"战后共识"瓦解而出现的两种态度截然相反的回应,他们对福利国家采取的社会政策和行动方向是背道而驰的:前者主张收缩社会福利,依靠私人部门和市场力量来实现经济增长和提供社会服务;后者则拒绝放弃战后福利国家的目标,特别是充分就业、经济增长和社会福利。因此,前者可被称为"收缩派",后者是"维持派"。这两个极端是一个连续体的两个端点,在这两个端点之间,许多其他福利国家的政策和目标取向就被置于这个连续体之中的不同位置,于是就出现了前面介绍的威廉姆森和艾斯平—安德森所给出的频谱仪。

米什拉教授在《资本主义社会的福利国家》中从这个连续体或频谱仪的两个端点各选了2个典型样板国家,右翼为其英国和美国,左翼为瑞典和奥地利,另外又选了近年来试图谋求效仿新保守主义的加拿大和效仿合作主义的澳大利亚这2个国家,以扩展这两种分析方法的适用范围。接着,米什拉教授在《资本主义社会的福利国家》中对这三组案例国家分别就凯恩斯主义范式福利国家的三条标准(充分就业、普遍公益和防止贫困)逐一设立章节予以分析,在占有大量资料的基础上,他首先对新保守主义在20世纪80年代的实践结果作出了评价①。

(三)合作主义和新保守主义对经济危机的回应及其比较

总的来说,在英国,充分就业作为一种公共政策已被放弃,而为低收入人口服务的社会项目遭到了大幅度的削减;普遍性社会公益项目虽然改为"选择性的普遍公益",但基本上未受触动,即使是低收入的项目,也主要是遭到侵蚀和削减而非彻底废除;此外,这些国家在社会支出上的总体水平没有什么变化。米什拉认为,关于新右派论述福利国家的文献相当多,他们对于收缩福利国家的计划是否已获胜的回答基本上是否定的,尤其是教育、医疗保障和养老金这些核心的公益服务得到了公众最强烈的支持,而正是这些主要领域对社会福利支出进行收缩的尝试,是右派政权最不成功的地方。另一方面,新右派在上述三条标准中有两条使福利国家非制度化方面取得了成功,即新右派

---

① R.米什拉指出,本书中使用的福利国家的定义是"指政府维持国民最低标准的责任的制度化。在战后的福利国家里,这主要意味着三种类型的承诺与制度:充分就业政策,满足基本需求的普遍公益,及各种防止和解除贫困的措施。"参见 R.米什拉本书第三章第"四"。

拒绝政府承担维持高就业水平的责任,以及在实际上否认了政府对防止贫困和维持最低标准的责任。里根政府的情况稍好一些,取得了一些成功,但人们发现,欧洲的情况也同样适用于美国,即"对废除福利国家战略和让他人节衣缩食的普遍热情基本上未被转化成实际结果",甚至在美国、英国和西欧其他地方一样,福利国家都"表现出非凡的耐力"①。

米什拉在《资本主义社会的福利国家》中用了大量篇幅和资料对瑞典和奥地利合作主义回应 20 世纪 70 年代经济危机的过程、结果作了论述②,总的评价是,1973 年油价震荡以来瑞典和奥地利这两个社会合作主义政制的经历表明,福利资本主义的矛盾并不必然导致合作主义制度的瓦解。社会合作主义作为发达福利国家的一种模式,已平安渡过了 20 世纪 70 年代和 80 年代的风暴,而没有牺牲经济效率和社会公正。首先,社会合作主义之所以在维持和保卫福利国家方面取得了巨大的成功,是因为瑞典和奥地利实施的社会合作主义的标志即坚决地维持充分就业这一努力取得了相当的成功。在面临国际经济混乱的严重困难的时候,瑞典和奥地利社会合作主义成功地维持了战后福利国家和亲劳工的社会政策。瑞典通过国家集体谈判的制度化过程和由"劳动力市场委员会"而实现的相互合作,其社会合作主义就使生产与分配、经济与社会福利等协调起来了,从而维护了福利国家的基本前提和制度。瑞典已走出了由 1973、1979 年衰退所引发的尖锐危机,而没有牺牲充分就业这一战后福利国家的基本内容。在应对 20 世纪 70 年代的通货膨胀和衰退方面,奥地利运用"社会共识"的方法即通过工资节制来抑制通货膨胀,工资节制允许采用凯恩斯式的"通货再膨胀"政策而无须担心通货膨胀的后果。这在本质上是维持充分就业的奥地利式的方法。由于主要利益集团之间制度化的合作(cooperation),奥地利在 20 世纪 70 年代成功地维持了充分就业,在 80 年代则保持着接近充分就业。这就使就业和工资之间的各种平衡得以实现,从而使主要的经济和社会目标在广泛共识的框架中得以实现,而充分就业的实现也不是以牺牲经济增长或通货膨胀为代价的。其次,与充分就业相比,维持普遍社会公益的框架和水平的任务在瑞典和奥地利都要容易一些,现在社会民主党的目标是巩固与改善福利国家而

① [加] R.米什拉本书第二章。
② 这一段参见 R.米什拉本书第三章。

不是扩张。至于福利国家的第三个特征——对国家最低生活标准作出承诺——在瑞典和奥地利也基本上未受触动,并且也没有以牺牲经济效率为代价。此外,与新保守主义政权不一样,瑞典和奥地利对税收系统都没作出任何有可能导致收入向上分配和收入不平等的重大变革。

虽然福利体系经受住了两次油价冲击(1973 年和 1979 年)和由此而导致的衰退,而且至少在瑞典还进行了相当大的产业结构调整,但是,社会民主合作主义毕竟与从前不一样了。例如,奥地利的失业率上升到了 20 世纪 50 年代以来从未有过的水平。结果,社会民主党再也不敢像从前那样标榜自己是就业的保证人。同时,保守党坚持削减预算赤字、税收和支出的主张也越来越有影响力。

（四）合作主义的试验及其本质

米什拉还选择两个案例国家——加拿大和澳大利亚——作为其合作主义的"延伸国家"来考察合作主义在世界经济危机之中的命运与前途。这两个国家的特点是,战后以来,仿效美国的加拿大并未奉行西欧国家充分就业政策,1973 年以后,加拿大奉行的是削减福利开支的新保守主义;而澳大利亚则相反,虽然它没有实行维持最低收入标准的保障项目,但它却一直遵循着充分就业的政策目标,70 年代经济危机以后,与加拿大相反,它开始向左转,1983 年工党执政后与工会签署的"社会契约"为标志象征着它试图面向社会合作主义的选择。

通过对加拿大的考察,人们发现,战后很长时间以来一直到 1984 年保守党上台执政之前,奉行保守主义战略的加拿大在竞选时对福利改革的态度采取的是温和的策略,但一上台就似乎对选民"食言",转向新保守主义,宣布要大幅削减财政预算赤字和社会支出,进行大规模的福利改革;这充分说明,普遍性的社会福利服务计划是受选民欢迎的,是得人心的,"没有任何一个党派在选举时敢公开提出一个缩减开支的纲领"。然而,保守党上台后不久,其改革计划就受阻,处于夭折状态。虽然失业率开始缓慢下降(8%),但仍比危机之前要高得多;至于降低养老金标准,由于舆论界反对的呼声很高,政府被迫放弃这一计划,唯一的成绩是按计划实施了家庭津贴的削减。至于反贫困措施,加拿大的改革与英国比较起来仍属温和派,个人资产调查性的和选择性的福利项目始终没有削减,即加拿大从未缩减为穷人设立的福利项目。概而言之,加拿大的新保守主义与美国和英国相比是有较大区别的。用米什拉的话来可以将加拿大福利改革的结果概括为"当年进行彻底改革的激情已烟消云散"。

澳大利亚的情况似乎恰好相反。霍克(Bob Howke)领导的工党在1983年上台执政时与工会签订的社会契约是工党上台的一个中心纲领。这个三方协商的社会契约对澳大利亚来说意义重大,在这个国家是史无前例的。在此不久前英国曾试验签过一个社会契约,但最终以失败告终。那么澳大利亚工党为何还要实行它呢?很明显,在20世纪80年代经济与政治的大背景下,三方伙伴主义似乎已成为工党试图调解经济增长与社会公正这两大目标的主要战略之一。

澳大利亚的这个社会契约是建立在限制工会工资要求的原则之上,以此来控制通货膨胀以及政府为恢复经济、降低失业率与提高社会工资而采取相应的扩张的货币与财政政策,其目的在于,通过民族共识与调解,在工会、雇主与国家之间进行三方协商而实行经济执政。从此,澳大利亚工会与政府之间签订协议的惯例就一直延续下来。

很显然,在米什拉那里,向左转的澳大利亚对社会合作主义的尝试基本上是成功的。虽然在充分就业、普遍福利公益和最低生活标准这三个方面澳大利亚没有什么作为,但社会契约却使政府采取措施降低了所得税(澳大利亚是低税国家,但个人所得税很高),以此作为降低工资的替代手段,由此看来,澳大利亚这个合作主义的社会契约的结果在于所得税的削减,而不是一个普遍公益网络的建立。

随着澳大利亚经济的复兴,合作主义因素的导入即"社会契约"的实验至少有三点重要意义:一是20世纪70年代英国社会契约的流产并不意味着"在讲英语国家不能建立起一个旨在为实现一系列国家目标而协调经济社会政策的组织结构",它意味着,合作主义作为一种制度安排具有把经济发展与社会公正相互兼容的能力;"没有同有组织的工会签订社会契约,政府要想连任并寻求建立一个福利国家,是有很大困难的"。二是它证明了社会合作主义的途径还是有效的。澳大利亚实验的结果起码证明它把两极分化的趋势得以遏制。三是澳大利亚的左转向世人证明,社会合作主义的一般模式在任何一个具有独特历史和独特发展道路的国家都是适用的,澳大利亚式的"合作主义"不仅仅是斯堪的纳维亚式的简单外延,"合作主义"因素的引入并未使澳大利亚变成另一个瑞典,各自国家的国情特殊因素和历史文化沉淀等因素都是十分重要的。虽然澳大利亚式的福利资本主义并不可能转变成一个瑞典式的福利国家,社会合作主义在澳大利亚刚开始时曾遭到强烈的反对,但后来却证明澳大利亚式的社会合作主义更受欢迎。四是它还说明,"建设一个福利社会要比保护一个已存在运行中的福利体制困难得多",1983 年契约在澳大利亚花了整整五年时间①。

四、20 世纪 90 年代以来"第三条道路"型的合作主义

欧洲,在这个文明的发祥地、思想的摇篮里,合作主义诞生于斯,鼎盛于斯,同时也衰落于斯。如前文所述,合作主义产生于欧洲具有历史的必然性。19 世纪,大机器工业代替农业和手工业成为支配社会的主要经济形态,资本主义的经济基础从而得以加强;同时,与此相伴的周期性经济危机、社会两极分化和阶级冲突等矛盾十分严重。1848 年欧洲革命和 1871 年巴黎公社起义告诉人们,如不缓解资本主义造成的各种社会矛盾,就会导致激烈的社会冲突和失控,危及资本主义国家。工人阶级为与资产阶级进行斗争必须要有自己的理论,于是,在工人运动的蓬勃发展之中产生了社会民主主义。社会民主党的成立与联合又反过来促进了工人运动的蓬勃发展。20 世纪初和两次世界大战的爆发得以使欧洲的社会民主党逐渐开始正式成为国家垄断集团在工人运动中的代理人。

（一）20 世纪 90 年代欧洲合作主义的回潮

可以说,除了天主教等其他因素以外,蓬勃与持久的工人运动和成熟与发达的社会民主党(思潮)是欧洲之所以成为合作主义政制发祥地的重要原因之一。正如某些西方学者所指出的,"工人阶级运动为国家从自由放任过渡到某种合理化形式的经济干预和福利国家的发展提供了主要的原动力（main impetus）……从本世纪 30 年代开始,工人运动是整个瑞典社会组织的发动机（motor）"②。合作主义政制与社会民主党之间的这种天然关联性可以用瑞典这个典型的合作主义政制来加以诠释:从 1932—1991 年瑞典政府几乎没有间断过被社会民主党统治,即瑞典的社会民主党的制政时间比任何一个其他欧洲国家都要长;换一句话,瑞典是世界上劳工组织力量最为强大的国家之一;但反过来讲,与其他欧洲国家相比,瑞典也是最极少有工人罢工的国家之一。瑞典的这"一长一强一少"的经济社会特征与其社会合作主义政制究竟何为

---

① 关于加拿大和澳大利亚的论述参见 R.米什拉本书第四章和第五章。

② Scott Lash & John Urry, *The End of Organized Capitalism*, Polity Press in association with Basil Blackwell, 1987, p.35.

因果？答案似乎应为"你中有我，我中有你，互为因果"。瑞典合作主义政制有三个主要支柱：一是集中的工资谈判和有序的劳资关系，二是指向明确的"劳动市场政策"；三是对福利制度的普遍共识①。其实，说到底，这三个支柱就是"三方伙伴主义"的外象表现形式。瑞典这三个支柱的功能体现或称"三方伙伴主义"的实施途径是签署"社会契约"。三方签署（少数国家为两方）"社会契约"的基础是劳资双方之间的"社会谈判"。"三方伙伴主义"——"社会契约"——"社会谈判"，它们之间几乎可以画等号，也就是说几乎可以与"合作主义"画等号。考察一下欧洲国家的合作主义政制，上述描述和总结几乎概莫能外。例如，爱尔兰 1987—1993 年之间连续签署了三个社会经济契约；西班牙 1992 年和 1994 年分别签署了两个社会契约；西班牙 1987—1992 年之间签署了一系列相关内容的契约；葡萄牙于 1987—1992 年间在全国范围内与工、商、农等协会正式达成协约；比利时 1991—1993 年恢复了 70 年代中断的契约行动，就社会福利等有关内容签署了一系列全国性的契约；意大利 1992—1995 年间签署了三个契约以此作为其福利制度改革的重要标志；荷兰于 1982 年和 1993 年分别签署了两个社会契约；等等。无怪乎一些西方学者直接将三方伙伴主义（合作主义）看作是资本所有者与工人阶级之间正在进行的斗争的一种形式和一个阶段，是将组织起来的工人阶级纳入资本主义利益框架的一种手段，甚至认为福利国家是民主的阶级斗争的产物②。

从上述欧洲国家社会契约签署的时间来看，它们大多发生于 80 年代末和 90 年代。这向世人昭示，如果说欧洲合作主义思潮与政制在 1973 年发生石油危机时遇到了世界经济危机的挑战，随之在整个 70 年代处于低潮的话，那么，整个 80 年代新保守主义的崛起就无疑致使合作主义达到最低点。80 年代以英、美为首的保守主义政制掀起的收缩社会福利规模的改革浪潮在其他欧洲国家产生了广泛的示范效应，从而推动了它们各自福利改革的进程。正如前面指出的瑞典和奥地利等合作主义政制在 20 世纪 80 年代"右"转的过程中面对来自"左"派"捍卫福利国

---

① 参见［加］R.米什拉本书第三章。

② Korpi, W., *The Democratic Class Struggle*, Routledge, London, 1983. Stephens, J. D., *The Transition from Capitalism to Socialism*, Macmillan, London, 1979. Esping-Andersen, G. and Korpi, W., "Social policy as class politics in post-war capitalism: Scandinavia, Austria and Germany", in J. H. Goldthorpe (ed.), *Order and Conflict in Contemporary Capitalism*, Oxford University Press, New York, 1984.

家"的抵触甚至抗议从而导致改革受挫甚至夭折那样,上述欧洲福利国家纷纷从90 年代开始重温"社会契约"的旧梦显然是合作主义开始回潮的一个佐证。西方舆论给予了这样的评论:"20 世纪 90 年代,许多工会参与了社会对话,由于进行了这几次对话,限制工资水平和创造就业机会才取得平衡。"①

（二）欧洲合作主义的生命力

合作主义在欧洲工业化国家出现了回潮的苗头,甚至波及了东欧一些转型国家,这说明了合作主义无论作为一种思潮,还是一种制度工具,甚或一种政制,都有一定的存在空间。"道路依赖"也好,"制度惯性"也罢,无疑都可作为解释其原因的重要答案之一;"福利刚性"也好,政党工会的压力也罢,显然都是推动合作主义政制的重要因素之一。这就自然回到了《资本主义社会的福利国家》第五章中米什拉讨论的福利"不可逆性"（Irreversibility Thesis）和"成熟论"（Maturity Thesis）的问题。虽然米什拉对福利国家"不可逆转"（Irreversibility Thesis）的论点作出了 8 个方面具有独到见解的评论②,但是,他并未对"福利国家在短期内是不可逆的,但声称福利国家在长期也不可逆就必须要有另一种不同的推理"的看法提出异议;虽然资本主义与民主主义、资本与劳工、政府与选民等等这些两分法模式的分析前提被认为有些过于简单

―――――――――

①　［英］比德·泰勒（2001）:《日益衰退的工会进入忧虑忡忡的时代》,载英国《金融时报》3 月 9 日。

②　参见［加］R.米什拉本书第五章。在米什拉教授的这本书中,他罗列了关于福利国家的三种观点:不可逆转的观点、成熟性的观点和福利多元主义的观点。就第一个观点即福利国家"不可逆转"的观点,他给出了 8 个方面的分析评论:（1）可逆转/不可逆转的两分法模式不能公正而适当地评判和对待新保守主义政权下福利国家局部发生的变化和局部出现的颠覆。（2）认为这个观点不能抓住社会变革的特征,特别是从个人生活机会和不公正的角度来看就更是如此。（3）维持"充分就业"并未被看作是社会合作主义政权所奉行的政策特征的一部分。（4）它忽视了财政政策对贫困和国家福利的前途产生的影响。（5）它的注意力主要集中在物质的和制度的方面,即集中在社会项目和社会支出的变化上,而客观上忽略了意识形态层面上的变化。（6）这个观点在考察社会变迁时极少考虑到暂时的变化。（7）它基本上没有从动态的视角观察福利国家的变革,例如收入分配的冲突等。（8）关于"福利国家是资本主义的功能性必然伴随物"的观点,认为在这里隐含的重要的时间跨度问题,即从公共提供服务转向功能性替代品涉及时差即时间上滞后的问题,例如从国家养老金转向企业年金。这样,社会福利的功能就使得社会福利项目在短期内变成为事实上的必然伴随物,因此,它们就不能在一夜之间被废除掉。总之,米什拉教授认为,"不可逆转"的理论没能公正评价福利国家 70 年代中期以来所经历的许多重要变化。然而,这一论点还是有用的,即由于国家福利设施表现出的累积和合法化的各种功能、相关的既得利益、选举竞争和民主制度等因素,资本主义的这些福利设施不可能被全部废除,在短期内则肯定不会被废除。

化,但是他们之间的矛盾互动关系在可预见到的未来肯定将会成为社会冲突中重要角色的对立统一而不可替代;虽然"福利国家是资本主义的功能性必然伴随物"这样的看法至少在合作主义的上述频谱仪中很难得到案例上的支持,但是,除非类似 1973 年石油危机或 1929 年大危机震撼整个资本主义世界,否则,20 世纪 70—80 年代的新保守主义并没有根本触动福利社会的制度基础。至于米什拉提到的"成熟论",不管它是否指目前社会支出和社会公益的现有水平似乎应该代表着在可预见到的未来人们预期的上限,至少"制度创新"在世界的各个角落发生着日新月异的变化,人们对福利制度的指责不外乎还是在社会支出的"度"与"量"、社会覆盖的"小"与"大"、社会责任的"多"与"寡"等几个特定"成熟"的框架之内而或是呼喊着"狼来了"或是我行我素,人们始终没有摆脱在"适应性"和"灵活性"之间寻找均衡点的制度框架结构。事实上,本书中米什拉提到的"社会福利多少意味着稳定"这个观点多少已在欧洲国家走马灯式的政党竞选时抛出的纲领性承诺与竞选获胜后的"食言"行为之间的巨大反差所予以印证。

(三)"第三条道路"型的合作主义

历史的重复是螺旋上升式的——哲人的这句名言同样也适用于欧洲未来合作主义政制的发展逻辑。

虽然欧洲合作主义经受住了 20 世纪 70 年代经济危机和 80 年代新保守主义的"考验",福利制度的大厦"仍完好无损","福利国家并没有被新保守主义摧毁",但是,毕竟它"开始出现裂缝,保养费和维持费一直处于最低限度,家具开始变得陈旧"[1]。重要的是,意识形态上受到了一次洗礼之后,关于多支柱式的社会保障体系与福利多元主义的讨论结果已经取得共识:由于社会福利不等同于国家福利,所以,福利国家应该向福利社会转变。于是,在 90 年代合作主义旧梦重温之际亦即在新保守主义政府纷纷下台代之以社会民主党执政之时,"第三条道路"便应运而生;或称,90 年代"第三条道路"的诞生和社会民主党的上台似乎"唤回"了合作主义的"幽灵"。第三条道路理论家、英国工党所钟爱的社会学家安东尼·吉登斯认为,"第三条道路"指的是一种思维框架或政策制定框架,它试图适应过去二三十年来这个天翻地覆的世

---

① ［加］R.米什拉本书导论。

界……超越老派的社会民主主义和新自由主义①。由此看来,所谓"第三条道路"既非新保守主义,也非社会民主主义,而是在总结过去几十年失败的基础上而得出的一套新的政治经济理论,就是说,它是在资本主义框架内"超越"传统的"左"和"右"的"第三条道路";其基本政策主张是既反对过度的国家干预,也不赞成否定国家干预,而认为应该给予适度的国家干预;主张政府与公民重建相互信任的合作关系,在大力发展社区建设与社区教育的基础上建立"新型民主国家";主张既利用市场竞争机制又重视公共利益,"没有责任就没有权利","没有民主就没有权威";主张不缩减社会福利,不减少退休金、失业金和医疗费,等等。由此看来,这个口号多于思想、含糊多于明确、折中多于个性、拿来多于创新的几乎包罗万象的自我表述只不过是合作主义频谱仪两端之间的简单移动而已;既然在西方学者眼里合作主义自身都不是医治资本主义弊病的"万灵丹"②,那么缺乏思想系统性的"第三条道路"型的合作主义也就称不上是什么新"药方"了。素有工党灵魂人物之称的外交大臣库克对"第三条道路"做了这样的阐发和诠释,他说,"第三条道路"摒弃了撒切尔主义的个人主义以及保守主义对人类本性所持有的悲观主义的态度,认为它既区别于新自由主义的个人主义政治,也不同于以往社会民主主义所奉行的合作主义的基本主张③。在力图总结以往各种政策和理论的经验教训、探索维护资本主义福利制度与经济发展的"第三条道路"的指导下,欧洲合作主义政制何去何从,如何适应新的形势变化和满足新的社会需求,这里存在着许多不确定性因素。但可以肯定的是,合作主义政制或多或少总要为满足外部世界变化与客观条件存在的要求而自我调整其结构的机理,这一点是确定的。当欧洲迈入 21 世纪门槛的时候,它首先要面对的是全球化的浪潮和欧洲单一货币体系——欧元纸币的发行与流通。它对合作主义提出了新的挑战。资本主义政制内部的合作主义因素的调整势必对其福利制度的结构和福利国家的内涵产生重大影响。

---

① ［英］安东尼·吉登斯:《第三条道路,社会民主主义的复兴》,北京大学出版社 2000 年版,第 27 页。

② 参见［加］R.米什拉本书第五章。

③ 《中国经济时报》1998 年 10 月 9 日。

五、对欧洲合作主义评价的争议

西方学界对欧洲合作主义政制的争议由来已久。对合作主义的争论从本质上讲是对欧洲福利国家命运和前途的争论,这个争论早在 1945 年北欧发生劳工运动的时候就已经存在了,并一直延续到今天。20 世纪 80 年代,世界性的经济衰退再次在学界引起了政策争论,虽然主张市场的自由主义势力占了上风,但随之也再次引发了一场关于合作主义的大辩论。到了 90 年代后期,德国的经济出现了困难,可恰在这个时候美国和英国的政府已经为中左派所掌握,新自由主义又开始对"第三条道路"持怀疑态度。曾一度被认为是资本主义经济奇迹并得到广泛推崇的日本,在 90 年代其经济增长放慢了下来,并且出现了持续七八年的相对停滞局面。曾得益于日本经济发展而兴旺繁荣的东亚经济在 1997 年发生了普遍的金融危机之后,人们又重新开始对欧洲福利模式的讨论关心起来。随着全球化的不断发展,关于合作主义政制的前途与适应性等问题引起了人们的普遍关注。

对欧洲合作主义政制的争论主要集中在"三方制"合作框架的评价上,换句话说,争论焦点主要集中在对强大的工会势力在福利制度中的作用的评价上。几十年以来,在无休止的激烈论战中,西方学界基本上分裂出了两大阵营,一派是对合作主义持怀疑态度、对工会的作用持坚决否定态度的新自由主义学派,与之对立的是观点截然相反的"中左派"。

(一)新自由主义对合作主义和工会作用的否定

归纳起来,新自由主义怀疑合作主义和坚决否定工会作用的论点的依据是:

第一,工会势力严重阻碍了劳动力市场的弹性。在新自由主义看来,工会对劳动力市场的影响力具有垄断性,从而将会增加其会员的货币工资,其结果必将是提高企业成本,降低企业竞争力;从长期来看,工会在政治上施加压力敦促政府过度开支和提高工资将会增加通货膨胀的压力,而通货膨胀不仅会破坏竞争力,它还将反过来进一步侵蚀工人的实际收入和福利水平。布鲁诺(Brenner)在对德国 48 年(包括西德)的经济史研究中发现,由于出口市场竞争加剧,劳动力成本升高,利润开始下降,德国的制造业在 1973—1979 年间的总资本存量增长不到60年代和70年代早期的1/3,到80年代,资本存量又从1973年到1979年的年均2%下降到1.4%,资本积累率从1970年开始降低,劳动生产率增长速度持续降低,国家基础制造业竞争能力受到削弱①。生产要素市场的弹性(尤其是劳动力市场的弹性)是竞争和增长的关键因素,而工会势力基本上损坏了这种弹性。经济增长取决于竞争,而竞争在很大程度上取决于劳动力成本;而劳动力成本之所以具有"刚性",这是完全由工会组织造成的。从这个意义上讲,有"弹性"的劳动力市场是资本积累所必需的一个条件,进而,欧洲福利国家丧失竞争力的根本原因就在于劳动力市场缺乏"弹性"。

甚至就连担任过1993年瑞典经济危机研究委员会主席的林德贝克(Lindbeck)也认为,过多的福利供给和强大的工联主义是导致劳动力市场缺乏弹性的重要原因;经济衰退与劳动力市场的"刚性"有直接的联系,而这种"刚性"又是同工会的势力有直接的联系。为此,他呼吁对福利制度进行彻底的改革②。

第二,工会的周期性罢工活动不但对劳动生产率、投资和技术创新等具有破坏作用,而且对劳动力市场的控制作用也将导致劳动力要素配置扭曲,所以,强大的工会势力必将导致社会福利支出泛滥,最终破坏了整体社会资源的最优配置。也就是说,工会不仅是市场缺乏弹性的主要制度根源和提升企业国际竞争力的重大障碍,同时也是造成社会资源巨大浪费的根本原因,是阻碍经济可持续增长的重要因素。

第三,工会运动致使工人之间产生不平等,有工会的企业和无工会的企业之间、参加工会的雇员和没参加工会的雇员之间,他们在收入和其他福利方面形成了一种社会不平等。

第四,工会的存在不利于技术创新。兰德瓦尔(Lundvall)等一些研究"国家创新体系(NIS, National Innovation System)"的学者在考察了瑞典和德国的合作主义之后认为③,由于他们的生产率正在下降,而国际劳动力成本在日益

①　Brenner,R.,"The Economics of Global Turbulence:A Special Report on the World Economy 1950–1998", *New Left Review*, 229(May/June 1998), pp.1–265.

②　Lindbeck,A. et al., *Turning Sweden Round*, MIT, 1994.

③　关于这些国家创新体系的异同和特征,详见郑秉文:《建设国家创新体系的关键因素是国家——"国家创新体系"理论的经济学分析》,《知识经济与国家创新体系》,经济管理出版社1998年版,第51—69页。

盘升,为保护其出口市场份额,其制造业资本在劳动力价格逐渐升级的市场中正遭受着越来越多的困难;因此,他们的产业资本更利于适应和传播高新技术,而不利于技术创新和创立新工业;他们更利于中等水平技术生产,而不利于高新技术生产①。

第五,还有一种更为极端的观点,认为工会必须对经济不景气负责。他们以英国为例,认为工会势力是过去英国经济成功的主要障碍,削弱工会势力是经济复苏至关重要的先决条件,如果能够撤销工会,英国"赶超"的障碍就会减少,相对的经济衰退就会暂时停止,那时就将会迅速地、立竿见影地恢复厂商或国家竞争力②。林德贝克对此也持同样的看法,他认为:过于庞大的工会势力,直接破坏了英国出口产业的竞争力,而工会的政治势力则间接地破坏了这种竞争力。在他们看来,战后以来英国制造业投资的不足、生产率的低下、税收的上升和政府的债台高筑等等,都是工会制造麻烦的结果。多数较为温和的自由主义者认为工会势力仅仅是经济不景气的重要原因之一,除此之外,也还有其他因素影响了经济的增长。

从以上新自由主义者对工会的抨击来看,他们与合作主义者之间辩论的焦点在于削减工会势力是否是促进和获得经济增长的根本原因,也就是说,核心问题是劳工力量和国际竞争力之间是否存在某种内在关联性。新自由主义一直认为二者之间是难以调和的,在这方面他们与合作主义的政策观点是尖锐对立的。那么,有"弹性"的劳动力市场是不是资本积累所必需的一个条件? 面对全球化的浪潮,牺牲一点工会权利和劳动报酬水平与获取和保持国际竞争力二者相比,谁更重要呢? 虽然目前"第三条道路"在英国意识形态上处于主导地位,但在减少失业和保持欧洲劳动力市场更具弹性的政策目标选择方面,也还是争论不休的。

针对新自由主义的攻击,中左派比较全面和系统地阐述了他们的观点。

---

① Lundvall, B., "National Systems of Innovation: Towards a Theory of Innovation and Interactive Learning", Pinter. Porter, M., *The Competitive Advantage of Nations*, Macmillan, 1988, p. 377, 380.

② Crafts, N., "Was the Thatcher experiment worth it? British Economic Growth in a European Context", in *Explaining Economic Growth*, A. Szirmai, B.van Ark and D.Pilat (eds.), North Holland Publishers, 1993, pp.327－350.

（二）中左派力量为合作主义和工会作用的辩护

如果将战后 50 多年福利国家历史过程作为一个整体来看,中左派认为资本主义的合作主义模式有许多长处。

第一,关于劳动力市场"弹性"问题。许多西方学者甚至包括一些保守主义学者几乎都不约而同地给予了正面的回答①。在他们看来,慷慨的福利保障体系不但巩固了托拉斯关系,并且还带来了劳动力市场的弹性;在一定的条件下,较好的福利制度能够激起劳动力市场长期的弹性和总体生产效果。建立具有弹性的劳动力市场的关键问题是劳工权利能够得到保证的一整套以信用为基础的劳资关系,而工会在这方面发挥了不可替代的积极作用。没有工会,劳动力权利就得不到保障,劳资关系之间的信任关系就建立不起来。作为工会和雇主之间"刚性"工资决定系统的契约,它达成的工资水平既高于市场决定的工资水平,同时又低于市场的工资变化程度。有的学者和工会组织认为,工会并没有为推动工资起到很大的作用,例如,德国的工会认为,不能用简单的工资绝对水平来衡量其增长的幅度,而应与其生产率的增幅进行比较,以 1980 年为参照,到 1992 年,所有经合组织成员国的工资成本增长了 58.7%,而德国仅增长了 39.2%②。较高且平均的工资水平还使雇主们不愿意随意解雇工人,而情愿通过再投资对工人进行再培训,以保持较高的劳动生产率和企业竞争力。培训制度的建立使工人们得到了比现时生产需要或劳动力市场所要求的更高的技能,从而使劳动力本身产生了一种"柔性",为提高企业竞争力打下了良好的基础,创造了前提条件。而且,获得就业安全保障的工人不仅比较容易接受公司的培训,而且由此在公司内部营造了一种良好的人际关系与合作气氛。合作主义政制条件下企业里的集体协议和共同决策使公司拥有了较

---

① Crouch, C. and Streeck, W., *Political Economy of Modern Capitalism*, Sage, 1997. Crepaz, M. M. L., "Corporatism in Decline? An Emperiacal Analysis of the Impact of Corporatism on Macroeconomic Performance and Industrial Disputes in 18 Industrialized Countries", *Comparative Political Studies*, Vol. 25, No. 2(1992), pp. 139 – 168. Soskice, D., "Reinterpreting Corporatism and Explaining Unemployment: Co-ordinated and Non-co-ordinated market Economies", in *Labour Relations and Economic Performance*, R. Brurnetta and C. DellArringa (eds), Macmillan, 1990, pp. 170 – 211.

② [美] 舒尔茨,B.H.:《全球化、统一与德国福利国家》,《国际社会科学杂志》2001 年第 18—1 期,第 51 页。

高的雇佣稳定性。为了补偿这一外部刚性,公司通过诸如迫使公司内部劳动力再调配和加强内部流动性来创造激励机制以增加企业的灵活性。正如有的学者所说的,"高生产率、工人权利、弹性、工会化和经济竞争力并不是不相容的,它们实际上可以成为高运行效率商业体系中高度相容的组成要素"①。

　　第二,工会势力是经济发展中一种重要的"有益约束"。工会的存在不仅阻止了"血汗工厂"(工资低、劳动条件恶劣、残酷剥削工人)的短期行为,避免了厂商仅靠低工资和提高劳动强度获得竞争力的可能性,而且还有助于形成产业资本的长期动力,敦促雇主通过 R&D 投资和培训上的投资来赢得竞争力。他们认为,经济衰退可以归结为工会势力以外因素作用的结果,工会势力与经济增长不存在重要的必然联系。恰恰相反,作为一个追求劳资关系权利和福利措施的机构,工会组织与厂商已经结为一个整体,他们共同成为外部世界的经济竞争主体。激进的合作主义者甚至还认为,产业衰退很可能是工会力量弱小的原因造成的;工会的强大不仅与产业成功的资本积累有关,而且,强大的工会势力必将导致工资适度和收入平等,从而激起产业发展的推动力。这是因为,参加工会的工人作为企业的代表和一员,他们会凭借自己的势力影响,在雇员和他们的管理人员之间传递信息和承诺,从而有可能实现更优的资源配置,成为效率和收入平等强有力的发起者②。有的经济学家对战后西德合作主义的研究中总结出了五种不同的"有益约束",得出的结论是强大的工联主义并不一定是实现成功的资本积累的障碍,认为工会势力产生的约束力不仅约束了工人放弃短期利益去追求更大的长期利益,而且对雇主也产生一种约束力,即强制雇主在进行他自己觉得有利的行为之前,要与工人商量并征得工人们的同意,这就是共同决策;因此合作主义的优势在于使管理层和劳动力都拒绝和排除了投机主义的压力。劳资关系的这种制度安排,一般来说是在行业工会或政府干预之下制定出来的③。

　　第三,支持合作主义另一种论点是,工会组织具有合法的社会地位来参与社会经济管理体制,是经济增长的动力而不是障碍。1973 年石油危机以后西

---

① Michel,L. and Voos, P.B.,*Unions and Economic Competitiveness*, M.E.Sharpe, 1992, p.10.

② Freeman,R.B. and Medoff, J.L.,*What Do Union Do?* Basic Books, 1984, p.6.

③ Streek, W., *Social Institutions and Economic Performandce*, Sage, 1992, pp. 32 – 34. "Benficial Constraints: On the Economic Limits of Rational Voluntarism", in *Contemporary Capitalism: The Embeddedness of Institutions*, J.R.Hollingsworth and R.Boyer (eds.), Cambridge University Press, 1997, pp.197 – 219.

方学界开始对合作主义进行反思,对合作主义与非合作主义经济竞争力的优劣进行比较研究成为 70—80 年代研究文献中讨论的热点话题,其中许多合作主义者和经济学家在强调应对其实质性的结构调整的同时,对合作主义政制给予了较为充分的肯定。在许多这类著述中,他们认为,在资本主义发展可供选择的模式中,不管是在极端的即完全市场化的经济条件下还是在另一个极端即强大的合作主义政制条件下,都存在出现良好经济表现(economic performance)的可能性;通过考察,他们发现,在左派政治上强大和工会运动相对集中统一的地方,一般来说,那里的经济表现就要相对好一些,换句话说,合作主义与国家竞争力之间具有某种正相关关系。他们认为,强大的工会势力已经与一系列广泛的经济和社会制度结构结为一体,所以,合作主义政制是富有竞争力的,即强大工联主义支持的福利国家与社会管理费用较低的国家相比是富有竞争力的[1]。甚至有人断言,凡是福利制度比较成功的国家几乎都是"合作主义"或"三方主义"搞得比较好的地方[2]。

　　有的学者指出福利国家的情况也不完全一样,它们在竞争力和增长率方面也存在着差异,并非全都不行,但总的来看福利开支的负面影响被夸大了,起码这种负面影响不是第一位的[3]。新自由主义认为工会合法地位的存在是福利支出不断膨胀的重要原因之一,所以,他们要求工会作出工资牺牲和减少雇员权利都是以保护竞争力的名义进行的。然而 OECD 的一份报告证明,"较低的劳动标准对于对外经济竞争能力与外贸结算毫无重大影响。"[4]还有的学者呼吁要正确理解合作主义政制与经济增长率之间的关系,因为不管在组织上还是在政治上,强大的劳工运动都有可能会成为经济发展的重要推动因素,带来较快的收入增长和相对平均的收入分配[5]。例如,美国康涅狄格州

　　[1]　Soskice, D., "Reinterpreting Corporatism and Explaining Unemployment: Co-ordinated and Non-co-ordinated market Economies", in *Labour Relations and Economic Performance*, R.Brunnetta and C. DellArringa (eds.), Macmillan, 1990, pp.170 – 211.

　　[2]　Pierson, C., *Beyond the Welfare State*, Polity Press, Combridge, 1991, p.5.

　　[3]　Kenworthy, L., *In Search of National Economic Success: Balancing Competition and Cooperation*, Sage, 1995.

　　[4]　转引自里斯本小组:《竞争的极限——经济全球化与人类的未来》,中央编译出版社 2000 年版,第 65 页。

　　[5]　Hicks, A., "Social Democratic Corporatism and Growth", *Journal of Politics*, vol.50, No.4 (1988), pp.677 – 704.

哈特福德市三一学院舒尔茨教授做过这样的统计:德国在出口方面虽然稍逊色于美国,但却一直强于日本,8200万德国人生产的出口产品几乎与2.7亿美国人一样多,也就是说,按人均计算,德国是世界上最成功的商品出口国,"德国造"商品依然保持着竞争力。据此,对德国工业竞争力长远前景的看法,德国工会认为政府和企业高层界有失误,前者的错误在于"没有一套完整的产业政策,而且在资助高科技研究开发方面过于吝惜",而后者的错误在于"以权威主义态度对待工人,组织结构普遍僵化,故步自封,不愿冒险。因此,在工会看来,不是工人阶级,而是德国的管理人员缺乏必要的素质,才使得德国工业无法在迅速变化的全球化环境中确保长久的竞争力。"①

柯茨(Coates)的观点具有一定代表性,在他看来,作为一种进步的资本主义模式,西欧的"合作主义"正面临着越来越严重的威胁。作为一种模式,它具有相当多的内在优点,似乎能不断产生出"经济运行良好"的范例。1997—1998年,这方面表现最好的是荷兰和丹麦。他通过对战后以来合作主义半个世纪的发展历程的研究,为"合作主义"模式总结出了至少两点长处:第一,直到20世纪90年代,至少在瑞典和西德,作为资本主义"合作主义"的典型代表,它们确实将保护工人的一系列权利放在了核心位置,并成功地将保护工人权利(实际是周期性扩张)同持续的经济增长和生活水准的普遍提高结合了起来;其劳动和福利立法的特性与各自的经济以及与相关的高度社会发展是相适应的。如果从社会经济指标(比如工作时间、劳动保险、再培训权利、福利供给、收入平等,以及工人阶级的购买力)等一些可比的角度看,战后瑞典和德国取得的成绩是显著的。第二,对这些主要合作主义国家进行深入剖析,我们必须承认其能力,即在资本国际化加速之前,它们就成功地将保护工人权利和维持经济增长紧密结合起来,将资本积累和国际竞争性公司间的联合结合起来②。舒尔茨教授为此做了最好的脚注,认为两德统一之后,把额外的300多万退休人员突然纳入到国家的养老津贴体系,又为100多万失业者发放救济,如此巨大的开支是任何一个私营的社会保障体系都不能承受得起的。

---

① ［美］舒尔茨,B.H.:《全球化、统一与德国福利国家》,《国际社会科学杂志》2001年第18—1期,第51—52页。

② 参见［英］戴维·柯茨:《资本主义的模式》,江苏人民出版社2001年版,第277—279页。

没有这个福利体系,很难想象东德会出现什么情况。从这个意义上讲,"无论对民主制度的建设,还是对统一后的社会安定,社会福利国家的贡献都是极其巨大的。"①

参考文献:

[英]安东尼·吉登斯:《第三条道路,社会民主主义的复兴》,北京大学出版社 2000 年版。

[澳]安戈、陈佩华:《中国,组合主义及东亚模式》,《战略与管理》2001 年第 1 期。

[英]戴维·柯茨:《资本主义的模式》,江苏人民出版社 2001 年版。

《德国大众创造全新就业模式》,《经济参考报》2001 年 8 月 31 日。

国际劳工局·日内瓦:《2000 年世界劳动报告:变化世界中的收入保障和社会保护》,中国劳动社会保障出版社 2001 年版。

[美]霍华德·津恩:《美国人民的历史》,上海人民出版社 2000 年版。

[美]霍布斯鲍姆:《极端的年代》,郑明萱译,江苏人民出版社 1999 年版。

姜列青:《俄罗斯工会人士谈当今世界上的几类社会模式及其工会》,《国外理论动态》2001 年第 3 期。

姜列青:《俄罗斯围绕制定新劳动法典的斗争》,《国外理论动态》2001 年第 5 期。

康晓光:《诊断中国的行业协会》,见 www. china. org. cn/chinese/17502.htm.

康晓光:《转型时期的中国社团》,见 http://www. cydf. org/gb/conference/speech/paper-c/6.htm.

柳永明:《开放经济与欧洲的紧缩性经济政策》,《世界经济》2001 年第 3 期。

[美]罗伯特·D.帕特南:《使民主运转起来》,江西人民出版社 2001 年版。

---

① [美]舒尔茨,B.H.:《全球化、统一与德国福利国家》,《国际社会科学杂志》2001 年第 18—1 期,第 53 页。

里斯本小组:《竞争的极限——经济全球化与人类的未来》,中央编译出版 2000 年版。

《劳工世界》,中国劳动社会保障出版社,2001 年第 8 期。

[法]米歇尔·阿尔贝尔:《资本主义反对资本主义》,社会科学文献出版社 1999 年版。

裴元伦:《2001—2005 年:德国的税收改革》,《中国改革报》2000 年 9 月 20 日。

[美]舒尔茨,B.H.:《全球化、统一与德国福利国家》,《国际社会科学杂志》2001 年第 18—1 期。

尚晓援:《"社会福利"与"社会保障"的在认识》,《中国社会科学》2001 年第 3 期。

孙立平:《向市场经济过渡过程中的国家自主性》,见 http://mysixaing. myetang.com/991114/9911141.htm.

张静:《法团主义》,中国社会科学出版社 1998 年版。

周弘:《福利国家向何处去》,《中国社会科学》2001 年第 3 期。

郑秉文:《一年来欧洲主要国家福利改革新动向》,《人民论坛》(人民日报社理论部主办)2001 年第 8 期;《欧洲国家福利改革新动向》,《经济日报》2001 年 8 月 20 日;《法国社会保障改革的新动向——不断增加福利项目,大幅提高福利标准》,《中国社会保障》2000 年第 12 期;《一年来欧洲主要国家福利改革新动向综述(上)》,《中国经贸导刊》2001 年第 17 期;《一年来欧洲主要国家福利改革新动向综述(下)》,《中国经贸导刊》2001 年第 18 期。

Crafts, N., "Was the Thatcher experiment worth it? British Economic Growth in a European Context", in *Explaining Economic Growth*, A. Szirmai, B.van Ark and D.Pilat (eds.), North Holland Publishers, 1993.

Crouch, C. and Streeck, W., *Political Economy of Modern Capitalism*, Sage, 1997.

Crepaz, M.M.L., "Corporatism in Decline? An Emperiacal Analysis of the Impact of Corporatism on Macroeconomic Performance and Industrial Disputes in 18 Industrialized Countries", *Comparative Political Studies*, Vol.25, No.2(1992).

Colin Crouch and Ronald Dore, "*Whatever Happened to Corporatism?*", in

Corporatism and Accountability: *Organized Interest in British Public Life*, Colin Crouch and Ronald Dore eds, Oxford, Clarendon Press, 1990.

Esping-Andersen, G., *The Three Worlds of Welfare Capitalism*, Polity Press, 1990.

Garrett, G., *Partisan Politics in the Global Economy*, Cambridge University Press, 1998.

Hicks, A., "Social Democratic Corporatism and Growth", *Journal of Politics*, Vol.50, No.4(1988).

Hutton, W., *The State We're In*, London, Jonathan Cape, 1995.

Ian Gough:《福利国家的政治经济学》, 巨流图书公司 1995 年版。

King, D.S., *The New Right*, London Macmillan, 1987.

Korpi, W., *The Democratic Class Struggle*, Routledge, London, 1983.

Lash, S and Urry, J., *The End of Organized Capitalism*, Policy Press, Cambridge, 1987.

Gould, A., *Capitalist Welfare System*: *A Comparison of Japan*, *Britain & Sweden*, Longmen Group UK Limited, 1993.

Mishra, R., *Globalization and the Welfare State*, Edward Elgar, 1999.

Panitch, Fred C., "Recent Theorizing of Corporatism: Reflections on a Growth Industry", *British Journal of Sociology*, 31(1980).

Schmitter, P.C., "Still the Century of Corporatism?", *Review of Politics*, 36 (1974).

Schimitter, P C., "Neo-corporatism and the State, in The Political Economy of Corporatism", in *The Political Economy of Corporatism*, Wyn Grant. London (eds.), Macmillan, 1985.

Scott Lash & John Urry, *The End of Organized Capitalism*, Polity Press in association with Basil Blackwell, 1987.

Stephens, J. D., *The Transition from Capitalism to Socialism*, Macmillan, London, 1979.

Streek, W., *Social Institutions and Economic Performance*, Sage, 1992.

Soskice, D., "Reinterpreting Corporatism and Explaining Unemployment: Co-ordinated and Non-co-ordinated market Economies", in *Labour Relations and Economic Performance*, R.Brurnetta and C. ellArringa (eds.), Macmillan, 1990.

　　Tabb, William A., "Labour and Imperialism of Finance", *Monthly Review*, Vol.41, No.5, October(1989).

　　Williamson ,P.J., *Corporatism in Perspective*. London, Sage, 1989.

　　Williamson, J. B. And Pampel. F C., *Old—Age Security in Comparative Perspective*, Oxford University Press, 1993.

（本文原载于《社会科学论坛》2005 年第 11 期,第 5—27 页）

全球化对欧洲合作主义福利国家的挑战

内容提要：以国家、雇主组织和雇员工会三方合作为主要特征的、以北欧一些国家为典型代表的欧洲合作主义(corporatism)福利国家,在 20 世纪 80 年代受到了新保守主义政制(撒切尔主义和里根经济学)的洗礼和冲击,但在 90 年代又出现了回潮迹象。可是今天,面对全球化的浪潮,合作主义福利政制又一次遇到了前所未有的巨大挑战,"强资本"与"弱劳工"将会同时成为全球化的伴随物而突现在福利国家之中:(1)工会组织率和集体谈判覆盖率的日益下降导致工会组织的合法性及其存在意义受到挑战。(2)工会组织的弱化导致其谈判能力的下降,谈判层次具有向下移动的倾向。(3)在国家、资本和劳工三者之间,权力的平衡开始向资本一方移动,三方伙伴主义的关系基础具有弱化的倾向。(4)全球化将产生削减政府赤字和降低税收的外部压力,由此对社会福利和社会开支水平产生"下调"的倾向。与此同时,全球化将导致工会作用的反弹,使之成为支撑合作主义政制的重要力量之一:(1)各工会之间开始采取联合行动要求政府提高福利待遇。(2)"工会合并"现象日益频繁。(3)公共部门工会采取行动的作用和效果要远远大于私人部门工会。(4)在欧洲"减税风"中亦可看到工会发挥的作用。(5)欧元将会成为一个间接地强化合作主义政制的因素。(6)全欧性的"制度性对话"具有分散和弱化民族国家内三方伙伴架构的合作主义因素的可能性。

20 世纪 80 年代末和 90 年代以来,许多欧洲国家在经过了撒切尔新自由主义的洗礼以后社会合作主义(corporatism)又出现了回潮:爱尔兰 1987—1993 年之间连续签署了三个社会经济契约;西班牙 1992 年和 1994 年分别签署了两个社会契约(social contract);西班牙 1987—1992 年之间签署了一系列相关内容的契约;葡萄牙于 1987—1992 年间在全国范围内与工、商、农等协会正式达成协约;比利时 1991 年至 1993 年恢复了 70 年代中断的契约行动,就社会福利等有关内容签署了一系列全国性的契约;意大利 1992—1995 年间签署了三个契约,以此作为其福利制度改革的重要标志;荷兰于 1982 年和 1993 年分别签署了两个社会契约;等等。

上述欧洲国家签署的社会契约向世人昭示,如果说欧洲合作主义思潮与政制(régime)在 1973 年发生石油危机时遇到了世界经济危机的挑战,随之在整个 70 年代处于低潮的话,那么,整个 80 年代新保守主义的崛起就无疑致使合作主义到达最低点。80 年代以英、美为首的保守主义政制掀起的收缩社会福利规模的改革浪潮在其他欧洲国家产生了广泛的示范效应,从而推动了它们各自福利改革的进程。就像瑞典和奥地利等合作主义政制在 80 年代"右"转的过程中面对来自"左"派"捍卫福利国家"的抵触甚至抗议从而导致改革受挫甚至夭折那样,上述欧洲福利国家纷纷从 90 年代开始重温"社会契约"的旧梦显然是合作主义开始回潮的一个佐证。西方舆论给予了这样的评论:"20 世纪 90 年代,许多工会参与了社会对话,由于进行了这几次对话,限制工资水平和创造就业机会才取得平衡。"①

合作主义在欧洲工业化国家出现了回潮的苗头,甚至波及了东欧一些转型国家,这说明了合作主义无论作为一种思潮,还是一种制度工具,甚或一种政制,都有一定的存在空间。"道路依赖"也好,"制度惯性"也罢,无疑都可作为解释其原因的重要答案之一;"福利刚性"也好,政党工会的压力也罢,显然都是推动合作主义政制的重要因素之一。虽然米什拉(R.Mishra)对福利国家"不可逆转"(irreversibility thesis)的论点作出了 8 个方面具有独到见解的评论②,但是,他并未对"福利国家在短期内是不可逆的,但声称福利国家在长期

① 比德·泰勒:《日益衰退的工会进入忧虑忡忡的时代》,英国《金融时报》2001 年 3 月 9 日。

② Ramish Mishra, *The Welfare State in Capitalist Society*, Harvester Wheatsheaf, 1990, p.104. 在米什拉教授的这本书中,他罗列了学界关于福利国家的三种观点:不可逆转的观点,成熟性的观点,福利多元主义的观点。针对第一个观点即福利国家"不可逆转",他从 8 个方面作了分析评论:(1)可逆转/不可逆转的两分法模式不能公正而适当地评判和对待新保守主义政制下福利国家局部发生的变化和局部出现的颠覆。(2)认为这个观点不能抓住社会变革的特征,特别是从个人生活机会和不公正的角度来看就更是如此。(3)在这个观点中,维持"充分就业"并

也不可逆就必须要有另一种不同的推理"的看法提出异议。虽然资本主义与民主主义、资本与劳工、政府与选民等这些两分法模式的分析前提被认为有些过于简单化，但是他们之间的矛盾互动关系在可预见到的未来肯定会成为社会冲突中重要角色的对立统一而不可替代；虽然"福利国家是资本主义的功能性必然伴随物"这样的看法至少在合作主义的频谱仪中很难得到案例上的支持，但是，除非类似 1973 年石油危机或 1929 年大危机震撼整个资本主义世界，否则，20 世纪 70—80 年代的新保守主义并没有根本触动福利社会的制度基础。至于米什拉提到的"成熟论"（maturity thesis），不管它是否指目前社会支出和社会公益的现有水平似乎应该代表着在可预见到的未来人们预期的上限，至少，"制度创新"在世界的各个角落发生着日新月异的变化，人们对福利制度的指责不外乎还是在社会支出的"度"与"量"、社会覆盖的"小"与"大"、社会责任的"多"与"寡"等几个特定"成熟"的框架之内而或是呼喊着"狼来了"或是我行我素，人们始终没有摆脱在"适应性"和"灵活性"之间寻找均衡点的制度框架结构。事实上，米什拉提到的"社会福利多少意味着稳定"这个观点多少已在欧洲国家走马灯式的政党竞选时抛出的纲领性承诺与竞选获胜后的"食言"行为之间的巨大反差所予以印证。

一、全球化对欧洲合作主义政制的影响

　　虽然欧洲合作主义经受住了 20 世纪 70 年代经济危机和 80 年代新保守

未被看作是社会合作主义政权所奉行的政策特征的一部分。（4）它忽视了财政政策对贫困和国家福利的前途产生的影响。（5）它的注意力主要集中在物质和制度方面，即集中在社会项目和社会支出的变化上，而客观上忽略了意识形态层面上的变化。（6）这个观点在考察社会变迁时极少考虑到暂时的变化。（7）它基本上没有从动态的视角观察福利国家的变革，例如收入分配的冲突等。（8）关于"福利国家是资本主义的功能性必然伴随物"这个观点，他认为在这里隐含着重要的时间跨度问题，即从公共提供服务转向功能性替代品时涉及时差即时间上滞后的问题，例如从国家养老金转向企业年金。这样，社会福利的功能就使得社会福利项目在短期内变成事实上的必然伴随物，因此，它们就不能在一夜之间被废除掉。

　　总之，米什拉教授认为，"不可逆转"的理论没能公正评价福利国家 20 世纪 70 年代中期以来所经历的许多重要变化。然而，这一论点还是有用的，即由于国家福利设施表现出的累积和合法化的各种功能、相关的既得利益、选举竞争和民主制度等因素，资本主义的这些福利设施不可能被全部废除，在短期内则肯定不会被废除。

主义冲击的"考验",福利制度的大厦"仍完好无损","福利国家并没有被新保守主义摧毁",但是,毕竟它"开始出现裂缝……家具开始变得陈旧"①。重要的是,意识形态上受到了一次洗礼之后,关于多支柱式的社会保障体系与福利多元主义的讨论结果已经取得共识:社会福利不等同于国家福利,所以,福利国家应该向福利社会转变。于是,在90年代合作主义旧梦重温之际亦即在新保守主义政府纷纷下台代之以社会民主党执政之时,"第三条道路"便应运而生;或称,90年代"第三条道路"的诞生和社会民主党的上台"唤回"了合作主义的"幽灵"。吉登斯认为:"第三条道路"指的是一种思维框架或政策制定框架,它试图适应过去二三十年来这个天翻地覆的世界……超越老派的社会民主主义和新自由主义②。由此看来,所谓的"第三条道路"既非新保守主义,也非社会民主主义,而是在总结过去几十年失败的基础上而得出的一套新的政治经济理论,就是说,它是在资本主义框架内"超越"传统的"左"和"右"的"第三条道路"。其基本政策主张是:既反对过度的国家干预,也不赞成否定国家干预,而认为应该给予适度的国家干预;主张政府与公民重建相互信任的合作关系,在大力发展社区建设与社区教育的基础上建立"新型民主国家";主张既利用市场竞争机制又重视公共利益,"没有责任就没有权利","没有民主就没有权威";主张不缩减社会福利,不减少退休金、失业金和医疗费;等等。由此看来,口号多于思想、含糊多于明确、折中多于个性、拿来多于创新的几乎包罗万象的这些自我表述只不过是合作主义频谱仪两端之间的简单移动而已;既然在西方学者眼里合作主义自身都不是医治资本主义弊病的"万灵丹"③,那么缺乏思想系统性的"第三条道路"型的合作主义也就称不上是什么新"药方"了。在力图总结以往各种政策和理论的经验教训、探索维护资本主义福利制度与经济发展的"第三条道路"的指导下,欧洲合作主义政制何去何从,如何适应新的形势变化和满足新的社会需求,这里存在着许多不确定性因素。但可以肯定的是,合作主义政制或多或少总要为满足外部世界变化与客观条件存在的要求而调整自我结构的机理,这一点是确定的。当欧洲迈入

① Ramish Mishra,*The Welfare State in Capitalist Society*,Harvester Wheatsheaf,1990,p.xi.

② 安东尼·吉登斯:《第三条道路,社会民主主义的复兴》,北京大学出版社2000年版,第27页。

③ Ramish Mishra,*The Welfare State in Capitalist Society*,Harvester Wheatsheaf,1990,chapter 5.

21世纪门槛的时候,它首先要面对的是全球化的浪潮和欧洲单一货币体系——欧元纸币的发行与流通,它势必对其合作主义福利制度的结构和内涵产生重大影响,对欧洲合作主义政制提出新的挑战,合作主义政制将面临前所未有的困难。

(一)合作主义政制赖以存在的三个重要基石之一的工会组织首先将面临严重的挑战

合作主义可以简单称为"三方伙伴主义"(tripartism),许多学者直接将"合作主义"与"三方伙伴主义"等同起来,因为"合作主义"基本上被理解为根据总的国家形势为谋求各种经济和社会目标之间达到平衡状态而在社会(societal)层面上实行的三方伙伴主义;所谓"三方伙伴主义"就是指政府、劳工组织和雇主组织建立起的"社会伙伴关系",即"合作主义"就是"主要利益集团之间的制度化合作"①。在上述三方伙伴中,合作主义福利制度赖以存在的工会组织将面临全球化浪潮的极大挑战。

劳动力市场的"福特主义"向"后福特主义"的转变使传统的大集中大生产相对越来越少,网络化和电脑化使工作地点更为分散,工作性质的个性化更为明显,以前那些大批标准而熟练的劳工群体迅速被许多其所属权威和报酬等级含混不清的新群体所替代,传统合作主义政制中某些重要利益纽带越来越松散。外国移民的增加、部分时制和临时时制工人人数的增加等因素使工会组织活动愈显得困难起来,工会的代表性受到了质疑。劳工组织的配合已不再是大幅提高生产力或引进新技术新工艺的必要条件。劳动力流动性的加强使工会组织日益松散从而使其吸引力下降,工会成员数量开始下降。有些国家的立法条文开始对工会进行排斥,工会组织的合法性及其存在的意义受到了挑战。从历史传统上讲,欧洲工会的组织率和集体谈判覆盖率历来高于日本和美国,以1997年为例,芬兰两者的数据分别为81%和95%,瑞典是91%和89%,而美国只有16%和17%②。但是近年来这些数据均有所下降,例如,英国工会的组织率从1980年的50%下降到1994年的34%,工人在集体谈

---

① Ramish Mishra,"The Welfare State in Capitalist Society", *Harvester Wheatsheaf*, 1990, pp. 54,57 – 58.

② 参见姜列青:《俄罗斯工会人士谈当今世界上的几类社会模式及其工会》,《国外理论动态》2001年第3期,第14页。

判的覆盖率也从 1980 年的 50% 下降到 1993 年的 47%①。最新的统计资料显示，所有中等水平国家中（澳大利亚除外）只有不到 40% 的雇员受到集体谈判的覆盖②。

总部设在布鲁塞尔的欧洲工会联合会（欧工联）最近发表了一份欧洲工会现状的评估报告③，得出的结论很不令人乐观。多数西欧国家的工会在国际竞争加剧、技术更新、弹性就业增多的全球化形势下没有充分地改进和调整自己。在一些小公司和私营服务行业中，工会甚至越来越难以找到立足点。例如，在西欧国家中，只有瑞典在超过半数的劳动场所设有工会代表，而在德国，这个比率只有 6%。该报告在逐一对法、德、荷、比利时等国家进行考察之后指出，西欧国家工会制度普遍艰难，除非工会能够通过建立值得信赖的工人代表机构等途径再次占领劳动场所，否则，工会的前途难以预测。法国著名社会学家、马恩—河谷大学教授奥利维耶·施瓦茨多年来一直对工人状况和劳工界进行跟踪研究，他在法国《人道报》撰文说，法国工人运动正在日趋衰落，传统意义上的工人人数已下降至 630 万人，其组成变得广泛庞杂，新一代工人缺乏以往工人阶级的统一性，对自己的社会地位和身份缺乏认同感，他们追求的是休闲、音乐、体育、娱乐等文化生活模式，而不是工作。作为与马克思所说的相对应于"自在阶级"的"自为阶级"来说，这个"自为阶级"正在衰落④。

（二）工会组织的弱化导致其谈判能力下降，从而致使制度性对话被分解，谈判层次开始向下移动

上述工会组织结构的变动带来了工会性质上的一些微妙变化。全国性的行业工会出于阶级立场的要求其性质产生变化，它们在传统集体谈判中发挥过的重要作用受到了打击，有关工资、利益等集中谈判遇到了困难。全国一级的"议合（consensus）"也变得越来越有难度，讨价还价的能力受到了削弱，制度性对话被逐渐分解。国家层次上的谈判议合具有明显和强烈地向下移动的

---

① Hutton, W., *The State We're In*, London, Jonathan Cape, 1995, pp.91–92. King, D.S., *The New Right*, London Macmillan, 1987, pp.118–120.

② 参见国际劳工局·日内瓦:《2000 年世界劳动报告:变化世界中的收入保障和社会保护》,中国劳动社会保障出版社 2001 年版,第 97 页。

③ 参见比德·泰勒:《日益衰退的工会进入忧虑忡忡的时代》,英国《金融时报》2001 年 3 月 9 日。

④ 奥利维耶·施瓦茨:《工人阶级变成了什么?》,法国《人道报》2001 年 5 月 2 日。

倾向,即"契约议合"下移至行业、部门甚至总厂和总公司的层次上,甚至只发生在个别劳资互动之中。

支持上述判断最好的例证是 2001 年 8 月 28 日德国大众汽车集团公司与德国五金工会达成的一项被称之为"5000×5000"的契约。它最早由大众集团总裁皮希于 2001 年 6 月初正式提出,其基本内容是:大众新建一家制造家用型"微型货车"的工厂,并在此安置 5000 名失业工人。这些工人的月工资不受实际工时影响一律定为 5000 马克。但工人必须定期接受培训,否则就拿不到全额月薪。大众公司的这一新型就业模式经过与工会坚苦谈判后得以确定。

大众公司的最初方案是,工人每周的劳动时间为 42.5 个小时,其中 35 个小时在流水线工作,7.5 个小时接受培训。但工会方面提出,大众公司目前的劳资合同规定,工人每周的劳动时间不得超过 35 小时,订单过少时甚至可以减至 28 个小时,当然工资也将相应降低。而新方案规划的每周工作时间却超过了 40 个小时,这损害了工人利益。此后,有关这一就业模式的争论在德国一直不断。工会担心,这种就业模式将会对现有的劳资合同形成挑战,可能导致出现同工种但不同收入甚至低收入的情况。另外,一旦这种模式得到普及,势必将会逐渐降低工人的整体工资水平。在政界的干预下,大众公司和五金工会于 2001 年 8 月 27 日再度就此进行谈判。经过了 16 个小时的艰苦磋商,双方终于在 28 日上午就大众的新型就业模式达成了一致。这种就业模式的有效期暂定 3 年半。

据大众公司透露,这种新的就业模式确实使工人的实际收入较以往有所降低。如今大众公司工人的月工资为 4500 马克,奖金至少 500 马克,而加班费,尤其是节假日或非工作时间的加班费另算,其小时工资往往是正常工作时间小时工资的一倍甚至几倍。但在新的就业模式下,至少工人正式上岗后的第一年,除每月平均可能拿到 4958 马克的工资外,几乎没有其他收入。虽然经过政府出面斡旋劳资双方最终达成"议合",社会各方对此反应还算比较积极,甚至称赞"这种就业模式为解决失业问题提供了一个新的思路",施罗德总理还呼吁"其他企业和工会依照其榜样,提出类似有创建性的解决问题的办法",但是,毋庸讳言,工人的实际小时收入低于企业中的同行,每周工作时间增加了;虽然"这是一种值得效法的劳资模式",被认为是在解决失业的斗争中共同迈出的重要一步,5000 马克高于现有的失业金水平,但是,事实上工会讨价还价的能力降低了,国家层次上的谈判议合已开始向下移动,工会在社会谈判中正逐渐处于劣势,而资本正逐渐走向优势①。

工会一直被认为是欧洲合作主义福利国家的基石之一,上述变化趋势将"别有一番含义",并且,"非工会化是一种世界现象",已经波及了许多国家。米歇尔·阿尔贝尔(M. Albert)认为,即使在瑞典,非工会化现象也十分严重,强大的中央工会"瑞典总工会"(LO)也遭到了削弱,集体谈判程序开始分散化,全国一级的谈判已经降到企业一级了②。

(三)在国家、资本在和劳动力三者之间,三方权力的平衡开始向资本一方移动,合作主义和三方伙伴主义的关系基础倾向于弱化

全球化的深入加强了资本在与国家谈判关系中讨价还价的能力,从而提高了其迫使国家减税、取消管制和降低成本(如降低工资水平和福利水平)的要挟能力;相反,与之相对应的则是在一定程度上以牺牲劳工利益为代价的劳工在与资本抗衡时能力的削弱,于是,"强资本"与"弱劳工"就会同时成为全球化的伴随物而突现在福利国家之中,合作主义政制将面临着新的考验。

在全球化的冲击下,雇主、雇员和政府可以对各种各样的经济交易讨价还价,这种状态因经济的开放而被破坏。因此,组织起来的劳动者只能选择折中的工资,接受新的技术和工作程序,以换取充分就业、经济增长和社会福利。如果政府放弃提供充分就业的承诺,那么,资本也不那么需要劳动者的合作。由于失业和资本的跨国流动,劳动者将服从于市场机制。因此,在像瑞典那样的国家里,社会福利的合作关系和三方关系即使没有被破坏,也已经被大大削弱了。另一方面,像德国、奥地利和挪威等国家,新合作主义的机制仍在运行。尽管从结构的角度来看,资本相对于劳动力和政府处于强势地位,但还有其他一些因素影响了社会福利合作关系的安排以及它的持续性③。

假设其他的条件都不变,公司的集中化程度就是影响资本从社会福利合作机制撤出的重要变量。譬如,众所周知,瑞典资本比挪威资本更国际化、更

① 关于德国大众汽车集团公司这个"5000×5000"议合方案的上述资料,引自《德国大众创造全新就业模式》,《经济参考报》2001年8月31日第3版。

② 参见米歇尔·阿尔贝尔:《资本主义反对资本主义》,社会科学文献出版社1999年版。

③ Garrett, G., *Partisan Politics in the Global Economy*, Cambridge. University Press, 1998, chapter 6.

集中化,也许这就部分解释了为什么这两个国家在社会福利合作方面如此不同。经济状况是另一重要变量。全球化给资本和劳动力之间的权利分配带来的是结构性的变化。

(四)全球化将产生削减政府赤字和降低税收的外部压力,由此对社会福利和社会开支水平产生"下调"的倾向;而与此同时,面对福利政策目标的"向下移动",合作主义倾向将会出现反弹,要求维持甚至不断提高其福利水平

随着国民经济进一步融入世界市场,资本和金融流动性、灵活的利率以及金融市场的支配地位等因素的不断增加将会大大加强企业家的"控制力",它们对各国的税收政策将产生"下调"的外部压力;非政府组织、国际金融机构(如经合组织和国际货币基金等)、企业雇主和公司文化的发展将会导致降低税率的呼声愈发强烈,进而推动低税收政策在全球开始蔓延。欧洲国家近年来刮起的一股"减税"风就是明证。例如,德国早在 1994 年就提出了税收改革设想,2000 年终于通过了税收改革方案,计划在 2001—2005 年间分 3 个阶段实施,减税总额可达到 900 亿马克[①]。再例如,法国计划在 2001—2003 年期间减税 1200 亿法郎,这个减税计划被认为是法国 10 年来减税力度最大的一次[②]。减税为各国政府带来了削减社会福利水平和社会支出的压力和借口。诸如经合组织这样的国际机构也卷入了"减税风",势必对其成员国的社会福利政策将产生向下调整的压力,它们希望其成员国的社会福利供给具有更大的选择余地和弹性。由此看来,全球化的浪潮对社会福利与社会支出的影响将会产生两个方向相反的压力倾向:一方面,由于国际组织的卷入和减税政策取向等原因而导致的社会福利制度向下调整的压力;另一方面,由于失业率居高不下、工资水平的停滞或不断下降、人口的老龄化和单

---

① 参见裴元伦:《2001—2005 年:德国的税收改革》,《中国改革报》2000 年 9 月 20 日第 8 版。

② 关于法国减税的资料,参见郑秉文:《一年来欧洲主要国家福利改革新动向》,《人民论坛》(人民日报社理论部主办)2001 年第 8 期;《欧洲国家福利改革新动向》,《经济日报》2001 年 8 月 20 日第 7 版。去年以来,从克林顿到施罗德,从伦敦到马德里,在欧美国家刮起了一股强劲的"减税风"。法国政府这次减税的重点在个人、家庭,尤其是低收入家庭,不但调了个人所得税纳税标准,还取消了个人汽车印花税;不但降低了企业税税率,还削减甚至取消了低收入阶层的某些税负。法国这次强劲的"减税风",就涉及个人福利方面来看,主要有两个特点:(1)低收入家庭的福利水平提高的幅度较大,减税较多。(2)为缩小福利差距和稳定社会,对高收入家庭进行"惩罚"。

亲家庭的增加等因素,社会支出的需求将变得有增无减,即劳动市场管制的放松等相对灵活的社会就业政策将会增加对制度化社会保障项目的需求,从而产生推动社会支出和社会福利向上移动的压力。来自于全球化的这两种相互矛盾的压力虽然对国家福利政策的影响是间接的,但它却是长期的;虽然民族国家在财政和社会福利政策方面仍然是自主的,但它不得不考虑来自于国际的(如国际组织)和国内的各种主张维持和"捍卫"福利国家和阻止削减社会福利因素的存在(如公共的选择、选举政治、利益集团以及人口结构等等),甚至在某些时候和场合由于害怕出现政治上的反弹而放弃某些领域的社会支出紧缩政策,出现福利扩张的可能性。例如,近年来法国将近 10 个福利项目标准在原有的基础上加以上调,并且又设立了一些新的福利项目①。

二、为捍卫福利国家,工会的反弹将成为
支撑合作主义政制的重要力量之一

20 世纪 90 年代以来欧洲国家新保守主义的下野虽然使福利国家"收缩派"的势力得以"收缩",但同时"维持派"也受到了重创,合作主义政制相应受到了很大的影响,尤其是,面临全球化的冲击,"三方伙伴主义"的发展将具有

---

① 关于法国近年来增加福利项目和提高福利标准的详细情况,参见郑秉文:《一年来欧洲主要国家福利改革新动向综述(上)》,《中国经贸导刊》2001 年第 17 期,第 41—42 页;《一年来欧洲主要国家福利改革新动向综述(下)》,《中国经贸导刊》2001 年第 18 期,第 41—43 页;《法国社会保障改革的新动向——不断增加福利项目,大幅提高福利标准》,《中国社会保障》2000 年第 12 期。就法国的情况看,近年来政府在津贴和补助金发放方面呈现出两个特点。第一是设立新的津贴和福利项目。(1)为丧失自理能力的老人设立了"自立补助金"。(2)"家长照看孩子补助金"是专门为孩子生重病、天灾人祸或伤残儿童的父母设立的。(3)立法规定城市必须建有 20%的福利住房。(4)设立"普遍医疗保障"制度。从 2000 年 1 月 1 日起,法国开始实行"普遍医疗保障"制度,该制度被认为是法国社会保障的一项重要改革,是社会的一个重要进步,是对"最低生活保障线"(RMI)的重要改进。其基本内容是,在法国本土和海外省居住连续三个月以上、没有达到规定的"收入底限"的所有领薪者都可以享受免费的医疗待遇。第二是原有一些补贴项目的标准上调。(1)失业金领取资格下调,分摊金降低。(2)五个特种补助津贴从 2001 年 1 月起上调 2.2%。(3)"安置津贴"和"特别救助津贴"从 2001 年 1 月 1 日起开始上调。(4)"法定最低工资"的标准上调 3.2%。法国政府于 2000 年 6 月 30 又上调了"法定最低工资"(SMIC)标准,即由原来的毛工资 40.72 法郎/小时上调至 42.02 法郎/小时。按每月 169 有效工时计算,每月的"法定最低工资"税前为 7101.38 法郎,税后为 5609.38 法郎。

弱化的趋向;可是,另一方面,福利国家受到的"触动"和福利多元化的趋势以及全球化为合作主义带来的困难又一定程度地导致了工会组织的反弹,出现了工会力量联合的趋势和维护与推动国家福利制度不断发展和膨胀的可能性。欧洲国家的这些历史沉积和传统或许就是欧洲合作主义政制存在的根本原因之一和20世纪90年代"第三条道路"理论产生与发展的重要社会基础之一,或许,是欧洲合作主义"回头"与"第三道路"型的合作主义的重要特征和表现。

(一)为加强工会的谈判力量,近年来欧洲国家各工会之间采取联合行动要求政府提高福利待遇的事情时有发生

法国公立部门七大工会(劳工总联合会、劳工民主联合会、工人力量总工会、全国自治工会联盟、统一教师工会、天主教工人联合会和企业行政及技术人员总工会)联合号召全国540万公务员于2001年3月22日举行了全国大罢工和示威游行,要求政府"在明显改善的基础上"重新展开工资谈判。工会与政府之间的主要分歧是如何提高2000年用以计算工资和退休金的基数,在失业金和退休金等其他问题上也有不少分歧。工会方面认为,国家与劳资双方的关系是"社会重建"的中心主题,应尽快予以解决;而政府方面表示只能在市镇选举后对工资问题作出决定。再例如,法国就业部2000年11月17日公布的统计数字表明,领薪者月工资指数(SMB)在1999年9月至2000年9月的一年时间之内增长了1.9%,而物价指数却上涨了2.1%。同时,欧洲经济统计局公布的数字显示,欧元区由于石油价格上涨等因素,以过去12个月来统计,2001年2月份物价上涨2.6%,1月份上涨2.4%,涨幅大大超出欧洲中央银行确定的2%的"红线"。根据这些官方统计的"工资低于物价涨幅"的"铁的事实",法国七大工会联合发出呼吁,号召在2001年3月22日参加"全国罢工和示威日"。这七个工会在它们递交政府的最后通牒逾期后,联合签署了一份公报,表示:"鉴于公共事务部长坚持不愿意在进一步改善的条件基础上重开工资问题谈判,工会因而号召于3月22日再一次组织全国范围内的罢工和示威日活动。"工会方面提出的具体要求是提高工资1.1%,而政府只同意给0.5%。再例如,2001年3月初以来,法国几家医疗行业的工会组织向政府提出了增加医务管理干部及泛医分支工作人员的工资,这项要求若获政府批准,在未来的5年里将使

国家每年增加 22 亿法郎的额外支出①。

（二）欧洲国家的工会不但在对付政府采取行动时经常联合起来统一步调，而且近年来"工会合并"的现象也越来越引起人们的注意

据国际劳工组织的一份报告，英国运输工人和普通工人联合会已发展成为一个巨人组织，在各个经济分支以及服务部门都拥有会员。英国两个最大的有色金属工人联合会、工程电力工会和制造业科学金融业工会又进行了一次大合并。国际工会联合会呼吁各工会组织要提高效率，加快合并进程，以寻找可以与国际资本势力相匹敌的组织形式。组织的不断合并和重新组合使其势力开始膨胀，成为抗衡国际资本的一个有力武器。在过去的 10 年中，工会的合并和集中化在德国发生了新的变化。建筑工会、矿业工会、化工造纸和陶瓷业工会已经完成了合并，林业工会和纺织工业工会等一些规模较小的工会被有色金属行业工会所吸纳。

令世人震惊的还属德国最近的一次合并行动。经过 3 年的艰苦谈判，2001 年 3 月 16 日德国公共服务和运输工会、邮递员工会、传媒工会、职工工会以及商业、银行和保险业工会这服务行业五大工会终于决定进行大联合，组成名为"服务行业统一工会"（Verdi）的新工会。它将是此行业中全球最大的工会组织。这个工会巨人的首要目标是在日益扩大的服务行业吸收新会员，以弥补近年来工会会员的流失。合并后的服务行业统一工会虽然目前是全世界最大的单一工会，拥有 299 万会员，但与 1996 年时的 343 万人相比，还是流失了 40 多万个会员。国际劳工组织的这个报告表明，虽然合并和集中化的进程在不同的国家采取了不同的形式，但在一些国家，政治、意识形态和宗教上的分歧依然是阻碍工会合并的主要因素②。

（三）欧洲工会运动传统中一个重要特点是公共部门或国营企业的工会采取行动的作用和效果要远远大于私人部门或私营企业工会组织所采取的行动

近二十多年来，全国性规模的大罢工越来越多，规模一次比一次大，有不少

---

① 见法国国家经济研究和统计中心网站，http://www. insee. fr/fr/ffc/Liste＿theme. asp? theme＿id＝4&first＿doc＝1；见法新社网站，http://afp. liberation. com/afp/fra/010303182524. n9incr91. html。

② 参见《劳工世界》，中国劳动社会保障出版社，2001 年第 8 期。

甚至可以称做是"历史性的";其结果是公营部门工作人员待遇显著改善。根据统计部门公布的数据,公营部门的平均收入高于私营部门,而且两者之间的差距日益扩大,尤其在有关退休和工作年限上,而服务质量的改善则远远落在后头。公共部门似乎从罢工中尝到了"甜头",举行示威和罢工的次数愈来愈多,密度愈来愈紧,规模愈来愈大。比较起来,私营部门的罢工效果"不太理想"。这里有很多原因,但归根结底恐怕还在于这两大部门根本性质的区别:公营部门通常掌握着国家的命脉,而且被借故解雇的可能性比较小;私营部门则没有这些特点。因此,并非私营部门职工不想采取一切手段改善自身的境遇,只是受制于自身处境的限制而已。政府在推行削减福利计划时,往往首先在或只能在私人部门进行,而公营部门一般来说则始终处于不败之地。出于保住自身"铁饭碗"利益的考虑,公共部门的工会对私有化运动基本上是采取消极和抵制态度的。2001 年 3 月 6 日,法国的五大工会(劳工总联合会、法国劳工民主联合会、工人力量总工会、企业行政及技术人员总工会和法国天主教工人联合会)号召会员举行"全国行动日",目的是"对公立部门私有化以及打破规章说不"①。

(四)在欧洲"减税风"中亦可看到工会发挥的作用

法国宣布从 2001 年起取消"居住税"中所含的地方税部分。政府的这个举措源于法国"全国税务统一工会"2000 年 11 月 6 日召开的一次记者招待会。在会上工会发布了一份资料详尽的统计报告,指出,由于地方分权的原因,居住税中的地方税部分在法国各地区之间差异较大,导致了"实际存在的不公平现象",即各地区实行的税率不尽相同:大巴黎地区的税率是 0.978%,阿尔萨斯(Alsace)是 1.51%,布列塔尼地区(Bretagne)是 2.03%,上诺曼底省是 2.38%。这个报告对政府下决心取消"居住税"中所含的地方税部分起了重要作用②。

三、欧洲一体化进程对合作主义政制的影响

斯密特和哥诺特(P. Schmitter, R. Grote)曾预言,对于欧洲的合作主义来说,"如果前面 20—25 年周期的推测正确,如果把它上一次的衰落确定为

---

① 见法国信息统计全国委员会网站,http://www.cnis.fr/cms。

② 见法新社网站,http://www.afp.com/francais/products/? pid=online/journaleur。

1973 年的石油危机,那么在 1985—1988 年它达到最低点,1998—1999 年之后将再次达到顶峰,这差不多正好是预计中欧洲货币统一的时候"①。也就是说,欧洲单一货币体系欧元运行之际应是预计中的欧洲合作主义回头之时。从中可以肯定一点,即欧洲一体化进程和欧元的启动对欧洲合作主义政制将产生较大的影响。

(一)从失业率这个间接的角度看,欧元的诞生将会成为一个间接地强化合作主义政制的因素

区域金融一体化和货币单一化将对民族国家中央银行改变国内信用条件的能力产生限制性的约束,外部压力将会对国内采取积极的货币政策产生抑制的倾向,其结果将会使其成员国纷纷采取相对紧缩的货币政策以代之积极的货币政策②。反过来说,在区域性紧缩经济政策的环境中,单个国家若反其道而行之采取积极的货币与财政政策是难以成功的,1981—1983 年法国密特朗计划的夭折就是明证。此外,德国前财政部长于 1999 年 3 月辞职的事例也可以作为一个最新的佐证③。与其他 OECD 国家相比,近几十年来西欧成员国的经济政策总的来说采取的是紧缩的立场,这似乎是西欧国家经济政策的一个重要特征。由此而为欧洲经济带来的另一个重要特征是居高不下的失业率,在整个 20 世纪 80 年代和 90 年代欧洲主要国家都几乎平均是两位数,高于北美和日本。当然了,这与该时期新保守主义思潮泛滥及其政策理念流行绝对不无关系,但是,在"华盛顿共识"深入人心的欧洲,赋予失业率和经济增长以较低的权数而力图保持财政平衡、物价稳定和汇率平稳则更为人们所接受。尤其是,80 年代后期货币一体化的步伐加快、90 年代单一货币过渡期 3 个阶段的时间设定,终将欧元区的紧缩性经济被"固定"下来。这样,高失业

---

① P.C.斯密特、J.R.哥诺特:《法团主义的命运:过去、现在和将来》,载张静:《法团主义》,中国社会科学出版社 1998 年版,第 187 页。

② Tabb, William A., "Labour and Imperialism of Finance", *Monthly Review*, Vol.41, No.5, October(1989).

③ 奥斯卡尔·拉冯塔纳作为民主党和绿党联合政府中的财政部长于 1998 年就职,1999 年 3 月辞职,原因是他试图运用传统的凯恩斯主义政策来解决社会经济问题,结果遭到了德国企业界的持续抨击。他认为欧洲各国的社会民主党政府,从意大利的普罗笛政府到法国的诺斯潘政府,都把货币政策转交给欧洲中央银行,结果束缚了自己的手脚,难以推动有利于各自国家劳工利益的变革。参见舒尔茨,B.H.:《全球化、统一与德国福利国家》,《国际社会科学杂志》2001 年第 18—1 期。

率将会成为一种"常态"而伴随着欧元纸币的诞生而进入 21 世纪①。

在一些西方学者看来，马斯特里赫特所确定的货币同盟趋同标准"实际上是对所有参加国的福利国家的一场大围剿"，因为它"强迫各国削减社会开支，敦促公共财产实行私有化，还普遍地造成一种有利于大公司利益的氛围"，其结果"是使各国无力推行独立的凯恩斯主义政策，无法支持传统的福利措施"，这就要求"欧洲的工会组织也在努力实现跨国合作，以保护全欧盟的工人利益。"②。之所以说失业率居高不下被欧元单一货币体系相对"固定"下来是间接强化欧洲合作主义政制的一个因素，是因为从长期来看它为欧洲各国工会的活动留下了较大的活动空间，工会的代表性和存在的意义在"为实现充分就业而斗争"的现实中以及与国家和雇主的谈判中充分体现出来并由此将继续成为欧洲工人运动的主角。

(二) 欧洲一体化的进程将会推进全欧性的"制度性对话"

一方面，欧盟凌驾于各成员国之上，制定一些约束福利国家的社会政策，取消一些不利于单一市场发展的具有民族国家的制度，使福利国家的发展出现了外化于民族国家社会功能领域的现象③；另一方面，关于社会福利的"集体谈判"也出现了若干超国家的全欧性机制，从而使欧洲国家的劳动关系发生了一些变化。例如，1999 年 3 月欧洲联盟各国签订了限制延长劳动合同、反对缩减劳动者社会保障水平的相关协议，在农业和食品加工等领域也签署了类似的协议。

全欧性的"制度性对话"机制的出现如同欧盟成员国其他领域部分主权让渡那样，无疑它标志着在国家一级的"谈判议合"之外又出现了超国家的"合作主义"因素，这是一个崭新的历史现象。这种"向上移动"的因素对于民族国家的合作主义政制来说是具有强化还是弱化作用呢？它对欧洲的福利制度会产生什么样的影响，是扩张性的还是收缩性的？

毫无疑问，对前者来说，合作主义"潜力"的"向外漫延"说明了三方伙伴

---

① 在这方面，柳永明作了专门的研究，参见柳永明：《开放经济与欧洲的紧缩性经济政策》，《世界经济》2001 年第 3 期，第 21—28 页。

② 舒尔茨，B.H.：《全球化、统一与德国福利国家》，《国际社会科学杂志》2001 年第 18—1 期，第 53 页。

③ 关于欧洲国家福利外化的独特现象，周弘作了富有成效的研究，参见周弘：《福利国家向何处去》，《中国社会科学》2001 年第 3 期。

主义中工会力量由民族国家内部"向外部释放"的可能性,从而具有分散和弱化民族国家内三方伙伴架构的合作主义因素的可能性;但另一方面,欧盟层面的"制度性对话"的约束力和涉及的领域毕竟是有限的,并且,欧盟与各成员国之间的协调解决毕竟最终是"全欧性对话"的重要基础和前提条件。对于后者来说,由于全欧性的集体谈判多发生于跨国行业系统里,所以,三方伙伴主义的"向外漫延"对民族国家的福利制度将会产生较大的影响,"压力释放"的结果将具有导致福利水平向下的趋势。在"欧洲企业"(即欧洲跨国公司)里,"强资本与弱劳工"的差异比其他企业更明显,工会的组织率与集体谈判覆盖率还要低,例如,根据欧洲议会的有关法案,"欧洲企业"要建立工人委员会以保护工人的利益。但到1998年底,在1300个"欧洲企业"中只有450个建立了这样的委员会,并且,这个趋势正在减缓。按规定,旨在工人参加管理的工人委员会体制只在"较大"的"欧洲企业"里实行,但这些"较大"的企业只占全部"欧洲企业"的3%,而工人却占全部总数的50%[①]。基于上述数据,"欧洲企业"中工会的讨价还价能力和所接受的条件都将是较低水平的,与其他企业相比将不可同日而语。由此可以推断,全欧的"制度性谈判"对民族国家的社会支出与福利制度至少目前来看不会产生扩张性的作用。

(三)欧盟内部生产要素的流动将会导致其成员国税收、收入再分配和企业年金以及企业内部集体谈判制度等方面的变化

欧盟内部资本流动性的提高将导致对劳动力需求弹性的提高,各国之间更容易彼此替换劳动力,这样,税务负担就容易从流动的资产所有者(投资者)转向不流动的资产所有者(劳动力)身上。20世纪80年代以来,法、德、英等国资本的平均税率始终呈下降趋势,而劳动力的税率则在不断上升,这就不可避免地影响到政府在资本和劳动这两方面总开支的相对负担,就会出现纳税阻力,削弱国民的各种福利津贴水平,从而削弱社会保障制度的再分配作用。为此曾有人建议创立一些国际税种[②],以弥补国际贫困的差距。劳动力

---

① 参见姜列青:《俄罗斯工会人士谈当今世界上的几类社会模式及其工会》,《国外理论动态》2001年第3期。

② 例如,对国际资本流动和航空旅行进行征税,税率宁可低一些,据联合国开发计划署(UNDP)的估计,其数额可以在全球GDP的3%以下。这部分内容参见国际劳工局·日内瓦:《2000年世界劳动报告:变化世界中的收入保障和社会保护》,中国劳动社会保障出版社2001年版,第45—46页。

流动的规模越大,要求减少成员国之间福利待遇差距的压力就越大,调整劳动力在不同成员国拥有津贴的权利和社会保障制度的结构以维持其收入再分配的性质就成为一种必然趋势。

此外,欧盟内部生产要素的流动不仅对其成员国的社会保障制度有影响,对企业补充保险即企业年金制度也有一定的影响。据悉,"有些大公司正在施加压力,要求进一步规范企业年金的准则,尤其是在各国税收方面的待遇以及对年金基金投资方面的限制,因为这些公司雇佣了来自不同欧盟成员国的雇员并在各国实际拥有各自单独的公司年金基金"①。企业年金的变动必然涉及企业内部集体谈判制度的架构和工会地位的问题。

参考文献:

安东尼·吉登斯:《第三条道路,社会民主主义的复兴》,北京大学出版社2000年版。

奥利维耶·施瓦茨:《工人阶级变成了什么?》,法国《人道报》2001年5月2日。

比德·泰勒:《日益衰退的工会进入忧虑忡忡的时代》,英国《金融时报》2001年3月9日。

国际劳工局·日内瓦:《2000年世界劳动报告:变化世界中的收入保障和社会保护》,中国劳动社会保障出版社2001年版。

姜列青:《俄罗斯工会人士谈当今世界上的几类社会模式及其工会》,载《国外理论动态》2001年第3期。

《劳工世界》,中国劳动社会保障出版社,2001年第8期。

米歇尔·阿尔贝尔:《资本主义反对资本主义》,社会科学文献出版社1999年版。

裴元伦:《2001—2005年:德国的税收改革》,《中国改革报》2000年9月20日。

P.C.斯密特、J.R.哥诺特:《法团主义的命运:过去、现在和将来》,载张静:

---

① 国际劳工局·日内瓦:《2000年世界劳动报告:变化世界中的收入保障和社会保护》,中国劳动社会保障出版社2001年版,第45—47页。

《法团主义》,中国社会科学出版社 1998 年版。

舒尔茨,B.H.:《全球化、统一与德国福利国家》,载《国际社会科学杂志》2001 年第 18—1 期。

周弘:《福利国家向何处去》,《中国社会科学》2001 年第 3 期。

郑秉文:《一年来欧洲主要国家福利改革新动向》,《人民论坛》(人民日报社理论部主办)2001 年第 8 期;《一年来欧洲主要国家福利改革新动向综述(上)》,《中国经贸导刊》2001 年第 17 期;《一年来欧洲主要国家福利改革新动向综述(下)》,《中国经贸导刊》2001 年第 18 期;《法国社会保障改革的新动向——不断增加福利项目,大幅提高福利标准》,《中国社会保障》2000 年第 12 期;《欧洲国家福利改革新动向》,《经济日报》2001 年 8 月 20 日。

Garrett, G., *Partisan Politics in the Global Economy*, Cambridge University Press, 1998.

Hutton, W., *The State We're In*, London, Jonathan Cape, 1995.

King, D.S., *The New Right*, London Macmillan, 1987.

Ramish Mishra, *The Welfare State in Capitalist Society*, Harvester Wheatsheaf, 1990.

Tabb, William A., "Labour and Imperialism of Finance", *Monthly Review*, Vol.41, No.5, October(1989).

(本文原载于《世界经济》2002 年第 6 期,第 38—45 页)

合作主义:中国福利制度框架的重构

内容提要:合作主义(corporatism)或称三方伙伴合作的程度在当代发达国家的经济制度和福利制度中只是一个大和小的问题,而不是客观上有没有的问题;它们在社会保障和社会福利制度中的存在只是一个多和寡的问题,而不是主观上要不要的问题。它与几乎所有工业化国家的社会保障制度相生相伴,相互依存,成为一枚硬币的两个侧面;它是现代文明国家发展进程中一个不可逾越的历史阶段,是现代社会保障制度与现代社会福利制度的结构中一种不可或缺的要素。在社会保障制度设计上我们应该有一个理性的预期,使之充分体现我们价值观的追求,利用"后发国家"的优势和中国独特的政治优势,以避免当代西方福利国家中出现的问题。既然福利制度与经济制度具有如此的关联性和相伴性,那么,在经济制度的转型过程中如果忽略或没有考虑到福利制度的转型,就很可能使改革的宏伟大业偏废甚至毁于一旦。新工会法的颁布客观上为树立现代社会保障和社会福利制度法律框架的第一个支柱打下了桩基,它是贯彻落实"三个代表"重要思想的一项重要举措,是按照"三个代表"的要求与时俱进、开拓进取的具体体现。

一、合作主义的理论与西方现代福利国家

众所周知,战后几乎所有西方发达国家确立福利社会的制度基础是三方合作机制(雇员组织、雇主组织和国家)。这里,"合作主义"(corporatism)这个概念就是对这些福利制度的一种描述,其基本特征可以作出如下界定:(1)合作主义福利制度以三方伙伴合作为主要内容,使之成为缓和阶级矛盾与社会冲突、制衡利益集团、维持社会稳定的一个必然的社

会历史阶段;(2)三方伙伴中的雇员组织是社会政治过程中具有相对独立法律地位、以缔结社会契约为社会目的、具有公共性质的功能性社会组织;(3)在这个具有使经济发展与社会公正相互兼容的能力的制度安排中,雇员组织必须是由国家公共权力机关认可、在法律框架内具有合法代表性和垄断性的法人组织。在西方一些学者那里,"合作主义"这个术语已经成为描述和分析当代西方福利制度模式的一种工具(与此相对应的便是新保守主义或称新自由主义,甚或货币主义等),甚至有的学者直接将福利国家看成是合作主义的一种体现形式①。

　　近10年来,一些西方学者试图采用定量分析的方法对主要发达国家进行合作主义因素的度量。在这方面,威廉姆森和兰博尔做了一些开拓性的工作。在他们对社会养老金的研究中,根据国际劳工组织提供的资料,筛选出18个国家22年(1959—1980年)的396组数据,设计出一组相关系数以后,获得一种测度方法。他们运用该方法,将18个案例国家按合作主义因素评分的高低多寡予以排列,从而向人们展现出一个关于合作主义因素与合作程度的排序(见表1)。

　　从表1中可以看出,这个频谱的两端是合作主义因素最多的北欧国家和合作主义因素最少的讲英语的国家。日本、澳大利亚和西欧的一些国家处于中间状态。威廉姆森和兰博尔作为老龄问题和养老金问题的专家,他们之所以将养老金和老龄人口与GDP等变量引入测度方案之中并据此来对合作主义因素进行测评,是因为从中可以捕捉到对养老金给付可以产生影响的一些重要原因,进而可以看出老龄人口作为一个利益集团(现实的和潜在的)在国家政制架构中的重要程度及其在公共政策中的作用程度,或间接地看出其利益集团组织化的程度。在他们看来,这些变量正是测度和评价一个政制的合作主义因素和合作程度的重要变量。

　　① 参见[英]约翰·基恩:《公共生活与晚期资本主义》,社会科学文献出版社1999年版,第14页。

表1 18个主要国家中"合作主义"因素与程度测量值

国家	因素得分	老龄人口占总人口比重(%)		养老金/GDP(%)		养老金/老龄人口	
		1960年	1980年	1960年	1980年	1960年	1980年
奥地利	1.56	12.0	15.1	4.6	8.8	38.4	58.3
挪威	1.55	11.1	14.3	2.4	7.5	21.7	52.2
瑞典	1.42	12.0	15.9	3.6	9.7	29.7	61.0
荷兰	1.14	8.7	11.2	3.6	11.2	41.4	99.7
丹麦	0.67	10.6	14.0	3.7	7.8	35.1	56.0
芬兰	0.50	7.3	11.5	2.2	6.2	30.5	54.1
德国	0.39	10.8	14.8	6.0	9.5	55.4	64.3
比利时	0.38	12.0	14.0	3.0	6.6	25.4	46.8
瑞士	0.11	10.2	13.3	2.3	5.3	20.4	56.6
日本	−0.12	5.7	8.6	0.2	2.2	4.1	25.0
爱尔兰	−0.51	11.2	11.0	2.3	5.3	20.6	47.8
新西兰	−0.74	8.7	9.1	3.5	6.7	40.5	73.5
澳大利亚	−0.78	8.5	9.1	2.2	3.8	26.1	42.0
意大利	−0.85	9.1	13.0	3.1	9.8	33.7	75.2
法国	−0.94	11.6	13.8	2.6	7.7	22.7	55.9
英国	−1.16	11.7	14.6	3.0	4.8	25.6	32.7
美国	−1.30	9.2	10.9	2.3	3.9	25.1	35.7
加拿大	−1.31	7.5	8.9	1.9	2.9	25.3	32.4

资料来源:Williamson, J.B. and Pampel, F.C., *Old-Age Security in Comparative Perspective*, Oxford University Press,1993, p. 194.

艾斯平—安德森在对资本主义社会的劳动力和社会福利进行"非商品化"研究时对合作主义的福利制度作了更为深入的研究。在中世纪即传统社会中,劳动力和福利制度并没有完全商品化,那时,福利与劳动契约没有什么关系,一个人的生存能力是由家庭和教会等决定的。但在资本主义社会,当劳动力的需求和劳动力本身成为商品时,人们在市场以外的生存能力就受到了威胁,因为劳动力不同于其他商品,他要生存和消费,还有生老病死,而且他也生产他们自己以及他们所赖以生活的社会;资本主义社会中竞争愈激烈,劳动力的价格就会愈便宜,因为他作为商品是可以被取代的甚至可以被淘汰。也就是说,劳动力商品化程度越高,社会福利项目的商品化程度就越高,反之就越低。在他的研究中发现,北欧国家的非商品化程度倾向较高,而盎格鲁—撒克逊国家在这方面则较低。在前者中,它们的政制表现出了较高的合作主义因素倾向,而后者则相反。他筛选出 18 个案例国家,对它们的合作主义因素给予评测。与威廉姆森和兰博所不同的是,他引入的变量范围较大,将"家计调查型的救济占社会公共支出总额的比例"、"私人养老金占全部养老金的比例"和"私人医疗保险支出占医疗总支出的比例"三项因素作为变量引入评测方案中。根据他设计的相关系数,计算 18 个国家的得分情况,即合作主义因素与程度。其评价结果与威廉姆森和兰博尔得出的研究结果大同小异:讲英语的 6 个国家(美、加、英、爱尔兰、新西兰、澳大利亚)合作主义因素得分最少,均分别为 1 至 2 分不等,而其他 12 个欧洲国家(含日本)除瑞士、丹麦、荷兰等国以外,得分均超过 4 分,最高分的几个国家分别为意大利(12 分)、法国(10 分)、日本和奥地利(各得 7 分)、德国(6 分),等等[1]。

艾斯平—安德森给出的上述合作主义因素得分评价结果,本质上讲是运用"非商品化"(de-commodification)这个研究工具进行测量的结果,即非商品化程度越高的国家,一般来说它们的合作主义倾向也就越高。换句话说,非商品化倾向与合作主义因素具有某种内在关联性,据艾斯平—安德森的考察,这二者之间有着某种"非常接近的血缘关系"[2]。为了证明他的上述判断以说明福利国家在非商品化方面的不同潜能,在引入养老保险金、医疗保险金的变量之外,他又引入了"失业保险",在对 18 个国家进行其覆盖人口比例的加权计算之后进行非商品化分数的计算,发现在不同国家这三个社会保障项目在非商品化潜能上有明显的程度差异,从而显示出这些国家社会福利的非商品化程度存在本质上的差异。见表 2。

---

　　[1]　Esping-Andersen, G., *The Three Worlds of Welfare Capitalism*, Polity Press, 1990, p.70, Table 3.1.

　　[2]　Esping-Andersen, G., *The Three Worlds of Welfare Capitalism*, Polity Press, 1990, p.44.

表2　18个主要福利国家非商品化总分的排列情况

第一组		第二组		第三组	
国家	非商品化分数	国家	非商品化分数	国家	非商品化分数
澳大利亚	13.0	意大利	24.1	奥地利	31.1
美国	13.8	日本	27.1	比利时	32.4
新西兰	7.1	法国	27.5	荷兰	32.4
加拿大	22.0	德国	27.7	丹麦	38.1
爱尔兰	23.3	芬兰	29.2	挪威	38.3
英国	23.4	瑞士	29.8	瑞典	39.1

资料来源:Gosta Esping-Andersen,*The Three Worlds of Welfare Capitalism*，Polity，Press,1990，p.52.

表2显示,根据社会福利的非商品化程度得分情况,这18个国家基本上可以分为三组:第一组为盎格鲁—撒克逊裔的国家,他们基本上属于自由主义政制,其特点是非商品化程度非常低。第二组尤其是第三组斯堪的纳维亚国家非商品化程度得分最高,他们几乎都是社会民主主义占优势的国家;高度的非商品化几乎可以是合作主义政制的同义语。这种情况不是巧合,而说明了非商品化程度越高,这些国家三方合作的因素越多,合作程度越高;反过来说,合作主义的一个重要特征可以归纳为其社会福利提供方式的非商品化程度比较高,而第一组即那些历史上自由主义占统治地位的政制则相反。

二、福利制度与经济制度的关系

(一)福利制度的性质决定着经济制度模式的选择

对某种社会保障制度的选择和设计,实际上意味着是对其相应的经济制度的选择和设计,即社会保障制度在某种意义上说就是社会经济制度本身的体现。二者之间不是"两层皮",对某种福利制度模式的追求说到底就是对其相对应的经济制度模式的追求。社会保障制度在某种意义上说之所以预示着社会经济制度的本质,原因如下。

第一,从公共支出规模和公共产品供给的角度看,社会保障和社会福利制度的差异性是一国经济制度的最重要的体现,因为其不仅涉及养老、失业、残障和医疗等单项的社会安全体制,还涉及教育、住房、卫生等关系全体社会成员切身利益的投入产出的根本体制问题,涉及金融(养老金的运营)、银行(金融银行体制)、财政(社会保障预算)和劳动力市场制度等若干国民经济运行机制问题,进而体现一国福利项目的商品化程度和收入再分配即经济制度的模式问题。例如,就福利的实物补贴与货币补贴问题来说,计划经济时代无偿分房的实物补贴的福利制度就是与其高度集中的经济体制相配套的。再例如,由"国家分配工作"的那种100%就业的体制即几乎根本不存在劳动力市场、劳动力不流动和不存在失业现象的体制就是与高度集权的中央计划经济体制相适应。"社会福利"与"社会保障"显然是两个不同的范畴,前者的内涵远远大于后者①。福利制度的内容显然还应包含教育、卫生、住房等领域,盎格鲁—撒克逊模式(例如美国)与欧洲模式或称莱茵模式之间在这些领域的制度差异非常大②,这是不争的事实;这些差异不仅体现在福利受益人身上,更重要的是表现在其投入产出、供给制度的差异上,甚至,即使在加拿大如果将教育视为一个产业,都会引起许许多多的争议③。教育也好,卫生也罢,作为一种公共物品(public goods)或半公共物品(quasi-public goods),在几乎免费供给的国家与几乎全自费购买的国家里,它不仅关系到每个社会成员的社会福利制度模式问题,还关系到这个社会的就业制度模式、劳动力市场模式,甚至还关系到公共支出即教育与卫生制度(公共物品)的提供方式与模式问题。而如果将公共物品的清单再延伸至居民享用的自来水、电、交通、住房、道路桥梁、城市防火的范围,那么,它们的总和就构成了国家干预经济生活的方式问题。这时,国家干预经济的范围与深度自然就成为考量经济制度的一个重要因素了④。

---

① 关于社会福利与社会保障这两个范畴的区别,尚晓援作了较为翔实和充分的论述,见尚晓援:《"社会福利"与"社会保障"再认识》,《中国社会科学》2001年第3期,第113—121页。

② 参见[法]米歇尔·阿尔贝尔:《资本主义反对资本主义》,社会科学文献出版社1999年版。

③ 2000年3月在出席加拿大多伦多大学的一次关于以高等教育为主题的讨论会上,笔者提交论文的内容是关于中国教育产业投入产出的效益问题,结果,会上与会后加拿大的学者就"教育是否是一个产业"与笔者展开了激烈的争论。在他们眼里,教育根本就不应该视做一个"产业"(industry),结果笔者换了几个词,都还是被视为另类。多伦多大学"社工系"的华裔教授曾家达先生说,只能译作"industry"。他们认为教育就应该是国民的福利,是国家应该作为福利项目提供的一种公共物品(public goods),不存在投入产出的问题。

④ 张五常先生的短文《社会福利主义中看不中用》(参见张五常:《随意集》,社会科学文献出版社2001年版)似乎对福利制度与经济制度的关系理解得更为深刻。在这篇短文中,张先生的结论是"瑞典的经济中看不中用"。

　　第二，从公共选择理论的角度来分析福利制度与经济制度的关系，我们还可以说，既然公共物品的决定过程就是公共选择的过程，那么，对福利制度的选择事实上就是公共选择模式的选择。因此，我们可以这样逻辑地认为，一国福利制度中合作主义因素的多寡直接或间接地影响着其公共选择的过程。发达国家三方合作制度即合作主义政制中呈现出的不同谈判内容的"议合"就充分体现了这一点：在一些国家，集体谈判的内容只有工资，而在另一些国家其范围就更广泛一些，包括就业政策、福利政策、社会公益项目，等等。因此，正是在这个意义上，合作主义和福利国家被一些学者认为是对"市场失灵"和"政府失灵"作出的一种回应或一种制度安排①。

　　第三，在社会经济制度的各种权威评估体系中几乎有一半以上的变量都涉及各种社会福利项目。因此，制度被认为是达到目标的工具和产物，而不仅仅是达成共识的过程；其中，教育、养老金、制止犯罪、创造就业机会、保持物价稳定、甚至鼓励家庭价值等变量都被认为是最紧迫的事情②。对制度绩效评估的三个学派中虽然有的强调制度设计，有的注重社会经济因素，有的则偏重社会文化因素，但是，测评的变量因素中相当一部分都属于公共物品、公益物品或福利项目之类。例如，在"意大利实验"中，对其1978—1985年的制度绩效指数的9种变量评估中，福利项目占了5个；对其地方政府绩效的15个指数成分评估中，社会福利项目占了8项，甚至包括运动设施、排污系统、图书馆、垃圾回收、供水系统等项目的提供③。

　　第四，与政府的其他经济职能一样，在社会保障和社会福利的供给中，政府干预和市场的作用也同样存在一个"边界"的问题。从这个意义上讲，一国的社会福利和社会保障制度几乎可以看成是其经济制度的翻版；其他经济管理领域中政府与市场的边界几乎可以折射出其在社会保障中的边界。

　　战后半个世纪以来西方国家经济中几次出现的福利收缩与扩张的过程表

---

　　①　Colin Crouch and Ronald Dore, "Whatever Happened to Corporatism?", in *Corporatism and Accountability*: *Organized Interests in British Public Life*, Colin Crouch and Ronald Dore (eds.), Oxford, Clarendon Press, 1990, pp.4 – 7. Nicholas Barr, *The Economics of the Welfare State*, Oxford University Press, 1998, pp.81, 97 – 98, 196, 410 – 411.

　　②　参见［美］罗伯特・D.帕特南：《使民主运转起来》，江西人民出版社2001年版，第8页。

　　③　参见［美］罗伯特・D.帕特南：《使民主运转起来》，江西人民出版社2001年版，第9—12、229—237页。

明,政府的责任收缩之后,社会的责任(例如私人慈善机构)便常常自动"替补"上来。那么,收缩与扩张之间的关系是简单的"功能性替代品"吗? 政府在福利供给者的责任上的收缩就意味着国家在社会价值和社会福利活动的法律监督责任上的"缺位"吗? 社会福利的"结果"与"手段"之间是一种什么关系,或者,社会福利作为国家保证的"公民权利"原则与政府制定的福利发送与提供手段这二者之间,它们是一回事儿吗? 我们对上述三个问题的回答显然是否定的,它们当然不是客厅里简单地重新安排家具的问题①,而是涉及制度安排的性质问题,是政府与市场的边界的安排问题,是与一国经济体制相适应的社会保障的制度安排问题。

对战后世界经济史的回顾使人们看到,政府经济责任不断扩大的历史必然伴随着政府福利责任的膨胀;政府有什么样的经济责任就基本上有什么样的福利责任。

(二)当代任何制度都内含某种程度的合作主义因素

合作主义因素或称三方伙伴合作的程度在当代任何发达国家的经济制度和福利制度中都只是一个大和小的问题,而不是客观上有没有的问题;它们在社会保障和社会福利制度中的存在只是一个多和寡的问题,而不是主观上要不要的问题;它们自 19 世纪末尤其是本世纪初开始正式登上历史舞台以来,与几乎所有发达国家的社会保障制度相生相伴,相互依存,成为一枚硬币的两个侧面;这个历史现象是现代文明国家发展进程中一个不可逾越的历史阶段,是现代社会保障制度与现代社会福利制度的结构中一种不可或缺的要素。

第一,纵观当今工业化国家,不存在合作主义因素的社会保障制度几乎是不存在的。正如本文表 1、表 2 中所指出的,在 18 个样板国家中,合作主义因素最少的国家或称典型的非合作主义福利政制当属美国等。即使在美国,微观层面即企业水平的集体谈判也属机制性质的,美国 1400 万名州和地方政府的雇员中大约 50% 即 700 万人享有集体谈判权,工人参加工会的比例也为 13%②。从表 3 中可以看出,在工业化国家,纯而又纯的完全排除合作主义因素的福利制度几乎是不存在的,不现实的。

---

① Mishra, R., *The Welfare State in Capitalist Society*, Harvester Wheatsheaf, 1990, pp.108 - 112.

② 转引自新华社:《2000 年美国的人权纪录》,2001 年 2 月 28 日。

表3　1980—1994 年 17 个 OECD 国家集体谈判的层次

国家	集体谈判的层次 a	主要的谈判层次 b	国家	集体谈判的层次	主要的谈判层次
澳大利亚	1,2,3	2→3,1	挪威	1,2	2→1
奥地利	2,3	2	新西兰	1,2,3	2→3
比利时	1,2,3	2	葡萄牙	1,2,3	2→2/3
加拿大	1,2	1	西班牙	1,2,3	2/3→2
芬兰	1,2,3	3→2/1	瑞典	1,2,3	3→2
法国	1,2,3	2	瑞士	1,2	2
德国	1,2	2	英国	1,2	2→1
日本	1,2	1	美国	1,2	1
荷兰	1,2,3	2			

注:a:1＝企业/工厂;2＝部门;3＝中央一级。
　b:→代表变化的方向。
资料来源:OECD, *Perspectives de l'emploi*, 1994.

　　第二,合作主义政制的诞生是现代文明国家发展进程中一个不可逾越的历史阶段,是现代社会保障制度与社会福利制度结构中一个不可或缺的要素。众所周知,一百多年以前,欧洲工人运动的蓬勃发展是现代意义上的社会保障制度诞生的催生婆;即使半个世纪之后美国《社会保障法案》的诞生也是美国工人斗争的产物[①]。可以说,工人阶级曾经是或现在仍然是大机器工业社会或后工业社会的主角之一,推动了现代福利国家的成长。正如许多西方学者所指出的,没有早期的工人运动就没有社会民主主义政党,工人运动、工会和后来政党的诞生是合作主义得以诞生和存续的必要条件[②],在经济水平同样

──────────

[①]　参见霍华德・津恩:《美国人民的历史》,上海人民出版社 2000 年版。这本书以"困难时期的自助"为标题专设一章,用几十页的篇幅引用了大量的当时报刊第一手资料,忠实地记录了从 1919 年大危机到 1935 年《社会保障法案》出台前后工人路死街头的生活贫困状况,工人运动风起云涌的动人场景,美国当局动用大批警力疯狂镇压造成多次血案和最终罗斯福不得不实行"新政"、颁布"社会保障法案"的全过程。该书作者津恩说(第 328 页):"艰难困苦的时代、政府在社会救济方面的无所作为及政府驱散退伍老兵的行动,所有这一切都对 1932 年 11 月的大选产生了影响。民主党候选人富兰克林・罗斯福以压倒多数击败了赫伯特・胡佛,他在 1933 年春就任总统后,便开始实施其立法改革计划,即著名的'新政'"。这些资料再一次告诉人们,美国的"新政"和《社会保障法案》等都是工人运动斗争的结果和产物。

[②]　Scott Lash and John Urry, *The End of Organized Capitalism*, Polity Press,1987, pp.304–305.

发达的国家中,合作主义因素的多寡与社会民主主义思潮和工会势力的强弱有着天然的联系。由此看来,破坏这种客观存在无疑等于破坏现存的资本主义制度结构和现代资本主义文明,"正是福利国家创造了资本主义——通过经济增长所带来的各项福利赋予了其政治上的可行性"①。面对这种客观存在,如同面对全球化的浪潮;正视这个历史规律,如同正视其他现代文明的历史存在;尽管如同全球化和其他现代文明那样,它们很可能具有双刃剑的作用,但不能回避,也不能跨越。

据有关资料显示,目前一些转型国家正在试图小心翼翼地朝这个方向过渡。例如,俄罗斯制定新劳动法典的工作至今已历时 10 年之久,预计今年有望通过。"新法"的主要内容是明确国家、雇主和工人及其工会组织的权利和义务;而"老法"已成为政府和企业处理劳动关系问题和社会事务的制约因素。"新法"之所以长期难产,主要原因是政府、雇主和工人三方之间的意见相持不下。目前俄罗斯的工会处于分裂状态,一个企业有七八个工会,雇主无法与他们一一协商②。

第三,社会经济制度和福利制度变迁演进的未来取向关键不在于为这个制度指出走向何方,而在于这个制度是从何处而来。现代社会保障制度既然来自于人类近代史上的工业革命及其工人运动,那么,合作主义的因素就不可能在一个早上从有变成无;制度的变迁只能在这条路上演进,尽管各个国家的具体国情不尽相同③。

(三)福利制度模式体现着价值观取向

对合作主义政制优劣的评价或以合作主义因素多寡作为衡量好坏的标准,固然有许多客观指标,但同时也体现着人们的主观偏好和价值观的追求取向。在发达国家,为合作主义和工会作用进行强烈辩护的中左派与对其进行激烈抨击的新自由主义之间的争论主要是根据各种统计数据来论证各自的观

---

① Nicholas Barr, *The Economics of the Welfare State*, Oxford University Press, 1998, p.414.

② 参见姜列青:《俄罗斯围绕制定新劳动法典的斗争》,《国外理论动态》2001 年第 5 期,第16—17 页。

③ 例如,与欧洲尤其是北欧国家相比,美国的合作主义因素很少,表现在福利制度上有三个重要特征:战后以来福利制度发展速度较慢;在全国水平上工会的议合作用很小;与社会援助相比社会保险较少。这可能与美国独特的国情有关:工会分散化;人口郊区化;雇员经理化(经理人员比较多);等等。

点,以证明它们对企业的竞争力和经济增长的作用。事实上,对社会保障模式的评价和选择还涉及另一个层面的重要问题,即价值观判断问题。有些美国历史学家就主张不以生产力的发达程度来衡量社会的进步①。在主要两种典型的社会保障模式中,新自由主义倾向于强调市场的作用和个人主义的作用,而合作主义则青睐政府导向的作用和集体主义的作用。在这两种极端的典型模式之间,许多国家采用"混合"的办法同时对其重新组合以实现效率和公正的某种平衡和选择。这种结合与选择体现了一国的主导价值观、具体国情和不同利益阶层的调和。

从价值观的角度看,一国的主导价值观包括其文化历史遗产的沉淀、具体的意识形态取向、宗教信仰和价值观的目标,等等,因此,从这个层面上讲,社会保障制度的确定与设计就不仅仅是个技术层面的问题,不是简单的"好"与"不好"的判断问题,而是一个"选择"的问题。欧洲人恐怕绝大多数更"喜欢""欧洲式"社会福利的理念和原则,他们偏爱更多的是生活的恬静、品质和快乐,追求的更多的似乎是公平、传统和个性。如果与更具商业化社会品质的国家和地区的学人(如香港的一些学人)进行交流,其结果则很可能相反②。

从具体的国情和国家特征出发,主要是指对社会保障制度进行设计时,要有一个预期和理念,既要考虑该国的历史,又要考虑其现状。历史是指"路径依赖",是"从哪里来"的问题,例如,在对待合作主义道路问题上和对待工会等社团参与的问题上要兼顾其历史传统的"连接性"。现状主要是指经济实力、社会各阶层的变化、各种利益集团的对比,等等。例如,以中国为例,工人运动历史比较悠久,各种社团组织具有垄断性的社会地位,意识形态具有一元化的性质,公民具有较强烈的参与意识,社会还有潜在的不稳定因素,等等,这样就可以考量从最低的层次即企业水平上开始起步,选择某种形式和程度的合作主义模式。

从社会阶层现状的特征来考虑,主要是指从不同阶层和利益集团的发展动态这个角度来考虑社会保障的制度模式构建与设计,从社会发展和社会稳定这个大局着眼,通过"精妙无比"的制度机制来调节社会机体。既然社会保

① 参见[美]霍华德·津恩:《美国人民的历史》,上海人民出版社2000年版。
② 参见张五常:《社会福利主义中看不中用》,载张五常:《随意集》,社会科学文献出版社2001年版。

障是收入再分配的一个手段,是一个供全社会"消费"的"公共物品",那么,它的"适用性"在很大程度上就决定了这个社会具有什么样的"稳定性"。不考虑"适用性"和"稳定性"的问题,就等于没有兼顾"公平与效率"的问题。因为,仅仅考虑"制度成本最小化"这一个简单的制度选择原则就很可能导致某种"理想化",而历史经验昭示,利益集团之间、社会阶层之间、地区之间甚至城乡之间等利益矛盾导致的"社会冲突"将可能成为最大的政治代价和制度成本,其结果将很可能是"欲速则不达"或"事倍功半"。社会不稳定的潜在因素是最大的潜在的制度成本。

三、中国合作主义福利制度问题的
探讨与"新工会法"

(一)中国合作主义问题的提出

若干年前就有个别西方学者曾用"地方合作主义"概念来分析中国社会生活的变化及中国"公民社会"萌芽的产生等①。还有的西方学者在研究中国地方社团和"公民社会"时也曾提到过"合作主义"这个概念②。有的西方学者从公民社会和政治体制变革的角度出发,认为"国家化"的合作主义理论为中国的变化提供了更为准确的模式;他们在分析了全国性的合作主义机构、地方一级的合作主义因素之后,认为中国通过这种渐变发展出合作主义制度的可能性要远远高于对任何形式的政治民主的引进③。国内有的学者将运用合作主义研究中国问题的西方学者分为三代人,在对他们每一代人各自研究重点作详细的研究之后指出,从结构的立场看,主要集中在两个问题上:经济组织和国家的关系,社会利益的组织化方式④。近年来,西方学者逐渐开始使用合作主义的工具来研究转型国家制度设计的问题。例如,在讨论前东欧社会主义国家

---

① Oi, Jean, " Fiscal Reform and the Economic Foundation of Local State Corporatism in China", *World Politics*, 45 (1992), pp.99 – 126.

② White G., *In Search of Civil Society*: *Market Reform and Social Change in Contemporary China*, Oxford, Clarendon Press, 1996.

③ 参见[澳]安戈、陈佩华:《中国,组合主义及东亚模式》,《战略与管理》2001 年第 1 期,第 52—60 页。

④ 参见张静:《法团主义》,中国社会科学出版社 1998 年版,第 147—166 页。

社会稳定问题时，西方舆论中有人认为，"东欧国家需要一个稳定的结构来调整各种利益集团以疏导和缓和社会冲突；所以，自由的合作主义似乎是调整超党派利益的最好办法，因为合作主义体制比多元主义体制更能产生较高的稳定性……是比议会民主制度（多元主义）更好的控制社会冲突的最佳手段"①。

　　国内的一些学者近几年来也开始使用合作主义的理论工具来分析和研究中国的一些现实问题。例如，在研究改革开放以来向市场经济过渡过程中国家与社会的关系即国家与经济活动的关系时，国内有的学者曾提到了中国合作主义的社会结构问题②；在研究行业协会和社团组织的论文中也曾有学者呼吁，除了中国的传统模式和美国的多元主义模式之外，还应研究一种更为普遍的政府与民间组织关系的模式即"合作主义"模式，认为"中国应该按照合作主义原则重建政府与行业协会的关系"，"政府与行业协会之间的关系应该从'不平等—依附'向'平等—依附'转变，建立一种有效的'谈判—合作'机制"③。

　　上述西方和中国学者运用合作主义研究中国的现实问题显然是从政治学和社会学的角度出发，而几乎没有人从福利制度的角度并将合作主义这个概念作为经济学的范畴来研究中国社会保障制度的架构问题，偶尔看到个别中国学者在开始重新审视和研究中国社会保障制度的框架结构时只是提到了合作主义的概念，认为，"对现实的中国来说，考虑到社会主义社会价值和福利哲学以及理想，从历史、现实和长远来看，无论对公民个人、国家还是全社会的福祉，合作主义的福利制度模式都是值得追求的"④。

　　如同前文所述，既然欧洲合作主义福利现象是人类文明进程中不可跨越的一个历史阶段（虽然它存在这样那样的问题），我们就应该予以正视和研究；既然对某种类型的合作主义社会保障制度的选择将关系着未来相应的经济制度的取向，那么我们就应该在社会保障制度设计上有一个理性的预期，使它能够充分体现我们特有价值观的追求，从具体国情出发，利用"后发国家"

<hr />

　　①　Peter Schwarz, "Chirac's European vision unleashes controversy in France". www.wsws.org/articles/2000/jul2000/chir-j11_prn.shtml.

　　②　参见孙立平：《向市场经济过渡过程中的国家自主性》，见 http://mysixaing.myetang.com/991114/9911141.htm.

　　③　康晓光：《诊断中国的行业协会》，见 www.china.org.cn/chinese/17502.htm。

　　④　常宗虎：《学术综述：重构中国社会保障体制的有益探索——全国社会福利理论与政策研讨会综述》，《中国社会科学》2001年第3期，第127页，见陈涛的发言。

的优势和中国独特的政治优势,以避免当代福利国家中出现的类似问题;既然福利制度与经济制度具有如此的关联性和相伴性,那么,在经济制度的转型过程中如果忽略或没有考虑到福利制度的转型,就很可能使改革的宏伟大业偏废甚至毁于一旦。

近十几年来,中国社会保障制度建设中出现的一些迫在眉睫的技术层面问题吸引了学界和政策研究层面的主要精力和注意力,例如,个人账户的空转问题,隐性债务问题,社会保障的资金缺口问题,等等。但从价值观以及效率与公平的选择上来看,从政治优势和社会稳定的角度来分析,我们似乎都应重新审视中国社会保障和社会福利的制度设计和制度目标。正如前文所述,重新审视和检讨中国社会保障和社会福利的制度框架不但具有重要的现实意义,也具有深远的历史意义:从现实意义来看,它直接关乎社会稳定的大局;从历史意义来看,它将最终影响到江山福祉的经济制度架构。制度经济学告诉人们,路径依赖将有可能使某种社会形态予以"锁定"从而形成恶性循环。正是从这一点考虑,我们应该说,是到了该考虑福利"制度"的时候了。

就目前社会福利和社会保障的现状来看,所谓"制度"问题应该就是企业中工人代表参加集体谈判的制度化问题。企业集体谈判,这既是现代福利制度三方合作赖以运行最基本的微观条件和初级形态,同时也涉及企业制度问题。事实上,上个月颁布的《关于修改〈中华人民共和国工会法〉的决定》对集体谈判所作的规定已经从法律上解决了这个问题。

(二)中国企业三方伙伴制度即集体谈判的实验

在社会保障的历史上,三方伙伴制度开始是从企业的微观层面逐渐向行业乃至发展到全国一级的(目前欧盟又出现了跨国一级即欧盟层面的集体谈判),而企业三方伙伴制度是现代福利制度的最基本内容。可以这么说,中国在向市场经济制度转轨的初期就开始了企业集体谈判的实验,只不过这个实验是从外商投资企业开始的,其目的是为了吸引外资。

中国劳动部、对外贸易经济合作部1994年8月11日发布了《外商投资企业劳动管理规定》,首次以官方文件的形式赋予外商企业的工会可以通过协商谈判订立集体合同。其中第八条是这样规定的:"工会组织(没有工会组织的应选举工人代表)可以代表职工与企业就劳动报酬、工时休假、劳动安全卫生、保险福利等事项,通过协商谈判,订立集体合同。"1997年中国劳动部又下发了《外商投资企业工资集体协商的几点意见》，规定由各地区、各部门结合实际情况开展这项工作。于是，各省市地区根据具体情况纷纷制定了一些地方法规和政令。例如，河北省对外商投资企业制定的管理规定中允许企业职工的工资水平由企业根据当地人民政府或劳动行政部门发布的工资指导线，通过集体谈判来确定；职工法定工作时间内的最低工资不得低于当地最低工资标准①；等等。

根据网上检索，大连这方面的资料多一些，可能做得好一些。《大连市外国企业常驻代表机构雇员工会联合会工作条例》第六条规定，"代表商社雇员同商社举行集体协商会议，就雇员反映强烈的涉及雇员切实利益的问题进行集体协商，签订行业集体合同，协调劳资关系"。② 据悉，大连外商投资企业集体协商、集体合同制度起始于 1986 年。当时为了解决外商投资企业出现的劳资双方的矛盾和纠纷，大连采取了企业与员工对话协商会议、协商恳谈会议和协商谈判等不同方式。尽管当时这些做法不尽规范，但对协调企业劳动关系、维护员工合法权益、促进企业的稳定和发展起到了积极有效的作用。1995 年1 月，根据《劳动法》的规定，大连又修改了集体协商制度，与劳动局联合印发了《大连市企业建立集体协商制度签订集体合同的试点方案》和《集体协商规则》，又在当年的 5 月与市有关部门联合下发了《大连市外商投资企业集体协商制度》。在外商投资企业集中的开发区，区总工会还协同管委会分别于1994 年和 1995 年出台了《大连开发区劳动争议处理的暂行规定》和《大连开发区保障工会组织依法行使职能的暂行办法》两个文件，对企业建立集体协商制度作出了明确的规定。经过上述一系列文件的下发和方案的实施，逐步健全和完善了外商投资企业集体协商制度。目前，大连已有 718 家外商投资企业建立了集体协商、集体合同制度，占应建制企业的 72.1%。

关于大连集体谈判的成功案例有若干个，例如，有一家规模 7000 人的韩国独资企业，在 2001 年的工资谈判中，这个企业工会与韩方历经三个多月、二十余次的集体协商，使员工的小时工资标准在原来的基础上提高了 10.42%，员工对此非常满意。这些措施的实施，有效地维护了工会干部的权益，有力地

① 见 http://china-window.com/Hebei_w/gywm/indexc.html。
② 这里关于大连集体谈判的内容均引自"大连外企工会网"网站，笔者没有经过实地调研，见 http://ghwq.51.net。

保证了集体协商、集体合同制度及工会各项工作的顺利开展。

除了外资企业以外,近几年来,在地方政府的推动下,中国内资企业在这方面的进展也取得了较大的成效。据悉,全国建立平等协商和集体合同制度的企业已达 40 多万家,覆盖职工 7600 万人;城镇国有、集体、外商投资企业基本上实行了劳动合同制度,劳动合同签订率达到 95% 以上;私营企业和个体户从业人员中劳动合同签订率达到 60% 以上,乡镇企业职工近 3000 万人签订了劳动合同;几年来,有 13 个省、自治区和直辖市颁发了地方性集体合同法规,28 个省、自治区和直辖市开展了签订区域性、行业性集体合同工作①。虽然中国劳动关系调整制度基本建立,劳动关系基本稳定,积累了一些宝贵的经验,但我们不得不承认我们始终没有从社会保障和社会福利的制度层面和总体框架上来看待集体谈判的意义和重要性,而仅从"维权"的角度将其作为企业保险和企业管理的一个单项改革内容。

(三)新工会法是现代福利制度法律框架的第一个支柱

新工会法的颁布客观上为树立现代社会保障和社会福利制度法律框架的第一个支柱打下了桩基。企业的、行业的和全国的三方合作伙伴的福利制度和社会保障制度中,都需要这个重要支柱,它需要法律的保障。制度创新呼唤着法律制度和福利制度与时俱进。经过多年的讨论和酝酿,中国第九届人大常委会第二十四次会议终于通过了《关于修改〈中华人民共和国工会法〉的决定》,据此对 1992 年"工会法"作了重大的修订(为行文方便,本文简称为"新工会法",下同)。

舆论界比较一致地将新工会法的主要改进内容集中在"维权"这个焦点上,如同有关报章所评论的,新工会法的出台,可使工会更好地成为"职工利益的代言人","意味着全国职工群众的权益将更有效更全面地得到保护"②,等等。在一些外商投资企业、私营企业和乡镇企业屡屡发生侵犯职工合法权益的严重事件甚至其程度几近令人发指的今天,新工会法无疑对"维权"将起到重大的积极作用,它的出台是非常及时的。但从更深层次的含义上看,从"三个代表"重要理论的高度看,或从历史发展的进程上看,新工会法的作用

① 参见劳动和社会保障部:《法规政策专刊》2002 年第 1 期,总第 157 期。
② 引自《经济日报》2001 年 11 月 6 日第 11 版,还有其他一些报章。

不仅仅如此。

第一，新工会法的主要内容是"维权"，从目前的现实需要来看，这确实是一件很重要的事情，但更重要的是，为实现这个目标，它规定的具体途径是"通过平等协商和集体合同制度，协调劳动关系"、"建立劳动关系三方协商机制"(见第六条、第二十条、第三十四条)①。所谓集体谈判，是指通过谈判使得资方代表和雇员代表缔结协议并以此来决定就业待遇和就业条件的一种方法。集体谈判被认为是使劳资冲突规范化的一项伟大的"社会发明"，是现代民主社会中每一位劳动者都拥有或应当拥有的特定权利②。在新中国的历史上，新工会法将工会"集体谈判"的作用与地位首次以法律的名义固定下来。它是调整劳动关系、促进生产力解放和发展的有效机制，是对"三个代表"重要思想的一次伟大实践。它充分体现了我们党和国家推动先进生产力发展的要求，是我们党和国家适应新的时代环境和新的历史任务，按照"三个代表"的要求与时俱进、开拓进取的具体体现。平等协商和集体合同制度还充分体现了我们党代表先进文化前进方向的要求，它不仅有利于维护职工的经济利益，还有利于把维护职工合法权益与帮助提高自身素质统一起来，不断满足职工日益增长的精神文化需求。它充分体现了我们党代表中国最广大人民根本利益的要求，是最大限度调动一切可以调动的积极因素、把代表最广大人民根本利益落实到实处并予以制度化的一次重大举措，也是在即将加入 WTO 之际为融入世界经济潮流在建立现代企业制度、现代社会福利和社会保障制度甚至经济制度等社会主义各项法制建设等方面所做的一次重要的制度创新。

第二，如果说特色各异、程度不同的合作主义社会福利与社会保障制度是人类社会不可逾越的一个历史阶段，那么，新工会法的颁发就可以被看作是迈入这个历史阶段的一个起点，是为构造现代社会保障制度和福利制度框架打下的第一根支柱的桩基。现代社会保障制度要求实行合作主义的雇员组织具有团体法人资格和(行业、部门的)合法垄断性，而自由工会制度下一个企业或行业中允许存在若干个相互独立和相互排斥的工会(如前面所述的俄罗斯)的局面则无法确认谁具有唯一的合法代表性，因此也就不具备实行三方

---

① 本文引用新工会法的原文均出自《深圳特区报》2001 年 10 月 29 日 A4 版，下同。

② 杨体仁、李丽林编著:《市场经济国家劳动关系——理论、制度、政策》，中国劳动社会保障出版社 2000 年版，第 297 页。

伙伴主义的合作条件。新工会法规定,"中华全国总工会、地方总工会、产业工会具有社会团体法人资格。基层工会组织具备立法通则规定的法人条件的,依法取得社会团体法人资格"(第十四条);"中华全国总工会及其各工会组织代表职工的利益"(第二条)。新工会法上述条款的规定事实上为实行现代福利制度确立了一个良好的先决条件;而它对工会主席的任免、会费的缴纳、工会的主要工作内容、对违反工会法行为所作出的处罚规定等,都从法律制度上确保了上述工会的地位与作用。

第三,新工会法的颁布在客观上为"微观合作主义"的社会保障制度结构奠定了法律基础。有些文献中将合作主义政制区分为微观的、中观的和宏观的合作主义政制三种类型①。新工会法对"签订集体合同"(即"集体谈判"和"协商解决")的规定主要限定在企业的层面上,并且,协商的内容主要有"工资、劳动安全卫生和社会保险"(第三十条)等三项,具体的规定包括"召开讨论有关工资、福利、劳动安全卫生、社会保险等涉及职工切身利益的会议,必须有工会代表参加"(第三十八条)。很显然,不管是否承认,从客观上讲新工会法赋予工会上述三项内容进行集体谈判的权利,将属于微观合作主义福利制度的性质;它已经将中国社会保障制度"领进"了现代福利制度框架的门槛。现代福利制度与社会保障制度的多样性将会根据其具体实践而不断地发展、扬弃和演进;哪种程度的合作水平、哪个范围的三方合作以及哪种形式的合作最适合中国的国情等这些具体问题,应由时间和实践去作答,在继承中发展,在适应中扬弃,在实践中创新;重要的是,第一步走出来了,中国社会保障和社会福利制度定会走出一条符合中国国情的、具有中国社会主义市场经济特色的一条新路。

参考文献:

[澳]安戈、陈佩华:《中国,组合主义及东亚模式》,《战略与管理》2001 年

---

① 有的西方学者将合作主义分为宏观的、中观的、微观的合作主义,这三个术语是针对社团组织的规模而言,依次是指整个经济体系、一个工业部门或一个地区、单一的社团组织的内部结构,等等。参见 Colin Crouch and Ronald Dore, "Whatever Happened to Corporatism?", in Colin Crouch and Ronald Dore eds, *Corporatism and Accountability*: *Organized Interests in British Public Life*, Oxford, Clarendon Press,1990, p.5。

第 1 期。

[美]霍华德·津恩:《美国人民的历史》,上海人民出版社 2000 年版。

姜列青:《俄罗斯围绕制定新劳动法典的斗争》,《国外理论动态》2001 年第 5 期。

[美]罗伯特·D.帕特南:《使民主运转起来》,江西人民出版社 2001 年版。

杨体仁、李丽林编著:《市场经济国家劳动关系——理论、制度、政策》,中国劳动社会保障出版社 2000 年版。

[英]约翰·基恩:《公共生活与晚期资本主义》,社会科学文献出版社 1999 年版。

张静:《法团主义》,中国社会科学出版社 1998 年版。

张五常:《社会福利主义中看不中用》,载张五常:《随意集》,社科文献出版社 2001 年版。

[法]米歇尔·阿尔贝尔:《资本主义反对资本主义》,社会科学文献出版社 1999 年版。

Colin Crouch and Ronald Dore, "Whatever Happened to Corporatism?", in Colin Crouch and Ronald Dore eds, *Corporatism and Accountability: Organized Interests in British Public Life*, Oxford, Clarendon Press, 1990.

Esping-Andersen, G., *The Three Worlds of Welfare Capitalism*, Polity Press, 1990.

Mishra, R., *The Welfare State in Capitalist Society*, Harvester Wheatsheaf, 1990.

Nicholas Barr, *The Economics of the Welfare State*, Oxford University Press, 1998.

Oi, Jean, "Fiscal Reform and the Economic Foundation of Local State Corporatism in China", *World Politics*, 45(1992).

Schmitter,P.C., "Still the Century of Corporatism?", *Review of Politics*, 36 (1974).

Scott Lash and John Urry, *The End of Organized Capitalism*, Polity Press, 1987.

Williamson ,P.J. , *Corporatism in Perspective*. London , Sage , 1989.

Williamson , J. B. And Pampel. F C. , *Old-Age Security in Comparative Perspective* , Oxford University Press , 1993.

White G. , *In Search of Civil Society*: *Market Reform and Social Change in Contemporary China* , Oxford , Clarendon Press , 1996.

（本文原载于《经济研究》2002 年第 2 期,第 71—79 页）

第三编　福利模式与福利陷阱

2009 年，在丹麦社会福利部门前

法国"碎片化"福利制度路径依赖：
历史文化与无奈选择

内容提要：本文以法国为典型案例，对欧洲碎片化福利制度的起源作了深入研究，并对碎片化福利制度的危害作了剖析，认为社会动荡不安和街头政治不断是碎片化社保制度在当前法国等欧洲国家的外在表现。本文还从更深层次的历史文化和民族传统等角度对碎片化社保制度的起源及其与文化的互动关系作了探究，认为碎片化的社保制度与民族国民性二者之间已经形成某种路径依赖，甚至成为一种社会常态，即"新法国"与"旧法国"之间的冲突根源可以追溯到法国大革命，认为从那时起一直到巴黎公社，再到1968年红色风暴，甚至到当前的激烈社会冲突和社会撕裂，法国碎片化社保已经成为文化与现实的"交汇处"。本文还将法国与德国和英国进行比较，将法国式的俾斯麦制度与典型的贝弗里奇制度相对比，对当代欧美社保制度差异性进行了分析，由此对中国提出了深层思考，认为碎片化制度将是中国未来社会动荡的一个制度根源。

在法国，罢工成风，数不胜数。最近的一次全国性大罢工发生在2007年11月13—23日。这是法国近代史上大大小小的第n次全国性大罢工，工会、业主和政府三方是第n次坐下来谈判。这次全法大罢工的导火索与以前很多次罢工一样，还是由法国社保制度改革引起的；但是结果却与以往大不一样：这次政府没有退让，而是工会妥协了。这样的结果在近十几年来的法国罢工记录里几乎是首次，它引起全世界的关注。

一、导言:2007 年 11 月大罢工的主要经过与结果

(一)仅次于 1995 年法国铁路大罢工

2007 年 11 月 13 日,法国国铁公司(SNCF)7 大工会(法国国铁公司总共有 8 个工会,只有 1 个即火车司机独立联合会宣布不参加罢工)正式宣布举行"无限期大罢工"。由此,铁路大罢工打响了全法公营部门大罢工的第一炮,随即巴黎公交公司(RATP)等立即群起响应,同声抗议社保制度改革。在这次大罢工期间,全法 700 个高速铁路(TGV)班次只有 90 个正常运行;巴黎大区三分之二以上的地铁线路停止运行,快线地铁(RER)只有四分之一正常行驶;地面公交更加混乱,基本处于瘫痪状态,虽然正常行使的公共汽车大约 60%,有轨电车大约 75%,但周边公路车龙已超过 200 公里长,把巴黎包围得水泄不通。

法国人曾有戏言称法国是"春季工作、夏季度假、秋季罢工、冬季过节"。2007 年秋季注定又一次为这个戏言做了一个很好的注解。由于上台不久的雄心勃勃的萨科齐总统刚刚宣布社保改革方案,于是,早在 10 月 18 日酝酿已久的全法铁路大罢工就已如期举行,24 小时大罢工造成法国铁路全线瘫痪;接着,10 月 28 日航空公司举行 24 小时罢工,全法所有机场同时瘫痪,例如,巴黎奥尔利机场不得不准备 4000 多个房间来安置滞留的旅客。

如果说前两次罢工是"序幕",那么,11 月 18—20 日的罢工就是"高潮"。这次罢工的始作俑者是交通部门,但随着进程的推进,加入罢工行列的群体越来越多。人数最多时,法国电气公司(EDF)、法国煤气公司(GDF)、中小学、大学、医院、邮政、消防队、税收、护士、电视台、芭蕾和歌剧演员、气象预报员,甚至印刷工人和香烟店工人等十几个行业也都走上街头举行游行示威。一时间,电台和电视节目的正常播出受到影响;不少中小学被迫停课,40%的教师加入罢工行列,人数超过 30 万人;全法 85 所大学近半数发生罢课事件;印刷工人和送报工人罢工,导致看不到全国性报纸;许多演出被迫取消;等等。据不完全统计,巴黎、马赛、里昂、戛纳、南特、雷恩等城市游行队伍共 148 个。

(二)在这次罢工中政府成为"赢家"的主要原因

虽然这次全法大罢工只持续了 10 天,于 11 月 23 日宣告结束,但是,十几

年来,这大概是唯一的一次以工会妥协和失败而告终的全国性罢工事件。从1995年秋季持续一个月的震惊世界的铁路大罢工,到2005年秋季令世人瞠目的青年骚乱和2006年春季历历在目的反对《首次雇佣合同法》的青年骚乱,每次都是政府被迫退让,几乎无一例外。例如,1995年朱佩政府提出的拯救社会保险制度,改革"特殊退休制度"的改革计划遭到了铁路工人的强烈反对和200万民众激烈抗议,全国交通全部瘫痪,政府后来被迫撤销改革计划,朱佩后来被迫黯然辞职。

这次罢工政府获得成功,大约有以下一些因素发挥作用。

首先,广大市民成为罢工的实际受害者,甚至成为罢工的"人质"(萨科齐总统语)。根据法国财政部的统计,罢工每天给法国经济造成的损失达4亿欧元。巴黎市内的旅店预定取消量超过25%,主要景点如埃菲尔铁塔、凡尔赛宫、罗浮宫的门票销售大幅下降。饮食服务行业几乎遭受灭顶之灾,甚至业主们担心难以支付店面租金和服务员工资,饭店、咖啡店、网吧、健身房等都受到极大影响。例如加尼亚大歌剧院附近的一个咖啡馆雇主克雷兹说,"罢工以来,销售额大约损失了40%—50%"。巴黎歌剧院取消了十几场演出,导致的直接经济损失为360万美元。

其次,罢工给民众生活带来很大的不便,市民产生厌倦情绪。甚至20日巴黎有上千人举行了反罢工的游行队伍,对铁路交通员工罢工表示出极大不满,民意逐渐倒向政府一侧。这是这次大罢工与1995年反对希拉克改革大罢工的一个最大区别。法国《回声报》民意调查显示,55%的法国民众反对罢工;法国《自由报》的民调结果是59%民众支持政府进行社保改革;伊福普民调所(IFOP)测验中有62%受访者认为罢工"没有道理",1%未表态;英国《独立报》民调结果显示,超过70%的法国人支持萨科齐政府的改革行为。

最后还有一个重要原因,即总统萨科齐刚柔结合,自始至终低调处理,这是十几年来法国最高层领导在罢工中很少采取的策略。萨科齐总统公开表态只有两次,一次是在铁路工人发动罢工数小时前,萨科齐重申将把经济改革政策"进行到底",另一次是20日高调回应罢工浪潮,表示继续坚定不移地推行改革。除此之外,萨科齐再也没有发表什么言论,始终站在幕后,远离公众视线之外,把所有的"一线问题"都留给了内阁部长们和党内高官出面处理,他本人从不在晚间电视和报纸上公开出头露面,这就为他最后出面收拾残局留下了空间,赢得了公众舆论。萨科齐对待罢工的态度意志坚定,毫不妥协,但却柔里透刚,有理有利有节。被誉为"欧洲大学之母"的法国第四大学即索邦大学历史学教授切旺蒂尔评论说,"政府的策略是非常明智的,它不是激烈批评人民说你们大家都太懒惰了,这说明萨科齐技高一筹,炉火纯青,我们甚至都为之感到震惊"。萨科齐总统的社会事务顾问苏比解释说,"对于社会事务,如果你要有效率并在谈判中取得优势并恰如其分的话,保持沉默有时比走向前台更好"。在萨科齐看来,如果他本人在罢工中高调亮相,势必会成为游行示威中的避雷针,在他看来,"这样的冲突对我来说,既没有赢家也没有输家"。其实,舆论界认为,萨科齐本人并不是如此温和的性格,而是一个"硬汉"。这种处理方式很可能与他的经历有关:2005 年秋和 2006 年春在处理青年骚乱时他正是内政部长。

(三)"特殊退休制度"改革首当其冲

几十年来,历届法国元首和政府都试图改革法国基本养老体制的"特殊退休制度",但每次都遭到了工会的强烈反对、百般抵抗,都以政府的妥协为结果而使改革无疾而终。从参加罢工的人群来看,这次大罢工的特点有三:第一,参与罢工走向街头的群体主要由两部分人组成,一部分是"特殊退休制度"覆盖的那些行业,另一部分是公务员。第二,"特殊退休制度"覆盖的运输工人是此次工潮的急先锋,但随后,这个特殊退休制度覆盖的其他所有行业都随之跟进加入进来,几乎所有与这个"特殊退休制度"有关的行业和部门工会都纷纷递交了罢工通知,他们的目的只有一个,即反对改革"特殊退休制度"。第三,包括其他公务员系统的所有潜在改革对象最后都卷入了罢工浪潮之中。虽然他们与"特殊退休制度"覆盖的群体的利益诉求有所不同,但是各路兵马齐上阵,最终也成为这次罢工的主力军之一,矛头直指公务员体制改革和国内改革计划,目的在于保护自身利益,免得殃及池鱼。这就导致罢工形势更加复杂化:诸潮合并,萨科齐面临着执政以来最大的社会压力和严峻考验。

可以说,十几年来法国社保改革的首要目标就是这个"特殊制度"。这个碎片是法国社保制度的一个软肋,是每届总统和总理改革的第一对象,是改革法国基本养老制度的突破口。所以,虽然法国历次改革都屡改屡败,但又不可能绕开它,萨科奇在 2007 年 11 月 12 日罢工前夕赴柏林参加法德峰会时,德国总理默克尔都对改革这个"特殊制度"公开表示支持。

二、高度"碎片化"福利制度:安全网还是火药桶

(一)法国福利制度高度碎片化:大碎片套小碎片

众所周知,法国作为老牌资本主义国家,现代福利制度是由几个世纪以前诞生的传统自发性行业和职业互助会改造过来的。经过 1945—1946 年和 1948 年的改革,原本五花八门、支离破碎的福利制度逐渐形成了目前由四大制度构成的基本养老制度格局:

第一是"普通制度",覆盖所有包括工业、商业、服务业等私人部门的工薪阶层;第二是"农业制度",覆盖所有农业经营者和农业工资收入劳动者;第三是"特殊制度",主要覆盖公务员、职业军人、地方公共机构人员、法国铁路公司(国营)、电气煤气工作人员、矿工、海员等;第四是"自由职业制度",覆盖所有自由职业者,如手工业者、企业家、自由工商户等。

在全法就业人口中,普通制度、农业制度、特殊制度、自由职业制度这 4 个制度的覆盖率分别是 49.20%、11.65%、18.17% 和 20.98%。这 4 个"大碎片"由许多"小碎片"构成,大碎片里面还套着小碎片,碎片里面还有碎片。比如,仅 2007 年 11 月这次引发全国大罢工的"特殊制度"来说,目前就包括 11 个"大制度"和 9 个"小制度":11 个大制度分别是国家公务员退休制度、法国电气公司与煤气公司退休制度(EDF-GDF)、法国国铁公司退休制度(SNCF)、巴黎公交公司退休制度(RATP)、矿工退休制度、海员退休制度、神职人员与公证员退休制度、法兰西银行退休制度、地方公职人员退休制度、国营工人退休制度以及军队退休制度;9 个"小制度"分别是烟草业退休制度(SEITA)、歌剧与喜剧退休制度、剧院退休制度、储蓄所退休制度(包括 10 多个很小的特殊退休计划,比如军队储蓄制度、非职业消防队退休补偿制度等)、特殊行业退休金库制度(如印刷业、Hérault 铁路)、工伤事故基金、农业工伤基金、特殊地区集体制度(该制度包括 80 多个小的特殊退休计划,比如市镇退休金库、港口自治退休制度等)以及国民议会退休制度。

法国高度碎片化的福利制度现状令人眼花缭乱,以上仅是我从浩繁零散的资料中攫取而得,很不全面。就是法国学者也很难完全厘清,法国梅斯大学(Metz)讲师杜朗就断言说,就法国社保制度的碎片数量来说,"这个清单要远

远比它还要长"。甚至有人说,确立碎片化福利制度的法国《社会保障法》第 L711—1 章和第 R711—1 章也没有完全囊括所有的多如牛毛的小制度。我多年前曾看过一份材料说,如果用"计划"来分类,法国的养老计划的数量达 1500 多个。

(二)"特殊制度"享有特殊待遇:碎片化福利待遇

不仅上述法国四大基本退休制度之间待遇水平不一致,而且,每个小制度和小计划之间都享有独特的福利特权和高度的自治权,并且不同群体福利待遇之间存在相当的差距。这样,法国整体福利制度无论在行政和基金管理上,还是在福利待遇水平上,都呈现出一种高度碎片化的分离状态,尤其体现在"特殊制度"中。在这个制度中,国家公务员 16 万、地方公务员 55 万、矿工 40 万、国铁公司 33 万、法国电气公司和煤气 14 万、司法人员 4 万、海员 11 万、银行 1.5 万,此外还有军人,等等。总体来说,与其他 3 个退休制度相比,"特殊制度"的特权体现在这样几个方面:缴费年限少一些,退休年龄低一些,待遇水平高一些,等等。具体情况举例如下。

——法国国铁公司(SNCF)员工达 33 万,是"特殊制度"中人数最多的行业。该公司员工养老缴费率只有 7.5%,比其他私人部门的 15% 低一半,法定退休年龄是 55 岁,但 50 岁退休时可领到 75% 的退休金。高速列车驾驶员月收入较高,在 3000 欧元—3400 欧元之间,每周工作时间仅有 20 小时。

——歌剧院有永久工作人员 1680 人,他们的退休制度制定于 1698 年的路易十六时代,规定 154 名芭蕾舞蹈演员在服务 10 年之后,最早可在 40 岁退休,最晚是 42 岁,其中歌咏队成员可在 50 岁退休。芭蕾演员的退休待遇与火车司机基本相同。

——机场调度员每周只需工作 24 小时,法定退休年龄为 57 岁,此外还有 2 个月的带薪假期,每月薪水高达 4000 欧元—8000 欧元。

——法国电力公司(EDF)根据 1946 年一项法律规定,任何员工只要曾经完成过一件艰苦的工作,就有权利在 55 岁退休,其"艰苦"的标准可与公司协商决定。电力公司中一半多员工就是按照从事过"艰苦"工作的标准而提前退休的。每周只需工作 32 小时,每年可享受 4 个月的带薪假期。此外,法国电价昂贵是世界闻名的,但其员工用电只付正常电价的十分之一。

——法兰西银行雇员的缴费率只是其他私营企业的一半,即只有 7.5%;

生养 3 个子女的母亲工作 15 年就可退休;一般员工薪水比其他公共职能部门员工高出 40%,月均超过 3100 欧元。此外,在购买住房时,贷款可获得超低价的"友情利率(taux d'ami)",并不用担心失业和裁员,在银行工作就相当于捧上了"金饭碗"。

——公证人制度及其特权确立于圣·路易时代,几百年来没有任何触动。例如,公证人总量严格控制在每 1 万左右居民一个,全法共有 8300 名公证人。由于门槛太高,缺乏竞争,属高垄断性行业,房屋买卖等所有交易行为的法律文书均须由公证人签字,并按照标的价格抽取比例,所以 2004 年公证事务所人均纯收入高达 23 万欧元。

——法国印刷行业被工会垄断,这也是历史传统的结果之一,因此该行业特权很多,尤其是所有日报印刷厂在录用工人时必须要由法国劳工总工会代为雇佣。多年来,印刷厂曾几次试图解除工会的这个特权,但都未成功,因为几乎所有印刷厂工人都加入了该工会。印刷工人薪水高于年轻的工程师,巴黎大区目前有 2000 名印刷工人,月薪水在 2000 欧元—5000 欧元之间,每周工作 25—32 个小时,每年享有 9 个半星期的带薪假期。

——出租车司机行业也是高度垄断的行业,1937 年制定的法律至今有效,它规定全法出租车司机不能超过 15200 个。因此,进入这个行业难于登天,只有退休或是转行才能将执照转卖,或花高达 15 万欧元的天价购买,旅游城市例如威尼斯等地价格更高。于是,"执照出租"便司空见惯,承租的司机每月收入仅为 1000 欧元—3000 欧元,而执照租金则高达 2000 欧元—6000欧元。

(三)碎片化福利制度起源:路径依赖

与很多老牌资本主义国家一样,法国碎片化的福利制度历史悠久,源远流长,最早的可以追溯到路易十四时代。几百年以来,法国福利制度由这个起点开始,逐渐一个群体一个群体"贴上去"、一个项目一个项目"附加上去",这种不得已而为之的"打补丁"办法最终形成了一种"碎片化"状态,从而导致待遇高低不平,参差不齐,前后不一。历史悠久,既是积淀,也是包袱。行业和企业的福利互助制度的诞生,既为欧洲人带来福音,同时也形成了现在的麻烦。

法国最早的养老制度可以追溯到海员退休制度。它起源于 1673 年的路易十四时代,当时称之为"全国海员残疾保险机构"(l'Etablissement National des Invalides de la Marine,简称 ENIM），并且没有覆盖全行业,保障项目当时只有养老金,带有"半购买"的性质,只是到 1709 年才逐渐扩大到全体海员。如果说法国"全国海员残疾保险机构"（ENIM）是法国现代"特殊制度"的"正式摇篮",那么,在此之前还曾有一些"非正式"的特殊照顾,其诞生的年代比它还要早。比如,1547 年亨利二世（Henri II）在皇家诏书（édits royaux）中曾责令警察要照顾穷人;再比如,1604 年 5 月 14 日亨利四世（Henri IV）曾对矿工给予过特殊的"皇家关照";等等。

　　法国公务人员养老制度也是如此。如前述,其最远可以追溯到法国大革命时期,其法律依据是法国大革命时期的 1790 年 8 月 3 日和 22 日的立法。当时法国公务人员养老制度的覆盖率也非常小,缴费人数只有 790 人,并具有强烈的储蓄性质;后来,到 19 世纪初,其覆盖面开始逐渐扩大,逐渐形成了具有特殊利益的"特殊制度"一个主要部门;此后,这个享有特殊利益的"特殊制度"的基本特征便被保留下来,一直到今天。如果说有什么变化,那就是"公务员部门"这个特殊制度逐渐扩张到其他部门,附加上来的不同群体越来越多,规模越来越大,势力越来越强,甚至战后以来还在不停地膨胀。例如,1958 年 10 月 4 日宪法第 34 条将其他某些领域公务人员纳入进来,1964 年 12 月 26 日立法将地方公务员和医院人员纳入进来。

　　法国 1894 年 6 月 29 日立法建立了矿工退休制度,对地下采掘工人实行预防性的强制参保制度。由于该法案在第一章作出了在工资总额中扣缴一定缴费比例的规定,第二章作出了医疗保险的规定,所以,这个制度的建立被后来社保专家和历史学家视为法国历史上现代社保制度的开端,它标志着公共权力对社会保障领域的正式介入。

　　法国铁路工人的养老和医疗保险立法过程和历史也是类似的。它于 1855 年在北方铁路公司、巴黎—奥尔良西部铁路公司首先创立,随后,其他一些铁路公司便纷纷建立;半个世纪以后,1909 年 7 月 21 日立法对这些不同的制度予以整合,强制性地建立了一个相对统一的铁路保险制度,1937 年法国正式建立"法国国铁公司"（SNCF）,这个特殊制度便保留下来。所以,可以说,矿工和铁路退休制度等许多"特殊退休制度"早在第一次世界大战之前就已存在并运行了几十年甚至上百年。例如,法兰西银行退休制度建立于 1806 年,法兰西大剧院退休制度建立于 1812 年,国家印刷业退休制度建立于

1824 年。

　　法国 1945—1946 年改革确立现代社保制度之后，四大基本养老制度也是逐渐"附加"上去并最终形成了四足鼎立格局的，而且有些保障项目是后来设立的。例如，普通制度的建立以第二次世界大战之后的 1945 年 10 月 4 日和19 日的立法为标志，它覆盖了所有的工商领域等私人部门；当时它并不包括独立职业者，例如个体商人、手工艺者、自由职业者等；为了将其覆盖进来，法国 1950 年建立了"自由职业保险制度"，1966 年又在这个制度里加进了医疗保险的功能。

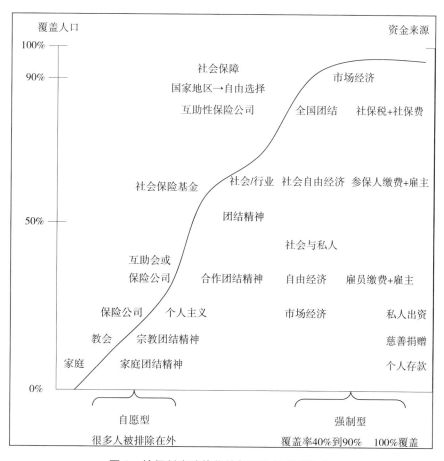

图 1　社保制度碎片化的起源及其类型演变

纵观世界各国福利制度发展史，他们几乎都走过了一条曲折攀升的道路

(见图1)。在组织形式上,福利制度的发展轨迹从低到高,其演进脉络是:家庭→教会→保险公司→互助会→社保金库→互助性保险制度→社会保险等;这些组织形式所体现的精神理念依次应该是:家庭团结→宗教团结→个人主义→群体互助→企业互助→行业合作→全国团结等。由此看出,福利制度的这个脉络大致经历了这样几个社会经济形态:自发经济→私人自由经济→社会自由经济→现代市场经济等。在这个演进过程中,福利制度的覆盖面越来越大,并且逐渐从自愿型过渡到强制型的制度。

作为老牌资本主义国家,法国也不例外,经历了同样的演变道路。由此看出,福利模式的选择是一国的历史、文化、宗教、经济、民族性等许多因素综合影响的结果。

(四)碎片化的一个致命问题:沉重的财政负担

法国的特殊退休制度是一个很"老"的制度,制度起源很"老",已有几百年的历史,而且,人口也逐渐开始"老"起来,赡养率越来越高,财务难以为继。例如,1999年法国电气—煤气公司退休制度的缴费人数是15万人,而退休受益人数则高达14万人,几乎是一个养一个。为了维持特殊制度的财务平衡,保证养老金的足额发放,法国政府不得不从其他制度里"转移支付"。由于普通制度刚刚建立几十年,人口相对比较年轻,1971年立法规定"普通制度"可以向法国国铁公司(SNCF)制度转移支付,1972年立法规定可以向矿山和海员制度转移。从此,"普通制度"向特殊制度转移支付便得以"合法化"。但是,从其他制度向特殊制度转移支付,不仅涉及一个制度之间的公平问题,而且也是不可持续的,为此,中央政府不得不进行财政转移,以弥补缺口。巨大的财政压力是实实在在的,是逼迫法国政府改革社保制度,尤其是改革特殊制度的重要动力。换言之,"老化"的人口的现状逐渐成为"古老"制度的一个挑战,或者说,老龄化的新法国与旧制度之间逐渐发生冲突。

法国老龄化在欧洲堪称首屈一指,法国2007年5月22日发布的一份研究报告显示:2050年位于欧洲大陆的法国本土将拥有7000万人口,比2005年增加930万人口,其中超过三分之一人口年龄在60岁以上,而2005年只有五分之一;60岁以上人口与20—59岁人口的比率为7∶10,是45岁人口同一比率的2倍。严峻的老龄化必将导致现收现付的养老制度不可持续。

法国养老制度财务不可持续的另一个重要原因是由碎片化导致的:不同

碎片之间的待遇水平存在差距,具有攀高的趋势,不可逆转。例如,"特殊制度"的缴费水平较低,待遇水平较高,长此以往,国家不堪重负。仅以"特殊制度"覆盖的国铁公司和电气煤气公司免缴费 2.5 年计算,法国政府每年就至少需要承担 50 亿欧元的财政开支,而现有 110 万名退休者领取养老金,缴费人数大约只有 55 万人。25 年来"特殊制度"的预算从来就没有平衡过,它成了历届政府的一个财政包袱;据 2008 年 3 月刚刚公布的最新数据,仅普通制度 2007 年赤字就高达 94 亿欧元。法国政府提出的具体改革思路是:将"特殊制度"平均缴费年限 37.5 年提高到 2012 年的 40 年,与其他 3 个制度拉齐;目前实行缴费 40 年的制度从 2009 年开始每年延长一个季度,到 2012 年提高到 41 年,到 2020 年提高到 42 年。

到 2007 年 10 月 4 日,法国医疗保险制度已 62 岁。62 年来,法国社会医疗疾病保险制度赤字高悬,2007 年初已达到 117 亿欧元,面临空前严峻的局面。形势逆转发生在 2000 年 1 月 1 日实行"全民医疗制度"(CMU)之后,而在此之前的 1999 年赤字仅为 7 亿欧元,次年实行"全民医疗制度"的第一年赤字就开始窜涨,到 2004 年竟达 116 亿。2006 年法国国民保健开支总额达 1983 亿欧元,占 GNP 的 11.1%,平均每个国民支出为 3318 欧元,在 OECD 成员国中排名第三。据 2008 年 3 月 13 日全国疾病保险基金会(CNAM)的一个报告,2007 年法国普通社会保险的药品支出(不包括医院)是 152 亿欧元(全部保险险种总支出达 200 亿欧元),比 2006 年提高了 4.8%。由于经费不足,医疗服务质量经常受到质疑,例如,2008 年 2 月 1 日和 2 日法国 LH2 民意调查所通过电话随机向 1056 名 15 岁以上的法国人进行调查,其结果是:近 56%的法国人认为法国卫生系统并不是所有居民都享受同样质量的治疗手段。

萨科奇当选总统后决心继承前几任政府改革措施,加大改革力度,采取开源节流措施,并于 2007 年 10 月国民议会通过了 2008 年社会保险机构筹资法案(PLFSS),加大了自付的定额范围和措施。例如,患者每盒医药需自付至少 50 欧分,每次诊疗至少也需自付 50 欧分,医疗交通费需自付 2 欧元,等等。这些措施从 2008 年开始实施,每年将减少 8.5 亿欧元的支出。同时,对企业高管人员股权征税 2.5%,这将为当年医保制度带来 3 亿欧元的收入。

考察法国社保制度的历史,福利支出和收入之间的比例是一条非常有意思的曲线。首先来看看缴费收入在实际福利支出中的比例。总的平均来看,

1949—1994 年间在全部福利支出(养老、医疗、生育和家庭津贴、失业和工伤等)中,雇主缴费平均占 60%左右,雇员缴费占 20%左右,其余 20%来自国家的财政转移。这是一个大数。但具体来说,其发展趋势是雇主的缴费比例呈现出略微下降、雇员缴费比例略微上升、国家转移支付水平变化不大:1949 年雇主缴费比例占 63.70%,一直下降到 1994 年的 49.45%;雇员缴费占比则从15.78%一直上升到 1994 年的 27.71%;其余的缺口由国家转移支付予以补贴,1949 年补贴 20.52%,到 1994 年上升到 22.84%,就是说变化不是很大,比20%多一点(见表 1)。

表 1 1949—1994 年法国社保制度总体收支(五险)
占 GDP 比例及其与制度收支的关系

时间(年)	收支状况(占 GDP 比例,%)		五险支出(占 GDP 比例,%)					制度收入结构(%)		
	福利支出	缴费收入	医疗	养老	生育	失业工伤	合计	雇主缴费	雇员缴费	合计
1949	12.18	10.14	—	—	—	—	—	63.70	15.78	79.48
1959	14.46	12.11	4.7	5.4	4.1	0.3	14.5	59.65	17.80	77.45
1969	17.95	15.42	6.6	7.3	3.5	0.5	17.9	59.75	19.88	79.63
1979	23.58	20.31	8.4	10.3	3.8	1.9	24.2	57.13	22.90	79.85
1989	26.23	22.53	9.2	11.2	3.4	2.6	26.4	51.72	28.47	80.19
1994	28.88	22.90	9.8	12.4	3.7	2.8	28.6	49.45	27.71	77.16

上述这个支出结构不能说明什么问题,它只是缴费收入在实际支出中的比例关系。但是,如果从占 GDP 比例来看则是一条明显上升的曲线。当期收不抵支,国家背起了沉重包袱,于是,其结果必然是提高制度缴费水平。但由于工会的反对,多少年来,在历次提高缴费的日程表中,唯独雇主缴费水平得以提高,而雇员缴费水平则从未动过(见表 2)。这就是法国一个非常特殊的参数变化特点,难怪法国雇主的负担比其他国家雇主的负担要大很多。如此这样,到了 1995 年法国不得不对社保制度进行大规模改革,法国社保福利支出已占当年 GDP 的 28.88%,雇主缴费承担全部福利支出的一半左右,雇员个人占 28%左右,国家补贴占了五分之一。从工资缴费比例来看,法国在欧洲

国家中也是比较高的,雇主竟高达 28.5%,而工人的缴费一直是 6%,半个世纪以来,一个百分点也没涨过,而双方缴费已高达 34.5%。有人说,法国雇主的负担是全世界最高的国家之一。但是,事与愿违,法国 1995 年改革却导致了战后以来最大的一次全国性大罢工。

表 2　法国"普通制度"雇主和雇员缴费率增长情况

时间	医疗与养老缴费比例(%)			家庭补贴(%)	全部总计(%)		
	雇主	雇员	合计	雇主	雇主	雇员	总计
1945 年 4 月 1 日	10	6	16	12	22	6	28
1947 年 10 月 1 日	10	6	16	13	23	6	29
1948 年 3 月 1 日	10	6	16	14	24	6	30
1948 年 7 月 1 日	10	6	16	15	25	6	31
1948 年 10 月 1 日	10	6	16	16	26	6	32
1951 年 10 月 1 日	10	6	16	16.75	26.75	6	32.75
1959 年 1 月 1 日	12.50	6	18.50	14.25	27.75	6	32.75
1961 年 1 月 1 日	13.50	6	19.50	14.25	27.75	6	33.75
1962 年 1 月 1 日	14.25	6	20.25	13.50	27.75	6	33.75
1996 年 1 月 1 日	15.00	6	21.00	13.50	28.50	6	34.50

(五)碎片化福利制度对劳动力市场的影响:职业隔离形成恶性循环

碎片化的福利制度还将导致一种恶性循环:劳动力跨行业流动就有可能放弃原来的全部福利待遇,于是本行业内部子承父业和代代相传便成为一种自然选择;特殊权利的保留对"外人"具有天然的排斥力,家族型就业模式又反过来形成了职业隔离,诸如印刷、出租车、公证人、电气煤气公司、银行等就不得不对员工子女给予一定的照顾,以维持雇员的忠诚,肥水不外流,把较好的待遇留给自己的员工,以解决青年人就业问题。福利制度的碎片化导致劳动力流动受到严重阻碍,甚至形成就业歧视现象。为了解决由于碎片化福利制度导致的职业隔离和就业歧视顽疾,法国 2004 年 12 月 30 日以立法的形式建立了"打击歧视维护平等高级监督局"(HALDE)。5 月份刚出版的 2007 年年度报告披露的数据显示,该机构接到的投诉案件年增长率非常快:2005 年收到投诉案件1692件,2006年4058件,2007年6222件。就歧视案件比例来看,27.1%是出身问题,22%涉及健康和残疾,6%是与年龄、性别和工会活动有关的问题。其中就业方面的投诉案件占一半以上。

法国劳动力市场弹性较小和流动性很差,形成恶性循环:就业十分不易,一旦就业又不太容易失业,一旦失业又很难再就业;于是,就造成了一种相对稳定的"局内人/局外人"格局,即"就业者/失业者"尖锐对立,长期并存;于是,就业者为了保住自己来之不易的就业岗位,就不得不拼命工作,在单位小时内创造出更多的价值,以养活庞大的失业大军;于是,失业者就比较心安理得地享有优厚的失业待遇,自愿型失业现象成为一个社会常态,甚至成为一种"失业文化";于是,法国传统的家族式的手工制作品的名牌较多,家族式的服务业比较普遍,他们代代相传,最终形成传统,与北美形成较大反差。尤其在上述法国垄断行业与部门,就业市场逐渐形成了一个就业相对固定和失业相对稳定的态势。据2007年11月统计,法国失业率已达8.4%,其中25岁以下青年人失业率高达22%,有些敏感地区竟高达50%。2005年秋和2006年春两次青年骚乱的发生在相当程度上就是恶劣的就业形势导致的。一份研究报告披露,2004年毕业的73.7万名学生受到经济形势的影响找工作不顺。

据法国国家统计及经济研究所(Insee)2007年3月最新公布的数据,2007年法国经济增长率只有1.9%。社会党经济事务全国书记米歇尔·萨潘在2008年2月的一项公报中强调:"这明显说明右派的经济、社会及税务政策失败。"他还指出:"经济增长未达预计的水平,首先表示国家的税收减少,这样,2007年的公共赤字就达到国民生产总值的2.7%(财政部预计为2.4%)。"

经济发展乏力削弱了民众的实际购买力,2008年2月22日法国民意调查机构公共舆论研究所(以下简称IFOP)和《十字架报》联合进行的一项民意调查显示,41%的法国人把购买力作为最关心的事情,自2007年11月以来首次超过对就业的关心(23%)。为此,许多法国人开始奚落萨科奇竞选总统,因为萨科齐在竞选时曾明确表态要当好"购买力总统"。

与美国相比较,由于欧洲各国之间的福利制度十分相似,所以欧洲各国之间都程度不同地面临着基本的问题。社保制度改革既是法国面临的社会阵痛,也是其他许多国家面临的共同难题。欧洲福利制度与社保体系碎片化这个基本特征,就是为什么欧洲失业率远远高于北美的一个重要原因,同时,也是为什么欧洲的劳动生产率远远高于北美的一个重要原因。在这个意义上，高失业率与高劳动生产率这两个社会现象是一对孪生姐妹，他们共同构成了欧洲经济社会的一个奇特现象。在这个奇特现象的背后，其根本的制度根源就是欧洲式碎片化社保制度。有学者将欧洲的"双高"现象（高失业率和高生产率）解释为许多其他社会和经济层面的原因，但是，笔者从社保制度考察的角度出发，认为欧洲的社保制度是其产生的重要原因，并且是一个比较令人信服的原因。

面对这种"社会均衡"即"局内人/局外人"的社会格局与失业文化，如果改革它，打破它，就等于破坏了这个社会的均衡，于是，社会动荡就不可避免地发生了。法国福利制度改革之所以常常成为一个导火索，在相当程度上取决于法国特殊的历史环境以及由此形成的特殊文化传统，进而导致战后的制度选择路径。不同碎片间的待遇存在很大差距，不同的待遇必然导致不同群体之间的攀比；面对福利刚性和不断攀升的财政支出，唯一办法就是在待遇水平和缴费标准这两个方面与其他三个制度试图"拉齐"，这就需要降低"特殊制度"的待遇水平，提高他们的缴费标准。这当然就触犯这部分群体的切身利益，于是，他们就走向街头表示抗议，进而掀起全国性的罢工浪潮。这就是十几年来法国每次福利改革都引发罢工和社会动荡的根本原因，是法国福利制度双重性——既是安全网又是火药桶——的重要原因。

三、两个法国："新法国"与"旧法国"的冲突与碰撞

法国民众知道，改革碎片化的福利制度是迟早的事情，躲是躲不过去的。他们反对改革是导致法国十几年来社会动荡的一个根源——尽管他们自己都已开始厌倦动荡。

法国政府明白，碎片化福利制度造成了两种文化和两个法国，进行"文化大革命"势在必行，目的在于创造"新法国"，摈弃"旧法国"——尽管步履维艰。

历届法国总统和总理都懂得，法国碎片化的社保制度应该走向统一，应该向大西洋彼岸的美国看齐，至少应该向英吉利海峡对面的英国学习——尽管法国自己历史上曾多次在模仿和学习中失败过。

(一)碎片化社保制度:工会与政府的两个角色导致两种文化

第一,十几年来,在西方世界,法国几乎是唯一的一个改革屡改屡败、锲而不舍的发达国家,可历届法国政府都没有气馁,甚至不惜最终以下台谢幕。但是,从工会角度来说,尽管大部分工会领导人都知道"特殊制度"改革在所难免,尽管也知道应该在全社会实行一个统一的公平的社保制度,但他们认为只有重新界定现实存在的"艰苦工作条件"才能体现公平原则,"捍卫职工利益"是他们的天职,其他都与之无关。正如团结民主工会(SUD)铁路分会秘书长马伊厄所言,"我们所要求的,是所有领薪者都恢复到 37.5 年"。如前所言,一方面,十几年来,历届政府都几乎试图延长退休年龄,以解决养老保障的财务可持续困境,但另一方面,却屡屡遭到社会的抵制。据 2008 年 3 月 IFOP 调查所的一组民调测验显示,在"退休体制改革的解决意向"中,有 56% 的被调查者表示不赞成延长退休年龄和延长缴费年限。在法国,绝大多数人不情愿延长退休年龄,这种现象与中国许多公职人员的心理状态正好相反。

第二,不少支持萨科齐总统改革"特殊制度"的法国民众认为,铁路工人已不需要再像蒸汽机时代那样从事高强度劳动,现代火车已无须人力挥锹添加煤炭,在退休政策上应公平对待,否则,工作条件的进步改善已使古老的福利制度越发显得牵强与不合时宜,但是,工会领导人认为,高速列车司机在驾驶室内的电子控制面板前一坐就是几个小时,动作简单呆板,十分容易疲劳驾驶。因为在像飞机驾驶舱一样自动化的操作中,司机唯一需要动手操作的就是每隔几分钟按一下"提醒"操纵杆,让电脑系统知道驾驶员没有睡觉,否则,电子安全系统就会立即发出指令让列车停车。正是因为如此,一位铁路工会人员才坚持认为"列车驾驶员的工作非常容易造成神经疲劳";也正是由于这个原因,工会领导才认为只有重新界定现实工作中什么叫"艰苦工作条件",才能真正体现公平原则。

第三,几乎所有国家都是在不能达成一致或陷入僵局时工会再宣布罢工,但法国被认为是唯一的例外:罢工永远在先,谈判始终在后。对此,法国南锡高等商学院(ICN)教授科尔(Koëhl)的解读是:"今天如果有一个谁赢谁输的标准,我可以说,政府在政治上是赢家,然后它将带来改革。"这次也不例外,公交罢工进入第二天之际政府提出谈判建议,但遭到工会拒绝。当罢工进行到第十天,工会同意坐下来进行谈判。法国存在这个例外的理由被认为是工会代表担心政府凭借谈判来削弱工会的威信和力量,并且政府在遵守契约的道德水准上常常是出尔反尔。于是,法国的这个例外逐渐成为一种独特的文化传统和一个特别的"先罢工后谈判"的罢工模式。

第四,众所周知,几百年来法国工人具有光荣的革命和造反精神。法国工人阶级在历史上曾靠罢工砸碎了铁镣,创造了新生;所以,对工人来说,罢工既是一种破坏,又意味着是一种创造。随着时间的推移,在法国历次罢工或劳资纠纷中蓄意破坏机器环境者便应运而生,难以根除。在 2007 年 11 月 21 日谈判正式开始之前的几个小时即清晨 6:10—6:30 时之间,在连接巴黎与东海岸、西海岸、北海岸和南海岸的 4 条重要高速铁路干线上,发生了令人发指的蓄意破坏行为,有人纵火焚烧铁路信号灯箱和铁路,试图颠覆列车,造成恶性事件。这种破坏行为也许适得其反,从反面促进了罢工事件的尽早结束:法国总理菲永强烈抨击纵火行为,声言对这些破坏者将予以严惩;有市民提出质问说,工会对工人可能已经失控;工会高级官员严厉批评这种破坏行为,并坚决否认工会卷入这次蓄意破坏行动;社会舆论强烈谴责这种卑鄙行为,甚至就连法国右翼《费加罗报》的民调结果都显示,70%受访者说这次罢工是不正确的,政府应该取消特殊退休的权利。尽管蓄意破坏行为可能在某种程度上唤醒了罢工者,但是人们依然不能忘记"罢工蓄意破坏机器者"这个词汇和这个行为在法国的"悠久历史":"罢工蓄意破坏机器者"这个词汇"sabotage"是法语的独创,其他欧洲语种皆源于此。它首创于法国 1910 年的铁路罢工,其词根"sabot"是当时农民穿的木鞋之意,在那次大罢工中,工人破坏他们自己穿的木鞋,用于破坏铁路。事实上,蓄意破坏分子的行为很可能客观上分化了工会的力量,法国劳工民主联盟(CFDT)总书记切雷克在发生蓄意破坏事件之后 23 日的一次广播电台采访时说,"法国工会对民主的理解是有很大问题的","4 年来,我们与工会强硬分子一直存在争议,他们自己非常清楚,他们的特殊退休福利是迟早要改革的——这就是我们之所以要回到谈判桌的原因"。一些工人因此而讥讽和围攻他,他们在标语上写道:"切雷克:我们后面没有尖刀","团结起来,决不合作"。

(二)"文化大革命":"新法国"与"旧法国"的"决裂"

十几年来,包括这次大罢工在内的任何一个街头政治或社会动荡,还有一个重要特征,那就是每次社会大行动都少不了公职人员的广泛参与,他们甚至会成为主力军。参与 2007 年 11 月这次罢工的公职人员占全法公职人员总数520 万人的 30%。

在法国,公职人员的概念比较广泛,规模十分庞大。我们可以将之分为两大部分,一是各级政府公务员,二是政府公务员以外的所有国有企业和事业单位人员,包括中小学教师和大学教授等。在历次罢工中,公职人员提出的诉求不尽相同,但矛头只有一个,那就是政府。反对政府,已经成为一个既时髦又传统的社会罢工的基本目标和主要诉求。这次大罢工中,政府公务员八大工会号召举行 24 小时全国大罢工,提出的口号是提高收入,反对减员。在失业率非常高的法国,政府公务员始终被认为是一份非常理想的工作,普索斯民调所(Ipsos)的民调显示,94% 的公务员"对他们的职业感到自豪"。但是,冗员必然摊薄收入,薪水较低必将导致效率低下,这已成为社会备受诟病的痼疾和历届政府改革的难题,2/3 的法国人认为"公共部门改革已成燃眉之急"。

萨科齐上台不久就提出改革公共部门是"国家当务之急",并将其称之为"文化大革命"(révolution culturelle)。不久,总理菲永也跟着采用了萨科奇的"文化大革命"用语。于是,"文化大革命"这个曾经在中国和法国 20 世纪 60 年代中期十分熟悉和流行的用语在媒体上再度出现(尽管在中国已经成为历史)。所不同的是其含意已有所不同,它指三个内容:第一是减少庞大的政府公务员队伍,即对退休公务员的空位不补充;第二是对新招募的公务员实行合同制;第三是提高公务员工资水平。在法国第五共和国的历史上,如此规模巨大的削减公务员队伍还是首次。按照萨科齐的改革计划,2008 年是大规模减员的第一年,计划裁员 22921 个岗位,具体办法是,对每 3 个退休公务员只招聘补充 2 个,这样一年就可节省 4.58 亿欧元的支出。

由于 2008 年新招的公务员将打破铁饭碗,实行合同制,所以,媒体上也有将这次"文化大革命"称为"新社会契约"运动。无论是右翼的《费加罗报》,还是左翼的《解放报》,甚或法共的《人道报》,目前都很容易看到这些时髦的改革新词汇。

为什么萨科齐将改革福利制度和重塑公共部门这些雄心勃勃的国内改革计划称为"文化大革命"?法国著名的政治学院研究员雅克·卡普德威尔给予了很好的解释,他认为这些改革的实质是对文化习惯的改革:"我们不应低估阶级问题的重要性,因为身份认同就意味着职业区别。萨科齐的打算是想说,'我想要一个美国式的社会,在那里,赚钱不是罪恶'。但是我不敢肯定,你能够改变上百年形成的现在这样的生活习惯吗?"

萨科奇总统上台之后,为削减政府支出,宣布了将近一百项改革措施,大到裁减政府冗员,小到允许协议离婚,等等,几乎无所不包,涵盖了公共部门行政事务的所有领域,表现出了改革国家机关的坚定决心。法国目前公务员总数高达520万,其支出占国家总预算的44%。近一半预算用来发放公务员的人头费,不仅财政负担沉重,而且国家机关机构重叠,人浮于事、效率低下、敷衍了事、玩忽职守等现象比比皆是。在萨科齐看来,公共部门的改革已到了刻不容缓的地步,改革势在必行。

但是,如同"特殊退休制度"改革,公共部门的改革同样要触动这520万人的切身利益,动作如此巨大的改革,能否顺利进行? 2006年3月28日英国150万地方公务员举行了自1926年大罢工以来规模最大的一次全国性罢工,抗议布莱尔政府提高退休年龄的计划和拟撤销被称为"85条例"(Rule 85)的退休规定。法国的情况更加复杂,例如,萨科齐刚刚宣布允许协议离婚,2007年12月19日法国律师就举行了一次声势浩大的全国大罢工,抗议"协议离婚"的改革草案。据统计,法国大约每100对结婚夫妇就有52.2对离婚;在离婚案中,协议离婚大约占一半。如果这部法案得以通过,离婚夫妇将不必诉诸法庭,对簿公堂,这既省时又省钱,但律师将失去很多生意,他们对这个法案当然非常敏感了。

萨科齐认为,只有发动这样的"文化大革命"才能将法国公共部门带进21世纪;只有进行"文化大革命"才能使新进入公共部门的人"在公务员身份与签订两厢情愿的合同之间进行选择"。公务员事务国务秘书桑蒂尼说:"我们呼吁所有纳税人思考这样一个简单问题:你们希望'明日建设什么样的公共部门'?"其实,对于萨科齐已经敲响的"重建公共部门"钟声,萨科齐本人在竞选时就早已承诺将带领法国与过去"彻底决裂"。这个"过去"就是指"大锅饭"的现状,就是指改革法国社会福利制度,激发社会生产力,让法国人"多劳多得"。美国《纽约时报》在评论萨科齐思想时说,萨科齐在政府与具有革命传统的工会之间划出了一条意识形态斗争的战斗界限。这个意识形态的斗争就是,在新法国和旧法国之间造成一个竞争态势:"新法国"试图多劳多得,而"旧法国"则保护高昂的社会福利。在萨科奇看来,要实现"社会公平和公正",实际就是打破大锅饭的现状。他说,"法国人民会证明这个改革是正确的。在大选之前我早就有言在先,所以这是我必须做的"。与以前历届政府一样,对这次罢工,政府也曾做好了打一场持久战的充分思想准备。菲永总理说,"改革乃大势所趋,这是减轻国家沉重经济负担的重要举措"。

（三）铁饭碗的特权福利:蒸汽机时代与电子时代之间的落差

如前所述,法国 520 万公职人员队伍中,除了政府公务员以外,还包括国企和事业单位雇员。我们在历次罢工队伍中都可以发现国企和事业单位是主力军。法国国企一般都是大型垄断行业,在这次罢工中十几个行业企业都发动起来了,就是说"垄断"既是法国国企的一个基本特征,也是参与历次罢工的一支主力军。但是,对那些具有明显垄断色彩的非国企来说,只要遇到改革,他们也会走向街头。这次大罢工中最典型的要属香烟店,几千名借题发挥的香烟店员工走向街头示威游行,向国民议会进发,抗议将于 2008 年 1 月生效的禁烟法案。在法国,如果谁要能够拿到一个香烟营业执照,也无异于拿到了一个"金饭碗",其含金量不亚于一个出租车牌照;一般来说,只有二战中的老兵或残疾军人家属等才有可能拿到香烟销售执照。由此看来,不管是否是国企,垄断制度一旦遇到适当的环境,都有可能成为社会稳定的现实威胁。

如果说法国的大学类似于中国事业单位,这次大罢工中大学教师又是一支主力军,他们提出的口号是抗议政府刚刚出台的允许校方募集私营企业资金的新规定。法国基本没有私立大学,公立大学长年依靠政府拨款来维系运转,但由于政府财力日益捉襟见肘,大学的科研、教学及各种硬件设施水平正逐步下滑,被许多欧美大学甩在后面。萨科齐推行公立大学自治法案的初衷是试图打开私人企业和个人资助的通道,给予大学在管理学校资产、预算等方面更多的自治权,以此来激发法国公立大学创新的活力。

法国大学教育体制多年来是政府改革的一个公共部门领域,其糟糕的现状已成为法国青年劳动就业市场的一个主要障碍。一个法国学区督察曾在《教育世界》杂志刊文,向世人勾画出一幅令人担忧的景象:第一,法国学业失败比率始终居高不下,从小学到中等,再到大学,学生接受的知识与进入劳务市场所需的能力严重脱节。第二,学校传授的文化知识与现代文化、别国文化很不适应,其破坏性已经显现,校园暴力就是一个后果,相反,法国式谦恭和礼让传统已不复存在,核心价值荡然无存。第三,法国高等经费严重匮乏,科研水平远远落后于其他国家,导致优秀学子不得不选择出国的道路,法国商界只能留住二流人才,无能之辈比比皆是,等等。

学校如同法国国铁公司,在"特殊制度"的庇护下,他们多少都有一些特权福利,一般都享有一个铁饭碗;如同国铁机车司机,他们的福利制度建立于蒸汽机时代,但在现代的电子时代仍然适用;工作条件虽已时过境迁,但福祉心境却依然故我。蒸汽机时代与电子时代,不同的时代,相同的待遇。这种落差就是法国特殊的社保制度与特别的改革路径之间的落差,也是两个法国之间的差异性。

说到底,法国的问题在欧洲比较普遍,因为欧洲这些老牌资本主义国家的雏形起源于几百年前的行业互助会。战后现代社保制度改革中,这些成百上千个"碎片式"的社保制度就构成了这些国家社保体系的元素,像"贴补丁"一样,隔几年一个补丁,十几年加上一个碎片,制度不统一,待遇不一致,待遇高的不愿意降下来,不降下来国家负担则太沉重,要降下来就要面对这个群体的激烈反对,其他"小制度"的群体有兔死狐悲的效应,立即跟进,支持这个"被改革"的小制度,意在捍卫未来自己的利益。一句话,碎片化社保制度是导致法国和欧洲许多国家经常出现动荡的一个制度根源。在这方面,美国在1935年社保立法时就注意到了要防止碎片化倾向,制定了一个全国统一的大制度,一个缴费水平,一个待遇比例,无论什么部门(公共部门还是私人部门),无论什么职业性质(雇员还是自雇者),他们在一个水平和起跑线上,要改革可以全国一盘棋,一个步调和一个政策,不存在群体和部门利益。所以,可以发现,在美国几乎没有因为社保制度改革导致全国性甚至地方性的群体事件和街头事件的记录。这就是"大一统"制度的好处,相比之下,"碎片化"制度就显得问题多多了。

(四)两个福利模式的优劣:激励机制与"养懒汉"文化

中外学者从不同角度将福利制度分成很多种模式,从学术研究的角度看,给我们很多启发。但仅从组织形式上讲(不是从融资方式和待遇方式等其他角度分析),世界各国福利制度模式可以简化为只有欧、美两个模式。欧洲模式的缺点是碎片式的,福利水平高一些,但问题也多一些,激励不足,惰性有余,企业负担大,国家的负担也大,对劳动力市场的扭曲也较大;美国社保制度正相反,待遇水平低一些,甚至没有全民医疗保障,但第二支柱的医保效率较高,总体医疗支出水平占 GDP 比例并不比欧洲低很多,甚至并驾齐驱,养老保险也是一样,水平低一些,但第二支柱即与职业相联系的补充保险的补偿作用占比很大,所以,总体的实际福利并不太低,只不过人们必须要努力工作,从工作当中获取。这种获取福利的方式并不是"welfare"(社会福利导向),而是"workfare"(工作福利导向),企业负担不大,个人福利不小,激励机制比较完善。

有一个 20 世纪 90 年代的数据可以说明:假定美国劳动供给(滞留在劳动力市场上的人均工时)是 100 的话,法国只有 68。这样,就出现一个问题,法国人不得不在有效的工时当中提高效率,以提高单位产出来养活庞大的失业大军。因为法国的失业率高出美国一倍多,常保持在两位数,同时,失业人口就业机会大大少于美国,就业很难,高失业率就成为一个常态,并且,失业金水平逐年提高,这样,就业人口就更需提高产出水平,以分给失业人口一杯羹。数据显示,假定美国的产出是 100,法国是 110。久而久之,这就成为一种特殊的社会均衡,甚至成为一种文化现象。任何社保制度,多少对就业市场都有一定的负面影响。所以,选择社保模式,等于是在选择就业市场的模式。

激励之所以成为一个问题,是因为战后以来,社保制度存在着一个不可逆转的养懒汉的潜在倾向,这是许多发达国家进行改革的一个重要原因:

法国吃"低保"(RMI)的人数逐年增加,2005 年高达 123 万,比 2004 年增加了 3.5%,其中巴黎增加了 11%,远远高于全国平均数,创下历史新高,并且,近三分之一的人登记时间已超过 5 年,大约一半人数登记时间将近 2 年。

法国领取法定最低工资(SMIC)的职工人数也逐年增加,例如,2004 年有230 多万职工按法定最低工资标准领取工资,占全国职工总数的 15.6%,远远超过历史高峰的 1997 年 7 月,当时是 14.4%。

2005 年法国破产企业总数达 5.1 万家,7 年来首次突破 5 万,据法国有关学者预测,维持破产企业数不再增加的一个先决条件是其经济增长率应超过1.8%,但进入 21 世纪以来却常常难以达到这个增长率。

回想引发 1995 年大罢工的导火索,当时,全法吃"低保"的人数增长率始终在两位数以上,1991 年底统计为 58 万人,次年就高达 67 万人,1993 年剧增到 79 万人,到 1994 年就攀升到 90 万人,3 年就增长了 1/3 的人数(见表 3)。可以说,吃低保人数的激增不能不是导致 1995 年改革的一个诱因——尽管这次改革因全国大罢工而无疾而终。

表3　1991—1994年法国低保(RMI)受益人数增长情况

	1991年12月	1992年12月	1993年12月	1994年12月
本土城镇(人)	488102	575035	696592	803303
海外省(人)	93939	96208	96355	105033
总计(人)	583361	671243	792947	908336
增长率(%)	+15.3	+15.3	+18.1	+14.1

四、碎片化的起源:法国大革命与民族性

这里先给出一个案例,然后再提出问题。

2006年3月由《首次雇佣合同法》导致全法青年社会骚乱。2006年初法国国民议会通过了《首次雇佣合同法》(CPE),旨在加强青年人劳动力市场。法国青年失业率远远高于欧洲其他国家,其中青年人就业一直是困扰法国政府的一个难题。这个法律规定,法国企业在雇佣年龄不满26岁的年轻雇员时,在头两年可随时解雇工人而无须说明理由。但是,这个法案很快就引发一场350万青年人参加的全国大罢工,最后不仅导致推翻了这个法案,而且重新立法,代之以一个完全相反的法案:对雇佣26岁以下青年人的企业,国家将给补助金,第一年每人每月400欧元,第二年每人每月200欧元。但是一年之后的今天,这个新的《首次雇佣合同法》执行起来难度很大,由于财政困难,许多企业在申请补助时往往难以落在实处。

法国这个《首次雇用合同法》的改革内容很简单,改革步伐很小:年轻雇员的试用期从6个月延长至2年。就是这样一个小小的改革,在法国掀起了一场震惊世界的社会运动,而在法国的邻居德国那里,也刚刚作了同样的规定,甚至就连延长的期限也是一样的,但是,德国人却接受了,德国风平浪静。法国的其他邻国也都正在采取各种措施促进灵活就业,鼓励签订临时合同,以提高市场弹性和就业率,比如西班牙、意大利等,在这些国家都没有像法国那样引发那样规模如此宏大的社会运动。

通过上述事件,我提出这样几个自问自答的问题。与其他老牌欧洲资本主义国家相比,为什么唯独法国明显地存在两个法国(新法国与旧法国)和两种文化(社会福利导向与工作福利导向)之间的激烈冲突? 为什么英国等其他一些碎片化福利制度的国家能在二战结束时成功进行整合? 为什么当今德国等碎片化福利制度国家在改革时没有像法国那样遭遇和引发如此激烈和频繁的社会动荡和社会骚乱?

为此,除前述一些原因以外,我很想寻找一把开启这个大门的钥匙,挖掘一些深层次的根源。这个问题很复杂,凭我的知识结构可能无力回答。但我隐约感到,考察法国大革命对其文化和国民性的深刻影响很可能会有所收获,特殊的法国革命历史及由此导致的文化传统很可能从一个侧面给人们以某种启发。于是,我试探地从以下几个方面来考察。

(一)法国大革命精神永存:德国与英国的比较

人人皆知的一个事实是,法国大革命的遗风和遗产是丰厚的、深刻的。从某个角度讲,法国大革命很可能是解释法国社保制度的一把钥匙。追溯起来,法国大革命对其民族性的形成具有巨大的深刻影响,进而对法国福利制度的选择具有相当的作用。因此,许多历史学家和思想家对法国大革命进行不同角度的解构。

首先,法国大革命点燃和煽动起法国人的理想主义狂热。阿克顿在其《法国大革命讲稿》和《自由的历史》中说,法国大革命点燃了法国人的浪漫主义狂热和理想主义情怀。毫无疑问,多少年来,"神圣革命"的理想与"理想之光"的普照,使大革命的浪漫主义逐渐演变成理想主义,怀疑一切、否定一切、改造一切、摧毁一切已成一个"思维定式"。这种"思维定式"使法国人与其邻居德国形成反差,在当代社会经济改革与反改革的国家/社会博弈之中显得日益僵化对立并毫不妥协,"先罢工后谈判"的法国模式不完全与之无关,其结果常常是背道而驰。例如,"平等"本来是法国大革命的一项政治原则和终极目的,是法国社会变革的原动力,是一切合法性的源泉;法国人在追求平等时充满着激情和热烈,但却没有意识到绝对平等不完全等同于平等,追求绝对平等反倒有可能为法国人带来一种人为的不平等,浪漫的情怀和空想的狂热却往往适得其反。果然,极富讽刺的是,1789 年大革命追求平等的政治原则在 1945—1946 年福利制度改革中被法国人完全抛弃。取而代之的是,雇主和雇员联合起来一致反对建立一个平等统一的福利制度,最终法国确立的福利制度不得不是一个多种等级和特权存在的制度架构。写到这里,我想起偶然读到的一篇关于德国精神的短文:一群大学生在德国街头做试验,他们把"男""女"二字分别贴在路边两个并排的电话亭门上,结果发现,来打电话的男士都走进了"男"电话亭,女士则都进了"女"电话亭。一会儿,"男"电话亭爆满,德国的先生们宁可在门外排队也不去光顾正空着的"女"电话亭,而正在这时,一位先生匆匆走来,当他看到"男"电话亭爆满时,便毫不犹豫地进了"女"电话亭。大学生们上前一问,原来他是一个法国人。虽然德国和法国都是欧洲大陆具有合作主义(Corporatism)历史传统的国家,但是,他们之间存在着较大的差异性:德国精神中的平等之思想、自觉之意识、纪律之遵守等民族性,创造出了社会市场体制即莱茵模式,从企业雇主与雇员间的"共同决策"机制,到国家层面的三方合作机制(Tripartism),在解决资方与劳方关系中、社会与国家关系中,他们强调先谈判,只有当谈判陷入僵局时再发动社会运动。很可能正是由于这种德国式的集体协商途径,在相当程度上规避了他们的先贤俾斯麦首创的碎片化福利制度模式的缺陷。相比之下,法国精神中的革命传统和自我主义创造出了高度集权的经济体制,无论在企业层面,还是在行业层面甚或国家层面的劳资关系,怀疑和不信任成为社会运动的一个重要特征。于是,前文所述的"罢工永远在先,谈判始终在后"便成为一种文化和方式。

其次,法国大革命为后来一切社会运动栽下了安那其主义(即无政府主义之意)传统的祸根。克鲁泡特金在其《法国大革命史》中曾备感欣慰地说,法国大革命的重要结果之一就是安那其主义。在我看来,从大革命至今,安那其主义已逐渐演变成社会运动中的一个"行为定式",这个"行为定式"在一定程度上成为法国社会行动的根源之一,对法国战后最终选择和保留传统的自治互助式福利制度起到了重要作用。大革命前夕,国王不得不同意召开停止了180年的三级会议(教士、贵族和第三等级),第三等级(除教士、贵族以外的所有其他公民)随即就取得了主导地位,王室不久便失去了控制局面的能力,而第三等级如脱缰野马般开始进行激进广泛的革命,大革命由此爆发。第三等级宣布:第三等级代表"公意",第三等级就是一切! 然而法国大革命这种具有强烈原始安那其主义色彩的第三等级自由联合体的主张,本质是反对包括政府在内的一切统治和权威,提倡建立一个自由个体之间的自愿结合、互助自治、消除经济和社会上的任何独裁统治的社会。然而法国大革命至今,在几乎所有社会运动中都可看到一些别有用心的乌合之众,他们参与其中,浑水摸鱼,趁火打劫,宣泄仇恨,伺机破坏,打砸抢烧,暴力不断,最后形成无法控制的混乱局面,使街头政治和社会骚乱在欧洲甚至全世界达到登峰造极的程度。正是从这个安那其主义的"行为定式"出发,在第二次世界大战之后,虽然法国当局曾信誓旦旦要效法英国,整合碎片化的行业自治性质的福利制度,但是,最终却失败了。众所周知,俾斯麦模式福利制度是现代制度的鼻祖,是法国和英国的碎片化福利制度的发源地,但战后各国则开始分道扬镳:英国通过贝弗里奇改革比较成功地摒弃了旧式碎片化制度,创建了大一统的贝弗里奇模式,这个模式影响了战后整个欧洲;法国的情况正相反,他不但没有除旧立新,反而变本加厉,以立法的形式强化了碎片化的旧制度;如果说英国的贝弗里奇模式在北欧国家开花结果,那么,德国的俾斯麦模式在法国不但得以完全保留,而且得以发扬光大;德国作为俾斯麦模式的发源地,虽然改革步伐很小,但至少没有像法国那样将俾斯麦制度发挥到了令德国人都咋舌的一种极致。

最后,超越历史的法国大革命的理念开创了价值虚无主义先河。大革命之后的法国逐渐形成了法兰西民族的特质文化与特殊传统。无论是在民族情感、价值观念、人际关系、国际关系中,还是在人与社会、人与国家关系之间,无论是在总统与总理的"左右共治"的关系当中,还是在 2005 年公投失败导致震动全世界的欧盟宪法流产中,都可看到因循守旧、目光短浅、狭隘偏颇、偏见歧视、我行我素、天生优越感等异常特性。这种一反传统的民族特性折射出了一种特有的法兰西政治生态、社会生态和狭隘的民族性,这种民族性可以借用一个五子棋比赛的术语"妖刀定式"来形容①:好争吵、嗜批评、不团结、没纪律、走极端的个人自我主义的特性。于是,法兰西民族把"好斗公鸡"作为自己的标记是惟妙惟肖的:在解决社会矛盾和利益冲突时往往容易采取暴力的方式,在国际事务和国际关系时常常容易采取极端的方式。走极端已逐渐成为这个民族的一个习惯,并体现在价值判断的方方面面。托克维尔《旧制度

---

① "妖刀定式"是指在五子棋比赛中一种少见多怪、离奇复杂的非正规开局,一般指 26 种开局定式以外的定式,不在正规开局规则之列。这里意指奇特极端和先入为主的价值判断标准,实际可称为"心理定式"。

与大革命》中曾这样评价道:"当我考虑这个民族本身时,我发现这次革命比它历史上的任何事件更加惊人。它在行动中如此充满对立,如此爱走极端,不是由原则指导,而是任感情摆布。"如同中国法国史专家楼均信先生所指出的,正是法兰西民族中隐藏着这种任凭感情摆布、爱走极端的性格,才使群众运动同时引发了无节制、无约束、难以驾驭的过激行动,出现领导者被群众所左右或群众被领导者所利用,进而导致民主秩序和法制的破坏,造成政局的动荡和社会的混乱。楼均信先生还接着指出,这种非理性的群众运动,如果过于激烈,走向极端,就有可能变成一支无法控制的野性力量,给社会安定带来严重破坏[1]。在 2005 年法国公投失败之后,全世界都在议论法国人的民族性问题,2005 年 5 月 30 日《中国青年报》刊发一篇评论文章引用了法国前总理巴拉迪尔由此发表的一句肺腑之言:"在欧洲各国中,法国人出工最晚、收工最早、假期最多,但他们还老是不满意。"该文还说,曾有精通汉语的法国人用中国俗语"端起碗来吃肉,放下筷子骂娘"来形容他们的法国同胞。法国公投失败惹恼了欧洲各国民众,越来越多的欧洲人认为,法国人已经毁坏了自身形象。法国政治学教授奥利维耶·克劳顿和记者若泽—曼努埃尔·拉马克发表的题为《法国人为何是星球上最差的同伴》的报告公布了一项调查说,德国人认为法国人"狂妄、草率而且轻佻",荷兰人觉得法国人"焦躁、多嘴和肤浅",西班牙人视法国人为"高傲、冷漠、自负和无礼"的人群,葡萄牙人说法国人"喜欢说教",意大利人说法国人"势利、自大、好色、自以为是和自我陶醉",希腊人则认为法国人"不易接近而且自私自利",瑞典人认为法国人"无组织"。刚刚过去的北京奥运圣火在法国传递遭到的暴力攻击和社会骚乱更是引起了对法国民族性的一次大讨论,在铺天盖地的文字中常常看见对法国媒体和政客对西藏问题"无知无畏"的"历史盲"的偏见给予的深刻分析,这些先入为主的成见就是典型的"妖刀定式"价值观。它很可能断送法国大革命和法兰西民族留给世界的美好印象,火炬传递事件之后媒体曾出现"法兰西已经褪变成为法西斯"的鞭挞。就我个人感情来说,2008 年 4 月 16 日《世界新闻报》刊登的文章《我曾经那么喜欢法国》中所袒露的感受也完全代表了曾经在法国

---

[1]　楼均信:《法国大革命反思》,载陈崇武主编:《法国史论文集》,学林出版社 2000 年版,第 76 页。

做过几年访问学者的我的感受:"美好的法兰西形象在最近一个月里土崩
瓦解。"

上述法国大革命之后形成的理想主义的"思维定式"、安那其主义的"行
为定式"和价值虚无主义的"妖刀定式"扭曲了法国人对福利制度本质及其改
革之间关系的认识,扭曲了在福利制度改革过程中对民众与国家之间关系的
认识,扭曲了对福利社会与福利国家之间关系的认识。对此,托克维尔曾有过
类似的表述,例如:1789 年法国大革命的追求是平等,但法国中央集权的传统
也可以上溯到法国大革命;法国大革命的诉求是自由,但大革命以来逐渐形成
的意识形态则是对经济自由主义的极端鄙视和抵触;法国大革命的理念是对
第三等级即个人自我主义的崇尚,但半个世纪以来的结果却是对福利国家表
现出的极大迷恋和依赖;等等。从这个角度看,法国政府试图对福利制度改
革,实际上是对当今法国人思维定式、行为定式和妖刀定式的一个挑战和
破坏。

所以,冲突就必然会发生,而所有这些观念上和定式上的冲突,几乎都反
映在法国当今碎片化福利制度的路径依赖及其制度选择之中。

(二)法国福利制度性质的判断:俾斯麦模式与贝弗里奇模式的博弈

法国大革命不仅对法国民族性具有一定影响,而且对法国福利思想和理
念的发展也具有重要影响。

如前述,法国福利制度的起源可以追溯到法国大革命之前,当代福利制度
的很多雏形就是对法国大革命的直接产物的承继。例如,法国大革命之后的
1793 年诞生了《人权宣言》,正是在这个期间诞生了针对公务员等群体的一些
福利制度。在法国,有一本流传和启蒙了几代法国人的社会保障教科书,那就
是著名社会保障法学家、巴黎第二大学名誉教授让-雅克·迪贝卢(Jean-
Jacques Dupeyroux)的名著《社会保障法》。这本书至今大概已经出了近 20
版,在其第 13 版描述社保制度的起源与法国大革命之间的关系时说:"随着
1979 年大革命的爆发,个人与社会之间的关系出现了一个崭新的概念,事实
上这个崭新的概念就是救助。"

确实,法国大革命不仅对包括法国在内的欧洲资本主义世界的发展产生
了巨大影响,对法国资本主义模式产生了重大影响,而且使法国产生了有别于
欧洲大陆其他国家的福利思想、福利理念和福利制度。可以说,这种影响是深

远、深刻和令人深思的。如何归纳和抽象法国福利思想及其理念?我觉得至少应该提提这样三个特征:第一,在世俗化和敌对化的大革命精神影响下,社会各阶层和群体对旧社会的"摧毁"从相互之间发挥作用开始,向一致对上即共同直面国家转变。第二,这种转变导致人与人之间的"互助"传统,开始逐渐让位于个人向国家的"救助"诉求,随着历史的推移,几乎每个社会成员基本都确立了一个"救助权",而"救助权"的诉求与传统的观念大相径庭,因为在此之前,救助多少被视为某种"债务权"。第三,这个"救助权"在观念上的逐步确认导致在制度上的逐步确立,几百年下来,最终扩展到"工作权",并常常高于"工作权",且在相当程度上替代了"工作权"。

巴黎第一大学著名法学教授、法国社会事务督察长(Inspection Générale des Affaires Sociales,简称 IGAS)米歇尔·拉罗克(Michelle Laroque)在为《社会保障财务历史研究》(Contribution à L'histoire Financière de la Sécurité Social)撰写的导论中对法国大革命的重要作用是这样评价的:"在 19 世纪前夜(指法国大革命之后的 10 年),各种各样的社会保险的格式和方式就已显现,并从那时开始一直到今天,它们既始终依赖着公共干预,但又没有超出集体私有或个人私有的格式和方式的大框架。"拉罗克的这个评价是非常经典、精辟和准确的:"依赖着公共干预"中的"依赖",他使用的是"reposer"这个词,是"休息"之意,但与"rester"相比,前者比后者更有"主动"之意;而"formules"(我这里只能译作"格式和方式")实际就是今天法国人使用的"制度"(régime)一词。

于是,一个更为深层的问题就浮出水面:第二次世界大战之前法国失去了几次整合其碎片化制度的机会,令人十分惋惜,那么,为什么战后其他很多国家(例如英国和北欧)都能成功地转型而唯独法国没能成功?战后以来法国福利制度的嬗变趋势是朝俾式方向还是贝式方向发展,为什么?世界各国的发展趋势是什么?这里需要再次描述和回顾一下俾斯麦模式和贝弗里奇模式之间的特征和异同。

俾斯麦模式主要有三个特征:一是这个建立在 19 世纪 80 年代初的强制性福利制度由于当时的历史条件,实施范围主要局限于就业人员,参保人的社保待遇与其职业和职务状况紧密相连;二是社保制度具有相当的"保险因素",即待遇水平与参保人的工资收入及其缴费比例紧密相连;三是社保制度的管理与资金的管理由雇主和雇员双方共同参与。

考虑到俾斯麦模式碎片化的缺点,贝弗里奇模式针对上述俾斯麦模式的三个特征进行了彻底的革命与整合,其主要特征也有三个。由于这三个特征的术语字头都是 U,所以也称为"三 U"制度或"三统一"制度,即统一资格、统一管理、统一待遇。

——普惠性(Universality):覆盖所有社会风险和所有人口。无论居民的工作性质和收入水平如何,所有居民在有可能降低或消除其生活来源的风险面前(疾病、衰老、失业、家庭负担等等)都受到福利制度的保护,即国民资格就是参保资格,国民皆有保障,人皆享有一个最起码的生存条件。这就是国民待遇和资格统一的原则,根除了不同群体不同资格条件的碎片化"社会排斥"现象。这就是"统一资格"的原则或称国民待遇标准。

——一体性(Unity):管理上的大一统性质。在缴费渠道、营运管理、待遇发放等各个环节由国家一个机构统一管理,整个福利制度及其覆盖的人员均归属到唯一的公共权力监管下的公用事务部门之下,全国实施一个管理部门和一个管理模式的简化程序,用英国人的话来说就是所有的待遇给付,只需一张名片或一个邮票。这就是"统一管理"的原则,它整合了九龙治水的传统碎片化管理模式。

——一致性(Uniform):缴费比例和待遇水平全国遵循一个比例原则。无论居民的工作性质和收入水平如何,福利制度为每个国民提供的待遇给付比例是一致的,不存在由于职业与行业不同而导致的待遇差距。这个"统一待遇"的原则体现的是民族连带和民族团结,它彻底摒弃了俾斯麦模式的行业职业间的待遇差和特权问题。

除了上述三个特征。俾斯麦模式和贝弗里奇模式之间还有很多不同的重要特征。这些特征对理论研究和政策设计都具有十分重要的意义,由于这里讨论的主题是制度碎片化问题,其他特征就略去了,以后有机会再继续讨论。

美国 1935 年通过的首部《社会保障法案》实行就是"三统一"大制度,属于贝弗里奇模式,从时间上看,要早于英国贝弗里奇报告问世将近 8—9 年。我曾试图在浩如烟海的文献中找出美国这部立法与英国贝弗里奇报告之间的渊源关系,但最终还是没有如愿。英国战后贝弗里奇改革在世界福利制度史上堪称是一场革命,对战后世界福利与社保制度改革起到了极大的推动作用。

那么,美国 1935 年法案对英国这场里程碑式的改革是否存在积极的影响,目前还不得而知。

英国贝弗里奇改革是个分水岭,从此之后,欧洲乃至全世界各国福利制度就从原来单纯的一个模式即俾斯麦模式——尽管在欧洲大陆这个模式之间也存在着千差万别——变成两个模式之间的"和平竞赛"。它已经不是战前单纯一个模式一统天下的时代了,而是俾斯麦模式和贝弗里奇模式两个模式竞赛的时代,或说由此演变出的多个模式之间竞赛的时代。半个多世纪以来,尽管世界各国福利制度历经沧桑,不断嬗变,呈现出多姿多彩的局面,甚至呈现出三个、四个甚至五个模式(例如,最有影响的三个模式理论是艾斯平—安德森提出的以英美为代表的盎格鲁—萨克逊模式、以北欧为代表的社会民主主义模式和以德国为代表的欧洲大陆的保守主义模式),但是学界比较一致公认的,它们的母体主要还是俾式与贝式这两个模式。或说,这两个模式是当代许多经济学家研究社保制度的一个基本工具或一个出发点。我前文提出的欧洲模式和美国模式这 2 个概念也是对俾式和贝式的简化形式。

由于历史沉病等种种原因,贝弗里奇模式的发祥地——英国反倒不是"纯粹的"贝式模式,"三统一"没有完全实现。例如,公务员制度等存在一些微小的碎片化特权等。对于英国战后以来半个多世纪的发展趋势,是具有更多的贝式倾向还是更多的俾式因素,西方学界的看法是不太一致的,有一些争议。我对这个问题也没有现成的研究,有待于以后抽时间关注。

法国人自己对其福利模式的看法是比较清楚的,几乎没有争议。法国人自己也认为,从制度碎片化的角度看,战后法国改革只实现了一个"U"即普惠性,另两个"U"毫无疑问地失败了。从这个"三比一"来看,法国是一个混合型的制度,这是大部分法国学者的评价。如果这样判断,那么可以说很多欧洲国家都是混合型的,大家比较一致认可地还包括荷兰等。例如,法国社会事务总监、巴黎政治学院任教的若兰·兰贝(Marie-Thérèse Join-Lambert)女士在 1997 年出版的《社会政治学》(*Politiques Sociales*)中说:1945 年法国改革的雄心大略后来很快在工商界各类人员中得以覆盖,但其他方面都没有进展,所以法国是一个混合型制度。法国战后改革之父拉罗克在 1946 年的一本书中不得不承认,"我们在法国看到的这个模式是两种模式的一个中间模式"。

从笔者个人判断来看,如果摒弃单纯的"三比一"的呆板线性思维,俾式与贝式在法国竞赛的结果是贝式大败,俾式凯旋并获得主导地位。其实,对法国福利制度的判断结果本身并不十分重要,重要的是应该分析一下为什么法国福利制度在1945—1946年改革行动中没有像英国和北欧国家那样对碎片化制度得以成功整合?

（三）法国战后1945—1946年碎片化制度改革失败:特殊的国情

在我看来,法国1945—1946年改革雄心勃勃,试图效法英国,实现"三统一"即"三U",但是法国失败了,其主要原因,除了前述法国大革命遗风外(例如,它造成法国人特殊的思维定式、行为定式和妖刀定式),大约还有以下三个。

第一个原因是法国历史上形成的碎片化制度根深蒂固,尤其是在二战中维希政府又进一步强化了工会力量和碎片化利益群体,最终导致了战后改革发展路径的停止。二战的特殊历史经历发挥了较为重要的作用。众所周知,在二战中英国国难当头,工会组织同仇敌忾,奋起参战,浴血奋斗,工会的氛围和主流已不是关注福利制度问题。但是,法国的情况却大不一样,在"国家元首"贝当(Pétain)元帅签订停战的耻辱协定之后,在维希傀儡(Vichy)政府治下的4—5年里,几个社保立法(例如1941年11月18日立法,1942年2月18日立法,等等)得以颁布。这些立法提高了福利待遇,强化了工会组织的作用。这既是为了应对恶性通货膨胀,也是为了讨好工会以维持其傀儡统治。所以,在第二次世界大战中,法国工会组织本身及其在企业福利待遇中的作用几乎没有受到任何触动和破坏,反而有所加强。这样,在本来其合作主义(corporatism)或三方伙伴主义因素就强于英国的法国福利体制中,工会的地位就更加得到提高,工会的谈判作用就更加得到加强。此外,维希政府的几项立法还强化了占领区的碎片化福利制度。于是,可以这样认为,后来的法国第四共和的福利制度中工会的作用在相当程度上完全继承了第三共和的传统。换言之,维希政府间接地为战后拉罗克改革制造了困难,为战后法国保留碎片化福利制度发挥了重大作用。按照拉罗克的本意,他制定和主导的1945年10月4日立法具有里程碑的历史意义。这个立法所规定并建立的那个覆盖私人部门的"普通制度"实际就是一个基本养老制度,其如意算盘是将其扩大覆盖到其他群体,包括统统"吃掉"当时"特殊制度"的矿工、铁路、电气煤气等所有特权行业;但是,这个"大一统"(Unifié)的设想遭到了工会的激烈反对,他们试图保留原有企业自我管理和自治的旧模式,以保持原有的待遇水平。英国和法国工会在二战中不同的经历导致其战后重建中的地位和作用出现巨大反差,这个巨大反差成为两国福利制度改革路径的一个主要决定性因素。于是,英国战后重建福利国家就能够比较彻底和顺利地对其传统碎片化福利制度进行革命和整合,而法国就因此而丧失了最后一次整合碎片化制度的机会。其实,早在1928、1930和1932年的三次改革中,虽然法国都力图作出较大的改革,试图整合其碎片化制度,但都没成功。

第二个原因是各种政治力量,比如大部分工会和一些党政派系,他们对统一管理采取中立或反对的态度,例如,共产党(PCF)、工人国际法国支部(SFIO)、总工会(CGT)等主张将社保资金统一管起来,但待遇保持不变,而人民共和运动(MRP)和天主教工会联盟(CFTC)则希望基金和待遇都进行行业自治。在博弈中拉罗克改革以失败而告终,"特殊制度"群体的要求得到了满足,在后来的一系列立法(1948年1月17日的立法和1952年7月10日的立法)中进一步确立了"特殊制度"予以自治的合法性。从此,"特殊制度"的福利特权以法律的形式被逐渐固定下来,它们统统体现在法国《社会保障法》第L711—1章和第R711—1章当中。法国的这个保护了碎片化制度的《社会保障法》,与1935年美国制定的统一社保制度的《社会保障法》相比,可谓南辕北辙,相去甚远,成为社会保障历史上碎片制度与统一制度两个极端的典型立法案例。那么,如何解释英国和瑞典的成功改革呢?为什么英国和瑞典等北欧国家就能够对碎片化制度予以顺利整合?他们的政治力量和党派力量也并不比法国更弱!一个答案很可能是民族性的问题,瑞典较少地经历了类似大革命的"辉煌",尤其是,瑞典工会和党派的组织性和谈判能力虽然强于法国,但是只要达成一致,就马上具备了改革的社会条件。就英国来看,与善于发动"社会革命"和具有法国大革命传统的法国相比,英国具有历史悠久的"宫廷革命"传统和历史。于是,英国与法国历史及其民族性的差异性,不能不说是决定两个国家最终抉择福利模式的一个重要因素!从民族性的角度看,拉罗克效法英美采取全国统一缴费、统一管理、统一水平的"三统一"原则的最后失败,具有相当的必然性。

第三个原因是在第二次世界大战当中法国人的精力主要不在福利制度的改革上,对战后福利制度改革与重建的思想准备、理论准备、制度准备远远不如英国。第二次世界大战爆发不久,英国就预料到了战后重建任务的艰巨性,成立了"战后重建问题委员会"。该委员会主席、英国不管部部长、国会议员阿瑟·格林伍德于 1941 年 6 月就正式邀请贝弗里奇出任部际协调委员会主席,授权该委员会调查英国福利制度现状,全面制定一个战后重建的福利制度。经过一年半的努力,1942 年 11 月贝弗里奇完成了这个全方位的福利改革报告,为英国设计了一个从摇篮到坟墓的完整的福利体系框架。英国政府几乎完全接受了贝弗里奇报告的建议,于 1944 年发布了社会保险白皮书,随后制定了一系列相关法律,1948 年宣布正式建立福利国家。于是贝弗里奇被后人誉为英国福利国家之父。法国则不同,戴高乐在远离法国本土的英伦三岛创建"自由法国抵抗运动"孤悬海外长达四年之久,这些法国精英们的精力主要放在如何"重返"法国上,而较少放在如何"重建"法国上。于是,战后福利制度改革在这个"流亡总统"的案头上很难像英国那样很早就提到日程上来。如果说英国福利国家之父是贝弗里奇,法国福利国家之父就应该是皮埃尔·拉罗克(Pierre Laroque,1907—1997)。拉罗克是个社保专家,早在 1928—1930 年法国社保改革立法时就曾参与起草工作,第二次世界大战中他在英国参加了抵抗运动和诺曼底登陆。法国解放之后,直到 1944 年 9 月临时政府劳工部长亚历山大·帕罗迪(Alexandre Parodi)才开始委托皮埃尔·拉罗克议员着手制定社保改革方案,匆忙草拟的方案几乎完全参考了贝弗里奇报告的精神,试图制定一个"三统一"的福利制度。1945 年 10 月 4 日据此立法建立了"普通制度",但是,由于时间紧迫,准备仓促,在各种反对的声音之中,在建立第四共和的宪法即将在 1946 年秋天出台前夕,不得不在 1946 年 5 月 22 日立法中予以妥协,确认了"特殊制度"的独立性。这标志着 1945 年 10 月 4 日立法的流产与失败。表面上看,法国改革的妥协是当时不同力量对比的结果,实际是德国俾斯麦模式与英国贝弗里奇模式之间的妥协。

与英国的贝弗里奇相比,要说法国的拉罗克有成功之处,那就是在其主导制定的"法国社会保障方案"(Le plan français de Sécurité sociale)中用"社会保障"这个概念替代了 1928—1930 年立法中使用的"社会保险"概念。除此之外,拉罗克的思想和贝弗里奇精神则主要体现在抵抗运动全国委员会 1944 年 3 月 15 日制定的工作计划里面。在后来的实际操作中,拉罗克的思想脉络及其妥协过程则主要体现在以下的 5 个立法上。这 5 项立法可以分成 2 个阶段。

第一阶段是 1945 年 10 月 4 日的立法。这个立法的第一章规定建立统一的社会保障组织机构,"旨在确保工人及其家属抵御和防范所有由自然风险所可能导致的收入减少,覆盖所有包括生育和家庭等在内的全部费用……"还规定,以前的旧制度可以保留,但是要有改革的预期,要逐渐扩大社会保护的范围。但最终的结果却是,这个立法所建立的"普通制度"却没有扩大到其他人群,而旧制度却保留下来,第二阶段的立法对"特殊制度"的合法化作出了规定。

第二阶段主要是由 4 个补充性质的立法构成的,分别是 1946 年 5 月 22 日关于普及社会保障的立法,1946 年 8 月 22 日关于扩大家庭津贴的立法,1946 年 9 月 13 日关于全民建立养老保障的立法,1946 年 10 月 30 日关于"普通制度"覆盖全体人口和抵御风险的立法。

(四)法国福利制度术语的演变:第三只眼看法国碎片化福利制度的起源

如前述,法国人将"formules"(格式和方式)用作每个碎片"régime"(制度)的含义,这是一件非常有意思的事情。在所有法国人的著作和官方文件里(即使他们用英文写作),在使用"法国社会保障制度"时,使用的是"Système",例如"Le système française de Sécurité sociale";但当意指这个制度之下的所有小制度时,则始终使用"régime"这个词,从没有任何人和任何文件与著作使用"système";相反,在法国人描述欧美任何一国社保制度时,从不使用"régime",他们无一例外地都使用"système"。例如,法国人说"德国社会保障制度"时,使用的是"Les assurances socials en Allemagne"。可以看出,法国人将"régime"作为描述法国社保大制度中的诸多小制度的唯一术语。例如,法国人在讲他们的"四个制度"组成(普通制度、农业制度、自由职业制度、特殊制度)时,在讲到四个制度里大大小小的"小制度"时,均使用的是"régime"。如同法国人在使用社保费的"费"时,唯一使用的术语是"cotisation"(强调"分摊"的含意,强调个人的"责任"和"无奈",在英文里没有这个词),而决不使用"contribution"(同英文一样,法文也有这个词,具有"贡献"的含意,强调个人对制度"奉献"和"捐助")。就是说,在法语里甚至在整个拉丁语系,他们使用的是"cotisation"这个词,不用"contribution"这个词。与盎格鲁—撒克逊传统相比,分析二者用词的差异性对理解社保制度是非常有意义的。

为什么法国人在讲法国四个社保制度及其以下的各个小制度时使用的词汇不一样？从前述法国社保历史可以看出,法国大制度下的多如牛毛的不同"制度"使用"régime"这个词表述(相当于英文的 regime)是再恰当不过的,其他术语确实难以替代,其原因主要是这个词本身是随着时代的变迁而发生变化的,除了其核心含意之外具有不确定性,而只是一个框架。"régime"确定的核心含意是难以扩展(élargi)、难以延伸(étandu)、难以普及(généraliser),应该是更加强调权利(droit),就是说,"régime"的含义边界要小于"système"。这里如此辨析这个术语,目的在于,"régime"在这些核心含意不变的前提下具有一些不确定性,这个特征适应了法国几百年来社保"制度"的需要,能够基本准确地用这个术语来描述法国社保的"制度"变迁。所以,在讲述和分析法国社保"制度"时,"régime"成为法国"社会保障法"的法律术语。早在二战之前,"régime"就被借用并使用起来,那时,法国还没有整合全法的社保立法,在互助性比较明显的状态下,来自于个人薪水的"分摊金"(cotisation)社保制度,在拿破仑法典的理念下,这自然是一个"statut",即欧洲大陆法的"物权理念",属于典型的物权法的思想;就是说,从那时起,使用"régime"来描述法国的社保"制度"就是非常准确的一个词。

思考到这里,又想到了福利制度研究中的另一个专有术语"福利模式"。创造并使之流传开来的丹麦社会学家艾斯平—安德森教授(Gosta Esping-Andersen)使用的也是"regime"这个词,而没有使用"model","system"或"institution"等英文法文里都使用的类似"模式"和"制度"含义的词。后来,"福利模式"(Welfare Regime)被广泛使用(缩写 WR)。体会起来,好像只能用"regime",只能意会,难以言传。在 20 世纪 90 年代以来的学术著作里,人们已经找不到其他的用法了,几乎行内大家都在使用"welfare regime"。尽管在中文的语境下,我们只能将之称为"福利模式",但是,如果我们将之转换回去的话,如果换成"welfare model"或别的词,显然感到味道不对,至于错在哪里,好像也是只能意会,不能言传。比如,法国人从来就将法国的四个退休制度用四个"régime"来表示,这是专用的,从没有人使用"model"或其他什么词。于是,在中文的翻译中,有学者将法国四个"regime"译为四个方案、四个计划、四个类别等,五花八门,在中文里很难找到对等的一个词汇。我将之译为四个制度,虽不理想,但感到没有更好的译法。说得再远一点,组成法国社保制度的四个"régime",不是广义的四个模式,而是四个具体的"客观存在"。这四个"statut"(英文是"status")不是模式,因为模式是可以进行主观选择的,法国的这四个"statut"则是历史遗留下来的客观存在:要改革它? 很难,政府很无奈! 舍弃它? 也很难,法国人离不开它! 继续保留它? 也很困难,因为这四个"客观存在"既是中央财政的包袱,又是社会运动的一个导火索。所以,法国的"WR"是个烫手的山芋。

　　这里从辨析法国社保制度使用不同词汇的角度来强调法国社保制度的特殊性,绝不是吹毛求疵。法国用于社保方面的术语经常看到和使用的大约有三个:第一个是"La protection sociale",它一般指"社会保护",是不确定的普通泛指,例如法国人在讲法国和外国社会保护制度时就常常使用这个词即"le système de protection sociale"。我们中文里也可将之泛泛地译成"社会保护"或"社会保障",但绝不应译成"社会保险"。第二个是"Les Assurances Socials",这个专有词汇专门指法国 1945—1946 年改革之前的社保制度,在法文所有著作和文献当中都是这样使用的。我们会注意到,它是复数并是大写,专指当时由许多小制度组成的"法国社保制度"。此外,"assurance"这个词是保险的意思,具有精算的含意,所以应该翻成"法国社会保险制度"。第三个词是 la Sécurité sociale,我们可以将之译成"社会保障"。法国 1945—1946 年拉罗克改革方案中专门有一条指出,从此之后,沿用了几百年的法国社会"保险"制度这个词不再使用,改为使用社会"保障"制度,把"assurances"改为"sécurité",即把"le système français des Assurances sociales"正式改为"le système français de Sécurité sociale"。表面上看似乎没什么大惊小怪的,实际上这个小小的用词的变化反映了战后法国政府至少拉罗克本人欲整合法国碎片化制度的想法,以减少"保险因素",增加"保障因素"。这个意图是非常明显的,官方用词的变更从字面表达上看也是非常准确的。那么,显而易见的是,"保险"(assurances)与"保障"(Sécurité)之间的重要区别之一就在于,后者更为强调国家干预的作用,强调国家财政的积极因素。

　　这里特别指出的是,当年对法国战后 1945—1946 年改革产生重大影响的,除了英国 1941—1942 年贝弗里奇报告以外,还有 1934 年美国实行的新政、1936 年凯恩斯主义的流行、1936 年法国人民阵线在选举中获胜(社会党、法共和激进党等党派以反法西斯人民阵线的名义进行联合竞选获胜,建立其首届人民阵线政府,社会党首次出任总理,为争取劳动群众的基本劳动权利发挥了作用)、1944 年第 26 届国际劳工大会在美国费城通过的《费城宣言》(主要精神是强调人类不分种族、信仰或性别,在自由、尊严、经济保障和机会均等的条件下谋求物质福利和精神发展,为实现此目标而创造条件应成为各国和国际政策的中心目标)、1935 年美国《社会保障法》的颁布,等等。当时这些国内和国际大环境造成的气氛和趋势,他们所强调的基本原则等,对法国重建社保福利制度的理念都产生了很大影响,即强调国家干预的作用和财政支出的作用,强调社会福利制度应实行统一制度、统一管理和统一待遇的"三统一"。这里要说的是,当时美国通过的《社会保障法》(Social Security Act)的"社会保障"(social security)概念比较狭窄,专指狭义上的"养老、遗属和残障"保护,而不像法国人使用这个词时涵盖了养老、医疗、家庭津贴、失业和工伤保险这五大项目。这是法国人与美国人在使用"social security"时存在的差异。对于法国人使用这个概念时包括这五个项目的问题,法国半官方的权威机构"社会保障历史委员会"(CHSS)在其出版的每本专著和研究报告中都曾作出专门的释意。

如果我们再继续往前追溯,在用词上还会发现一些非常有趣的现象:在 1928 年、1930 年、1935 年福利制度改革的立法中,法国人使用的术语是"社会保险"(assurances sociales)。在此之前的一次重要立法是 1910 年,那是法国历史上一次重要改革:首次在全国范围内强制性地将工人和农民纳入到养老制度里面来,那次使用的是"退休制度"(retraite)。1910 年 4 月 10 日的这部立法是《工人和农民退休制度》,法文是《Retraites ouvrières et paysannes》,简称 ROP;随后,1911 年 7 月 3 日立法、1912 年 2 月 27 日修正案等,使用的均是"退休"概念。正是在这个历史阶段,农民、矿工、铁路工人的"特殊制度"(régime)得以确定和成熟起来,1910 年立法确立的《工人和农民退休制度》(以下简称 ROP)成为现代法国社保制度的雏形,其历史意义相当于 1882—1984 年德国立法的地位。据统计,当时 ROP 所覆盖的人口情况是,在 1000 万领薪者中覆盖了将近 800 万人,而当时的经济活动人口是 1250 万人(男性和女性合计),1906 年全法人口是 2100 万,1911 年是 3920 万。据法国学者的说法,1911 年的法国"退休制度"是"le système de retraite",其基本理念和原则建立在"互助"的基础之上。这个互助就是"assurance mutuelle",带有保险互助的性质,由雇主和雇员双方共同发起并负责,而绝没有来自于公共基金的"公共救助"(assistance publique)的含意。但正是从1910年立法开始,国家公共干预就逐渐成为必需的了。

从上述近代法国社保制度三次立法时用词 retraite→assurance→sécurité 的更替,我们大致可以看到法国社保制度经历的三个发展阶段的情况。它反映了法国社保制度及其理念的发展路径:1910年立法的互助性质→1928—1930年立法的保险制度→1945—1946年改革的保障制度,等等。

我不是语言学家,对法语的掌握和知识十分有限,即使英语也只是略懂皮毛。我对上述法文用词及其语意的上述理解和提出的辨析,不一定完全准确,只是从社保研究者的身份,想说明和理解法国人自己对其社保制度和概念的诠释,深层的含义是试图考察和探析法国社保制度"碎片化"的演变过程、历史源头和基本现状,旨在从第三只眼和文化的角度来分析和解释法国社保制度的某种特殊性。但是,无论如何,一国使用概念术语是有目的的,可从一个侧面看出其社保改革的一些脉络。

五、结语:感慨与沉思

(一)历史传统:特殊制度与罢工盛宴

回顾一个多世纪的历史,由社保待遇引发的大规模罢工大约有十多次,平均10年一次。这100多年来的法国大罢工几乎都离不开法国铁路工会和铁路公司的博弈。如果以1937年建立法国国铁公司(SNCF)为界,在此之前主要有4次,他们分别是1891年、1899年、1910年和1920年大罢工。这个阶段铁路罢工的主要目的是要求提高工资待遇水平。当时,铁路主要由6大公司垄断(巴黎—里昂—地中海公司,北方公司、巴黎—奥尔良公司、地中海公司、东方公司、西方公司),这6个公司的雇员总共是250285人,在此之前的退休金每月大约262法郎,平均退休金替代率是11.55%,1899年大罢工之后上涨到18.08%。1937年4月,这6个铁路公司合并成立现在的"法国国家铁路公司"(简称"国铁",法文名,La Société Nationale des Chemins de Fer,简称SNCF),国家持股51%,其他49%由原来的股东持有。从这一年开始,法国铁路的经营彻底完成了从私营向国营的转变,同时,也形成了罢工的传统,成为法国"特殊退休制度"罢工的导火索。

在1937年之前铁路公司是有限责任公司,罢工的规模要小一些,但自从1937年组建国铁公司(SNCF)之后,全国性的大罢工规模一次比一次大,影响一次比一次大:1947年是因为工会分裂导致的,1953年罢工的诉求主要是反对养老保险和医疗保险改革引发的,1968年罢工主要表现在席卷全法的红色风暴之中,1986年罢工主要是对希拉克政府日益不满,物价高涨(购买力下降了1.49%)。1995年大罢工是反对于贝政府拟发起的"特殊退休制度"改革,这是一百多年来最大的一次罢工,在全法历史上第一次出现全国性的交通瘫痪整整21天,震撼全世界。2007年11月这次罢工的规模仅次于战后以来1995年的罢工。

细心分析一下,就会发现这样五个特征:第一,在法国铁路工人一百多年的10次大罢工历史中,其中第二次世界大战之前,罢工的目的主要是提高工资待遇等,战后引发罢工的导火索主要有两类,其中三次是由于其他原因,另外三次是由于抵制和反对改革"特殊退休制度"引起的。第二,战后以来这6次罢工的规模一次比一次大,比如,1986年罢工参与率是47.5%,1995年是75%。第三,除了这些全国性的总罢工以外,中型的罢工次数越来越密,矛头直接对准"特殊退休制度"改革。尤其是自1995年以来,几乎每2年左右都在巴黎发生一次铁路大罢工,影响全国的交通秩序,几乎每次都是由于政府欲对"特殊退休制度"采取改革措施或相关的改革。进入21世纪以来,几乎每年都发生一次大规模罢工。第四,除2007年11月这次以外,几乎每次罢工都是工会胜利,政府妥协。唯独2007年11月这次是以工会妥协和政府胜利而告终的。第五,也是最后一个特征,日常的小型罢工多如牛毛,非常密集,几乎每月都有数起。笔者为此查阅了2008年1月1日至6月1日主要报纸,仅在巴黎发生的与福利待遇有关的罢工就高达三十多次,这里笔录其主要活动如下。

1月22日,法国能源部门、巴黎公共交通公司(RATP)以及法国国铁(SNCF)职工在巴黎举行全国性的示威,要求提高工资和退休金,"捍卫购买力"。

1月24日,全法五家医护人员工会成员举行全国行动日,呼吁提高待遇。

1月24日,全法小学教师、公务员和法国电视二台的工作人员举行大罢工,呼吁就工资问题进行谈判。

1月30日和2月6日,全法出租车司机联合会(Fnat)会员两次停工举行全国性示威游行,要求"全面敞开"出租车和高级包租汽车(VPR)市场和增加出租车数量。

2月11—12日,法航空中管制员举行罢工,要求提高待遇。

2月13日,全法广播电视系统罢工,要求提高待遇。

3月4日,巴黎科学研究实验室负责人和科研机构负责人举行罢工,要求增加科研经费,反对行政干预。

3月6日,几万名退休人员在巴黎和外省同时举行游行示威,要求"立即"和"大幅"提高退休金,认为1月份养老金提升的1.1%是根本不够的。

3月18日和4月3日,法国中学生和教师在许多地区举行示威和罢工,抗议裁减教师岗位。

4月7日,教育部与师生对话失败,全国高中生举行示威活动,抗议减少教师职位的改革。这是两个星期以来的第五次全国行动日。

4月8日,巴黎中学生联盟举行了全市教师学生大罢工,大约有2万人参加,其中教师有几百名,抗议从下个学年开始取消部分教师职位的改革。

4月9日,数百人在巴黎和外省同时出现集会示威,反对自2008年1月1日以来实行的医疗保险"自费定额"措施。示威者在卫生部大门前堆置了一些药盒,高喊"要健康,不要自费定额措施",糖尿病人协会和社会党、社会主义青年运动以及法国共产党等派代表参加了集会。

4月10日,法国医疗、外科和产科工会进行全国范围大游行,旨在反对由政府制定的2008年诊所医疗收费规定等。同一天,法国空客公司在几个城市同时举行游行示威,抗议公司裁员。

4月23日,马赛等一些港口工人罢工,抗议旨在"提高竞争力"的吊车司机等搬运部门的私有化改革措施,港口陷入混乱。

4月24日,法国空客职工举行罢工,总部和分厂几千人参加,旨在反对取消工作岗位,反对出售工厂。

4月29日,法国空中客车集团员工再次罢工,参与人数明显多于24日。

5月10日至18日,大西洋沿岸港口渔民举行示威和罢工,封锁了部分港口,抗议油价上升。

5月14日开始,假期逐渐开始,学生示威运动再次掀起高潮,外省的一些中学师生罢课进入高潮甚至封锁了校园。

5月15日,30万高中生、学生家长和教师举行全法国示威游行活动,他们走上街头,反对政府取消几千个工作岗位。

5月16日至25日,税务局系统陆续举行罢工,抗议政府将税务局和国库合并的改革,因为合并之后将减少1.3万个工作岗位。罢工严重影响了正值缴税期的正常工作,警方为此出面维持秩序。

5月18日,法国铁路、港口等运输部门的十几万人陆续开始罢工,反对2012年将实行社保费缴纳时限延长至41年的改革措施。

5月19日,运输部门的罢工扩大到53个城市,示威规模声势浩大。

5月20日,数百名非法居留人员举行第二次游行示威,要求合法居留证件,提出"勇敢争权"的口号。

5月22日,数百名科研人员聚集在"国家科研中心"(CNRS)巴黎总部门前,抗议政府拟议中的"国家科研中心"拆分改革方案,该方案拟将该中心拆分为6个国家研究院。包括该中心现任主席沙瓦在内的绝大部分科研人员表示反对,认为"没有理由解散科研中心,放弃整块的研究",并宣布将在27日举行大规模示威活动。

5月22日,法国各行各业展开全国性示威游行活动,抗议政府将缴纳社保费年限延长至41年,据警方对全国126个城市的统计,大约有30万人参加了这项活动,而劳方则宣称高达70万人。工会方面提出的口号是"坚决反对政府把退休保险费缴纳年限延长为41年的措施"。虽然这次罢工规模小于2007年11月的罢工,但是,罢工参与率也是非常高的:法国国铁达到24.9%,法国电力公司有20.8%,邮局是8.95%,法国电信公司是18%。工会希望与政府重新展开对话,但菲永总理已明确表示不延长社保费年限是不可能的。

5月28日,由大西洋沿岸渔民引发的抗议油价上涨行动扩大到地中海沿岸,其他行业和其他国家纷纷加入抗议油价上涨的示威行动之中,欧洲许多国家农民和长途汽车司机采取抗议行动。至此,渔民的抗议油价上涨行动演变成全欧洲范围的抗议浪潮。

5月27日,巴黎所有科研机构的研究人员和科技工作者响应号召,走向街头举行浩大的游行示威活动,抗议科研体制改革。

上述2008年前5个月的罢工记录可看出,无论在密度上还是在规模上,无论在欧洲还是在全世界,法国可能都是名列前茅的。大家知道,法国的传统罢工季节是秋天,在本来不是罢工高峰期的春季就发生如此密集的罢工行动,实在令人惊叹!从这5个月"罢工清单"中还可看出,旨在反对"特殊制度"改革的国铁和法航工人的罢工行动依然是这5个月罢工系列里的主角,这无疑是2007年11月大罢工的延续。这说明,2007年11月大罢工的妥协只是暂时的,围绕"特殊制度"的改革与反改革的斗争、社会与政府的对峙将是长期的,在强硬的政府态度和坚强的工会决心之间,是否会再次引爆类似2007年11月的全国性社会运动,世人将拭目以待。

(二)路径依赖:社会运动与历史遗产

几个世纪的职业福利惯性,两百多年前的大革命精神,一百多年来的工人运动传统,半个世纪的高福利刚性,十年来的反对改革成功经历,近年来密度日甚一日的罢工盛宴,所有这些,无论对每个不同制度的工人来说,还是对多如牛毛的工会来说,无疑都是一笔不小的物质财富和精神依托,同时也是历届政府实行改革不得不面对的一个巨大问题。

具有大革命传统的法国工人,对来之不易、历经沧桑和具有一定路径依赖的这些福利项目,在面对受到触动或受到剥夺的可能性时,奋起斗争,相互支持,一致对外,这是一个自然的选择,甚至这是一种文化的本能;因为,他们懂得唇亡齿寒的道理,他们深知造反有理的真谛;于是,当革命革到自己头上时便能挺身而出,群起而攻之,因为捍卫别人今天的利益就无异于捍卫自己明天的特权;于是,久而久之,在社会与政府之间产生隔离,他们永远成为一对死敌,工人从来就不信任国家,雇员从来就不信任雇主,社会从来就不信任政府。

几百年以前的上述这些"特殊退休制度"的建立,既有法国资本家恩赐的因素,同时,又主要是法国工人抗议斗争和罢工争取的结果。用法国法学家的话来说,它是"第三共和国的社会杰作"(l'oeuver Sociale de la IIIe République),至少是工人通过罢工、抗议资本家剥削获得的一种"社会征服"(conquête sociale)。法国社会保障制度的起源向工人们昭示,他们应该用同样的办法去保卫他们父辈们流血换来的成果,用杜朗(Thierry Tauran)的话来说,"这就是今天为什么人们总是用同样的罢工手段来抵制公共权力试图改革他们的特殊退休制度的根本原因"。起码,1945—1946年战后试图效法英国进行整合碎片的改革的失败,就是工人抵制的结果。

想当年,皮埃尔·拉罗克雄心勃勃,踌躇满志,但最终还是妥协了,失败了。最初,拉罗克曾试图退让一步,妥协地试图将"老人"(指已经加入旧制度的工人)留在旧制度里,让"新人"(新参加工作的人)加入到崭新的"普通制度"里,但也遭到了"新人"的激烈反对,"新人"强烈要求留在旧制度里,反对加入新制度,对特权表现出极大的青睐和向往。无论如何,法国最终还是没有成功走上英国碎片整合的大一统之路,法国现代社保制度就形成今天的这个碎片化样子了,这个难题留给了拉罗克的后代们。

自拉罗克以来,在社会保障制度第 n 次引发法国社会风潮之际,萨科齐是第一位经受住考验的总统;他带着胜利的喜悦随即踏上了中国这片社保制度改革的热土。但是,在他的国家,等待他的将是无休止的改革与反对改革的博弈,对于这一点,萨科齐肯定是有思想准备的。法国社保改革与劳工运动的互动规律的一个特点是,不管政府是否成为罢工的赢家,事后都要予以补偿。例如,2006 年 3 月法国青年人抗议《青年首次合同雇用法》风暴成为赢家之后,国民议会不得不推倒重新立法,代之以相反的补偿:对雇佣青年人的雇主给予一定经济补偿。而这次罢工则不同,政府成为赢家,但在未来谈判中,工会让步之后的补偿和妥协办法已提到议事日程上来:在铁路工人退休时政府提供较高水平的工资。为此,法国许多政府机构做过测算,铁路工人的补偿成本大约在 8000 万到 1 亿欧元之间,或说在 1.18 亿—1.48 亿美元之间。这意味着,在没有赢家和输家的社会博弈中,羊毛必定出在羊身上。

在 2006 年初法国《首次雇佣合同法》立法流产之后,法国巴黎政治学院教授拉法尔(Raphael Hadas-Lebe)发表了一个文章,题目是《法国真的无法改革吗?》。这个文章从 2004 年法国全民公投中否决欧盟宪法、2005 年秋全法青年骚乱发生暴力浪潮、2006 年初《首次雇佣合同法》再次引发全法街头抗议并进而引起世界关注的这三件互不相干的事件为由头,分析了当代法国的根深蒂固和不可思议的社会经济特征,语言犀利,思想深刻。他认为,第一个事件说明法国已经远远不适应全球化的历史环境和时代要求,第二个事件说明当代青年对现代法国社会已表示出沮丧和不满,第三个事件说明法国人已远不适应现代就业模式和市场经济规则。将这三件事连在一起,他得出的结论是,法国的社会模式已明显一败涂地,应该学习北欧的"灵活保障"(flexisecurity)模式,将灵活就业和社会保障结合起来。他激烈地批评法国人有三个缺点,即偏好意识形态的对抗,缺乏谈判妥协的文化,难以达成社会共识的传统,认为这三个缺点就是导致法国改革、失败、再改革、再失败的基本原因,最终面临的必将是街头政治和示威游行。他还把第二和第三个事件与1968年5月的"文化革命"红色风暴相提并论,认为法国人对40年前的那一场动乱仍然出奇地迷恋着。他大声疾呼"法国前途暗淡,急需重建信心"。

（三）巨大差异:法国对1968年风暴的留恋与中国对"文化大革命"的批判

说到法国1968年运动,这里顺便再次提到法国与中国对各自"文化大革命"历史截然不同的评价差异性问题。去年法国大选时萨科齐曾提出了一个清算五月风暴留给法国社会遗毒的清单。但是,许多法国人逆而行之,今年五月正值震惊世界的法国1968年运动40周年,为了纪念这个辉煌的"红色五月",法国开始举办各种各样的纪念活动,例如举办展览和演讲等。其中一项民调测验的结果非常引人注目,5月6日和7日一民调公司以电话提问方式对1006名18岁以上的法国人进行了现场调查,5月13日出版的左翼《人道报》公布了结果:其中78%的法国人认为1968年5月红色风暴是法国"社会进步"的表现,16%认为是"社会衰退",在30岁以下年轻人中90%认为是社会进步;在"同样性质的运动会在今天再次发生"的选项中,62%的法国人认为会发生,36%的人认为不会发生,2%没发表意见;在"是否希望再次发生类似事件"的选项中,58%的工人和53%的职员表示"希望发生";在"1968年5月历史事件在哪些方面促进社会进步"的选项中,86%的法国人认为促进了男女平等,78%认为提高了社会福利,74%认为保障了工会权利,69%认为促进了家庭内部关系和提高了生活质量,68%认为提高了年轻人的社会地位。

面对这样惊人的民调结果,难怪上述法国巴黎政治学院教授拉法尔(Raphael Hadas-Lebe)在其《法国真的无法改革吗?》中将2005年秋法国青年骚乱和2006年春青年风暴这两个事件的根子都与1968年五月革命联系在一起。

这就是1968年五月风暴的"魅力"与"魔力",是当代法国人对其1968年五月风暴的基本看法,与当代中国人对在某种程度上对法国1968年五月革命起到推波助澜作用的中国1966年"文化大革命"的评价相比,真是大相径庭,南辕北辙。对于中国"文化大革命"是否曾起到诱发法国"68革命"作用的研究,虽然一直存在争议,但至少从当时的中国媒体报道中可以窥见一斑。例如,中国出版的 1968 年 7 月 5 日《参考消息》在《欧美学生在斗争中学用毛主席语录》新闻报道中说,法国这次革命群众的风暴,巴黎学生在很多地方表现出他们是在毛主席的"造反有理"语录影响下进行斗争的。例如,索邦大学被占领之后,一连三天晚上举行了辩论大会,会场内外都悬有毛主席像,校门口售卖的许多革命书籍中,最为畅销的就是红皮的《毛主席语录》。在一个大学生的葬礼的花圈上还出现了毛泽东语录:"成千成万的先烈,为着人民的利益,在我们的前头英勇地牺牲了,让我们高举起他们的旗帜,踏着他们的血迹前进吧!"在法国五月风暴如火如荼的时候,中国地图出版社出版了"法国人民革命斗争示意图",配发的文字说明是这样的:"具有巴黎公社战斗传统的法国工人阶级大造垄断资本的反","法国工人运动和学生运动汇合成一股强大的革命洪流,猛烈冲击着法国垄断资产阶级的反动统治"。配发的毛泽东语录是:"可以肯定,殖民主义、帝国主义和一切剥削制度的彻底崩溃,世界上一切被压迫人民、被压迫民族的彻底翻身,已经为期不远了。"在 1968 年 5 月的《人民日报》中,几乎每天都有关于法国五月风暴的报道,1 个月就发了 60 多篇评论、报导、社论以及 40 多幅照片和宣传画。1968 年 5 月 27 日的《人民日报》头版头条发表重要社论《伟大的风暴》,高度赞扬法国学生、工人的斗争是"巴黎公社革命的继续",是"第二次世界大战以来最伟大的人民运动";期间,全国二十多个省、自治区省会首府、直辖市都举行了 20 万至 100 万人的游行示威和集会①。5 月 21 日,北京革命工人代表会议常设委员会、北京贫下中农代表会议常设委员会、北京大专院校红卫兵代表大会委员会、北京中等学校红卫兵代表大会委员会联合发表《坚决支持法国工人和学生革命斗争的声明》;5 月 22 日,北京、上海、天津、沈阳、南京、武汉、广州七大城市军民举行声势浩大的示威游行,声援法国工人、学生的斗争②。

可以想象得出:学生们高举红旗,高唱《国际歌》,筑起街垒,与警察进行血与火的战斗,全国一切停止,唯有瘫痪,最多时一天竟有高达 1000 万人参加

①　参见洛朗·若弗兰:《法国的文化大革命(1968 年 5 月)》,万家星译,长江文艺出版社 2004 年版。
②　参见戴成均:《略论法国 1968 年"五月事件"的社会动因》,载陈崇武主编《法国史论文集》,学林出版社 2000 年版,第 363 页。

宏大的示威抗议,这对于当时只有5000万人口的法国来说,岂不是一个跨世纪性的盛大节日？这个盛大的节日自然让历史学家将1968年五月事件与1789年法国大革命和1871年巴黎公社的情景连在一起,因为只有它们才有资格称为18世纪、19世纪和20世纪的世纪性盛大节日。这种由理想主义狂热、安那其主义传统和价值虚无主义串联起来成为主要脉络的三次历史事件似乎一脉相承,自然给许多现代法国人留下了深刻的印象,为此,就自然有一些法国人为之如醉如痴了。

当然,许多理性的法国学者对法国五月风暴的看法是非常冷静的。例如,有法国学者指出,"同样脉络可以解释为什么安那其的思想和感觉再度兴起于五月在红旗旁边,处处可见黑旗飘扬","五月这个月所发生的事件都强烈显示,若不是有一道强有力的安那其情愫及理念一直在作用,那么在那样的条件下,像这样的一种革命很难走得这么远"①。

(四)社保模式:中国的选择与法国的教训

在2006年3月法国青年人抗议《首次雇佣合同法》导致全法大混乱时,我就为此写了一个长文,专门研究了法国社保制度与罢工的关系。于是,顺着这个惯性,出于兴趣,这次2007年11月大罢工中我就稍微作了跟踪,并且仔细阅读了我1999年在法国做一个月访问学者时带回来的几十本书。其中《自由的声音——1995年11—12月铁路工人冲突》《社会保障的特殊制度》《社会保障财务历史研究》等给我留下了深刻印象,并知道在法国,研究1995年大罢工的文献非常之多,那次大罢工震惊全世界。这几年研究法国社保和罢工的问题,对我最大的启示有如下几点。

第一,碎片化社保制度是不可取的,不适应中国的现实和国情,不利于未来的改革,它将后患无穷,对未来和后代将是饮鸩止渴的一剂毒药。法国当年在战后确立社保制度时本来是想对这些早就存在上百年甚至几百年的大大小小的碎片统一起来,但由于工人的反对而没有成功;英国的情况稍好,1945年改革基本上完成了这个任务,碎片化制度基本得到整合和统一;最好的是美国,在1935年初次立法时就注意到碎片化的问题,并以立法的手段不仅完全摧毁了本来就不是十分成型的旧制度,而且还建立起一个崭新的大一统制度。

① 安琪楼·夸特罗其、汤姆·奈仁:《法国1968:终结的开始》,赵刚译,第166、167页。

中国基本不存在根深蒂固和历史悠久的旧式碎片化制度结构,初露端倪的若干碎片化只有十几年的暂短历史,基本是一张白纸。如果说十几年以前我们还没有认识到碎片化问题,那么,历史发展到今天,如果我们不承认这十几年的社保历史沉淀是一个沉重的负担,我们就应该防止重蹈法国整合碎片失败的覆辙,制定一个美国1935年的法律,建立一个1945年英国的制度,把整合碎片进行到底,毫不犹豫地以立法的形式建立起一个统一的制度。但是非常遗憾,我们可能正在逐渐走上一个后患无穷的碎片化之路。这些年来,由于存在城镇企业和机关事业两种大的退休制度,待遇差距问题已经成为社会诟病的一个大问题,这就是明证,它影响社会和谐。为此,中央政府不得不给予三年的待遇差补贴,并于2007年不得不宣布将再连续补助三年。换个角度讲,这实际是羊毛出在羊身上,补助也是来自财政收入!建立碎片化的制度比较容易,不用太动脑筋,不用整体设计,但是,这种做法把矛盾推向了未来,推给了我们的后代。这样下去,今天的法国,就是明天的中国。

在法国,战后以来历届政府都深刻地认识到"碎片化"这个问题的严重性,几乎历届都打算进行一次彻底的改革,消灭和整合这些碎片。法国人已认识到,碎片化福利制度将导致社会不和谐。若兰·兰贝女士在其《社会政治学》中多次使用"社会和谐"(l'harmonisation)这个词,多次承认"制度统一和缴费公平的这些社会和谐的努力受到了很大的限制"。

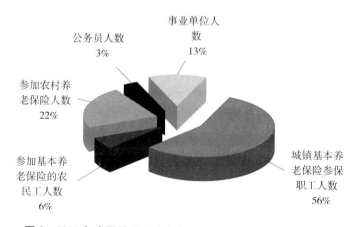

图2　2007年中国社保制度参保职工人员"碎片化"基本状况

要格外注意,目前我们正在亦步亦趋,具有逐渐走向碎片化制度的强烈倾

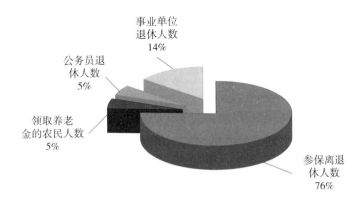

图3　2007年中国社保制度退休人员覆盖面"碎片化"基本状况

向。目前,中国主要存在5—6个碎片:公务员制度、事业单位制度、城镇企业制度、农民工、务农农民制度;此外,农民工制度正在制定,据说很快就要出台了。除了这些大碎片,还有几个小碎片,比如,许多省市地方建立起各种各样的农民工制度,五花八门,难以掌握,从失地农民到务农农民,从城镇灵活就业人员到农民工,林林总总的社保制度已经遍布全国大江南北,不一而足,如雨后春笋。这些大小碎片各具特色,画地为牢,均属"地方粮票",跨省市和跨省级时既不能转移和接续,又不能衔接和流动。近几年来,在这方面,很像法国等欧洲国家的制度。

　　第二,垄断型大型企业的福利待遇长期看不该享有特权,福利刚性与市场弹性是一对矛盾,全民福利与社会福利具有完全不同的制度含意,对国民和政府具有完全不同的深远意义。法国特殊退休制度里的诸多小制度都有自己的小特权,并具有相当的刚性,当改革到这些群体身上的时候,就必然会引致他们的激烈反抗;不改革又不行,财政负担不起,其他群体也有意见;改革又引起激烈反抗,政府处于非常难堪的地位。这些行业一旦采取行动,就会立即影响市政正常秩序,引起全社会的混乱和瘫痪。这些行业都是自然垄断型行业,如燃气煤气、电力电信部门、铁路交通运输部门,等等。从法国经验教训来看,一般来说,垄断现象还常常来自"制度短缺"。所谓制度短缺,就是行政监管部门对竞争行业进入的限制程度问题,比如,巴黎的出租车牌照、公证人执照等。凡是用行政手段人为制造障碍以替代本来可以实行市场供需自我平衡的行业,其结果都多少会导致某种人为垄断,在人为垄断的庇护下,必然产生某种寻租现象,久而久之产生某些福利特权,在社会压力下,一旦改革改到这个群体的头上,就会引起他们的强烈反对,改不下去,导致社会动荡。还有一种垄断属于国家独家经营的行业,比如法国的烟草零售业牌照常常只发给那些对国家有过特殊贡献的人群,如荣转军人、残疾军人等,因为一个烟店的执照可以养活全家,是个无本万利的买卖! 这些群体的福利制度是独立的,逐渐就形成了法国特殊制度的一个组成部分,甚至子承父业,代代相传,"局外人"难以进入。职业行业的福利待遇就形成内部循环,对全国范围的劳动力流动形成障碍,甚至形成"职业隔离",社会流动性较差,龙生龙,凤生凤,贫者贫,富者富,社会缺乏活力和竞争力。所有这些都是法国给国人的重要启示。

第三,选择什么样的社保制度,一定要考虑它对劳动力市场的反作用;较高的社会福利支出不一定必然带来较好的社会稳定效果,模式选择往往比金钱更重要,制度缺位常常比资金缺乏更可怕。就业问题将是中国长期面临的一个重大经济社会问题,尤其是就业多样化、多元化、分散化将是一个大趋势。适宜的社保制度将会促进劳动力市场成为一个"就业大机器",吸纳各种各样的群体充分就业,反之,将对就业路径、就业结构、就业规模等产生极大的负面作用。社保模式选错了,可能就会较大程度地扭曲劳动力市场,导致较高的失业率。就我看来,在一切福利中,就业是最大的福利;在所有福利项目中,就业是最根本的项目。没有比较充分的就业,再好的福利制度也是不可同日而语的,也是不可持续的。所以,这里需要再次重复一遍的是,从某种意义上,选择社保模式实际就是选择就业模式。法国乃至欧洲这些案例告诉人们,与北美相比,他们的失业率之所以始终保持在高位甚至在两位数,相当程度上就是由其社保制度所导致的。这一点,我们必须要有个清醒的认识:社保模式选错了,我们的子孙就很可能要承受较高的失业率。

第四,当前中国社保制度站在十字路口:或是走向大一统,或是走向碎片化。我们应以法国为镜鉴,选择一个"三统一"的模式;要以民族前途为重托,摒弃任何部门利益和局部观点;要抓住这个历史机遇,模式选错将后患无穷。要将当前解决农民工社保制度的决策,纳入到全国社保体系中统一考虑。要将务农农民、失地农民和务工农民的"小三农"改革与机关事业单位的改革统筹起来考虑,甚至要将城镇社保制度的改革统筹兼顾起来,向"大一统"的制度方向迈进。

参考文献:

Comité d'histoire de la sécurité sociale, *Contribution à l'histoire financière de la Sécurité sociale*, Paris : sous la direction de Michel Laroque, La documentation Française, 1999.

Fédération des cheminots CGT, *Voix libres : Le conflit des cheminots de novembre-decembre* 1995, Paris : VO Editions/La Vie Ouvrière.

Jean-Jacques Dupeyroux, *Droit de la Sécurité sociale*, Paris : 13e dition par rolande Ruellan, Dalloz, 1998(Précis).

Marie-Thérèse Join-Lambert, *Politiques sociales*, *2e édition revue*, Paris : Presses de Sciences po et Dalloz, 1997.

Nadine Richez-Battesti, *La Protection sociale en danger*, *2e Edition*, Hatier, 1994.

Pascal Mignery, *La Protection sociale des salariés*, Paris : Les Editions d'organisation, 1994.

René Mouriaus, *La CGT*, Paris : Inedit Politique, Edition de Seuil, 1982.

Thierry Tauran, *Les Régimes spéciaus de Sécurité sociale*, Paris : Presse Universitare de France, 2000.

(本文原载于谢立中主编:《经济增长与社会发展:比较研究及其启示》,社会科学文献出版社 2008 年版)

社会和谐·社会政策·社会保障

——欧美的启示

内容提要:本文从 2006 年年初刚刚结束的英国和法国的两次罢工开始谈起,深入分析了两种不同模式下福利制度的优劣和短长,进而将两种福利模式的基本特征作了归纳,得出的结论是:战后英国碎片化制度整合不彻底,留下了后患;法国战后改革流产,碎片化制度发展壮大,最终成为一个烫手的山芋,拖了法国的后腿;英法不同福利模式还具有明显的其他特征,例如,对就业的影响、便携性的影响、公务员福利制度的影响、弱势群体的影响、福利模式里市场因素的影响等,都是不同的;这些差异性,实际就是补救型制度(英美)和普救型制度(西欧南欧)之间的差异性。本文还对近 10 年来法国社保制度改革和提高退休年龄遇到的困境与社会的对抗进行了分析,认为法国患了"改革疲劳症",法国特有的"法国经济学"与美国经济学、英国经济学等是不一样的,因此,他们对国家与市场的关系的认识也是不一样的。本文最后认为,英法发生这次罢工导致的后果说明,碎片化制度是不可取的,应该及早采取措施,根绝碎片化制度的萌芽,铲除碎片化制度的土壤。

一、社会和谐与社保模式

(一)社会和谐与社会保障:六方面的思考

党的十六届四中全会尤其是十六届六中全会正式作出了构建社会主义和谐社会的伟大战略部署。"和谐社会"——这是一个十分重要的命题。

从国际经验教训看,人们只要提起社会和谐,肯定要说欧洲国家比拉美国家更为和谐;在欧洲范围,肯定许多人都会说北欧国家比欧洲大陆国家更为和谐;在北欧五国里,人们首先想到并提到的必然是瑞典。这里从福利政策的角度将瑞典作为一个重要案例并将之与其他国家进行了比较;在全球化这样一个国际大背景下,这里分析采取了不同福利制度对全球化的适应性问题。确实,瑞典作为一个福利资本主义的典型,半个多世纪以来在学术界既广泛受到关注,又被看作是一个橱窗或楷模。无论是发达的老牌资本主义国家还是东欧转型国家的学者,论及社会祥和、社会模式、福利模式等话题时,他们自然会言必称瑞典。甚至在最近由谢韬教授发表在《炎黄春秋》上的《民主社会主义模式与中国前途》一文引发的关于社会民主主义能否救中国的学术界大辩论中,瑞典也常常被许多学者提起并当作一个正面案例国家。

　　从中国经济发展阶段来看,在邓小平提出的"让一部分人先富裕起来"和"走共同富裕的发展道路"的重要论断中,前者当属"发展是硬道理",后者告诉我们社会和谐也是硬道理。因为当中国站在中等收入国家的门槛时,我们发现,这两个硬道理都十分重要,不同的历史阶段有不同的主要任务,不同的发展阶段有不同的主要矛盾,这就是科学发展观的重要内涵。和谐社会这个重要命题之所以很快在全国上下引起共鸣和达成共识,不可否认的一个重要事实就是中国目前社会两极分化日益严重,分配不公日益受到各级政府和各界人士的广泛关注。在人均 GDP1000 美元—3000 美元这个历史阶段是社会矛盾凸显期,"拉美化"现象的研究愈来愈受到重视,诸多社会问题如果在这个阶段处理得当并得以化解,我们就会走向一个繁荣富裕与和谐发展之路,否则,拉美许多国家社会矛盾激化导致的诸多陷阱就会成为我们的明天。

　　从中国政策路线图上看,在促进经济发展的经济政策与促进社会发展的社会政策二者之间,我们国家正处在一个重要的历史转折时期,其标志就是正在从单纯注重经济发展与经济政策,向同时注重社会发展和社会政策的"并重阶段"进行转变。社会发展可以为经济发展创造良好环境,经济发展是社会发展的一个基础;社会政策是顺利实现经济政策的一个保证或目的,经济政策在某种程度或某种意义上可被看作是实现社会政策的一个手段。因此,大踏步地迈进社会政策时代意味着是对科学发展观的一次伟大实践,社会政策时代的真正到来意味着是落实科学发展观的一个标志,对社会政策的如此高度重视意味着社会公正理念的真正确立,它包括经济与社会的协调发展,人与自然和社会之间良好秩序的建立,政府社会政策能力的建设与强化,等等。

　　从社会和谐、社会政策、社会保障三者关系的重要性上看,我们正处在一个十字路口。社会政策的实施与选择是建立和谐社会的重要条件,社会保障制度模式的选择与确立是构建和谐社会的制度保证,选择一个适合国情的社会保障制度模式将有利于促进社会公正的实现;所以,恰当的社会福利政策的制定与实施是一个中心环节,它将体现中国特色社会主义的社会价值和意识形态。从广义上讲,社会保障与社会福利是社会政策的一个重要方面。社会政策是否适宜、社保模式是否得当、福利政策是否制定,对社会和谐具有重要的意义。那么,什么叫适宜、得当和恰当? 什么是适合国情? 在中国与国外比较中,我们应该注意一些什么? 可以说,在这些方面拉美和欧美都存在一些比较客观的具有一定说服力的数据。

　　从中国与欧美和拉美的比较上看,拉美的人均社保支出水平、人均收入水平、人均 GDP 等虽然均低于欧美,但却明显高于中国,可是,没有人会认为拉美的社会和谐程度高于中国。中国的人均社保支出水平和覆盖率可能是世界上最低的国家之一,但我们没有数据说明中国在世界上是最不和谐的经济体之一,甚至恰恰相反,我们已经和正在创造一个经济高速发展和社会走向和谐的世界奇迹。在研究资本主义社会时,人们常常对资本主义福利制度进行对比分析,在西方学者眼里,福利制度的字眼常常与资本主义制度连在一起,所以,"福利资本主义"(welfare capitalism)概念的使用可谓汗牛充栋[1],还有学者就干脆将资本主义直呼为"养老金资本主义"[2]。换言之,人们在日常生活中谈论资本主义国家时已经离不开"福利"二字,"福利国家"这个概念几乎成为资本主义国家的代名词。尤其是,自 1946 年英国首次官方使用并正式宣布建成"福利国家"以来,"福利国家"(welfare state)这个概念风靡全世界,已成为一个妇幼皆知的口头语,不管什么语言,哪个语系,都相应诞生了这个词汇并流行至今,长盛不衰,如同中国眼下流行"和谐社会"这个概念一样。甚至,"福利国家"半个世纪以来已成为经济学的一个重要研究领域,"福利国家经济学"已独立出来成为一个学科[3]。这就是说,从这个意义上讲,研究不同的

---

[1]　参见艾斯平—安德森:《福利资本主义的三个世界》,郑秉文译,法律出版社 2003 年版。

[2]　Gordon Clark, *Pension Fund Capitalism*, Oxford University Press, 2000.

[3]　参见尼古拉斯·巴尔:《福利国家经济学》,郑秉文等译,中国劳动保障出版社 2003 年版。

资本主义国家就几乎等同于研究不同的福利制度,不同的福利制度导致的不同福利效应和社会经济效应使之成为不同的福利模式;反过来,不同的福利模式或社保模式在欧美、拉美和东亚等地区的不同选择与不同表现日益成为人们关注与学界研究的一个焦点。在这些方面,欧美国家既有一定的经验,也有许多教训。

从欧美的经验教训看,人们常常在报章上和电视上看到这样一些十分奇特的现象:欧洲国家与美国相比,后者因福利制度改革而导致社会动荡的频率大大少于前者;德国与法国彼此接壤,但后者因社保制度改革而引发的社会骚乱无论在频率上还是在激烈程度上都无不使前者所目瞪口呆;同样与德国比邻而居的丹麦甚至比德国更加安静,更加祥和,鲜有罢工游行的消息报道。这说明,虽然这些国家同属"福利国家",同属一个福利资本主义世界,同属世界发达国家行列,福利支出大同小异,但是,在这些福利制度的背后存在着某种不同的因素或力量在发挥着不同的作用,就是说,不同的福利模式和社保模式,其结果和效果却存在着很大的差异性。这就为中国社保制度模式的选择,为中国民众的民生福祉与未来,映射出某种启发性。读者一定会注意到,作为"译者跋"的本文与本书之间,在评价欧洲模式(莱茵模式)与美国模式(盎格鲁—撒克逊模式)时,态度有所不同,甚至大相径庭。换言之,笔者与米什拉教授对欧美模式的看法存在着较大的差异性。这当然是一件非常有趣的事情:在同一本书里,共存着译者与作者之间不同观点的思想表达、火花碰撞和学术贡献,这也是与读者交流、供读者独立判断的一个绝好机会。

法国和英国十几年来由于社保改革而引发的社会罢工和骚乱接连不断,尤其是法国近十几年来的社会动荡,吸引了全世界的注意力。本文的任务就是笔者以有感而发的随笔漫谈形式,从这些个案分析出发,来考察模式选择的重要性,即从两种不同福利模式的角度寻找一些有说服力的深层原因,进而能够为中国社保制度模式的选择带来一些值得思考的启示。

(二)2006 年英法社会骚乱与社保改革

2006 年 3 月,新闻媒体对英国和法国同时发生的大罢工做了大量的报道,引起了读者的广泛关注。英法两国这次大规模的游行示威与大罢工行动有两个最大的特点:一是他们在时间上像是事先约定好了一样,都发生在一个时间,高潮都是 3 月 28 日。二是他们均由社保制度改革引起,直接导火索都是由于两个改革法案的颁布而引发的。

也许人们会注意到这样一个奇怪的现象:欧洲几乎年年都发生类似的街头政治,每次规模庞大的运动都多少与社保制度改革有关,甚至直接由社保改革导致,这次英法大罢工就是由社保改革直接导致的。人们还发现,欧洲的社保改革几乎最终都以政府的妥协退让为代价而告终,尽管政府开始时信誓旦旦,声称决不妥协。于是,人们逐渐总结出这样一个规律:政府发布社保改革的方案→群众示威游行表示抗议→政府表示不退让→社会举行大罢工→谈判升级→罢工升级→政府退让妥协或折中→告一段落。每隔几年就要出现这样一个循环,每个循环几乎都是遵循着这个规律,都是出现这个结局。人们会发问:为什么欧洲每次社保改革都会陷入这个循环并导致这样一个相同的结局?从 20 世纪 90 年代开始算起,欧洲的社保改革每每必定引发一场社会运动甚至是一场骚乱和社会动荡?而同样是从 20 世纪 90 年代开始,美国克林顿政府时期就已开始进行社保改革,改革的幅度也不小,也涉及千家万户。一个最典型的例子是,美国 1996 年将《未成年子女家庭援助》(简称 AFDC)改为《困难家庭临时援助》(简称 TANF)时过渡非常平稳,早在 1995 年进行的两次民意调查中可以看出,改革的社会支持率非常高,改革受到了普遍的理解,70%的人认为"人们会通过长期依赖和不尽全力摆脱等方式滥用这一福利"。于是,为了减少国家巨大的财政压力,美国政府 1996 年顺利地以 TANF 取代了实行了 60 多年的 AFDC,没有发生任何社会动荡。

人们不禁会问,欧美都在进行社保制度改革,但为什么在美国就几乎没有过由于社保改革而引发大游行与大罢工,为什么在欧洲就一改革就动荡,一动荡就退让,改革难以进行下去?

1. 英国 2006 年 3 月大罢工的经过与导火索。2006 年 3 月 28 日,英国十一大工会在全国各地组织了一次有 150 万地方市政员工参加的 24 小时大罢工,他们走上街头举行示威游行,抗议政府提高退休年龄的计划。这是英国自1926 年大罢工以来规模最大的一次全国性罢工。英格兰、苏格兰、威尔士和北爱尔兰的公共服务当天都受到了极大影响,全国多所学校、图书馆和体育中心关闭,交通、垃圾清洁服务和殡葬服务部门也受到影响;参与罢工的工人包括文娱中心员工、学校员工、垃圾收集员、房屋管理员、幼儿园护士、青少年及社区工作人员、旅游服务职员、护工、慈善机构工作人员、呼叫中心、环保机构和房屋协会工作人员,从而造成全国不少地方学校和旅游点关闭,公交地铁停运,隧道关闭,校车取消,英国北部的交通大乱,爱尔兰北部的火车和公车都停驶。这次大罢工甚至打乱了美国前总统克林顿与英国财政部长布朗预定会面的行程,在国际国内造成重大的影响。

导致这场大罢工的直接原因是布莱尔政府拟撤销被俗称为"85条例"(Rule 85)的退休规定。这个规定是计算参加"地方政府养老金计划",即"LGPS计划"的地方公职人员养老金待遇的一个公式,其含义是:

获取全额养老的资格＝退休时的年龄＋加入"LGPS计划"的工龄＝至少85年

就是说,地方市政职员的年龄和服务年期相加必须达到85年方可在60岁退休时获取全额养老金。"85年条例"还规定,如果雇员由于生病等原因退休,他还可享受"85年条例"的规定领取全额养老金。"85年规定"既不是"LGPS计划"规定的一个退休条件,也不是一个待遇权利,而只是一个检验标准(test):提前退休也是可以的,但养老金标准要根据具体年限而有所减少。而英国政府拟议中的改革方案是将这个退休年龄提高到65岁。按照这个标准,以目前地方市议会普通职员平均退休金是年均4000英镑来计算(妇女每周31英镑),对英国地方公共部门众多的低收入职员来说,例如对学校伙食监督员和辅导员来说,与以前相比,他们在60岁退休时将失去四分之一养老金。这个新规定将于今年10月开始实施。

工会提出的要求是不该提高地方公职人员领取养老金的资格条件,还应维持在60岁。但有关政府官员给出的答案是,养老金制度已经出现危机,进行这项改革之后,全国将节省2%的岁入。

自1926年总罢工以来,英国的工人运动与社会保障制度演进的互动历史基本可以分为三个阶段:第一个阶段是1946年以前。1946年英国工党政府根据贝弗里奇报告进行社会保障立法,宣布她是世界上第一个成功地建立了福利国家的国家。这20年是英国福利制度酝酿的阶段,国家基本处于战争恢复(第一次世界大战)和陷入战争泥潭期间,工人无暇为福利而采取独立的运动。第二个阶段是1946年至1986年。这40年基本可以分为两个时期,即前20年是英国福利国家和福利制度发展的黄金时期和鼎盛时期,福利制度得到了全面发展,成为福利国家的一个样板和策源地,带动了许多欧洲国家予以效法。而后 20 年则逐渐进入困难时期,高福利承诺给国家财政带来了较大的财务负担,开始进入改革阶段,尤其是 1973 年石油危机之后,"1975 年社保法"便是一个重要改革成果,进而导致了 1979 年撒切尔夫人上台以后开始了激烈的福利制度改革。在这个阶段,工会组织在改革问题上总体上看是配合政府的。第三个阶段是 1986 年至 2006 年。其标志是"1986 年社保法"的诞生,它引入了个人养老金计划和"协议退出"职业养老金计划,启动了社会养老责任从公共部门转向私人部门的进程,具有历史性的转折意义,是撒切尔改革的一个重要成果。在这 20 年间,改革进程基本稳定,虽然私人部门的养老金利益不断受到改革的触动,但由于私人部门各个工会组织之间观点各异,难以形成一个声音,所以,工运在 80 年的历史中是处于最低潮的。

3 月 28 日的工人大罢工很可能是个象征,它标志着英国工运的再度兴起和对福利改革的最大的反弹,甚至标志着英国社保改革和工人运动进入第四个阶段,即改革深入到公共部门的阶段。为什么这次大罢工在 80 年来尤其是近 40 年来工运低潮中成为一次最大的全国性罢工行动并很可能成为一个标志? 这是因为英国社会保障制度改革已经开始触动到地方政府的公务人员。如果说在以往的 20 年里英国的改革主要是在私人部门,主要是针对企业工人,那么,这次改革的对象主要是针对地方公共部门的,革命要革到自己头上了。

从网上 BBS 留言讨论的情况来看,网民的观点基本有三,他们针锋相对,争论非常激烈。第一种观点是对工会组织的罢工行动表示非常感谢,极力称赞工会的"伟大行动"。例如,有网民说,"如果你对那天共产主义者举行的团结行动不信任,你还能信任谁呢?"还有网民说,"这是对法国行动一个重要回应,你们都哪里去了?"第二种观点是反对罢工,认为这次大罢工"很可能是晚期资本主义的一个特征,那就是有些罢工行动侵蚀了阶级团结,而不是促进阶级团结"。第三种观点是采取中间的态度,认为"你们参加罢工应该是为了什么,而不是反对什么"。还有网民说,"网民没有时间什么都管,不管它有多么重要"。

2. 法国 2006 年 3 月大罢工的经过与导火索。为了摆脱高失业率的困扰,法国国会通过了一系列就业改革措施,2006 年 1 月 16 日通过的《首次雇佣合同法》(CPE)就是其中的一项。该法案规定,法国 20 人以上规模的企业在雇佣年龄不满 26 岁的年轻雇员时,可以在头两年内随时解雇工人而无须说明理由。《首次雇佣合同法》的目的是解除企业主招工时的顾虑,鼓励企业大胆雇佣新人和多招工,增强企业雇佣制度的灵活性,以增加就业,降低法国青年远远超过社会平均水平的失业率。

《首次雇佣合同法》在全法的高校和工会中引起了强烈震动。法国大中学校学生对其中"允许随意解雇"的条款强烈反对,担心企业员工福利受损,愤怒地将此合同称为《首次被解雇合同法》,拒绝当"用过即扔的手纸",要求政府撤回法案,并认为,法案反应的年龄歧视等问题,严重违反了现行的《民法》和《劳动法》,是对基本权利的践踏。

3 月 7 日,由全法近 40 所大学在校生和大部分工会发出联合总动员后,进行了旨在抗议《首次雇用合同法》的百万人大游行。警方出动大批警力,将位于巴黎中心的法国最古老和著名的索邦大学里的罢课学生强行驱散,引得舆论一片哗然。学生组织声称接下来的几个星期内将组织更大规模的抗议活动。

3 月 28 日,法国各地爆发了大规模示威游行,交通和运输业工会率先罢工,1/3 的国内和国际航班被迫取消,近一半地铁、1/3 公共汽车和 1/4 的地区间高速铁路停运,法国各地交通呈现半瘫痪状态。教师、医护人员和媒体工作者也纷纷跟进,全法 84 所大学中有 64 所被迫全面或局部停课。《世界报》、《解放报》《费加罗报》等部分全国发行的主流传媒 28 日停发一期,法国最主要的新闻电台、国营的法国新闻电台只有音乐播出。抗议活动势头不下 2003 年的全国养老问题大罢工,许多城市的罢工更是二三十年来前所未有。为了稳定局势并驱散人群,法国当天共派出约 4000 名警察上街维持治安,防暴警察向闹事人群投放催泪弹,并使用了警棍、橡皮子弹和水枪。据不完全统计,当天共有 800 多人被逮捕,50 多人受伤。罢工人数超过 300 万,范围覆盖全法 200 多城镇,示威活动预计高达 200 多起。

在强大的反对压力面前,原本立场强硬的总理德维尔潘不得不作出让步,再三向工会发出谈判邀请。希拉克总统在 3 月 31 日晚向全国发表电视讲话,《首次雇用合同法》正式颁布,但宣布法案暂时不生效,必须先通过一项修正案,对两处重要内容进行修改:一是将"最初 2 年"雇用期缩短为 1 年,二是被解雇者有权要求企业说明解雇理由。

但工会拒绝德维尔潘的谈判邀请,反对任何折中修正方案,坚持废除此项改革方案。工会人士称,"只有一种解决途径,那就是废除此项改革方案,在与政府展开对话前,政府必须首先冻结《首次雇佣合同法》的实施,不满足这个条件,我们什么都不干"。

希拉克总统的妥协立场也没有令学生和工会满意。法国议会第三大党、法兰西民主联盟主席弗朗索瓦·贝鲁说:"就我所知,这是历史上首次出现这样的事,一项法案被颁布,但又不能生效。"

在街头政治的强大压力下,总统希拉克与总理德维尔潘不得不全面妥协。4 月 12 日法国国民议会以 151 票赞成、93 票反对的投票结果通过了一项旨在帮助青年人就业的新法案。新法案的诞生意味着《首次雇佣合同法》正式流产。新法案规定,为了鼓励企业大胆雇佣年轻人,向长期雇佣 16 至 25 岁低学历、居住在敏感社区或签署"融入社会生活合同"的年轻人的雇主提供经济补助,补助金额为第一年每人每月 400 欧元,第二年每人每月 200 欧元。

英国大罢工与法国的社会动荡遥相呼应,它们都与社保制度的改革有关:英国是老年人为了退休收入的资格问题,法国则是青年人为了上班就业的条件问题。但是,他们之间的原因却大相径庭,这两个国家的政治结构和社会结构乃至文化法律传统都大路朝天,各走一边。这两个国家在社保改革中出现这个麻烦向我们昭示了一种深层的启示。

(三)两个社保制度模式的基本特征

在学术界,世界上的社保制度模式或说福利制度模式可以分为好多种,有三种和四种等,那些都很学术化。这里为了简单地说明一些问题,把他们简化成两种,即欧洲大陆模式和英美模式。这两类模式之间存在许多差别,特征各有千秋。这里把最基本的归纳起来,可以强调两点。

第一,市场和国家的作用方面。"大陆模式"也被称为"普救型模式",较多地强调国家的作用,政府发挥主导性的作用,国家干预较多,力度较大,劳动力市场弹性较小,公共部门的规模较大,作用比较突出。而"英美模式"也被称为"补救型模式",国家的作用有限,市场发挥比较重要的作用,家庭的保障作用也占有重要地位,政府在必要的时候起到一种补救的功能,就是说,在市场的作用不明显的地方和时候,政府发挥某种"补救的作用"。

第二,国家、企业主和工会三者之间的合作方面。大陆模式显得十分的突出,国家发挥作用是通过三方之间的谈判与合作的形式完成的,所以,也被称为三方伙伴合作主义或合作主义。虽然在西方发达国家,三方谈判的机制几乎在所有的国家都存在,但意义却有一定的区别:在大陆模式里,它意味着社保模式基于三方合作伙伴之间的架构运作,任何一个福利措施的出台,均需与另外两方达成一致,取得共识。在社保制度运行中,从个人缴费的征收归集和保管投资,到津贴给付的发放计算和统筹核算,均以行业基金为主体,而行业基金由各方代表构成,工会代表是有很大发言权的。可以说,行业基金制度是这个社会保障制度的主体,从某种意义上说,是工人赖以生存的"家"。因此,在三方合作的架构中,工会具有举足轻重的地位,国家只是在各个基金上报预算之后将之列入国家预算之内而已,钱在基金里,"国家"只体现在会计账面上,甚至法国在 2000 年之前就连财政预算也不纳入。所以,从财政意义上说,国家能管的只是亏,不是盈。而在英美模式里,由于是国家层面的大收大支,从资金归集上解到津贴发放,国家是一个口子管到底的,是大一统的,就是通常说的三个 U,即统一缴费标准,统一津贴给付,统一机构管理。国家管收,国家管支,收支两条线,就是说是国家范围的统筹水平,资金在中央政府的管控之中。这样,虽然在社会合作机制上也存在着三方合作伙伴机制,但由于实行国家层面的大收大支,行业和企业的工会没有什么作用可言,三方合作的层次较低,大多维持在企业的水平上,集体协商的内容主要不是基本社会保障的内容,因为基本社保这一块是全国性的一个政策。

上述两个特征只是对这两个社保模式最典型特征的抽象和简化。这里涉及两个模式典型样板国家的问题。英国在二战之前与欧洲大陆模式一样,1944 年采取了贝弗里奇报告的模式即宣布建立了福利国家,即三个 U 的普享型模式。但后来由于种种原因在 20 世纪 50—70 年代中,诸多改革开始偏向德国模式即俾斯麦,80 年代撒切尔革命时又开始回归,向贝弗里奇的普享型的方向改革。英国的学者也是将自己的模式与欧洲大陆模式区别开来。其他操英语的主要国家如加拿大、澳大利亚、新西兰等虽存在一些差异性,但总体来说均属这个模式。但是,最具补救型英美模式特点的应属美国,本文中论述时常以美国为典型样本。所以,当人们将之称为盎格鲁—撒克逊模式的时候,常常有学者就直接称之为盎格鲁—美利坚模式。

欧洲大陆模式最典型的样本应属德国,即俾斯麦创造的模式,所以也有人称莱茵模式。正如英美模式各国间也存在着差异性那样,在大陆模式中也不尽相同。一般来说北欧国家更偏向于英国模式。即使在典型的德国和法国之间,他们也存在着很大的差异性。尽管一般来说在研究中人们常将德国作为大陆模式的一个典范,但由于本文研究的主要是法国,所以这里主要以法国为样板来分析欧洲模式。

二、社保模式与社会稳定

(一)欧洲模式中碎片化的社保制度导致改革十分艰难

所谓欧洲社保制度碎片化是指,由于历史遗留下来的以行业公会的吉尔特(Gilt)互助会为特征的职业保险基本没有受到触动,所以,成百上千个行业计划条块分割,待遇不一,劳动力难以流动的现象。由于保险基金的割据管理和封闭运行,工人工会发挥着较大的作用。于是,私人部门社保制度的改革如果没有工会的参与和认可,改革就将遇到阻力。但是工会作为代表工人利益的独立团体,受到法律保护的罢工是法国等大陆国家的一个基本权利,任何受到利益触动的改革必将要先在谈判桌上达成一致,否则就要走向街头。这个逻辑悖论是:如果先行谈判,就将旷日持久;如果先行立法,就将欲速则不达。一个工会代表一个群体,任何一个改革都不能触犯某个群体的利益,否则,工会就要出来说话。北欧三国的改革力度较大,虽然被称为福利橱窗的北欧国家包袱沉重,但改革进展比较顺利。这是因为,三国版图较小,工会利益比较集中,工会参与协商的层次比较高,几乎都能代表这个行业利益,代表性很高,谈判的交易费用比较低,只要几大工会与政府谈妥了,改革的方案就"搞定"了,所以,北欧很少有社保改革引发社会震荡的现象发生。

人们也会同样发现一个有趣的现象:德国也属欧洲模式,是俾斯麦式社保制度的鼻祖,但为什么相比之下德国就较少出现社保改革引发罢工的现象呢?在这方面,恐怕与德法之间的历史文化传统有关,可能有两点区别:一个是德国人强调合作,法国人强调个性。众所周知,企业的共同决策是德国企业管理的一个特点,劳资之间的配合与协商是德国企业制度和社保制度的一个重要特色。而法国则不同,个性张扬、特立独行与罗曼蒂克始终是法国人的一个风格。春季休息,夏季度假,秋季罢工,冬季过节(圣诞),这是对许多普通法国人社会生活特点的一个侧面描述。第二个是德国强调纪律与程序,法国崇拜自由。无论是战前还是战后,德国人的集体精神、遵守纪律和循规蹈矩始终是德国得以战胜欧洲的一个法宝;而法国则不然,暴力革命的历史传统思想影响深远,斗争精神始终是法国人的一个性格特征,崇尚自由历来是法国人的追求。在劳资关系方面,德法两国这种浑然不同的民族特性表现得淋漓尽致,并铸就社保制度的不同特征。

如同欧洲普享型模式里德法之间略有差异那样,英美补救型模式也可细化下去,甚至区别较大。美国的罢工就少于英国,尤其是全国性的大规模游行示威比较少。其原因有美英两国地理方面的差异性,如美国地大物博,工人居住分散,几乎居住在郊区的相当多,组织罢工存在一些客观障碍。也有产业结构方面的原因,或者说企业管理方面的原因,例如美国几乎所有企业都是过度管理,白领的管理阶层比较发达,管制比较严格,尤其是人力资源方面的管理比较发达,而欧洲政府的人力资源管理和职业介绍服务中心比较发达,公共部门比较发达。原本在美国需要企业来承担的这些企业高层的人力资源服务管理,在欧洲就基本由公共部门代替了,所以,美国企业对工人的控制能力要远远大于欧洲的企业控制力度。但是,欧洲公共部门的权力机关主要是服务型的,是积极劳动力政策的提供的功能,而不是控制型的。

上述欧美之间三方合作伙伴主义的强度存在着较大的区别,尤其是碎片化问题,这是欧美之间福利制度和社会保障制度最大的一个区别。美国的中介机构比较发达,如律师会计等自由职业的比重较大,工会的作用主要体现在影响立法的层面上和院外集团的影响力上。就是说,美国工会在社保制度改革上发挥的作用较多地体现在谈判桌上,而欧洲模式则较多地表现在街头上,即美国的社保改革辩论主要发生在议会,而欧洲则主要发生在政府与其他两方的对话与协调上。

英美模式中大一统的社保制度掌握在中央政府的手里,而欧洲模式里主要则掌握在行业基金计划里,呈现出强烈的碎片化现象,而这些计划在相当的程度上是由工会背后控制的。在美国模式的合作主义社保制度架构中,全国性的大一统制度下,任何群体都没有自己的独立利益。

(二)欧洲普救型社保模式便携性较差,导致失业率较高

欧美不同社保制度模式具有不同的便携性,对劳动力流动的影响是截然

不同的,进而对产业结构和就业路径产生极大的影响,最终表现在就业率上就形成了巨大的反差。于是,失业与就业一直是欧洲国家棘手难题,经常导致罢工与动荡,而美国则成为一个就业的大机器,由就业问题导致的社会问题比较少。

美国是大一统的制度,社保制度便携性要比欧洲好得多,便于劳动力的全国性流动。不管在全美哪个州工作,尽管各州有很多立法权,但在基本社保方面全美只有一个制度,一个待遇公式,一个缴费率,只要具有完整的缴费记录,就具有完全的便携性,待遇支付由联邦政府统一支付;在医疗方面,美国没有面向全体国民的统一保障制度,只有两个针对老年人和穷人的单独计划,经济活动人口主要靠市场上购买商业医疗保险,而这种保险也具有完全的流动性,在全美的任何一个州跳槽转换工作都不受影响;工伤和残疾保险含在基本养老保险里面,所以,也具有完全的流动性和便携性。这样的社保制度,对全国范围的劳动力流动没有任何障碍,甚至是劳动力流动的一个重要保证,在某种程度上成为促进劳动力在全国范围流动的一个"权利保障"。与欧洲相比,这种流畅的流动性体现了更好的"人权保障"。

欧洲的情况就大不一样了。早期行业性的保险制度特征是与职业、职务、工资水平挂钩的,与本行业的保险基金的营运机制和金库挂钩。不同行业之间差别较大,一个人的福利待遇在相当程度上取决于你在什么"单位"工作,因为几乎每个行业的保险计划都独立运行,单独核算,除了基本养老以外,许多国家还包括医疗、工伤、生育等其他保险。所以,跳槽就意味着丢失了原来的福利待遇,这就严重地影响了企业之间、行业之间和部门之间劳动力的正常流动。法国就是典型的一个案例国家,据统计,法国社保制度是由大约1500多个计划组成的。可能也正是由于这个原因,家族式企业比较多,一干就是几代人,许多名牌得以代代相传,驰名世界。

劳动力流动受到限制必将影响全国大市场的形成,影响人才的流动,进而影响产业结构的升级和转换,从而影响产业结构的调整和就业结构的调整,劳动力市场弹性较小,失业率居高不下,维持在两位数成为一种常态。较高的失业率成为就业市场改革的一个难点,进而成为社保制度改革的一个障碍。

第一,看朝阳产业,欧洲的传统产业结构比较发达,产业工人规模比较大,朝阳产业不如美国发达,吸纳就业人口方面就少了一大块。第二,欧洲市场中介机构不如美国发达,因为福利待遇较低,流入人才有限,如咨询业、律师会计业等,只能依靠公共部门的相关职能或派生机构或说准公共机构予以替代,于是,数量和规模上都比美国要小得多,在就业方面就又少了一块。第三,欧洲低端产业不如美国发达,这方面比较明显,众所周知欧洲的娱乐餐饮业不如美国发达,商业零售业也比美国逊色。美国统一的社保制度不管你从事什么职业,其计算公式没有什么本质差别,低端就业机会的创造不受社保制度的影响,反而得到了保证,所以,即使拉美操西班牙文的移民和其他移民可能不会说英文,甚至目不识丁,也比较容易找到一份价格很低廉的工作岗位。例如仅拉美裔移民就达4000万,其中非法移民达1100万,这些所谓的草根阶层几乎都在垃圾岗位上工作。第四,高端岗位也存在差别。美国企业管理比较发达,高管人员岗位数量较多,所以,美国的白领数量也比欧洲多。这样,美国在高端和低端两个方面的就业规模和容量就远远大于欧洲,一方面大量的低端垃圾岗位可以吸纳一部分人口,另一方面大型的知识密集型公司吸纳全世界最好的知识精英,使美国成为外脑净流入国家。不管职业高低贵贱,在基本社保方面是没有歧视的,百万富翁与贫民的权利和待遇基本相同,受的社会保护基本是同样的。

欧洲社保制度存在的较差的便携性在影响劳动力流动的同时,导致了严重的职业隔离现象,家庭式的、家族式的、行会式的社保制度特征使许多人一锤定终身,很难再就业。对青年人来说,就业就成为一个噩梦,他们当然对《首次雇佣合同法》产生反感与排斥心理。

这样的社保制度进而导致一个非常令人惊奇的"锁定现象":局内人与局外人相互隔离的局面。局内人就是已经获得工作岗位的群体,他们反对任何形式对己不利的改革,以保住他们的就业岗位;而对失业的局外人来说,由于政府给予相当优厚的失业待遇等原因,他们靠失业救济也可以生存下去,于是就形成了失业陷阱,始终存在着一个规模较大的自愿失业的群体。于是,对局内人来说,工资收入也难以提高。这是因为,局内人创造的财富要再分配给局外人,虽然局部劳动生产率很高,但平均到全社会就不行了,等于是就业人口养活着数量相当可观的失业人口。这是战后以来欧洲失业率一直高于美国的一个基本原因,也是欧洲失业率几乎始终维持在两位数的基本原因。这两部分人各得其所,任何改革都是对这个"均衡"现状的一种破坏。

所以,欧美之间社保制度的差异性不能说不是导致欧洲罢工较多和美国罢工较少的一个间接原因。法国这次青年人罢工的根本原因其实就是就业危机,尤其是青年就业危机。

而相比之下,美国的社会问题主要不是表现在就业上,而是在移民政策、吸毒、同性恋等其他方面。例如,前几天美国几十个州的移民举行了规模较大的示威游行,要求移民身份合法化。较低的失业率几乎从未给美国社保制度改革带来较大的社会麻烦,反而使就业人口成为支持改革的一支生力军。

(三)普救型与补救型模式中公务员社保制度的不同作用

在欧洲普救型模式里,公共部门和私人部门之间的基本社保待遇是不一样的,由于历史原因,公务员享有一些特权,待遇较好。在改革的进程中,几乎所有国家都遇到了这样的困难:当改革深入到一定程度和进行到一定阶段时,私人部门就会攀比公共部门,最高决策层就不得不对公共部门进行一定的渐进式改革,作为代价以换取私人部门的支持。但是,欧洲许多国家的案例证明,对公务员的改革遇到的阻力并不比私人部门的阻力小,去年法国公务员法定退休年龄从37.5年延至40年的改革流产就是一个例证。英国这次大罢工也是政府公务人员制度改革而使待遇受损导致的。

而典型的补救型模式中,公共部门与私人部门之间的基本保险制度是没有任何差异性的,他们享有同一个制度。英国由于历史原因,地方公共部门享有"85条例"的特权。这说明,与美国相比,英国的补救型社保模式还不是非常典型的。美国可以被称为是一个典型的补救型模式,联邦政府和地方政府公务员的基本社保待遇是一样的,这是第一支柱,全民适用。于是,在社保改革进程中,任何群体之间不存在相互攀比的问题,是"全国联动"的,要革命的话就革全体国民的命,因为全国的制度改革是一个步骤,一个待遇调整标准,不同群体之间在社保待遇上没有根本性的差异性和矛盾。

第一支柱是保证社会整体结构基本稳定的一个底线。此外,美国社保制度的另一个重要特点是,不同的行业可以根据自己的经济实力参加自愿性的第二支柱即补充保险(在中国被称为企业年金),401(k)计划就是其中的一个。据统计,美国大约有一半的经济活动人口参加了企业自愿性保险,即覆盖率大约为50%。政府公务员也有自己额外的第二支柱计划,这个补充保险的待遇很高,条件很好,甚至要远远好于基本保险的待遇。覆盖美国全体联邦公共部门文职(包括国会的雇员)与军职人员的是"TSP 计划"即"节约储蓄计划",覆盖所有铁路雇员的是"铁路养老基金"(RRF)。这个第二支柱的收益率很好,以 TSP 养老基金为例,截至 2003 年年底,其累计余额已高达 1045 亿美元,参加人数已超过 310 万人。投资回报率在 1993—2002 年之间年均不低于 8%,替代率大约为 150%,这意味着,如果一个联邦雇员的年薪是 2.8 万美元,退休之后仅 TSP 这项补充保险的收入就可达 3.08 万美元,超过了原来在职时的工资收入。如果再加上基本养老保险,就将超过 4.2 万美元。

美国地方政府公务员的第二支柱即企业年金的覆盖率几乎是 100%,并且收益率也非常好,覆盖的范围也非常广泛,包括州政府隶属的教师和消防队员等所有工勤人员。在这样一个"锦上添花"(指额外的自愿性补充退休收入)的制度下,不但革命永远革不到他们自己的头上,而且公务人员忠诚于国家,兢兢业业,勤勤恳恳,运转效率较高,企业年金制成为国家机器的一个非常稳定的可靠保证,同时,也成为政府公务员廉洁奉公,较少腐败,提高政府社会公信力的一个可靠的经济基础和制度保证。由于失业率较低,其他群体对公务员几乎没有任何攀比,社会稳定。因此,美国公务员在历史上几乎没有全国性的由于社保改革而导致的罢工记录,他们对自己的工作岗位很满意,很满足,很珍惜,是国家机器的稳定的螺丝钉。

但在欧洲碎片式的制度框架里,独立而优厚的公务员社保计划自然成为众矢之的,成为改革的一个难点。当国家把碎片式的社保制度予以整合并普及和推进到政府部门的时候,这场革命就革到了自己的头上,这就是英国这次大罢工的直接导火索。在法国,公共部门的外延很大,包括公共企业。几乎所有垄断型行业都是公共的与国有的,他们的社保待遇高于私人部门的待遇。公共部门改革一直是个令人头疼的烫手山芋,一改就遭到他们的反对,不改又背不起这个包袱。哪怕是一个非常微小的改革措施都会遭到他们的极大反弹。我于 1992—1995 年在法国时就亲历过这样游行示威,是全巴黎护士行业的总罢工,有人手里拿着格瓦拉的画像,拿着卡斯特罗的语录本,预示着强烈的革命起义的含义。去年法国大罢工的直接导火索就是政府试图把公共部门的法定退休年龄延长到与私人部门拉平,即从 37.5 年延至 40 年,结果导致了全国性的公共部门的大罢工。

外交部是典型的公务员,是内阁机构,2003 年 12 月 1 日法国驻外全体外交官及外交部全体职员举行了有史以来规模最大的全球性大罢工。全世界的9000多名外交官,6000多名海外教师和众多的当地雇员参加了这次全球大罢工。从莫斯科到华盛顿,从东京到伦敦,154个大使馆和98个领事馆及近500个文化机构纷纷关闭,外交工作受到严重影响,以抗议法国政府裁减外交人员及降低福利和津贴。此外,典型的法国公务员,警察和宪兵2001年11月底走上街头进行罢工,抗议法国开始实行"无罪推定"的新法案。

(四)补救型模式中注重弱势群体的救助,社会稳定

任何社会都有相对的弱势群体的存在,他们是社会的弱者,同时又是潜在的社会不稳定因素中的"强者"。社会保障制度如何保护这部分弱势群体以维持社会的有序与稳定,是检验这个制度可及性与有效性的一个重要标志。

导致弱势群体从潜在不稳定因素演变成现实不稳定因素的一个最大外因是突发事件的发生和身体健康状况的恶化,社保制度将这部分人作为目标群体,作为特殊保护对象,就可成为化解矛盾的一个稳定器。一般来讲,所谓弱势群体主要是指穷人和老年人。

在救助型模式中,美国为这两部分弱势群体制定了两个专门的制度。一个是专门针对穷人的制度,即"医疗救助保险"(Medicaid),由联邦政府和州政府联合举办,由州政府实施,两级政府的责任非常清晰,效率较高,适用的目标群体包括贫穷老年人、智力缺陷者、盲人和残疾人、单亲抚养的儿童及其父或母。例如,家庭收入3.4万美元以下的四口之家的18岁以下的孩子可以享受医疗救助。目前享受这个计划的人口大约是4000万。第二个是"老年医疗保险"(medicare),救助对象主要是65岁以上和缴费10年以上的老年人和残疾人,具体包括"住院医疗保险"和"补充医疗保险"。覆盖范围大约是4000万人。

美国的工作人口没有全民统一的医疗保险计划,这个功能主要是由商业保险来解决的。只有穷人和老年人才能通过上述两个保险计划享受国家的医疗待遇,这对保护弱势群体和化解社会矛盾,对维持老年人体面的生活水平,对老年收入来源的多元化等,都起到了重要作用,使潜在的不稳定因素转化为现实的稳定因素。所以,美国老年人与穷人这两个弱势群体较少成为街头游行示威的积极分子,作为一个群体,他们参与示威游行的记录很少,这是欧美之间的一个重要区别。他们觉得在年老体弱时享受到了国家的特殊待遇,国

家是负责任的,政府是讲信用的。并且,对比下一代人,他们感到很满足,因为工作的一代与他们以往的情况一样,没有医疗保险,正在奋斗着。老年人对制度的赞誉和支持对工作人口起到了很大的示范作用。

除了上述两个特殊的医疗计划以外,美国还有几个针对弱势群体的救助计划。例如,一个是1996年实施的《困难家庭临时援助》,(即TANF;1996年以前是《未成年子女家庭援助》,即AFDC),主要是针对单亲母亲和未成年子女的;再例如,还有一个《附加社会保障收入》(SSI),主要针对那些患有器官疾病的残疾人和贫困老年人,并且包括那些正在申请美国公民权和能够证明其属于"美利坚民族一分子"的人。

此外,任何一个社会都存在一些"问题人口",包括吸毒者、"不称职的父母"和"懒惰的母亲"等,还包括那些"问题青年"。美国的社保制度为使这部分"问题人口"能够获取援助的资格,设立一些强制性的措施和自愿性的措施,努力使之改变自己的行为准则以满足上述救助政策的要求。

事实上,补救型社保制度实施的主要是一种"目标定位"的救助方式,在全体国民享有一个"基本底线"的保障待遇以外,将有限资源通过几个特殊制度集中用于几类弱势群体的身上,从而编织了一个有效的社会安全网,从而可以赢得社会弱势群体的有力支持,为化解不稳定因素和促进社会稳定起到了相当的积极作用。

对弱势群体进行特殊关照,这是市场所不能发挥作用的地方。弱势群体是市场失灵的地方,也是政府进行"目标定位"的对象群体,政府应当承担起责任来。所以,补救型社保制度的"目标定位"被认为是国家社保制度"赖以建立的基础"。美国从1935年《社会保障法案》立法以来就开始实施了《未成年子女家庭援助》等相关救助型的一些附加制度,在70多年的历史发展中,这种补救型的社保制度为保证美国政治制度稳定和经济制度繁荣发挥了较大的作用。第二次世界大战以来,美国的社会稳定相当程度上是在社保制度基础之上建立起来的。

(五)补救型模式中注重发挥市场的作用

补救型制度除了注重国家对弱势群体承担起责任,还有一个重要的特点就是注重同时发挥市场的作用,尤其在工作人口的收入待遇方面,市场发挥的作用非常之大。来自市场的福利待遇和退休收入对美国政治稳定和经济发展是至关重要的。这主要是指,在除了第一支柱的基本养老保险由国家财政担保之外,第二支柱即自愿性的企业年金制度主要靠市场的作用,而且回报率比较高,对老年收入的充足性和稳健性起到了重要的不可替代的作用。

在补救型模式中,工作人口的基本福利保障是由国家"打一个底",只能保证其基本生活。如果要想退休后获得较高的稳定收入来源,就需在工作职业生涯中视情况参加补充保险。国家给予一定的税收优惠政策予以支持,各种各样的企业年金计划在美国非常之多。有的企业甚至为职工举办多个补充保险,例如,在建立一个传统的 DB 型计划的同时,还另外引入一个 DC 型计划。由于是完全市场化的运作,回报率比较高,资本市场也同时得到迅速发展。它们相互促进,美国成为世界上企业年金和资本市场最发达的国家。据 2005 年年底的统计,全世界共同基金资产总规模为 17.28 万亿美元,美国就占 55%即近 10 万亿美元。

对公共部门来说,前述联邦政府几百万公务人员全部被覆盖进来,国家没给一美元的转移支付,给予的只是较大的政策扶持。例如,美国法律(《美国法典》第 8403 款)明确规定,联邦《节约储蓄计划》(TSP)的津贴给付是"在《社会保障法案》之外额外的给付",不影响参加美国的基本养老保障(OASDI),还明确规定建立一个"联邦退休节约理事会"予以营运。"联邦退休节约理事会"专门为其设计了 5 个投资基金,完全投资于资本市场。这是该计划可以获得较好回报率的可靠保证和基本条件。

在地方政府,几乎每个州都为其公务人员建立了第二支柱,其中有的已具备相当的规模。例如,建立于 1932 年的"加州公共雇员养老基金"(CalPERS)是目前美国最大的地方政府公共雇员养老基金和世界第三大养老基金。到 2005 年,其资产规模为 1804 亿美元,获 2004 年国际著名评级机构惠誉国际(Fitch)的 AAA 评级。它覆盖了加州、市、县政府雇员和学校的非教师雇员 142 万人,其中退休者 40.3 万人,在职职工为 101.4 万人。退休人员每月平均领取的这笔补充退休金为 1670 美元,收益率也比较好,1983 年以来 21 年的年均收益率高达 11.59%。

在私人部门,平均每两个工人就有一个参加了补充保险,并成为工人退休收入的一个重要补充。截至 2004 年,美国 5400 万个家庭中 9200 万人持有共同基金,60 岁员工的平均退休账户余额为 17 万美元;美国家庭金融资产的构成中,有44.3%是证券/共同基金,而欧盟只有25.5%;美国存款占家庭金融资产的比例仅为15.4%,而欧盟却高达30.5%;欧盟家庭金融资产相当于GDP的141%,而美国的则是GDP的223%;美国退休收入人均每年3.77万欧元,而欧盟国家只有1.81万欧元。

比较欧洲与美国之间的差异性,会发现这样一个非常有趣的现象,即在第一支柱与第二支柱之间或说在国家提供与私人提供之间,存在着这样一个相关性:欧盟退休待遇水平稍低,其居民的存款额就稍高一些,更偏好风险较小的银行存款投资,收益率就低一些;但在美国,人们更倾向于持有风险较高的股票和投资基金,收益率较高。导致这种差别的原因可能很多,但是,欧美之间投资收益率存在一定的差别,这也不能不说是一个原因。

因此,在补救型制度中,穷人靠国家的地方多了一些,国家对他们承担了较多的责任,因为它们是弱势群体,在市场上获得收入与福利的能力有限;能人或工作人口获得的主要收入来自于资本市场,所以,他们支持的是这个资本市场,间接支持的是这个经济制度和政治制度;对公共部门的公务员来说,他们的基本工薪收入来自于政府,但他们的退休收入相当一部分来自于资本市场,所以,他们既维护国家的基本制度,也支持资本市场。上述这三个群体对国家基本都采取支持的态度,对改革基本都持有同情的态度,因此,罢工和街头政治在补救型制度中就比普救型中要少。

三、社保制度及其不同的经济学理解

(一)法国与"改革疲劳症"

法国这次大罢工实际是对就业状况不满的一次发泄。那么长期以来导致青年人失业率如此之高的原因是什么?是劳动立法不健全,还是恰恰相反,市场缺乏弹性?法国颁布的新法案能够从根本上解决青年人的就业问题吗?

在自由市场制度下,就业本应像市场上买者与卖者之间发生的其他交易一样,应是互惠互利的,在谈判桌上他们的权利是平等的。但是,在任何制度下,国家都对劳动合同进行某些干预。没有政府干预的国家是不存在的。

当然,在法国也存在着许许多多制度规定的干预。但如果干预过度,对劳动力市场就会产生很大的扭曲作用,活力就要丧失,弹性就要殆尽,就会导致就业形势更加严峻,就业市场就会更加脆弱,建基于自由雇佣之上的市场经济制度就会受到挑战和阻碍。

失业可能由两个原因导致:一是法律对劳动合同的限制,二是价格对市场的限制。

这两种限制都会阻碍劳动力市场的正常出清状态。为什么法国失业率居高不下? 欧盟曾建议成员国对雇佣和解雇放松管制,工资定价要以市场供给为基础,因此要放松市场管制。但包括法国,有多少成员国不将放松管制予以妖魔化呢?

过多的劳动立法需要再行立法予以修改和废除才行。《首次雇佣合同法》显然属于后者。但是,请神容易送神难! 送神的成本要远远大于请神的成本。为什么?

因为几十年的习惯思维与制度惯性会误导人们对劳动合同本质的理解,尤其对青年人来说。在临时工作与长期工作、临时合同与长期合同之间,青年盼望的当然是后者,他们渴望的是永久就业,渴望成为局内人。劳动合同保护的既应是受雇人的权利,也应是劳动力市场的活力,不应偏废。每个法国青年人都知道,找工作是非常困难的,一旦找到了工作,他们就希望终身把有。这种追求应是导致这次罢工的主要原因之一。

试想,在一个人口不到 6000 万的国家,几十年来一直保持着上百万青年人的社会存量在寻找工作——尽管希望渺茫,他们能不陷于恐慌之中吗?"青年恐慌"必然导致"社会恐慌"。这次反对《首次雇佣合同法》的全国大罢工既是"青年恐慌"的表现,又是社会脆弱的结果,上几个月法国出现的震惊世界的"法国骚乱"说到底是"社会恐慌"导致的。大部分报章评论说社会骚乱是由移民政策失误和同化政策不利,但实际那只是一个导火索而已,真正的深层原因是青年恐慌和社会恐慌,是长期的就业政策和社保政策导致的结果。

所以,解决青年人高失业率和青年恐慌的根本办法应该是改革;罢工不应该是改革引起的,而很可能是由于改革不深入造成的。

美国马里兰大学曾做过一项民意调查,今年 1 月刚刚公布。从民调结果来看,法国与其他国家对自由市场制度的态度存在着较大的区别。这份调查选择了 22 个样本国家,在回答"自由市场经济是否是最好的制度"这一栏目时,只有法国这一个国家的回答是"不";其中,对这个答案持肯定态度的人,法国只有 36%,而德国是 65%,英国是 66%,美国是 71%,中国是 74%。

从这项民调结果来看,很显然,作为妥协结果的新法案实行的"青年人岗位补贴"显然应验了法国人对自由市场经济制度说"不"的结果。

不论采取"就业补贴"的新法案是否符合市场经济制度的本质,但它是罢工之后妥协的结果。这次罢工暂时告一段落了,但新法案制定了"岗位补贴"后就业弹性问题和劳动力市场扭曲问题是加深了还是减轻了? 它为下一轮街头政治的爆发是埋下了伏笔还是解决了问题? 这样的循环是否是"改革疲劳症"的一个典型表现?

(二)法国经济学与街头政治

法国政府官员和分析家对法国这次大罢工的看法和评价莫衷一是,但相当一部分媒体对其评价非常悲观,认为法国改革已严重受挫。例如,2006 年 4 月 11 日法国《论坛报》发表文章说,这场骚乱的牺牲品不仅是《首次雇佣合同法》和总理德维尔潘,一起陪葬的还有法国的改革。同一天的法国《十字架报》在头版发表社论,对法国的改革前途充满了悲怆与犹豫。

国际媒体的评价也存在较大的分歧。在那些补救型模式国家的眼里,例如,许多美国人对法国这次大罢工非常迷惑不解,纷纷从不同的角度分析这场撼动了法国的大罢工。这里举一个例子,2006 年 4 月 9 日的《国际先驱论坛报》刊登了一篇文章,从"经济学教学的原因"这个独特的视角分析了法国频繁发生罢工的深层原因。

在取代《首次雇佣合同法》的新法案出台以后,法国财长布莱东伤感地叹道:"我们这个国家没有经济文化啊。"法国财长的这个感叹不是没有道理的。在许多法国人看来,国家立法通过的任何有利于雇主的措施,其结果必然要伤害雇员的利益;公司与工人之间是天敌,所以,那只"看不见的手"不是市场,而是国家,国家的作用就是驯服公司,保护工人;国家的第二个作用就是运用公共支出来影响经济增长。该报列举了这样一个例证:法国的一位高中经济学教师说,"在法国,我们经常把公司,尤其是跨国公司看作是雇主与管理之间的永久冲突"。这位女教师说,这种认为雇主与雇员之间发生无休止的对抗与斗争的观点,可以作为解释刚发生的持续了两个月的反对新劳工法罢工的一个方面。

　　法国财长的这个感叹是有根据的。今年3月份法国财政部刚刚实施了一个调查,其结果显示,许多市民对经济学概念一无所知。例如,对GDP和公共债务这些概念,只有23%的被调查者能够准确地回答出来什么是GDP,90%被调查者说学习经济学是非常重要的,82%想让他们的孩子强制性地学习经济学课程。布莱东拟为此专门成立一个由15人组成的经济学教学委员会,其使命就是改善人们对"经济学"的理解,改善经济学的教学。

　　法国财长拟采取的这个改革措施是有理由的。法国和国际上的经济学家都认为,法国最好的大学里使用的教材与其他地方使用的全然不同。正如法国城市研究所所长布瓦兹翁一针见血地指出:"在法国,我们目前还停留在30年以前曾经生活过的70年代凯恩斯经济学的时代。在我们的学校,我们正在对社会这个概念捏造一个幻觉,与其他国家的现实大相径庭。"他还说:"无论在教育这个金字塔的最顶端还是最底部,法国如何教授经济学的问题是当前这场(罢工)危机的核心问题。"许多人认为,法国教学以知识教育为主,缺乏足够的工作技能训练,学生毕业以后没有竞争能力,不懂社会。

　　那么,法国经济学教学存在什么问题呢?该报举例说,大学高年学生使用的经济学教科书纳唐(Nathan)出版社第137页写道:"人们必须要把工资作为一种购买力来分析,只要不刺激通货紧缩从而导致高失业率,工资就不能降低。"另一本普遍使用的教材〔发现(La Decouverte)出版社〕第164页提出的建议是,国家对公共部门的工作岗位要给予补助,"我们必须要面对这个问题,因为我们的经济允许我们早已支撑一个庞大的失业人口"。为此,该报认为,在最近几周的罢工中,这些教科书上的片面观点经常被大街上的青年游行者使用。在他们眼里,提高工资和补助工作岗位相比市场灵活性而言更是减少失业的好办法。

　　布莱东的一个高级顾问说,法国的经济学思想不是什么简单的"过时"问题,实际情况比这还要糟糕。他说,在我们国家,经济政策的概念根本就不存在,我们只有国家主宰历史的幻觉,这是一个社会和政治的幻觉。

　　一些有识之士已认识到教学与实际相脱离的严峻性,认为必须对经济学教学改革才有出路,有些企业出巨资资助教学改革,帮助经济学教师深入实践,例如法国企业研究所自2002年以来就对全国4000多名经济学教师中的200名给予了资助,让他们参加企业实习。

其实,回顾历史会发现,不仅在高校,在经济改革中经济政策概念的"永垂不朽"既体现在 1982 年密特朗总统降低退休年龄的改革上,也体现在前几年诺斯潘总理的 35 小时工作制的主张上。甚至有人说,法国已把欧盟层面所做的放松管制的任何努力予以妖魔化了。

(三)欧美不同社保制度导致不同的社会结果

从美国和法国这两个典型的补救型社保模式和普救型模式的样板国家来看,在解决社会矛盾与冲突的方式上,前者主要体现在谈判桌上,而后者则较多地体现在马路上。但即使在每一个模式中,每个国家的情况也存在较大差距,例如:在补救型中,英国的制度具有碎片化因素,因此街头政治和罢工现象也就多于美国;在普救型中也一样,法德之间不同的社会文化传统发挥不同的作用,于是法国的街头政治要比德国更为频繁,更具有革命性和斗争性。

法德之间的差异性在某个角度上看,可以类比于拉丁美洲的阿根廷与智利之间的差别。近几十年来,阿根廷逐渐走上了一条与智利似乎越来越明显不同的道路,从而导致阿根廷的街头政治与法国越来越有相似之处,越来越成为当局的一件头疼事。

我们不能说法国没有一个健全的民主制度,更不能说由于德国没有频繁的社会罢工就不如法国民主,反过来也不能认为英国的民主制度与美国相比存在本质上的区别。从社保制度上看,可能关键在于制度模式上。

从法国的情况看,我们不能不说法国近十几年来的街头政治和罢工现象已远远超越了战后以来欧洲其他福利国家,改革过程中出现了"改革疲劳症"。换言之,与补救型模式相比,普救型更容易出现疲劳症,在改革的过程中,它们更为"辛苦"一些,甚至辛苦得疲于奔命,代价太大。例如,法国改革举步维艰,"谁改革,谁下台"这个定律在法国已得到过证明:1995 年铁路工人退休制度改革未果导致朱佩总理下台;2005 年推动教育和福利改革导致拉法兰总理下野;这次大罢工使现任总理德维尔潘支持率大跌,前途未卜。再例如,近十多年来的改革可以说几乎没有一次成功,几乎都是以政府的妥协而告终的,这样的例子举不胜举:2003 年那场法国航空大罢工,80%民航客机因罢工停飞,欧洲航空瘫痪;2005 年 1 月,铁路、电气和电讯部门大罢工,抗议国营企业私有化改革;2005 年 11 月,法国发生了近一个月的大罢工,抗议国营铁路私有化改革,使海、陆、空交通全部瘫痪,学校、邮局、医院等纷纷关闭。甚至就在几个月之前,全世界刚刚目瞪口呆地看到这场自 1968 年"五月风暴"以来法国最严重的社会骚乱事件:国家已进入"紧急状态",各省已实行宵禁,5000 多人被捕,700 多人入狱。法国怎么了?

罢工一次比一次频繁,规模一次比一次大,甚至有人说巴黎三次申奥未果就与罢工有关;今天接受了一个方案,明天改掉了另一个措施,后天又制定了另一个法律,"法国式的大锅饭"越来越大;今天的改革触动这一部分人的切身利益,明天的变革动摇了那一部分群体的敏感神经。在这个碎片化福利制度下,每个"碎片福利"内的局内人和局外人都会成为危机的根源之一。

可以说,"福利碎片"是改革的一个障碍。这是欧洲模式的一个最大特征。

在这些"制度碎片"中,失业率的差距非常之大:社会平均失业率为 11%左右,大约 750 多个"敏感城市地区"的失业率为 20%,而《首次雇佣合同法》中规定的 15 岁至 25 岁的青年人的失业率高达 36%。于是,高失业率这个普救型制度的顽疾,或多或少地成为每次街头政治的直接或间接的社会根源。

政府妥协已成为一个必然结果,或说一个"定式"。于是,近十几年来的改革"定式"再一次"教育"法国人,与当年的法国大革命一样,劳动者的任何一项福利都不是来自于国家的恩赐,也不是来自于雇主的慈悲,而是来自于斗争的结果,这是数代人牺牲获取权利保护的一个真理,只有在街头上坚决地斗下去才能守住权利的堡垒。

我们国内对法国这次大罢工的评论文章不少,但我最感兴趣的是最近一期的《南风窗》刊登的《从法国"街头政治"说起》。它从法国政治体制的特征"左右共治"和社会矛盾的"上下之争"两个方面分析了频繁产生罢工的深层原因,从"斯德哥尔摩综合征"和"笼中对"的角度分析了其直接原因。印象特别深刻的是其从"改革理性说"角度对改革屡遭失败的原因作了诠释,那就是,由于政府的"大脑理性"与民众的"肠胃理性"之间存在严重的分歧,从而导致了改革历程的屡改屡败,屡败屡改。"改革疲劳症"的恶性循环已经导致"改革怀旧症"的产生:近些年来,"反罢工"(contre la gréve)已发展成为一个潮流,越来越多的人开始倾向于反对无休止的罢工。例如,2003 年巴黎曾有一次上万人参加反对罢工的游行,当时到处都贴着"停止罢工"(Stop la Grève!)的口号,甚至网上还出现了一个反对罢工的专门网站,叫作《停止罢工》,其标识就是类似交通牌子那样,有一个大大的"STOP"。这个网站的主页上,其头版头条文章的标题就是《反对大学罢学,支持自由学习》,并广泛征集签名。

其实,不仅在普救型国家的改革中会出现"大脑理性"与"肠胃理性"之间的分歧,在补救型模式中也同样存在着"上下之间"的矛盾。比如,美国去年年底社会基本养老制度改革出现的挫折就是两种理性之间碰撞的一个结果。但不同的是,由于补救型模式是大一统的而不是碎片化的,不存在福利待遇的来源结构不同等,所以,这些"上下之间"两种理性的矛盾比较小。即使存在,导致街头政治的可能性也要小于普救型模式,况且,后者自我调节矛盾的主要渠道是在谈判桌上,而不是在马路上。这是两个不同社保模式之间的一个重要区别。

四、欧美社保改革的基本经验与教训

(一)法国和欧洲的教训:措施不当,适得其反

导致法国这次大罢工的深层根源是其劳动力市场的僵化。不同的劳动力市场制度对就业和产出产生不同的效应。第二次世界大战以来,"就业保护"政策的接连出台导致欧洲失业率直线上升:20世纪60年代欧洲平均失业率在2%左右,到1980年,欧盟15国的平均失业率上升到5%,80年代末攀升至8%,其中1986年达到的最高峰为8.5%,1993年达到的峰值是10.4%,此后就经常保持在两位数左右。

政府的判断失误是导致"就业保护"产生的主要原因之一。例如,法国失业保险制度大多是在20世纪60年代以前制定的,当时失业率较低,成本也不高;70年代出现高失业率时,政府认为可能只是短期现象,便采取了比较严格的"就业保护制度",失业保险待遇不但没有降低,反而更为慷慨,以维护社会的公平和稳定。但随着时间的推移,失业率一直持续居高不下,国家财政负担开始加重;为弥补赤字,就不得不提高企业缴费率,其结果是抑制了企业的劳动需求和资本的形成,反过来又进一步抑制了就业需求,进而形成了"劳动力市场刚性"。

全球化导致原来的劳动力市场制度功能紊乱,加剧了就业形势的恶化。外国移民的涌入对本国劳动力市场形成了竞争,世界经济竞争导致发达国家

对非技术劳动力需求不断下降,区域经济一体化、经济全球化和外包业务为就业结构带来极大的冲击,使原来的劳动力市场制度功能发生紊乱,积极的劳动就业政策发生逆转,原本促进就业的某些政策,反而成为加重失业的负担。旨在维护社会公平和稳定的就业与失业保险待遇,最终成为导致高失业率和社会骚乱的根源之一。

法国现在的劳动力市场弹性远不如20世纪70年代以前,法国政府早已认识到,这种僵硬的"就业保护制度"不利于降低失业率,尤其是不利于青年人就业状况的改善,进而不利于社会稳定。于是,法国政府近几年来试图进行"双轨制改革",即在一定程度上,允许雇主单位根据实际情况在"长期劳动合同"(保护程度高的)与短期的"临时劳动合同"(保护程度低的)之间进行选择,给雇主和青年人一些灵活性。

这次法国设立《首次雇佣合同法》就是试图寻求建立"双轨制"的一部分,目的是尽最大努力改善26岁以下青年人的就业状况。青年人高失业率已成为一个制度性的顽疾,甚至导致一种法国特有的"青年恐慌"现象。它是法国历次街头政治的社会根源,例如,"青年恐慌"既是引发这次反对《首次雇佣合同法》的全国大罢工的社会根源,也是去年年底出现的震惊世界的"社会骚乱"的社会根源。

鉴于此,法国政府开始检讨和反思对劳动力市场运行施加的影响,并逐渐意识到:20世纪70年代高失业率时法国采取的"劳动保护政策"不当,实际效果事与愿违,最终导致劳动力市场制度发生了一次逆转,几十年以后它成为导致持续失业的因素之一。例如,在以往企业大规模裁员较少发生的情况下,就业保护制度的成本较低,但在全球化的背景下,大企业大规模裁员使就业保护制度成为企业的重要负担之一。于是,政府开始尝试调整政策,试图"恢复"劳动力市场弹性,使其"回归"到70年代以前的旧制度中去,具体措施是减少就业保护,降低失业福利,严格限制失业的资格条件等,在各个领域进行改革。

但是,"劳动力市场刚性"导致的福利刚性使改革举步维艰,屡改屡败。每次改革都引发强烈的社会反弹和激烈的街头政治,付出沉重的代价。

不但改革难以进行,而且,每次改革流产之后劳动保护的因素反而变本加厉。例如,法国这次颁布《首次雇佣合同法》的本意是为了摆脱高失业率的困扰,促进就业,鼓励雇主雇佣青年人,但是,在街头政治的强大压力下,政府不得不全面妥协,并制定了一项内容相反的新法案:向长期雇佣 16—25 岁低学历、居住在敏感社区或签署"融入社会生活合同"的年轻人的雇主提供经济补助,补助金额为第一年每人每月 400 欧元,第二年每人每月 200 欧元。就业补贴的措施等于是加大了劳动保护,强化了劳动力市场刚性,为以后改革增加了难度。

(二)英法给中国的启示之一:社保模式对就业具有巨大的反作用

在这个随笔结束的时候,鉴于上述英法大罢工的总结,笔者认为,在劳动力政策和劳动力市场的建设方面,社保制度对其具有巨大的反作用:

——社保模式选错了,劳动力和就业政策就无力回天。

——社保模式选错了,重新改革就难了,那就会带来巨大的成本,这个成本当然包括英法刚刚结束的大罢工和街头政治。

——立法进程中一定要考虑到为劳动力市场弹性留出足够的空间。

欧洲 20 世纪 70 年代进行严格的"劳动保护"立法时,人均 GDP 已达上万美元,今天已达几万美元。当时的就业形势误导了各国政府的立法导向。这是一个教训。中国人均 GDP 刚超过 1000 美元,路还很长;目前正处于各项立法的密集期,在各项立法进程中要充分考虑到为劳动力市场弹性预留出较大的空间。况且,去年仅大学生毕业求职形势恶化与珠三角民工荒这两个新特征就足以说明,就业结构与就业路径正在发生难以预料的变化。这两个信号进一步说明,还是市场因素多一些为好,干预因素少一些为好,劳动力市场弹性大一些为好,因为未来不确定因素是政府难以准确预测的。

目前中国《劳动合同法(草案)》在公开征求意见中出现了激烈的辩论,双方针锋相对,焦点是在员工就业"宽进宽出"与"宽进严出"之争上。在当前这个发展阶段中,最急迫的不在于"劳动保护"立法上,而在于最起码的诸如足额发放工资等基本权益的保护上,对此要实行严刑峻法,毫不留情。就是说,要为经济发展预留出足够的市场弹性空间。在这方面,成文法国家留给人们更多的是教训,不成文法国家更多的是经验。中国作为地大物博的发展中国家,应对其作出深入的研究,为我所用。

(三)英法给中国的启示之二:社保制度改造的基本思路

英法的经验教训、上海社保案 34.5 亿元的沉痛教训、国家审计署审计报告 71 亿元的披露等,都构成了 2006 年中国社保发展史的大事件,成为 2006

年热点。足以摧毁这个制度长效机制的问题有如下两个：

1. 基本社会保障制度不应呈碎片化，这是中国社保制度的一个外生要求。第一，目前中国基本社保制度的任务。中国基本社保制度应覆盖的目标人群主要有四个：城镇居民，公务员和事业单位人员，农民工，农民。但是，目前的社保制度只主要覆盖了城镇居民；应尽快将公务员和事业单位人员纳入进来，要制定一个时间表；现行的城镇基本社保制度设计是部分积累制的，不适合农民工这个庞大的社会群体，应调整制度设计，留出"制度接口"，尽快将之纳入进来。当然，由于经济发展水平的原因，农民在较长时期内难以覆盖进来，暂时可以单独建立一个制度。

现行基本社保制度的设计，起码要适应于和适用于这四部分群体中的三个部分（农民暂时除外），否则，就容易形成制度碎片。美国基本没有因为社会保障制度改革而发生游行示威等社会动荡，一个主要原因就在于它的制度是覆盖全民的大一统制度，而不是碎片化的制度。这既是美国的一个经验，也是欧洲的一个教训。

鉴于此，当前比较迫切的是，不要为农民工单独设计一个制度，而是要调整基本社保制度设计，使之能够覆盖农民工，进而可以覆盖公务员和事业单位人员。

第二，基本社保制度存在缺陷，门槛太高，难以产生扩张的弹性，难以覆盖全社会。中国虽然版图大，发展水平很不平均（其实美国也是如此，只不过程度不同罢了），但是，对于基本社会保障制度来说，它应是一个标准的制度，而不应形成多个不同的小制度。我们的基本社保制度即城镇社保制度门槛太高，便携性太差（异地转移难以接续），从而导致农民工、农村人口、失地农民、公务员和事业单位人员等几大群体不能覆盖进来。出路只有两个：或是改造城镇基本社保制度，使之具有覆盖其他群体的能力；或是为农民工、农民和其他群体另立制度。我认为，后者是不可行的，我们不能步欧洲"碎片化"制度的后尘，不能沿着法国的脚印亦步亦趋。这个问题已经非常尖锐地摆在面前：我们再也不能让城镇灵活就业人员、农民工、农民等弱势群体继续徘徊在社保大门之外。在国外文献中，这叫作"社会排斥"，是政府丧失公信力的典型案例。存在着社会排斥，就意味着在社保制度上是三元结构、四元结构……从而会产生许多其他社会问题，比如，全国范围的劳动力流动受到影响，这些弱势群体不能融入社会,引发一系列社会犯罪问题,和谐社会的建设受到严重影响。

所以,剩下的问题就是,我们如何改造这个基本社保制度,如何使之具备可以覆盖全社会的属性和能力。

第三,这只是个决心问题,没有任何技术障碍。覆盖率的难题在于制度设计的缺陷,对现行基本制度进行改造不存在任何技术困难,只是个决心的问题。十六届六中全会已明确指出,要"加强制度建设,保障社会公平正义"。社保制度覆盖率如此之低,不符合社会公平正义的要求。中国是世界上覆盖率最低的国家。覆盖率过低就将失去建设和谐社会的起码评价标准。如果为了扩面而扩面,继续坚持建立一个碎片化的社保制度,就等于把当前潜在的社会动荡推向了未来(像欧洲的今天)。退一步讲,即使一个碎片化的制度建立起来了,十六届六中全会明确提出的 2020 年构建社会主义和谐社会的九大目标和主要任务之一的建立起一个"覆盖城乡居民的社会保障体系"也难以实现。因为,众所周知的一个事实是,即使在目前的城镇,参加社保制度的也基本只是国企,广大的非国有企业和大量的灵活就业者还是被排除在外。这就可想而知,到 2020 年我们只有 13 年的时间,要建立一个覆盖城乡居民的社保体系对农民来说是多么的困难。否则,那就是为了建立而建立,给农民一个没有实际意义、标准很低的"象征"而已。

第四,制度碎片化必将导致资金管理碎片化,必将导致类似"上海社保案"事件的发生。一个可以看得到的办法是,采用混合型名义账户制之后,就可使降低缴费水平成为可能,即降低进入门槛,扩大覆盖面。进而大幅增加当期缴费收入,大大抵消由降低费率而导致的当期支付缺口,还可扩大账户比例即增强便携性和私有性,这样就可以增强这个制度的吸引力,扩大其社会覆盖面,覆盖面越大收入就越多,形成良性循环,既实现了收支平衡的目的,又进而实现了"一个制度"的目标,避免了制度碎片化导致劳动力流动的障碍。将现行制度改造成名义账户制十分容易,只是个"后台操作"的电脑程序问题。名义账户制的主要内容是为每人建立一个定息式的"银行账户"而不是整天担心的"股票账户",这样大家就吃了定心丸,就会变被动地"要我缴费"为主动地"我要缴费"。对未来缺乏安全感也是银行存款居高不下的根本原因,在中国,一定要考虑和引入这个因素,以增强社保制度的吸引力。没有定心丸,农民工当然不愿意参保了,但有谁听说农民工不去银行存钱的呢? 银行利息是有保证的,这就是吸引力的根本所在,至于银行如何贷款生息,就跟他们没关系了。所以,名义账户的核心思想是要设计一个缴费与待遇紧密联系起来的计发方式,外加上一个国家承诺的利率,仅此而已。这两项都应是国家的责任和义务。这样的制度就不愁没人参加,就不愁没有资金,如同现在银行为高额储蓄而发愁那样。所以,我们现在缺的不是现金流(都跑到银行了),而是科学合理的社保制度设计。美国社保制度不就是个启示吗? 中国储蓄率本来就太高(40%),消费率太低,银行储蓄已过 15 万亿,加上缴存余额高达 6864 亿元的住房公积金(到今年 5 月底,累计归集公积金总额 10831 亿元),加上全国社保基金理事会的 2000 多亿,加上正在大力倡导的积累制的企业年金(目前是 680 亿,据估计几年之内将会达到万亿),再加上基本社保的个人账户积累(仅东北试点三省就已超过 300 亿),如此之大的资金存量,不仅形成一个制约扩大内需的原因,而且投资保值渠道也成为一个尖锐的问题,还孕育着很大的潜在金融风险。

2. 解决制度投资缺陷,这是中国社保制度的一个内生要求。这个制度不能覆盖全社会,这只是问题的一个方面。另一方面是这个制度本身就具有内生性的潜在财务风险。社保制度的投资效率与制度模式的选择是技术路线问题,是部分积累制的不同实现形式的深化认识问题。

第一,当前存在的两个最大制度障碍。目前的社保制度在设计上采取统账结合的形式,从理论上讲,这是各取所长,为我所用,试图把社会统筹的再分配优势与个人账户的财务可持续性结合起来,但是在实践中存在很多问题。最大的问题有两个:一是个人账户资金的投资效率问题。经济学的常识告诉人们,当人口增长率与投资回报率低于社会工资增长率时,现收现付制就存在优势,积累制就应放弃。目前来看,几年来试点省份的回报率仅为 3%左右,远远低于近十几年来两位数的社会工资增长率,尤其是,在高速经济增长期的经济体里,工人在账户里辛苦积攒二十年(设想以 1986 年的水平为例)或三十年之后,在退休时如果仅能买几袋维持一两年的大米,这显然是没吸引力的一个制度。如果几十年后由财政转移支付予以弥补,那就等于把当前的财务风险转移到了未来。这是账户资金问题。二是社会统筹资金也存在着重要的缺陷。上海社保大案中虽然涉案的绝大部分是企业年金,但也说明,社会统筹资金由于统筹层次太低也存在着巨大的潜在风险。目前除几个省市以外,绝大部分是县级统筹。地方统筹时时刻刻存在着道德风险,违规挪用、利益输送和滋生腐败将难以避免。上海社保大案告诉人们,社会统筹资金有两个重要问题需要马上解决:一是要尽快完善治理结构,建立起一个防止腐败的防火墙;制度问题不解决,上海大案将是冰山一角。早在两年前,就有广州8亿社保资金"在外营运"的挪用事件。社保资金连安全性都没有制度保障,谈何收益率问题?另一个是尽快建立起一个有效率的投资渠道和管理体系。现在的规定是只能购买国债和银行协议存款,这显然就形成了与社会工资增长水平之间的巨大缺口。

第二,制度设计改造的基本思路。意大利和瑞典等欧亚七国10年来实行名义账户制的实践说明,除统账结合制以外,这个制度是部分积累制的另一种实现形式。实行名义账户制可以解决投资渠道缺位、资本市场不成熟、统筹层次过低、巨额转型成本的筹集、上海社保大案之类的制度腐败、福利损失的投资低效等诸多问题。社会统筹资金应全部购买特种社保国债,或由中央政府实行集中投资,予以保值增值,这样既可以体现中央政府对构建和谐社会所承担的经济责任,又可让全体国民分享高速增长的好处。东三省试点和即将推广的8省做实账户的资金也应由中央政府统一投资,实行统一的利率标准和全国统筹,即实行混合型的名义账户运作方式。

第三,制度改造的一个条件:强化中央权威,克服部门利益和地方意识。目前,从横向上看,社保政策的制定与出台呈现出多部门交叉、多种利益交织的复杂情况,中央权威大大弱化,相互扯皮与互相推诿的现象屡见不鲜,甚至已经到了严重阻碍社保制度深化改革的步伐和效率的程度。从纵向上看,中央与某些地方的博弈已到了空前激烈的程度,中央政府有关部门的文件精神在某些地方大打折扣,个别地方甚至顶风上,我行我素,阳奉阴违。这些状况都严重影响中国社保制度改革深化和建设和谐社会的进程。

参考文献:

Economic and Financial Affairs,"Sustainability Report 2009",*European Economy*,9,2009,European Commission,B-1049 Brussels,2009.

EU,"Updates of Current and Prospective Theoretical Pension Replacement

Rates 2006 – 2046", Report by Indicators' Sub – Group (ISG) of the Social Protection Committee(SPC), July 1st, 2009.

Marina Angelaki, "Reforming the Greek Pension System in the Age of Crisis", Paper prepared for the Annual ESPAnet Conference Social Policy and the Global Crisis: Consequences and Responses, Budapest, September 2–4, 2010.

Jonathan Gruber and David Wise, *Social Security Programs and Retirement Around the World*: *Micro Estimation*, Chicago: University of Chicago Press, 2004.

OECD, *Social Expenditure Database*, 2004, SOCX, www. oecd. org/els/social/expenditure.

OECD, *Economic*, *Environmental and Social Statistics* – ISBN 92 – 64 – 08356– 1, 2010.

OECD, "Social Expenditure: Aggregated Data", *OECD Social Expenditure*, *Statistics (database)*,2010, doi:10. 1787/data– 00166– en.

OECD, *Pensions at a Glance 2011*:*Retirement–income Systems in OECD and G20 Countries*, 2011.

Rebecca M. Nelson, Paul Belkin, Derek E. Mix, "Greece's Debt Crisis: Overview, Policy Reponses, and Implications", CRS Report for Congress, Congressional Research Service, US, August 18, 2011.

The International Monetary Fund, "Greece: Staff Report on Request for Stand–by Arrangement", Country Report No.10/110, May 5, 2010.

(本文是为[加拿大]R.米什拉著《社会政策与福利政策——
全球化的视角》撰写的"译者跋",中国劳动社会保障出版社
2007 年版,第 180—211 页)

欧债危机下的养老金制度改革

——从福利国家到高债国家的教训

内容提要：本文从人口老龄化的角度,分析了"老龄化成本"的含义和构成及其导致希腊陷入债务危机的诱因,认为欧洲尤其是希腊的养老金体系存在的替代率过高、待遇率严重失衡、养老金财富总值超出支付能力等问题提升了老龄化的财务成本。在分析了欧债危机下世界改革养老金的趋势后,本文认为中国养老金制度中存在参数不合理、缺乏个人激励机制、市场激励因素弱化、再分配因素失衡等潜在的财务风险,建议重视第二支柱的建设以部分转移第一支柱的财务风险,逐渐提高退休年龄以重建科学的制度参数,重塑账户的激励功能以增强制度收入能力,建立制度"防火墙"以规避潜在财务风险。

持续两年的欧洲主权债务危机给欧元区和全球金融市场造成的巨大冲击远远超出了当时的任何想象。造成此次欧债危机的原因固然是多重的,比如:欧元框架不完善,缺乏财政同盟是制度性根源和欧元区的内生缺陷;欧元区成员国发展水平失衡,核心成员与非核心成员之间充满裂痕;部分成员国财政纪律长期松弛,公共支出没有坚守量入为出的原则;为迎合过度消费的选民需求,过度借贷为政客打开纵欲之门;等等。然而,从深层看,过度的福利和慷慨的保障已使福利国家不堪重负,人口老龄化的加剧更使隐性财务日益显现,债务货币化正使福利国家亦步亦趋,走向债务国家。

本文以人口老龄化为研究起点,以"老龄化成本"为分析工具,就欧洲养老金制度存在的诸多缺陷及其对主权债务陷入危机的隐性推动问题展开讨论,进而反思欧洲国家养老金制度的改革取向和中国养老金制度中存在的潜在长寿风险及其对策。

一、"老龄化成本"是债务危机的隐性诱因

欧洲是福利国家的发源地,也是人口老龄化趋势最为严峻的地区。老龄化不仅拖累了经济增长,也抬高了福利成本,加剧了财政负担。希腊作为此次欧债危机的肇事者深陷债务风暴的旋涡中心,成为广受诟病的欧洲福利国家的一个样本。2009 年底,当希腊新政府为发放失业金而筹资时发现并披露了前任政府瞒报的真实财政状况,向世人公布其公共债务占 GDP 的 106% 上调到 126%,将预算赤字 6.7% 上调到 12.7%,后来又调整为 15.4%,从而拉开了欧洲债务危机的序幕①。

(一)"老龄化成本"概念的引入:希腊危机的启示

经过半年的谈判,2010 年 5 月国际货币基金和欧元区终于决定援助希腊,但同时提出整顿财政、改革经济、削减福利三大条件。(1)在养老金制度改革方面,这些条件包括:恢复对高额养老金课征"特别税";女性领取养老金年龄适当提高;领取养老金的年龄要引入一个与寿命预期变化相联系的机制;公务员领取养老金的年龄从 61 岁提高到 65 岁;第十三和第十四个月养老金的领取额度要限定在 800 欧元之内;月养老金水平不得超过 2500 欧元;取消复活节、暑假和圣诞节的养老补贴;等等。(2)在福利改革领域提出了:公共部门的奖金每两年不得超过 1000 欧元;每月工资收入不得超过 3000 欧元;公共部门需削减 8% 的津贴;事业单位需削减 3% 的工资水平;改革雇工立法;等等。(3)在经济改革方面提出:要加大企业利润课税力度;将附加税(VAT)提高到 23%;奢侈品消费税需提高 10%;烟酒税和燃料税需提高;国有企业数量从 6000 家减少到 2000 家;创建一个金融稳定基金;等等②。对于上述条件,希腊政府全盘接受并通过了"2010 年养老金改革方案":引入一个继续实行现收现付制的新缴费型养老金制度,以替代非缴费型和家计调查型养老金制度;

---

① Rebecca M. Nelson, Paul Belkin, Derek E. Mix, "Greece's Debt Crisis: Overview, Policy Reponses, and Implications", CRS Report for Congress, *Congressional Research Service*, US. August 18, 2011.

② Marina Angelaki, "Reforming the Greek Pension System in the Age of Crisis", Paper Prepared for the Annual ESPAnet Conference Social Policy and the Global Crisis: Consequences and Responses, *Budapest*, September 2 - 4, 2010.

降低养老金的替代率(下降到60%)和慷慨度,以提高制度的激励性(60岁以前退休的现象普遍存在);严格限制提前退休,对所有退休人员的待遇给付将从60岁开始,提高正常退休年龄;待遇与价格进行指数化挂钩;公务员退休年龄将提高到65岁并与寿命预期挂钩;养老金计发的工资基数从退休前的最后5年平均值改为终身收入平均值;等等。

希腊危机的救援条件揭示了两个问题。(1)债务危机背后的推手之一来自养老金。在传统的指标体系中,财政赤字的测量仅包括总逆差、基本赤字和结构性赤字、总债务、公共部门财务净值等,这些公共政策和财政状况的量化指标显然不能对未来公共财政趋势作出正确判断。(2)将老龄化成本引入到财政评估体系中十分必要。这是因为:一方面,传统的DB型现收现付养老金制度具有较强的债务隐蔽性和较高的财务脆弱性,老龄化趋势使这两个缺陷逐渐显露出来;另一方面,"老龄化成本"的存在使传统的财政指标体系已不能经常正确地抓住公共财政的真实性,也不能反映老龄化带来的隐性"老龄化成本",人口结构的变化使传统财政指标体系的这两个缺陷暴露无遗,动摇了财政可持续性的指标体系框架,彻底改变了一国财政可持续性的传统含义。

(二)"老龄化成本"的两层含义

"老龄化成本"的广义含义是指老龄化趋势带来的三个潜在风险,即经济增长减缓、财政收入减少、公共支出的增加。狭义含义是指老龄化带来的主要财务成本,包括公共养老金支出、医疗费用支出、长期照护支出、教育支出和失业保险支出五个福利项目。从理论上讲,随着人口老龄化程度的加深,前三项支出会不断攀升,而后两项则会逐渐下降。因此,五项福利支出的此消彼长在一定程度上会相互抵消一部分成本支出。从以往几十年的支出演变历史和未来预测看,老龄化带来的最主要成本表现在养老金和医疗保障支出规模上,尤其是养老金支出,它构成"老龄化成本"的直接财务成本。十几年来欧洲国家实行的种种养老金制度改革,其目的就是对未来养老金权益贴现值的调整,其本质是对人口老龄化带来的直接财务成本预期的调整,甚至可看成是对主权债务预期的调整。

(三)"老龄化成本"拉动欧洲福利支出:每10年增加1个百分点

在欧洲各国的统计中,福利支出主要由养老金、遗属津贴、残障金、医疗卫生、家庭补贴、积极劳动力市场政策、失业金、住房支出和"其他"9项构成。

1980 年以来,9 个项目的支出规模不断提高,具有相当的稳定性和持续性:1980 年公共社会支出合计占 GDP 的 15.6%,到 2007 年提高到 19.2%[1],平均每 10 年提高 1 个百分点。在比利时、丹麦、芬兰、法国、德国、希腊、意大利、卢森堡、荷兰、葡萄牙、西班牙、瑞典和英国这 13 个福利国家中,政府平均社会支出占 GDP 比重从 1980 年的 19.4%提高到 2007 年的 23.8%[2],也是大约平均每 10 年提高 1 个百分点左右。"欧盟五国"(PIIGS)几乎完全与拉丁文化圈的国家重合,其政府收入和社会支出的增幅远大于其他国家。尤其是希腊政府收入和公共社会支出均超过 10 个百分点,表现出明显的福利赶超特征。相反,近 20 年来,德国、荷兰、瑞典等北欧和西欧经济发展水平高于拉丁文化圈的国家,其政府收入和社会支出均呈下降趋势,表现出明显的财政纪律严谨的特点。

在过去 10 年里,对于财政赤字 3%这一警戒线,除北欧四国和卢森堡、荷兰等几个国家外,法国、德国、希腊、匈牙利、冰岛、爱尔兰、意大利、葡萄牙、西班牙、英国等大部分国家都曾一次或多次触及。对于公共债务 60%的第二警戒线,同样只有北欧国家、德国、卢森堡、荷兰、西班牙等少数几个国家从未越过雷池一步,其他国家都曾有违反纪律的记录。希腊的主权债务从未低过其 GDP 的 100%。北欧等国人口老龄化程度稍低一些,其债务率也较低,而拉丁文化圈的"欧盟五国"老龄化情况最为严重,债务形势十分严峻。

(四)"老龄化成本"的直接财务成本:养老金支出

欧洲委员会发布的《可持续性报告》认为,老龄化带来的财务成本主要集中在公共养老金、医疗费用、长期照料、教育和失业保险 5 项福利支出上[3],其中,公共养老金支出是主要财务成本,其次是医疗保障支出。例如,在上述欧洲 13 个福利国家中,公共养老金的支出从 1980 年平均占 GDP 的 4.4%[4],提

---

[1]　OECD, *Economic, Environmental and Social Statistics*, 2010.

[2]　OECD, *Economic, Environmental and Social Statistics*, 2010. OECD, "Social Expenditure: Aggregated Data", *OECD Social Expenditure, Statistics(database)*, 2010, doi:10. 1787/data- 00166- en.

[3]　Economic and Financial Affairs, "Sustainability Report 2009", *European Economy*, 9, 2009, European Commission, B- 1049 Brussels, p.21.

[4]　OECD, *Social Expenditure Database*, 2004, SOCX, www.oecd.org/els/social/expenditure.

高到 2010 年的 6.8%①,半数以上国家养老金支出翻了一番,其中多数为拉丁文化圈国家,即此次欧债危机中"欧盟五国"的主体。

在欧盟对未来 50 年的预测中,失业保险和教育支出将呈下降趋势,即减少 0.2 个百分点,而其他 3 项支出将呈扩大趋势。其中公共养老金支出大约为医疗卫生和长期照料支出的总和,支出增幅为 GDP 的 2.5%。将失业与教育的-0.2%降幅抵消之后,正好与养老支出 2.3%的增幅相等。养老保障和医疗保障(含长期照料计划)支出的增幅相当于 GDP 的 5 个百分点。2010 年希腊公共养老金支出占 GDP 的 11.6%,2060 年将达到 24.1%,5 项福利支出占 GDP 的比重从 2010 年的 21.9%上升到 2060 年的 37.9%②,均高于欧盟国家和欧元区国家的平均水平。相对于经济发展水平而言,希腊的福利水平显然过度慷慨。

二、"老龄化成本"的实证测量:养老金制度的缺陷

对福利国家到债务国家的前途走势,欧盟给出了三种情景预测。一是假定在没有采取财政整顿措施的情况下,到 2015 年欧盟各国平均债务水平超过其 GDP 的 100%,到 2020 年攀升至 120%以上。但各国情况差别较大,其中债务水平最高的国家是爱尔兰,而攀升速度最快的国家是英国,在 2020 年之前债务水平低于 60%的国家只有保加利亚、丹麦、爱沙尼亚、塞浦路斯、卢森堡、芬兰和瑞典。二是假定欧盟各国中期目标中每年财务整顿相当于其 GDP 的 0.5%,但其结果不能令人满意:到 2023 年平均债务水平仍高于 100%,即使到 2030 年也未平稳下来。三是在每年实现财政整顿相当于 GDP 的 1%的假定下,到 2016 年其平均债务水平开始出现下降拐点,2027 年降至 70%,2030 年降至 65%。即使这个最乐观的情景假设,届时平均债务水平还高于欧盟规定的 60%。

---

① EU, "Updates of Current and Prospective Theoretical Pension Replacement Rates 2006 – 2046", Report by Indicators' Sub-Group (ISG) of the Social Protection Committee (SPC), July 1ˢᵗ, 2009, p.29.

② Economic and Financial Affairs, "Sustainability Report 2009", *European Economy*, 9, 2009, European Commission, B-1049 Brussels, p.29.

（一）养老金"替代率"过高：养老金制度的主要问题

替代率是测量和比较公共养老金慷慨度的一个常用指标。过高的替代率不仅给养老金制度带来沉重负担，甚至拖累财政，而且对老年人口劳动参与率产生负面影响，减少全社会的劳动供给，不利于经济增长和财政收入。

希腊强制性养老保险的实际替代率高达95.7%①，世界排名第三，几乎为全球之最；如果按男性个人收入的中位数来计算，希腊养老金替代率便出现倒挂现象，高达110.3%②。这个逆向的制度设计，超出了希腊经济发展水平所承受的能力，反过来又进一步抑制了希腊的经济活力。本来欧洲大陆主要福利国家养老金替代率平均水平已在60%以上，高于美国的替代率（39.4%），而希腊则又高出欧洲平均水平的35%③。可以说，养老金替代率过高的现实是欧洲福利国家共同面临的一个难以彻底解决的财政风险，而希腊过度慷慨的养老金又是一个极端案例，甚至成为欧元区国家救助希腊时的一个最大的阻力。

（二）养老金"待遇率"严重失衡：私人养老金普遍缺位

"待遇率"是测量公共养老金慷慨度的又一个重要指标，它可分为公共养老金待遇率、公共和私人养老金待遇率。这两个概念分别指占社会平均工资的比重。"替代率"主要测量的是社会平均工资中首次发放养老金的水平，仅包括老年和提前退休金；而"待遇率"的测量则包括公共养老金、提前退休金和其他所有举办的补充型与附加型企业养老金计划，甚至包括非缴费型养老金。

从目前待遇率的水平看，欧盟国家大致可划分为5组：最高组指待遇率超过70%，目前只有希腊1个国家；高组是指待遇率在58%—70%，这些国家主要是拉丁文化圈国家，即意大利、法国和西班牙；中组是指待遇率在46%—57%，有波兰、奥地利、葡萄牙、瑞典、德国、芬兰、塞浦路斯和卢森堡8个国家；低组是指待遇率在36%—45%，有斯洛伐克、保加利亚、捷克、匈牙利、比利时、斯洛文尼亚、荷兰、丹麦和马耳他9个国家；最低组是指待遇率在35%以下，有

---

① OECD, *Pensions at a Glance 2011：Retirement-income Systems in OECD and G20 Countries*, 2011, p.15.

② OECD, *Pensions at a Glance 2011：Retirement-income Systems in OECD and G20 Countries*, 2011, p.15.

③ OECD, *Pensions at a Glance 2011：Retirement-income Systems in OECD and G20 Countries*, 2011, p.15.

拉脱维亚、爱沙尼亚、立陶宛、英国、爱尔兰和罗马尼亚。

从养老金实际水平的变化来看,不管是待遇率提高还是下降的国家,未来养老金的实际增长率都是正值。其中,欧元区国家年均实际增长率为1.4%,欧盟国家平均为1.3%,即使那些待遇率下降幅度非常大的国家,其养老金水平也呈增长趋势。例如,波兰公共养老金待遇率将下降54%,但其养老金年均增长率仍为0.9%(这里包括了私人养老金的弥补因素)。换言之,虽然有些国家的待遇率下降了,但其实际水平却在逐渐提高。因为即使实际增长率是正值且维持较高水平,若仍低于待遇率,政府依然面临由于待遇率下降而导致的各种社会压力。

(三)"养老金财富总值"相差悬殊:天文数字的隐性债务

与"替代率"和"待遇率"的分析方法不同,运用"养老金财富总值"(GPW)的分析方法既可以看到养老金对国家宏观财政压力的影响,又可以看出对个人的退休决策和退休金水平的影响。养老金财富总值是指在没有考虑到个税情况下的终生退休收入,而养老金财富净值(NPW)则是缴纳个税之后的终生退休收入现值,这与各国的税制密切相关。在很多国家,养老金财富总值要高于养老金财富净值,但在有些国家或某些情况下,如果养老金免征个税(如中国、斯洛伐克和土耳其等国家)或养老金水平低于缴纳个税的起征点,养老金财富总值与养老金财富净值事实上是一致的。而丹麦由于养老金课征的个税很高,在OECD国家排名中,养老金财富总值位居第七,但养老金财富净值却排在第十四位[1]。

根据OECD最新发布的统计[2],可将发达国家的养老金财富总值分为3组,以养老金财富总值是该国个人收入平均值的倍数(以男性为例)为标准划分。一是养老金财富总值最高收入组,共有4个国家,它们是卢森堡21.1倍,荷兰是17.7倍,冰岛是16.1倍,希腊为15.2倍。二是较高收入组,即8.1—15.0倍这个区间囊括绝大部分欧洲发达国家。三是将8.0倍以下作为低收入组,包括美国、英国、加拿大、澳大利亚、新西兰、爱尔兰6个几乎全部讲英语

---

① OECD, *Pensions at a Glance 2011:Retirement-income Systems in OECD and G20 Countries*, 2011, p.134.

② OECD, *Pensions at a Glance 2011:Retirement-income Systems in OECD and G20 Countries*, 2011, p.133.

的发达国家、欧洲大陆的德国和欧洲以外的主要发达国家,还有若干中东欧国家。在这个低收入组中,除爱尔兰外,其他均为主权债务较低和财政较为健康的国家。

养老金财富总值的测量工具可派生出一个更为直观的分析结果,即将其转化为加权平均后的养老金占社会平均工资比重。发达国家养老金加权平均后占社会平均工资比重在各国之间变化较大,从最低的爱尔兰(29.0%)到最高的冰岛(100.4%)。在最高一组中,荷兰、卢森堡、希腊和丹麦都在80%以上。大部分国家分布在40%—80%之间,而OECD国家和欧盟国家的平均值分别是55.3%和58.7%。低于40%的国家分布情况与上述养老金财富总值中最低国家的情况相差无几,即由美国、英国、加拿大、新西兰和爱尔兰等讲英语的国家组成,此外,还有德国和日本等。上述关于养老金财富总值的分析依然显示,希腊养老金待遇水平几乎高于欧美的所有发达国家,严重脱离了其经济发展水平。

三、"老龄化成本"的解决清单:
养老制度远离债务危机

希腊作为从福利国家到债务国家的一个反面样板,不仅历史性地"成就"了"2010年欧洲改革年",而且为所有国家提供了一张代价高昂的问题测试清单,并且检测出很多带有普遍性和规律性的问题。

(一)调整制度参数迫在眉睫:提高法定退休年龄首当其冲

在过去十几年里,提高退休年龄在全球范围社保改革进程中已成为一个普遍采用的改革手段。据不完全统计,在OECD的34个成员国中,至今没有提高退休年龄的国家只有芬兰、冰岛、墨西哥、荷兰、西班牙和英国6个国家。这些国家之所以没有改革,是因为其退休年龄在半个世纪前就已经很高。如冰岛的法定退休年龄1958年以来始终是67岁(男性,下同),其他5国从20世纪40年代至今均为65岁①。

在2010年希腊成功通过提高退休年龄立法的激励下,西班牙(从65岁提

① OECD, *Pensions at a Glance 2011:Retirement-income Systems in OECD and G20 Countries*, 2011, pp.21-26.

高到 67 岁)、意大利(女性公务员从 61 岁提高到 65 岁)、英国(从 65 岁提高到 66 岁)和法国(从 60.5 岁提高到 62 岁,全额养老金的退休年龄从 65 岁提高到 67 岁)成功通过延迟退休的立法。截至 2010 年年底,所有欧洲发达国家的退休年龄大都在 61 岁以上(只有卢森堡等 3 个国家是 60 岁),英国、德国、西班牙、瑞典等大部分国家是 65 岁退休,执行 67 岁退休这个最高标准的国家是冰岛和挪威。未来计划继续提高退休年龄的国家有 11 个,包括英国、丹麦等。

在提高退休年龄的改革中,一个值得注意的趋势是女性退休年龄逐渐向男性靠近。目前绝大部分发达国家规定男女同龄退休。如冰岛和挪威规定男女同为 67 岁退休,瑞典、丹麦、芬兰、爱尔兰、德国、荷兰、西班牙和葡萄牙均规定同为 65 岁,法国规定同为 60.5 岁,比利时和卢森堡规定同为 60 岁。在发达国家调整退休年龄的改革中一个普遍规律是下调容易上调难。法国和新西兰在 20 世纪 80 年代曾一度将退休年龄从 65 岁下调到 60 岁,而法国从 1995 年开始试图提高退休年龄,但这项改革进行了十多年,代价惨重。

在制度参数方面,中国基本养老保险主要存在两个问题。一是中国基本养老保险的法定退休年龄是目前世界主要国家中最低的,尤其是女性退休年龄与其寿命预期严重背离。二是制度参数严重不匹配,替代率(RR)、缴费率(CR)和赡养率(DR)3 个参数之间存在的误差较大,显示出养老金制度存在重大的潜在财务风险。虽然中国基本养老保险制度收支现状十分乐观,制度收入连年大于支出,当年余额高达几千亿人民币,但这个结果完全是由扩大覆盖面这个机会窗口创造的。目前的制度缴费率是 28%,制度赡养率是 32%,根据等式 RR=CR/DR,在当年制度收入减去当年余额和当年财政补贴之后,替代率本应达到 80%,但实际仅为 50% 左右[1]。RR=CR/DR 等式严重失衡的结果说明,由于名义缴费率太高,随之导致实际缴费率较低、费基不实、制度收入减少等一系列后果造成了等式失衡。在财政补贴和覆盖面扩大的两个有利条件下还不能使 RR=CR/DR 等式平衡,就意味着提前退休现象已经十分

---

[1] 本文关于中国基本养老保险的数据引自历年人力资源和社会保障部发布的《人力资源和社会保障事业发展统计公报》,见人力资源和社会保障部网站,http://www.mohrss.gov.cn/index.html。

严重。

中国连年的财政补贴和覆盖面的不断扩大将制度参数不匹配的财务隐患暂时掩盖起来;平均退休年龄太低和缴费年限太短等诸多不合理参数造成的潜在财务风险完全被转型成本缺位的历史债务混淆起来;所有这些合理与不合理、客观与人为、短期与长期的财务风险混合在一起,一并推给了未来。表面上制度积累逐年提高,实际上财务风险不断累积,随着扩大覆盖面这个机会窗口的逐渐闭合,隐性风险显性化和隐性债务货币化到来之日,就是中国基本养老保险制度陷入财务危机之时。

(二)引入和强化制度的个人激励设计:继续深化制度结构改革

在诸多欧洲福利国家逐渐滑向债务国家的过程中,显露出一个规律性的现象:凡是进行了结构性制度改革的国家,其制度财务状况大多要好于参数式改革的国家,且公共债务水平较低。欧洲实行结构性制度改革的 6 个国家可分为两组。一组是波兰、拉脱维亚、意大利和瑞典,引入名义账户制(NDC)以完全替代传统的 DB 型现收现付制。名义账户制的主要制度特征是引入个人账户,对参保人而言,账户的前台操作运行与 DC 型积累制几乎完全一样,可以说是 DC 型积累制的一个"模拟"制度,但账户的后台资金运行还是沿用传统的 DB 型现收现付的融资方式,不需要财政转移支付,不存在转型成本的资金困难。另一组是英国和德国。其中,英国的改革路径是渐进引入 DC 型积累制以替代 DB 型现收现付制,随着时间的推移,最终完成制度的完全转型;德国实行的是全新的"积分制",参保人根据一生缴费换取和积攒的积分,在退休时根据调节因子的系数再次贴现后以时价兑换成养老金。英国和德国的制度改革可称为混合型结构式改革。

十几年来,上述 6 个实行结构式改革的国家各项指标均好于其他国家,国家财政负担明显降低。从养老金支出水平看,横向与中东欧新兴市场相比,2010 年波兰和拉脱维亚支出水平适度;除意大利外,其他 3 个发达国家的支出水平均低于同期其他发达国家;瑞典这个昔日的世界福利之窗 2010 年的养老金支出仅占 GDP 的 9.6%,低于欧盟国家 10.2%的平均水平(见表 1)。

表1　欧洲实行结构性制度改革的国家各项指标

国家	改革时间	公共养老金支出占GDP比例（%）		替代率（%）	待遇率（%）		养老金财富总值（相当于该国社会平均工资的倍数）	2008年财政赤字（%）	2010年主权债务（%）
		2010年	2060年	2010年	2007年	2060年			
名义账户									
波兰	1999年	10.8	8.7	69	56	26	8.1	—	—
拉脱维亚	1995年	5.1	5.1	—	24	13	—	—	—
意大利	1995年	14	13.6	64.5	68	47	10.6	-2.7	109
瑞典	2000年	9.6	9.4	53.4	49	30	9.1	2.5	—
混合型									
英国	1986、1992年	6.7	9.2	31.9	35	37	4.5	-5.3	86
德国	2000年	10.2	12.7	42	51	42	7.7	-1.6	44

注：表中"公共养老金支出"和"待遇率"分别引自 Economic and Financial Affairs, *Sustainability Report* 2009, European Economy 9, 2009, European Commission, B-1049 Brussels, p.29,74;"替代率"和"养老金财富总值"分别引自 OECD, *Pensions at a Glance 2011:Retirement-income Systems in OECD and G20 Countries*, 2011, p. 15,133;"财政赤字"引自 OECD,2010a;"主权债务"引自 http://stats.oecd.org/index.aspx。

　　近几年来,中国相继建立了"新农保"和"城镇居保",在理论上和制度上基本实现了全覆盖,但主要问题还是没有得到解决。在城镇职工基本养老制度中,个人账户的定位始终没有明确,实账积累的巨大转型成本导致个人账户做实试点戛然而止,空账运行的账户与做实试点的账户长期并存,个人账户承载的个人养老责任及其功能从未实现,统账结合的部分积累制的制度目标完全落空。10年前辽宁省做实账户试点时规定的账户资金不能用于支付统筹基金的底线在2010年被突破,这个重大政策变动意味着统账结合制正面临是否转向名义账户制的选择。10年来在做实账户试点中遇到的巨大困难说明,我们的制度到了二次改革的时候了。

　　"十二五"规划并未对做实个人账户作出安排,这说明统账结合的长期制度目标与短期战术部署之间陷入混沌状态,个人账户的何去何从处于茫然阶段,账户是实账积累还是空账运行还在犹豫之中。希腊的教训和瑞典的经验告诉我们,取消账户实行DB型制度无疑是走回头路,而保留账户并彻底实行名义账户制是一个有效的替代性制度安排和可供选择的过渡性改革路线图。它既可避免转型成本,又可调动个人积极性,进而实现控制"老龄化成本"的制度目标。从这个意义上说,在目前阶段,唯有继续深化改革,才是中国社保制度的唯一出路。

(三)引入和发挥养老的市场激励因素:高度重视职业年金制度

此次欧债危机带来的一个重要启示是,在稀释"老龄化成本"的诸多途径中,不仅要深化改革,调动个人的积极性,而且要高度重视职业年金制度,充分发挥市场的作用。如果将强制性基本养老金视为"国家",自愿性的企业补充养老金(企业年金)就是"市场"。

与其他欧洲国家相比,希腊养老金制度严重失衡,结构畸形,很不合理:作为第一支柱的公共养老金负担沉重,而第二支柱自愿型的私人养老金"职业保险基金"则刚建立于 2002 年,由雇员和雇主共同缴费,采用的是 DC 型积累制。截至 2007 年,参与人数仅为 1.18 万人,占 492 万劳动人口的 0.2%;全部资产仅为 2460 万欧元,占当年 2289 亿欧元 GDP 的 0.01%,在 OECD 成员国中倒数第一,与当年 OECD 成员国 75.5%的平均值相去甚远,就连土耳其还占 1.2%。

在欧美所有发达国家中,美国公共养老金的慷慨度最低,替代率也是最低的(在发达国家中只有英国低于美国),这与其异常发达的自愿型职业年金高度相关。没有职业年金的补偿,公共养老金的替代率就不能降下来。2007 年美国自愿型私人养老金资产总额为 10.3 万亿美元,占当年 13.8 万亿美元 GDP 的 73.9%,参与人数为 1.43 亿人(包括一人重复参加多个计划),参与率为 61%。由于替代率很低,美国公共养老金不仅没有拖累国家财政,反而为平衡预算作出了巨大的贡献。

刚刚建立市场经济不久的中东欧国家已经认识到发挥补充养老金的市场化作用和将部分政府责任向市场转移的重要性,否则无法有效降低公共养老金的慷慨度和分散"老龄化成本"。在未来 50 年里,有 5 个新兴市场经济体将一方面大幅降低第一支柱的待遇率,另一方面超常发展职业年金,以免由前者下降而带来退休人员实际生活水平的下降。波兰公共养老金待遇率将从目前的 56%大幅下降到 26%,而公共与私人养老金待遇率仅从 56.2%下降到 31.2%;爱沙尼亚的前者从 26%降至 16%,而其后者仅从 26.5%降到 21.8%[1]。

---

[1]　Economic and Financial Affairs, "Sustainability Report 2009", *European Economy*, 9, 2009, European Commission, B-1049 Brussels, p.74.

　　中国养老保障的第二支柱企业年金的发展水平严重滞后,其现状比希腊略强,与土耳其相当。中国养老保障多层次和多支柱的框架远未建立起来,不能担负起分散长寿风险和分担基本养老保险及其财政压力的作用,甚至制约了早已启动3年半的事业单位养老金改革。从根源上讲,企业年金发展的主要障碍有三个:一是观念认识问题,即在养老保障机制组合中,如何看待国家与市场的关系。本质上讲,这是对企业年金的性质与定位的判断问题。改革开放33年来,形势、条件、环境等发生了巨大变化,许多观念、认识悄然转变,在国家与市场的关系问题上很多领域也在发生变化,与几十年前相比有的已大相径庭,与发达国家相比甚至背道而驰。在当今世界,单纯依靠政府养老的国家已不多见。二是利益比较问题,即在政策设计和制定中,如何权衡长期目标与短期目标的关系。本质上讲,这是长期利益和短期利益得失的比较问题。过度忽视第二支柱的最大可能性是过度重视第一支柱;过度重视第一支柱的结果是短期收益可能最大,但长期看,很可能会加重第一支柱的财务负担和债务风险。就目前而言,利益比较的严重失误主要发生在两个政策的制定上。首当其冲的是企业年金的财税优惠政策始终不重视、不完整,抑制了企业雇主和雇员建立年金及参与年金的积极性。另一个是事业单位养老金改革设计中职业年金的税优政策依然不完整。造成上述政策被动局面的原因是误认为完善税优政策会减少当期财政收入。完善税优政策短期内会增加一定的财务成本,但长期内则会降低国家的财务成本。如果经常性使用临时的近期解决方案以节省财务成本,就有可能恶化其长期财政平衡的趋势。三是利益博弈问题,即在部门之间协同推动年金政策的过程中,如何将部门利益与全局利益结合起来。本质上讲,这是高层不够重视,没有顶层设计的结果。任何国家在公共政策制定过程中都不同程度地存在部门博弈,这是一种正常现象,但问题在于这一现象在中国主要发生在结果上,过程中的博弈是灰暗的。部门职能的差异性表现在话语权上,最终体现在结果上。部门利益的考虑是无可厚非的,问题在于如何将之与全局利益结合起来,在实现全局利益的同时再将局部利益最大化。

　　(四)调整和弱化制度内再分配因素:加大制度精算中性因素

　　DB型现收现付制的特征是具有较好的再分配因素,但激励性很差。为克服这个缺陷,30年前在智利诞生了特征正好相反的DC型积累制。十几年来,欧洲社保制度改革的过程实际就是在传统制度中不断引入"智利因素"和消除再分配因素的过程。

DB 型制度的再分配特征是存在福利刚性和滋生道德风险的温床,是推动养老金支出不断增长的内生动因,加之有些国家养老金制度设计存在导向缺陷,人为地加剧了诸如提前退休和降低缴费年限等现象的普遍性,成为减少制度收入和增加制度支出的推手。提前退休和降低缴费年限等道德风险的发生,其客观后果相当于抬高了赡养率,提升了"老龄化成本"。社保制度的再分配因素可分为纵向与横向。从纵向再分配因素的情况看,由于制度设计和福利刚性等原因,养老金制度可分为激励性较差(如比利时、加拿大、法国、日本、荷兰、意大利)与激励性较好(如德国、瑞典、西班牙、英国、美国)两种。若以 20 世纪 90 年代的养老金财富贴现值来看激励性[1],比利时、加拿大和法国等国家,64 岁退休比 60 岁退休的养老金财富贴现值估价要少,意大利实行名义账户改革前的负激励更为明显,而上述激励性较好的 5 个国家 64 岁退休的养老金水平均高于 60 岁。

如果将公共养老金支出占 GDP 比重分为高(10.0%以上)、中、低(7.0%以下)3 组(见表 2),会发现养老金制度激励性较差的国家,其支出水平均高于激励性较好的国家。可以肯定地认为,激励性与支出比例的高度相关性是希腊等南欧国家陷入养老金债务危机的一个重要诱因。

表 2　2010 年 3 组国家公共养老金支出占 GDP 比重比较

(%)

高支出组					中支出组				低支出组		
意大利	法国	希腊	葡萄牙	德国	比利时	芬兰	西班牙	瑞典	英国	荷兰	美国
14.1	12.5	11.9	10.8	10.7	8.9	8.3	8.0	7.2	5.4	4.7	4.8

注:美国数据引自 Board of Trustees of the Federal Old-Age and Survivors Insurance and Disability Insurance Trust Funds, *The 2011 Annual Report of the Board of Trustees of the Federal Old-Age and Survivors Insurance and Disability Insurance Trust Funds Communication*, Washington, D.C., March 13, 2011, p. 2。其他国家数据为 OECD, *Pensions at a Glance 2011：Retirement-income Systems in OECD and G20 Countries*, 2011。

[1] Jonathan Gruber and David Wise, *Social Security Programs and Retirement Around the World：Micro Estimation*, Chicago：University of Chicago Press, 2004.

从横向再分配的情况看,横向再分配因素在 DB 型制度里大致可划分为两类,即在低收入(平均收入的 50%)、平均收入和高收入(平均收入的 150%)3 个群体中,根据有无再分配因素划分。分类可以发现,英、美、法等发达国家公共养老金制度具有明显的横向再分配功能,而债务水平高的希腊、意大利、西班牙和葡萄牙(再分配因素很弱)等南欧国家均出现在无再分配因素的国家名单里。对于这一现象的解释,德国和意大利可被认为是由于它们分别于 1995 和 2000 年进行了积分制改革和在名义账户制改革中引入精算中性因素的结果,但如何解释希腊? 虽然没有找到希腊的纵向再分配的养老金财富贴现值的数据,但几乎可以推算出,希腊纵向再分配因素缺位导致提前退休较为普遍,且养老制度设计中还有最低养老金和来自转移支付的家计调查式"社会团结救助金"等,所有这些因素,相当程度地弱化或抵消了横向精算中性因素的效果。西班牙的情况与希腊差不多。

在中国统账结合的公共养老金制度中,随着年复一年的全国范围的统一调整待遇,以账户为载体的精算中性因子逐渐变得荡然无存,个人缴费与未来权益已经看不到任何精算联系,多缴多得、少缴少得的激励敏感度降到最低水平。于是,千方百计提前退休、通过断保和逃费把缴费年限人为地缩小到最低限、将费基和费率等所有参数人为地降到最低限的种种道德风险严重地侵蚀着制度的当期收入和长期支付潜力;过高的名义缴费率导致企业主道德风险频发,甚至与地方保护主义合谋共同减少缴费总额;参保人失去对雇主缴费状况进行监督的热情和激励,甚至很多情况下最终也沦落为合谋者。

统一比例地调整养老金待遇,导致纵向和横向的再分配因素无影无踪,甚至使高养老金更高,低养老金更低;低收入与高收入退休群体之间的差距一年比一年拉大;出现养老金高于工资的"倒挂"现象。如果一个制度的精算性和分配性在内生机制上同时出现问题,缴费资金流的供给和制度收入预期就必然趋小,而制度支出和待遇支付水平就必然趋大,二者交合起来,制度财务风险与日俱增。

诚然,外部干预调整是在养老金增长率跟不上社会平均工资增长率背景下采取的一项不得已而为之的行政补充手段,对遏制养老金增长率恶性下降起到了缓解作用。这个行政弥补措施非常及时,如果将之作为一个临时性过渡办法,可为寻求替代性的制度措施赢得时间,但如果长期沿用下去,其破坏性之大也是显而易见的。此外,养老金投资收益率不到 2%,远远小于养老金待遇上调的 10%,这个巨大反差显然被参保人和社会公众视为一个制度缺陷和利差"鸿沟",进而在参保人眼里转化为一个非精算中性的悲观预期,极大地破坏了养老金制度的公信力,降低了对制度财务可持续性的信心,放大了制度的再分配性,加剧了"公地悲剧"式的财务不可持续性。

账户系统和统筹部分已分别失去各自的精算性和指数化的约束,这是中国公共养老金制度面临的一个严峻事实。这个现状并不比希腊好,甚至更坏。实际上,希腊的基本养老保险采取的也是统账结合制。尽管希腊的 DB 型社会统筹部分存在很多问题,但其 DC 型账户部分至今仍按国际惯例运转着,没有像中国这样被卷入到统筹部分之中,没有成为推动希腊陷入债务危机的祸首之一。

制度松弛,就需要整顿;政策混乱,就需要整固。重建多缴多得的"对等原则",理顺再分配的制度功能,就是整顿制度、整固政策的目标。沿着这个思路,扩大账户比例规模,缩小统筹比例,就能顺利实现这个目标。其中遇到的转型成本问题可采取名义账户的办法予以解决。

(五)养老水平不能超越经济发展:福利赶超必将导致二次改革

希腊社会保障制度的发展可分为两个时期。第一个时期是 2001 年加入欧元区之前。这个阶段奠定了希腊福利制度的基础。第二个时期是在 2001 年加入欧元区之后。这是自 20 世纪 80 年代以来希腊经济增长最快的历史时期,平均增长超过 4%,人均 GDP 从 2001 年的 1.2 万上升至 2008 年的 3.1 万美元,8 年间翻一番多,成为希腊福利赶超和超常发展的时期。虽然 2007 年前后希腊采取了一些紧缩和改革措施,但为时已晚。

前文运用养老金财富总值考察了希腊养老金高居欧洲榜首的现状。这里将养老金财富总值转换为以美元为表达方式的养老金财富总额,可以更直观地看出在 OECD 国家中终生养老金总额变化幅度之大。从平均养老金财富总额为 5.0 万美元(以男性为例,下同)的墨西哥到 154.2 万美元的卢森堡,二者相差 30 多倍。排名在希腊之前的 8 个国家(卢森堡、荷兰、丹麦、冰岛、挪威、瑞士、芬兰和瑞典)的国民总收入均高于希腊,其中有 5 个是北欧高福利国家。希腊男性和女性的终身养老金财富总额分别高达 52.8 万和 60.9 万美元,高于欧盟成员国男性和女性分别为 38.0 万和 42.8 万美元的平均水平,高于 OECD 成员国的 43.6 万与 50.4 万美元,高于包括德国和法国在内的所有西欧和南欧福利国家①。

希腊的过度福利政策遭到其他欧洲福利国家激烈批评,同时也有国家在反思欧洲福利过度的演进历程。其实,欧洲很多高福利国家在历史上都曾出现过类似的经历和教训:在经济繁荣时过度提高福利水平,待经济进入稳态发展之后则悔已晚矣。所不同的是,希腊的高福利是建立在毫无节制的高借贷的基础之上。

从替代率、待遇率、养老金支出占 GDP 比重等指标来看,虽然中国养老金制度存在较大提升空间,但也存在一些潜在的风险因素和倾向。(1)要防止经济环境产生的错觉和错位的影响。虽然中国经济总量已升至世界第二,但人均水平很低,经济总量和人均水平之间的巨大落差在与发达国家某个项目进行比较时常常产生错觉和错位,其结果很容易误导对中国福利水平的正确判断及其政策取向上的抉择。(2)要警惕期望值过高的各种因素。转变增长方式是中国未来一项长期而艰巨的战略任务,社保制度作为一个再分配工具,无论是在拉动内需促进转变方面,还是在建立退休收入来源多元性方面,要有准确的定位,不要期望值过高,否则,社保制度的功能和支出水平的设定有可能出现偏差。(3)要避免大起大落的极端倾向的发生。经济高增长与经济危机来临时都容易诱发附加福利项目和提高待遇水平的倾向。由于经济增长不可能永远在高位运行,因此在经济繁荣时期制定的政策一定要充分考虑到经济萧条时的适应性,经济高速增长时一定要预测到未来经济进入稳态后的福利刚性等问题。否则经济形势的逆转很可能带来社保制度的大起大落,从一个极端走向另一个极端。(4)要充分认识到社保制度的两面性。任何福利制度对劳动力市场弹性、劳动参与率、就业率和企业竞争力等都将或多或少产生负面影响。不同的发展阶段和经济水平对福利水平的要求存在较大差异,当前要解决的主要矛盾也存在差异。在初级阶段,就业常被视为是"第一福利",甚至其影响社会稳定的重要性要大于社会保障水平的重要性。因此,在就业与福利二者之间,要将其平衡点与当前最需要解决的主要矛盾结合起来。

①　OECD, *Pensions at a Glance 2011*:*Retirement-income Systems in OECD and G20 Countries*, 2011, p.141.

（六）厘清两个制度的边界：建立债务危机的防火墙十分必要

20世纪50—70年代，凯恩斯主义盛行，经济繁荣，福利国家的形成和福利制度的扩张使国家对养老制度实行了全面干预，慷慨的转移支付便在一些养老保险制度中出现。70年代以来，随着人口老龄化的加剧，在制度收入逐渐出现财务缺口时，给予补贴便成为常态和刚性，最终从一个双方缴费（雇员和雇主）的保险制度演变成一个三方缴费的制度，即国家作为缴费的一方逐渐被合法化。20世纪80—90年代至今，欧洲绝大部分公共养老金都演变为三方缴费的共担分责制度；为弥补不断扩大的支付缺口，在雇主和雇员的缴费难以提高的情况，单方提高国家缴费的补贴部分便成为必然。这就是养老金制度从最初的"需要财政"逐渐向"卷入财政"直至"裹挟财政"并最终演变为财政"包袱"甚至成为债务危机一个诱发因素的发展脉络。

美国公共养老金制度与欧洲相比一个最大的区别在于，从它建立之日起就一直没有接受过财政补贴。76年来，每当制度运行出现财务收支风险时，都采用调整制度参数的方式让其自动恢复财务的自我平衡。当然，美国公共养老金替代率很低，具备较大的调整空间。例如，缴费率从1935年建立开始始终处于不断调整的过程之中，最后一次上调是1990年。

欧美间的这个教训与经验对中国养老金制度具有特殊的参考价值，即缴费型养老制度与非缴费型养老制度之间应划清边界，在立法上切断缴费型制度"裹挟"财政的潜在可能性。中国公共养老金制度从1997年《国务院关于建立统一的企业职工基本养老保险制度的决定》正式颁布之日起就开始接受财政转移支付，其规模一年大于一年。例如，2000年为338亿元，2006年为971亿元，2010年则高达1954亿元；1998—2010年累计转移支付为10254亿元，占目前累计余额的2/3①。这里需要强调的是，如此财政补贴不是出于解决转型成本的需要，实际上也几乎没用于支付转型成本（13个省份做实账户试点的累计资金仅为2039亿元，相对于1万亿元的累计财政补贴，完全可以忽略不计）。在绝大部分账户空转的现实面前，制度融资方式事实上实行的是现收现付制，在覆盖面年年扩大的条件下完全可以免除财政补贴。当然，实

---

①　引自历年人力资源和社会保障部《人力资源和社会保障事业发展统计公报》，见人力资源和社会保障部网站。

践上的统筹层次低下为向经济欠发达地区进行转移支付创造了"条件",但从全国范围的制度收支余额计算,财政转移也是可以免除的,所以,统筹层次低下的因果论也不能成立。如果说此举的背后可能存在一个非技术性因素,即国家补贴在一定程度上被视为一项政治工程,其客观效果反倒不利于制度的长期建设。

综上所述,欧债危机的重要启示在于:首先,厘清缴费型与非缴费型的制度边界,就相当于在养老金制度与财政风险之间建立了一个永久性的"防火墙",希腊式债务危机的养老金因素在制度上可以根除。其次,在"防火墙"的两边,两个制度在财务上都是健康的,二者相互弥补对方的缺陷,财力集中,责任明晰。最后,在预算平衡约束下,缴费型的养老金制度建设便会摈弃财政的依赖性,自动产生调节各个参数的内生动力和机制,以保持制度的可持续性。

四、结　语

虽然都是债务危机,但美国债务危机与欧洲债务危机不可同日而语。不考虑其他各种因素,单就养老金和福利制度而言,美债危机几乎与之无关;虽然他们都在迈向债务国家,且亦步亦趋,但欧洲是从福利国家中走来,而美国则不是,美国甚至连"福利国家"都不是;美国和欧洲虽然都到达了一个站点——高债立国,但他们各自的起点却十分不同,动因也不同,问题清单和解决方案更不同。相反,就福利制度和社保体制而言,与其他任何模式一样,美国模式固然存在很多问题,但更多的还是为包括中国在内的新兴市场经济体提供了可借鉴的经验。而欧洲模式则相反,作为社保制度的鼻祖,虽然有很多优势,但更多的是为所有后发国家提供了沉痛的教训。

刚刚消退的金融危机与正在发酵的债务危机从两个不同的极端给中国提出了两个截然不同的前行方向,这两个南辕北辙的方向几乎在同一时间摆在了中国面前。一个要求加大社保支出,提升内需和消费,以实现增长方式的转变;另一个要求降低支出规模,控制"老龄化成本",以防止长寿风险带来潜在的长期债务风险。笔者认为,对中国社保制度和养老金体制而言,战略性的选择应以美国模式为重要基准,战术性的部署应以欧洲模式为近期参照。既然中国人口老龄化预期十分严峻,养老金制度改革就应未雨绸缪。在中国养老金改革历史进程中,此次欧债危机既是一次重要警示,又是一次方向校准。实际上,借鉴他国的经验和吸取他国的教训也是一种能力。按照问题清单周密部署,迎接挑战,才是应该持有的基本态度。

参考文献:

Economic and Financial Affairs, "Sustainability Report 2009", *European Economy*, 9, 2009, European Commission, B-1049 Brussels, 2009.

EU, "Updates of Current and Prospective Theoretical Pension Replacement Rates 2006 – 2046", Report by Indicators'Sub-Group(ISG)of the Social Protection Committee(SPC), July 1st, 2009.

Marina Angelaki, "Reforming the Greek Pension System in the Age of Crisis", Paper prepared for the Annual ESPAnet Conference Social Policy and the Global Crisis: Consequences and Responses, Budapest, September 2 – 4, 2010.

Jonathan Gruber and David Wise, *Social Security Programs and Retirement Around the World: Micro Estimation*, Chicago: University of Chicago Press, 2004.

OECD, *Social Expenditure Database*, 2004, SOCX, www. oecd. org/els/social/expenditure.

OECD, Economic, *Environmental and Social Statistics*, 2010.

OECD, "Social Expenditure: Aggregated Data", *OECD Social Expenditure Statistics (database)*, 2010, doi: 10. 1787/data-00166-en.

OECD, *Pensions at a Glance* 2011: *Retirement-income Systems in OECD and G20 Countries*, 2011.

Rebecca M.Nelson, Paul Belkin, Derek E.Mix, *Greece's Debt Crisis: Overview, Policy Reponses, and Implications*, CRS Report for Congress, Congressional Research Service, US, August 18, 2011.

The International Monetary Fund, *Greece: Staff Report on Request for Stand-by Arrangement*, Coun-try Report No.10/110, May 5, 2010.

(本文原载于《中国人口科学》2011 年第 5 期,第 2—15 页)

第四编　拉丁美洲的城市化与社会保障改革

2013 年，在萨尔瓦多召开的第 27 届美洲国际社会保障大会上发表演讲

拉美"增长性贫困"与社会保障的减困功能

——国际比较的背景

内容提要：作者在考察 1980—2008 年拉美增长与贫困等数据时发现，拉美地区存在一个比较特殊的社会经济现象：一方面经济呈增长状态(虽然增幅很小)，另一方面贫困率也呈持续上升趋势，只有当增长率超过 3% 时贫困率才开始下降。作者将拉美这个特殊现象称为"增长性贫困"和"3% 拐点假说"。索罗—斯旺增长模型的引入在理论上检验了增长可以减困和"3% 拐点假说"的"增长性贫困"存在的依据，诠释了 1981 年以来智利增长与收入分配不公得以并存的现象，解释了分配不公会降低增长对减困的弹性的事实。实证分析结果显示，有些相关在欧盟和美国是失灵的(如"3% 拐点")，有些则没有失灵(如"奥肯定律")。重要的是，在作者估算中发现拉美社保制度的减困幅度和减困系数都远远小于欧盟和美国，并发现拉美地区社保制度的减困效果之所以会出现这个差距，与拉美社保制度在改革后存在一些问题高度相关：在缺乏再分配作用的同时，个人缴费率较高，对参保人遵缴率和缴费密度的要求较高，这与拉美就业市场多元化发展趋势形成冲突，参保人难以满足，导致替代率逐年下降；这一制度问题对制度外非参保人员形成负面影响，导致预期低下，进而致使制度覆盖面不但不能扩大，反而比改革前还要低。

本文试图考察两个问题：一是在对时间序列数据的考察中看到拉丁美洲地区一个特有的社会经济现象即"增长性贫困"；二是以拉美"增长性贫困"现象为分析对象，对社会保障制度的反贫困作用进行研究和比较。以往研究贫困的文献汗牛充栋，其研究方法也是多学科多角度的，得出的结论也是多元的，颇有启发。例如，就贫困的原因而言，得出的结论包括：认为缺乏个人技能与资产,社会参与度较低,存在进入门槛;认为社会资本缺乏,甚至认为社会文化等存在障碍。还有研究成果直接将增长的要素分为两个,即人力资本和非人力资本,从人力资本来考虑,拉美教育相对落后,不利于减困。例如,7—12岁儿童入学率很低,在10个拉美国家里成年人受教育年限不足5年的占20%[1]。总之,学界认为导致贫困的原因比较复杂,在许多情况下贫困与其他社会经济现象互为因果。

本文的考察角度主要是社会保障制度与反贫困之间的相关性,即从拉美、欧盟和美国等经济体社会保障制度减困效果的比较研究中,考察拉美国家社保制度的减困幅度和减困系数,以此来说明拉美社保制度对其"增长性贫困"负有相当的、相应的责任。

一、问题提出:拉美"增长性贫困"命题及其表现

(一)拉美"增长性贫困"的两个表现

正如世界银行前任首席经济学家兼主管发展经济学的高级副行长弗朗索瓦·布吉尼翁所言,"经济增长对于减贫至关重要",但统计数据显示,世界各地区的减贫效果并非完全与其经济增长呈正相关。例如,撒哈拉以南非洲1995—2004年的GDP年均增长率为3.4%,人均0.9%,超过拉丁美洲和加勒比海地区此间的2.1%和人均的0.6%,但是撒哈拉以南非洲2002年的贫困率却高达44%(3亿人口),而2002年拉美地区的贫困率也同样是44%。如果说相对于经济增长率来说拉美的减困效果略微好于非洲,那么,东亚经济增长对减困发挥的作用就让拉美望尘莫及:2005年东亚赤贫人口(1天消费1美元)仅为12%,而拉美则高达19.4%,高于全球平均水平的18.4%(9.85亿人)[2]。

在过去的近30年里,拉美和非洲无疑是世界上贫困率最高的地区,也是"增长性贫困"最典型的地区。"增长性贫困"这个社会经济现象在拉美的表现主要是:一方面经济呈低速增长态势,但另一方面增长却没为减困作出较大贡

---

[1] ECLAC, *Social Panorama of Latin America*, 2005, Briefing Document(LC/G. 2288—P), Santiago, Chile, 2005.

[2] 这些数据分别引自《2006年世界发展指标》《2007年世界发展指标》和 ECLAC, *Social Panorama of Latin America* 2002 - 2003, Santiago, Chile, United Nations Publication, 2004。

献,贫困率日益上升。拉美"增长性贫困"可用以下两组主要数据予以描述。

第一,拉美近30年来经济增长率平均呈正值,但贫困率却相随相伴,具有逐渐上升的趋势。1981—1990年拉美地区年均增长率1.2%①,1991—2000年为1.1%,2000—2006年为1.8%②。经济虽然呈增长态势(尽管表现很差),贫困率却居高不下,总体呈上升趋势:1980年贫困率为40.5%,此后一直没有降到这个水平以下,例如1990年48.3%,1997年43.5%,1999年43.8%,2002年44.0%③。

第二,由于人口变化等因素,在经济增长的同时,贫困人口绝对数量始终没有下降的迹象,反而呈直线上升趋势。1980年拉美贫困人口总量仅为1.36亿,在此以后,贫困人口数量始终都没低于1980年的水平,一直在2亿以上的高位节节蹿升:1990年2.00亿,1997年2.04亿,1999年2.11亿,2002年2.21亿;2006年拉美贫困人口的绝对数量整整比1980年多出近7000万,大约相当于2个阿根廷或4个智利。赤贫人口的绝对数量也呈上升趋势,1980年拉美赤贫人口为6200万,到2002年则上升至9740万④。而同期全世界赤贫人口的总数量呈下降趋势:1980年是14亿,到2000年则下降到12亿,整整减少了2亿⑤。

(二)拉美"增长性贫困"的4个特征

拉美"增长性贫困"的一个重要特征是,贫困人口增量空间分布呈畸形趋势。拉美贫困人口总量不断增加,但在城市与农村之间的空间分布却极不均匀,呈现出明显的畸形发展趋势,即城市贫困人口数量直线上升,所占比重变化很大,而农村贫困人口的绝对数量和占比的变化都不大:1980年农村贫困人口是7300万,而2002年仅为7480万;但是,城市贫困人口数量却从1980

① 参见苏振兴:《增长、分配与社会分化——对拉美国家社会贫富分化问题的考察》,《拉丁美洲研究》2005年第1期。

② ECLAC, *Social Panorama of Latin America* 2007, Santiago, Chile, United Nations Publication, May 2008, Table 1.1, p.50.

③ ECLAC, *Social Panorama of Latin America* 2007, Santiago, Chile, United Nations Publication, May 2008, Table 1.2, p.52.

④ 上述数据引自ECLAC, *Social Panorama of Latin America* 2002 - 2003, Santiago, Chile, United Nations Publication, 2004, pp.54 - 56。

⑤ World Bank, Globalization, *Growth, and Poverty: Building an Inclusive World Economy*, Oxford University Press, 2002, pp.7 - 8.

年的 6290 万人激增到 2002 年的 1.47 亿,翻了一番多,几乎贫困人口的增量全部转移到了城市。

"增长性贫困"的第二个特征是,贫困人口增量空间畸形分布导致"城市病",也称为"绝对贫困化",现代化进程在某种意义上说就是城镇化或非农化的进程。在拉美现代化进程中,其"城市病"主要表现在:随着农民转化为市民,农村贫困不断转化为城市贫困化,甚至城市"赤贫化"显得异常突出,形成一边是财富增长与一边是贫困恶化的二元结构的巨大反差。农村赤贫人口从1980 年的仅 3990 万增加到 2002 年的 4580 万,但城市同期却整整翻了一番多,从 2250 万激增到 5160 万,即赤贫人口的增量几乎完全涌向了城市;1980年城市赤贫人口为 10.6%,而 2002 年是 13.5%;1980 年城市里每 100 个市民中就有 30 人生活在贫困线以下,其中 10 人生活在赤贫之中,而到 2002 年每100 人里的贫困人口则上升到 38 人,其中赤贫人口蹿升到近 14 人。

拉美"增长性贫困"的第三个表现是两极分化加剧,这当然也是"城市病"的一个表现。拉美城市人口迅速两极分化和收入不公成为世界之最,导致"一个城市,两个世界",贫富悬殊,天壤之别。在世界上 7 组国家的基尼系数中,拉美地区为最高,是 57.10%,最低的地区是中东欧地区 32.27%,其他几级基尼系数由高往低分别是撒哈拉以南非洲地区 45.41%,东亚与亚太地区43.14%,中东北非地区 37.82%,OECD 国家 34.00%,南亚 32.56%[1]。

第四个特征是城市治安条件恶化,社会不稳定因素增加。由于两极分化等原因,拉美社会冲突和社会矛盾常常导致社会局势失控,民众和某些社会阶层对国家体制有组织地进行反抗甚至导致社会动荡;民众对经济改革和现行政策表现出强烈不满,对政府不信任情绪不断增加,在 20 世纪 90 年代拉美社会矛盾日益尖锐,社会运动空前活跃,社会冲突再次进入高潮期[2]。

(三)拉美"增长性贫困"的"3%拐点假说"

一般来说,增长可促进减困,与贫困率是负相关,在拉美和世界其他地区

---

① 　上述数据主要引自下述 2 本书:ECLAC, *Social Panorama of Latin America* 2002‐2003, Santiago, Chile, United Nations Publication, 2004, pp.54‐93;ECLAC, *Shaping the Future of Social Protection*: *Access*, *Financing and Solidarity*, ECLAC, UN, March 2006, p.24。

② 　许多学者对拉美社会矛盾和冲突进行了较为深入的介绍和分析,如参见袁东振:《对拉美国家社会冲突的初步分析》,《拉丁美洲研究》2005 年第 6 期。

的统计数据中同样也可发现这个负相关。所不同的是,在考察拉美增长与贫困时会发现,当拉美增长大约低于 3% 以下时,其减困的作用就很不明显,贫困率与增长率同时呈上扬态势,即出现"增长性贫困"现象。例如,1990—1999 年拉美 19 个主要国家年均增长 1.56%[1],同时期该地区贫困率持续攀升;但当超过 3% 时贫困率曲线就开始下降,减困效果便得以显现,以下两个事例可予以验证。

第一,自 1980 年以来,拉美"增长性贫困"现象首次出现"拐点"是在 2004 年。进入 21 世纪以来,虽然 2000—2006 年拉美平均增长率是 1.8%,但是,2003 年增长首次超过 3%,于是,2004 年便成为"拐点",贫困率从 2002 年的 44.0% 下降到 2004 年的 42.0%。由于 2003—2007 年这 5 年每年增长率都超过了 3%,人均 GDP 增长是 20 世纪 70 年代以来最高的时期[2],贫困率便每年呈下降趋势:2005 年为 39.0%(首次低于 1980 年 40.5% 的水平),2006 年继续下降到 36.5%[3],2007 年为最低点 34.1%[4](见图 1)。贫困人口数量 2004 年相应下降到 2.17 亿,2005 和 2006 年继续下降到 2.09 亿和 2.05 亿。

第二,不但整个拉美地区过去 6 年来证明了这个"3% 拐点假说",而且智利案例也同样支持这个假说。联合国千年发展目标的 8 项指标中,拉美国家首当其冲的是到 2015 年将赤贫人数减半(与 1990 年相比)。1990 年拉美赤贫人口占 22.5%,总量为 9300 万人;到 2005 年下降至 15.4% 和 8100 万人,目标仅完成了 25.8%。测算表明,在假定其他条件(如人口增长和分配政策等)不变情况下,2015 年之前拉美地区年均增长率只有达到 3% 以上才能完成千年目标,其中最贫穷国家增长率须达到 5% 左右才行。在 2003 年拉美贫困率最高年份里(见图 1),智利在拉美 33 国里第一个实现了千年发展目标,成为贫困人口比重最低的国家之一(位居第二,第一是乌拉圭),贫困人口从 1990

①　ECLAC, *Social Panorama of Latin America* 2002–2003, Santiago, Chile, United Nations Publication,2004, Figure II.8, p.23, Figure I.1, 2004, p.24.

②　ECLAC, *Social Panorama of Latin America* 2008-*Briefing Paper*, Santiago, Chile, United Nations Publication, 2008, p.6.

③　ECLAC, *Social Panorama of Latin America* 2007, Santiago, Chile, United Nations Publication, Table 1.2, May 2008, p.52.

④　ECLAC, *Social Panorama of Latin America* 2008-*Briefing Paper*, Santiago, Chile, United Nations Publication, 2008, p.9.

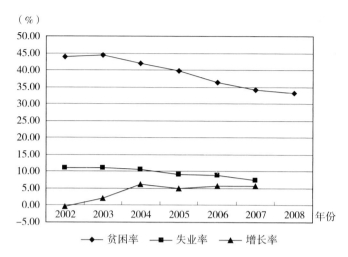

图 1 2002—2008 年拉美增长率、失业率和贫困率

资料来源:作者根据历年 ECLAC(Social Panorama of Latin America)数据汇总。

年的 38.6%降至 2003 年的 18.8%,赤贫人口从 12.9%下降到 4.7%。智利这个"例外"说明,除其他条件外,增长不可能不是一个重要条件,因为在 1990—1999 年期间,只有智利始终保持高于 3%的速度,是 4.79%,在拉美地区始终保持最高的增长率。以 1995 年价格计算,2003 年智利实现千年目标时,智利人均 GDP 为 6051 美元,比拉美 19 国高出 1 倍,后者仅为 2860 美元①。

由此看来,在 1980—2008 年近 30 年里,拉美增长的"减困拐点"大约在 3%,否则,无论是在未来的 6 年里要想实现联合国千年发展目标,还是防止出现"增长性贫困"以期遏制由其引发的诸如城市病等社会问题,都是难以实现的。

根据拉美各国不同的贫困水平,可将其分为四个组别:一是低贫困国家,例如阿根廷、智利、乌拉圭、哥斯达黎加等;二是中等贫困国家(贫困率低于 32%),包括巴西、墨西哥、巴拿马、委内瑞拉等;三是中高贫困国家(38%—48%之间),有哥伦比亚、多米尼加、厄瓜多尔、萨尔瓦多、秘鲁等;四是高贫困国家(50%以上),玻利维亚、危地马拉、洪都拉斯、尼加拉瓜和巴拉圭等国家属于贫困率最高的组别。

由于 2004 年以来拉美连续保持 3%以上的增长率,其贫困率连年下降,

① ECLAC, *Shaping the Future of Social Protection*: *Access*, *Financing and Solidarity*, ECLAC, UN, March 2006. 根据其下面的表格数据计算:Table 1,p.277; Figure II.8, p.23。

2008 年降到 33.2%,与 2003 年的 44.3%相比,下降了 11.1 个百分点,脱贫人口达 4000 多万。对此,拉美经委会称其为"增长效应"①。

二、理论诠释:拉美"增长性贫困"的三个结论

如何在理论上解释拉美"增长性贫困"这个社会经济现象? 我们可试图用经济学教科书中新古典经济学的索罗—斯旺(Solow-Swan)增长模型给出一个一般性的诠释。

索罗—斯旺模型主要的四个变量是产量 Y、资本 K、劳动 L 和技术 A。它们考察的均为宏观经济中的变量,而不考虑微观经济中的个体在拥有以上资源上的差距。实际上,我们可看到,在国民经济中,不同的个体对于经济资源的拥有存在着很大的差异性:富裕人群在资本、劳动和技术等方面相比贫困人群处于更大的优势地位。通过这个模型,我们可以部分地解释和理解拉美"增长性贫困"现象,进而可以得出这样三个结论性的判断:一是增长有助于减困,"3%拐点说"不是空穴来风;二是增长基本可与收入分配不公并存,与贫富差距并行,拉美 1961—1981 年的经验分析和智利案例就是两个检验;三是分配不公和贫富悬殊会降低增长对减困的弹性,即初始收入差距越小,同样幅度的增长对减困的效果就越大,所以,初始分配状况是非常重要的。

(一)增长可以减困:"3%拐点假说"的基本依据

为了研究经济增长中贫富两个群体的不同发展途径,假定在国民经济中把居民划分为贫富两大群体 Wp 和 Wr。在生产中,贫困群体投入劳动 K,获得的产品只能用于当期补偿劳动力的消费,没有积累;富裕人群投入资本 L,不从事劳动,获得的产品除了用于当期消费,还有部分用于储蓄;技术进步忽略不计。其他假定均遵循新古典模型中相关假设②。

现在假定生产函数可以采取以下的形式:

---

① 这里使用的是拉美经委会历年 Social Panorama of Latin America 的数据,其中,2008 年贫困率为预测数。OECD 的测算与此稍有出入,例如,拉美经委会给出的 2007 年贫困率为 34.1%,而 OECD 测算的结果则是 35.1%(当然 OECD 是基于 19 国的数据,见经济合作与发展组织发展中心:《2009 年拉丁美洲经济展望》,世界知识出版社 2009 年版,第 50 页,表 1.2)。

② 参见[美]罗伯特·J.巴罗、哈维尔·萨拉伊马丁:《经济增长》,何晖、刘明兴译,中国社会科学出版社 2000 年版,第 2—5 页。

$$Y = F(K,L)$$

该生产函数满足以下三个条件。

(1)对于所有 K>0 和 L>0,F(·)呈现出对每一种投入的正且递减的边际产出:

$$\frac{\partial F}{\partial K} > 0, \frac{\partial^2 F}{\partial K^2} < 0, \frac{\partial F}{\partial L} > 0, \frac{\partial^2 F}{\partial L^2} < 0$$

(2)F(·)呈现出不变规模报酬:

$$F(\lambda K, \lambda L) = \lambda F(F,L)$$,对于所有 $\lambda > 0$

因此,生产函数可以写成

$$F(K,L) = LF(\frac{K}{L},1) = Lf(k)$$

其中,令 $k \equiv \frac{K}{L}$ 为资本—劳动比例, $Y \equiv \frac{Y}{L}$ 为人均产出,令函数 $f(k) = F(k,1)$,那么上述生产函数可以写成 $y = f(k)$ 这种简约的形式。

(3)满足稻田条件,即:

$$\lim_{K \to 0}(F_K) = \lim_{L \to 0}(F_L) = \infty$$

$$\lim_{K \to \infty}(F_K) = \lim_{L \to \infty}(F_L) = 0$$

令 s(*)为储蓄率,那么 1−s(*)为被消费的产出份额。假定资本以常率 $\delta > 0$ 折旧,在一个时点上物质资本存量的净增加等于总投资减去折旧:

$$\dot{K} = I - \delta K = sF(K,L) - \delta K$$

两边同时除以 L,则得到:

$$\dot{K}/L = sf(k) - \delta k$$

如果令 $\dot{k} \equiv \frac{d(K/L)}{dt} = \dot{k}/L - nk$,n $= \dot{L}/L$,可以得到:

$$\dot{k} = sf(k) - (n + \delta)k \tag{1}$$

在索罗—斯旺模型下(见图2),只要生产要素是自由流动的,经济是开放的,随着经济的增长,经济发展不平衡的差距就会缩小,增长在空间上就会趋同,无论起点如何,经济最终将向一平衡路径收敛。换言之,无论贫富差距有多大,或者资源分配多么不合理(假定富裕群体占有全部资本,贫困群体除劳动力外一无所有),经济增长的稳态只与 k 的系数相关。索罗—斯旺模型说明,拉美减困的一个前提就是首先要增长,增长是拉美各国面临的首要任务,没有增长,减困将是更为困难的。这是索罗—斯旺模型对缓解和防止拉美"增长性贫困"的第一个解释。

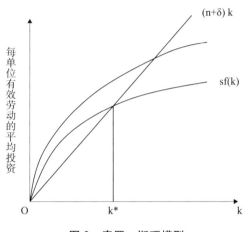

图 2 索罗—斯旺模型

资料来源:[美]戴维·罗默:《高级宏观经济学》,商务印书馆 2004 年版。

(二)增长可与收入分配不公并存:拉美 1961—1981 年数据的检验和智利案例

但是,增长并不能必然解决经济中的贫困悬殊问题。假定资本和劳动是同质的,或假定只有一种投入,那么,在贫富悬殊的经济形态中,富裕群体要比贫困群体多占有投入 K_0,导致贫富差距。

假定最终产出 Y 是生产它的某种"物品"投入存量 K 的生产函数,而且还使用该投入存量生产自身的流量,假定生产函数满足索罗模型的条件,令 s 为投入存量 K 中用于生产最终产出的份额,并令 s 固定不变,那么,可以计算投入 K 的增长率[①]:

$$Y(t) = K_1(t)^a, \frac{dK(t)}{dt} = K_2(t)^\beta \tag{2}$$

其中,$K_1(t) = sK(t)$,$K_2(t) = (1-s)K(t)$

① 参见左大培:《内生稳态增长模型的生产结构》,中国社会科学出版社 2005 年版。

这样,可以得到最终产出的增长率:

$$gY(t) = \alpha \cdot gK(t)$$

根据上式,投入 K 的增长率为:

$$gK(t) = \frac{\dfrac{dK(t)}{dt}}{K(t)} = (1-s)^\beta \cdot K(t)^{\beta-1} \tag{3}$$

$$K_r \cdot gK(t) = (K_0 + K_p)gK(t) = K_0 \cdot gK(t) + K_p \cdot gK(t) \tag{4}$$

上述显示,资本和劳动在经济中均以方程(3)给出的增长率增长,富裕群体比贫困群体多占有的投入存量也会随投入存量 K 以同样的增长率扩大,因此,随着经济增长,贫富悬殊会将会不断扩大。

从图 3 中可看出,由于富裕群体比贫困群体多拥有一个 K_0 的初始优势(贫富差距),当经济以 g 速度增长时,这种差距会进一步扩大;或说富裕群体拥有比贫困群体更高的储蓄率,因此,富裕群体的增长将会偏离稳态位置相对更远,这种情况下,富裕群体的经济成分将比贫困群体的经济成分增长得更快,发展到一定程度上将会演变成贫富悬殊。这就是新古典经济学对拉美"增长性贫困"的第二个解释,即在拉美经济增长的同时,如果没有适当的社会政策,贫困问题仍然得不到解决,而且贫富分化会日趋严重。拉美地区1961—1981 年的高速增长与较高基尼系数的两组数据对比是对这个理论的一个检验,智利案例也是一个检验。

先看拉美地区两组数据的检验。1961—1981 年拉美地区 GDP 年均增长率 5.59%,即使包括 1981—1990 年这 10 年衰退期,1961—1990 年的 GDP 年均增长率也年均高达 4.10%[①],增长速度也是较高的,至少可以说,1961—1981 年是拉美历史上经济增长最好的时期。但同期拉美地区基尼系数也是非常高的,例如,1970 年前后拉美 10 个主要国家的基尼系数,除阿根廷为0.44 外,其余 9 国都在 0.48—0.66 之间,同期处于贫困线以下的家庭占家庭总数的 40%,处于极端贫困的占 19%。就连当时的普雷维什也承认:从社会观点来看,发展已偏离方向;一极是繁荣以至富足,另一极则是持续的贫困[②]。

---

① 参见苏振兴:《对拉美国家经济改革的回顾与评估》,《拉美研究》2008 年第 4 期。

② 以上数据和普雷维什引语引自苏振兴:《拉美国家经济社会危机频发并非发展的一般规律》,《中国经贸导刊》2006 年第 11 期,第 8—9 页。

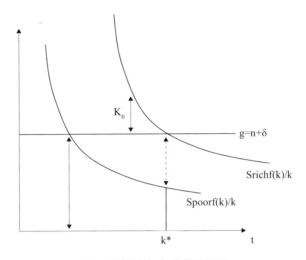

图 3　经济增长中的贫困问题

资料来源:[美]罗伯特·J.巴罗、哈维尔·萨拉伊马丁:《经济增长》,何晖、刘明兴译,中国社会科学出版社 2000 年版。

　　再看智利案例的检验情况。与拉美其他国家相比,智利基尼系数排位较高,在拉美 18 国里,巴西 0.64 位居第一,是拉美唯一超过 0.6 的国家,也是世界最不平等的国家之一。其他依次为阿根廷、洪都拉斯、尼加拉瓜、哥伦比亚、巴拿马、玻利维亚、智利、多米尼加、危地马拉、萨尔瓦多、秘鲁、墨西哥、厄瓜多尔、巴拉圭、委内瑞拉、哥斯达黎加和乌拉圭,其中后 3 个国家低于 0.5。这里要强调的是,智利在 18 国中排列第八,为 0.55[1]。智利案例显示,增长可与分配不公并存。当然,从根本上说,增长是减困的基本推动力,从这个角度看,分配不公与减困效果往往还是两回事儿。

　　(三)分配不公会降低增长对减困的弹性:初次分配非常重要

　　一般认为,基尼系数小于 0.3 是收入差距小,超过 0.6 是收入差距大。如果假定洛仑茨曲线没有变化,贫困对增长偏弹性也呈现类似的降低趋势,但不趋向于零,这就引出了第三个解释:分配越不公,减困就越困难。只要增长可以通过收入分配提高收入和消费水平,减贫就会获得推动力。如同《公平与发展:世界银行发展报告 2006》所指出的:收入差距越大,减困的增长弹性就

----

① ECLAC, *Social Panorama of Latin America* 2002 – 2003, Santiago, Chile, United Nations Publication, 2004, Figure I.10.

越小;如果初始收入差距较小,同样幅度的增长对减困的效果要大得多。比如,对收入差距小的国家,按每天 1 美元的贫困线计算,平均收入每增长 1 个百分点,贫困率可降低 4 个点;在收入差距大的国家,平均收入增加对降低贫困率的贡献就很小①。在假定人均收入水平恒等不变的条件下,收入分配越不公,贫困率指数就越高,或说年均贫困变化率与年均收入增长率之间存在一定的负相关,增长较快的国家减贫效果要比增长较慢的国家更为明显。或者说,在经济增长中如果基尼系数得以下降,通常就比增长中性时的减贫效果要明显得多。当基尼系数上升时,减困弹性的绝对值就会降低。当然,上述新古典经济学的第二个解释告诉我们,这一事实也不应被过分夸大。

三、欧美比较:拉美"增长性贫困"的几个相关与经济危机

索罗—斯旺模型证明了拉美"增长性贫困"存在的理论根据;反过来,拉美经验性数据又对新古典经济学进行了检验。前文将智利作为一个案例置于拉美背景之下予以比较,以期探讨拉美"增长性贫困"的相关及其动因的测度可行性。

但是,当我们将拉美"增长性贫困"的这些相关置于欧美和亚洲的国家背景之下就会发现,它们似乎处于失灵状态。

(一)欧美增长率低于 3%:贫困率却比拉美低 1 倍多

贫困是一个世界性难题,减困是所有国家都面临的一个共同任务,包括高收入国家。东亚新兴经济体的增长率 1984—1993 年是 6.9%,1994—2003 年是 4.0%。如果说东亚新兴市场近 30 年来减困效果较好主要得益于高速增长,那么当把目光转向欧美时就会发现,在过去的 1/4 世纪里,欧元区和欧盟成员国的平均增长率并不比拉美国家好多少,甚至个别时期和个别国家要低于拉美地区。例如,欧盟成员国 1984—1993 年增长率是 2.1%,1994—2003 年是 2.3%,同期其主要国家德国是 2.2% 和 1.6%,法国是 1.6% 和 2.0%,意大利是 2.2% 和 2.0%,英国是 2.1% 和 2.6%②。据欧盟 2000 年发布的《里斯

---

① 世界银行:《公平与发展:世界银行发展报告 2006》(概述,中文版),世界银行 2005 年版,第 9 页。

② IMF, *World Economic Outlook*:*Recessions and Recoveries*, IMF, April 2002, p.162, Table 4.

本日程》统计,20 世纪 90 年代欧盟 15 国的经济增长率大约不到 2%,最低的 1993 年是负值(-0.4%),1996 年是 1.7%,最高的年份 1994 年和 1998 年也只有 2.9% 和 2.7%①。

尽管欧洲增长率也很低,几乎从未超过 3%,但是欧洲的贫困发生率指数却整体比拉美地区低 1 倍还多。例如,2003 年欧盟 25 国平均贫困率是 16%,虽然各国存在差异,但较少有超过 20% 的,最高的是爱尔兰、葡萄牙和斯洛伐克,这 3 国均为 21%,最低的是捷克 8% 和斯洛文尼亚 10%②。

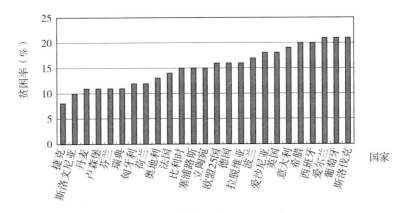

图 4　2003 年欧盟成员国贫困率

资料来源:European Commission, *Joint Report on Social Protection and Social Inclusion 2006*, Luxembourg: Office for Official Publications of the European Communities, April 2006, p.75, Figure 1.1.

再看美国。美国与拉美相比也同样显示出巨大反差:1984—1993 年和 1994—2003 年美国增长率均为 2.3%,其中最低的年份是 2001 年和 2002 年,分别只有 0.2% 和 0.9%③,但据美国人口统计局的调查统计显示,其贫困率 2002 年仅为 12.1%,比欧洲还要低④。

---

① EU, *The Lisbon European Council-An Agenda of Economic and Social Renewal for Europe*, Brussels, 18 Feb., 2000, p.4.

② European Commission, *Joint Report on Social Protection and Social Inclusion* 2006, Luxembourg:Office for Official Publications of the European Communities, April 2006, p.75.

③ IMF, *World Economic Outlook*:*Recessions and Recoveries*, IMF, April 2002, p.162, Table 4.

④ U.S. Census Bureau, "2003 Annual and Social Economic Supplement", *Revision Current Population Survey*, Table 5:Percent of People in Poverty by Definition of Income and Selected Characteristics 2002 (Revised). 这个数据不包括资本所得。如包括税后资本所得,贫困率为 11.6%。

如何解释拉美与欧洲减困之间的巨大差别？同样较低的增长率,但在减困效果和贫困率方面却大相径庭?

(二)影响减困效果的其他两个相关:失业率和社会支出

在拉美,影响增长的减困效果和弹性的诱因显然是多方面的,比如,较高的失业率。拉美的失业率首先表现为居高不下(见图5),例如,1990年以来一直在7%以上。即使按2006年5.3%这个在过去25年里最高的增长率来计算,也不足以校正拉美劳动力市场的失衡,因为在经济活动人口增长率为2.4%的情况下,5.3%并不能为降低失业率作出太大的贡献。根据阿瑟·奥肯的经验研究,在增长率与失业率(就业)之间存在一种稳定的关系,尤其在美国曾长期存在。这就是"奥肯定律",意指在增长率与失业率之间存在一种相关,通常不考虑其他因素。在经验检验时,其表达方式有两种:或是表达失业率对增长率的影响,即$\triangle Y = c - a \times \triangle U$;或是增长率对失业率的影响,即$\triangle U = c - \beta \times \triangle Y$。其中,$\triangle Y$为增长率的变动,$\triangle U$为失业率的变动,$c$是常数项,$a$和$\beta$为经验系数[1]。虽然人们常常用"奥肯定律"来论证和解释增长与就业之间的相互促进关系,但该定律在使用某些国家数据并对其进行检验时可能会得出不太适用的结论,即出现"奥肯定律"失灵的现象,而用于拉美时会发现是基本适用的。

在拉美,失业率的第二个表现是波动性比较大。从图中可看出,1990年以来失业率始终在7%—11%之间波动,并可形象地看到增长与失业这两条曲线波动的相关:当经济增长爬高时,失业率立即走低;当失业率攀升时,增长率必然处于谷底。这既说明"奥肯定律"发挥作用,同时还明显表现出增长率与失业率之间这种负相关是即时的、反应快的、较为稳定的,这与下面谈到的公共支出具有一定的时滞性有很大不同。

对任何一个经济体来说,减困效果应与失业率呈负相关。研究证明(见图6),对减困具有明显作用的5个因素排序,就业排在第一,其次是婚姻状况、教育、家庭规模和现金福利等。其中,就业发挥的作用几乎等于其他4个因素的总和即42%。居高不下的、波动明显的失业率将不利于减贫,于是拉美"增长性贫困"与失业率便自然相伴相随。

---

① 这里关于"奥肯定律"的论述,引用了蔡昉的研究成果,见蔡昉:《为什么"奥肯定律"在中国失灵——再论经济增长与就业的关系》,《宏观经济研究》2007年第1期,第11—27页。

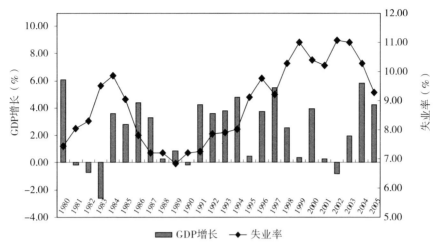

图5　拉美的增长率与失业率

资料来源：ECLAC，*Shaping the Future of Social Protection：Access，Financing and Solidarity*，ECLAC，UN，March 2006，p.53，Figure II.5.

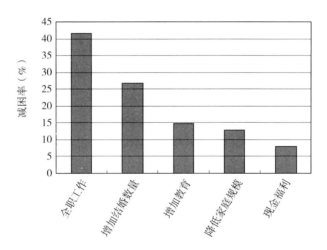

图6　5个要素对减困贡献率的比较

注：5个因素合计不是100%，原文即如此。——作者注

资料来源：Isabel Sawhill，"Testimony Before the Subcommittee on Income Security and Family Support of the House Committee on Ways and Means"，April 26，2007，http://waysandmeans.house.gov/hearings.asp？formmode＝view&id＝5814.

这里再讨论第二个相关：转移支付。

世界各国的实践证明，转移支付对减困的作用比较明显。在拉美，智利之所以减困效果较好，与其他拉美国家比，其转移支付较高也是一个因素。转移支付可分为"社会支出"和"总公共支出"。智利的社会支出始终高于拉美地区的平均水平,并呈现出不断提高的趋势,从 1990 年占 GDP 的 11.7% 提高到2000 年的 16.0%,同期的总公共支出从 60.8% 提高到 69.7%,相比之下,其他拉美国家的转移支付普遍低于智利,例如,2003 年平均为 15.1%[1]。

另外,其他拉美国家转移支付的"顺周期性"比较明显,经济景气时社会支出便随之扩大,反之就缩小,这个规律可从图 7 中看出,而反周期的作用较小。智利的情况较好。可用系数"伸缩性"来衡量和比较智利与其他拉美国家转移支付的顺周期情形。伸缩性分为"社会支出伸缩性"和"总公共支出伸缩性",前者除以后者便有"比率伸缩性"。拉美国家的总公共支出伸缩性为 1.50,社会支出伸缩性为 1.87,这说明拉美国家社会支出的顺周期比较明显。但有时也不尽然,它与一国社会支出的起点高低是有关系的,如果起点很低,即使系数很高,也不一定就意味着顺周期性很强,因为这些国家的社会支出具有赶超的性质。例如,20 世纪 90 年代初期的玻利维亚、哥伦比亚、危地马拉、墨西哥、巴拉圭和秘鲁等国起点就较低,而阿根廷和智利等国初始水平较高,所以,社会支出的伸缩性就显得相对小一些,都小于 1(分别是 0.91 和 0.93)。比较能说明问题的是"比率伸缩性"这个概念:如果它大于 1,就说明顺周期性比较强,反之则弱,所以,比率伸缩性的系数越小越好,这就说明社会支出相对于其他公共支出项目来说,顺周期性要弱一些。拉美国家的比率伸缩性几乎都很高,一般都大于 1,即经济增长快时,社会支出就随之较高,反之就较低。相比之下,智利为 1.27,与其他国家相比是比较低的,而最高的是秘鲁 2.36[2]。

由于拉美社会支出的顺周期性,所以,其反周期的作用受到较大影响,并从图 7 可看出,拉美社会支出的顺周期效应一般都是 1 年左右的滞后期,即社会投资的拐点一般都滞后于增长拐点大约 1 年。从主观上这可解释为是决策者对经济增长拐点预期高估的结果;在客观上,反贫困的周期作用和力度受到了削弱,财政的熨平作用对减困的贡献受到影响。

---

① ECLAC, *Social Panorama of Latin America* 2004, Santiago, Chile, United Nations Publication, Sep. 2005, p.66.

② ECLAC, *Shaping the Future of Social Protection: Access, Financing and Solidarity*, ECLAC, UN, Mar. 2006, p.64.

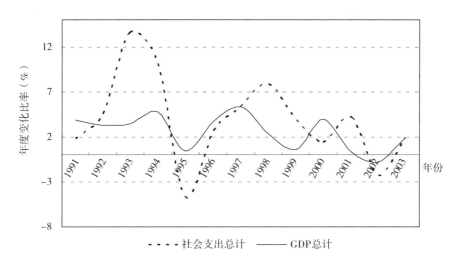

图7　拉美 20 国 GDP 增长与社会支出趋势变化

资料来源：ECLAC, *Shaping the Future of Social Protection*：*Access*, *Financing and Solidarity*, UN, ECLAC, March 2006, p.63, Figure II.10.

(三)阿根廷社保制度：应对经济危机略逊一筹

1.经济基础较好,但一个世纪以来经济总量却落后了。正如国际货币基金组织(IMF)的学者所言："在 20 世纪初,阿根廷不仅是拉美最富裕的国家,而且也是世界最富裕国家之一。1913 年以鲜肉包装和谷物加工为主导的工业部门产值占 GDP 的 17%。"①但是,一个世纪以后的今天,拉美国家增长普遍显得有些落后了,差距日愈扩大。这里仅与美国相比。

根据 1970 年的 PPP 价格,20 世纪 30 年代阿根廷人均 GDP 为 559 美元、智利 502 美元、巴西 126 美元②；美国 1935 年 GDP 总量时价是 731 亿美元,以 1992 年价格计算是 6980 亿美元,人口是 1.27 亿③。为使 30 年代的美国和上述拉美三国人均占 GDP 水平和绝对数具有可比较性,在将 1970 年美元价格

----

① Alex Segura-Ubiergo, *The Political Economy of the Welfare State in Latin America*：*Globalization*, *Democracy*, *and Development*, Cambridge University Press, 2007, p.59.

② Alex Segura-Ubiergo, *The Political Economy of the Welfare State in Latin America*：*Globalization*, *Democracy*, *and Development*, Cambridge University Press, 2007, p.33, Table 2.2. 该书给出的美元价格是 1979 年价格,笔者在换算成时价时存在损失。

③ US.Census Bureau, *Statistical Abstract of the United States*：*1999*, p.881,table 1434, and p. 868, Table 1411.

还原成时价之后,阿、智、巴西三国人均 GDP 大约分别为 100 多美元、将近 100 美元和 30 美元左右,美国人均为 570 美元左右,即 30 年代美国人均 GDP 分别是阿根廷人均 GDP 的 5 倍、智利的 6 倍、巴西的 19 倍左右。

2000 年人均 GDP 美国是阿根廷(7700 美元)的 4.5 倍、智利(4800 美元)的 7.4 倍、巴西(3500 美元)的 10 倍;从 GDP 总量上看,美国是阿根廷(2843 亿)的 27 倍、智利(752 亿)的 130 多倍、巴西(7042 亿)的 14 倍①。

2006 年人均 GDP 美国是阿根廷(4900 美元,由于人口等原因而下降了)的 9 倍、智利(7450 美元)的 6 倍、巴西(4300 美元)的 10 多倍;GDP 总量美国是阿根廷(1800 多亿)的 77 倍、智利(1100 多亿)的 120 多倍、巴西(近 8000 亿)的 18 倍。换言之,20 世纪 30 年代与 2006 年相比,与美国人均 GDP 相比较,阿根廷的差距扩大了,从 5 倍上升到了 9 倍,智利没有变化,还是 6 倍,巴西差距缩小十分明显,从 19 倍下降到 10 倍。但是从 GDP 总量上看,2006 年与 2000 年相比(由于没有找到 20 世纪 30 年代拉美 3 国人口数据,无法计算其 GDP 总量),仅仅 6 年时间,阿根廷的差距便从 27 倍扩大到 77 倍,智利的差距从 130 多倍缩小到 120 倍,巴西的差距从 14 倍扩大到 18 倍。

从人均收入来看,拉美地区较大的经济体 1900 年仅是美国的 14%,1999 年是美国的 13%,几乎没有什么变动;但纵向看,1999 年拉美人均收入比 1900 年提高了 5 倍②。

毫无疑问,拉美与新兴市场经济体相比,其差距肯定会更大一些,限于篇幅,这里就不赘述了。

尽管如此,拉美地区的贫困发生率指数与世界其他地区相比,还算是比较低的。无论按世界银行的标准,还是按典型贫困线(见表 1 的"注")的标准,或是看饥饿人口比重,拉美地区均低于撒哈拉以南非洲、南亚和亚太,大约排位第四,并且远低于世界平均水平(见表 1)。

---

① 拉美三国的数据出自 ECLAC, *Statistical Yearbook for Latin America and the Caribbean*, March 2007, pp.87 – 89, Table 2112 – 2215。但由于原文给出的美元价格是 1992 年价格,笔者将它们换算成时价后可能出现损失。

② Alex Segura-Ubiergo, *The Political Economy of the Welfare State in Latin America: Globalization, Democracy, and Development*, Cambridge University Press, 2007, pp.32 – 33.

表1 2002年拉美贫困人口在世界中的比较

地区	贫困人口比重(%)		贫困人口数量(千万人)		饥饿人口	
	世界银行标准	典型贫困线(TPL)	世界银行标准	典型贫困线(TPL)	占总人口比重(%)	人口总数(千万人)
拉美和加勒比	9.96	15.68	5.22	8.22	6.4	3.36
亚太	14.89	28.54	27.11	51.97	7.99	14.55
东欧与中亚	3.46	8.63	1.63	4.08	1.58	0.75
中东北非	2.35	9.04	0.69	2.67	0.93	0.28
南亚	31.89	56.58	43.92	77.93	18.02	24.82
撒哈拉以南非洲	46.38	61.82	31.26	41.66	36.85	24.83
全部	21.27	36.12	109.83	186.53	13.28	68.58

注:"世界银行标准"是指每人每天1.08美元(1993年PPP价格)。"典型贫困线"(TPL)是指20世纪90年代末低收入国家的贫困线。

资料来源:Nanak Kakwani, and Hyun H., "Son, New Global Poverty Counts, International Poverty Centre", UNDP Working Paper No.29, Sep. 2006, table 2, p.6, and table p.11, Table 5.

这与拉美昔日的富足是分不开的:拉美曾经有过辉煌和荣誉,这些毕竟为拉美奠定了经济基础,往日的福利制度毕竟为拉美各国减困作出了贡献。

2.社保历史悠久,但应对金融危机的能力却不如其他新兴经济体。拉美地区福利制度的起源和进程最早可追溯到殖民时代。1810年前后,智利总统贝纳多·奥希金斯(BernardoO'Higgins Riquelme)为智利退伍军人建立了历史上第一个养老金制度;1855年曼努埃尔·蒙特(Manuel Montt)总统为奖赏军队平乱有功,为军官建立了公共养老金制度;1924年为白领建立了职业病保护制度,为公务员、记者、海员建立了养老金制度,政府建立了劳工、救助和社会福利部,但真正的福利立法是在1927—1931年间完成的。乌拉圭首次社会福利立法是在1903—1907年和1911—1915年。由于阿根廷工业化进程较早,1905—1916年工会积极主义异常活跃,伊里戈延(Yrigoyen)总统于1921年不得不首次签署社会保障立法,覆盖的主要对象是白领阶层和中产阶级。20世纪30年代军政府推翻了戈延政府之后,于1934年为女雇员建立了生育保护制度,1939年建立了记者养老基金,1939年同时还为海员和民航雇员建立了养老、残障和遗属保险制度。1946—1955年庇隆政府期间阿根廷福利制度得到了长足发展,庇隆在立法中将社会保障作为工人的"十大权利"之一,试图将社会保障普及化,覆盖到全社会,而在此之前仅覆盖公务员、军队和一部分白领。尽管在 20 世纪二三十年代巴西的经济发展水平比阿根廷、乌拉圭和智利低 4—5 倍,但其最早的福利制度是建立于 1923 年的铁路工人养老金制度,最后在 30 年代其覆盖面开始向其他部门扩大。例如,1931 年其覆盖到公益部门,1932—1937 年覆盖到商业、银行、海员、工业和运输业。

表 2   1930—1999 年拉美两组国家人均 GDP(1970 年 PPP 美元价格)

富裕国家					次富裕国家								
委内瑞拉	乌拉圭	阿根廷	智利	墨西哥	哥斯达黎加	秘鲁	巴西	巴拉圭	多米尼加	危地马拉	厄瓜多尔	萨尔瓦多	玻利维亚
1017	986	971	777	695	551	419	408	408	341	339	325	316	286

资料来源:根据下述表格简化而成:Alex Segura-Ubiergo, *The Political Economy of the Welfare State in Latin America*: *Globalization*, *Democracy*, *and Development*, Cambridge University Press, 2007, p.33, Table 2.2。

在经济发展水平上可将 20 世纪 30 年代拉美国家分为两组,即富裕国家和次富裕国家,前者人均 GDP 为 1017—695 美元,后者为 551—286 美元。上面我们列出的是富裕国家社会立法情况,这些国家建立福利制度的时间一般要比次富裕国家早一些。

在次富裕国家,哥斯达黎加拉斐尔·卡尔德隆(Rafael Calderon)于 1940 年当选总统,次年建立哥斯达黎加社会保障基金,该基金的项目包括全民的养老保险、医疗保险、生育保险;1943 年制定了保护劳工失业的《劳工法典》;1955 年建立劳工与社会保障部,建立失业保险和家庭补贴制度。1958—1970 年哥斯达黎加福利制度处于一个前所未有的膨胀期[1]。

通过上述简单回顾拉美社保制度的起源,人们发现,拉美社保体系历史悠久,源远流长,发展成熟,水平不低,首次立法不仅不比欧洲发源地晚多少,甚至要比美国 1935 年首次立法还要早,比东亚国家至少要早半个世纪以上。当今天我们在考察拉美"增长性贫困"的时候,自然联想到曾震惊世界的阿根廷

---

[1] 以上国别福利制度的历史资料和数据引自:Alex Segura-Ubiergo, *The Political Economy of the Welfare State in Latin America*: *Globalization*, *Democracy*, *and Development*, Cambridge University Press, 2007, pp.54 - 66。

金融危机。作为一个世纪以前曾经是世界最富裕国家之一和最早建立社保制度的国家之一，人们自然联想到阿根廷社保制度应对金融危机的表现到底如何，与其他国家相比有什么特点，尤其是当阿根廷 2008 年 11 月对社保制度进行了国有化的"再改革"之后，阿根廷社保制度再次成为世人关注的焦点。

从表 3 可以看出，阿根廷增长率与失业率之间此消彼长，其相关是很稳定的，"奥肯定律"是适用的。但众所周知，"奥肯定律"所显示的应该说是社保制度的一个外生变量，这个外生变量对社保制度具有较大外部冲击，尤其是在金融危机爆发期，它必将加剧贫困发生率，使"增长性贫困"更为明显。近 10 年来，全球性和局部性的金融危机已发生多次，重灾区达十几个。表 4 给出了经济危机爆发时 8 个国家的若干指数情况，从中可以看出，与其他 7 个国家相比，阿根廷 2001 年危机期间，GDP 负增长和制造业工人工资下降幅度仅次于印度尼西亚，排名第二，但在汇率波动、失业率、贫困率等方面则位居首位。此外，阿根廷 2001 年和 1998 年两次危机相比，2001 年受到的影响远比 1998 年那次更为严重，其中 1998 年城镇失业率为 13%，而 2002 年 5 月则高达 22%。由于危机期间财政收入骤减，社会救助规模受到大量削减，使贫困群体陷入极度贫困的谷底，社会不稳定因素增加。社会支出的减少也基本符合拉美"顺周期"的特征，其结果自然是贫困率恶化。

表 3　1994—2002 年阿根廷增长率、就业率和失业率

（%）

年份	GDP 实际增长率	就业增长率	失业增长率
1994	5.8	−0.5	34.9
1995	−2.8	−2.9	34.4
1996	5.5	0.9	21.4
1997	8.1	6.3	−10.0
1998	3.9	4.1	−7.4
1999	−3.4	0.9	0.7
2000	−0.5	0.4	12.5
2001	−4.4	−9.7	16.2
2002	−10.9	−3.6	29.3

资料来源：UN，"Poverty Reduction and Economic Management of Latin America and the Caribbean Region"，*Argentina-Crisis and Poverty* 2003-*A Poverty Assessment*，Volume I：Main Report，July 24, 2003，p.10，Table 1.5.

表 4　阿根廷 2002 年危机后果与其他国家危机的比较

国家		危机发生年份	GDP增长率（%）	汇率对美元波动率（%）	失业率（%）	男性工资增长率（%）	危机后贫困率（%）	贫困率变化（%）
东亚危机	印尼	1998	−13.1	70.9	5.4	−44.0	13.8	20.3
	韩国	1998	−6.7	32.1	6.8	−9.8	7.6	64.4
	马来西亚	1998	−7.4	28.3	3.2	−2.7	10.4	21.2
	泰国	1997	−1.4	19.2	3.7	−6.3	12.9	24.0
拉美危机	阿根廷	1995	−2.8	0.0	16.2	−1.9	27.6	22.8
	阿根廷	2002	−10.9	210.0	17.8	−21.9	57.5	50.1
	墨西哥	1995	−6.2	47.4	5.7	−18.5	53.3	23.7
俄罗斯		1998/99	−4.9	60.6	13.3	—	—	—

资料来源:UN,"Poverty Reduction and Economic Management of Latin America and the Caribbean Region", *Argentina-Crisis and Poverty* 2003-A *Poverty Assessment*, Volume I: Main Report, July 24, 2003, p.2, table1.1.

在表 4 列出的 8 国中,阿根廷失业率最高,严重影响了职工及其家庭收入,于是,家庭成员多和赡养率较高的"大家庭"受到的影响较大。例如,在陷入绝对贫困线以下的家庭中,其家庭成员平均为 4.9 人,陷入贫困线以下的家庭成员数量为 4.0 人,非贫困线的家庭成员为 2.7 人。阿根廷贫困率从 1998 年的 29% 上升到 2002 年的 53%,儿童(0—14 岁)的贫困率从 45% 上升到 70%[①]。

(四)贫困率测量辨析:社保制度减困效果的国际比较

除上面论述的社会支出具有顺周期性和"奥肯定律"描述的失业等因素以外,影响减困的因素还可继续罗列下去。但我们无论如何不能不认为初次分配具有决定性的意义。二次分配是对初次分配的校正。但如果初次分配严重不公,相差悬殊,二次分配的校正效果就显得微不足道,杯水车薪。当然,就增长来说,它无疑是减困的一个必要条件,但不是一个充分条件,充分条件包括二次分配。如果说经济政策对初次分配具有较大影响,那么社会政策就是二次分配的一个工具。如果社会政策不当,增长不一定能够对减困作出贡献,

———————

① UN, "Poverty Reduction and Economic Management of Latin America and the Caribbean Region", *Argentina-Crisis and Poverty* 2003-A *Poverty Assessment*, Volume I: Main Report, July 24, 2003, p.8.

穷人不一定从增长中受益。甚至从某个角度讲,拉美的教训意味着,增长只是为减困创造了一个环境而已,在初次分配存在严重不公条件下,增长要想对减困作出明显的贡献,那是一厢情愿的。

作为二次分配的社会政策,包括人力资源、生产性资产、公民权利甚至教育等诸多方面。家庭收入分配不公反映了教育、资本、就业机会和融资等方面的不平等,容易形成恶性循环:贫困家庭的子女进入市场的机会和获取这些资产的机会少得多,进而形成"贫困锁定"。

作为二次分配的一个工具,社会保障制度对初次分配应具有相当的校正功能,但也不能包揽一切。其作用既不能忽视,也不能低估,在其他条件不变的情况下,社保制度对减困发挥的作用还是非常重要的。

欧洲国家转移支出与贫困率二者之间的数据比较显示,社会保障对降低贫困率是发挥作用的。根据欧盟一份官方报告,2003 年欧盟 25 国平均贫困率仅为 16%,但如果假设没有社保制度,欧盟平均贫困率将高达42%[1],几乎相当于目前享有社保条件下的拉美地区贫困率,或者说,目前欧洲社保制度的贡献在于使贫困率降低了 26 个百分点。难怪在描述欧洲社会时没有人用"拉美现象"或"拉美化"去指代欧洲的社会公平问题。也许人们会认为这是欧盟国家初次分配比较公平的结果,基尼系数平均仅为 0.29。

在发达国家中,美国是公认的收入分配差距较大的国家,基尼系数是0.38,大致相当于欧盟成员国当中基尼系数最高的葡萄牙(葡萄牙最高为0.39,其次是西班牙 0.35 和英国 0.34,最低的是匈牙利 0.24,依次为芬兰和捷克为 0.25,斯洛伐克 0.26)[2]。

那么,我们转向考察美国社保制度对贫困率的校正作用。

据美国商务部下属的人口统计局 2006 年的数据,美国 2005 年贫困率为12.7%,但如果没有社会保障将达 18.9%[3]。从图 8 看出,在社保制度校正

---

① European Commission, *Joint Report on Social Protection and Social Inclusion* 2006, Luxembourg: Office for Official Publications of the European Communities, April 2006, p.116.

② 国别基尼系数引自世界银行:《公平与发展:2006 年世界发展报告》,清华大学出版社2006 年版,第 280—281 页,表 A2。欧盟平均基尼系数为作者计算得出。

③ U.S. Census Bureau, *Current Population Survey*, 2005 and 2006 *Annual Social and Economic Supplements*, table A—2.

下,1959—2007 年美国贫困率曲线基本是呈下降趋势的,从 23% 下降到 2007
年的 12.5%,2007 年贫困人口总数为 3739 万人。

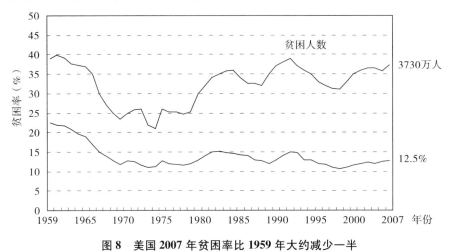

图 8　美国 2007 年贫困率比 1959 年大约减少一半

资料来源:Carmen DeNavas-Walt, Bernadette D. Proctor, Jessica C. Smith, *Income*, *Pverty*, *and Health
　　　Insurance Coverage in the United States:2007, *Current Population Reports*, *Consumer Income*, US.
　　　Census Bureau, Issued August 2008, p.12.

　　美国社保制度对其贫困率的校正效果是降低了 6 个百分点。但社保制度
的各个项目对不同目标群体的减困程度是不一样的。美国贫困人群的统计比
较详细,可分为少数民族、18 岁以下儿童、18—64 岁人口、单亲家长、老年人口
(65 岁以上)等,社保制度对每个群体贫困率校正的效果存在较大差异,情况
比较复杂。但我们可简单地以 2005 年美国家庭贫困率 11.4% 为例(即 18 岁
以下和 18—64 岁的人口),如果没有社保制度这个指数就将为 16.6%。老年
贫困率是影响贫困率的另一个重要指标,65 岁以上的老年贫困率为 8.1%,但
如果没有社保制度就将达 38.6%。很显然,美国缴费型社会保险制度"美
国联邦养老、遗属与残障保险制度"(OASDI)的减困效果异常出色,1935 年
美国在建立这个制度时,老年(65 岁以上)贫困率高达 70%[①]。正如一位美
国学者所言,"社会保障的反贫困作用是巨大的","社会保障制度的一个最基
本的目标就是减少老年人口的贫困,所以,考察这个制度在这个领域的功能是

---

　　① 以上数据均引自 U.S. Census Bureau, *Current Population Survey*, 2005 *and* 2006 *Annual
Social and Economic Supplements*, table A—2。个别数据是作者据此剥离和计算得出。

有意义的"[①]。美国 2005 年发表的一个报告指出,美国社会保障至少保护了
1290 万人口免于陷入贫困境地,尤其是那些 65 岁以上的老年人口。如果没
有社保制度,美国老年人口就大约有 46.8%生活在贫困线以下,有了这个社
保制度(OASDI),老年贫困率 2005 年只有 8.7%。全美每一个州的社保减困
效果几乎惊人地一致。如果没有社会保障制度,17 个州中 50%以上的老年人
或说 45 个州中 40%的老年人就要生活在贫困线以下,但在目前这个社保制度
下,全美绝大部分州的老年贫困率不到 10%。例如,在佛罗里达州,社会保障
制度使该州贫困率从 50.2%下降到 8.7%。对许多美国老年人来说,社会保
障制度是他们的生命线。美国社保制度中大约有 4500 万人口要依靠这个制
度;对于美国老年人来说,大约 38%的收入来自社会保障。

　　以上是缴费型保险制度的情况。非缴费型保障制度减困贡献率如何?美
国非缴费型家计调查式的制度主要有 3 个,即《临时紧急家庭援助法》
(TANF)、《收入支持保障法》(SSI)和食品券制度。据美国人口统计局的测
算,这三项转移支付项目大约降低了贫困率的 1 个百分点[②]。此外,非缴费型
家计调查式制度还有住宅补贴、营养补贴、工作家庭的税收信贷等。如果再考
虑到诸如失业等缴费型制度,这样推论下去,缴费型保险制度减困贡献率就应
是 4 个百分点左右,非缴费型保障制度大约在 1—2 个百分点。从图 8 可看
出,虽然美国 1996 年对非缴费型家计调查式制度进行了较大幅度的改革(将
"未成年子女家庭援助"即 AFDC 改为 TANF),限制了补贴资格,降低了标准,
但贫困率还依然是继续下降的。

　　那么,如何解释欧美贫困率在社保介入前后的巨大差距? 如前述欧盟那
个报告指出的,2003 年欧盟贫困率是 16%,但如果没有社保制度就将高达
42%[③];相比之下,美国 2005 年贫困率是 12.7%,但如果没有社会保障仅为
18.9%。人们会疑问,欧美使用的贫困率测量口径与社保制度项目内容是否

---

①　引言和下述民意调查结果均引自 Arloc Sherman and Isaac Shapiro, "Social Security Lists
13 Million Seniors above the Poverty Line: A Stat-by-State Analysis", Working Paper, Center on
Budget and Policy, Priorities, February 24, 2005。

②　US.Census Bureu, *The Effect of Taxes and Transfers on Income and Poverty in the Unite States*:
2005-*Comsumer Income*, Issued March 2007, p.4.

③　European Commission, Joint Report on Social Protection and Social Inclusion 2006,
Luxembourg: Office for Official Publications of the European Communities, April 2006, p.116.

完全一致？是否具有不可比性？

先考察美国贫困率测量办法及其社保减困的主要支付项目情况。

几十年来,美国贫困线的标准始终是美国学者讨论和决策者探索的一个话题,并主要集中在贫困率的测量和标准的设定等方面,于是就演变成今天的贫困线门槛制度。目前美国官方贫困率的测量办法是设立 48 个门槛(见表5)①。如果一个家庭的收入达到其中一个门槛,这个家庭及其每个成员均被认为在贫困线以下。这些门槛各州标准一样,不存在地域差别,每年根据 CPI 指数进行调整和公布。48 个门槛是指税前现金收入,不包括资本所得和非现金补贴,例如公共住房、医疗救助和食品券等。这个测量办法简单易懂,一目了然,每个公民和家庭均可对号入座,具有较高的透明度和可操作性。

表5　2007 年美国贫困率测量门槛一览

(单位:美元)

家庭规模	18 岁以下子女的数量								
	0	1	2	3	4	5	6	7	8 以上
1 人(65 岁以下)	10787								
1 人(65 岁以上)	9944								
2 人(主人 65 岁以下)	13884	14291							
2 人(主人 65 岁以上)	12533	14237							
3 人	16218	16689	16705						
4 人	21386	21736	21027	21100					
5 人	25791	26166	25364	24744	24366				
6 人	29664	29782	29168	28579	27705	27187			
7 人	34132	34345	33610	33098	32144	31031	29810		
8 人	38174	38511	37818	37210	36348	35255	34116	33827	

① 美国贫困率测量工具的选择和设定经过了一个过程。美国原来使用的测量办法曾与欧洲目前的相似。美国学者奥珊斯基(Orshansky)从 1955 年开始研究贫困线的确定问题,1962 和 1963 年发表了两篇论文,奠定了目前"建立多个门槛"的设想,1969 年完成了具体设计,对美国决策者影响较大。1990 年小布什政府采用了目前使用的这个新的测量办法并付诸使用。参见 Gordon M. Fisher, "The Development of the Orshansky Poverty Thresholds and Their Subsequent History as the Official U.S. Poverty Measure", Poverty Measurement Working Papers, *Social Security Bulletin*, Vol. 55, No. 4, Winter 1992, SSA。

续表

家庭规模	18 岁以下子女的数量								
	0	1	2	3	4	5	6	7	8 以上
9 人或以上	45921	46143	45529	45014	44168	43004	41952	41691	40085

资料来源：Carmen DeNavas-Walt, Bernadette D. Proctor, Jessica C. Smith, *Income*, *Pverty*, *and Health Insurance Coverage in the United States*：2007, *Current Population Reports*, *Consumer Income*, US. Census Bureau, Issued August 2008, p.45.

实际上,经过加权平均处理之后,美国贫困率的测量办法可简化为如下 9 组数据,这在实际操作中更便于测量：

1 人户年收入在 10590 美元以下,2 人户 13540 美元,3 人户 16530 美元,4 人户 21203 美元,5 人户 25080 美元,6 人户 28323 美元,7 人户 32233 美元,8 人户 35816 美元,9 人及以上户为 42739 美元。

美国民间智囊机构和思想库普遍认为[1],目前这种测量办法没有将一些实际收入计算在内,家庭可支配收入来源考虑得更广泛一些为宜,建议在目前家庭可支配收入计入的基础上,再加上食品券、住房补贴和能源补贴等,并认为这样更贴近实际。为此,美国一些民间机构的研究报告给出的美国贫困率水平普遍低于美国人口统计局的官方统计数据。这就是说,在美国学者眼里,美国贫困的 48 个门槛不是低了,而是高了。

再来看欧盟贫困率测量标准及其对社保减困的解释。

欧盟官方给出的概念"贫困发生率"是指,相当于各国中等收入水平 60% 以下的可支配收入水平线；所谓"相当于中等收入水平"的概念是指家庭全部可支配收入,并考虑到了家庭规模、构成等因素,还把年龄分为 4 组,并考虑到性别因素；此外,欧盟还给出了"永久贫困发生率"概念,意指在其随后的 3 年中持续 2 年的状态。在上述"主要指标"之外,欧盟还设定了"贫困发生率"的若干"次级指标",例如,"妇女沉淀贫困发生率",意指在 $t-3$ 年里由于通胀造成的低于贫困发生率门槛的妇女比率等。总之,欧盟贫困率门槛设定和计量方法远比美国复杂,一般百姓难以看懂。这里需要

---

[1]　Arloc Sherman and Isaac Shapiro, "Social Security Lists 13 Million Seniors above the Poverty Line：A Stat-by-State Analysis", Working Paper, Center on Budget and Policy, Priorities, February 24, 2005.

指出的是,与美国"假定没有社会保障制度情况下"概念相比较(这就是为什么使用"Social Protection"(社会保护)而不是"Social Security"(社会保障)的原因,因为它包括了缴费型和非缴费型两个制度),欧盟官方给出的概念"社会现金转移支付之前的贫困发生率",其含义不包括所有现金社会转移支付,却包括退休金和遗属津贴①。这就与美国统计口径有所不同,因为在欧洲人眼里,养老金地位略有不同:养老金的主要作用不仅是在不同群体之间进行再分配,而且也是对个人生命周期的熨平和对代际之间的熨平,所以,养老金被视为一个"主要收入来源",而不属于"转移支付"。大概正是由于这个原因,欧盟使用的概念不是"假定没有社会保障制度情况下"而是"社会现金转移支付之前"的贫困率,后者强调的是来自税收的"转移支付"。根据欧盟的这个定义,我们只要将其加入到"现金社会转移支付之前的贫困发生率",就与美国"假定没有社会保障制度情况"一致起来了。经测算,将养老金加入之后,欧盟贫困率便降到26%,而不是42%。

最后看拉美贫困率的统计口径。

本文使用的拉美贫困率数据全部引自经委会。联合国拉美经委会对拉美"贫困率"的测量方法和标准设定与欧盟完全一样,也是采用了"相对贫困"测量法。这一点在拉美经委会的历年报告和资料里没有找到证实,但却得到了OECD的确认,也得到了欧盟的证实②。既然拉美和欧盟在测量口径上没有差别,拉美和欧盟之间贫困率差距如此之大,就足以说明拉美社保制度减困功能确实存在问题,而且与拉美各国初始贫困状况相关:拉美没有一个国家的贫困率低于26%,而欧盟没有一个国家超过21%。

在对上述测量口径进行辨析之后,我们便可得出结论,拉美、欧盟、美国的贫困率口径具有可比性。其实,美国人口统计局的报告中也使用了其他几个概念,在历年的报告中,给出的贫困率均为四组,相对应的是四个概念:现金收入、市场收入、社会保障以后的收入、可支配收入。2005年相对应的数据分别

---

① European Commission, *Joint Report on Social Protection and Social Inclusion 2006*, Luxembourg: Office for Official Publications of the European Communities, April 2006, pp.141-142, Annex 1.A.

② 参见以下两份报告:经济合作与发展组织发展中心:《2009年拉丁美洲经济展望》,世界知识出版社2009年版,第49页;ECLAC, *Social Panorama of Latin America* 2006 (*Preliminary version*), Santiago, Chile, United Nations Publication, Dec. 2006, p.14。

是 12.6%、18.9%、12.7%、10.3%。美国报告正文通篇使用和学界普遍使用的贫困率一般为"社会保障以后的收入"即"市场收入",是指没有社保制度时的贫困率。其实,除"市场收入"以外,其他三个指数大小相差不多,因为它们都包括了养老金收入。

表6　拉美与美国、欧盟社会保障制度减困的比较

地区 项目	欧盟 (2003 年)	美国 (2005 年)	拉美 (2003 年)	假定拉美社保制度达到 90%(就业人口)覆盖率
如果没有社保制度的 贫困率(%)	26.0	18.9	60.0	—
目前有社保制度的贫 困率(%)	16.0	12.7	44.3	24
减困幅度(%)	62.5	48.8	35.4	(150)
减困系数(%)	38.5	32.8	26.2	(60)

资料来源:作者根据前文引述的欧盟和美国官方资料数据制作,其中"减困幅度"和"减困系数"由作者测算得出,第3列第2行数据由作者估算,第4列数据由作者据此推算得出。

　　表6列出了拉美与欧盟、美国社保制度存在前后贫困率的比较①,从中看到欧盟社保制度减困效果要好于美国,其中原因之一在于其初始贫困存在一定差异。拉美"如果没有社保制度"的贫困率大约应为60%,由此可推算得出,拉美社保制度目前的减困幅度应为35.4%,减困系数应为26.2%,均远远小于欧美。在其他条件不变情况下,其中原因之一应是覆盖面较小的原因(因资料来源不一样,统计口径似乎也存在一些差距,详见下文论述,这里对拉美覆盖率假定按40%计算)。作者这里假定,如果达到"基本应保尽保"即扩大到90%(就业人口),其减困幅度就可再提高1倍左右,对初始贫困率(即"如果没有社保制度")来说,拉美社保减困幅度那时将总体可达150%左右,而不是目前的35.4%,减困系数总体可达60%左右,而不是目前的26.2%,均远远要高于欧美。那时,拉美社保制度的减困效果如此之好,其部分原因在于

---

　　① 该表第3列第2行数据是作者根据拉美社保覆盖率和欧盟与拉美在社保制度前后的基尼系数等因素(OECD的测算显示,欧洲的税收转移支付使基尼系数下降了9个基点,而拉美却不到2个,参见经济合作与发展组织发展中心:《2009年拉丁美洲经济展望》,世界知识出版社2009年版,第10页。但基尼系数与贫困率还是两回事儿,因为前者与税制有关)估算出来的,这里没有考虑到人口变化、增长和通胀等其他因素,仅是一个静态的估算,供读者参考。

拉美初始贫困率太高。

但是,我们看到,尽管欧盟和拉美均使用"相对贫困"的测算方法,但拉美的贫困率还是高于欧盟,即使拉美社保覆盖率提高到欧盟的程度甚至100%,据笔者估算,其贫困率也将高达22%左右,还是高于欧盟。除其他因素以外,这显然与拉美的初次分配有较大相关。从这个角度看,二次分配的校正作用毕竟是有限的,重要的是初次分配。换言之,初次分配格局对"增长性贫困"发挥着相当的作用。

除欧盟和美国以外,其他发达国家个案现实也可显示,它们的社保制度减困效果也是非常好的(见表7)。

表7 1994—1995年发达国家政府救助减困的效果比较

国家	政府救助之前的贫困率(%)	政府救助之后的贫困率(%)	减困系数(%)
加拿大(1994年)	29	10	66
芬兰(1995年)	33	4	88
法国(1994年)	39	8	79
德国(1994年)	29	7	76
荷兰(1994年)	30	7	77
挪威(1995年)	27	4	85
瑞典	36	3	92
英国(1995年)	38	13	66
美国(1994年)	29	18	38

资料来源:Catholic Charities USA, "Poverty in America: A Threat to the Common Good", A Policy Paper of Catholic Charities 2006 Policy Paper, Catholic Charities USA, 2006, p.16.

那么,同为二次分配的一个工具,除了其他因素之外或在其他条件不变情况下,与欧盟(社保制度使贫困率从26%降到16%)和美国(从大约19%降到13%左右)相比,为什么拉美社保制度目前的反贫困作用差距如此悬殊?进而,为什么拉美社保制度没有为遏制和缓解"增长性贫困"作出应有的贡献?在前文表6中作者提到并给出了拉美提高覆盖率之后减困效果的假设,下文将从社保制度覆盖率及其原因等其他方面予以详述。

四、主题讨论:拉美社保制度覆盖率
狭窄及其内生动因

可以这样认为,在导致拉美"增长性贫困"的诸多因素中,社保制度的因素难以排除在外,甚至非常重要。从社保研究的角度看,覆盖率狭窄将负有主要责任。

20世纪80年代拉美十几个国家私有化改革之后,覆盖率不但没有扩大,反而缩小了。总体看,拉美国家覆盖面大约只有40%,而欧美发达国家一般均为80%—90%,甚至接近百分之百,实现了就业人口的应保尽保,"死角"较小。在其他条件相同情况下(例如增长率),这应该是欧美没有出现"增长性贫困"的主要原因之一。在拉美,没有进入社保制度的人群中大多为弱势群体或女性就业人口,这种社会排斥使这类弱势群体更加处于不利的社会经济处境。"福利改进"难以获得,或没有实现,甚至穷者更穷,与富者相比,穷者分享到增长带来的机会和实惠的可获性相对较小,况且,拉美的增长本来就是很有限的。换言之,拉美社保制度至少将60%的就业人口排除在外,在本来分配不公就比较严重的情况下,相当于中等收入60%以下可支配收入的群体比率必将存在扩大的趋势。于是,据此测量的,采用"欧盟方式"(与"美国方式"相比)的"贫困率"与经济低速增长同时提高就成为必然了。虽然东亚等其他一些新兴市场经济体社保覆盖率并不比拉美高多少,有的甚至还更低(比如中国),但之所以没有或基本没有看到"增长性贫困"的明显迹象,这首先是得益于高速增长的结果,是这样一个高速增长特殊历史时期的结果。如果高速增长期结束,在社保制度覆盖面没有显著扩大的前提下,"增长性贫困"的发生不是没有可能性的。

拉美社保覆盖面狭窄与20世纪80年代以来社保私有化改革有较大关系,与社保融资模式和文化传统习惯的适应性也存在一定的相关①。下文讨论的是拉美社保覆盖面狭窄的诸多表现及其内生动因。

---

① 关于拉美社保私有化改革后与其文化传统的适应性探讨,详见郑秉文、J.威廉姆森、E.卡尔沃:《中国与拉美社会保障比较:传统文化与制度安排——提高覆盖率的角度》,《拉丁美洲研究》2009年第1期。

（一）社保制度覆盖面狭窄不利于防止"增长性贫困"

1."缴费型"社会保险制度覆盖率逐年下降。据统计，拉美地区有 40%的家庭处于贫困线以下，他们没有参加任何基本社会保险，人口总数高达 2 亿以上[①]。

以智利为代表的一些拉美国家从 1981 年开始对传统的 DB 型现收现付社保制度进行了私有化改革，引入了个人账户，将社保资金交由私营的养老金管理公司投资运营。总的来说，私有化改革之后社保基金投资收益率较好，绝大部分国家财务可持续性从根本上得以改善，财政负担基本消除。这些国家从传统的 DB 型现收现付制向 DC 型积累制转型任务已基本完成，就连 20 世纪末启动改革的国家，其旧制度的大门也已关上，如玻利维亚（1997 年），墨西哥（1997 年），萨尔瓦多（1998 年）等。

尽管拉美地区社保私有化改革基本解决了财务问题，但在覆盖率上却始终具有明显降低的趋势，这是拉美社保制度存在的一个难以克服的重要缺陷：除哥伦比亚 1994 年改革以来其覆盖率明显出现上升趋势外，绝大部分国家覆盖率出现了下降的趋势，拉美地区 70 岁以上老年群体平均每 10 人只有 4 人才直接获有养老金收入[②]。

根据对 16 个国家的官方统计，其平均覆盖率仅为 38.7%[③]。其中，农业工人参保比重更低，只有 21.9%，城镇小企业就业和做家政服务的非正规部门工薪领取者的覆盖率仅为 21.7%，小商贩等自雇者和家政人员等没有工薪收入的非正规部门只有 13.5%；而大中型企业、专业人士和技术人员、雇有 5 人以上的小企业主的覆盖率较好，公共部门和经营效益较好的城镇工人覆盖率也较好；即使这样，拉美城镇正规部门的平均覆盖率也只有 68.2%，而在玻

---

①　ECLAC, *Shaping the Future of Social Protection：Access，Financing and Solidarity*，UN，ECLAC，March 2006，p.22.

②　ECLAC, *Shaping the Future of Social Protection：Access，Financing and Solidarity*，UN，ECLAC，March 2006，p.110，122. 这里还包括那些参保人死亡之后其配偶领取养老金的遗属。

③　本文采用的是联合国拉美经委会的统计数据，参见 ECLAC, *Shaping the Future of Social Protection：Access，Financing and Solidarity*，ECLAC，UN，March 2006，p.45，Table II.I. 但众所周知，对拉美社保覆盖率的统计数据在官方统计和学者统计之间存在较大差距，即使国际机构的统计也存在较大差距，其中，OECD 等其他国际机构的出版物给出的数据就相差很大，例如，OECD 最新的统计数据只有 26%，参见 OECD, *Latin American Economic Outlook* 2008，OECD Development Centre，2007，p.70.

利维亚、秘鲁和巴拉圭等不到50%,还有几个国家仅刚达到50%(见表8)。女性的覆盖率低于男性,15—64岁的女性工人覆盖率仅为19%,而男性是32%,因为女性将绝大部分时间贡献给了照顾老人、子女或家务,所以,女性几乎被排斥在社保制度大门之外,除非结婚或与男性长期同居。

表8　拉美社会保障覆盖率(支付缴费的参保人口比例)

(%)

国　家	国家全部合计	城镇全部	农村全部	城镇正规部门	领工薪的城镇非正规部门	没有工薪的城镇非正规部门	男性全部	女性全部
阿根廷	—	56.0	—	68.5	22.7	—	59.0	52.5
玻利维亚	14.5	21.2	4.6	42.8	6.8	10.4	13.8	15.4
巴西	47.8	54.3	17.4	78.3	34.4	17.1	48.4	47.0
智利	64.9	67.0	48.8	81.6	50.8	20.7	66.6	62.1
哥斯达黎加	65.3	68.2	60.5	87.7	43.3	35.0	68.5	59.3
厄瓜多尔	—	32.2	—	57.4	12.8	10.9	32.4	32.0
萨尔瓦多	32.9	43.4	14.5	78.5	10.1	11.0	30.9	35.9
危地马拉	17.8	31.1	8.5	63.6	10.0	0.3	18.4	16.7
墨西哥	55.1	64.8	30.8	81.9	25.5	—	52.9	59.1
尼加拉瓜	18.3	25.1	7.6	53.8	7.4	1.3	16.3	21.9
巴拿马	53.8	66.6	29.3	88.4	36.5	26.4	48.6	63.4
巴拉圭	13.5	20.2	5.0	48.9	4.1	0.8	13.1	14.2
秘鲁	13.0	18.7	2.6	43.8	3.8	3.2	15.0	10.4
多米尼加	44.7	48.0	32.7	52.6	14.8	—	43.4	46.6
乌拉圭	—	63.8	—	88.2	43.9	24.7	63.6	64.0
委内瑞拉	61.5	—	—	75.5	19.9	—	58.0	67.1
拉美平均	38.7	45.4	21.9	68.2	21.7	13.5	40.6	41.7

资料来源:ECLAC, *Shaping the Future of Social Protection*: *Access*, *Financing and Solidarity*, ECLAC, UN, March 2006, p.45, Table II.I.

1990年以来,阿根廷、玻利维亚、巴西、智利、哥斯达黎加、厄瓜多尔、萨尔瓦多、墨西哥和尼加拉瓜9国缴费型社保制度覆盖率不断下降。由于经济增长缓慢和劳动力市场不适应等原因,正规部门就业率开始下降,失业率一直徘徊在7%—12%之间,工资增长率年均仅为2%,这反过来又影响了个人缴费能力,对缴费型社保制度产生负面影响,导致参保人数不断下降,覆盖面缩小。我们可以看到,不论男性还是女性,公共部门还是私人部门,受雇者还是自雇者,城镇还是农村,正规部门还是非正规部门,1992 年以来 9 国社保覆盖率始终呈全面下降趋势①。

由于统计口径的原因,上述官方的统计结果可能比实际情况要好一些,学者的估算结果还要更差一些:拉美 10 个私有化改革国家的覆盖率从改革前的 38% 下降到 2006 年的 26.3%,其中阿根廷、多米尼加和秘鲁下降了一半左右(见表9)②。

表9　2006 年拉美 10 国私有化改革前后覆盖率比较趋势

国家	改革前的覆盖面		2006 年的覆盖面	
	改革前年份	缴费者(%)	参保成员(%)	缴费者(%)
阿根廷	1994	50	63.8	25.7
玻利维亚	1996	12	26.7	13.3
智利	1980	64	112.6	58.0
哥伦比亚	1993	32	33.3	17.3
哥斯达黎加	2000	53	79.2	52.0
萨尔瓦多	1996	26	49.1	18.4
墨西哥	1997	37	84.2	31.0
秘鲁	1993	31	31.5	11.0
多米尼加	2000	30	36.0	18.9
乌拉圭	1997	73	45.3	26.0
平均	—	38	—	26.3

资料来源:OECD, *Latin American Economic Outlook* 2008, OECD Development Centre, 2007, p.70.

由于非正规经济部门就业规模呈扩大趋势,拉美 33 国的非正规部门就业率就从 1990 年的 42% 扩大到 2001 年的 47%。正如有些学者所断言的,正规部门的社保覆盖率下降,不断膨胀的非正规部门难以参保,这是拉美社保制度

① ECLAC, *Shaping the Future of Social Protection*:*Access*, *Financing and Solidarity*, ECLAC, UN, March 2006, p.52.

② Mesa-Lago, Carmelo, "Private and Public Pension Systems Compared: an Evaluation of the Latin American Experience", *Review of Political Economy*, 2006, vol. 18, issue 3, pp.317–334.

面临的一个双重挑战①。

　　总而言之,由于上述种种原因,1990—2002 年拉美所有缴费型保险制度(养老和医疗等)覆盖率均呈现出下降趋势(见图 9):城镇工人从 56%下降到 48%,农村工人从 34%降到 30%;城镇非正规部门就业人员下降幅度更大,从 35%降到 20%;城镇女性和男性工人均呈下降趋势,男性从 57%降到 49%,女性从 54%降到 47%。相比之下,公共部门下降幅度较小,仅为 2 个百分点(87%降到 85%)。

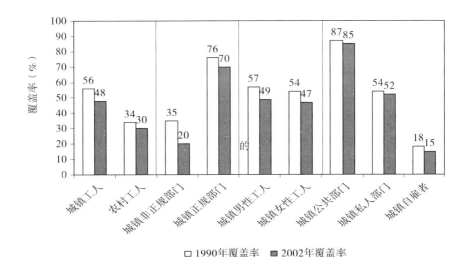

□ 1990年覆盖率　■ 2002年覆盖率

图 9　1990—2002 年拉美 9 国缴费型社保制度覆盖率

资料来源:ECLAC, *Shaping the Future of Social Protection*:*Access*, *Financing and Solidarity*, ECLAC, UN, March 2006, p.51, Figure II.4.

　　失业保险的覆盖率比养老保险还要小,甚至拉美只有很少几个国家建立了失业保险,如阿根廷、委内瑞拉、巴西、智利、厄瓜多尔、墨西哥和乌拉圭等。即使在这些国家,失业保险的覆盖率也仅限于正规部门。此外,它们的融资方式也不尽一致,很不稳定。例如,乌拉圭失业保险属于非缴费型项目,阿根廷和巴西仅由雇主单方缴费,其他几个国家是雇主和雇员双方缴费,但总体看,它们几乎都收不抵支,成为政府一个沉重的财务负担。

---

　　①　Mesa-Lago, Carmelo,"Assessing the World Bank Report:Keeping the Promise", *International Social Security Review*, July 2005, Vol.58, No.2－3, pp.97－117.

2.医疗健康保险制度覆盖率低于国际劳工组织的标准。首先,医疗保险制度覆盖率低于国际劳工组织的标准。拉美 19 国的卫生医疗主要由 3 个部门构成:公共卫生服务、社会医疗保险和私人保险。2000—2004 年,覆盖率最高的国家有 5 个,大约为 86%—100%。两个最发达的国家墨西哥和巴拿马是全民覆盖的。还有 3 个国家的覆盖率下降到 66%—73%,5 个国家在 57%—68%之间。2000—2004 年,拉美社会医疗保险的参保人数大约为 2.48 亿人,占拉美全部人口的 53%,由于巴西人口众多,几乎占了一半;如果不包括巴西,覆盖率就将降至 41%。但是无论如何,拉美的医保覆盖率低于国际劳工组织规定的 75%的"最低标准"。尽管如此,拉美的医保覆盖率从 1980 年的 61%提高到 1990 年的 64%,在 2000—2004 年又回落到 53%(巴西情况特殊)。就是说,拉美大约 5900 万人或 11.5%的人口是购买商业医保的①。

其次,公共医疗卫生覆盖面很不平衡。儿童免疫接种和专业卫生技术人员为妇女生育接生的比重是衡量一国公共医疗卫生覆盖率的重要指标。1 岁儿童接种的比重在发展中国家的平均水平是 75%,拉美是 93%,拉美的水平不仅高于发展中国家,而且还高于世界 77%的平均水平,甚至还高于 OECD 的 92%,名列前茅。再以专业卫生技术人员接生为例,2003 年发展中国家平均水平是 59%,最不发达国家是 34%,而拉美则高达 82%,不仅远远高于它们的水平,还高于世界 62%的平均水平,仅次于 OECD 的 99%。但是,拉美存在的问题是发展严重失衡,国别之间差距很大。图 10 显示,危地马拉由专业卫生人员接生的比重平均只有 35%,比最不发达国家还要低,而多米尼加则高达 95%,接近 OECD 的水平。国内两极分化也十分明显,如按五分法统计,危地马拉最贫困组只有 10%,最富裕组则高达 90%,相差 8 倍;秘鲁最贫困组 15%,最富裕组为 98%。

(二)缴费型社保制度缴费率过高而替代率过低

1.私有化改革后工人缴费率过高。私有化改革后,劳资双方缴费结构发生了不利于工人的重大变化,加重了工人的生活负担,降低了当期消费能力。第一,有些国家或是完全免除了雇主的缴费义务(如玻利维亚、智利和秘鲁等

---

① 上述资料引自 Mesa-Lago, Carmelo, "The Extension of Healthcare Coverage and Protection in relation to the Labour Market: Problems and Policies in Latin America", *International Social Security Review*, January-March 2007, Vol. 60, No. 1, Table 3。

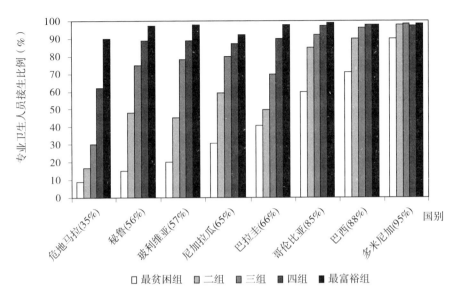

图 10　2002 年拉美 8 国专业卫生技术人员为妇女分娩接生的数量

资料来源：ECLAC, *Shaping the Future of Social Protection*: *Access*, *Financing and Solidarity*, UN, ECLAC, March 2006, p.79, Figure III.1.

3 国），或是降低了雇主的费率（如阿根廷和乌拉圭，它们是混合型，只向公共养老制度缴费）；第二，有 6 个国家提高了雇员的费率（玻利维亚、哥伦比亚、萨尔瓦多、尼加拉瓜、秘鲁和多米尼加），只有 3 个国家同时提高了雇员和雇主双方的费率；第三，据统计，在所有私有化改革国家，工人缴费占缴费总额的65%，而雇主只占 24.5%（余下 10.3%在 3 个国家里由国家承担）[1]。

　　免除雇主缴费的做法完全违背了国际劳工组织制定的"最低标准"，该标准规定工人缴费不得超过总缴费的 50%。私有化改革后，拉美国家社保制度个人缴费的设计结构没有考虑到个人负担能力问题，过分地"照顾"了企业主，本来应由企业主承担的义务转嫁给了工人，不但抑制了工人当前消费能力和生活水平，而且更不利于减困。

　　2.过高的缴费率导致遵缴率过低。国际经验反复证明，一旦一国社保缴

---

　　[1]　Mesa-Lago, Carmelo, "Private and Public Pension Systems Compared: an Evaluation of the Latin American Experience", *Review of Political Economy*, 2006, vol. 18, issue 3, pp.317 – 334, Table 4.

费率过高,必将导致遵缴率降低。当然,拉美社保制度遵缴率过低不仅仅是由于费率问题导致的。虽然拉美私有化改革在理论上讲应激励参保人数增加,遵缴率提高,但事实上却恰恰相反。过高的缴费率不但导致逃费现象难以克服,而且遵缴率始终处于下滑态势。难怪有学者认为[1],引入个人账户本应可以改善缴费激励,但这个实验却没有激发出活力,所以导致遵缴率逐渐下降。表 10 是 1998—2004 年每年 12 月份的实际遵缴率,它说明,拉美 10 个实行私有化改革国家的遵缴率平均起来是逐年下降的,从 1998 年的 57.9% 下降到 2004 年的 40.7%,其中幅度最大的萨尔瓦多下降了 1/3。

表 10　拉美 10 国社保私有化改革后遵缴率下降趋势

(%)

国家	1998	1999	2000	2001	2002	2003	2004
阿根廷	48.9	44.3	39.1	29.0	33.2	35.2	35.4
玻利维亚	—	—	—	47.0	46.9	39.0	44.9
智利	52.8	53.4	50.9	53.7	51.0	51.9	50.4
哥伦比亚	—	51.6	48.5	48.7	47.6	48.7	39.0
哥斯达黎加	—	—	—	—	—	73.1	68.1
多米尼加	—	—	—	—	—	58.5	49.8
萨尔瓦多	67.2	63.7	55.2	53.2	47.6	46.3	41.9
墨西哥	63.4	60.2	57.9	44.7	41.7	39.3	38.8
秘鲁	45.6	45.7	41.7	41.2	39.4	41.9	39.9
乌拉圭	67.4	58.7	53.9	53.2	45.1	52.7	52.5
平均	57.9	55.5	51.0	43.5	42.1	42.3	40.7

资料来源:Mesa-Lago, Carmelo, "Private and Public Pension Systems Compared: an Evaluation of the Latin American Experience", *Review of Political Economy*, 2006, vol. 18, issue 3, Table.4.

据学者研究[2],拉美私有化改革后遵缴率下降的原因可能有:一是参保人放弃了工作,退出了劳动力市场,失业率提高导致遵缴率相应提高;二是参保

---

[1]　Gill, I. S., Packard, T. & Yermo, J., *Keeping the Promise of Social Security in Latin America*, Palo Alto, Cal.: Stanford University Press and World Bank, 2005.

[2]　Mesa-Lago, Carmelo, "Assessing the World Bank Report: Keeping the Promise", *International Social Security Review*, July 2005, Vol.58, No.2-3, pp.97-117.

人从正规部门转向了非正规部门,没有及时续保;三是有些工人在传统制度里断交保费,没有及时转入新制度;四是在旧制度时有些工人只是象征性地按最低标准缴费,以获取最高的国家养老金,改革后他们没有参加新制度;五是工人缴费率过高,负激励机制导致出现了逃费或延迟缴费等现象。

3. 较低的缴费密度导致较低的替代率。这是拉美社保私有化改革后广受诟病的一个重要缺陷。遵缴率下降必然导致缴费密度下降,而缴费密度下降必然导致未来退休收入替代率下降,进而影响老年人的生活水平。从世界范围来看,从传统的 DB 型现收现付制完成向 DC 型积累制转型的国家几乎完全集中在拉美地区,至今大约有 12 个国家采用了这种崭新的私有化社保模式。一方面讲,新制度实行积累制,待遇计发方式采取 DC 制,其缴费激励应远远大于旧制度。但另一方面,正是这个自我积累和多缴多得的优点,在经济增长疲软和工薪增长有限等外部条件不理想的情况下,很可能要影响到实际缴费能力和缴费意愿,导致较低的缴费密度;而缴费密度对替代率水平具有直接的影响,或说缴费密度与替代率之间具有精算中性关系,密度越大,替代率越高,反之则越低。相比之下,传统 DB 型现收现付制下的缴费密度对替代率的影响相对不大,替代率主要取决于退休前的工资水平,或者说,无论参保人欲实现缴费密度的最小化,还是想实现替代率的最大化,在边际上均与缴费记录没什么太大的直接关联。

在私有化改革后的 DC 制度下,缴费的时点越早,时限越长,说明其缴费密度就越大,其替代率就越高。它们呈正相关,一生的缴费与未来的受益紧密相连。假定缴费率为 10%,缴费年限为 36 年,那么缴费密度就是 80%(一般来说,国际惯例是将缴费 45 年视为缴费密度为 100%),相应的替代率就应是 70% 左右。而在 DB 制度下,缴费的时点不是最重要的,对缴费本身来说,其重要性仅仅在于替代率的费基计算上。一般来说是指退休前 5—10 年的费基水平即收入水平,或 5—10 年的最高收入水平,换言之,缴费记录多少的积累与退休金之间并无太大关联,激励机制较差。

私有化改革后,制度特性要求较高的遵缴率和足够的缴费密度,这是 DC 型养老制度的一个基本要求。但在就业多样化与非正规部门不断扩大的趋势下,灵活就业人员、自雇人员和小工商业者等群体的就业不稳定性和不确定自然使断保歇业等现象比较常见,虽然名义是参保者,但并不能保证连续缴费,于是遵缴率低下便成为必然。遵缴率较低就意味着缴费密度不足,缴费密度不足就意味着退休金水平较低。对这部分群体来说,这样一个制度要求必然会影响到他们的预期,影响他们的积极性。

以墨西哥为例(见图11),只有当参保人缴费额达到最低工资标准的5倍时,其养老金替代率才能达到52.9%。这个标准的养老金只相当于最低工资的2.7倍和城镇贫困线的2.3倍。如此之低的制度预期不能激励和吸引参保人积极缴费,费率较高的经济负担又导致其缴费意愿低下,进而导致缴费密度较小,最终导致养老金水平较低。于是,这样的制度便形成恶性锁定。

图 11　1987—2005 年墨西哥实际最低工资的变化

资料来源:Alberto Valencia Armas, "social security and poplation ageing in Mexico:analysis of the individual account retirement pension system", 2005, Figure14。该论文是笔者 2007 年随社科院代表团访问墨西哥时由该文作者赠阅。

4. 低替代率使女性和老年人等弱势群体首先陷入贫困。由于生育和照顾老人子女等原因,女性的缴费密度和替代率普遍低于男性,成为贫困发生率较高的一个群体。在拉美社保制度结构不变的情况下,如果一个女博士从 28 岁毕业之后就开始工作并参保缴费,在从不间断就业和连续缴费的情况下到 55 岁退休,缴费年限是 27 年,缴费密度仅为 60%,替代率就大约只有 51%。但在改革前拉美传统的 DB 型现收现付制下,只要缴费超过 20 年,其替代率就高达 70%左右,比现行私有化制度下缴费 27 年获得的退休金还要高。

　　以智利社保制度为例。2002 年智利女工个人账户的资金积累总额只是男性的 32%—46%,男性替代率是 81%—86%,而女性只有 52%—57%。缴费密度不足,这是拉美社保制度改革后存在的最大问题之一,即使在覆盖率较高的国家也是如此。例如,乌拉圭的缴费密度高于 60%,阿根廷缴费密度只有50%,智利的缴费密度略高于 50%,其中男性 59%,女性只有 41%。有统计认为,智利 2002 年的平均替代率为 63%,比 1981 年改革前下降了 24%[①]。这就意味着,改革后缴费密度的"门槛"要高于改革前传统 DB 型制度下获取养老金权利的门槛;对当前 DC 型制度来说,则意味着女性等弱势群体获取的养老金质量比以前差了。

　　由于老年收入缺乏充足性,老年人在拉美是贫困敏感度较高的一个群体。本来,老年人退休收入就已经不高,但是它们还需常常帮助其子女,这种家庭内部代际转移在拉美成为一个独特的社会现象。据统计,70% 以上的老年人居住在一个几代人合居的大家庭里,单独居住的仅为 10%(在发达国家是25%)。于是,这些老年人就成为这些合居家庭的一个主要收入来源,城镇合居的家庭中大约有 1/3 属这种情况。在这些家庭里,老年人的退休金构成了家庭收入的 1/2,其中,在委内瑞拉构成了家庭收入的 17%,墨西哥是 19%,智利是 39%,玻利维亚是 46%;在农村这个比重更高,巴拿马是 28%,阿根廷是 68%[②]。

　　图 12 显示的虽然是墨西哥社保私有化改革之后参保人员对未来的预期,但在相当程度上代表了拉美私有化改革后参保人对退休金水平的预期。在墨西哥私有化制度下,男性工人的预期是:40% 的人将不可能获取养老金,20%只能申请最低养老金,另外 40% 才能够获得高于最低养老金的退休金。女性的预期更差:不能获得养老金的占 61%,能够获取养老金的只占 23%,17% 只能获得最低养老金。总体看,墨西哥大约一半就业人口不能获得养老金——这就是拉美私有化改革之后的社会预期。

---

　　① 这些数据引自以下 2 个文献:Mesa-Lago, Carmelo, "Private and Public Pension Systems Compared: an Evaluation of the Latin American Experience", *Review of Political Economy*, 2006, vol. 18, issue 3, pp.317 – 334. ECLAC, *Shaping the Future of Social Protection: Access, Financing and Solidarity*, ECLAC, UN, March 2006, p.122,脚注 24 和 25。

　　② ECLAC, *Social Panorama of Latin America 1999 – 2000*, (LC/G.2068-P), Santiago, Chile, United Nations Publication, Sales No.E.00.II.G.18, 2000.

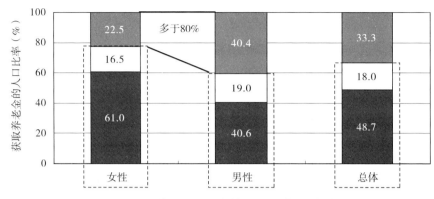

图 12　墨西哥女性和男性对私有化社保制度的预期

资料来源:Alberto Valencia Armas, "social security and poplation ageing in Mexico:analysis of the individual account retirement pension system", 2005, Figure11.该论文是笔者 2007 年随社科院代表团访问墨西哥时由该文作者赠阅。

(三)非缴费型社保支出结构不利于社会凝聚

OECD 刚出版的《2009 年拉丁美洲经济展望》认为①,公共支出"可以促进经济增长,降低贫困与不平等,从而推动拉丁美洲的发展"。社会支出属于公共支出的一个组成部分,社会支出可分为"缴费型"和"非缴费型"两种。前面讨论了缴费型社保制度支出,下面对拉美地区非缴费型社保制度支出状况作一简单分析。

1.非缴费型基本养老金的减困作用及其不同模式下成本比较。在世界范围内,实行社保私有化改革的国家主要集中在拉美地区。改革后的 DC 型积累制社保制度再分配功能较差,这是制度特征所决定的。由于拉美地区改革后的制度替代率较低,所以,引入和建立一支资金来自于一般税收的非缴费型社保支柱就显得异常重要,它可以弥补缴费型制度再分配能力较差的缺陷。

非缴费型社保项目也称为国家基本养老金(也称社会养老金或国民年金等),对防止"增长性贫困"具有不可替代的积极作用,尤其对防止老年贫困来说效果更好。考虑到财政约束,将非缴费型养老计划控制在一个合理与财力可以承受的成本之内也是非常可行的。根据世界各国的实践,基本养老金可

①　经济合作与发展组织发展中心:《2009 年拉丁美洲经济展望》,世界知识出版社 2009 年版,第 9 页。

分为"普享式"和"目标定位式"两种。所谓普享式是指津贴水平设定在一国
贫困线上,或固定在某个年龄段,或某个特定的群体;所谓"目标定位式"是指
将津贴"瞄准"陷入贫困的老年人,即瞄准某个群体里经过家计调查之后的某
个特定人群。如果在拉美地区普遍引入一个非缴费型的基本养老金,不管是
普享式的还是目标定位式的,其贫困率均可降低 18 个百分点(从 38%降至
20%),即贫困率下降一半左右(在不考虑老年人与子女合住并资助子女的情
况下),见图 13。图中给出了 17 个国家建立基本养老金前后贫困率的变化情
况。由于初始贫困率和经济水平等存在差异性,所以,不同国家建立基本养老
金对减困的贡献率是大不一样的。

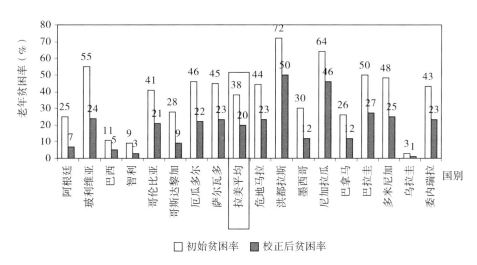

图 13　社保制度对老年贫困率的影响

资料来源:ECLAC, *Shaping the Future of Social Protection*:*Access*, *Financing and Solidarity*, UN, ECLAC, March 2006, p.132, Box IV.8.

　　尽管普享型与补救型社会社保模式的减困效果完全相同,两种方案的减
困率都是 18 个百分点,但其成本却大相径庭(见图 14)。如拉美地区采取补
救型模式,其最低平均成本仅为 GDP 的 0.9%,而普享型模式则高达 2.2%,相
差 1 倍还多。两种方案之间在成本上相差最大的是智利,其目标定位式的补
救型方案仅为 0.1%,而普享式的则高达 1.2%,后者是前者的 12 倍;成本最
高的国家是巴拉圭,目标定位式的为 2.7%,普享式的则高达 5.4%。

　　即使在目标定位式里,不同国家之间的成本收益也是不一样的。从图 14

中看出,拉美 17 个国家平均成本收益是 0.05,即每进行相当于 GDP0.05% 的转移支付便可降低 1 个百分点的老年贫困率。但低收入国家的减困成本要高一些,例如,洪都拉斯、尼加拉瓜和巴拉圭等国成本收益是 0.11,每支出0.11% 的 GDP 才能降低 1 个百分点的老年贫困率。

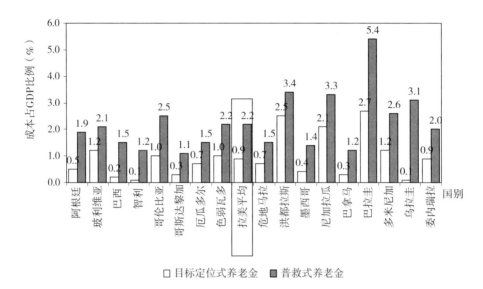

图 14　标定位式养老金与普救式养老金成本的比较

资料来源:ECLAC, *Shaping the Future of Social Protection*:*Access, Financing and Solidarity*, UN, ECLAC, March 2006, p.132, Box.Ⅳ.8。

　　但是,据统计,在 20 个拉美国家里,只有阿根廷、巴西、智利、哥斯达黎加、古巴和乌拉圭 6 个国家建立了非缴费型的救助制度,而其他 14 个国家则根本就没有类似的国家基本养老金制度[1]。从这个意义上说,如果将其作为"大社保"的一个组成部分,拉美国家的私有化改革进程还没结束,还有很大的改革和发展空间,用以弥补目前第一支柱的缺陷。从拉美财政约束情况看,目标定位式的制度成本要低一些,效果也较好,应该成为拉美地区的首选。并且,从"福利模式"(WR)比较的长期利益看,补救型制度有利于劳动力市场的发展,有利于应对外部金融危机的冲击。这既是许多国际经验所证明的,也是此次

---

[1]　Mesa-Lago, Carmelo, "Private and Public Pension Systems Compared:an Evaluation of the Latin American Experience", *Review of Political Economy*, 2006, vol. 18, issue 3, pp.317－334.

美国次贷危机引发的世界金融危机的一个重要启示。

2. 社保支出结构不合理将导致社会排斥。如上所述,拉美地区来自于一般税收的非缴费型社保项目不足,支出有限。虽然 20 世纪近 15 年来拉美各国社会支出幅度占 GDP 比重增加较快,但如图 15 所示,还存在许多问题。

一是各国差距较大,规模还是较小。虽然 90 年代以来平均支出大幅提高,从占 GDP 的 12.8% 平均提高到大约 15.1%,但与发达国家相比,还存在较大发展空间。

二是支出结构不尽合理。表面看,社会救助支出幅度提高较大,提高了 1.9%,高于平均社会支出的增长幅度,但是,住房支出并没有提高,甚至还有下降。此外,公共卫生的支出也呈下降趋势。

三是再分配效应与世界各国相比没有太大差别。据统计,社会支出对家庭主要收入提高了 17%。如按五分法来测算,其中对收入最低的 20% 家庭提高了 86%,是全部家庭的 5 倍,是收入最高的 20% 家庭的 10 倍。上述社会支出的再分配效应基本与世界其他国家或地区的测算统计结果是一致的[1]。

健康服务支出是减困的另一个重要指标。虽然在 GDP 占比上拉美略高于世界平均水平,以 2002 年为例,世界健康服务支出平均占 GDP 的 6.2%,OECD 和高收入国家为 8.9%,拉美 33 国略高于世界平均水平,大约为 6.6%;但是,在支出绝对数上则存在较大差距,世界平均为 640 美元(2002 年 PPP 价格),OECD 和高收入国家为 2514 美元,而拉美只有 438 美元,大大低于世界平均水平。从支出结构看,公共支出与医保合计的世界平均水平为 58.2% (其中前者 45.2%,后者 13.0%),私人支出为 41.9%,OECD 和高收入国家公共支出与医保合计为 72.5%,私人支出 27.5%,但是,拉美的公共支出与医保支出合计为最低,是 54.7%(前者 40.8%,后者 13.9%),私人支出为最多,是 45.3%;而在私人支出中,个人支出的世界平均水平为 35%(其余为个人购买健康保险等,下同),OECD 和高收入国家仅为 20%,拉美 33 国则高达 37%[2]。

---

① 以上数据引自 ECLAC, *Shaping the Future of Social Protection*: *Access*, *Financing and Solidarity*, UN, ECLAC, March 2006, pp.60 - 61, Figure II.7.

② 上述资料引自 Mesa-Lago, Carmelo, "The Extension of Healthcare Coverage and Protection in relation to the Labour Market: Problems and Policies in Latin America", *International Social Security Review*, January-March 2007, Vol. 60, No. 1.

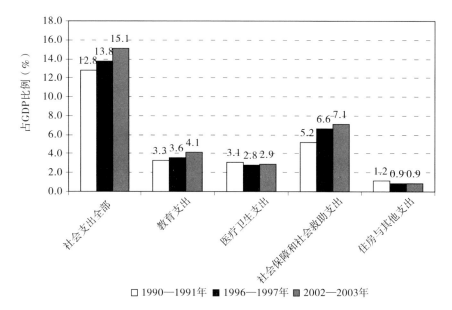

图 15　1990 年以来医疗卫生支出呈现出下降趋势

资料来源:ECLAC,*Shaping the Future of Social Protection*:*Access*,*Financing and Solidarity*,UN,ECLAC,
March 2006, p.61, Figure II.8.

上述分析充分说明,拉美地区的社会支出或非缴费型社保支出在结构、规模、重点扶持项目等方面,都存在一些需要改进的地方,否则,将不利于有效控制社会排斥,不利于加强社会凝聚。

五、简单结论:拉美社保面临严峻挑战

(一)一般讨论:拉美社保私有化改革后的制度内生缺陷相互制约

除文化传统等因素外,对拉美社保制度的"局内人"来说由于存在较多的制度缺陷,遵缴率和替代率的"双低局面"使大约 1/3"局内人"的社保制度徒有虚名,成为"增长性贫困"的"间接牺牲品":在理论上他们被覆盖进来,但在事实上却成为基本没有覆盖进来的"隐性人口"。对制度外的"局外人"来说,由于制度可获性较差,制度覆盖面难以扩大,致使一多半就业人口被"裸露"在市场和生存风险之中,成为"增长性贫困"的"直接牺牲品"和没能覆盖进来的"显性人口"。

显性与隐性两部分合计构成了拉美社保"半覆盖"的后果,又助推了"增长性贫困"的产生。

拉美社保制度的运行轨迹说明,覆盖面狭窄是由制度连环缺陷造成的,最终陷入 DC 型积累制的"社保陷阱",或者说,拉美"社保陷阱"的最大特征就是覆盖面狭小,二十几年来,始终停滞不前,甚至不断缩小。在这种情况下,如果增长率低于 3%,"增长性贫困"就将不可克服。

(二)两难选择:拉美式"半覆盖"社保制度与法国式"碎片化"社保制度

本文的分析旨在试图阐释,"增长性贫困"固然由诸多因素导致,但是,我们不得不认识到,一国社保制度的覆盖面如不能尽快扩大,以适应经济增长的需要和满足社会发展的要求,在其他条件既定时,"增长性贫困"便与其相随相伴。没有一个国家可以永远持续高速增长,且即使在高速增长下(例如中国)也不一定就不会出现"增长性贫困"。尤其在全球化的今天,一国金融危机可能数日内就会迅速蔓延成区域性甚至全球性的金融危机或经济危机。实践已经证明,此次美国次贷危机导致的世界金融危机已使"半覆盖"社保制度下经济体的脆弱性暴露无遗(如中国)。

覆盖面狭小是社保制度的一种"非常状态"。拉美二十几年来始终处于这种"非常状态",不能说它在政治上是成功的。一国社保覆盖面如长期不能扩大到应保尽保的程度,即使财务上是可持续的,设计上是严谨的,但只要绝大部分"局内人"不能从中分享到增长的好处,一大半"局外人"长期纳入不进来,全国将近一半人口生活在贫困线以下,这种"非常状态"就有可能演变成政治风险。一国社保制度覆盖面在既定时间表内达到应保尽保才是一个制度的"正常状态"。这既是社保制度本身功能所决定的一个本质特征,也是社保制度应有的一个制度目标,还是检验一国社保制度在政治上是否可持续的一个重要标尺。

要想实现和达到应保尽保的制度目标,就目前所及,路径大约有二:或是通过美国式的路径即从 1935 年首次社会保障立法开始就建立起一个全国统一的制度而实现,或是通过法国式的路径即"人皆社保,满眼碎片"的路径来实现。二者比较起来,当然前者优于后者。美国式路径显示,统一的社保制度建立至今,几乎没有引发过全国范围的群体事件的记录,相反成为弱势群体的一个生命线。至于法国式路径,"满眼碎片"在半个多世纪之后早已演变成

"满目疮痍":法国式"碎片化"制度虽然实现了应保尽保,但却陷入"社保陷阱",由社保制度引发的不稳定甚至社会动荡年复一年,日甚一日,不堪承受。

如果说存在实现应保尽保的"第三条道路",英国可能算是一个:先碎片后整合。由于历史发展阶段的原因,英国继承了碎片化的制度遗产,但在第二次世界大战结束后的 1946 年成功地对其进行了整合。

在"第三条道路"中,如果仔细盘点,私有化改革的"智利模式"或称"拉美模式"也应载入史册,它影响了拉美和世界:这个模式一举解决了历史上始终没有解决的社保财务困境,是一个创举。如果能通过整合原有碎片和建立统一制度的途径,从"半覆盖"向"全覆盖"过渡,进而解决"一个制度,全部覆盖"的问题,那必将成为社保历史上一座里程碑。

但是,如果"拉美式"路径迟迟不能从半覆盖向全覆盖迈进,这个制度目标始终遥遥无期,社会将会失去耐心,政府将会失去信心,久而久之,拉美式"半覆盖"社保制度与法国式的"碎片化"社保制度就将同样面临命运的挑战:前者的"合法性"将提到议事日程,后者的"稳定性"(指引发社会骚乱)将必然受到严重质疑。

由此看来,社保制度的支付能力是个"经济问题",社保制度的覆盖面问题则是个"社会问题",二者均有可能导致"政治问题"。历史悠久的传统的 DB 型现收现付制在欧洲基本解决了覆盖面问题,但却没有解决好支付能力问题,由此从 20 世纪 90 年代以来导致一系列改革;私有化历史只有二十几年的拉美社保制度创造性地建立起一个崭新的制度模式,基本解决了支付能力问题,但却面临着覆盖面问题的严峻挑战;在建立时间上居中的美国社保制度对二者兼而顾之,目前来看运行正常。

几个月前爆发的阿根廷社保制度国有化立法案可被视为拉美式"半覆盖"社保制度"合法性"的一次革命。由于篇幅和时间关系,这里对阿根廷社保制度国有化改革不再赘述。事实上,拉美式"半覆盖"社保制度的合法性危机早在几年前的厄瓜多尔就已经发生了,阿根廷是第二个案例。

(三)拉美社保面临挑战:阿根廷国有化再改革与厄瓜多尔私有化流产

据 OECD 刚刚出版的《2009 年拉丁美洲经济展望》,"拉丁先锋"机构组织拉美和美国优秀学生进行了一次讨论拉美社会经济和政治状况的座谈会,他们于 2008 年聚集在总部设在华盛顿的美洲开发银行,与政府官员和学者就其共同关心的问题交流各自的看法。调查结果表明,对拉美主要问题的看法是,有28%认为是不平等,25%认为是腐败,还有24%认为是贫困。关于不平等的衡量标准,67%的学生认为最重要的指标是财富差距(见图16)①。

意识到的问题:什么是你们国家最重要的问题?

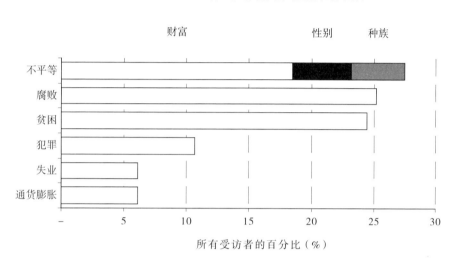

图 16　在拉美青年大学生中一次调查的结果

资料来源:经济合作与发展组织发展中心:《2009 年拉丁美洲经济展望》,世界知识出版社 2009 年版,
　　　　第 26 页。

围绕阿根廷社保国有化的国际舆论和国内舆论很多,猜测也不少,似乎都有一些道理。但是,一个遵缴率只有 25.7%(2006 年,下同),比 1994 年私有化改革前的 50%下降了一半的社保制度,无论如何也不能说是公平的。这意味着,当阿根廷人退休时,每 4 个参保人中只有 1 人能得到足额的退休金(其他 3 人只能享有很少一点),每 7 个老年人就有 3 个没有任何退休金(根据覆盖率63.8%推算得出)②。覆盖率和遵缴率如此之低的社保制度无论如何也不能防止老年人陷入"增长性贫困"。这就是上面"拉美先锋"调查中不平等、腐败和贫困三个问题名列前茅的一个基本原因。

---

①　经济合作与发展组织发展中心:《2009 年拉丁美洲经济展望》,世界知识出版社 2009 年版,第 25 页。

②　数据引自 OECD, *Latin American Economic Outlook* 2008, OECD Development Centre, 2007, p.70, Box. 2.1.

最大的不公是收入分配不公,最大的不平等是社保权益的不平等。可以这样认为,社保覆盖率狭小的"非常状态"与欧美几近全覆盖的"正常状态"之间形成的巨大反差,是导致阿根廷"半覆盖"社保制度合法性危机的一个基本动因。

其实,拉美私有化社保制度合法性危机早在几年前就在厄瓜多尔已经发生了。厄瓜多尔社保制度建立于 1928 年。与绝大多数拉美国家的情况差不多,厄瓜多尔社保制度同样面临着许多问题:一是覆盖面太窄,参保者仅占劳动人口的四分之一,老年人口的覆盖率仅为七分之一;二是养老制度收不抵支,财政补贴不堪重负;三是制度成碎片化状态,不同群体实行不同的制度;四是管理效率低下,行政管理成本很高,制度透明度差;五是城乡居民制度分割,工人和农民的待遇差距较大,20 世纪 90 年代中期全国平均每月退休金大约是 100 美元,而农民仅为 30 美元,只是工人的 25%;六是退休金水平急剧下降,到 2000 年实行美元化时农民每月退休金只相当于 3 美元。

由于上述困难,2001 年底,厄瓜多尔政府对其进行私有化改革,建立起一个引入个人账户的社保制度。厄瓜多尔是实行改革最晚的国家之一,当时拉美已有十多个国家引入了个人账户。由于改革方案在没有经过社会各界充分讨论和论证的情况下就匆忙提交给议会而获得批准,这为日后私有化改革流产埋下了伏笔。几个星期之后,一些议员和政治团体便到宪法法院对其提出质疑,认为个别改革条款有违宪之嫌。法院判定的结果认为,新法的几项条款确有违宪之处,但由于技术原因,法院一直未公布裁决结果。因此,一方面,改革方案的合法性问题始终悬而未决;但另一方面,社保局对没有争论的一些条款开始实施,个人账户逐渐开始建立并运行起来。然而,由于社会舆论质疑很大,没有达成共识,新制度始终处于半停顿状态。

可以说,厄瓜多尔从 2001 年社保改革以来一直处于"社保大辩论"之中。但出于维持社会稳定的需要,改革后最急迫的是尽快恢复和提高退休金水平。厄政府为此便利用财政转移大幅度提高退休金水平。次年即 2002 年就超过了以往 20 世纪 90 年代任何年份的水平,2003 年就高达 185 美元,是 90 年代的 2 倍;财政支出随之陡增,2003 年财政补贴高达 1.75 亿美元,占当年养老待遇支出的 40%。财政包袱甚至比改革前还要沉重,制度财务可持续性问题没有得到任何改善。而另一方面,改革措施不配套,覆盖面没有得到扩大,受益人范围很小,并且绝大部分属于中等收入或高收入家庭,社会矛盾不但没有得到解决,反而有所激化①。

2007 年 1 月,"左派"科雷亚政府上台后立即宣布将尽快召开制宪大会,实行"宪法革命",讨论制定厄瓜多尔历史上第 20 部宪法。新政府认为,厄瓜多尔贫困人口占全国总人口的 60%,社保制度没有发挥作用,提出了与 2001 年改革方案完全相反的思路,即取消个人账户,恢复社保制度国有化。这意味着宣告 2001 年改革方案寿终正寝,立即引起了社会恐慌。参保人对社保改革方案产生的争论本来就心有余悸,新政府上台只不过加快了社保改革流产的时间表。2007 年 1 月以来,参保人开始纷纷退保,申请提取账户缴费,由于发生挤兑,网络时常导致瘫痪,局面常常难以控制。

2007 年 10 月底和 11 月初,厄瓜多尔挤兑风潮终于达到一个新的高潮:参保人同时涌向当地社保局,排起长龙,等待社保账户个人退款。由于人太多,社保局网络出现技术故障而瘫痪,这更引起极度恐慌,随后发生全国范围的骚乱,包括首都基多在内的 3 个最大城市最为严重,最终演变成一次街头政治和社会动荡②。2008 年 7 月厄瓜多尔制宪大会通过了新宪法之后,便标志着厄瓜多尔社保私有化改革在法律意义上的寿终正寝。

厄瓜多尔社保制度私有化改革流产了,阿根廷私有化改革国有化了,拉美私有化社保制度面临挑战。当然,利益集团的博弈、政治家的较量等在相当程度上左右着未来社保制度改革的走向和命运,但是,决定拉美这个社保模式前途的真正因素在于拉美社保制度覆盖面能否尽快体现其社保制度的本来功能,将绝大多数就业人口纳入进来。

厄瓜多尔贫困率绝大部分年份处于较高的排位,例如,2002 年、2006 年和 2007 年的贫困率分别是 49.0%、39.9% 和 38.8%,远高于同期拉美平均水平,位于墨西哥、洪都拉斯、巴拉圭、多米尼加、秘鲁之后,大约位于第 6 位③。而

---

① 以上关于厄瓜多尔的资料数据引自:Rofman, Rafael, "The Pension System", in *An Economic and Social Agenda in the New Millennium*, Fretes-Cibils, V., Giugale, M. y Lopez-Calix, J. Ecuador, The World Bank, Washington, DC, 2003。

② 关于 2007 年 10 月骚乱的资料,引自厄瓜多尔西文《hoy》报纸,当时正值作者和高静博士随中国社科院代表团访问厄瓜多尔,由高静博士翻译了该报纸,特此致谢。

③ ECLAC, *Social Panorama of Latin America 2008-Briefing Paper*, Santiago, Chile, United Nations Publication, 2008, p.11.

其增长率则较长时期处于低于拉美平均水平,例如,1990—1999 年拉美人均
GDP 增长率为 1.1%,而厄瓜多尔则仅为 0.3%。同期拉美城镇平均失业率是
7.7%,而厄瓜多尔则高达 9.4%①。从厄瓜多尔的这几组数据似乎可以看到,
厄瓜多尔的"增长性贫困"在拉美算是比较典型的,这从一个侧面可以作为解
释厄瓜多尔社保制度合法性危机的一个主要理由。

参考文献:

经济合作与发展组织发展中心:《2009 年拉丁美洲经济展望》,世界知识
出版社 2009 年版。

刘纪新:《拉美国家社会政策调整评析》,《拉丁美洲研究》2005 年第
3 期。

世界银行:《2006 年世界发展报告:公平与发展》,清华大学出版社 2006
年版。

苏振兴:《增长、分配与社会分化——对拉美国家社会贫富分化问题的考
察》,《拉丁美洲研究》2005 年第 1 期。

袁东振:《对拉美国家社会冲突的初步分析》,《拉丁美洲研究》2005 年第
6 期。

Aremas de Mesa, A., J. Behrman and D. Bravo, "Characteristics and
Determinants of the Density of Contributions in a Private Social Security System",
Document presented at the 2004 Annual Meeting of the Sociedad de Economistas
de Chile(SECHI), August,2004.

Arloc Sherman and Isaac Shapiro, "Social Security Lists 13 Million Seniors
above the Poverty Line: A Stat-by-State Analysis", Working Paper, Center on
Budget and Policy, Priorities, February 24,2005.

Carmen DeNavas-Walt, Bernadette D. Proctor, Jessica C. Smith, *Income,
Pverty, and Health Insurance Coverage in the United States: 2007, Current
Population Reports, Consumer Income*, US. Census Bureau, Issued August, 2008.

---

① ECLAC, *Social Panorama of Latin America* 2007, Santiago, Chile, United Nations
Publication, May 2008, p.50, Table I.1.

Chen, Shaohua and Martin Ravallion, "How Have the World's Poorest Fared Since the Early 1980?", World Bank Policy Research Working Paper 3341, June 2004.

ECLAC, *Social Panorama of Latin America* 1999 – 2000, Santiago, Chile, United Nations Publication, 2000.

ECLAC, *Social Panorama of Latin America* 2002 – 2003, Santiago, Chile, United Nations Publication, 2004.

ECLAC, *Social Panorama of Latin America* 2004, Santiago, Chile, United Nations Publication, Sep. 2005.

ECLAC, *Shaping the Future of Social Protection: Access, Financing and Solidarity*, ECLAC, UN, March 2006.

ECLAC, *Social Panorama of Latin America* 2006 (*Preliminary version*), Santiago, Chile, United Nations Publication, Dec. 2006.

ECLAC, *Social Panorama of Latin America* 2007, Santiago, Chile, United Nations Publication, May 2008.

ECLAC, *Social Panorama of Latin America* 2008-*Briefing Paper*, Santiago, Chile, United Nations Publication, 2008.

EU, *The Lisbon European Council-An Agenda of Economic and Social Renewal for Europe*, Brussels, Feb. 18, 2000.

Gill, I. S., Packard, T. & Yermo, J., *Keeping the Promise of Social Security in Latin America*, Palo Alto, Cal.: Stanford University Press and World Bank, 2005.

Greenberg, Mark, Indivar Dutta-Gupta, Elisa Minoff, "From Poverty To Prosperity: A National Strategy to Cut Poverty in Half", Report and recommendations of the Center for American Progress Task Force on Poverty, Center for American Progress, April 2007.

Harry Anthony Patrinos, Emmanuel Skoufias, Trine Lunde, "Indigenous Peoples in Latin America: Economic Opportunities and social Networks", World Bank Policy Research Working Paper 4227 (WPS4227), World Bank, May 2007.

IMF, *World Economic Outlook: Recessions and Recoveries*, IMF, April 2002.

Jeffrey D. Sachs, *The End of Poverty*: *Economic Possibilities for Our Time*, New York: The Penguin Press, 2005.

Mesa-Lago, Carmelo, "Private and Public Pension Systems Compared: an Evaluation of the Latin American Experience", *Review of Political Economy*, vol. 18, issue 3, 2006.

Mesa-Lago, Carmelo, "Assessing the World Bank Report: Keeping the Promise", *International Social Security Review*, Vol.58, No.2 – 3, July 2005.

Mesa-Lago, Carmelo, "The Extension of Healthcare Coverage and Protection in relation to the Labour Market: Problems and Policies in Latin America", *International Social Security Review*, Vol. 60, No. 1, January-March 2007.

OECD, *Latin American Economic Outlook* 2008, OECD Development Centre, OECD, 2007.

UN, *Poverty Reduction and Economic Management of Latin America and the Caribbean Region*, *Argentina-Crisis and Poverty* 2003-A Poverty Assessment, Volume I: Main Report, UN, July 24, 2003.

U.S. Census Bureau, *Revision Current Population Survey*, *2003 Annual and Social Economic Supplement*, Table 5: Percent of People in Poverty by Definition of Income and Selected Characteristics (Revised), 2002.

WHO, *The World Health Report* 2005: *Make Every Mother and Child count*, Washington, DC, 2005.

（本文原载于《拉丁美洲研究》2009 年增刊,第 3—29 页）

拉丁美洲城市化进程中
社会问题与社会政策的得失 *

内容提要：本文考察和分析了拉美城市化进程中出现的收入分配不公、贫困、社保制度改革、就业政策、失业保险、低收入群体住房政策、公共医疗卫生和国民教育八个方面的社会问题和社会政策的得失，认为拉美地区的分配不公和贫困发生率在过去百年里总体呈下降趋势，就业率较为稳定，失业保险等社保制度改革收益明显，公共卫生和教育的财政投入不断提高。但是，由于前宗主国的历史文化遗产等原因，拉美地区："土地分配不公初始状态"致使拉美地区的土地基尼系数居世界之首，进而致使收入分配基尼系数居高不下，贫困发生率在全世界名列前茅；社会保障私有化改革得失兼有，就业率较为稳定但劳动力市场十分僵化；低收入群体住宅保障政策存在较大失误，即过分强调住宅自有率，过分忽视公共提供的社会住宅，最终导致"非正规住宅"和贫民窟成为拉美城市化的一个伴随物、现代经济社会发展模式的一个组成部分和拉美地区分配不公和两极分化的一个标志性特征。除导致经济增长方式没有及时转变的经济政策失误以外，上述社会问题的存在和社会政策的失误在一定程度上也成为拉美国家落入"中等收入陷阱"长达半个世纪之久且至今不能自拔的另一个主要原因。

　　拉丁美洲和加勒比地区（以下简称"拉美"）是城市化进程最快的地区之一①。

---

　　* 张占力博士搜集了大量有关城市化的英文资料，并对资料进行了分类、归纳和整理，笔者表示衷心感谢。
　　① 下文中拉丁美洲与加勒比地区简称为拉美。

1920年,拉美地区城市化率为22%②,大约仅次于欧美老牌资本主义国家30%的城市化率③,高于亚洲和非洲。有研究还显示,1920年前后,拉美个别国家城市化率甚至高于欧洲,例如,智利10万人以上城市居住的人口占全国人口的18.2%,阿根廷是27.1%,但相比之下,英国和德国当年的水平仅为10.2%和10.1%④。到1950年,北美城市化率排位第一,为63.9%⑤,大洋洲为62.0%,欧洲城市化率提高到51.3%,拉美为41.4%,位居第四,依然大大高于亚洲的16.3%和非洲的14.4%,更高于世界28.8%的平均城市化率水平。

1950年以后,拉美城市化进程开始加速,于1990年终于以70.3%的城市化率超过了欧洲的69.8%,1991年又超过了大洋洲。

2010年,拉美已成为世界上仅次于北美的城市化率最高的地区之一:拉美为79.6%,仅次于北美的80.7%,但分别高于欧洲的72.8%、大洋洲的70.2%、亚洲的39.8%和非洲的37.9%(见图1)。

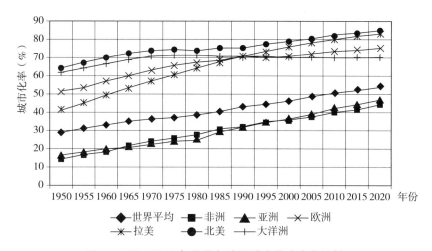

图1 1950—2020年世界各地区城市化率变化比较

资料来源:作者根据联合国网站资料绘制,见 http://esa.un.org/unpd/。

---

② 苏振兴:《拉美国家现代化进程研究》,社会科学文献出版社2006年版,第487页。

③ UN, *World Urbanization Prospects, The 2009 Revision, Highlights, Population Division, Department of Economic and Social Affairs*, New York, March 2010, p.9.

④ 转引自林红:《民粹主义——概念、理论与实证》,中央编译出版社2007年版,第239页。

⑤ 以下没有给出注释的数据均引自联合国网站,见 http://esa.un.org/unpd/。

从城市化增长率来看,半个世纪以来,拉美以其仅次于非洲,但高于世界任何地区和世界城市化率平均增长率的增长率迅速发展:1950—1965年年均高于4%,1965—1985年高于3%,1985—2000年高于2%,2000—2010年高于1.6%。到1975年,拉美城市化增长率让位于亚洲,排名处于第三位;到1998年又低于世界平均水平,但至今仍高于欧洲和北美(见图2)。

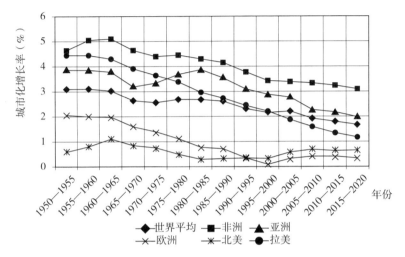

图2　1950—2020年世界各地区城市化增长率变化比较

资料来源:作者根据联合国网站资料绘制,见 http://esa.un.org/unpd/。

从人口增长率来看,在过去一个世纪里,拉美地区人口发展呈“爆炸状态”:1964年之前,拉美地区人口增长率一直在2.7%以上①,是世界各地区人口增长率最高的地区;1964年之后,非洲开始领先,拉美地区退居第二位,人口增长率逐渐放缓并呈下降趋势,但在世界各地区中仍保持在第二位(见图3)。

从人口规模看,1950年拉美总人口是1.7亿,占世界总人口比重的6.7%;但到2010年,拉美人口规模膨胀到5.9亿,占世界总人口比重提高到8.5%。拉美地区人口占世界人口比重的增速虽然不如非洲和亚洲,但增加了2.4倍,仅次于非洲的3.5倍,高于亚洲的2.0倍,更远高于欧洲和北美(见表1)。

①　以下数据均引自联合国网站,见 http://esa.un.org/。

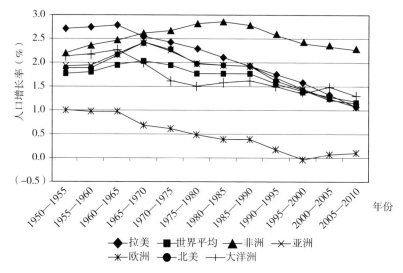

图3 1950—2010 年拉美与世界各地区人口增长率变化比较

资料来源:根据联合国网站整理并编制,见 http://esa.un.org/。

表1 1950 与 2010 年拉美与世界各地区人口规模比较

(单位:亿人)

时点 (年)	世界	拉美		非洲		亚洲		欧洲		北美	
		人口	占比	人口	占比	人口	占比	人口	占比	人口	占比
1950	25.3	1.7	6.7%	2.3	9.1%	14.0	55.3%	5.5	21.7%	1.7	6.7%
2010	69.1	5.9	8.5%	10.3	14.9%	41.7	60.3%	7.3	10.6%	3.5	5.1%

注:这里省略了大洋洲。

资料来源:根据联合国网站整理计算并编制,见 http://esa.un.org/。

从人口集中度看,拉美的人口集中度较高。例如,1950 年,阿根廷、巴西、智利、哥伦比亚和墨西哥五国人口合计 5000 万,占当年拉美总人口的 29.4%;到 2010 年,五国人口占拉美总人口比重上升到 57.6%,总数高达 3.4 亿(见图 4)。

从城市化进程的均衡性来看,拉美地区呈现两个特点。一是委内瑞拉、乌拉圭、阿根廷、智利和巴西等国始终是拉美地区城市化进程的火车头,他们的城市化水平始终处于较高水平。1950 年拉美地区城市化平均水平为 41.4%,其中,乌拉圭高达 77.9%,阿根廷 65.3%,智利 58.4%,委内瑞拉 47.3%,墨西哥 42.6%。虽然巴西低于平均水平,仅为 36.2%,但其后来居上,发展较快,于 1975 年超过了拉美城市化的平均水平,1985 年超过了墨西哥,到 2010 年,

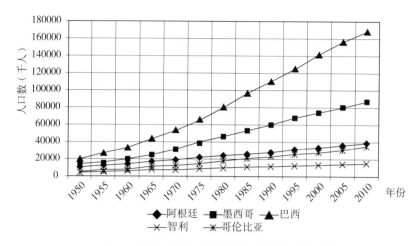

图 4　1950—2010 年拉美五国城市人口增长趋势

资料来源:根据联合国网站整理计算并编制,见 http://esa.un.org/。

已从 1950 年第十位跃居第五位。二是拉美地区一半以上的人口居住在城市化率高于欧洲和美国的国家,个别国家城市化水平在世界名列前茅。例如,截至 2010 年,拉美已有 5 个国家超过美国城市化(82.3%)水平,10 个国家超过欧洲城市化水平(72.8%)。其中,城市化率超过 90% 的有 3 个国家,即委内瑞拉 93.4%,乌拉圭 92.5%,阿根廷 92.4%;城市化率为 80%—90% 的国家有 2 个,即智利 89.0% 和巴西 86.5%;此外,70%—80% 的有 5 个,即墨西哥 77.8%,秘鲁 76.9%,古巴 75.2%,哥伦比亚 75.1%,巴拿马 74.8%。上述 10 个国家的人口已超过拉美总人口的 50% 以上,换言之,拉美地区一半以上的人口居住在城市化率高于欧洲和美国的国家。拉美城市化率介于 60%—70% 的国家有 7 个,即苏里南 69.4%,多米尼加共和国 69.2%,多米尼克 67.2%,厄瓜多尔 66.9%,玻利维亚 66.6%,哥斯达黎加 64.4%,萨尔瓦多 64.3%;介于 50%—60% 的国家有 5 个,即尼加拉瓜 57.3%,伯利兹 52.3%,海地 52.1%,牙买加 52.0%,洪都拉斯 51.6%(见图 5)。

从城市化率与工业化率的比值来看,如前章所述,在过去的 100 年里,拉美地区城市化进程呈现出一种超前的、过度的特征,属于典型的“过度城市化”。其重要特征之一是农村人口向城市大规模迁移的趋势始终保持较强势头,在 1950—1990 年间,农村移民对城市人口增长的贡献率始终保持在 40%

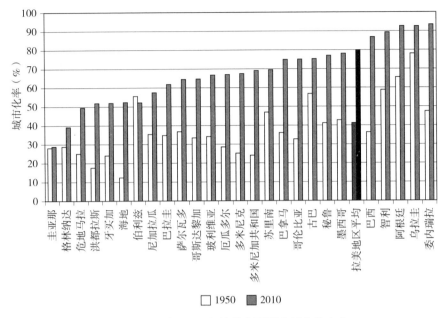

图5 1950 与 2010 年拉美主要国家城市化变化

资料来源:根据联合国网站数据整理计算并编制,见 http://esa.un.org/。

以上。在世界范围内的城市化进程中,2009 年是一个重要转折:这一年,全球城市化率首次超过 50%(为 50.1%),即在世界 68.29 亿人中,居住城市的人口是 34.2 亿,首次超过居住农村人口 34.1 亿人的数量。但是,早在半个世纪以前的 1961 年,拉美城市居住人口就超过了农村人口,即拉美地区城市化率就已超过 50%,那时,非洲和亚洲的城市化仅为 20%左右。

上述数据显示,在 20 世纪前中叶,拉美人口增长率为全世界最高,增速最快,人口增长具有爆炸性的特点。而这个时期正是拉美"过度城市化"以及进口替代工业化的形成和发展的重要时期。战后以来,拉美开始进入了一个"城市首位度"(Urban Primacy Ratio)较高的历史时期。在世界 30 个最大城市排名中(见表2),1950 年拉美地区有 4 个城市,他们分别是排位第4 位的布宜诺斯艾利斯 510 万人,第 14 位里约热内卢 295 万人,第 16 位墨西哥城 288 万人,第 23 位圣保罗 233 万人。到 2010 年,虽然在世界 30 个最大城市排名中拉美地区依然还是这 4 个城市,但排名位次提前了:第 2 位的圣保罗是2026 万人,第 5 位的墨西哥城 1946 万人,第 11 位布宜诺斯艾利斯 1307 万人,第 14 位里约热内卢 1195 万人。

表2　1950 年和 2010 年全世界最大 30 个城市排名中拉美 4 个城市位次变化

两次排名	圣保罗	墨西哥城	布宜诺斯艾利斯	里约热内卢
2010 年排名位次	2	5	11	14
1950 年排名位次	23	16	4	14

资料来源:根据联合国网站整理编制,见 http://esa.un.org/。

　　大都市的出现和过度的城市化,对拉美地区的经济社会产生了深远的影响。目前,拉美地区的经济增长中,城市的贡献率大约是 50%,但据有关预测,未来对经济增长的贡献率将达 80%以上[1]。

　　城市化是工业化的结果和标志之一,也是现代文明的具体体现。但与其他地区一样,拉美地区城市化进程中不可避免地出现了诸如收入分配不公、贫困发生率较高、失业率居高不下、住房紧张与贫民窟、医疗和教育资源不足等社会问题。这些社会问题在不同程度上对经济政策和经济增长带来了负面影响。

　　在过去一个世纪里,一方面,拉美地区城市化进程快速发展,另一方面,拉美各国政府为积极应对这些由城市化带来的社会挑战纷纷采取不同的对策和措施,既积累了一些宝贵经验,也有一些沉痛教训。

一、城市化进程中分配不公的治理及其成就

　　众所周知,拉美地区是世界上除撒哈拉以南非洲以外基尼系数最高的地区。因此,拉美地区的分配不公是一个长期讨论的话题,研究成果很多,研究角度也很多。其中,有研究认为[2],在拉美,分配不公和基尼系数居高不下之所以成为一个社会痼疾,主要原因之一是源自于几百年前形成的较高的土地基尼系数。拉美的前殖民者西班牙和葡萄牙的经济制度特点导致拉美土地高

　　[1]　Eduardo Rojas, Juan R.Cuadrado-Roura, Jose Miguel Fenandez Guell editd, *Governing the metropolis : Principles and Cases*, IDB. 2008, p.3, p.XVII.
　　[2]　以下观点引自 Stephan Klasen and Felicitas Nowak-Lehmann edited, *Poverty, Inequality, and Policy in Latin America*, The MIT Press, Cambridge, Massachusetts USA, 2009, pp.20-41.

度集中,与欧洲其他国家相比,其土地主对土地的垄断具有较强的排他性,带有明显的欧洲中世纪封建主义色彩。伊比利亚地区高度集中的土地制度被殖民者带到其殖民地拉美之后,拉美"土地分配不公的初始状态"便逐渐形成。殖民时代结束之后,"土地分配不公初始状态"致使拉美地区的土地基尼系数高达80.4%,而东亚仅为38.4%,南亚为55.4%,东南亚为47.3%,北非中东地区为63.8%,西欧为63.4%,斯堪的纳维亚为47.2%,世界平均土地基尼系数为60.0%。

在土地分配不公的前20个国家中,拉美就占16个,而在欧洲,西班牙、葡萄牙和意大利是土地分配最不公平的国家,其平均土地基尼系数与拉美土地尼基系数相差无几①。

研究显示,土地分配不公不利于经济增长。换言之,土地分配不公与经济增长二者具有高度负相关,而土地分配不公和收入不公二者之间具有高度正相关。

拉美独立200年来,尤其近百年来,在其城市化进程之中,为缩小城乡之间和城市不同群体之间的贫富差距,促进经济发展,拉美各国政府先后采取了多种措施,效果较为明显,基尼系数逐渐下降。例如,20世纪20年代拉美地区平均基尼系数为59.6%,60年代下降到53.2%,70年代进一步下降到49.1%,80年代略有反弹,为49.7%,90年代又下降到49.3%(见图6)。

归纳起来,拉美国家治理分配不公的措施包括如下几个方面。

第一,加强税收手段在收入分配中的作用。通过税收政策来影响和改善收入分配的主要措施包括加强税收中性、改革税制、降低个人所得税率和提高增值税率等。改革之后,拉美国家收入分配不公在过去百年来城市化进程中得到较大改善,尤其进入21世纪以来,拉美各国加大了税收手段的改革力度,基尼系数下降十分明显。例如,巴西基尼系数从2001年的58.9%下降到2007年的55.0%②,阿根廷从2002年的52.5%下降到2006年的48.8%,智利从2000年的55.4%下降到2006年的52.0%,委内瑞拉从2003年的48.2%下降到2005年的43.4%,墨西哥从2000年的58.9%下降到2008年的51.6%。

---

① Stephan Klasen and Felicitas Nowak-Lehmann edited, *Poverty*, *Inequality*, *and Policy in Latin America*, The MIT Press, Cambridge, Massachusetts USA, 2009, p.26.

② 以下数据引自:http://data.worldbank.org/indicator。

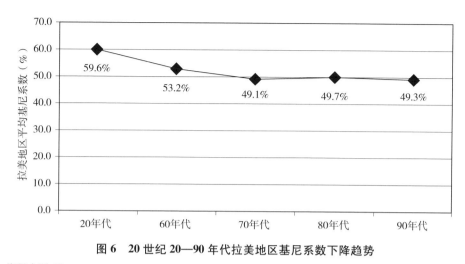

图6　20世纪20—90年代拉美地区基尼系数下降趋势

资料来源：Klaus Deininger and Lyn Squire，"A New Data Set Measuring Income Inequality"，*World Bank Economic Review*，vol. 10，No. 3，Sep.1996，pp.565 - 591. 20 世纪 20 年代数据引自：Jeffrey G. Williamson，"Five Centuries of Latin American Inequality"，Working Paper 15305，NBER. August 2009，p.39，Table 6.

　　第二，加大转移支付力度。多年来,拉美地区转移支付大约平均占 GDP 的 5.7%,但由于各国经济发展水平和福利制度存在一定差异性,政府的转移支付可以分为高、中、低三个类型:转移支付较高的国家包括巴西、阿根廷、智利、哥伦比亚和乌拉圭等,平均支出占 GDP 的 11.3%,高于美国的 8.3%;转移支付居中等水平的国家有墨西哥、委内瑞拉、巴拉圭、秘鲁和哥斯达黎加等,平均转移支付支出占 GDP 的 3.7%;转移支付较低的国家是尼加拉瓜、洪都拉斯、多米尼加共和国、危地马拉和萨尔瓦多等,转移支付占 GDP 的 1.9%[①]。转移支付在贫困群体救助方面发挥了较大作用,成为拉美国家改善收入不公的主要措施之一。

　　第三,完善社会保障制度建设。社会保障制度在拉美国家建立时间较早,体系较为完善,对校正初次分配不公发挥了一定作用。拉美国家是缴费型社保制度私有化改革的先锋,30 年来积累了很多经验。此外,拉美国家建立非缴费型制度的时间也早于其他地区,相比之下,建立非缴费型制度的国家也较

　　[①]　Kathy Lindert，"Redistributing Income to the Poor and the Rich Public Transfers in Latin America"，SP discussion paper No.0605，The World Band，2006，pp.17 - 18.

多。从 20 世纪拉美城市化进程来看,缴费型社保制度和非缴费型社保制度建立与完善的时间与其基尼系数逐渐下降的时间基本是吻合的。

总之,在拉美城市化进程中,虽然各国税收与转移支付对改善收入分配不公作出了一定贡献,但其主要国家的基尼系数都在 40%—60% 之间(见图 7),普遍高于其他地区。除其他原因外,拉美地区基尼系数高还因为上述政策存在一定问题。

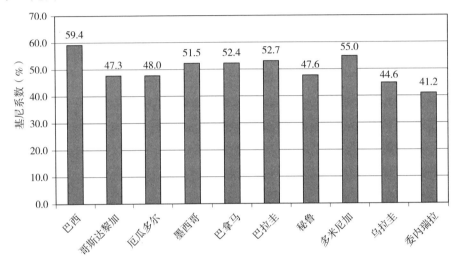

图 7 2008 年拉美部分国家基尼系数

注:由于数据来源的原因,这里引用的是联合国拉美经委会的数据,与前述世界银行的数据存在一定差距。

资料来源:ECLAC, *On the Basis of Special Tabulations of Household Surveys Conducted in the Respective countries*, Social Panorama of Latin America, 2009, p.83.

第一,税收和转移支付的作用有限。与欧洲相比,拉美的税制改革和转移支付对收入分配的校正作用非常有限,这是因为,拉美地区税负普遍较低,实行的是累退税,在缩小贫富差距上作用显得非常有限。例如,1996 年智利税后基尼系数从 48.8% 反而上升到 49.6%[①]。欧洲在实行税收和转移支付之后,基尼系数下降了 19%,而拉美却不到 2%。此外,税收和转移支付在拉美各国收入分配中的差距表现较大。例如,秘鲁的转移支付和税收使本国基尼系数上升了

---

① Juan Pablo Jiménez, "Tax Gap and Equity in Latin America and the Caribbean", ECLAC, *Fiscal Studies*, No.16, 2010, p.28.

0.2%,而墨西哥和哥伦比亚的基尼系数却分别下降了 0.5%和 1.2%①。

第二,社会政策体系不完善。进入 20 世纪以来,拉美国家之所以被认为始终没有走上"福利国家"的道路,而逐渐演变为"社会国家",一个重要原因就是拉美国家的社会政策体系很不完善。尤其在 20 世纪 70 年代之前,拉美各国没有建立起一个完整的社会政策体系②,因此,单项的社会政策之间相互冲突与抵消的现象时常发生,在收入分配方面也存在类似情况。例如,与收入分配和教育年限相关的基尼系数高达 75.0%,与市场收入相关的基尼系数为52.0%③,在相当程度上抵消了税收和转移支付的校正效果。

第三,社会保障制度私有化改革之后覆盖面狭小。拉美地区十几个国家在20 世纪 80—90 年代纷纷对其社会保障制度进行了私有化改革,改革之后的覆盖面普遍小于改革之前,平均覆盖率从改革前的 40%缩小到 30%左右④,且参保的主要为正规就业部门,而大部分非正规就业部门就业人员没有参保的条件。其中,失业保险制度不仅覆盖面小,而且失业人员获得失业保险金的比例也非常小,如阿根廷还不到 3%⑤。由于社保制度覆盖面狭小,其在收入分配中未能发挥对弱势群体进行补偿的作用,不利于改善本来就已经很高的基尼系数。

二、城市化进程中减贫措施的创新及其业绩

拉美地区贫困化有四个特征。

一是与非洲地区的贫困人口多集中在农村不同,拉美地区的贫困人口主要集中在城市。在近 30 年来的城市化进程中,拉美地区农村贫困人口的数量一直保持着较为稳定甚至略有下降的趋势,但城市贫困人口随着城市化的发

① Edwin Goñi. J. Humberto López. Luis Servén, "Fiscal Redistribution and Income Inequality in Latin America", The World Bank, Working Paper 4487, 2008, p.15.

② Fernando Filgueira, *Welfare and Democracy in Latin America: The Development, Crises and Aftermath of Universal, Dual and Exclusionary Social States*, May 2005, UNRISD, UN, pp.4 - 10.

③ Edwin Goñi. J., Humberto López, Luis Servén, "Fiscal Redistribution and Income Inequality in Latin America", The World Bank, Working Paper 4487, 2008, p.2.

④ 郑秉文:《扩大社保制度覆盖范围:国际经验与教训》,《红旗文稿》(半月刊)2009 年第 8期(总第 152 期),第 18—20 页。

⑤ Helena Ribe, David A. Robalino & Ian Walker, *Achieving Effective Social Protection for All in Latin America and the Caribbean-From Right to Reality*, The World Bank, 2010, pp.17 - 18.

展却呈现出增长的状态。在 2002 年之前始终呈上升趋势,从 1980 年占总人口的 29.8%,上升到 1990 年的 41.4%,此后虽有下降,但也呈上扬趋势,到 2002 年达 38.4%。情况从 2003 年开始出现了前所未有的好势头,城市贫困人口比重不断下降,一直降到 2008 年的 27.6%(见图 8)。

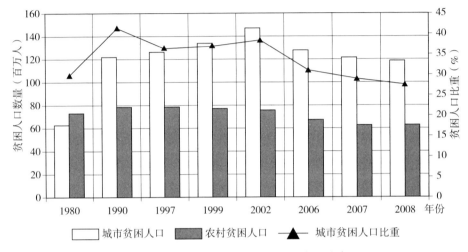

图 8　1980—2008 年拉美地区贫困人口分布

资料来源:Economic Commission for Latin America and the Caribbean (ECLAC), *On The Basis of Special Tabulations of Household Surveys Conducted in The Respective Countries*, Social Panorama of Latin America, 2009. p.49.

　　二是 20 世纪中叶发生的"过度城市化"并没有推动拉美地区"当期贫困化"的上升,反而导致"当期贫困化"有所下降。就是说,在 20 世纪中叶的五六十年里,拉美"过度城市化"的发展曾为减贫作出贡献,例如,其贫困率从 1970 年的 43.6%降至 1980 年的 27.5%[①]。

　　三是"过度城市化"导致的不良后果是"滞后贫困化"。即 20 世纪 80 年代以后,"迟来"的贫困化开始逐渐显性化,在随后长达将近 20 年的增长乏力的背景下,拉美贫困率持续攀高。进入 21 世纪以来,拉美城市化速度开始放慢,经济增长明显加快,这一时期拉美贫困率和赤贫率显著降低。

---

　　① 　Victor Bulmer-Thomas, John H. Coatsworth, Roberto Cortes Conde, *The Cambridge Economic History of Latin America*, *Volum II-The Long Twentieth Century*, Cambridge University Press, 2008, p. 592.

四是在拉美"过度城市化"背景下,如果经济增长不能保持一定速度(例如,3%以上),贫困发生率必将出现反弹。"增长性贫困"成为一个难以挥去的阴影,这与欧洲"同步城市化"背景下的状况形成较大反差。例如,虽然欧洲经济增长率很低,甚至低于3%,但贫困率却比拉美低1半多①。

拉美地区城市贫困人口多,比重大。这是拉美城市化进程中的一个社会痼疾,是社会不公平的主要表现之一。为减少城市贫困人口,拉美国家采取的主要措施及其特点包括以下几个方面。

第一,积极促进就业,尤其是增加服务业就业比重。促进就业是反贫困的主要手段之一。为促进就业和实现减贫的目标,拉美各国普遍采取了有利于穷人的就业政策,为穷人提供广泛的教育和培训,纷纷规范最低工资制的调节机制。例如,在20世纪90年代中期,智利最低工资年均增长8%。进入21世纪以来,拉美各国逐渐开始重视发挥服务业的就业吸纳能力,这是因为,服务业多为非技术岗位,可为扩大就业和实现减贫发挥较大作用。在21世纪的头10年里,拉美地区服务业从业人员比例高达61.4%,远远高于中东北非的47.4%和南亚的29.5%②。

第二,首创和推广"有条件现金转移"计划。"有条件现金转移"计划(CCTs)是20世纪90年代由墨西哥首创的一个反贫困计划,十多年来广受亚洲和非洲发展中国家的欢迎,大约已有十几个亚非国家引入这个计划。目前拉美已有19个国家实行这个计划③,惠及2000万个家庭,将近1亿人口,每年支出约占GDP的0.25%④。"有条件现金转移"计划的短期目标是反贫困,长期目标是对贫困家庭子女进行人力资本投资。由于该计划坚持削减当前的消费贫困和促进未来的人力资本积累并举,既有利于减少收入贫困,又有利于切断贫困代际传递,因此,该计划的这个双重目标受到普遍欢迎,效果良好,受

① 郑秉文:《拉美"增长性贫困"与社会保障的减贫功能——国际比较的背景》,《拉丁美洲研究》2009年2月增刊,第3—29页。
② 以上数据引自 Christoph Ernst and Janine Berg, *The Role of Employment and Labour Markets in the Fight against Poverty*, ILO. 2009, p.57, p.50.
③ 以上资料引自郭存海:《巴西和墨西哥的"有条件现金转移"计划评析》,《拉丁美洲研究》2010年第4期(双月刊),第37—42页。
④ 以上数据引自 ECLAC, *Social Panorama of Latin America*, 2009, Santiago, Chile, UN, July 2010, p.27.

到实施该项目的拉美国家的好评。从某种程度上说,该项目的引入是进入 21
世纪以来拉美贫困化率普遍下降的主要原因之一。例如,厄瓜多尔(BHD)贫
困人口下降了 8%,牙买加(PATH)下降了 4.5%,巴西(Bolsa Família)下降
了 3%[1]。

　　第三,拉美国家财政转移支付在减贫中值得注意的问题。诚然,拉美国家
较大规模的财政转移支付对减贫发挥了较大作用,但不可忽视的是,这种大规
模转移支付存在几个值得注意的问题。一是转移支付在各国的规模和效果不
一,存在较大差异。例如,巴西和墨西哥的"有条件转移支付"(CCTs)计划已
实现了对赤贫人口的全覆盖,对贫困人口的覆盖也分别达到 83.3% 和
71.2%。巴西赤贫率从 1999 年的 12.9% 下降到 2008 年的 7.3%,贫困率从
37.5% 下降到 25.8%;墨西哥赤贫率从 1996 年的 22.0% 减至 2008 年的
11.2%,贫困率从 52.9% 减至 34.8%[2]。但相比之下,中美洲地区的转移支付
对贫困人口的覆盖面则不足 20%,减贫效果也十分有限。例如,洪都拉斯的
"家庭津贴"计划(PRAF)使贫困率仅下降了 0.2%[3]。二是"政治化"的倾向
不可忽视。有研究认为[4],广受关注的转移支付"政治化"倾向是 2007 年尼加
拉瓜大选中奥尔特加获胜之后引入"有条件转移支付"计划的案例,换言之,
在拉美,政治家要防止仅救助那些支持他们的人群。三是负激励的潜在问题。
转移支付的规模和标准如果存在一定问题,那么,其本质可被认为是一种负所
得税。实践证明,长期看,负所得税对促进就业和经济增长在激励机制方面是
存在一些问题的。

三、城市化进程中社会保障制度改革的利弊

　　社会保障制度无疑可被视为城市化和工业化进程的一个必然结果。与非

---

　　① Francisco H.G. Ferreira, David Robalino, "Social Protection in Latin America-Achievements
and Limitations", The World Bank, Policy Research Working Paper 5305, 2010, p.21.
　　② ECLAC, *Social Panorama of Latin America* 2009, Santiago, Chile, UN, July 2010, p.107,
pp.243－245.
　　③ ECLAC, *Social Panorama of Latin America*, 2009, Santiago, Chile, UN, July 2010, p.27.
　　④ 参见弗朗西斯·福山:《贫困、不平等与民主:拉丁美洲的经验》,张远航译,《经济社会
体制比较》2009 年第 4 期,第 10—16 页。

洲和亚洲相比,拉美地区的社会保障制度有两个显著特点。一是由于工业化进程起步较早,城市化程度较高,其社保制度的建立早在第一次世界大战结束之后就已开始进行,而亚非国家基本都在第二次世界大战之后,大约比拉美晚了20—40年。二是拉美社保制度在战后以来始终处于改革的最前沿,引领世界范围的社保制度改革潮流,其著名的"智利模式"及其私有化因素最具有创新性,被很多发达国家所引入,对世界范围社保改革进程和走向起到了前所未有的重大影响。

毫无疑问,拉美地区适时建立起来的社保制度为20世纪中叶几十年来进口替代模式的实施、国内工业体系的建立、工业化的推进和城市化的发展,均作出了贡献。可以这样认为,在当时历史条件下,拉美迅速的非农化和激增的城市人口规模推动了社保制度的发展,顺应了城市化进程的发展需要。例如,1950年城市人口仅为4820万,但到1980年激增至1.62亿,增加了2倍(见图9)。但是,在进入20世纪80年代以后,情况就发生了逆转:一方面,拉美经济不得不面对"失去的80年代"和"长期徘徊的90年代";另一方面,城市人口却依然有增无减,继续膨胀下去,从1980年的1.62亿激增至2010年的3.30亿,增加了1倍多。因此20世纪80年代以来,经济增长乏力使原有的社保制度显得有些超前,而城市人口爆炸使当时的城市化显得有些过度;经济增长乏力与城市人口爆炸这个巨大反差无疑将导致其社保制度逐渐成为一个财务负担,进而导致一场史无前例的私有化改革。

换言之,20世纪80年代以来,在拉美经济处于低谷的条件下,由于没有较好控制城市人口规模,本来属于"早生早熟"的社保制度,此时却显得有些落后,没能适应"过度城市化"的发展,没有满足城市人口爆炸的需要。从这个意义上看,城市人口爆炸导致社会保障的公共物品"供给短缺",因此,拉美社保制度私有化改革是城市人口爆炸的必然结果之一。

拉美社保制度私有化改革取得的成果主要有两个。

第一,是将国家的财务负担转嫁给了雇主和雇员,实现了财务的可持续性,促进了资本市场和宏观经济的发展。尽管短期内政府要承担制度的转型成本,但长期内一次性地解决了政府财政负担的包袱问题,切断了国家财政通向社保制度的通道,避免了其前宗主国即伊比利亚模式中有可能出现拖累国家财政并导致其陷入主权债务危机的可能性。与此同时,养老基金的资本化

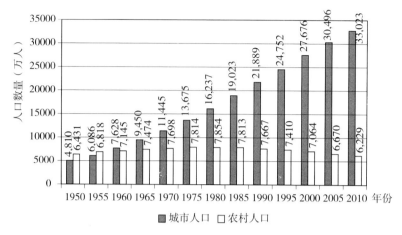

图 9　1950—2010 年南美大陆城市人口与农村人口变化

资料来源:根据联合国网站资料整理,见 http://esa.un.org/。

运行体制使积累起来的规模巨大的养老金资产得以进入资本市场,为资本市场发展和宏观经济发展带来了正外部性。截至 2010 年 3 月,拉美 10 国养老保险基金账户基金为 3045 亿美元,而 2000 年为 580 亿美元,1981 年仅为 300 亿美元[①]。有经济学家测算表明,智利养老金制度改革通过对储蓄和投资、劳动力市场和全要素生产率等影响,对其经济增长率(4.6%)的贡献为 0.49 个百分点[②]。

　　第二,是在改革过程中或多或少对"碎片化"的旧制度进行了整合。拉美承继的是欧洲俾斯麦模式,以职业划分为基础,建立了不同群体的社保制度,不同公共部门和私人部门,私人部门中不同职业和不同群体的制度相互割裂,待遇水平、缴费率都不相同,严重影响全国范围的劳动力的自由流动。改革后,这些国家建立了相对统一的社会保障计划,在一定程度上消除了原体制下养老金条块分割带来的待遇差别和分配不公等问题,提高了制度的便携性。

　　私有化改革后,拉美地区社保制度普遍存在的问题主要有二。

　　一是社保制度覆盖面狭小,与"过度城市化"形成较大反差。众所周知,

---

①　见国际养老金管理联合会网站,http://www.fiap.cl/。

②　郑秉文、房连泉:《拉美四分之一世纪以来的社保私有化改革》,《中国社会保障》2006 年第 6 期,第 29—32 页。

拉美地区在 20 世纪下半叶以来,非农化进程非常快,农村人口纷纷涌入城市,而农村居民则基本保持为一个常数,甚至有所下降。以南美大陆为例①,1950年农村人口为 6431 万人,而 2010 年下降到 6299 万人。相比之下,城市人口1950 年时仅为 4810 万人,但经过 60 年的非农化过程之后,到 2010 年上升到3.3 亿。换言之,1950 年南美大陆总人口为 1.12 亿,其中 57% 居住在农村,而2010 年总人口已高达 3.93 亿,只有 16% 还居住在农村,84% 居住在城市。即南美大陆 60 年来人口净增了 2.81 亿,所有增量全都涌入了城市,城市人口膨胀了将近 7 倍。与城市人口爆炸相反的是,社保制度的覆盖面远不能跟上人口膨胀速度,在"过度城市化"背景下,社保制度显得无能为力。拉美地区社保制度远远落后于"过度城市化"的需要,不能满足经济活动人口或就业人口的参保意愿,其中一个主要原因是由社保制度设计与非正规就业之间产生的冲突导致的。"过度城市化"必然导致非农化的城市居民加入非正规就业部门当中,而改革后的社保制度设计不适合就业的非正规性特征,为非正规就业部门加入社保制度之中带来了较大障碍。社保制度覆盖面狭小派生出来的问题很多,例如,绝对贫困和相对贫困现象成为常态,贫民窟大量存在,吸毒贩毒暴力事件频发,城市治安不断恶化,社会排斥较为严重,社会稳定具有较多不确定性,政局常处于动荡之中,等等。

二是拉美地区非缴费型社保制度(社会救助)和缴费型制度(社会保险)均不适应"过度城市化"。在当今世界各国,它们的社保制度几乎均由非缴费型和缴费型社保制度二者共同构成。如前所述,拉美地区建立社保制度的时间是适时的,在第二次世界大战之前基本迎合了经济发展和快速城市化进程的需要。但是,战后以来一直到本世纪初,拉美经济发展始终走走停停、断断续续,滞留在中等发展水平长达半个世纪,相对落后于城市化进程及其对社保制度的需求。从图 10 可看出,与其他地区相比,拉美地区的非缴费型和缴费型制度的支出占 GDP 比重略高于其他 4 个发展中地区,考虑到拉美地区社保制度"早生早熟"的历史渊源,这个支出水平是基本相适应的。但是,横向与东亚、中东北非等地区的发展水平相比,纵向与历史上 20 世纪中叶经济发展速度相比,这个支出水平就显得稍有超前。于是,在拉美地区社保制度就形成

----

① 见联合国网站,http://esa.un.org/。

这样一个悖论:20世纪80年代以来,相对于"过度城市化",社会保障的制度供给是短缺的,但相对于经济发展水平,又显得有些超前。

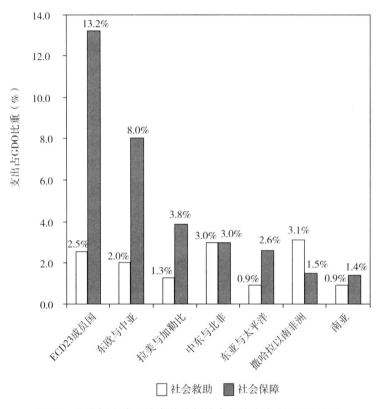

图 10　世界部分地区社会救助与社会保险支出占 GDP 比重

资料来源:Weigand, Christine and Margaret Grosh, "Levels and Patterns of Safety Net Spending in Developing and Transition Countries", Social Protection and Labor Discussion Paper No.0817, The World Bank, 2008, p.36.

在非缴费型制度上,上述悖论集中表现在财力不足与贫困率过高二者的矛盾上:经济发展缓慢导致财政收入捉襟见肘,来自财政转移支付的社会救助款项受到制约,贫困率居高不下,分配不公进而又为经济增长带来负面影响。在缴费型制度上,集中表现在制度设计与人口膨胀二者的矛盾上:激增的城市人口几乎完全涌入非正规部门,但以积累制为主的社保制度不利于流动性和季节性较强的非正规部门的加入,导致一多半劳动人口被排除在社保制度之外,这部分群体由于没有得到任何社会保护,处于社会边缘,经济状况十分脆弱,常常落入贫困线之下。

四、城市化进程中提高和稳定就业率的得失

　　半个世纪以来,拉美城市化进程与进口替代工业化进程对其就业结构产生了较大影响。近二三十年来,拉美就业结构的变化更加迅速,并明显呈现出以下两个趋势。

　　一是过度城市化导致拉美国家正规部门和非正规部门的就业比重普遍发生了逆转,即非正规部门就业比重逐年增加。据不完全统计,1950 年拉美非正规就业占总就业比重为 29.0%,到 1980 年提高到 31.0%,1990—2000 年这一比重又提高到 45.7%[1]。非正规部门就业人数最低的是智利,仅为 40%,而最高的是玻利维亚,高达 75%[2]。拉美地区就业非正规性特征在拉美大城市也表现得十分突出,例如,布宜诺斯艾利斯 1980 年的非正规部门就业率为 12.9%,到 2000 年则上升到 33.8%;与此同时,大型正规部门就业人员却由 47.6% 下降到 31.4%[3]。

　　二是在非正规就业中,服务业的就业人数逐渐提高。如 1960 年城市中各类服务业就业人数占非农就业人员的 4.9%,1980 年增至 8.3%[4]。服务业就

　　① 1950—1980 年的数据来自 Victor E. Tokman, "Economic Development and Labor Markets Segmentation in the Latin American Periphery", *Interamerican Studies and World Affairs*, Vol. 31, No. 1/2, Special Issue: Latin America at the Crossroads: Major Public Policy Issues, Spring-Summer, 1989, pp. 23 – 47。1990—2000 年的数据来自如下资料提供的 10 个国家数据计算得出:Rossana Galli, David Kucera, "Gender, Informality and Employment Adjustment in Latin America", ILO. Working Paper No. 85, April 2008, p.20.

　　② Helena Ribe, Dabid A. Robalino, Ian Walker, "Achieving Effective Social Protection for All in Latin America and the Caribbean-From Right to Reality", The World Bank, Washington DC, 2010, p.20.

　　③ Alejandro Portes and Bryan R.Roberts, "The Free Market City-Latin American Urbanization in the Years of the Neoliberal Experiment", *Studies in Comparative International Development* (*SCID*), 2005, No.1, pp.43 – 82.

　　④ Bryan R. Roberts, "Urbanization, Migration, and Development", *Sociological Forum*, Vol. 4, No. 4, Special Issue: Comparative National Development: Theory and Facts for the 1990s, Dec. 1989, p.674.

业比重逐年增加,既是拉美各国实施旨在促进扩大就业的积极劳动力市场政策的导向结果,也是城市化特别是"过度城市化"的一个结果。

非正规部门的扩大或就业的非正规性特征给拉美地区提高就业率带来了较大困难。拉美各国政府为积极应对城市化特别是"过度城市化"带来的就业压力,采取了一系列措施,就业率有所改善。

第一,促进女性劳动参与率。女性劳动参与率是衡量就业率的一个重要因子,也是提高就业率一个主要措施。拉美国家采取不同措施,积极鼓励促进女性劳动力走进劳动力市场,效果较好。除洪都拉斯等个别国家外,拉美几乎所有国家的女性劳动参与率都得到提高。2009 年拉美地区女性劳动参与率平均高达 53%(20—40 岁年龄段的女性参与率高达 70%)[1]。

第二,制定积极劳动力市场政策(ALMPs)。积极劳动力市场政策主要包括为失业人员提供职业培训,提高低收入者的技术水平,通过"有条件转移支付"增加低收入家庭对人力资本的投入,提高其抵御风险和获得"高品质工作"的能力,鼓励自雇者积极创业并为微型企业提供贷款,等等。研究表明,积极劳动力市场政策的支出每增加相当于 GDP 的 1% 的投入,结构性失业率会下降 0.1%—0.2%[2]。20 世纪 80 年代以来,拉美各国积极劳动力市场政策的支出均呈上升趋势。例如,智利积极劳动力市场政策支出由 1995 年占 GDP 的 0.06% 增加到 2006 年的 1.08%[3]。

第三,积极扩大青年人就业渠道。拉美地区青年就业率比较低,失业率较高,青年平均失业率是总失业率的 1.7 倍,最高的是苏里南为 2.7 倍,最低的是玻利维亚为 1.5 倍[4]。为提高青年就业率,拉美各国政府制定了很多措施,努力扩大青年就业渠道。例如,秘鲁的青年劳动者培训项目(PROJoven)为贫困家庭中 16—24 岁的青年提供职业培训,其中女性参加培训申请者高达 62%。萨尔瓦多的临时收入支持项目(PATI)为贫困家庭的失业青年提供为

① ILO, *World of Work*, No.66, August 2009, p.33.

② Søren Gaard, "Labour Market Regimes in Europe and Labour Market Performance", Working Paper 13, Finansministeriet, Danmark, 2005, p.6.

③ Jürgen Weller, *Regulation, Worker Protection and Active Labour-Market Policies in Latin America*, ECLAC, 2009, p.124.

④ Wendy Cunningham, *Youth at Risk in Latin America and the Caribbean: Understanding the Causes, Realizing the Potential*, The World Bank, 2008, pp.85–86.

期 6 个月和每月 100 美元的收入支持,在培训期满后被推荐到有关就业机构。该项目受益人数已达 4 万人①。

拉美地区促就业的措施取得了较好效果,2009 年其就业率为 60.0%,略低于世界 60.4% 的平均就业率,且低于东亚的 69.8%、东南亚与太平洋的 65.6% 和撒哈拉以南非洲的 65.8%,高于发达国家、南亚、中东、北非、中南东欧地区(见表 3)。

表 3　1999—2009 年世界各地区就业率比较

(%)

年份 世界 9 个地区	1999	2000	2004	2005	2006	2007	2008	2009
世界平均	61.3	61.2	60.6	60.7	60.9	61.0	60.9	60.4
拉美与加勒比	57.9	57.9	58.9	59.5	60.4	60.6	60.9	60.0
发达国家与欧盟	56.6	56.7	55.9	56.3	56.8	57.3	57.3	55.5
中、南、东欧(注 1)	51.6	52.3	52.7	53.2	53.5	54.4	54.5	53.2
东亚	73.3	73.1	71.4	71.0	70.8	70.5	69.9	69.8
东南亚与太平洋	66.8	66.5	65.3	65.2	65.2	65.6	65.7	65.6
南亚	56.8	56.5	55.7	55.7	55.9	56.0	56.0	55.8
中东	45.8	45.7	46.6	46.2	46.4	46.4	46.2	46.7
北非	44.7	44.1	45.0	45.3	46.0	46.1	46.3	46.4
撒哈拉以南非洲	64.9	65.0	65.4	65.5	65.5	65.7	65.8	65.8

注 1:包括非欧盟成员国与英联邦国家。
注 2:就业率这里采用的是 ILO 的概念,指一国 15 岁以上的劳动年龄人口的就业比重。
资料来源:ILO, *Global Employment Trends January* 2010, Geneva, ILO, 2010, p.48, Table A5.

但从历史数据看,拉美地区就业率得到改善只是近 10 年以来的事情,尤其是进入本世纪以来,由于拉美地区经济增长出现了几十年来从未有过的表现,拉美就业率便有明显改善。从图 11 可以看到,1991 年巴西、委内瑞拉、乌拉圭、阿根廷、哥伦比亚的就业率仅为 59.9%、53.4%、55.2%、55.7% 和 45.6%,而 2009 年则分别提高到 64.9%、60.9%、59.5%、59.4% 和 51.6%。换

---

① ECLAC/ILO Bulletin, *The Employment Situation in Latin America and the Caribbean*, June 2010, pp.12 - 13.

言之,除墨西哥以外,拉美 5 国就业率提高幅度平均达 5 个百分点左右。这个变化与表 3 中 1999 年的数据基本是吻合的,即拉美地区就业率是 57.9%,与发达国家相差无几。

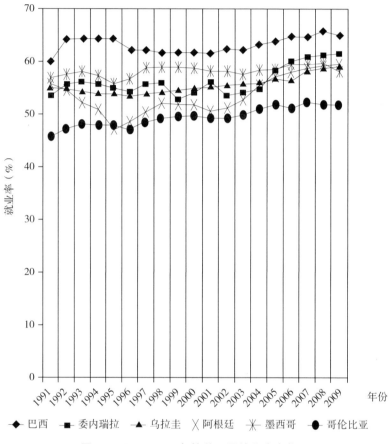

图 11　1991—2009 年拉美 6 国就业率变化

资料来源:见 http://kilm.ilo.org/。

　　拉美地区之所以在历史上其就业率较低,是因为拉美城市化进程较早,在 20 世纪 30—40 年代就纷纷制定了"劳工法典"①,以期保护劳工失业和收入

　　① 以下资料数据引自 Alejandra Cox Edwards, "Labor Market Reforms in Latin America: Consequences and Costs", Paper prepared for the Copenhagen Consensus Center and the InterAmerican Development Band roundtable *Consulta de San Jose* 2007, Sep.2007, pp.2－4。

安全的各种福利制度,因此,与亚洲和非洲相比,拉美地区的劳动力市场监管体制比较严格。但是,众所周知,劳动保护与劳动力市场监管是一个双刃剑,它无疑对劳动力市场具有相当扭曲作用。从这个角度讲,拉美地区劳动力市场的扭曲程度要比世界其他地区更为严重一些。

拉美地区劳工保护或劳动力市场僵化的具体表现主要有三个方面:较高的工薪税、水平较高的最低工资制和较高的辞退成本。拉美各国已逐渐认识到劳动力市场僵化不利于提高就业率的弊病,十几年来,他们针对这三个问题,纷纷采取改革措施。第一,对养老保障制度进行私有化改革,以期通过减少现收现付制因素的办法来达到降低工薪税的目的。总体看,拉美国家养老保障私有化改革之后,这个目的基本实现了。第二,一些国家逐渐引入“所得税抵扣信用”制度(Devolucion de Impuestos a los Pobers, DIP, Earned Income Tax Credit),以替代最低工资制,旨在使之作为劳动合同正规化的工具,这实际是对低收入者参加失业保险和养老保险的个人缴费所进行的抵免或称补贴。第三,为取消或降低解雇金制度对劳动力市场的扭曲,一些拉美国家逐渐采取措施,逐渐放松或取消短期劳动合同的限制,或有些国家直接取消了解雇金制度,代之以引入“失业保险账户”制度(UISAs)。

上述对拉美劳动力市场三个方面的扭曲必将导致其劳动成本增加,影响劳动力自由流动,并致使企业主倾向于采取劳动的其他替代措施,进而对改善拉美地区的就业率具有较大负面影响。表4显示,如将世界各国按9组来分类,劳动力市场弹性最差的是南欧国家,即拉美前宗主国地区,排名160名,南美大陆仅次于南欧,排名第104位,而加勒比地区是最好的之一,仅次于3个讲英语的国家。其中,南欧的辞退成本最高,相当于75周即1年半的工资,其次是亚洲四小龙,南美国家排列第三。在非工资的劳工成本中,东欧、南欧、发达国家、北欧四组国家排在拉美前面,南美地区居中,这说明,南美的福利制度并不构成其劳动力市场僵化的主要问题。但是,南美大陆的雇佣困难指数和辞退困难指数均排列第二,仅次于南欧;就业僵化指数和工时僵化指数均排列第三,前者仅次于南欧和北欧,后者仅次于南欧和东欧。

表4　世界各地区劳动力市场弹性及其指数比较

地区	世界排名	非工资的劳动成本（占工资%）	辞退成本即支付的"周工资"数量	就业僵化指数	雇佣困难指数	工时僵化指数	辞退困难指数
南美大陆	104	15.83	63.71	41.94	46.28	46.67	32.78
拉美与加勒比	80	12.4	58.47	32.18	33.68	35.71	27.14
加勒比地区	36	6.23	49.03	14.60	11.00	16.00	17.00
工业化国家	73	21.60	28.61	33.23	27.73	44.55	27.27
讲英语的3个国家	10	11.97	10.67	4.67	7.33	0.00	6.67
亚洲四小龙	55	10.33	65.07	16.83	16.67	23.33	10.00
斯堪的纳维亚地区	89	20.80	19.50	44.00	41.50	60.00	30.00
东欧	86	28.50	22.91	41.41	30.68	56.36	36.82
南欧	160	28.37	74.77	57.33	51.67	66.67	53.33

注：指数从0到100,0为成本低,100为成本高。讲英语的3个国家为澳大利亚、新西兰和加拿大。

资料来源：Alejandra Cox Edwards, "Labor Market Reforms in Latin America: Consequences and Costs", Paper prepared for the Copenhagen Consensus Center and the InterAmerican Development Band roundtable *Consulta de San Jose 2007*, Sep. 2007, p.31, Table 1B.

五、城市化进程中失业保险改革的有益探索

从20世纪中叶以来,在城市化进程中,拉美地区失业率总体呈上升态势(见图12),到20世纪末和21世纪初达到顶点,随后开始回落。1950年拉美14个主要国家失业率为3.4%,1970年为3.8%,1980年为3.9%。在20世纪80和90年代,拉美失业率高位徘徊在8%—10%之间,1999年超过10%,一直到2004年回落到10%以下,此后连年下降,2009年下降到8.1%。

但是,如同拉美地区的养老保险制度,该地区的失业保险制度覆盖面也非常狭小。据2008年的统计[①],全世界建立不同形式的失业保险制度国家有184个,其中有78个国家建立的是强制性的保险制度,占总数的42%。106个国家建立的是非强制性的失业保险制度,占总数的58%。

---

① 以下引自ILO, *World Social Security Report 2010/11-Providing Coverage in Times of Crisis and Beyond*, ILO, Geneva, 2010, pp.59-612。

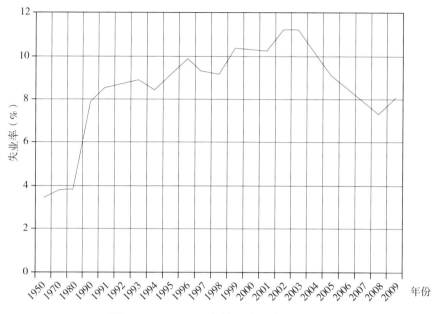

图 12　1950—2009 年拉美地区城市失业率

资料来源:1950、1970、1980 年的数据引自白凤森:《对拉美失业问题的初步研究》,《拉丁美洲研究》
1996 年第 5 期,第 24 页。1990—1999 年数据见:ILO. Regional Office for Latin America and the
Caribbean, *Labour Overview* 2005, Latin America and the Caribbean (First Semester Advance
Report) .Lima: ILO, 2005, Table 1—A。2001—2009 年数据见:ECLAC and ILO, *On the Basis
of Official Information from Countries' Household Surveys*. ECLAC/ILO Bulletin, *The Employment
Situation in Latin America and the Caribbean*, June 2010, p.17。

　　在世界 106 个非强制性失业保险制度中,即使在正规部门,其覆盖率也非
常小,有些国家的给付水平很小,因此,非强制性的失业保险制度在发挥抵御
失业风险方面的作用不是很明显,不是世界各国实施的主流失业保险制度。

　　在全球 78 个强制性失业保险制度中,有 64 个国家建立的是缴费型失业
保险制度(其中有 17 个国家还附加了一个社会救助制度,即当失业金资格过
期之后,社会救助制度会接续下去),8 个国家建立的是社会救助制度(即雇主
或雇员无须缴费,融资方式是税收),6 个国家建立的是公积金制度。在 78 个
强制性失业保险制度中,有 36 个是"高收入"国家,占"高收入"国家的 80%;
20 个是"上中等收入"国家,占"上中等收入"国家数量的 54%;17 个是"下中
等收入"国家,占"下中等收入"国家的 35%;5 个是"低收入"国家,占低"收
入"国家总数的 8%。从这个角度看,强制性缴费型失业保险制度是当今世界

失业保险制度的主流。

　　78个强制性失业保险制度的覆盖率相差悬殊[①]:北美覆盖率最高;为81.4%;西欧和中东欧均超过70%;再次是中东和北非,超过17%;拉美地区倒数第三,为10.0%,高于亚太和撒哈拉以南非洲,低于世界25.7%的平均覆盖率(见图13)。

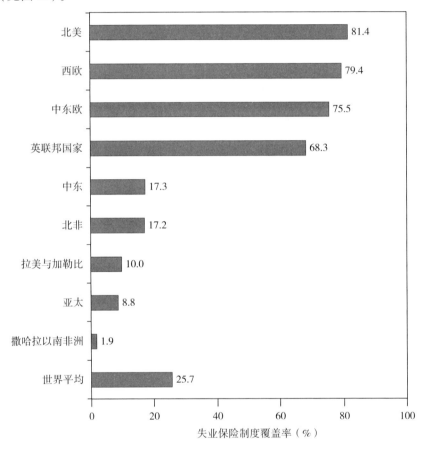

　　　　　失业保险制度覆盖率(%)

图13　2008年拉美地区强制性失业保险制度覆盖率及其与世界的比较

注:覆盖率指参加失业保险人数占经济活动人口的比重,且含暂时没有缴费的断保的参保人在内。

资料来源:ILO, *World Social Security Report 2010/11-Providing Coverage in Times of Crisis and Beyond*, ILO, Geneva, 2010, p.61, Figure 5.4.

①　这里论述的覆盖率含暂时没有缴费的断保的参保人在内。

　　据统计,拉美建立失业保险制度的国家有 13 个①,除巴巴多斯以外,其余 12 个均为"上中等收入"国家,占拉美 19 个"上中等收入"国家的三分之二。在世界 20 个建立强制性失业保险制度的"上中等收入"国家中,拉美国家占了一半多;或说,在"上中等收入"国家的强制性失业保险制度中,拉美地区具有相当的代表性。

　　为适应非正规就业人员的特征,扩大失业保险覆盖率,校正由解雇金制度对劳动力市场的扭曲,从 20 世纪 90 年代开始,一些拉美国家纷纷对传统的、以现收现付为融资特点的失业保险进行改革,将个人账户引入进来,建立了"失业保险储蓄账户"(Unemployment Insurance Savings Accounts, 简称 UISAs)制度。至今,建立失业保险账户制度的拉美国家为 8 个,即一半多的失业保险制度进行了引入个人账户的改革,它们是巴拿马(1972 年)、阿根廷(1975 年)、巴西(1989 年)、哥伦比亚(1990 年)、秘鲁(1991 年)、委内瑞拉(1997 年)、厄瓜多尔(2001 年)和智利(2002 年)。在改革后的"失业保险储蓄账户"新制度中,雇主和雇员均为个人账户定期缴费,雇员在其失业期间可从账户中提取保险金,直到重新就业。

　　建立个人积累性质的"失业保险账户"制度是对传统制度的替代设计,旨在规避和防止传统失业保险制度中存在的道德风险、充足性较差、监督管理成本较高、不利于劳动力流动、不利于非正规就业人员参保、不利于降低失业率、不利于缓解长期失业的负激励等弊端。在拉美各国的实践中,尽管不同国家建立的"失业保险账户"制度略有差异,效果不一,例如,智利建立了一个统筹性质的、由一定财政转移支付构成的"团结基金",尽管新制度的覆盖率也不尽相同,例如,有些国家仅为 20%左右,而巴西则高达 100%(见图 14),但是,这毕竟是一个制度创新,为缓解拉美城市化进程中出现的大量失业风险和贫困风险作出了有益探索。

　　失业保险制度具有收入替代、生活保障、扩大内需、稳定社会等诸多功能,是各国社保制度的主要子制度之一。但在 2000 年,拉美地区建立失业保险计划

---

　　① 　根据下表查阅得知:ILO, *World Social Security Report 2010/11-Providing Coverage in Times of Crisis and Beyond*, ILO, Geneva, 2010, p.26, Statistical Annex Part B。这 13 个国家是阿根廷、巴巴多斯、玻利维亚、巴西、智利、哥伦比亚、哥斯达黎加、厄瓜多尔、墨西哥、巴拿马、秘鲁、乌拉圭、委内瑞拉。

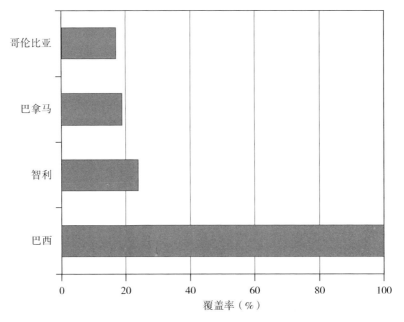

图 14　拉美四国"失业保险储蓄账户制度"覆盖率

注:覆盖面指参保人数占就业人口比重。

资料来源:Helena Ribe, Dabid A. Robalino, Ian Walker, *Achieving Effective Social Protection for All in Latin America and the Caribbean-From Right to Reality*, The World Bank, Washington DC, 2010, p.19, Figure 1.5.

的国家仅有 8 个①,只是近 10 年来才增加到 13 个国家。这个事实在一定程度上说明,相对于过度城市化而言,拉美地区失业保险制度没有及时跟进。换言之,一方面拉美地区城市化过度发展,另一方面失业保险制度供给却相对不足,覆盖率又十分狭小。尤其在 20 世纪下半叶实施进口替代工业化进程中,在仅有少数几个国家建立失业保险制度的情况下,面对逐渐上升的失业率,拉美出现较差的社会治安、较多的贫民窟和较高的贫困率等社会问题,就成为必然的了。

六、城市化进程中低收入群体住房政策的反思

在拉美半个世纪以来的城市化进程中,其居民住宅情况主要有如下三个

---

①　袁东振:《拉美国家建立失业保险的设想与实践》,载《2000—2001 年拉丁美洲和加勒比发展报告》,社会科学文献出版社 2001 年版,第 390—397 页。

特点。

（一）"住宅赤字"十分严重，与"过度城市化"形成巨大反差

如前所述，半个世纪以来，拉美地区几乎所有的人口增量都涌向城市，为城市住房建设带来了空前的巨大压力。据联合国拉美经委会的一个官方统计，1995 年拉美地区"住房数量赤字"（家庭数量与住房数量之间的差额）为 2800 万套，"住房质量赤字"（由于住房缺少基本服务设施而导致不满意的数量）为 2600 万套，上述合计总赤字达 5400 万套。这就意味着，在拉美地区全部的 1.18 亿个家庭中①，将近 1/4 的家庭缺少住房，超过 1/5 的家庭住在处于"非正规"边缘的住宅里，只有 55% 左右的家庭住宅处于正常状态。1995 年发布的另一项统计略有不同（见表 5）：住宅总赤字 4877 万套，只有 45% 的家庭住宅处于正常状态。其中，阿根廷和智利的住房情况稍好一些，住宅短缺和房屋修缮的比重不是很高。玻利维亚、古巴、危地马拉、委内瑞拉等国的住房缺口很大，远远超过其房屋修缮的数量。相反，巴西、厄瓜多尔和秘鲁的房屋修缮的比例要大于住宅缺口的比例。危地马拉和秘鲁的总赤字即住宅缺口与修缮数量要大于这两国的住宅存量。

表 5　1995 年拉美一些国家住宅赤字情况

国家	永久住宅（万套）	数量赤字（%）	质量赤字（%）	总赤字（%）	总赤字（万套）
阿根廷	804	17.7	4.6	22.3	179
玻利维亚	147	36.5	33.3	69.8	103
巴西	3246	24.9	39.0	63.9	2076
哥伦比亚	656	19.4	21.8	41.2	270
智利	310	13.2	9.6	22.8	70
古巴	238	30.9	15.6	46.5	111
多米尼加	182	16.7	12.9	29.6	60
厄瓜多尔	214	18.1	52.3	70.4	151
危地马拉	154	64.8	41.9	106.7	165
墨西哥	1527	19.0	21.4	40.4	618

---

① Gerardo M. and Gonzales Arrieta，"Access to Housing and Direct Housing Subsidies：Some Latin American Experiences"，*Cepal Review 69*，1999，p.142.

续表

国家	永久住宅（万套）	数量赤字(%)	质量赤字(%)	总赤字(%)	总赤字（万套）
秘鲁	384	44.5	57.9	104.4	393
委内瑞拉	335	35.1	5.2	40.3	135
合计	8958	25.8	28.6	54.4	4877

资料来源:Alan Gilbert. "Housing in Latin America", IDB, Working Paper Series I-7UE, August 2001, p. 12, Table 2.

　　到 2005 年①,拉美地区住宅情况没有很大改善:拉美共有 1.27 亿个家庭,住房赤字大约为 5000 套,其中,数量赤字 3000 万套,质量赤字 2000 万套,此外,每年还有新组建的家庭 300 万个,但拉美各国只能满足上述缺口的 30%。

　　(二)"非正规住宅"比重较大,贫民窟现象十分突出

　　众所周知,拉美的"非正规住宅"比例较大,尤其是在一些大都市,贫民窟规模"蔚为壮观"。所谓"非正规住宅"(Informal Settlements)是指那些质量较差,诸如上下水设备、卫生或照明等基本生活条件不良或缺乏的住宅。在许多国家和地区,"非正规住宅"是指贫民窟(见表 6)。在拉美大都市中,阿根廷首都布宜诺斯艾利斯是"非正规住宅"居住人口比重最少的城市,仅为该城市人口的 10%;比例最大的城市是哥伦比亚首都波哥大,高达 59%;其中,巴西的圣保罗和里约热内卢的"非正规住宅"则完全是指贫民窟,其居住人口分别占这两座城市人口的 22% 和 20%。

表6　2000 年拉美居住在"非正规住宅"的城市人口比例

城市	居住在非正规住宅的人口比重(%)
布宜诺斯艾利斯	10
桑托斯	12(指贫民窟)
里约热内卢	20(指贫民窟)
贝洛哈里桑塔	20(指贫民窟)
福塔雷萨	21(指贫民窟)

① Sustainable Development Department , " Promoting Private Sector Participation in Low-Income Housing Finance-Diagnosis and Policy Recommendations for Latin America and the Caribbean", IDB, Working Paper Series, Washington DC, August 2007, p.1.

续表

城市	居住在非正规住宅的人口比重(%)
萨尔瓦多	21(指贫民窟)
圣保罗	22(指贫民窟)
墨西哥城	40
利马	40
累西腓	46
基多	50
加拉加斯	50
波哥大	59

资料来源:ECLAC, *From Rapid Urbanization to the Consolidation of Human Settlements in Latin America and the Caribbean: A Territorial Perspective*, 2000, p.90, Table A-8.

(三)"住宅自有率"位居世界第二,远远高于发达国家

在过去半个世纪的城市化进程中,拉美各国住宅自有率的发展速度很快,几乎提高了30%—50%,例如:墨西哥城1947—1952年的住宅自有率仅为25%,但到1990—1993年陡然提高到70%;圣地亚哥从26%提高到71%;布宜诺斯艾利斯从27%激增至72%(见表7)。

表7　1947—1993年拉美部分城市住宅自有率变化

(%)

城市	1947—1952年	1970—1973年	1990—1993年
墨西哥城	25	43	70
瓜达拉哈拉	29	43	68
波哥大	43	42	54
麦德林	51	57	65
圣地亚哥	26	57	71
里约热内卢	33	54	63
布宜诺斯艾利斯	27	61	72

资料来源:Alan Gilbert, "Housing in Latin America", Working Paper Series I-7UE, IDB, Washington DC, August 2001, p.18, Table 9.

截至2005年,拉美地区的住宅自有率位居世界第二,为73%,仅次于74%的亚洲。其他依次是中东欧66%,非洲63%,中国44%,高收入国家

42%,而世界平均水平为61%①(见表8)。

表8　世界各地区住宅自有率比较

(%)

地区	住宅自有率		租房	其他
	全部	非正规产权		
亚洲(不包含中国)	74	45	19	7
拉美与加勒比	73	25	21	6
中东欧	66	1	34	3
非洲	63	38	23	15
中国	44	9	50	6
高收入国家	42	2	57	1
世界平均	61	19	34	5

资料来源:Marianne Fay, *The Urban Poor in Latin America*, The World Bank, Washington DC, 2005, p.92, Table 3.1.

欧盟国家的平均住宅自有率是63%(见图15)。其中,最高的是爱尔兰、希腊、西班牙,他们均超过了80%;最低的是德国,仅为43%。虽然欧洲国家人均 GDP 高于拉美国家三五倍甚至几十倍,但其平均自有率却低于拉美。两个地区中有些国家的自有率是完全一致的,但其人均 GDP 水平却相差悬殊。例如,阿根廷与意大利的住宅自有率均为75%②,但意大利的人均 GDP 是阿根廷的 4.4 倍;玻利维亚与瑞典都是60%,但瑞典的人均 GDP 是玻利维亚的25 倍;巴拉圭的住宅自有率与英国和卢森堡相同,都是71%,但卢森堡人均 GDP 世界排名第一,而巴拉圭排名第 118 位,卢森堡的人均 GDP 是巴拉圭的 45 倍。这些数据显示,住宅自有率与经济发展水平之间既存在一定相关性,但又没有必然性。

上述拉美居民住宅情况的三个特点显示,在其城市化进程中,城市居民"住房结构畸形化"情况较为严重:一方面,拉美的住宅自有率平均水平高于

---

① Marianne Fay and Anna Wellenstein, *The Urban Poor in Latin America*, The World Bank, 2005, p.92, Table 3 - 1.
② 这里使用的人均 GDP 数据是 2009 年的,引自世界银行网站,见 http://data.worldbank.org/about/;全球 GDP 排名也是 2009 年的数据,引自国际国币基金网站,见 http://www.imf.org/external/index.htm。

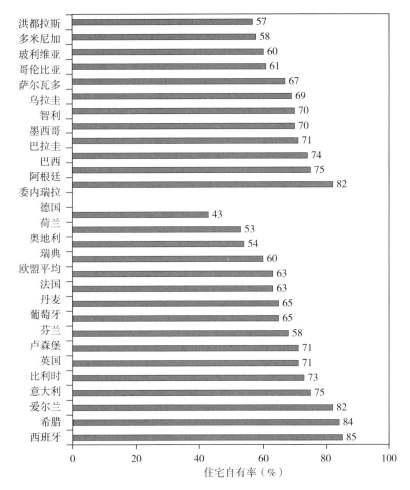

图 15　拉美与欧洲"住宅自有率"比较

资料来源:拉美数据引自 ECLAC, *From Rapid Urbanization to the Consolidation of Human Settlements in Latin America and the Caribbean: A Territorial Perspective*, 2000, p.25。欧洲数据引自英国国家统计局网站,见 http://www.statistics.gov.uk/STATBASE/ssdataset.asp? vlnk = 7326。

注:欧洲数据为 2000 年。拉美数据为 1998 年。

发达国家;但另一方面,拉美住宅赤字情况如此严峻,"非正规住宅"比重如此之大,甚至相当一部分城市人口居住在贫民窟之中,由此产生的"城市病"成为两极分化的一个标志性特征。

导致拉美城市化进程中出现"住房结构畸形化"的原因可能是多方面的,比如,有传统文化和民族习惯的因素,有财产观念和就业方式的因素,有财政制度和贫困群体比重较大的因素,等等。但不可否认的是,拉美地区普遍实施和流行的住房政策在一定程度上对推动"住房结构畸形化"负有相当的责任。据目前查阅和掌握的资料和数据,拉美地区为解决城市人口爆炸带来的住房难题而普遍实施的住房政策特点可归纳为如下两个方面。

第一,对低收入家庭普遍实行"直接住房补贴"(DHS)。"直接住房补贴"制度在拉美十分流行,是拉美地区住房制度的主流政策。在拉美决策者那里[1],拉美住房赤字严重的主要原因有三:一是缺房者多为低收入家庭,他们的购买力有限,巨大的潜在市场需求难以变为有效需求;二是低收入家庭一般来说没有资格和能力在市场上获得抵押贷款;三是低收入家庭多在非正规部门就业,缺房者无法出示固定收入来源的证明。于是,在决策者看来,"直接住房补贴"制度可以帮助低收入家庭购房的愿望得以实现,并至少还有三个优点:一是可以促进房贷抵押市场的发展,因为政府给予一定补贴就意味着国家分担了一定的信贷风险,相当于为商业银行发放抵押房贷做了"背书",进而可鼓励私人部门的金融机构加入进来,刺激房贷市场的发展;二是可以鼓励和刺激家庭储蓄,否则,低收入家庭没有申请贷款的资格;三是对住房金融市场不能产生扭曲,这是利率补贴所没有的优势。于是,在拉美,连接住房金融市场与资本市场的中介机构较为发达,低收入家庭部门购买住宅的可获性门槛不是很高,只要达到了这三个条件(有一定存款、获得国家的"直接住房补贴"、获长期抵押贷款),就可以实现购房的愿望。

普遍实施的"直接住房补贴"政策促使拉美国家建立起很多不同类型的国有"直接住房补贴"的专门基金或金融机构,例如,墨西哥建立了 SHF 基金(此前为 FOVI 基金),哥斯达黎加建立了 BANHVI 银行,厄瓜多尔建立的是BEV,等等。智利是"直接住房补贴"的开创者,于 1978 年实施,1987 年开始实施的"特殊工人项目"(PET)资助住房大约 1.6 万套[2]。

第二,在政策上严重忽视"社会住宅"(Social Housing)的公共提供。"社会住宅"是指由政府出资开发并提供的、以低收入家庭为出租对象的价格低廉的公共住宅,即只用于出租,一般来说不用于销售。众所周知,欧洲国家的

---

① Gerardo M. Gonzales Arrieta, "Mortgage Loans and Access to Housing for Low-Income Households in Latin America", *Cepal Review 85*, April 2005, pp.115 – 117, 119 – 121.

② Gerardo M. and Gonzales Arrieta, "Access to Housing and Direct Housing Subsidies: Some Latin American Experiences", *Cepal Review 69*, 1999, p.148.

"社会住房"非常发达。表 9 显示,荷兰的住宅自有率仅为 54%,但其用于出租的社会住宅则高达 35%,数量达 240 万套之多;奥地利用于出租的社会住宅占全部住宅存量的 25%,有 80 万套;英国则为 18%,将近 400 万套。

表 9　欧洲部分国家"住宅自有率"与"社会住宅出租率"比较

国家	自有率(%)	私人住宅出租率(%)	社会住宅出租率(%)	社会住宅(万套)
荷兰	54	11	35	240
奥地利	55	20	25	80
丹麦	52	17	21	53
瑞典	59	21	20	78
英国	70	11	18	398
法国	56	20	17	423
爱尔兰	80	11	8	12
德国	46	49	6	180
匈牙利	92	4	4	17

资料来源:Christine Whitehead and Kathleen Scanlon, *Social Housing in Europe*, published by LSE London, July 2007, p.9, Table 1.

　　相比之下,拉美大多数国家则认为,政府不应对住房市场干预太多,廉租型的公共住房不应成为财政支出的重点。在这样的政策指导下,"用于公共住宅的建筑融资就非常少,甚至没有任何余地"①。据统计,20 世纪 80—90 年代,拉美国家用于社会住宅的财政支出平均不到 GDP 的 1%。其中,有些国家超过 2%,例如,哥斯达黎加、墨西哥、多米尼加和委内瑞拉等;有些国家在 1%—2% 之间,例如,阿根廷、巴西、智利、厄瓜多尔、尼加拉瓜和巴拿马等;有些国家在 0.5%—1% 之间,例如,哥伦比亚、危地马拉;有些国家在 0.2%—0.5% 之间,例如,萨尔瓦多,洪都拉斯、巴拉圭和乌拉圭等;小于 0.2% 的国家有玻利维亚、秘鲁。由此看来,拉美国家对社会住宅的公共投入比重大大低于其对卫生和教育的投入。

———————————

　　①　这里和以下关于社会住宅供给不足、私人住宅出租市场不发达和直接住房补贴政策的论述依次引自 Alan Gilbert, " Housing in Latin America", Working Paper Series I-7UE, IDB, Washington DC, August 2001, pp.38 – 39, p.58, Table 13, p.59, 26, 33, 30, pp.56 – 57, Table 12。

　　从上述拉美国家普遍实行的住房政策的两个特征来看,其效果显然很不理想,存在如下三个方面的教训。

　　第一,过高的住宅自有率和过低的社会住宅供给是城市化进程中的一个政策性失误。从政策导向上看,鼓励购买自有住宅、忽视向低收入家庭提供廉租型社会住宅,这个几乎"一边倒"的政策结果必然导致那些没有资格申请"直接住房补贴"的低收入家庭,既没有资格申请抵押贷款,无力购买住宅,又没有公共提供的廉租房可供选择,只能"被迫"走向"非正规住宅"。这是贫民窟现象难以根除的主要原因之一。换言之,拉美地区低收入群体和社会底层弱势群体完全暴露在市场上,贫民窟自然成为他们的必然选择。正如美洲开发银行 2001 年判断的那样,"在过去的 20 年里,没有哪个拉美政府建造用于出租的住宅,也没有哪个国家对那些建造出租住宅的公司给予优惠"①。相比之下,欧洲国家之所以几乎不存在"非正规住宅"或贫民窟,是因为由政府提供了足够的社会住宅,对市场失灵进行了干预。也正是这个原因,才导致欧洲住宅自有率低于拉美。所以,一国的住宅自有率不是多多益善,也不应成为衡量经济社会发展水平的一个标尺,相反,保留干预和校正住宅市场失灵的空间,提供一定比例廉租型的社会住宅,这应成为防止城市化过程中出现城市病和贫民窟的一个必要手段,是拉美城市化进程中住房政策的一个教训。

　　第二,拉美国家私人住宅出租市场不发达。大约在 20 世纪 70—80 年代之前,私人住宅出租房屋市场对业主来讲还有利可图,但近 20—30 年来,由于拉美国家没有采取普遍鼓励私人住宅出租的政策,私人住宅出租房屋无利可图,私人住宅业主积极性不高,住宅出租市场远不如欧洲发达(见表 8),私人出租住宅的潜在市场难以成为有效供给,进而成为拉美国家住房赤字过高的一个因素。例如,墨西哥城 1950 年的住宅自有率仅为 27%,到 1990 年提高到 70%,而租房的家庭户数却从 48.8 万户仅提高到 93.2 万户。在"住宅自有率"过高的条件下,自有私人住宅的出租供给应该比较充分,市场应该比较发达,但由于政策问题,拉美国家自有私人住宅的出租率大大低于欧洲,不但没有成为快速城市化进程中消化和缓解城市人口爆炸导致的对巨大二手租房市场需求的一个有效

---

　　① Alan Gilbert, "Housing in Latin America", Working Paper Series I-7UE, IDB, Washington DC, August 2001, p.59.

补充手段,反而迫使那些进城之后暂时没有资格或无力购房的低收入家庭迅速被"挤出"正规住宅市场,几乎全部流向"非正规住宅",对贫民窟形成巨大的群体性市场需求,并最终逐渐成为拉美地区特有的"城市化并发症"和明显的路径依赖。为此,这不能不说是拉美住房政策的又一个教训。

第三,拉美国家普遍实施的"直接住房补贴"政策效果很不理想。目前来看,这是拉美城市化进程中住房政策的一个失误。首先,"直接住房补贴"政策不能满足住房赤字的巨大需求,没有为缓解拉美各国的住房赤字发挥应有的作用。例如,智利每年发放的直接住房补贴仅为12万份,但符合购房资格申请补贴的家庭则多达150万个。从住宅建筑的费用支出占GDP比重可看出,20世纪90年代平均只有5%—6%左右,个别国家超过10%,但还有一些国家不到3%。其次,由于拉美国家贫困率比较高,30%以上的人口生活在每天2个美元的标准之下,符合贷款资格的群体十分有限。再次,由于宏观经济不稳定,汇率浮动较大,银行普遍存在惜贷的现象。最后,"信贷文化"(Credit Culture)不发达,特别是中低收入家庭,他们抵押贷款的意愿较为低下,反过来又不利于刺激银行业的信托业务发展。于是,表面上看,拉美国家的低收入国家获取住房贷款的机会很多,但实际上,住房抵押贷款规模占GDP比重很低,只有墨西哥和巴拿马超过了20%,大部分国家在10%左右,最低的是多米尼加,只有0.16%,其次是委内瑞拉1.4%,阿根廷是1.7%。相比之下,美国抵押贷款占GDP比重是71%,英国是80%,欧盟25国平均是48%[1]。

拉美国家之所以不重视社会住宅的提供和鼓励提倡购买自有住宅,似有两个原因所致。

一是多年来受到联合国拉美经委会的影响较大。拉美经委会认为[2],以往拉美地区出现大量积压的住房赤字,主要是因为国家对住房金融市场干预过度和监管过度,其结果必然是官僚主义盛行,不能调动私人开发商的积极性,难以满足住房市场的巨大需求。他们还认为解决低收入家庭住房赤

---

　①　以上引自Sustainable Development Department，"Promoting Private Sector Participation in Low-Income Housing Finance-Diagnosis and Policy Recommendations for Latin America and the Caribbean"，IDB，Working Paper Series，Washington DC，August 2007，p.44，12，Table 1.7。

　②　Gerardo M. and Gonzales Arrieta，"Access to Housing and Direct Housing Subsidies：Some Latin American Experiences"，*Cepal Review* 69，1999，pp.142-143.

字问题的根本办法在于发放"直接住房补贴",通过大力发展住房抵押贷款市场的办法来刺激开发商深度介入居民住宅市场,即以市场的办法来提供解决住房赤字问题。在一定意义上,"直接住房补贴"制度是拉美经委会动议并推动的结果。

二是与其前宗主国南欧国家的历史传统和文化遗产有一定关系。首先,1996年的一项研究显示(见表10),在西欧、北欧、中欧甚至英伦三岛中,南欧国家提供的社会住宅比重最小,其中,希腊提供的社会住宅为0%,意大利是5%,葡萄牙是4%,西班牙是1%,远远低于欧盟国家14%的平均水平,更低于北欧的27%。其次,在住宅自有率方面,南欧是最高的,高于绝大部分西欧和北欧国家。最后,在住宅自有率中,南欧国家一次性付款购买的比例大于其他欧洲国家,而其他国家的抵押贷款比例则远远高于南欧国家。拉美地区前宗主国的住房文化和历史传统,无疑对拉美地区重视住宅自有率和轻视社会住宅具有较大影响。

表 10　西欧、北欧、南欧住宅自有率比较

（%）

地区	住宅自有率		租房		其他
	没有抵押贷款	抵押贷款	社会住宅	私人租房	
西欧与中欧					
荷兰	8	44	41	7	1
比利时	37	29	9	22	3
德国	22	19	13	42	4
法国	30	26	16	23	5
爱尔兰	44	37	12	5	2
卢森堡	36	35	3	23	4
奥地利	30	20	21	23	7
英国	24	42	25	7	2
北欧					
丹麦	7	46	27	19	1
南欧					
希腊	69	7	0	22	3
意大利	66	11	5	12	6
葡萄牙	52	14	4	21	9
西班牙	63	18	1	12	6

续表

地区	住宅自有率		租房		其他
	没有抵押贷款	抵押贷款	社会住宅	私人租房	
合计	36	24	14	21	5

资料来源：Hugo Priemus and Frans Dieleman，"Social Housing Policy in the European Union：Past，Present and Perspectives"，*Urban Studies*，Vol.39，No.2，2002，p.192，Table 1.

七、城市化进程中医疗和教育公共服务的提供

（一）公共医疗取得较大成就

在过去 40 年城市化进程中，拉美地区公共医疗服务设施不断改善，质量不断提高，经费投入不断增加，效果明显。比如，1970—1975 年拉美地区婴儿死亡率平均 81‰，1990—1995 年下降到 38‰，2005—2010 年进一步下降到 22‰。其中，大部分国家婴儿死亡率下降幅度达 60‰—80‰，只有圭亚那、海地、玻利维亚仍高达 45‰[1]。再如，人均预期寿命从 1975 年的 62 岁增加到 80 年代末的 70 岁，2008 年达到了 73 岁，高于东亚地区（见图 16）。

总体看，拉美国家在有些公共卫生领域已接近发达国家水平，例如，世界卫生组织建议妇女生育前要做四次产前体检，拉美大多数国家都已超过这一水平：在哥伦比亚，做过 4 次产前体检的比例达到了 91.7%，多米尼加共和国为 97%，秘鲁为 93.7%，尼加拉瓜为 85.5% 等[2]。但是，医疗资源分配不公问题仍很严重，例如，哥伦比亚仍有 40% 的人口（主要是贫困者和低收入者）没有医疗救助，30% 的医疗受益者并不是贫困者[3]。巴西医疗也存在分配不平衡、公共部门和私人部门的比例失调、差距较大等问题。

综上，在城市化进程中，扩大医疗覆盖面，注重医疗公平性问题，建立健全

---

[1]　ECLAC，*Population and health in Latin America and the Caribbean-Outstanding Matters*，New Challenges，2010，pp.40 - 41.

[2]　Alejandro Arrieta，Ariadna García Prado，Jorge Guillén，*The Private Health Care Sector and the Provision of Prenatal Care Services in Latin America*，IDB，2010，p.12.

[3]　Mesa-Lago，Carmelo，"Social Security in Latin America Pension and Health Care Reforms in the Last Quarter Century"，*Latin American Research Review*，Volume 42，Number 2，2007，pp.181 - 201.

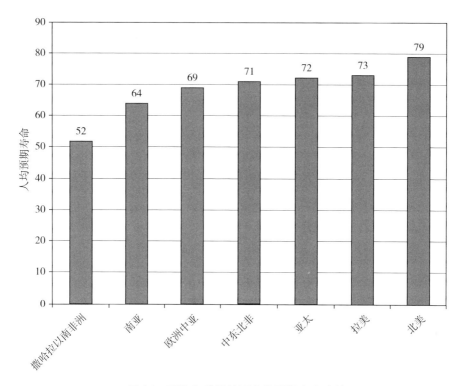

图 16　2008 年世界地区人均预期寿命比较

资料来源:World Development Indicators database, http://data.worldbank.org/topic/health.

职业保险仍是拉美各国面临的严峻考验。

(二)注重对教育的公共投入

半个世纪以来,随着城市化率的提高,拉美各国的国民教育都有明显改善。例如,1965—1970 年 6—11 岁小学入学率年均增长率为 5.35%,1970—1975 年和 1975—1980 年均增长率分别为 3.53% 和 3.1%,它们超过了同期该年龄段儿童的年均增长率;从 1990、2000 年的入学率上看,大多数拉美国家都有所增加①。此外,拉美地区的文盲率大幅下降,例如,1990 年 15 岁及以上男性青年的文盲率为 14%,到 2000 年下降到 11%,女性从 17% 下降到 13%②。

---

① 　Jeffery H. Marshall .Valentina Calderón, Social Exclusion in Education in Latin America and the Caribbean. *Household Surveys*, Mecovi, CEPAL and IDB, 2006, p.48.

② 　Lauritz Holm-Nielsen, "World Development Indicators, 2002", *Chile-Human Resources for the Knowledge Economy*, 2002, p.14.

　　拉美国家教育水平之所以不断提高,主要原因之一在于公共投入力度不断加大。自 20 世纪 50 年代以来,除个别年份以外,拉美地区的教育经费投入一直呈上升趋势(见图 17),目前平均支出水平已超过 GDP 的 5%以上。

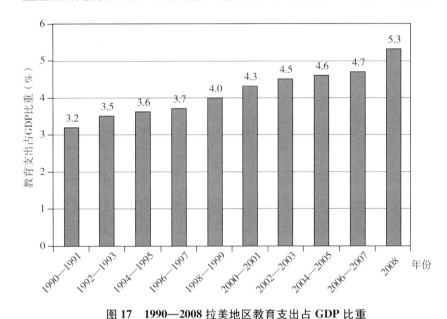

图 17　1990—2008 拉美地区教育支出占 GDP 比重

资料来源:ECLAC, "On the Basis of Information from the Commission's Social Expenditure Database", *Social Panorama of Latin America*, ECLAC, 2009, p.116.

　　除加大财政投入以外,私人资本对教育事业的流入也逐年增加,尤其是 20 世纪 90 年代拉美很多国家对教育进行私有化改革之后,私人资本的投入更加明显。例如,2008 年智利中小学教育中的私人投入占总投资的 30%,墨西哥占 17%[1]。

　　拉美地区在教育上目前存在的问题主要是公平和质量问题。教育不公问题仍然存在,例如,尼加拉瓜贫困家庭的子女接受中学教育的比例不足 15%[2]。教育质量问题也普遍受到质疑,例如,拉美国家 15 岁在校就读学生平均接受教育的程度和水平大约比 OECD 国家同龄学生少 3 年[3]。

---

[1]　OECD, *Education at a Glance 2008-OECD Indicators*, OECD, p.242, Chart B3.1.

[2]　Pablo Zoido, "Public Spending on Education in Latin America: Does It Pay?", *Policy Insight*, No.80, Oct. 2008.

[3]　《2008 年拉丁美洲经济展望》,世界知识出版社 2009 年版。

八、简单结语

综上,在拉美城市化一百多年的历史进程中,拉美各国政府作出了很多努力,取得了较大成就,很多历史上遗留的社会问题得以缓解或不断解决。

百年来,分配不公、基尼系数和贫困发生率总体呈下降趋势。近几十年来,就业率与 20 世纪中叶实施进口替代战略时相比虽略有下降,但总体水平稳定在 60%上下,略高于世界平均水平,远高于发达国家平均水平。就业率的稳定在一定程度上要归功于失业保险制度的改革。社会保障改革彻底解决了政府的财政负担,在一定程度上解决了伊比利亚传统中欧洲俾斯麦模式固有的碎片化痼疾。拉美国家十分重视对公共医疗卫生和国民教育的公共提供,财政投入不断提高,为提升拉美地区各国人力资源水平和促进社会公平作出了贡献。

在城市化进程中,拉美国家之所以能够在一定程度上缓解或解决上述社会问题,有些指标甚至要好于发达国家和东亚国家,是因为他们在制度改革上大胆探索,不断创新,在某些体制改革和制度创新方面始终引领世界潮流,甚至为世界各国所效法,为人类社会进步作出了应有贡献。这些体制改革和制度创新表现在这样四个方面:第一,养老保险制度创新。1981 年智利建立的养老保险个人账户制度是拉美对传统社会保险制度进行的第一个创新。这项制度创新尽管存在一些难以克服的问题,但总体看在智利是成功的,其个人账户和精算因素的引入已成为 30 年来社保制度改革一个潮流,不但影响了十几个拉美国家,也深深影响了世界上将近 40 个国家的制度改革方向。第二,失业保险制度创新。继首创养老保险改革之后,拉美一些国家失业保险制度开始引入个人账户,建立了失业保险储蓄账户模式。尽管这个制度创新的影响力不如养老保险制度创新的影响力大,但在拉美国家已经开始逐渐普及,其他地区也有一些国家开始效法。第三,对一些所得税制度进行配套。为配合上述社保制度改革的取向,拉美一些国家逐渐建立和实施"所得税抵扣信用"制度(DIP),以解决低收入者参保的缴费能力和扩大覆盖面等困境,同时,相应地弱化和替代已实行几十年的最低工资制,旨在提高劳动力市场弹性,增强社保制度便携性,促进全国范围劳动力大市场的建立。上述三个制度创新在一定程度上为稳定就业率和降低失业率作出了贡献,成为拉美积极劳动力市场政策(ALMPs)的重要特点,与北欧的"灵活保障"改革(Flexecurity)具有异曲同工之处,它们构成了北欧式改革和拉美式改革的互动与补充。第四,"有条件现金转移"(CCTs)是拉美国家运用财政转移支付进行减贫的另一个制度创新。这项改革已引起某些国际组织的高度重视和其他地区与国家的效法,在拉美和其他国家减贫措施中日益发挥出积极作用并受到广泛关注。

　　但是,与世界其他地区相比,拉美地区两极分化和贫困发生率仍名列前茅,形势十分严峻,甚至成为拉美过度城市化的重大社会痼疾。从考察500年的殖民史可得知,拉美地区收入不公十分突出,基尼系数和贫困发生率居高不下,均与其前宗主国伊比利亚地区中世纪封建财产制度的历史传统的植入与发展具有高度相关性。由此看来,经济社会发展的路径依赖对一个地区和一个国家具有深远和决定性的影响。在住房政策上,前伊比利亚宗主国的文化传统和生活观念——轻视公共提供的社会住宅、重视住宅自有率——同样影响了拉美各国,进而导致拉美各国低收入群体住房政策出现较大偏差,"非正规住宅"和贫民窟不但难以根绝,甚至俨然已成为拉美现代经济社会发展模式的一个组成部分,同时,也成为拉美地区分配不公和两极分化的一个标志性"城市特征"——"城市病"。反思拉美地区普遍存在的"非正规住宅"和贫民窟现象,拉美经委会及拉美各国关于低收入群体住房的政策主张不能不说是一个沉痛教训。

　　绝大部分拉美国家属于"中等收入"国家。这些国家停留在中等收入水平已达半个世纪,它们是世界上滞留时间最长的地区和国家。在导致拉美国家陷于"中等收入陷阱"的原因中,除经济政策出现一定失误并致使经济增长方式没有及时转变以外,收入分配不公等社会问题及其社会政策的失误也成为拉美地区没能顺利进入经济快速通道的重要原因之一,并成为拉美地区城市化进程中经济与社会没有协调发展一个教训。

参考文献:

弗朗西斯·福山:《贫困、不平等与民主:拉丁美洲的经验》,张远航译,《经济社会体制比较》2009年第4期。

郭存海:《巴西和墨西哥的"有条件现金转移"计划评析》,《拉丁美洲研究》2010 年第 4 期。

《2008 年拉丁美洲经济展望》,世界知识出版社 2009 年版。

林红:《民粹主义——概念、理论与实证》,中央编译出版社 2007 年版。

苏振兴:《拉美国家现代化进程研究》,社会科学文献出版社 2006 年版。

袁东振:《拉美国家建立失业保险的设想与实践》,载《2000—2001 年拉丁美洲和加勒比发展报告》,社会科学文献出版社 2001 年版。

郑秉文:《拉美"增长性贫困"与社会保障的减贫功能——国际比较的背景》,《拉丁美洲研究》2009 年 2 月增刊。

郑秉文、房连泉:《拉美四分之一世纪以来的社保私有化改革》,《中国社会保障》2006 年第 6 期。

Alan Gilbert, "Housing in Latin America", IDB, Working Paper Series I-7UE, August 2001.

Alejandra Cox Edwards, "Labor Market Reforms in Latin America: Consequences and Costs", Paper prepared for the Copenhagen Consensus Center and the InterAmerican Development Band roundtable *Consulta de San Jose* 2007, Sep. 2007.

Alejandro Portes and Bryan R. Roberts, "The Free Market City-Latin American Urbanization in the Years of the Neoliberal Experiment", *Studies in Comparative International Development (SCID)*, 2005, No.1.

Alejandro Arrieta, Ariadna García Prado, Jorge Guillén, *The Private Health Care Sector and the Provision of Prenatal Care Services in Latin America*, IDB, 2010.

Bryan R. Roberts, "Urbanization, Migration, and Development", *Sociological Forum*, Vol. 4, No. 4, Special Issue: Comparative National Development: Theory and Facts for the 1990s, Dec.1989.

Christoph Ernst and Janine Berg, *The Role of Employment and Labour Markets in the Fight against Poverty*, ILO, 2009.

Christine Whitehead and Kathleen Scanlon, *Social Housing in Europe*, published by LSE London, July 2007.

ECLAC, *Social Panorama of Latin America* 2009, Santiago, Chile, UN,

July 2010.

ECLAC/ILO Bulletin：*The employment situation in Latin America and the Caribbean*, June 2010.

ECLAC, *From Rapid Urbanization to the Consolidation of Human Settlements in Latin America and the Caribbean：A Territorial Perspective*, 2000.

Eduardo Rojas, Juan R. Cuadrado-Roura, Jose Miguel Fenandez Guell, *Governing the metropolis：Principles and Cases*, IDB, 2008.

Edwin Goñi. J., Humberto López, Luis Servén, "Fiscal Redistribution and Income Inequality in Latin America", The World Bank, Working Paper 4487, 2008.

Fernando Filgueira, *Welfare and Democracy in Latin America：The Development, Crises and Aftermath of Universal, Dual and Exclusionary Social States*, May 2005, UNRISD, UN.

Helena Ribe, David A. Robalino & Ian Walker, *Achieving Effective Social Protection for All in Latin America and the Caribbean-From Right to Reality*, The World Bank, 2010.

Hugo Priemus and Frans Dieleman, "Social Housing Policy in the European Union：Past, Present and Perspectives", *Urban Studies*, Vol.39, No.2, 2002.

Gerardo M. and Gonzales Arrieta, "Access to Housing and Direct Housing Subsidies：Some Latin American Experiences", *Cepal Review 69*, 1999.

Gerardo M. Gonzales Arrieta, "Mortgage Loans and Access to Housing for Low-Income Households in Latin America", *Cepal Review 85*, April 2005.

Juan Pablo Jiménez, "Tax Gap and Equity in Latin America and the Caribbean", ECLAC, *Fiscal Studies*, No. 16, 2010.

Jürgen Weller, *Regulation, Worker Protection and Active Labour-Market Policies in Latin America*, ECLAC, 2009.

ILO, *World Social Security Report* 2010/11-*Providing Coverage in Times of Crisis and Beyond*, ILO, Geneva, 2010.

ILO, *Global Employment Trends January* 2010, Geneva, ILO, 2010.

ILO, *World of Work*, No.66, August 2009.

ILO, Regional Office for Latin America and the Caribbean, *Labour Overview 2005, Latin America and the Caribbean (First Semester Advance Report)*, Lima: ILO, 2005.

ILO, *World Social Security Report 2010/11-Providing Coverage in Times of Crisis and Beyond*, ILO, Geneva, 2010.

Kathy Lindert, "Redistributing Income to the Poor and the Rich Public Transfers in Latin America", SP discussion paper No. 0605, The World Band, 2006.

Marianne Fay, *The Urban Poor in Latin America*, The World Bank, Washington, DC, 2005.

Mesa-Lago, Carmelo, "Social Security in Latin America Pension and Health Care Reforms in the Last Quarter Century", *Latin American Research Review*, Volume 42, Number 2, 2007.

Pablo Zoido, "Public Spending on Education in Latin America: Does It Pay?", *Policy Insight*, No.80, Oct. 2008.

Rossana Galli, David Kucera, "Gender, Informality and Employment Adjustment in Latin America", ILO, Working Paper No. 85, April 2008.

Stephan Klasen and Felicitas Nowak-Lehmann, *Poverty , Inequality , and Policy in Latin America*, The MIT Press, Cambridge, Massachusetts USA, 2009.

Søren Gaard, "Labour Market Regimes in Europe and Labour Market Performance", Working Paper 13, Finansministeriet, Danmark, 2005.

Sustainable Development Department, "Promoting Private Sector Participation in Low-Income Housing Finance-Diagnosis and Policy Recommendations for Latin America and the Caribbean", IDB, Working Paper Series, Washington DC, August 2007.

UN, *World Urbanization Prospects, The 2009 Revision, Highlights*, Population Division, Department of Economic and Social Affairs, United Nations, New York, March 2010.

Victor Bulmer-Thomas, John H. Coatsworth, Roberto Cortes Conde, *The Cambridge Economic History of Latin America, Volum II-The Long Twentieth*

Century, Cambridge University Press, 2008.

Victor E. Tokman, "Economic Development and Labor Markets Segmentation in the Latin American Periphery", *Interamerican Studies and World Affairs*, Vol. 31, No. 1/2, Special Issue: Latin America at the Crossroads: Major Public Policy Issues, Spring-Summer, 1989.

Weigand, Christine and Margaret Grosh, "Levels and Patterns of Safety Net Spending in Developing and Transition Countries", Social Protection and Labor Discussion Paper No.0817, The World Bank, 2008.

Wendy Cunningham, *Youth at Risk in Latin America and the Caribbean: Understanding the Causes, Realizing the Potential*, The World Bank, 2008.

Lauritz Holm-Nielsen, "World Development Indicators 2002", *Chile-Human Resources for the Knowledge Economy*, 2002.

（本文是为《拉丁美洲城市化：经验与教训》撰写的第二章，
当代世界出版社 2011 年版，第 43—100 页）

贫民窟:拉丁美洲城市化进程中的一个沉痛教训[*]

内容提要:本文对拉丁美洲地区存在的独特的贫民窟现象与城市化进程的互动关系做了探讨,认为"过度城市化"、"城市贫困化"和收入分配不公这三个因素导致拉美城市化进程中住房供给和需求存在的矛盾十分尖锐,虽然潜在需求巨大,但却难以实现。拉美地区传统的 A、B、C 三个手段即储蓄、补贴和抵押贷款(ABC 的缩写来自于西班牙语 Ahorro-Bono-Crédito)对需方的潜在市场需求并没有发挥作用,未能根本解决拉美地区农村转移人口的"住房赤字"问题。于是,自建房大规模存在、公租房比重太小、"住房自有率"过高这三个现象在拉美住房供应体系中十分普遍,互为因果,形成悖论,恶性循环。结果是,在大规模的自建房运动中,必然出现大量的非正规住宅,其中,出现贫民窟便成为一个不可阻挡的趋势,其成为新转移人口的自然选择,以满足进口替代战略下廉价劳动力的需求。面对这样一个现实的存在,拉美地区大部分贫民窟聚集区经历了非法化、合法化、正规化等三个阶段。所谓正规化,是指市政部门给予必要的市政设施配套和提供必要的公共设施。回顾拉美地区一个世纪以来住房政策的嬗变历史会发现,民粹主义、新自由主义、新民粹主义轮流交替地主导该地区制定住房政策的指导思想,使该地区的住房政策始终处于波动之中,他们走了一条"之"字型的弯路。

---

* 在本文之前,邀请住建部政策研究中心主任秦虹同志阅读并提出意见。秦虹同志就文末对中国启示的部分提出了非常有见地的建设性意见。遗憾的是,由于文字已经排版,虽然在制版和编辑能够容忍的范围内都尽量采纳了她的意见,但仍有一些重要建议在版面上已没有修改的空间了。这里对秦虹同志表示衷心感谢。

众所周知，拉美地区是世界上贫民窟最为集中的区域，在解决住房问题、住房供应体系建设等方面，存在很多致命的结构性问题。有一著名的研究拉美住房的外国学者曾说这样一句话："在一个充满贫苦和不公的拉丁美洲，如果你假装以为住房问题可以解决，那你就是一个傻瓜。"①深入研究一个世纪以来拉美地区住房政策的嬗变与得失，分析拉美住房供应体系的基本框架和结构性缺陷，对积极探索和总结归纳住房建设的一般性规律问题，对构建中国特色和符合中国国情的住房保障和供应体系，是非常有意义的。同时，对拉美研究本身而言，住房政策的研究也是一个薄弱环节，理应加强。

总体看，拉美地区住房政策的教训多于经验，失败多于成功。

探索拉美地区住房政策得失应沿着如下线索去理解，顺着如下逻辑去思考。

一、"过度城市化"、"城市贫困化"、收入分配不公：住房市场潜在需求难以实现的三个主因

在20世纪20年代，拉美地区的城市化率平均为25%左右，到1950年达41.4%。此后的半个世纪是拉美城市化高速发展的异常时期，到1990年城市化率达70.3%，2010年为79.6%，成为仅次于北美（80.7%），城市化率位居第二的地区②。

意想不到的城市化率致使拉美城市的非正规就业比重一直非常大，"第三产业化"的特征十分明显，而另一方面，城市的"生产性吸纳"能力却十分薄弱，进口替代战略带来的恰恰是产业结构的"去工业化"，而非工业化。极不稳定的非正规就业伴随的必然是贫困化，即随着农村人口大量向城市转移，"农村贫困化"也同时向城市转移，"城市贫困化"成为过去半个世纪以来的一个重要特点。

拉美地区贫困率居高不下，在很多年里，贫困线以下的人口占总人口比重的一半左右。例如，1990年贫困率高达48.4%，只是在进入新世纪以来，随着经济增长的持续快速发展，贫困率开始逐年下降，2013年降至22.6%③。但

---

① Alan Gilbert, "Ten Myths Undermining Latin American Housing Policy", *Revista de Ingenieria*, No.35(2011), p.87.

② 以上数据引自：http://esa.un.org/unpd/。

③ ECLAC, *Social Panorama of Latin America* 2013 (*Briefing paper*), 2013.

即使这样,这也是贫困人口比重最高的地区之一。

"城市贫困化"极大地影响了城市新增人口对住房的可负担性,尤其是,收入分配不公导致低收入群体的住房可负担性始终困扰拉美地区,成为扭曲拉美地区住房体系的一个主要因素。例如,拉美最贫困的五分之一家庭收入平均占总收入的比重仅为5%,而最富有的五分之一家庭的收入平均占总收入的比重为47%①。

由此看来,"过度城市化"导致"城市贫困化",加之收入分配严重不公,拉美地区住房购买力受到削弱,低收入群体住房的可负担性导致这个群体在转移到城市之后不可能通过市场机制予以"正常解决"。换言之,从需求方面看,拉美地区住房市场的潜在需求十分巨大,但在变成现实需求的过程中,还需其他一些条件,否则,断裂的市场传导链条就难以接上。

二、储蓄、补贴、信贷:未能根本解决住房赤字的三个融资手段

农村人口转移到城市后,为了解决住房的购买能力问题,拉美各国政府采取了各种各样的鼓励措施和手段,试图解决城市化进程中的住房问题。虽然各项措施的名称各异,特征不尽相同,但从需求方来说,可以大致归纳为A、B、C(ABC的缩写来自于西班牙语 Ahorro-Bono-Crédito,即储蓄、补贴和贷款)②。

从拉美地区的实践看,拉美地区普遍采用A、B、C三位一体的混合型激励手段,很难严格区分开来。

住房购买者的储蓄情况往往是申请享受政府购房补贴或抵押贷款的一个前提条件,即在申请购房补贴或抵押贷款时必须要有最低限额的家庭储蓄。众所周知,拉美地区的文化传统和消费习惯是超前消费和较少储蓄,这是造成住房购买能力不足的原因之一。根据世界银行的资料,拉美地区的国民储蓄率普遍低于其他地区和国家。例如,1979年,智利的国民储蓄率

---

① ECLAC, *Social Panorama of Latin America* 2013 (*Briefing paper*), 2013.
② 关于拉美地区A、B、C三位一体鼓励购买住房的数据,引自郑秉文主编的《住房政策:拉丁美洲城市化的教训》(经济管理出版社2014年版)。本文下面凡是未注明来源的数据,均引自该书。

是 15%,哥伦比亚 19%,哥斯达黎加 11%,厄瓜多尔 17%,萨尔瓦多 13%,乌拉
圭 18%。另外,阿根廷、巴西和墨西哥分别是 25%、18% 和 21%(见表 1)。
1979 年以来,拉美国家的储蓄率略有攀升,但总体看,平均水平始终在 20% 左
右,大大低于东亚太平洋地区 30% 的平均储蓄率,更低于中国平均 40%—50%
的储蓄率①。因此,一个多世纪以前拉美地区制定的各种鼓励购房的措施也
好,40 多年前养老保险制度改革首次引入个人账户并首创的缴费确定型完全积
累制(DC FF)也罢,其目的之一就是强调"储蓄的作用",强化"储蓄的因素"。

表 1　国民储蓄率的国际比较

(%)

国家	1979 年	2003 年	2009 年
阿根廷	25	20	23
巴西	18	15	14
墨西哥	21	21	21
拉美加勒比地区	21	19	22
东亚太平洋地区	30	29	29
中国	36	44	54

资料来源:http://data.worldbank.org/indicator/。

　　住房补贴基本都是通过各种各样的计划和项目实现的,而不同的计划和
项目的瞄准人群略有差异。墨西哥的四项住房补贴计划分别是"优先地区发
展计划"(PDZP)、"你的家"(Tu Casa)、"农村住宅计划"(PVR)、"这是你的
家"(Esta es tu Casa)。其中,前三项计划主要面向非正规就业人员,他们无收
入记录,无法获得政府管理的两大住房基金委员会和银行的贷款,这三个计划
各有侧重,主要针对边远地区,而"这是你的家"主要是以城市居民为扶持对
象。拉美各国提供的住房补贴的形式多样,如购房补贴、自建房补贴、低成本
住房建设补贴、住房抵押贷款补贴,等等。
　　住房信贷在拉美比较发达,几乎所有国家都建立了专门的公共或私人的
住房信贷机构,其历史甚至比很多发达国家悠久。例如,阿根廷早在 1886 年
就成立了公共的全国抵押信贷银行,贷款条件远优于市场,利率水平非常低。

---

　　①　这些数据引自世界银行的网站,http://data.worldbank.org/indicator/。

1947—1957 年,阿根廷的全国抵押信贷银行共发放了 39 万笔购房贷款,主要面向中低收入家庭。墨西哥有三大住房基金,即"全国劳动者住房基金"(INFONAVIT)、"国家公务员社会保险住房基金"(FOVISSSTE)和"全国人民住房基金"(FONHAPO),它们分别面对公司职员、国家公务员和待业人员;墨西哥有一个公共信贷基金"联邦抵押贷款协会"(SHF)。委内瑞拉建立了"住房法定储蓄基金"(FAOV)、"住房自愿储蓄基金"(FAVV)等金融机构,按照不同的收入水平给予不同利率水平的贷款。圣卢西亚建立了一个只向低收入家庭提供最低利率6%、最高贷款额 8 万美元抵押贷款的抵押融资公司。牙买加 1976 年建立了国家信托基金,等等。

购房补贴和抵押信贷有时是分开单独的项目,但也往往是"绑定"在一起的混合型鼓励措施,即财政手段和金融手段并重,旨在加大激励力度,这是拉美地区在住房补贴和融资方面的另一个特点。例如,厄瓜多尔国家城市发展与住房部(MIDUVI)实施的"住房激励制度"(SIV)就是典型的混合型措施。该机构提供购房补贴、自建房补贴、住房修缮补贴,同时,还提供购房信贷业务甚至代表国家建造公共住房。例如,如果申请人建设一栋 8000 美元的住房,可获得补贴 1800 美元,但申请人至少需要储蓄 100 美元。

但是,经过一个世纪的发展,拉美地区普遍采取的 A、B、C 三项激励措施并没有收到理想的效果,需方的潜在住房需求并没有显性化。

对储蓄的拉动而言,拉美地区的储蓄率并没有因为住房的财政和金融措施的激励而有明显改善,表 1 显示,拉美地区的储蓄率只提高了一个百分点,阿根廷和巴西甚至还降低了。可以说,住房购买力并没有发生明显变化。

住房补贴发挥的作用十分有限,它主要存在四个问题。第一,覆盖面太小。住房补贴主要是针对低收入群体的,但由于拉美地区贫困率居高不下,相对于庞大的贫困线以下的人口和申请贷款的群体而言,获得住房补贴的覆盖面很小,哥斯达黎加为 13%,智利 2.2%,哥伦比亚仅为 0.4%—0.65%[①]。第二,由于住房补贴的主要资金来源是财政拨款,随着时间的推移和贫困群体规模的加大,财政的投入压力越来越大,一些拉美国家试图从土地开发、增加建

[①] Brendan McBride and Matthew French, *Affordable Land and Housing in Latin America and the Caribbean* (Volume 1), p.24, United Nations Human Settlements Programme (UN-HABITAT), Nairobi, 2011.

筑面积等方面获取部分财政收入,用于住房补贴。虽然很多政府从服务型政府变成了补贴型政府,但住房补贴的财务可持续性仍然很差,几乎所有拉美国家的住房补贴计划都没有"永久"的,而都是经历了诞生——消失——再诞生——再消失的过程。第三,道德风险猖獗,住房补贴的漏洞太多,为此,几年前智利皮涅拉总统上台之后,不得不制定住房新政,以纠正和控制由于道德风险导致的财政损失。第四,公平性存在问题。对大部分购房补贴和一部分住房补贴来说,大部分低收入家庭由于居住在贫民窟,他们无权申请,因此相当一部分补贴的受益群体是中等收入家庭。

从总体上看,住房贷款在拉美也是不成功的。虽然住房贷款的覆盖面远远大于住房补贴,覆盖面很宽,影响很大,惠及30%—35%的中等收入以上的家庭。但是,一般来说,贷款机构的诞生都以喜剧而开场,以悲剧而告终。归纳起来,拉美地区住房贷款机构的命运大约有四种。

第一种是经营困难,不得不解散。巴西的融资专门机构"国家住房银行"(BNH)成立于1964年,解散于1986年,仅生存了22年。期间,由于经营困难,多次出现经营偏差。比如,由于低收入群体贷款资金回收困难,贷款目标群体转向高收入群体;后来,又转向用于上水和下水等市政领域,再次偏离工作方向;再后来,转向公路、地铁、飞机场和水电站等公共工程领域,不仅偏离了最初的目标,没有满足低收入阶层的住房需求,还承受了大量的违约贷款的损失。面对不断上升的违约率,政府不得不对违约者发放高额补贴,为国家住房银行提供流动性,但由于经营困难,最终还是不得不解散了事。巴西国家住房银行的历史,是拉美地区住房金融工具失败的典型案例,成为一个时代结束的标志。

第二种是合并重组。一个典型案例是厄瓜多尔的国家住房银行(BEV)由于大量贷款无法收回,陷入困境,使美国国际开发署(USAID)乘虚而入,与美洲开发银行(IADB)一起,推动和参与了厄瓜多尔住房政策改革,而该银行则成为城市发展与住房部(MIDUVI)的一个附属机构。

第三类是私有化。大部分拉美国家都建立过国家的住房贷款机构,但由于经营困难,相当一部分被私有化。例如,阿根廷的全国抵押信贷银行以其强大的社会功能而著称,是中低收入阶层住房信贷的最主要提供者,由于种种原因于1997年被私有化,成为一家私营商业银行。

第四种是地方化。拉美地区的住房公积金很活跃,但相当一部分运营困难,最终不得不下放,归地方管理或不了了之。例如,1991 年,为减少企业的成本负担,阿根廷的住房公积金改由燃料税筹集资金,企业主缴费予以免除。

三、公租房比重太小、自建房大规模存在、"住房自有率"过高:住房供应体系恶性循环的三个因果悖论

拉美地区关于工人住房的立法历史悠久,智利早在 1906 年、阿根廷在 1915 年、哥伦比亚在 1918 年就通过了"工人住房法案",旨在回应城市工人的罢工运动,改善工人恶劣的住房环境。但是,从拉美国家百年财政史上看,公租房从来就未像欧洲那样受到重视①,这是因为,第二次世界大战之前,公共财政的概念还没有建立起来,扩大财政支出的需求管理还不流行,政府干预的力度还不够,拉美国家的住房立法虽然较早,但主要手段还仅限于对提供社会住房的私人开发商给予一定的税收优惠而已,还不是真正意义上的公租房。第二次世界大战之后,虽然凯恩斯主义开始盛行,但在快速的城市化进程中,面对大量涌入城市的农村人口和出生率激增的人口爆炸,拉美国家的财政无力提供足够的公租房。1950 年拉美地区总人口仅为 1.7 亿,城市人口仅为 6800 万,但到 2010 年,拉美总人口已达 5.9 亿,而农村人口还是维持在 1.1 亿左右,城市人口则激增至 4.8 亿,就是说,在 60 年时间里,拉美新增的 4 亿多人口几乎全部涌入城市②。相比之下,拉美国家此间提供住房的财力就显得杯水车薪。例如,1959—1977 年,委内瑞拉新建的社会利益住房仅为 43 万套,重要的是,在拉美国家的住房概念中,政府提供的公共住宅主要不是供租赁使用,而是以销售为主并具有私人产权的商品房,与欧洲的公共住房概念大不相同。即使这样,数量有限的社会住宅也大多分配给了工会的上层人士或中产阶级,旨在换取这个群体的忠诚,维系政府的统治。

由于公租房数量非常有限,而城市化进程史无前例,爆炸的城市新增人

---

① 在本文里,公租房就是公共住宅,在英文文献里,也有称之为社会住房、社会利益住宅等。

② 以上数据根据联合国网站整理计算,见 http://esa.un.org/。

口便自然选择了自建房的住房模式。换个角度讲,在当时的历史条件下,自建房成为战后拉美地区合理回应城市化的一个重要住房供应模式,带有相当的必然性。首先,自建房的成本低廉,绝大部分农村进城人口都可以承受,且自建房一般都选择在山坡和城郊附近,距离城里不远,甚至就在城里,方便就业和生活。其次,政府对自建房的聚集区往往是睁一只眼闭一只眼,在进口替代工业化战略下,经济发展需要大量廉价劳动力,而自建房则是满足这一经济发展战略的主要劳动供给的住房供应方式。最后,很多国家甚至采取一定的财税和土地支持措施,鼓励发展自建房,所以,在英文文献里①,"自建房"的全称往往是"Aided Self-help Housing",即"有扶持的自建房",也有写为"Housing by People",即"民造房"之意,带有明显的合法含义。事实上,在很多国家的住房补贴和住房贷款政策里,都包括自建房的财政补贴内容,有些国家还对自建房提供低价土地,或提供价格优惠的建筑材料和技术支持等。总之,自建房不仅是拉美地区城市化进程中满足住房需求的一个供应模式,也是欧洲和北美早期工业化和城市化进程中满足住房需求的主要供应模式,即使战后以来,自建房也始终是一个重要的住房供给模式。当然,自建房当中包括大量的非正规住房,并且,贫民窟也必定包括在自建房当中。但无论如何,自建房不属于公共的,而属于私有的,属于"住房自有率"的统计范畴。

由于传统文化和财产制度等原因,根据 2005 年的数据,亚洲的住房自有率稳居世界第一,高达 74%。接下来,拉美仅次于亚洲,是 73%,中东欧是 66%,非洲是 63%,高收入国家是 42%,大大低于世界平均水平的 61%②。表 2 显示,欧洲主要国家的住房自有率在 40%—70% 之间,而拉美则在 70%—90% 之间。

---

① Ward, Peter M., "Self-help Housing Policies for Second Generation Inheritance and Succession of the House that Mum and Dad Built", in *collaboration with Erika Grajeda and Claudia Ubaldo Velázquez. Habitat International*, Peter Ward and Edith Jiménez (edsl), Vol. 35, 2011, pp.467 -485.

② Marianne Fay and Anna Wellenstein, *The Urban Poor in Latin America*, The World Bank, 2005, p.92, Table 3-1.

表 2　欧洲和拉美部分国家住房自有率比较

欧洲国家	住房自有率(%)	拉美国家	住房自有率(%)
德国	46	乌拉圭	69
丹麦	52	智利	70
荷兰	54	墨西哥	70
奥地利	55	巴拉圭	71
法国	56	巴西	74
瑞典	59	阿根廷	75
英国	70	委内瑞拉	82

资料来源:欧洲国家数据引自 Christine Whitehead and Kathleen Scanlon, *Social Housing in Europe*, published by LSE London, July 2007, p.9, Table 1;拉美国家数据引自 ECLAC, *From Rapid Urbanization to the Consolidation of Human Settlements in Latin America and the Caribbean: A Territorial Perspective*, 2000, p.25.

上述三个事实显示,拉美地区的公租房比重十分有限,而自建房则大规模存在,进而,住房自有率过高,大大高于欧洲等发达地区。这三个事实看似存在这样一个因果关系:近一个世纪以来,由于公租房比重太低,拉美城市的住房供应体系中替而代之的是庞大的自建房体系,所以,住房自有率必然过高;反过来讲,过高的住房自有率必然挤压公共住房的"生存空间",而自建房必将为过高的住房自有率作出很大"贡献"。拉美住房体系中的上述三个事实似存在着恶性循环和互为因果的悖论关系。但从欧洲现代化和城市化进程中公共住宅占比的事实来看,建立一个以出租为目的的公共住宅系统与确保低收入群体安居和最终抑制出现贫民窟具有相当高的相关性。

四、非法化、合法化、正规化:贫民窟的三部曲

毫无疑问,贫民窟属于非正规住宅,它来源于大量的自建房①,是拉美地区城市化进程中的一个特有的"副产品",是拉美国家农村人口转移之后的一

① Ward, Peter M., "Self-Help Housing: Ideas and Practice in the Americas", in *The History of Planning Ideas*, Bish Sanyal and Lawrence Vale (eds.), MIT Press, 2012.

个必然结果,也是拉美"贫困文化"的物质载体,甚或"贫困文化"的发源地①。在自建房、非正规住宅和贫民窟这三个概念中,自建房是明确产权与合法的,在很多国家是政府所鼓励的;非正规住宅几乎在任何拉美国家都广泛存在,大量的非正规住宅在很多国家与贫民窟是画等号的,却又常常与贫民窟是两个范畴的概念。比如,在巴西,贫民窟就是指"favela",而非正规住宅却另有其词。虽然贫民窟在当代拉美是个贬义词,但却是一个十分流行的词,所指的是城市化进程中形成的经过几个历史阶段演变的成片的棚户区。

第一个阶段是贫民窟的非法阶段。在拉美城市化进程的自建房运动中,很多非正规住房本来是城市新增人口在城市落户的权宜之计,在一些政府的扶持下,自建房的范围不断扩大,合法与违法的建筑混杂一团,其中,违法的棚户区便在自建房运动中发展壮大起来。在这个阶段,拉美主流意识形态认为自建的棚户区即贫民窟是违法建筑,因为那里充满了逃税漏税、社会犯罪、贫困饥饿,由于卫生条件很差,甚至没有上下水,贫民窟成为流行病的传染区;很多贫民窟建立在山坡上,地理环境和地质条件较差,易受环境变化和自然灾害的影响。由于大部分贫民窟没有统一市政建设规划,"脏、乱、差、挤、臭"问题十分突出,甚至达不到基本的住房建筑标准。在20世纪50和60年代,很多国家曾试图采取措施,消除此类贫民窟和棚户区。例如,巴西曾采取多种措施,包括强制拆迁等,试图消除或遏制某些城市非正规社区的扩展,但效果不佳,不仅没有取消,反而在累西腓等城市导致大规模社会运动和社会冲突,贫民窟的住户数量激增,强化了贫民窟的规模。1953年,委内瑞拉军政府发起了激进的"清理自建房运动",他们采取强制性搬迁的方式,在彻底消灭贫民窟之后,试图在原址建设"超级住宅区"(Superbloques)。但"清理自建房运动"效果不好,强制性的"清理"运动引发了社会冲突,5年之后"清理"运动便自动停止。

第二个发展阶段是贫民窟的合法化阶段,其主要内容是登记和确权。随着经济社会的发展,拉美国家认识到,与其让这些贫民窟处于违法状态,不如给予其合法地位,承认贫民窟的法律地位、产权证书、社区功能、社会作用。转

---

① Coward, Feagin, Williams, "The Culture of Poverty Debate: Some Additional Data", *Social Problems*, No.21(1973), pp.621-634.

折点大约发生在 20 世纪 60 年代,期间,很多学者发表了论述①,这些文章反驳了关于非正规住房的固有印象,主张承认贫民窟的社会功能,正视贫民窟的社区地位,建议通过自建、互助和国家支持等措施,尽快改造非正规住宅区。70—80 年代以来,拉美各国逐渐承认非正规住房区域的合法性,其具体步骤是先进行登记注册,然后进行土地确权,最后是颁发产权证书,使自建的棚户住宅即贫民窟具有完整的私有住房产权②。巴西的累西腓市政府将贫民区改造成"社会利益特别区"(ZEIS),并将其纳入市政发展规划之中。从累西腓开始,巴西贫民窟产权化与合法化的工作在全国范围展开,全国提出登记注册和确权申请的家庭约有 171 万户,到 2009 年约有 37 万户完成了确权,14 万户领取了产权证③。贫民窟的产权化与合法化使贫民窟的住户具备了住房抵押贷款的资格和能力,进而可以改善住房条件,这便是拉美地区对非正规住房的房产和土地进行确权的主要成果。例如,1996 年以来,秘鲁约有 160 万户家庭获得了登记和确权,此举在一定程度上促进了住房抵押贷款。秘鲁仅 2003 年就有 5.6 万户家庭获得了抵押贷款,户均贷款额约 5596 美元;2006 年获得抵押贷款的家庭增至 30.6 万户左右,户均贷款额约 2075 美元④。

第三个阶段是贫民窟发展的正规化阶段。既然对非法的贫民窟进行搬迁和重新安置将要付出巨大的代价,就不如对其确权并承认其合法化,这就是拉美各国对贫民窟普遍采取的措施。此后,贫民窟演变历史便进入第三个阶段即规范化建设阶段。所谓规范化建设,是指在承认其合法化的基础之上,将贫民窟治理纳入市政建设之中,为贫民窟提供进行必要的财政支持和一定的市

① 1967 年,人类学家威廉·曼京(William Mangin)在《拉美研究评论》杂志上发表了题为《拉美的贫民窟:问题与解决》的著名论文,该文被认为是引导拉美主流意识形态承认贫民窟的一篇宏文。见 William Mangin, "The Latin American Squatter Settlements: A Problem and a Solution", *Latin American Research Review*, 1967, pp.2-3, 65-98。

② Ward, Peter M., "The Lack of 'Cursive Thinking' with Social theory and Public Policy: Four Decades of Marginality and Rationality in the so-called 'Slum'", in *Rethinking Development in Latin America*, Roberts, Bryan and Wood, Charles (eds.), Pennsylvania State University Press, 2005, pp. 271-296.

③ Edésio Fernandes, "Regularization of Informal Settlements in Latin America", Policy Focus Report, Lincoln Institute of Land Policy, 2011.

④ Edésio Fernandes, "Regularization of Informal Settlements in Latin America", Policy Focus Report, Lincoln Institute of Land Policy, 2011.

政设施,将其正式定位了"社区"。累西腓市将贫民窟改造为"社会利益特别区"的做法在巴西得到了广泛推广,据悉,至今巴西已对200多个贫民窟完成了"正规化"的市政规划①。2013年11月,笔者在巴西里约热内卢曾有机会走访了著名的"圣玛尔塔"(Santa Marta)贫民窟。在其入口处的门楼顶端,赫然耸立一个大牌,写明"Comunidade Santa Marta",即"圣玛尔塔社区"。社区"Comunidade"这个词的使用是一个标志,它意味着贫民窟"正规化改革"的完成。该社区是依山坡而建,为方便该社区居民的出行,里约市政工程厅为该社区设计安装了缆绳牵引的有轨电车,沿着山坡从山底到山顶贯穿社区,全程3公里左右。出于安全的考虑,市政厅有关部门还配备了司机。镶在墙上的闪闪发光的铜牌是该贫民窟正规化改造获得正式"册封"的一个标志,它忠实地记录了2008年5月举办索道车启动仪式时参会人员的名单:里约州州长塞尔吉奥·卡布拉尔、里约市政工程局局长路易斯·费尔南多·德·索萨、里约公共工程公司主席伊卡罗·莫莱诺·儒尼奥尔。在访谈中得知,里约市政工程局还为该社区提供了安装简单的上下水和编制门牌号等公共服务,甚至在山顶还建造了一个封闭式的足球场。此外,理发店、商店、饭店等社区服务一应俱全,甚至还有幼儿园和儿童拳击学习馆。我们一行利用半天的时间,坐缆车上山,步行下山,在社区"领导"的带领下,深入"街道",走访了若干家庭,正规化建设之后的巴西贫民窟尽收眼底②。据引领我们的社区"领导"的介绍,该贫民窟非常安全,早就没有暴力和犯罪发生了。陪同的巴西瓦加斯基金会国际合作部主任也是第一次走进贫民窟参观。

　　一言以蔽之,贫民窟的合法化与正规化是一个历史进程,在拉美地区成为一场社会运动。除南美大陆以外,加勒比海岛国也同样经历了这场社会改革运动。特立尼达和多巴哥近年来对25个非法居住区进行了改造,包括地块改造,提供基础服务设施,修建混凝土地基,向居民发放舒适证明,提供住房装修、建房和购房补贴等③。牙买加30%的人口居住在非法居住区。早在1977

---

①　Valeria Carazzai, *Community Participation and the use of GI in Informal Settlement Upgrading Programs: A Case study of Recife*, International Institute for Aerospace Survey and Earth Sciences, Enschede, the Netherlands, February 2002.

②　我们一行数人拍摄了大量照片,限于篇幅,这里不作刊登。

③　Ministry of Planning and Sustainable Development of Trinidad and Tobago, *Public Sector Investment Programme* 2014, September 2013, p.77, 143.

年,牙买加就通过"综合发展的移民安置工作"(PRIDE)、"住宅区改造"(SUP),"搬迁2000"(R 2000)等计划对非法和自发定居点进行改造,至今已完成几十个项目,提供了1万多个住房解决方案,其中100多个非正规定居点进行了规范化改造,发放了1万多个房产所有权凭证①。圣卢西亚通过制定一系列法令对非法规划和非法占地现象进行大规模清理,实施了11个搬迁项目②。

五、民粹主义、新自由主义、新民粹主义: "之"字型住房政策的弯路

与其他领域一样,住房供应体系中也始终存在着争论,存在着政府和集体干预更多一些还是政府做得越少越好这两种观点的争论。其中,第一种观点主要流行在20世纪上半叶,而第二种观点则在70年代以后占据了统治地位。在世界各国政府干预与市场主导的交替中,住房领域的表现是最为突出和明显的。但是,进入本世纪以来,由于2008年国际金融风暴的原因,美国住房高度市场化导致的次贷危机进而引发全球金融危机,进而使住房政策的重点开始回归政府,大多认为住房高度商品化和市场化的政策难以解决美国式的次贷危机现象。

我们知道,早在第一次世界大战之前,欧洲、美国就开始为个人和家庭提供住房补贴,很多国家开始直接提供住房。住房领域从未出现过空前的公共引入的介入,尤其是战后以来,欧洲福利国家建立,城市重建和社会住房建设迅猛发展,住房费用持续增长。但从1973年第一次石油危机开始,福利国家的财务可持续性不断受到质疑,经济增长减缓,福利国家的支出开始减少,资本主义国家出现了空前的"瘦身改革"。以英、美为改革先锋的欧美发达国家持续减持改革,一直到全球金融危机爆发。美国次贷危机引发人们对住房市

---

① Hon. Donald Buchanan, *Address by*: *Minister of Water and Housing*, December 2004, p.3; Government of Jamaica, *Vision 2030 Jamaica-National Development Plan*: *Housing Sector Plan*, 2009, pp.25 – 26.

② Ministry of Physical Development, Environment and Housing of ST. LUCIA, *National Report on Housing and Resettlement in ST. LUCIA*, revised April 2007, p.40.

场高度商品化和金融化开始警觉,住房供应体系的改革出现了左转的倾向。

　　拉美地区住房政策的演变情况在大方向上基本与欧美国家的演变是同向的。作为欧洲宗主国的前殖民地国家,从 19 世纪末开始,拉美国家就开始从欧洲引入住房立法和干预住房的一些做法。例如,作为名列当时世界前十的富裕国家,阿根廷政府在住房领域表现得十分积极,从直接修建和资助住房,到间接补贴、房贷利率等,甚至早在 1886 年就为此建立了"国民贷款银行"(BHN)。但是,在拉美地区,真正意义上的公共住房政策是出现在此后民粹主义思潮、民粹主义政党和民粹主义政府风靡几十年的历史时期。例如,在庞隆时代,住房政策成为公共政策的重要部分,甚至,阿根廷 1949 年通过的宪法明确规定将"住房"作为公民享有的基本社会权利,而不仅仅是用来交易和买卖的商品。由此,国家既亲力亲为出资建房,在 20 世纪 40 年代至 50 年代里,阿根廷全国共修建了 27 万套公共住房,同时,还制定了一系列优惠政策,为中低收入者提供信贷利率补贴,按揭期限长达 30 年,而且允许"零首付"。在 40—50 年代里,抵押信贷共发放了 39 万笔购房贷款。在 70 年代初智利阿连德时期,民粹主义政府同样也将"住房"界定为"全民应有的权利",强调住房资源不应受经济规律所左右而成为谋利的工具,而应按照社会需求分配给每一个人。可以说,在 70 年代之前,拉美大部分国家采取了较为激进的住房政策;此后,在新自由主义泛滥的国际环境中,大部分拉美国家急速拐弯,转而采取了市场化的住房政策,公共住房支出大幅减少。从 1990 年到 2000 年,拉美住房赤字从 2800 万个增加到 5200 万个,巴西的公共住房和卫生设施支出从占公共支出的 4.4% 下降到 0.8%,巴拉圭从 5.6% 下降到 1%,多米尼加从 13.6% 减少到 3.4%[①]。但是,本世纪拉美国家经济回升以来,尤其是国际金融危机以来,很多拉美国家逐渐认为,对住房市场完全"放任"也是不行的,很多国家加大了公共支出和国家干预的力度。最典型的是巴西卢拉政府 2009 年实施的"我的家,我的生活"(PMCMV)计划,该计划第 1 期设立的最初目标

---

　　① UN, General Assembly, "Promotion and Protection of All Human rights, Civil, Political, Economic, Social and Cultural Rights, Including the Right to Development", Report of the Special Rapporteur on Adequate Housing as a Component of the Right to an Adequate Standard of Living, and on the Right to Non-discrimination in this Context, Taquel Rolnik, Human rights council Tenth Session Agenda Item 3, A/HRC/10/7, 4 Feb. 2009, p.13.

是建立 100 万套住房,联邦政府共投入 100 亿美元;2011 年迪尔玛·罗塞夫政府出台了第 2 期计划,将建设目标扩大至 200 万套。

　　拉美地区百年来"之"字形的演变在很多国家体现在补贴政策的变化上[①]。如同很多国家那样,低收入阶层的住房补贴往往是在"补人头"即补贴需方还是"补砖头"即补贴供方之间进行选择和转换。很多国家在其住房供应体系中最初选择的当然是"补人头",即对低收入阶层的购房者进行补贴。后来,尤其在新自由主义大行其道时,有些国家转向"补砖头",即对开发商给予一定的财政补贴或税优政策。这种需求导向型向供给导向型的转变在巴西是非常明显的,巴西目前住房开发项目基本都是给予开发商经济补偿,补偿方式均以建筑再开发证书的方式实现,到 2012 年,共售出 200 万份证书。现金补贴亦是如此,资金补贴对象不再着眼于住房资源的供给者——开发商,而更多的是面向公共住房的需求者——广大中下层居民,住房供应体系正在从供给型向需求型转变。但是,近年来,也有国家开始回归到"补人头"的政策选择。从哥伦比亚住房政策演变就能较为明显地看出这个三个不同的干预时期的变化。有些国家可能演变趋势不是非常明显,或存在一些交叉。但可以肯定地说,拉美几乎没有一个国家始终如一地采取单一地某一项补贴政策,它们都在变化之中。

　　拉美地区百年来住房政策"之"字形的演变更多地还体现在对待公共住房的态度上。可以说,拉美地区对公共住房采取极其漠视的态度在世界各地区中是最典型的。如前所述,在二战前,公共住房体系还不存在;二战后,从理论上讲拉美地区开始建立起公共住房体系,但事实上,拉美地区绝大部分的公共住房也是销售的商品房,而不是政府保有的公租房系统。自 20 世纪 80 年代新自由主义席卷拉美以来,住房私有化、公房产权化的现象更是比比皆是,使本来公租房数量就很少的拉美再次火上浇油。这样,社会住房市场就容易变成一个投机市场,其主要目标不是解决住房,而是获取利润,墨西哥就是一个典型案例:土地所有者进行土地投资,开发商开发投机,建筑商造房投机,政治家为了拉选票,所有人都在竞争,导致房屋价格飙升。因此,墨西哥公租房

　　①　César Patricio Bouillon, *Room for Development*: *Housing Markets in Latin America and the Caribbean*, Palgrave Macmillan, 2012.

作为调节国家住房功能的一种形式已经基本消失,而产权房则充斥市场。社会住房的概念严重"变味",整个国家对社会住房的理解误入歧途,其恶果是,2010 年墨西哥的空置住房达 500 万套。不仅墨西哥的住房政策被认为是失败的,即使目前巴西正在实施的"我的家,我的生活"项目第 1 期住房提供的也不是公租房,而是产权化的住房,其销售对象为月收入低于最低收入(年均收入 2900 美元)10 倍的家庭,所不同的是,这些贫困家庭在购买时可获得补助和较低的利率,确保其分期还贷金额不超出家庭收入的 10%。

六、拉美住房政策的 10 个神话: 对中国新型城镇化的启示

　　一个多世纪以来,拉美的住房政策演变走向与发展趋势虽然大体与欧美相差无几,但有所不同的是,在战后到 20 世纪 80 年代这个"区间"里,拉美特有的快速城市化致使大多数国家传统的住房政策出现断裂,形成一个"真空":政府失灵和市场失灵并存,快速城市化任凭自建房、非正规定居区(点)、贫民窟"自由产生"和"野蛮生长",最终形成不得不走向合法性的贫民窟聚集区。巧合的是,也正是在这个历史时期,进口替代工业战略如火如荼。从某种意义上说,进口替代的经济战略与完全忽视公共住宅的社会政策互为条件,互为因果,最终成就了拉美特有的"经济增长模式",即长期陷入中等收入阶段难以自拔。

　　拉美地区住房体系的嬗变过程显示,在过去的一个世纪里拉美国家的住房改革贯穿于始终。但是,住房赤字情况依然十分严峻,有增无减。据美洲开发银行(IDB)2012 年的一项研究①,拉美地区每 3 户家庭就有 1 户没有住房,住在城市里的家庭是 1.3 亿个,但有 500 万个家庭是与其他家庭合居,300 万个家庭的住房不可修复,3400 个家庭的住房没有充足的上下水等基本居住设备。如表 3 所示,在拉美住房短缺最为严峻的国家尼加拉瓜,每 3 个家庭中竟有 2 个没有住房。

---

　　① 见 http://lapress.org/articles.asp? art = 6690。

表 3 拉美无家可归的家庭或住房不足的家庭

国家	无家可归或住房不足的家庭比率(%)
尼加拉瓜	78
玻利维亚	75
秘鲁	72
危地马拉	67
萨尔瓦多	58
洪都拉斯	57
厄瓜多尔	50
巴拉圭	43
多米尼加共和国	41
巴拿马	39
哥伦比亚	37
墨西哥	34
巴西	33
阿根廷	32
委内瑞拉	29
乌拉圭	26
智利	23
哥斯达黎加	18

资料来源:见 http://lapress.org/articles.asp? art=6690。

可以说,拉美几乎是世界上唯一一个住房政策如此失败、住房供应体系如此扭曲、贫民窟如此聚集的地区。为此,几年前,曾有著名学者著文,题为《足以颠覆拉美住房政策的 10 个神话》①。这 10 个神话其实就是指 10 个不可能实现的目标,它们依次如下。

神话之一:住房赤字可以根除;神话之二:消除贫民窟;神话之三:富裕国家能够成为住房样板;神话之四:房价下降之时就是住房危机爆发之时;神话之五:在富裕国家每人拥有住房;神话之六:政府的主要目标就是建立一个人人拥有住房的国家;神话之七:贫困家庭拥有自己住房的权利;神话之八:非正

---

① Alan Gilbert, "Ten Myths Undermining Latin American Housing Policy", *Revista de Ingenieria*, No.35, 2011, pp.79-87.

规住宅永远不可能提供一个体面的生活;神话之九:资源太少;神话之十:非正规住宅是庞大的不生息的资本。

拉美地区住房问题的 10 个神话,品读起来惟妙惟肖,切中要害,意蕴深刻,引发无限思考。这既是对拉美地区住房政策失败的一个总结,也是对贫民窟"理性存在"的一个诠释,更是对"过度城市化"后果的一个描述①。从这篇研究拉美住房并写出 10 个神话的经典文章看来,住房问题已成为拉美地区一个痼疾,贫民窟已成为常态和日常生活的一个部分,它必将伴随几代人的生生死死,难以根治。

这里到了对拉美地区住房政策作一归纳的时候了。根据本文的思维逻辑,对拉美住房政策失败与住房供应体系扭曲的研究,应该沿着这样一个线索:在过度城市化的背景下,进口替代工业化战略需要廉价劳动力,大量农村过剩人口涌入城市;对于贫苦和两极分化的农村低收入人口来讲,储蓄不足和信用缺失,财政补贴杯水车薪,住房购买力难以实现,进城务工的住处只能靠"自建房"来解决,于是出现大量临时棚户区;城市当局没有能力和财力管理这些临时性的非正规居住区,它们成为违法,但却是理性的、符合经济发展水平的选择;当临时住宅变成永久居住区时,它们就不得不面对合法化问题、正规化问题。另一方面,公共住房匮乏,大量贫民窟产权化之后成为住房自有率的一个组成部分,公共住房产权化和私有化,公共住房的社会属性消失,不能成为流动人口和低收入人口的临时居住场所;而过高的住房自有率又导致公租房难有生存的空间。于是,过高的住房自有率与大量的非正规住宅并存,几近消失的公租房与少量的私租房并存,与欧洲较低住房自有率和较高公租房与私租房的住房供应体系结构相比不尽合理。

对照欧洲的住房供应体系和拉美的住房政策特征,中国至少应该看到这样几个需要注意的要点:

第一,中国住房供应体系不健全,公租房体系不发达,居民对住房预期不稳定,住房自有率就必然偏高。这时,如果购买力不能实现,就只有两个结果:或是像美国那样,住房体系高度金融化,金融风险与房地产风险交织,一旦资

---

① 关于拉美"过度城市化"的论述,见郑秉文:《拉美城市化的经验教训及其对中国新型城镇化的启发》,《当代世界》2013 年第 6 期(总第 379 期),第 10—13 页。

金链断裂,就容易引发全国性的经济危机或金融系统风险;或是像拉美那样,高速城市化进程中住房市场成为投机市场,房价攀升不下,中低收入者成为房地产市场的局外人,只能居住在城郊结合部与棚户区,进入另一个自我循环体系。

第二,中国城镇"住房自有率"是世界上最高的国家之一,达87.8%[①]。在保障性住房建设中,要保有一定比例的公租房。公租房可以形成一个产业,既可起到降低住房自有率的作用,又可起到平准市场价格的功能。住房自有率下不来,会出现很多难以控制的问题[②]。尤其在中国传统文化下,要尽最大努力,要矫枉过正,使"居住权中性"(Tenure Neutrality)发挥作用,降低住房自有率。可以说,强调"居住权中性"是降低住房自有率的一个关键条件。中国人口老龄化趋势十分严峻,几十年之后,随着人口结构的巨大变化,过高的住房自有率必将导致灾难性的后果。

第三,目前建设保障性住房是一个历史难得的机遇,公租房的比例要保住,不应变相变卖为商品房。此次保障房建设中的公租房如果没有保住,必将丧失未来几十年的最后一次机会,公租房的建设再也不可能有机会回归了。未来新型城镇化的30年,如同拉美20世纪50—80年代的30年,无论在经济发展水平上,还是在城市化水平上,或是在住房自有率与公租房保有率上,都是十分相像的30年。拉美住房政策失败和住房体系扭曲的教训应成为中国的前车之鉴。

第四,拉美早期的民粹主义和近期的新自由主义住房政策,都是新型城镇化进程中的大敌。民粹主义将导致财政不堪重负,新自由主义将导致公租房体系难以恢复,私租房体系不发达,住房自有率居高不下,这将是一个不可挽回的历史性错误。由于战后以来拉美住房政策对快速城市化应对不利,自建房和非正规居住区成为贫民窟的温床,进而,贫民窟成为拉美几代人难以抹去的伤痛——尽管对相当一部分进城居民来说这是当时历史条件下不得已的必

[①] 国际欧亚科学院中国科学中心、中国市长协会、联合国人居署:《中国城市状况报告2010/2011》,外文出版社2010年版,第22页。

[②] 参见郑秉文:《中国保障性住房建设效果及改革建议》,载王延中主编:《中国社会保障发展报告(2012)——社会保障与收入再分配》(社会保障绿皮书 No 5),社会科学文献出版社2012年版,第192—210页。

然选择。

参考文献：

郑秉文主编：《住房政策：拉丁美洲城市化的教训》，经济管理出版社 2014 年版。

郑秉文：《拉美城市化的经验教训及其对中国新型城镇化的启发》，载《当代世界》2013 年第 6 期（总第 379 期）。

郑秉文：《中国保障性住房建设效果及改革建议》，载王延中主编《中国社会保障发展报告（2012）——社会保障与收入再分配》（社会保障绿皮书 No 5），社会科学文献出版社 2012 年版。

国际欧亚科学院中国科学中心、中国市长协会、联合国人居署：《中国城市状况报告 2010/2011》，外文出版社 2010 年版。

Alan Gilbert, "Ten Myths Undermining Latin American Housing Policy", *Revista de Ingenieria*, No.35(2011).

Brendan McBride and Matthew French, *Affordable Land and Housing in Latin America and the Caribbean（Volume 1）*, United Nations Human Settlements Programme（UN-HABITAT）, Nairobi, 2011.

César Patricio Bouillon, *Room for Development：Housing Markets in Latin America and the Caribbean*, Palgrave Macmillan, 2012.

Christine Whitehead and Kathleen Scanlon, *Social Housing in Europe*, published by LSE London, July 2007.

Coward, Feagin, Williams, "The Culture of Poverty Debate：Some Additional Data", *Social Problems*, No.21(1973).

ECLAC, *Social Panorama of Latin America* 2013（*Briefing paper*）, 2013.

ECLAC, *From Rapid Urbanization to the Consolidation of Human Settlements in Latin America and the Caribbean：A Territorial Perspective*, 2000.

Edésio Fernandes, "Regularization of Informal Settlements in Latin America", Policy Focus Report, Lincoln Institute of Land Policy, 2011.

Hon. Donald Buchanan, *Address by：Minister of Water and Housing*, December 2004; Government of Jamaica, *Vision 2030 Jamaica-National*

Development Plan：*Housing Sector Plan*, 2009.

Marianne Fay and Anna Wellenstein,*The Urban Poor in Latin America*, The World Bank, 2005.

Ministry of Physical Development, Environment and Housing of ST. LUCIA, *National Report on Housing and Resettlement in ST. LUCIA*, revised April 2007.

Ministry of Planning and Sustainable Development of Trinidad and Tobago, *Public Sector Investment Programme* 2014, September 2013.

Ward, Peter M., " Self-help Housing Policies for Second Generation Inheritance and Succession of the House that Mum and Dad Built ", in *collaboration with Erika Grajeda and Claudia Ubaldo Velázquez. Habitat International*, Peter Ward and Edith Jiménez (edsl), Vol. 35, 2011.

Ward, Peter M., "The Lack of ' Cursive Thinking ' with Social theory and Public Policy：Four Decades of Marginality and Rationality in the so-called ' Slum '", in *Rethinking Development in Latin America*, Roberts, Bryan and Wood, Charles (eds.), Pennsylvania State University Press, 2005.

William Mangin, "The Latin American Squatter Settlements：A Problem and a Solution", *Latin American Research Review*, 1967.

Valeria Carazzai, *Community Participation and the use of GI in Informal Settlement Upgrading Programs*：*A Case study of Recife*, International Institute for Aerospace Survey and Earth Sciences, Enschede, the Netherlands, February 2002.

http：//data.worldbank.org/indicator/.

http：//esa.un.org/unpd/.

http：//lapress.org/articles.asp？art=6690.

（本文原载于《国家行政学院学报》2014 年第 5 期,第 115—122 页）

郑秉文自选集（中卷）

国际社会保障改革与投资体制比较

中国社会保障基金管理与国际金融危机

中国企业年金治理与模式抉择

人民出版社

目　　录

第七编　中国企业年金治理与模式抉择

第五编 国际社会保障改革与投资体制比较

2001 年，与美国波士顿大学（BU）的劳伦斯·J.克里克夫（Laurence J. Kotlikoff）教授

围绕美国社会保障
"私有化"的争论*

内容提要：面对世界范围的社会保障私有化改革浪潮，美国布什政府于2001年5月成立了一个专门委员会，7个月后发表了一份私有化改革的报告。这个举动在美国学术界掀起了一场轩然大波，在经济学界引发了一场持续长达一年半的大辩论，至今也未停止；"反对派"对"布什报告"建议提出的三种改革模式逐一进行了剖析和激烈的抨击，得出的结论与"布什报告"完全相反，认为它们都存在着"没有财政的可持续性、削减给付水平较大、投资股票具有不确定性"等许多问题。本文对经济学界针对私有化改革的"激进派"和"反对派"围绕三种改革模式的学术分歧和评价进行了分析，对这场大辩论的直接原因和深层动因发表了议论，对社会舆论界的反映和两党以此作为政治砝码的争斗作了评述，对美国私有化改革的前途命运作了预测。

虽然连续几年来美国社会保障收支形势始终很好，连年盈余，但是，早在几年前，美国社会保障署就开始在其每年的"年度公告"中连续发出预警。例如，2002年3月份的"2001年公告"再次警告，美国社保基金从2017年开始出现赤字，2041年将会完全枯竭；要继续维持美国社保基金的支付能力，未来的前景或是提高缴费50%，或是削减给付1/2；2017—2075年债务总计将高达

＊本文的写作，笔者受到国家留学基金委员会的资助在美国波士顿学院养老金中心进修三个月，特此表示感谢。本文寄自美国，资料截至2002年11月底。

24.2万亿美元,是2002年联邦预算的12倍①。这些几乎每年都公布于众的数字告诉人们:美国的社会保障制度在未来40年内行将破产②。

基于此,近五六年来美国经济学界和国会就是否引入和如何引入个人养老金投资账户或称社会保障"私有化"改革方案经过无数次激烈讨论之后,布什政府宣布正式成立"加强社会保障总统委员会"(以下简称"总统委员会")并发布《加强社会个人福祉》报告。

"总统委员会"的成立和"布什报告"的发表在美国学术界立即掀起了一场轩然大波,将本来已经持续了几年关于私有化的大辩论推向了顶点:支持私有化改革的"激进派"和对此持异议的"反对派"针锋相对。

一、"布什报告"的主要内容

洋洋洒洒几十万言的"布什报告"主要阐述了三方面的内容。

(一)建立个人账户的必要性和优越性

"布什报告"认为,建立个人账户是社保改革的核心内容,国会和总统是到了应该作出选择和决定的时候了。目前制度下美国家庭资产分布不均,收入不公,例如,大约有一半的美国家庭年均储蓄为零,几百万家庭没有适量的金融资产。而从长期来看,家庭持有资产对健康和婚姻可持续性,甚至对收入、种族和教育的可控性都具有积极的作用。某些实验还显示,持有个人账户资产的家庭中,对于家庭持有资产的看法,84%认为更应该节省一些,59%认为更有利于提高个人教育水平,57%认为更有利于制订退休计划,93%觉得对未来更有信心,85%认为对未来生活更有控制力,50%认为与家庭其他成员的关系更为融洽,等等③。

在2001年10月18日的第二次听证会上,经济学家、华盛顿大学的雪拉

---

① Communication from the Board of Trustees, "The 2002 Annual Report of the Board of Trustees of the Federal Old-Age and Survivors Insurance and Disability Insurance Trust Funds", Communication from the Board of Trustees, Federal Old-Age and Survivors Insurance and Disability Insurance Trust Funds, Mar. 2002, pp.2 - 5.

② 本文中使用的"社会保障"含义均指美国OASDI中的养老、遗属和残障人的给付。

③ President's Commission to Strengthen Social Security, "Interim Report of the President's Commission to Strengthen Social Security", Aug. 2001, pp.3 - 5.

丹(Sherraden,M.)教授作了这样的证词(出处同上):"对绝大部分家庭来说,摆脱贫困不应该通过收入和消费的途径,而应该通过储蓄和积累的途径……当人们开始积累资产财富的时候,他们的思维与行为也必然随之产生变化。积累资产所产生的心理和社会效应与其所获得和消费同样数量的进项相比,其程度是相等的。"经济学家的研究表明,财产的积累对个人的福利具有正面的效应,这些效应超出了这些财产本身所提供的收入,也就是说,重要的是,建立个人账户是观念上的进步、思维上的变革、行为上的革命。拥有一笔资产(积累制)要比拥有一个权利(现收现付制)更有保证,即拥有一个个人资产的账户被认为比政府未来几十年以后才能够兑现的承诺更为安全可靠。

1. 建立个人账户的资产所有权将有利于提高资金保障的能力。几十年以来,美国社会保障的给付标准多次发生变化,支付能力高的时候其给付标准就膨胀一些,财政压力大的时候就削减一些。未来社保基金的前景告诉人们,传统社保体系可以提供的给付具有被削减的可能性,而建立个人账户以后其资产将具有可靠性和保证性。虽然账户股票投资具有一定的不确定性,但其资产丧失殆尽的风险几乎是不存在的,个人账户资金合法的所有权和未来的获取权比目前不可持续发展的制度更有可靠性。

2. 建立个人账户以后社会保障就延伸成为可以继承的一笔资产。现行的社保制度下可以继承的唯一一笔一揽子财富是一次性支付的255美元的死亡抚恤金。而改革后的制度允许个人账户里的资产由其配偶和子女继承,这就改善了低收入人群和生命预期较短的人群的待遇,提高了资产和财富积累的可能性。

3. 个人账户可以为社会弱势群体增加额外的保护。私有化改革以后,鳏寡者可以获得继承下来的个人账户;离婚者首次可以对婚内积累的资产拥有共同的财产权;低收入群体可以有机会利用目前12.4%工资税的一部分建立个人金融资产。

4. 建立个人账户可以使其持有者有机会寻求回报率更高的机会,其预期给付肯定会高于那些没有个人账户的人。目前传统制度下设定的给付水平只有在大量税入的条件下才能实现。建立账户以后,养老保险的给付就分成了两部分:原来传统社保体系的"社会保障A部分"和来自个人账户的"社会保障B部分"。未来制度这两个部分的总和加起来会比现在制度下的给付要多,因为前者的回报可以来自"复利的奇迹",个人的财富水平由此将产生巨大的变化。

5. 建立个人账户将有利于实现基金积累。(1)人们拥有了自己的个人账户以后,其资产就不能用于非社会保障的目的。(2)账户持有者可以根据自己的偏好进行投资组合,中央政府的投资主要是为每个人制作"一个尺寸、适合全体"的投资组合。(3)政府的投资行为很容易受到"非金融标准"的影响,政治的影响力不利于投资政策,不利于政府,也不利于经济运转。(4)政府投资很可能会使之陷入严重的利益冲突之中,妨碍公司的决策。

6. 建立个人账户将会增加国民储蓄。对国家来说,如果联邦政府没有为个人账户储存 100% 的资金,那么,建立个人账户就永远没有增加国民储蓄;如果政府支出了这笔收入,那么,个人账户的建立就等于增加了净储蓄。从历史上看,政府从未储存过这笔钱。

7. 建立个人账户将会改善劳动力参与的激励。赡养比例是涉及支付能力的一个重要因素,在今后的 50 年里,赡养比率将从目前的 3.4∶1 下降到 2∶1,支撑这个制度的成本将会增加 69%,所以,保持足够的劳动力供给是社会保障改革之关键。增加工资税的弊病之一就是,过于沉重的税收将激励个人宁愿退休而不愿意继续留在劳动力市场上。此外,高税率还会导致劳动力供给的扭曲和个人获得补偿形式的扭曲,它将减少产出和经济增长,不利于未来退休金的供给。建立个人账户以后,工人会把这种缴费与未来的退休收益直接联系起来,而不会把它看成是一种税,从而会激励他们继续留在劳动力市场上。

(二)个人账户的管理与运行

建立个人账户重要的有两条:一是在管理上要有成本效益,二是设计细节要考虑周全。根据世界上二十多个国家已建立的个人账户制度以及美国 401(K)和 IRA 计划积累的经验,"布什报告"对美国社会保障个人账户系统提出了如下设想。

1. 总体设计思路。个人账户的设计必须满足这样 5 个条件:(1)行政管理费用要合理;(2)减少个人风险;(3)账户持有者必须有一定的投资选择权利;(4)作为个人投资者,他有权要求快速和准确,不得对其要求额外的费用;(5)政府必须对所有账户系统的运行作出高效与公平的承诺。根据以往的经验,个人账户的设计有两种极端的模式。一种是"集中管理"的模式,即所有的缴费集中进入指定的中央管理机构,它负责管理所有缴费记录并负责投资。其特点是行政管理费用较低,指数化的基金种类较多,这些指数化的基金可以选择购买公司股票,其投资的规模与该公司的市值要有一定的比例控制,有点像目前的节约储蓄计划(Thrift Saving Plan,以下简称 TSP 制度)①,由董事局负责具体的基金投资。"集中管理"的模式在短期内有一定的优势,但在长期内则不是最佳的选择,因为它不能很好地适应市场规则,对其基金管理人不满意的消费者不能"用脚投票"(指选择别的管理人)。另一种是"分散管理"的模式,其中一个重要的"版本"是现在私人部门的 401(K)计划,特点是其缴费直接从雇主手里转移到私人部门的基金里。这样可以满足不同层次的需求,工人的投资选择是通过其雇主进行的,可供选择的基金种类很多,并随时可以转移,政府的责任只是负责对基金和雇主进行监督。但是,这种"分散管理"模式的问题是"执行程序的成本"较高。

2. 提出了两支柱的"混合"模式。鉴于对上述两种极端模式利弊的分析,提出了一个两支柱的"混合"模式:所有的缴费进入中央管理机构,使用目前的税制体系,工人的投资由该中央机构统一执行,在初创阶段,全部收入投资于"第一支柱"。在这个支柱中,工人选择的范围就是目前 TSP 投资的基金范围,再加上另外三个"平衡基金"和一个抵御通货膨胀的债券基金。当工人的积累额超过一定门槛以后(例如 5000 美元),门槛以上部分可以投资于"第二支柱"即私人部门的基金。建立个人账户三年以内,要制定"第二支柱"所必需的计划,5 年之内予以执行,包括第二支柱的人事管理、软件设备等。

3. 限制投资配额规则。其具体措施包括:要鼓励进行长线投资,尽量避免"日常短线交易",例如将交易次数限制在每年不超过一次等,以减少交易费用;在股票、公司债券和政府债券的组合中进行优化,以减少投资风险;向不愿意选择任何交易期权的工人提供"平衡标准基金"。

4. 第一支柱应该提供若干标准基金。在第一支柱中,工人可以在平衡基金和 5 个指数化基金(目前 TSP 使用的)的任意组合之中进行选择。基金管理服务应采取竞标的方式进行,以降低管理费用。平衡基金的投资应在公司

---

① TSP,是美国联邦政府雇员和军人使用的补充退休计划。

股票、公司债券和政府债券之间进行配比。指数化的平衡基金投资配比可以分为三类:"保守型"平衡基金应该购买大量的政府债券和高质量的公司债券,"成长型"平衡基金应持有较高比例的股票,而"中间型"平衡基金持股比例应在这二者之间。TSP 包括以下几种基金:G 基金(政府证券投资基金)、F基金(收入固定型指数化投资基金)、C 基金(普通股票指数化投资基金)、S基金(小规模资本型股票指数化基金)、I 基金(国际股票指数化投资基金)。除了上述 5 种基金以外,政府应该创建一个适应于个人账户持有人投资的"抵御通胀型国库券"(TIPS),即 I 基金(国际股票指数化投资基金)。

5. 为那些不选择投资"第一支柱"的人建立标准基金。标准基金被认为是投资决策的参考系,如果标准基金持有大量的政府债券,就会显得过于保守,有些人就会不愿意从持有较多股票的基金中获取较高预期的回报。年轻人可能较多地投资于股票,而标准基金则有个年龄适应的问题。"成长型"平衡基金对年轻人来说是一个比较合适的标准基金,"中间型"基金适合于中年人,而"保守型"基金则适合于老年人。

6. 第二支柱提供的基金管理公司不但应与第一支柱完全相同,而且应提供种类较多的"共同基金"。由于第一支柱中个人账户的积累达到门槛以后可以投资于私人部门,所以私人部门应具有竞争性和可选择性,防止出现政府垄断基金的现象。

7. 退休之前不得使用个人账户消费。退休之前个人账户不得进入消费,个人账户提供的仅是资产的权利;退休之后有多种兑现资产的选择权利,包括死亡之后遗赠的选择权。

8. 账户中婚内资产在离婚时要平均分配。妇女可能由于照顾家庭与子女而工作较少,收入较薄,婚史 10 年以上的离婚者,配偶有权利选择"缴费型给付"或是选择与其配偶对半分配。婚史不足 10 年的配偶在离婚之后如果要想获得前配偶的给付就不得再婚。

9. 组织架构的设计。为防止受政治的影响,"布什报告"为国会推荐了两个可供选择的组织模式,即 TSP 模式和"联邦储备董事局"模式。TSP 模式的董事局由 5 名兼职成员组成,由总统任命,董事局主席任期 4 年,2 名成员任期 2 年,2 名 3 年,分别由参众两院协商之后选举推荐产生。董事局任命一个全职的执行主任行使日常 CEO 的职能。在"联邦储备董事局"(FR)模式中,其董事局由

7 名成员组成,由总统任命,参院通过,任期 14 年。这个控制着全美联邦储备系统的最高决策机构的决策完全独立于国会和总统。由于任命较长和交错任期等特点(每两年一次新的轮换机会),它们的独立性比 TSP 董事局还要大。

(三)三种改革模式的特点及其转型成本问题

"布什报告"称,为使未来的社保制度在财政上具有可持续性并能满足总统提出的改革原则,可以采取三种改革模式。不管采用哪一个,都不能导致削减当前和近期退休人员的给付水平,15 年之内其收支是平衡的,并且收入略有盈余。

模式一:在个人账户中自愿投入税后工资的 2%,但同时传统社保体系的给付要减少,削减的额度是扣除通胀后个人账户中缴费按 3.5% 复利计算的额度,即只要账户的收益超过 3.5%,工人就可以获取退休给付。除此之外,传统社保制度没有任何变化。但由于资金缺口继续存在,所以,如果不改变未来的给付标准和增加新的投入,养老金给付就将继续面临着某种不确定性,即从 2030 年开始,需要额外增加社保基金的收入。

模式二:2002 年 1 月 1 日不到 55 岁的工人,从 2004 年开始自愿从工资税①中提取 4 个百分点,最高可达 1000 美元;同时,在通胀以上部分,按 2% 复利计算的个人账户中的缴费数额将抵消传统社保中的给付。对 30 年工龄的工人,将其最低给付标准提高到"贫困线"的 120%。从 2009 年开始,传统社保体系下的给付将实行价格指数化;到 2075 年,个人账户持有资金将达 12.30 万亿美元;2025—2054 年需要一般税收转移支付以保持社保基金的支付能力。

模式三:在这个模式中,2002 年 1 月 1 日不到 55 岁的工人,从 2004 年起,每年可以从其社会保障缴费中提取 2.5 个百分点投入个人账户中,每年最高可达 1000 美元;此外每年再额外投入税后工资的 1% 作为个人缴费以"激活"账户,这部分额外缴费将以减税的形式给予部分补助;但是传统社保制度中的给付要减少,减少额度的计算方法是,在扣除通胀率以后个人账户中以 2.5% 复利计算的缴费额度那部分。对 30 年工龄工人的最低给付标准将提高到贫困线的 100%,40 年工龄的人将达到 111%。在今后的 75 年中,需要增加相当于 0.6% 税负的收入专门用于社保;为保证 2034—2063 年社保基金的支付能力,需要从一般税收中进行转移支付。

---

① 本文中"工资税"的概念等同于"社会保障缴费"。

"布什报告"称,上述三模式都将对现行传统社保制度有一定程度的改善。如果目前传统制度届时的缺口为 3.157 万亿美元(或每个工人 2.1 万美元),那么,改革以后到 2075 年,"模式一"积累的资产将为 10.3 万亿美元,"模式二"为 12.3 万亿美元,"模式三"为 15.3 万亿美元。换言之,"模式一"将会增加 0.5 万亿美元,"模式二"4.8 万亿美元,"模式三"5.0 万亿美元。"布什报告"对"转型成本"的计算结果是,假定在转型过程中不利用社保盈余,"模式一"的转型成本是 1.1 万亿美元,"模式二"是 0.9 万亿美元,"模式三"是 0.4 万亿美元。如果假设目前 GDP 增长率 4.2% 和其他条件不变,社保盈余可以正常继续下去,那么,"转型成本"就会更少一些,"模式一"为 0.7 万亿,"模式二"为 0.4 万亿,"模式三"仅为 0.1 万亿,它们分别仅占 GDP 的 0.29%、0.33%和 0.10%。

二、围绕"布什报告"展开的辩论

从"总统委员会"成立之日起,美国一些经济学家就对其私有化的改革取向提出了质疑。在 2001 年 12 月"布什报告"发表之前,针对 8 月份公布的"临时报告",向"布什报告"发起攻击的经济学家中核心人物主要是布鲁金斯研究所的艾龙(Asron,H.)、普林斯顿大学的布兰德(Blinder,Alan)、波士顿学院养老金研究中心主任玛乃尔(Munnell,A.)女士和布鲁金斯研究所的奥尔扎格(Orszag,P.)等。他们是当今美国社会保障领域中著名的经济学家,私有化"反对派"的主力军。在"总统委员会"工作的 7 个月里他们连续发表了三篇联合署名长文(见本文参考文献)。在"布什报告"发表之后,站出来反对私有化的经济学家主要是麻省理工学院的戴蒙德(Diamond,P.)和奥尔扎格,这两位国际知名的经济学家和社保问题专家在美国学界享有盛誉,是私有化"反对派"营垒里的主要代表人物,他们在半年的时间里一口气联合署名发表了 4 篇研究报告和论文(见本文参考文献),总计将近 200 页(下面简称"戴—奥报告")。面对"反对派"的批评和抨击,除了舆论界以外,力主私有化改革的"激进派"学者们基本上采取了沉默的态度,代表人物克里克夫(Kotlikoff,L.)、萨克斯(Sachs)、偏右的费尔德斯坦(Feldstein,M.)等著名经济学家几乎都没有予以回应,保守派的几大智库也保持低调,与"反对派"相比,有分量的论文几乎没有。只有比格斯(Biggs,Andrew G.)的《论"总统加强社会保障委员会"的前途》是唯一的一篇应战性质的学术论文。比格斯是激进派智库卡图研究所的教授,"总统委员会"16 个成员之一。在其论文中他对上述"反对派"经济学家一一点名批评,言辞激烈。

有趣的是,从上述参与辩论的经济学家供职机构来看,这场辩论主要发生在美国的东部沿海一带,并且反对派也主要集中在东部。辩论的焦点或说反对派提出的问题主要是围绕着以下几个领域。

(一)社保基金的性质及其与国民储蓄的关系

"反对派"认为:美国社保基金资产的存在具有重要的意义,"社保基金储备可以增加国民储蓄、减少公债,进而可以增加每个工人的资本总额从而可以增加生产率"[①];私有化改革的结果事实上是削减了社保资产的规模,从而减少了国民储蓄,长期来看对经济增长具有副作用。

比格斯对此进行了激烈的批评[②],认为社保基金的作用实际上可以归纳为两个重大理论问题。第一个问题是,在为未来退休计划预筹资金方面,社保基金并没有实际意义。从纳税人的角度看,社保基金中的资产对联邦政府预算来说实际上等于是负债,而不是政府可以用来支付养老金给付的"净资产"。这是因为,社保基金所持有的政府债券并不具有推迟税收的作用,更不能起到减少公共支出的作用。即使没有这个基金,从 2016 年开始也需提高税收或削减养老金给付水平才能保证养老金给付的正常支付。有了这个基金,同样也要从 2016 年开始提高税收或削减养老金水平以偿还基金的债务。所以,从预算和纳税人的角度看,有没有这个基金是没有很大区别的。

第二个问题是关于社保基金与国民储蓄之间的关系。比格斯认为,"对社保基金来说是资产,但对政府来说它是等量的债务"的观点意味着社保基金在预筹未来养老金给付方面并没有积极意义。20 世纪 80 年代中期以来,社保基金的盈余从来没有在"真正的经济意义上"予以"储蓄"过。虽然它以

---

① Aaron, Henry J., Blinder Alan S., Munell, Alicia, Orszag Peter R., *Perspectives on the Draft Interim Report of the President's Commission to Strengthen Social Security*, Center on Budget and Policy Priorities and The Century Foundation, July 23, 2001, pp.3 - 12.

② Biggs Andrew G., "Perspectives on the President's Commission to Strengthen Social Security", The CATO Project on Social Security Privatization, CATO Institute, SSP No.27, August 22, 2002, pp.3 - 14, 28 - 42.

政府债券的形式在规模上等同于这些现金盈余,在会计的意义上是"储蓄"起来了,但这些资金本身并没有用于减少政府的借贷或偿还政府的债券,就是说,这些工资税的盈余并没有增加政府的储蓄,而是使国会的预算支出更加庞大了。这样,虽然社保基金仍然以政府债券的形式存在着,但支付未来养老金时还需要增加税收;而将来增加税收以偿还社保基金的债券时工人面对的却是净损失。于是,比格斯认为,这4位经济学家的上述推导是站不住脚的。为了说明他的观点,比格斯还大量引用了国会审计署(GAO)1989年报告中列举的关于国会预算与社保基金之间千丝万缕联系的种种事实,最后得出结论说,"社保基金的盈余越多,其他方面的赤字就越大"。

(二)私有化改革以后美国社保制度的整体支付能力将受到严重削弱

反对派还认为,私有化改革以后无论从长期看还是从短期看,由于社会保障基金的一部分收入转移到个人账户,所以,美国社保体系的支付能力从整体上将受到严重的削弱。建立个人账户的结果是用个人账户系统替代了传统社保体系的整体"缩水"。对那些选择了个人账户的人来说,他们的一部分缴费被转移到了个人账户里,换来的是他们在传统体制内养老金给付的进一步削减,社保体系的财政条件将会不可逆转地恶化,并且,社保基金"流失"的这笔基金的数额超过了受益人被削减的养老金给付的数额。据"戴—奥报告"测算[1],在"模式二"条件下,今后75年所需要的转移支付相当于目前社保体系全部赤字的2/3,在"模式三"条件下将需要80%。著名经济学家克鲁格曼在《纽约时报》撰文说[2],"众所周知,(美国的)社保系统是一个用每一代人的工

---

[1]　2002年6月18日这两位经济学家联名撰写的强烈抨击"布什报告"的两篇重要论文同时发表,一篇题为《削减给付与补助个人账户:对"总统加强社会保障委员会"提交的报告的分析》,另一篇题为《对"总统加强社会保障委员会"提议的评价》。其中,长达44页的前一篇报告从总体上对"布什报告"提出的三个模式的利弊进行了分析,主要侧重私有化改革对养老金给付标准影响的研究和个人账户性质的研究,指出了其存在的问题。而后一篇则更多地在精算的基础上对私有化以后社保基金的支付能力,个人账户的资产和债务,三个模式之间的区别等方面作了更为深入的研究,从技术层面上指出了"布什报告"提出的后两种模式中存在的财政不可持续性等问题,并且,这个66页的研究报告在大量引用"布什报告"原文的基础上对其逐一进行剖析。见 Diamond, Peter, Orszag, Peter, "An assessment of the Proposals of the President's Commission to Strengthen Social Security", Center on Budget and Policy Priorities and The Century Foundation, June18, 2002, pp.3 - 6.

[2]　Krugman, P., "Fear of All Sums", *New York Times*, June 21, 2002.

资税来支撑前一代人退休的制度,如果年轻一代的缴费进入了个人账户,那么问题就显露出来了:谁来支付今天退休者或老年工人的给付? 这是一个很简单的'2-1=1'的算术问题。所以,私有化制造了一个财政黑洞,要填平这个黑洞,就必须削减给予,或提供大量的政府转移支付,或二者同时使用"。

(三)养老金给付标准将大幅度削减

经济学界普遍认为,"布什报告"中建议的"模式一"改革的步子不大,没有什么讨论的价值和意义,所以,学界讨论的重点主要放在后两个模式上。

首先,"戴—奥报告"认为①,私有化以后,那些不选择个人账户的工人将面临养老金给付的大幅度削减。其中,"模式二"条件下的给付削减更为严重,以 2002 年 35 岁到 2032 年 65 岁的退休者为例,届时他的养老金给付标准与现行传统制度相比将减少 17.4%。越往后,减少的幅度越大,例如,2001 年出生到 2066 年 65 岁退休时将减少 41%。

由于得到一部分补助,在"模式三"的条件下,情况稍好一些。同样以今年 35 岁的未来退休预期为例,届时他将得到的养老金标准削减的幅度为 9.5%②。

其次,私有化改革将对残障和失去双亲的儿童的津贴标准带来极大的负面影响。例如,对 2050 年开始接受残障给付的人来说,在"模式二"条件下其养老金给付将减少 33%,在"模式三"下减少 19%;到 2075 年,在"模式二"下将减少 48%,"模式三"为 29%。上述削减幅度对失去双亲的儿童来说也是一样的。对残障人士和失去双亲的儿童来说,他们之所以几乎没有能力来缓解个人账户所导致的损失,是因为这些人职业生涯较短,对个人账户的缴费有限。

最后,对那些选择个人账户的其他人来说也同样面临着给付的大幅度削减。如果这些人从个人账户中获得的回报能够像"布什报告"所预测的那样,削减的幅度可能就要小一些,但不管如何,这些工人还是要面临严峻的形势。

(四)个人账户性质的问题

个人账户从本质上讲具有双重性,即"资产账户"和"债务账户"的双重性

---

① Diamond, Peter, Orszag, Peter, "An assessment of the Proposals of the President's Commission to Strengthen Social Security", Center on Budget and Policy Priorities and The Century Foundation, June18, 2002, p.50.

② Diamond, Peter, Orszag, Peter, "An assessment of the Proposals of the President's Commission to Strengthen Social Security", Center on Budget and Policy Priorities and The Century Foundation, June18, 2002, p.52. Table 5.

质。前者是指工人储蓄和投资回报的功能,但就后者而言问题就比较复杂了:由于转入个人账户的这部分收入再也不能用以支撑传统的社保体系,所以就人为地"制造"了一个"债务账户",其债务总额等于收入转入加上利率。当退休时所获得传统社保体系的养老金给付被削减或抵消时这笔债务才能予以偿还,即只有在退休的那一天传统社保体系的给付予以抵消的时候才能"激活"这个"债务账户"。由于每月削减的额度要根据几十年不同的利率进行计算,所以还会出现一些问题。例如,如果账户持有者在退休之前死亡,幸存者配偶既继承了其个人账户中的资产,同时也继承了其债务账户中积累的债务,这时,其债务的偿还要从其配偶的给付中予以支付,就是说,配偶所继承的是这样一个账户:如果其资产回报高于债务积累期间的利率,那么这个账户的资产就高于其债务,反之则少于其债务。再例如,在离婚的情况下,婚内积累的总额(储蓄与收益)应该予以分割,但同时,婚内"债务账户"积累的总额也应予以分割,那么,"资产账户"中通过转移收到的总额很可能少于或多于"债务账户"中通过转移收到的总额。再例如,如果一个工人在退休之前死亡而没有幸存的配偶,那么,其"资产账户"中的总额可以分配给其他继承者,但其"债务账户"中的总额却是不能分配的,这说明,个人账户具有某些"隐性"的人寿保险的性质,有利于其继承者。

(五)个人账户的行政管理费用问题

"反对派"对私有化改革以后管理个人账户的行政成本提出了较多的疑问。"布什报告"假设"支柱一"的年行政管理费用比率为资产的0.3%,以40年积累为计算周期来看这显然是不够的。首先,在个人账户初创阶段,需要额外支付一笔一次性的成本。其次,大部分成本是"固定成本",即每个账户的成本;如果账户规模扩大,边际成本会下降。但问题是,账户的平均规模取决于从"支柱一"向"支柱二"转移的规模,如果转移的账户数量较多,"支柱一"的账户规模就会下降。假设每个人在超过5000美元的门槛以后都想转移到"支柱二"中去,0.3%就意味着每年不到15美元(0.03%×5000美元)。如果没有人愿意进入"支柱二",这个比例的管理费从长期来看似乎还是合理的,与联邦政府补充养老计划(GSP)就很接近。最后,还需要一笔宣传教育费用。401(K)的经验教训显示,资本市场的宣传教育也需要大量的资金。美国了解资本市场的工人为数不多,绝大部分人对其知之甚少。例如,只有50%的美国人知道股票与债券之间的区别,12%的人知道封闭式基金与开放式基金的区别,16%的人了解个人退休账户(IRA)的细节。

(六)私有化改革以后美国社保体系的可持续性问题

可持续性问题是"反对派"强烈抨击"布什报告"的一个重要内容。他们认为,这项改革并没有完全解决社保基金的可持续性问题,因为它需要一般税收转移支付的支撑:在"模式二"下,假定参加的人数为100%,如果不注入一般税收的转移支付,其枯竭在 2025 年就要提前到来;在"模式三"下,假定加入的人数为 2/3,其枯竭的日期为 2039 年。而在目前传统社保法律制度下,其枯竭的日期应该是 2041 年。如果注入资金,"戴—奥报告"精算的结果令人十分吃惊①:"模式二"下的财政借贷到 2010 年是 8020 亿美元,2030 年39280 亿、2050 年 38890 亿、2070 年 63820 亿、2076 年 129560 亿;"模式三"下的情况差不多,它们分别是 4750 亿、20090 亿、8540 亿,78660 亿和 129550 亿美元。"戴—奥报告"对"布什报告"私有化改革三个模式总的评价结论是认为其有较大的风险:从经济风险来看,"布什报告"避免使用"风险调整"这个词,但事实上,较高的回报预示着较大的风险,股票市场的风险是难以预测的,而"布什报告"中"蛊惑人心地使用的那些数据是被曲解了的";从"政治风险"来看,它是指未来立法条件的不确定性,它"是一个政治风险还是政治保值,这还是不明确的"②。"戴—奥报告"还批评"布什报告"没有使用传统体制下的给付标准即"计划中的给付"概念作为其比较的参考标准,而"创造性地使用"了"可支付的给付"这个新的概念,从而使人们失去了与目前体制下给付标准的比较参照系,这是在误导舆论③。

(七)股票投资风险问题

"布什报告"引起的另一个争论是对未来股市投资风险的预测与评估。该

---

① Diamond, Peter, Orszag, Peter, "An assessment of the Proposals of the President's Commission to Strengthen Social Security", Center on Budget and Policy Priorities and The Century Foundation, June18, 2002, Table 18.

② Diamond, Peter, Orszag, Peter, "An assessment of the Proposals of the President's Commission to Strengthen Social Security", Center on Budget and Policy Priorities and The Century Foundation, June18, 2002, p.43.

③ Diamond, Peter, Orszag, Peter, "An assessment of the Proposals of the President's Commission to Strengthen Social Security", Center on Budget and Policy Priorities and The Century Foundation, June18, 2002, p.19.

报告对建立个人账户以后可以较大幅度提高退休金水平的预测与分析是建立在一个既定的股市回报率的基础之上的。近十几年来,美国大多数经济学家对过去200年来股票年回报率的统计结果是7%左右,1994—1996年美国"社会保障署"顾问委员会同意将这个数据作为评估股票市场的基本依据,绝大多数经济学家对此也无异议,甚至有的经济学家认为1926—2000年间经过通胀调整后的大规模资本化的股票投资回报率平均数值要远远高于7%,是9.7%①。但他们都认为,21世纪的股市回报率是否能按过去200年的年均7%予以预测,这是十分值得怀疑的。例如,坎布尔(Campbell, J.Y.)认为②,21世纪美国股市的走向有两个可能性。第一个可能性是回报率低于它的长期趋势水平。但是,有时也变幻莫测,例如,20世纪20年代、60年代这些好年景接踵而来的20世纪30年代的大危机和70年代的危机。第二个可能性是先走低后反弹。例如,20世纪10年代、30年代和70年代之后便出现了很好的恢复时期。总而言之,当前股票市场表现出来的前所未有的"本质"使人们不可能仅仅根据历史模式来预测未来,即目前股票市场如此糟糕的状况是股票溢价的结构性滑坡,它既可能来自人们对风险概念的调整,又可能来自中小投资者入市门槛的降低等,情况非常复杂。坎布尔的初步估计是未来股票回报率很可能在5%—5.5%之间。

(八)高、中、低不同收入退休者的预期给付都将受到较大的削减

"戴—奥报告"对私有化改革以后"模式二"和"模式三"下三个群体的给付削减情况作了深入地比较研究。假定家庭中双职工都在2075年65岁退休,并假定个人账户给付预期的计算系数的净回报率(扣除行政费用以后)是4.6%,还假定有低、中和高三组不同收入的人群;在这些假定条件下,双职工的每一个人的全部预期给付(含个人账户中的年金)在"模式二"中,对"中等收入"的群体要减少20%以上;如果没有参加个人账户系统,减少的数额将达到46%。参加个人账户的"高收入组"夫妇所获得的给付削减数额要大于"中

---

① Shoven, John B., "What Are Reasonable Long-Run Rates of Return to Expect on Equities?" in *Estimating the Real Rate of Return on Stocks Over the long Term*, Social Security Advisory Board, Washington DC, Aug.2002, p.3,47.

② Campbell John Y., "Forecasting U.S Equity Returns in the 21th Century", in *Estimating the Real Rate of Return on Stocks Over the long Term*, Social Security Advisory Board, Aug. 2002, Washington DC, pp.3 - 7.

等收入组",这是由于个人账户缴费的 1000 美元限额造成的;而对低收入夫妇来说,其给付削减数额相对较小。在"模式三"中,包括额外的 1% 的缴费所带来的养老金收入,其全部给付的情况要好一些。但是,如果没有 1% 的额外缴费,"低收入组"将要低于现行给付标准的 9%,"中等收入组"要低于 12%,"高收入组"要低于 15%①。

三、美国社会舆论的反映及私有化改革的前途

社会保障税是美国人支付的最大的单项税种,80% 以上的美国人支付的社保税要多于他们的联邦所得税;社会保障的税入占联邦预算的 23%,是联邦政府最大的财政计划,因此也可以说它是世界上最大的政府计划项目。2002 年 8 月 20 日《西雅图邮报》载文说:1935 年 8 月 14 日《社会保障法案》诞生至今正好 67 岁了,这是一个人命关天的计划,为一代代美国人作出了巨大的贡献;尽管人们对"布什报告"毁誉不一,见仁见智,但它毕竟涉及千家万户;尽管学界对它提出了一些问题,但毕竟它是一场重要的大变革。在一些人看来,它是"新政的一次改革探索",是对"罗斯福幻想"的重塑,是对"美国之梦"的再造②。

正是由于这个原因,一年多来,美国各种平面和多媒体的舆论工具几乎都卷入进来,各种评论文章铺天盖地,有的网站设立了评论专栏,有的专设了 BBS 板块,有的还设立了网上民意测验等。讨论的气氛如此之热烈和针锋相对,卷入的社会阶层如此之广泛,在许多美国人看来是空前的。舆论界支持私有化改革的声音较少地纠缠在"布什报告"三种模式方案的细枝末节上,更多的是"呼吁"改革的重要性和迫切性。

(一)面对私有化改革的世界性潮流,是顺应潮流还是甘愿落后

世界各国社会保障制度所面临的基本问题是赡养率不断下降,预期寿命不断提高,这是当前挑战各国现收现付社保制度,推动全球改革的两个基本动

---

① Diamond, Peter, Orszag, Peter, "An assessment of the Proposals of the President's Commission to Strengthen Social Security", Center on Budget and Policy Priorities and The Century Foundation, June18, 2002, p.52, Table.5.

② John, D.C., "A Commission Must Avoid the Wrong Social Security Debate: It's Not About Trust Funds", www.heritage.org/about/staff/davidjohn.cfm.

因。截至 2002 年,拉美已有 10 个国家从 DB 制转向 DC 制,完成了或正在进行私有化或部分私有化的改革。转型国家紧跟改革潮流,已有一多半国家建立了个人账户,从现收现付制转向完全积累或部分积累制。西欧改革进程令人刮目相看,近几年来,英国、意大利、德国,甚至被认为福利慷慨度最高的瑞典也建立了"名义账户",对传统制度进行了结构性的、比较彻底的改革。面对世界范围的改革浪潮,美国学界和舆论界的许多人认为,美国落后了,"美国人民应该向诸如英国和瑞典等国家的国民学习,这是赢得真正退休收入保障的最好办法"[1]。美国近年来以类似"向欧洲学习"和"学习拉美经验"为标题的会议和文章越来越多。世界银行的一些经济学家说,"尽管面对问题的程度和性质不尽相同,但是在解决养老金危机方面美国人有许多东西要向欧洲人目前的做法学习",欧洲人的四条"关键经验"中的第一条就是:"延迟改革将会使政策选择的范围变得更狭窄","社会保障改革拖延的时间越长,对工人和退休人员来说,必要的选择就越困难,越痛苦"[2]。由此我们可以看出,拉美的某些经验、欧洲的最新发展、转型国家的大胆尝试,所有这些外部的改革环境和压力是"布什报告"出台并导致这场大辩论的直接原因之一。

(二)建立个人账户是"筑巢一个投资的留窝鸡蛋"还是权宜之计

美国几年来关于社保改革争议的焦点已经越来越明朗化,学界和政界提出的建议大致有三:或是提高税收,或是减少给付,或"使一部分资金高速运转起来"。在"激进派"看来,只有第三个办法即"筑巢一个投资的留窝鸡蛋"或称"建立一个安全的退休留窝鸡蛋"才是根本的出路,不是像人们误解的那样它只是延长或推迟了社保基金的寿命而已的权宜之计。美国的社会保障历来被称为是一个"三条腿的板凳",即除了社会保障以外还有公司退休计划和个人储蓄。但对后两条腿而言,公司计划的覆盖面不到美国就业人口的50%,美国家庭平均储蓄只有 1000 美元[3]。《国民评论》载文说[4],建立个人账

---

[1] Hamilton, J., "Social Security Q&A With Heritage's Social Security Project Manager James Hamilton", www.heritage.org/about/staff/jomeshamilton.cfm.

[2] Moffit, R. Peterson, P. Estelle James, "Perspectives on the European Pension Crisis: Some lessons for America", www.heritage.org/research/socialsecurity, Feb. 26, 2002.

[3] John, D.C., "A Commission Must Avoid the Wrong Social Security Debate: It's Not About Trust Funds", www.heritage.org/about/staff/davidjohn.cfm.

[4] Moore, Matt, "Social Unacceptable", *National Review*, July 25, 2002.

户可以为明天的退休者预筹一部分给付,将今天的储蓄与投资并用起来可以避免这场灾难。一言以蔽之,近十年来,美国国内对私有化方案的探讨和争论吸引了绝大部分经济学家的绝大部分精力,理论上日趋激烈和成熟的争辩在实践上几乎成为呼之欲出的方案。

（三）投资股票市场是利大于弊还是弊大于利

股市投资风险问题吸引了舆论界相当的注意力,成为一个热门话题。半月刊《美国展望》说①,"让我们设想一下,如果全盘接受了布什的方案,把所有社保基金全部投入到股市会是什么后果:1999 年底,社保基金的余额为8930 亿美元,盈余 2340 亿美元;可是到 2002 年 8 月中旬,加上利息收入总资产要减少 41%……"《国民评论》载文说②,得州一个民主党议员认为"在个人账户下,退休人员将被置于变化无常的股市上……"另一个议员感叹"经过这几个星期的股市,我认为个人退休账户是一个可怕的坏主意"。但也有人批评这两个议员说,股市行情虽然每天每年波动幅度都很大,但从长期来看,在过去的 128 年里,每 35 年为一个周期的年回报率为 6.4%,即使在 1921 年之前的 35 年最差的周期里,年均回报率也在 2.7%,就是说,长期投资是很划算的,甚至在熊市里也能保住账户。只要他的投资是多元化的,就可以幸免于难。还有人撰文说③,关键是"长期"二字,因为从"标准普尔 500"建立以来,每 20 年就肯定会有收益,即使在 1929—1938 年大危机时,它还上升了 1.1%。自"标准普尔 500"1926 年建立以来的 75 年里,有 51 年收益大于损失,年均收益率为 7%;如果以 30 年为一个周期,收益率从未跌过 4.4%。还有人载文说④,股市下跌没有什么可怕的,尤其对养老金来说,它具有"风险控制"的特点,那就是要长期持有,再加上立法限制短线交易,这样就可以减少股市波动带来的损失,其收益会好于政府债券。

---

① Mclntyre, R. S., "The Toxonomist: What If We'd Already Privatized Social Security?", *The American Prospect*, No. 17, Sep. 23, 2002.

② Moore, Matt, "Social Unacceptable", *National Review*, July 25, 2002.

③ Goyburu, A., "Social Security and the 'Risky' Status Quo", www. Heritage. org/press/commentary/ed091902.cfm? Renderforprint=1.

④ Hamilton, J., "Social Security Q&A With Heritage's Social Security Project Manager James Hamilton", www.heritage.org/about/staff/jomeshamilton.cfm.

（四）改革的任务是从这一代人开始还是留给后代解决

在"激进派"看来，改革的任务已经迫在眉睫。2002 年 8 月 12 日的华盛顿邮报载文指出[①]，如果国会现在通过一个《无所作为法案》(*Do Nothing Act*)，那么，今天 30 岁的人将来退休时就将减少退休金 16%，今天 20 岁的人减少 29%，今天出生的人将减少 40%。但到 2041 年，社保税将要提高 40%。从这个意义上讲，"在大危机时，社会保障制度为美国人民提供了一个温暖的毛毯，但现在这个毛毯已经出现了许多洞洞，必须做些变革。布什总统提出的不是危险的计划，危险的是什么也不做和希望我们的子孙自己来解决这个问题"[②]。经济不景气的时候，对许多美国人来说，他们希望看到的是变革，尤其是年轻人，他们喜欢的是冒险，一年来各种各样的民意测验结果就是一个佐证[③]，11 月份中期选举"一党独大"的结果无疑更是一个先兆。

（五）这场大辩论究竟是两党之争还是学术之争

毫无疑问，经济学界的辩论必然具有浓厚的政治背景：私有化支持者大多或是共和党人士，或是共和党的智库成员；反对派们则许多是民主党人士，或是他们的智库成员。当然也有一些经济学家声称无党派之见，不参加党派之争，但事实上他们必然属于某个学派营垒，并且界限分明。据《纽约时报》透露，"总统委员会"执行主任布拉豪斯(Blahous, C. P.)说，"戴—奥报告""似乎是精心策划的，对包含个人账户的这三个模式的讨论存有偏见"[④]。与学界情况差不多的是，在这场大辩论中，共和党基本上处于"守势"，布什总统对此一言不发；民主党处于攻势。与学界情况不太一样的是，两党之间的宣传攻势比学界激烈得多。

首先，两党都不承认自己搞的是"私有化"，而相互指责对方在搞"私有

---

① Kerry, B. and Rudman, W., "Social Security Shell Game", *Washington Post*, Aug. 12, 2002, p. A15.

② Goyburu, A., "Social Security and the 'Risky' Status Quo", www. Heritage. org/press/commentary/ed091902.cfm? Renderforprint = 1.

③ 例如，2002 年 9 月 20—22 日"今日美国"民意测验的结果是赞成私有化改革的为 52%，反对的为 43%，见 wysiwyg://16/http://www.usatoday.com/news/nation/0924-poll-page.htm。在 2002 年 11 月中期选举的前一周，盖洛普民意测验的结果是支持私有化改革的比率已从一个月前的 52% 上升到 57%，参见《华盛顿时报》2002 年 11 月 21 日。

④ Stevenson, R. W., "Report Predicts Deep Benefit Cuts Under Bush Social Security Plan", *New York Times*, June 19, 2002.

化"。在美国政治中,"私有化"显然是个很肮脏的词,2002年9月的一篇文章就是以《论"私有化"这个词》(*The P Word*)为题,专门描述两党之间如何避免使用该词以避免引火烧身的"故事"。在这场大辩论中,民主党指责共和党推行社会保障"私有化"将会为"弱势群体"带来极大的伤害,而共和党则反唇相讥说,布什总统从未建议将社保基金投资于股市,而只是建议年轻工人将他们职业生涯中的一部分社保税用于投资,带头搞"私有化"的是民主党,因为早在克林顿执政后期就提出要将社保基金用于投资,并指名道姓地指出当时至少有3名民主党高官曾提出过此项建议,还说,"如果他们得逞了,现在的社保基金可就真的减少了"。近一年多来,共和党极力避免使用"私有化"这个词,在2002年8月众议院竞选委员会的一项备忘录里明确指出不能使用"P"这个词,因为它"在老年人中间引起了不良的反面作用"①。

其次,社保制度改革历来是两党拉拢选民的重要砝码之一。在历史上,民主党就曾多次采取指责共和党企图用"分裂和破坏社保制度"的办法赢得中期选举,例如,民主党在南卡州州长竞选中之所以击败共和党候选人撒福德(Sanford,M.),被认为就是出于这个原因。舆论界还普遍认为,共和党不可能把"布什报告"的立法行动推迟到2004年以后,因为他们会将社保改革作为大选的一个砝码;但同时,他们也知道安然事件对他们不利,现在也不是马上将之列入日程的好时机。

最后,两党围绕社会保障改革的话题在较长时期内,至少在布什任期内将会继续争斗下去。美国社会保障制度诞生75年以来,已经过多次修订和补充,但舆论界和学界一致认为,如果这次"布什报告"得以立法通过,那将是最大的一次修订和改革。"布什报告"最终能否成为立法行动,能否得到国会的通过,在未来的一两年时间里肯定还有许多变数。不管其结果如何,在经过这么多年学术界的辩论和5年来国会各种官方场合的讨论(近年来曾有多位议员提出类似的私有化提案)之后,私有化的建议方案现在毕竟正式地官方拿到桌面上来并公之于众供公众讨论,这个结果本身就说明共和党已经取得了第一个胜利,这个结果不仅对学界将产生重大的影响,而且在较长时期内也必将继续成为两党争斗的一个重要内容。面对民主党的激烈抨击,共和党在媒

---

① *National Review*, Issue of 11, Nov. ,2002.

体上提出最多的问题是,民主党到底拿出了什么具体的、可以替代的方案？早在克林顿政府时提出的三项建议(提高税收、削减给付、通过投资不动产以获得较高的回报率)虽然可供选择的政策范围有限,但毕竟是提出来了！"如果现在民主党反对个人投资,那么他们有义务告诉我们他们欲提高多少税和削减多少给付"①。共和党提出的这个问题既是民主党的"软肋",也是对民主党最好的回应；正是由于民主党对"布什报告"批评有余,建议不足,所以,关于社保改革的争斗在两党之间还要继续下去；正是在这个意义上讲,两党的争斗在客观上推动了私有化进程,并将促使改革方案不断成为优化和妥协的产物。不管结果如何,部分私有化也好,完全积累制也罢,"布什报告"的核心内容成为立法行动,那是迟早的事情。

参考文献：

Aaron, Henry J., Blinder Alan S., Munell, Alicia, Orszag Peter R., "Perspectives on the Draft Interim Report of the President's Commission to Strengthen Social Security", Center on Budget and Policy Priorities and The Century Foundation, July 23, 2001.

Aaron, Henry J., Blinder Alan S., Munell, Alicia, Orszag Peter R., "Response to the Co-Chairs of the Commission", The Century Foundation, July 24, 2001.

Aaron Henry J., Munell Alicia, Orszag Peter R., "Social Security Reform: The Questions Raised by the Plans Endorsed by President Bush's Social Security Commission", The Century Foundation, Revised December 3, 2001.

BiggsAndrew G., "Perspectives on the President's Commission to Strengthen Social Security", The CATO Project on Social Security Privatization, CATO Institute, SSP No.27, August 22,2002.

Communication from the Board of Trustees , "The 2002 Annual Report of the Board of Trustees of the Federal Old-Age and Survivors Insurance and Disability Insurance Trust Funds", Communication from the Board of Trustees, Federal Old-

---

① *National Review*, Issue of 11, Nov. ,2002.

Age and Survivors Insurance and Disability Insurance Trust Funds, Mar. 2002.

Cogan, Johm F. and Mitchell, Olivia S., "The Role of Economic Policy in Social Security Reform: Perspectives from the President's Commission", PRC WP 2002-13,2002, http://prc.wharton.upenn.edu/prc/prc.html.

Diamond, Peter, Orszag, Peter, "Reducing Benefits and Subsidizing Individual Accounts: An Analysis of the Plans Proposed by the President's Commission to Strengthen Social Security", Center on Budget and Policy Priorities and The Century Foundation, June 18, 2002.

Diamond, Peter, Orszag, Peter, "An assessment of the Proposals of the President's Commission to Strengthen Social Security", Center on Budget and Policy Priorities and The Century Foundation , 18, June 18, 2002.

Diamond, Peter, Orszag, Peter, "A Response to the Executive Director of the President's Commission to Strengthen Social Security", Center on Budget and Policy Priorities and The Century Foundation, 15, July 2002.

Diamond, Peter, Orszag, Peter, "Social Security: The Right Fix", *The America Prospect*, Issued of 23, Sep. 2002.

Diamond, Peter A., "What Stock Market Returns to Expect for the Future?", *Social security Bulletin*, Vol.63, No.2(2000).

Geanakoplos, John, Mitchell, Olivia. and Zeldes, Stephen P., "Would a Privatized Social Security System Really Pay a Higher Rate of Return?", in *Framing the Social Security Debate: Values, Politics, and Economics*, R.Douglas Arnold, Michael J. Graetz, Alicia H Munnell (eds.) NASI, Brookings Institution Press, 1998.

Goyburu, A., "Social Security and the "Risky" Status Quo", www.Heritage. org/press/commentary/ed091902.cfm? Renderforprint = 1.

Hamilton, J., "Social Security Q&A With Heritage's Social Security Project Manager James Hamilton", www.heritage.org/about/staff/jomeshamilton.cfm.

John, D.C.,*A* "Commission Must Avoid the Wrong Social Security Debate: It's Not About Trust Funds", www.heritage.org/about/staff/davidjohn.cfm.

Kerry, B. and Rudman, W., "Social Security Shell Game", *Washington*

Post, Aug. 12, 2002.

Krugman, P. "Fear of All Sums", *New York Times*, June 21, 2002.

National Review, Issue of Nov. 11, 2002.

Mclntyre, R. S., "The Toxonomist: What If We'd Already Privatized Social Security?", *The American Prospect*, No. 17, Sep. 23, 2002.

Moffit, R. Peterson, P. Estelle James, "Perspectives on the European Pension Crisis: Some lessons for America", Feb. 26, 2002, www. heritage. org/research/socialsecurity.

Moore, Matt, "Social Unacceptable", *National Review*, July 25, 2002.

President's Commission to Strengthen Social Security, "Interim Report of the President's Commission to Strengthen Social Security", Aug. 2001.

President's Commission to Strengthen Social Security, "Strengthening Social Security and Creating Personal Wealth for All Americans", Dec. 21, 2001.

Stevenson, R. W. "Report Predicts Deep Benefit Cuts Under Bush Social Security Plan", *New York Times*, June 19, 2002.

Social Security Advisory Board, *Estimating the Real Rate of Return on Stocks Over the long Term*, Washington DC, Aug. 2001.

Siegel, Jeremy, *Stocks for the long Run*, *2nd ed.*, McGraw-Hill, New York, NY, 1998.

（本文原载于《国际经济评论》2003 年第 1 期,第 31—36 页）

美国社保改革:迈向股票市场的一跃[*]

内容提要:本文描述了当前美国社会保障制度现代化的基本状况和改革进程,具体分析了"布什报告"社会保障私有化改革的主要内容、利弊及其前景,尤其是对投资股票市场的制度设计作了较为详尽的介绍和分析,并对投资体制改革后的影响进行了分析。

众所周知,美国社会保障制度实行的是典型的待遇确定型的现收现付制。虽然美国社会保障收支形势几年来始终很好,连年盈余,但早在几年前,美国社会保障署就开始在其每年的"年度公告"中连续发出预警,战后婴儿潮的一代已经到了将要退休的年龄,再加上寿命预期增加和出生率下降等原因,致使赡养比率急剧下降。例如,1960 年的赡养比率为 5∶1,而现在是 3.4∶1,到 2050 年是 2∶1。即在 90 年的时间跨度里,赡养比率提高了 2.5 倍。在未来的几十年里,到 2035 年,社保赤字将达到 3180 亿美元(以 2001 年的美元计算),给付的成本将从目前的收入税的 10.5% 提高到 2035 年的 18%,社会保障基金到 2041 年将会枯竭,那时,社保收入仅能支付现行法律承诺的给付水平的 74%,否则就需要将目前 12.4% 的缴费比率提高到 17.8%,到 2075 年需要提高到 19.4%。若按近几年 4.2% 的 GDP 增长速度计算,到 2075 年如果要达到收支平衡,GDP 的增长速度就要达到 6.7%。到 2075 年,社保基金缺口为 31570 亿美元,或平均每个工人 2.1 万美元。

———————

* 本文作者受到国家留学基金委员会的资助在美国波士顿学院养老金中心进修 3 个月,特此表示感谢;资料截至 2002 年 11 月底。本文与拙文《社会保障私有化在美国——美国当前的一场大辩论》(载《国际经济评论》2003 年第 1 期) 和《"W 的办法":华尔街与福利——美国医疗与养老保险改革的私有化倾向》(载《读书》2003 年第 3 期) 同为姊妹篇。

基于此,美国经济学界和国会近五六年来就如何改革社会保障制度,将待遇确定型的现收现付制改造成为缴费确定型的积累制的转型问题进行了激烈地讨论。2001 年 5 月 2 日,布什政府决定将之付诸行动:布什总统宣布正式成立由两党成员(各 8 名)组成的 16 人委员会即"加强社会保障总统委员会"(下简称"总统委员会"),直接对总统负责;布什亲临成立仪式并发表讲话,他说,成立"总统委员会"旨在"研究和提出具体意见,以保护老一代的社会保障,为新一代建立福祉";为保证使社会保障制度现代化并具有可持续性,布什亲自为"总统委员会"提出了六项原则,即不能改变退休者的社会保障给付水平,所有社会保障的盈余必须并且只能用于社会保障本身,不得增加社会保障的缴费,政府不能将社会保障基金投资于股票市场,必须要维持残障者和遗属幸存者的福利计划,建立自愿的、退休者本人可以控制的个人退休账户。"总统委员会"耗资 77 万美元,在长达 7 个月的工作中召开了 8 次"基调日程会议",2 次听证会议,听取了 34 位专家的证词,广泛地接触了大量的国会议员、社保总署、社保咨询委员会等专家学者,最终于 2001 年 12 月向总统提交了《加强社会保障、为全体美国人民创造个人福祉》的长达 256 页的"总统委员会报告"(下简称"布什报告")。"布什报告"为美国社会保障私有化改革勾画了一个蓝图。

一、"布什报告"的改革蓝图是什么?

"布什报告"称,目前世界上有 20 多个国家建立了个人账户制度,例如阿根廷、澳大利亚、智利、墨西哥、波兰、瑞士、英国等,积累了许多经验,甚至瑞典最近也为传统制度加进了个人账户系统。与此同时,美国国内的 401(K)和 IRA 计划也为其改革积累了许多经验。该报告认为,20 世纪全世界"拷贝"的是美国社会保障制度的理念,但 21 世纪在社会保障制度现代化的改革进程中,美国无疑地落后了。为此,"布什报告"呼吁必须要迎头赶上。

(一)总体设计思路

"布什报告"认为,以往的改革经验中个人账户的设计有两种极端的模式。一个是"集中管理"的模式,即所有的缴费集中进入指定的中央管理机构,它负责管理所有缴费记录并负责投资,其特点是行政管理费用较低,指数

化的基金种类较多,这些指数化的基金可以选择购买公司股票,其投资的规模
与该公司的市值要有一定的比例控制,有点像目前的"美国联邦政府雇员和
军人退休计划"(TSP),由董事局负责具体的基金投资。"集中管理"的模式
在短期内有一定的优势,但在长期内则不是最佳的选择,因为它不能很好地适
应市场规则,对其基金管理人不满意的消费者不能"用脚投票"(指选择别的
管理人)。另一个极端模式是"分散管理",其中一个重要的"版本"是现在美
国私人部门的401(K)计划,其特点是缴费直接从雇主手里转移到私人部门
的基金手中,这样可以满足不同层次的需求,并随时可以转移,政府的责任只
是负责对基金和雇主进行监督。但是,这种"分散管理"模式的问题是"执行
程序的成本"较高。

　　鉴于对上述两种极端模式利弊的权衡,"布什报告"提出了两支柱的"混
合"模式:所有的缴费首先进入中央管理机构,使用目前现成的税制体系,工
人的投资由该中央机构统一执行,在初创阶段,全部收入投资于"第一支柱";
在这个支柱中,工人选择的范围基本上就是目前"美国联邦政府雇员和军人
退休计划"(TSP)投资的基金范围,此外,再加上三个"平衡基金"和一个抵御
通货膨胀的债券基金。当工人的积累额超过一定门槛以后(例如5000美
元),以上部分可以投资于"第二支柱"即私人部门的基金。在建立个人账户
的头三年里,要制定"第二支柱"所必需的计划,五年之内予以执行,包括第二
支柱的人事管理、软件设备等等。第一支柱应该提供若干标准基金,工人可以
在平衡基金和5个指数化基金的任意组合之中进行选择;基金管理服务应采
取竞标的方式进行,以降低管理费用。平衡基金的投资应在公司股票、公司债
券和政府债券之间进行配比。指数化的平衡基金可以分为三类:"保守型"平
衡基金应该购买大量的政府债券和高质量的公司债券,"成长型"平衡基金应
持有较高比例的股票,而"中间型"平衡基金持股比例应在这二者之间,它们
包括:G基金(政府证券投资基金)、F基金(收入固定型指数化投资基金)、C
基金(普通股票指数化投资基金)、S基金(小规模资本型股票指数化基金)、I
基金(国际股票指数化投资基金)。除了上述5种基金以外,政府应该创建一
个适应于个人账户持有人投资的"抵御通胀型国库券"即I基金(国际股票指
数化投资基金),等等。

（二）未来社会保障的组织机构模式

"布什报告"为国会推荐了两个可供选择的组织模式,即"美国联邦政府雇员和军人退休计划"模式(TSP)和"联邦储备董事局"模式:前一个模式的董事局是由 5 名兼职成员组成,由总统任命,董事局主席任期 4 年,两名成员任期 2 年,两名 3 年,分别由参众两院协商之后选举推荐产生;董事局任命一个全职的执行主任行使 CEO 日常的职能。在"联邦储备董事局"(FR)模式中,其董事局由 7 名成员组成,由总统任命,参院通过,任期 14 年;这个控制着全美联邦储备系统的最高决策机构的决策完全独立于国会和总统;由于任期较长、交错任期等特点(每两年一次轮换机会),它们的独立性比"美国联邦政府雇员和军人退休计划"(TSP)董事局还要大。

（三）私有化改革的三种账户运作模式

模式一:在个人账户中自愿投入税后工资的 2%,但同时,传统社保体系的给付要予以削减,削减的额度是扣除通胀后个人账户中缴费按 3.5%复利计算的额度,即只要账户的收益超过 3.5%,工人就可以正常获得退休给付。除此之外,传统社保制度没有任何变化;但由于资金缺口继续存在,所以,如果不改变未来的给付标准和增加新的投入,养老金给付就将继续面临着某种不确定性,即从 2030 年开始需要额外增加社保基金的收入。

模式二:2002 年 1 月 1 日不到 55 岁的工人,从 2004 年开始自愿从 12.5%的工薪税中提取 4 个百分点,最高可达 1000 美元;同时,在通胀以上部分,按 2%复利计算的个人账户中的缴费数额将抵消传统社保中的给付。对 30 年工龄的工人,将其最低给付标准提高到"贫困线"的 120%。从 2009 年开始,传统社保体系下的给付将实行价格指数化;到 2075 年,个人账户持有资金将达 12.30 万亿美元;2025 年至 2054 年需要一般税收转移支付以保持社保基金的支付能力。

模式三:在这个模式中,2002 年 1 月 1 日不到 55 岁的人员,从 2004 年起,每年可以从其社会保障缴费中提取 2.5 个百分点投入个人账户中,每年最高可达 1000 美元;此外每年再额外投入税后工资的 1%作为个人缴费以"激活"账户,这部分额外缴费将以减税的形式给予部分补助;但是传统社保制度中的给付要减少,减少额度的计算方法是,在扣除通胀率以后个人账户中以 2.5%复利计算的缴费额度那部分。对 30 年工龄工人的最低给付标准将提高到贫困线的 100%,40 年工龄的人将达到 111%;在今后的 75 年中,需要增加相当于 0.6% 税负的收入专门用于社保;为保证 2034—2063 年社保基金的支付能力,需要从一般税收中进行转移支付。

表1　三种模式特点比较

个人账户	"模式一"	"模式二"	"模式三"
个人账户规模	2%	每年 4%,直至 1000 美元,均与工资指数化挂钩	1%的额外缴费,再加上每年 2.5% 至 1000 美元;均与工资指数化挂钩
额外缴费	只是普通的 2%,是否缴费都可以	不需要	1%的额外缴费,通过折扣所得税方式予以补助
与没有个人账户相比较,个人账户带来的实际回报增长率	3.5%	2.0%	2.5%
是否可以遗赠、离婚时是否可以进行分割	是	是	是

资料来源:根据下面资料第 17 页和第 85—86 页的若干表格内容编制: President's Commission to Strengthen Social Security, "Strengthening Social Security and Creating Personal Wealth for All Americans", Dec. 21, 2001。

(四)"布什报告"利用大量篇幅论述了建立个人账户的种种好处

"布什报告"认为建立个人账户是观念上的进步,思维上的变革,行为上的革命;建立个人账户的缴费确定型的积累制可以使人们拥有一笔资产,而待遇确定型的现收现付制所提供的仅是一个权利,比较起来,前者比后者更有保证,更为安全可靠:(1)个人账户的资产所有权将有利于提高资金保障的能力;(2)它有条件延伸成为可以继承的一笔资产;(3)可以为社会弱势群体增加额外的保护;(4)可以使账户持有者寻求回报率更高的机会,其预期给付会高于那些没有个人账户的人;(5)将有利于实现基金积累;(6)将会增加国民储蓄;(7)将会改善劳动力参与的激励机制。

(五)"布什报告"设计了个人账户的基本管理规则

(1)在资本市场上,鼓励长线投资,尽量避免"日常短线交易";(2)在股票、公司债券和政府债券的组合中进行优化,以减少投资风险;(3)向不愿意选择任何交易期权的工人提供"平衡标准基金";(4)退休之前不得进入个人账户进行消费,退休之后要有多种兑现资产的选择权利;(5)账户中婚内资产在离婚时要平均分配,婚史不足 10 年的配偶在离婚之后如果要想获得前配偶的给付就不得再婚。

"布什报告"发表一年来在美国政界和学术界掀起了一场轩然大波,将本来已经持续了几年关于私有化的大辩论推向了顶点。支持私有化改革的"激进派"和"反对派"针锋相对,尤其后者对"布什报告"进行了强烈地批评,措辞之尖刻、态度之坚决是过去几十年里所少有的。向"布什报告"发起攻击的经济学家中核心人物主要是布鲁金斯研究所的艾龙(Asron,H.)、普林斯顿大学的布兰德(Blinder,Alan)、波士顿学院养老金研究中心主任玛乃尔(Munnell,A.)女士和布鲁金斯研究所的奥尔扎格(Orszag,P.)等,他们是当今美国社会保障领域中著名的经济学家,私有化"反对派"的主力军。在"总统委员会"工作的 7 个月里他们连续发表了三篇联合署名长文。在"布什报告"发表之后,站出来反对私有化的经济学家主要是麻省理工学院的戴尔蒙德(Diamond,P.)和奥尔扎格,这两位国际知名的经济学家和社保问题专家在美国学界享有盛誉,是私有化"反对派"营垒里的主要代表人物,他们在半年的时间里一口气联合署名撰写发表了 4 篇研究报告和论文(见"参考文献"),总计将近 200 页(下面简称"戴—奥报告")。面对"反对派"的批评和抨击,除了舆论界以外,力主私有化改革的"激进派"学者们基本上采取了沉默的态度,主要代表人物诸如克里克夫(Kotlikoff,L.)、萨克斯(Sachs)、偏右的费尔德斯坦(Feldstein,M.)等著名的一流经济学家几乎都没有予以回应,保守派的几大智库也保持低调,与"反对派"相比,有分量的论文几乎没有;只有比格斯(Biggs,Andrew G.)的《论"总统加强社会保障委员会"的前途》是唯一的一篇应战性质的学术论文。比格斯是激进派智库卡图研究所的教授,"总统委员会"16 个成员之一;在该文中他对上述"反对派"经济学家一一点名批评,言辞激烈,火药味甚浓。

美国学术界关于"布什报告"的理论争议主要是围绕以下十个方面展开的:(1)建立个人账户以后显然减少了传统"社保基金"的规模,那么社保基金是否可以增加国民储蓄、减少公债进而提高生产率?(2)改革以后美国社保制度的整体支付能力是受到了严重削弱还是相反?(3)高、中、低不同收入退休者的预期给付标准是提高了还是大幅度削减了?(4)在以建立个人账户为重要标志的私有化改革中,个人账户是仅仅具有"资产账户"的性质还是具有

"资产账户"和"债务账户"的双重性质? (5)建立个人账户是"筑巢一个投资的留窝鸡蛋",还是权宜之计? (6)个人账户的行政管理费用是否可以承受得起? (7)私有化改革是增强了还是削弱了美国社保体系的可持续性? (8)改革以后将一部分缴费投入股票市场运作究竟是利大于弊、还是弊大于利? 对账户持有者来说是收益预期大于潜在风险还是相反? (9)改革的任务是从这一代人开始,还是留给后代解决? (10)面对私有化改革的世界性潮流,是顺应潮流,还是甘愿落后?

概而言之,争论的焦点围绕着改革后的财政支付能力、养老金给付水平、投资股市的风险与收益而展开。下面详细论述。

二、"布什报告"是削弱还是增强了财政支付能力

"布什报告"称,上述三模式都将对现行传统社保制度有一定程度的改善。如果目前传统制度届时的缺口为 3.157 万亿美元(或每个工人 21000 美元),那么,改革以后到 2075 年,"模式一"积累的资产将为 10.3 万亿美元,"模式二"为 12.3 万亿美元,"模式三"为 15.3 万亿美元;换言之,"模式一"将会增加 0.5 万亿美元,"模式二"4.8 万亿美元,"模式三"5.0 万亿美元。"布什报告"对"转型成本"的计算结果是,假定在转型过程中不利用社保盈余的话,"模式一"的转型成本是 1.1 万亿美元,"模式二"是 0.9 万亿美元,"模式三"是 0.4 万亿美元。第二个设想是,如果假设目前 GDP 增长率 4.2%和其他条件不变,社保盈余可以正常继续下去,那么,"转型成本"就会更少一些,"模式一"为 0.7 万亿,"模式二"0.4 万亿,"模式三"仅为 0.1 万亿,它们分别仅占 GDP 的 0.29%、0.33%和 0.10%。

私有化改革的反对派认为,恰恰相反,"布什改革"以后无论从长期看还是从短期来看,由于社会保障基金的一部分收入转移到个人账户,所以,美国社保体系的支付能力从整体上来说将受到严重的削弱。建立个人账户的结果是用个人账户系统替代了传统社保体系的整体"缩水"。对那些选择了个人账户的人来说,他们的一部分缴费被转移到个人账户里,换来的是他们在传统体制内养老金给付的进一步削减,社保体系的财政条件不可逆转地将会恶化,并且,社保基金"流失"的这笔基金的数额超过了受益人被削减的养老金

给付的数额。据"戴—奥报告"测算①,在"模式二"条件下,今后的75年所需要的转移支付相当于目前社保体系全部赤字的2/3,在"模式三"条件下将需要80%。著名经济学家克鲁格曼在《纽约时报》撰文说②,"众所周知,(美国的)社保系统是一个用每一代人的工资税来支撑前一代人退休的制度,如果年轻一代的缴费进入了个人账户,那么问题就显露出来了:谁来支付今天退休者或老年工人的给付? 这是一个很简单的2-1=1的算术问题。所以,私有化制造了一个财政黑洞,要填平这个黑洞,就必须削减给予,或提供大量的政府转移支付,或者二者同时使用"。经计算,"总统委员会"建议的三个模式在未来的10年中将会从社保基金中转移高达1.5万亿美元的资金。

表 2 "布什委员会"建议的三个模式在未来 10 年
从社保基金中转移的情况(单位:10 亿美元)

年份	"模式一"	"模式二"	"模式三"
2003 年	0	0	0
2004 年	−85.7	−101.9	−84.2
2005 年	−97.2	−115.9	−95.6
2006 年	−109.9	−131.3	−107.6
2007 年	−122.6	−146.9	−120.5
2008 年	−137.0	−163.8	−134.7
2009 年	−152.4	−182.0	−149.9
2010 年	−169.1	−201.7	−166.3
2011 年	−187.2	−223.1	−183.5
2012 年	−206.1	−246.9	−202.7
2013 年	−227.3	−272.0	−223.6
2004—2013 年总计	−1494.5	−1785.5	−1468.4

注释:假设 100%加入账户;"总计"包括个人账户的市值和信托基金的利息损失。
资料来源:SSA Chief Actuary Memorandum, "Estimates of Financial Effects for 3 Models Developed by the President's Commission".

---

① Diamond, Peter and Orszag, Peter, "A Response to the Executive Director of the President's Commission to Strengthen Social Security", Center on Budget and Policy Priorities and The Century Foundation, 15, July 2002.

② Krugman, P., "Fear of All Sums", *New York Times*, June 21, 2002.

三、"布什报告"是削减了还是提高了养老金的给付水平

布什报告认为,改革以后三个模式中不管采取哪一个,退休者的养老金给付水平都得到了较大幅度的提高,以中等收入者为例,在模式一下提高了31%,模式二下59%,模式三下88%(见表3)。

表3　私有化改革以后养老金给付增长情况预测(以2001年美元计算)

退休时间	模式一			模式二			模式三		
	低工资者	中等工资者	高工资者	低工资者	中等工资者	高工资者	低工资者	中等工资者	高工资者
2001年	7644	12624	16392	7644	12624	16394	7644	12624	16392
2032年	10140	16944	22620	11160	15444	19680	10932	17412	22620
增长率	32%	34%	38%	46%	22%	20%	43%	38%	38%
2052年	9624	16476	22428	13608	20016	24684	14122	23769	31668
增长率	26%	31%	37%	78%	59%	51%	85%	88%	93%

注:假定到2052年时目前传统制度仍有支付能力可以满足这三个等级(低收入为8568美元、中等收入14148美元、高收入18696美元)。目前这三个等级的预计给付分别是11832美元、19536美元和25812美元,但届时在2052年资金缺口将为27.6%。

资料来源:根据以下资料第19—21页和第87—89页表格的内容编制:President's Commission to Strengthen Social Security,"Strengthening Social Security and Creating Personal Wealth for All Americans",Dec. 21, 2001.

但经济学界私有化的反对派普遍认为,"布什报告"中建议的"模式一"改革的步子不大,没有什么讨论的价值和意义;而对后两个模式来说,在经过精算之后,认为"布什报告"的预测是错误的,低、中、高收入者的三个群体的养老金给付不是提高了,而是大幅度地降低了。假定家庭中双职工都在2075年65岁退休,并假定个人账户给付预期的计算系数的净回报率(扣除行政费用以后)是4.6%,还假定有低、中和高三组不同收入的人群;在这些假定条件下,双职工的每一个人的全部预期给付(含个人账户中的年金)在"模式二"中,对"中等收入"的群体要减少20%以上;如果没有参加个人账户系统,减少的数额将达到46%。参加个人账户的"高收入组"夫妇所获得的给付削减数

额要大于"中等收入组",这是由于个人账户缴费的 1000 美元限额造成的;而对低收入夫妇来说,其给付削减数额相对较小。在"模式三"中,包括额外的 1% 的缴费所带来的养老金收入,其全部给付的情况要好一些。但是,如果没有 1% 的额外缴费,"低收入组"将要低于现行给付标准的 9%,"中等收入组"要低 12%,"高收入组"要低于 15%(见表 4)。

表 4　"模式二"和"模式三"下 2072 年双职工夫妇 65 岁退休时
每人全部养老金预期给付水平变化预测

模式	每月总计	"低收入组" (2002 年为 15875 美元)	"中等收入组" (2002 年为 35277 美元)	"高收入组" (2002 年为 56443 美元)
模式二	传统体制的给付	994 美元	1641 美元	2168 美元
	-给付的削减额	-343 美元	-753 美元	-995 美元
	+个人账户的年金	456 美元	766 美元	805 美元
	-"债务账户"的抵消	-236 美元	-384 美元	-397 美元
	=全部预期给付	873 美元	1269 美元	1580 美元
	没有个人账户情况下的变化	-35%	-46%	-46%
	有个人账户情况下的变化	-12%	-23%	-27%
模式三	传统体制的给付	994 美元	1641 美元	2168 美元
	-给付的削减额	-221 美元	-491 美元	-685 美元
	+个人账户的年金(含 1% 的额外缴费)	400 美元	890 美元	1173 美元
	-"债务账户"的抵消	-174 美元	-391 美元	-456 美元
	-早期削减的因素	-99 美元	-164 美元	-217 美元
	=全部预期给付	900 美元	1485 美元	1983 美元
	没有个人账户情况下的变化	-32%	-40%	-42%
	有个人账户情况下的变化	-9%	-10%	-9%
	有个人账户但没有额外 1% 缴费情况下的变化	-21%	-24%	-27%

资料来源:Diamond, Peter and Orszag, Peter, "Reducing Benefits and Subsidizing Individual Accounts: An Analysis of the Plans Proposed by the President's Commission to Strengthen Social Security", Center on Budget and Policy Priorities and The Century Foundation, 18, June 18, 2002, Table.5, p.52.

此外,私有化反对派认为①,改革以后,那些不选择个人账户的工人将面临着养老金给付的大幅度削减,其中,"模式二"条件下的给付削减更为严重,以 2002 年 35 岁到 2032 年 65 岁退休者为例,届时其养老金给付标准与现行传统制度相比较将减少 17.4%;越往后,减少的幅度越大,例如,2001 年出生到 2066 年 65 岁退休时将减少 41%(见表5)。

表5 "模式二"下,没有选择个人账户的养老金削减情况(与目前制度相比较)

2002 年退休者的年龄	削减幅度(%)
55	0
50	4.5
45	9.0
40	13.3
35	17.4
30	21.2
25	25.0
20	28.5
15	31.8
10	35.1
5	38.1
0	41.0
−5	43.8
−10	46.4

资料来源:Diamond, Peter and Orszag, Peter, "Reducing Benefits and Subsidizing Individual Accounts: An Analysis of the Plans Proposed by the President's Commission to Strengthen Social Security", Center on Budget and Policy Priorities and The Century Foundation, 18, June 18, 2002, Table 1, p.50.

由于得到一部分补助,在"模式三"的条件下,情况稍好一些。同样以 2002 年 35 岁的未来退休预期为例,届时他将得到的养老金标准削减的幅度

① Diamond, Peter and Orszag, Peter, "Reducing Benefits and Subsidizing Individual Accounts: An Analysis of the Plans Proposed by the President's Commission to Strengthen Social Security", Center on Budget and Policy Priorities and The Century Foundation, 18, June 18, 2002, p.50.

为 9.5%（见表 6）。

表 6 "模式三"下,没有选择个人账户的养老金削减情况(与目前制度相比较)

2002 年退休者的年龄	削减幅度(%)
55	0. 0
50	2. 5
45	4. 9
40	7. 2
35	9. 5
30	11. 8
25	14. 0
20	16. 1
15	18. 2
10	20. 2
5	22. 2
0	24. 1
−5	26. 0
−10	27. 8

资料来源:Diamond, Peter and Orszag, Peter, "Reducing Benefits and Subsidizing Individual Accounts: An Analysis of the Plans Proposed by the President's Commission to Strengthen Social Security", Center on Budget and Policy Priorities and The Century Foundation, 18, June 18, 2002, Table.5. p.52.

其次,私有化改革将对残障和失去双亲的儿童的津贴标准带来极大的负面影响。例如,对 2050 年开始接受残障给付的人来说,在"模式二"条件下其养老金给付将减少 33%,在"模式三"下减少 19%;到 2075 年,"模式二"下将减少 48%,"模式三"为 29%。上述削减幅度对失去双亲的儿童来说也是一样的。对残障人士和失去双亲的儿童来说,他们之所以几乎没有能力来缓解个人账户所导致的损失,是因为这些人职业生涯较短,对个人账户的缴费有限。

最后,对那些选择个人账户的人来说也同样面临着给付的大幅度削减。如果这些人从个人账户中获得的回报能够像"布什报告"所预测的那样,削减的幅度可能就要小一些,但不管如何,这些工人还是将要面临严峻的形势。

四、养老金与股票市场的结合是
增加了风险还是扩大了收益

（一）对是否应该建立个人投资账户并投资股票市场产生的争议

为避免美国社会保障制度的破产,几年来关于社保改革争议的焦点已经越来越明朗化,学界和政界提出的建议大致有三:或是提高税收,或是减少给付,或"使一部分资金高速运转起来"。在"激进派"看来,只有第三个办法才是解决问题的根本出路,即"筑巢一个投资的留窝鸡蛋"或称"建立一个安全的退休留窝鸡蛋",这个办法绝不是像人们误解的那样只是延长或推迟了社保基金的寿命而已的权宜之计。美国的社会保障历来被称为是一个"三条腿的板凳",即除了社会保障以外还有公司退休计划和个人储蓄。但对后两条腿而言,公司计划的覆盖面不到美国就业人口的 50%,美国家庭平均储蓄只有 1000 美元①。被认为是"一劳永逸"的这个唯一出路的首要前提是建立个人投资账户,并对其积累的资金进行投资。在私有化改革"激进派"看来,建立个人账户和投资资本市场的改革取向已经迫在眉睫,他们成为"布什报告"的坚决支持者。2002 年 8 月 12 日的华盛顿邮报载文指出②,如果国会现在通过一个《无所作为法案》(Do Nothing Act),那么,今天 30 岁的人将来退休时就将减少退休金 16%,今天 20 岁的人减少 29%,今天出生的人将减少 40%。但到 2041 年,社保税将要提高 40%。对于年轻人,他们更喜欢的是冒险,所以他们赞成投资股票市场,例如,2002 年 9 月 20—22 日"今日美国"民意测验的结果是赞成私有化改革的 52%,反对的 43%③;对于一些美国人来说,在经济不景气的时候,他们希望看到的是变革,例如,在 2002 年 11 月中期选举的前一周,盖洛普民意测验的结果是支持私有化改革的比率已从一个月前的 52% 上

---

① John, D.C., "A Commission Must Avoid the Wrong Social Security Debate: It's Not About Trust Funds", www.heritage.org/about/staff/davidjohn.cfm.

② Kerry, B. and Rudman, W., "Social Security Shell Game", *Washington Post*, Aug. 12, 2002, p.A15.

③ 引自 wysiwyg://16/http://www.usatadaycom/news/nation/0924-poll-page.htm。

升到57%①;中期选举的结果已经充分地说明了这个问题。

"布什报告"中建议的股市投资风险问题是最吸引舆论界注意力的一个热门话题。对此,舆论界和私有化改革的"反对派"表示出了极大的担心。半月刊《美国展望》说②,"让我们设想一下,如果全盘接受了布什的方案把所有社保基金全部投入到股市会是什么后果:1999年底,社保基金的余额为8930亿美元,盈余2340亿美元;可是到2002年8月中旬,加上利息收入总资产要减少41%……"《国民评论》载文说③,得州一个民主党议员认为"在个人账户下,退休人员将被置于变化无常的股市上……"另一个议员感叹道,"经过这几个星期的股市,我认为个人退休账户是一个可怕的坏主意"。

对投资股票市场的这种担心招致了来自"布什报告"支持者的批评,后者认为,股市行情虽然每天每年波动幅度都很大,但从长期来看,在过去的128年里,每35年为一个周期的年回报率为6.4%,即使在1921年之前的35年最差的周期里,年均回报率也在2.7%,就是说,长期投资是很划算的,甚至在熊市里也能保住账户。只要他的投资是多元化的,就可以幸免于难。还有人撰文说④,关键是"长期"二字,因为从"标准普尔500"建立以来,每20年就肯定会有收益,即使在1929—1938年大危机时,它还上升了1.1%。自"标准普尔500"1926年建立以来的75年里,有51年是收益大于损失,年均收益率为7%;如果以30年为一个周期的话,收益率从未跌过4.4%。还有人载文说⑤,股市下跌没有什么可怕的,尤其对养老金来说,它具有"风险控制"的特点,那就是要"长期持有",再加上立法限制短线交易等,这样就可以减少股市波动带来的损失,其收益会好于对政府债券的投资。

(二)对以往200年来7%股票投资回报率的评估展开的争议

"布什报告"引起的另一个最大争论之一是对未来股市风险和回报率的

---

① 引自《华盛顿时报》2002年11月21日。

② Mclntyre, R. S., "The Toxonomist: What If We'd Already Privatized Social Security?", *The American Prospect*, No. 17, Sep. 23, 2002.

③ Moore, Matt, "Social Unacceptable", *National Review*, July 25, 2002.

④ Goyburu, A., "Social Security and the 'Risky' Status Quo", www. Heritage. org/press/commentary/ed091902.cfm? Renderforprint = 1.

⑤ Hamilton, J., "Social Security Q&A With Heritage's Social Security Project Manager James Hamilton", www.heritage.org/about/staff/jomeshamilton.cfm.

预测与评估。该报告对建立个人账户以后可以较大幅度提高退休金水平的预测与分析是建立在一个既定的股市回报率的基础之上的。近十几年来,美国大多数经济学家对过去 100 年来即 1900—1995 年股票年回报率的统计结果是在 7% 左右,1994—1996 年美国"社会保障署"(SSA)顾问委员会的专家们同意将这个数据作为评估股票市场的基本依据,后来,美国"社会保障署精算总司"(OCACT)便一直沿用这个数据。如果这个数据具有一定的可靠性,并且 21 世纪股市的走势变化不大,那么,"布什报告"对国民未来的承诺或者说美国社会保障私有化改革的设计在一定程度上就是站得住脚的。于是,"7%"的可靠性问题与未来 21 世纪宏观经济和股市不确定性问题自然就成为经济学们之间争论的焦点。就目前来看,美国关于这方面的争论最具有官方色彩、最有说服力、最具有权威性和最新的进展是 2001 年 8 月在"布什报告"撰写过程中(当时"临时报告"已发表)由"社会保障顾问理事会"官方邀请的三名著名教授撰写的长达 61 页的一份报告。这个题为《远期股票回报率的预测》①的报告分别由前美国经济研究局研究员坎布尔(Campbell, J.Y.)、麻省理工学院的戴尔蒙德教授和斯坦福大学经济系夏文(Shoven, J.R.)教授执笔撰写。

　　关于 7% 回报率的可靠性问题,坎布尔和夏尔对此基本上持肯定的态度。坎布尔基本上对西格尔(Siegel, J.)的研究结果持肯定的态度②,即 1802—1997 年和 1871—1997 年这两个样本时期的统计结果其回报率均为 7%。夏文对此也无异议,并还引用了西格尔的一些资料,认为 1926—2000 年期间经过通胀调整后的大规模资本化的股票投资回报率平均数值要远远高于 7%,在 9.7% 左右③。戴尔蒙德则认为 7% 的说法不太准确④。他在文中不止一次地强调股票溢价具有两个概念,一个是"实现的股票溢价",即现实回报率计

---

①　Social Security Advisory Board, *Estimating the Real Rate of Return on Stocks Over the long Term*, Washington DC, Aug. 2002.

②　Siegel, Jeremy, *Stocks for the long Run*, 2nd ed., McGraw-Hill, New York, NY, 1998.

③　Social Security Advisory Board, "Estimating the Real Rate of Return on Stocks Over the long Term", Washington DC, Aug. 2002, p.3, 47.

④　戴尔蒙德的论述在此之前曾在下述刊物上发表,本文引用的戴尔蒙德的论述均出自该刊物:Diamond, Peter A., "What Stock Market Returns to Expect for the Future?", *Social security Bulletin*, Vol.63, No.2, 2000。

量的价格,一个是"意愿的股票溢价",即投资者为持有其他资产所愿意交换的溢价水平。国债是一参考系,如果国债的回报率为3%,那么,长期"意愿的股票溢价"就是4%(7%—4%)。后者之所以高于国债,是因为在过去200年里国债的回报率大幅下降的结果。国债回报率下降的原因主要是投资者对其潜在风险的认识和信心造成的,那时,美国是个发展中国家,还经历过国内战争,而现在则不同了,它的经济政治地位使潜在风险被事实上看作是"零"。他引用了许多别人的观点,说有一些批评者认为7%这个数据高估了,所以,"本文认为高估的观点是很令人信服的",于是,他建议对未来回报率的预测最好的办法是假设它再低一些。

(三)对未来21世纪股市走势评估预测及其根据的争议

对于未来股市的不确定性,几乎所有经济学家的看法是完全一致的,即都认为,21世纪的股市回报率是否可以按过去200年中年均7%予以预测,这是十分值得怀疑的。一般来说,经济学家们认为,21世纪美国股市的走向有两个可能性。第一个可能性是回报率低于其长期趋势水平。但是,有时也变化莫测,例如,20年代、60年代和90年代这些好年景接踵而来的是30年代的大危机和70年的危机。第二个可能性是"先走低后反弹"。例如,10年代、30年代和70年代之后便出现了很好的恢复时期。总而言之,当前股票市场表现出来的前所未有的"本质"使人们不可能仅仅根据历史模式来预测未来,即目前股票市场如此糟糕的状况是股票溢价的结构性滑坡,它既可能来自人们对风险概念的调整,又可能来自中小投资者入市门槛的降低等。例如,坎布尔的初步估计是未来几十年里股票回报率很可能在5%—5.5%之间①。

(四)关于影响未来股市不确定性因素产生的争议

经济学家们普遍认为,之所以用历史记录的7%回报率来预测21世纪的股市具有不可靠性,是因为当今的市场发生了三大变化:一是共同基金的规模扩大了,门槛降低了,于是,共同基金为小投资者多元化投资提供了机会,成了中小投资者规避风险和获取规模经济效益最理想的场所。根据最新的统计,共同基金持有的美国境内发行股票的20%左右。此外,股票基金的行政成本

---

① Social Security Advisory Board, *Estimating the Real Rate of Return on Stocks Over the long Term*. Washington DC, Aug. 2002, p.30.

回落幅度远远大于债券基金的成本,例如,前者从 1980 年的 2.25%下降到 1997 年的 1.49%,下降幅度为 33%,而后者从 1.54%下降到 1.16%,下降幅度仅为 25%。共同基金的上述变化很可能导致股票回报率赶不上以往的历史记录。第二个变化是股票投资者覆盖面扩大了,公众间接或直接地通过共同基金和诸如 401(K)等退休账户投资股票的人数与日俱增,据统计,美国家庭投资股票的比例已经从 1989 年 32%上升到 1995 年的 41%。大量的研究表明,投资者增加意味着分担股市风险的"集合能力"也相应得以提高,这将导致均衡风险溢价水平具有下降的趋势。三是投资者"驻市"的时间延长了。对风险厌恶程度的增加将影响对资产的需求,进而导致长期持股现象的存在;所有这些都会影响股票的回报率[1]。

　　夏文的分析角度和前提假设十分新颖。在夏文看来,"人们感兴趣的问题不是过去发生了什么事情,而是在未来的 50 年或 75 年里将可能发生什么"[2]。股市未来的回报率将很可能不如过去,这主要是由以下 5 个方面的因素造成的:一是在过去的 20 年里,股票价格的增长速度快于潜在资本的价值,这种不动产价格高估的现象不可能再持续很长时间;二是就全世界的股市来看,美国的市场在过去的 75 年里始终处于强势,而在 21 世纪的头 50年或 75 年里,"我们不应再指望它";三是在过去的几十年里股票投资者的性质发生了很大的变化,即退休金账户占的比例越来越大,而在以前它们主要是集中在"巨富"手里,二战以来变化的特点则是股票"民主化"的趋势。市场越民主化,市场中的风险厌恶程度就会越小;四是相对于劳动力市场来说,老龄化的人口比例越大,对金融资本的需求就越小;五是过去股票回报率之所以较高,那完全是因为债券回报率较低造成的,而较低的债券回报率主要是因为意外的高通胀率造成的,特别是 60—70 年代。因此,夏文给出的结论是,所有上述因素产生的影响,都很可能会导致股票溢价远不如 1926 年以来的平均水平。

---

　　[1]　Diamond, Peter A., "What Stock Market Returns to Expect for the Future?", *Social security Bulletin*, Vol.63, No.2(2000).

　　[2]　Social Security Advisory Board, *Estimating the Real Rate of Return on Stocks Over the long Term*, Washington DC, Aug. 2002, p.47. 下面关于夏文的论述引自 pp.50—52。

五、美国社会保障私有化改革的前途

2002 年 8 月 20 日《西雅图邮报》载文说:1935 年 8 月 14 日《社会保障法案》诞生至今正好 67 岁了,这是一个人命关天的计划,它为一代代美国人作出了巨大的贡献;尽管人们对"布什报告"毁誉不一,见仁见智,但它毕竟涉及千家万户;尽管学界对它提出了一些问题,但毕竟它是一场重要的大变革。在一些人看来,它是"新政的一次改革探索",是对"罗斯福幻想"的重塑,是对"美国之梦"的再造①。在许多美国人看来,"延迟改革将会使政策选择的范围变得更狭窄","社会保障改革拖延的时间越长,对工人和退休人员来说,必要的选择就越困难,越痛苦"②。从"布什报告"的影响力来看,80% 以上的美国人支付的社保税要多于他们的联邦所得税,而社会保障税是美国人支付的最大的单项税种,社会保障的税入占联邦预算的 23%,是联邦政府最大的财政计划,因此在这个意义上讲,它既是世界上一个最大的政府计划项目,也是一个具有世界影响意义的改革行动;从本质上讲,"布什报告"的改革方案并没有像拉美国家 80—90 年代的改革那样一步到位实行完全的私有化,即没有将待遇确定型的现收现付制一步改造成为缴费确定型的积累制,就个人账户与传统体制并存这一点来说,"布什报告"实际上仅是一个"部分私有化"的改革方案;从趋势上讲,部分私有化也好,完全积累制也罢,美国社会保障制度的私有化改革取向看来是不可逆转的了,至于何时成为其立法行动,那只是个时间的问题。

参考文献:

Aaron, Henry J., Blinder Alan S., Munell, Alicia, Orszag Peter R., "Perspectives on the Draft Interim Report of the President's Commission to Strengthen Social Security", Center on Budget and Policy Priorities and The

---

① John, D.C., "A Commission Must Avoid the Wrong Social Security Debate: It's Not About Trust Funds", www.heritage.org/about/staff/davidjohn.cfm.

② Moffit, R. Peterson, P. Estelle James, "Perspectives on the European Pension Crisis: Some lessons for America", Feb. 26, 2002, www.heritage.org/research/socialsecurity.

Century Foundation, July 23, 2001.

Aaron, Henry J., Blinder Alan S., Munell, Alicia, Orszag Peter R., "Response to the Co-Chairs of the Commission", The Century Foundation, July 24, 2001.

Aaron Henry J., Munell Alicia, Orszag Peter R., "Social Security Reform: The Questions Raised by the Plans Endorsed by President Bush's Social Security Commission", The Century Foundation, Revised 3 December, 2001.

Biggs Andrew G., "Perspectives on the President's Commission to Strengthen Social Security", The CATO Project on Social Security Privatization, CATO Institute, SSP No.27 (August 22, 2002).

Communication from the Board of Trustees, "The 2002 Annual Report of the Board of Trustees of the Federal Old-Age and Survivors Insurance and Disability Insurance Trust Funds", Federal Old-Age and Survivors Insurance and Disability Insurance Trust Funds, Mar. 2002.

Cogan, Johm F. and Mitchell, Olivia S., "The Role of Economic Policy in Social Security Reform: Perspectives from the President's Commission", PRC WP 2002 - 13, 2002, http://prc.wharton.upenn.edu/prc/prc.html.

Diamond, Peterand Orszag, Peter, "Reducing Benefits and Subsidizing Individual Accounts: An Analysis of the Plans Proposed by the President's Commission to Strengthen Social Security", Center on Budget and Policy Priorities and The Century Foundation, 18, June 18, 2002.

Diamond, Peterand Orszag, Peter, "An assessment of the Proposals of the President's Commission to Strengthen Social Security", Center on Budget and Policy Priorities and The Century Foundation, June 18, 2002.

Diamond, Peterand Orszag, Peter, "A Response to the Executive Director of the President's Commission to Strengthen Social Security", Center on Budget and Policy Priorities and The Century Foundation, 15, July 2002.

Diamond, Peterand Orszag, Peter, "Social Security: The Right Fix", The America Prospect, Issued of 23, Sep. 2002.

Diamond, Peter A., "What Stock Market Returns to Expect for the Future?",

Social security Bulletin, Vol.63, No.2(2000).

Geanakoplos, John, Mitchell, Olivia. and Zeldes, Stephen P., "Would a Privatized Social Security System Really Pay a Higher Rate of Return?", in *Framing the Social Security Debate: Values, Politics, and Economics*, R.Douglas Arnold, Michael J. Graetz, Alicia H Munnell (eds.), NASI, Brookings Institution Press, 1998.

Goyburu, A., "Social Security and the 'Risky' Status Quo", www.heritage. org/press/commentary/ed091902.cfm? Renderforprint = 1.

Hamilton, J., "Social Security Q&A With Heritage's Social Security Project Manager James Hamilton", www.heritage.org/about/staff/jomeshamilton.cfm.

John, D.C., "A Commission Must Avoid the Wrong Social Security Debate: It's Not About Trust Funds", www.heritage.org/about/staff/davidjohn.cfm.

Kerry, B. and Rudman, W., "Social Security Shell Game", *Washington Post*, Aug. 12, 2002.

Krugman, P., "Fear of All Sums", *New York Times*, June 21, 2002.

National Review, Issue of 11, Nov., 2002.

Mclntyre, R. S., "The Toxonomist: What If We'd Already Privatized Social Security?", *The American Prospect*, No.17, Sep. 23, 2002.

Moffit, R. Peterson, P. Estelle James, "Perspectives on the European Pension Crisis: Some lessons for America", Feb. 26, 2002, www. heritage. org/research/socialsecurity.

Moore, Matt, "Social Unacceptable", *National Review*, July 25,2002.

President's Commission to Strengthen Social Security, "Interim report of the President's Commission to Strengthen Social security", Aug. 2001.

President's Commission to Strengthen Social Security, "Strengthening Social Security and Creating Personal Wealth for All Americans", Dec. 21, 2001.

Stevenson, R. W. "Report Predicts Deep Benefit Cuts Under Bush Social Security Plan", *New York Times*, June 19, 2002.

Social Security Advisory Board, *Estimating the Real Rate of Return on Stocks Over the long Term*, Washington DC, Aug. 2001.

Siegel, Jeremy, *Stocks for the long Run*, *2nd ed.*, McGraw-Hill, New York, NY, 1998.

（本文原载于《改革》2003 年第 2 期,第 118—127 页）

DB 型现收现付制社保基金的危机与投资理念

——美国"联邦社保信托基金"治理结构及其不可持续性的解决途径

内容提要：作为典型和成熟的现收现付制，美国"联邦社保信托基金"建立 63 年来就始终存在着两个奇怪的现象，即一方面是连年对其财政不可持续性的预测，而另一方面几乎是连年盈余的良好财政表现。近十年来对其财政不可持续性的预测更加使人悲观，于是，沿用了近七十年的只能购买政府债券的投资策略受到了严重的挑战，投资于资本市场的呼声日益高涨。然而，现收现付制的"联邦社保信托基金"不能直接投资于股市的信条和理念却丝毫没有动摇，改革和争论的只是投资管理模式本身或说进入资本市场的具体方案。本文对美国"联邦社保信托基金"目前收支现状和行政管理架构的特点进行了介绍，然后运用大量的数据和资料着重分析了出现上述"悲观的预测与乐观的现实"的原因，并对现收现付制下不能直接进入资本市场的弊端作了深入的分析。

一、"联邦社保信托基金" 2003 年收支状况及其未来预测

美国社保制度是典型的现收现付制。尽管美国经济学界保守派和自由派对私有化改革的方案及其结果存有较大的争议，但绝大多数人对现收现付制下"联邦社保信托基金"支付能力的总体评价和看法还是基本上存有共识的：从长期看，老龄化的趋势尤其是"婴儿潮"的退休预期必将导致其支付能力逐

渐萎缩。但是,2002 年又是一个"丰收年"。

（一）2002 年度总体收支情况:又一个好年景

2003 年 3 月 17 日美国联邦政府社保基金理事会发表了《2003 年美国联邦政府"养老、遗属及残障保险"信托基金理事会年度报告》(下简称《年度报告》)。"美国联邦政府养老、遗属及残障保险信托基金"("OASDI",下简称"联邦社保信托基金")由两部分组成:一是"养老及遗属保险基金"(OASI),二是"残障保险基金"(DI)[①]。

截至 2002 年底,接受社保津贴的人口总计为 4600 万,其中,3200 万为退休工人及其家属,700 万为死者遗属,700 万为残障人士及其家属;由工薪税(缴费)支撑的美国社保体系所覆盖的人口总计达 1.53 亿。2003 年度津贴支出总额为 4538 亿美元,收入为 6270 亿美元,到 2002 年底"联邦社保信托基金"在财政部专用账户的资产有近 1.4 万亿美元[②]。

美国"联邦社保信托基金"主要来自工薪税。现行法律规定的工薪税率为 12.40%,雇员和雇主各缴 6.20%(其中,"养老及遗属保险"5.30%,"残障保险"0.90%),"自雇者"个人要全额缴付 12.40%("养老及遗属保险"10.60%,"残障保险"1.80%)。同时,法律对工薪税的上限作了规定,即当缴纳的工薪税绝对数超过这个上限时予以封顶:2002 年工薪税的最高限额为8.49 万美元,随着平均工资的增长,这个限额每年自动上调,2003 年上调至8.70 万美元。

"联邦社保信托基金"的收入主要由三部分构成:绝大部分来自雇员和雇

---

① 在美国,"社会保障"这个术语特指"养老、遗属与残障保险"(OASDI),不包括医疗、失业等其他社会保险项目。

② Board of Trustees of the Federal Old-Age and Survivors Insurance and Disability Insurance Trust Funds, "The 2003 Annual Report of the Board of Trustees of the Federal Old-Age and Survivors Insurance and Disability Insurance Trust Funds Communication", Washington DC, March 17, 2003. 下面引用的各年度数据或引文均出自当年的《年度报告》,除年代以外,其标题全称和出版单位均大致相同,应为(以 2003《年度报告》为例):Board of Trustees of the Federal Old-Age and Survivors Insurance and Disability Insurance Trust Funds, "The 2003 Annual Report of the Board of Trustees of the Federal Old-Age and Survivors Insurance and Disability Insurance Trust Funds Communication"。为行文方便和节省篇幅,以下对出自历年《年度报告》的引文均采用中文的办法,例如"2003 年《年度报告》p.1"等。以下 2003 年的数据均引自 2003《年度报告》,由于篇幅关系,不再一一给出注释。

主缴纳的法定工薪税,高达85%,在余下的部分中,13%来自"联邦社保信托基金"的投资收益,2%来自对社保津贴给付的征税。从表1还可以看出,"养老及遗属保险基金"的规模几乎是"残障基金"的8倍;工薪税收入为4561亿美元,其中9亿美元来自"总储备金"的转移支付,这9亿美元主要是资助了2002年那些多次调换工作的雇员,因为在调换工作的过程中所缴纳的工薪税很可能会导致其缴费额高于费基的情况发生。这样,2002年的缴费净收入就为4552美元,比上个年度增加了3.1%。津贴给付的征税收入为129亿美元。几乎99%的缴费记入了该基金账户,余下的1%支付给了非常住外侨人口。

在4617亿美元的总支出中,98%用于退休者、遗属和残障的津贴给付,达4538亿美元。另有36亿美元"调剂"给了"铁路退休计划",占支出的0.8%;如表1所示,2002年"联邦社保信托基金"的资产净增了1654亿美元,就是说,截至2002年底,余额总计将是2003年预计支出的288%。

表1　2002年"联邦社保信托基金"财政收支一览表

收支项目	金 额(10亿美元)		
	养老及遗属保险	残障保险	养老、遗属及残障保险
2001年底资产	1071.5	141.0	1212.5
2002年全部收入	539.7	87.4	627.1
净缴费收入	455.2	77.3	532.5
津贴给付的课税收入	12.9	0.9	13.8
利息收入	71.2	9.2	80.4
财政部"总储备金"的转移	0.9	—	0.9
2002年全部支出	393.7	67.9	461.7
津贴支出	388.1	65.7	453.8
铁路退休计划的内部调剂	3.5	0.2	3.6
行政费用支出	2.1	2.0	4.2
2002年资产净增长	146.0	19.5	165.4
2002年底全部资产	1217.5	160.5	1378.0

注:小项目之和可能不一定等于大项目的数据。

资料来源:Board of Trustees of the Federal Old-Age and Survivors Insurance and Disability Insurance Trust Funds, "The 2003 Annual Report of the Board of Trustees of the Federal Old-Age and Survivors Insurance and Disability Insurance Trust Funds Communication", Table II.B1, March 17, 2003, p.4, Washington DC.

（二）行政费用与投资收益：始终令人满意

2002 年底的数据显示，"养老及遗属保险基金" 1.2175 万亿美元的资产全部用于购买了美国政府债券，利息收入为 804 亿美元，所获年利率为 6.4%，与 2001 年相比下降了 0.3 个百分点。

"养老及遗属保险基金" 的行政净费用经过 "调整" 之后为 21 亿美元，其中，美国社会保障总署的管理费用为 19 亿美元，财政部为 2.09 亿美元。在这两项小的 "调整" 中，一项是由于出售了多余的设备而获得的 700 万美元收入，另一项是社会保障总署在财政部报销了用于法律修正案等活动费用的 600 万美元，这两项 "调整" 抵消了一部分行政费用。

2002 年美国 "联邦社保信托基金" 的行政净费用是 42 亿美元，占缴费收入的 0.8% 和支出的 0.9%。行政费用的比例近十几年来一直比较稳定，变化不大。例如，在 1998—2001 年这 4 年中，行政费用占缴费收入和津贴支出的比重分别为 0.8/0.9、0.7/0.8、0.8/0.9 和 0.7/0.8。

（三）对未来三个阶段的预测：一个行将破产的制度

早在 20 世纪 90 年代初的《年度报告》里就已预测说，美国 "联邦社保信托基金" 的前途好景不长，2017 年会出现赤字，到 2039 年将会枯竭。2003《年度报告》的预测结果依然如此，它再一次发出警告：美国的社保制度将是一个行将破产的制度。

长达 226 页的 2003 年《年度报告》针对 2002 年度 "联邦社保信托基金" 财政收支情况，在作了上述人口变化、经济增长和其他影响收入与支出的因素分析之后，按惯例对未来财政可持续性进行了预测。我们知道，社会保障制度的财政可持续性取决于领取津贴的人口规模和特征、津贴发放的规模与水平、劳动力规模和工人收入的水平等诸多因素；这些因素反过来又会影响未来的出生率、死亡率、移民规模、结婚和离婚的比率、退休年龄的结构、残障发生的概率、工资增长情况、通货膨胀指数和法律条文的变动等其他因素变量。2003 年《年度报告》在对上述诸多因素的影响作了详细的分析之后，对基金的前途给出了悲观的预测结果。

1. 未来 3 个阶段的预测。按惯例除了将预测分为 "短期"（10 年）和 "长期"（75 年）两个阶段以外，2003《年度报告》增加了一个 "永久预测期"。预测结果是，在 "短期" 内 "联邦社保信托基金" 依然具有十分迷人的支付能力，连年盈余,但是在"长期"内将出现赤字甚至最终导致破产,在"永久期"内其结果令人不寒而栗,累计赤字余额将达几十万亿美元。

对"短期"的预测结果。在"短期"内,"养老及遗属保险基金"和"残障保险基金"在未来的 10 年里都将收大于支,这两支基金的资产总和从 2003 年初的 1.378 万亿美元或年度支出的 288%增至 2012 年的 3.556 万亿美元或支出的 452%。

对"长期"的预测结果。在未来 75 年里,"联邦社保信托基金"赤字将达 25.33 万亿美元,比 2002 年年度报告预测的数字增加了 1.46 万亿美元,高出了 3 个百分点,相当于国债的 6 倍。在作通胀调整之后,年度赤字 2020 年将达到 570 亿美元,2025 年为 1640 亿美元,2035 年为 3220 亿美元。从 2030 年开始,寿命预期的提高和出生率的下降将会继续增加社保成本,但开始有些缓解。"联邦社保信托基金"的年度成本比率将从 2003 年"可纳税工薪"的 10.89%增加到 2077 年的 19.92%,或者说,比预期收入比例多出了 6.5%的"可纳税工薪"。两支基金的支出在 GDP 中预计将从目前的 4.4%提高到 2077 年的 7.0%。如果在未来的 75 年里要想保持基金的支付能力,就要提高 1.92%的工薪税和降低 13%的给付标准,并需要从一般税收中转移支付 3.5 万亿美元。

对"永久预测期"的预测。2003 年《年度报告》的另一个特点是,它在 75 年预测期的基础上增加了一个"永久预测期"。所谓"永久预测期"是指"几倍于 75 年的一段历史时期"。对"永久预测期"的测算结果是,总赤字将不断增长;转移支付的数额将从 75 年"长期"内的 3.5 万亿美元增加到 10.5 万亿美元(加上回购"社保基金"债券的几万亿美元的成本)。《年度报告》精算的结果认为,只有建立个人投资账户的改革才能"永久性"地解决社会保障的支付能力问题。

2. 2018 年将首次出现赤字。2003 年《年度报告》将出现赤字的日子向后推迟了一年,即由 2002 年度报告预测的 2017 年调整为 2018 年,其原因是经济假设有了变化:2003 年《年度报告》假设老年工人滞留在劳动力市场的时间长了,移民规模提高了。这两个假设导致进入社保基金工薪税的总额提高了,所以,社保基金的支付能力有所提高。《年度报告》认为,2010—2030 年之间"婴儿潮"达到退休年龄是导致"联邦社保信托基金"成本增长速度加快的根本原因,从 2018 年开始,年度成本将首次超过年度收入。一旦出现缴费收入不足以支付法定给付标准的情况,联邦政府就须提供额外的资金——或对"联邦社保信托基金"持有的债券予以回购,或直接支付养老金津贴。政府的回购将会导致几万亿美元的成本,因此必须提高税收或削减社会保障以外的其他项目。

3.2042 年将会枯竭。2003 年《年度报告》预测,"联邦社保信托基金"的资产到 2042 年将会枯竭,比 2002 年度报告的预测向后推迟了一年。换言之,到 2042 年它将丧失支付能力;出现的赤字将为"可纳税工薪"的 1.92%。"联邦社保信托基金"的债券本身不能作为支付津贴的手段,因此,政府必须要将之变现。根据法律,社保的各项给付标准是不能随便下调的,但是,2042 年之后,除非国会采取果断的措施,否则那时将只能领取 73%的退休金或者更少。

二、"联邦社报信托基金"的行政管理架构

美国联邦"社会保障信托基金"的投资运作在法律上基本上是独立于社会保障制度日常程序之外的。从框架结构来说,美国社会保障制度由"三驾马车"组成:"社会保障信托基金理事会"(BTFOASDI)、"社会保障总署"(SSA)和"社会保障顾问委员会"(SSAB)。在"三驾马车"的这个制度结构中,他们分工明确,责任清晰,各司其则,相得益彰,其权利与义务均由相关法律制度予以界定。"三驾马车"的制度结构主要是由现收现付制的融资制度决定的:现收现付制的融资特性在客观上为基金的投资管理独立于其他制度体系提供了可能性,因为该制度的性质要求其基金的支付能力由政府出面来做最终担保人。这样,将基金独立出来封闭运行和单独决策不但是可行的和现实的,而且也是必要的和高效的。这就是为什么自 1935 年以来"联邦社保信托基金"始终独立于社会保障总署,直接由财政部部长领衔的"社保信托基金理事会"独立决策并直接对国会和总统负责的根本原因之一。在"三驾马车"中,美国"社保信托基金理事会"专门负责掌管该基金短期和长期投资的操作与调查研究事宜。

(一)美国联邦"社保信托基金理事会"

美国《社会保障法案》201(c)款规定①,必须建立一个专门的"社保信托

---

① 本文引用的《社会保障法案》全部资料均出自最新的修正案,截至 2003 年 3 月,见 http://www.ssa.gov/OP-Home/ssact/title02/020201.htm,以下不再注明。

基金理事会"负责对"养老及遗属保险基金"和"残障保险基金"这两只信托基金的管理;理事会每届四年,由财长、社保总署署长、劳工部长、健康与人力资源服务部长等组成。财长为理事会的"执行理事",社保总署的副署长为理事会秘书长。理事会每年至少召开一次会议,其职责是:(1)负责对这两支基金实施全面的管理;(2)在每年4月1日之前向国会呈交一份年度报告,对上一年度基金营运的情况进行评估和下一年度进行预测;(3)如果认为这两支基金之中的任何一支规模很小,可以随时向国会呈交报告;(4)对这两支基金和联邦政府失业保险计划的行政管理程序予以改进和完善;(5)对这两支基金总体营运与行政管理的规则进行评估并提出建议,包括对相关法律条文提出必要的修改建议。此外,《社会保障法案》规定,在呈交给国会的《年度报告》中必须要对前一年的基金资产状况进行陈述,同时还要对两支基金单独和总体的前景作出精算预测,包括社保总署总精算师的精算分析。另外,理事会中还有两名公众理事(可为同一政党成员),由总统任命,报参议院通过。本届理事会的两位公众理事是美国德克萨斯州 A&M 大学的教授托马斯·萨文(Thomas R. Saving)和雪城大学(Syracuse University)的约翰·帕尔默(John L. Palmer)。自2001年设立公众理事以来,由于他们参与了《年度报告》的撰写工作,所以,最近两年的《年度报告》囊括了大量以前年度报告里所没有的信息,报告里的内容比以前更为广泛和清晰了,更有利于公众对报告内容的理解。

之所以财政部部长任该理事会的执行理事,是因为美国社保制度尤其是"联邦社保信托基金"的营运事宜主要被认为是一项"财政"工作,且美国这两只信托基金是在美国财政部分别设立两个独立的财政专户,便于协调信托基金与财政部之间的关系。根据美国《社会保障法案》第201(a)款的规定,如果财政部认为这两支基金的支付能力出现问题,财政部的"总储备金"(general fund)就可以对其进行转移支付,但这部分资金也要纳入到"联邦社保信托基金"的总体投资营运之中,并且要求其投资方式与"联邦社保信托基金"的投资方式完全相同,"联邦社保信托基金"要向"总储备金"支付利息并以"日利息"作为结算单位,利息标准为"联邦社保信托基金"当日投资的利息标准。

(二)美国"社会保障总署"

为美国社会保障计划负行政责任的机构是美国"社会保障总署"(SSA)。

美国社会保障总署诞生于 1935 年罗斯福总统签署的《社会保障法案》,根据该《法案》,当时该机构的名称是"社会保障委员会"(SSB)。这是一个崭新的直接隶属于联邦政府的独立机构,由于时间紧急,没有人员和预算,第一年的启动资金是从"联邦紧急救助署"临时借支的。该委员会直接对总统负责,其领导机构由总统任命的三名执行委员组成,虽然其中一位被任命为主席,但所有三名委员在决策程序中具有同等的地位,每人一票,主席实际上是个召集人。1939 年该委员会成为隶属于内阁机构"联邦安全署"(FSA)的一个部门。1946 年社会保障委员会改称为"社会保障总署"(SSA)。1953 年"联邦安全署"取消,社会保障总署又成为刚刚成立的内阁机构"健康、教育与福利部"(HEW)的一个内设机构,但职能未变。1980 年新成立的"健康与人力资源部"(HHS)代替了原来的"健康、教育与福利部",社保总署便理所当然地成为其一个内设机构。1994 年国会通过立法,社保总署最终又成为一个独立的机构。

美国"社保总署"的法律地位尽管在长达近七十年的历史中多有变化,几进几退,但是,法律赋予它的职能却始终没有任何变动,即专司社会保障的日常行政事务,不折不扣地依法行政,为世界上这个规模最大的公共支出项目提供高效优质的服务网络。其服务效能的投入/产出分析在其专门的官方评估机构即另一驾"马车""社保顾问委员会"的专项报告中多次给予赞许。对于这个涉及美国千家万户切身利益的执行者"社保总署"署长的任命仪式,几乎每届总统都亲自参加出席并发表演讲。

(三)美国"社会保障顾问委员会"

"社会保障顾问委员会"(SSAB)由国会成立,总统任命,对国会负责,是就社会保障和"附加安全收入"(SSI)计划事宜向国会、总统和社保总署署长提供咨询工作的一个独立的跨党派的委员会。

"社保顾问委员会"最开始是一个定期召开会议的"非常设"机构,当时的名称是"社会保障咨询委员会"(ACSS),其成员主要是由能够代表社会各界并为社会保障政策提供咨询的有关社会贤达组成。自 1934 年召开第一次会议以来,该委员会对改革社会保障制度的立法起到了非常大的积极作用。1939 年和 1950 年在《社会保障法案》的修改过程中,该委员会发挥了重要的作用。该委员会定期召开会议的传统和"非常设机构"的法律地位一直到

1994 年国会通过《社会保障法案》时才发生了根本性的变化,该《法案》不仅使社保总署成为一个独立机构,而且还规定该委员会成为一个永久性机构,并将其名称改为现在的"社会保障顾问委员会",从而结束了长达 60 年的"一个传统"。这样"1994—1996 年社保咨询委员会"就成为这个"传统"的最后一届委员会。最后这一届委员会为美国社会保障制度改革作出了卓越的贡献:它成立了两个工作小组,对社会保障私有化改革的诸多方案进行了认真的比较和激烈的辩论,提交了一份具有重大社会影响的研究报告,针对美国现收现付制的可持续性问题进行了广泛的讨论,抛出了著名的三项改革模式,极大地推动了学界和政界对改革的认同和对社会保障私有化改革的理论探讨和政策研究,为 20 世纪 90 年代后期奠定了雄厚的理论基础,甚至为 2001 年布什政府推出三项改革方案的"布什报告"打下了坚实的理论和政策基础。

自从 1996 年春季新成立的委员会召开首次会议以来,该委员会就一些广泛的问题提供了许多建议。例如,在 2002 年《年度报告》中就提出了许多重要的问题,包括社会保障总署的责任,向社会提供优质服务,改进残障保险的管理,"联邦社保信托基金"的长期财政能力,附加安全收入计划的行政管理,社保总署的行政经费,社会安全号的使用与误用,其他社保计划所面临的挑战,等等。该委员会每年发表一个年度报告。为了做好咨询工作,每年该委员会会见大量政府官员、专家学者和社会各界人士,还举行听证会,广泛听取社会不同的声音。

该委员会由 7 位委员组成,6 年一届,其中 3 名由总统提名(其中来自同一政党的不得超过 2 名),众议院议长和参议院议长各任命 2 名(其中来自同一政党的不得超过 1 名);总统的任命须经参议院通过;总统在 7 名成员中任命 1 位为委员会主席,任期 4 年,与总统任期重叠。

法律赋予社保顾问委员会的义务与权利有如下 9 条:(1)分析退休与残障保障制度,对"养老、遗属与残障保险"和"附加安全收入"计划提出建议,广泛寻询社会各界和私人部门的支持,以有效地确保经济安全;(2)对医疗安全保健与"养老、遗属与残障保险"和"附加安全收入"之间的协调进行研究并提出建议;(3)向总统和国会就确保"养老、遗属与残障保险"短期和长期支付能力提出建议;(4)就社保总署向公众提供服务的质量问题提出建议;(5)就"养老、遗属与残障保险"和"附加安全收入"计划的政策和监管提出建议;(6)增

加公众对社会保障的理解;(7)向社会保障总署就社保制度的评价提出建议;
(8)就非常重要的任何关于社会保障问题作出评估和动议;(9)就任何其他类
似事宜提出建议。

尽管该委员会成为常设性的机构仅是近十年的事情,但无论是历次《社
保法案》的修改还是社保总署机构的改革方案设计,它都发挥了不可替代的
咨询和建议的作用。20 世纪 90 年代以来在关于社会保障制度私有化改革的
大讨论过程中,它不但是一个发起者,而且也是一个积极的参与者,其长篇报
告至今也不失为一份具有极其重要学术价值的文献。在这场长达近十年的大
讨论中,它还扮演了一个重要的组织者的角色,在它周围聚集着几乎美国所有
一流的经济学家和社会保障领域的专家学者,成为这个领域学术界的一面旗
帜。尤其是对美国"联邦社保信托基金"是否入市和如何入市问题的讨论与
争辩、对资本市场风险的评估与预测等相关涉及基金安全和支付能力等一系
列专业研究中,都取得了不朽的成绩甚至成为同行和业内人士的理论工具和
评价标准。在其他许多 OECD 国家的社会保障制度架构中,也有一些国家设
有类似咨询性质的机构,但可以认为,没有一个国家的类似机构如美国"社保
顾问委员会"这样具有对其政府决策者和制度改革如此之大的影响力和对学
界如此之大的号召力。"社保顾问委员会"无疑是美国社保制度改革和"联邦
社保信托基金"投资问题的重要智囊机构,它已经并将继续发挥重要的影响
作用。

三、美国法律对"联邦社保信托基金"
投资组合的管理规定

《社会保障法案》201(d)款规定,"联邦社保信托基金"只能投资于美国
政府对其本息均予以担保的"孳息型有价证券";其投资的条件必须是原始发
行的发行价格;其投资对象必须是已出售的债券。201(d)款认为,"孳息型有
价证券"的定义内涵专指《美国法典》第 3111 款所界定的内容①:"本条款允

———————

　① 这里引用的《美国法典》的原文均出自:Government Printing office, *United States Code*,
United States, Washington, 1989, Volume Thirteen, p.448, §3111。

许发行有价证券以购买、回购或偿还那些到期或没到期的美国政府债券、票据、负债凭证、短期国库券。经财政部长批准,出售有价证券所获得的资金和来自财政部总储备金的其他资金可以用来对上述债券进行购买、回购或偿还。"

《社会保障法案》201(d)款认为,根据《美国法典》上述第3111款的规定,美国政府发行"公债有价证券"(public-debt obligations)的目的是为了授权让"联邦社保信托基金"购买这种与票面价值相等的证券。为"联邦社保信托基金"专门发行这类有价证券的到期日必须要符合其特殊的需要,其利率要与美国所有可交易的"孳息型"有价证券的平均市场收益相等(由"执行理事"根据市场行情计算)并成为公债(public debt)的一部分。"除非这种平均市场收益不是一个百分点的八分之一的乘数,否则这种有价证券的利率就应该是最接近这种市场收益的一个百分点的八分之一的乘数"。还规定:为"联邦社保信托基金"专门发行的每一种有价证券须由财政部发行的契约工具予以证明,例如债券、票据或者负债凭证,并要注明本金数额、到期日和利率,还要在票面上特别注明该有价证券专门向"联邦社保信托基金"发行并具有不可争议性,注明该有价证券由美国政府的完全信用予以担保,即美国政府保证支付该有价证券的本金和利息。"执行理事"还可以以发行价格或市场价格购买美国政府其他"孳息型"的有价证券或由美国政府对本息均予以担保的有价证券。

《社会保障法案》201(e)款规定,"联邦社保信托基金"持有的向其独家发行的"公债有价证券"都是可以回购的,"执行理事"须以当时市场价格出售,其价格是票面价值加利息。美国《社会保障法案》201(f)款规定,"联邦社保信托基金"持有的任何有价证券的利息、销售或回购所获得的收益均须分别记入其账内并成为其中的一部分。《社会保障法案》第201(d)款规定,专门为"联邦社保信托基金"发行的上述有价证券的到期日要满足"社保基金"的特殊需要。

根据上述《社会保障法案》的诸多规定,"联邦社保信托基金"目前持有的证券均为"特别发行"(special issues),即仅向"社保基金"独家出售的证券。这些证券主要分为两大类,一类是短期的"负债凭证",另一类是长期债券。前者以日为计息单位,后者以年为单位。至于到期日的设定,在实际操作中这些"特别发行"的转让一般都在每年的 6 月 30 日,所以,未来 15 年里每年购买的债券到期日和购买日大约也都是一致的。

近 70 年来,"联邦社保信托基金"根据《社会保障法案》的规定,每年的全部余额均如数投资于联邦债券,从未越过雷池一步,每年将所有盈余全部购买政府债券。从到期日的分布来看,"特别发行债券"的全部投资组合的到期日均分布在 2003—2017 年的 15 年之中。从资产组合的分布来看,以 2002 年 6 月 30 日为例,"联邦社保信托基金"全部资产组合均为"特别发行债券"和公募(见表 2)。

表 2　2002 年 12 月 31 日美国"联邦社保信托基金"资产及其分布状况

(单位:百万美元)

资产状况与资产分布			养老及遗属保险基金	残障保险基金	两支基金合计
2001 年 12 月 31 日投资的资产数额			1071795	140947	1212742
投资收益	特别发行	负债凭证	505526	83115	588641
		债券	206690	29351	236041
	公募	国债	—	—	—
		收益总计	712216	112466	824682
债券转让	特别发行	负债凭证	498604	83872	582476
		债券	67706	9151	76857
	公募	国债	—	10	10
		转让总计	566309	93034	659343
投资资产的净增长			145907	19432	165339
2002 年 12 月 31 日投资的资产			1217702	160380	1378081

资料来源:Board of Trustees of the Federal Old-Age and Survivors Insurance and Disability Insurance Trust Funds,"The 2003 Annual Report of the Board of Trustees of the Federal Old-Age and Survivors Insurance and Disability Insurance Trust Funds Communication",Washington DC,March 17, 2003,Table III.A9,p.30.

四、"联邦社保信托基金"的不可持续性

1935 年美国国会通过了《社会保障法案》之后,一直到 1940 年才正式建

立起了"养老保险信托基金"（OASI），根据 1955 年的《社会保障法案》（修正案）1956 年又正式建立了"残障保险信托基金"（DI）。因此，严格意义上讲，"联邦社保信托基金"应该诞生于 1940 年。

（一）美国"联邦社保信托基金"从建立之日起就预测到其财政不可持续性

可以说，美国的政策制定者们对于这种现收现付制度下的公共养老基金，从它成立之日起就已经发现它在财政上具有不可持续性。美国"养老保险信托基金"建立的第二年即 1941 年发表了它的第一个《"养老和遗属保险"信托基金理事会年度报告》（下简称 1941 年《年度报告》）①。虽然这个《年度报告》不到 10 页，但对未来 50 年的预测却占了一半的篇幅。美国历史上这个关于信托基金运营情况的开篇《年度报告》预测说，在其他法律规定和社会外生经济社会条件不变的情况下，在 1941—1960 年之间，收入始终大于支出，但从 1961 年开始出现赤字，一直到 1990 年赤字逐年扩大，这 30 年中每 5 年的支出/收入是 24（亿美元）/22（亿美元），28/23，31/24，35/25，39/26，41/26②。

1941 年《年度报告》仅作了未来 50 年期的预测，其中有 30 年收不抵支：在前 20 年中，基金盈余由最初 10 年的年均工薪税 0.7%—0.8%，开始下降至 5 年后的 0.5%，到第二个 5 年又下降到 0.3%；而基金收支的缺口则从 1961 年的 0.2% 开始，逐年扩大，一直到 1990 年的 1.5%。在美国社会保障历史上，只有这个 1941 年《年度报告》没有公开发表，当时它只是由理事会理事个人署名的递交给参众两院议长的一个信函。后来国会和社保总署也始终没有公开发表，只是近几年才由社保总署将之公布于众。

在随后历年的《年度报告》里，其预测结果多次显示其财政支付能力在短期内略有盈余，在中期内基本可以达到收支平衡，但长期内则不可避免会出现赤字，并呈不断扩大的趋势。本文这里以其中数年的《年度报告》为例，来看看美国政府是如何预测其现收现付的社保制度及其"联邦社保信托基金"的

---

　　① 在 1956 年建立"残障保险基金"之前，一年一度发表的年度报告的全称为《19××年美国联邦政府"养老和遗属保险"信托基金理事会年度报告》；1956 年之后自然改称为《19××年美国联邦政府"养老、遗属及残障保险"信托基金理事会年度报告》；为行文的方便，本文一律简称为 19××年《年度报告》。见前注。

　　② 1941 年《年度报告》，表 4。

财政支付能力的。

1951 年《年度报告》显示,在 1951—2000 年的 50 年预测期中,1984 年之前均为每年盈余,在此之后开始出现赤字,到 2000 年赤字为可纳税工薪额的 1.8%①。

1961 年《年度报告》分别作了 5 年、15 年和"长期"三种预测,但没有指出出现赤字的可能性②。

1971 年《年度报告》的预测没有太多的内容③,仅指出"养老与遗属保险信托基金"("残障保险基金"除外)在 75 年期中,需要将工薪税水平上调至 8.64%—9.72%左右,而当时的工薪税为 9.2%,收支还算可以持平。

1981 年《年度报告》的预测则令人很悲观④:中期(1981—2005 年)的"养老与遗属保险信托基金"的年均成本将从可纳税工薪额的 9.99%提高到 12.55%,而同期的相应数据为 11.94%,即从盈余 1.95%下降到赤字 0.61%。长期(1981—2055 年)的预测前景更是不妙,从可纳税工薪额的 10.99%上调至 18.50%;而同期假定的数据为 12.25%,这样,就从盈余 1.26%下降到赤字 6.25%。

1991 年《年度报告》首次出现"将要导致枯竭"的字样⑤,认为在 75 年的长期预测中,前 26 年均为盈余,而后将开始出现"绝对赤字",在第 50 年即 2040 年时"导致枯竭(declining to exhaustion)",缺口为可纳税工薪额的 1.08%。可以说,进入 20 世纪 90 年代后,历年《年度报告》的预测结果开始越来越令人悲观,但 1991 年《年度报告》的预测是个比较大的转折。在此之前的几个《年度报告》里还没有出现如此令人悲观的预测结果,例如,1988 年《年度报告》在 75 年期的预测中说⑥,前一半时期的收支状况是盈余的,后一半时期虽然会出现赤字,但它们二者之间基本上会"相互抵消",精算的结果是其缺口仅为可纳税工薪的 0.58%。甚至 1990 年《年度报告》⑦对长期的预测结

---

① 1951 年《年度报告》,p.32,chart 1。
② 1961 年《年度报告》,pp.24 - 36。
③ 1971 年《年度报告》,pp.3 - 4。
④ 1981 年《年度报告》,pp.3 - 4。
⑤ 1991 年《年度报告》,pp.2 - 3。
⑥ 1988 年《年度报告》,p.1。
⑦ 1990 年《年度报告》,p.1。

果还是认为后期的赤字基本上可以与前期的盈余相互抵消,缺口仅仅为可纳税工薪的 0.31%——比 1988 年的预测下降了 0.27%。从 1991 年《年度报告》开始,在随后的历年《年度报告》里其预测结果日益令人吃惊。

1993 年《年度报告》说[①],"总体来看,1993—2067 年间,收入与成本的比率将会出现缺口,其赤字将达到可纳税工薪的 1.46%"。

1994 年《年度报告》预测的结果将这个缺口提高到 2.13%[②]。

1995 年《年度报告》长期预测的结果开始急转直下,指出"联邦社保信托基金"的"资产在现行法律框架下到 2030 年将开始'耗尽'(deplieted)",资金缺口为 2.17% [③]。

1996《年度报告》指出,从 2021 年开始出现赤字,2031 年开始"枯竭(exhausted)",缺口将达 2.19% [④]。

1997《年度报告》说[⑤],在 75 年期的预测中,其成本将从占 GDP 比重的 4.7%上升到 2075 年的 6.7%,并再次警告到 2031 年开始"枯竭",赤字为可纳税工薪的 2.23%。从 1996《年度报告》开始,"枯竭"二字便每年都出现在《年度报告》和其他所有出版物上,学术界的讨论和精算结果是完全一致的:美国现收现付的社保制度是一个行将破产的制度,"联邦社保信托基金"最终将耗尽枯竭。

2003《年度报告》的内容前文做了介绍,其预测结果如出一辙,并无两样。

(二)从 1941 年就喊"狼来了"但为什么一直没有来

以上回顾了从 1941 年第一个《年度报告》到 2003 年《年度报告》的主要内容,对其财政支付能力所作的精算预测进行了比较详细的介绍,其目的在于试图说明,美国联邦政府从它建立现收现付制社保制度之日起就已经看到了它在财政上是没有可持续性的。

但奇怪的是,正如前面 2003 年《年度报告》所显示的,美国"联邦社保信托基金"不但没有像 1941 年预测的那样早在 20 世纪 60 年代出现赤字,在 90

---

① 1993 年《年度报告》,p.5。
② 1994 年《年度报告》,pp.4-5。
③ 1995 年《年度报告》,p.3。
④ 1996 年《年度报告》,pp.4-5。
⑤ 1997 年《年度报告》,pp.4-8。

年代出现危机,反而其结果正相反,截至 2002 年底,1.4 万亿美元的资产余额将是 2003 年预计支出的 288%。甚至与前一年的《年度报告》相比,就连收不抵支的日期和殆尽耗竭的日期向后又推迟了一年。

美国"联邦社保信托基金"收入情况在过去的半个多世纪里也非常令人满意,几乎连年盈余,而且几乎一年比一年高,年度收入几乎都是年度成本的 100% 以上,甚至 200% 以上。

悲观的预测与乐观的现实之间为什么会出现如此巨大的反差? 为什么"联邦社保信托基金"不但没有像预测的那样逐渐萎缩和出现赤字反而资产规模越来越大? 为什么早在 1940 年就喊狼来了可到现在也没来? 是预测失误? 是什么因素最终导致预测结果几乎年年"失灵"?

实际上,回答上述美国"联邦社保信托基金"的这个"谜"就等于是在解剖现收现付制财政不可持续性的制度特性。现收现付制度下的基金对外部社会经济因素的变化具有非常敏感的脆弱性,并对内部的诸多立法规定具有较大的依赖性。

首先来看"外部因素"。

每年对"联邦社保信托基金"的精算预测是建立在若干"静态"的经济社会因素假设基础之上的:老年工人滞留在劳动力市场的时间、移民的规模、领取津贴的人口规模和特征、津贴发放的规模与水平、劳动力规模和工人收入的水平、人口变化、经济增长和其他影响收入与支出的因素等诸多因素。一旦上述诸多因素中的某一种或几种因素发生了变化,它们反过来又会影响未来的出生率、死亡率、移民规模、结婚和离婚的比率、退休年龄的结构、残障发生的概率、工资增长情况、通货膨胀指数和法律条文的变动等其他因素的变化。于是,"联邦社保信托基金"外部的诸多社会经济因素的变化自然会导致预测结果的相应变化。由此看来,现收现付制下的中央养老基金的财政支付能力和可持续性是非常容易受到外部社会经济因素影响的,或者说在很大程度上取决于外部社会经济因素的变化趋向。

在"外部因素"中,制约美国"联邦社保信托基金"财政可持续性发展的直接因素是:第一,"婴儿潮"问题。战后的"婴儿潮"将在 21 世纪 10 年代开始逐渐进入退休的年龄,这个退休高峰首先引发的将是收不抵支,接着便是基金趋于枯竭。第二,人口老龄化问题,人口寿命预期的提高。寿命预期的提高是社会经济发展和医疗技术进步的成果,但为现收现付制的社保基金制度带来了挑战。寿命预期的提高不可避免地导致赡养率的提高,而赡养率的提高又必将导致养老成本的提高。这两个问题是当代所有采用现收现付制西方国家面临的共同困难,也是现收现付制在财政上之所以表现出脆弱性的制度性缺陷,所以也是美国"联邦社保信托基金"长期预测中作出悲观结论的主要精算依据。

再来看"内部因素"。

现收现付制下的养老基金对其制度内部诸如缴费水平等立法条件的依赖性很大。历年《年度报告》中在作预测时所使用的"在目前法律框架结构不变的前提下"的限制条件所指的就是"内部因素",即主要是法定的缴费率、给付水平和给付的资格条件等。内部因素诸多条件的变化必然对养老基金的可持续性产生重大的影响,尤其是在给付水平等条件既定的情况下(由于美国是指数化的给付,基本可以看成是既定的),缴费率的变化就将起到决定性的作用。

第一,不断上调的缴费率使 1941 年《年度报告》的预测"失灵"。1937 年首次立法时确定的缴费率仅为 2%(雇主与雇员各缴纳一半,下同。当时没有设立"残障保险",只有"养老与遗属保险");诚然,这个缴费水平与当时任何一个发达国家相比是最低的;在随后的半个世纪里不断上调,一直到 1990 年最后一次将缴费率上调至 12.4% 为止,历次的《社会保障法案》的修正案对缴费率共上调了多达 20 次,平均 2.5 年上调一次[1]。

第二,覆盖范围的扩大意味着费基的扩大,从而延长了"联邦社保信托基金"的寿命预期。在建立社保制度 15 年之后的 1950 年修正案中,由于社会经济发展的需要,"自雇者"首次被规定纳入社保覆盖范围之内并开始缴费。当时规定的缴费率是 2.25%,经过 20 次的缴费调整之后,目前他们的缴费率也是 12.4%(养老与遗属为 11.2%,残障为 1.2%)。

---

[1]　1937 年为 2%,1950 年上调至 3%,1954 年 4%,1957 年 4.5%,1959 年 5%,1960 年 6%,1962 年 6.25%,1963 年 7.25%,1966 年 7.7%,1967 年 7.8%,1968 年下调至 7.6%,1969 年又开始上调至 8.4%,1971 年 9.2%,1973 年 9.7%,1974 年 9.9%,1978 年 10.1%,1979 年 10.16%,1981 年 10.7%,1982 年 10.8%,1984 年 11.4%,1988 年 12.12%,1990 年上调到 12.4%。1990 年以后再没调整过。数据引自 2000 年《年度报告》,p.34, Table II.B1。

第三,增加了新的社保项目,等于扩大了费基。在将"自雇者"纳入覆盖范围的 7 年之后,1957 年的《社会保障法案》修正案又规定增加了一个新的社保项目"残障保险"①。虽然这个增加的"残障保险"基金与"养老与遗属保险"基金在财政部是分账管理,单独预算,但在支付时常常是互通有无,等于变相地扩大了整体社保基金的费基。

上述 20 世纪 50 年代相继对"自雇者"的覆盖和"残障保险"的加入在一定程度上支持了"联邦社保信托基金"在 60 年代的财政可持续性。而后不断上调的费率延长了其支付周期,延迟了赤字和枯竭之日的到来,对本来早应该出现赤字的基金在 20 世纪 70—80 年代起到了"强心剂"的作用。就这样,"联邦社保信托基金"从一开始就喊"狼来了",但它一直没来。

就目前来看,美国社保制度"内部因素"的调整空间已经十分有限:1990 年最后一次上调缴费率以来一直保持至今。如果外部社经济环境没有很大的变化(例如移民政策),除非调整目前的社保法律结构框架,否则,再过几十年,狼还是要来的。

五、"联邦社保信托基金"远离资本市场的信条

既然"联邦社保信托基金"眼下的可持续性主要是在缴费率不断提高和费基不断扩大的条件下实现的,那么,美国学术界和政界的看法基本是一致的:"狼就睡在身边"。20 世纪 90 年代之前,"联邦社保信托基金"是否进入资本市场的问题始终没有引起学界和政界大面积的广泛讨论,一些个别学者和政治家对这个问题也持有一些不同的看法,在学术领域里出现一些"不同声音"的研究论文,可是从整体上来说,社会舆论和学术研究的主流倾向认为,"联邦社保信托基金"投资于政府国债的"正统地位"不能动摇,现收现付制的中央社保基金是不能直接进入资本市场的。这些理念是美国近 70 年来管理"联邦社保信托基金"的一个基本信条,被认为是自由市场经济制度的一个基本准则。

20 世纪 90 年代以来,面对"联邦社保信托基金"行将枯竭的历年精算结

---

①　这些数据引自 2000 年《年度报告》,p.34, Table II.B1。

果,学术界和政界开始并掀起了一个讨论社保制度改革的浪潮。讨论的焦点是,"联邦社保信托基金"该如何进入资本市场以提高其收益率和减少未来政府的财政负担并最终实现其财政的可持续性。但是有一点没有改变,即现收现付制下的中央养老基金是不能直接进入资本市场的,必须对之进行改造。换言之,美国各界讨论的焦点总的来说是"联邦社保信托基金"的投资管理模式,而不是投资理念;是如何将之改造而使其具备进入资本市场的条件,而不是无条件地进入;是进入资本市场的方案比较,而不是该不该进入的问题。一句话,现收现付制下的中央社保基金不得投资于股市,这个自由市场经济的理念没有丝毫动摇,改变的只是其保值增值和投资管理的具体手段。

从前文"联邦社保信托基金"资产分布可以看出,对资本市场不越雷池一步是美国现收现付制中央养老基金的一个基本信条:1935 年 8 月 14 日罗斯福总统签署的《社会保障法案》只有 11 个条款。在近 70 年的历史变迁中,该《法案》经过了无数次小的修改和 4 次大的修正案,增加到了今天的 21 个条款,总的篇幅增加了十几倍,其中有的条款内容和语言表达已经变得面目全非。但是对美国"联邦社保信托基金"的法律地位,对其必须投资于政府债券而绝不能投资私人债券和股票的规定却始终没有动过一个字,就是说,美国"联邦社保信托基金"不得进入资本市场而只能购买政府债券。不但基本框架不变甚至连语言表述都没有很大的变化。

既然投资股票市场的收益率被认为高于目前投资政府债券的收益率,在"狼就要来了"的前景预测下,面对行将破产的养老基金,为什么美国国会对规定只能投资于政府债券的《社会保障法案》不作任何改动? 为什么现收现付制的"联邦社保信托基金"依然恪守这个信条而绝不越雷池一步? 现收现付制下的中央养老基金直接进入资本市场会对自由市场经济制度带来什么样的后果? 为什么这个信条被认为是自由市场经济制度的一个基本准则?

(一)"联邦社保信托基金"入市是对自由市场制度的背离

学术界的一些研究始终认为,允许"联邦社保信托基金"进入资本市场将存在导致美国经济予以"社会化"的可能性和"社会投资"(social investment)的潜在可能性,而任何"社会投资"都将对资源的配置、公司决策、公司治理带来诸多副作用,引起社会各种利益之间的冲突,最终很可能导致私人部门的一些所有权流到美国政府手里。对此,美国耶鲁大学法学院罗曼诺(Roberta

Romano)教授长期跟踪研究,在其 1993 年的著名论文中给出了非常翔实的案例,引起了学界的普遍关注①。有的研究指出,"社会投资"的结果必将导致"社会化",即增加指令性经济的因素,甚至引发"生产资料的政府所有"和"中央计划经济"的产生,所以,"允许政府将社会保障信托基金投资到股票市场是一个可怕的错误,他将对美国带来严重的后果"②。例如,1995 年,社保信托基金资产最高时达 2.9 万亿美元,而全部纽约交易所 2723 只股票的总值为 6 万亿美元。这样,美国政府可以控制或指挥任何一个美国公司的股权,进而,对私人市场施加直接的政治影响,公司的所有权受到政治代理人的影响。

"联邦社保信托基金"入市并由此导致的"社会化"被认为是对自由市场制度的震撼,是对自由市场制度信仰的背离,是对备受推崇的不成文法的盎格鲁—撒克逊自由市场原则的亵渎。联邦储备董事会主席阿兰·格林斯潘在 1998 年 7 月给国会的证词中说,联邦政府的养老金越来越多地卷入私人市场"将会对美国的自由经济和美国的自由社会带来深远的潜在威胁③。还有学者认为,"联邦社保信托基金"入市就意味着允许政治家直接卷入私人经济之中,进而就意味着政府对资本市场的控制,那么最终就意味着对主要行业的部分国有化④。

(二)"联邦社保信托基金"入市必将导致直接或间接地干预上市公司内部决策

"联邦社保信托基金"(下面也称其为"政府投资")进入私人市场之后,既然可以大规模购买公众公司的股票,那么,一旦成为占绝对优势的大股东,政府就很可能利用其权利进入董事会;即使没有进入董事会不具有直接的控制力,也可以使用投票权来施加其影响力;当政治家控制了公司的决策权之

---

①　Roberta Romano, "Public Pension Fund Activism in Corporate Governance Reconsidered", *Columbia Law Review*, Vol. 93, No.4 (May,1993), pp. 795–853.

②　这里的引言和下面数据引自:Krzysztof M. Ostaszewski, "Privatizing the Social Security Trust Fund? Don't Let the Government Invest", in *The Cato Project on Social Security Privatization*, Published by the Cato Institute, SSP No. 6 (January 14, 1997)。

③　Alan Greenspan, *Testimony to the Senate Banking Committee*, 105th Congress, 2nd Session, July 21,1998.

④　Theodore J. Angelis, "Investing Public Money in Private Markets: What Are the Right Questions?", in *Framing the Social Security Debate: Values, Politics, and Economics*, National Academy of Social Insurance, Washinton DC, 1998, pp.287–315.

后,对公司的政治动机就会比经济动机显得更为重要,最终导致公司不景气①。在这些经济学家看来,欧洲提供了很好的反面教训,例如西欧许多国家一直经历着经济停滞和高失业率;高税率和高福利当然要为此负一定的责任,起码起到了"火上浇油"的作用,就是说政治权力对公司直接和间接的控制始终是一些西欧国家经济出现问题的一个重要的原因。

政府投资的恶果之所以必然表现为对公众公司的渗透、干预甚至是操纵,是由其投资动机所致。要想获取投资收益,"操纵"股市或"坐庄"是一个很拙劣的手段,其结果将很明显地表现为股市丑闻。我们知道,发达国家经常使用的是指数化投资战略,而指数化化投资是政府干预和操纵公司的重要原因之一,或者说,指数化投资战略的结果常常表现为对公众公司"内部管理"及其治理结构的干预。这是因为,指数化投资的一个重要特点是,在投资的"股票篮子"里不能随意和随时进行转移,换手率很低。例如,1997年加州、得州、纽约和佛罗里达最大的公共养老基金50%以上的股票已经指数化,TIAA-CREF持有的国内公司股票指数化比率竟高达80%,"加州公务员养老基金"(CalPERS)持有的股票指数化比率为年均10%,纽约退休金(The New York Retirement Funds)为7%。

在本来其资产流动性就较差的股市上,指数化投资战略的结果就更加促使公共权力不得不积极参与业绩较差公司的事务,包括迫使经理改变战略甚至迫使董事会改变管理层。例如,从传统上讲,美国大公司的许多副总裁以上的管理层在同一家公司工作20年后才成为公司的领导,之后会在这一职位上停留近10年,职务稳定性较高,被解职的可能性较小。1988—1993年,全美1000家最大公司每年大约有1/10的总裁离职,非志愿离职的比例约为20%。但20世纪90年代以来,地方公共养老基金的参与和渗透提高了公司经营者的离职率,据调查,在5家最大公司的养老基金作为目标的企业中,平均每年有10%的CEO离职,而规模和行业类似的非目标企业CEO的离职率仅为7.5%②。

----

① Carolyn L. Weaver, "How Not to Reform Social Security", *Washington DC*, American Enterprise Institute, On the Issues, July 27, 1998.

② 田丰:《美国机构投资者行为方式转变及其影响》,中国社会科学院研究生院硕士论文,指导教师李向阳,2001年,第13、21页。

（三）"联邦社保信托基金"入市将导致资源误置与裙带资本主义

既然政府在投资的时候必然进行指数化投资,那么对指数的选择将具有重大的"经济意义":指数化投资也会改变经济的所有权和财富的再分配。例如,选择非常流行的"标准普尔 500",大量美元就会"涌向"这些状况良好的大公司里,这样会导致:一方面,很可能带动一些中小投资者盲目跟进,误导甚至对某些目标企业造成暂时的"过度繁荣";另一方面,将会导致对中小公众企业的投资和投资者的"挤压",对中小企业造成了"过度压力"。

政府投资之所以导致资源误置,还由于它将激发裙带资本主义工业政策的泛滥,这是因为,在政府投资过程中,"政治市场"和"资本市场"之间设立的任何制度屏障都很难控制政治家对资本市场的渗透,在资本市场中的胜者与败者的背后往往会看到政治家的影子。养老基金管理人毫无疑问是私人资本市场的一个重要组成部分,从法律上讲它有义务使工人的利益最大化。换言之,他们必须尽最大努力获取最大的回报。但是这个投资标准往往很难完全适用于中央政府控制的投资。因此,政府投资的结果经常是,对于那些政治家认为"不公正"的结果,它往往通过税收和控制等办法对某些行业和公司予以帮助或惩罚,甚至利用制定规则的机会独家垄断地进入资本市场。亚洲有些国家就是这样,几十年的裙带资本主义导致银行金融资本呆滞,工业无效率,公司没有竞争力。与欧洲国家不一样的是,这些亚洲国家最大限度地避免了政府的直接投资,但却在公司决策中大面积地渗透了政治家的暗箱操作,政府有选择地投资产生了同样的结果①。

一些经济学家总结说,由政治家而不是由市场配制资源,其结果必然是缺乏竞争的价格导向和失当的激励机制,最终必将导致经济灾难②。还有学者指出,如果政治家控制了公共养老基金的投资,那么风险就离得不远了③。

---

① Heritage Foundation Backgrounder, "Executive Summary", Heritage Foundation, December 23, 1998.

② Carolyn L. Weaver, "How Not to Reform Social Security", American Enterprise Institute, On the Issues, Washington DC, July 27, 1998.

③ Krzysztof M. Ostaszewski, "Privatizing the Social Security Trust Fund? Don't Let the Government Invest", in *The Cato Project on Social Security Privatization*, Published by the Cato Institute, SSP No. 6 (January 14, 1997).

（四）"联邦社保信托基金"入市将为腐败打开大门

美国各州地方政府的公共养老基金投资的事实说明,政治家及其代理人可以利用这笔资金投资于他们的个别利益、政治联盟甚至竞选活动。允许政治家将基金投向关系较好的利益集团或选民集团,就等于政府投资为腐败打开了大门:他们将权力作为杠杆用于一些狭窄的政治目的,将资源指向或流向了支持他们的选民、代理人或联盟。在"新加坡模式"中,一部分政府控制的投资为资金用于特殊利益而创造了机会,在欠发达国家中这样的例证不胜枚举①。赋予"联邦社保信托基金"进入资本市场的权利之所以是极其危险的一件事情,还因为它可以导致资金藏匿的行为,对当前退休工人的退休安全带来极大的危险。但是,客观上讲,用于工业政策目的的特殊利益的投资与用于换取选民和政治支持的特殊利益的投资,这二者之间的疆界在实际操作中很难划分。

（五）"联邦社保信托基金"入市将导致政治目标代替经济目标

政府投资的结果常常会使之处于利益冲突之中:作为投资者和资本所有者之间、作为社会保障资产受托人和社会福利制度监管人之间的利益冲突。例如,政府投资将导致"政治惩罚型"（politically correct）决策。由于政治家过多地考虑政治因素,所以往往会放弃对不得人心的行业（例如烟草业）进行的某些健康的投资,从而将资金导向"感觉很好"但容易失败的行业。基金管理人在运作私人预筹基金制度的时候,所考虑的是选择平衡性很好的投资组合,目标是长期回报率的最大化。在法律上讲,这是一种理性的要求,它能满足基金持有人的根本利益,能保证退休者的经济利益②。基金管理人对他们所投资的那些公司生产的物品与服务有可能作出判断,也有可能作不出判断,但是他们谨慎负责的态度是一目了然的,他们必须为工人的利益服务。遗憾的是,在对待政府控制型的投资管理中,这些基金管理人不一定具有同样的激励机

---

① GAO, "Social Security Financing-Implications of Government Stock Investing for the Trust Fund, the Federal Budget, and the Economy", Report to the Special Committee on Aging, U.S. Senate, April 1998, GAO/AIMD/HEHS-98-74. World Bank Policy Reports, *Bureaucrats in Business: The Economics and Politics of Government Ownership*, New York: Oxford University Press, 1995. World Bank, *Averting the Old-Age Crisis*. Oxford University Press, 1994.

② John R. Nofsinger, "The Affects of Restrictions and Targeting Policies on Public Pension Funds", http://www.busadm.mu.edu/—nofsinge/PENSION/html.

制。政治家对某些行业和公司的跟踪与关注是例行公事,抽回投资仅仅是他们表现"不悦"的一种方式而已。相反,他们非常热衷于那些政治上很得人心的行业,即使这些行业预期不好,但只要对他们政治上有好处,他们也会毫不犹豫地予以投资①。

(六)"联邦社保信托基金"入市将对劳动力市场产生负面影响

"全球麦肯锡研究所"(The McKinsey Global Institute)的一份报告显示,美国的国民储蓄率和投资率都远远低于德国和日本,但是,1974—1993 年美国人均创造的新财富是 26500 美元,而德国和日本分别是 21900 美元和 20900 美元②。那么,如何解释美国用较低的储蓄和投资却创造了较多财富这个事实? 这份报告认为这是美国较高的资本生产率创造的结果:1974—1993 年美国产业的平均资本回报率为 9%,而德国和日本的为 7%。就是说,尽管美国人的储蓄较少,但他们获得的财富增长率却高于日本和德国。美国学界认为,这不能说美国资本的利用是以牺牲劳动为代价的结果,因为美国的劳动生产率也是高于德国和日本的。为什么呢? 这与美国经理人员管理公司的方式有很大关系:他们在管理、销售和金融方面富有相当的创造性,这部分地是因为他们面对的是较强的市场竞争和较低的市场进入,美国投资者面对这样较强的市场压力和较高的市场效率就必然迫使管理人员不得不对资本资源的使用更加精心,更加有效率,更加创新。如果资本所有权具有较浓的政治色彩,具有丰富想象力的经理人员就会失去市场,替而代之的是那些没有想象力但有深厚政治背景的政府经理人员。公司的管理与控制实际上是一个市场,高管人员的劳动力市场对美国工业来说是创新的一个原动力,而政府对大公司股权的控制就是对这种原动力的一种削弱。美国资本市场的高回报率来自资本市场的高效率,但政府投资将会对其产生副作用,即导致资本低生产率,市场低效率——这就是政府投资资本市场事与愿违的重要原因之一。

(七)"联邦社保信托基金"入市将面临着财政风险

就美国"联邦社保信托基金"入市后可能面临的潜在财政风险及其可能

---

① Heritage Foundation Backgrounder, "Executive Summary", Heritage Foundation, December 23, 1998. Carolyn L. Weaver, "How Not to Reform Social Security", American Enterprise Institute, On the Issues, Washington DC, July 27, 1998.

② McKinsey Global Institute, *Capital Productivity*, Washington DC, June. 1996.

性来说,学界和政界的看法主要集中在这几个方面:

第一,为退休者带来不确定性和潜在风险。针对"股票价格波动反复无常,集中投资将会消除或极大地减少这些风险"的观点,有经济学家批评说,政府投资是不能"熨平"股票市场波动的,解决持续赤字的办法只能靠上调工薪税或下调养老金给付标准等办法,将投资集合起来进入资本市场依然面临着较大的股市风险,如果股市投资实际收益小于预期,政府是增加税收还是削减给付呢? 反过来,如果实际收益好于预期,那么政府是削减缴费还是增加给付标准? 这些收益率的不确定性意味着为工人和退休者增加了额外的不确定性和潜在风险[1]。

第二,资产流动性问题带来的支付风险。入市后"联邦社保信托基金"的资产流动性是经济学家们考虑的首要问题。在需要支付津贴需要变现的时候,股市价格却很可能走低,具有很大的不确定性。近十几年来,美国大多数经济学家无论是对过去 100 年即 1900—1995 年还是对过去 200 年股票年收益率的统计,其结果大约都在 7%。1994—1996 年美国"社保顾问委员会"(SSAB)正式同意确定将 7%作为预测与评估股票市场收益率的基本依据,后来,美国"社会保障署精算总司"(OCACT)也一直将 7%作为美国股市收益率的基本测算依据。2001 年"社保顾问委员会"出版的报告《远期股票回报率的预测》使用的预测率依然是 7%[2]。

暂且抛开有些经济学家对这个收益率的测算精确度有不同的看法,即使假设 7%这个收益率对未来股市收益回报依然是完全适用的,那么也仍然存在着财政风险。7%这个收益率显然是"长期"预测即至少以 35 年为一个周期而计算的结果[3],就是说,股市收益率在长期内是高于政府债券的,但在短期内则存在着很大的不确定性,如果在未来 20—30 年的回报率低于政府债券,而"联邦社保信托基金"恰好在 2030 年之前开始枯竭,在此之前可能每年都要将其一部分予以变现用以养老津贴的发放,那时,由谁来承担股市的风险?

---

① Carolyn L. Weaver, "How Not to Reform Social Security", American Enterprise Institute, On the Issues, Washington DC, July 27, 1998.

② Social Security Advisory Board, "Estimating the Real Rate of Return on Stocks Over the long Term", Washington DC, Aug. 2002, pp.36 - 37.

③ Matt Moore, "The Federal Thrift Savings Plan: A Model for Social Security Reform", *National Center for Policy analysis*, Brief Analysis, No.443(June 4, 2003).

显然风险还是集中在政府身上,最终要转嫁到纳税人身上。

　　而相比之下,目前的法律规定,美国特别债券的利率在发行时要等于市场上表现最好的政府债券的平均收益率。从"联邦社保信托基金"的角度来说,这个稳定的利率就等于是长期的利率,而长期利率从历史上讲是高于短期利率的。从政府的角度来看,稳定的利率大约等于公共借贷的长期成本。对于特殊国债来说,虽然不能在市场上交易,但"联邦社保信托基金"却没有任何资产流动性的风险,因为根据法律,政府可以在到期日之前回购这些债券,不存在任何利率损失的风险,至少可以获取面值与利率。必须具有较好的流动性,这种资产特点的要求对中央养老基金来说特别重要,因为随时变现以覆盖支出缺口是中央养老基金制度的内在属性要求,尤其在经济萧条时期。

　　第三,面临着通胀的风险。"联邦社保信托基金"入市后其投资收益也面临着通胀风险的侵蚀。为抵御通胀,在购买政府债券的制度安排下其收益率是指数化的,长期名义利率假设是 6.2%,而年通胀率假设是 3.5%,这样,通胀后最终获得政府债券的实际利率为 2.7%。入市以后其投资回报非常容易受到通胀的侵蚀,如果收益率低于 6.7%,就意味着实际收益率低于目前购买政府债券的实际收益率。

　　第四,陷入"两难境地"。有经济学家认为,"联邦社保信托基金"入市之后显然陷入两难境地:要想获得较高的收益,就要承担较大的风险。即使是"好"的决策人也面临诸多不确定性。"坏"的投资决策将导致不可想象的后果。投资收益用于退休基金的比例很可能很小,其结果很可能还不如目前体制下社会保障制度的待遇水平。就是说,其结果将很可能是收益小,风险大①。

　　第五,只是"权宜之计",而不是"百年大计"。入市不能从根本上解决"联邦社保信托基金"行将破产的命运,只能延长"联邦社保信托基金"的寿命而已。美国"会计总署"(GAO)的精算结果是,假设入市后的回报率为 7%,并假设将"联邦社保信托基金"未来年度盈余和国债利息全部投入到股市之中,估计"联邦社保信托基金"的寿命将会延长 11 年,即从 2029 年推迟至 2040 年,就是说,可以延长其"寿命预期",但还是从根本上摆脱不了行将破产的命运。

---

　　①　GAO, "Social Security Financing-Implications of Government Stock Investing for the Trust Fund, the Federal Budget, and the Economy", Report to the Special Committee on Aging, U.S. Senate, April 1998, p.50, GAO/AIMD/HEHS-98-74.

如果股市收益率降低一个百分点,"联邦社保信托基金"延长的寿命就不到 11年,而是 6 年,即到 2035 年枯竭①。

　　第六,十几个国家入市的不良记录对美国起到了反面作用。许多美国大学和民间智库的学者和政府机构不但非常关心国内一些州和地方政府公务员养老基金在资本市场的表现,而且也非常关心国外中央政府养老基金在资本市场中的表现和绩效。他们的研究发现,其他一些国家政府控制型社会保障基金在资本市场的表现效果不好,甚至负面效应很大,这些国家的反面教训对美国国内反对"联邦社保信托基金"进入资本市场也起到了很大的作用。据世界银行的统计,在大约 10 个中央公共养老基金入市的国家中只有 3 个绩效表现良好:在整个 20 世纪 80 年代这 3 个国家的年回报率依次为马来西亚(4.6%)、新加坡(3.0%)和印度(0.3%)。其他 7 个国家均为负值的收益率:秘鲁(-37.4%)、土耳其(-23.8%)、赞比亚(-23.4%)、委内瑞拉(-15.3%)、埃及(-15.3%)、厄瓜多尔(-11.7%)、肯尼亚(-3.8%)。而同期私人养老金计划则呈现出较好的回报率,形成了巨大的反差:智利为 9.2%、英国 8.8%、美国 8.0%、荷兰 6.7%。世界银行的专家分析说,上述 7 个国家除了在股票市场上失利以外,官僚腐败行为也曾吞食了大量的养老基金资产,这个巨大的缺口将成为工人的"隐形税收",因为政府控制型的中央养老基金最终采取的"弥补"办法不是"提高缴费比率就是削减津贴的标准"②。

六、结束语:"联邦社保信托基金"投资管理的改革新动向

　　进入 20 世纪 90 年代以后,"1994—1996 年社保咨询委员会"掀起了美国社保制度私有化改革的讨论浪潮。这场大讨论持续了近 10 年,甚至至今仍在继续。

　　讨论的结果反映在政策层面上是什么呢? 一方面,现收现付制中央养老

　　① GAO, "Social Security Financing-Implications of Government Stock Investing for the Trust Fund, the Federal Budget, and the Economy", Report to the Special Committee on Aging, U.S. Senate, April 1998, pp.44-48,GAO/AIMD/HEHS-98-74.
　　② World Bank, *Averting the Old-Age Crisis*, Oxford University Press, 1994.

基金不能直接投资于资本市场,这个自由市场制度的基本原则和理念没有动摇,仍须坚持;另一方面,迫于未来政府的财政压力或者说为了财政可持续性上的"长治久安"以"挽救"美国社保制度,"联邦社保信托基金"必须和只能进入资本市场。换言之,10 年来的讨论结果是,既要坚持现收现付制中央社保基金远离资本市场的信条,又要建立一个依存于资本市场、取之于资本市场、来自于资本市场,造福于千秋万代的"一劳永逸"的"联邦社保信托基金"制度。

那么,如何同时解决这两个看上去似乎相互矛盾的难题? 如何同时解决或避免巨大的转型成本? 综合学界提出的诸多方案和建议,争论与妥协的结果是,将目前现收现付制的社保制度先改造成为半积累制,改变"联邦社保信托基金"的部分属性,以建立一个能够部分投资于股票和私人债券市场的"联邦社保信托基金"过渡性制度框架,为最终能够实行完全积累制和完全进入资本市场迈出第一步。

于是,2001 年 12 月布什政府终于正式发表了一份长达 256 页,题为《加强社会保障、为全体美国人民创造个人福祉》的改造"联邦社保信托基金"投资制度的报告,这个报告为美国"联邦社保信托基金"的投资管理"半私有化"模式拟订了三个旨在使一部分缴费可以进入股市的过渡性改革方案,供国会选择和全社会讨论。

参考文献:

田丰:《美国机构投资者行为方式转变及其影响》,中国社会科学院研究生院硕士论文,指导教师李向阳,2001 年。

Alan Greenspan, *Testimony to the Senate Banking Committee*, 105th Congress, 2nd Session, July 21, 1998.

Board of Trustees of the Federal Old-Age and Survivors Insurance and Disability Insurance Trust Funds, "The 2003 Annual Report of the Board of Trustees of the Federal Old-Age and Survivors Insurance and Disability Insurance Trust Funds Communication", Washington DC, March 17, 2003.

Carolyn L. Weaver, "How Not to Reform Social Security", *On the Issues*, American Enterprise Institute, Washington DC, July 27, 1998.

GAO, "Social Security Financing-Implications of Government Stock Investing for the Trust Fund, the Federal Budget, and the Economy", Report to the Special Committee on Aging, U.S. Senate, April 1998, GAO/AIMD/HEHS-98-74.

Government Printing office, *United States Code*, United States, Washington, 1989. Volume Thirteen.

Heritage Foundation Backgrounder, "Executive Summary", Heritage Foundation, December 23, 1998.

Krzysztof M. Ostaszewski, "Privatizing the Social Security Trust Fund? Don't Let the Government Invest", in *The Cato Project on Social Security Privatization*, Published by the Cato Institute, SSP No. 6(January 14, 1997).

John R. Nofsinger, "The Affects of Restrictions and Targeting Policies on Public Pension Funds", http://www. busadm. mu. edu/—nofsinge/PENSION/html.

Matt Moore, "The Federal Thrift Savings Plan: A Model for Social Security Reform", National Center for Policy analysis, *Brief Analysis*, No.443 (June 4, 2003).

McKinsey Global Institute, *Capital Productivity*, Washington DC, June. 1996.

Roberta Romano, "Public Pension Fund Activism in Corporate Governance Reconsidered", *Columbia Law Review*, Vol. 93, No.4(May,1993).

Social Security Advisory Board, "Estimating the Real Rate of Return on Stocks Over the long Term", Washington DC, Aug. 2002.

Theodore J. Angelis, "Investing Public Money in Private Markets: What Are the Right Questions?", in *Framing the Social Security Debate: Values, Politics, and Economics*, National Academy of Social Insurance, Washinton DC, 1998.

World Bank, *Averting the Old-Age Crisis*, Oxford University Press, 1994.

World Bank Policy Reports, *Bureaucrats in Business: The Economics and Politics of Government Ownership*, New York: Oxford University Press, 1995.

（本文原载于《世界经济》2003 年第 11 期,第 46—69 页）

DC 型积累制社保基金的优势与投资策略[*]

——美国"TSP 模式"的启示

内容提要：本文以美国联邦政府补充养老计划"TSP 模式"这个成功的典型案例为解剖对象，分析了 DC 型完全积累制的财政支付能力的可持续性、投资资本市场的正确途径及其投资策略问题，从中得出结论，认为在老龄化面前，社保制度的改革方向最终应该走向完全积累制。本文运用规范分析提出了在向积累制过渡的漫长过程中中央社保基金投资股市的两个阶段和四个模式，首次明确提出了在社保制度中存在着"个人产权"问题，并将这个概念分为"完全个人产权"和"名义产权"等诸多类型，进而根据产权的不同类型分析了中国社保基金"入市"的路径选择及其可行性和现实性问题，对目前已经进入股市的"全国社保基金"所面临的困难、定位和出路进行了探讨，提出了将之改造为"国际风险投资基金"的思路。

面对世界性的老龄化浪潮，人们已经达成这样两个共识：第一，二战后曾拯救过资本主义世界的以现收现付社会保障为主要内容之一的福利制度正面临着空前的财政危机。欧洲老牌资本主义国家的负担要比北美更为沉重一些。第二，陷入危机的现收现付社会养老制度必须进行彻底的改革，其改革方向和制度目标应该是完全积累制模式。

在大西洋彼岸，相对"年轻"、同样是实行现收现付制的美国社保基金虽然几十年来一直收支平衡，连年盈余，是当前实行现收现付社保制度财政状况最好的发达国家，但是，其预测的结果令人十分担忧：未来 15 年里将出现赤

---

　　* 本文得到了胡云超博士有益的评论，特此鸣谢。

字,36 年里将完全枯竭。为此,10 年前美国各界开始大声疾呼改革,2 年前改革方案正式出台(目前还未获国会通过),其核心内容是向"半积累制"转型,效法的模式主要是同样由美国联邦政府管理的专为联邦政府雇员设计的"TSP 养老计划"。近 20 年的运转实践证明,这个补充性质的"TSP 模式"是一个非常成功的完全积累制模式。在某种意义上讲,要想了解完全积累制的运行机制及其财政可持续的可获性等特征,除了智利模式以外,"TSP 模式"是一个比较理想的案例。

所谓美国典型的现收现付社保制度(基金)是指由联邦政府直接负责管理和投资的"养老与遗属保险基金"(OASI)和"残障保险基金"(DI)这两只信托基金组成的"联邦社保信托基金"(OASDI);所谓"TSP 模式",具体是指联邦政府另外直接负责管理与投资的两个规模稍小的补充养老基金。一只是覆盖美国全体联邦公共部门文职(包括国会的雇员)与军职人员的"节约储蓄计划"(Thrift Saving Plan,下简称"TSP 养老基金"或"TSP 模式"),另一只是覆盖所有铁路雇员的"铁路养老基金"(Rail Retirement Fund,以下简称"RRF")。由于后两个计划(基金)在投资战略与管理方式等许多方面大同小异,所以,虽然本义研究的案例主要以更为典型和规模更大一些的"TSP 养老基金"为主,而不具体涉及"铁路养老基金",但在使用"TSP 模式"这个概念时则主要是"泛指"完全积累制的某种"理想模式"。

只有了解了完全积累制的运行特征、机理和制度优势,才有可能明晰中国社保制度的历史方位、改革难点和前进方向;只有明确了当前中国社保制度和"全国社保基金"的属性,才能进而"过滤出"中国社保基金入市的路径选择和步骤安排。

一、TSP 养老计划的性质和制度设计

"TSP 养老金计划"是 1986 年根据美国《1986 年联邦职员退休制度法案》专门为美国联邦政府的文职人员和军职人员设立的一种储蓄与投资型养老金计划。它由一个独立的机构"联邦退休节约投资董事会"(FRTIB)来管理,仅对 TSP 计划的参与者和他们的受益人负责。

（一）TSP 养老计划的法律地位

在法律地位上，"联邦社保信托基金"是强制性覆盖全社会的"基本社会保障体系"，所遵循的是 1935 年制定的《社会保障法案》。而"TSP 计划"和"铁路养老基金"则是自愿参加，仅覆盖本系统雇员，在必须参加"社会保障"之后额外为本系统雇员设立的"补充养老保险"。《美国法典》第 8403 款明确规定，TSP 养老金计划的给付是"在《社会保障法案》之外额外的给付"①。这个条款实际上将 TSP 计划的法律地位明确地界定为补充性质的保险：参加 TSP 不影响参加基本养老保障（即 OASDI），即在强制性参加美国基本养老保障的基础上联邦雇员可以自愿地参加 TSP 计划。该养老计划是储蓄与"延迟税"性质的，与 401（k）职业养老计划非常类似。TSP 计划的这种 DC 型给付性质决定了每个参加人都有一个个人账户，并且与他们的基本养老保险账户实行分账管理；TSP 计划的个人账户由美国农业部的"国家金融中心"代管并由其负责账户的记录工作。TSP 养老计划在 1986 年设立的时候所覆盖的仅仅是联邦政府文职雇员，2000 年通过的《修正案》决定将军职现役和预备役人员也纳入进来；所不同的是，向军职人员提供的 TSP 计划不是 DC 型而是 DB 型的，所以，军职人员的 TSP 计划中没有个人账户，而只有一个账号。

（二）TSP 养老计划的缴费

TSP 计划规定的缴费比例公式很有特色，比较复杂②：具备资格的雇员（被联邦政府雇佣 6 个月以上），不管他本人是否缴费，每月均可获得雇佣机构（单位）自动为其个人账户缴纳的"单位自动缴费"，其数额是雇员基本缴费标准的 1%。此外，雇员还可获得雇佣机构的"单位配比缴费"，但其前提是雇员本人自己也必须缴费。雇员个人按工资收入的 5% 缴费的部分，其中，对于第一个 3%，雇佣机构给予 1∶1 的配比，余下的 2% 是 0.5∶1（单位∶个人）。如果雇员个人缴费率高于其工资收入的 5% 这个基本单位，其以上部分雇佣单位不给予配比缴费，但雇员依然可以享受税前储蓄和"延迟税"的待遇。由

---

①　本文以下引用的《美国法典》内容均出自 *United States Code*（*1988 Edition*），Washington：United States Government Printing office，1989，Volume Thirteen。

②　关于 TSP 计划个人缴费的详细情况，参见 Federal Retirement Thrift Savings Investment Board，*Think Big*，*TSP Open Season April* 15-*June 30*，*FERS and CSRC Employees*，published by Federal Retirement Thrift Savings Investment Board，April 2003，p.3。

此看来,TSP 计划中个人账户的现金余额除了投资回报收益以外,是由个人缴费、"单位自动缴费"和"单位配比缴费"三者之和构成(见表1)。

表 1　TSP 养老计划三种缴费的累计

雇员缴费	单位自动缴费 1%	单位配比缴费	账户缴费总额
0%	1%	0%	1%
1%	1%	1%	3%
2%	1%	2%	5%
3%	1%	3%	7%
4%	1%	3.5%	8.5%
5%	1%	4%	10%
5%以上部分雇佣单位的两种缴费都不给予			

资料来源:Federal Retirement Thrift Savings Investment Board, *Summary of the Thrift Savings Plan for Federal Employees*, published by Federal Retirement Thrift Savings Investment Board, May 2001, p.11.

TSP 账户持有人在退休之前,没有特殊情况不得随意抽回本金和投资收益,只有在 59.5 岁或以上,且继续工作的雇员才可以从账户中将本金一次性提取或购买年金,否则,将要受到一定的处罚。

(三)TSP 计划的贷款方案与其他

TSP 计划还设有贷款计划,申请手续非常简单,不需填写任何表格,只要受雇佣 6 个月以上且本人一直坚持缴费者均符合申请贷款的资格。TSP 提供两种贷款:一种是 1—4 年期的贷款,另一种是 1—15 年期限的。每次可以贷出两笔款项。贷款金额最低限为 1000 美元,最高限为 50000 美元;贷款利率以借款时 G 基金的利率为准;还款方式是从每月的缴费中扣除,还款期可以临时双方协商予以确定。

此外,TSP 计划还对离婚、提前死亡、死亡以后配偶的权利和其他遗属的权利、退休时购买年金的条件、年金的种类等条件和其他待遇作了详细的规定[①]。

---

① 关于贷款计划和这些条件下的待遇,详见 Federal Retirement Thrift Savings Investment Board, *Summary of the Thrift Savings Plan for Federal Employees*, published by Federal Retirement Thrift Savings Investment Board, May 2001,pp.131－142。

（四）"TSP 养老基金"的行政管理与投资原则

《美国法典》第 8472(a)和(b)款规定成立专门的"联邦退休节约理事会"（FRTIB）负责 TSP 基金的投资事宜与日常行政管理。该委员会由五名兼职成员组成，由总统任命，每届四年。除主席由总统任命以外，两名须由总统任命但须由众院议长通过，三名在总统任命之后须经参院多数党领袖认可。根据规定，"联邦退休节约理事会"负有如下法律责任："对 TSP 基金的投资和管理制定政策……对 TSP 基金的投资进行评估，对该委员会的预算进行审议。"第 8472 款还规定，"联邦退休节约理事会"是一个独立的常设执行机构，目前该委员会雇佣的职员数量达 100 多人。

据《美国法典》第 8472 款的规定，"联邦退休节约理事会"必须严格遵守"谨慎投资"的原则，遵守以参加人和收益人的利益为"唯一目标"的投资原则，不得受这项原则之外的任何其他因素的干扰。

与美国政府为其"联邦社保信托基金"（OASDI）设立的投资基金一样，《美国法典》对 TSP 基金的投资战略和投资范围也作了非常翔实而具体的规定，在这规定之外，绝对不允许 TSP 基金投资于任何其他特殊资产。《1986 年联邦职员退休制度法案》颁布时仅规定 TSP 基金可以设立 3 只基金：G 基金（政府债券投资基金），C 基金（普通股投资基金），F 基金（固定收入指数基金）。其中，G 基金很像"联邦社保信托基金"的投资基金，是由短期非市场交易型的美国政府特殊发行的债券构成，期限一般为 4 年或以上，没有任何风险，但其回报率低一些，仅为美国政府债券市场交易的平均市场回报率。C 基金主要投资在混合的股票指数基金上，包括"标准普尔 500"股票指数涵盖的所有大公司的普通股票。F 基金投资于一些债券指数基金。

为了降低投资风险，为联邦雇员提供更多的选择机会和更高的回报几率，1996 年国会又立法为 TSP 养老基金另外专门设立了 2 只股票指数基金，即 I 基金（国际股投资基金）和 S 基金（小型资本化股票投资基金）。这样，修改后的第 8438(a)条款所规定的投资范围就总共由以上 5 支基金组成。

对于投资战略，第 8438(b)条款明确规定，"该委员会须选择一组公认的、由普通股构成的、在市值中完全能够代表美国股市的指数"。指数化投资战略是 TSP 养老基金一个重要特征。另一个与"联邦社保信托基金"不同的重要特征是，TSP 基金的投资决策是分散型的，完全由账户的资产所有者即雇员个人决定如何对其进行指数化和多元化投资组合,风险和责任完全由雇员个人承担,收益也完全由个人享有。TSP 账户所有者有权在任何时间对其账户全部余额在这 5 个基金中任意进行分配并可以对其进行相互转移。相比之下,现收现付制"联邦社保信托基金"的全部投资决策则是"集中型"的,责任和风险都在联邦政府身上,与缴费者个人无关。

二、"TSP 养老基金"的 5 个投资基金

"联邦退休节约理事会"专门为 TSP 养老基金设计的 5 个投资基金是经过认真考虑的①。

（一）G 基金

G 基金是指仅向 TSP 基金特殊发行的非交易型的短期政府债券,根据相关法律,其利率与其同期的可交易政府债券的最佳市场利率相等,一般期限是4 年或以上。G 基金当然以美国联邦政府的完全信用予以担保,没有任何投资风险。当然,G 基金的回报率比 TSP 其他的长期基金回报率要低一些。但是,在过去的 10 年里,G 基金的回报率良好,年均为 6.24%（见表 3）。

（二）F 基金

F 基金是 TSP 投资的债券基金。设立 F 基金的目的是为了尽最大可能地使 TSP 基金回报率能够接近于 LBA 指数（Lehman Brothers Aggregate）,因为LBA 指数基本上可以反映美国政府债券、抵押债券、公司债券（包括外国公司）等固定收入债券市场的回报率。F 基金由美国巴克莱债务（Barclays Debt）指数基金公司托管,它是一个混合型的债券指数基金,持有证券的数量规模极大;它拟合 LBA 指数,采取"消极"而不是"积极"的投资策略。F 基金所持股票的资产质量很好,资产组合分布比较广泛,其投资机会几乎分布在所有政府债券市场上,其回报率高于长期的 G 基金,特别是在长时间大面积利率下调的时期。此外,F 基金管理费用相对较低,交易费用也不高。F 基金的

---

① 关于这 5 个基金的资料,详见 Federal Retirement Thrift Savings Investment Board, *Guide to TSP Investment*, published by Federal Retirement Thrift Savings Investment Board, August 2002. Federal Retirement Thrift Savings Investment Board, *TSP at a Glance: Thrift Savings Plan for Federal Employees*, published by Federal Retirement Thrift Savings Investment Board, February 2003.

潜在风险主要是指信用风险和市场风险。所谓信用风险是指其发行人支付本金的能力,因为企业债券和票据抵押等有可能摧毁其指数。但 F 基金也有可能减少这些风险,因为私人企业债券的持有比例较小。所谓市场风险是指投资的市值是随着利率波动而波动的,其减少风险的办法是尽量持有短期而不是长期债券。过去 10 年中 F 基金的回报率波动较大,有时呈负值,有时则高达 10% 以上(见表 3)。

(三)C 基金

C 基金是指 TSP 建立的美国国内大型公司的普通股票基金,由巴克莱股票指数基金管理,使用的是标准普尔 500 指数。为提高资产的流动性,巴克莱投入到非标准普尔的部分比较小,而更多地,选择股票时所根据的对金融市场的经济分析,采用"消极"而不是"积极"的投资战略。对巴克莱的评价标准是标准普尔的指数;法律规定 C 基金还可以对 G 基金进行临时投资。C 基金的优势是直接拥有一批大公司的股权,这样将有利于投资组合的多元化。总的说来,C 基金的风险水平与其他任何股指基金的风险没有什么两样。从表 3 可以看出 10 年来 C 基金的回报率和标准普尔 500 是十分吻合的。

(四)S 基金

S 基金是指 TSP 计划建立的"小型资本化股票指数投资基金",主要由中小企业的股票基金组成,其目的是为了使回报率最大限度地接近于威尔夏尔 4500(Wilshire 4500)股票指数,后者包括除标准普尔 500 以外的所有美国股票。S 基金委托"巴克莱延伸市场指数基金"管理,但也经常对 G 基金进行临时投资。S 基金提供的投资范围比 C 基金更大一些,所以其投资风险与其他任何股票指数基金相差无几。从历史经验上看,中小企业股票价格波动的风险大于 C 基金的标准普尔 500,所以 2001 年 5 月 TSP 计划才建立起这个基金,在表 3 中只有两年的记录。

(五)I 基金

I 基金是 TSP 计划的国际股票指数基金,建立该基金的目的是为了追求摩根斯坦利 EAFE 指数(指欧洲、澳洲、亚洲和远东"国际资本股票指数")的回报率,因为这个指数基本上可以反映这几大洲股市中主要工业和行业的公司整体业绩。I 基金的管理人是巴克莱 EAFE(Barclays EAFE)指数基金,它几乎持有 EAFE 指数所有的成分公司股票,并运用"消极"的投资战略。EAFE

指数是摩根斯坦利"资本国际"（MSCI）提供的为 21 世纪设计的指数,股市覆盖范围很大,2002 年 12 月 31 日的指数覆盖了 1000 家公司,包括 10 个领域的 23 个行业。设立 I 基金以后,TSP 就基本上完成了国际股市投资多元化的战略任务。I 基金的风险主要来自汇率波动的风险,因为每支股票价格是用本国货币计价的,只有在换算成美元以后才能计算出 EAFE 的指数,所以,EAFE 价值的波动是随着美元价格的波动而波动的,即美元价格攀升时它随之走低。从历史上看,EAFE 指数基金持有的股票价格波动较大,所以,I 基金的回报率波动很大,其潜在风险大于 C 基金和 S 基金。TSP 的 I 基金建立于 2001 年 5 月。

三、"TSP 养老基金"的投资收益率与风险

自 1986 年美国联邦政府为其雇员设立 TSP 养老计划以来,TSP 养老基金的回报率总的说来是令人满意的。众所周知,去年和今年美国股市乃至世界股市震荡剧烈,成为近 30 年来最低迷的时期之一。然而,去年 TSP 养老基金的 5 支投资基金表现非常好,几乎都超出了过去 10 年来的平均水平,其中,C 基金回报率高达 13.23%,S 和 I 基金竟然双双超过了 15%,就连 F 基金也超过了 10%。2003 年头 4 个月里,在股市连创新低的情况下,甚至在 G 基金和 F 基金的回报率几乎是零的情况下,C、S、I 三只基金均超过了 8%（见表 2）。

表2　2003 年 4 月和过去 12 个月里 5 只投资基金的回报率（截至 5 月 2 日）

回报率	G 基金	F 基金	C 基金	S 基金	I 基金
2003 年 4 月的回报率	0.33%	0.83%	8.26%	8.31%	9.82%
过去的 12 个月（2002 年 5 月 1 日—2003 年 4 月 30 日）	4.55%	10.63%	13.23%	15.02%	16.21%

资料来源：Federal Retirement Thrift Savings Investment Board, *Highlights of Thrift Savings Open Season*: *April 15-June 30*, published by Federal Retirement Thrift Savings Investment Board, May 2003, p.4.

总的来说,对过去 10 年里 TSP 计划 5 只投资基金回报率的考察结果是比较令人满意的。只是由于 S 基金和 I 基金刚建立两年多,呈现出负数,但与它们右边的威尔夏尔 4500 指数和 EAFE 指数还是比较吻合的。此外,从表 3 中

我们还可以看出,C 基金和 F 基金的回报率比 G 基金要高一些,C 基金的年均回报率高达 9.29%。表 3 中 S 基金和 I 基金的数据中没有扣除行政费用、交易费用和投资管理费用。

截至 2003 年 3 月 31 日,TSP 养老基金的累计余额已高达 1045 亿美元,其中,G 基金为 520 亿美元,F 基金为 130 亿美元,C 基金 377 亿美元,S 基金 13 亿美元,I 基金 5 亿美元。TSP 计划的参加者已超过 310 万人[①]。

表 3　TSP 养老基金过去 10 年回报率一览表

(%)

年份	G 基金	F 基金	LBA 指数	C 基金	标准普尔指数	S 基金	Wileshire 4500 指数	I 基金	EAFE 指数
1993	6.14	9.52	9.8	10.13	10.1	—	14.6		32.68
1994	7.22	-2.96	-2.9	1.33	1.33	—	-2.7		7.75
1995	7.03	18.31	18.5	37.41	37.60	—	33.5		11.27
1996	6.76	3.66	3.6	22.85	23.00	—	17.2		6.14
1997	6.77	9.60	9.7	33.17	33.40	—	25.7		1.55
1998	5.74	8.70	8.7	28.44	28.60	—	8.6		20.09
1999	5.99	-0.85	-0.8	20.95	20.95	—	35.5		26.72
2000	6.42	11.67	11.6	-9.14	-9.14	—	-15.8		-14.17
2001	5.39	8.61	8.4	-11.94	-11.94	-2.2	-9.3	-15.40	-21.40
2002	5.00	10.27	10.3	-22.05	-22.05	-18.14	-17.8	-16.00	-15.90
10 年复利年均回报率	6.24	7.49	7.5	9.29	9.29	—	7.30	—	4.0

资料来源:Federal Retirement Thrift Savings Investment Board, *Highlights of Thrift Savings Open Season*: *April* 15-*June* 30, published by Federal Retirement Thrift Savings Investment Board, May 2003, p.4.

四、"TSP 养老金"制度设计的三个特点

作为养老基金进入资本市场一个成功的范例,"TSP 养老基金"的制度模

---

① Federal Retirement Thrift Savings Investment Board, *Highlights of Thrift Savings Open Season*: *April* 15-*June* 30, published by Federal Retirement Thrift Savings Investment Board, May 2003, p.1.

式已经引起学界的极大兴趣,越来越被经济学家看做是中央养老基金值得效法的模式,最近的一篇论文甚至将之称为"TSP 模式"①。"TSP 模式"之所以被看成是发达国家一个成功的典范,是因为它具有如下三个重要特点,这三个特点是该基金得以成功的制度保证。

(一)投资行为与潜在的政治干预分离开来

"TSP 模式"之所以能够获取较好的回报并受到参加者的欢迎,一个重要的原因在于其独特的制度模式成功地将基金的纯粹投资行为与潜在的政治家介入有效地分离开来。

首先,"TSP 模式"中掌管和监管其投资战略与投资行为及其日常管理机构是一个在法律上独立的,直接对总统和对法律负责的"联邦退休节约理事会"(FRTIB)。该理事会由五名兼职委员组成,每届 4 年;但"执行理事"是专职的。这个组织架构形成了一种内部监督机制。该理事会定期地内部审计和评价机制完全是独立的,是受法律保护的,不受任何外来力量的干预。

其次,理事会的唯一投资原则是该养老计划的参加人和受益人的根本利益,这个投资原则以法律的形式固定下来,受到法律的保护,并且任何偏离这个原则的行为和结果都将受到理事会任何成员和参加人的质询,甚至可以提出刑事诉讼。TSP 某届理事会执行理事罗杰·梅尔(Roger W. Mehle)在一次讲话中对此给予的诠释一语中的,他说,"国会之所以非常智慧地建立起了这个独特的受托责任的制度架构,是因为它认识到,这类(养老)计划中信托性质的所有基金是属于参加人的,而不属于政府,因此在管理上必须要独立于任何政治和社会因素的考虑之外"②。

最后,TSP 的制度架构将"政治操纵"的可能性降到最低程度,因为其投资战略采用的是指数化战略而不是个人股票投资战略。所谓"指数化战略"只不过是"消极管理"的一种形式,政府债券在投资组合中只是持有的市场股票和债券的一个比例而已。例如,它的政府债券投资基金大多持有的是美国财政部的"特别发行"债券,而股票指数基金所追求的是类似标准普尔 500 或

① Matt Moore, "The Federal Thrift Savings Plan: A Model for Social Security Reform", *National Center for Policy analysis*, Brief Analysis, No.443. Wednesday, June 4, 2003, p.2.

② Matt Moore, "The Federal Thrift Savings Plan: A Model for Social Security Reform", *National Center for Policy analysis*, Brief Analysis, No.443. Wednesday, June 4, 2003, p.1.

Wilshire 4500 指数。

（二）保护非专业人士的投资行为和利益

TSP 养老计划规定，参加者个人没有随意选择个股的权利，而只有在预先设立的 G、F、C、S、I 这五只基金中进行选择、取舍与组合的权利。在风险与回报率上这五只基金各具特点：由于 G 基金是由联邦政府担保的短期政府债券组成，所以不存在损失本金的可能性，没有本金的风险问题。F 基金是由债券指数基金构成，目前使用的是 LBA（Lehman Brothers Aggregate）指数，它代表了一组范围广泛的美国政府、企业和抵押债券，对此，风险容忍度较低的参加人可以在整体上避免市场的风险。对 C 基金的投资总体上讲可以"复制"标准普尔 500 指数的市场表现。S 基金囊括了除标准普尔 500 以外所有普通股的指数回报率，目前使用的是威尔夏尔 4500 指数。可以说，S 与 C 基金几乎覆盖了美国股市的全部主要股票。I 基金所追求的是国际股市的行情。

除了 G 基金以外，理事会对其他 4 只基金管理人都是通过竞标的方式选择的，所以，TSP 养老计划的参加者个人无须受到铺天盖地的广告和专业人士的游说的"轰炸"。资产管理人的资质受到了严格的审查，包括他们的目标标准、追求相关指数的能力、管理成本的高低、受托责任的历史记录等。这样，那些根本没有任何投资经历和经验的参加者都可以放心地根据自己的风险容忍度进行简单的选择就可以完全放心了，而无须耗费大量的精力介入和学习市场投资的实务。

（三）避免不必要的投资风险

指数化投资不仅保护了非专业人士的投资行为和利益，而且还有效地保护了参加人的投资收益。这是 TSP 计划受到欢迎并成为成功范例的根本原因和标志。G 和 F 基金保证了参加者的本金和基本的收益，另三只基金则为他们提供了较为丰厚的潜在的收益前景。以 C 基金为例，它采用的标准普尔 500 指数 100 多年来的表现十分令人满意。美国得克萨斯州 A & M 大学"私人企业研究中心"的研究显示[1]，1872—2000 年的 128 年间，如果以 35 年为一个周期作为计算单位的话，其市场提供的年均回报率（扣除通胀率以后）为

---

[1]　Matt Moore，"The Federal Thrift Savings Plan：A Model for Social Security Reform"，*National Center for Policy analysis*，Brief Analysis，No.443. Wednesday，June 4，2003，p.2.

6.4%。这个回报率无疑远远高于美国基本养老保障（OASDI）中政府债券对缴费者工薪税所提供的年回报率的水平。换言之，在 TSP 计划中，如果风险容忍度较低的参加者选择了 G 和 F 基金，他们所获得的将是较小的风险和较低的回报率——趋近于基本养老保险的回报率。

五、不同的制度属性决定了其社保基金不同的投资策略

如上所述，作为典型现收现付制的基本养老保障"联邦社保信托基金"（OASDI）和建立在个人投资账户基础之上的完全积累制 TSP 计划，它们各自不同的法律地位决定了它们具有不同的制度属性，不同的属性决定了它们不同的投资策略。从形式上看，虽然它们都是由美国联邦政府直接管理并都设有专门的管理机构，但是它们的投资行为具有巨大的差别：现收现付制下的"联邦社保信托基金"近 70 年来从未进入资本市场购买过股票，其保值增值的投资策略始终是购买政府债券①，而"TSP 养老基金"在设计上从一开始就投资于资本市场（一小部分为政府债券）。

不同的制度属性不但决定了它们不同的投资策略，而且还决定了它们各自不同的财政支付能力和可持续性的前景。虽然现收现付制的"联邦社保信托基金"几十年来几乎连年盈余，但其财政可持续性的获得主要是靠不断上调缴费率、扩大费基和增添社保新项目等措施得以实现的。从本质上讲，它无法应对日益严重的老龄化等外部经济社会因素的变化：大约在 2017 年前后将出现赤字，在 2039 年左右会枯竭；甚至，在它成立之日起美国的政策制定者们就已经发现现收现付制的"联邦社保信托基金"在财政上具有不可持续性②。相比之下，作为完全积累制的"TSP 基金"则具有完全的财政可持续性，它们

---

① 关于美国"联邦社保信托基金"的投资策略组合与原因，参见郑秉文：《DB 型现收现付制社保基金的危机与投资理念——美国"联邦社保信托基金"治理结构及其不可持续性的解决途径》，《世界经济》2003 年第 11 期。

② 例如，1941 年发表的第一个《年度报告》中预测说，在其他法律规定和社会外生经济社会条件不变的情况下，从 1961 年将开始出现赤字。上述关于美国社保制度可持续性是如何获得等细节参见郑秉文：《DB 型现收现付制社保基金的危机与投资理念——美国"联邦社保信托基金"治理结构及其不可持续性的解决途径》，载《世界经济》2003 年第 11 期。

的平均工资替代率可以达到 110%。

　　与现收现付制比较起来，积累制在再分配作用即"社会互济"等许多方面虽然有许多劣势，但它的一个最大优势是"卸下"了政府的财政包袱。这个优势来源于两个方面，一方面是"制度特性"所决定的个人储蓄型账户实现了"自我保障"的功能，另一方面是"制度条件"所决定的资本化个人账户使其具备了对资本市场（股票）进行投资的"资格"。从理论上讲，与个人社保缴费没有任何精算关系亦无须建立个人投资账户的现收现付制社保基金是不能投资于资本市场的。从实践上看，个别国家强行入市的结果都不理想，收益率很低，甚至造成了许多历史遗留问题和坏账。这就是美国现收现付制的"联邦社保信托基金"始终坚持购买国债而远离资本市场的根本原因[①]。

　　面对老龄化，上述现收现付制的"制度特性"和"制度条件"是其社保基金的根本制度缺陷，所以，只有改革现收现付制的社保制度才是社保基金的根本出路，是问题的关键，是大势所趋，是世界性的改革潮流。只有这样，才能从根本上克服国家财政负担的制度羁绊，最终走向资本市场使之获有财政可持续性，才能像"TSP 养老基金"那样建立一个一劳永逸的具有可持续性的制度安排。

　　美国政府对其现收现付制进行"半积累制"的改革方案，在设计思路、基金管理和投资模式、组织机构设置、投资基金的设立等许多方面都完全或部分地采取和借鉴了"TSP 养老基金"的模式的诸多特点。可以说，"TSP 养老基金"为美国和其他国家进行完全积累制的改革提供了一些成功的经验[②]。

---

　　① 关于美国"联邦社保基金"远离资本市场的投资理念和国外一些国家入市的后果，参见郑秉文：《美国中央养老基金为何 70 年不入市》，《社保基金与资本市场》系列研究之二，《中国证券报》2003 年 6 月 19 日第 13 版；《国外社保基金入市苦果如何酿成》，《社保基金与资本市场》系列研究之五，《中国证券报》2003 年 7 月 3 日第 10 版；《OECD 国家社保基金入市的酸甜苦辣》，《社保基金与资本市场》系列研究之六，《中国证券报》2003 年 7 月 9 日第 12 版；《社保基金入市可资借鉴的 10 条经验》，《社保基金与资本市场》系列研究之七，《中国证券报》2003 年 7 月 29 日第 10 版。

　　② 关于美国社保改革诸多方案的特点和"效仿""STP 养老基金"的细节，参见郑秉文的以下几篇文章：《围绕美国社会保障"私有化"的争论》，《国际经济评论》2003 年第 1 期；《美国社保改革：迈向股票市场的一跃》，《改革》2003 年第 2 期；《"W 的办法"——华尔街与福利》，载《读书》2003 年第 3 期。

六、积累制具备了投资股市的制度条件

"TSP 养老基金"毕竟在许多方面存在着一些独有的特质性,美国基本养老制度即"联邦社保信托基金"难以完全模仿。例如,除了转型成本等其他因素以外,仅就管理和设计来说,"联邦社保信托基金"的覆盖范围将近 1.5 亿人口,是"TSP 计划"的近 50 倍,规模上的巨大差异在客观上对其适用范围的扩大具有一定的限制,比如提供"贷款方案"的设计就很不现实,且参加人在收入基数的计算、薪水的记录、雇员的职业类型和就业岗位的多样性等许多方面都存在着非常大的差异性和复杂性,这些都为基金的管理和实际操作带来了很大的困难。尽管如此,"TSP 模式"作为养老基金"入市"的一个效法范例,其意义不仅存在于它对小规模的养老基金和养老计划的适用性上,而在于完全积累型社保制度和基金的一些基本理念和制度模式可以为决策者提供一些深层的思考。我们可以从"TSP 计划"中得出两条重要的基本经验:

第一,它有效地避免了投资政策的政治和经济风险。"TSP 养老基金"制度之所以可以很好地避免和防止政治操作对该基金的影响的可能性,是因为 TSP 个人储蓄性质的所有权的"内在本质"的缘故。对此,美国众院和参院的决策者们也承认,联邦公共部门雇员拥有缴费和收益的产权和其他的全部权利,任何机构甚至包括国会都不能改变它。

第二,之所以说"TSP 养老基金"在对现收现付的"联邦社保信托基金"改革之前没有什么可以模仿的东西,其根本区别或障碍在于"联邦社保信托基金"制度建立在没有个人财产权的现收现付制型基础之上,而 TSP 则是建立在完全的个人所有权之上的 DC 型计划或称个人投资型计划。在后者中,参加人完全是自愿的而非强制性的,如果对某个基金不满意或对其表现不满意,既可以选择别的基金也可以终止其缴费,特殊情况下还可以抽回其全部账户积累。这样,在基金之间就造成了一种真正的竞争局面,资源也流动起来,这样,"对国会有可能造成的无效率形成了一种限制机制"[1]。

---

[1]　Carolyn Weaver, "How Not to Reform Social Security", in *On the Issues*, published by American Enterprise Institute, July 27, 1998.

　　这两条基本经验可以继续演绎出如下一些逻辑关系,获得一些具有普遍意义的规律和启示。

　　(一)DC 型完全积累制社保基金具有财政可持续性

　　"TSP 模式"这类 DC 型积累制本身所具有的可持续性主要还体现在养老金的津贴给付上。现在我们假设 TSP 养老计划中雇员的年均工资收入为28000 美元,缴费率为基本单位 5%,并假设获得其"雇佣机构"提供的另外两种缴费即"单位自动缴费"和"单位配比缴费";再假设平均余命为 20 年(人均寿命预期为 82 岁);根据上面表 3 中给出的过去 10 年 5 只投资基金的年均回报率,我们再假设给出 3 种年均回报率的样本,即 4%、7%和 10%;再假设获得大学学士学位以后 22 岁就业,工作 40 年即选择 62 岁退休。那么,在 4%回报率的条件下将可获得 27.608 万美元退休金(税前,下同),在 7%下 61.348 万美元,10%下 147.960 万美元。这样,即使不买"终身年金"而是一次性将本金全部提取,年均养老金给付将分别为 1.38 万美元、3.07 万美元和 7.40 万美元。这样的结果很明显,除了 4%的回报率少于工资水平以外,其余两个假设样本均高于工资水平,甚至高出 1 倍多,如用工资替代率来表示,分别为0.49、1.10 和 2.64。我们知道,这个替代率仅仅是 TSP 养老计划的,还不算美国强制性的基本养老保险"养老、遗属与残障保险"(OASDI)的给付。据 1999年的测算,美国基本养老保险的替代率为 0.4[①]。我们再假设,在上述三个回报率样本中取最接近于表 3 的中位数值 7%,即在替代率为 1.1 的情况下,如果再加上基本社保的替代率 0.4,那么,美国联邦雇员平均获得的替代率就为1.5。1.5 这个替代率意味着,联邦雇员的退休收入将是其职业生涯平均工资收入的 1.5 倍,就是说,照此推算,原来年薪 2.8 万美元,而退休之后仅 TSP 养老金收入一项就已达 3.08 万美元,超过了原来的工资收入。如果再加上OASDI 基本养老金的给付,它们将超过 4.2 万元。

　　上述"TSP 模式"1.1 的替代率意味着,"TSP 计划"是美国联邦公共部门雇员享有的主要社会福利"特权"之一。如此之高的替代率,与其说它具有财政上的可持续性,不如将之称为政治上的可持续性更为恰当,或换个角度说,

---

①　Sylvester J. Schieber and John B. Shoven, *The Real Deal-The History and Future of Social Security*, Yale University Press, 1999, p.72.

"TSP 计划"的可持续性具有深厚的政治根基:联邦公共部门雇员的退休生活要比职业生涯更为体面,水平更高,或许这就是美国联邦国家机器高效廉洁与克己奉公的重要原因之一。

(二)建立"社保个人财产权"是进入资本市场的"入场券"

从上述财政可持续性、工资替代率与十多年实际回报率的历史来看,"TSP 模式"基本上是成功的。既然如此,为什么美国现存的"联邦社保信托基金"没有予以模仿反而固守着近 70 年传统的 DB 型现收现付制,没有进入资本市场呢?

答案已经非常清楚:美国覆盖全体就业人口的基本社保制度(OASDI)是现收现付制,所以联邦政府才有可能"集合"了一个"联邦社保信托基金"。在现收现付的制度下,缴费人以往的缴费累计与未来的给付之间不存在一种必然的紧密型的"精算"联系,即缴费人对其未来的给付只享有一种法律上的指数化承诺,这实际上仅是一种由政府担保的"权利预期"而已,可以说,国家扮演着"最后出资人"的角色,承担着基金增殖和支付风险的"无限责任",国家像个经营保险业务的"无限责任公司"。对受保人来说,其承担的法律义务已经完成(指缴费),剩下的只有享受"权利预期"的权利。缴费人与国家之间在风险与责任上的这种不对称现象必然导致国家在进入资本市场之前对风险所承担的"无限责任"应该作出承诺。但是,毫无疑问,说到底这种承诺的兑现所"抵押"的"人质"最后还是缴费者本人,即最终要转嫁到缴费人身上,他们是财政的最后归宿。所以,现收现付制下,将"集合"起来的基金通过"集中"的方式以"集体"的形式进入资本市场,既存在着法理上的问题,又存在着受益人与担保人之间不对称的市场风险的责任问题,或曰存在着财产所有人与管理人之间的权利不对称。于是,现收现付制下"社保个人财产权"的"缺位"就成为社保基金"入市"的一个"门槛"。否则,强行"入市"之后的潜在风险必将由国家单方面承担着财政上和法理上的"无限责任"①。

而 DC 型积累制的"TSP 养老基金"则具备了"入市"的资格,因为他们具有明晰的"个人财产权":个人财产所有权与投资管理决策权是对称的,风险的责

_____

① 此外,现收现付制社保基金入市还导致其他一些负面影响,参见郑秉文:《DB 型现收现付制社保基金的危机与投资理念——美国"联邦社保信托基金"治理结构及其不可持续性的解决途径》,《世界经济》2003 年第 11 期。

任者与收益的拥有者是统一的,国家的角色仅是网络服务和优惠政策等这些"公共物品"的提供者①。全部收益与风险均由财产所有者一人拥有与承担,财产所有者既对潜在收益享有全部权利(只有在退休领取时才缴税),又对未来风险承担着无限责任,这就是建立社会保障的"个人财产权"或称"产权明晰化"的真正含义。它是中央养老基金进入资本市场的理性化前提和"入场券"。

从这个意义上讲,在社会保障制度里存在着一个"产权"的问题。

七、完全积累制具有"完全的个人产权"

(一)"账户轴心"作用是建立"个人产权"的前提和载体

建立社会保障"个人财产权"的前提是建立个人账户,而建立一种投资型的个人储蓄账户是"产权明晰化"的关键,在该账户中如果是 DC 型完全积累制且个人拥有完全的投资决策权,那么,这种个人账户制度下的养老基金就是"账户轴心"式的,也可以称为"完全的个人产权"。

类似美国私人市场 401(k)的"TSP 养老基金"就是具备了上述诸多条件,就个人所有权来说它是养老基金制度的一种"极致",其重要标志体现在"账户轴心"的作用上。这里使用"账户轴心"这个名词的目的在于强调个人账户在养老基金的资本市场运行中所起的关键性作用。我们赋予"账户轴心"以下两个重要的内容:一是个人账户是基金投资的唯一"出口"或称"通道",即一切投资活动均通过个人账户执行,资金的流动以个人账户为轴心;二是账户余额的投资决策者及其所有者为账户持有者本人,其所有者不像现收现付制那样十分"模糊",且投资决策是"分散性"的,是所有者个人。"账户轴心"的这两个作用将"社保财产权"以法律的形式固定下来。

我们知道,就投资策略来说,《美国法典》对"TSP 养老基金"和"联邦社保信托基金"这两只养老基金"指数化投资"的规定都是一样的,即都强制性地规定它们必须实施"指数化投资"战略,甚至都分别为之专门设立了若干垄断性的投资基金(暂且不管投资基金的性质如何)。但是,它们具有本质上的区

---

① 公共物品理论认为,再分配政策也属于一种公共物品;只有在这个意义上讲,社会保障才可被认为是一种公共物品。

别:前者的账户是投资型账户,在所有投资活动中它都发挥着"轴心"的作用,而后者的个人"账号"仅是一个"番号"或"号码"而已(Social Security Number),仅起一个缴费记录的作用;在前者中,投资决策人是资产所有者本人,而后者则是资产担保人国家;由此决定了这两个基金的投资行为和投资范围具有天壤之别,前者投资于资本市场,主要是市场行为,而后者投资于政府债券,主要是行政行为。由此可见,美国这两支养老基金投资行为的差异性取决于是否建立个人账户,如何确立账户的法律地位和个人是否拥有账户资产的投资权利等,这些都是关乎养老基金如何投资,能否"入市",是采取市场行为还是行政行为的决定性因素。由此看来,个人账户是建立"社保财产权"制度的一个"法律载体",而个人投资决策权在"账户轴心"中所确立的法律地位则是"社保产权明晰化"的一个"法律保障"。

(二)社保基金进入股市的两个阶段和四个模式

根据上述对"账户轴心"作用的内涵界定,我们可以将养老基金进入资本市场划分为高级和初级两个阶段与四个模式。资本市场中以"TSP 养老基金"为代表的"账户轴心"式的完全积累制养老基金是"入市"的高级阶段或称"模式一",因为它既具有上述的那个"法律载体",又有"法律保障"。对于已经建立个人账户并发挥一定或部分作用且仅将一部分缴费进入资本市场的某种公共养老基金,例如,对于仅有"法律载体"而没有或部分拥有"法律保障"的某种组合模式,我们可以将之称为初级阶段。资本市场中处于初级阶段的养老基金可以分为以下三种模式。换言之,人们可以对初级阶段中的公共养老基金在以下三种模式中进行选择。

"模式二"属于"半积累制模式",在该模式中,投资于资本市场的缴费仅是个人账户中的那部分而不是全部缴费(雇主与雇员),且投资行为仅在个人账户之内进行。用于"社会统筹"的那部分实行现收现付的管理与投资方式。个人账户内的缴费累计可以完全来自雇员的缴费,也可能从雇主缴费中划入一部分。美国政府目前设计的三种改革方案(布什方案)就属于"半积累制模式",可以看作是"模式二"①。虽然"模式二"中既有"法律载体"又有"法律保

① 可参见郑秉文的另外几篇文章:《围绕美国社会保障"私有化"的争论》,《国际经济评论》2003 年第 1 期;《美国社保改革:迈向股票市场的一跃》,《改革》2003 年第 2 期。

障",但它仍然属于低级阶段,因为这种"半积累式"即部分缴费进入资本市场所形成的个人所有权仅是"部分个人产权",而不是完全积累制下的"完全个人产权"。

"模式三"和"模式四"属于"名义账户模式",即欧亚六国近几年来引入的养老保险"名义账户"制度①。这种模式比较灵活,可塑性很强,可以既有"法律载体"又有"法律保障"。划入个人账户的缴费既可以是全部的(雇主与雇员),也可以是部分的。之所以我们将之称为低级阶段,是因为它们只是部分地或称基本上解决了"产权明晰化"问题,就是说,"名义账户"制度所确立的这种"名义产权"是"虚拟"的,属于一种"模拟产权",它也可能是"全部名义产权",也可能是"部分名义产权",这主要取决于"名义上"划入个人账户的缴费是占一定的比例还是100%。这样,我们就可以将缴费(雇主与雇员)完全划入个人账户的模式称为"完全名义产权",这就是"模式三",而将部分缴费划入个人账户称为"部分名义产权",即"模式四"。例如,意大利的"名义账户"制规定32.8%的缴费率(雇主与雇员)全部划入个人名义账户,缴费者拥有100%的"全部名义产权",该模式属于"模式三";而瑞典在18.5%的缴费率(雇主与雇员)中16%划入个人名义账户,缴费者拥有的就是"部分名义产权",我们将之成为"模式四"②。

在"模式三"和"模式四"的"名义产权"制度下,养老基金的投资特点是,个人拥有的"名义产权"与其投资决策权可能完全吻合,也可能不完全吻合,就是说,个人名义账户中的名义资产可能完全由个人负责投资,也可能是其中的一部分。而政府拥有的是账户以外"社会统筹"基金的投资决策权和执行

---

① 关于"名义账户"制可参见郑秉文的另几篇文章:《欧盟国家社会养老的制度选择及其前景——兼论"名义账户"制对欧盟的适用性》,《欧洲研究》2003 年第 2 期;《养老保险"名义账户"制的制度渊源与理论基础》,《经济研究》2003 年第 4 期;《欧亚六国社会保障"名义账户"制利弊分析及其对中国的启示》,《世界经济与政治》2003 年第 5 期。

② 在欧亚六国的实践中记入到个人账户中的缴费比例差距较大,例如,在有些国家缴费全部记录在个人账户里,而有些国家则仅记录其中的一部分:瑞典的缴费是 18.5 %(由雇主和雇员平均支付),其中记入到个人账户里高达 16%;波兰是 32.52%,但记入到名义账户的则只有 12.22%;意大利的缴费是 32.8%(雇主为 23.91%,雇员为 8.89),全部记入个人账户之中;拉脱维亚是雇主为 23.58%,雇员为 9%,其中记入"名义账户"的是 20%;吉尔吉斯斯坦是 29%,其中雇主为 24%,雇员为 5%。参见郑秉文:《欧亚六国社会保障"名义账户"制利弊分析及其对中国的启示》,《世界经济与政治》2003 年第 5 期。

权,或者相反。但是,个人账户与统筹基金的资产投资决策权一般情况下是"分而治之"的。"名义账户"制还存在着一种可能性,即政府拥有个人账户与社会统筹基金全部的资产投资决策权与执行权。但不管是哪一种情况,虽然账户是"空的",但在未来退休金给付的计发上却是"实的",是 DC 型的,账户里累计余额等于个人缴费加上投资回报,属于精算型的。

上述分析表明,"账户轴心"作用的强弱和在养老制度中法律地位的差异性是最终决定其养老基金能否"入市"、如何"入市"的关键因素。因此,就目前世界范围内各国中央养老基金"入市"的类型来看,以智利为代表的十几个积累制的国家采用的是类似美国联邦"TSP 基金"的"入市"模式,属于高级阶段,是"模式一"。而"布什改革"的三个方案("半积累模式")和欧亚六国("名义账户模式")则属于"初级阶段"的其他三个模式。

八、结论:中国"全国社保基金"入市的路径选择

就目前中国社保制度来看,如果采用类似美国联邦"TSP 基金"的"完全积累制"的"高级阶段""模式一"的基金运作模式是不可能和不现实的,因为它需要几万亿人民币的转型成本①。甚至对实行现收现付制的欧洲发达国家来说,向完全积累制转型所需要的成本也是难以承受的:其预筹基金相当于工资总额的 645%,几乎等于欧盟 GDP 的 300%,欧盟全部资本存量的 1/2②。所以,摆在中国面前的现实选择只能是"初级阶段"三个模式中的某一个。

(一)"统筹结合"半积累制条件下社保基金入市的可行性

中国目前实行的"统账结合"社会保障制度从设计上讲是典型的"半积累制",采取"模式二"的基金运作方式将划入个人账户的缴费投资于资本市场本来应该是顺理成章的事情。就是说,"入市"的社保基金应是划入个人账户的那部分,而不应是社会统筹的那部分。但现实中,如果采用这个模式,我们将面临着两个必须解决的问题。

---

① 关于转型成本问题,参见郑秉文:《"名义账户"制:中国养老制度的一个理性选择》,《管理世界》2003 年第 8 期。

② 参见郑秉文:《欧盟国家社会养老的制度选择及其前景——兼论"名义账户"制对欧盟的适用性》,《欧洲研究》2003 年第 2 期。

第一,"做实"个人账户的预筹资金问题如何解决。转型成本是个老问题,几年来由于这个问题始终没有解决,所以绝大部分省份个人账户是在"空转"。对于"做实"个人账户似乎已经没有什么异议,问题在于如何解决这部分预筹基金。尽管由于统计口径不同对预筹基金的规模估算不一,但根据辽宁试点的数据推算,如果将其"做实"个人账户的经验在全国推广开来,仅中央政府的"补贴"部分就恐怕需要近万亿人民币(或 6000 亿—7000 亿人民币)。"钱从哪里来"是一个不可跨越的关键问题:财政转移力不从心;国有股减持的实验夭折;社保基金入市被套(即使成功,对解决这笔预筹基金来说也是杯水车薪);国有股划拨又提到议事日程……在未来的几年里,如果后两种措施不尽如人意,这个"试错法"的清单恐怕还会继续罗列下去。既然一个不成熟的资本市场很难适应一个规范的国际惯例和理性的融资措施(例如国有股减持),那么,一个非理性的投资行为(例如目前"全国社保基金"入市)和不规范的国际惯例(例如拟议中的国有股划拨)也将很难靠运气从资本市场中获得成功。

第二,个人账户"做实"以后如何保值增值的投资问题。毕竟,目前半积累制需要"做实"的仅仅是个人账户部分,其预筹基金与完全积累制所需要的规模相比要小得多,一旦下定决心,采取辽宁试点"三三制"的带有行政色彩的出资办法也不是完全做不到的①。但是,我们那时将立即面对一个比"缺钱"更为严峻而现实的问题:在"做实"之后下一步该怎么办,个人账户部分的缴费余额将如何进行投资? 如果对此没能有效地制定出"预案"给予一揽子考虑与设计,"做实"的账户就失去了本来的意义,就没有达到原有的目的。那么,中国目前资本市场的现状是否能够承受账户持有人个人分散决策投资的模式? 资本市场的金融产品和其他条件是否能够满足投资的需求? 账户持有人的总体心理素质与受教育程度是否完全适应? 即使采取中央政府"集中控制"的投资模式,也存在模式设计和选择的问题,存在资本市场的现状是否适应的问题和预案的一揽子设计问题。如果人们认为目前资本市场很难承担社保基金的投资压力,不确定性因素很多,客观条件和时机还不十分成熟,那

---

①　据悉,所谓"三三制"是指"做实"个人账户的预筹基金来自中央、地方和企业,它们各筹资 1/3。

么,为什么还要十分勉强地、千方百计地甚至不惜牺牲其他机会成本来"做实"个人账户?

如果说资本市场问题是"硬件"并且相对比较容易解决的话,那么,预案设计则是一个"软件"的制度设计问题,这个"软件"的设计要与另一个"硬件"即目前资本市场的现状十分吻合和配合。但是,在设计这个"软件"之前,如何对这个只有 10 年历史的资本市场进行准确的评估就首先会成为一个颇有争议的热门话题。

概而言之,选择"模式二"的困难与其说是如何预筹资金,不如说是资本市场的发育问题。而面对资本市场这个不成熟的"硬件"客观事实,人们一定会感到无能为力和束手无策。任何认为采取像上述预筹基金那样行政色彩很浓的"会战"方式就可以一蹴而就的幻想都是幼稚的。任何一种制度安排的演进、发育、成长与成熟,它首先需要的是时间,"时间"这个"变量"是任何其他因素都难以替代的。在制度的演进过程中,有些历史阶段是不能"省略"的,更不能"跨越"。操之过急必将事倍功半,揠苗助长欲速则不达。

(二)"名义账户"下社保基金入市的现实性

既然"模式二"同时面对着上述两个难以逾越的困难,那么眼下就只能在"模式三"和"模式四"中进行选择。毋庸置疑,采用后两个模式的好处在于它既可以避免预筹基金的问题,又可以避免资本市场不发达的窘境①。

"名义账户"制可以避免预筹基金的优势是显而易见的。至于避免资本市场不发达的窘境,其含义主要是指:第一,其现收现付制的融资方式将绝大部分缴费已经用于支付给当前退休的一代,较小的余额规模没有很大的投资增值压力。第二,即使存留的余额是一支数量可观的社保基金,其投资方式也完全可以采取"中央控制"的方式集中投资于某种安全性较好的诸如"中央政府特种社保债券"之类的工具以避免资本市场的风险和分散型个人投资决策模式下来自资本市场的风险②。

对于"模式三"和"模式四",不管采用哪一种,其优势都是不需要转型成

---

① 关于"名义账户"的这两个优势,详见郑秉文:《欧亚六国社会保障"名义账户"制利弊分析及其对中国的启示》,《世界经济与政治》2003 年第 5 期。

② 关于中央社保基金入市模式的分类及其特点,参见郑秉文:《国外社保基金入市苦果如何酿成》,《社保基金与资本市场》系列研究之五,《中国证券报》2003 年 7 月 3 日第 10 版。

本就可以尽快完成"入市"的法律准备工作,并且可以像欧亚六国那样,"入市"养老基金的比例与划入个人账户的缴费比例可以对称,也可以不对称,具有较大的灵活性。至于具体采用"模式三"还是"模式四",就要看决策者制度设计目标的选择了:前者的特点是可以将政府的财政责任降到最低点,后者具有一定程度的再分配作用。

在"名义账户"制度下,中央政府之所以可以将缴费余额投资于资本市场(这里主要指"模式三"),如前所述,是因为它基本上解决了"个人财权"明晰化问题,具备了进入资本市场的资格:"入市"的基金部分限定在"名义账户"制度之下、"名义产权明晰化"基础之上和个人账户的"名义资产"之中,这样,就把作为资产所有者的缴费者个人和作为投资管理者的国家二者之间的潜在投资风险与收益以法律的形式固定下来,没有后遗症,从一开始就进入一个符合国际惯例、在法制轨道上运行的理性化投资行为模式,可逐渐向高级阶段过渡,即从"模式三"和"模式四"逐渐向"模式二"过渡,最终实现"模式一"。

(三)当前"全国社保基金"入市面对的困境与出路

已经进入股市的中国"全国社保基金"所面对的主要是两个问题。第一,"全国社保基金"进入一个不成熟的股市意味着对市场投资者的信心会产生一定的影响。股市的动荡反过来将会进而对"全国社保基金"的投资收益产生影响。投资收益受到严重影响的后果将会导致政府承担财政风险的"无限责任",进而引发其入市的法理问题和其他社会问题的产生。第二,深层次的"全国社保基金"的属性和地位问题。与社保制度参加者和社保制度没有任何内在精算关系,主要资金来源于财政拨款的这样一个基金,其"社保产权"是模糊的,尽管它的标签写有"社保"二字,但就其性质来说,它无异于一个独立的"风险投资基金",最多,人们可以将之近似地比拟为现收现付制的社保基金——如前文所述,即使这样的性质也不该投资于本国的资本市场①。

从国际惯例上讲,中央政府设立的用于社保预筹基金的"风险投资基金"几乎都离开本国的资本市场而专门为国际资本市场而设计。例如,2001 年爱尔兰将电信私有化的收益一次性注资建立了一个"全国养老储备基金"

---

① 关于现收现付制社保基金投资本国资本市场可能产生的负面影响,参见郑秉文:《DB 型现收现付制社保基金的危机与投资理念——美国"联邦社保信托基金"治理结构及其不可持续性的解决途径》,《世界经济》2003 年第 11 期。

（NPRF,还有少量融资来自财政转移和个人额外增加的缴费）。爱尔兰这个基金的投资战略是完全面向国际资本市场的:其投资策略是债券20%(欧元区),股票(80%),其中欧元区40.9%,美国23%,日本4.4%,太平洋1.3%,世界其他地区10.4%。再例如,挪威盛产石油,在2002年的GDP中石油收入已占16%。为减轻未来老龄化为社会养老带来的财政负担,将一部分石油的物理储备置换为金融资产,为子孙后代转移一部分财富,挪威政府1997年建立了一个"石油基金",总共转移了6930亿克朗,全部用于投资国际资本市场。挪威财政部对投资战略做了这样的原则规定:在资产分布结构中,"固定收入工具"应占其总资产的50%—70%,股票工具30%—50%。在前者中,对欧洲、美洲和亚太地区的投资比重应分别为45%—65%、25%—45%和0—20%;在后者中,欧洲为40%—60%,美洲和亚太地区40%—60%。

中国"全国社保基金"走向国际市场,既符合国际惯例,在一定程度上和相当时期内又可以为缓解人民币升值的压力作出一定的贡献并成为为之作出努力的具体表现。

综上所述,我们可以认为,当前"全国社保基金""入市"是下策之举。惯例上讲,其出路应该是"顺势",将之改造成一个"国际风险投资基金",离开国内资本市场,独立于国家的基本社保制度,作为社保制度以外的一个"补充制度",将之建设成为一个蓄水池,与社保制度平行运转。

参考文献:

Carolyn Weaver, "How Not to Reform Social Security", in *On the Issues*, published by American Enterprise Institute, July 27, 1998.

Federal Retirement Thrift Savings Investment Board, *Guide to TSP Investment*, published by Federal Retirement Thrift Savings Investment Board, August 2002.

Federal Retirement Thrift Savings Investment Board, *Highlights of Thrift Savings Open Season: April 15-June 30*, published by Federal Retirement Thrift Savings Investment Board, May 2003.

Federal Retirement Thrift Savings Investment Board, *Summary of the Thrift Savings Plan for Federal Employees*, published by Federal Retirement Thrift Savings Investment Board, May 2001.

Federal Retirement Thrift Savings Investment Board, *TSP at a Glance: Thrift Savings Plan for Federal Employees*, published by Federal Retirement Thrift Savings Investment Board, February 2003.

Federal Retirement Thrift Savings Investment Board, *Think Big*, *TSP Open Season April* 15-*June* 30, *FERS and CSRC Employees*, published by Federal Retirement Thrift Savings Investment Board, April 2003.

Matt Moore, "The Federal Thrift Savings Plan: A Model for Social Security Reform", *National Center for Policy analysis*, Brief Analysis, No. 443, Wednesday, June 4, 2003.

Sylvester J. Schieber and John B. Shoven, *The Real Deal-The History and Future of Social Security*, Yale University Press, 1999.

United States Code (*1988 Edition*), Washington: United States Government Printing office, 1989, Volume Thirteen.

（本文原载于《中国社会科学院研究生院学报》
2004 年第 1 期，第 27—40 页）

中央公积金投资策略的经验教训

内容提要：本文首先分析了世界社保基金投资管理的三种类型，并对其本质特征作了定义，其中，中央公积金是一种很特殊的投资管理形式，它兼有前两种的某些特点；然后，对4个实行中央公积金制度的国家分别作了介绍，指出了它们各自存在的问题，分析了存在这些问题的制度原因和客观因素，并特别指出了中央公积金投资绩效与资本市场的互动关系，对"新加坡模式"首次作了重新评价，对香港强积金的制度特征作了剖析，首次指出它根本不属于中央公积金，而是 DC 型积累制；最后，针对中国的具体国情，就这些国家中央公积金投资策略的经验教训提出了一些看法，认为中央公积金制度不适用于中国，并再次提出了中国社保基金进入资本市场的路径选择和社保制度改革的基本思路。

据 1997 年的统计，全世界各国所有的公共和私人养老基金资产规模合计已达 15 万亿美元，占全世界 GDP 的 50% 左右。其中，在强制性的社会基本养老基金资产中，公共管理的占 45%（含部分职业计划），另 55% 为私人管理；在所有强制性和自愿型的养老基金资产总额中，公共管理的比例占 24%，另 76% 为私人管理①。

一、中央公积金的特征与其他两种 社保基金投资管理模式

纵观世界各国社会养老制度及其基金的管理体制，它们基本上可以分为

---

① Palacios, R. and M. Pallares-Miralles, "International Patterns of Pension Provision", Human Development Network, Social Protection Discussion Working Paper Series No. 0009, World Bank, Washington DC, April 2000, p.15, Figure 3.5.

三大类:第一类是 DB 型现收现付制(包括一些半积累制),这类养老基金是使用国家最多的,基本上是由中央政府直接管理,以购买政府债券为主,除埃及以外,这些国家社会养老基金主体部分几乎都没有进入资本市场(如美国),或只是少部分进入了资本市场(如加拿大最近的改革和日本);第二类是由私人分散管理的 DC 型养老基金,在这种类型中,几乎养老基金的全部(主要是拉美的一些国家)或其中的一部分(如瑞典和英国)进入了资本市场,完全没有进入的占不到 1/3;第三类是由中央政府集中管理的 DC 型养老基金,属于这种类型的国家最少,其中半数以上的国家进入了资本市场(如马来西亚和新加坡等),一小部分没有进入市场。

从上述基本社会养老保险的三种类型可以看出,就"政府管理——养老基金制度——资本市场作用"三者之间的关系来说,可以总结出这样几个特点:第一,进入资本市场的一般是以 DC 型为主,而现收现付制的养老基金则一般没有进入资本市场;第二,进入资本市场的养老基金大约有二十个国家,其中大约半数是由中央政府予以集中管理的,半数由私人分散管理;第三,进入资本市场的由中央政府集中管理的社保基金以东南亚和非洲的前英国殖民地国家居多,具有盎格鲁—撒克逊传统,而由私人分散管理的国家绝大部分是前西班牙殖民地;第四,除了印度以外(事实上,1995 年以后印度又另外建立了一个 DB 型半积累制的补充制度),绝大多数进入资本市场的发展中国家,在版图、人口和 GDP 等方面都是规模较小的经济体(见表 1)。

表 1　强制性社会基本养老基金的管理类型

第一栏:政府直接控制型 DB 型现收现付制或半积累制的养老基金(%GDP)		第二栏:完全市场型 私人分散管理的 DC 型 养老基金(%GDP)		第三栏:政府间接控制型 中央政府集中管理的 DC 型养老 基金(中央公积金)(%GDP)	
埃及	33.1%	瑞士	117.0%	马来西亚	55.7%
瑞典	32.0%	荷兰	87.3%	新加坡	55.6%
日本	25.0%	英国	74.7%	斯里兰卡	15.2%
约旦	16.9%	澳大利亚	61.0%	肯尼亚	12.1%
毛里求斯	13.1%	智利	45.0%	坦桑尼亚	9.4%
菲律宾	11.2%	丹麦	23.9%	斯威士兰	6.6%
冈比亚	11.1%	阿根廷	3.0%	印度	4.5%
加拿大	11.0%	哥伦比亚	2.9%	尼泊尔	4.0%

续表

第一栏:政府直接控制型 DB 型现收现付制或半积累制 的养老基金（%GDP）		第二栏:完全市场型 私人分散管理的 DC 型 养老基金（%GDP）		第三栏:政府间接控制型 中央政府集中管理的 DC 型养老 基金（中央公积金）（%GDP）	
伯利兹	10.5%	秘鲁	2.1%	印度尼西亚	2.8%
加纳	9.4%	波兰	1.1%	文莱	2.4%
摩洛哥	8.7%	乌拉圭	1.0%	赞比亚	0.7%
瑞士	7.1%	玻利维亚	1.0%	乌干达	0.6%
韩国	7.0%	墨西哥	0.5%	土耳其	Na
突尼斯	6.9%	哈萨克斯坦	0.5%		
斯威士兰	6.6%	匈牙利	0.4%		
牙买加	5.7%	萨尔瓦多	0.3%		
哥斯达黎加	5.4%	克罗地亚	0.0%		
美国	5.0%	瑞典	0.0%		
也门	4.0%	香港	0.0%		
洪都拉斯	3.5%	委内瑞拉	Na		
塞内加尔	1.6%				
埃塞俄比亚	1.4%				
阿尔及利亚	1.2%				
乍得	0.5%				
纳米比亚	0.4%				
巴拉圭	0.4%				

资料来源:Palacios, R. and M. Pallares-Miralles, "International Patterns of Pension Provision", Human Development Network, Social Protection Discussion Working Paper Series No.0009, World Bank, Washington DC, April 2000, p.16, Table 3.1.

　　从表 1 可以看出,"第一栏"比较强调政府的作用,以政府债券投资为主;"第二栏"则强调自由放任,主要靠资本市场的投资;而"第三栏"居二者之间,既有政府债券投资,又有一部分投资于股市。我们进而可以将上述社会养老资产储备的三种管理类型分为"政府直接控制型"（第一栏）和"完全市场型"（第二栏）,居二者之间的"第三栏"为"政府间接控制型"。

　　第一,"政府直接控制型"。"第一栏"中"政府直接控制型"的特点是其投资资产种类主要是以中央政府债券为主,辅之以数量非常少的地方政府债券或不动产等其他类型的资产。美国堪称这种类型的代表,其社保基金百分之百地投资于以联邦政府名义予以完全担保的联邦政府债券或负债凭证等。

目前,在全球 150 多个设立社会养老制度的国家中,这类"纯粹的"单一投资型社保基金占绝大多数。这种类型国家尤其其中发达国家的一个共同特点是,在未来的 20—30 年中,二战后出生的"婴儿潮"逐渐到了退休的年龄,在其他条件不变的前提下,其现收现付制的融资特点将导致赡养率逐渐提高,成本不断加大,收不抵支,赤字空前,债台高筑,就是说,从财政可持续性的角度讲,现收现付制遇到了前所未有的挑战①。

第二,"政府间接控制型"。"第三栏"的"政府间接控制型"的投资特点是投资多元化。所谓"投资多元化",其标准主要是投资股票和公司债券 5%以上,并对其他私人金融产品进行广泛投资的投资战略。在多元化投资策略下,由中央政府统一集中按有关法令进行投资组合,即投资的控制权集中在中央政府手中,但基金的具体操作权利则委托给基金管理人。在这种类型中,基金管理人发挥着"中间介质"的重要作用。从表 1 可以看出,这种类型大多属于发展中国家,由于资本市场不发达,没有健全和完善的金融监管制度,效果很不理想,收益率大多呈负值;从国家制定的投资战略来看,它们大多都存在着严重的"社会投资"问题,这也是导致收益率低下的一个重要原因。在过去的几十年里,马来西亚和新加坡等国家的收益率较好,成为经常引用的正面案例国家。

第三,"完全市场型"。这个表格引自世界银行的一份研究,"第二栏"属于"完全市场型"的国家中囊括了诸如英国、瑞典与荷兰等。但就笔者的分析来看,这些发达国家基本养老制度的性质和养老基金投资原则应当完全划属第二类"政府间接控制型"之列,诸如智利等拉美国家才真正属于"完全市场型"。所谓"完全市场型",其主要特点是 DC 型积累制,所以,其养老基金才有可能在个人投资型账户中得以进行分散决策的个人投资;账户累积余额完全归属个人,个人具有完全的投资决策权,中央政府手里是"空"的,只起到提供金融工具的"服务"和"维护"资本市场秩序的作用,风险与收益对称,权利与义务对等,它们全部由个人承担,归个人拥有,对基金管理人拥有完全自由的选择权,投资组合策略也完全由个人决定。"完全市场型"的典型案例是美国覆盖联邦公职人员的"TSP 养老基金"制度与智利等一些拉美国家。到目前

---

① 这方面的典型案例是美国。虽然它的现收现付制是最成功的,但在未来几十年里将遇到严重的财政不可持续性。

为止,这种类型国家十几年的实践基本上是成功的,还没有发现任何社会和财政上的问题,从理论上讲具有完全的可持续性。

从上述三种类型来看,"政府间接控制型"的社保基金是一种特殊的管理类型。在几个主要的代表国家里,它们几乎都将之称为"公积金"或"中央公积金"(Provident)。换言之,人们甚至可以将"政府间接控制型"直接称为"中央公积金",在投资管理权上它像"政府控制型"那样直接由中央政府控制,但在投资策略上又像"完全市场型"那样(部分地)投资于资本市场。由此可见,所谓"中央公积金"有两个基本特征:一是建立个人储蓄账户基础之上的融资方式和DC型给付公式;二是基金储备的投资由中央政府统一管理,且相当一部分在资本市场之中。就近几十年来的国际实践来看,它的基本发展倾向有两个:一是资产分布中有相当一部分用于"社会投资",从而导致大量的坏账;二是投资收益率的下降导致政府不得不给予干预,即普遍出现"有管理的"利率。上述两个特征的并存是区别于"政府直接控制型"和"完全市场型"社保基金的重要分水岭,而上述两个倾向在另外两类社保基金管理类型中是基本不存在的。

有趣的是,采用"政府间接控制型"或称中央公积金的国家基本都是那些英国前殖民地国家。本文选择的案例国家是表现"最好的"马来西亚和最著名的新加坡、"最差的"肯尼亚和印度,然后再剖析中国香港地区实行的"强制公积金"制度的本质特征,以澄清其与"中央公积金"的本质区别。在此基础之上,为发展中国家"政府间接控制型"社保基金或称"中央公积金"的投资策略与管理作出经验性的总结。

二、马来西亚"雇员公积金"的经验及其改革趋势

马来西亚的"雇员公积金"(EPF)成立于1951年,是世界上第一个由中央政府成立的养老公积金,与新加坡和印度等国家的公积金相比,也是比较成功的公积金之一;就其占GDP的比例来说,也是规模最大的公积金,目前大约占马来西亚GDP的56%;作为一个强制性的社会基本养老保险制度,雇员与雇主必须参加,雇员的缴费率为11%,雇主为12%(见表2);它是强制性的DC型计划,缴费者随时有权决定停止其个人账户内全部积累的投资活动。

表2　马来西亚"雇员公积金"(EPF)缴费率(占工资总额的百分比)

时间(年)	雇员缴费率(%)	雇主缴费率(%)	总计(%)
1952—1974	5	5	10
1975—1979	6	7	13
1980—1992	9	11	20
1993—1995	10	12	22
1996年至今	11	12	23

资料来源:Thillainathan, R., "The Employees Provident Fund of Malaysia: Allocation, Investment Strategy and Governance Issues Revisited", a paper presented at the 2nd World Bank Conference on "Public Pension Fund Management", World Bank, Washington, DC, May 3 – 6, 2003, p.36, Table 2.

　　无论在中央公积金的投资收益中,还是在中央社保基金入市的发展中国家里,马来西亚的情况应该是最好的之一。由于受到1973年石油危机的影响,除了20世纪70年代的收益率稍低一些以外,实际收益率都在3%以上。从20世纪60年代至今,年均收益率将近4%(见表3)。

表3　马来西亚1952—2001年公积金实际收益率

时间(年)	收益率(%)		通胀率(%)		实际收益率(%)	
1952—1955	—		—		—	
1956—1960	2.8		0.4		2.4	
1961—1965	4.75	5.37	0.5	0.95	4.25	4.27
1966—1970	5.69		1.4		4.29	
1971—1975	-6.1	0.58	-7.4	-1.45	-1.3	0.725
1976—1980	7.25		4.5		2.75	
1981—1985	8.5	8.35	4.66	3.31	3.84	5.04
1986—1990	8.2		1.96		6.24	
1991—1995	8.0	7.4	3.96	3.58	4.04	3.52
1996—2001	6.8		3.2		3.6	
平　均	5.452		1.598		3.389	

资料来源:根据如下资料整理计算并绘制:Thillainathan, R., "The Employees Provident Fund of Malaysia: Allocation, Investment Strategy and Governance Issues Revisited", a paper presented at the 2nd World Bank Conference on "Public Pension Fund Management", World Bank, Washington, DC, May 3 – 6, 2003, pp.34 – 35, Table 1。

　　4%实际收益率的获得显然首先受益于较低的通胀率,与其他发展中国家

相比,这是马来西亚的一个重要特点。另外一个值得注意的特点是,20 世纪
90 年代之前,根据马来西亚的法律,90%的公积金资产储备用于购买政府债
券(MGS),其目的不仅仅是为了资产的安全性,当时还出于帮助政府用于其
他经济社会发展事项的目的。90%的公积金投资于政府债券,相对于 4%的实
际收益率来说就意味着,在过去半个世纪里政府债券的名义利率水平并不很
高。这个重要的特点使人们基本上排除了对它像对新加坡和印度那样被认为
其债券利率是经过"管理的"或加入政治因素的"非市场化利率"的"怀疑"。

20 世纪 90 年代政府预算盈余开始好起来以后,马来西亚人开始逐渐考
虑"风险收益"的改革问题,即如何提高资本市场投资收益问题。一些马来西
亚经济学家开始考虑改革公积金的投资战略取向,同时,对过去的投资策略也
开始进行反思。总的来说,马来西亚中央公积金的改革取向受到美国经济理
论和舆论的影响较大,存在着一种更加市场化和资本化的倾向。归纳起来,马
来西亚国内经济学界和政策决策者面对历史经验的总结和未来改革取向的思
考主要集中在以下六个方面。

第一,关于投资体制改革的思考。虽然马来西亚的"雇员公积金"是 DC
型的,但是,基金的投资活动是国家集中地"为缴费者"管理,而不是"由缴费
者"自己负责。这种典型的中央公积金模式的管理方式的优势可以使管理成
本最小化,经营风险也可以被限制在制度和市场所允许的范围之内,但其劣势
是对寿命预期的风险显得无能为力。"雇员公积金"所承担的应该是投资的
"策略风险",而不该是"经营风险",就是说,应该直接或间接地通过基金管理
人来承担这个风险。

第二,投资战略问题的选择。许多经济学家开始考虑到,与发达国家相
比,马来西亚的资本市场不发达,规章制度不健全,应该采取"标准投资"即
"消极投资"战略:由国家提供一组基金供缴费者选择,由缴费者个人的偏好
决定其个人账户的投资。还有经济学家建议国家应立法向缴费者提供 DC 和
DB 型混合的养老计划 。

第三,关于资产组合与投资的反思。一些经济学家认为可以继续采取中
央公积金的模式,但须改革投资策略,这是因为,以往马来西亚公积金的收益
率之所以比较低,是由两个原因造成的。一个原因是投资于股票的比例较小。
如果 1985—1994 年间将投资于政府债券的比例减少至 75%而将股票和产权

的投资比例分别提高到 10% 和 5%,其收益率就会超过 15%,风险就会相应减少 12%。这些经济学家还建议,与当前 90% 投资于政府债券和 10% 投资于"股票和其他"的组合相比,一个更为平衡的投资组合是政府债券 50%、股票 25%、现金 10%、产权 15%,这样的投资组合至少可以提高 30% 的收益率,降低 10% 的风险①。另一个原因被认为是资产分布没有国际化,认为如果投资于国外股票和债券的比例达到 30%,收益率可以提高 25%,而风险可以减少 1/3。

第四,任何投资战略管理的改革都离不开金融部门的配套改革,养老金改革与资本市场的改革具有强烈的相互依赖性。在资本市场、金融制度和年金产品不发达的国家,退休者很难"熨平"其退休后的生活成本。如果退休者不能将其养老金转换成年金,或投资不能最优化,他们就会面临着养老金使用不慎而殆尽的风险。养老金制度的改革可以促进资本市场的改革,但只能将资本市场的改革推动到某一个点而已,重要的还是要靠金融部门自身的改革。否则,资本市场不发达将严重影响养老金制度创新和改革的进程。例如,如果固定收入的产品供给不足,可交易型证券的投资不够,进而会影响年金市场的发展;这样,就要过分依赖银行系统,从而导致基金业和风险管理行业乃至整个资本市场发展不起来,中间产品和金融产品品种供给短缺,中央公积金的投资工具相形见绌,其结果是只能选择次优金融产品。

第五,国民储蓄比例太大是导致资本市场不发达并对此具有某种"锁定"作用的一个关键因素。外国基金管理人进入的门槛过高对资本市场的发育具有一定的抑制作用;银行利率收入的税收政策对基金业、债券和股票的发展也有一定的影响。因此,在金融部门的改革中,相对于银行业来说,基金业的发展要跟上,要平衡发展,不得偏废,甚至可以对金融服务业给予一定的倾斜。只有资本市场发展起来了,才能为公积金的发展铺平道路,才能获得公积金投资的金融工具和激励机制。总之,对发展中国家来说,社会养老制度的改革需要资本市场改革与之配套,否则,即使储蓄率下调,其调节作用也将十分有限。

第六,关于公积金的管理和作为机构投资者在公司治理结构中的作用问

---

① Thillainathan, R., "The Employees Provident Fund of Malaysia: Allocation, Investment Strategy and Governance Issues Revisited", a paper presented at the 2nd World Bank Conference on "Public Pension Fund Management", World Bank, Washington, DC, May 3 - 6, 2003, p.7.

题。社保基金如果继续公积金的形式即以集中管理的形式入市，财政部作为资产的出资者与养老基金的最大借贷者，其市场利益冲突是难免的，因此，政府设定的目标往往限制了其养老基金的投资选择。

三、新加坡"中央公积金"的问题及其蜕变的风险

新加坡的"中央公积金"比马来西亚的国际知名度要高，一提到中央公积金，人们首先想到的是新加坡。其实，与马来西亚等其他国家相比，新加坡中央公积金存在着许多难以克服的弊病，这些问题长期以来不但没有得到有效的重视和解决，甚至亦步亦趋具有制度化的趋势。久而久之，新加坡中央公积金制度存在着蜕变成"名义待遇确定型"（NDB）的危险，这样，在为应对全球性的老龄化而进行的从 DB 型现收现付制向 DC 型积累制转型和改革的浪潮中，这显然被认为是一种制度上的倒退。在中国改革开放之初，"新加坡模式"的一些做法曾被奉为圭臬，因此，有必要对新加坡中央公积金存在的如下问题作一剖析。

第一个问题是，在养老金方面，新加坡是唯一只有"中央公积金"一个支柱的高收入国家，因此，中央政府的财政压力很大，新加坡人的养老问题和替代率问题全系于中央公积金这一根支柱的业绩表现。除了"中央公积金"以外，虽然新加坡还有一个专门覆盖政府公务员和军职人员的"政府养老基金"（Government Pension Fund）和"军人公积金"（Armed Forces Provident Fund），但规模都很小，没有什么影响。为了解决这个"单支柱"问题，2001 年 4 月新加坡建立了一个自愿型的"补充保险制度"（SRS），并给予优惠的税收政策，但目前刚刚起步，规模很小，作用有限。世界银行推荐的"三支柱"思想之所以被多数国家广泛接受，主要是考虑到使财政来源多元化以减轻国家负担和保持收入替代率以尽量维持退休后生活水平这两个问题。因此，在高收入的老龄化国家中，作为"单支柱式"养老制度的唯一高收入国家，对于这两个问题，新加坡迟早也要解决。

第二个问题是，雇员和雇主的缴费率都比较高，比马来西亚高出很多，甚至高于印度，致使企业和个人负担比较大，产品成本高，企业竞争力受到严重影响。新加坡的法律规定，不同年龄的会员其缴费率也是不同的。例如，45—

55 岁的雇员缴费率是 20%，雇主是 16%，总计为 36%（见表 4）。

表 4　2002 年 10 月新加坡中央公积金缴费率

雇员年龄	雇主缴费率	雇员缴费率	缴费率总计	划入不同账户的比例（%）		
	5000 新元封顶，占工资比例（%）			普通账户	特殊账户	医疗账户
35 岁以下	16	20	36	26	4	6
35—45 岁	16	20	36	23	6	7
45—55 岁	16	20	36	22	6	8
55—60 岁	6	12.5	18.5	10.5	0	8
60—65 岁	3.5	7.5	11	2.5	0	8.5
65 岁以上	3.5	5	8.5	0	0	8.5

资料来源：Mukul G. Asher, "Governance and Investment of Provident and Pension Fund: The Case of Singapore and India", a paper presented at the 2nd World Bank Conference on "Public Pension Fund Management", World Bank, Washington, DC, May 5－7, 2003, p.10, Table 1.

　　第三个问题是，新加坡的"中央公积金"已经"名不副实"。从 1968 年以来，中央公积金的功能开始逐渐扩大，除了养老的功能以外，在以往颁布的 17 个法律中，逐渐加进了住房储蓄、医疗储蓄、投资等许多内容，所以，新加坡的"中央公积金"已经不仅仅是一个单纯的社会养老计划，而已经发展成为一个全面的综合社会福利计划。在公积金内每人设有三个账户，雇员和雇主的缴费分别进入普通、特殊和医疗三个账户。截至 2002 年，中央公积金余额 547 亿美元的资产储备全部投资于非交易型政府债券；1982—2001 年间中央公积金的实际年均收益率为 1.97%，而进入该基金的账面年均名义收益率为 3.35%，月均名义收益率为 7.42%。IMF 的有关资料估计，"中央公积金"的行政管理当局"中央公积金局"（SGIC）在整个 20 世纪 90 年代的年均收入至少是 10%，这个比率远远高于记入"中央公积金"账面 3.35% 的名义收益率①。

　　第四个问题是，从 20 世纪 60—80 年代，新加坡中央公积金的社会投资日

---

　　①　Mukul G. Asher, "Governance and Investment of Provident and Pension Fund: The Case of Singapore and India", a paper presented at the 2nd World Bank Conference on "Public Pension Fund Management", World Bank, Washington, DC, May 5－7, 2003, p.18.

益增加,其中相当一部分用于公共住宅的开发。但新加坡的宪法和不成文法都没有对土地财产权作出规定,当房产被购买以后,房产下面的地产却依然还是属于国家。这样,住宅的产权价值在转换成养老基金的收入时就存在许多困难,交易费用非常高,严重地影响了中央公积金的资产流动性。于是,这30年期间的住宅投资导致的结果现在已经开始显现出来:由于房产的主人不是地产的主人,所以房产抵押交易的市场就发展不起来,二级市场几乎没有形成,几乎没有交易,而另一方面,严峻事实是,新加坡大约85%的人口居住在这种公共住宅当中。这样的资产在中央公积金的账面上似乎"价值很高",但却很难变现,所以造成了事实上的低收益率。

第五个问题是,上述"社会投资"造成的低收益率导致政府不得不出面对利率进行"管理"。由于利率是经过"管理的",而非真实的资本市场的回报率,于是,中央公积金余额的"非透明性"就显现出来,进而中央财政总储备金的"非责任性"也受到关注,更重要的是,这样长此以往下去,"DC型完全积累制"的中央公积金实际上几近变成了一种"名义待遇确定型"(NDB)的现收现付制。这一点,就连新加坡国立大学的学者都不得不承认①。在某种角度上讲,这种"制度蜕变"正在发生,并已经迫在眉睫。

上述五个问题使新加坡DC型的积累制的性质大打折扣,尤其是第五个问题,这个既"单一"(一个支柱)又"复合"(综合社会福利计划)的特点致使新加坡人只能将生老病死全都系在这个中央公积金的身上,一旦这个支柱出现问题,国家就会承受完全的财政风险,而缴费者个人也将承受较大的心理压力。

但是,与其他国家的公积金制度相比,新加坡中央公积金的一个优势是,缴费者即会员个人可以申请一个"投资账户"对资本市场进行投资。虽然中央公积金的全部资产几乎用于购买政府债券,但规定会员可以将其相当一部分进行个人投资。与新加坡中央公积金的投资政策相比,个人投资具有很大的灵活性:根据"退休前提款计划"的规定,个人账户里实现的收益不能抽回用于投资,可以申请提取本金(即"普通账户"和"特殊账户"的缴费),但只能

---

① Mukul G. Asher, "Governance and Investment of Provident and Pension Fund: The Case of Singapore and India", a paper presented at the 2nd World Bank Conference on "Public Pension Fund Management", World Bank, Washington, DC, May 5 - 7, 2003, p.17.

将其投资到新开设的一个"投资账户"里,对所规定的资产进行投资。个人投资的资产规模呈不断上升的趋势,以 2002 年 12 月 31 日为例,"普通账户"提款投资的人数为 722001,占全部会员的 21.4%,提取总额为 238 亿新元(136 亿美元),占其账户存量的 31.6%,平均每人投资 3.3 万新元(18851 美元);特殊账户提取总额是 48 亿新元(27 亿美元),占 24%,407126 人,占总数的13.6%,平均每人投资 1 万新元(5870 美元)。在"普通账户"和"特殊账户"投资的人中有相当一部分是交叉重叠的,从数量上看,大约有 30% 的会员进入了投资账户。

这 30% 的会员的投资组合大致情况是,以 2002 年 12 月 31 日为例,在普通账户中:股票、贷款股票和产权基金 77.72 亿新元(32.6%),保险单 134.71亿新元(56.6%),信托机构 240.43 亿新元(10.1%),其他 107.07 亿新元(0.7%),投资总额为 238.186 亿新元。在特殊账户中,保险单 34.757 亿新元(83.1%),信托机构 7.016 亿新元(16.8%),存款 460 万新元(0.1%),总计为40.819 亿新元[①]。

在个人投资中,新加坡信托机构的交易费用很高,一般在 5%—7% 之间,所以,个人账户中的投资行为主要是由个人决策实施并完成的,而不是委托给信托机构代理;过高的交易费用在一定程度上限制了投资的积极性。信托基金投资代理之所以费用很高,一是因为基金业不发达,没有规模经济效应,二是没有形成一个规范和良好的竞争环境。据悉,个人投资收益表现不佳。

目前新加坡政府考虑的问题是,为提高中央公积金的收益率,打算将10%—15% 中央公积金资产转移投资到其他部门;在 2—4 年里,将中央公积金余额 547 亿美元委托给基金管理公司;还计划对个人投资的金融资产严加限制,并打算将之集中管理起来;等等。

截至 2002 年 12 月底,中央公积金的资产为 547 亿美元,相当于 GDP 的61.9%,新加坡中央公积金人均账户净余额为 5.36 万新元,中央公积金的净

　　① Mukul G. Asher, "Governance and Investment of Provident and Pension Fund: The Case of Singapore and India", a paper presented at the 2ⁿᵈ World Bank Conference on "Public Pension Fund Management", World Bank, Washington, DC, May 5－7, 2003,. pp.29－31.

余额为 682.22 亿新元①。

四、印度"雇员公积金组织"的前车之鉴

印度社会保障系统非常复杂,实行的是条条与块块相结合的管理体制,从大的方面来分,可以将之分为五个部分:一是中央和地方政府设立的公务员计划,一般来说,地方政府的计划模式是效法中央政府的;二是诸如联邦储备银行、保险公司、电力石油等部门公共企业的计划,由本部门自己管理,监管乏力,透明度差,虽然它们大多数是缴费型的,但对大多数人来说其计算公式和具体细节是不得而知的,甚至连他们的上级也不十分清楚;三是覆盖几乎所有私人部门的"雇员公积金组织"(EPFO),它成立于 1952 年,雇佣人数超过 20人以上的企业必须参加,目前覆盖人数为 2800 万人,大约 30 万个企业;四是自愿型税收优惠的个人储蓄计划,如邮政储蓄、银行计划、个人储蓄、公司企业的生命保险年金等;五是由中央政府和地方政府设立的名目繁多的对弱势群体实施的社会救助计划,它们标准不一,条件各异,服务质量也不尽如人意。

人们通常所说的印度社会保障基金一般是指上述覆盖范围最广的"雇员公积金组织"(EPFO)。它由 4 个"子计划"组成:最大的是"雇员公积金计划"(EPF),它几乎占总资产的 2/3,其次是 3 个比较小的"雇员养老基金计划(EPS)"、"雇员储蓄计划"(EDL)和"保险计划"(EDLI)。2001 年 3 月 31 日的资产总额是 231 亿美元,相当于 GDP 的 5.84%。如果加上其他养老计划和储蓄计划,估计总资产将达 GDP 的 20%左右。

在"雇员公积金组织"中,既有属于 DC 型的,也有 DB 型的,缴费率是工薪总额的 23%,中央政府对其资产行使保值增值的责任和具体的投资运行。在 1998 年之前,"雇员公积金组织"几乎全部投资于政府债券和"社会投资";1998 年印度政府对投资策略进行了改革,决定允许最多可以将 10%的资产投资于经过评估的私人企业债券和股票。但出于对风险的担心,工会强烈反对投资股票的政府行为,迫

① Mukul G. Asher, "Governance and Investment of Provident and Pension Fund: The Case of Singapore and India", a paper presented at the 2nd World Bank Conference on "Public Pension Fund Management", World Bank, Washington, DC, May 5-7, 2003, p.27, Table 5.

于压力,印度政府越来越倾向于减少对资本市场的投资。所以,印度1998年改革的结果是,即使在10%以下,对股票进行投资限制事实上也非常严格,等于基本上排除了股票投资的可能性,而主要还是以购买政府债券和银行存款为主①。印度"雇员公积金组织"投资组合的指导原则如表5所示。

表5　印度"雇员公积金组织"(EPF)投资战略指导原则

序号	投资资产种类	投资比例
1	中央政府债券	25%
2	(a)地方政府债券, 和/或(b)除了下属第3类以外的任何由中央和地方政府无条件担保的其他债券	15%
3	(a)"公共金融机构"、"公共部门公司"、"基础设施与金融有限公司"(IDFC)的债券, 和/或(b)公共部门银行发行的存款凭证	40%
4	由投资委员会决定上述任何类型的债券和证券	20%
5	为了确保投收益的安全性,投资委员会可以决定从上述第4类的投资中抽出10%投入到任何经过由2家评估机构认可的私人部门的债券或证券之中	

资料来源:Mukul G. Asher, "Governance and Investment of Provident and Pension Fund: The Case of Singapore and India", a paper presented at the 2nd World Bank Conference on "Public Pension Fund Management", World Bank, Washington, DC, May 5 - 7, 2003, p.47, Table 8.

"社会投资"导致的回报率低下,在中央公积金制度下,其最终财政担保人事实上是中央政府。所以,与新加坡中央公积金的名义利率一样,印度"雇员公积金组织"的名义利率也备受人们的关注。既然许多实行中央公积金的国家其名义利率多少含有一些政治色彩,而不是完全市场化的,那么,印度也当然也不能例外,例如,当银行或其他金融机构的利率结构整体下调时,公积金的名义利率却没有下调的趋势。这样就等于对公积金给予了财政补贴,从而扭曲了市场的利率结构,在社会的各种储蓄工具中人为地制造了一个替代品。

1986—2000年印度"雇员公积金组织"宣布的名义利率是年均11.8%,这

---

① Augusto Iglesias and Robert J. Palacios, "Managing Public Pension Reserves Part I: Evidence from the International Experience", Social Protection Discussion Paper Series No. 0003, Social Protection Unit, Human Development Network, The World Bank, Washington DC, January 2000, p.12.

个利率显然是经过"管理的","覆盖"了其他投资的真实结果;虽然这个利率水平一直被"保持着",但同期通胀率为9.0%,所以实际收益率仅为2.8%,而同期 GDP 增长率几乎是这个 2.8%名义收益率的 2 倍,这就意味着退休后工资替代率非常低,退休的生活水平日益下降。当然,与新加坡中央公积金相比,印度 2.8%这个实际收益率是还是比较令人满意的①。

"雇员公积金组织"投资委员会隶属劳工部,其成员由部长任命,实行代表制,由政府、雇员和雇主派员参加。总的来说,"雇员公积金组织"的服务质量很差。为提高投资收益率和服务质量,印度政府拟启动一个"重塑雇员公积金组织"的 3 年计划:从 2003—2004 年开始进入中央政府的公务员实行 DC 制,每个人将拥有一个个人账户;成立一个"养老基金监管与发展署",隶属财政部;拟为个人账户提供一个一揽子投资计划以供选择;将公积金和所有的养老基金从中央和地方的财政预算中分离出来;逐渐将"管理的利率"改造成为"市场的利率";为"雇员公积金组织"提供专业技术人才;加强信息披露制度,加大监管力度等。

五、肯尼亚"全国社保基金"的深重教训

肯尼亚的社会保障制度可以分为四个层次:第一是非缴费型的"公务员养老金计划"(CSSPS),第二是强制性覆盖所有正规部门领薪者的"全国社会保障基金"(NSSF),第三是由雇主自愿设立的混合型"职业养老金计划"(ORSBS),第四是自愿参加的由保险公司和基金管理公司提供的"个人养老计划"。全部资产规模大约是 18 亿美元,占 GDP 的 20%;其中"公务员养老金计划"占全部资产规模的百分比为 0%,"全国社会保障基金"为 38%,"职业养老金计划"61%,"个人养老计划"为 1%。这四个层次的养老体系覆盖了经济活动人口的 15%,其中,第一层次占 22%,第二层次 67%,第三层次为 11%。②

---

① Mukul G. Asher, "Governance and Investment of Provident and Pension Fund: The Case of Singapore and India", a paper presented at the 2nd World Bank Conference on "Public Pension Fund Management", World Bank, Washington, DC, May 5 – 7, 2003, pp.49 – 50.

② 关于肯尼亚的这部分内容中,凡没有专门注明出处的数据,均引自如下资料:Edward Odundo, "Supervision of A Public Pension Fund: Experience And Challenges In Kenya", a paper presented at the 2nd World Bank Conference on "Public Pension Fund Management", World Bank, Washington, DC, May 5 – 7 ,2003。

从上述肯尼亚社会保障制度的架构来看,一般来说,肯尼亚社保制度或社保基金就是指第二个层次覆盖所有正规部门领薪者的"全国社会保障基金"(NSSF)。"全国社会保障基金法案"规定,该基金的性质是"中央公积金",其职能是为工人退休提供安全保障,集合工人的缴费,并负责基金的投资等事宜。基金理事会实行代表制,雇主和雇员各有两名代表参加,劳工部长和总统府主任为秘书长,隶属于劳工部。缴费率是雇主和雇员各5%,法定退休年龄为55岁。

肯尼亚《退休津贴法案》(RBA)对"全国社会保障基金"的投资政策制定了一个指导原则,即对购买的金融产品比例划定了一个上限比例:现金不得超过5%,固定收入的存款或其他类似债券不得超过30%,本国政府债券不得超过70%,上市股票不得超过70%,非上市股票不得超过5%,不动产不得超过5%,担保基金100%,其他不得超过5%。

几十年来,肯尼亚"全国社会保障基金"的投资收益率几乎始终呈负值,很不理想。表6是根据该基金高级官员2003年5月提供给世界银行的数据制定的。

表6　1995—2000年肯尼亚"全国社保基金"的收益率及其比较

年份 项目与比较	1995	1996	1997	1998	1999	2000	年平均
私人保险公司的收益率(%)	18	20	21	21	12.5	11	17.25
"全国社保基金"收益率(%)	15	15	7	7	2	3	7.17
通胀率(%)	2.5	7	12	12	6	10	7.42

资料来源:根据下述资料计算并制定:Edward Odundo, "Supervision of A Public Pension Fund: Experience And Challenges In Kenya", a paper presented at the 2nd World Bank Conference on "Public Pension Fund Management", World Bank, Washington, DC, May 5–7, 2003, p.16。

从表6中可以看出,"全国社保基金"的收益率平均为7.17%,与私人保险公司相比差距甚大,少了10个百分点,这恐怕就是肯尼亚私人保险基金非常发达并且其资产规模几乎是"全国社保基金"2倍的重要原因;此外,我们还可以看出,虽然"全国社保基金"的名义收益率为7.17%,但同期的通胀率为7.42%,这样其实际收益率就为-0.25%。即使这样,这个收益率已经是非常令肯尼亚纳税人非常高兴了,因为20世纪80年代的收益率是-3.8%,并且,这个收益率已经比大多数发展中国家"政府控制型"的社保基金投资收益率好多了。

导致投资收益率低下的原因很多。首先,由于资本市场不完善和金融秩序混乱,银行和金融机构资产质量不好,甚至银行存款也有很大风险。分布在 16 家银行的存款中,有 4 家由于经营或其他问题而倒闭,占存款总量的 24%。[①] 其次,基金理事会求利心切,常常违规操作,结果是欲速则不达,加上监管稽查不利等原因经常造成收益损失。例如,2002 年的资产分布情况是:现金 7%,存款 6%,政府债券仅为 5%,上市股票为 9%,非上市股票为 1%,不动产竟高达72%。其中,对不动产的投资比例高出规定 30%的一倍还多,而政府债券的投资比例仅有 5%,远远低于规定的比例,这些违规操作是造成收益率低下的重要原因之一[②]。另外,"基金理事会"千方百计地规避或拒绝《退休津贴法案》(RBA)对它的监管,这一点就连"基金理事会"的官员也不得不承认,例如,擅自提名任命理事会成员(大约占其 1/3),擅自指定基金管理人,从而造成严重的腐败现象。再次,监管制度不顺,权力交叉。例如,《退休津贴法案》是财政部负责起草的,但"全国社保基金"隶属于劳工部;对该基金投资管理权限的划分也存在着矛盾和分歧,部门利益至上,规章制度束之高阁,例如理事会极力反对裁员计划,降低行政费用的措施难以实施。最后,还有一个重要的客观因素就是金融投资工具匮乏,流动性很差,对不动产行业的大量涌入导致房地产市场价格波动,致使资产流动性更差,陷入恶性循环,基金的账面价值与市场价值的背离日益扩大。"基金理事会"的官员坦诚地说,造成上述问题的一个重要原因是来自行政方面的指令和干预太多,"基金理事会"很难完全按照法律规章制度行事。

由于收益率始终呈负值,截至 2002 年底,"全国社保基金"的累积赤字已达其资产的 5.2%。面对沉重的财政困难,一些政府官员强烈呼吁对肯尼亚社会

---

① 根据下述资料的图形计算得出:Edward Odundo, "Supervision of A Public Pension Fund: Experience And Challenges In Kenya", a paper presented at the 2nd World Bank Conference on "Public Pension Fund Management", World Bank, Washington, DC, May 5-7, 2003, p.17。

② Edward Odundo, "Supervision of A Public Pension Fund: Experience And Challenges In Kenya", a paper presented at the 2nd World Bank Conference on "Public Pension Fund Management", World Bank, Washington, DC, May 5-7, 2003, p.14.

保障制度和公积金制度进行彻底地改革。据悉,肯尼亚下一步的改革主要集中在以下几个方面:严格遵守《退休津贴法案》,任何人不得进行干预;将目前"全国社保基金"从中央公积金的结构改造成为一个"保险计划"的架构;建立一些养老计划以期对"全国社保基金"形成竞争的态势;对目前的"公务员养老金计划"进行彻底地改革,包括将其改造成为缴费型的完全积累制,并置于《退休津贴法案》管理之下;建立一个独立的投资委员会;雇员与雇主共同缴费;津贴给付的标准与结构应该合理化;其投资与行政应由专业人士管理。

六、香港"强积金"的性质及其市场投资策略

中国香港特别行政区的基本养老制度是"强制性公积金"(下简称"强积金",MPF)。强积金制度条例的草拟始于 1995 年 8 月,1998 年 4 月得以通过,1999 年 3 月开始公布实施时间表,2000 年 12 月 1 日正式开始缴费实施。

强积金法例规定,除了家庭雇工、公务员、小商小贩、在港工作不足一年或已加入海外养老计划、在 2000 年 12 月 1 日强积金制度实施之日已达 64 岁及欧盟所属机构人员等被列为豁免名单外,凡年龄在 18 至 65 岁之间的雇员和自由职业者只要不少于 60 天的工作日都必须参加强积金计划,所有雇主必须为雇员设立强积金计划。缴费办法是雇主与雇员以及自雇者缴纳其工资收入的 5%,法定缴费上限为 2 万港币/月,雇员和自雇者的缴费下限为 4000 港币/月。在给付方面,除死亡、提前退休、累计余额少于 5000 元港币并在过去12 个月中没有缴费或永久离开香港的以外,个人账户内累计余额不得一次性提取;强积金制度实行完全积累的个人账户制度,给付条件为 DC 型;基于此,强积金具有良好的便携性和流动性,当雇员转换工作和职业时,其个人账户内的累计权益完全可以转移至新的雇主计划之中。

强积金计划分为三类。第一类是"雇主计划"。雇主计划又分为两种:一种是只供那些受雇于同一雇主的雇员参加的计划;另一种对成员资格具有一定的限制,规定必须有相当数量的雇员方可参加以发挥规模效应,因此,只有大型公司才有可能考虑设立此种计划。第二类是"集成信托计划"。它也分为两种:一种是主要由来自不同雇主的,其累计权益会进行转移的雇员参加的计划;另一种是小型雇主的缴费集中管理和投资的计划,这种计划很适合中小

型公司参加。第三类是"行业计划"。它可被分为四种:一是专为雇员流动性高并按日发薪的行业而设立的计划;二是为饮食业及建造业设立的行业计划;三是法律并没有强制规定雇主必须参加、雇主可以选择并由雇员自愿参加的行业计划;四是同一行业的计划,就是说由于其前雇主及新雇主均参加同一行业计划,所以在调转工作时就无须进行转换,这样就节省了计划转换时所须承担的行政费用。

　　虽然强积金投资监管事宜由香港"强制性公积金计划管理局"(积金局)统一负责,但在投资方面则完全是分散型的市场投资,保险公司、基金投资管理公司和银行等许多金融机构均有资格参与这个市场的竞争。目前在强积金市场内大约有 20 个核准受托人。对受托人的资格限制比较严格,规定必须符合条例所规定的缴足股本及净资产款额不少于港币 1.5 亿元。这些规定显然有利于那些具有一定规模的保险公司和银行等机构,因为它们有能力为投资者提供一系列从进取到稳健、从高风险到低风险等不同风险程度的产品品种,并为客户提供以保本形式营运的所谓"保证组合"以满足客户多样化的选择,以使客户在投资时可以预计到将来所承受的最低风险。于是,香港资本市场上够资格的众多投资机构纷纷加入了强积金的市场"瓜分"行列之中,以求在竞争激烈的市场中分得一杯美羹。它们根据强积金条例的投资指南,例如根据最少有 30%的资产投资于香港市场的要求,设计出了多样化的投资品种。以富达基金为例,它为客户设计了多达 9 个投资基金以适应不同需求的客户,按照风险由高向低的顺序排列,它们分别是:"香港股票基金"(资产分布是90%香港股票、7%香港债券和 3%现金)、"环球股票基金"(资产分布是 97%为环球股票、3%债券和现金)、"增长基金"(90%环球股票、7%环球债券和3%现金)、"均衡基金"(70%环球股票、25%环球债券和 5%现金)、"平稳增长基金"(环球股票 50%、环球债券 45%和 5%现金)、"资本稳定基金"(60%环球债券、30%环球股票和 10%现金)、"香港债券基金"(90%债券和 10%现金)、"国际债券基金"(90%环球债券和 10%现金)、"保本基金"(100%为短期存款和货币市场票据)。①

----

① 　上述资料引自 http://mpf. fidelity. com. hk/Chinese/employee/index2 _ EmployeeInvest Strategy_mpf.htm。

　　我们这里之所以不厌其烦地分析香港强积金的缴费和给付方式、投资管理的制度运作细节等,是想说明和澄清这样一个问题:虽然香港强积金与前面几个英国前殖民地一样,也使用了"公积金"这个术语,但其制度特征已远不是公积金制度本来的面目和内涵,而是一个地道的 DC 型完全积累制,尤其是,其投资的市场化行为比美国"TSP 养老基金"的投资模式走得更远。例如,在个人分散投资决策方面虽然与美国"TSP 养老基金"很相像,但"TSP 养老基金"的 5 个投资基金均由政府出面设立,带有垄断的性质和强烈的"官办"色彩,而香港强积金制度下的投资工具则完全由市场供给关系来调节和决定,由投资机构根据市场需求而自主设计和销售。所以,从个人投资完全市场化这个重要特征来看,香港强积金制度是一个私有化程度更高和市场化更彻底的 DC 型完全积累制"智利模式",而绝不是中央公积金制。中央公积金与 DC 型完全积累制之间的唯一区别在于它们的投资行为主体是不一样的,前者为中央政府,后者是缴费者个人;其他在几乎所有方面都是相同的,例如,同样具有个人储蓄型账户、同样是 DC 型给付方式、同样是投资于政府债券或资本市场的组合等。由此看来,在表 1 中世界银行把香港列入"完全市场型"的管理类型是非常恰当的。

　　据悉,目前已参加强积金计划的雇主、雇员和自由职业者总数已高达 200 多万人。虽然 2000 年 12 月 1 日强积金计划启动时很快就覆盖了香港 90% 的就业人口,但其收益率一直很低,例如整个 2001 年,集成计划累积资产净值为 196 亿港元,其中约有 63% 选择了股票以及包括股票、债券及现金的均衡基金,它们大部分出现亏损,强积金投资基金逾六成亏损。① 2003 年的情况稍好,由于港股升势持续,强积金在 2003 年 1—10 月的平均回报率达 13.23%,与 2001 年首度推出时的亏损相比有了极大的改善。②

七、"中央公积金"制度对中国的启示

　　无论是从上述中央公积金制度两个特征和两个倾向来说,还是从实行中

① 见 http://fayhoo.163.com/editor/010521/010521_46365.html。
② 见 http://news.fjii.com/2003/10/14/167156.htm。

央公积金制度的上述 4 个国家的一些经验教训来看,或是从社保基金 3 个管理类型来分析,作为最大的发展中国家的中国至少应该注意以下八个方面的问题:

第一,就收益率来看,表 1 列出的 3 种类型的投资管理模式中,目前获得的资料显示,"政府直接控制型"和"完全市场型"比较理想,而"政府间接控制型"即中央公积金的效果不甚理想。在实行中央公积金的国家中,凡是收益率相对比较好的,大多都是以购买政府债券为主或几乎全部用于购买政府债券的国家(例如马来西亚),而用于购买股票的比例很小或几乎没有;凡是投资于股票的,收益率都不尽理想,购买比例越大,收益率就越低(例如肯尼亚)。

第二,就投资资产分布来看,如果"社会投资"的比重较大,过度的"社会投资"必然造成其资产流动性较差,这几乎已经成为所有发达和发展中国家乃至实行中央公积金国家的共同教训,也日益成为一个铁律。"社会投资"比例越少,收益率一般来说就越高一些,后遗症也就越少一些,甚至日本和韩国等其他 OECD 国家也为人们显示了这样的经验教训。

第三,社保基金投资的法律规定要与其他相关的法律规定相互配套。在新加坡的"社会投资"中,由于不动产等其他涉及资本市场相关法律法规的改革没有与之相配套而导致了公积金的流动性较差;或者反过来说,社保基金的投资策略在一定程度上应考虑到适应本国的特殊国情,扬长避短,在这方面即使一些 OECD 国家也积累了许多教训。

第四,就社保基金与资本市场的关系来看,它们之间的关系更多的是互依互存、各为前提、相伴相随、互为促进。一方面,社保基金的投资与增值急需资本市场的迅速发展与回应,否则将成为无米之炊和无本之木。完善发达的资本市场是实行中央公积金制度和政府投资多元化的一个重要外部条件,否则,金融部门的改革与发展跟不上,金融产品匮乏,社保基金的投资就无从谈起,进入资本市场就会存在很大的潜在风险,甚至连银行存款也将受到一定的威胁。另一方面,社保基金的投资对其发育与发展具有正面的促进作用,有利于资本市场的进一步完善和成熟,可以催生某些金融领域的成长。但同时,人们应该注意两个问题:一是在大力发展资本市场的过程中,切不可一蹴而就,揠苗助长只能适得其反,事倍功半;二是资本市场的发展切不可完全寄托于社保基金的"加入",社保基金的入市对资本市场的推动只能到某一个点为止,而后者的发展主要还靠其他诸多法律法规的建立与完善,靠相关机构的共同努力,短期内不应对此寄予过高的期望。

第五,就中央公积金的投资来看,即使其内部条件已经完全适合于进入股市即其结构是 DC 型积累制的,但如果外部条件不成熟即资本市场不发达,投资多元化的策略也大多将会成为一个"败笔"。在这种情况下,如果政府出面对其债券名义收益率给予"管理"以"弥补"和"掩盖"一部分来自资本市场的损失,那么,其后果就不仅仅是囿于 DC 型积累制流于形式的问题了,而很可能会进一步导致:(1)事实上的中央预算软约束提供的利息补贴会带有"计划经济"痕迹之嫌。(2)进而可能会扰乱资本市场正常的孳息水平与结构。(3)对社保基金分账核算管理制度的侵蚀将有可能导致 DC 型积累制演变成事实上的"名义待遇确定型"(NDB)的现收现付制。这个结果不仅有悖于积累制的世界性改革潮流,甚至离有限与温和的"名义缴费确定型"(NDC,即"名义账户"制)的改革潮流也越来越远,是一个制度上的倒退。

第六,中央公积金的总体设计上要避免两个误区。一个是要避免"大而全",如果将养老、医疗、保健、住房、教育、投资、家庭保障等所有功能和领域统统设计在中央公积金这"一个篮子"里,使之成一个综合性社会保障体系,抵御财政风险的能力将受到潜在的威胁。第二个误区是,世界银行推荐的"多支柱"概念告诉人们,养老保障要大力发展第二和第三支柱,高度集中的"单支柱"养老模式不应该成为中央公积金模式的唯一。对"新加坡模式"的评论,学界见仁见智,但在一段时期里曾被舆论视为一个理想样板,有的将之与国内的社保制度和上海等住房公积金制度进行比较以"寻找差距"并予以效法,还有的学术研究探讨"新加坡模式"在中国移植的可行性,近十年来对新加坡模式"居者有其屋"等进行渲染与盲目崇拜的文字更是汗牛充栋。① 对上述两个误区的分析试图告诉人们,在中央公积金的概念里或在"政府间接控制型"的社保基金模式里,新加坡作为被"追捧"对象的光环已经不复存在。它的教训远远多于经验,如果实在需要再找一个"样板"予以"填补",除了个

---

① 关于这方面的情况,见 http://time.dufe.edu.cn/jjwencong/chshi07.htm, http://qzr.51.net/overseas/Singapore/951.htm。

人投资账户的设计以外,无论在哪个方面,马来西亚将是可以替而代之的一个"后来者"。

第七,实行中央公积金制度需要较好的外部宏观经济环境。中央公积金投资业绩的表现在很大程度上取决于外部的宏观经济环境对其可能产生的潜在影响,例如,较高的通胀率、较高的储蓄率、对机构投资者可能产生较大影响的证券市场建章立制的目标取向和预期,甚至其他一些产业政策的相关调整等等,它们都会间接或直接地影响到投资绩效。考虑到了这些因素对公积金投资业绩的限制和影响,对它的评价就能更为客观、公道和宽容一些。换个角度讲,单项经济改革的绩效往往取决于整体改革的进度和宏观经济环境的改善程度。对社保基金投资绩效的评价同样也不例外。

第八,与上述实行中央公积金制度的国家相比,中国社保基金入市目前存在的问题。(1)笔者在多个场合表达过,社保基金的属性决定了它能否入市和如何入市,而社保制度又是决定社保基金属性的根本因素。虽然中国"全国社保基金"也将其一部分储备投资于股市,但与上述国家公积金的投资行为相比,它们具有本质的区别:第一,它们的制度架构是 DC 型积累制,符合入市的资格条件,而中国的制度则是统账结合的半积累制,可以入市的那部分本应是个人账户中的积累余额,但它却是空账运行,目前入市的部分基本上来自于财政拨款;第二,上述原因决定了这样一个事实,即在上述中央公积金的投资中它们的缴费与投资收益之间理论上讲存在着精算关系,而中国的则没有这种关系,近似于现收现付制下的社保基金入市;第三,现收现付制下社保基金入市是一种非理性行为,对资本市场具有一些负面影响;第四,鉴于此,中国的社保基金入市与中央公积金的股市投资之间,它们基本是没有可比性的。(2)中国社保基金已经入市,这项举措就将社保制度的改革问题挤到了前台:必须改革以使社保基金能够"理性"地进入资本市场。目前我们有两个办法可供选择:第一个办法是推广"辽宁试点"的经验,"做实"个人账户并使划入个人账户的那部分入市。但这个办法面临两个难题,一个是需要数额较大的转型成本,根据"辽宁试点"所需资金的推算,大约需要几千亿元人民币①;另

---

① 笔者认为,"辽宁试点"存在许多问题,个人缴费由 11% 缩小为 8% 等一些制度设计基本是不成功的。

一个困难更大,在一个很不成熟的资本市场面前,"做实"个人账户后的资金投资于股市之后将很可能遭遇较大的市场风险,不确定性非常大。因此,对于诸如中国这样的资本市场很不发达的转型国家,笔者主张眼下应放弃这个办法即放弃这个"模式二"。第二个办法是采取"名义账户制",即采用入市的"模式三"或"模式四"。① 采用"名义账户"制入市模式的好处正好可以解决上述两个难题即转型成本问题和资本市场不发达问题。(3)可以这样说,就目前中国资本市场的现状(如果投资于资本市场的话)来看,或就天文数字的转型成本的缺口(如果仅投资于政府债券的话)来看,将其改造成为中央公积金是存在很大难度的,是不现实的,它不适用于中国的上述具体国情。仅转型成本这一困难就足以使之成为不可能。② (4)对中国社保基金在是否和如何入市这个层面上的单一研究已经不能完全解决问题的实质。就事论事于事无补,坐而论道会坐失良机。改革的迫切性和综合性要求人们有一个"大社保"的概念,将三个支柱统筹起来予以规划,不能各行其是。例如,对账户内积累余额的投资策略、对社保基金地方余额(大约 1600 亿)的管理和投资政策与模式的制定、对中央社保基金的投资理念等均需要一并予以总体设计,不管是"分散型管理"还是"集中型管理",都牵涉到基金投资模式的选择问题。在这个一揽子设计中,自然要牵涉和考虑到缴费率的设定(目前的缴费率太高)、目标替代率的设定(目前的实际情况也是太高)、如何将第二支柱即企业补充保险设计进来以配套于整体社保制度(第一支柱让出来的空间要转移给第二支柱)甚至第三支柱的制度安排(这是促进资本市场发育的重要方面之一)等许多问题。正是从制度转型过程中百废待兴这个角度上讲,社保基金的入市行为把社保制度深化改革的议程"挤"到了前排。(5)对于中国来说,对国外"政府直接控制型"、"完全市场型"和实行中央公积金国家的改革趋势也应予以关注,以及时吸取其经验教训和发挥中国的"后发优势",建立一个符合中国国情并具有中国特色的社保基金投资战略。好在对于中国这样一个年轻的

---

① 关于这四个入市模式的内容和详细论述,参见郑秉文:《DC 型积累制社保基金的优势与投资策略——美国"TSP 模式"的启示与中国社保基金入市的路径选择》,《中国社会科学院研究生院学报》2004 年第 1 期。

② 例如,如果欧盟国家全部"做实"个人账户,所需转型成本相当于其工资总额的 645%,或几乎等于欧盟 GDP 的 300%,或欧盟全部资本存量的 1/2。即使富甲天下的美国,其转型方案也是开始于将个人账户"做实"其工资税的 2%。

社保制度来说,"道路依赖"的惯性较小,掣肘因素不多。这是一个福音,是一个有效率并可以利用的优势。总而言之,中央公积金模式也好,其他两种类型社保基金管理模式也罢,它们的经验和教训都向我们昭示:中国社保基金入市的行为已迫使我们的社保制度到了非改革而不行的时候了。

参考文献:

郑秉文:《DC 型积累制社保基金的优势与投资策略——美国"TSP 模式"的启示与中国社保基金入市的路径选择》,《中国社会科学院研究生院学报》2004 年第 1 期。

Augusto Iglesias and Robert J. Palacios, "Managing Public Pension Reserves Part I: Evidence from the International Experience", Social Protection Discussion Paper Series No. 0003, Social Protection Unit, Human Development Network, The World Bank, Washington DC, January 2000.

Edward Odundo, "Supervision of A Public Pension Fund: Experience And Challenges In Kenya", a paper presented at the 2nd World Bank Conference on "Public Pension Fund Management", World Bank, Washington, DC, May 5 – 7, 2003.

Palacios, R. and M. Pallares-Miralles, "International Patterns of Pension Provision", Human Development Network, Social Protection Discussion Working Paper Series No.0009. World Bank, Washington DC, April 2000.

Thillainathan, R., "The Employees Provident Fund of Malaysia: Allocation, Investment Strategy and Governance Issues Revisited", a paper presented at the 2nd World Bank Conference on "Public Pension Fund Management", World Bank, Washington, DC, May 3 – 6, 2003.

Mukul G. Asher, "Governance and Investment of Provident and Pension Fund: The Case of Singapore and India", a paper presented at the 2nd World Bank Conference on "Public Pension Fund Management", World Bank, Washington, DC, May 5 – 7, 2003.

(本文原载于《辽宁大学学报》2004 年第 1 期,第 107—121 页)

社保基金投资股市对经济增长的影响

内容提要：本文在一系列假定条件下分析了中央社保基金投资资本市场对经济增长和包括储蓄、收入分配、消费、价格等在内的宏观经济条件的影响。本文认为，总的来说中央社保基金投资包括股市在内的资本市场对经济增长的影响具有很大的不确定性，它主要取决于其他诸多相关因素，并在很大程度上取决于心理预期和政策工具的选择。换言之，在其他条件不变的情况下其影响是很有限的，或说主要呈中性。

作为一个规范研究，本文设定的假设前提是：第一，文中使用的概念"中央社保基金"是指实行 DB 型现收现付制的给付余额的基金储备，而基本不含 DC 型完全积累制下分散型投资决策的个人账户基金，如智利或中国香港地区的强积金等；该概念基本适用于诸如额外提高保险税、财政转移和其他一切非社会保障制度的缴费资金来源而建立的社保基金。第二，本文社保基金投资资本市场是指，在实行 DB 型现收现付制下其给付余额的基金储备完全投资于政府债券的给定状态下，试图向投资于资本市场过渡与转换，还指由其他一切非社会保障制度的融资渠道而形成的社保基金在其建立的初始状态下试图投资于资本市场的情况；它适用于中央公积金制和名义账户制条件下政府部分集中投资、半积累制下用于社会统筹部分的资金投资等。第三，本文研究中"社保基金"概念是指强制性的中央社保基金，不包括自愿型的由地方政府发起的公务员补充性质的养老计划即所谓地方社保基金，这类计划属于私人市场的企业年金计划性质（如美国州立公共社保基金等），不在本研究范畴之列。第四，本文的研究是指社保基金投资股市对经济增长的"技术性"影响，不含其对市场经济的"制度性"影响（也基本不包括对上市公司投资行为的影响），这里所说市场经济是与计划经济相对应的含义。关于社保基金投资股市对市场经济制度的影响见另文①。第五，本文的研究属于一般意义的规范研究范畴，而不指个别案例国家。第六，具体讲，虽然从理论上讲中国当前实行的是"统账结合"的半积累制，但由于其现实中"空账运转"和目前"全国社保基金"的绝大部分来自中央财政划拨等特点，带有强烈的现收现付制色彩，所以本文的分析不影响在某些方面仍然对来自于社保缴费的沉淀于地方省市的 1600 多亿的支付余额和 1330 多亿的"全国社保基金"具有一定的适用性和启发性。

本文在评估社保基金投资资本市场之后对宏观经济条件的影响的时候，试图将其纳入到整体国民经济体系之中，包括评估其对储蓄、投资、GDP、收入分配的影响和对未来退休人口消费能力的支持情况即能否提高未来退休者的消费能力等。

一、对 GDP 的影响

社保基金投资股市对 GDP 的影响大多数情况下是间接的，主要是通过影响心理预期和其他政策选择之后，反过来再影响 GDP 的相关因素。例如，社保基金投资股市后，一般来说对人们的税后收入预期会产生一定影响，而税后收入反过来又会对储蓄和就业的个人决策产生影响。如果政府对私人债券的投资规模很大，对资本积累、劳动供给和国民收入就会产生一定的影响力。

政府投资股市对经济增长有什么影响？是提高还是降低 GDP？这里存在两种可能性，它取决于未来其他政府政策的选择和人们的预期及其回应，所以，一般意义上说，政府对股市投资具有很大的不确定性，尤其是人们对此回应的方式和政府处理投资盈亏的方式。这样，未来的可能性就会有若干种，每一种对经济产生的影响是不同的。在某些假设前提下，GDP 的增长速度有可能下降，但在有些假设下，GDP 则有可能提高。

---

① 换言之，对中央社保基金投资股市的研究可分为两个层次，一个是对经济增长的影响，另一个是对市场经济制度的影响。关于后者的分析，可详见郑秉文：《DB 型现收现付制社保基金的危机与投资理念——美国"联邦社保信托基金"治理结构及其不可持续性的解决途径》，《世界经济》2003 年第 11 期。

先来看投资股票对退休人口消费心理预期的影响。它存在两种可能性。一种可能性是,对于退休者来说,出现牛市的时候他们希望提高退休金的标准,股市不好的时候预期削减退休金。这样的心理预期意味着,他们希望社保基金入市后能够获得比以前更高的收入,于是,他们就很可能少储蓄,多消费。而低储蓄率将会减少资本积累,致使经济增长速度减缓。另一种可能性是,退休人口认为在他们的余生中对于熊市和牛市都有可能遇到,其退休金很可能前途未卜,就有可能多储蓄少消费以备不时之用,这样,额外的储蓄就有可能增加 GDP。

再来看对当前纳税人消费心理的影响。很显然,与对退休人口消费心理的影响差不多,也存在多种可能性,对未来的税收负担也有许多不同的预期,这些预期对储蓄的决策会产生影响。例如,对一部分人来说可能不会影响他们的储蓄计划,但有些人宁愿多储蓄一些以防备政府入市以后的风险。而另一些人则可能认为政府入市以后会带来较高的收益,进而会降低社保税的水平,所以就少储蓄。所以,中央社保基金入市对纳税人的储蓄/消费心理来说产生的影响是多样性的,于是对 GDP 的影响也就具有不确定性。

再来看对投资的影响。社保基金入市对私人投资的影响主要是通过对债券价格的影响而发挥作用的,进而会影响到对私人投资的激励程度;这样,对投资的影响就会直接影响到 GDP 的增长率。如果社保基金大规模投资股市,在一定程度上会提高股票的价格,降低债券的价格,所产生的后果就很可能导致存款利率攀升,股票收益率下降。这是因为,政府减少了国债投资而增加了股票投资等于间接地导致私人投资者购买了额外的国债和出售了股票,相对于股票的收益预期来说,债券的利率就存在提高的可能性。这些价格变量之间的关系能否对私人投资产生直接的影响具有不确定性,但可以肯定的一点是,即使有影响,这些影响也不会很大。对投资决策来说,发挥决定性作用的是资本成本的走势,而资本成本反过来又取决于投资资本的总供给与总需求是否平衡,而不是仅仅取决于债券或股票的成本。

最后来看看投资股市的社保基金的融资渠道对 GDP 的影响。社保基金投资于资本市场的基金来源与方式对经济也具有一定的影响。一般来说,在给定条件下,社保基金投资于市场的融资方式可以有三个,它们对 GDP 的影响是不太一样的:一是发行债券对社保基金注资。这等于是在私人部门与政府之间进行了一个"等值交换",所以,对经济的影响主要表现在对风险和收益的某种再分配。二是减少公共支出予以注资。显然,通过削减支出的渠道来投资股市一般情况下可以导致储蓄增加,所以存在增加 GDP 的可能性。三是提高社保税所导致的盈余储备。相比较起来,如果采用提高边际税率的办法来进行股票投资,那势必将减少 GDP,因为提高税率有可能对储蓄和持续就业产生非常大的负激励。换言之,上述三个融资渠道所产生的这些结果最终都将取决于税收和支出是如何影响整体国民储蓄和劳动供给的,进而影响到 GDP,而绝不仅仅单方面取决于政府对股市的投资本身。

　　总体来说,不管股票投资的融资渠道如何,对社保基金入市后影响风险与收益再分配进行十分准确的预测是一件非常困难的事情,对经济的"净影响"是十分模糊的,因为它还取决于许多其他方面的政策选择。

二、对储蓄与消费的影响

　　增加国民储蓄是否可以被看作是中央社保基金投资股票"成功"与否的一个"晴雨表",对于这个问题,在学术界有一些争议,但一些经济学家坚持认为,"从技术上讲,这个评估标准应该是正确的"[1]。

　　中央社保基金入市后如果其他支出计划没有变化,社保税也没提高,而仅仅是出售了等量的公债以弥补这个缺口,那么,这样的结果仅仅是中央社保基金资产的一种置换而已。显然,简单的资产置换对国民储蓄的增加是不会产生直接影响的,在一定条件下只会产生一些间接影响,例如,对股票和债券收益的影响会间接地影响到储蓄率,就是说,会导致价格攀升和收益下降,而对政府债券的影响正好相反。如果中央政府将减少的等量非投资性的支出用于生产性投资并且取得了良好的效果,就有可能对国民储蓄产生正面的影响,甚至增加国民经济的收入。总之,中央社保基金对股市的投资是否能够导致国民储蓄的增加,这更多的是取决于中央政府其他领域的政策取向。就中央社保基金能够简单地和成功地实现从政府债券向股票市场进行置换这一个方面

---

　　① Lawrence J. White, "Investing the Assets of the Social Security Trust Funds in Equity Securities: An Analysis", in *Perspective*, published by Investment Company Institute, Volume 2, Number 4, May 1996, p.10.

来说,国民储蓄率受到影响的可能性不会很大。

　　未来退休人口的消费能力取决于未来实际收入水平,而后者反过来又部分地取决于前几年的储蓄率和这些储蓄用于生产性投资的比例和效果等其他因素。在股票投资收益大于政府债券投资收益和其他条件不变的假设前提下,未来较高的收入很可能提高退休人口潜在的消费能力;但是,在消费能力与消费意愿之间并不存在必然的联系,因为它还受到未来个人所得税的水平等其他一些变量的影响,如果税后收入水平低于当前水平,消费能力将受到影响;如果将来社会保障税上调,就意味着提高了劳动力成本,或者说降低了工资收入,这样就会扭曲或影响雇主的劳动/资本效用的决策和工人的就业决策,进而对就业形势产生负面影响。

　　在社保基金入市没有增加国民储蓄,也没有影响未来退休人口消费能力的假定前提下,如果在一定程度上能够为缓解中央社保基金的财政压力和劳动力市场的扭曲程度作出一定贡献,社保基金入市就应该被认为是达到了一个起码的基本目的。但是无论如何,从收入分配来说,有一点是可以肯定的:如果说短期内资本市场是"零和博弈",必将有人对此付出代价,尤其在现收现付制下,社保基金的资产转换成股票将不是"免费的午餐",它意味着中央社保基金的受益人即缴费者的高收益率(当然同样是高风险)将被资本市场重新洗牌导致的低收益率所抵消。

三、对市场价格的影响

(一)对利率和股价存在着潜在的影响

　　在政府收入和支出项目与规模既定的条件下,如果财政部不得不进行公共借贷以弥补中央社保基金入市后形成的"真空",那么,社保基金投资股市对增加国民储蓄的影响就非常有限,进而对国民经济的影响也就非常小。在这个意义上,社保基金投资股票的结果只不过是在政府和市场之间进行了一个资产置换。即使政府的股票投资在市值中所占份额较小,但一般来说也是最大的单个机构投资者。作为入市的结果,政府将会增加一些股票持有量而减少一些政府债券比例,相反,一些私人投资者将会减少一些股票比例而增加一些政府债券的持有量。这样,私人投资者、中央社保基金和财政部三者各自的收益便会呈现出此消彼长的态势。由此政府和私人投资者之间的资产转换就会在一定程度上随之导致股票价格攀升和利率上扬,但幅度可能很有限并具有不确定性。

既然财政部发行额外的债券以弥补中央社保基金入市后所形成的"真空",那么,债券的价格就有可能走低,而利率上扬,从而导致利率成本增加。但是上述微小变化总的说来不会额外增加公众的收入。当政府要支付养老金并予以变现时,政府就将成为巨额资产的卖家,股票价格就有被"挤压"的可能,由此导致股市产生波动。

在有效率的资本市场中,股票的收益率一般来说主要取决于两个因素,一是利率,另一个是上市公司的项目绩效。股票不是物品(goods),而仅仅是资金链的"管道",它是当前资金链与未来资金链的"交易点"。社保基金投资于股票市场之后,一方面大量资金有可能流向评价不高的公司而造成对市场效率的伤害,另一方面弱化了公司经理人员的激励机制而对投资业绩造成了负面影响,所以,中央社保基金入市以后存在着导致资本成本有所攀升的可能性。

虽然中央社保基金入市存在着导致市场价格波动的可能性,但总的来说,影响不会很大;困难的是对中央社保基金入市后导致的这些波动很难给出比较准确的预测。美国学界曾设计了多种进入资本市场的方案,并且对入市后资本市场价格的影响作过许多预测,例如,美国会计总署曾对其进行过专门的研究,也得出同样的结论。例如,其 1998 年的一个研究报告经过测算后认为,"要想准确地预测未来十年里养老基金清仓和'联邦社保信托基金'持股是如何影响股票价格和利率的走势,那是一件很困难的事情"[1]。

(二)"股票投票权"会影响个股的价格

对于基金管理人来说,指数化投资战略基本上不需要对目标公司进行调研工作,这样可以降低行政管理费用,而且还可以减少政府投资的风险,所以,指数化投资越来越受欢迎。

但是,指数不一定能够长期、全面地反映出这些目标公司的真实财务状

---

[1] GAO, "Social Security Financing, Implications of Government Stock Investing for the Trust Fund", in *Report to the Special Committee on Aging*, U.S. Senate, the Federal Budget, and the Economy, GAO/AIMD/HEHS-98-74, April 1998, p.55.

况和经营走势,所以,即使政府选择了指数化投资战略,依然存在着"股票投票权"的博弈问题。一般来说,为保障其投资业绩和一定的收益率,政府投资存在着一种积极行使"股票投票权"和对上市公司进行干预的冲动和动机:既然指数化投资不能随意出售这些股票,对其投资者来说就存在着参与公司决策以提高经营效率的可能性。进而,政府就有可能影响公司的重大经营决策。在发达国家,一般情况下,持有 2%—3% 的股权就可以影响上市公司的决策,尤其是"行动主义"的持股人可以对小股东形成重大影响①。公共部门与私人部门、大股东与小股东的博弈结果往往存在着这样一个规律,即为了扩大其对"股票投票权"的影响力进而达到影响个股价格的目的,政府最初不管采取何种类型的股票选择政策,将来他们都将会改变其"股票投票权"的游戏规则。

四、对资源分配的影响

社保基金投资于私人债券对经济的影响还表现在对资源的分配方面。中央社保基金投资于股市意味着政府的高收益高风险,同时也意味着其他人的低收益低风险。当政府从私人手中购买债券时,从表面上看,它就将风险和收益从私人市场那里转移至中央政府身上,但从本质上看,实际是转移至当前和未来的纳税人养老金收益人的身上。对政府来说,购买私人债券之后,无论是风险预期还是收益预期,显然都大于原来持有政府债券时的情况。这样,政府未来的投资收入有可能高于也有可能低于原来投资政府债券的成本。短期内政府可以消化投资的盈亏,但长期内,如果获得较高的盈余,就应该将之"还之于民",即减少税收或提高支出;如果发生严重亏空,就最终需要提高社保税或削减支出。

中央社保基金入市除了对一代人的内部风险分担问题产生影响以外,还可能对代际之间的资源和财富分配产生重大和深远的影响,由此影响到代际之间的风险分担问题。如果入市后的实际收益低于收益预期,那由哪一代来

①　Theodore J. Angelis, "Investing Public Money in Private Markets: What Are the Right Questions", in *Framing the Social Security Debate: Values, Politics, and Economics*, National Academy of Social Insurance, Washington, D.C. 1998, pp.320－312.

承担这个缺口?

虽然相对于政府债券来说,股票投资的收益从历史记录上看是非常有吸引力的,但是,对这个"有吸引力的边际"却没有人给予担保。在股海沉浮的历史上,"股票溢价之谜"已经困扰了经济学家上百年,探索"股票溢价之谜"的文献可谓汗牛充栋,试图揭开这个谜底成了几代经济学家的追求①。在市场上,当需要支付养老金而予以变现时价格有可能滑坡,而当建仓买进时价格却很可能走高。毫无疑问,"长期持有"应该作为中央社保基金入市的一个基本理念,但是,股市在受到重创之后往往需要一个相当长的恢复时期,这个阶段甚至需要几十年的时间。1929 年经济大危机之后的三年里股市连续下滑,吞食了 90%—95% 的市值,这个黑暗的时期延续了整整 25 年,一直到 1954 年股市指数才恢复到 1929 年的水平②。25 年的时间属于整整一代人,对一代人的"剥夺"将成为对另一代人的"馈赠"。从另一个角度看,在现收现付制条件下,从理论上讲,政府应该出来做养老计划的最后担保人,那么这就意味着,当前这一代社保纳税人需要"集体"出来承担这个风险;进而,这种"社会化的风险"对社会经济政策来说显然不是一个"净收益",因为资本市场的众多投资者与养老制度的众多纳税人是不愿意承担这个风险的。

要减少中央社保基金入市后对收入分配的负面影响,应当首先减少投资风险。指数化投资是化解投资风险的一个保障,但它不能完全排除风险存在的可能性。指数化投资存在着指数的选择与组合问题,因为每个指数覆盖的行业和企业是相对"特指"的。所以,中央社保金如何选择其指数化投资组合问题也是学者们的一个重要研究领域,一般说来,他们认为,对标准普尔 500 指数的投资是一个"非常容易"的决策,但它"显然不是一个正确的答案",为了最大限度地减少代际之间资源与财富分配的风险影响,投资组合的范围似乎应该考虑得再广泛一些。但问题是,如果选择标准普尔 500,其资产分布就

---

① 例如,Rajnish Mehra and Edward C. Prescott, "The Equity Premium: A Puzzle", *Journal of Monetary Economics*, March 1985; George M. Constantinides, "Habit Formation: A Resolution of the Equity Premium Puzzle", *Journal of Political Economy*, June 1990; Chris I. Telmer, "Asset-Pricing Puzzles and Incomplete Markets", *Journal of Finance*. December 1993。

② Lawrence J. White, "Investing the Assets of the Social Security Trust Funds in Equity Securities: An Analysis", *Perspective*, published by Investment Company Institute, Volume 2, Number 4, May 1996, p.12.

仅仅包括 500 家大型工业企业；如果进一步扩大其投资组合的覆盖范围，例如加上威尔复尔 4500（Wilshire 4500）指数所覆盖的中小企业或者扩大至所有上市公司的范围，那么，这就意味着"更高的收益与更大的风险"。

五、对中央财政预算的影响

（一）分账管理与联合账户的区别

无论是投资于政府债券还是资本市场，各个国家对中央社保基金账户的设立和管理具有较大的差异性。有的国家设立联合账户，而有些国家则分账管理。在短期内中央社保基金财政平衡与否对其是否列入中央预算的联合账户是有一定的会计意义的。如果分账管理，购买股票就可以不列入预算支出，这样，股票投资就不会对预算的平衡产生影响。否则，在联合账户里，账面出现赤字，决策者就不会愿意将基金的盈余用于投资或支出，财政的约束作用就不会对提高储蓄起到促进作用。换言之，投资股票被列入支出，在短期内会显示为盈余减少和赤字增加；并且购买了股票就不能用于投资政府债券，这将减少政府总储备金。每投资股票一元钱，财政部就要减少一元钱的其他支出或减少一元的公债。这样，财政部就需要等量的公共借贷。例如，美国"联邦社保信托基金"自 1935 年成立之初在财政部一直是分账管理，没有列入联邦预算。1967 年 10 月总统委员会在给肯尼迪的《总统委员会关于预算概念的报告》中强烈建议建立一个"单一预算概念"，将所有预算程序纳入一个"联合预算"（Unified Budget）或"总预算"（Comprehensive Budget）之中，其中包括几个重要的信托基金的收入与支出。这个建议 1969 年开始被采用之后，"联邦社保信托基金"已经积累了 2.5 万亿美元资产，"联合预算"由此多年来所显示的一直是盈余。美国学界对此颇有非议，这几年一直是美国社保改革的一个重要的争论话题，成为讨论的一个焦点，许多经济学家始终主张应当将"联邦社保信托基金"从一般预算中独立出来。例如，斯坦福大学夏文教授（J. B. Shoven）2003 年 4 月发表了一篇题为《如果社保信托基金是真的，盈余的数字就是假的》的论文，该文开篇发难，他说，"美国政府在 1998、1999、2000 和 2001 财政年度出现大量盈余。这是怎么获得的？所有的政府文件都是这样显示的，两党的政治家也都跟着这样说"。夏文详细地剖析了联合账户的诸多弊端之后,给出的结论是,"信托基金购买特殊发行的债券以后,财政部将之用于政府的其他支出;事实上,这是信托基金对政府债券的一种投资……一旦这笔资金转移至联邦基金就与诸如个人所得税、公司所得税和其他公共借贷混淆起来,这笔资金的用途就再也无从追踪"①。

在"联合预算"制度下,中央社保基金的盈余有可能将政府其他项目的真实财政状况"隐藏"起来,同时,股票投资的成本会即刻显现在账面上,而潜在收益则需若干年以后才能显现。这种成本与收益之间的"不一致性"使决策者和公众很难对股票投资政策进行评估。从世界各国发展的趋势上看,为减少中央社保基金收支对中央预算的"会计影响",分账管理是个潮流,就是说,将政府的活动分为两大类,中央社保基金拥有自己的单独账户,而后一类则包括所有其他的收入与支出。

(二)短期影响和长期影响

在现收现付制下,中央社保基金入市后对政府预算的影响还可以分为短期和长期影响。短期内较高的财政赤字意味着需要规模较大的公共借贷。对中央政府来说,这只是债务形式的不同而已。一般情况下,政府赤字将会减少国民储蓄,因为政府公共借贷吸纳了本应进行私人投资的资金。但对中央社保基金入市来说,"账面的赤字"却没有影响资本市场的总量,因为中央政府的公共借贷虽然吸纳了资本市场的资金,但中央社保基金的入市却抵消了这部分流出,所以,私人投资的年度基金总量没有太大的变化。

由此看来,短期内分账管理预算框架下股票投资将会对预算平衡产生影响,但在长期内,不管财政预算框架如何设计,是否对其实行分账管理,中央社保基金进入股市后对中央财政预算的影响都应该是中性的。

从长期看,如果股票投资收益超过了中央借贷成本的潜在增长,中央预算受到的影响就不会很大;如果政府公共借贷正好等于股市投资,就会产生利率上调的压力;如果压力较大,对股票的再投资和发行政府债券就会产生负面的影响。但是,股市投资的收益即使超过了政府公共借贷的成本,国民收入也不会增加;中央政府这时只是获得了本来属于私人投资者的一部分股票收益,而

① John B. Shoven, "If the Trust Funds Are Real, the Surplus Numbers Are Wrong", *Stanford Institute for Economic Policy Research*, Stanford University, April 28, 2003, p.4.

现在对后者来说,他们的资产组合中股票减少了,债券增加了。简而言之,在公共和私人部门之间股票和债券所有权的简单变更一般来说对经济的长期增长没有明显的正面刺激作用。

(三)对财政政策的影响

社保基金进入股市对财政政策的影响是间接的,具有不确定性。分账管理制度下股票投资对财政预算的影响不大,基本上可以继续选择既定的财政政策。但在联合账户管理框架下,如果中央预算显示的是赤字增加和盈余减少,是否会导致改变财政政策?答案是"它有诸多不确定性",很有可能采取一些调整性的措施以约束支出和增加收入。

参考文献:

GAO, "Social Security Financing, Implications of Government Stock Investing for the Trust Fund", *Report to the Special Committee on Aging*, U.S. Senate, the Federal Budget, and the Economy, GAO/AIMD/HEHS-98-74, April 1998.

George M. Constantinides, "Habit Formation: A Resolution of the Equity Premium Puzzle", *Journal of Political Economy*, June 1990.

John B. Shoven, "If the Trust Funds Are Real, the Surplus Numbers Are Wrong", *Stanford Institute for Economic Policy Research*, Stanford University, April 28, 2003.

Lawrence J. White, "Investing the Assets of the Social Security Trust Funds in Equity Securities: An Analysis", *Perspective*, published by Investment Company Institute, Volume 2, Number 4, May 1996.

Rajnish Mehra and Edward C. Prescott, "The Equity Premium: A Puzzle", *Journal of Monetary Economics*, March 1985.

Theodore J. Angelis, "Investing Public Money in Private Markets: What Are the Right Questions", in *Framing the Social Security Debate: Values, Politics, and Economics*, National Academy of Social Insurance, Washington, D.C. 1998.

(本文原载于《财贸经济》2004 年第 9 期,第 11—16 页)

第六编　中国社会保障基金管理与国际金融危机

2005 年，与美国波士顿学院（BC）的约翰·威廉姆森（John Williamson）教授

金融危机对全球养老资产的冲击及对中国养老资产投资体制的挑战

内容提要：金融危机对全球养老金影响巨大，总资产从 2007 年年底的 34.77 万亿美元，下降到 2009 年年初的 29.88 万亿。但受损情况很不平均：公共养老金损失最小，企业养老金最大，主权养老基金较大，根本原因在于投资策略和投资体制存在较大差异。国际经验对中国养老金的分类投资管理带来重要启示：基本养老保险中的统筹基金应以国债型投资为主，账户基金应加速市场化进程；企业年金应完善治理结构和扩大税优政策；全国社保基金应尽快充实和拓宽投资渠道。

养老资产可分为三大部分：一是国家主办并实施的强制性基本养老保险制度形成的"公共养老金"（统称"社保基金"），这是养老保险制度的第一支柱，其资金主要来自以立法形式规定的参保雇员和雇主双方缴费。二是由雇主和雇员自愿建立的"企业养老金"（国外称之为"私人养老金"，包括个人退休账户和养老保险合同，中国称之为企业年金即企业补充养老保险），个别国家将之作为强制性养老金制度的一个组成部分。三是近十几年来一些国家为应对未来老龄化而建立的养老储备基金。笔者从 2008 年开始将之称为"主权养老基金"（SPFs），其资金来源主要是某些资源性产品的外汇收入等，旨在通过全球的市场化投资以获得较高收益。

一、金融危机对全球养老资产影响情况概述

总体来看，此次金融危机对全球三大部分养老资产影响巨大，但由于这三

部分养老资产的属性和定位不同,风险容忍度也不相同,所以其投资管理方式存在很大差异性,在金融危机中受到的损失情况也存在很大差异性。

（一）"公共养老金"受影响最小

本文按融资方式、投资策略和管理体制这三个要素进行分类,把全球公共养老金分为五大板块。由于投资策略和资产配置存在较大差异性,所以它们在金融危机中的业绩表现也就有天壤之别。

第一板块是欧洲和北美发达经济体（还包括韩国、南非和中国香港地区等新兴经济体）实行现收现付制的公共养老金。它们实行市场化投资策略。

第二板块是拉美地区的公共养老金。这是一个重要群体,虽然资金总量远逊色于第一板块,但却是过去近 30 年来全球社保改革的一块"试验田"。全世界实行 DC 型完全积累制的社保基金几乎全部集中在那里,既有许多经验,也有很多教训,值得考察和总结（见表 14）。前述两个板块很有代表性,基本囊括了当今公共养老金采取市场化投资策略的主要国家和地区,其规模也很大,大约占全球总量的 43%（见表 15）。

第三板块是指十几个国家实行的中央公积金。这些国家多为英国前殖民地,其基本特征是透明度较差,资料数据匮乏。以上三个板块都是实行市场化投资的国家,共近 40 个国家。

第四板块是非市场化投资的实行现收现付制的公共养老金,与市场化投资形成另一个极端。这个板块虽然国家数量不多,只有 5 个（包括中国）,但其公共养老金资产总规模却很大,约占全球公共养老资产的一半（见表 16）。

第五板块信息不详,规模不大,大约仅为 3000 亿—4000 亿美元,不在本文研讨之列。

其中实行市场化投资的第一、二、三板块仅占全球总量的不到 50%,大约 2.4 万亿美元,股票持有比重平均为 37%,损失总计为 1809 亿美元;第五板块信息不详,规模不大,大约仅为 3000 亿—4000 亿美元;第四板块是美英等 5个实行国债型投资的公共养老金（包括中国）,它们占全球公共养老金总量的一半以上,在稳定的国债利率下,不但没有遭受损失,2009 年年初比 2007 年年底反而增加了 10% 左右,即从 24844 亿增至 27514 亿美元,占全球养老资产比重从 2007 年年底的 51% 提高到 2009 年年初的 55%。正是由于第四板块的原因,经过金融风暴之后,全球公共养老金四个板块总量不但没有缩水,反而从 48668 亿美元增至 49629 亿美元(见表 17)。如果加上第五板块,全球公共养老金总量 2007 年年底应是 5.17 万亿美元,2009 年年初将近 5.4 万亿美元。

(二)"企业养老金"损失最为惨重

企业养老金虽属自愿性养老计划,但其规模远远大于公共养老金资产,由于其实行完全市场化投资策略,截至 2008 年年底全球大约损失了 5.2 万亿美元,即从 2007 年年底的 29 万亿美元降到 2009 年年初的 23.8 万亿美元,缩水18%。在全球三大部分养老资产中,企业养老金损失最为惨重,成为此次金融危机中全球养老资产的"损失主体",其占全部损失的 95%,而其余两部分合计仅为 3000 亿美元,仅占全球损失的 5%。

(三)"主权养老基金"受影响较大

目前全球有 11 只主权养老基金(包括中国),2007 年年底其规模达 5952亿美元,由于持股比重较高,损失较大,缩水近 1200 亿美元。但由于几乎所有国家主权养老基金均以立法形式规定了制度化的注资方式和渠道,并有 5 只基金采取非市场化的投资策略,不但没有遭受损失,反而获益,到 2009 年年初全球主权养老基金资产规模增至 6757 亿美元(见表 21)。

上述三部分合计,2007 年年底全球三大部分养老资产合计大约是 34.77万亿美元,2009 年初缩水至 29.88 万亿美元,即此次金融危机导致损失大约5.5 万亿美元[1]。

二、金融危机对"公共养老金"影响有限: 全球五大板块分析

(一)第一板块公共养老金国别案例分析

"公共养老金"与"企业养老金"相对应,前者也被称为社保基金。此次金融危机导致第一、二、三板块市场化投资的社保基金损失要比 2001 年金融危机严重得多,因为近年来许多国家实行改革,为获取较高回报,资产配置更偏向于权益类投资。在危机刚爆发的 2007 年年底,全球五大板块公共养老金资产总量大约 5.17 万亿美元,即使由于信息不透明不包括第五板块,也至少有

---

[1]　以上数据及其损失的数据均来自作者的统计和正文,详见正文国别的分类计算。

4.87万亿①。其中美国名列前茅,一国就占45%,为2.2万亿美元,日本位居第二,大约1.1万亿美元,占23%,两国合计就占了全球五大板块总量的1/3,再次是韩国和瑞典等。出于高回报率的要求,社保基金投资股票比例在有些国家很高,其股票和债券比例法国为64.5%与33.5%,爱尔兰为72.1%和16.9%,瑞典为57.1%和38.5%,新西兰为59.9%和17.3%。与2001年金融危机时相比,个别国家社保基金对股票的持有比重大幅提高,例如,加拿大从2001年的15.6%提高到2007年的57.9%,挪威从14.7%提高到59.6%。在绝大多数中低收入国家,股票的投资比重较低,例如巴基斯坦2007年规定投资股票的比例不得超过17.7%②。

　　在市场化投资的三个板块公共养老金总量中,虽然第一板块只有8个国家,但其资产规模却占绝对统治地位即3/4以上,占全球五大板块总量的1/3;2007年年底为18120亿美元,到2009年减少至16485亿美元,此次金融危机导致损失1635亿美元,缩水10%③。由于各国社保制度复杂,投资体制和资产配置策略情况各异,所以,损失情况很不平衡,需要深入分析。

　　1.日本:损失占全球公共养老资产总损失的42%。根据1954年《雇员养老保险法案》(第115号法律),日本建立基本养老制度;1959年出台《国民年金法案》(第141号法律),1961年设立年金福利事业团对社保基金进行运营,1986年开始通过"财政投资融资计画"(财投计画,FILP)负责对其资金运用的责任;2001年正式建立"年金积立金"(GPIF,即"旧年金积立金")制度,对投资体制进行重大改革:受厚生劳动省(MHLW)直接委托予以市场化投资;2006年建立"新年金积立金"(即新GPIF)作为其独立投资机构,专司其市场化投资业务,同时宣布"旧年金积立金"解散。"新年金积立金"制定了"战略资产配置"(SAA)目标。

　　截至2007年12月底,日本社保基金即"年金积立金"(GPIF)资产总规模1.1万亿美元(120万亿日元),是仅次于美国的世界第二大公共养老金。

---

　　①　这是笔者的估算,资料来源见正文。OECD估算的损失为4.3万亿美元,这个数据被明显低估,且OECD还将主权养老金基金包括在内,见OECD Private Pensions Outlook 2008, OECD 2009, p.102。

　　②　*OECD Private Pensions Outlook 2008*, OECD, 2009, pp.102 – 109.

　　③　以上关于几个板块的数据分析,均来自作者文内国别分析的加总,详见正文。

2006 年收益率为 3.70%,受世界金融危机的影响,2007 年为-4.95%,2008 年全年为-6.88%,截至 2008 年 12 月底,该基金缩水到 116.6 万亿日元,即一年时间损失了 8.4 万亿日元(包括财投计画的损失,大约合计 780 亿美元)。这就意味着,在全球损失的 1857 亿美元中,仅日本就占了 42%。虽然很多媒体惊呼日本社保基金产生巨亏,但与其他西方国家和股市市值下降幅度相比,损失相对来说不是很大。这首先要得益于 2001 年社保基金投资体制改革以来取得的成果,按照既定的市场化改革时间表,建立年金积立金(GIPF)之后有一个过渡期,其资产配置采取了较为保守的投资策略,主要以债券为主。以 2008 年 12 月底的资产组合为例,国内债券占 75.90%(88.5 万亿日元),国内股票 9.46%(11 万亿),海外债券 7.82%(9.1 万亿),海外股票 6.66%(7.8 万亿),短期资产 0.17%(1950 亿日元)[①]。与 2005 年日本厚生省制定的"2008 年资产组合方案"相比较,2008 年 12 月底的这个资产组合的过渡方案显然是经过及时调整的结果。

表 1　日本厚生省 2005 年制定的 2008 年资产组合方案

2007 年 12 月底	国内债券	国内股票	国外债券	国外股票	短期资产
资产配置	67%	11%	8%	9%	5%
浮动范围	±8%	±6%	±5%	±5%	—

资料来源:郑秉文、王新梅、房连泉:《日本 2001 年社保基金投资体制与投资策略改革评述:问题与前途》,《辽宁大学学报》2006 年第 1 期,第 113—120 页,表 1。

2. 韩国:国民年金基金缩水 7%。韩国"国民年金基金"(NPF)建立于 1988 年,旨在为 10 人以上的企业职工及其家庭成员提供残疾、死亡和养老保险;2003 年该基金覆盖面扩大到 5 人以上企业,2004 年又为企业增加了健康保险和失业保险;2006 年 1 月 1 日覆盖面又扩大到"一人企业"。由于韩国保险制度覆盖面始终呈不断扩大趋势,所以,基金当年支出比重很小,而当年收入陡增,滚存结余逐年增加,总体规模不断壮大。于是,为保值增值,韩国于 2001 年开始对其实行市场化改革。

---

　　① GPIF, Investment Results for the Third Quarter of fiscal 2008，见 http://www.gpif.go.jp/index.html。

表2　1988—2008年韩国国民年金基金(NPF)收支变化

(单位:万亿韩元)

收支状况 \ 年份	1988	1989	1991	1993	1995	1997	1999	2001	2003	2005	2007
A 滚存结余	0.5	1.2	3.5	8.4	18.2	33.2	58.4	90.4	131.5	182.5	248.6
B 当年支出	—	0.007	0.2	0.8	2.2	4.7	11.1	14.5	19.0	26.2	33.5
B 占 A 的比例(%)	0.06	0.58	5.71	9.52	12.09	14.16	19.06	16.01	14.42	14.35	14.70

资料来源:National Pension Research Institute, National Pension Service, 2007 *Annual Report on National Pension Fund Management*, Korea, 23, Dec.2008, p.8.

截至2007年12月底,韩国国民年金基金资产滚存结余是2200亿美元(220万亿韩元)。在过去的3年里,债券投资平均收益率为2.9%,在过去的5年里平均为4.55%;3年的股票投资平均收益率为31.9%,5年的平均收益率为28.1%[1]。2001年实行市场化改革以来,韩国国民年金基金实行了渐进式市场化改革,股票投资比重逐年扩大。按照2007年持有股票比重推算,截至2008年年底,韩国国民年金的损失大约应为154亿美元,即大约缩水7%。

表3　2006—2007年韩国国民年金基金资产分布

(%)

资产类型 \ 年份	债券			股票			另类投资	现金	总计
	国内债券	国外债券	小计	国内股票	国外股票	小计			
2006	78.3	8.7	87.0	11.0	0.7	11.6	1.1	0.2	100
2007	71.9	7.9	79.8	15.1	2.5	17.5	2.5	0.2	100

资料来源:National Pension Research Institute, National Pension Service, 2007 *Annual Report on National Pension Fund Management*, Korea, 23, Dec.2008,p.9.

3. 中国香港:强积金缩水25%。香港"强积金"(MPF)于2001年开始正式运行。香港强积金参保率非常高,截至2009年3月底,雇主参保登记率为99.1%,雇员为96.5%,自雇人员为74.8%;受托人19家公司,注册计划数为

---

[1]　National Pension Research Institute, National Pension Service, 2007 *Annual Report on National Pension Fund Management*, Korea, 23, Dec.2008, p.21、11、126.

40 个。截至 2007 年 3 月底,香港强积金资产净值为 320 亿美元(2483 亿港元),2009 年 1 月为 240 亿美元(2112 亿港元),金融危机导致损失 80 亿美元(600 亿港元),缩水了 25%;2007 年度的制度收入与支出分别为 294 亿和 10 亿;2008 年度制度收入 324 亿港元,制度支出 12 亿。

　　香港强积金属于智利模式,其投资决策权完全在账户持有人个人。总体看,自强积金建立以来,其投资回报率较好,2001—2007 年平均为 7.4%;但波动较大,最高年份达 22%,最低年份仅为 -11.2%。

表 4　2001—2008 年香港强积金内部回报率变化

(%)

年份	2001	2002	2003	2004	2005	2006	2007	7 年平均
内部回报率	-2.5	-11.2	22.0	4.7	12.3	12.4	4.5	7.4

注:财政年度以每年的 3 月 31 日为截止日。
资料来源:2001 和 2002 年数据引自香港强积金计划管理局出版的《强积金制度五年投资表现回顾》,
　　　　　2006 年 7 月,第 3 页;2003 年以后的数据引自其出版的《周年报告 2007/2008》,第 128 页。

　　从资产配置看,在 6 种成分基金里,股票基金虽然只占 27%,但是,在混合基金里股票一般占 66% 左右(债券和现金分别占 25% 和 9%),在保证基金里股票占 15%(债券和现金分别占 74% 和 11%),所以,在 6 个成分基金里,股票合计所占比重高达 60% 左右(债券和现金分别占 24% 和 16%)[①],高于其他经济体的社保基金持有股票比重。

表 5　2008 年 3 月 31 日香港强积金成分基金净值(按基金种类)

2008 年 3 月底	混合基金	股票基金	保本基金	保证基金	债券基金	货币基金	总计
数量(亿港元)	1223	671	289	254	36	11	2483
比重(%)	49.2	27.0	11.6	10.2	1.4	0.4	100

资料来源:香港强积金计划管理局:《香港强积金周年报告 2007/2008》,第 126 页。

　　4.加拿大:养老金计划缩水 11%。“加拿大养老金计划”(CPP)建立于 1966 年,1997 年采取了逐渐提高缴费水平的改革,并将缴费滚存余额建立一个信托制的“加拿大养老金计划投资管理局”(CPPIB),对其进行市场化投资,从此,该

────────────

　　①　香港强积金计划管理局:《香港强积金周年报告 2007/2008》,第 2、124 页。

基金便膨胀迅速,12 年几乎增长了 3 倍,同时,市场化步伐加快,持有股票比重逐年增加,尤其是 2005 年以来,境外股票持有比重几乎翻了一番。

表6 1999—2008 年"加拿大养老金计划"资产配置变化与收益率

(单位:亿加元)

每年 3 月 31 日		1999	2000	2001	2002	2003	2004	2005	2006	2007	2008
股票	加拿大股票	—	20	50	100	117	226	277	291	292	289
	国外股票	—	4	21	41	54	93	209	326	464	482
固定收益	债券	392	358	353	326	310	302	286	272	292	302
	货币市场	55	63	63	68	72	77	31	6	1	15
不动产		—	—	—	1	3	7	8	42	57	69
通胀挂钩债券		—	—	—	—	—	—	—	40	38	47
基础设施		—	—	—	—	—	—	2	3	22	28
投资收益率(%)		—	3.2	7.0	4.0	-1.5	17.6	8.5	15.5	12.9	-0.3
投资收入(%)		—	1.1	3.0	2.3	-1.1	10.3	6.3	13.1	13.1	-0.3
净资产增长率(%)		—	-0.2	4.2	4.9	2.0	14.9	10.8	16.7	18.6	6.1
总市值		447	445	487	536	556	705	813	980	1166	1228

资料来源:CPP Investment Board, 2008 *Annual Report*, p.3.

截至 2008 年 3 月底,加拿大养老金计划总资产规模为 1192 亿美元(1228 亿加元),到 9 月底下降到 1174 亿,12 月底再次下降到 1057 亿美元(1089 亿加元),全年投资收益率为-13.7%,缩水了 134 亿美元(138 亿加元),如考虑到对 37 亿加元缴费收入的抵消,损失为 169 亿美元(174 亿加元)。该基金缩水之所以高达 11%左右,主要原因之一是其股票资产没有及时减持,截至 2008 年 12 月底,股票比重高达 57.5%(627 亿),固定收益产品 27.8%(303 亿),通胀敏感产品 14.7%(160 亿,其中不动产 7.1%为 77 亿,通货膨胀挂钩债券 4.2%为 46 亿,基础设施 3.4%为 40 亿);在资产配置中,48.7%为境内投资(531 亿),51.3%为全球投资(558 亿)[1]。在其固定收益类产品中,对美元资产的持有比重略有上升,从 2007 年底的 51%提高到 2008 年底的 55%,而英镑则从 8%下降到 5%[2]。

---

[1] CPP Investment Board, *Backgrounder*, *Q3 Fiscal 2009 Results*, February 13, 2009.

[2] Quarterly Consolidated Financial Statements, *Canada Pension Plan Investment Board*, December 31, 2008, p.7.

作为加拿大社保制度 1700 万缴费者和受益者的受托机构，"加拿大养老金计划投资管理局"（CPPIB）正对其巨大投资损失进行反思。

表7　2008 年"加拿大养老金计划"（CPP）海外固定收益类资产分布变化

(%)

时间 收益固定类资产币种	2007 年 12 月 31 日	2008 年 3 月 31 日	2008 年 12 月 31 日
美元	51	49	55
欧元	21	23	21
日元	10	10	10
英镑	8	8	5
澳大利亚元	3	3	3
瑞士法郎	2	2	3
其他	5	5	3
总计	100	100	100

资料来源：根据下述资料整理：Canada Pension Plan Investment Board, *Quarterly Consolidated Financial Statements*, December 31, 2008, p.7。

　　加拿大还有一个实行市场化投资的公共养老金即"魁北克养老金计划"（RRQ，Régie des Rentes du Auébec），其设计模式与"加拿大养老金计划"几乎完全一样，甚至就是"加拿大养老金计划"的一个翻版。由于历史的原因，它独立于"加拿大养老金计划"之外，成为世界上为数极少的"一国两制"的国家基本养老制度（另一个是英国的北爱尔兰"国家保险基金"）。魁北克养老金计划根据 1965 年 6 月 15 日立法建立，1967 年首次对退休人员支付养老金，其条件为缴费年限至少 1 年以上且缴费期间的工资年收入为 4400 加元的 68—70 岁参保人，退休金水平仅为每月 8 加元；1970 年魁北克养老金计划制度退休年龄改为 65 岁；1973 年该基金建立理事会；1982 年取消了 65 岁法定退休年龄的规定，1984 年又降为 60 岁。在 1967 年支出养老金的第一年，退休人数仅为 2973 人，虽然制度内退休人数增长速度较快，例如，1970 年为 7.1 万，1980 年 40 万人，1990 年 80 万，2000 年 118 万，但是，由于缴费人数在 1967 年就立即覆盖到 205 万人，随后覆盖面扩大速度也很快。例如，1975 年为 268 万，1990 年 319 万，2000 年 346 万，所以，制度收支情况一直良好，基金滚存余额不断提高,为市场化投资改革带来了可能性。

1967 年以来,魁北克养老金计划投资收益率一直很好,即使将此次金融危机受到的影响计算在内,平均也高达 9.4%。

表 8 1967—2009 年"魁北克养老金计划"投资收益率变化

(%)

年份	投资收益率 (扣除行政费用之前)	行政 管理费	投资收益率 (扣除行政管理费用之后)
2008—2009	−26.0	0.2	−26.2
2007—2008	1.2	0.2	1.0
2006—2007	14.3	0.2	14.1
2005—2006	18.1	0.3	17.8
1967 年以来平均	9.4	—	—

资料来源:*2008—2009 Rapport Annuel de Gestion*, RRQ, Régie des Rentes du Auébec, 2e Trimestre 2009, p.99.

目前,该缴费率为 9.9%,雇主和雇员各缴纳 4.95%。参保人加入制度的条件需月收入超过 3500 加元,每月缴费基数不能超过 4.1 万加元。2009 年达到 60 岁法定退休年龄时的全额退休金每月 636.13 加元,65 岁退休为 908.75 加元,70 岁及以上退休为 1181.38 加元。该基金运营机构庞大,有雇员 1200 名,2008—2009 年度行政管理费用为 9520 万加元,比上年度 9680 万加元减少了 160 万加元。

截至 2009 年 3 月 31 日,魁北克养老金计划覆盖雇主 1200 个,整个养老制度由 1420 个养老金计划构成,缴费人员 382 万人,退休金领取者 155 万,合计覆盖 537 万人。在 2008—2009 财政年度(每年 3 月 31 日)中,虽然制度收入 99 亿加元,制度支出 93 亿,收入高于支出,但在金融危机的影响下,该基金投资回报率为 −26.0%,损失 82 美元(85 亿加元);截至 2009 年 3 月 31 日,该基金滚存余额为 251 亿美元(259 亿加元),而在 2008 年财政年度为 333 亿美元(344 亿加元)[①]。

5. 瑞典:两部分养老资产损失合计 383 亿美元。瑞典基本养老保险制度

[①] 以上魁北克的资料引自 *2008—2009 Rapport Annuel de Gestion*, RRQ, Régie des Rentes du Auébec, 2e Trimestre 2009, pp.1−3, 18−19, 99−100, p.8, 90。

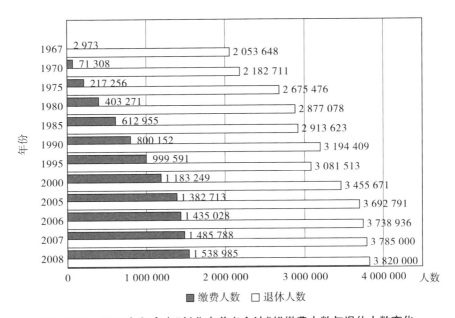

图1　1967—2008 年加拿大"魁北克养老金计划"缴费人数与退休人数变化

资料来源:*2008—2009 Rapport Annuel de Gestion*, RRQ, Régie des Rentes du Auébec, 2ᵉ Trimestre 2009, p.19.

即"国民养老保险制度"(National Pension System,简称 NP)由两大部分即两只公共养老金组成,它们均来自缴费收入,实行市场化投资策略。第一部分是"收入关联型养老保险制度"(Inkomstpension)。在瑞典"国民养老保险制度"中,雇主与雇员双方缴费合计 18.5%,其中 16% 进入这个"收入关联型养老保险制度"系统,该系统实行名义账户制,2008 年制度缴费收入为 6.477 万亿克朗;截至 2008 年 12 月底,这个现收现付的公共养老基金滚存结余达 1010 亿美元(7070 亿克朗)①。

7070 亿克朗滚存结余由 5 个基金管理公司负责运营,其中第一、第二、第三、第四国民养老基金(公司)的资产主要来自 1995 年实行名义账户制改革之前的缴费结余和改革后名义账户部分 16% 缴费形成,这两部分资产在这四只基金里均实行一分为四的"平分"原则,四只基金之间开展竞争,实行完全市场化

———————————

①　这里关于瑞典的数据在没有其他注释的情况下均引自:Swedish Social Insurance Agency (SSIA), *Orange Report-Annual Report of the Swedish Pension System* 2008, p.12, 24, 28, 25, pp.52 - 54。

投资策略。这四只国民养老基金也被称为"缓冲基金",旨在支付名义账户制度的待遇支出。第六国民养老基金与前四只基金稍有不同,不但规模很小,而且没有承担缴费收入运营和待遇支付的义务,其资产由 1995 年改革前旧制度的滚存余额形成,主要投资于国内未上市的中小企业。上述这五只基金构成了"收入关联型养老保险制度"(Inkomstpension)全部资产,在此次金融危机中受到影响较大,2008 年全年平均收益率为-21.6%(其中第一国民养老金为 21.9%,第二国民养老金 24.1%,第三为 19.8%,第四为 21.0%,第六为 16.6%)。截至 2007 年年底,5 只缓冲基金总资产 1283 亿美元(8980 亿克朗),尽管 2008 年比 2007 年 6.116 万亿的缴费收入增加了 5.9%即 3610 亿克朗,但到 2008 年年底仍降到 1010 亿美元(7070 亿克朗),损失达 273 亿美元(1910 亿克朗)。

　　瑞典"国民养老保险制度"(NP)的第二个组成部分是"预筹养老金"制度(Premium Pension,简称 PP),资金来源由雇主与雇员双方缴费 18.5%余下的 2.5%形成,实行完全积累制和完全市场化投资体制。自 1995 年实行名义账户制并建立这个预筹养老金制度以来,投资收益率高于收入指数的两三个百分点左右。但如果将最近 8 年来投资收益率平均下来则为-2%,而同期收入指数平均已超过 3%,即不但跑不赢收入指数,而且 8 年来平均投资收益率均为负值。

表 9　1995—2008 年瑞典 PPM 年度收益率与收入指数比较

（%）

年份 项目	1995	1996	1997	1998	1999	2000	2001	2002	2003	2004	2005	2006	2007	2008
收入指数	1.8	1.8	2.8	3.4	1.7	1.4	2.9	5.3	3.4	2.4	2.7	3.2	4.5	6.2
收益率	4.6	4.6	4.6	5.0	3.7	0.7	-8.6	-31.1	17.1	7.9	30.5	12.2	5.3	-34.3

资料来源:Swedish Social Insurance Agency(SSIA),*Orange Report-Annual Report of the Swedish Pension System* 2008,p.12.

　　由于"预筹养老金"制度刚刚建立,支付几乎还没开始,所以,基金发展十分迅速,平均 2 年就翻一番:2002 年是 594 亿克朗,2003 年 942 亿克朗,2004 年 1251 亿克朗,2005 年 1931 亿克朗,2006 年 2694 亿克朗,截至 2007 年年底是 443 亿美元(3107.11 亿克朗)。在 2008 年金融危机中该基金遭受的损失要大于上述 5 只缓冲基金,2008 年收益率竟达-34.5%,损失高达 110 亿美元(774 亿克朗),截至 2008 年 12 月底总市值仅为 333 亿美元(2333.33 亿克朗）。

　　瑞典"预筹养老金"之所以比其"收入关联型养老保险"的损失更为惨重，甚至在所有国家公共养老金的损失中成为之最，重要原因是股票持有比重过高。瑞典"预筹养老金"制度采取的是账户持有人分散决策机制，与拉美模式完全相同。2008 年 12 月底瑞典"预筹养老金"持有股票比重为 75%，由于金融危机的原因，略低于 2007 年的 81%、2006 年的 83% 和 2005 年的 82%。受托参与管理的基金公司从 2007 年的 86 个减少到 2008 年年底的 83 个，登记持有的基金从 785 只减少到 773 只①。

　　6. 丹麦：世界上业绩最佳的投资型公共养老金。作为一个投资集团，丹麦"劳动力市场补充养老基金"（ATP）是世界上最好的国际机构投资者之一。该基金资金几乎完全来自雇主和雇员的双方缴费，截至 2007 年年底，ATP 资产总市值为 540 亿美元（3757 亿丹麦克朗）。2007 年 ATP 集团的收益率是 5.9%，总收益为 213 亿丹麦克朗②。由于 2008 年利率下降，ATP 为未来养老金多提供了 762 亿克朗。丹麦 ATP 将风险资产分为 5 大类，即股票（还包括 PE 和风险投资）、债券（政府债券和抵押债券）、通胀挂钩的债券（指数化挂钩的债券、不动产和基础设施资产）、商品（石油股票或石油指数化债券）、信用品（低利率政府债券和公司债券、新兴经济体债券）。按 2007 年 12 月底的资产分布，由于持股比重高达 30%，2008 年金融危机必将导致 ATP 至少损失 29% 左右。但是，2008 年 ATP 集团年报显示仅损失了 25 亿美元（178 亿克朗），资产总市值为 515 亿美元，回报率为-3.2%。ATP 取得如此骄绩，主要是采取了如下几个措施：一是及时调整了资产结构，例如，出售了价值 800 亿克朗的外币，购入了 500 亿克朗的 30 年期丹麦政府债券，增加了 400 亿克朗的银行存款；二是对冲操作效果很好，赢得了 935 亿克朗的收益；三是商品类（主要是石油）投资收益颇丰。所以，虽然在五类资产中股票和信用品的回报率都是负值，但总体看缩水很小，在社保基金实行市场化投资策略的国家中业绩最佳。

————————

　　①　其中包含第七国民养老金负责的"预筹储蓄基金"（Premium Savings Fund），该基金是专门为那些自己不愿意对其个人账户进行投资决策的人而设立的，是股票基金，其中，2005 和 2006 年是 30%，2007 年是 28%，2008 年是 27%。Swedish Social Insurance Agency（SSIA），*Orange Report-Annual Report of the Swedish Pension System* 2008，p.12.

　　②　ATP，The Danish Labour Market Supplementary Pension Fund，*The ATP Group Annual Report* 2007，p.49.

表10　2007年12月31日丹麦ATP集团资产配置（按五类资产）

2007年12月底资产情况	股票	债券	通胀挂钩的债券	商品	信用品	总计
数量（亿丹麦克朗）	1151	1671	568	205	162	3757
收益率(%)	8.7	2.8	8.7	25.6	2.2	5.9
比重(%)	30.6	44.5	15.1	5.5	4.3	100

资料来源：根据下面资料制表，ATP, The Danish Labour Market Supplementary Pension Fund, *The ATP Group Annual Report* 2007,pp.47-48, p.50, p.58。

7. 葡萄牙：亏损仅为3.73%。为确保社会保障制度的财务稳定,至少能满足两年的养老基金待遇支付的最低需要,1989年葡萄牙建立"社会保障财务稳定基金"（FEFSS）。该基金的资金主要来源于社保缴费余额和雇员11%缴费中2—4个百分点缴费的拨入。1989年该基金成立时,其初始拨款仅为2.16亿欧元,主要来自缴费转移和传统社保计划下资产变卖的收入。截至2007年12月31日,该基金资产总额达102亿美元（75.6亿欧元）,相当于GDP的4.6%和当年养老金待遇支出的86.2%。该基金原来由葡萄牙劳动与社会保障部管理运营,主要投资于葡萄牙国内债券。1999年建立"社会保障基金资本化管理局"（IGFCSS）,专司该基金的投资管理事宜,并逐渐采取市场化和多元化的投资策略。

表11　2006—2007年葡萄牙"社保财务稳定基金"收益率与资产配置

（%）

投资产品种类	2007年		2006年	
	收益率	资产比重	收益率	资产比重
战略储备	1.56	3.16	21.15	3.30
固定收益类产品	4.41	70.05	2.45	70.11
权益类产品	-2.10	20.67	9.06	20.83
不动产	8.47	3.20	15.84	3.58
流动性	—	2.91	—	2.19
总计	4.08	100.00	5.18	100.00

资料来源：Instituto de Gestao de Funos de Capitalizacao da Seguransa Social, I.P. FEFSS-Fundo de Estabilizacao Financeira da Seguranca Social, *Relatario e Contas 2007*, p.39, Tabla 17.

在上述权益类产品投资中,2007 年的资产配置比重是欧洲市场产品 8.42%,收益率为 2.98%;美国市场为 10.10%,收益率-4.31%;日本市场仅为 2.15%,但收益率却是-13.20%。该基金 1989—2007 年年均收益率为 5.4%,但在 2008 年全球金融危机中却受到重创,成为历史最低点①。由于一半的权益类产品持有美国市场产品,2008 年 1—9 月该基金资产缩水 2.7 亿美元(2 亿欧元)。2008 全年该基金收到拨款 10.92 亿欧元,年末该基金资产为 112.7 亿美元(83.50 亿欧元),全年投资亏损 3.73%②。

8.南非:缩水仅为 7 亿美元。在世界各国养老基金中,南非“政府雇员养老基金”(GEPF)的规模被认为名列第 21 位,在南非排列第一。根据 1996 年第 21 号法令《政府雇员养老金法案》,南非“政府雇员养老基金”在整合了 4 省(以 TBVC 为字头的 4 个省份)养老基金和“政府服务养老基金”等之后于 1997 年建立。根据第 21 号法令,该基金是南非基本养老保险的一个重要组成部分,所有政府雇员都必须加入该计划,除非不具备参保的资格;该基金向参保人提供的是 DB 型养老金待遇。该基金治理结构采取的是理事会领导下的 CEO 制。理事会由雇主、雇员、退休人员、南非国防部、全国知识分子协会、南非保密委员会等代表参加组成。CEO 下辖法律部和风险与审计部,此外,CEO 还直辖 8 个职能机构:投资与精算部、雇员待遇部、监管与发展部、质量控制部、管理支持部、财务部、ICT 部、人力资源部。每个部又下设若干处室。该养老基金的职能还包括参保登记、保费征缴、参保人缴费记录、基金资产与未来债务的精算、待遇支付等;其中待遇支付功能是代表财政部,其项目还包括医疗补贴、特殊养老金、军人养老金和其他若干福利待遇。该基金行政管理机构目前由雇员 705 名组成③。截至 2009 年 2 月,南非“雇员养老基金”参保人为 141 万人,其中,缴费人数为 110 万,退休领取养老金的人数为 30.98 万人④。

---

①　Instituto de Gestao de Funos de Capitalizacao da Seguransa Social, I.P. FEFSS-Fundo de Estabilizacao Financeira da Seguranca Social, *Relatario e Contas 2007*, p.39, Tabla 17.

②　Fundo de Estabilização Financeira desvalorizou 3,73% em 2008. 09 Janeiro 2009, 2, http://tv1.rtp.pt/noticias/? article = 99224&visual = 3&layout = 10.

③　Government Employees Pension Fund, Republic of South Africa, *Government Employees Pension Fund Annual Report* 2007/2008.

④　GEPF, Media Release published date 01 February 2009.

　　南非"政府雇员养老基金"资产投资功能完全由"公共投资公司"（Public
Investment Corporation,简称PIC）负责,它是南非全资国有公司,1996年开始承
担起对该基金的投资责任,并对其实行完全市场化的投资策略。2005年4月1
日"公共投资公司"彻底完成了转型任务,成为一个真正意义上的现代资产管理
公司。"公共投资公司"特殊性还在于,它是独家代理公共部门资金投资的资产
管理人,受托为全国35个公共部门实体的公积金和社保基金进行投资运营,但
是,"政府雇员养老基金"是它的最大客户,占其资产管理总规模的90%以上①。
"公共投资公司"采取完全外包的投资方式,目前参与合作的公司多达十几
个,包括南非的最大资产管理公司SIM和FGAM,还有兰特商业银行资产管
理公司（RMBAM）等,此外还包括若干美国的公司,例如OMAM②。

　　自1997年整合建立以来,由于投资收益率非常好,1999—2007年平均高
达16.6%,最高年份竟达31%,并且制度收入年年大于制度支出,该基金规模
膨胀迅速,截至2008年3月31日（每年4月1日为下一个财政年度）,总市值
为707亿美元（7070亿兰特）,是1998年的4.6倍。

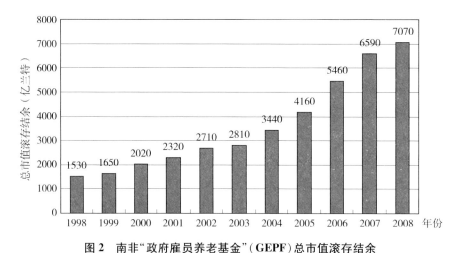

图2　南非"政府雇员养老基金"（GEPF）总市值滚存结余

资料来源:Government Employees Pension Fund, Republic of South Africa, *Government Employees Pension
Fund Annual Report* 2007/2008, p.3.

---

①　GEPF Today, "Newsletter for active members of the GEPF", June 2008.

②　Government Employees Pension Fund, Republic of South Africa, *Government Employees
Pension Fund Annual Report* 2007/2008, p.40.

表 12　南非"政府雇员养老基金"投资收益率与投资收入等信息

年份	1998	1999	2000	2001	2002	2003	2004	2005	2006	2007	2008
投资收入(亿兰特)	260	130	360	310	420	140	630	730	1290	1160	480
投资收益率(%)	—	8.5	21.9	15.3	18.1	5.2	22.4	21.2	31.0	21.2	7.3
缴费收入(亿兰特)	140	150	140	150	150	170	180	200	200	230	260
待遇支出(亿兰特)	150	130	120	130	130	150	160	200	160	210	240
滚存余额增长率(%)	19.7	8.0	22.1	14.9	17.0	3.4	22.7	20.7	31.3	20.8	7.3

资料来源：*Government Employees Pension Fund Annual Report* 2007/2008, Government Employees Pension Fund, Republic of South Africa, p.3.

注：投资收益率为作者计算得出。

在此次金融危机中,南非没有公布其损失状况,只是在其一个消息中披露说,截至 2009 年 2 月,南非"政府雇员养老基金"资产总计 700 亿美元(7000 亿兰特)[1]。由于 2008/2009 年报还没公布,对该年度的投资收益率、制度缴费收入和待遇支出情况不得而知,因此,此次金融危机导致该损失的具体数据还暂无官方数据可查。不过,与 2008 年 3 月 707 亿美元(7070 亿兰特)市值相比,在不考虑缴费因素的情况下,该基金大约缩水 70 亿兰特即 1%左右,由此推断 2008/2009 年度的投资收益率大约是-1%。

这仅是一个估计而已。该基金历年年报均没有公布其资产配置状况。从 2007/2008 年报给出的该年度资产战略配置参照系来看,该基金股票持有比例最低为 40%,所以,实际损失似乎很大,-1%的投资收益率很可能是在抵消当年制度缴费收入余额之后的数据,实际收益率可能还要更糟一些。

"公共投资公司"的投资产品分为五大类,即固定收益率(长期政府债券)、股票、货币市场产品(短期银行存款)、产权(如房地产)、其他投资工具等。投资策略须经财政部的同意,2006—2007 年度理事会通过的投资指引如表 13 所示。

---

[1]　GEPF,Media Release published date 01 February 2009.

表13 2006—2007 年南非"政府雇员养老基金"资产战略配置参照系

(%)

产品		最低比例	建议比例	最高比例
股票	国内股票	40	51	55
	基础设施的 PE 和社会投资	3	6	9
债券		25	31	45
产权		—	5	7
银行存款/货币市场工具		—	5	10
结构性投资产品		—	2	3

资料来源：Government Employees Pension Fund, Republic of South Africa, *Government Employees Pension Fund Annual Report* 2007/2008, p.40.

(二)第二、三和四板块公共养老金损失比较分析

1.第二板块拉美 DC 型公共养老金综合损失分析。第二板块是指拉丁美洲 20 世纪 80 年代以来实行私有化改革的十几只公共养老金。这些国家实行的 DC 型积累制的模式选择、专业公司的投资主体、个人分散化的投资决策体制、个人可以"用脚投票"的市场化投资策略等特征,都十分相像。但就本质来说,与第一板块集中投资管理的性质相比,没有什么本质区别(就与第四板块国债型投资比较而言)。

在拉丁美洲和加勒比地区 33 个国家中,先后大约有 12 个国家效法并建立了类似的制度。2008 年 11 月阿根廷宣布将之重新收归国有,这是此次金融危机导致全球社保制度发生逆转的一个重大事件。目前,该地区实行私有化社保制度的国家还有 11 个。

在金融危机刚刚蔓延到拉美的 2007 年年底,拉美国家公共养老金总计为 2804 美元,仅相当于第一板块的 15%,截至 2009 年年初,金融危机导致其减少到 2630 亿,相当于此时第一板块的 16%,与 2007 年年底相比上升了 1 个百分点。这是因为,第一板块缩水幅度要大于第二板块,即从 18120 亿下降到 16485 亿,缩水 9.2%,而拉美则仅缩水 6.2%,其损失比重占第一和第二板块合计 1857 亿的 9.4%。

拉美私有化社保基金实行完全的市场化投资策略,虽然平均持股比重 14.5%,金融部门 15.4%,合计高达 30%,但由于实行的是分散决策机制即账户持有人是账户资产的投资决策人,他们可随时"用脚投票",比较灵活,所以,总体看损失不是很大。根据国际养老基金管理公司联合会(FIAP)的统计,2007 年

12月拉美实行私有化市场投资机制的 11 国全部养老基金资产市值为 2804 亿美元,到 2008 年 9 月降至 2630 亿,损失 174 亿美元,缩水 6.1%(见表 14)。

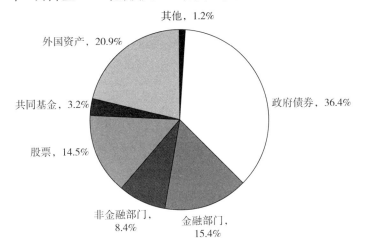

图 3　2008 年"第二板块"拉美国家社保基金资产平均配置情况

资料来源:Gregorio Impavida and Ian Tower:"How the Financial Crisis Affects Pensions and Insurance and Why the Impacts",IMF WP/09/151,Working Paper,July 2009,p.15,Figure 6.

表 14　2007—2008 年"第二板块"拉美 11 国私有化公共养老金市值变化

资产变化	2007 年12 月市值(亿美元)	2008 年3 月市值(亿美元)	2008 年6 月市值(亿美元)	2008 年 9 月		资产配置(%)			
				市值(亿美元)	占比(%)	A	B	C	D
阿根廷	298.95	306.87	326.72	301.71	11.47	52.1	16.5	21.0	8.5
玻利维亚	29.11	31.65	34.28	36.41	1.38	72.4	8.6	15.6	2.2
哥伦比亚	253.34	280.63	277.45	258.63	9.83	44.1	24.0	17.9	11.9
哥斯达黎加	13.96	16.28	15.74	15.92	0.61	65.2	2.5	18.9	13.4
智利	1110.37	1213.36	1059.07	923.33	35.09	7.8	26.2	30.3	35.6
萨尔瓦多	40.54	42.12	42.56	44.73	1.70	76.8	0.7	15.9	4.2
墨西哥	804.67	813.07	932.94	815.34	30.98	67.01	17.0	2.3	8.9
巴拿马	5.45	5.45	5.62	5.62	0.21	—	—	—	—
秘鲁	203.77	222.95	212.92	179.7	6.83	21.9	48.5	16.2	13.2
多米尼加	9.76	11.30	11.58	12.53	0.48	—	—	—	—
乌拉圭	33.92	36.57	39.75	37.39	1.42	87.0	5.2	5.7	0.00
合计	2803.83	2980.25	2958.63	2631.4	100.00	54.9	16.6	16.0	10.9

注:资产配置为 2007 年年底数据,其中 A 表示国家部门,B 表示公司部门,C 表示金融部门,D 表示国外投资。

资料来源:笔者根据下述网站整理 Fiap,"Funds Managed",Fiap in Chile,见 http://www.fiap.cl/prontus_fiap。

然而,如果与 2008 年 3 月 2980 亿美元市值相比,损失就较为严重,高达 350 亿美元,缩水了 10%,其中,仅智利就损失了 290 亿,占 80% 以上;其次是哥伦比亚,从 280 亿下降到 259 亿,缩水将近 8%;最为惨重的是秘鲁,从 223 亿下降到 180 亿,损失了 43 亿,缩水 19%。如果与 2008 年 6 月相比,则缩水了 11%,损失额达 328 亿美元,其中,阿根廷 2008 年 6 月资产市值为 327 亿美元,到 9 月就下降到 302 亿,三个月损失了 25 亿,缩水了将近 8%;在这三个月里,损失最为惨重的是墨西哥,缩水 13%,高达 117 亿美元。2008 年拉美 11 国 GDP 大约 2.1 万亿,其公共养老金大约占 12.5%①。

2. 第一、第二板块公共养老金损失比较。本文的分析重点是第一和第二大板块,即 19 个经济体的 21 只公共养老金,它们占全球市场化投资基金总量的 90%。2007 年年底这 21 只社保基金合计 20924 亿美元,到 2008 年年底则缩水至 19115 亿,金融危机导致公共养老金缩水 15% 左右,损失总计大约为 1857 亿美元(不考虑当年各国养老制度缴费收入的注入情况)。在第一板块中可看到,日本一国社保基金就占两大板块总损失的 42% 以上,但是,就缩水幅度来看,日本年金积立金的损失却属于最小的之一,仅为 7%,远远小于欧美国家的损失。另外,持股比重越高的社保基金,损失就越大,如瑞典和加拿大等,但在不考虑南非的特别情况下,丹麦虽然持股比重较高,但损失却最小,堪称公共养老金投资的典范②。从第一和第二板块的比较来看,虽然第二板块总量占两大板块总量的 13%,但其损失却仅占两大板块总损失的 9%,由此看来,这与拉美板块权益类投资比例远远小于第一板块不无关系。此外,拉美板块的权益类投资比重与日本几乎完全相同,但其缩水幅度比日本要小很多,这充分说明,拉美公共养老金投资业绩应当值得肯定。最后一个特点是,拉美模式与中国香港模式均为完全相同的分散化投资决策体制,但中国香港持股比重却远高于拉美,其损失也大于拉美,这说明香港账户持有人对金融危机的反应不如拉美敏感,很可能是香港人平时比拉美人更为繁忙而无暇关照账户资产等原因造成的。

---

① Fiap, "Funds Managed", Fiap in Chile, 见 http://www.fiap.cl/prontus_fiap。
② 关于丹麦社保基金投资主体的治理结构和投资策略等特点,参见郑秉文:《社保基金的法律组织形式:欧盟的经验教训》,《中国政法大学学报》2009 年第 1 期,第 30—45 页。

表15　在金融危机中第一、二板块公共养老金损失比较

(单位:亿美元)

经济体(社保基金)		社保基金资产规模			股票持有比重(%)	收益率(%)	缩水(%)	损失数量(亿美元)	损失占比(%)
		2007年12月底市值(亿美元)	2008年12月底市值(亿美元)	2008年市值占GDP比重(%)					
第一板块	日本 年金积立金(GPIF)	11000	10220	21.1	16.1	-7.0	7.1	-780	42.1
	韩国 国民年金基金(NPF)	2200	2046	21.5	17.5	—	7.0	-154	8.3
	中国香港 强积金(MPF)	320	240	10.8	60.0	—	25.0	-80	4.3
	加拿大 加拿大养老金计划(CPP)	1192	1057	8.4	57.5	-13.7	11.0	-169	13.5
	加拿大 魁北克养老金计划(RRQ)	333	251			-26.0	24.6	-82	
	瑞典 收入关联型养老保险基金(Inkomstpension)	1283	1010	26.2		-21.6	29.1	-273	20.6
	瑞典 预筹养老金(PP)	443	333		74.6	-34.5	29.1	-110	
	丹麦 劳动力市场补充养老基金(ATP)	540	515	13.9	30.6	-3.2	4.6	-25	1.4
	葡萄牙 社会保障财务稳定基金(FEFSS)	102	113	4.4	20.7	-2.7	3.7	-3	0.2
	南非 政府雇员养老基金(GEPF)	707	700	21.3	40	-1.0	1.0	-7	0.4
第二板块	拉美 11国基本养老基金	2804	2630	12.5	16.0	—	6.2	-174	9.4
总计(平均)		20924	19115	15.6	37.0	-13.7	14.4	-1857	100.0

注:中国香港和加拿大为2008年3月底数据即财政年度数据。损失数量与2008年年底数量之和不等于2007年年底数量,因为没有加进缴费收入的损失。南非的数据分别为2008年3月和2009年2月。占GDP比例的数据为2008年数据,根据世界银行给出的各国GDP计算(The World Bank, *Global Economic Prospects*, 2008)。2007年12月底数据减去2008年12月底数据不等于损失数量,也不等于缩水百分比,因为还有缴费收入和转移支付的因素。

资料来源:笔者根据上文资料数据汇总整理。

3.第三板块中央公积金制的市场化投资损失估算。上述第一和第二板块国别案例分析显示,与企业养老金相比,此次金融风暴对公共养老金的影响十分有限。

如前所述,在本文中全球实行市场化投资的国家分为三大板块,近40个国家。第一个板块是欧洲和北美发达国家实行现收现付制的经济体(还包括韩国、南非和中国香港地区的强积金等新兴经济体)。第二板块拉美公共养老金是一个重要群体,虽然资金总量远逊色于第一板块,但它们却是过去近30年来全球社保改革的一块"试验田",全世界实行DC型完全积累制的社保基金几乎全部集中在那里,既有许多经验,也有很多教训,值得考察和总结。前述两个板块很有代表性,基本囊括了当今采取市场化投资策略的主要国家和地区,占全球总量的43%左右。

第三板块是指十几个实行中央公积金的国家,其中多为英国前殖民地,其基本特征是透明度较差,资料数据匮乏。例如,新加坡从未公布过其投资策略、资产分布和真实投资收益率的情况。其他国家或是从未公开信息披露;或是收益率从来就非常不好,不是呈负值,就是低于通胀率,例如肯尼亚的"全国社会保障基金"(NSSF)等;或是没有真正实行市场化投资,而仅限于国债投资范畴,例如马来西亚"雇员公积金"(EPF)90%的资产投资于政府债券。更重要的是,这些中央公积金的总量很小,例如:乌干达和赞比亚的中央公积金分别只占其GDP的0.6%和0.7%,而其GDP也不过一百几十亿美元,其公共养老金大约不到1亿美元;文莱和印度尼西亚的中央公积金仅占其GDP的2%多一点,合起来也就是几十亿美元;印度和尼泊尔占其GDP的4%多一点,合起来300多亿美元;斯威士兰占其GDP的6%,坦桑尼亚占9%,肯尼亚占12%,斯里兰卡占15%,但由于这四国GDP总量合起来还不到1000亿美元,其中央公积金余额总计也不会超过140亿美元;占GDP比重最高的国家是马来西亚和新加坡,分别占其GDP的55%左右,其中央公积金分别为1000亿美元左右[①]。由于实行中央公积金的绝大部分国家没有第一手资料可供研究,我们只能根据上述这些

[①]　这些国家的绝大部分中央公积金信息不从考察,只能根据其占GDP比重对其进行估算。占GDP比重的资料引自Palacios, R. and M. Pallares-Miralles, "International Patterns of Pension Provision", Human Development Network, Social Protection Discussion Working Paper Series, No.0009. World Bank, Washington D.C. April 2000, Table 3.1, p.16.

国家占 GDP 比重予以粗略估算,十几只中央公积金总资产大约刚刚超过3000 亿美元,规模很小,大约与第二板块(拉美)的规模差不多,占全球公共养老基金总量的 6% 多一点。鉴于上述原因,第三板块不在本文考虑之内,但不影响对全球公共养老金的总体评价。

4. 第四板块 DB 型现收现付制的国债型投资情况考察。前文分析显示,实行市场化投资的三大板块占全球公共养老金总量的一半左右,另一半是非市场化投资的实行现收现付制的公共养老金,与市场化投资形成另一个极端,我们称为"第四板块"。这个板块的特点是以英国、爱尔兰、美国和西班牙等国家为代表的公共养老金,这些国家始终以立法的形式,严格规定其社保基金只能持有政府债券,对股市绝不越雷池一步。这个板块还包括中国基本养老保险基金,其资产主要以协议存款和购买国债的形式持有。在此次金融危机中,5 国公共养老基金不但毫发无损,而且还获得了理想的回报,基金总量持续增加,由 2007 年年底占全球公共养老金的 49.9% 上升到 54.2%。

表 16　金融危机前后"第四板块"公共养老金规模的比较

（单位:亿美元）

国别 时点	英国	爱尔兰	美国	西班牙	中国	合计
2007 年年底	700	45	22400	617	1082	24844
2009 年年初	1042	45	24200	773	1454	27514

注:2009 年初爱尔兰数据为笔者估计数据。
资料来源:根据下文资料绘制。

——英国"国家保险基金"(NIF)截至 2007 年 3 月底为 682 亿美元(382亿英镑),到 2009 年 3 月底上升到 1016 亿美元(569 亿英镑,2009 年为预测数),而 2008 年 3 月底为 479 亿英镑,2007 年 3 月底为 382 亿英镑,2006 年343 亿英镑。该基金增长较快,早在 2000 年时仅为 144 亿英镑,9 年增加了 4倍。2008 年度持有国债利率收入为 23.8 亿英镑(相当于 43 亿美元;2007 年财政度为 19.9 亿美元),国债年度回报率为 5.0% 左右[①]。其中,英国北爱尔

[①] *National Insurance Fund Account 2007－2008*, London:The Stationery Office, 17 January 2009, p.12,19,28,20.

兰的国家保险基金(Northern Ireland NIF)是一个独立运行的法人实体,2007年3月底为18.2亿美元(10.2亿英镑),2009年3月底为25.5亿美元(14.3亿英镑),该基金2008年制度收入22.5亿英镑,支出18.5亿[①]。北爱尔兰的国家保险基金2009年数据没有披露,受金融危机影响的情况不得而知。如以该基金14.3亿英镑为基数,那么,英国的两只公共养老金合计2007年年底应为700.2亿美元,2009年年初为1042亿美元。

——爱尔兰"社会保险基金"(SIF)到2007年年底滚存结余为45亿美元(32亿欧元),国债利率为3.82%,2009年数据至今没有披露。该基金虽然规模不大,但发展较快,2000年仅为10亿欧元,即9年间增加了2倍[②]。

——美国"联邦政府养老、遗属及残障保险信托基金"(OASDI,简称"联邦社保信托基金")截至2007年年底为2.24万亿美元,到2008年12月底上升到2.42万亿美元,国债利息收入为1163亿美元,当年利率为4%。该基金发展非常快,2002年为1.2万亿,1998年仅为6531亿美元,11年间几乎翻了两番[③]。

——西班牙"社保储备基金"(Social Security Reserve Fund)2007年年底滚存余额为617亿美元(457.2亿欧元),到2008年年底上升到772.5亿美元(572.2亿欧元),当年利率为4.71%,高于2007年的4.17%和2006年的4.41%。该公共养老金膨胀速度可谓世界之最,2000年仅为8.1亿美元(6亿欧元),9年增加了94倍[④]。

——中国基本养老保险基金增长较快,2006年年底为5489亿元人民币,2005年年底为4041亿元,2007年年底累计结存1082亿美元(7391亿人民

---

① *Northern Ireland National Insurance Fund Account 2007 – 08*, London：The Stationery Office, 27 January 2009, p.12, 18.

② NTMA, *National Treasury Management Agency Report and Accounts for the year ended 31 December 2007*, 30 June 2008, p. 18. NTNA, *National Treasury Management Agency Report and Financial Statements for the Year Ended 31 December 2000*, 29 June 2001, p.54.

③ 分别引自1998、2002和2009年三个年度报告：The Board of Trustees of the Federal Old-Age and Survivors Insurance and Disability Insurance Trust Funds, *The Annual Report of the Board of Trustees of the Federal Old-Age and Survivors Insurance and Disability Insurance Trust Funds Communication*, Washington, D.C.。

④ Fondo de, "Reserva de la Seguridad Social, Evolucion, Actuaciones del ano 2008 y situacion a", *Informe a las Cortes Generales*, 31-12-2008, p.6, pp.48 – 49.

币),到 2008 年年末累计结存增至 1454 亿美元(9931 亿元)①。

据悉,西班牙曾试图松动其社保基金所固守的国债投资原则;美国也曾于 2001 年启动一项改革方案,试图将个人缴费的一部分进行市场化投资②,但由于种种原因,均未付诸实施。与实行市场化投资的前三个板块相比,以这 5 国为代表的恪守国债投资的第四大板块有如下这样几个特点:

第一,在其坚守国债投资原则的同时,在观念上始终将基本社保问题视为财政的一部分或一个功能,将其纳入财政税务管理系统之内,远离市场投资。这个特点从管理架构上可窥测一般:英国"国家保险基金"的运营管理与征收由英国税务总局(HMRC)负责,待遇支付由英国就业与养老金事务部(DWP)负责;爱尔兰"社会保险基金"由国债管理局(NTMA)管理,后者是爱尔兰政府资产和负债的管理机构,局长由财政部长任命,由此看来,爱尔兰将社保基金作为一项政府资产和负债来看待;美国"联邦社保信托基金"是由独立的"信托基金理事会"管理,理事会由财长、社保总署署长、劳工部长、健康与人力资源服务部长等组成,财长为"执行理事",社保总署的副署长为理事会秘书长,由此看来美国的管理观念也是将之视为一项与财政关系非常密切的事项。这些非市场化投资的公共养老金以全部持有国债的方式将市场风险拒之门外,这就意味着让财政税务部门管理可最大限度地提高其资金运用效率。

第二,坚守国债投资原则的现收现付制公共养老金的收益率较多时期维持在 4%—5%之间,各国之间差异不是很大,且非常稳定,曲线较为平滑,大约在 3%—6%之间波动,没有大起大落。英国"国家保险基金"2008 年国债收益率为 5.0%;美国"联邦社保信托基金"2008 年是 3.6%,1990—2008 年平均是 5.9%③;西班牙"社保储备基金"2008 年是 4.71%,2000—2008 年平均为 5.0%④。

---

① 历年《人力资源和社会保障事业发展统计公报》。

② 参见郑秉文:《围绕美国社会保障"私有化"的争论》,《国际经济评论》2003 年第 1 期。

③ The Board of Trustees of the Federal Old-Age and Survivors Insurance and Disability Insurance Trust Funds, *The 2009 Annual Report of the Board of Trustees of the Federal Old-Age and Survivors Insurance and Disability Insurance Trust Funds Communication*, Washington, D.C., May 12, 2009, p.103, Table V.B2.

④ Fondo de, "Reserva de la Seguridad Social, Evolucion, Actuaciones del ano 2008 y situacion a", *Informe a las Cortes Generales*, 31-12-2008, p.6, p.48.

表 17　全球四大板块公共养老金在金融危机中发生的变动分析

两类投资策略的公共养老金	实行市场化投资的公共养老金			实行国债型投资的公共养老金
四大板块:制度分类	第一板块:欧美亚 8 个 DB 型现收现付制的经济体	第二板块:拉美 11 个 DC 型积累制的国家	第三板块:实行中央公积金制度的十几个国家	第四板块:DB 型现收现付制的 5 个欧美亚国家
四大板块:主要经济体地理分布与制度特征	主要是北欧、北美和东亚等,绝大部分经济体实行的是 DB 型现收现付制,但也还包括个别 DC 型公共养老金,如中国香港强积金	拉美这 11 个国家实行私有化改革,采取个人账户制和个人投资决策制。2008 年 11 月阿根廷重新实行国有化	主要为英国前殖民地国家,如马来西亚、新加坡、肯尼亚、印度等,其特点是透明度很差,个别国家实行国债型投资	英国、爱尔兰、美国、西班牙等发达国家完全持有国债,中国实行的是统账结合制,主要存入商业银行,少量持有国债
2007 年年底全球合计:48668 亿美元	欧亚美 8 个经济体 10 只公共养老金为 18120 亿美元,占全球 37.2%	拉美 11 国合计 2804 亿美元,占全球 5.8%	2007 和 2008 年假定均为 3000 亿美元,2007 和 2008 年底分别约占全球公共养老金总量的 6.2%和 6.0%	5 国合计 24844 亿美元,占全球 51.0%
2008 年年底或 2009 年年初全球合计:49629 亿美元	总计为 16485 美元,占全球公共养老金的 33.2%	拉美 11 国合计 2630 亿美元,占全球公共养老金的 5.3%		5 国合计 27514 亿美元,占全球的 55.4%
总计变动:+961 亿;+1%	变动:−1635 亿;−10%	变动:−174 亿;−6%	—	变动:+2670 亿;+10.7%

资料来源:笔者根据前文数据分析并制作。

表 18　1998—2008 年美国和西班牙公共养老金国债投资收益率

(%)

年份	1998	1999	2000	2001	2002	2003	2004	2005	2006	2007	2008
美国	5.6	5.9	6.2	5.2	4.9	4.1	4.3	4.3	4.8	4.7	3.6
西班牙	—	—	2.8	5.9	6.4	5.6	5.5	5.2	4.4	4.2	4.7

资料来源:TheBoard of Trustees of the Federal Old-Age and Survivors Insurance and Disability Insurance Trust Funds, *The 2009 Annual Report of the Board of Trustees of the Federal Old-Age and Survivors Insurance and Disability Insurance Trust Funds Communication*, Washington, D.C. May 12, 2009, p.103, Table V.B2. Fondo de, "Reserva de la Seguridad Social, Evolucion, Actuaciones del ano 2008 y situacion a", *Informe a las Cortes Generales*, 31-12-2008, p.6, p.48.

　　但相比之下,市场化投资的回报率虽然肯定会高于国债投资,但国家之间存在较大差异,例如,瑞典"预筹养老金"(PPM)1995—2008 年平均收益率仅为 2.2%(见表 9),而加拿大"魁北克养老金计划"1967—2009 年平均收益率则高达 9.4%(见表 8),"加拿大养老金计划"1999—2008 年平均收益率为 7.4%(见表 6),香港强积金 2001—2007 年投资收益率为 7.4%(见表 4)。

　　第三,毫无疑问,长期看市场化投资的平均收益率必然高于国债投资的收益率,平均大约高于国债投资利率的 1/3 甚至 1/2。以第二板块的拉美为例,智利是全球私有化改革的鼻祖,数据统计最为完整,从 1981 年改革至 2007 年,其年均收益率为 9.1%[①],1995—2007 年拉美 10 国平均收益率也高达 8.1%。受金融危机的影响,虽然 2008 年拉美国家投资收益率还没有公布,即使将之计算在内,尽管肯定要低于 2007 年平均 3.7%的收益率,很可能接近 2002 年的-1.1%,但长期平均下来也必定要高于国债投资的收益率。

表 19　1995—2007 年"第二板块"拉美 10 国实行市场化投资公共养老金的收益率

(%)

年份	2007	2006	2005	2004	2003	2002	2001	2000	1999	1998	1997	1996	1995
阿根廷	2.2	13.9	4.6	4.3	11.1	-45.2	-10.4	3.9	18.1	-2.1	14.4	19.8	17.8
玻利维亚	-0.3	3.6	3.7	6.23	10.9	17.9	14.1	10.6	12.9	5.9	3.2	—	—
哥伦比亚	6.7	10.6	13.2	10.4	9.4	9.7	10.5	7.8	11.7	9.5	11.7	15.8	14.4
哥斯达黎加	-0.8	11.3	4.7	2.8	10.8	7.8	—	—	—	—	—	—	—
智利	6.5	17.0	5.7	9.1	11.9	2.7	5.7	4.0	14.5	-1.1	4.5	3.3	-2.5
萨尔瓦多	1.4	1.2	1.5	2.3	4.8	2.4	7.7	8.0	14.1	—	—	—	—
墨西哥	1.4	8.5	7.8	1.6	6.2	-3.3	19.5	12.2	29.9	0.8	—	—	—
秘鲁	20.2	26.9	18.4	5.6	21.2								
多米尼加	-0.4	—	—	—	—								
乌拉圭	0.2	9.8	0.1	3.6	31.8								
平均	3.7	11.4	6.6	5.1	13.1	-1.1	7.7	7.7	16.9	2.6	8.5	13.0	9.9

资料来源:作者根据下述网站整理 Fiap,"Annual Real Return",见 http://www.fiap.cl/prontus_fiap。

　　第四,与国债投资型公共养老金的收益率相比,市场化投资曲线呈现出大

────────────

　　① 　根据下述网站计算 Fiap,"Annual Real Return",见 http://www.fiap.cl/prontus_fiap。

起大落的跳跃性。这里还以收益率较好和资料齐全的智利为例:收益率最高年份的 1982 和 1991 年分别为 28.50% 和 26.59%,而最低年份的 1995 和 1998年分别仅为-2.49% 和-1.09%,最高和最低年份之间相差 31 个百分点;据智利最新的统计,2008 年 7 月至 2009 年 6 月的收益率仅为-7.9%①,是智利公共养老金 1981 年实行市场化投资体制改革以来的最低点,这样,其最高年份与最低年份之间的收益率就相差高达 36 个百分点。此外,市场化投资绩效易受世界经济形势和区域乃至次区域经济形势甚至国内金融市场的影响,且非常敏感。例如,1994 年收益率还高达两位数 19.48%,但次年就立即跌至历史最低点-2.49%,一年之间落差就高达 22 个百分点。从图 4 可看出,智利市场化投资收益率曲线呈现出波动幅度极大的跳跃性,与第四大板块国债投资社保基金收益率的平滑曲线形成鲜明反差,这无疑会对参保人承受心理和安全感形成较大挑战。

第五,国债投资型社保基金增长稳定,速度很快。9 年间英国增加了 4倍,爱尔兰增加了 2 倍,而西班牙则高达 94 倍;美国 11 年间几乎翻了两番,从6531 亿美元跃为 2.42 万亿,占 2009 年年初全球四大板块公共养老金总量49629 亿美元的 55.4%。这说明,如将公共养老金纳入一国财政系统并将之视为第二财政,可永远获得一份稳定的收益——尽管其收益率有时可能会低于市场。我们还可发现,如果再加上较快的制度缴费收入增长率,发展就非常惊人了。上述 5 国基本社保基金 2007 年年底的总规模大约为 24844 亿美元,占全球四大板块 48668 亿的 51.0%,但到 2008 年年底和 2009 年年初则上升到 27514 亿美元,占 49629 亿美元的 55.4%。当然,近十几年来,全球公共养老金总量均呈膨胀趋势。即使实行市场化的公共养老金也呈现出较快的增长趋势。例如,第二板块拉美 11 国公共养老金在 1999 年 6 月仅为 611 亿美元,到 2003 年 6 月上升到 1065 亿美元,到 2007 年 12 月提高到 2804 亿,10 年间增加了 4.6 倍②。

但人们一定注意到,如表 17 所示,在 2008 年金融危机冲击下,实行市场化

---

① Superintendencia de Pensiones, "Informe-Inversiones y Rentabilidad de los Fondos de Pensiones", Santiago, 10 de Julio de 2009, pp.1-2.

② 作者根据下述网站整理 Fiap, "Funds Managed", Fiap in Chile, 见 http://www.fiap.cl/prontus_fiap。

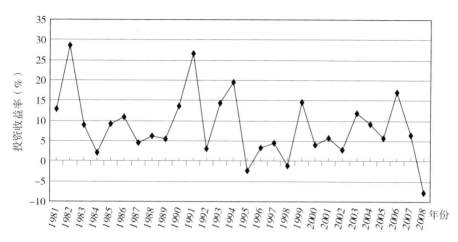

图 4　1981—2007 年智利公共养老金投资收益率变化

注:2008 年智利公共养老金投资收益率－7.9% 为 2008 年 7 月至 2009 年 6 月的平均数,引自
　　Superintendencia de Pensiones, "Informe-Inversiones y Rentabilidad de los Fondos de Pensiones",
　　Santiago, 10 de Julio de 2009, pp.1－2。
资料来源:笔者根据下述网站数据绘制 Fiap, "Annual Real Return",见 http://www.fiap.cl/prontus_fiap。

投资的社保基金都大幅缩水,无一例外:第一板块缩水 1635 亿,高达 10%;第二
板块缩水 6% 为 174 亿;只有实行国债型投资的第四板块,不但没有受到损失,反
而其总量增加了 10.7%,净增 2670 亿,在全球社保基金份额中增加了 4 个百分
点,第四板块的增量部分相当于第二板块拉美 11 国公共养老金之和。

(三)全球五大板块公共养老金总量匡算

1.四大板块公共养老金统计的准确性。至今为止,在养老金研究领域至
今还没有一个较为权威和完整的全球公共养老金的匡算,对企业养老金的匡
算则相对容易和准确一些。OECD 最近刚出版的一份研究报告《2008 年私人
养老金展望》对全球公共养老金规模作了统计。该报告将"政府或社会保障
制度建立的、以现收现付制融资方式形成的公共养老金计划形成的基金"称
为"公共养老金储备基金"(PPRFs),并将主权养老基金也包括进来,据此,该
报告对 2007 年年底"OECD 国家和本报告涉及的非 OECD 国家"的公共养老
金统计结果是 4.3 万亿美元[①]。OECD 的统计显然只包括 DB 型现收现付制
公共养老金,而将大约 30 个 DC 型积累制公共基金排除在外(即十几个中央

---

① OECD, *OECD Private Pensions Outlook 2008*, 2009, pp.101－102, p.104(Box 3.1), p.107.

公积金和十几个分散型投资的积累制社保基金),致使公共养老金总体规模被明显低估。即使将这些近 30 个 DC 型积累制公共基金排除在外,根据本文表 17 的统计,OECD 报告的统计存在较大误差。据笔者统计,2007 年年底"公共养老金储备基金"总量应该是:

48668 亿-(2804 亿+3000 亿)+5952 亿主权养老基金=48816 亿美元

就是说,即使按照 OECD 的统计口径,2007 年年底世界主要国家(即 OECD 报告中称之为 OECD 国家和非 OECD 国家)的公共养老资产(即该报告称之为"公共养老金储备基金")也将近 4.9 万亿美元,而不是 4.3 万亿美元。

笔者认为,无论其融资方式是现收现付制还是积累制,不管其待遇计发方式是 DB 型还是 DC 型,只要是国家出面举办的强制性社会基本养老制度,即只要属于基本养老保险制度中的第一支柱,就都应属于"公共养老金",都应在统计范畴之内,这是公共养老金区别于自愿型的私人养老金关键之处。所以,从这个"小口径"(由社保制度形成的基金)来计算,2007 年年底全球公共养老金的规模应是 48668 亿美元,如加上 3000 亿美元中央公积金则高达51668 亿美元;如果按"大口径"来计算(将主权养老基金也统计在内),2007年年底总规模将达 54620 亿美元(48668 亿美元+5952 亿美元),如加上中央公积金则高达 57620 亿美元。

由于主权养老基金的资金主要来自于政府转移支付,而非社保制度,且目前全球 11 只主权养老基金均未到支付期,下文单独列出将专门论述。这里使用的"公共养老金"是"小口径"下的概念,即专指其资金完全来自于参保的雇员和雇主双方缴费收入(个别国家政府也承担一定的缴费义务)所形成的上述四大板块,其全球总规模从 2007 年的 48668 亿美元增至 2008 年年底的49629 亿美元。换言之,全球金融危机之后,全球公共养老金的规模不但没有受到损失,反而有所增加。

2. 第五板块公共养老金到底还剩多少。问题在于,如按国家和地区的数量来计算,本文的统计范围还不到 40 个经济体,它是否可以涵盖或代表"全球"? 这是本文需要加以研究和厘清的一个问题。

显而易见,截至 2008 年年底,在 49629 亿美元之外,还有很多欧洲发达国家和数量庞大的发展中国家没有纳入统计范围。如此"巨大的漏洞"是否存在较大统计误差? 是否存在较大的以偏概全之嫌?

让我们先看发达国家的情况。本文没有统计进来的这些发达国家社保制度的融资方式均为现收现付制,由于老龄化等种种原因,这些发达国家社保制度财务状况大致可分为三种。

第一种是当期收支略有结余,但由于实行的是俾斯麦式碎片化模式,基金管理层次很低,投资主体分散,难以形成有效的投资策略。例如,意大利存在很多养老计划,不同行业之间差异性很大,绝大多数计划收不抵支,目前只有19个计划略有盈余,共计428亿美元(300亿欧元),覆盖人数大约130万人。

第二种是基本持平,例如卢森堡基本养老保险的制度收入结构为雇主8%、雇员8%、政府8%,每年的制度支出大致等于上述“三方”的制度收入,收支持平。

第三种是常年收不抵支,完全没有积累,需要财政补贴或其他税种注入。例如,德国基本养老保险的制度收支多年来处于赤字状态,政府财政每年给予补贴,2007年的政府补贴占养老金支出的25%。目前,德国基本养老支出占GDP的11.4%,预测到2050年将高达13.1%,而欧盟整体水平为10.6%,到2050年上升至12.8%,就是说,德国基本养老保险将长期处于收不抵支状态,没有任何盈余[1]。

在第三种情况中,法国最有代表性,其基本养老制度十几年来收不抵支:2007年制度收入1690亿欧元,支出1729亿欧元,赤字39亿欧元;2008年收入1756亿欧元,支出1812亿欧元,赤字56亿欧元,预测2009—2012年都将收不抵支。其实,即使在制度收入当中,真正来自雇主和雇员双方的缴费收入仅为50%—60%左右,如在2007年的1690亿欧元收入中,实际缴费收入仅为930亿,占制度总收入的55%,其余主要为转移支付(187亿欧元)、专门税种注入(126亿欧元)、其他缴费收入补贴(69亿欧元)等;2008年制度收入1756亿欧元中,缴费收入仅为948亿欧元,占制度总收入的54%,其余为转移收入193亿欧元,其他税收注入146亿欧元,其他公共缴费74亿等[2]。而相比之下,美国基本养老制度没有其他任何补贴,其制度收入全部来自雇主和雇员的双方缴费,目前2.4万亿美元的滚存余额完全由缴费形成。

---

[1]　以上意大利、卢森堡和德国的资料引自 *International Pension Studies*: *Funded Pensions in Western Europe 2008*, Allianz Global Investors AG, Seidlstr, pp.81 - 82, 87, pp.65 - 66。

[2]　Projet de Loi de Financement de la Sécurité Sociale pour 2009, N :1157 Document mis en distribution le 15 octobre 2008.pp.179 - 180, table 23.

表20　2007—2012年法国基本养老保险资金收支

（单位：10亿欧元）

年份	2007	2008	2009	2010	2011	2012
收入	1690	1756	1825	1916	2012	2087
支出	1729	1812	1897	1979	2061	2142
盈余	-39	-56	-72	-63	-49	-55

资料来源：Projet de Loi de Financement dela Sécurité Sociale pour 2009，N：1157 Document mis en distribution le 15 octobre 2008.pp.179－180，table 23.

再来看其他广大发展中国家基本养老保险制度及养老基金的情况。发展中国家公共养老金的情况也可大致分为三种。

第一种情况是有些国家虽然统计较为完整，年报制度较为完善，但公共养老金制度不是很成熟，规模很小。例如，巴基斯坦人口1.3亿，但社保基金仅为20多亿美元（1450亿巴基斯坦卢比）[1]。有些国家人口较少，虽然社保基金占其GDP比重很高，甚至高于很多发达国家，但社保基金绝对数量仍十分有限，例如，约旦总人口仅为560万，社保制度覆盖劳动人口比重仅为40%即大约覆盖人口不到70万人，每年制度收入大约5亿—6亿美元，制度支出3亿—4亿美元，社保基金余额仅为50亿美元左右，当然，相对于每年200多亿美元的GDP来说，所占比重已经很高[2]。该基金由"约旦社会保障公司"（SSCJ）负责投资管理，实行市场化的投资策略。

第二种情况是有些国家虽然规模较大，人口较多，但社保基金总量较小。在这些国家，由于承继的是俾斯麦社保模式传统，社保制度呈高度碎片化状态，参保率较低，费率水平也很低，人均GDP和收入水平较低。例如，泰国人口6600万，建立公共养老金的时间较晚，并且十分复杂，由几个部分和若干层级构成。其中，2006年年底覆盖私人部门的"社会保障基金"（Social Security Fund）133亿美元（4431亿泰铢，包括养老、医疗、失业等），其中养老金大约是74亿美元（2481亿泰铢）[3]，覆盖公务员的政府养老基金（GPF）截至2009年6月底是124亿美元（4136

---

[1]　见 http://www.eobi.gov.pk/financial-data/balance.pdf。

[2]　Social Security Corporation，*Social Security in Number Special Edition 2002—2006.*

[3]　Social Security Office，*Social Security Annual Report* 2006，p.57.

亿泰铢)①,二者合计,泰国公共养老金大约200亿美元。再例如,菲律宾人口近1亿,但2007年全国社保基金仅为51亿美元(2430亿菲律宾比索)②。

第三种情况是相当一部分国家养老保险制度没有建立起资料统计和信息披露制度,尤其在非洲,即使世界银行等国际机构和区域性机构也没有较为及时和完整的统计资料,加之语言的限制,其公共养老金的运行情况鲜为人知。重要的是,这些社保制度均为现收现付制,它们或是滚存余额很少,或是收不抵支,估计总量不会很大。

我们可将这些没有统计进来的公共养老金称为"第五板块"。根据上述对没有统计进来的发达国家和发展中国家公共养老金情况的分析,可得出这样的结论:一是由于欧洲发达国家人口老龄化十分严峻,在现收现付制下,像意大利那样滚存结余高达几百亿美元的情况实属少见,大部分国家社保基金收不抵支,存量十分有限,可以忽略不计。二是绝大部分发展中国家相对人口较为年轻,尤其在非洲,虽然没有统计进来,但基金余额不会很多,因为它们实行的均为现收现付制,也可忽略不计。三是"第五板块"基本没有实行市场化投资策略,在金融危机中损失很小。即使个别国家采取的是市场化投资策略,也只是限于国内或区域性的投资,对国际资本市场没有什么影响。四是"第五板块"规模毕竟很小,据笔者估计,整体看,全球没有统计进来的公共养老金大约在3000亿美元—4000亿美元之间。本文没有将之统计进来不影响对全球公共养老金规模的估算和对投资损失的估算,不影响对全球公共养老金发展趋势的总体判断。如果将这第五板块计算在内,2009年年初全球五大板块公共养老金总规模应在5.4万亿美元左右。

三、金融危机对"企业养老金"影响巨大:高回报投资策略的必然

2007年年末美国次贷危机爆发之前,世界主要国家和地区企业养老基金总计大约不到29万亿美元;截至2008年年底,金融危机导致大约损失了5.2

---

① 见 http://www.gpf.or.th/Eng/financial_statement.asp? ref=31&ref1=9#。

② 见 http://www.sss.gov.ph/sss/printversion.jsp? id=807&file=anew1627.html。

万亿美元(4.2万亿欧元),全球企业养老金总资产缩水近20%。在危机较为深重的2008年11月,世界平均企业年金回报率为-22%,而相比之下,在过去的15年里(包括2000—2001年金融危机期间),各国企业养老金投资业绩表现不俗,年均名义回报率瑞典是11.8%,美国是10.6%,英国是9.2%。

(一)不同资产配置导致不同的损失规模

在世界近29万亿美元企业养老基金存量中,虽然金融危机对各国的影响不尽相同,但却存在一些带有共同性的规律。

第一,总体看,与社保基金相比,企业养老金权益类投资比例较大,这是追求高回报率的自愿型企业养老金之风险所在,带有相当的必然性。所以,企业养老金规模越大,损失也就越大。例如,美国企业养老金规模为世界之最,几乎占世界一半多,高达60%左右,为17.1万亿美元,损失最为惨痛,大约有3.3万亿美元。世界排名占第二位的是英国,企业养老金资产总计是2.7万亿美元,其他依次是加拿大1.5万亿美元,荷兰1.1万亿美元,澳大利亚1万亿美元,日本0.9万亿美元,瑞士0.6万亿美元。在几乎所有发达国家,企业养老金资产大约相当于其股市总市值的一半,其中最高的是荷兰,相当于总市值的113%,其次是爱尔兰为82%,再次是澳大利亚71%,冰岛67%,英国62%,OECD成员国平均53%。从占GDP比重来看,冰岛排列世界第一,占其GDP的134%,其他依次排名是荷兰132%,瑞士119%,澳大利亚105%,英国86.1,美国74%,芬兰71%,加拿大55%,爱尔兰47%,丹麦32%,日本20%,葡萄牙14%,波兰和墨西哥12%,新西兰11%。

第二,权益类投资比重越大的国家,在此次金融危机中损失就越大。例如,爱尔兰平均投资股票比例为66%,大约损失了30%,其他损失惨重的国家依次是美国、英国和澳大利亚等。股票和债券通常是各国企业养老金持有的两种主要投资工具,合计大约在80%以上。与2001年金融危机相比,此次金融危机造成的损失之所以较大,是因为权益类投资比重与2001年相比有所上升。例如,OECD成员国2007年平均持有股票比重比2001年增加了4.2个百分点,而持有债券的比重则下降了1.5个百分点。虽然早在2007年许多国家就开始调整资产配置,债券比重有所提高,但股票比重仍总体高于债券。例如,截至2007年年底,比利时企业养老金持有股票48%,债券21.5%,加拿大分别是50%和34.4%,德国是31.3%和28.8%,美国是59.2%和22.4%。相比之下,对权益类投资工具实行严格限制的国家则损失较小,业绩较好,甚至出现盈利,例如,土耳其和埃及等国。

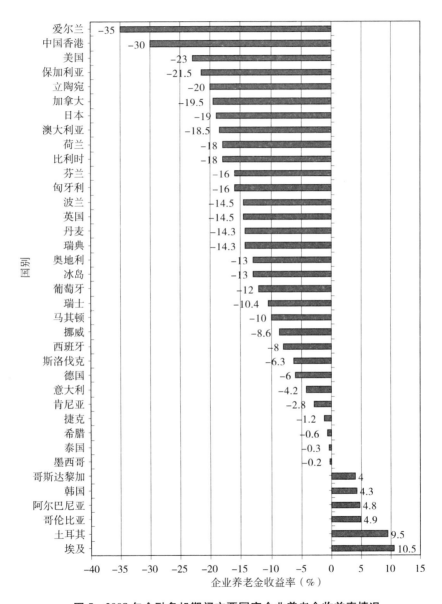

图5　2008年金融危机期间主要国家企业养老金收益率情况

资料来源:Antolin,P. and F.Stewart, *Private Pensions and Policy Responses to the Financial and Economic Crisis*, OECD Working Papers on Insurance and Private Pensions, No.36, OECD publishing, April, 2009, p.17, figure A1.

第三,新兴国家企业养老基金发展迅速,导致发达国家在全球所占比重中有所下降,尤其是美国。截至 2007 年,机构投资者总资产比前一年增加了11.3%,其中养老基金资产增加了 7.5%,保险资金和投资基金分别增加了12.9%。总的来说,最大的机构投资者是投资基金,其次是保险基金和养老基金,在养老基金中,社保基金、主权财富基金、私募基金和对冲基金所占比重依然不是很大。在 2001—2007 年,企业养老基金发展十分迅速,大约增加了近70%,年均增长 9%以上,其中,新兴市场经济体增长十分迅速,与 2001 年相比,美国占世界比重下降了 10%左右。例如智利从 2004 年的 556 亿美元激增至 2007 年的 1056 亿,斯洛文尼亚从 5 亿增加到 14 亿。世界总体发展趋势是,机构投资者持有的金融资产中,"养老金因素"越来越大,在全世界机构投资者资产总额中,大约有 60%是为养老金融资而建立的,或说与养老金有关①。

(二)不同类型计划导致不同性质的损失

此次金融危机对 DC 和 DB 型企业养老金的影响与后果及其含义也是不一样的。

其一,对 DC 型计划来说,由于其养老金直接取决于个人账户资产的市值,所以,对年轻人来说,其资产价值即使大幅缩水,关系也不大,因为长期内他们完全有可能等待市场的全面恢复。但对接近退休年龄的工人来说则非常不利,如果他们马上就要退休,账户资产需要购买一个年金产品,于是,资产价值大幅下降就很可能意味着是一笔永远的损失。所以,在实行强制性的 DC型企业养老金的国家,例如东欧一些国家,或者澳大利亚、冰岛和瑞士等一些发达国家,将个人账户引入其强制性基本养老保险的十几个拉丁美洲国家等,它们就面临这些困难。但这些国家的数量较少,其资产总量不是很大,损失总量较小,并且,在很多国家,账户持有人对其账户资产配置是可以选择的,在接近退休年龄的工人的投资政策中也有一定的限制,他们的资产配置比较保守。在美国和英国等绝大部分实行自愿性企业养老金制度的国家,到退休年龄购买年金不是由立法强制性规定的,所以,他们仍可继续持有下去,资产缩水只

---

① 以上关于企业养老金的数据均引自 OECD, *OECD Private Pensions Outlook 2008*, 2009, pp.22 - 28,15 - 18; p.8、32、39、43、58、60、64。

是暂时的,待将来市场恢复之后其退休收入不会受到实质性的影响。由于 DC 型计划在美国的数量远远高于其他发达国家,全美家庭金融资产中大约有 35% 是 DC 型的账户资金,所以,在此次金融危机中,美国遭受重创。截至 2008 年年底,美国个人退休账户(IRAs)养老基金规模为 4.1 万亿,大约 46% 投资在共同基金里;DC 计划资产大约 4 万亿美元,其中 2.7 万亿是 401(k); 在共同基金中,大约 1.9 万亿是 401(k)和其他 DC 型养老资产,换言之,大约 47%的 DC 型养老资产为共同基金所持有①。

　　其二,对 DB 型养老金来说,虽然其提供的当期退休收入水平受到投资回报急剧下降的影响不会很大,但总体看,资产价格大幅缩水不仅将恶化其财务支付能力,而且由于金融危机导致长期利率下降,致使“融资缺口”(指养老金债务大于其养老金资产)不断扩大。例如,在瑞士和美国,DB 型计划的融资条件急剧恶化,大约 10%的公司债券收益被资产价值下降所抵消。荷兰 DB 型计划的融资水平在 2007 年 6 月至 2008 年 6 月期间也下降了大约 10%②。为减轻金融危机的短期影响,提高企业及其计划成员对未来的信心,很多 DB 型计划在精算估值中不得不将损失分摊到未来的几年内,允许在更长的期限内评估其偿付能力,例如从 6 个月延长到 12 个月,分别从 1 年、10 年、15 年和 30 年的期限来描述这次金融危机对养老基金收益率的影响。对破产和兼并等股权发生变动的企业来说,DB 型计划受到的影响较大。例如,被美国银行收购的美林证券为其雇员设立的计划有两个:一个是 DC 型即 401 (k),2003 年资产为 27 亿美元,另一个是 DB 型计划,资产为 46 亿美元,DB 型计划在兼并之后必然遭受较大权益损失③。雷曼兄弟公司也设有 DC 和 DB 两个计划,其 DB 计划在公司破产之后也必定遭受严重损失,例如,英国分公司 (伦敦)就高达 1 亿英镑。根据英国法律,对养老金损失总额在 28000 英镑以下的参保者将全额补偿,这些损失应由英国“养老金保护基金”(PPF)给予一定补偿,为此很多养老金损失总额在 28000 英镑以上的员工养老金权益将遭受损失。英国分公司大约有 1500 名职员、120 名养老金领取者和 2400 名以前参加养老金

---

①　ICI,“The US. Retirement Market, Third Quarter 2008”, Research Fundamentals.

②　OECD, *OECD Private Pensions Outlook 2008*, 2009, pp.18 – 19.

③　Russell/Mellon ·CAPS, *International Pension Funds and their Advisors* 2003, Aspier Publications Ltd. IPE, 2003, p.1005.

计划的员工。毫无疑问,美国本土雷曼兄弟的 DB 计划权益将几乎全部丧失,他们只能等待美国"养老金待遇担保公司"(PBGC)给予一定的补偿①。

四、金融危机对"主权养老基金"影响较大:11 只基金的比较

(一)主权养老基金与金融危机

主权养老基金与社保基金的区别在于前者来自财政转移支付或特种财政收入的转移支付,相当于一个投资基金,而后者则是由参保人和参保单位双方缴费形成的社保基金余额。许多国家的社保基金具有明显的"主权"性质(有的国家或地区的社保基金不具备主权的性质,例如智利和中国香港等)②,于是越来越多的国家将其具有明显主权性质的社保基金用于国际市场的投资,所以,这部分社保基金也被称为"缴费型"主权养老基金;相应地,本文提到的主权养老基金是指"非缴费型"主权养老基金或"储备型"主权养老基金,它主要是指一经济体政府通过特定预算安排或通过某种自然资源收入和国际收支盈余等方式积累形成的、由政府支配并以外币形式持有的、用于支付未来老龄化所需要的一个战略养老储备,以补充和加强未来养老保障的支付能力,而不是用于当期支付缺口,一般情况下十几年或几十年不支付。目前很多学者和文献一直将"储备型"主权养老基金称为"主权财富基金"(SWFs),就是说,他们将其笼统地称为主权财富基金。

还有一种情况,介于"储备型"和"缴费型"主权养老基金之间。例如,波兰 2002 年建立的"人口储备基金"(Demographic Reserve Fund,简称 FRD)和葡萄牙 1989 年建立的"社会保障财务稳定基金"(Social Security Financial Stabilization Fund, 简称 FEFSS),其特点是其资金来源于社保基金的缴费收入,但却从制度里剥离出来成为一个独立的法人投资实体,或说是将社保制度

---

① 雷曼兄弟公司的资料由孙守纪博士查阅并提供,这里表示感谢。见 http://www.banking-business-review.com。

② 关于社保基金主权性质的判断标准和"缴费型"与"储备型"主权养老基金二者之间的区别,关于主权财富基金与主权养老基金二者之间的区别,参见郑秉文:《中国建立"主权养老基金"的急迫性及国际比较——应对"中国威胁论"与外汇储备二次分流的战略思考》,《国际经济评论》2008 年第 3—4 期,总第 74 期,第 43—53 页。

及其社保基金的一部分转移给一个独立的资产池,该资产池成为一个独立的市场主体,其运行方式与储备型主权养老基金非常相像。而有些国家的社保基金则没有从社保制度里分离和独立出来,其投资主体就是社保制度的管理主体,基金投资管理与待遇支付为同一个主体(如丹麦的 ATP),或将全部社保制度缴费收入委托给一个理事会(我们将之称为“理事会制度”),该理事会专事资金的投资运营与管理,而没有待遇支付的功能(如美国的 OASDI 理事会,待遇支付由劳工部负责)。本文将所有这些资金来自雇主和雇员双方缴费形成的社保基金统统称为“缴费型”主权养老基金,不再作详细划分。

本文讨论的是“非缴费型”即“储备型”主权养老基金,其资金基本来自财政转移支付或外汇储备,与社保制度收入无关。据笔者的统计,目前全球主权养老基金大约只有 11 只,它们来自挪威、法国、爱尔兰、澳大利亚、新西兰、智利、荷兰、比利时、卢森堡、俄罗斯和中国。

11 只主权养老基金的投资策略可分为两种。一种是非市场化投资策略。荷兰、比利时、智利和俄罗斯四只基金的投资仅限于海内外的固定收益类产品。除荷兰与比利时数据不详以外,智利和俄罗斯完全持有固定类产品,并由财政部门负责管理,所以在此次金融危机中没有遭到什么损失,尤其俄罗斯,由于其转移支付力度很大,一年时间之内,基金规模就从 320 亿美元膨胀到 863 亿美元。另一种是市场化投资策略。其他 7 只均采取不同程度的市场化投资策略,股票持有比例较高,2007 年 12 月底 55.1%,到 2008 年 12 月底下调至 47.1%,其中,法国、爱尔兰和新西兰持股比重大幅下调,只有挪威不降反升,由 40.0% 提高到 49.6%,损失惨重,占主权养老基金全部损失的 70% 以上。需要指出的是,在 7 只实行市场化投资策略的基金中,只有中国损失最小,收益率为-6.8%,而其余 6 只平均收益率低至-22.4%;7 只基金平均收益率为-14.4%。受此次金融危机的影响,主权养老金损失总计大约 1180 亿美元(见表 21)。

(二)挪威“政府全球养老基金”:损失占全球 11 只基金总和的 75%

挪威“政府全球养老基金”(GPFG)是世界上规模最大的主权养老基金,其前身是 1990 年成立的石油基金,2006 年改为全球养老基金,目前在世界各国 7900 个公司里均有投资或持股,遍布全球 42 个发达和新兴经济体,持有 31 个币种的固定收益类资产。根据立法,该基金由石油收入构成,成立至今,石油收入总计为该基金注入了 3000 亿美元(2.14 万亿克朗)(见图 6);到 2008 年 12 月底,股票持有比重为 49.6%,在金融危机的影响下,全年收益率为-23.3%,损失了 880 亿美元(6330 亿克朗),是该基金建立以来收益率最低的时期(见表 21)。

表 21 全球 11 只主权养老基金在金融危机中业绩表现一览

国家	主权养老基金及建立时间(年)	总市值(亿美元)		占GDP比重(%)	股票比重(%)		2008年收益率(%)	损失情况	
		2007年	2008年		2007年	2008年		损失(亿美元)	占比(%)
挪威	政府全球养老基金(GPFG, 1990)	2800	3150	4.0	40.0	49.6	−23.30	880	74.57
法国	退休储备基金(FRR, 1999)	485	390	1.0	64.5	49.0	−24.80	75	6.36
爱尔兰	国家养老储备基金(NPRF, 2001)	300	220	7.7	72.1	59.5	−30.40	80	6.78
澳大利亚	未来基金(AGFF, 2006)	500	600	4.1	24.1	27.7	−8.49	50	4.24
新西兰	超级年金基金(NZ Super, 2001)	75	72	5.5	54.5	49.5	−25.10	3	0.25
荷兰	(AOW 养老基金)(Spaarfonds, 1998)	329	329	21	0	0	—	—	—
比利时	银发基金(Silver Fund, 2001)	187	187	0.3	0	0	—	—	—
卢森堡	养老基金储备基金(PRF, 2004)	94	94	16	33.0	33.0	—	—	—
智利	养老储备基金(PRF, 2006)	25.1	24.6	0.3	0	0	−1.94	0.47	0.04
俄罗斯	国家福利基金(NWF, 2008)	320	863	10.0	0	0	5.40	—	—
中国	全国社保基金(SSF, 2000)	837	827	1.9	—	—	−6.79	92	7.79
总计(平均)		5952.1	6756.6	2.8	50.1	47.1	−14.43	1180.47	100.00

注:新西兰 2007 年年底"基金总市值"为 2008 年 5 月底数据;智利"基金总市值"的数据分别为 2008 年 1 月和 2009 年 3 月底数据。荷、比、卢有些数据不详。俄罗斯的"基金总市值"数据时间分别是 2008 年 1 月 30 日和 2009 年 1 月 15 日。占 GDP 比例的数据为 2008 年的,根据世界银行给出的各国 GDP 计算(The World Bank, Global Economic Prospects 2008)。

资料来源:笔者根据本文数据整理制作。

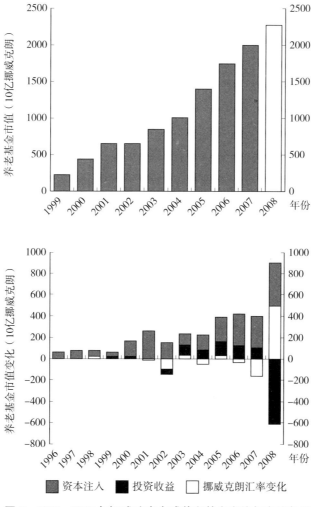

图6　1999—2008年挪威政府全球养老基金市值与市值年度变化

资料来源：*Government Pension Fund-Global Annual Report* 2008，Norges Bank Investment Management
（NBIM），April 2009，p.5，p.22，Char 4.1 and Char 4.2.

表22　2008年12月31日挪威政府全球养老基金（GPFG）主要指标

项目	2007 年		2008 年			
	1 季度	2 季度	1 季度	2 季度	3 季度	4 季度
固定收益类产品持有（万亿挪威克朗）	1.054	1.061	1.011	0.961	0.997	1.146

项目	2007 年		2008 年			
	1 季度	2 季度	1 季度	2 季度	3 季度	4 季度
股票资产持有(万亿挪威克朗)	0.878	0.958	0.935	1.031	1.123	1.129
资本注入增量(万亿挪威克朗)	0.076	0.077	0.088	0.091	0.128	0.077
投资收益(万亿挪威克朗)	0.021	-0.014	-0.116	-0.032	-0.186	-0.300
股票收益率(%)	-0.30	-2.77	-12.67	-1.60	-13.12	-20.58
固定类产品收益率(%)	2.10	1.30	0.87	-1.72	-1.19	1.55
基金收益率(%)	1.15	-0.64	-5.62	-1.87	-7.68	-10.30
基金总市值(万亿挪威克朗)	1.932	2.019	1.946	1.991	2.120	2.275

资料来源:根据下述表格整理得出:Norges Bank Investment Management(NBIM), *Government Pension Fund-Global Annual Report* 2008, April 2009, p.23, table 4-1.

尽管如此,该基金总市值从 2007 年 12 月 31 日的 2800 亿美元(2.019 万亿挪威克朗),到 2008 年 12 月底膨胀到 3150 亿美元(2.275 万亿挪威克朗)。这是因为,挪威政府在 2008 年增加了资本金即转移支付了 3840 亿克朗,是该基金成立之后转移支付最多的一年,使其市值增加了 2570 亿克朗。尽管 2008 年金融危机肆虐,但该基金在国际股市仍十分活跃,投资范围又增加了 17 个新兴市场股市,并且,固定收益类产品从 2007 年的 60% 下降到 2008 年的 50%,而股票则从 40% 增加到 50%,即从 2007 年年底的 9580 亿克朗,增仓至 2008 年年底的 11290 亿克朗[1](见表 22)。

(三)法国"退休储备基金":损失 75 亿美元

法国主权养老基金"退休储备基金"(FRR)最初是根据 1999 年《社会保障融资法案》在"法国养老团结基金"(FSV)设立的一个财务部,后来由于规模日益扩大,根据 2001 年 7 月立法独立出来,于 2003 年 6 月以信托方式开始正式运行,2001 年 12 月更名为"退休储备基金",起始资金为 160 亿欧元,其中,来自社会税(社会税为 2%,其中的一部分注资到该基金)的收入占 26%,"法国国家养老保险基金"(CNAV)和"自雇者养老保险基金"收入的盈余 28%,其余 54% 为国有资产私有化变卖与其他收入。1999 年以来,该基金的资金来源中,来自社

---

① Norges Bank Investment Management(NBIM), *Government Pension Fund-Global Annual Report* 2008, April 2009, p.5,pp.12-13,22.

会税的资金总计注入了 100 亿欧元,养老保险制度的缴费收入盈余 59 亿欧元(主要来自 CNAV),法国电力公司(EDF)资助了 30 亿欧元,国有资产变卖等约有 70 亿欧元。据测算,在 2006—2020 年间,如果每年向该基金注入 13 亿欧元,到 2020 年该基金能满足其 22%的融资要求,到 2020 年该基金资产规模将达 940 亿欧元;如果每年注入 37 亿,将能满足 36%,到 2020 年将达 1510 亿;如果每年注入 61 亿,将能满足 50%,到 2020 年将达 2080 亿欧元①。

2003 年 4 月制定的资产目标配置策略为股票 55%(其中欧元区股票 38%,非欧元区股票 17%),债券 45%(其中欧元区债券 38%,非欧元区 7%);资产类别分为 12 等级,由 39 个基金公司运营。根据立法,该基金在 2020 年之前没有支付的任务,处于"积累阶段",在 2020 年之后为"支付阶段",用于弥补基本养老保险的缺口②。2007 年 12 月 31 日该基金市值为 485 亿美元(345 亿欧元),全年收益率为 4.8%,资产分布是股票 64.5%,债券 33.5%,货币基金与银行存款为 1.2%,多元化资产为 0.8%③。在金融危机影响下,2008

（单位：10亿欧元）

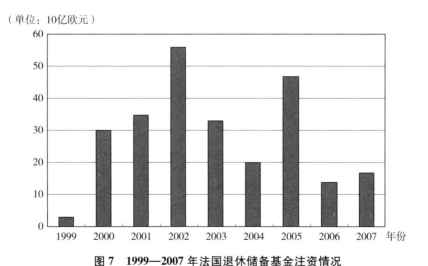

图 7　1999—2007 年法国退休储备基金注资情况

资料来源:Fonds de Reserve Pour les Retraites(FRR), *The FRR's Potential Contribution to the Funding of Pensions Between 2020 and 2040.*

---

① Fonds de Reserve Pour les Retraites(FRR), *The FRR's Potential Contribution to the Funding of Pensions Between 2020 and 2040.*

② FRR, *FRR Annual Report* 2003.

③ FRR, *FRR Annual Report* 2007.

年不得不紧急调整资产持有结构,股票从 2007 年年底的 64.5% 减仓至 2008 年年底的 49%,债券从 33% 提高到 36%,银行存款从 1.2% 骤增至 14%。尽管如此,2008 年全年收益率仍为 -24.8%,是该基金建立以来最低的一年,到 2008 年 12 月 31 日,该基金市值下降至 390 亿美元(277 亿欧元),一年间损失了 75 亿美元(68 亿欧元),总市值缩水了 20%①。进入 2009 年以来,情况开始好转,从 1 月 1 日到 3 月 31 日为止,收益率为 -6.5%,资产配置继续调整,股票比重从 49% 减至 47.7%,债券从 36% 增至 36.5%,商品从 1% 提高到 3.5%,货币资产从 14% 下调至 12.3%②。

(四)爱尔兰"国家养老储备基金":缩水 27%

爱尔兰主权养老基金"国家养老储备基金"(NPRF)是根据 2000 年"国家养老储备基金法案"于 2001 年 4 月建立的,旨在 2025 年之后最大限度地满足由于老龄化导致的社会福利和公共养老金的巨大成本。根据 2000 年立法,爱尔兰政府每年须将相当于当年 GNP 的 1% 资产注入该基金当中,并且,该基金在 2025 年之前没有支付任务,2025—2055 年用于支付爱尔兰养老保险的权益支付,为养老金制度的长期可持续性贡献力量。

2007 年 12 月 31 日该基金总资产市值为 300 亿美元(211.53 亿欧元),相当于当年 GDP 的 13.4%,全年收益率为 3.3%,获得收入 6.37 亿欧元的盈利,股票持有比重 72.1%③。由于该基金在 2008 年金融危机受到重创,2008 年收益率仅为 -30.4%,所以,到 2009 年 3 月底总市值缩水到 220 亿美元(155 亿欧元),大约损失 80 亿美元。2009 年 1 月 1 日至 3 月 31 日收益率为 -6.7%,股票持有比重为 59.9%。从 2008 年 1 月到 2009 年 3 月底,缩水了 27%④。

---

① Executive Board, FRR, Release, Paris, January 29, 2009.

② Executive Board, FRR, Release, Paris, May 6, 2009.

③ National Pensions Reserve Fund Commission, *Annual Report and Financial Statements* 2007, 27th June 2008, p.5.

④ National Pensions Reserve Fund Commission, *NPRF Quarterly Performance and Portfolio Update at 31 March 2009*, NPRFC, pp.1–3.

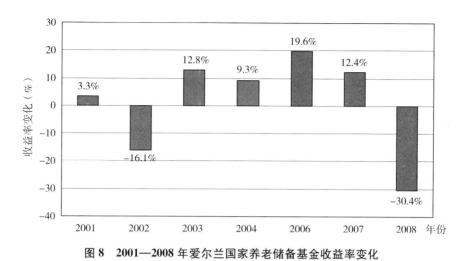

图 8　2001—2008 年爱尔兰国家养老储备基金收益率变化

资料来源：National Pensions Reserve Fund Commission, *Annual Report and Financial Statements* 2007, 27th June 2008, p.5.

表 23　爱尔兰国家养老储备基金资产配置

2007 年 12 月底	股票	另类投资			金融资产			合计
		PE	产权	商品	债券	货币基金	现金	
比重(%)	72.1	1.9	3.1	1.3	16.9	0.8	3.9	100
数量 (亿欧元)	152.58	4.03	6.47	2.86	35.67	1.65	8.26	211.53

资料来源：National Pensions Reserve Fund Commission, *Annual Report and Financial Statements* 2007, 27th June 2008, p.5.

（五）澳大利亚"未来基金"：至少损失 50 亿美元

澳大利亚主权养老基金"未来基金"（AGFF）是根据《2006 年未来基金法案》建立的,目的是实行多元化投资策略,弥补澳大利亚公共部门未来超级年金的养老债务。该基金有一专门机构负责投资运营,要求年均投资收益率钉住 CPI 并在此之上再获得 4.5%—5.5%,并规定在 2020 年之前仅作为战略储备,不提取使用。2007 年中央财政为该基金注入 70 亿澳元,2008 年加大了转移支付力度,为该基金注入资金 2 次,其中 6 月注入 39 亿澳大利亚元,年底又注入 109 亿澳元①。2008

---

　①　*Future Fund Annual Report* 2007/8, Future Fund Board of Guardians 2008, Australian Government, p.10,20.

年 1 月 31 日总市值为 500 亿美元(505.92 亿澳元),虽然 2008 年全年(日历年度)收益率为 -8.49%,但到 12 月 31 日市值总额上升为 600 亿美元(596.23 亿澳元)。尽管未来基金对损失情况未作具体披露,但无论从哪个角度推算,该基金在此次金融危机中至少损失 50 亿美元。与其他主权养老基金有所不同,在金融危机期间,未来基金的资产分布结构几乎并没有作什么调整:国内股票从 2008 年 1 月 8.8% 下调至当年年底的 8.6%,国际股票从 15.3% 提高到 19.1%,产权投资从 1.1% 提高到 1.3%,银行存款从74.8% 降至 72.3%①。

表 24　澳大利亚未来基金历年投资收益率

财政年度(年)	名义收益率(%)	CPI(%)	实际收益率(%)
2007/8	1.54	4.5	-2.96
2006/7	7.39	2.1	5.29
2005/6	5.97	4	1.97

注:澳大利亚财政年度为 6 月 30 日。

资料来源:Future Fund Board of Guardians 2008, Australian Government, *Future Fund Annual Report* 2007/8, p.10.

　　2008 年 5 月澳大利亚又宣布准备建立三只新基金"建设澳大利亚基金"、"健康与医院基金"和"教育投资基金",并宣布将为这些基金合计注入 400 亿澳元。对未来基金来说,2008 年也是具有重要意义的一年:未来基金这一年加入了主权财富基金国际工作集团(IWG),参与制定国际准则(GAPP)②。

表 25　澳大利亚"未来基金"2008 年金融危机期间投资策略变化

(%)

资产配置	股票	有形资产	债券	另类资产	银行存款
资产配置长期标准目标	35	30	20	15	—

---

　　①　Australia Government Future Fund, *Portfolio Update at 31 December* 2008, 30 January 2009; Australia Government Future Fund, Media Release, 22 February.

　　②　Future Fund Board of Guardians 2008, Australian Government, *Future Fund Annual Report* 2007/8, p.13.

续表

资产配置		股票	有形资产	债券	另类资产	银行存款
实际资产分布	2008 年 1 月初	24.1	1.1	0	0	74.8
	2008 年 6 月底	28.9	1.4	7.5	0.1	62.1
	2008 年 12 月底	27.7	5.1	17.3	3.7	46.2

资料来源:根据下述 3 份资料整理:Future Fund Board of Guardians 2008, Australian Government, *Future Fund Annual Report* 2007/8, p.26; Australia Government Future Fund, Portfolio Update at 31 December 2008, 30 January 2009; Australia Government Future Fund, Media Release, 22 February。

（六）新西兰"超级年金基金":缩水近 3 亿美元

建立于 2001 年的新西兰"超级年金基金"(NZ Super)旨在应对未来新西兰人口老龄化引起的养老债务。根据 2001 年《超级年金基金与退休收入法案》,新西兰财政在未来 20 年里将每年固定给该基金拨付 9 亿美元(15 亿新西兰元)。2004 年新西兰政府成立了一个专门投资管理机构,专司其投资实务;2003 年 9 月该基金首次投资时仅为 24 亿新西兰元,到 2009 年 4 月 30 日时总市值为 75.4 亿美元(125.1 亿新西兰元),预计到 2025 年高达 1000 亿新西兰元。该基金实行市场化投资,在此次金融危机中遭受一定损失,但恢复较快:2008 年 6 月底总市值为 75.1 亿美元(124.6 亿新元),到 2008 年 12 月底下降到 72.3 亿美元(120.1 亿新元),缩水近 3 亿美元;2009 年以来该基金恢复较快,3 和 4 月投资收益率即为正值,3 月是 1.12%,4 月竟高达 6.74%,到 4 月底总市值已达 75.4 亿美元(125.1 亿新元)。新西兰的财政年度为 6 月 30 日,2008 年 6 月 30 日—2009 年 4 月 30 日平均回报率为-25.05%[1];

新西兰超级年金基金投资策略中股票比重较高,2008 年 5 月份资产配置中股票占 54.5%,森林木材投资占 3.5%,现金只占 1.2%[2];到 2009 年 2 月底股票下调到 49.5%,森林木材和现金分别提高到 11.1%和 4.5%[3]。

---

[1]　以上资料引自:New Zealand Superannuation Fund, Performance and Portfolio Update at 30 April 2009。

[2]　根据下述资料计算:New Zealand Superannuation Fund, Performance and Portfolio Update at 31 May 2008。

[3]　根据下述资料计算:New Zealand Superannuation Fund, Performance and Portfolio Update at 28 February 2009。

表 26   2003—2009 年 2 月新西兰超级年金基金投资收益率

时点 (年、月)	2003.4	2004.5	2005.6	2006.7	2007.8	2008.7	2008.8	2008.9	2008. 10	2008. 11	2008. 12	2009.1	2009.2
收益率 (%)	7.69	14.13	19.20	14.58	-4.92	-0.24	0.48	-7.96	-13.51	-5.04	1.47	-3.24	-6.67

资料来源:New Zealand Superannuation Fund, Performance and Portfolio Update at 30 April 2009.

(七)智利"养老储备基金":损失最小的主权养老基金

智利 2006 年建立主权养老基金"养老储备基金"(PRF)的目的是为了应对日益严峻的老龄化趋势,以确保未来政府具备能够支付基本老年和遗属养老金的债务能力。根据《责任法案》,智利政府每年将相当于上一年 GDP 的 0.2%转移支付注入该基金当中,如果财政实际盈余超过 0.2%,就将全部实际盈余注入进来,但不能超过 GDP 的 0.5%。该基金建立 3 年以来,财政共注资三次,合计 22.5 亿美元。截至 2009 年 3 月底,该基金规模为 24.581 亿美元,但与 2008 年年底的 25.068 亿美元相比,还是缩水了 1.94%,即 0.49 亿美元。智利的养老储备基金之所以缩水很小,成为各国主权养老基金中损失最小的之一,是因为其投资范围仅限于政府债券和银行存款,甚至在 2009 年 3 月盈利 600 万美元。截至 2009 年 3 月底,80.4%为 3 年期的国外政府债券(其中美元 10 亿,欧元资产为 8 亿美元,日元为 1.7 亿美元),19.6%为银行存款(美元 2.2 亿,欧元资产为 1.8 亿美元,日元为 8 千万美元)[1]。

表 27   智利"养老储备基金"(PRF)规模与市值

(单位:亿美元)

时点	2006 年	2007 年	2008 年	2009 年 1 月	2009 年 2 月	2009 年 3 月合计
资金注入	6.045	7.364	9.091	0	0	22.500
市值	6.046	14.664	25.068	24.232	23.975	24.581

资料来源:Pension Reserve Fund, March 2009.

(八)荷、比、卢三只主权养老基金:基本没有损失

荷兰 1998 年建立了一只主权养老基金(AOW Spaarfonds),其资金来自一

---

① Pension Reserve Fund, March 2009.

般税收,目前其规模为 329 亿美元(230 亿欧元),占 GDP 约 3.6%,到 2020 年拟达到 1350 亿欧元。按立法规定,该基金从 2020 年开始支付和补贴基本养老保险制度出现的缺口。但是,这只主权养老基金类似"名义账户制"的基本保险制度,它只存在于中央财政预算之中,没有单列出来,所以,没有任何投资行为。

比利时 2001 年成立了"银发基金"(Silver Fund),旨在减少和缓冲 2010—2030 年公共养老基金的支付压力(如果政府债务到 2015 年低于 GDP 的60%)。该基金资金来源于预算盈余、社会保障基金盈余和非财政收入。2007年该基金为 GDP 的 0.3%,此后每年增加 0.2%,到 2012 年该基金将达 1.3%。2013 年以后,该基金的划拨方式将视财政盈余状况另行决定。2007 年该基金资产为 187 亿美元(131 亿欧元)。比利时立法规定,该基金只能投资于本国政府为其发行的特种债券。

卢森堡 2004 年立法建立了一只主权养老基金。由于卢森堡基本养老保险连年盈余并已达 94 亿美元(66 亿欧元),相当于 GDP 的 16%,于是 2004 年正式成立"养老基金储备基金"(PRF),其绝大部分资产投资于银行储备,其资产配置目标是 50% 投资于欧元区的固定收入型债券,17% 投资于其他固定收入债券,其余三分之一投资于股票①。

(九)俄罗斯"国家福利基金":没有损失反而获利

俄罗斯主权养老基金"国家福利基金"(NWF)成立于 2008 年 2 月 1 日②,初始资金为 320 亿美元(7680 亿卢布)。俄政府 2008 年 1 月 19 日通过的《"国家福利基金"资金管理》规定,该基金只能投资外汇和外国的国家、央行、政府公司及国际金融组织的债券,其资产分布是美元 45%,欧元 45% 和英镑10%,并列出 14 个包括美国、英国、瑞典在内的允许投资政府债券的国家清单;还规定,80% 为外国政府债券,15% 为外国央行债券,5% 为国际金融组织的债券,并决定暂不得由外国商业银行托管。由于采取了保守的投资政策,在

---

① 上述比利时、卢森堡和荷兰的资料引自 Allianz Global Investors AG, *International Pension Studies*: *Funded Pensions in Western Europe* 2008, Seidlstr. p.24, Chart 2, p.44,88,91。

② 2008 年 2 月 1 日俄罗斯政府决定将稳定基金一分为二:一是国家储备基金,仍执行国家主权财富基金的职能;二是国家福利基金,主要用于补充养老金不足,即主权养老基金。俄罗斯的数据资料由殷红博士翻译并提供,这里表示衷心感谢。

此次国际金融危机中该基金不仅没有损失反而获利,自2008年1月30日至2009年1月15日"基金"总收入达20亿美元(660亿卢布);按照投资的一揽子货币计算,国家福利基金2008年收益率达到5.4%。由于2008年大量资金注入,截至2009年5月1日"国家福利基金"总额已达到863亿美元(2.9万亿卢布)。

与其他国家主权养老基金短期内不支付的特点相比,俄主权养老基金在2009年将给予资助。第一,对养老制度进行补贴。由于金融危机期间俄企业经营状况恶化导致社保缴费减少,预计2009年全年可能制度收入下降15%;此外,金融危机爆发后俄政府提高了失业救助金,加快了养老金指数化调整等;财政收入锐减也影响了对养老基金的转移支付,进而加剧了养老基金财政短缺。据预测,2009年俄罗斯养老金预算赤字最高将达到3300亿卢布(约合100亿美元),根据俄罗斯的法律,"在养老体系出现短缺时必要的资金将来自国家福利基金"。第二,从2010年起,俄政府将对1991—2001年养老金改革前包括苏联时期的工龄给予追加补偿,这一举措所需的巨额资金将由"国家福利基金"支出。第三,自2008年10月,俄罗斯政府开始实施此前制定的关于养老金个人积累部分缴费的国家资助法,内容是如果参保人向其个人账户自愿缴费不低于2000卢布,政府相应配比同等数量的缴费;政府的配比缴费已由"国家福利基金"开始支出。

表28　2008年2月1日至2009年5月1日俄国家福利基金变化

时点	2008年2月1日成立	2008年8月1日	2008年10月1日	2008年12月1日	2009年3月1日	2009年5月1日
基金变化(亿美元)	320.0	326.9	486.8	763.8	838.6	863.0

资料来源:Совокупный объем средств Фонда национального благосостояния.

(十)中国"全国社会保障基金":在全球11只基金中表现出类拔萃

成立于2000年11月的中国全国社会保障基金(以下简称"全国社保基金",SSF)是中央政府集中的国家战略储备基金,主要由中央财政拨入资金和国有股减持或转持所获资金和股票等构成,还包括少量城镇基本养老保险个人账户基金做实部分(试点省份)的委托管理资金和原行业统筹企业基本养老保险基金。该基金采取由社保基金理事会直接运作和委托投资管理运作相结合的方式,投资范围包括银行存款、债券、信托投资、资产证券化产品、股票、证券投资基金、股权和产业投资基金等;境外投资范围包括银行存款、银行票据、债券、股票、证券投资基金等。

在 2008 年金融危机中,全国社保基金的投资收益率要远远好于国外其他主权养老基金的收益率。根据 2009 年 5 月发布的年度报告,2007 年 12 月 31 日,该基金资产总额为 837 亿美元(5692 亿元人民币)①,截至 2008 年 12 月 31 日,资产总额为 827 亿美元(5623 亿元人民币),其中社保基金理事会直接投资资产 3057.89 亿元,占比 54.38%,委托投资资产 2565.81 亿元,占比 45.62%。从投资业绩上看,基金权益实现收益 233.62 亿元(已实现收益率 5.20%),由于金融危机导致国内股票大幅下跌,股票资产从上年的浮盈转为浮亏,交易类资产公允价值变动额 -627.34 亿元,基金权益投资收益额 -393.72 亿元,投资收益率-6.79%。全国社保基金成立 8 年来累计投资收益 1600 亿元,收益率年均大约 8.98%,高于同期累计年均 2.35%的通货膨胀率,而 2008 年则是个例外。尽管如此,该基金境内股票的缩水也远低于同期 A 股市场的下跌幅度,业绩远远好于绝大部分国外主权养老基金。

全国社保基金之所以在严峻的金融危机下还能经受住考验,成为主权养老基金中业绩最好的之一,是因为该基金“安全至上、控制风险、开拓创新、提高效益”的价值投资理念是正确的,股票的长期投资目标比例和短期投资策略都是比较符合实际的,年度资产配置计划是务实的,适应外部经济环境骤变的能力很强,投资决策的调整反应敏捷,机制灵活,决策迅速,方向正确。还充分说明,在罕见的国际金融危机和国内股市大幅下挫情况下,该基金决策层能够冷静地兼顾当期业绩压力和长期投资目标,最大限度地减少了短期资产缩水。例如,在 2008 年下半年通过指数化投资和委托投资增加境内股票投资,在央行利率下调之前就提高并实现了固定收益产品的投资。还说明,该基金的投资理念、管理机制和操作流程已经较为成熟,例如,在股市持续下跌情况下并没有简单采取“清仓”,反而在 2008 年 5 月之后仍逐步增持股票。

---

① 关于全国社保基金的数据引自《全国社会保障基金理事会基金年度报告(2008 年)》,《中国证券报》2009 年 5 月 6 日第 A11 版;谢闻麒、徐畅:《全国社保基金年报发布 2008 年投资收益小亏 6.79%》,《中国证券报》2009 年 5 月 6 日第 A03 版。

五、金融危机引发的深层思考：中国养老
资产分类投资管理的布局

　　此次金融危机使全球养老资产遭受重创，为各国管理和决策者带来深层思考。对中国来说，此次金融危机至少给人们这样几个重大启示：第一，基本养老保险资金、战略储备基金和企业年金等各项养老资产应根据其基金属性所要求的风险容忍度来分类实施投资管理策略；第二，应加快各项立法进程，各自建立起适宜的良好治理结构框架；第三，在各类养老资产的投资管理框架的确定上，既不应过分从反面吸取教训、因噎废食，也不应操之过急、欲速不达。

　　（一）中国基本养老保险基金投资体制改革方向

　　作为一国之公共养老金，中国基本养老保险制度的框架是统账结合，这就决定了这样一个事实：其基金投资管理体制比世界任何国家都复杂，即统筹基金和账户基金的风险容忍度存在差别，应实施不同的投资管理策略，但同时，二者同为中国基本养老保险基金，其风险容忍度又远远低于战略储备基金和企业年金。

　　1.阿根廷"国有化事件"启示之一：统筹基金"特种国债"投资方式的优势。在此次金融危机中，中国基本养老保险基金没有遭受任何损失（统筹基金和账户基金），毫无疑问这是"因祸得福"的结果，因为在银行协议存款和购买国债的单一投资渠道中，中国公共养老基金还沉淀在各地方政府掌控的分散和自发的"放羊状态"。我们既不应由于这种原始的放羊状态因祸得福而暗自庆幸，更不应从中得出相反的结论，认为这种放任自流和无所作为的做法是正确的。此次金融危机恰恰说明，没有良好的投资管理的统筹基金在仅获2%年收益率的自发状态下同样也意味着一种变相的损失，尤其在2008年CPI高达5.9%的环境下，要比市场化投资带来的"暂时缩水"还要难以估量，这种隐性的永久损失为长期国民福祉带来的损害比股市暂时缩水还要可怕。那么，统筹基金路在何方？

　　笔者曾在2004年提出统筹基金"三离开"的投资管理原则，主张由中央政府为其统一发行定向特种社保债券①，进而认为市场风险不宜直接裸露在

---

　　①　"三离开"即远离资本市场、远离基础设施和不动产、远离其他产业等投资领域。参见郑秉文：《建立社保基金投资管理体系的战略思考》，《公共管理学报》2004年第4期，第4—21页。

基本保险的参保人身上①。此次金融危机中"第四板块"实行国债型投资策略的英国、爱尔兰、美国、西班牙的经验显示,DB 型现收现付制的统筹基金采取国债型投资管理可保持基金获得持续与稳定的增长,抵御金融危机的冲击,重要的是,它是社会稳定、保险制度稳定、参保人稳定的一个基础。作为基础养老金,如果采取市场化的投资策略,参保人权益将完全暴露在大起大落的市场风险之中,其心理承受能力将十分脆弱,经济承受能力也将会受到影响,不利于建立消费信心,甚至在金融危机突然袭来之时会成为引致社会动荡的导火索。此次金融危机中出现的阿根廷"国有化事件"就是前车之鉴。

1994 年阿根廷公共养老金实行私有化改革,全部缴费划入个人账户之后实施市场化投资。此后,其投资收益率大起大落,1995、1996 和 1999 年分别高达 17.83%、19.77% 和 18.12%,而在金融危机的 2001 年跌至－10.36%,2002 年降至－45.23% 的最低点,与最高年份相差 65 个百分点。14 年来,阿根廷养老金长期平均收益率仅为 2.4%,低于国债型投资收益率一半左右。收益率下降导致实际养老金水平不断下降,养老金人均待遇水平在 2001 年下降到 300 美元,到 2002 年再次下降到 200 美元,参保人对此惶惶不可终日,参保意愿低下,其覆盖面由 1994 年改革时的 60% 下降至 2008 年的 47%;即使在 900 万登记参保群体中,真正能够正常坚持缴费的人数到 2008 年 11 月下降到 360 万。

在改革后短短的 14 年里,阿根廷公共养老金收益率经受 3 次暴跌,平均每隔四五年就"折腾"一次。在此次金融危机初露端倪的 2007 年,养老金投资收益率便开始出现大幅下降,2007 年 10 月至 2008 年 10 月收益率为－19.1%,仅 2008 年 9 月和 10 月份,基金资产就缩水 10 亿美元,11 月阿根廷政府便宣布取消市场化投资体制,正式将全国 300 亿美元公共养老金资产收归国有。

阿根廷国有化改革在其国内引起了养老金管理公司、反对党、媒体等一片反对,在国际舆论中也遭到业界的坚决反对,被称为是改革的倒退,是对参保人权益的剥夺和侵害等。但是,本来属于参保人个人私有财产的个人账户资

① 参见郑秉文:《中国建立"主权养老基金"的急迫性及国际比较——应对"中国威胁论"与外汇储备二次分流的战略思考》,《国际经济评论》2008 年第 3—4 期,第 43—53 页。

产在国有化之后却没有遭到参保人的反对,反而受到所有工会组织和参保人的拥护和广大基层社会的坚决支持。于是,14 年的养老金投资体制一夜之间就回到原点。对此,阿根廷政府公开承认"个人账户计划改革失败了"[1]。

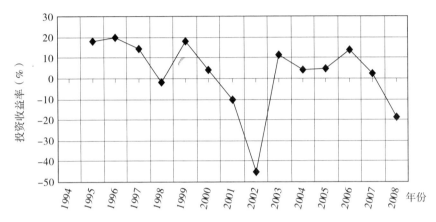

图 9　1994 年阿根廷公共养老金市场化改革以来投资收益率变化

注:1994 年无数据。2008 年收益率–19% 为国外学者对 2008 年 11 月的估计数据,引自郑秉文、房连泉:《阿根廷私有化社保制度"国有化再改革"的过程、内容与动因》,《拉丁美洲研究》2009 年第 2 期,第 11 页。

资料来源:笔者根据下述网站数据绘制 Fiap, Annual Real Return, 见 http://www.fiap.cl/prontus_fiap。

　　阿根廷"国有化事件"显示,基本养老保险是国家举办的强制性保障制度,如将其牢牢地"捆绑"在金融市场上,简单地将参保账户变成股票账户,令全体国民福祉随股市动荡而大起大落,当金融危机来临时就有可能引发社会动荡。

　　中国基本养老保险基金随着覆盖面的扩大而急剧膨胀,从 1993 年的 245 亿增长到 2008 年的 9931 亿元(见图 10),15 年增长了 40 倍(其中包含一部分财政补贴)。这是一个奇迹,也是一个挑战。当 10 年前我们还为"两个确保"和"三条保障线"而筹措资金时,其积累只有 730 亿,而今天则已近万亿,尤其这几年,年度盈余几乎高达 2000 亿。但在目前投资管理体制下,结余越多,负担就越大,受工资增长率和 CPI 侵蚀的实际购买力损失也就越大。面对逐年增长的养老保险基金,目前阶段采取"定向特种社保国债"投资管理方式具有很多优势:第一,基本可以解决保值增值的问题。根据国家审计署 2008 年 11

　　①　上述资料见郑秉文、房连泉:《阿根廷私有化社保制度"国有化再改革"的过程、内容与动因》,《拉丁美洲研究》2009 年第 2 期,第 7—24 页。

月公布的统计结果,近年来社保基金平均收益率只有2%。发行"定向特种社保国债"至少可提高统筹基金收益率1—2倍。第二,可抵御金融危机的侵袭,确保参保人的根本权益,给参保人以稳定的消费信心,有利于扩大覆盖面和提高内需。第三,有利于为中央政府筹集财政资金,实施经济刺激一揽子计划,例如,目前养老保险基金的结余总量恰好可与2009年发行的万亿国债置换。第四,在目前县市级统筹层次条件下,可避免治理结构和投资主体混乱的制度障碍。第五,统一购买"定向特种社保国债"可避免地方政府发生的道德风险所导致的违规挪用等弊端,抑制地方政府不合理的重复投资的资本冲动。

采取"定向特种社保国债"可采取中央与地方两级政府发行的方式。金融危机以来,中央财政代理发行地方债券既为地方政府发行"定向特种社保国债"开了口子,也为其积累了经验,同时,还可在一定程度上满足地方经济和社会发展的需要。实际上,英国政府曾于1981—2002年采用过类似的办法,当时英国"投资与贷款办公室"(NILO)负责处理中央政府的银行和投资等事务。负责英国社保基金投资管理的"国债削减委员会"为满足其投资需要,与NILO合作发行一特种债券,后被俗称为"尼罗债券"(NILO)。

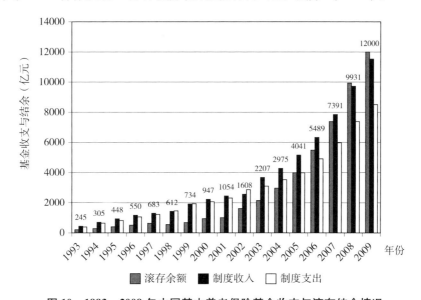

图10　1993—2009年中国基本养老保险基金收支与滚存结余情况

资料来源:引自人力资源和社会保障部:历年《人力资源和社会保障事业发展统计公报》;2009年数据为作者预测。

2. 阿根廷"国有化事件"启示之二:"账户基金"市场化投资应引入补偿机制。中国基本养老保险制度中的个人账户"做实"试点已有9年,试点省份已达11个,做实账户资金已达1200亿元,其投资管理完全"混"在前述9931亿养老金历年滚存之中,实行相同的投资策略。引入个人账户的主要目的有二:一是在个人缴费和未来待遇之间建立起密切联系,引入个人责任的机制;二是账户资金实行市场化投资,以获取较高收益,提高退休待遇水平。但由于目前账户基金与统筹基金"混在一起"实行同样的投资管理方式,高收益性的初衷远未实现。于是,就账户基金投资体制来说,此次金融危机中第一和第二板块公共养老金的经验教训为我们提供了两个警示。

第一,投资主体的选择和治理结构问题要高度重视。目前,账户基金实行市场化投资已是大势所趋,金融危机并没有动摇这个制度设计的初衷的实现,这是一个社会共识。但具体政策之所以迟迟没有出台,其中原因之一可能在于投资体制的设计。例如,投资主体是由省级社保经办机构来承担,还是由中央政府统一起来,这是一个得失权衡的重要环节。笔者之所以始终反对由省级社保经办机构作为投资主体,是因为:极度分散的、由地方政府控制的投资主体将会为金融市场带来较多负面影响,不利于资本市场健康发展;不利于基本保险追求的社公正目标,有可能会加剧东、中、西部本来经济社会发展就很不平衡的现状;地方政府做受托人有可能形成"政治操控",与市场风险合起来有可能使账户基金面对"双重风险";良好的法人治理结构难以建立起来,即使在养老金业十分发达的美国,州立养老金运营机构也没有完全解决治理结构的难题;省级社保经办机构作为法人受托可能带来潜在的政治风险,政府由此成为社会矛盾的焦点并为此承担经济和社会责任。个人账户基金投资体制设计要十分慎重:既要坚持市场化原则,又要防止市场风险;既要避免"政治操控",又要建立起良好的法人治理结构。对此,中央建立统一的投资管理体制是一个有效避免上述弊端的途径。笔者对此已作分析①,这里不再赘述。

第二,此次金融危机中阿根廷国有化事件告诫人们,基本养老保险的个人

---

① 见郑秉文:《中国建立"主权养老基金"的急迫性及国际比较——应对"中国威胁论"与外汇储备二次分流的战略思考》,《国际经济评论》2008年第3—4期,第51页。

账户投资体制应引入一个补偿机制。当面对金融危机和经济衰退时,该机制可自动启动,对当期达到退休年龄的参保人给予一定的补偿。在拉美十几个实行市场化投资的 DC 型积累制中,智利的公共养老金规模相当于阿根廷的三倍多(2008 年 9 月达 923 亿美元),其损失也大于阿根廷,但智利等国家之所以没有像阿根廷那样发生激进的国有化事件,部分原因是由于他们引入了较好的补偿机制,在发生金融危机时当期退休人员受损较小,参保人的权益受到这个屏障较好的保护。

补偿机制的模式一般有三。一是从运营主体自有资金中提取一定比例资金建立储备金的智利模式;二是从基金资产中提取的中国香港模式;三是要求受托主体购买商业再保险的澳洲模式。国际经验证明,无论采取哪种模式,均应以立法形式强制性执行,以最大限度地保护参保人的账户资产[①]。补偿机制应在"账户基金投资条例"中给出一揽子设计,以确保账户基金投资体制的完整性与可操作性,避免 2008—2009 年五省市事业单位养老金改革由于没有事先拿出一揽子设计而陷入进退两难的尴尬局面。

阿根廷国有化事件从一个侧面告诉我们,如果个人账户投资体制中没有一定的补偿机制,在遇到经济波动和金融动荡时很容易引发"改革回流",或有可能逼使财政出面,将财政置于风险之中。阿根廷国有化事件本质上是中央财政出面最终解决问题的一个典型案例。

此次金融危机对中国公共养老金投资体制深化改革来说是一个契机。正在拟议中的首部《社会保险法(草案)》对统筹基金和账户基金的投资管理体制均应作出原则性的规定。

3. 瑞典式"统账结合"的重要启示:"名义资产"可避免金融市场波动带来的影响。如前文所述,瑞典基本养老保险制度即"国民养老保险制度"(NP)实行的是"统账结合"制,与中国统账结合制较为相像:雇主与雇员双方缴费合计 18.5%,其中 16% 进入统筹部分。这个被称为"收入关联型养老保险制度"的统筹部分实行的是"名义账户制"。名义账户制实际由两部分资产组成,一部分是历年的滚存余额,实行市场化投资策略,2007 年年底其积累已达

---

① 关于补偿机制的详细论述,参见郑秉文:《论企业年金当前的任务与改革的方向》,载《保险与社会保障》第 2 辑,中国劳动社会保障出版社 2007 年版,第 3—38 页。

1283 亿美元（8980 亿克朗），到 2008 年年底缩水至 1010 亿美元（7070 亿克
朗）[1]，损失达 273 亿美元（1910 亿克朗）。另一部分是"名义资产"，实则"虚
拟资产"，它具有良好的抵御"货币现象"的功能（例如通货膨胀或实际投资亏
损等），这是"名义资产"的优势。因此，在此次金融危机中，瑞典"名义资产"
安然无恙（仅提高了未来筹资压力而已）。瑞典统筹部分的滚存余额与"名义
资产"相加便构成其统筹部分的资产总额，2008 年年底已达 1.021 万亿美元
（7.184 万亿克朗），即大约 9/10 为"名义资产"，实际滚存余额仅占不到
1/10。但是，滚存结余大幅缩水必将"拖累"统筹部分总资产的价值（名义资
产+滚存结余）。金融危机之后，其资产总价值与未来养老债务 7.428 万亿克
朗之间首次出现缺口 2430 亿克朗，这个缺口相当于未来养老债务的 3.27%
（2430 亿/7.428 万亿）。可以假定，如果统筹部分全部为名义资产，这个缺口
在此次金融危机就不会出现。

表 29　2008 年瑞典式"统账结合"两部分损失比较

瑞典式统账结合制：国民养老金制度 （National Pension System，简称 NP）	2007 年年底 总市值	2008 年 12 月 31 日总市值		
		基金总市值	损失	收益率
统筹部分（名义账户制）：收入关联型养老保险制度（Inkomstpension）	8980（亿克朗） 1283（亿美元）	7070（亿克朗） 1010（亿美元）	1910（亿克朗） 273（亿美元）	−21.6%
账户部分（完全积累制）"预筹养老金制度"（Premium Pension，简称 PP）	3107（亿克朗） 443（亿美元）	2333（亿克朗） 333（亿美元）	774（亿克朗） 110（亿美元）	−34.5%
统筹与账户两部分合计	12087（亿克朗） 1726（亿美元）	9403（亿克朗） 1343（亿美元）	2684（亿克朗） 383（亿美元）	−29.1%

资料来源：根据下述资料整理：Swedish Social Insurance Agency（SSIA），*Orange Report-Annual Report of the Swedish Pension System* 2008。

再看账户部分。账户部分被称为"预筹养老金"制度（PP），在 18.5% 的
双方缴费中，2.5% 进入个人账户部分，实行完全积累制和市场化投资策略，其
投资主体与统筹部分的滚存结余分开实施。2007 年年底账户部分总市值是
443 亿美元（3107.11 亿克朗）。在 2008 年金融危机中其收益率跌至历史最低

---

[1]　这里关于瑞典的数据在没有其他注释的情况下均引自：Swedish Social Insurance Agency
（SSIA），*Orange Report-Annual Report of the Swedish Pension System* 2008，p.12，24，28，25，pp.52 - 54。

点-34.5%,损失高达 110 亿美元(774 亿克朗),到 2008 年年底总市值缩水至333 亿美元(2333.33 亿克朗)。换言之,瑞典式"统账结合"中,账户部分的损失比统筹部分更为惨重,甚至在所有市场化投资的公共养老金中是损失最为惨重的一只基金。

瑞典式统账结合制度在此次金融危机中的教训为中国基本养老制度提供了这样几个重要启示。

第一,"名义资产"可有效地避免金融市场波动。当一国资本市场或投资制度不很成熟时,滚存余额越多,对投资回报率形成的压力就越大;在金融市场不成熟条件下,单纯地追求养老基金积累的规模,简单地看养老制度是否持有大量的真金白银,这不一定是制度的最优选择,尤其从规避金融危机冲击的角度看更是如此。相反,与真金白银相比,"名义资产"则可更为有效地避免金融市场不成熟和金融危机带来的不确定性。

第二,账户资产不以财政转移支付为代价。瑞典式统账结合制度中的账户资产是在当期统筹部分具有足够的支付能力甚至形成一定积累之后由划入账户的缴费余额自然形成的,而不是"刻意"地由财政补贴形成的账户资产,即个人账户按既定比例"做实"的制度目标并没有以财政转移支付为代价。于是,账户资产实行市场化投资策略也是自然而然的必然结果。比较而言,瑞典式统账结合制度下的账户比例较小,在 18.5% 的总缴费中只占 2.5%,不影响统筹部分当期的支付能力,并且统筹部分资产规模之所以可支撑当期养老金的发放,还因为 1995 年实行名义账户制度改革之前传统制度遗留下来相当一部分资产。

第三,基本养老制度应实行全国统筹。瑞典式统账结合即名义账户制改革与中国建立统账结合制度的时间大致相同,相差只有几年的时间。瑞典之所以能够一次性实现个人账户的"做实"与"记清",没有像中国这样形成大面积"空账"状态,还有一个重要原因,即瑞典基本养老制度实行的是全国统筹,而中国实行的是县市级统筹,二元结构导致其"统筹基金"难以提高到全国水平,在账户基金与统筹基金始终"捆绑"在一起的情况下,账户资产的管理也就被"画地为牢",人为地"限制"在地方层面。否则,在全国统筹水平下,东西部地区之间可以统一调剂,目前分散沉淀在地方的万亿资产恰好与空账规模相等,账户做实即可实现。瑞典统筹部分之所以能够实现全国统筹水平,是因为瑞典已经完成了工业化进程,不存在二元结构。而中国明显的二元结构则不利于统筹基金管理层次的提高。

第四,账户基金可与统筹基金分离开来。瑞士式统账结合的经验显示,中国如建立中央统一管理的账户基金投资体制,可供选择的办法之一就是将其与统筹基金分离开来,因为个人账户资金不存在统筹层次的问题。当然,瑞典个人账户资产采取的是分散型投资决策体制,即账户持有人对其账户资产享有资产配置决策权,但这个模式显然是不适合目前中国的具体国情。

第五,统筹部分与账户部分统一建立起名义账户制有相当的可行性。在瑞典式统账结合中,统筹部分实行的是名义账户制,账户部分实行的是积累制。而在中国统账结合中,大量缴费收入沉淀在统筹部分,账户部分却形同虚设,"名义"上实行的是积累制,但绝大部分却是"空账"。瑞典式统账结合与中国统账结合之间的反差给人们以无限遐想:在中国统账结合中,账户部分如果"名正言顺"地建立起名义账户制,既可省却财政转移的巨大转型成本,又可避免金融市场不发达的制约;统筹部分如果建立起名义账户的机制,既可避免其对二元结构外部环境的冲突,又可顺利实现全国统筹;统筹部分与账户部分如果二者合一,将其统一建立起名义账户制,也将具有相当的可行性,因为加大"名义资产"的比重,既可避免金融市场波动导致的投资损失,又可避免较大规模的转移支付,还可将统筹层次提高到全国水平,有利于将万亿养老基金统一运用起来,规避目前2%收益率低下的问题。

(二)中国企业年金制度下一步改革重点

在此次金融危机中,企业养老金即企业年金遭受损失最大。这对刚刚建立DC型信托制企业养老金只有5年历史的中国来说意味深长。

1. 全球企业养老金损失惨重不应成为制约中国企业年金发展的借口。从世界范围看,企业养老金发展迅速,在全球机构投资者持有的资产中,大约60%都与养老金有关系[1]。与国外相比,中国企业年金还处于幼稚阶段,差距非常大,即使在金砖四国当中,中国企业年金占GDP比重也是最低的,远不到1%,而巴西占17%,印度5%,俄罗斯2%。与发达国家相比,差距就更大,见表30。

---

[1] OECD, *OECD Private Pensions Outlook* 2008, 2009, p.39.

表30　2008年初主要发达国家和中国企业养老金
规模及其占GDP比重比较

国家	美国	英国	加拿大	荷兰	澳大利亚	瑞士	日本	中国
资产规模(万亿美元)	17.1	2.7	1.5	1.1	1.0	0.6	0.9	0.03
占GDP比重(%)	124	96.4	103.4	149.1	119.5	151.9	20	0.6

资料来源:根据下述资料制作:OECD, *OECD Private Pensions Outlook 2008*, 2009, pp.43-44, Table 1.2 and Figure 1.1.中国的数据是2008年底的数据,为1911亿元人民币(约265亿美元),引自人力资源和社会保障部、国家统计局:《2008年度人力资源和社会保障事业发展统计公报》。

此次金融危机提醒我们,加快发展企业养老金是扩大内需和促进消费的一项"基础社会设施"。凡是增长方式均衡、内需旺盛的国家,其企业养老金就非常发达。例如,美国是家庭储蓄最低、金融资产持有比重最高、内需最为旺盛的国家,同时,也是企业养老金最发达的国家,它拥有17万亿美元企业养老金资产,占世界总量的2/3,相当于其GDP的124%。

从另一个侧面还可这样解释中国:中国之所以消费率低下和储蓄率高企,一个重要因素是企业养老金不发达,基本保险覆盖面较低,进而导致居民预期很差。大力发展企业年金,可以提高职工收入,促进退休收入来源多元化,建立消费信心,提高居民消费能力。

当前,阻碍企业养老金发展的政策因素还很多,应千方百计尽快消除障碍,为发展企业养老金扫清道路。例如,拟议中的《社会保险法》要对企业养老金的法律地位给出基本定位;要加快出台企业年金的税优政策,优化建立专业化养老金管理公司的制度环境,降低建立企业养老计划的制度门槛;要积极推进公务员和事业单位建立职业年金的立法进程。

2.此次金融危机再次说明中国企业养老金的前途在于坚持DC型信托制。在此次金融危机中很多企业破产,DB型契约制企业养老计划受到严峻挑战,受到重创。金融危机再次给各国一个教训:要尽量缩小DB型计划的比重,鼓励发展DC型计划。很多DB型计划包袱沉重的国家将此次金融危机视为企业养老金政策调整的一个机遇。例如,在加拿大企业养老金中,由于历史原因,DB型计划占统治地位。2009年1月15日加拿大魁北克国民议会立法,修订其《补充养老保险计划法案》,包括增加雇员的选择范围,大力促进建立DC型计划,并采取多种措施来防止雇主破产与保护DB型计划成员的权益,旨在减轻企业的负担,以应对未来金融危机对企业养老金的影响①。

自 2005 年两个部令出台并建立 DC 型信托制以来,中国关于 DB 与 DC 之争从未停止过。这次金融危机应该为这个争论画上一个句号,它再次告诉我们,DC 型信托制企业养老金模式符合中国国情,任何 DB 型契约制倾向都是短视行为,是部门利益驱使的结果,不符合中国职工长期利益。DC 型信托制具有良好的抵御金融危机所要求的资产安全性和便携性。

3. 不断完善治理结构和加强风控机制建设是中国企业年金的长期主题。首先,要加快出台《集合计划管理办法》的步伐。由于集合计划管理办法始终没有出台,立法严重滞后,目前相当一部分年金营运商事实上处于违规状态。这种不合规的资金流潜伏着巨大的市场风险。此次金融危机向政策制定者提出了加快集合计划管理办法出台的要求。

其次,要尽快彻底解决企业年金基金的监管体制问题。目前外部风控机制存在很大差距,监管队伍缺乏,监管负荷过重,监管体制落后。总之,外部监管远不适应企业年金市场发展的需要,差距与日俱增,存在较大的潜在市场隐患。

再次,投资策略的调整要适度,步伐要稳健。在此次金融危机中,中国企业年金的损失很小,远远好于国外,这既得益于各金融主体反应迅速,采取了果断的清仓措施,同时又说明,第 23 号令制定的投资策略虽然比较保守,但基本适应中国目前的实际情况。

然后,适时建立"对冲储备"机制。经过这次金融危机,许多国家都在考虑企业养老金的融资灵活性问题和危机时刻支付规则的创新问题。在修订第23 号令的过程中,适时讨论建立"对冲储备"的可行性问题似应提到案头,以期尽可能地使企业养老金避免"顺周期"现象,使之在中国金融体制和资本市场中成为一个长期机构投资者和"潜在稳定因素"。

最后,中国企业年金基金治理结构要继续完善。养老基金治理结构改革是此次金融危机的又一个产物。这是防范投资风险的重要内控机制,要不断加强,毫不懈怠。目前,全球都在审视、反思和完善其企业养老金的风险管理

---

① "Mearsures to Reduce the Effects of the Financial Crises", in *Newsletter Express-Supplemental Pension Plans*, 18 March 2009, Régie des Rentes du Québec.

和治理机制,包括加拿大、波兰、葡萄牙、西班牙、意大利、澳大利亚和英国等。此次金融危机显示,不断完善治理结构和内控机制是决定企业养老金投资风险的一个重要因素。2009年3月,世界28个大型养老基金投资机构联名给美国总统奥巴马写信,敦促其履行诺言,对治理结构按照先前的承诺进行"严厉的改革",以恢复国外机构投资者对美国金融市场的信心。这28个最大的机构投资者掌管的养老基金高达1.3万亿。同样在2009年3月,英国王储查尔斯曾以私人名义召集世界上最大的8只养老基金CEO到华盛顿开会,由此成为业内一个美谈。这次会见被称为"P8峰会"(媒体使用P8,与G8峰会相对应),旨在研讨在发展中国家创造既能战胜气候变化,又具有可持续增长的投资工具。事实上,那天到会的有10只基金的CEO,他们掌管着世界3万亿资产的养老基金,其中来自欧洲、亚洲和美国的各3只,1只来自澳大利亚①。

(三)全国社保基金的发展与养老资产投资策略的调整

1.金融危机之后尽快建立充实全国社保基金(理事会)的机制:尽早立法。此次金融危机对主权养老基金的冲击较大。作为中国唯一的主权养老基金,全国社保基金至少应从中吸取两点经验教训。

第一,充实全国社保基金的渠道与方式应以立法的形式尽快明确下来。目前,国务院已作出决定,在境内证券市场实施国有股转持即股权分置改革新老划断后,凡在境内证券市场首次公开发行股票并上市的含国有股的股份有限公司(除国务院另有规定),均须按首次公开发行时实际发行股份数量的10%,将股份有限公司部分国有股转由全国社会保障基金理事会持有。前文对11只主权养老基金的分析显示,几乎所有国家主权养老基金的资金注入都有立法保证,它们或是与财政收入挂钩,或是与国有资产出售建立固定联系,或是与GDP增长率联系起来,或是与外汇储备增长密不可分。鉴于《社会保险法(草案)》正在拟议之中,全国社保基金资金注入方式应以立法的形式固定下来,同时,对全国社保基金的注入期、开放期、支付期及其支付条件等作出较为确定的规定。

第二,拓宽全国社保基金的投资渠道。与国外11只主权养老基金相比,全国社保基金在此次金融危机中损失最小,属于表现最佳之列。这一方面说

---

① 以上资料引自 http://www.responsible-investor.com/。

明,该基金的投资策略较为稳健,但另一方面也充分显示,拓宽其投资渠道与
扩大海外投资并不矛盾。作为主权养老基金,全国社保基金的风险容忍度要
高于来自缴费收入的公共养老金。扩大海外投资将有助于分散投资风险,促
进其保值增值。

2. 金融危机之后养老资产投资策略的反思和调整:绿色投资。近几年来,
包括房地产、私募股权基金的基金、对冲基金的基金、基建和大宗商品等在内
的另类资产成为全球养老资产管理不断增配的对象。尽管在金融危机中一些
另类资产业绩较差,甚至受到重创,但出于组合多样化和寻求超额回报的目
的,目前全球养老金管理中另类资产的增配仍呈上升趋势。

但是,与此同时,尤其是近几个月来,"绿色投资"和"低碳经济"正逐渐成
为金融危机之后养老基金投资策略调整的一个新动向①。2009 年 3 月,丹麦
社保基金 ATP 宣布制定一个可持续的"绿色"战略投资计划,该计划以森林作
为投资对象和一种新型资产,旨在将重心放在"气候变化投资"上。该基金还
宣布,第一笔绿色投资行动是在美国纽约州哈得逊流域上游购买一块 3.8 万
公顷(9.5 万英亩)的森林,首次付款 3500 万美元,合同额高达 5.7 亿美元。
2009 年 4 月 3 日,挪威财政部在呈交给议会的一份报告中称,作为世界最大
的主权养老基金,"挪威政府全球养老基金"在未来 5 年将在新兴市场国家投
资环保业 330 亿美元,以此作为可持续增长的资产品种。2009 年 6 月,挪威
该基金委托美世投资咨询公司(Mercer)为其进行一项气候变化投资的科研
报告。

据汇丰银行 2009 年 2 月出版的一份报告《气候恢复》统计,在全球 20 个
经济刺激计划中,大约有 15% 与绿色能源和减排废气有关。例如,美国有 54
项新政与此有关,其中,"绿色经济刺激计划"的投资在公共交通领域为 177
亿美元,能源效率 164 亿美元,水务 130 亿美元。欧盟有 106 项,其中清洁汽
车项目为 189 亿美元,能源效率 172 亿,公共交通 136 亿。丹麦的 ATP、美国
的加州教师养老基金与荷兰的 ABP 基金都认为以气候变化为题材的投资前
景看好。联合国极力推行低碳经济,认为这对养老基金来说具有巨大的投资
潜力,在其 2009 年 5 月出版的一份报告《气候变化投资引领》中认为,到 2030

① 以下资料均引自 http://www.responsible-investor.com/。

年,对低碳经济的投入将高达 10 万亿美元,这些都是养老基金的商机,谨慎的养老基金有理由根据投入产出的原则介入进来。联合国秘书长潘基文于 2009 年 5 月在一次气候变化会议上说,养老基金应将气候变化作为一种"受托责任"。

3. 金融危机之后治理结构战胜"信用危机"的法宝:《良心投资准则》。此次金融危机使受益人和全社会都意识到,机构投资者的责任心是非常重要的。联合国为此发起制定了《良心投资准则》(PRI),以恢复由此次金融危机导致的一场灾难性的"信用危机"。很多国家表态予以支持,例如,2009 年 6 月 2 日南非"政府雇员养老基金"(GEPF)正式表示坚决执行这个准则,在其投资决策中努力遵循"环境、社会和公司治理"(ESG)这三个要素,成为继巴西和韩国之后的第三个加入《良心投资准则》(PRI)网络的国家,该基金投资与精算总监 Oliphant 先生说,"作为机构投资者,我们深深感到,像转型和气候变化等类似问题都属于'环境、社会和公司治理'(ESG),如果管理存在问题,它们对投资将产生较大影响,所以我们承诺将精心呵护南非资本市场,使之长期内具有可持续性"。

参考文献:

人力资源和社会保障部:历年《人力资源和社会保障事业发展统计公报》。

香港强积金计划管理局:《香港强积金周年报告 2007/2008》。

郑秉文:《围绕美国社会保障"私有化"的争论》,《国际经济评论》2003 年第 1 期。

郑秉文:《建立社保基金投资管理体系的战略思考》,《公共管理学报》2004 年第 4 期。

郑秉文:《论企业年金当前的任务与改革的方向》,载《保险与社会保障》第 2 辑,中国劳动社会保障出版社 2007 年版。

郑秉文:《中国建立"主权养老基金"的急迫性及国际比较——应对"中国威胁论"与外汇储备二次分流的战略思考》,《国际经济评论》2008 年第 3—4 期,总第 74 期。

郑秉文、房连泉:《阿根廷私有化社保制度"国有化再改革"的过程、内容与动因》,《拉丁美洲研究》2009 年第 2 期。

Antolin, P. and F.Stewart, "Private Pensions and Policy Responses to the Financial and Economic Crisis", OECD Working Papers on Insurance and Private Pensions, No.36, OECD publishing, April, 2009.

Australia Government Future Fund, *Media Release*, 22 February.

Australia Government Future Fund, *Portfolio Update at 31 December 2008*, 30 January 2009.

Backgrounder, *Q3 Fiscal 2009 Results*, February 13, 2009. CPP Investment Board.

Fondo de . Reserva dela Seguridad Social, *Evolucion*, *Actuaciones del ano 2008 y situacion a* 31-12-2008, Informe a las Cortes Generales.

FRR, *FRR Annual Report* 2003.

FRR, *FRR Annual Report* 2007.

FRR, Executive Board, *Release*, Paris, January 29, 2009.

FRR, Executive Board, *Release*, Paris, May 6, 2009.

Fundo de Estabilização Financeira desvalorizou 3, 73% *em* 2008. 09 Janeiro 2009.

Australian Government, *Future Fund Annual Report 2007/8*, Future Fund Board of Guardians 2008.

Government Employees Pension Fund, Republic of South Africa, *Government Employees Pension Fund Annual Report 2007/2008*.

Norges Bank Investment Management (NBIM), April 2009, *Government Pension Fund-Global Annual Report 2008*.

Gregorio Impavida and Ian Tower, "How the Financial Crisis Affects Pensions and Insurance and Why the Impacts", IMF WP/09/151, Working Paper, July 2009. Instituto de Gestao de Funos de Capitalizacao da Seguransa Social, *I. P. FEFSS-Fundo de Estabilizacao Financeira da Seguranca Social*, Relatario e Contas 2007.

Allianz Global Investors AG, *International Pension Studies*, *Funded Pensions in Western Europe* 2008, Seidlstr.

GPIF, *Investment Results for the Third Quarter of fiscal* 2008.

"Mearsures to Reduce the Effects of the Financial Crises", in *Newsletter Express-Supplemental Pension Plans*, 18 March 2009, Régie des Rentes du Québec.

GEPF, *Media Release published date* 01 *February* 2009.

National Pensions Reserve Fund Commission, *Annual Report and Financial Statements* 2007, 27th June 2008.

National Pensions Reserve Fund Commission, *NPRF Quarterly Performance and Portfolio Update at 31 March2009.*

NTMA, *National Treasury Management Agency Report and Accounts for the year ended 31 December 2007*, 30 June 2008.

NTMA, *National Treasury Management Agency Report and Financial Statements for the Year Ended 31 December 2000*, 29 June 2001.

Northern Ireland National Insurance Fund Account 2007-08, London: The Stationery Office, 27 January 2009.

OECD, *OECD Private Pensions Outlook 2008*, 2009.

Swedish Social Insurance Agency(SSIA), *Orange Report-Annual Report of the Swedish Pension System 2008.*

Pension Reserve Fund, March 2009.

Performance and Portfolio Update at 30 April 2009, New Zealand Superannuation Fund.

Projet de Loi de Financement dela Sécurité Sociale pour 2009, N : 1157 Document mis en distribution le 15 octobre 2008.

Canada Pension Plan Investment Board, Quarterly Consolidated Financial Statements, December 31, 2008.

Russell/Mellon·CAPS, *International Pension Funds and their Advisors* 2003, Aspier Publications Ltd. IPE. 2003.

Social Security Corporation, *Social Security in Number Special Edition 2002 – 2006.*

Social Security Office, *Social Security Annual Report 2006.*

Superintendencia de Pensiones, Informe-Inversiones y Rentabilidad de los

Fondos de Pensiones, Santiago, 10 de Julio de 2009.

The ATP Group Annual Report 2007.

The Board of Trustees of the Federal Old-Age and Survivors Insurance and Disability Insurance Trust Funds, *The Annual Report of the Board of Trustees of the Federal Old-Age and Survivors Insurance and Disability Insurance Trust Funds Communication*, Washington, D.C. May 12, 2009.

Fonds de Reserve Pour les Retraites(FRR), *The FRR's Potential Contribution to the Funding of Pensions Between* 2020 *and* 2040.

ICI, The US. Retirement Market, Third Quarter 2008, Research Fundamentals.

The World Bank, *Global Economic Prospects*, 2008.

National Pension Research Institute, National Pension Service, *2007 Annual Report on National Pension Fund Management*, Korea, 23, Dec.2008.

CPP Investment Board, *2008 Annual Report*.

RRQ, *2008-2009 Rapport Annuel de Gestion*, Régie des Rentes du Auébec, 2e Trimestre 2009.

（本文原载于《财贸经济》2004 年第 9 期，第 11—16 页）

中国建立"主权养老基金"的
急迫性及国际比较

——应对"中国威胁论"与外汇储备二次分流的战略思考

内容提要：中国建立主权财富基金"中投公司"过多地是在外汇储备条件下不得已而为之，中国投资威胁论重新抬头是自然的。主权养老基金是主权财富基金的孪生兄弟，它们相辅相成，互通有无，既可对庞大的外汇储备进行二次分流，又可防止中国威胁论；既可用以应对老龄化，又可提高外汇储备收益率，分散其风险。本文对国外主权财富基金和主权养老基金的发展现状和趋势进行了对比和展望，对主权养老基金这个崭新的概念进行了定义和分类，对俄罗斯 2008 年 2 月 1 日改组建立的"国家福利基金"的战略意图进行了剖析，在对中国建立主权养老基金的现实性与可能性进行制度条件分析之后，提出了建立两只"储备型"和一只"缴费型"主权养老基金三足鼎立的政策建议，提出在相当时期内中国统账结合制度下统筹资金难以建立"缴费型"主权养老基金。

由于外汇储备过多，中国建立了主权财富基金（SWFs）"中投公司"，由此引起中国投资威胁论重新抬头，西方金融保护主义暗流涌动。但是，如果建立主权养老基金（SPFs），既可"分流"过多的外汇储备，提高外汇储备收益率，又可缓解中国威胁论；既可用以应对老龄化，又可分散风险。这是因为，主权财富基金几乎全部为新兴经济体和海湾国家所独有，而主权养老基金在西方国家则比比皆是，具有很高的认知度和容忍度。所以，建立主权财富基金容易被看作是外汇"饲养"的怪兽，但建立主权养老基金则自然被看作是立地成佛和还"汇"于民的"天使"。

一、孪生兄弟:"主权养老基金" vs. "主权财富基金"

(一)主权养老基金概念的提出

中投公司(CIC)于 2007 年 9 月正式挂牌之后,主权财富基金一时间成为报章媒体热议的一个频繁的"关键词"。在国外,主权财富基金虽已存在几十年,但真正形成规模并引起全球关注也是最近这几年的事情。这是因为主权财富基金近几年来发展迅速。1990 年其全球规模还不到 5000 亿,而今天其规模已达几万亿美元。在全世界主权财富基金 20 强中,1997 年之后建立的就有 13 只,而 1997 年之前建立的只有 7 只。

正在主权财富基金刚被公众有所了解并刚刚被国际投资市场称为"第三力量"而崭露头角,或说其规模刚刚超过对冲基金和私募基金(PE)的时候,人们忽然发现身边还存在着一股"第四力量"——"主权养老基金"(SPFs),并且,其公众认知度要比主权财富基金(SWFs)高得多,规模也大得多:截至 2006 年年底,全世界主权养老基金总规模已超过 4.1 万亿美元[1],其中仅"美国联邦养老信托基金"一只就将近 2 万亿美元。此外,还有一点也是确定的,主权养老基金也不是今天才突然出现的,它的历史比主权财富基金更为久远,只不过主权养老基金这个崭新的概念在日前 OECD 的一项报告中首次创造、出现并使用而已[2]。

相比之下,主权财富基金的规模则相形见绌,并始终没有一个准确的权威估计,甚至就连 IMF 官方说法也前后不一。例如 2007 年 9 月 12 日 IMF 统计局官员凯斯特的估计是在 1.5 万亿—2.5 万亿美元之间[3],而研究部主任约翰

---

[1]　OECD, "Pension Market in Focus", November 2007, Issue 4. 以下数据均引自该文件。

[2]　OECD, "Pension Market in Focus", November 2007, Issue 4. 英文缩写 SPFs 的全称是 Sovereign and Public Pension Reserve Funds,即英文全称应为"主权与公共养老储备基金",中文简译为"主权养老基金"。

[3]　Anne Y. Kester, "Trend in International reserves: Euro Holdings Rise in Emerging Markets", IMF Statistics Department, September 12, 2007, http://www.imf.org/external/pubs/ft/survey/so/2007/NUM0912A.htm.

逊的估计是 3 万亿美元①。2007 年 11 月 14 日美国财政部负责国际事务的副部长麦克科米克估计说②,目前全球大约有 40 只主权财富基金,其中一半是2005 年以后建立的,总规模在 1.9 万亿—2.9 万亿美元左右。2007 年 12 月 20日《华尔街日报》载文认为③,目前全球主权财富基金大约在 2 万亿美元,不到40 只。美国皮特森国际经济研究所专家杜鲁门认为,全球只有 28 个国家建立了主权财富基金,大约是 2.1 万亿美元。哈佛大学经济学家、IMF 前首席经济学家罗格夫则估计是 3 万亿④。

（二）在"养老金"这个大家族中主权养老基金的地位

主权养老基金的"地位"与"养老金"的概念紧密相连。"养老金"是一个"大家族",由三个部分构成:一是公共养老基金即社会保障基金,二是补充保险基金即企业年金,三是私人养老保险产品。于是,就出现了三个不同的范畴。

1. 上述三部分共同构成了"养老资产市场"。2006 年 OECD 资产总值为24.6 万亿美元,其中 66.1%（16.2 万亿美元）为"养老基金",即前两部分之和,17.7%（4.3 万亿美元）为银行和投资公司提供的退休产品,14.1%（3.5 万亿美元）为保险公司或养老保险公司提供的养老保险合同,2.1%（0.5 万亿美元）为企业和机构举办的职业年金资产负债表上用于未来支付的即 DB 型的"账面储备"。

2. 除私人养老保险产品安排之后,上述两部分之和被称为"养老基金"资产。2006 年全世界养老金资产投资市值为 16.86 万亿美元（2004 年为 14.20万亿美元）,其中 OECD 国家就占 16.24 万亿美元,而非 OECD 成员国仅为0.62 万亿美元,欧元区为 1.47 万亿美元,亚洲 1.27 万亿美元,拉美 0.33 万亿美元,金砖四国 0.24 万亿美元,G10 国家高达 14.83 万亿美元;2004—2006 年

---

①　David R. Francis, "Will Sovereign Wealth Funds Rule the World?", November 26, 2007, http://www.csmonitor.com/2007/1126/p16s01-wmgn.html.

②　"US Treasury calls on IMF, World Bank to lead on sovereign wealth funds", 14 Nov. 2007, http://www.forbes.com/markets/feeds/afx/2007/11/14/afx4340013.html.

③　Bob Davis, "The Wall Street Journal online, Wanted: SWFs' Money Without the Politics", *WSJ*, Cec. 20, 2007.

④　David R. Francis, "Will Sovereign Wealth Funds Rule the World?", November 26, 2007, http://www.csmonitor.com/2007/1126/p16s01-wmgn.html.

世界"养老基金"平均增长率为 9.02%,其中最低的为亚洲(7.77%),其次为是 G10 国家(8.07%),再次是 OECD 国家(9.01%),最高的是拉美(26.92%),其次是金砖四国(23.30%),再次是欧元区(13.62%)。上述数据说明,世界养老基金资产的特征有二:一是发达国家养老金资产规模非常之大,但增长速度缓慢;二是欠发达国家资产规模非常之小,大增长速度非常之快。

3. 除上述第二和第三部分以及其他"普通"养老基金(不属于现收现付制公共养老基金的盈余等),即可算作主权养老基金的范畴。相比之下,主权养老基金有两个特点:其一,其增长速度要快于"普通"养老基金。例如,2006 年 OECD 4.1 万亿美元主权养老基金仅占全世界养老基金 16.86 万亿美元的四分之一,但 2001—2006 年主权养老基金平均增长速度为 9.1%,而其他"普通"养老基金增长速度是 8.9%,其中,增长最快的是新西兰、西班牙和沙特,分别是 45%、27% 和 24%。其二,主权养老基金资产占 GDP 比例的增长速度快于私人养老基金(主要指上述第二部分,也常常包括第三部分)。以 2006 年为例,挪威主权养老基金占 GDP 比例为 83.0%,而私人养老基金只占 6.8%;瑞典主权养老基金占比为 30.6%,而私人养老金只占 9.5%;日本主权养老基金占比 27.9%,而后者占 23.4%;韩国前者占 21.5%,后者仅占 2.9%。2006 年 OECD 主权养老基金资产占 GDP 比例平均为 23.9%。

(三)主权养老基金的概念界定及其特征

1. 主权养老基金分为"缴费型"和"储备型"两种。从上述主权养老基金的"定位"可大致推演出其基本"定义",根据 OECD 这份报告,所谓主权养老基金,无非是指这两类公共养老基金:第一类是"缴费型"主权养老基金,即由政府或社保部门建立的支撑现收现付制的公共养老基金,其资金来源主要是参保者的缴费余额。由于老龄化的压力和其他改革政策的限制,缴费型主权养老基金越来越受到各国的重视,日益成为一个重要和普遍的投资方式,成为整体社保制度的一个组成部分和重要金融因素,成为政府当局保护社会养老制度可供选择的一个途径和未来公共养老金制度改革一个有效工具。丹麦的"社保基金"、美国的"联邦社保信托基金"和日本的"政府养老金投资基金"等均属于这一类。第二类是"储备型"主权养老基金,即由政府直接建立,在管理上与社保制度自身相分离,融资渠道主要来自转移支付的公共养老基金。

澳大利亚的"未来基金"和新西兰的"超级年金基金"就属于这一类,一般来说其特点是十几年甚至几十年内不支付,以应对社保制度未来的赤字压力。

2."缴费型"主权养老基金的"主权性质"判断标准。如同其名,所有主权财富基金的第一特征就是其"主权"的特征,即国家直接建立和管理(尽管有时采取商业运作模式),由财政拨款构成的投资基金具有天然的主权性质。"储备型"主权养老基金也毫无疑问具有同样的特征。"缴费型"主权养老基金的情况则比较复杂,不是所有社保制度的缴费余额都具有主权性质。从是否具有主权性质来看,"养老金"概念下的缴费余额可以分成五种类型:一是DB型现收现付制下的支付余额,因为这种制度割裂了缴费与受益之间的精算关系并由国家承担"无限"责任,所以它具有"主权"的性质,是典型的"缴费型"主权养老基金。二是分散决策的DC型完全积累制度下的个人账户资金(如十几个拉美国家的制度和中国香港强积金)带有强烈的私人储蓄性质和个人继承性质,所以不具有"主权"的性质。三是介于DC型完全积累制和DB型现收现付制这两个端点之间"中间地带"的某些社保制度类型,对它们应具体情况具体分析。就笔者研究,欧亚七国的名义账户制、德国的积分制、新加坡等十几个国家实行的中央公积金制、中国的统账结合制这四类"混合型"制度下的账户资金余额,在中央政府统一实行投资营运、国家给予最后担保、国家统一公布利率这三个条件之下(例如,中国统账结合的个人账户资金如果由省级政府负责运行就不具有主权性质),笔者认为就具有主权的性质了,就可成为主权养老基金。四是地方政府举办的自愿型职业年金,虽然也是DB型现收现付制并且规模十分庞大,例如美国"加州公务员退休金制度"(CalPERS)已超过2000亿美元,覆盖150万人[1],但也不具备"主权"性质,因为地方政府不具有"国家主权"。五是私人部门的职业年金不管是DB型还是DC型的,均没有"主权"性质,不属于主权养老基金。

3."缴费型"主权养老基金具有显性或隐性债务。主权财富基金和"储备型"主权养老基金纯粹是一个投资基金,没有任何隐性或显性债务。可是,"缴费型"主权养老基金则不同,虽然其运行规则同样具有投资基金的性质,但它既可以有隐性养老债务(指现收现付制下未需偿还的养老金权利的价值

---

① 见 CaLPERS 网站,http://www.calpers.ca.gov/。

减去缴费余额累计储备之后的净值),也可以有显性养老债务(指由于提高当前缴费形成的积累余额,例如加拿大养老金计划 1997 年改革而提高缴费形成的余额储备)[①]。这种债务特征是与生俱来的,因为其资金来自于社保缴费(税)。显而易见,在全球主权养老基金的总量中,"储备型"所占比例很小,目前仅几个国家拥有,绝大部分是"缴费型"的,因为在全球 170 多个经济体的社保制度中,绝大部分实行的是 DB 型现收现付制或类似的融资制度。

(四)主权养老基金的一个趋势:与主权财富基金的界限日益模糊

"主权养老基金"(SPFs)与"主权财富基金"(SWFs)本是一对孪生兄弟,许多特征非常类似,甚至界限模糊。最典型的相似性或趋同性主要有两个,即:他们的资本来源和资产持有相互交叉;主权养老基金的投资策略越来越像主权财富基金。

1. 主权财富基金和主权养老基金的资本来源和资产界限日益模糊。众所周知,许多主权财富基金的资金主要来自于资源出口或商品出口积累的外汇储备,例如全球最大的主权财富基金是阿联酋的"阿布扎比"。同时能看到一些主权养老基金也是来自外汇储备或财政收入,最典型的是 2005 年更名的挪威"全球养老基金",其前身是 1990 年建立的"石油基金"。挪威政府当年清醒地认识到,其长期面临的将是涉及国计民生和经济全局的两条交叉曲线:第一条是由于储存量减少,未来 50 年石油收入占 GDP 比例不可避免下降的曲线,预计到 2010 年下降到 6%,2020 年 5%,2030 年 4%,2040 年 3%,2050 年2%。这个影响对挪威来说是巨大的。第二条是未来 50 年里由于日益老龄化而导致的社会养老保险支出占 GDP 比例不断上升的曲线,从 1973 年的 5%上升到 2000 年的 7%,2010 年是 9%,2020 年 12%,2030 年 14%,2040 年 17%,2050 年高达 18%[②]。挪威当年建立"石油基金"就是为了将这两条曲线尽量"拉平",将其作为一个"缓冲器"来"熨平"短期内石油收入的变化,作为解决人口老龄化和石油收入日益减少这两个问题的一个工具,为子孙后代转移一部分财富,以实现石油物理储备与金融资产储备的置换。

---

① 关于加拿大 CCP1997 年改革方案中用提高缴费比例的方式建立主权养老基金的论述,见郑秉文和何树方:《加拿大社保制度改革与建立"主权养老基金"10 年回顾与评价》,《当代亚太》2008 年第 1 期(双月刊,总第 157 期),第 88—107 页。

② 数据引自挪威中央银行(Norges Bank)网站,http://www.norges-bank.no/。

　　如同主权养老基金常常来自于外汇储备,同样,也有一些主权财富基金来自于社保缴费收入。例如,在唯一有两只独立管理的主权财富基金的新加坡,除了外汇储备以外,它们的资本构成中都有来自于新加坡"中央公积金"(CPF)的缴费收入,所以,这就使其"政府投资基金"和"淡马锡"既像主权财富基金,又像主权养老基金,甚至还像中央公积金,甚至有人将其称为"混合体"。正是由于资金构成的双重性,它们二者之间的界限经常模糊不清,挪威的全球养老基金之所以常被看成主权财富基金就是这个原因。其实,法国和爱尔兰的主权养老基金也一样,其区别仅在于规模较小而已。韩国的主权财富基金"韩国投资公司"(KIC)与其主权养老基金"国家养老基金"(NPF)也是一个案例,它们二者之间相互交叉,你中有我,我中有你,后者的部分资产由前者负责管理营运,这也是一个不争的事实[①]。据估计,全球主权养老基金中大约有 2.6 万亿美元资产由主权财富基金管理,这个比例占全球主权养老基金资产总量的一半强[②]。

　　2. 主权养老基金的投资策略越来越像主权财富基金。各国建立主权财富基金的目的就是为了投资海外,但主权养老基金却不然:不管是缴费型还是储备型主权养老基金,几十年前几乎完全以持有国内政府债券为主,后来先是逐渐发展到涉足国内投资市场,再最终走向海外。就是说,主权养老基金的投资策略存在着一个逐渐从内向型向外向型转变的历史过程,最近十几年来表现得尤为明显,步伐加快,很多国家的主权养老基金外向型投资倾向越来越明显,反之,内向型倾向则表现得越来越收敛。这既是国际资本市场的一个重要动向,也是主权养老基金越来越像主权财富基金的一个值得注意的发展潮流。

　　第一,"缴费型"主权养老基金外向型投资策略的发展历程。建立于 1959 年的日本主权养老基金"年金资金运用基金"(GPIF),截至去年年底已具有 1.37 万亿美元(157 万亿日元)的庞大规模,是世界第二大主权养老基金,日本国内投资市场的最大机构投资者,现持有海外债券和股票 13.1%,大约 1850 亿美元,而 2001 年进行"财投体制改革"时只有 350 亿美元。其根据既

　　① Ramkishen S. Rajan in New Delhi, "Should India create a Sovereign Wealth Fund?", November 10, 2007, http://www.rediff.com/money/t.

　　② Stephen Jen & Charles St. Arnaud, "Sovereign Pension Funds", at the Global Economic Forum, August 24, 2007, http://www.morganstanley.com/.

定战略,到 2009 年海外证券持有比例将提高到 2430 亿美元即 17%,2009 年之后将交由私人株式会社负责管理营运,届时流入的非日元资产的规模将会更大更多。建立于 1988 年的韩国"国家养老基金"(NPS)大约有 2000 亿美元的规模,大约对外投资只有 10%,但到 2012 年拟提高到 20%,到 2040 年提高到 50%,并打算采取外包的形式,委托给专业化公司负责营运①。

第二,建立"储备型"主权养老基金的目的就是为了境外投资。许多国家利用外汇储备或转移支付组建主权养老基金的主要目的本来就是为了投资于海外,所以,"储备型"主权养老基金的海外投资策略自其诞生之日起就与生俱来。澳大利亚"未来基金"资金来自于政府预算,为满足支付 2020 年养老债务的需要,在短短几年之内,其投资海外市场资产的比例就非常之高,到目前已发展到与主权财富基金没什么太大区别的程度,大约 80% 的资产投资于海外②。建立于 2001 年的新西兰"超级年金"也是为了支付未来养老债务,到 2050 年其退休人口将翻一番。在未来 20 年里,新西兰政府计划每年转移支付 20 亿新西兰元,截至 2007 年 11 月底其规模已达 137 亿新西兰元,到 2025 年将达到 1090 亿。目前大约 80% 投资于海外,只有 20% 投资于国内③。

第三,主权养老基金多元化投资是个大趋势。由于各国政府的重视、监管当局的青睐和业内金融机构的推动,三方合力共同促进了主权养老基金的发展,发达国家和发展中国家的主权养老基金膨胀迅速,例如澳大利亚的主权养老基金"未来基金",当时其资产仅为 137 亿美元,但到 2007 年 8 月就膨胀到 493 亿。主权养老基金之所以发展迅速,一个重要原因在于迫于提高收益率的压力和要求,主权养老基金的投资战略比较灵活,可以实现多元化投资的目的。有些国家比较保守,比如美国和西班牙,其投资组合受到法律的严格限制,它们几乎完全持有政府债券。但许多国家相反,比如,爱尔兰的"全国养老储备基金"股票比例占 77.1%,加拿大占 58.5%,法国占 62.1%,瑞典占 59.5%,新西兰占 60.0%。此外,近几年来还出现一个特点,即许多国家主权养老基金另类资产的投资倾向性日益明显。虽然在全部资产中,另类投资资

① 日本和韩国的资料引自:Stephen Jen & Charles St. Arnaud, "Sovereign Pension Funds", at the Global Economic Forum, August 24, 2007, http://www.morganstanley.com/。
② 澳大利亚的资料引自其未来基金的网络主页,http://www.futurefund.gov.au/。
③ 引自新西兰超级年金网络主页,http://www.nzsuperfund.co.nz/。

产比例仍然较小,但越来越流行;不同国家的主权养老基金之间另类资产持有比例差异性较大,从占比最小的韩国"国家养老基金"1.2%,到高达12.7%的新西兰"超级年金";另类资产投资发展迅速,例如,新西兰2005年只占0.5%。

　　总体来说,主权养老基金的海外资产持有比例目前仍然较低,全球平均可能不到20%,而主权财富基金则几乎是100%。这个差距正在缩小,主权养老基金投资海外市场的比重正不断提高。主权养老基金的这种转变正在引起各经济体和国际市场的极大关注,主权养老基金越来越像主权财富基金。

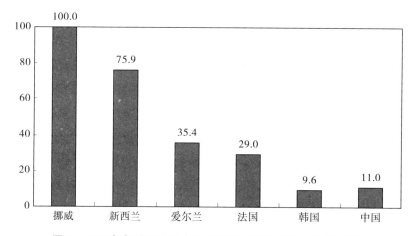

图1　2006年部分国家储备基金投资于海外市场的比重(%)

资料来源:OECD, *Pension Market in Focus*, November 2007, Issue 4, p.18.

二、俄罗斯建立主权养老基金:大国崛起中防止威胁论的启示

　　众所周知,俄罗斯主权财富基金"稳定基金"建立于2004年。仅仅4年之后,在普京总统亲自提议和具体设计下,俄罗斯"稳定基金"正式重组为主权养老基金"国家福利基金"(NPF),于2008年2月1日开始运转①。

---

　　①　参见郑秉文:《俄罗斯创建"国家福利基金"的启示》,《中国证券报》2008年1月30日第A05版。

(一)俄罗斯主权财富基金"稳定基金"的发展过程及其历史贡献

俄罗斯联邦建立"稳定基金"的目的是为了在原油价格下跌至基准值时保证联邦预算收支平衡,其资金完全来自原油实际价格超过其基准价格的以上部分,例如 2006 年 1 月 1 日起超过每桶 27 亿美元以上的收入部分拨入稳定基金。近来由于国际石油价格疯涨,稳定基金膨胀十分惊人:从 2007 年 12 月 15 日到 2008 年 1 月 1 日,仅半个月就进账 59.5 亿美元;2006 年 5 月仅为 714 亿美元,2007 年 1 月 1 日就增加到 891.3 亿美元;截至 2008 年 1 月 1 日为 1568.1 亿美元(3.849 万亿卢布),占 GDP 的 7%—8%左右,其中,外币账户中美元有 668.5 亿,欧元 509.5 亿,英镑 77 亿。其投资策略是 2006 年 4 月颁布的《关于管理俄罗斯稳定基金资金》,它确定两种投资方式:一是购买外汇,二是可购买 14 个发达国家的有价证券。据悉,稳定基金从 2006 年 7 月开始投入运转到 2007 年 4 月为止,以美元进行计算的年收益率达 9.89%,约 14 亿美元。

几年来,稳定基金为俄罗斯作出了很大贡献,达到了预期目的,无论对真实收入的提高,还是对经济可持续发展,都发挥了积极的作用。首先,俄罗斯提前偿还巴黎俱乐部的 220 亿美元债务几乎全部来自于稳定基金,这一举措使俄罗斯总共节省了利息 77 亿美元,偿还国际货币基金组织贷款 33 亿美元,偿还外经银行贷款 43 亿美元等。其次,稳定基金曾为俄罗斯航空业的建设作出较大贡献,从而使其进一步推动了其现代化进程。再次,其为国内金融战略机构融资发挥过重要作用,例如向俄罗斯发展银行注资 74 亿美元,为俄罗斯国家投资基金注资 37 亿美元。最后,其用于资助和推动高技术产业的发展,例如资助俄罗斯纳米技术集团公司 120 亿美元。

为什么在"稳定基金"日益成为国际资本市场关注的焦点之际,俄罗斯就将成立仅仅四年,为俄经济发展作出巨大贡献的主权财富基金改组为主权养老基金?

(二)普京改组稳定基金和建立主权养老基金的主导思想

其实,早在稳定基金刚刚正式进入投资不久的 2006 年 9 月,俄政府就开始考虑将其改造成一个"未来基金",旨在应对俄罗斯日益尖锐的老龄化和人口危机,为未来的子孙后代留下更多的财富和更多的储蓄,而不是将其仅仅用于当前发展,以实现当代与后代之间的公平分配,熨平石油天然气的收入。

1. 形势发生变化,"稳定基金"已经完成历史使命。普京在 2007 年 4 月的国情咨文中明确宣布,俄罗斯形势已发生重大变化,2000 年以来俄罗斯居民收入增加了一倍多,贫困人口规模缩小了近一倍,俄罗斯已走出生产长期下滑的困境,跻身于世界十大经济强国行列。但是,俄罗斯人口危机和老龄化问题始终没有得到有效解决。这个问题不解决,后果将是严重的,普京将之称为当前"最尖锐的问题"①。普京倡导组建国家福利基金,就是因为俄罗斯的人口危机和老龄化问题始终是困扰其长远发展的一个难题,这是未雨绸缪的一个战略性制度安排。

2. 主权财富基金只是国家储备的使用形式之一,而不是全部。普京认为,应扩大运用石油美元的思路,将之用于应对人口危机和人口老龄化。在其 2007 年 3 月《关于 2008—2010 年财政政策的俄联邦总统财政咨文》中具体提出,将稳定基金改建为储备基金(Reserve Fund)和未来基金(Fund for Future Generations)。他后来又表示,稳定基金中有一部分是不可动用的,应该为未来的子孙后代留下一些财富,稳定基金只是"国家储备资金的使用形式之一",而不是全部,他自称已制定出三四个思路。

3. "稳定基金"一分为二的总体构想和战略意图。接着,普京于 2007 年 4 月正式提出将稳定基金改组并建立一个未来基金的具体思路。根据他的思路,所有的石油天然气收入分为两部分,或说将稳定基金一分为二:一是建立一个储备基金,旨在使世界石油价格下跌时俄罗斯经济风险最小化,发挥财政的"安全气囊"作用,以保持经济稳定,抵抗通膨,促进人民实际收入增长。二是建立一个未来基金,普京将这个始终处于拟议中的未来基金正式定名为"国家福利基金"(The National Prosperity Fund),旨在提高当前和未来人民的福利保障水平。其中,储备基金占 GDP 的 7% 至 10% 左右,约为 1256 亿美元,国家福利基金大约是 314 亿美元②。

4. 建立主权养老基金的目的是应对老龄化。普京认为,建立国家福利基

①　见 2006 年普京国情咨文。

②　"国家福利基金"的英文名称 NPF(The National Prosperity Fund)中,Prosperity 字面翻译应为"繁荣"和"昌盛"之意,似译为"国家繁荣基金"。但是俄文名称 Фонд национального благосостояния 中,благосостояние 是"福利"和"富裕"的意思。所以,根据俄文原意将之翻译为"国家福利基金"更加符合原意。

金以支持养老制度是一个负责任政府必须做的工作。普京说,"一个不尊重老年人的社会是一个没有希望的社会"。在俄罗斯经济转型过程中,其社保制度改革经历了一个非常困难的时期,相当一部分老年人的退休金低于贫困线,这是因为濒于崩溃的原有计划经济体制下的社保体系已不适应俄罗斯向市场经济转型的需要。因此,俄罗斯"没有权利去重复过去的错误",必须要全力以赴保证老年人未来的生活。但是,如果不提高退休年龄,未来社保制度就不能提供足够的退休金,到 2012—2030 年间由于老龄化和养老金指数化挂钩等原因,社保制度势必出现赤字①。

5. 建立"国家福利基金"的目的是为老年人建立储蓄账户,鼓励多劳多得。据悉,世界银行曾建议俄采取提高退休年龄的办法来提高未来养老保险支付能力,例如,将目前法定退休年龄女性 55 岁和男性 60 岁分别提高到 60 和 65 岁。但普京认为,在可预见的未来,提高退休年龄没有那个客观必要,这不是因为社保制度本身可完全自动解决这个困难,而是因为俄罗斯有能力解决赤字问题。在普京看来,解决的办法也不应该是提高缴费率,而应该创造一个激励机制,鼓励那些达到退休年龄的人在自愿的前提下再工作一段时间,多劳多得,以提高退休金水平。在普京看来,"如果及时采取必要措施,退休制度就不会发生任何危机"②。普京提出的所谓解决未来养老赤字的根本办法是建立一个"退休资本",像退休金指数化那样,为达到退休年龄的人自愿继续工作建立一个退休储蓄账户,使之成为社保制度的一个组成部分。建立主权养老基金的目的就是为国家配比缴费提供资金来源,确保退休制度在长期内稳定运转,最终为支付社保制度的赤字提供融资支持,并确保投资增值,用普京的话来说就是,个人每多交纳 1000 卢布(41 美元),"国家福利基金"就为其相应交纳 1000 卢布③。

(三)建立主权养老基金是应对俄罗斯人口危机的需要

普京之所以亲自倡导将主权财富基金改组为主权养老基金,主要是基于对俄罗斯人口老龄化及对社保财务可持续性的预测④。

---

① 普京上述引语,参见其 2007 年国情咨文,见 http://www.kremlin.ru/eng/speeches/2007/04/26/1209_type70029type82912_125670.shtml。

② 马剑:《俄罗斯欲拿石油收入为养老注资》,《人民日报》2008 年 1 月 30 日第 6 版。

③ 以上普京关于国家福利基金和俄罗斯社会保障制度的论述见其 2007 年国情咨文,见 http://www.kremlin.ru/eng/speeches/2007/04/26/1209_type70029type82912_125670.shtml。

④ 以下数据引自 2006 年普京国情咨文。

1.老龄化导致赡养率越来越高。俄罗斯就业人口/退休人口一直在下降，人口老龄化问题日益尖锐。就业人口从 1995 年的 6600 万下降到 2002 年的 6400 万，而退休人口则从 1995 年的 3700 万上升到 2002 年 3800 万，就是说不到 1.7 个就业人口赡养 1 个退休人口；据预测，赡养率到 2015 年是 100/70，2030 年上升到 100/80，2033 年高达 100/90，到 2056 年则形成倒挂，是 100/108，即每 100 个就业人口赡养 108 个退休人口[①]。俄人口老龄化是一个不可逆转的大趋势，正如俄联邦劳动与社会发展部养老金局副局长阿伐纳西夫所言，不管今天采取什么样的人口政策，如何鼓励生育，工作人口与退休人口 1 比 1 的结果是不可避免的，所能做到的只是从 2030 年推迟到 2035 年而已[②]。2002 年俄寿命预期男性是 58.5 岁，女性 72.0 岁，到 2050 年则分别提高到 73.7 岁和 83.9 岁[③]。

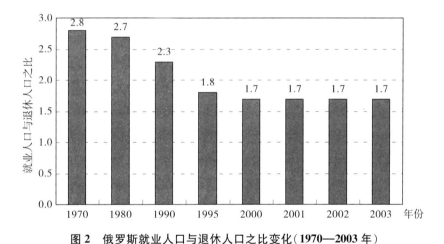

图 2　俄罗斯就业人口与退休人口之比变化（1970—2003 年）

资料来源：Julia Polonskaya，"Pension Reform in Russia"，Alfa Capital，Analyst，Thesis Project for the Plekhanov Russian Academy of Economics，Moscow 2004，figure 2.1，p.10.

① Julia Polonskaya，"Pension Reform in Russia"，Alfa Capital，Analyst，Thesis Project for the Plekhanov Russian Academy of Economics，Moscow 2004.

② S.A. Afanasiev，"Pension Reform in Russia：First Year of Implementing"，the PIE International Workshop on "Pension Reform in Transition Economies"，IER，Hitotsubashi University，February 22，2003.Ministry of Labor and Social Development of Russian Federation.

③ Oxana Sinyavskaya，"Pension freeform in Russia：A Challenge of Low Pension Age"，Project on International Equity（PIE），PIE Discussion Paper Series，Independent Institute for Social Policy（Moscow，Russia），2004.

2. 保证退休金与通胀指数挂钩,维持退休金水平。几年来,俄始终被高通胀率所困扰:2003 年通胀率高达 12%,2004 年是 11.7%,2005 年降至 10.9%,2006 年降到 9%,但 2007 年再次反弹到 11%。几乎每年都超过政府控制通胀的预期目标。例如,2004 年的控制目标本来是 10%,2006 年是 8%—9%。高通胀不仅导致卢布面临升值的压力,而且还导致退休金的购买力大打折扣,例如 1999 年退休金购买力已由最低生存水平的 120% 跌至 60%—70%。为此,几年来,几乎年年都发生退休人员上街游行要求提高退休金水平的事件①。此外,苏联解体之后,社保制度财力不足,常常难以按时发放,1991—1999 年大部分时间里退休金没有按时支付,有时会拖欠 3—6 个月。并且发放标准连年下降,在 20 世纪 80 年代末其替代率大约为 60%—100%,但到 20 世纪 90 年代降到了 30%—40%。再者,苏联解体也影响了退休金收入,因为许多工人旧体制下的养老金权利在转型之后没有保留下来②。总而言之,如果不采取任何措施,到 2045 年退休金实际购买力只相当于 1996 年的一半左右③。

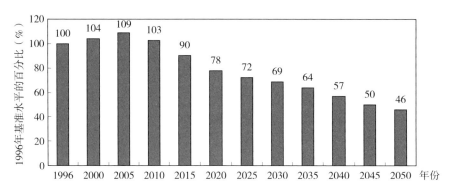

图 3   俄罗斯养老待遇水平逐渐缩水的趋势(假定 1996 年养老金待遇水平为 100)

资料来源:Julia Polonskaya, "Pension Reform in Russia", Alfa Capital, Analyst, Thesis Project for the Plekhanov Russian Academy of Economics, Moscow 2004, figure 2.2, p.11.

---

① 参见马剑:《俄罗斯欲拿石油收入为养老注资》,《人民日报》2008 年 1 月 30 日第 6 版。

② John B. Williamson, Stephaie A. Howling, Michelle L. Maroto, "The Political Economy of Pension Reform in Russia: Why Partial Privatization?" in *Journal of Aging Studies*, No.20. 2006, pp. 165 - 175.

③ Julia Polonskaya, "Pension Reform in Russia", Alfa Capital, Analyst, Thesis Project for the Plekhanov Russian Academy of Economics, Moscow 2004.

3. 提高生育率,对多生育的母亲给予补贴。1991 年苏联解体时人口为 1.48 亿,到 2005 年下降到 1.43 亿,15 年减少了 500 万。近几年俄人口平均每年减少 70 万,仅 2005 年就减少了 73.55 万。为鼓励多生育,2007 年为生育第二个孩子支付的补贴总额已达 1600 亿卢布,每位母亲可获 25 万卢布,其用途有三:贷款购房、孩子接受教育、对母亲养老金积累作补充。

(四)俄联邦《财政法典新条例》对"国家福利基金"的定位

2007 年 12 月 6 日通过的俄《联邦财政法典新条例》规定,国家福利基金和储备基金于 2008 年 2 月 1 日正式成立,稳定基金同时取消。这个新条例规定,所有来自石油、天然气部门的收入将归入三个部分:石油天然气转移支付部分、储备基金和国家福利基金。根据新条例,建立国家福利基金的宗旨是:支持养老体系,确保俄联邦对达到退休年龄的居民自愿参加养老储蓄进行补充,同时确保俄联邦基本保险"养老基金"(Pension Fund)出现短缺时进行支付。其资金来源是"全部石油天然气部门的收入"减去对储备基金的转移支付和其他联邦财政支出后的余额。所谓联邦财政"全部石油天然气部门的收入",是指石油、天然气、冷凝气等可利用矿产的开采税,原油出口关税,天然气出口关税及石油制品出口关税,上述税种的税率与石油、天然气的国际市场价格挂钩。

"联邦财政法典新条例"对国家福利基金的管理体制和投资政策作出的规定是,国家福利基金属于俄联邦财政收入的一部分,由俄联邦财政部根据俄联邦政府的相关规定进行管理,管理权归中央银行和其他金融机构。对其投资策略的规定是,为确保国家福利基金资产的保值增值及其收入的稳定,可投资于外汇及下列金融产品:外国国家代表处及中央银行发行的国债,国际金融组织的债券和外国公司的债券与股票等,包括签署的有价证券,在银行和信贷组织的银行账号中的存款和余款,在俄联邦中央银行的银行账号中的存款和余款,法人的债券及股票,外国基金的股份等。对于国家福利基金上述产品的投资比例目前尚在研究之中,但俄财政部部长库德林表示要扩大高风险产品的投资范围和比例。

根据规定,"基金"可投资于美元、欧元和英镑这三种外汇;允许将 30% 以内的资产存入外国银行托管,50% 以上的资产应投资于外国政府债券,投资对象国将严格限制。例如,目前投资对象国仅限于美国、英国、德国、法国、奥地利、比利时、丹麦、爱尔兰、西班牙、加拿大、卢森堡、荷兰、芬兰和瑞典等,且投资比例不得高于 30%。对包括亚洲发展银行等 8 家大型国际金融组织的债券投资不得高于基金资产的 15%。

　　俄建立主权养老基金是大势所趋,是解决养老困境的大手笔。俄将主权财富基金"稳定基金"改组为主权养老基金"国家福利基金",既考虑到民族发展和代际的长期制度安排,又可满足近期的人口发展趋势的需要,既是迫于老龄化压力的不得已而为之的一个战略措施,又是顺势解决石油外汇收入的一个渠道,可谓两全其美。其实,早在 2004 年,俄政府就不得不动用部分稳定基金的储备,几年来共弥补俄罗斯基本社保"养老基金"(Pension Fund)当期支付缺口 10.4 亿美元。

三、中国建立"主权养老基金"的急迫性: 防止中国威胁论

(一)主权财富基金与中国威胁论

　　主权财富基金导致西方国家保护主义甚至种族主义的日益抬头,主要是近几年来三个发展趋势所致。

　　1. 主权财富基金一改传统主权债券的投资策略,胃口越来越大。我们知道,虽然主权财富基金被认为早在半个世纪前就已存在,但传统意义上这些基金的投资对象主要是主权债券等固定资产收益,而绝少有股权投资,这样的投资策略显然只可以弥补当事国的巨额经常账户逆差。真正意义上的主权财富基金是最近几年新建的主权基金,其建立的目的就是为了摒弃传统投资理念,原来的单一美国国债主权投资开始多元化,代之以长期的直接股权投资,更侧重于实体经济投资,并且速度惊人。例如,主权财富基金 2007 年一年在金融类股方面的投资额就是 2006 年的 4 倍多①。尤其是当次贷危机形成真空、主权财富基金接踵沓来时,主权财富基金"救火队"和"战略投资者"的双重作用便自然引起华尔街震惊,使其充满忧虑。震惊的是,没想到昔日的受援国已变成大救星,往日的金融救世主一夜之间沦为如此地步;忧虑的是,小小一个次贷危机便让这些主权财富基金拯救于火海,如果将来华尔街有个风吹草动,那

---

　　①　参见袁鹤:《打劫华尔街:主权财富基金终于等到了机会》,《财富时报》2007 年 12 月 29 日。

岂不成为这些主权财富基金的囊中之物?

2. 大国建立主权财富基金使本来就行动诡秘的主权财富基金又蒙上一层政治面纱。金砖四国中的俄罗斯和中国涉足主权财富基金自然会给西方政治家们带来不安,忧上加忧。在 2004 年之前,拥有主权财富基金的国家基本都是小型经济体。但随着 2004 年 1 月俄罗斯"稳定基金"的出现和 2007 年 9 月中国"中投公司"的诞生,形势便大为变化,加之石油价格飞涨,主权财富基金的数量和规模急剧膨胀,收购行为此起彼伏,一直买到了华尔街,西方大国浮想联翩就是非常自然的了,于是,他们不得不"认真对待"。包括中国在内的大国拥有主权财富基金,对西方大国来说意义非同寻常,如同近几年来中国同拉美国家发展关系迅速被敏感地认为威胁了拉美甚至威胁了美国的利益那样,于是便有了2006 年美国国务卿助理香农访华的对口磋商和 2007 年布什总统访问拉美五国等一系列外交行动。发达国家除了高举"制定行为准则"的"一视同仁"的大旗以外,如果对中东小型经济体有可能要求其降低油价作为交换条件,那么,对中国拥有主权财富基金所采取的抵制行为在不同的时期和不同的环境就有可能提出不同的要求,例如,进一步施压人民币升值就可能是一张王牌。

3. 中国建立"中投公司"与中国威胁论。也许是时间的巧合,或是发展的必然,全球对主权财富基金反应最强烈的时候,正是中国建立中投公司的2007 年;正是这一年,次贷危机让主权财富基金出尽了风头;也正是这一年,中国投资威胁论甚嚣尘上。

2007 年以来,次贷危机几乎使 SWFs(主权财富基金)成为华尔街的"救火队"(SWFs 也是救火队的缩写),他们纷纷注入花旗银行、摩根士丹利、美林、贝尔斯登等全球金融市场巨头,于是,"打劫华尔街"、"买下华尔街"、"狼来了"的声音不绝于耳。甚至在 2008 年 1 月底召开的被认为引领世界经济大势的达沃斯论坛上也特意安排了主权财富基金的专题讨论,这是世界经济论坛问世 37 年来首次讨论主权财富基金①。更有甚者,2008 年 1 月 19 日出版的北美版《经济学家》杂志封面是一个蝗虫般载着金条蜂拥而至的直升机图片,为首的一架机身图有鲜红的中国国旗标志,以此来形容趁美国次贷危机中国

---

① 综合新华社报道:《达沃斯论坛为世界经济把脉——主权基金可成为西方金融"救命稻草"》,《上海证券报》2008 年 1 月 28 日第 1 版;《主权基金成为达沃斯论坛热门话题》,见新华网,http://news.xinhuanet.com/newscenter/2008-01/27/content_7502327.htm。

主权基金大量涌入西方金融市场，并冠以《主权财富基金大举入侵》横栏标题，十分抢眼。封面文章说，"主权财富基金规模庞大，发展很快。正是由于其诡秘性和操控性，它天生就必然引起怀疑。这就是威胁论必然导致金融保护主义的原因所在，就是为什么今天对华尔街的大营救很可能导致明天华盛顿产生极大反弹的原因所在"[1]。中投公司一诞生就被怀疑有政治意图，个别国家甚至散布中国投资"威胁论"，于是，美国加强了外国投资审查委员会的力度，德国拟效仿美国并建议欧盟也设立类似的委员会，G7 国家约见拥有主权财富基金的 8 国代表共同制定"最佳行为准则"，美国不断呼吁 IMF 和世界银行等国际机构进行立法，强制增加主权财富基金的透明度，约束其在全球范围的投资活动。日前中国有关主管部门高层人士为此撰文[2]，呼吁国际社会要旗帜鲜明地反对投资保护主义和金融保护主义，呼吁发达国家对来自发展中国家的主权财富基金不要有歧视性待遇，呼吁我有关方面积极参与国际社会关于制定主权财富基金管理规则的讨论，争取话语权，力争有利的结果。

（二）美国对中投公司的五种担心和忧虑

2008 年 2 月 7 日，美国"美中经济与安全评估委员会"举行了整整一天的听证会[3]，题目就是《中国主权财富基金投资对国家安全的含意》。十几个专家学者和政策制定者到会做了证词，他们几乎众口一词，对中国刚刚成立的中投公司（CIC）表示出极大的关注和担忧。美国"对外关系委员会"的布拉德·塞泽尔（Brad Setser）先生的证词具有相当的代表性。他说，一个小型的城市国家建立一个主权财富基金，所引起的关注程度要远远小于试图成为全球霸权或地区霸权的大国所作所为；中国建立中投公司不管对中国还是投资对象国，都将特别引发一系列"令人十分焦虑"的问题。他认为其原因在于，中国拥有主权财富基金与任何其他国家相比，其含意都是不一样的：挪威是社会民主国家，可由民主选举的议会对其作出说明和解释，而中国是由国务院来解释；海湾小国建立的基金在某种意义上很像王室的家庭财富；新加坡是小国，高收入国家，而中国是一个既贫穷又庞大的国家。

布拉德·塞泽尔和其他证词对中投公司表示出的担心可具体归纳为五个

---

① *The Economist*, Jan 19th 2008.

② 参见魏本华：《对主权财富基金不要有歧视性待遇》，《第一财经日报》2008 年 1 月 7 日。

③ 听证会的资料引自 http://www.uscc.gov/。

方面。第一,中投公司的资金来自于发行的债券,而不是财政盈余,中投公司是通过财政部向国务院负责,而不是向央行负责,所以它必须要获取足够的收入向财政部支付利息。黑石公司投资失手之后,它面临的投资回报压力就更大了。第二,中投公司承担着巨大的汇率风险,市场预期是每年8%左右,而承担的债券利息是5%,这就意味着在不算行政费用的情况下中投公司需要的回报率至少应在13%左右。第三,中国建立的中投公司已超出了外汇多元化投资的目的,它还负责包括对国有银行的投资管理等,甚至国内的投资比国外还要大。第四,与任何一个其他拥有主权财富基金的国家相比,中国都是一个十分贫穷的国家:按PPP计算,其他国家人均GDP均已超过5万美元,而中国只有5000美元。所以,人均GDP只有5000美元的国家建立的主权财富基金,其支持国家经济发展的动机要远远大于5万美元的国家,中投公司面临着巨大的压力。第五,中投公司的潜在规模令人担心,目前其境外投资比例非常小,大约只有170亿美元,近期可能提高到600亿,但是,中国外汇整体增长趋势意味着中投公司在不久的将来就有可能成为世界上最大的主权财富基金之一。在他们眼里,上述五个方面的特点决定了中投公司为了获取利润很可能将不遗余力,或不择手段。

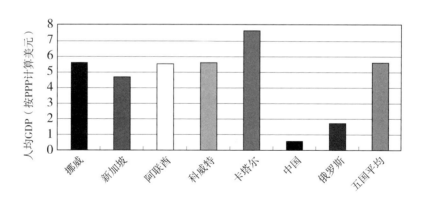

图4 七国人均GDP比较

注:五国平均指除中国和俄罗斯外的其他五国。
资料来源:http://www.uscc.gov/.

(三)中国建立主权养老基金可有效缓解中国威胁论

1. 中国建立主权养老基金是对日益庞大的外汇储备进行的二次分流。近十几年来,全球外汇储备增长迅速,10 年以前仅为 2 万亿美元左右①,而 2006年则高达 5.7 万亿美元,其中中国就占 1/4②。海外有研究预测③,中国外汇储备将继续增加,对主权财富基金的投入逐步水涨船高也就不足为怪,或许两年内中投公司的资本金会从现在的 2000 亿美元增加到 6000 亿美元。我们不得不承认,组建中投公司是外汇储备日益庞大的不得已而为之。既要实现主权财富的积极主动的管理方式,以适应外汇储备不断增加的趋势,又要防止中国投资威胁论,这个任务是艰巨的。例如,经过一年多的努力,合格境内机构投资者(以下简称 QDII)总额度只有 421.7 亿美元④,可谓杯水车薪。传统的财政或央行(外汇管理部门)持有高流动性、低收益和低风险的外国主权债券为主的专项账户管理形式,在向建立独立于央行和财政部门的专业化投资机构的管理形式转变过程中,建立主权财富基金只是从保守被动式向积极主动式管理进行重大转变的其中一个形式而已,但还应注意到存在着另外一个发展趋势,那就是建立主权养老基金。中国建立主权养老基金,可将外汇储备"二次分流"和提高其收益率结合起来,还可将防止中国威胁论和应对老龄化结合起来,可谓两全其美,一举多得。

2. 中国建立主权养老基金完全符合历史潮流,符合应对老龄化的趋势。利用庞大和过多的外汇储备建立主权养老基金以缓解老龄化为社保制度带来的财务支付压力,这是十几年来世界各国的一个通常做法。尤其近几年来,许多经济体将其过多的官方外汇储备从央行资产负债表中分离出来用于建立主权养老基金,已司空见惯,前有挪威之车,后有俄罗斯之辙,既完全符合应对老龄化的国际惯例,又可顺理成章地解决社保制度未来财务压力;既可实现官方储备的多元化投资以实现风险最小化的目的,又可最大限度地避免引起西方政治家的疑心。所以,既是出于应对老龄化以满足未来社保体系财务能力的客观需要,大概又是由于防止威胁论等某些潜台词的深层考虑。新年伊始,成立于 2004 年的俄罗斯"稳定基金"于 2008 年 2 月 1 日正式改组为"国家福利

① IMF, "Roundtable of Sovereign Asset and Reserve Manage", November 16, 2007, http://www.imf.org/external/np/sec/pr/2007/pr07267.htm.

② 引自中国人民银行和外汇管理局网站。

③ 这个可能性的估计来自渣打银行全球研究部主管、首席经济学家李籁思(Gerard Lyons),见张燕:《巨额主权财富基金觊觎新兴市场》,《国际金融报》2007 年 11 月 21 日第 2 版。

④ 见国家外汇管理局网站。

基金"。改组主权财富基金"稳定基金",建立主权养老基金"国家福利基金",这是俄罗斯作为一个崛起的大国,其主权财富管理方式发生重大转变的一个最新动向。其实,近几年来,俄罗斯对其基本养老保险制度已进行了数次重大改革,已基本建立起三支柱的养老保险制度框架体系,除了设有来自于一般财政税收的"零支柱"外,强制性的缴费型第一支柱已改造为名义账户制(NDC)。几年来的运行效果证明,这项改革还是负有成效的①。

3. 中国建立主权养老基金将有利于淡化政治色彩,有利于外汇储备按照纯粹商业化原则运作。主权财富基金的天性便是其行动诡秘,例如,最大的主权财富基金阿联酋阿布扎比投资局最为神秘,其资产规模6250亿只是人们一个估计而已。其实,外界无人知晓其控制的真实资产的确切数量,不管G7会议,还是IMF,不管是制定最佳行为准则,还是强调自律行为,要求主权财富基金透明度的最终结果必定是有限的,要求其像主权养老基金那样透明基本是做不到的,也是不应该的,更是不符合规律的,否则,很可能会影响到当事国投资资产的价格波动,存在股市风险溢价走低和推动股价上扬的可能性,甚至对非公开市场的资产价格也存在推动的可能性②。于是,大国主权财富基金的动向,因其敏感的政府背景,自然就被蒙上一层神秘面纱,容易被认为带有难以挥去的政治色彩和特殊的战略动机,对心存芥蒂的西方政治家来说,投资威胁论就自然难以完全消除,招致其百般猜疑和种种阻挠。但相比之下,主权养老基金的透明性与生俱来,完整的年报和季报制度使任何一个主权财富基金都不可与其同日而语,向大众国民和国会议会进行定期陈述是其基金的性质所决定的。所以,澳大利亚的未来基金也好,新西兰的超级年金也罢,包括挪威的全球养老基金在内,几乎所有主权养老基金都有自己独立的更新非常及时的网络主页和年报制度,可随时查询,十分透明,从治理结构和财务表现,到资产组合和资金来源等,信息披露十分完善。主权养老基金说到底是一支普通的政府公共基金,是一个国际投资市场的财务投资者。它遵循的首先是商

---

①　John B. Williamson, Stephaie A. Howling, Michelle L. Maroto, "The Political Economy of Pension Reform in Russia: Why Partial Privatization?", in *Journal of Aging Studies*, No.20. 2006, pp. 165 - 175.

②　参见胡祖六:《全球主权财富管理》,载吴敬琏主编:《比较》,第32辑,中信出版社2007年版,第97—108页。

业化运作的原则,追求的是单纯的收益最大化原则,服务对象是受益人,政治色彩不浓厚,不容易成为散布中国威胁论的一个借口。

4. 中国建立主权养老基金有利于缓解大国恐惧症,有利于"反恐"。从参与投资美国黑石公司的 IPO,到购买摩根士丹利,中投公司引起的关注程度远远超过了其他任何一小型经济体同类投资行为所引起的关注程度。即使小型经济体类似的投资也会遭致当事国的极力阻挠和恐慌,最典型的案例就是新加坡淡马锡收购泰国他信总理家族控股的西那瓦公司(Shin Corp)行为。它引起一场轩然大波,泰国民众怀疑新加坡有意控制其电讯战略产业,最终导致军事政变,他信由此下台,两国外交关系为此急剧恶化①。近年来随着中国的崛起,贸易摩擦、反倾销案、汇率政策和双边贸易等逐渐成为国际经济中的一个热点,甚至演变成国际政治的一个焦点,与小型经济体相比,中投公司遭受到一些西方国家的特别审查和无端阻挠,无端的恐惧有增无减,甚至有可能形成新一轮中国威胁论的逆流。有研究认为②,对刚刚建立的中投公司来说,如果过多地披露其投资动向,无疑会使自己陷于被动的局面,因此中投公司透明度的选择首先是在保护自身利益的前提下,达到最低披露的底线,并建议在目前国际多边金融机构尚未正式推出主权财富基金的行为准则之前,中国应积极参与有关规则的制定,在规则中要争取体现本国的利益。笔者认为,这样的建议无疑是正确的。但同时,对中国来说,将过多的外储分流出来,用以建立主权养老基金也是一个非常有效的、符合国际惯例的、变通的"反恐"举措,因为在发达国家眼里,主权养老基金说到底还是一个养老基金,将其纳入与其他养老基金和金融机构同等的监管框架之中顺理成章。相比之下,主权财富基金的投资结构和风险头寸等重要信息秘而不宣,对其监管方式便无章可循,无从谈起,对其产生恐惧感也就见怪不怪了。

5. 主权养老基金在发达国家司空见惯,而主权财富基金则凤毛麟角。从主权财富基金的区域分布来看:一是来自于新兴经济体(东亚一带出口外向型国家居多);二是来自海湾产油地区(主要是 OPEC 成员国);三是来自发达

---

① 参见胡祖六:《全球主权财富管理》,载吴敬琏主编:《比较》,第 32 辑,中信出版社 2007年版,第 97—108 页。

② 参见高洁:《主权财富基金需要什么样的透明度》,《中国证券报》2008 年 1 月 30 日第A05 版。

国家,其数量屈指可数,甚至可忽略不计,仅有的两例大概就是美国(阿拉斯加的永久储备基金)和加拿大(阿尔伯特)。相反,对主权养老基金来说,最悠久的养老制度起源于19世纪末的西欧,最发达的养老基金诞生于1940年的北美,最庞大的主权养老基金存在于当今美国,全球最大的主权养老基金美国联邦信托社保基金(OASDI)近2万亿美元的资产几乎相当于全球主权财富基金的总和,全球养老资产几乎全部集中在OECD等发达国家。在全球规模10强主权养老基金的国家排序中,美国第一(2万多亿美元),日本第二(1.4万亿美元),再次是挪威(近3000多亿美元)、韩国(近2000亿美元)、瑞典(1000多亿美元)、加拿大(近900亿美元)、西班牙(400多亿美元)、法国(近400亿美元)、爱尔兰(240多亿美元)、澳大利亚(140多亿美元)。而在主权财富基金全球10强里,不但没有一例来自发达国家,没有一例与主权养老基金10强交叉重复(挪威是一个例外),而且中国名列前茅,排列第五,十分惹眼,换言之,拥有主权财富基金的10强里没有一国拥有或同时拥有主权养老基金。在这样一目了然的巨大反差下,在发达国家对主权养老基金的容忍度和认知度远远高于主权财富基金的背景下,面对雨后春笋般的主权财富基金,发达国家自然将之视为异类。但是,如果建立为主权养老基金,则大有立地成佛之功效,成为还"汇"于民的天使;于是,中国建立主权养老基金,其结果自然就是防止中国威胁论的一个有力"反恐"措施。

表1 全球10强主权养老基金与10强主权财富基金比较

排列名次	主权养老基金(SPFs)			主权财富基金(SWFs)		
	国家/地区	基金名称/管理机构(成立时间)	规模(美元)	国家、地区	基金名称/管理机构(成立时间)	规模(美元)
1	美国	联邦信托基金(1940)	1.9万多亿	阿联酋	ADIA阿布扎比(1976)	6250亿
2	日本	国家储备基金(1959)	1.4万亿	挪威	全球养老基金(1990)	3220亿
3	挪威	全球养老基金(1990)	3220多亿	新加坡	政府投资公司(1981)	2150亿
4	韩国	国家养老基金(1988)	1908亿	科威特	科威特投资局(1953)	2130亿
5	瑞典	国家养老基金(2000)	1175亿	中国	中投公司(2007)	2000亿

续表

排列名次	主权养老基金（SPFs）			主权财富基金（SWFs）		
	国家/地区	基金名称/管理机构（成立时间）	规模（美元）	国家、地区	基金名称/管理机构（成立时间）	规模（美元）
6	加拿大	加拿大养老金计划（1997）	864亿	俄罗斯	稳定基金（2004）	1568亿
7	西班牙	社保储备基金（1997）	449多亿	新加坡	淡马锡（1974）	1080亿
8	法国	国家储备基金（1999）	391亿	卡塔尔	卡塔尔投资局（2005）	600亿
9	爱尔兰	国家养老储备基金（2000）	237亿	阿拉斯加	永久储备基金（1976）	402亿
10	澳大利亚	未来基金（2006）	137亿	文莱	文莱投资局（1983）	300亿

资料来源:主权财富基金的资料来自张明:《主权财富基金与中投公司》,中国社科院世界经济与政治研究所国际金融研究中心,工作论文第0706号,2007年12月17日。主权养老基金的资料来自OECD,"Pension Market in Focus", November 2007, Issue 4。

四、中国建立主权养老基金的可行性：制度设计与政策建议

（一）基本框架:中国建立三足鼎立的主权养老基金

目前中国统账结合制度下建立主权养老基金的格局受到一定经济发展水平和社保制度架构的制约,挑战与机遇并存;应整合资源,统一思路,采取大手笔,实行大思路,建立一个由两只"储备型"主权养老基金和一只"缴费型"主权养老基金构成的三足鼎立的格局。

1.尽快建立一只来自于外汇资源的"储备型"主权养老基金。利用庞大的外汇资源建立一只独立于中投公司的储备型主权养老基金,采取积极型的境外投资策略,实行完全的独立法人治理结构,与中投公司相辅相成,既可实现分流过多外汇储备以提高其收益率的目的,又可达到应对老龄化的双重目的,同时还可有效抵制中国投资威胁论。

2.加快"全国社保基金"投资策略的改革进程。虽然"全国社保基金"已积累了许多经验,但仍需对全国社保基金重新定位,即应实行完全的境外投资

策略,使之成为一个完全意义上的主权养老基金。全国社保基金和新建主权养老基金都属储备型主权养老基金,两只基金应合理划分境外投资区域。例如,全国社保基金可以中国港澳和东亚等新兴经济体为主要投资对象国,新建的主权养老基金可以欧美发达经济体为主要对象,在投资布局上,实现两翼并行、各有侧重、相互竞争的局面。

3.组建账户基金投资管理公司,建立一个"缴费型"主权养老基金。应采取积极的高度负责任的态度,彻底改变当前基本养老保险账户基金的省级投资管理思路,建立国家的账户基金投资管理公司,实施主权养老基金的战略思路,克服当前省级政府投资管理的习惯势力,摆脱地方利益的束缚,打破部门之间的藩篱,将这只潜在的主权养老基金变成一个现实,采取全国统一的账户基金投资管理策略,由劳动和社会保障部门建立一个独立的法人投资机构,先行实施以境内投资为主的投资政策。

下面对建立三足鼎立的主权养老基金一一予以论述。

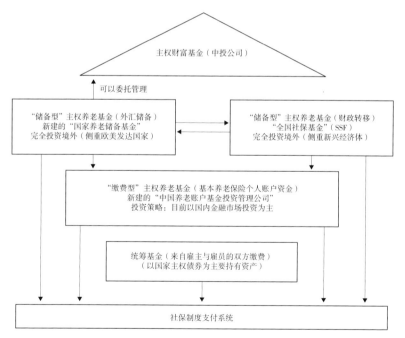

图5　中国建立"主权财富基金"和"主权养老基金"的总体布局

资料来源:笔者绘制。

（二）建立一只"储备型"主权养老基金的必要性：外汇储备的"二次分流"

如同建立主权财富基金，利用庞大的外汇储备建立一只"储备型"主权养老基金的条件业已成熟，甚至可以说已水到渠成，正当其时。

1. 符合中央精神，是落实十七大报告精神的一个具体表现。截至 2007 年 12 月底，中国外汇储备已达 1.53 万亿美元，在可预见的未来，外汇储备不断提高是个趋势。建立一只"储备型"主权养老基金，是落实十七大报告中提出"采取综合措施促进国际收支基本平衡"和构建和谐社会与科学发展的一个带有制度创新性质的结合部，是对积极稳妥扩大和推进 QDII 业务、促进有序流出和国际收支平衡具有积极意义的一项重大举措，是减少过多持有的外汇储备效率损失和提高其资产收益率、有助于降低外汇储备存量并将其从央行资产负债表中转出甚至有可能达到缓解流动性过剩和资产泡沫之功效的一个长期制度安排，在实现国家外汇储备保值增值、对抗宏观经济波动中是与建立中投公司（CIC）具有同等意义的一个战略部署。

2. 顺应国际潮流，是应对老龄化的一个重大举措。建立主权养老基金以增强未来社保财务能力和缓解老龄化压力，是各经济体养老制度改革的一个潮流。中国人口老龄化发展迅速，60 岁以上人口占总人口比重从 2005 年的 12.93% 将上升到 2020 年的 14.69%，到 2036 年将高达 29.58%；65 岁以上人口将从 2005 年的 9.01% 上升到 2020 年的 20.42%，到 2040 年将高达 23.74%。换言之，从 2000 年中国进入老龄化社会开始算起，在短短 20 年间，中国的老龄化程度将达到现在老龄化最为严重的欧洲国家水平，完成欧洲老龄化进程半个世纪走过的历程①。在其他条件假定不变的情况下，利用外汇储备建立主权养老基金为未来养老预筹资金，无疑是应对老龄化的一个重大举措，是顺理成章的一个补充工具。事实上，由于社平工资增长速度较快和社保五险收入投资收益率较低等原因，中央政府已从 2005 年起不得不连续 3 年提高基本退休金水平，人均 249 元，年均增幅 80 多元，并决定在 2008—2010 年再连续上调 3 年。

---

① 数据来自郑秉文和齐传君合作著述的关于中国建立混合型"名义账户制"的研究项目，即将公开发表。

3. 作为中投公司的孪生兄弟,主权养老基金是参与全球化的具体表现。作为主权财富基金的孪生兄弟,建立主权养老基金完全符合国家利益,可与中投公司共同担负起历史重任,积极参与全球化,增强中国在国际经贸舞台上的话语权。在安全性、稳定性(熨平中长期的收入波动和本国居民消费)、收益性和福利性(提高未来社保体系的支付能力)这 4 个目标排列顺序上,甚至在投资策略等很多方面,主权财富基金与主权养老基金这对孪生兄弟可以优势互补,相辅相成。例如,前者的风险容忍度要高于后者,但其透明度就理所当然地低于后者;前者的投资期限应高于后者,但其资金使用可以通融。

(三)明确目前"全国社保基金"(SSF)的地位:改革其投资策略

中央政府 2000 年 8 月批准建立的"全国社保基金",其资本来源主要是"中央财政预算拨款"和"国有股减持划入资金"①。据此可以判断,其资产性质属于主权财富,但却是一只非典型的"储备型"主权养老基金。说是"储备型",因为其资本几乎完全来自财政转移,这与俄罗斯、挪威、澳大利亚、新西兰等国的主权养老基金别无二致;说是"非典型",因为由于当时的条件和历史的局限,其资产配置和投资策略始终比较保守并以国内投资市场为主,与挪威等"典型的"主权养老基金相去甚远。全国社保基金 2004 年以来完成了两次质的飞跃,第一次是实现了委托管理的"外包"目标,第二次是 2006 年获得了 QDII 境外投资机制,但是,总体说来还没有到位。作为一个主权养老基金,应该完全走向境外市场。笔者多次呼吁和主张全国社保基金应完全离开国内市场,走向海外②。

(四)建立一只"缴费型"主权养老基金的急迫性:目前账户资金的改革出路

如果孤立地看待基本养老保险的账户资金,常常无从判断它是否具备成为主权养老基金的资格和条件。当账户资金的投资决策权下放到账户持有人即采取分散决策机制时,它就失去了成为主权养老基金的可能性。例如,十几

---

① 根据 2001 年 12 月 13 日公布的《全国社会保障基金投资管理暂行办法》,见全国社保基金理事会网站,http://www.ssf.gov.cn/web/index.asp。

② 详见郑秉文:《社保基金:"个人产权"与"入市"》,《中国社会保障》2003 年第 11 期;《建立社保基金投资管理体系的战略思考》,《公共管理学报》2004 年第 4 期;《社保基金应三足鼎立》,《瞭望》2004 年第 16 期;《社保基金"出海"》,《环球财经》2006 年第 5 期。

个拉美国家采取的智利模式和中国香港强积金模式就不可称为主权养老基金。但当中央政府集合统一投资即采取集中投资机制时,例如新加坡等十几个国家采取的中央公积金模式,无论其利率确定的程序和基准如何制定,它都是一只主权养老基金。一般来说,在引入个人账户的国家,建立个人账户的目的就是为了投资金融市场,所以,绝大部分账户资金都实行市场化和多元化的投资策略。目前在中国,由于受到具体国情的限制,账户资金投资体制改革取向基本排除了分散化投资模式的可能性,决策层和学术界均主张采取集中决策模式。但是,在省级作为投资主体还是中央政府作为投资主体上,存在着两种不同的思路和争议。

1. 地方省级政府营运模式存在的种种弊端。压倒性的意见认为,由于账户资金主要沉淀在做实账户试点的 11 个省市,账户资金集中在省级政府的层次,应采取省级投资模式,由省级政府统一负责本省的账户资金,由省级社保经办机构担任受托人的职责。据悉,省级投资模式的具体方案正在制定当中并马上就要出台。这种意见之所以能占上风,可能由许多原因所致,比如:中央政府似乎没有十分介意投资主体选择的重要性;中央政府无力承担起这样的重要责任,将之作为一个包袱甩给了地方;中央政府各部门之间的认识和协调难以达成共识;等等。但是,我们不得不承认,地方政府将之视为一个地方利益或一只普通的地方公共基金而不愿放手也是一个重要原因。账户基金省级政府投资模式存在很多问题,世界上还没有任何一个先例(似乎只有加拿大的魁北克省是个例外)将基本养老保险资金放权由地方政府担负起投资的重任,这不符合国际惯例。这是因为:首先,地方政府机构担任受托人存在较大道德风险,既容易滋生腐败,又加大了交易成本,收益率的总体水平具有负面影响;其次,地区之间发展水平存在较大差距,再加上账户资金成为地方行政垄断的"块块"碎片,二者结合必定人为地导致地区间收益率的差异性,利差的产生很可能进而产生一个潜在的"二级市场",冲击金融市场;再次,"二级市场"形成反过来加剧了利差存在的"合法化",这对东中西部地区不同退休人群是不公平的,基本保险的收益率不应该存在地区间的"级差",这既不符合国际惯例,也不利于社会和谐;最后,地方行政割据的账户资金营运模式难以建立起一个全国性的统一补偿机制,受益人待遇难有制度保障,中央和地方财政存在着潜在的兜底风险,等等。

2. 地方省级政府营运模式不能使之成为主权养老基金。除上述 4 个弊端以外,账户资金省级营运模式还存在一个问题:本来可以成为主权养老基金的账户基金失去了最后的机会,丧失了起码的条件。从技术上讲,账户基金不像统筹基金那样受到统筹层次的限制,账户基金的性质可以使之马上提高到中央统一管理的水平。既然不是技术上的制约,而是人为地压低投资管理层次,那么,其主权财富的性质就不能得以展露和表现,就是说,潜在的主权养老基金即中央政府统一投资管理的账户资金不能成为现实是决策者的一个选择,这显然是一个次优的选择。之所以是一个次优的选择,是因为将账户资金建立为主权养老基金可以投资境内外的金融市场,实现风险多元化和收入稳定化以提高总体退休收入水平的目标。

3. 建议由中央统一负责账户资金的营运,建立全国账户基金的独立运营专业机构。笔者认为,中国目前不宜建立一个由各省分散投资账户资金的体制,而应在劳动和社会保障主管部门体系之内建立一个中央集中投资的账户资金投资机构。这是因为,账户基金的投资管理是中国社保制度改革的一个不可分离的组成部分,必须将其纳入社保制度运行框架之内统筹考虑,这关乎社保制度改革的长期走向和账户持有人的长远利益。为此,账户基金投资管理体制的设计原则应考虑将制度收入与待遇支出、统筹部分与账户部分、收益率调整与社保制度可持续性、制度收入系统与待遇发送系统等因素全部结合起来,"一揽子"设计,实行全国范围的统一账户基金投资策略和管理体制。其投资策略应先以国内市场为主,待条件成熟时进行境外投资。

(五)社会统筹基金:难以成为一只现实的主权养老基金

中国社保五险缴费收入近几年来虽然每年结余 1000 多亿元,于 2007 年年底首次超过万亿,表面上已颇具规模,截至 2006 年年底基本养老保险缴费收入累计结存已达 5489 亿元[①]。在这 5000 多亿中,绝大部分是统筹资金。理论上讲,在统账结合制度下,最有资格成为主权养老基金的应该是社会统筹部分,其次才要看个人账户部分是否具备条件。即属于 DB 型现收现付制的统筹基金应是一只标准的主权养老基金,但事实上在较长时期内它只是一个潜在的可能性而已,很难成为现实。

---

① 劳动和社会保障部:历年《劳动和社会保障事业发展统计公报》。

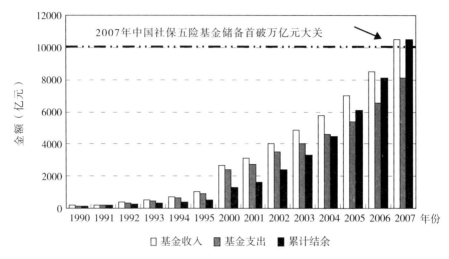

图 6　1990—2007 年中国社保五险缴费收入与积累情况

资料来源:根据各年的《劳动和社会保障事业发展统计公报》(劳动和社会保障部编制)绘制。

1.统筹层次太低是制约其成为主权养老基金的最大障碍。十几年来,统筹部分始终滞留在县市一级,地方割据,画地为牢,呈高度碎片化状态,这显然离主权养老基金的标准相去甚远,甚至南辕北辙。2006 年劳动和社会保障部宣布将在两年之内实现省级统筹,但严格意义上的省级统筹目标两年内是难以真正实现的。在城乡差别较大、二元经济十分明显的条件下,实现省级统筹将会遇到难以想象的道德风险,它足以摧毁省级统筹的实现。甚至就连东北三省社保改革试点也未实现真正的省级统筹:先行一步的辽宁只是"建立了省级调剂金制度,为实行基本养老保险省级统筹创造了条件"[①];随后试点的吉林采取的是"两级调剂,分级负责,定额补助,自求平衡"的模式,省里只是建立了省级调剂基金而已;黑龙江采取的是"统一统筹项目、统一计发办法、统一基金管理、统一业务规程和信息系统、统一管理经办机构"的办法。显然,东三省均未实现严格意义上的统收统支的省级统筹,本质上还是县市级统筹;但对东三省来说,目前的这些附加诸多条件的所谓省级统筹只是一个变通

---

① 《辽宁省人民政府关于完善城镇社会保障体系试点工作的报告》(辽政[2004]32 号),载国务院完善城镇社会保障体系试点工作小组办公室编:《完善城镇社会保障体系试点——辽宁篇》,中国劳动社会保障出版社 2004 年版,第 97 页。

办法,是不得已而为之的一个比较现实的选择;已完成试点的东三省尚且如此,更何况那些没有进行试点的省份了。鉴于此,未来两年内在全国普遍实现的省级统筹的标准看来只能是初级阶段的或具有中国特色的省级统筹,真正意义上的大收大支的省级统筹难以在两年内实现,真实的省级"资金池"不可能建立起来。

退一步讲,即使实现了严格意义的统收统支的"资金池"也不能立时兑现其资产的主权性质,换言之,即使实现了省级统筹,离实现全国统筹也还有一步之遥,不具备主权养老基金的资格。鉴于这些分析,在相当时期内,中国统账结合制度中的社会统筹部分不可能成为主权养老基金。

2.具体国情的约束:统筹基金的投资策略应以购买国债为宜。再退一步讲,即使实现了全国统筹即其具备了资产的主权性质,从潜在的主权养老基金变成现实的主权养老基金,在一定时期内也不宜投资于境内金融市场,而应以购买国债为主,即应采取英美式的被动型投资策略。这是因为:第一,在中国资本市场不成熟的条件下,市场风险不宜直接裸露在基本保险的参保人身上,在一定时期内,基本养老保险的统筹部分相当于基础养老金,而不应"随行就市",与其"暗补"或"以丰补歉",不如用其直接购买特殊发行的国债。第二,社会统筹部分的当前缴费与未来收益之间没有精算联系,带有强烈的"税性",对于刚刚建立起市场经济制度的中国来说,相当于一般税收性质的统筹资金大规模进入金融市场,很容易导致计划经济和指令性经济因素的回归,不利于金融秩序的发展和资本市场的繁荣,短期内所谓"托市"的说法无异于是饮鸩止渴。此外,长期看,其原因还有不利于上市公司的内部决策,政治目标容易代替经济目标,对劳动力市场具有负面的影响,与私人部门容易产生利益冲突,不利于私人部门的发育与发展,等等。

3.国际上流行的缴费型主权养老基金的两个投资趋势:积极型与被动型投资策略。纵观全球,缴费型主权养老基金的投资策略分为积极型与被动型两种投资策略。美国联邦信托基金(OASDI)和英国国家保险基金(NIF)是典型的被动型主权养老基金,几十年来,它们坚守远离金融市场的盎格鲁—撒克逊传统,始终将其全部余额资产用于购买国债。在他们看来,缴费型的主权养老基金投资金融市场的前提条件是应该先将社保的纳税变成缴费,通过建立个人账户这个"通道"进入金融市场,只有这样方可建立起一个随行就市的

"股票账户",才具备投资境内金融市场的条件。积极型投资策略的典型代表是以继受欧洲大陆民法传统的国家为主,他们大多存在于欧洲大陆或东亚等地区。在亚洲,日本的国家储备基金(NRF)和韩国的国家养老基金(NPF)就是典型代表。总的来看,由于老龄化导致国家财政负担日益沉重,进入金融市场和进行多元化投资逐渐成为一个潮流,许多被动型的主权养老基金开始向积极型转变,他们或是通过建立个人账户的方式,或是没有通过这个方式而直接进入金融市场。

4."传统的政府养老金"与"积极的机构投资者":国情的要求。中国继受的是欧洲大陆民法法典的传统,人格化的统筹资金具有强烈地进入市场的内在冲动。对缴费型主权养老基金来说,如果将被动型投资称为"传统的政府养老金",那么,积极型投资就是近几年来日益时尚的专业化和市场化的"积极的机构投资者"。鉴于中国的具体国情,由个人和单位双方缴费形成的社会统筹基金,无论它处于县市级统筹还是省级统筹,无论是否兑现了主权资产的身份,无论在目前还是在一定时期内,无论是出于受益人待遇的考虑还是出于制度建设的考虑,均应采取被动型投资策略,维持"传统的政府养老金"的身份不变,以购买政府债券为主。

参考文献:

高洁:《主权财富基金需要什么样的透明度》,《中国证券报》2008年1月30日。

国务院完善城镇社会保障体系试点工作小组办公室编:《完善城镇社会保障体系试点——辽宁篇》,中国劳动社会保障出版社2004年版。

胡祖六:《全球主权财富管理》,载吴敬琏主编:《比较》,第32辑,中信出版社2007年版。

劳动和社会保障部:历年《劳动和社会保障事业发展统计公报》。

马剑:《俄罗斯欲拿石油收入为养老注资》,《人民日报》2008年1月30日。

魏本华:《对主权财富基金不应有歧视性待遇》,《第一财经日报》2008年1月7日。

新华社报道:《达沃斯论坛为世界经济把脉——主权基金可成为西方金

融"救命稻草"》,《上海证券报》2008 年 1 月 28 日。

袁鹤:《打劫华尔街:主权财富基金终于等到了机会》,《财富时报》2007 年 12 月 29 日。

张明:《主权财富基金与中投公司》,工作论文第 0706 号,中国社科院世界经济与政治研究所国际金融研究中心。

张燕:《巨额主权财富基金觊觎新兴市场》,《国际金融报》2007 年 11 月 21 日。

郑秉文:《社保基金:"个人产权"与"入市"》,《中国社会保障》2003 年第 11 期。

郑秉文:《建立社保基金投资管理体系的战略思考》,《公共管理学报》2004 年第 4 期。

郑秉文:《社保基金应三足鼎立》,《瞭望》2004 年第 16 期。

郑秉文:《社保基金"出海"》,《环球财经》2006 年第 5 期。

郑秉文、何树方:《加拿大社保制度改革与建立"主权养老基金"10 年回顾与评价》,《当代亚太》2008 年第 1 期(总第 157 期)。

Anne Y. Kester, "Trend in International reserves: Euro Holdings Rise in Emerging Markets", IMF Statistics Department, September 12, 2007.

Bob Davis, "The Wall Street Journal online, Wanted: SWFs' Money Without the Politics", *WSJ*, Cec. 20,2007.

David R. Francis, "Will Sovereign Wealth Funds Rule the World?", the November 26, 2007.

IMF, "Roundtable of Sovereign Asset and Reserve Manage", November 16, 2007.

John B. Williamson, Stephaie A.Howling, Michelle L. Maroto, "The Political Economy of Pension Reform in Russia: Why Partial Privatization?", in *Journal of Aging Studies*, No.20. 2006.

Julia Polonskaya,"Pension Reform in Russia", Alfa Capital, Analyst, Thesis Project for the Plekhanov Russian Academy of Economics, Moscow 2004.

OECD, "Pension Market in Focus", November 2007, Issue 4.

Oxana Sinyavskaya, " Pension freeform in Russia: A Challenge of Low

Pension Age", Project on International Equity (PIE), PIE Discussion Paper Series, Independent Institute for Social Policy (Moscow, Russia), 2004.

Ramkishen S. Rajan in New Delhi, "Should India create a Sovereign Wealth Fund?", November 10, 2007.

Stephen Jen & Charles St. Arnaud, "Sovereign Pension Funds", at *the Global Economic Forum*, August 24, 2007.

S.A.Afanasiev, "Pension Reform in Russia: First Year of Implementing", the PIE International Workshop on "Pension Reform in Transition Economies", IER, Hitotsubashi University, Ministry of Labor and Social Development of Russian Federation, February 22, 2003.

The Economist, Jan 19th 2008.

"US Treasury calls on IMF, World Bank to lead on sovereign wealth funds", 14 Nov. 2007.

（本文原载于《国际经济评论》2008 年第 3—4 期,第 43—53 页）

社保基金的法律组织形式:欧盟的经验教训

　　内容提要：欧盟国家社会保险基金的法律组织形式呈现出多样性,既有经验,也有教训。欧洲国家社保制度传统可分为俾斯麦和贝弗里奇两种模式,它们对社保基金法律组织形式具有重要影响。社保基金法律组织形式可分为分散管理型(如法国)、中央控制型(如英国)、中央投资型(如瑞典)三种类型,其中社会伙伴和互助体制在不同治理结构中具有不同的作用。分散管理型不适合中国国情,中央控制型和中央投资型是可供选择的重要参照系,在中国社保基金管理中,国家应该发挥更多的作用。

　　社会保障制度的雏形可以追溯到 16 世纪欧洲基尔特主义的行业公会组织。由于历史遗产和路径依赖等原因,欧洲社保制度和社保基金法律组织形式始终呈现出一种多样性。半个多世纪以来,欧盟国家在社保基金法律组织形式上日益表现出较多的变化和特点,其中既有经验,也有教训,对正在拟议《社会保险法》的中国来说很有参考和借鉴价值。这里所说的社保基金法律组织形式,较多地侧重于社会伙伴制(Social Partnership)与互助制(Mutuality)在社保基金投资管理与治理中的作用等特征。

一、欧盟社会保障制度和社会保障基金的历史遗产

　　(一)社保制度和社保基金管理的法律地位溯源:互助会嬗变为俾斯麦社保模式

　　现代社会保障制度诞生于 19 世纪 80 年代初的德国。再往上追溯,人们可以在 16 世纪和 17 世纪的"行业公会"当中看到社保制度的影子。当时,为了抵御风险和维持生存,矿工和海员等发起建立"互助会",这种吉尔特主义

(Guild)的团结,带有一定的宗教色彩,并成为保险公司的雏形之一。但是,吉尔特式的互助会与保险公司却有本质的不同,即后来发展起来的保险公司具有独立法人地位,而保留下来的互助会只是一种自发式的松散的互助组织。随着行业互助会的逐渐扩大,逐渐获得了独立的私人法律地位。当历史进入19世纪时,工人运动和社会主义思潮席卷欧洲,变成一场欧洲范围的社会运动,18世纪以前所要求的"公民权利"逐渐被"政治权利"或曰"经济权利"所代替。因为当19世纪80年代初德国俾斯麦立法将之变成强制性国家养老保险和失业保险制度的时候,实际就等于不仅承认了工人们的"公民权利",而且还通过国家的介入进而承认了他们的"政治权利"或称"经济权利"。

从互助会到社会保险,从吉尔特主义到俾斯麦模式,这是社会保障史上的一次飞跃。在完成这次飞跃的过程中,"俾斯麦式"的社保制度就自然带有强烈的"行业互助"的"保险"性质。这种吉尔特主义的"行业互助"色彩的俾斯麦式保险制度体现的虽然是"国家的意志",国家出面担当起"保护人"的作用,但是,当时这种"社会团结"更多的是体现在行业和大型企业的保险基础之上。于是,当时的社保基金就自然以行业和大型企业为基础,其保险制度也必然体现在雇员和雇主"缴费分摊、风险分担"的"互助"基础之上,即社保资金由雇主和雇员双方共同管理,合作运营。当国家充当起保护人和国家财政逐渐介入的时候,这种"双方合作"就逐渐发展成为雇员、雇主、国家的三方合作主义(Tripartite Corporatism)。于是,在120多年前社保基金管理的法律地位中,三方合作主义就以立法的形式被"制度化"、"合法化"和"国家化"。再后来,法国等很多国家予以效法,俾斯麦模式逐渐被"欧洲化",于是,俾斯麦模式成为欧洲模式。

(二)社保制度和社保基金管理的一个分水岭:贝弗里奇式与俾斯麦式抗衡

在俾斯麦模式流行了半个多世纪之后的1945—1946年,当世界上出现了另一个模式即英国的贝弗里奇模式时,俾斯麦模式一统天下的局面被打破,出现了两个模式并存与竞争的局面。随后,欧洲一些国家开始效仿贝弗里奇模式,在欧洲就形成了两组国家和两个模式:俾式和贝式。

从社保基金管理的法律组织形式看,俾斯麦模式主要有三个特征:一是其法定实施范围仅局限在就业人员范围之内;二是参保人的退休待遇与其职业收入和缴费多寡紧密相连;三是社保资金管理与制度运行主要由雇主和雇员双方共同参与管理。相比之下,贝弗里奇模式的三个特征是:一是普惠性(Universality),即强制性覆盖所有社会风险和所有人口,超出了俾式的覆盖范畴;二是一体性(Unity),即在缴费渠道、营运管理和待遇发放等各个环节跨越了俾式的行业管理的范围,实施的是全国水平的统一管理;三是一致性(Uniform),即待遇水平也"拉齐"了行业之间的差别,全国实施一个比例标准。这就是贝式的"三U"特征,或说"三统一"制度特征,即统一待遇资格、统一管理机构、统一待遇比例。

如果说俾式模式是亚当·斯密古典经济学的间接产物,是自由市场经济条件下的一个福利派送方式,那么,贝式就是凯恩斯经济学的直接产物,是走向国家垄断资本主义的一个福利派送方式。从贝式开始,凯恩斯式的福利国家全面介入和提供福利服务,扩大公共支出,这就意味着在贝式承继俾式的经济权利的基础之上,又将其扩大到人皆享有的"福利权利"。

凯恩斯主义影响了整个欧洲,甚至整个世界。但是,贝式社保模式却没有被所有欧洲国家完全采纳。有些国家试图放弃俾式,改革为贝式,他们成功了,例如北欧、英国、爱尔兰等。欧洲大陆有些国家则失败了,最典型的是法国,它几乎保持了俾式的所有特征。可以说,二战是个分水岭,有些国家改弦更张走上了贝式的统一之路,有些国家则几次流产,仍较为完整地保留了碎片化的制度特征和互助特点的基金法律组织特征。这就是欧洲历史的遗产:无论社保模式上,还是在基金管理方式上,多样化存在于方方面面。

(三)社保制度和社保基金管理的一个趋同:从贝弗里奇到《马斯特里赫特条约》

贝式已经存在和发展了半个多世纪。在欧洲发生翻天覆地变化的这半个世纪里,欧洲社保制度发展伴随着欧洲联合的历史进程,已经并正在走向一个崭新历史时期:从20世纪50年代的欧共体(EEC),到1991年12月的《马斯特里赫特条约》(简称《马约》,Treaty of Maastricht;也称《欧洲联盟条约》,Treaty of European Union),再到2007年12月的《里斯本条约》(Lisbon Treaty),欧洲实现了几代人、几百年的梦想。《马约》问世以来,欧盟为协调各成员国之间社会保障制度和劳动力流动付出了艰辛努力,制定了很多法规制度;2007年12月13日正式签署和2009年1月1日生效的《里斯本条约》将简化决策过程,加大在社会保障领域的立法和协调力度,提高成员国的行动能力。

可以这样认为,贝式也好,俾式也罢,《马约》和《里斯本条约》不仅是欧共体国家政治经济联合发展的里程碑,也必将是欧盟成员国社保制度"趋同发展"的一个新起点。

经济一体化意味着生产要素的自由流动,这必将给"劳动契约"(Labor Compact)带来重大影响。商品价格趋同既是经济一体化的引擎,又是经济一体化的结果;毫无疑问,1993年欧盟建立统一大市场对商品价格趋同起到了促进作用。但是,劳动契约和福利制度所反映的是一个民族国家的价值观和文化。不同的福利制度必将导致不同的劳动力成本,这就为劳动力跨国流动带来程度不同的障碍。

二、欧盟社保基金管理与治理的三种类型

鉴于上述欧洲社保制度的历史遗产和管理现状,目前在欧盟国家里,社保基金投资管理和治理模式主要有三种,它们分别是以法国和德国为代表的"分散管理型"、以英国和爱尔兰为代表的"中央控制型"、以瑞典和丹麦为代表的"中央投资型"。本文分析的对象仅仅是国家基本保险即第一支柱,不含第二支柱的企业补充保险。

(一)分散管理型

所谓"分散管理型"是指在二战后没有成功效仿英国为代表的贝式社保制度的国家所采取的社保基金管理模式,西欧大部分国家都是采取这种类型,比如法国和德国等。

最典型的应该是法国。这里以法国为例来诠释分散管理型的特点。当然,在西欧或欧洲大陆,分散管理型的特征虽不尽相同,但大同小异。这里以法国等国家为案例,来分析和抽象出几个基本特征。

1.基金管理主要分散在行业,而不是集中在国家部门统一管理。这种碎片式的管理方式几乎完全将战前以行业为基础的管理特征保留了下来,甚至将第一次世界大战之前的互助式的特征也保留了下来。二战之后,法国社保制度的设计者拉罗克(Pierre Laroque)试图模仿英国的贝弗里奇,也起草了一

个《拉罗克报告》,旨在加大国家财政介入范围,整合各种制度碎片,建立覆盖私人部门所有雇员的"普通制度"并打算将之覆盖到其他部门,但由于种种原因没有实现,与英国的"中央控制型"失之交臂。

其实,法国社保模式虽然属于俾斯麦模式,但又有所不同:德国俾斯麦模式的最大特点之一是独立于国家的"职业保险",而法国更多地则是强调独立于国家的"行业自治"。本来,早在二战之前,法国就曾四次效法德国①,但均以失败告终,所以,法国社保制度的特点是,它既是建立在德国模式基础之上的一个碎片化制度,具有俾斯麦强烈特征,但又不完全与德国模式相同,带有一定的英国模式的努力因素,是一种混合模式。

2."完全自治管理制"。法国基本保险制度由四个子制度组成,即"普通保险制度"(Le régime général)、"农业保险制度"(Les régime agricole)、"特殊保险制度"(Les régime spéciaux)和"非工资收入与非农业职业者保险制度"(Les régimes des non-salariés non agricoles,也称为"双非人员保险制度",non-non)。在这四个子制度当中,除第一个"普通制度"采取的是"社会伙伴制"(Paritarisme)以外,其他三个制度采取的均是"社会互助制"(Mutuatisme)。"社会伙伴制"和"社会互助制"的共同特点是它们均有一个理事会来全权负责执行基金的一切管理和决策;不同的是,前者实行的是三方合作方式,除雇员和雇主参与之外,国家必须委派代表并任理事长,而后者则主要是由工会和雇主双方合作管理,并且完全由自行选举产生,实行的是完全的自治。例如,在"特殊制度"中,"矿工退休计划"就是由矿山的经营主选举 1/3 的代表和由工会选举的 2/3 会员代表共同组建而成。在某种程度上可以说,"自治"是"分散管理型"的核心内容之一。法国《社会保障法典》的副标题就是《互助法典》,其全称是《社会保障法典—互助法典》(Code de la Sécurité Sociale-Code de la Mutualité)。在这部 2000 多页的法典中,对"互助"和"互助会"(或称"共济会")的论述占据相当的篇幅,从中可见"互助"在法国社保制度中法律

---

① 第一次是第一次世界大战以后,阿尔萨斯—洛林(Alsace-Lorraine)地区回归法国以后,高级特派员米尔朗(Alexandre Millerand)提交了一个模仿德国强制性"职业保险"的一个计划,但遭到法国政府的拒绝。第二次机会的丧失是 1928 年 3 月立法试图模仿德国,以期对其互助会制度进行改造,虽然投票通过了,但由于其冠以"法西斯法案"而没有实施。第三次是 1930 年 4 月立法。第四次机会是 1932 年 3 月立法,均遭同样结果。

地位的重要性。

在自治管理过程中,社保基金理事会(Conseil d'administration)必须依法办事,一切对当事人即参保人负责,基金的平衡和支出完全由理事会作出决定。当出现黑字时,资金的投资方式由其自行决定,当出现赤字时需要上报国家,由国家出面协助解决。法国最具有自治性质的一个保险项目是1932年3月11日立法通过的家庭津贴法案,至今还一直保留,对其自治性质始终未做任何改动。社保基金自治是法国社保制度的一个基本法律特征,《社会保障法典》规定得非常明确[1]。

即使在参保企业里,也必须建立一个理事会,旨在维护工人的社保权利。例如,《社会保障法典》规定,在雇用50人以上的企业里,必须成立理事会,工人代表必须占有2个席位,并通过选举产生[2]。

3. "社会伙伴参与管理制"。法国的四个子制度中,只有"普通制度"采取社会伙伴制,这个子制度覆盖了法国私人部门的几乎全部雇员。社会伙伴制的特点是在雇员和雇主代表参与理事会的前提下,理事长由国家委派并任命。理事会代表采取均等制原则,在国家级经办机构里,雇员和雇主的席位各13名,地方各级经办机构里各8名,其中,雇员代表由工会指定,并由国家权利机关任可。理事会任期5年。德国等西欧国家很多制度均采取"社会伙伴制"。这是欧盟社保基金管理的主要方式。

4. 基金管理主体是私人机构。法国社会保险的四个子制度里,在1967年改革之前,只有"普通制度"的管理机构是公共性质的,1967年之后将其一分为三,后来不久又成立了一个。在目前法国社保基金管理机构里,只有这四个机构是公共的或称是国营的,其余成百上千的国家级和地方各级经办机构都是"非政府组织"(NGO)或"非营利组织"(NPO)性质的私人机构。这些私人机构的法律地位非常明确,但同时也规定是执行国家职能和公众利益的特殊私人机构。法国《社会保障法典》规定,社保管理经办机构的法律地位是"民法的私法地位或财务自治",将这些机构确定为私法地位的目的,是为了尊重

---

① *Code de la Sécurité Sociale-Code de la Mutualité*, Edition 2000, Dalloz, France, Septembre 1999, p.2118. Art.R.322—1.

② *Code de la Sécurité Sociale-Code de la Mutualité*, Edition 2000, Dalloz, France, Septembre 1999, p.2096. Art.L.125-4.

"社会保障政治中的私人首创和公共服务";还规定,所有社会保障经办机构必须要有理事长和会计总监,其中,理事长是具有独立民事能力的法人代表①。于是在法国,"私人立法地位但执行公共职能"的机构数量非常多。比如,好多医院就是这个性质,为此有一个专门术语和缩写,笔者大约在十多年前看到过,当时没能记下来,这次试图在法国《社会保障法典》找到它,但最终还是未果。

《社会保障法典》明文规定,法国社会保障资金是"公共资金"。用私人机构管理和支配公共基金,这也是欧洲社保历史演变过程中的一个重要遗产。这个特殊的社保基金管理方式由来已久,历经嬗变,但在法国基本没有根本性的改变,而在有些国家则彻底进行了改革。在法国,早在1930年4月30日的立法中,它一方面再次尊重、默认和强化了"农业社会互助会"(MSA)由农业工会进行自治管理的事实,另一方面规定将"社会保险基金"的私人法律地位明确为负责管理公共服务的性质,1938年在行政法院的一项法规中予以确认,在1945—1946年改革中没有"改动",在1994年2月立法中再次得以确认。

战后至今,法国社保管理机构自治模式的私人法律地位不但没有削弱,反而有所加强。一个最引人注目的案例是,1945年成立的保险费征缴机构"社会保险费与家庭补助金联合征收机构"(URSSAF)的法律地位当时是社区服务组织,主要负责管理家庭补贴基金,在1967年改革中这个机构被改为自治的性质,在后来的1990年11月立法中这个自治法律地位再次得到确认。目前它有分支机构105个,负责全法的养老、工伤和"综合社会捐"(Contribution Sociale Générale,简称CSG)等供款的征缴,还负有与地下经济作斗争的重要使命。这个机构1967年改革被普遍认为是自治和社会伙伴作用不断扩大的一个标志②。

5.社保基金管理是工会传统的控制阵地。"分散管理型"之所以在一些欧洲国家经久不衰,根深蒂固,难以像有些国家那样完成历史转型,其中一个

---

① *Code de la Sécurité Sociale-Code de la Mutualité*, Edition 2000, Dalloz, France, Septembre 1999, p.8. Art.L.111—2.

② Jean-Jacques Dupeyroux, *Droit de la Sécurité Sociale*, Dalloz,13 diton par Rolande Ruellan, pp.657-658.

主要原因在于工会对其进行严密的控制,抓住不放;这既是工会利益和各方博弈的结果,也是法国传统福利制度路径依赖的结果;于是,不管是战前还是战后,在历次立法博弈中这个特征都得以完整保留下来。从历史上看,社保基金的管理历来就是欧洲所有工会的"重要传统",其中法国尤甚,所有社会保险基金管理机构的理事会都是大大小小工会的"重要阵地",不让政府染指。并且,不同领域的社保基金被不同的工会所"瓜分",跑马占地,工会割据。例如,二战后社保立法完成时,"普通制度"理事会成员中绝大部分工会成员都是"法国总工会"(CGT)委派的,因为私人部门的福利制度长期由"法国总工会"(CGT)控制,"法国总工会"是"普通制度"的实际主人。"法国总工会"成立于1895年,是法国最大的工会(人数最多,大约40万人),而"普通制度"是法国最大的保险制度,这个法国最大工会始终控制着法国这个最大的保险制度,至今如此。其他保险制度也被大大小小的工会所"瓜分":三十多年来医疗保险一直由"工人力量总工会"(FO)控制着,家庭补助基金始终由"全法劳工民主联盟"(CFDT)把持着,养老基金历来是"高级职员总联盟"(CGC)的辖地,基金的财政控制权一直掌握在"保险机构中央管理处"(ACOSS)的工会手里,而资方的人事选派权始终被"全国社会保险基金联盟"(UCANSS)工会掌控,"工商业就业联盟基金"(UNEDIC)是"全法劳工民主联盟"(CFDT)的传统领地。法国二战时的社会保障之父拉罗克曾感叹道:"不管何时,参保人都没有感觉到社会保险机构是他们自己的事情。"

表1　法国不同工会在社会保险基金理事会中所占的比重　（%）

工会名称	1947 年	1950 年	1955 年	1962 年
法国总工会(CGT)	59.3	43.6	43.2	44.3
全法劳工民主联盟(CFDT)	26.3	21.3	20.8	20.9
法国总工会—工人力量总工会(CGT-FO)	—	15.1	16.1	14.7
其他工会	14.37	20.0	19.9	19.9

资料来源:René Mouriaux, *La CGT*, Inédit Politique, 1982, p.101.

在社保基金的管理上,历来存在着法国政府与法国工会之间的激烈博弈,法国政府试图削弱和限制工会的权限,而工会方面则试图扩大自己的地盘,其中,工会在理事会中的比例和选派方式上的斗争是一个主要焦点。例如,1945

年的立法规定,在其他三个制度里(普通制度除外),社保基金理事会的席位
分配原则是工会代表占 2/3,雇主代表占 1/3;为了削减工会席位比例,1967
年改革改为"均等制"(工会与雇主的代表数量相等),并规定工会方面派出的
代表应是任命的,不得选举产生。1982 年社会党政府决定工会代表改为选举
产生,雇主代表任命产生,但政府方面 1983 年又拒绝工会的选举产生方式了。
1996 年改革再次放弃了选举原则。

表2　法国总工会(CGT)官方公布的会员数量变化

(单位:人次)

年份	在职职工会员数量	退休人员会员(数量)
1958	1624322	—
1960	1932294	210204
1962	1993120	220048
1964	1939318	186722
1966	1942523	187240
1968	2301543	243641
1970	2333056	271637
1971	2327637	286829
1972	2318120	290567
1973	2339857	296684
1974	2342811	296475
1975	2377551	303479
1976	2350118	306714

资料来源:René Mouriaux, *La CGT*, Inédit Politique, 1982, p.223, Annexe 2.

(二)中央控制型

顾名思义,以英国和爱尔兰为代表的"中央控制型"与"分散管理型"相
比,前者的最大特征之一是对全国范围的社保基金采取中央政府集中管理的
方式,并且其资产配置方式主要采取国债投资的形式。"中央控制型"既不同
于欧洲大陆法国的"分散管理型",也略不同于以瑞典为代表的"中央投资
型",后者采取的是完全市场化的投资方式。

1.第一支柱界限清晰。凡是采取"中央控制型"的国家,公共养老金的第

一支柱边界较为清晰,一目了然,界限分明,因为它由中央统一负责投资管理。例如,在英国存在着一只近500亿英镑的"国家保险基金"(NIF),爱尔兰存在着一只近30亿欧元的"社会保险基金"(SIF),丹麦存在着一只将近800亿丹麦克朗的ATP养老基金。但相比之下,在法国等欧洲大陆一些国家情况则相反,因为无数的自治式、互助式的基金管理机构极度分散。它虽然是强制性的并以国家立法名义担保的公共基金,但却没有掌握在国家层面,国家只有一个计划,国会只有一个报告,现金流掌握在众多的基金管理主体即经办机构手里;也就是说,在分散管理类型里,第一支柱是用立法的手段将原先早已存在的企业保险"升级"为社会保险,将企业保险"招安"为社会保险,其他方面的变化不是非常明显。

这里有一个有趣的现象:凡是盎格鲁—撒克逊传统的国家,凡是继受这个法律传统即不成文法或称普通法的国家,它们在二战之后一般都成功地将传统的"分散管理型"整合为"中央控制型"。这些国家一般都讲英语,在欧盟比如说英国和爱尔兰,在欧洲以外,比如美国、加拿大、新西兰等,英国的前殖民地采取的一般也都是"中央控制型"(比如新加坡、马来西亚、印度、肯尼亚等国的中央公积金模式)。

2. 中央统一将社保基金投资于国债。"中央控制型"的特点是利用政府部门直接进行国债投资,或通过单独建立一个机构的方式购买国债。在英国,负责投资管理国家保险基金的机构是已有几百年历史的"国债削减委员会"(CRND),爱尔兰是由1990年成立的"国债管理局"(NTMA)负责。中央统一投资国债,这是盎格鲁—撒克逊模式的一个最大特点,尤其是将投资管理的使命委托给国债管理部门,这意味着无论在观念上,还是在理论上,它们将社保基金主要视为财政的一个组成部分,看作国家财政的一个责任,作为社会支出中的公共支出来对待,而不是作为社会支出中的私人支出来对待。这充分说明,在盎格鲁—撒克逊传统的国家里,福利国家与凯恩斯主义是密切相连的。

虽然有些国家利用新成立的专门机构负责管理社保基金,但是,它们大多也都对财政部负责,例如,美国的联邦信托基金(OASDI)、加拿大1998年新成立的"加拿大养老金计划投资管理局"(CPPIB)等。

3. 传统的国债投资策略逐渐偏向于市场化。似乎出于回报率和老龄化等方面的压力,近十年来,在欧盟以外,采取中央控制型的一些国家逐渐出现一个倾向,即从传统的国债投资策略转向市场化投资。例如,建立于1966年的加拿大"加拿大养老金计划"(CPP)从1998年开始、建立于1959年的日本"年金资金运用基金"(GPIF)从2001年开始、成立于1988年的韩国"国民年金基金"(NPS)从1999年开始,先后对证券市场开始投资。美国联邦信托社保基金(OASDI)全部持有联邦政府的债券,但布什政府在2001年曾试图将其现收现付制改革为统账结合制,后来由于遭到社会舆论和民主党的激烈反对而流产。在欧盟,英国和爱尔兰始终保持传统的国债投资策略:正式建立于1975年的英国"国家保险基金"(NIF)的几乎全部资产用以购买财政部发行的特种国债"尼罗"(NILO);建立于1953年的爱尔兰"社会保险基金"(SIF)的资产主要投资于财政部短期票据、银行存款和欧元区政府债券。欧盟成员国的"中央控制型"是否会受到上述其他国家的影响,欧盟层面如何考虑中央控制型的资产配置,所有这些,都取决于各种内部和外部条件的变化与影响。

4. 多重监管和专业化分权管理日益代替传统的社会伙伴合作机制。在"中央控制型"里,社会伙伴制的影响和因素越来越小。比如,爱尔兰负责"社会保险基金"(SIF)投资管理的国债管理局局长由财政部部长任命,并直接向财政部部长负责。英国"国家保险基金"(NIF)的投资管理体制更加复杂,共涉及6个政府部门,根据《1992年社会保障管理法案》,这6个部门的分工依次是:内税局(IR)负责日常行政管理和保险费的征收事务;就业和养老金事务部(DWP)负责支付养老金待遇;贸易及工业部(DTI)负责对那些由于企业破产而不能获得养老金的工人支付待遇;政府精算部(GAD)负责估算缴费率(立法机构要求其每五年对收支状况和人口环境进行一次评估,以调整费率和保留一个最低程度的制度盈余);国家审计署(NAO)负责年度审计以保证每年发表一份《"国家保险基金"(NIF)账簿报告》,并将审计结果提交给议会在网上公布;国债削减委员会(CRND)负责基金盈余资产的日常投资管理。

从英国的案例可看出,英国社保基金的法律组织机构的设置和管理模式已经完全扬弃了传统的社会伙伴合作制,甚至就连像由各方代表组成的美国联邦信托社保基金理事会那个机构都省却了。这个现代化的治理结构是典型的专业化分权管理模式,它可提高管理效率,大幅降低行政管理费用,提高预测和精算的准确性,在全国范围内调剂通融基金,节省交易费用,按时准确发布年度报告,具有很高的透明度,可接受全社会的监督(相比之下,法国和德国几乎没有年报制度）。此外,这种分权管理模式的监督力度和效果也不比社会伙伴制更差,多个部门分别从不同角度对社保基金进行监督,相互制约,可凭借各自的资源优势和专业技能实施监管,提高科学管理水平,有利于保障社保基金的安全性,有助于提高其市场价值。

（三）中央投资型

"中央投资型"与"分散管理型"相比,存在的区别更大,但与"中央控制型"则有一些相同之处。"中央控制型"和"中央投资型"都是由中央政府直接进行投资管理,它们之间的最大区别是:前者的中央政府完全将之持有国债,这就意味着将之视为中央财政的一部分"控制"起来,纳入财政管理和财政预算的框架之内,甚至作为"第二财政"来看待;而后者的中央政府则广泛地将之投资到金融市场,采取完全市场化的投资策略,将之作为资本证券市场的一个重要组成部分,甚至成为国内市场最大的机构投资者,与境内外金融市场联系日益紧密,息息相关。在欧盟,最典型的"中央投资型"国家是瑞典和丹麦。

1. 中央政府亲自组建营运公司。瑞典 1960 年建立起现收现付制的"国民养老基金"（AP）,其缴费率高于为养老金支出融资所需要的费率。这种"前倾式"的预筹方式导致每年养老金收支均有盈余[1],并将这些积累投资于 5 个"缓冲基金"（Buffer Fund）。截至 2007 年,缓冲基金总资产为 8980 亿瑞典克朗,超过 GDP 的 25%,其规模相当于四年多的养老金支出额。2000 年之前缓冲基金投资渠道仅限于政府债券和住房抵押债券,5 个缓冲基金各有不同的投资范围和使命,其中 3 个基金禁止投资于股票,5 个基金投资于外国证券的比例都不能超过 10%。因此,改革前缓冲基金 60% 以上的资产都投资于固定收益工具（包括政府债券、抵押贷款和其他债券）,收益率比较低,1961—1995年的年度平均收益率仅为 2.1%。2000 年通过的《国民养老基金法案》对缓冲基金的组织结构和投资规则进行了改革:原来的 5 个缓冲基金改组为 4 个,即第一、第二、第三和第四国民养老基金。在改革启动时,除将少部分储备移交给中央财政以外,其余 5360 亿瑞典克朗（相当于 GDP 的 23%）全部转入 1995

---

[1] 还有很多国家采取了"前倾式主动型"的预筹方式,以期获取较高的收益,减轻未来社保基金的支付压力,例如加拿大 1997 年改革采取的就是这个方式,参见郑秉文、何树方:《加拿大社保制度改革与建立"主权养老基金"十年回顾与评价》,《当代亚太》2008 年第 1 期,第 88—107 页。

年建立的名义账户制,并平均分给了 4 个国民养老基金,由其进行投资管理。新建立的名义账户制的 16%缴费一分为四,分别交给这 4 个国民养老基金管理。每个国民养老基金每年承担 1/4 的养老金支出。名义账户制养老金的收支结余仍然纳入缓冲基金,进行投资增值。瑞典政府还专门另外成立了第六国民养老基金,但规模很小,主要投资于国内未上市的中小企业①。

　　2000 年瑞典改革还成立了一个第七国民养老金,专门负责 1995 年名义账户改革时引入的实账积累的资产余额,这部分资金来自于 2.5%的缴费(与名义账户的 16%合计为 18.5%)。并由新组建的专门政府机构"积累制养老金管理局"(PPM)予以管理。到 2007 年年底,实账积累的这部分养老金资产上升到 3107 亿瑞典克郎,增速很快。瑞典实账积累的制度模式完全采取了智利模式的分散决策方式,账户持有人决定其资产配置比例。到 2007 年年底,共有基金管理公司 86 家,管理着 785 只基金②。

表 3　实账积累制养老金资产增长情况(截至 2007 年 12 月底)

(单位:亿瑞典克朗)

年份	2001 年	2002 年	2003 年	2004 年	2005 年	2006 年	2007 年
总资产	651. 3	594. 2	941. 55	1251. 18	1930. 77	2694. 47	3107. 11

资料来源:Swedish Social Insurance Board, *Orange Report*:*An Annual Report of the Swedish Pension System* 2007,p.44.

　　丹麦是"中央投资型"的另一个优秀案例。建立于 1964 年的"丹麦劳动力市场补充养老基金"(以下简称 ATP)制度是一种介于 DC 与 DB 之间的混合型制度,其管理方式与瑞典相同,也是由中央政府直接建立的专门机构全程管理,其至还包括对 15 万个雇主和 450 万雇员征收缴费(瑞典的征缴由税务局负责),其中还负责 67.5 万退休人员与 3 万遗属的待遇支付,可以说是个"一站式"服务的综合性养老金制度(或称机构)。这个机构同时负责若干养老计划,其中规模最大和覆盖面最宽的是"ATP 终生年金",每 10 个丹麦退休

---

　　① Swedish Social Insurance Board, *Orange Report*:*An Annual Report of the Swedish Pension System* 2007.

　　② Swedish Social Insurance Board, *Orange Report*:*An Annual Report of the Swedish Pension System* 2007.p.16.

人员就有 8 个是 ATP 终生年金领取者。截至 2007 年年底,ATP 集团(The ATP Group)的资产总额为 786 亿丹麦克朗①。目前,ATP 是丹麦境内最大的机构投资者,内设养老金部、对冲部、投资部、行政管理部四个管理部门。2000年以来陆续建立了 12 个子公司,不同的子公司负责不同的投资:2 个不动产投资公司,6 个 PE 投资公司,2 个养老金行政服务提供商(对社会和业内提供全方位的养老金咨询服务),2 个"生存储蓄"计划(SP)的项目公司(因为除 SP 外,ATP 还负责其他几个养老金计划)。两个项目公司中的一个是咨询公司,另一个是投资公司;后者包括 4 个共同基金和很多 SP 投资的小型基金。ATP 投资业务遍及欧美,雇用了大量的投资经理、专业人士和外部专家。目前 ATP 集团拥有雇员 750 人。

从瑞典和丹麦政府建立和改组营运主体的历史来看,不管社保制度和社保政策有什么重大变化和重要改革,政府都是亲自组建投资营运机构,略有不同的是瑞典政府组建的公司有 6 个,各有侧重,以期在这不同缓冲基金之间引入竞争因素和定价机制,提高投资管理绩效;而丹麦的做法是只建立一个集团公司,下设 12 个分公司,各司其职,在分公司之间引入竞争机制。这两个国家的一个共同特点是没有将大量的投资组合外包出去,而是亲力亲为。

2. 传统的社会伙伴制沿用下来并发挥较大作用。中央投资型的一个重要特征是将社会伙伴制保留并沿用下去,这一个特征在瑞典不太突出,而在丹麦则非常明显。

在瑞典,2000 年《国民养老基金法案》规定,缓冲基金的组织结构和投资由各个国民养老基金独立作出决策,在考虑到伦理道德问题的前提下,其首要目标是收益率最大化;每个国民养老基金的董事会全权负责其基金运作,制定投资政策、公司治理决策和风险管理计划。国民养老基金的活动只受法律约束,不受政府政策干预,政府不能对基金的日常运作或资产管理活动下达指令。每个国民养老基金都有自己的治理规则和投资政策;每个国民养老基金均由政府任命的 9 人董事会治理,其中两名是雇主组织提名的雇主代表,两名是雇员组织提名的雇员代表。国民养老基金须受政府监督,要接受政府为其任命的外部审计机构的审计,对其投资活动进行评估和监

---

① 这里关于丹麦的资料引自:ATP, *The ATP Group Annual Report* 2007, pp.1 - 22。

督。财政部长对国民养老基金的投资绩效进行年度评估,并将评估结果提交国会审议。

丹麦 ATP 的治理结构远比瑞典复杂,社会伙伴的作用远比瑞典明显。ATP 设有一个董事会,一个监事会和一个执行委员会,还设有一个 CEO。董事会被誉为劳资双方合作的一个典范,它由 31 人组成,雇员和雇主各设 15 个席位,再加上 1 位由就业部长任命的董事长;其主要雇主代表来自"丹麦雇主协会"(8 人)和"丹麦工会联盟"(10 人),还有 2 名雇员代表来自专业人士,1 名雇主代表由财政部长任命。董事会的主要使命是审议并通过《ATP 年报》,对制定和调整费率等重大事项进行决定,还承担咨询的义务。

监事会由 20 个席位组成,主席由董事会主席担任,12 名监事会成员从董事会当中选举产生,6 名从社会伙伴中产生。监事会的权限很大,它负责任命执委会,聘任和解雇 CEO 和所有高管人员,负责投资策略的制定和其他所有大政方针,包括制定利益冲突条款、内控机制等,还负责任命 1 名精算师。精算师的地位非常特殊,他负责向"丹麦金融监管委员会"(DFSA)撰写和提交精算报告。丹麦金融监管委员会负责对其监管。由此看来,6 个社会伙伴席位对 ATP 治理结构的影响很大。

执委会由 3 人组成,1 名主席和 2 名成员,2 名成员从董事会的雇主和雇员代表中各产生 1 名。执委会负责执行监事会的决定和日常事务,特别是投资政策的执行。投资决策由监事会决定,执委会负责执行[1]。

以保险公司形式出现的丹麦 ATP 在世界范围强制性基本养老基金治理中堪称为三方合作主义的一个典范,在公共养老金立法中被认为是社会伙伴制度的一个标志[2]。这种社会伙伴制度体现在积累制的集体保险计划设计当中,例如在缴费水平的确定、未来制度的设计、投资基准的制定和基金的管理等许多方面,都显示出高度的社会团结和风险分享机制,表现出"劳动力市场"养老金的团结合作精神。丹麦的 ATP 还体现出北欧"社会民主"原则和俾斯麦式"职业保险"原则,同时还凝聚着欧洲大陆"合作主义"(Corporatism)

---

① Dimitri Vittas, "A Short Note on the ATP Fund of Denmark", WPS 4505, The World Bank, Financial Systems Department, Financial Policy Division, February 2008, p.31.

② Ole Beier Soerensen, "Social Partner Involvement in Danish Pension Schemes", Report Submitted to the ETUI, Brussels, Belgium, 15 Feb.2006, p.2.

的传统。

3. 欧盟最有效率的养老基金管理模式。北欧社保基金与世界其他各国一样，具有逐渐扩大投资渠道的趋势。丹麦 ATP 在 1990 年之前，投资策略主要是国内的证券和债券，债券占比较大，包括国债和抵押债券。20 世纪 90 年代以来，ATP 经过几次重大改革，逐渐改革投资策略，股票比例从 22% 提高到43%，其中国内占 60%，国外占 50%。尤其近年来，ATP 连续建立子公司，尤其是 PE 投资，回报率不断提高，从 1964 年建立到 2005 年的平均名义回报率高达 11.44%。丹麦 ATP 不仅业绩名列前茅，而且行政管理成本很低，平均每个参保人每年才三四个欧元左右。ATP 计划的参保人待遇高于丹麦其他养老计划，比如，包括 ATP 在内，2007 年全国平均每月退休待遇水平大约是1.07 万丹麦克朗，相当于国家基本养老保障的 35%，但 ATP 的退休待遇平均每月是 1.31 万克朗①。

表4　丹麦 ATP 近年来投资回报率

（%）

年份（年） 投资品种	2003	2004	2005	2006
债券	4.7	7.0	2.7	2.7
股票	32.5	23.1	39.5	20.4
其他	0.34	0.24	12.4	21.0
所有资产	7.6	8.3	11.4	7.9

资料来源：Dimitri Vittas, *A Short Note on the ATP Fund of Denmark*, WPS 4505, The World Bank, Financial Systems Department, Financial Policy Division, February 2008. p.15, table 8.

此外，ATP 的客户服务质量很好，产品简单易懂，享有很高的国际声誉，被称为世界上引入的第一只新型养老金，是养老基金的一个创新。这不仅是因为其待遇水平的保障，还因为其市场率的保障②，被欧盟称为效率最优的一只养老基金，被欧洲 2005 年《欧洲养老金投资》杂志（IPE）授予"欧洲最佳养老基金"、"欧洲最佳公共养老金"，还被授予"欧洲负债投资型和风险管理最

① Dimitri Vittas, "A Short Note on the ATP Fund of Denmark", WPS 4505, The World Bank, Financial Systems Department, Financial Policy Division, February 2008.

② ATP, "New Model Guarantees a Higher ATP Pension for all Danes", Pensions and society, Issue no.54, March 2008, p.1.

佳养老基金"①。

表5 丹麦 ATP 1964—2005 年投资回报率变化

(%)

时间(年)	名义回报率	通胀率	真实回报率
1964—1970	6.18	5.95	0.22
1970—1980	10.96	9.48	1.02
1980—1990	18.67	5.91	12.05
1990—2000	10.48	2.14	8.17
2000—2005	7.97	1.97	5.88
1964—1980	8.97	8.22	0.69
1990—2005	9.86	2.23	7.43
1964—2005	11.44	5.44	5.69

资料来源:Dimitri Vittas,"A Short Note on the ATP Fund of Denmark", WPS 4505, The World Bank, Financial Systems Department, Financial Policy Division, February 2008. p.14, table 6.

三、中国应从欧盟学习什么

(一)欧盟对社保基金管理模式的贡献:三个类型的比较

在战后以来的半个多世纪里,欧洲社保制度和社保政策发展迅速,社保基金规模日益庞大,社保基金法律组织形式的多样化特色更加明显。就社保基金投资管理的三个类型来说,欧盟成员国都作出了巨大贡献,既是改革先锋,又是新模式的试验场,为各国带来了很多有益探索。所有这些努力都具有相当的建设性,不同的管理模式和管理类型对不同的国家有不同的启发。

表6 欧盟三个类型社保基金法律组织形式的特征

特征	分散管理型	中央控制型	中央投资型
代表国家	法国、德国等	英国、爱尔兰等	瑞典、丹麦等

① Ole Beier Soerensen, "Social Partner Involvement in Danish Pension Schemes", report submitted to the ETUI, Brussels, Belgium, 15 Feb.2006. p.2.

续表

特征	分散管理型	中央控制型	中央投资型
法律文化传统的特征	欧洲大陆法传统,强调保险的互助性	盎格鲁—撒克逊不成文法传统,强调财政责任	北欧的混合型法律文化传统,强调国家责任和劳资合作
融资方式与特征	现收现付制,资金完全来自缴费	现收现付,资金完全来自缴费	现收现付/NDC/完全积累制(丹麦),资金完全来自缴费
社保供款的征缴方式	"分征"模式即社保供款和税收的征管相分离,社保部门负责征收社保费,且征缴机构可以是私人机构	"代征"模式即由税务部门代替社保部门征缴	"代征"模式(瑞典)和"自征"模式(丹麦)。"自征"指有营运主体自己直接征缴
待遇给付特征	DB 型	DB 型	DB/DC/混合型
现金流管理方式及其主要投资领域	余额分散,少量投资,银行储蓄为主	余额较多,国债投资,市场化投资	余额很多,完全市场化,多样化投资
投资管理决策机构的法律定位	自治式、社会伙伴式	中央政府管理,中央政府/议会	中央政府管理,中央政府/议会/社会伙伴
工会参与和控制程度	很强	基本没有	较弱
投资管理主体(机构)的法律地位	私人法律地位的机构(NGO,NPO),但承担公共职能,具有完全的民事能力	政府部门	中央政府成立的独立法人机构,具有完全的民事能力
投资管理决策权	各个基金理事会独立决策	政府部门亲自投资管理	政府委托外包投资/政府建立专门投资管理机构/合作建立公司
投资主体的治理结构	传统的三方伙伴制	政府部门首长决策	现代企业公司治理结构
监管方式与监管主体	行政部门/社会监管	多个行政部门专业化分权监管	社会监管/行政部门监管
投资收益率	较低	较低	较高
行政管理成本	较高	较低	较低
社会透明程度	较低	很高	很高
投资回报率	较低	一般	较高

资料来源:笔者制作。

对欧盟来说,对第一支柱整合的困难要远远大于对第二支柱整合的困难。

据笔者了解,欧盟对自愿性的第二支柱已经发布了很多指导准则,作出了很多努力。例如,加大 DC 型雇主计划的比例,制定相应的技术标准。对第一支柱来说,恐怕面临的挑战更为严峻,因为这涉及每个民族国家的基本福利待遇水平和文化传统,涉及基础养老金的公共支出规模,涉及对传统的俾斯麦式缴费型职业关联性的养老金制度的法律组织的路径依赖、福利依赖、文化依赖等。

但无论如何,欧盟社保基金法律组织形式的三个类型都是特定社会经济发展的结果,是每个民族国家特定历史的结果。独特的历史文化传统导致相应的社保基金管理模式。比如,法国的分散管理型对其 DB 型待遇给付公式来说是适合的,法国和丹麦的社会伙伴发挥的作用都很大,但是,如果法国采取丹麦式的社会伙伴管理模式,就需要提高其统筹层次和扬弃自治式机构的法律地位。当然,这个转型的困难要大于"中央控制型"向"中央投资型"转型的困难,甚至远远大于"中央投资型"向"中央控制型"转型的困难。

总之,我们可以这样归纳:在"分散管理型"里,社保基金管理机构在相当程度上被看作是工人阶级参与"合作主义"的一个政治阵地;在"中央控制型"里,可能更多地被视为中央财政和国家的一个责任问题;而在"中央投资型"里,则似乎被视为社会团结的一个象征和金融市场的一个重要机构投资者。

(二)中国能从欧盟学到什么:"分散管理型"在中国是否适应

1."分散管理型"不适合中国。很显然,"分散管理型"不适合中国,其原因如下。

第一,中国从没有类似法国和欧洲大陆的全国范围的工人运动历史。在1949 年建立新中国之前,中国是半殖民地半封建国家,小农经济占主导地位,产业工人数量十分有限,工人运动只发生在几个有一定工商业基础的大城市,且历史很短,范围很小。新中国是建立在"农村包围城市"基础之上,这与欧洲社会运动总是首先发生在城市截然不同。就是说,中国工人运动的传统远没有像欧洲那样历史悠久,范围波及全国。换言之,中国产业工人从没有"合作主义"的历史传统。

第二,中国目前的城市化率只有 46%,一半多人口是农村居民,他们没有雇主。根据十七大提出的到 2020 年基本建立覆盖城乡社保体系的战略目标,农村建立社保制度的时日近在咫尺,甚至已进入倒计时。很显然,在农村建立所谓的"三方伙伴式合作主义"社保基金法律组织形式是不现实的,也是不可能的。

第三,计划经济时代留给我们的"遗产"更多的是城镇职工个体对"单位"的依赖,"单位制度"盘根错节,"单位文化"根深蒂固,并已成为一种社会制度、社会统治、社会结构。职工离不开单位,个人离不开组织,这是中国与欧洲的一个重要差异。

第四,"分散管理型"的社保基金营运主体是私人法律地位的社会组织。但在中国,NGO 和 NPO 都不发达,法律体系不健全,公信力有限,社会网络薄弱,在相当时期内不可能建立起参保人信任感和安全感;这也是中国甚至东亚文化和社会条件与欧洲的最大不同之处。

2. 中国不适合"分散管理型"。中国社保制度不可能也不应该采取分散管理型的社保基金管理模式,其原因如下。

第一,中国目前存在的问题是统筹层次太低,地方政府是社保制度运行的主体,社保基金管理存在着严重的碎片化趋势,县市级统筹层次导致统筹单位多达 2000 多个,如果再加上五六个保险项目的基金相互分割,社保基金统筹单位在全国多达上万个。在社保基金管理"风险点"多达上万个、在财政分灶吃饭的"地方割据"现状下,如果工会再参与进来,就将形成"交差割据",社保基金的监管效率和营运效率都将大打折扣,其后果比法国单纯的"工会割据"更要复杂,这显然不符合加快社保制度发展和提高统筹层次的制度目标。

第二,中国社保制度覆盖面很小,制度刚刚建立十几年,在不远的将来,随着覆盖面的迅速扩大,社保基金规模将会迅速增大。在最近的五六年里,每年滚存结余已经高达 1000 多亿元。据预测,到 2020 年前后,如果实现十七大提出的基本建立城乡社保体系的目标,仅养老保险的积累就将近 10 万亿元。"分散管理型"显然不适合快速发展的社保体系建设,甚至会起到制约的作用。

第三,中国社保制度目前统筹层次太低。采取分散管理模式不利于统筹层次的提高。在目前统筹结合的制度框架下,只要存在"统筹部分",制约其提高层次水平的一个重要障碍就在于地区发展水平不平衡,贫富差异较大,道德风险难以防范。在这种情况下,如果在目前县市级统筹单位里再加入工会的因素,无疑会使提高统筹层次的困难更加复杂化,因为中国工会的组织结构也是以行政地区为基础的,这会强化地方局部利益,不利于提高统筹层次。

第四,从社会监督的角度看,只要统筹层次很低的现实不改变,基金违规挪用的成千上万个"风险点"就会依然存在,引入工会因素将于事无补,社会伙伴参与社保基金监督管理的作用将十分有限。在东亚"发展型"国家中,尤其在中国,公民社会没有形成,社会伙伴监督没有历史传统,远没有行业监管和行政监管更为有效。

第五,分散管理型不能形成主权养老基金。中国资本市场远未成熟,分散管理型的投资渠道狭窄,收益低下,易受到通胀的侵蚀。分散管理型不能形成规模经济,如果进入资本市场,反而会雪上加霜,在通胀风险上又增加了一个市场风险。提高统筹层次可以形成一只主权养老基金,集中投资可提高回报率。法国已于 2000 年建立了一只主权养老基金"国家储备基金"(Fonds de Réserve pour les Retraites),但法国分散管理的社保基金却难以成为一只主权养老基金,而丹麦的 ATP 却是一个可向境内外投资的主权养老基金。

(三)欧盟给了中国什么启发:集中管理比分散管理好

1. 两个思考:中国与欧盟比较。第一,中国和法国在分散管理上的相似之处发人深省。法国、德国和欧洲大陆一些实行分散管理模式的国家,与中国社保制度和社保基金管理上存在相同之处,那就是分散管理。只不过,法国实行的是行业性的分散管理,是行业的"条条割据"。中国分散管理的特点是地方性分割管理,属于地域性的"块块割据"。中国的努力方向显然是要打破分散式管理的格局,其中包括基金运用的集中管理,而不是相反。

第二,中国社保基金管理主体的法律组织形式的最优与次优。欧盟经验中的"中央控制型"和"中央投资型"两种集中管理方式都比分散管理模式更有利于中国社保制度发展。至于哪个更可行,这要视未来社会统筹和个人账户二者之间关系和比例而进行改革,要看在扩大覆盖面进程中采取的具体改革措施而定,就是说要等制度基本定型、基本定性和基本定局之后才能视制度结构而定。

2. 选择取向:中国统账结合的账户资产投资管理模式。在目前统账结合制下,瑞典名义账户制度下的实账积累部分的投资模式显然不适合中国,这种智利模式的分散决策账户基金投资模式在中国目前还没有条件实施,账户持有人不应成为个人账户资产的决策者。对于这一点,目前已取得社会共识。同时,目前拟议中的由省级社保经办机构充当受托人进行投资管理的思路也存在很多问题。这种典型的"政治控制"和地方行政垄断的做法危害如下：首先不能实现市场充分竞争，不可能像完全企业年金的市场化法人投资那样在全国范围实现充分的竞争，使回报率呈现出趋同和平均化倾向。恰恰相反，在地方各自掌控下的账户基金法人治理结构难以真正建立起来，政治控制的资金很可能是以牺牲价格为代价，导致地方局部利益固定化。其次是有可能产生"级差地租"，因为东、中、西部地区在经济发展水平、专业人才水平等许多方面存在的差距较大，必将导致收益率存在较大差距，进而扭曲市场价格，甚至形成一个"二级市场"，冲击金融市场的正常秩序，潜伏着严重的金融风险。再次是会造成地区间新的不公平，发达地区的收益率会较高，欠发达地区的收益率会较低，对基本社会保险的参保人来说不公正。最后，对上述这些由于行政管理而导致的潜在财务问题和损失，最终很有可能由行政办法予以干预解决，其结果必将导致市场化投资流于形式，甚至流产。账户基金投资管理实际只有两个选择，或是像企业年金那样完全按照市场化的原则进行法人投资，或是像丹麦 ATP 那样由中央政府进行集中投资。丹麦的 ATP 虽然是混合型，但其积累的特性与中国账户制没有太大的差别。否则，中国账户资金的"地方瓜分"与法国的"工会瓜分"在本质上就没有多大的区别了。

3. 政策建议：中国社保基金管理中社会伙伴合作机制应体现在高级决策层面。工会参与管理也好，社会伙伴制度也罢，它们所体现的是社保基金管理的民主化和透明化，中国社保基金管理应结合具体实际，将之体现在政策制定层面，而不应体现在营运主体的治理结构层面。其一，应将丹麦和瑞典的做法结合起来，在全国社保决策层面建立联席会议机制并引入工会因素，对全国总工会等相关单位给予固定席位，范围可以宽一些，给予主要参保群体、主要相关专业机构充分发言权。这对社保制度和投资管理正在形成的关键时刻是非常有意义的。其二，应当建立一个学术咨询机构，吸收不同专业人士参加，采取席位制。其三，应该建立年报制度，建立统计制度，这是透明化的重要步骤和措施。其四，应建立一个投资管理理事会制度，采取席位制，在起步阶段可赋予咨询的职能，待时机成熟时可转变为决策咨询机构。

4. 简单结论：东亚儒家社保基金法律组织形式的特征及其对欧盟专家的回应。对社保模式的划分有很多种，例如有欧洲模式和美国模式。那么，是否存在东亚儒家模式的法律组织形式？笔者认为是存在的并且特点日渐显现，在日本、韩国、新加坡、马来西亚和中国台湾地区、中国香港特区都初见端倪,其最大的特点就是:类似法国和欧洲大陆的自治管理、互助因素、社会伙伴合作主义等传统因素在所有这些东亚经济体社保基金管理中都不明显,甚至基本没有。在东亚新兴经济体里,不仅经济增长是"政府发展型"或称"政府主导型"的,而且在东亚儒家社保基金法律组织形式里政府占主导地位,政府发挥不可替代的重要推动作用,这与社保基金管理中自我收支平衡的制度目标要求是不相矛盾的,或说是两回事。从某个角度讲,自治管理、互助制度、社会伙伴关系这些传统是一种路径依赖。既然中国曾经没有走过这条路,那就要根据中国的现实予以权衡,大可不必为了引入而引入,那就是走弯路了。

目前中国正在制定《社会保险法》,正处关键时刻。欧盟专家对欧盟互助式和社会伙伴式社保基金法律组织形式的推荐与建议①,基本是不适合中国国情的。社会保障法制化是大趋势,但却存在一个取向问题和道路问题。这个问题十分重大,采取了错误的法律组织形式,就将制约中国社保制度的发展,甚至未来有可能导致社会不稳定。分散管理型是一种落后的法律组织形式,不适合中国社会保障现代化建设的国情要求。当然,如同欧盟专家2008年年初曾为中国农民工目前异地转续困难开出的药方那样,他们毫无疑问是出于良好的愿望,但却不无遗憾地说,这些基本都不符合中国实际情况②。简而言之,如果将欧洲社保基金法律组织形式简单地分成以法国为代表的大陆模式和以英国(当然还包括美国)为代表的盎格鲁—撒克逊模式,中国的改革取向应该是盎格鲁—撒克逊模式。法国为代表的大陆模式对中国来说是行不通的。

---

① 关于欧盟专家对社保基金法律组织的观点倾向与推荐评价,见《中欧社会保障第三次高层圆桌会议:社会保障法制建设》欧方论文,2008年9月23—25日,万达索菲特大酒店,北京。

② 关于欧盟专家对中国农民工异地转续困难给出的药方,见《企业职工养老保险关系转移国际研讨会》欧方论文,2008年2月25—26日,劳动和保障部能力建设中心,北京。针对中国目前农民工异地打工转续社保关系困难问题,欧方专家强烈推荐欧盟29个统筹单位(大部分为民主国家)之间采取的"集合与分配"(Aggregation and Apportionment)办法,就是我们常说的"分段计算,退休地追溯"的办法。笔者鲜明地表示,欧盟办法在中国是不可行的,详细内容见郑秉文下述两篇文章:《农民工社保的抉择——碎片化还是大一统》,《中国劳动保障报》2008年4月17日第3版;《解决农民工社保不能"打补丁"》,《中国劳动保障报》2008年5月1日第3版。

参考文献:

郑秉文:《农民工社保的抉择——碎片化还是大一统》,《中国劳动保障报》2008 年 4 月 17 日第 3 版。

郑秉文:《解决农民工社保不能"打补丁"》,《中国劳动保障报》2008 年 5 月 1 日第 3 版。

郑秉文、何树方:《加拿大社保制度改革与建立"主权养老基金"十年回顾与评价》,《当代亚太》2008 年第 1 期。

《企业职工养老保险关系转移国际研讨会》欧方论文,2008 年 2 月 25 日-26 日,劳动和保障部能力建设中心,北京。

《中欧社会保障第三次高层圆桌会议:社会保障法制建设》欧方论文,2008 年 9 月 23 日—25 日,万达索菲特大酒店,北京。

ATP, *The ATP Group Annual Report* 2007.

ATP, " New Model Guarantees a Higher ATP Pension for all Danes ", Pensions and society, Issue no.54, March 2008.

Code de la Sécurité Sociale - Code de la Mutualité, Edition 2000, Dalloz, France, Septembre 1999.

Dimitri Vittas, " A Short Note on the ATP Fund of Denmark ", WPS 4505, The World Bank, Financial Systems Department, Financial Policy Division, February 2008.

Jean-Jacques Dupeyroux, *Droit de la Sécurité Sociale*, Dalloz, 13 diton par Rolande Ruellan.

Ole Beier Soerensen, " Social Partner Involvement in Danish Pension Schemes ", Report Submitted to the ETUI, Brussels, Belgium, 15 Feb.2006.

René Mouriaux, *La CGT*, Inédit Politique, 1982.

Swedish Social Insurance Board, *Orange Report*: *An Annual Report of the Swedish Pension System* 2007.

(本文原载于《中国政法大学学报》2009 年第 1 期,第 30—45 页)

医疗保险如何积极应对金融危机

——兼论医保制度对增长方式转变的作用

内容提要:在此次国际金融危机期间,中国政府在短短几个月里就出台了一系列救市举措,它们对稳定经济增长和启动内需发挥了作用。但长期看,这些扩张性的反周期措施对纠正消费占 GDP 比重过低问题毕竟是临时性的办法,增长方式的根本转变还需扩大内需,刺激居民消费意愿,建立消费信心,调整结构。所以,完善社会保障制度是根本性措施之一。作为基本医疗保险制度来讲,应集中精力解决四个问题:扩大覆盖面,提高农村医疗保险的水平,尽快建立普及第二支柱即补充医疗保险制度,鼓励建立第三支柱即商业医疗保险。公共卫生体制应着重解决三个问题:加大医疗救助的投入,加大农村乡镇一级医疗设施的投入,尽快调整城镇社区医疗卫生资源配置不平衡的状况。

一、金融危机与中国模式转变的急迫性

改革开放 30 年,中国取得了举世瞩目的伟大成就,但同时经济增长方式依赖外需的倾向却日益明显,尤其近 10 年来,外贸依存度高达 70% 以上,接近 80%,其中,出口依存度 40% 左右,进口依存度 30% 以上。相比之下,内需不振则日益明显:最终消费始终低于 50%(居民最终消费 33%,政府消费 14%,合计 47%),而绝大多数发达国家平均为 62%,美国则高达 71%;中国的总储蓄率高达 GDP 的 54%,另一方面投资率则高达 45%①。就是说,中国的增长主要是靠外贸和投资拉动的。

---

① 邹加怡:《扩大内需是战略的调整》,《国际经济评论》2009 年第 1—2 期,第 7 页。

肇始于美国华尔街的次贷危机在演变成一场席卷全球的金融危机和经济危机之后,对各国实体经济形成了巨大冲击,对中国外向型企业造成了较大困难。此次金融危机充分暴露了中国增长方式的隐患和矛盾。实际上,早在2007 年年底和 2008 年年初,就已有相当的企业开始停产和关闭,只不过,2008 年 9 月美国次贷危机的全面爆发加剧了中国经济走向下行道的速度,尤其是长三角和珠三角外向型经济比较集中的地区更为明显。其实,从世界范围来看,20 世纪八九十年代的拉美、1987 年的日本、1997 年的东南亚等出口导向型经济都曾出问题。

中国个别学者早在十多年前已看到这一点,中国政府在 2007 年也高瞻远瞩地提出了这个问题,提出推动增长方式转变的问题。特别是,胡锦涛在2008 年 12 月 18 日纪念改革开放 30 周年大会讲话上明确提出要"转变发展方式、破解发展难题"。这说明,在改革开放 30 年之际,中国增长方式或中国模式到了从"出口导向型"向"内需驱动型"转变的时候了,否则,作为一个发展中大国,它将意味着经济增长的主动权受制于人,其发展战略是不可取的,应迫切将"被动型增长"转变为"主动型增长"。

面对严峻的经济形势,中央政府于 2008 年 11 月 5 日确定了投资 4 万亿刺激经济的方案,提出了促进经济增长的十项措施:加快建设安居工程,加快农村基础设施建设,加快铁路、公路重大基础设施建设,加快医疗卫生、文化教育事业发展,加快生态环境建设,加快自主创新和结构调整,加快地震灾区灾后重建各项工作,提高城乡居民收入,实施增值税转型改革,加大金融投放力度。

此后,在短短的几个月内,国务院及其有关部门密集地制定发布了一系列有针对性的配套措施,提出了保增长的经济目标和保就业的社会目标:2008年 11 月 28 日,中共中央政治局召开会议,提出保持经济平稳较快发展的八大举措;12 月 4 日,国务院发布"国金九条",确保金融促进经济发展,追加千亿政策性贷款;12 月 8 日到 10 日,中央召开经济工作会议,提出了 2009 年经济工作的五大任务;12 月 13 日,国务院又发布"金融三十条",全面刺激金融行业,促进实体经济;12 月 21 日人力资源和社会保障部等三部委宣布,为减轻企业负担,稳定就业局势,允许困难企业在一定期限内缓缴社会保险费,同时阶段性降低四项社会保险费率,即"五缓四减三补两协商";2009 年 1 月 23

日，人力资源和社会保障部等三部门发布稳定劳动关系的"六条意见"，要求在保企业、保就业、保稳定中充分发挥三方协商机制的独特作用。

中国政府在短短一两个月里出台的一系列救市举措受到了国际舆论的赞许，普遍认为对2009年经济增长和拉动内需将起到刺激作用。但对于纠正消费占GDP比重过低问题来说，长期看扩张性财政政策毕竟是一种短期的反周期措施，增长方式的根本转变还需坚决调整结构。结构调整的根本途径在于扩大内需，刺激居民消费意愿，建立消费信心，提高消费比重。对此，完善社会保障制度建设是大有作为的。可以肯定，在社会保障制度与提振内需和刺激消费之间，它们具有很大的相关性。

消费在GDP中比重过低的原因比较复杂。比如，与资本要素收益率相比，劳动力要素收益率过低，劳动的边际收益率小于资本的边际收益率。从理论上来说，这是市场供求关系的结果；但同时应看到，劳动力的均衡价格水平较低，与劳动力供求双方的信息不对称有关，与劳动力供求双方的权利不尽平等有关，也与技术、土地和资本等要素比劳动更为稀缺等因素都有关系。所有这些都是一次分配格局的结果；社会保障作为二次分配的一个政策工具，虽不可能从根本上改变一次分配的基本格局，不能"包打天下"，只能做一些校正和调整，但是，其意义却更为深远，效果更为持久，因为它不仅是一个临时性的反周期行动，而且也是为转变生产方式奠定的一项制度保障。

在中央政府一系列救市措施鱼贯而出之时，恰逢《社会保险法（草案）》公开向全社会征求意见；《社会救助法（草案）》早在2008年夏天曾向全社会公开征求意见。事关国民福祉百年大计的这两部"基本大法"的修订正值金融危机肆虐，这是调整社保政策和加强制度建设的一次机遇：这两部重要立法应该为增长方式的调整和转变作出应有的贡献。

就2009年或2010年近期来说，医疗保障制度为应对金融危机和拉动内需能够做些什么？这两部重要立法应作出什么样的调整？众所周知，医疗卫生体制改革远比住房、养老、失业等其他保障体制改革更为复杂。没有一个国家的国民或政府认为自己的医疗卫生体制是十全十美的，没有一种医疗卫生体制是"最优"的，世界上所有国家的医疗卫生体制都在不断的改革当中，从没有间断过。为简化起见，这里将医疗卫生体制分为医疗保险制度和公共卫生制度，所谓的"医改"是指这两个制度改革的统称。

二、医疗保险应解决制约提振内需的四个问题

（一）第一支柱"基本医疗保险制度"覆盖率应尽快扩大，为拉动内需作出应有贡献

众所周知，医疗保险制度覆盖面狭小是当前扭曲消费预期的重要根源之一。从近4年扩大覆盖面的速率来看，还是令人满意的：2005年全国参加城镇基本医疗保险人数是13783万人，比上年末增加1379万人；2006年是15732万人，比上年末增加1949万人；2007年是22311万人，比上年末增加6579万人；2008年是31698万人，比上年增加9387万人[1]。但问题在于，参加职工基本医疗保险的人口比重是80%，而参加城镇居民基本医疗保险的人口比重仅为20%左右。这说明，除职工尤其是正规部门的职工以外，还有相当部分城镇居民没有任何医疗保险。他们是扩大覆盖面的关键和难点，包括城镇个体工商户、非正规部门的灵活就业人员、无业人员、职工家属、老年人、未成年子女和在校学生等，这些群体难以加入进来。此外，由于受到户口的限制，各种类型的外来人员和流动人员也难以参保，覆盖"死角"较大，难以消除。重要的是，农民工的覆盖面更小，如按全国总数2.3亿人来计算[2]，2007年参加医疗保险的农民工仅为3131万人[3]，只是一个零头。

医疗保险覆盖面狭小的主要原因在于制度设计存在缺陷，几乎不存在参保意愿低下的问题，也基本不存在缴费能力的问题。与养老保险相比，这是重要区别。目前征求意见的《社会保险法》只简单地规定了中国基本医疗保险由三个部分构成，即职工基本医疗保险、城镇居民基本医疗保险和新型农村合作医疗，但对城镇居民医疗保险没有作出详细规定，可操作性不强，例如没有明确解决提高统筹层次、医保关系异地转续等问题的技术框架。

在国外，普通居民医保的覆盖面基本是通过两种方式纳入医保制度覆盖

---

① 劳动和社会保障部：2005—2007年《劳动和社会保障事业发展统计公报》，载劳动和社会保障部网站主页。

② 尹成基：《人力资源和社会保障部新闻发布会：2008年四季度末全国城镇登记失业率为4.2%》，见新华网，http://news.xinhuanet.com/politics/2009—01/20/content_10688454.htm。

③ 劳动和社会保障部：《2007年劳动和社会保障事业发展统计公报》，2008年5月21日，见劳动和社会保障部网站主页。

范围的:一是通过职工医保制度将家属全部覆盖进来,另一种方式是正规部门职工以外的各种群体以个人身份即以居民资格参加医保制度。但不管哪一种,国外的统筹层次高,"大数法则"维持着医保制度的财务支付能力。目前中国医疗保险的统筹层次很低,风险集合能力很小,保险基金长期可持续能力较为有限,这也为非正规部门的其他群体参保带来相当的困难,因为明显的二元结构和严格的户籍制度为扩大覆盖面带来了明显的障碍,这也是《社会保险法》将医疗保险制度一分为三的原因所在。但无论如何,医保制度覆盖率狭小不利于消除居民消费的后顾之忧,在"四座大山"(医疗、养老、教育、住房)中首当其冲,成为居民储蓄的主要动因之一。

(二)农村医疗保险的水平应适度提高,政策应继续倾斜

截至 2008 年 9 月 30 日,全国新型农村合作医疗已基本实现全覆盖,参加新农合人口约 8.14 亿,参合率为 91.5%。其中,东部地区参合人口约 2.38亿,参合率为 95.7%;中西部地区参合人口约 5.77 亿,参合率为 89.9%。虽然覆盖率和参合率都很高,但水平却很低。例如,2008 年 1—9 月的三个季度里,全国新型农村合作医疗基金支出总额近 430 亿元,累计约 3.7 亿人次受益,平均每人才 116 元,这其中还包括住院、门诊、住院分娩、体检等其他项目。融资渠道和投资政策都受到较大限制。2008 年 1—9 月,全国新农合筹资 710余亿元,其中,中央财政补助资金 246 亿余元,地方财政补助资金 340 余亿元,农民个人缴费 118 亿余元,利息收入及其他渠道合计总共仅为 4.85 亿元①,投资回报率十分低下。

总体来看,新农合的保障水平还处于初级阶段,农村医疗保险水平还处于初级水平,管理能力和管理水平还需提高,服务质量和医疗水平还要提升,财政政策还应给予倾斜,特殊困难时期应采取特殊措施。据 2009 年 2 月 2 日国务院新闻办举办的新闻发布会公布的数据,由于金融危机的冲击,春节前返乡的农民工中有 2000 万人是由于失去工作或没有找到工作返乡的,占农民工总数的 15.3%。这 2000 万农民工无疑是这次金融危机中受害最严重的群体,其家庭收入势必要减少。如果这部分农民工家庭成员有患病者,必将带来灾难

---

① 《今年前三季度全国累计约 3.7 亿人次受益新农合》,见新华网,http://news.xinhuanet.com/newscenter/2008—12/10/content_10484429.htm。

性经济负担。鉴于这次金融危机的特殊性,可参考 2008 年 12 月 1 日三部委发布的《采取积极措施减轻企业负担稳定就业局势有关问题的通知》里"五缓四减三补两协商"中关于就业资金对困难企业职工培训给予补贴的做法,新农合可临时对确有医疗困难的这部分农民工给予贴息借贷的紧急措施,支持其渡过难关。

据悉,目前正在全社会公开征求意见的《社会保险法》,本来养老和医疗等几个主要险种的费率标准和融资责任等都要明确固定下来,但由于种种原因难以落笔。考虑到实际情况,可对最低限作出某些原则性的规定,这样既照顾到了缴费能力较差的群体,同时又考虑到了具有一定经济能力的群体的现实需求。

(三)第二支柱企业补充医疗保险制度始终处于真空状态,应尽快建立

自 2004 年劳动和社会保障部颁布了确立企业年金制度的两个部令(20 号和 23 号令)以来,企业年金的发展驶入正常轨道,尽管历尽坎坷,步履维艰,但基本养老保险的第二支柱毕竟初具规模,逐渐开始深入人心。然而,医疗保险的第二支柱补充医疗保险相比之下却差距很大,离"多层次"医疗保险的制度目标甚远,在第一支柱基本医疗保险覆盖面狭小的现状下,严重影响了居民健康医疗的可获性与可及性,进而制约了国内市场需求的扩大和消费能力的提高。

众所周知,除几个少数国家以外,绝大部分经济体的基本医疗保险制度对特种病和大病也是无能为力的,它们的一个重要替代办法就是建立企业补充医疗保险。在中国城乡,"大病致贫"和"大病返贫"的现象比较严重,一个家庭只要出现一个大病患者就有可能拖垮全家,尤其在农村。在许多国家,第二支柱是强制性的,即使在实行自愿性补充保险的国家,也是非常发达的,作用很大,不可替代。我们知道,美国只有针对老年人的缴费型"医疗照顾"制度(Meidicare)和针对贫困群体的非缴费型"医疗救助"制度(Medicaid)。广大的经济活动人口只能靠企业雇主设立的补充保险计划即第二支柱,就是说始终没有建立起一个由国家设立和担保的全民医疗制度,14%—20%的美国人没有任何医疗保障,但是,美国的储蓄率却是世界上最低的(几乎是零,平均每个家庭银行储蓄不到 1000 美元),消费率则是最高的之一(71%),甚至远远高于享有全民医疗的欧洲任何国家。或至少说,欧洲几乎所有国家都建立了全民医疗制度,但他们的消费率却未必比美国高。这是一个非常奇怪的现象!

　　其实,答案很简单,只要我们比较一下欧美国家社会支出的比例就知道了。2007 年 OECD 国家的养老金、医疗健康、收入支持和"其他"这四项支出总额平均占 GDP 的 20.6%,美国是 16.2%,略低于 OECD 成员国平均值。但是,美国的医疗健康支出这一单项却丝毫不低于欧洲国家:美国是 6.7%,而建立全民医疗的英国也是 6.7%(四项合计是 20.1%),加拿大是 6.8%(合计17.3%),法国是 7.6%(28.7%),德国是 8.0%(27.3%),就连享有"世界福利之窗"之称的瑞典也仅为 7.1%(合计 31.3%),丹麦 5.6%(27.6%),挪威6.5%(25.1%)①。美国虽然没有强制性的全民医疗制度,但其医疗健康支出却一点也不少,与英国"国民健康服务计划"的支出水平(NHS)完全相同。英美之间的一个区别在于,在英国,这个支出是"公共支出",即由国家从税收中支出,而在美国则表现为"私人支出",就是从私人口袋里消费的。英美之间的另一个区别在于,领薪者的"名义工资"不尽一致,因为在英国这个部分是通过税收交给了国家,由国家给居民看病,而美国的名义工资高一些,但需由个人负责看病,没有交给国家,所以,从工资的角度看,他们的"实际工资"是差不多的(如果将美国人医疗健康支出也视为一种"特殊税收",可称之为"税后工资")。这就是说,医疗健康服务的福利问题只要存在支出就可以,就能够满足居民抵御健康风险的需求了,不管体现为私人支出,还是公共支出,羊毛出在羊身上。于是,美国人就同样不存在医疗健康的后顾之忧了。

　　然而,据笔者所知,英美之间医疗健康服务方面的效率(指等候时间)、质量(指医疗设备的先进程度)、态度(指医疗服务上门主动提醒年度体检等一系列医疗保健服务)这三个方面天壤之别:英国的水平远远低于美国。那么,美国是通过什么渠道实现这私人支出的 6.7% 呢? 那就是企业补充医疗保险。美国第二支柱即企业补充医疗保险几乎覆盖了正规部门的所有经济活动人口,非常发达,花样翻新,品种新鲜,各种医疗保险机构林立。尤其是近几十年来,"管理型医疗"(Managed Care)的兴起,"混合型医疗机构"(例如 MHO等)的发展,使医疗这个"市场"更加发达,正规部门的几乎所有企业、大学、事业团体,都设立了类似的雇主计划,都同时购买(建立)了两种计划(公司产

---

　　① OECD, *The Social Expenditure Database*: *An Interpretive Guide—SSCX1980—2003*, OECD, June 2007, p.20. Chart 4.3.

品)以上。也许人们担心美国私人医疗保险的"交易费用"比较高,价格昂贵一些。如同劳动力价格那样,成交的价格就是市场均衡价格,这就是市场的作用,政府的任务只是加强监管。

英美之间的支出水平完全相同,均为 6.7%,但两国之间的储蓄率和消费率却存在一定差异,即美国人的消费更放得开,美国人的储蓄更无所谓。解释这个有趣现象的答案之一似乎可以在上述两国之间制度效率、医疗质量、服务态度三方面的差异性来寻找。

当然,美国有美国的问题,例如,美国的医疗诉讼案件数量世界第一。如前所述,没有一个国家认为自己的医疗制度是最好的,许多美国人非常羡慕瑞典人"医食无忧"的健康保险制度。但是,美国的案例应认真研究,它至少对中国建立第二支柱具有某种启发:第二支柱至少可以很好地弥补第一支柱的不足,其重要性丝毫不亚于第一支柱,它同样可免除居民消费的后顾之忧。

其实,建立补充医疗保险的紧迫性不仅体现在企业,同样也体现在机关公务员单位和事业单位。实行公费医疗的机关和事业单位对一些大病和特种病的承受能力十分有限,拆东墙补西墙,入不敷出。公费医疗负担沉重,已成为一个比较普遍的现象;公费医疗政策严格,对个人来说,自费部分的负担也是非常巨大的,"因病致贫"时有发生。建立职业补充医疗保险既可相应降低公费医疗的财政负担,也可减少个人的经济负担,还可提高治疗水平,并可"创造"GDP,有利内需,一举多得,何乐不为? 此次金融危机告诉人们,我们到了提高对补充医疗保险的认识和达成社会共识的时候了,到了推动建立职业补充医疗保险的时候了。由于部门博弈等种种原因,长期以来中国养老补充保险的税优政策难以确定下来,补充医疗保险的立法更是严重滞后,远远落后于养老补充保险,几乎等于零。建议《社会保险法》单设一章"企业补充保险",将第二支柱养老和医疗的税优政策和制度框架明确下来,以促进中国补充医疗和养老保险的建设尽快进入快车道。

(四)第三支柱商业医疗保险产品落后于商业养老保险,应给予政策支持

与商业养老保险相比,商业医疗保险的品种较少。这可能是许多原因造成的,比如,养老产品是长线产品,其回报率似乎比较稳定与可靠,旱涝保收,但医疗健康产品的道德风险发生概率、识别难度、识别成本都远远高于养老产品,而利润率则很可能要低于养老产品,所以,商业保险公司提供健康医疗产

品的激励就自然要小于养老产品。正是可能由于这些原因，监管部门对养老产品的积极性也远远高于医疗健康产品，多次出现"养老补充保险税优"的变通，"侵蚀"和"模糊"由两个部令确定的信托型企业年金制度。

为应对此次金融危机，2008 年 12 月国务院发布了"金融 30 条"，规定对商业保险建立的养老保险计划给予延迟纳税的税收优惠。笔者却以为，商业寿险品种不应给予延迟纳税优惠，这也是一个国际惯例，而商业医疗健康保险却显得更为迫切、更能满足社会的需求，因为在很多青年人那里，养老保险毕竟是几十年以后的事情，健康保险的重要性和普遍性远不是养老保险可同日而语的。大力发展商业健康保险将是一举多得的"社会基础建设"（金融环境在许多国家被视为一种"社会基础建设"）：对许多病种日益低龄化和人口老龄化（寿命预期延长意味着患病几率增加）的趋势来说，可以满足社会发展的巨大潜在需求；对作为企业的保险公司而言，广袤的农村和城镇是保险业的一个新的非常现实的增长点；对医疗覆盖面如此狭小的国情来说，这是一个不可替代的有益补充；对广大农民甚至对大量城镇灵活就业群体来说，商业健康保险产品的地位在较长时期内就相当于第二支柱即补充保险，市场非常之大；对经济增长来说，这是刺激消费和拉动内需的一个重要金融举措。

鉴于上述利弊权衡，建议对商业健康医疗保险尽快给予适当的延税优惠政策，既将之作为一项反周期的金融政策尽快出台，又将之一并纳入医疗保险第三支柱框架之内来对待，同时建议取消商业性质的养老保险延税优惠政策。

三、公共卫生应加大财政投入

与医疗保险制度不同，公共卫生制度的融资渠道完全来自财政转移支付，属于社会支出。应对金融危机的一个理想措施就是加大对公共卫生的财政投入，提高社会支出比例。其投向应主要包括两个方面：一是家计调查型的医疗救助，二是公共卫生设施即"社会基础设施"（Social Infrastructure）。

总的来说，发达国家政府总支出占 GDP 比例均在 35% 以上，欧洲甚至高达 45% 以上，而中国则在 20% 左右[1]，甚至低于许多发展中国家。维持一定规

---

[1] 邹加怡:《扩大内需是战略的调整》,《国际经济评论》2009 年第 1—2 期,第 8 页。

模的公共支出对稳定内需是非常必要的,是市场经济的一个规律。适当提高公共支出占 GDP 比例,尤其是提高对公共卫生制度财政投入比例,既是提振内需的需要,也是社会发展的要求。此次经济危机正当其时。

（一）应适当加大医疗救助的投入

一般来说,医疗救助均为家计调查式的,首先要"瞄准"某个弱势群体。截至 2008 年 9 月底,城市居民低保覆盖人数为 2273 万人,近 1100 万户家庭;农村低保覆盖人数 3858 万人,近 1800 万户。如以城市和农村这 6000 万低保人群为医疗救助的基数,全年医疗救助人均 200 元标准即可解决大部分医疗费用(城乡标准当然应区别开来),也不过只有 120 亿元;即使加上全国民政事业费支出 1300 亿,合计也就是 1500 亿,占 2007 年 GDP 的 0.6%,受益人口占总人口的 4.6%[①]。这个数据远远低于 OECD 国家 1995 年的数据:OECD 平均社会救助支出占 GDP 的 2.0%,受益人口占各国总人口的 7.4%[②]。况且这 1500 亿并不完全用于社会救助。

家计调查型社会救助或医疗救助支出的多少是判断福利模式的一个重要指标:补救型福利制度模式的社会救助支出要大于普救型模式。所谓补救型,也可称之为选择型模式。普救型不适合中国,且中国长期将处于社会主义初级阶段。重要的是,这不是一个财政能力的问题,而是福利模式的选择问题。在一定程度上讲,社会救助的支出规模与经济发展水平的关系不是很大,比如,在 OECD 国家中,日本社会救助的支出水平最低,仅占 GDP 的 0.3%,而日本人均国民收入却高达 3.6 万美元(2000 年数据与 2000 年价格),与日本人均收入水平不相上下的美国、英国、加拿大、澳大利亚等讲英语国家的社会救助支出分别为 1.3%、2.6%、2.5%、6.8%,新西兰竟高达 13%[③]。从这个意义上讲,这次经济危机也是催化中国福利模式的一个机会。

近期看,农民工是这次金融危机中受到冲击和影响最大的群体之一。由

---

① 根据民政部的《2008 年第 3 季度民政事业统计季报》计算得出,见民政部网站。

② Takafumi Uzuhashi, "Japanese Model of Welfare State: How it Was Changed throughout 'the Lost Decade' of the 1990's?", in *The Japanese Journal of Social Security Policy*, Vol. 2, No. 2 (December 2003). p.3, table 2.

③ Takafumi Uzuhashi, "Japanese Model of Welfare State: How it Was Changed throughout 'the Lost Decade' of the 1990's?", in *The Japanese Journal of Social Security Policy*, Vol. 2, No. 2 (December 2003). p.3, table 2.

于失去工作或没有找到工作返乡的 2000 万农民工,如其家庭成员患病无钱医治,可采取一些临时措施,拨出专款实行临时医疗救助。拟议之中的《社会救助法》设立了"自然灾害救助"专章,规定较为详尽,但在第五章"临时救助"里规定的救助范围比较小,内容比较简单,且救助的标准和内容由省级政府确定。鉴于此次金融危机的启示,可以增设一条关于中央政府临时实施紧急救助的内容,在全国性经济紧急状态下进行临时紧急救助。

(二)应逐渐加大农村乡镇一级医疗设施的投入

加大农村乡镇医疗资源的投入力度目前是一个绝好机会。总体来说,与发达国家相比,中国人均医疗资源相差悬殊,尤其农村人均医疗卫生资源更显得稀缺,条件更差,并呈现出略有下降的趋势。比如,十几年来乡镇卫生院的数量和床位的数量总体呈下降的趋势,历史欠账比较多:1980 年每千人农业人口乡镇卫生院床位数量为 5.54 个,2005 年则下降到 4.09 个;乡镇卫生院每万人的数量从 0.95 个下降到 0.78 个①。中央政府确定的四万亿刺激经济方案中将农村医疗设施作为重点之一是非常及时的,但关键在于如何落实。

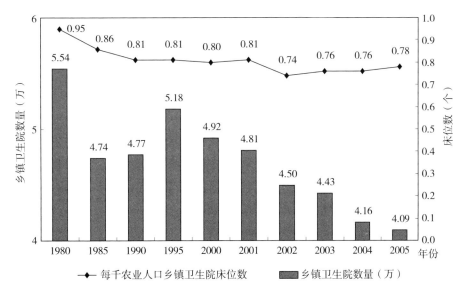

图1　1980—2005 年中国乡镇卫生院的数量与规模

资料来源:《中国卫生统计年鉴 2006》,中国协和医科大学出版社 2006 年版,第 3、68 页。

① 《中国卫生统计年鉴 2006》,中国协和医科大学出版社 2006 年版,第 3、68 页。

（三）应尽快调整城镇社区医疗卫生资源配置不平衡的状况

一方面,发达国家的经验表明,城镇医疗服务体系和网络应由提供门诊服务为主的社区诊所和提供住院治疗为主的专科医院组成;另一方面,只有加大城镇社区医院的供给与投入,才能提高社区医院的服务质量和医疗水平,才能化解城镇医患供求关系不断增长的矛盾,才能缓解城镇居民"看病难"和"看病贵"的问题,而"看病难"和"看病贵"是导致居民高储蓄和低消费的重要原因之一。

从全国看,城镇社区卫生机构的数量增长较快,每百万城镇人口拥有的卫生机构的数量2003年平均是18个,到2006年提高到37个,翻了一番,但是目前的矛盾是各省份之间发展极不平衡。例如,2006年青海每百万人拥有165个,排列第一,倒数第一的是重庆,只有7个[①]。社区卫生服务中心数量增长也很快,每千人城镇人口拥有的卫生技术人员2003年全国平均是4个,2006年也翻了一番,达到9个。但在社区卫生技术人员配置上地区之间极不平衡,例如,2006年排名第一的是上海,每千人拥有129个,第二名天津则落差非常大,每千人仅为45个,北京排第九,每千人拥有10个,而黑龙江和山东等几个省份倒数第一,只有1个[②]。

经验性分析告诉人们,凡是"看病难"和"看病贵"的城镇,大多是社区卫生资源人均水平较低的城市。借此次金融危机加大社区卫生资源投入,平衡城镇间巨大差距,不仅是刺激城镇居民消费的一个反周期措施,也是提高医疗卫生可及性的一次机会,同时,也可缓解由此导致的全国范围劳动力流向的扭曲和流动人口空间分布的扭曲。

参考文献:

《今年前三季度全国累计约3.7亿人次受益新农合》,见新华网,http://news.xinhuanet.com/newscenter/2008-12/10/content_10484429.htm。

民政部:《2008年第3季度民政事业统计季报》,见民政部网站。

[①]　《中国卫生统计年鉴2004》,中国协和医科大学出版社2004年版,第4、306页;《中国卫生统计年鉴2007》,中国协和医科大学出版社2007年版,第4、336页。

[②]　《中国卫生统计年鉴2004》,中国协和医科大学出版社2004年版,第41、336页;《中国卫生统计年鉴2007》,中国协和医科大学出版社2007年版,第42、336页。

尹成基:《人力资源和社会保障部新闻发布会:2008 年四季度末全国城镇登记失业率为 4.2%》,见新华网,http://news. xinhuanet. com/politics/2009 - 01/20/content_10688454.htm。

劳动和社会保障部:2005—2007 年《劳动和社会保障事业发展统计公报》,见劳动和社会保障部网站。

《中国卫生统计年鉴2004》,中国协和医科大学出版社2004 年版。

《中国卫生统计年鉴2006》,中国协和医科大学出版社2006 年版。

《中国卫生统计年鉴2007》,中国协和医科大学出版社2007 年版。

邹加怡:《扩大内需是战略的调整》,《国际经济评论》2009 年第 1—2 期。

OECD, *The Social Expenditure Database: An Interpretive Guide - SSCX1980-2003*, OECD, June 2007.

Takafumi Uzuhashi,"Japanese Model of Welfare State: How it Was Changed throughout 'the Lost Decade' of the 1990's?", in *The Japanese Journal of Social Security Policy*, Vol.2, No.2 (December 2003).

(本文原载于《中国医疗保险》2009 年第 2 期,第 10—15 页)

中国社保基金违规的制度分析与改革思路

内容提要：文章通过透视社保基金的不同违规情况，对中国社保制度存在的制度缺陷进行分析。文章认为，社保制度设计得不科学与存在的问题是导致社保基金违规的根本原因，主要表现为社保统筹层次太低，投资制度不合理，立法缺位等。目前中国社保基金面临的主要是管理风险和制度风险。风险控制的关键在于改革基本社保制度的大框架：一是要大幅调整和改造统账结合的制度结构，使之能够提高统筹层次；二是要尽快改革基金投资制度，以提高账户资金投资收益率；三是应该尽快立法，以规范社保制度运行管理成本及其机构运行的行为。

中国社保资金违规日益成为全社会关注的一个焦点。然而，纵观发达经济体上百年的历史，即使在其社保制度"不成熟"的初期，或在其人均 GDP 也是只有几千美元的历史阶段，也鲜有如此震动全社会的社保资金违规的记录。

2006 年 11 月审计署对省级社保资金审计的结果显示，有 71.35 亿元社保资金违规；目前国家审计署已开始对县市级五项社保基金进行全面审计（2006 年是对 29 个省本级和直辖市、5 个计划单列市的养老、医疗和失业这三项基金审计）①。按预定计划，到 2007 年年底之前即可完成。按照规律推测，这次审计结果肯定不比 2006 年的审计乐观，因为这次审计的对象比 2006 年的统筹层级还要低，审计的险种多，范围大。鉴于目前中国社保统筹主要以县市级统筹为主，这在相当程度上是决定这次审计结果不容乐观的一个基本根据，它带有相当的必然性。

---

① 5 个计划单列市为青岛、厦门、宁波、深圳和大连。

2006 年上海社保案只是国家审计署对社保资金进行审计的导火索之一。本文试图通过对审计报告暴露的违规资金进行分门别类地分析,探寻其深层的制度根源,找出社保资金违规案的某种必然性,进而给出规避违规风险的制度改革思路。

一、中国社保资金违规操作的主要类型

"社保基金"这个概念从广义上讲即从"大社保"概念上看,可分为三个部分:一是指强制性的基本社会保险制度的五险资金,即养老、医疗、失业、工伤和生育保险资金。这是中国社保制度中的第一支柱,其投资限制非常严格,只能进行协议存款或购买国债。二是指第二支柱,即企业补充养老与补充医疗保险的资金。这是自愿型的保险计划,其投资限制较少,2004 年劳动社会保障部两个《试行办法》发布之前基本没有什么限制,此后作了市场化信托制的规定。三是全国社保基金理事会管辖的 3000 亿元。它直属国务院,另有一整套资金融资渠道规则和市场投资规定,是战略储备资金,目前既没有支付的使命,又与社保制度运行没有任何关系,一般说的社保资金不将其包括在内。从狭义上讲,社保基金这个概念甚至也经常不包括企业年金,因为企业年金实行的也是完全市场化信托投资制度,基本属于私人部门的事情,并且规模较小,到 2006 年年底为 910 亿元。

从上面三部分资金的投资政策特点来看,"全国社保基金"和 2004 年以后第二支柱企业年金市场化投资的部分,面临的主要是市场风险和运行风险,而第一支柱"五险"资金面临的则主要是制度风险和管理风险。这是目前第一支柱社保五险资金与前者相比在风险管理中存在的主要区别。随着社保资金规模的不断扩大,在监督资源既定和其他条件不变的情况下,由于资金规模的扩大,原本潜在的矛盾和问题逐渐显性化并尖锐起来,于是,违规现象便逐渐由或然趋向于必然。

审计结果显示①,违规金额总计 71.35 亿元,可分为五大类:一是"没有实行专户管理"的违规资金 27.13 亿(其中含 3.76 亿元属于原行业基本养老保

① 下面数据均引自国家审计署:《企业职工基本养老保险基金、城镇职工基本医疗保险基金和失业保险基金审计结果》[2006 年第 6 号公告(总第 18 号)],2006 年 11 月 24 日。

险统筹基金结余未移交财政专户),占 38.02%。二是"违规投资",19.49 亿(对外投资 11.48 亿元、委托金融机构贷款未收回 1.89 亿元、经商办企业 0.68 亿元、委托金融机构贷款和对外投资等 5.44 亿元),占 27.32%。三是用于弥补支付缺口的 16.69 亿元,占 23.39%。四是用于构建办公用房和弥补行政经费(含违规担保和其他房产与职工宿舍)的 4.64 亿元,占 6.5%。上述四类占了违规总额的 95.23%。五是由于管理混乱和账目不全等原因造成的损失,这些涉嫌刑事犯罪的不到 5%(见表 1)。

表 1　从审计结果看社保资金违规的五种表现形式

序号	违规原因	违规资金量(亿元)	占比(%)
第一类	没有实行专户管理	27.13(其中包括 3.76 亿属于原行业基本养老保险统筹基金结余,未移交财政专户)	38.02
第二类	违规投资	19.49(包括委托金融机构贷款未收回 1.89 亿,经商办企业 0.68 亿元等)	27.32
第三类	弥补支付缺口	16.89	23.39
第四类	构建办公用房和弥补行政经费	4.64(包括违规担保和构建房产)	6.5
第五类	管理混乱和账目不全	约 3.40	约不到 5
	上述五类总计	71.35	100

资料来源:作者根据国家审计署《企业职工基本养老保险基金、城镇职工基本医疗保险基金和失业保险基金审计结果》[2006 年第 6 号公告(总第 18 号),(2006 年 11 月 24 日)]统计并编制。

　　上述审计结果具有相当的代表性和典型性,它至少给出两点重要结论。第一,从违规资金比例中看出,地方政府既是风险管理的主体,又是风险的主要源头,这是一个不争的事实:前四类违规均属地方政府行为,它竟占违规资金总量的 95% 左右,而涉及管理不规范,主要由管理水平和工作态度等非制度性因素导致的违规数量则大约只有 5%。第二,审计报告将 1999 年作为一个界限,在此之前发生的违规问题金额 23.47 亿元,占 33%,在此之后是 47.88 亿元,占 67%。这个界限划定的意义在于:1999 年以前的违规资金如果主要被看作是历史的遗留问题,2000 年之后出现的违规则主要是制度缺陷造成的,因为在 1999 年之前,社保基金财务会计制度尚不健全,一些地方政府出于保险基金保值增值的需要,委托理财和投资现象比较严重,挤占挪用基金的违规很多,导致基金至今不能收回。

这两点结论性总结是非常重要的,它是对当前社保资金安全性风险的深层制度源头的一个概括和映射:当前中国社保资金的主要风险来自于制度设计的不合理,存在许多难以克服的障碍和弊病,由此导致了众多地方政府的道德风险,进而导致社保资金安全性威胁与丑闻几乎成为一个"制度伴随物"。中国社保制度设计本身存在一些"内生性制度缺陷",如果将之与国外社保制度比较就会发现,这些内生性缺陷是导致违规的主要制度根源,带有一定的必然性。

二、中国社保资金违规的若干制度原因

在上述五类违规表现中,前四类属于制度设计不合理而导致的违规现象,第五类属于管理水平或由于制度漏洞而导致的利益输送和腐败性质的违规。

(一)社保统筹层次太低

中国社保"五险"均以地方统筹为主,养老和医疗等主要险种以县级统筹为主(养老和医保的个人账户资金除外)。早在1991年国务院颁发的33号文《关于企业职工养老保险制度改革的决定》中就已提出,"要积极创造条件,由目前的市县级统筹逐步过渡到省级统筹",然而,16年过去了,统筹水平纹丝未动,仍停留在县市级水平上。虽然我们早就认识到了提高统筹水平的重要性,并在此后几乎所有国务院和部委级别文件中都每每提出要将县市级水平提高到省级,但是,16年之后,统筹水平还是没有什么起色。

县级统筹意味着实际控制社保统筹基金的真正决策者和操作者是多达两千多个县市地方政府,意味着两千多个统筹单位可以将社保资金画地为牢,各自为战。情况更为严峻的是,每个统筹单位里在资金流上是五险资金自我封闭和独立运行,在行政管理上归属不同的"中心"或"处"管理,就是说在以"块块"为基础的县级统筹里又出现了好几个险种为基础的"条条",如果再加上农村的合作医疗和养老资金的独立行政管理,每个"块块"里(统筹单位)又存在着多个险种的"条条"潜在"风险点",于是从全国来看,社保资金潜在的"风险点"多达上万个。审计结果表明,仅"没有实行专户管理"的违规资金总额就达38.02%。这是统筹层次低导致的最典型的违规现象,是条块交错的分散化和碎片化管理的直接结果。

　　地方政府作为违规主体意味着,绝大部分违纪违规的决定都是由当地政府作出,或是挪用于扶持困难企业,或是发放各种生活补助,或是直接用于生产投资等。它们作为基金监管的地方行政部门,既是社保制度运行的执行主体,又是资金风险的主要源头。于是,在横向上2000多个统筹单位存在着上万个风险点,在纵向上全国社保资金的监管层次多达四个:在县市级统筹中(这里的"市"主要是指县级市),真正实现地级市统筹的是少数,比如江苏省徐州市直属5区形成市本级,其所辖的6县(市)成为6个统筹单位,于是便存在7个统筹单位①。这样,中国目前社保资金的纵向管理层级实际形成了中央、省、市地、县市这样一个4层级结构,在中央监管部门对2000多个统筹单位的监管跨度里,中间隔着省和市地两级政府。

　　这种纵向"4层级隔级监管"和横向"碎片化管理体制"现状造成的后果主要有两个:一是纵向上信息传递严重损失,监管力度和效果递减,中央对地方政府和劳动保障部门只具有业务指导权而无管辖权,对地方上以政府名义违规动用社保基金的行为无从知晓,无从下手,无能为力。例如,"没有实行专户管理"之所以占违规资金总额的1/3强,大多就是由于地方政府多家银行多头开户造成的。二是横向上形成的上万个"碎片"必将导致地方政府干预权力的绝对化、隐蔽化和政治化,在GDP至高无上的环境下,地方政府对其使用管理的目标就会与中央政府的总目标发生冲突,产生背离,它们便会采取各种办法予以变通,千方百计突破限制,以确保地方政府的经济目标和政治目的。

　　统筹层次低意味着社保资金在使用调剂上呈地方割据状态,如果再加上社保资金征缴体制的二元结构和"条块交织",其形势更为复杂②。这既是统筹层次低的一个表现,也是制度设计上的又一个"内生性缺陷"。中国社保费

---

　　①　赵忠德:《中国基本养老保险制度财务可持续性若干问题及其出路——以徐州市为例》,MPA研究生毕业论文,中国社会科学院研究生院,2007年。

　　②　所谓征缴体制的二元结构和"条块交织"是指,1999年国务院颁布实施的《社会保险费征缴暂行条例》规定,征缴机关由省、自治区、直辖市政府自行决定,既可由税务机关征收,也可由劳动社保经办机构征收,随后各地政府据此先后制定了一系列办法和实施细则。从覆盖范围和征缴数量来看,目前由地税机关和劳动社保经办部门负责征收社保费的情况均各占一半左右。其具体流程可以概括为:参保企业到社保经办机构登记,每月如实申报保费数额,社保经办机构进行审核,税务机关(或社保经办机构)征缴入库。

征缴主体一分为二的现状在一定程度上导致资金的归集、上解、管理、支付等诸多环节上出现问题,甚至相互扯皮,责任不清,衔接不畅。审计结果指出的16.20亿社保费"代征机构未按规定时间将其转入专户"基本就属于这种情况。上海社保案以后,进入资金专户已引起各级政府的高度重视,专户管理已成为一个政治要求,但实际控制权还是在县市级地方政府手里,风险根源在制度设计上依然存在。

从世界范围看,无论是县级统筹水平的"块块管理",还是社保费征缴的"二元体制",这在全世界一百多个国家社保制度中几乎是绝无仅有的特例:全国统筹和专户管理与征缴一元化体制是任何国家和任何社保模式(只有少数几个国家与一般税收混合管理)运行的一个"通则";在全国统筹下,社保资金由中央政府统收统支,资金集中在中央政府的一个专户里;一个专户与一支笔管理收支是全国统筹的基本特点。在中国,即使在已完成试点的东北三省①,也没有实现真正意义上的省级统筹,省里只具有一定的调剂权,统筹基金实际还是由市县级政府掌握。当然,在违规动用的投资中,也有许多情况是为了提高社保基金保值增值的能力,为了提高资金的使用效率和收益率,在主观上,其动机是良好的。

社保制度统筹层次低还是影响社会和谐与社会稳定的最大障碍(比如劳动人口异地转移接续关系非常困难,退休人口异地享受养老医疗待遇成为不可能,地区间行业间的待遇差距十分明显,甚至已成为近几年来"两会代表"激烈抨击的一个重点),也是难以完成十六届六中全会提出的到2020年基本建立覆盖城乡社保体系的最大障碍(农民工等弱势群体参保意愿不强并且退保严重,制度覆盖面难以扩大到农村,对全社会的减困贡献率较低)②。

(二)投资制度不合理

1996年4月12日国务院办公厅颁发的《关于一些地区挤占挪用社会保险基金等问题的通报》(国办发明电[1996]6号)明文规定,"社会保险基金结

---

①　根据国务院统一部署,辽宁省2000—2004年进行了试点改革(第一批),吉林省和黑龙江省随后于2005—2006年进行了试点改革(第二批)。改革的主要内容之一是做实个人账户。在这些试点省份,账户资金基本实现了真正意义上的省级统一管理。

②　关于社保制度对减困的作用,参见郑秉文的下述文章:《中国须防止增长性贫困》,《中国证券报》2007年4月13日第A04版;《健全社保:中国应避免"增长性贫困"》,《上海证券报》2007年4月9日第B5版。

余主要用于购买国家债券,购买国家债券后仍有结余的应按规定存入银行账户,不得用于其他任何形式的投资"。在此之前,《国务院关于深化企业职工养老保险制度改革的通知》(国发[1995]6号)和财政部、劳动部《关于加强企业职工社会保险基金投资管理的暂行规定》([1994]财社字第59号)也都曾作出类似的规定。但十几年过去了,覆盖面、资金规模、市场环境和银行流动性等内、外部条件均已发生重大变化,这样的投资规定和回报率早已不适应社保制度的要求。协议存款和购买国债的投资限制存在两个重大问题:一是收益率太低(仅有2%—3%左右),严重地抑制了增值的本性,降低了参保人的替代率,影响了"门外"就业人员参保的积极性,限制了社保扩大覆盖面工作的有效性。二是这两条投资渠道收益率低,而且非常不畅通,在操作上困难重重,没有制度保障,难以实现,尤其在银行流动性过剩的情况下。

"违规投资"在审计结果中之所以位居第二,达27.32%,投资制度不合理无疑是重要原因之一。按目前的投资规定,统筹资金和账户资金不加区分地统统被限制在协议存款和购买国债这两个渠道里。这种统筹资金和账户资金采取"统账合一"的投资规定,是对以做实账户为特征的积累制社保制度的严峻挑战,是对统账结合制度合法性的严重质疑,远不适应社保制度部分积累性质的要求,为社保资金违规留下了巨大空间。为此,两千多个统筹单位为基础的地方政府便很容易形成人格化的投资冲动,"促使"一些地方政府出于保值和增值的需要,突破投资限制,采取一定变通的违规行为,以谋取较高的收益率。这甚至几近成为一个"潜规则"和公开的秘密,从2004年广州市"两会"期间人大代表质疑的8亿元社保资金"在外营运"①,到上海社保案34.5亿元②,再到广州市日前刚刚公布的10.18亿元社保基金的挪用等③,很多违规操作都或多或少可追溯到不合理的投资制度设计上。

目前中国社保资金投资制度的严重滞后说明中央政府起码没有承担起的两个责任:一是没有承担起为社保制度制定一个较为理性的"统账分离"投资

---

① 郑秉文:《构建规范的社保基金投资体系迫在眉睫——对广州8亿社保基金被挪用的反思》,《中国改革报》2004年4月12日第5版。

② 郑秉文:《中国企业年金的治理危机及其出路——以上海社保案为例》,《中国人口科学》2006年第6期,第7—20页。

③ 《广州10.18亿元社保基金被挪用》,《上海证券报》2007年4月4日第9版。

政策的责任;二是没有承担起为投资制度设计一套较为理想的投资工具的责任。这样一个既不理性也不理想的投资规定十几年不变,既难以保值又难以操作,任由地方政府自行变通与解决,是社保资金违规的一个潜在风险。

与账户部分相比,统筹部分具有很强再分配的性质,属于国家担保的指数化待遇给付的基本保障制度,是第一支柱中的第一层级(账户部分是第二层级),其投资渠道和资产配置应由国家财政出面予以保证,带有强烈的"基本保证养老金"的属性。因此,任何附加强制性账户储蓄式支柱的社保制度里,实行现收现付制的统筹部分都被授权享有一套独享、稳定、统一且具有较好收益率的保值增值政策。这是国家举办现收现付统筹部分的一个不可推卸的责任,而不应仅仅为之制定一个画饼充饥的政策便了事。

账户部分的设立是为了强化个人的责任、加强个人缴费与收益之间的联系、实现社保制度财务可持续性。在某种意义上说,设立账户的目的之一就是为了使之能够进入市场投资渠道。所有的发达国家社保制度引入账户的目的几乎概莫能外,如果采取与统筹资金一样的投资策略就在相当程度上失去了设立账户的目的和意义,尤其是当其投资收益率低得不能抵御通胀率的时候。

(三)立法滞后与制度缺损

上述第一类和第二类违规资金的制度根源分别在于统筹层次太低和投资制度不合理,而其他三类违规资金的制度根源则主要是由立法滞后、立法层级较低、制度缺损、执法不严等原因造成的。

第一,挪用社保资金弥补支付当期缺口,是存在认识误区和执法不严的结果。在目前的制度架构下,由于几乎所有险种基金的统筹层次都在县级层次,这就为地方政府在某项险种基金头寸产生危机时带来了混用透支的方便条件,造成了支出范围容易不断扩大的一个倾向,甚至相互透支和彼此挪用,以弥补一时出现的阶段性资金缺口。正如审计结果所指出的,将养老、医疗和失业这三项基本保险基金扩大到用于"补充医保基金"等项目的资金量竟占23.39%。而在全国水平的统筹条件下,制度抵抗风险能力较强,集合资金范围较大,社保资金的调剂方式主要呈纵向式,单项基金内部可实行全国范围的纵向调剂,自我平衡,而较少采取横向的透支调剂。在低水平统筹条件下,其倾向性正好相反。此外,地方官员对社保基金的认识存在偏差也是一个重要的原因,由于作为违规主体,地方政府常常将社保资金看作普通的公共资金,相互挪用与透支便被视为理所当然的公共行为。

第二,社保资金挪用于弥补办公经费的不足,是制度缺损和预算不规范的结果。审计报告中排在第四位的违规是动用社保资金用于弥补办公事业经费的不足。无论是挪用其购建办公用房,还是补充办公经费,显然都是错误的。在一个规范的市场经济和公共财政体制下,社保的行政支出费用应该纳入制度安排之中,列入财政安排之中,甚至应以立法的名义固定下来,保证行政办公经费的充足性、透明性和规范性,以期在行政成本与社保资金之间建立起一道"防火墙"。

虽然这类违规比例较低,仅占 6.5%,但它足以说明,社保制度的行政成本还没有纳入公共财政的视野,没有认识到明确行政费用列支预算的重要性,没有料到这是一个有可能导致社保基金产生违规挪用的原因。社会保障制度行政成本的充足性、透明性和规范性问题在中央主管部门、省级、市县级都应予遵守,它是社保制度安排不断走向成熟的一个标志。办公条件不好和业务经费不足是地方社保经办机构的一个长期困惑,是导致某些地方政府违规挪用的一个借口。挪用社保资金弥补之不足无疑是错误的,但对地方社保机构进行必要的投入,既是中央政府的义务,也是地方政府的责任。由于地方社保系统财政紧张或认识偏差等原因,许多地方社保经办机构存在着无偿使用参保单位提供办公用房和设备的现象,甚至个别地方政府将本应承担的费用转嫁到社会保险基金之中。

第三,管理水平不够高,诸多制度疏漏导致出现利益输送。一方面,管理混乱和账目不全造成损失的根本原因在于管理水平;另一方面,上述制度设计的种种不合理与不科学必然导致出现一些制度漏洞,产生利益输送,最后导致腐败和犯罪。管理混乱,账目不全,这既可能涉及系统职工的管理水平,是个队伍建设与提高素质的问题,也可能涉及工作态度,还可能涉及转轨时期的制度建设问题。制度不完善,程序不规范,存在诸多漏洞,必将导致决策过程中缺乏民主化和科学化,缺乏监督与制约机制,容易滋生腐败。这类违规资金的比例虽然仅占不到 5%,但其教训是深刻的。

三、提高统筹水平实施"两步走"战略

由于社保制度安排存在相当复杂的问题,五类违规现象具有相当的必然

性;如果对制度设计抱残守缺,故步自封,资金安全性问题就不可能从根本上解决,社保基金违规现象就将成为一个难以根除的社会痼疾,甚至成为一种常态,始终伴随着中国市场经济初级阶段的整个历史进程。因此,要想防止社保基金违规,就必须深化社保制度架构的改革,这是杜绝社保基金违规现象的制度保证。

（一）提高统筹水平"两步走战略",省级统筹先行一步

在社保资金使用管理上,世界上几乎所有国家都是实行全国统筹的(加拿大魁北克省是少有的例外)①,似乎只有中国是唯一的以 2000 多个市县级"块块统筹"为主的社会保障制度的国家。欧洲一些国家的行业统筹单位虽然也呈"碎片化",这种"条条碎片化"与中国"块块碎片化"(如果加上不同险种,实际是"条块碎片化")相比,从理论上讲,其道德风险的几率很相似,即有多少个条条和块块就有多少个风险点,但是,在欧洲"条条统筹"的纵向垂直监管中,国家的控制是直接的,而在中国县市级"块块碎片化"统筹加上四层次监管结构的条件下,社保资金风险点呈倍数增加,不可控性更为明显。这既是中国社保资金违规现象多于欧美国家的一个根本原因,又是目前中国社保制度与其他国家相比存在的一个重要差距。

尽管"条条"的安全性比"块块"更高一些,但我们已不可能退回到 1997 年以前 11 个行业统筹的格局②,那是历史的产物,本身就是一个"次优"选择。目前最好的选择是提高"块块"的统筹层级,进而实现全国统筹。

短期内,在其他外部条件不变和社保制度内部结构不动的条件下,实现全国统筹水平是比较困难的,除非对现行社保制度进行结构性改造,以适应二元

① 加拿大缴费型强制性的基本养老计划分为两个层级,第一个层级是非缴费型的计划,第二个层级是缴费型的覆盖全国的强制性"加拿大养老金计划"(CPP),相当于中国目前的基本社保制度。但只有讲法语的魁北克除外,魁北克单独立法,自我平衡,实行的是"魁北克养老金计划"(QPP),但实际内容却几乎没有什么差别,甚至可以说,"加拿大养老金计划"与"魁北克养老金计划"即 CPP 与 QPP 只是名称上存在差异而已。

② 在 1993 年之前,全国共有 11 个行业和 17 个部门(铁道部、交通部、邮电部、水利部、民航总局、煤炭部、有色金属工业总公司、电力部、石油天然气总公司、中国石油化工集团公司、工商银行、农业银行、中国银行、建设银行、交通银行、中保集团、中国建筑工程总公司)实行了基本养老保险行业统筹。根据《国务院关于实行企业职工基本养老保险省级统筹和行业统筹移交地方管理有关问题的通知》(国发[1998] 28 号)精神,除中国人民银行系统外,原 11 个行业统筹在 1999 年完成了向地方政府移交的手续,实现了基本养老保险属地化管理的体制转型。

化的社会经济水平。在沿海与中西部地区之间经济发展水平不平衡的二元化结构下,较低的统筹层次是规避道德风险和逆向选择的不得已之举,否则,中央财政负担将有潜在的扩大趋势(近几年来中央财政转移支付年均在 500 亿以上)。

鉴于统筹层次在相当程度上决定了社保基金安全性的现状,为减少潜在"风险点"和"风险源"的几率,使之能够在可控范围内,可以实施提高统筹层次"两步走"战略,采取积极措施,而不应被动等待,要打破常规,设立时间表:第一步是在几年内尽快实现省级统筹(比如 2—3 年)。目前中国的干部管理制度与社保基金的行政管理体制基本是同向的,中央政府隔级管理干部决定了对资金违规现象及其违规主体的控制难以完全奏效。本质上说,对资金风险的控制在行政上是对违规主体即地方政府官员的管制。如果将县级统筹提高到省级统筹,在干部管理和资金管理上都将减少两层,统筹单位风险源从2000 多个立即减少到 30 多个,干部管理也同向减少两层,资金风险几率将大大减少。这样一个省级统筹的二级控制体系的资金管理体制,在一个阶段内可保持不变(比如 10—15 年)。

(二)实现省级统筹的可行性及需要注意的问题

实现省级统筹的可行性是具备的,可以采取一定积极措施,在一定程度上克服和避免道德风险和逆向选择:第一,中国目前二元化结构的基本特点更主要地表现在东中西地区间的发展差距上,相比之下省内差距要远远小于省际或东中西地区间的差距,这一特点决定了省级统筹下道德风险和逆向选择的发生几率要远远小于全国统筹;第二,防止省级统筹道德风险的一个重要措施是,在计算待遇的社平工资水平时,一定要以地市甚至以县级为单位,而不要以省级社平工资水平为基准,以激励经济发展水平高的市地县多缴费,最大限度地规避道德风险的发生;第三,只要中央政府把责任"落实"在省级政府,省级对市县级干部的行政管理与其对市县级资金征缴情况的信息掌握基本是对称的,与目前四级架构下"隔两级"的监督体制相比,其力度和效果也不是同日而语的;第四,省级政府对市县级干部考核条例中可将社保资金征缴状况纳入其中并作为考核干部的硬性指标;第五,近年来,在财政管理体制上许多省份都在陆续实行省直接管县的财政体制,在社保费征收上许多省社保部门正在加快推进"五保合一"的进程,许多省份在养老保险缴费基数上正向省级统一的方向过渡。

尽管实现省级统筹具有一定的可行性,但对道德风险和逆向选择的估计和破坏作用仍不可掉以轻心,有关部门应予以专门研究考虑。与社保基金安全性的社会影响和危害相比,权衡利弊,实现省级统筹还是必要和紧迫的,它已不是一个单纯的社保制度单项改革的问题,而是直接涉及社会稳定和政府公信力的政治问题,是能否实现构建和谐社会的一个战略问题。鉴于此,笔者建议,采取"两步走"作为中国社保制度改革的一个阶段性战略目标,应尽快进行试点工作,在总结经验教训的基础上几年之内在全国铺开。从上述实现障碍来看,实现省级统筹主要是个政治决定问题,而较少是技术问题。

提高统筹水平"两步走"战略设想是在统账结合制度保持不变的前提下做出的。其实,还存在一个结构改革的出路,可以采取一步到位实现全国统筹的战略目标。之所以称之为"结构改革"①,是指对目前基本城镇社保制度即统账结合的"大框架"进行较大规模调整,其基本思路是缩小统筹规模与比例,直至逐渐缩小到零,取消统筹部分,雇主与雇员的缴费全部划入个人账户,同时,将缴费比例由目前的28%大幅下调,降低制度进入"门槛",扩大制度覆盖面,为 2020 年基本实现覆盖城乡的社保体系而创造条件;国家的作用可以代之以引入一个来自于一般税收的"非缴费型"的"基础养老金",即世界银行提出的所谓的"零支柱"②,以替代原来国家承担责任的统筹部分。笔者认为,只要社保制度设计能够适应经济结构二元化的国情,改造现有制度就不仅是可行的,而且是必要的。

(三)逐渐改变目前社保供款征缴双重体制是提高统筹的必然要求

"统筹水平低"意味着三层含意:一是指在资金使用管理上以地方行政区为基本核算单位的"块块统筹"。二是指在资金使用管理上以行业为基本核算单位的"条条统筹",法国等欧洲国家存在类似情况,如法国是以行业为统筹单位,全国社保制度大约由 1500 多个统筹计划组成。三是指在保费征缴体

---

① 关于这个结构改革的设想,是与社保基金投资制度、做实个人账户策略等相联系在一起的,笔者将专文另述。

② 参见世界银行:《21 世纪的老年收入保障——养老金制度改革国际比较》,罗伯特·霍尔兹曼、理查德·欣茨主编,郑秉文等译,中国劳动社会保障出版社 2006 年版。世界银行在这本书中提出的"零支柱"意指来自于一般税收的旨在反贫困的社会养老或称基本养老金,无须缴费,与个人以往的缴费记录没有任何关系。国家的责任便体现这个零支柱上。

制上由地方政府自主决定,而不是由中央政府统一决定。

在社保供款征缴体制上,世界各国无非存在这样几种模式:一是由社保部门自行负责征缴的德国体制;二是统一由税务部门代征的英美体制;三是委托自治机构代征的法国体制,它们之间相互签订服务协议;四是按不同险种分工或按协议另行约定的荷兰体制(例如由社保部门征收"费"的部分,由税务部门征收"税"的部分);五是实行完全积累制的由基金管理公司代征的智利体制;六是按照不同人群划分,某些群体由税务机构征收而某些由社保部门自己征收的方式。这六种征收体制基本可以涵盖所有不同国家的不同征缴模式①。然而,不管按什么标准划分,不管由几个征缴主体同时工作,至今为止,还没有发现任何一个其他国家实行由地方政府"自选"或"自定"征缴主体并由此在全国形成"条条"与"块块"组成"双重割据"双重交织的复杂制度现状,即采取条条而不是块块征缴体制,似乎只有中国一个例外。由地方政府选择的"条块双重割据"的"双重征缴体制"的违规风险要远远大于上述六种的任何一种征缴体制的风险,因为这六种方式均以"条条"为基本征缴单位,风险裸露在国家层面,中央政府的信息相对比较完善,风险可控性也较好。从提高统筹水平看,放弃目前中国实行的"条块双重割据"征缴体制,尽快对1999年《社会保险费征缴暂行条例》的妥协结果进行改革,取消省级选择权,将有利于提高省级统筹水平,尤其是有利于实现全国统筹。

当前征缴体制的"条块双重割据"是导致社保违规的一个重要风险源,它给本来风险就此起彼伏的县级统筹制度"雪上加霜"。改革的难点主要在于部门之间的博弈,改革的阻力主要来源于部门和局部的利益,改革的决心主要来自长期成本收益的计算和共识。

四、改革投资制度,实行统账资金分类投资管理

改革社保资金投资制度,统筹资金和账户资金分类投资管理,这是统账结合社保制度的一个基本特征,是实现统账结合社保制度财务可持续性的一个

---

① 在社会保障供款征缴模式的国际比较研究中,人们通常将之分为三种模式,即社保部门征费和税务部门征税的"分征模式"、完全由税务部门代征的"代征模式"、税务部门与社保部门按不同税种或人群划分共同征缴的"混征模式";详见郑秉文和房连泉的一项合作研究成果,即将发表。

基本要求,是提高替代率和反贫困的一个主要措施,是规避社保资金风险的一个重要保证。在目前统账结合制度下,将账户资金独立出来,实行中央集中统一的市场化投资,既有必要性、紧迫性,又有可行性。

(一)统账资金分类投资管理的必要性:从替代率和收益率的角度看

拓宽投资渠道以提高收益率,不仅是规避第二类违规和确保资金安全的一个根本措施,而且还可以解决以下困境:首先,积累制的投资收益率(出生率可以忽略不计)如果跟不上社平工资增长率,这个积累制就不如现收现付制有效率,这个积累制就应该放弃。于是,改善投资制度以提高收益率便自然提到议事日程。其次,统账合一的投资政策导致账户资金不能为提高收益率作出任何贡献,致使替代率不断下降走低,企事业单位之间的替代率差距越来越大,这已成为社会和近几年来"两会代表"严厉批评的一个焦点。例如,吉林省 2000 年退休金对当地社平工资率的替代率是 81.05%,2005 年则下降到 55.48%;黑龙江从 2000 年的 74.89%下降到 2004 年的 52.56%[①];江苏省徐州市替代率从2000 年的 66.6%下降到 2005 年的 50.7%。可见,替代率的下降速度较快,长期下去,如不采取有效措施,退休人口将可能成为城镇一个新的贫困群体,见表 2。

表 2　2000—2005 年江苏省徐州市企业养老保险基金替代率下降趋势

年份	2000	2001	2002	2003	2004	2005
人均养老金水平(元)	6252	6648	7224	8100	8640	9552
在职职工社平工资(元)	9387	10826	12837	13551	15809	18849
替代率(%)	66.6	61.4	56.3	59.8	54.1	50.7

资料来源:赵忠德:《中国基本养老保险制度财务可持续性若干问题及其出路——以徐州市为例》,
　　　MPA 研究生毕业论文,中国社会科学院研究生院,2007 年 6 月,表 2—5。

对社保基金来说,充斥报刊的所谓"保值"是一个非常模糊的概念,可有若干标准来参考。例如,其一是仅从平均长达 30 年的积累期中能够简单地保障其数字上的"账面标准",保证使其不受任何侵害;但这个最低的起码标准是难以说明问题的。例如,如果以过去物价指数年均 2.34%来测算,6 万元资金表面上是保值的,还是 6 万元,但在 30 年后实际能够代表的财富数量将只

---

　　① Zheng Bingwen, "Assessment for Social Security Pilot in Jilin and Hei Longjiang of China", in *China & World Economy*, Vol.14, No.5(2006), pp.65 – 77, table 2.

有 3 万元,减少了 50%。其二是旨在能够抵消长期通胀的"购买力标准",即 30 年后能够维持社保储备的同样购买力水平,这就要求其收益率至少要维持在 5%以上。其三是指能够保证 30 年后退休人员切身感受和实际生活水平没有下降的"生活标准",这就要求回报率与长期经济增长率相比不能相差太大,例如,起码要求其收益率不能低于 8%以下。社保基金的这三个安全标准无论哪一个,目前的协议存款和购买国债的投资策略都无法满足。例如,辽宁省从 2000 年试点开始,公布的运营收益率是 2001 年 1.88%,2002 年 1.57%,2003 年 2.19%,2004 年 2.67%,2005 年 2.71%,2006 年为 3.12%,年均约 2.39%。显然,这个收益率刚够"账面标准",低于"购买力标准",意味着几十年后财富数量将减少许多。即使这个收益率(并不比同期银行存款利率高出多少),也是地方政府想尽办法,竭尽全力才实现的,尤其在银行风险意识增强、流动性过剩和国债难以购买的情况下,在几乎没有中央部门任何政策支持下,是地方社保机构努力的结果①。

如前所述,从世界各国社保制度引入个人账户的实践来看,其初衷不外乎有两个:一是强调个人的责任,与个人待遇建立起精算关系;二是使其可以进入市场化运营,以获取较高的收益率。但是,就目前中国个人账户基金的投资政策来评价,统账合一的投资效果显然只实现了第一个目的,这就在相当程度上失去了建立账户的意义。

(二) 统账资金分类投资策略的急迫性:从内部和外部的条件来看

从制度内部看,与几年前相比,不仅统筹资金的存量已具相当规模,截至 2007 年 6 月,全国账户资金总量已近千亿元,并且账户做实的速度出人意料,例如吉、黑两省从 2005 年开始试点做实,从 5%起步,每年"自费"(即在没有中央财政补贴的支持下)提高 1 个百分点,目前均已达到 8%。天津等 8 省市今年开始从 3%起步,相信几年内也会达到 8%。做实账户的试点省份已达全国总数的 1/3,安全性风险越来越大,收益率压力也越来越大,尤其对私有性的账户资金来说,投资的压力是空前的,甚至威胁到了建立个人账户的合法性问题。

账户资金的投资冲动是天然的,十多年来一以贯之的"双渠道"政策已不能满足现实的需要,尤其当地方政府面对某些非常现实的问题时,投资和挪用

---

① 上述数据参见方晓林主编的历年《辽宁统计年鉴》,中国统计出版社,下同。

的冲动就很容易变成现实行动。例如,假定辽宁为失业保险临时性缺口向国家开发银行借贷计划平均期限为 8 年,假定利率为 5.2%,假定以省级政府的信用为每年十几亿的借贷作担保,那么,其结果就必然驱使其算一笔经济账:显然"挪用"账户基金提前还贷要更为划算[①]。再假定辽宁面对这样一个局面:一边是只能达到"账面标准"的 285 亿元的"烫手山芋",一边是当年统筹基金的支付缺口,在没有外来财政补助的情况下,与其以较高的成本(如高于上述 6 年平均收益率)筹资弥补缺口,就肯定不如"暂借"账户资金予以应急,这是一个非常自然的思考逻辑的结果。这两个假设只是极端的个别案例而已,只是一个合理不合规的假设,旨在说明和分析地方政府作为一个理性人的集体选择的必然性问题(而不是或然性)。资金使用的效率孰高孰低,这是地方政府决策者几乎每天都要面对的一个很现实的问题,是地方政府决策者当家方知柴米贵在政策比较时的一个路径选择问题。于是,地方政府就常常成了资金违规的主体。

从社保制度外部看,在"两会"上,温家宝在其政府工作报告中两次明确指出"银行资金流动性过剩问题突出",这在历年政府工作报告中还是首次。事实上这也是对社保资金投资体制改革提出的一个新课题,这是解决社保基金的投资效率问题和配合缓解银行系统流动性过剩风险问题的一个契机。温家宝在其最近的长文《关于社会主义初级阶段的历史任务和中国对外政策的几个问题》中指出[②],要"依靠扩大内需来促进发展"。账户资金投资制度如不改革,既不能解决账户基金的保值增值问题,又加重了银行系统流动性过剩的压力,间接地起到了为内需不足火上加油的作用,成为经济发展需要解决的最突出的挑战,甚至威胁到经济的可持续发展。这是统账分类投资、将账户资金分流出来,尽快实行市场化投资的外部压力。

在中央政府没有把社保基金投资政策统一起来的前提下,在中央政府相

---

① 关于国家开发银行向辽宁省失业保险贷款的消息,参见田冶等:《发挥优势　助推振兴——开发银行辽宁分行支持老工业基地振兴工作纪实》,《金融时报》2005 年 1 月 3 日;消息报道:《辽宁社保获 7.4 亿贷款支持》,《时代商报》2005 年 1 月 11 日;辽宁电视台网站消息:《我省通过融资缓解失业保险基金缺口问题》,2004 年 12 月 17 日,见辽宁电视台网站,http://www.lntv.com.cn/lntv/lntv_1/lnxw/2004_12_17_6676.shtml。

② 温家宝:《关于社会主义初级阶段的历史任务和中国对外政策的几个问题》,新华社,2007 年 2 月 26 日。

应责任承担不足的情况下,如何解决地方政府日复一日、年复一年的诸多悖论? 由此看来,社保制度外部环境和内部矛盾的双重压力显示,统筹基金尤其是账户基金的投资政策到了非改不可的时候了。

(三)账户资金实行集中投资管理的可行性:从账户资金的性质和现状来看

所谓统账资金分开投资,是指统筹资金按照其统筹资金的规律进行管理和投资,账户资金按照其账户资金的规律进行管理和投资,它们各就各位,各行其道。改变目前统账合一的投资现状,目前时机已基本成熟,条件已基本具备。

日常报章上常见的所谓提高统筹层次只是指社会统筹部分,而不是指账户部分。严格意义上讲,账户资金不存在"统筹"问题,而只是个管理层次问题,因为记实和记清的账户资金具有私有产权的性质,在上解途中和营运管理上,不管上解到哪个层次或在哪个层次上管理,都不存在道德风险,不可能形成逆向选择。这是统筹资金所不具备的一个本性,也是其与统筹基金的根本区别之一。这是得以实行账户资金集中营运的一个基本条件。

账户基金的投资决策方案,从全世界的实践来看,无非分为两大类:一类是个人决策主导的智利模式(包括中国香港的强积金),即在诸多类型基金中由账户持有人个人作出资产配置的决策,个人进行选择,个人可以"用脚投票";另一类是中央集中决策型的新加坡模式,即中央公积金模式,利率定期统一公布,全国一致。根据目前中国的国情,采取个人分散决策的模式是不现实的,只能选择后者。这就需要将账户资金集中到某个层次统一营运,由某一个层级的政府集中运营,集中决策。

目前账户资金的投资管理现状主要存在四种情况:一是第一、二批三个试点省份和个别直辖市已基本实现了省级集中管理的目标(账户资金通过人民银行国库向省上解,由省级社会保险经办机构统一管理和运营,实行省级核算和分级支付的管理体制);二是在 11 个试点省份(2006 年第三批试点已在八个省份开始)中,天津等地于 2006 年底将做实账户资金中的中央财政补助部分交由全国社保基金理事会集中投资管理,并与其正式签署了委托投资协议书;三是其余省份绝大部分账户处于"空转"状态;四是少数省份的账户虽有一定余额,但大多管理层次较低。

四种账户资金的管理现状显示,其与统筹资金大同小异,也是一种极度"分散化"的管理方式,其投资体制已呈现"碎片化"毫无章法的境地,它与社保资金投资渠道不畅的事实共同说明了两个问题:一是中央政府没有承担起制定统一投资政策的责任;二是部门之间存在着沟通、协调与横向博弈的交叉矛盾,其严重程度甚至已经影响到投资制度的统一规划。可见,理顺统账资金关系、统账资金分类投资的改革已迫在眉睫,否则,缓解社保资金违规的制度压力也好,提高账户资金的投资效率也罢,都将难以真正实现。

(四)账户资金实行集中投资模式选择的争议:从四个模式优劣比较看

既然在统账结合制度中,账户资金实行集中化市场投资本来就是题中应有之义,主要是时机选择问题,那么,根据前述分析,现在时机已基本成熟,关键在于账户资金投资制度模式的选择。可供选择方案大体有四个。

从纵向的账户基金集中层级看,存在两个方案,但争议较大。一种观点主张由省级社保经办机构负责实施,另一种观点主张由中央政府负责实施。笔者认为,省级经办机构投资模式存在很多问题。一是资本市场风险大,对绝大部分省份来说,投资专业人才短缺,在信托传统和受托精神缺位的法律文化大环境下,省级政府主导信托投资,容易出现问题。二是对中央政府来说,采取省级投资模式难以制定全国统一的补偿机制,而账户资金的私有性决定了这样一个事实:这是私人/省级政府之间的委托代理关系。从本质上讲,一旦出现问题,其最终结果还是由中央政府出面做最后担保人,与其如此,不如事先采取中央政府投资模式更为直接,否则,地方政府负责投资,中央政府负责买单,将很可能成为新一轮社保违规的风险源。因为,省际发展水平差距较大,收益率难免出现较大差别,相互攀比难以完全避免,道德风险难以防范。三是如果中央政府采取完全放开不管的态度,采取完全市场化的方式并由市场决定各省的收益率水平,不仅存在金融风险,而且在投资失误的情况下,很可能影响社会稳定,产生连带影响。四是如果发生较为严重的违规和腐败现象并导致重大损失,不仅影响省级政府的威信,作为国家强制性社保制度,最终必将影响中央政府的公信力,引起社会动荡。五是在向实现省级统筹的努力过程中,省级政府的精力应主要放在统筹基金的管理营运与支付上。

鉴于此,笔者主张采取中央政府投资管理的账户基金营运模式。在笔者的调研中,发现地方政府力挺省级投资模式。说到底,这是认识和利益问题。

由于经济实力的原因,沿海发达省份与中西部欠发达省份之间的态度很可能完全相左,这是可以理解的,但切不可采取欠发达地区由中央政府负责投资和发达地区由省级政府负责的两种政策。这既涉及账户持有人不同地区之间的公平问题,也涉及社保制度的"碎片化"的问题。

从横向的账户基金营运机构设置来看,也存在两个方案可供选择。一个是"全国社保基金理事会"继续代理投资;另一个是专门建立一个投资管理机构,将投资管理与待遇支付合二为一。笔者认为,前者统管全国账户基金表面上看似乎顺理成章,水到渠成,但事实上存在一些问题需要解决:第一,目前理事会承接的只是做实账户的中央财政补助部分,如何理顺账户缴费与理事会的关系,这其中存在个法理关系问题。第二,理事会是完全市场化运作的,2006 年的保底承诺是公司行为还是代表国家担保,补偿机制具有不确定性;固定一个 3.5% 的收益率缺乏透明性①,也没有体现国家的责任,高出 3.5% 以上部分建立风险基金以丰补歉,缺乏治理结构的制度保证,并且,没有将国家责任和补偿机制从理事会的整体利益中剥离出来,中央财政责任难以切入并体现出来。第三,3.5% 的利率明显还低于"购买力标准",从长期看仅是权宜之计,因为它还略低于 20 年长期国债利率,对于超过 20 年期限的养老金基金来说,无论从国家财政还是从账户持有人的利益来说,存在资金使用效率问题。第四,在这样一个介于市场与政府之间的制度安排下,既没有让各省强制性全部加入的法律依据,变成一种"自愿选择",又缺乏收益率上的吸引力,有使国家基本保险的基本准则变形走样之嫌。

鉴于上述比较分析,笔者认为应由劳动社会保障部门单独建立一个机构,专门负责全国账户基金的营运。

(五)建立账户基金专门营运机构的基本思路:从深化社保制度改革的角度看

目前在劳动社会保障主管部门体系之内建立一个专门的账户资金投资机构,之所以说是上策,是因为账户基金的投资管理是中国社保制度改革的一个不可分离的组成部分,必须将之纳入社保制度运行框架之内统筹考虑,这关乎

---

① 参见孙轲:《全国社保基金要做称职"管家"》,《中国证券报》2006 年 12 月 21 日第 07 版。

社保制度改革的长期走向和账户持有人的长远利益;反之,如将之从劳动社会保障制度中剥离出去,形成"两张皮",就无法对社保制度的整体设计进行长期跟踪和统筹设计,不利于实现到 2020 年建立一个覆盖城乡的社保体系的目标;为此,账户基金投资管理体制的设计原则应考虑到将制度收入与待遇支出、统筹部分与账户部分、收益率调整与社保制度可持续性、制度收入系统与待遇发送系统等因素全部结合起来,给出"一揽子"设计。这样,账户资金实行全国范围的统一投资策略和管理,既是防范违规风险的一个举措,也是中央政府主动承担社会保障责任的一个体现。

根据上述原则,账户基金投资管理的具体思路应该是采取"混合式名义缴费确定型"(Mixture NDC)的模式,其要点如下。

第一,建立一个全国账户资金投资管理的法人机构,将账户资金的征收、投资与待遇支付统一管起来,既负责投资运营,又实行全国水平的征收,利用现行征收渠道负责管理征收,归集到账户基金投资机构之中,由账户基金投资机构既负责投资营运又管理支出,实行全国范围和水平的大收与大支。

第二,账户基金实行自我循环与自我平衡,独立核算,严格按照国际惯例和法人治理结构进行市场化投资。

第三,在投资策略上采取类似于企业年金那样的信托制和全国社保基金理事会那样的招标制,实施完全的市场化投资制度,在实业和资本市场之间实行配比,甚至可以走向海外。

第四,把全国个人账户(8%缴费)全部统一管理起来,既包括试点省份全部做实的账户累积余额,又包括"半做实"的试点省份(今年从 3%开始做实的试点省份),还包括没有进行试点的完全实行空账运转的全部余下省份,把全国的账户管理从统筹基金中完全分离出去。

第五,对全国个人账户来说,不管是完全做实的还是半做实的,或是完全空账的省份,8%个人账户实行一个利率标准,即采取"1+1"的混合型利率制:一部分是做实账户的实收账户积累资本实行统一投资策略,统一调动安排,得出一个真实收益率;另一部分为余下的全国的记账额,采取按照缴费人数增长率为基准的计算方式,在 2020 年之前,建立覆盖城乡社保体系的目标将使之每年的缴费者增长率(扩面)在 7%—9%之间,将这个增长率作为"名义利率"的参考系,再加上前者的真实收益率(如 3%),将二者之和作为计算当年利率的一个基准,其8%的账户比例的利率标准(实收缴费投资真实收益率+按缴费者增长率计算的利率)必然不低于当年 GDP 增长率,每年公布一次,据此记入个人账户。这样的好处是,不仅一举解决了收益率低的难题,同时,账户基金(如果看作是一只基金)规模又不会出现收不抵支的现象,此外,还完全化解了成千上万个地方统筹管理单位潜伏的安全性风险,实现全国的一体化管理,并且,账户基金管理机构代表国家统一进行投资管理,全国实行统一的利率政策,体现了国家承担的责任。

这样的设计思路需要几个前提条件,即改革目前的制度设计结构,实现制度扩面的预期速率。在时间表上可以分"两步走":第一步是需要大幅降低缴费率,先把城镇灵活就业人口覆盖进来;第二步是扩大个人账户比例,例如从目前的8%可以扩大到16%,目的在于扩大社保制度的私有性和私有比例,进而实现雇员和雇主的缴费全部划入个人账户,目的在于使之具有百分之百的私有性和覆盖能力,将之覆盖到农民工和务农农民,进而覆盖城乡全部居民①。

(六)统筹资金实行国债统一投资策略是大势所趋:从国际普遍经验来看

社保违规资金之所以绝大部分来自于统筹资金,这与统筹资金至今还没有一个全国性的统一投资策略有很大关系,由此成为当前资金违规的最大风险点,即使实现了省级统筹,也仍将如此。统筹资金由国家实行统一投资政策,既是化解风险的需要,也是国家对社保承担责任的一个表现。

从国际实践来考察,没有一个国家的中央政府不对统筹资金承担责任;统筹部分与账户部分的最大区别之一就是它实行现收现付融资方式,其待遇标准的指数化和待遇支付的担保人是国家。根据世界各国的情况,统筹资金余额的投资管理大约有三种模式:一是以英美为代表的购买国债模式;二是以日韩为代表的产业投资的东亚模式(2000 年以来逐渐试探进入资本市场)②;三是基本没有投资的欧洲模式(由于人口老龄化的原因,大部分欧洲国家在现收现付制下没有明显的余额积累)。鉴于国际上统筹资金市场化投资还处于

①   为节省篇幅,关于实行"混合式名义缴费确定型(Mixture NDC)"模式的详细论述,笔者将另外专文研究。

②   关于日本统筹基金投资资本市场的改革,详见郑秉文、房连泉、王新梅:《日本社保基金"东亚化"投资的惨痛教训》,《国际经济评论》2005 年第 3 期,第 26—33 页。

探索阶段,鲜有成功的经验(包括日本和韩国等),根据中国具体国情,笔者倾向于采取购买国债的模式;这样既体现出中国政府对社保制度承担责任,又能使国民分享国民经济高速发展的成果;这既是目前国际上通行的惯例,又可从制度上完全根绝统筹资金的风险源(包括省级统筹)。

其具体思路和要点是:一是采取发行特种社保债券的方式。鉴于长期国债利率水平较低(如2006年财政部发行的20年期国债利率为3.7%,仅相当于当时3年期银行存款利率水平),建议发行利率稍高的特种社保债券。众所周知,美国社保制度建立70多年来,始终采取购买国债的方式,大约年利率在7%左右,2007年5月发布的年度报告显示,其已高达1.2万亿美元的资产全部购买国债;英国发行的特种国债称为"尼罗(Nilo)",截至2005年,"国家保险基金"(NIF)余额为291.03亿英镑,几乎全部持有尼罗①。二是中央政府和省级政府分清责任,两级分担,即按一定比例发行两级特种社保定向债券,由中央政府与省级政府分别发行,中央政府对统筹基金发行"大尼罗",省级政府发行"小尼罗"。

五、加快立法进程,加强监管制度建设

(一)通过立法规范社保制度行政管理成本及其经办机构的经济行为

为减少由于摊销行政管理成本而出现的社保基金违规现象,正在拟议之中的《社会保险法》应对行政管理经费予以规范,并对其强制性信息披露作出相应立法规定。任何一个国家的社保制度运行成本都是以立法的形式固定下来的。例如,美国社保制度行政管理费用支出主要发生在社保总署、财政部和国内税收总局(用于征收社保工薪税)这三个部门②;美国社保基金(OASDI)理事会每年公布的年报都将之予以披露,20年来其行政管理成本基本都在缴费收入或津贴支出的1%以下,既稳定又规范(见表3)。

---

① 1981年财政部创立了"尼罗"债券,它与其他国债在本质上区别不大,只是不在伦敦证券市场上报价,所有尼罗的交易价格都是参考国债的当前价格。当社保基金不需要持有尼罗债券时,可由财政部收回。

② 参见美国社保基金理事会(OASDI)发布的2007年《年度报告》,第191页。

表3　美国1986—2006年社保基金(OASDI)行政管理成本支出情况

年份	1986	1987	1988	1989	1990	1992	1993	1994	1995	1996
占当年缴费收入(%)	1.1	1.0	1.0	0.9	0.8	0.9	0.9	0.8	0.8	0.8
占当年待遇支出(%)	1.1	1.1	1.2	1.1	0.9	0.9	1.0	0.9	0.9	0.8
年份	1997	1998	1999	2000	2001	2002	2003	2004	2005	2006
占当年缴费收入(%)	0.8	0.8	0.7	0.8	0.7	0.8	0.9	0.8	0.9	0.9
占当年待遇支出(%)	0.9	0.9	0.8	0.9	0.9	0.9	0.9	0.9	1.0	1.0

资料来源:作者根据美国社保基金(OASDI)理事会发布的以下5份《年度报告》汇集编制;这些报告的
　　　　年度分别是1991年(第26页)、1997年(第53页)、2002年(第31页)、2006年(第27页)和
　　　　2007年(第28页)。由于没有找到1991年的报告,所以,这里无法提供1991年的数据。

对中国来说,或按比例提取管理费用,或按比例拨款,均应规范化和制度化,不仅劳动和社会保障部征收社保费和支付待遇的行政管理成本应予规范,甚至可以将其延伸至"全国社保基金理事会",即其行政管理费用也应该予以规范和固定下来,并纳入到披露范围之内,还可以延伸至由税务部门代征社保费的成本(包括硬件建设、年终完成任务后奖金提取等),需要披露并作出严格规定①。对有效规避的前述第四和第五类违规现象来说,强制性信息披露是规避这类风险的主要手段。

(二)加强监管力度,充实监管力量,确保社保资金安全性

社会保障制度作为一个大系统,它包括融资制度、缴费征缴制度、投资制度、福利发送制度等,监督制度也是社保制度大系统的一个重要子系统。如果说前文分析的社保基金违规的制度根源完全在于社保制度设计本身存在问题,那么,作为一个子系统,监管力量薄弱是导致社保基金违规的主要原因之一。

与发达国家相比,中国社保基金存量规模虽然不大,占GDP比例微不足道,但最近几年发展非常快,积累速度也非常惊人:1990年社保基金储备几乎是从零起步的,1998年以来,每年递增速度在20%以上;2001年滚存累积才3000亿元,从此便几乎一年上一个台阶,一个台阶就是1000多亿的结余,几

———————————

①　根据1999年1月国务院第259号令《社会保险费征缴条例》规定,省级政府可以根据情况选择社保部门或地税部门征缴社保费。目前全国由社保部门和地税部门征缴社保费的省份大约各占一半。待遇给付工作完全由社保部门负责。

年下来社保基金积累增幅就非常可观,到 2006 年五项社会保险基金收入已达 8517 亿元,支出 6853 亿元,当年累计结余为 8006 亿元[①]。

社保基金的快速积累规模,再加上企业年金和"全国社保基金","大社保"概念下的社保资金,总规模已超过 1 万亿。这对只有十几个人的中央监管部门(劳动社会保障部)来说,就形成了极大的反差和挑战:监管负荷严重超载("监管负荷"指监管机构官员人均与参保人数或资产数量之比),不仅谈不上事先、事中和事后的"三段式"监管,而且连日常工作都难以完成。在地方层面上讲,建立监管机构的省市寥寥无几。因此,加强监管力量,充实监管队伍,将是十分迫切的任务。

参考文献:

范晓勇:《审计是社保基金监督体系中的重要环节——访劳动和社会保障部基金监督司司长陈良》,《中国审计》2007 年第 9 期。

国家审计署:《企业职工基本养老保险基金、城镇职工基本医疗保险基金和失业保险基金审计结果》[2006 年第 6 号公告(总第 18 号)],2006 年 11 月 24 日。

劳动和社会保障部、国家统计局:历年《劳动和社会保障事业发展统计公报》。

美国社保基金理事会(OASDI):1991 年、1997 年、2002 年、2006 年和 2007 年《年度报告》,见美国社保总署网站,http://www.ssa.gov/。

世界银行:《21 世纪的老年收入保障——养老金制度改革国际比较》,罗伯特·霍尔兹曼、理查德·欣茨主编,郑秉文等译,中国劳动社会保障出版社 2006 年版。

孙轲:《全国社保基金要做称职"管家"》,《中国证券报》2006 年 12 月 21 日。

《上海证券报》消息:《广州 10.18 亿元社保基金被挪用》,《上海证券报》2007 年 4 月 4 日。

[①] 范晓勇:《审计是社保基金监督体系中的重要环节——访劳动和社会保障部基金监督司司长陈良》,《中国审计》2007 年第 9 期,第 18 页。

温家宝:《关于社会主义初级阶段的历史任务和中国对外政策的几个问题》,新华社,2007 年 2 月 26 日。

赵忠德:《中国基本养老保险制度财务可持续性若干问题及其出路——以徐州市为例》,MPA 研究生毕业论文,中国社会科学院研究生院,2007 年 6 月。

郑秉文:《中国企业年金的治理危机及其出路——以上海社保案为例》,《中国人口科学》2006 年第 6 期。

郑秉文、房连泉、王新梅:《日本社保基金"东亚化"投资的惨痛教训》,《国际经济评论》2005 年第 3 期。

Zheng Bingwen, "Assessment for Social Security Pilot in Jilin and Hei Longjiang of China", in *China & World Economy*, Vol.14, No.5, 2006.

（本文原载于《中国人口科学》2007 年第 4 期,第 2—15 页）

第七编 中国企业年金治理与模式抉择

2011 年，与美国宾夕法尼亚大学沃顿商学院（The Wharton School）的奥利维亚·米切尔（Olivia Mitchell）教授

中国企业年金何去何从

——从《养老保险管理办法(草案)》谈起

内容提要:2004 年劳动和社会保障部颁布的两个《试行办法》奠定了中国企业年金的制度框架为 DC 型信托制,而几个月前有关部门发布了一个主张建立 DB 制度的政策。文章对 DC 和 DB 两个模式进行了优劣比较,分析了英美 DB 型企业年金模式的沉痛教训,论述了 DC 型的优势和发展潮流及其对中国提升企业竞争力的利处,以及它们各自对经济结果和社会发展的不同影响,阐述了不同国家继受不同法系导致的不同发展道路和中国发展企业年金应该努力的制度方向,进而分析了中国公共政策的制定过程中的博弈问题,提出了补偿老年职工企业年金权益的设想和具体办法。

一、DB 与 DC 的利弊权衡

2004 年年初劳动和社会保障部颁布的《企业年金试行办法》和《企业年金基金管理试行办法》(以下简称两个《试行办法》)奠定了中国企业年金制度的基本框架:"缴费确定型"(简称 DC 型)完全积累制。2005 年 12 月,有关部门颁布了《养老保险管理办法(草案)》(征求意见稿,以下简称《管理办法》)。《管理办法》虽然没有明确提出建立一个"待遇确定型"(简称 DB 型)企业年金制度,但从某些条款内容来看,所建立的就是 DB 制度。

如果按照两个《试行办法》的精神,为保险机构制定一些具体规定以规范其在养老资产市场上的运作和保护当事人的合法权益,本来无可厚非。但如果让 DC 和 DB 两个制度模式平行存在,争夺资源,从长远中国"大福利制度"的发展取向要求和发展资本市场的内在需求来看,势必产生许多问题。

笔者认为,短期内 DB 制度对刚建立的 DC 制度会形成很大的冲击。从长期来看,DB 型制度不适合中国的国情,不利于促进企业年金的发展,不利于退休收入来源多元化的稳定性,更重要的是,DB 制度存在着潜在的金融风险,既不符合退休者收入安全性的要求,也不利于国家财政可持续性发展,中央财政很可能背上一个长期的沉重"包袱"。既然从短期和长期看 DB 模式都对中国具有较大的负作用,那么,对 DC 与 DB 型的抉择实际是对两种不同制度安排的抉择,是对两种不同经济结果的抉择,是对两种不同资本市场前途的抉择。

（一）采取 DB 还是 DC 模式是经济制度的选择问题

从表面上看,企业年金采取 DC 模式还是 DB 模式只是融资的方式问题,但实际上是重大的企业年金的制度安排,涉及中国社会保障制度的"一揽子设计"问题,涉及"大社保"概念下第二支柱的长效机制问题,因此,它是中国整体社保制度多支柱的架构安排和发展道路的一次选择。

从收入分配上看,它好像只是企业员工的退休收入和待遇给付的方式问题,但事实上,它是社会政策和福利政策的一次选择,既涉及几千万国有企业员工及其家属的退休收入来源稳定性问题,又涉及数以亿计的民营企业员工及其家属甚至农民工的福利水平和退休收入来源的安全性问题。

从公共政策的角度看,它对未来国民经济和国家财政政策等方方面面都具有很大的影响,随着时间的推移,其影响会显得愈加明显。从国内现状看,DC 模式符合国家和国民长期利益发展的要求,DB 型制度虽然可以满足暂时的市场需要,但长时期内并不符合国家和国民的利益要求,必将在微观的企业层面为其带来财务困难,降低其竞争力,在宏观的国家财政层面带来潜在财政风险。对眼前某些问题的解决,可在坚持 DC 模式的前提下予以个别的妥善解决,而不应触动制度模式的选择。

（二）抽象地看 DB 与 DC 的利弊

在一百多年前建立企业年金时只有 DB 模式。DB 型制度的主要优势是:(1)对个人来讲,DB 型制度下工人收入稳定,待遇较高,便于稳定职工队伍和招聘高管与特殊人才,不用为投资收益率而操劳。(2)对企业来讲,财务缴费较为灵活,投资自主权较大,投资政策和投资收益也较灵活,资产分布的余地大一些,劝说年老工人退休比较容易。(3)对国家来说,可以分担一些国家基本保险的某些责任,甚至可以发挥某些残障和遗属保险的待遇功能。例如,美国大约有1/3的DB计划参加者可以得到残障待遇的承诺①,甚至国家无须为之制定税优政策,等等。

虽然DC模式大规模的发展是在20世纪70年代以后,但它的许多优势是DB模式所不具备的,主要包括:(1)对工人来说,它简单易懂,一目了然,缴费与待遇联系紧密,计算方便,收入待遇虽没有承诺,随投资回报而变化,但收益率往往高于DB,并且容易"跳槽",便携性很好,多缴多得,产权明晰,可以继承,透明度高,可以随时查询,发生经济困难时一般还可以申请贷款。(2)对企业来说,它无须精算,缴费水平比较低,不用对职工作任何给付的承诺,裁员容易,企业财务负担较小,省却了单方承担投资保值增值的麻烦,没有"最低融资条件"的强制性要求。(3)对国家来说,监管相对比较容易和单纯,不必设立担保机制,国家没有财政风险,即使企业破产,个人也基本不受影响,没有很大的社会后果需要雇主和政府去承担,资金余额规模很大,并大多以信托制的形式出现,对资本市场的繁荣与发展具有较大的促进作用,等等。

一般来说,不管在发达国家还是发展中国家,工人偏向于选择DB模式,雇主则倾向于选择DC模式。当然这是大多数情况下的选择偏好,也存在例外,中国可能就是一个例外。

目前之所以说DC型比DB型更适合中国的国情,除了DC型某些优势外,还因为DC型可以减少企业财务负担,有利于提高企业的竞争力,在客观上可以促进资本市场的发展,而且国家无须为之建立"再保险"机制,可以避免未来中央财政潜在的风险。

(三) 与DB型相比DC型有利于提升企业竞争力

在全球化趋势下,DC模式的适应性更强一些,更有利于提升企业竞争力。

1.DB制较高的缴费负担是企业转向DC制的重要原因之一。根据国外的实践,一般来说,DC型的缴费率比DB型低很多。例如,英国企业雇主的DB型计划缴费水平平均是DC型计划的3倍:DB型是15%,DC型是5%。DB型缴费高的主要原因,一是DB型计划一般是雇主单方面缴费,雇员不缴

---

① 参见奥利维亚·S.米切尔:《美国企业养老金发展新趋势》,黄念译,《保险与社会保障》(第一辑),中国劳动社会保障出版社2005年版。

费,二是 DB 型计划的退休收入要好一些。据测算,在英国,DB 的退休收入要比 DC 的收入高 4%左右。

DB 型计划缴费水平较高,即使一些跨国公司也难以承受,以致放弃 DB 型计划。如 IBM 公司宣布,从 2008 年开始冻结其美国本土公司员工的 DB 型计划,转向采取 DC 型计划,这样可在未来的几年里节省 30 亿美元。美国最大的无线通信服务提供商万立信(Verizon)公司,从 2006 年 6 月 30 日起 5 万名员工将冻结 DB 型计划而转向 DC 型计划,新聘用的人将不享受任何退休福利,在未来 10 年将节省最多 30 亿美元的成本。此外,惠普公司(Hewlett-Packard)、摩托罗拉(Motorola)、西尔斯(Sears)连锁超级市场公司都先后宣布了冻结其 DB 型计划,不再为其员工缴费,原因都是公司实在承受不起高昂的成本①。

2. DB 型的超重负担是导致夕阳产业丧失竞争力的一个重要原因。由于 DB 型企业年金财务负担较大,对企业生产成本和利润率有很大影响,从而影响了企业竞争力。以美国为例,越是传统的夕阳产业,由于建立企业年金比较早,几乎都是 DB 型的,因此负担越大,竞争力越差。首当其冲的是钢铁业,接着是航空业,还有汽车制造业等。在号称“世界汽车之都”的底特律,美国汽车制造厂的养老金债务最高,退休群体最庞大,所有这些都成为其提升竞争力的巨大障碍。

3. 采用 DC 制有利于减轻中国国企财务负担。中国目前基本社会保障制度的缴费水平已很高,企业负担也非常之大。从 2004 年主要大城市的平均情况来看,“三险”加上住房公积金,再加上企业年金,企业的成本就将超过 60%,其福利负担甚至超过了以高福利著称的许多欧洲国家。在加入世界贸易组织的背景下,过高的企业福利成本无疑是一个不利因素,其竞争力无疑将会受到较大影响。较高的基本社会保障缴费水平对发展企业年金已形成重要障碍,其福利成本远远超过 70%将不再是一个神话;如再引入一个 DB 制度,无论对企业年金的发展还是企业竞争力来说,都是弊大于利的。况且,当前和较长时期内,建立企业年金的企业毫无疑问将大多数为国企,国企之间的攀

---

① Mary Williams Walsh, "I.B.M. to Freeze Pension Plans to Trim Costs", 2006, http://www.nytimes.com/2006/01/06/business/06pension.html.

比、福利的刚性、国企法人治理结构的问题等许多因素必将导致 DB 制度下单位缴费规模的失控和变相膨胀。

（四）DC 型有利于资本市场的发展

选择 DB 型还是 DC 型，在客观上对资本市场发挥的积极作用可谓天壤之别。

1. 与 DB 型相比，DC 型是长期性资金。DC 型企业年金游离于企业之外，其独立的信托型资产地位决定了它在长达 30—40 年的投资运营中必然成为资本市场的一个长期性资金，在某种意义上讲，这可能是目前能够看得到的唯一重要的具有规模的长期性资金。引入 DB 制度之后，其规模必将严重缩水，相当多的国企将会放弃 DC 而转向 DB。在这方面，英国是一个很有说服力的案例。英国企业年金的缴费总额从 1996 年的 370 亿英镑发展到 2004 年的 690 亿英镑。这是英国利用多种经济、行政和法律措施控制 DB 和发展 DC 的一个结果，它极大地促进了英国资本市场的发展，因为拉动缴费的主要是 DC 型计划数量膨胀的结果，即从 170 亿英镑激增到 350 亿英镑。而 DB 型只从 100 亿英镑增加到 150 亿英镑，并且其绝大部分都被用于支付当期的养老金，而没有进入市场投资。美国的资本市场之所以非常成熟，主要原因之一就是近 30 年来由 DB 向 DC 转型的结果。

2. 与 DB 型相比，DC 型有利于推动年金产品市场。一般来说，在工人退休时，DC 型制度要求保险市场能够提供有效率的年金产品，否则难以满足 DC 型企业年金的发展。在某种程度上讲，年金产品市场与 DC 型计划之间是互为前提和相互促进的关系；换言之，资本市场提供年金产品的效率在相当程度上取决于 DB 型计划占多大比例等因素。如果在一经济体内同时允许存在 DB 和 DC 两个制度，那么就存在着一种可能性，即年金产品市场更难发展起来。一些效益较好的企业最初可能选择了 DC，但由于年金产品市场不发达而放弃 DC 型而转向 DB 型，于是 DC 计划逐渐减少，DB 计划与日俱增；DC 计划越少对年金产品的需求也就越小，年金产品市场就越难形成；年金市场越不发达，企业就更加倾向于选择 DB，形成恶性循环。形成这个局面主要是由 DB 型计划的性质决定的：它一般无须到寿险公司购买年金产品，而是始终由企业支付（尽管一次性领取的比例较小），到头来，既不利于寿险业的发展，又不利于企业年金的发展，更不利于资本市场的发展。对此，英国就强制性规定 75

岁以上老年人必须将其退休金年金化。虽然在澳大利亚和美国年金化是自愿的,但还是有相当比例的人到保险公司购买年金产品。例如,美国大约有1/3左右DC计划是年金化的(尽管这个比例在下降),其余为一次性领取[①]。DC型计划的年金化趋势虽在中国还较遥远,但它毕竟为年金产品市场奠定了一个制度基础。因此引入DB制度之后,中国年金产品市场的诞生与发展还必将推迟或滞后相当长的时间。年金化的潜在市场需求是繁荣资本市场的一个重要前提,是未来支撑寿险业的一个重要引擎。

3. DC型对推动资本市场具有不可比拟的作用。DC型必然要求信托制,信托制形成的多个"当事人"的细化分工必将形成市场的多层次,多层次的市场必将对金融产品创新和金融服务业的发展产生巨大推动力,金融服务业的发展意味着资本市场走向成熟。相比之下,DB型较少的余额、一般情况下非信托制的运作模式、外包服务商需求的弱化等,对金融服务业的刺激等都远不如DC型。众所周知,欧洲、英国、美国这三个经济体形成的资本市场的"三个世界"中,"保险公司文化"统治的欧洲稍逊一筹,以"企业年金文化"为代表的美国独占鳌头,位居其间的英国从20世纪80年代就开始不断采取一系列改革措施,甚至采取"协议退出"等办法强力推进DC型企业年金制度的发展,控制DB型,以期赶上美国,挤进"第一世界";在日本、美国、欧盟这三个经济体形成的三个资本市场"板块"里,以日本为代表的"东方存款文化"与以美国为代表的"西方基金文化"之间,位居其间的欧盟近年来不遗余力,无论是在欧盟的层面,还是在成员国的层面,甚至在民间非政府组织的种种努力之中,它们或是推出"欧洲个人养老金账户"概念,以期建立一个真正的欧洲统一的养老金市场,为建立一个"泛欧洲"的养老金市场而创造"人工"平台,或是官方颁布《职业退休拨备机构行为与监管》等诸多法令,以期鼓励和指导各国的职业养老金的立法,规范养老金的供应商,缩小DB规模,建立一整套基于个人账户的DC型职业养老金解决方案。

(五) 从长期看DB型必将成为国家财政负担

1. 美国DB型企业年金的历史教训。DB型与DC型之间的一个重要区别

---

① 参见奥利维亚·S.米切尔:《美国企业养老金发展新趋势》,黄念译,《保险与社会保障》(第一辑),中国劳动社会保障出版社2005年版。

在于,由于企业破产的风险,对工人来说 DB 型计划需要一个再保险的补偿机制,否则,工人终身积累很可能一夜之间化为乌有,而 DC 型则不可能出现这种情况,它不需要任何再保险。一个例子是,2005 年 5 月 11 日美国法院宣布"美联航"破产,同意其停止向职工每年支付 6.45 亿美元退休金及其缴费,12 万名已退休和在职职工被美国联邦政府成立的"养老金待遇担保公司"(PBGC)接管,由此"美联航"事件成为美国历史上最大养老金破产案之一。被接管之后,工人的退休金水平将大打折扣。

2. 美国政府承担 DB 模式风险的教训。一般来说,自由市场制度是不能自动提供 DB 型企业年金再保险的,而只能由政府干预并提供再保险机制。美国建立"养老金待遇担保公司"之前,许多采取 DB 型计划的企业不断发生倒闭事件。最著名的是 1963 年的"斯图特贝克事件",该汽车制造厂破产后,7000 名工人失业,养老金完全消失,它在美国工人中引起的强烈反响,引起了政府的高度重视,于是,"担保公司"便应运而生。自 1974 年成立"担保公司"以来,其财务的长期可持续性一直很糟,除了少数年份外,"担保公司"单雇主计划的担保项目长期处于赤字状况,其资产的价值一直低于计划待遇和其他债务的现值。1996 年首次出现累积盈余,到 2000 年底其累计盈余上升到大约 100 亿美元。然而,从 2001 年开始,美国股市下滑,经济衰退,破产公司增多,"担保公司"的财务状况急剧恶化,2002 年年底,其累计赤字为 36 亿美元。2004 年雇主计划担保项目的净损失总计 121 亿美元,到 2004 年年底,累计赤字已达到 233 亿美元,比 2003 年翻了一番。"担保公司"会造成纳税人的巨大负担——这种担心已成为业界人士的一个普遍共识。2003 年 8 月标准普尔给出的一个保守估计是,到 2003 年年底,实行 DB 计划的标准普尔 500 公司将面临着累计达 1820 亿美元的资金缺口,就是说,DB 型计划的债务筹资缺口占"担保公司"担保的待遇价值总额的 12% 左右;但《华尔街日报》警告说,缺口远不止于此,可靠的估计应该是 3000 亿美元①。

3. 英国政府承担 DB 模式风险的教训。英国是欧洲企业年金最发达的国家,早期的企业年金均为 DB 型,存量非常之巨,是英国政府的一个重要的潜在财政风险。为此,2004 年年底,英国不得不成立一个独立的养老金监管局,

① 以上关于担保公司的资料引自 http://www.pbgc.gov。

以加强对 DB 型的监管；2005 年 4 月 6 日，英国又成立了一个再保险公司"养老金保护基金"（PPF）；2005 年 7 月 20 日，英国劳工与社会保障部、养老金监管局、"养老金保护基金"三家共同发布了联合备忘录，建立了一个协调机制的框架，以确保 DB 型企业年金受益人的权益，应对未来雇主破产丧失支付能力时悲剧的发生，其作用类似于美国的"养老金待遇担保公司"。英国成立再保险公司是不得已而为之。2004 年的数据显示，没有参加任何企业年金的人数为 740 万人，参加了年金计划但缴费不足者（指缴费低于工资的 10%）为 480 万人；足额缴费参加者（缴费 10% 以上）为 1220 万人，其中加入 DB 型的为 990 万人，DC 型的仅为 230 万人。应对如此庞大数量的 DB 型计划潜在支付风险，是英国建立再保险公司的根本目的。

除了英美以外，还有其他一些发达国家也存在类似的再保险制度。例如，在荷兰和澳大利亚等监管十分严格的国家对 DB 型计划制定了类似的补偿机制，德国企业养老基金也是非积累制的，也存在再保险计划，例如 PSV 保险计划就覆盖了丧失支付能力的企业养老基金的成员，最高限额是每年 82000 欧元，但成立不到 10 年的企业就没有这个再保险待遇。

4. 中国建立 DB 型企业年金的财政风险更大。中国确立的 DC 型制度根本无需设立再保险机制。但如果建立 DB 型，不久的将来中央政府也可能步英、美的后尘建立一个再保险公司。中国的 DB 型计划对再保险的需求比英美更为强烈，因为中国民营企业的平均生命周期只有 2.9 年，有 60% 在 5 年内破产，85% 在 10 年内"死亡"，换言之，每年新生 15 万家民营企业，同时每年"死亡"10 万多家。在 DB 型与 DC 型之间，他们显然更倾向于 DB 型，因为从理论上讲，DB 型理应受到国家的担保，这个"潜台词"必将使它们成为最大的再保险需求群体。国企的情况也大同小异，目前全国还有 1828 家国有大中型困难企业需要通过政策性破产退出市场，这些企业平均资产负债率为 146%，2003 年亏损额 150 亿元，累计亏损额达 1221 亿元，涉及职工 281 万人，涉及国有金融机构债权 1730 亿元[①]，由此推断，国企对再保险的需求"潜力"并不亚于民营企业。据悉在国务院批准的全国国有企业关闭破产 4 年工作规划中，逐步解决国有大中型困难企业关闭破产退出市场已被列入其中，如有 DB 型

---

① 《深圳特区报》2005 年 4 月 27 日。

制度出台,道德风险将使许多国企更为青睐 DB,因为它有国家的最后"兜底"。如果实施 DB 制度,中央财政背上这个"包袱"只是时间早晚的问题。

二、两个制度安排带来的不同经济结果和社会前途

（一）养老金的四个世界与法律制度的两个渊源

欧美之间企业年金资产占 GDP 的比重差距很大,所以,它们之间家庭金融资产的比例也存在很大差距。为什么英美的企业年金比欧洲大陆的要发达? 为什么美国 DC 型发展速度要比欧洲迅速且比重远远大于欧洲? 为什么 DC 型占主导地位的美国企业年金占 GDP 的比重就大? 原因在哪里?

对于这些问题,西方学者在不断的探索之中。英国牛津大学著名养老金专家克拉克在《养老金资本主义》一书中对此作了较为细致的分析论述①。在他看来,欧洲大陆的养老金发展水平远不如英国,处于第一个档次的阶段,这要归结为欧洲大陆没有英国的盎格鲁—撒克逊(Anglo-Saxon)传统即普通法的传统等原因。但是,英国与美国比起来又逊一筹,虽然美英同属盎格鲁—撒克逊传统,但事实上,第二次世界大战后,尤其是 20 世纪七八十年代以来,美国养老金的发展已远远将英国甩在了后面。因此,克拉克教授为区分英美之间的差距,称美国为盎格鲁—美利坚(Anglo-American)传统。他认为,欧洲、英国和美国三个经济体在养老金上形成了三个档次。而且由于说英语的美国、英国、加拿大和澳大利亚拥有英国式的普通法传统,所以,它们在养老基金的性质、结构和监管上比较相似;其养老金比欧洲大陆国家和拉美国家更为发达,美国就能成为许多类似 J.P.摩根等全球性一流金融公司的所在地;世界上许多国家和地区正在发生向盎格鲁—美利坚养老金模式的转变。

在以英美为代表的普通法和以法德为代表的大陆法两大法系中,继受英国式的普通法系传统的国家主要是说英语的一些国家,而欧洲大陆法系的传播则主要是欧洲、拉丁美洲、非洲和亚洲等。所以,绝大多数继受大陆法系的亚非拉国家的养老金水平与欧洲大陆本土相比还存在着相当的差距,从这个意义上讲,世界上实际存在着养老金的四个世界,而不是克拉克所说的三个档次。

---

① Gordon L. Clark, *Pension Fund Capitalism*, Oxford University Press, 2000.

（二）大陆法系的僵硬与继受国家的相对落后

1. 大陆法系在欠发达国家占统治地位。从小的方面看,普通法系和大陆法系还可以细分下去,如同普通法系中存在着盎格鲁—撒克逊与盎格鲁—美利坚差异性那样,大陆法系国家之间存在的差别就更大。即使采取同一个法族(如《法国民法典》)的国家之间,随着时间的推移,它们之间存在的差异性会越大。据法学家研究,在大陆法系中,差异性最大的两个典型法族是《法国民法典》和《德国民法典》,前者比后者更为僵硬一些;采取法国法族的国家在经济上普遍要比采取德国法族的国家略逊一筹。由于《法国民法典》比《德国民法典》早诞生了近百年,以及其他许多历史原因(如通过西班牙和葡萄牙在其拉美殖民地的扩散传播),继受法国法族的国家远多于继受德国法族的国家数量,所以就出现了德国法族的继受国数量较少,散布在欧洲和东亚,经济较为发达,而数量较大的相对落后的国家均为法国法族的继受国,它们几乎遍布拉美和非洲。

《法国民法典》传播到了五大洲,受其影响的政体和经济体达 48 个之多,以目前世界上 181 个国家政体计算,约占 26.5%①。

2. 大陆法的僵硬与缺乏弹性导致企业年金制度不发达。大陆法不仅对金融市场发展的需求表现出不尽如人意的僵硬性,而且法国本土的无数次修订与继受国嬗变结果也同样显示出缺乏适应性。

为了与日益强盛的德国进行竞争,《法国民法典》自诞生以来就不断修改,仅在法国本土就修改了百余次。然而至今,《法国民法典》的信托精神还是没有树立起来,无论是私人养老金制度还是公共养老金制度改革屡次夭折,经济上的大国与金融市场上的"侏儒"形成了鲜明对比。

据法学家考证,《法国民法典》在两百多年的嬗变和五大洲的传播历史中变异不大,尤其是 19 世纪各国建立的民法典,有的几乎是完全抄袭《拿破仑法典》,有的是拿它当蓝本而斟酌损益,有的是用它作为参考而自立门户。于是,金融市场也好,养老基金也罢,这些继受国在世界上都应属第四个档次,只有拉美几个国家由于特殊原因,其公共养老金(或称社会保障)制度十几年来

---

① 徐国栋:《〈法国民法典〉模式的传播与变形小史》,2004 年 4 月 28 日,见 http://www.civillaw.com.cn/weizhang/default.asp? id=15739。

发生了较大改革。

（三）不同法律制度下的监管方式对企业年金的影响

不同的法系产生不同的监管方式，不同的监管传统对企业年金的发展产生不同的作用，由此推动下的不同资本市场成熟程度和企业年金发展水平又要求具有不同的监管方式。

法律制度与企业年金(资本市场)之间具有某种关联性，这种关联性可以成为分析法律制度与企业年金二者关系的一个工具。利用这个工具，我们不仅可以看到企业年金在不同法系环境下的适应程度，同时也可以发现企业年金(包括资本市场)监管模式与法律制度二者之间也具有很大的关联性。这些关联性表现为如下几个方面。(1)普通法国家经济开放度相对较高，资本市场和企业年金的发展水平一般也较高；这一方面说明了普通法传统对企业年金具有刺激作用，同时，其经济环境一般都比较成熟，资本市场比较发达。(2)普通法与大陆法对企业年金的监管方式也存在许多不同之处，前者的监管制度比较灵活，更为强调协商过程的作用，强调对第三方监管和私人部门权力积极性的利用。正是这种灵活的监管制度在某种程度上促进了企业年金的发展。(3)这个关联性还可以从反面来解释：正是由于普通法对资本市场和企业年金的发展更具有诱发作用，或说企业年金对普通法更具有适应性，所以，这些大环境总和合起来又影响了监管体系的干预方式，改变了法律对企业年金的监管模式；而这种灵活的监管方式又进一步促进了企业年金和资本市场的繁荣，深深影响了企业年金的内在本质。(4)大陆法国家的情况正好相反，它更倾向于许可证制度等数量因素的限制与监管，从而导致协商作用的发挥受到较大限制，私人市场的行业监管能力由此就比较弱，空间较小，监管的弹性就相对缺乏，于是，企业年金等金融机构的数量就相对较少，资本市场也相对不发达；这反过来又进一步限制了金融的发展。

（四）两个法系中的信托因素是关键

1.两个法系对养老基金产权的不同解释。就养老金资产权利来讲，大陆法与普通法的区别在于前者强调财产的绝对一元所有权，而后者则存在着财产权与管理权的分离，这就是信托问题。可以说，信托是普通法和大陆法之间的一个难以逾越的鸿沟：大陆法排斥信托的一个重要原因在于它所坚持的财产不可分割的原则，这是继受信托的一个基本障碍。

信托概念源于英国的衡平法,它是通过对受托人施加衡平法上的义务来获取受益人的财产权的;这是英美法系的一个独特的制度,而大陆法系就不存在这样一个类似相对应的制度和概念;在普通法系,尽管管理人是法律上的所有人,但其权利受到另一个财产利益即受益人的财产利益的制约,因为"财产管理人"和"财产受益人"是分离开来的。于是,信托的概念是建立在双重所有权概念基础之上的:受托人享有普通法上的所有权,受益人享有衡平法上的所有权。但大陆法系坚持的是一物一权主义即"物权法定主义",它强调的是财产的绝对一元所有权,坚决维护财产权的一致性和唯一性。一项财产不应存在两个或两个以上的财产所有人,财产的处理权和管理权均由"合同"来决定,不承认同一财产权的分离,即使在共同所有人的情况下,每个"共有人"都是整个财产不可分割的一部分的绝对所有人。

与普通法系占主导地位的英美相比,大陆法系的产权制度决定了欧洲大陆的信托概念非常之弱或说基本不存在,而"合同"的概念却根深蒂固,深入人心,从而导致源于合同法理论的"债"的概念逐渐成为大陆法系理论的核心之一。合同概念的范畴比较广泛,甚至包含某些类似信托的制度安排,例如通过第三方利益合同来实现类似于信托的财产制度的安排等,进而在绝对的一元所有权原则之下,"合同"的作用逐渐取代了一切,并由此发展成一整套完善的代理制度,这样,就出现了寄存—保管—委托—代理等一系列特殊的合同。但是,欧洲大陆法系的这些类似于信托的委托代理制度与普通法系中的信托制度还是存在着根本的区别,那就是,它不具有信托制度中的灵活性,而显得比较僵硬。

2. "信托"与"合同"的本质区别。信托文件与合同文件的本质区别在于当事人与财产权之间法律关系的不同。信托关系是一种以信托财产为中心的法律关系,信托的本质是一种独立的财产管理制度,即一种由他人进行财产管理、运用或处分的财产管理制度,这个制度要求财产权的概念具有四层含义:一是对财产的实际使用权;二是获取财产收益的受益权;三是实施对财产的管理权;四是对财产的处分权。这四种权利各有具体而丰富的内容,可以形成不同的范围和层次。这四层含义意味着财产权的复杂、分立、独立和分离:委托人将其财产交由受托人管理,受托人与受益人完成对财产权内容的分配,即委托人享有财产权当中的占有、使用和处分权,受益人享有财产权当中的受益权。于是,信托合同就与普通合同具有许多不同之处。

信托合同与普通合同存在的主要区别有三方面。(1)法律关系主体的区别。信托文件是由委托人和受托人作为订立人设立的,而受益人并不作为订立主体体现在信托文件当中,即信托文件契约订立主体和信托当事人并不完全一致;而合同文件是当事人之间合意的契约性文件,其契约订立主体和合同当事人是完全一致的。(2)财产权利确立基础的区别,即信托当事人与合同当事人权利义务承载的依据是不同的。合同当事人的权利与义务内容、财产权利(债权)实现是以契约形式约定的方法取得,即通常所说的合同自由原则;而信托当事人的权利义务内容、信托财产所有权及所有权权能的分配是直接根据法律规定实现的。(3)适用的法律关系的区别。信托法律关系虽然可以通过合同形式设立,但与普通合同相比,它的特殊性还在于:普通合同要求当事人之间应当支付对价,即合同都是有偿的;而信托合同是委托人单方面交付信托财产,并不要求受托人支付对价,在未作约定的情况下,受托人履行对信托财产的管理义务是无偿的。

3. 养老金信托与非养老金信托的本质区别。在许许多多的商事信托类型中,养老金信托被更多地吸收进入传统的信托法,成为信托灵活性在养老金制度运用中养老金法和信托法融合的一个成功典范,具有划时代的意义。美国内税局 1921 年就曾要求,除非养老计划资产完全投资于保险合同,否则应采取信托的形式;1974 年美国颁布的《雇员退休收入安全法案》(ERISA)强制性要求企业年金的全部资产以信托的形式持有。

养老金信托与非养老金信托之间有两个明显的区别:(1)养老金结构采取信托形式就等于保护了基金财产的独立安全性。(2)信托制养老金具有完全的继承权。

(五) 养老金模式与法律制度的互动关系

1. 不同的企业年金制度对法律制度的需求倾向不同。由于 DC 制度是基金积累制的,余额很大,并且周期很长,一般是 30—40 年,这样就要求有较高的投资回报率才可行,否则,低于通胀率就不能成立。由此就要求其资产具有相对独立性,即将财产管理权游离之外才能满足上述要求;于是,DC 型养老金制度对其法律组织形式的需求倾向必然是信托式的,并且在长达几十年的产权游离期里资产营运的每个环节必须实行专业化管理,由不同的专业化机构对每个环节进行专门管理,否则就不能达到或超过通胀率的收益率,DC 模式就不能成立。

　　虽然从理论上讲 DB 模式也可以采取信托形式,但由于它是即收即付,实际余额较少或几乎没有,基本无须投资管理,即使略有盈余,对资产流动性的特殊要求也无须进行长期的策略安排;由于制度(养老计划)收入基本等于支出,制度收入基本为零,于是这也就意味着出现了一种债务债权关系,即雇主对雇员的一种负债。"债"的属性自然符合大陆法"物权法定主义"所强调的财产绝对一元所有权,对大陆法所强调的财产权一致性和唯一性具有强烈的诉求,所以,欧美绝大部分 DB 计划都是雇主单方缴费,而雇员则无须缴费。这就是 DB 计划的内生性所决定的一个缴费结构,实际就等于在雇主与雇员之间形成了一种契约:老板欠工人的养老金。所以,在养老计划内部,实际形成的是一种"合同"关系,而非 DC 下的共同主体投资的同向关系。在这样的条件下,当雇主手里只有少量的余额,一个最直接、最简单的办法就是寻找一个金融机构,也签订一纸合同,这就又一次形成了另一个契约关系,而非信托关系。于是,对 DB 模式下大权在握并风险独担的雇主来说(在 DC 模式下投资决策一般是通过协商共同决定或雇员个人分散决策),他的诉求自然就符合大陆法的内涵,而无须什么别的信托制度的要求了。就是说,DB 制度所产生的冲动事实上是一个"双重合同"制:雇主欠雇员的,金融机构欠雇主的。

　　DB 模式的"双重合同"关系到此还没结束。如果就美国和英国成立的国家担保公司来看,事实上还存在一个"一对一"的合同关系,即企业与国家之间的合同关系。国家为防范 DB 模式造成的潜在社会风险而强制要求所有 DB 型企业年金为其缴纳保费,或全部 DB 计划自动加入,这样,它们之间就自然形成了另一个合同关系:一旦这个企业出现支付危机,担保公司就要对其"接收"或称托管,为该企业工人退休者支付养老金。所以,DB 模式的本质事实上是一个"三重合同"关系,这是一个非常复杂的债务"连带体",是一个工人与企业、企业与机构、企业与国家的"三重债务链"关系,说到底 DB 计划是一个最终由国家"买单"做担保人的职工与国家之间的债务合同关系,而远非 DC 型信托关系那样简单。

　　2. 不同的法律制度对企业年金的发展取向具有反作用。欧美企业雇主放弃 DB 型转向 DC 型的内在动机和外在压力几乎是相同的,如:经济全球化和区域经济一体化要求劳动力跨国界和跨部门流动时具有良好的便携性;企业竞争力的提升要求雇主"轻装上阵";劳动市场的多元化和就业岗位的灵活化;等等。在这些特征方面,DC 型比 DB 型的适应性更大,市场需求是 20 世纪 70 年代以来 DC 型打败 DB 型的根本原因。但在同样的需求面前,欧美之间却出现了不同的供给,即不同的法律制度对 DC 型企业年金的供给具有反作用。是欧洲的需求小于美国吗? 答案正好相反:欧盟是当今经济一体化程度最高的一个区域"一体化"组织,是成员国之间劳动力流动最大最频繁的一个区域组织,是对企业年金便携性"一体化"程度要求最强烈最迫切的一个区域组织,从纯粹的市场需求角度讲,欧盟 DC 型的发展速度应远快于美国。但事与愿违,究其原因,我们不能不说大陆法系起到了相当的抑制作用。

3. "好"的制度安排对企业年金具有正面的促进和优化作用。即使在 20 世纪 70 年代以前,美国和英国的 DB 型养老金也比欧洲大陆其他国家发展得快许多,无论从覆盖率还是从资产占 GDP 比例上,正是这个原因才致使这两个国家不得不为众多的 DB 型计划和庞大的 DB 型计划成员成立担保公司。20 世纪 70 年代以来,尽管导致欧美之间 DC 型计划不同发展速度的原因较多,但不同的法系传统是一个不可否认的重要因素。美国得益于信托文化与信托制度的环境,而欧洲则受制于信托制度的缺位。当经济社会发展对 DC 型产生需求时,不适宜的法律制度环境必将阻止和抑制 DC 型的发展。

4. 不同的法系造就了不同的资本市场。一般来说,凡是股市发展较好的国家一般是采用普通法的国家。普通法较大的弹性为企业年金留下了较大发展空间;信托传统为众多 DB 型迅速转向 DC 型成为战略投资者创造了客观条件。反过来说,DB 和 DC 对两个不同法系具有不同的追溯要求。如一国企业年金是 DC 型信托制,那么,30—40 年的资产长期性决定了它强调的是财产制度的安全性,财产安全性的几十年"游离"过程中,机构对管理权的竞争必然导致其投资收益的最大化,最大化收益的追求必将导致其采取"谨慎人"策略。于是,信托型企业年金计划采取的一般都是谨慎人投资原则,它与长期性养老基金的投资要求是一致的,符合它的利益;相反,数量投资原则一般都发生在股市不太发达的国家,由于其 DB 型养老基金一般都不是长期性资金,自然就无须采取谨慎人原则,短期投资策略与投机经常相伴。这就是不同法系条件下资本市场不同结果的主要原因之所在。

（六）立法对资本市场和养老金市场的促进作用

据美国投资公司协会（ICI）研究所 2006 年 2 月 9 日披露的数据和 2005 年年度报告的统计，截至 2005 年，全世界共同基金资产总规模为 17.28 万亿美元，美国就占 55%，即近 10 万亿美元（亚太、非洲为 11%，欧洲为 34%），而 1974 年只有 358 亿美元[1]，30 年增长了 300 多倍。据估计，在这 10 万亿美元中，养老金大约占一半以上，并绝大部分以信托形式持有。以 DC 型企业年金 401（k）为例，1990 年资产为 0.385 万亿美元，2004 年激增到 2.1 万亿美元。2003 年美国全国退休资产为 12 万亿美元，其中 DC 计划 2.9 万亿，DB 计划 1.8 万亿，个人退休账户（IRC）3 万亿，联邦政府养老计划 1 万亿，地方政府养老计划 2.3 万亿，年金产品 1 万亿；而 1990 年全美退休资产仅为 4 万亿美元，上述其他各项分别是 0.9 万亿、0.92 万亿、0.6 万亿、0.34 万亿、0.81 万亿、0.39 万亿[2]。

美国资本市场迅速发展的历史说明，制度是重要的，有什么样的制度就有什么样的结果。美国资本市场的迅速发展首先得益于企业年金的蓬勃发展；而企业年金的发展主要体现在 DC 型信托制的迅速膨胀；而推动 DC 型信托制企业年金发展发挥重要作用的立法主要是《雇员退休收入安全法案》。该法案对企业年金的信托形式作了严格的强制性规定。第二十九章"劳工"第 403 条第 1103 款"建立信托"第 a 节"以信托形式持有的计划资产与受托人的权利"明确规定，除了 b 节规定的"例外"以外，计划的所有资产都需以信托形式由一个或多个受托人持有。受托人的任命如同该章第 1102（a）所规定的，既可以信托工具的形式也可以计划工具的形式，还可以任命个人，如果他接受任命的话。受托人享有排他性的垄断权利来经营和管理计划的资产。第 b 节"例外"的论述为："本款第 a 节不适用于：（1）该州允许经营该项业务的保险公司发出的保险合同和保单的计划的任何资产；（2）类似保险公司的任何资产或由类似保险公司持有的计划的任何资产；（3）一个或更多的由第二十六章第 408 条规定的托管账户的计划资产。"[3]

---

①　ICI, Investment Company Fact Book, 45th Edition, 2005, p.59; "Worldwide Mutual Fund Assets And Flows, Third Quarter 2005", http://www.ici.org/.

②　"Fundamentals", *ICI Research in Brief*, Vol.13, No.2. June 2004, p.7.

③　《美国法典》，见 http://frwebgate5.access.gpo.gov/cgi-bin/waisgate.cgi? WAI SdocID = 729963432191+0+0+0&WAISaction = retrieve。

美国资本市场之所以有今天,公司员工之所以养老资产充足(截至 2004 年,美国 5400 万个家庭中 9200 万人持有共同基金,其中 84% 拥有 DC 型企业年金账户,许多人是重复持有企业年金①。60 岁员工的平均退休账户余额为 17 万美元),1974 年颁布的《雇员退休收入安全法案》确立的信托制度起到了关键性的作用。没有这个法案,就没有美国今天的养老金市场。可见,立法导向重要,立法内容更重要。

三、深层的思考与面临的抉择

(一)德国法系传统的遗产及其路径依赖的判断

中国继受的主要是经由日本传授的大陆法系中的《德国民法典》传统。起草于中国清朝光绪年间的《大清民律草案》主要参考的就是日本和德国法典,基本没受到《法国民法典》的影响。民国时期还先后参考过瑞士法典,新中国成立之后又受到苏联法典的影响。虽然德国法族的传统已在中国实行了一个世纪,但其中几乎一半时间是在战乱动荡时期,一半时间是在计划经济时期;虽说我们曾有过几十年"苏联式的国家保险"的历史经历,但其制度特征是企业保险与国家保险合二为一,我们从未有过作为第二支柱的独立的企业补充保险。根据这些事实的判断,我们基本可以这样认为,大陆法的传统企业年金的制度惯性所产生的路径依赖在我们这片土地上很难寻到踪迹。我们既没有沉甸甸的大陆法传统的企业年金惯性,又从未与普通法系的信托精神谋过面;不管是 DB 型还是 DC 型,对每个国民来说都是一个新事物。

(二)"DC 还是 DB"等于"前进还是后退"

《管理办法》将团险作为 DB 型企业年金来论述。团险与企业年金之间存在着本质区别。团险是一种纯粹的商业交易行为,属商业保险的范畴,如套用世界银行的划分标准,应属于第三支柱;而企业年金则是介于第一支柱社会保障制度和第三支柱商业保险之间的第二支柱,既非社会保障,也非商业保险,而是享有国家税优政策支持的企业补充保险。在现代社会,团险主要是作为金融市场上的一个年金产品而出现的,是私人市场的一个金融产品,而企业补

---

① ICI, *Investment Company Fact Book*, 45th Edition, 2005, pp.29–30, p.45.

充保险则是一个特殊的制度安排,是体现一国收入分配政策理念的一个"延迟收入"的制度安排,是国家立法给予税收政策支持的一个政策工具,是职工与企业雇主进行集体协商的一个权利,是劳工在工会组织中受到保护的一个职工权利的自愿行为,是现代社会中国家、雇主和雇员三方合作集体谈判的一个社会安排,而远非团险那样单纯地只是一种市场产品的交易行为。

诚然,在欧美建立企业补充保险的早期阶段,团险是其一个重要或唯一的形式,保险公司曾发挥过重要的经济作用,但目前除欧洲少数几个国家之外,大多数发达国家正在摒弃这一简单将之作为商业保险来运作的落后行为,而将之纳入到社会福利大制度的总体安排之中。从这个意义上讲,如果将团险的概念再次引申到企业补充保险之中,模糊了二者的边界,等于是将正被发达国家摒弃的做法重新拾起来,鼓励后进,抑制前进,等于是将本来就十分有限的企业年金"缴费资源"断水开渠引入商业保险的市场;其客观效果对刚刚颁布的 DC 型企业年金规则来说是个极大的冲击,对繁荣和发展资本市场是个极大的负面影响。

即使认定上述为 DB 型企业年金,它也属落后的一个制度安排,因为它的本质主要还是"保险合同"的性质,不属于真正意义上的 DB 型企业年金;英美国家的 DB 型企业年金基金的运作模式除了融资方式以外,其他许多方面如投资管理等均保留了独立的信托模式特点,基金资产是独立的"信托性质",而较少属于"保险合同"。

(三)对如何解决老年职工补偿问题的看法

《管理办法》的出台在相当程度上是为了补偿老年在职职工的利益。在当前建立 DC 型信托制企业年金的初始阶段,按照劳动和社会保障部颁发的两个《试行办法》确立的 DC 框架下缴费,对于即将退休的老年职工(如 55—60 岁的职工),由于他们积累的年限较少,确实存在一个补偿的问题,尤其对国企职工来说,国家应采取一定的措施给予补偿。我们应确立两个补偿原则:一是在 DC 型制度之内予以一定范围的变通考虑,而不应再引入一个 DB 型;二是通过商业保险的办法予以过渡,而无须通过建立两套制度的办法予以解决。

笔者对过渡性补偿办法的具体设想是:(1)对有条件的企业,可以鼓励其用为年老职工和已退休职工购买团险的办法予以补偿。这是个过渡的办法,一定要设定严格的条件,如规定受益人的年龄限制和工龄资格等,防止变相为在职职工大面积建立 DB 型企业年金。（2）在 DC 型制度内部可统一采取某种过渡办法予以变通补偿。两个《试行办法》中出现的"企业账户"和"个人账户"两个概念中,对所谓"企业账户"可以另行针对老年职工的情况制定一些临时规则,适当引入一定的 DB 型因素予以变通。制度内变通解决需要注意的问题是严格实行审批制度,严格控制,严格监管,国家可以统一制定一个过渡政策,待过渡期结束之后,这些临时性措施将随之废止,以防止出现将目前的 DC 型制度变成事实上的 DC+DB 的"统账结合"的混合型制度。（3）国家可以考虑在基本社会保险中给予统一解决。国企老年职工可以作为一个特殊情况予以补偿,以弥补企业年金中出现的这些积累缺口,给予特殊对待以减轻企业的负担,使之纳入国家整体社保改革的过渡性方案之中,成为一个组成部分。

（四）对 DB 型市场需求的态度

《管理办法》的制定不但迎合了部分国企的需求,而且也满足了绝大部分保险机构的需求。无论在国内还是在国外,对 DB 型制度具有最大需求冲动的应该是保险机构。商业保险机构与无数厂商一样,为了实现其利润的最大化,市场竞争的结果将导致资源配置的最优化。但是,微观经济学还认为,在一个不完全的世界中,厂商贴现率必定要高于社会贴现率,其"短视"行为的内生性必定导致他们的个别决策对社会长期发展目标具有程度不同的背离,这是市场失灵的重要表现之一,需要国家的干预与校正。因此,要降低厂商贴现率,使之逼近社会贴现率,就需要国家出面对厂商的"短视"行为予以干预和纠正,这是公共干预的一个基本原则。如果相反,国家出面立法对某些"短视"行为予以"庇护",那么若干年后就不得不进行第二次干预,"二次干预"的目的是校正以往的"不当干预",那时必将带来很大的制度成本。一旦制定了DB 政策,随着时间的推移,它便产生刚性。前文论述了大陆法系演变过程中对信托因素的排斥就是一个例证。普通法系国家也具有制度刚性的特点。

（五）对 DC 型信托制在中国适应性的评估

曾有观点认为,虽然总体上看企业年金是从"零"开始制度建设,但毕竟已有 500 多亿元人民币的存量,总得给这个老制度若干年的过渡时间,允许为DB 型留下一个过渡的空间,而不应急于求成,过于强求,让市场的选择来作最后决定。这种担心有一定的道理,因为我们遇到的是建立企业年金的多重困难:DC 型信托模式没有被各方充分理解和认可,操作起来没有像到保险公司去购买团险那样简单,市场上的合规主体较少,市场不成熟,营运风险较大,监管制度不健全,管理费用也不低,等等。所以,企业的热情不是很高。还有观点认为,以往老制度留下的 500 亿元存量的过渡存在一些技术问题。例如,原有的操作模式主要存在于三种形式:大中型企业自办的形式(即成立企业年金理事会),发达地区(如上海和深圳市等)采取社保机构经办的形式,还有一些企业采取的是保险公司管理形式等。现存这三个类型要统一向 DC 型信托制转化确实存在一些法律问题需要解决。面对上述问题,一个简单易行的解决办法就是直接找保险公司。

　　上述困难和心态的出现可归结为一个核心问题:DC 型信托制养老金制度源于普通法的英美国家,这种判例法的概念在我们这个成文法的国家能有生命力吗? 前文显示了普通法信托制在一些大陆法传统国家的遭遇和冲突。但我们还可以找到另外一些相反的案例来证明,DC 型养老金的信托制度在大陆法国家的运用也存在成功的可行性。

　　在世界众多法国法族继受国中也有一些国家引入了信托因素。据考证,大概只有少数几个继受法国法族的国家对其稍作了调整。一个是摩纳哥 1936 年对其作了改造,采用了英美式的信托概念,但只允许其本国有信托制度的外国居民在摩纳哥设立信托。此外,还有欧洲的列支敦士登和卢森堡出于吸引外资的需要分别在 20 世纪 20 年代和 80 年代引入了金融信托立法因素[1]。比较成功的是荷兰。1809 年荷兰颁布的第一部民法典与《法国民法典》十分相近,后来又多次修改,1838 年颁布的新法典对旧法典作了很大改进;1928 年又作了全面修订,到 1974 年起草新的民法典时,它已是一个几乎完全抛弃《法国民法典》模式的新体系[2]。于是,欧洲战后出现的一个奇迹便是一个版图很小的国家却是金融最发达的国家。荷兰在欧洲大陆是企业年金最发达国家之一,养老金资产规模最大国家之一,家庭金融资产比例最大国家之一,机构也是最国际化的。例如,驰名世界的荷兰国际集团(ING)的资产已

---

① 参见张天民:《失去衡平法的信托》,中信出版社 2004 年版,第 129 页。
② 参见徐国栋:《〈法国民法典〉模式的传播与变形小史》,2004 年 4 月 28 日,见 http://www.civillaw.com.cn/weizhang/default.asp? id=15739。

经相当于甚至高于荷兰全国的 GDP。

如果说上述欧洲四个小国案例没有什么说服力,那么,拉美一些国家成功地将普通法系的信托制度融入到所固有法律体系中的一些做法就非常值得研究和借鉴。几乎所有南美国家都属拉丁文化,继受的《法国民法典》都是同一个蓝本,而它又是在大陆法中最缺乏弹性和信托精神的。但后来,受美国的影响,尤其是 1921 年美国的凯默勒(Kemmerer)报告指出拉美银行系统效率低下的一个重要原因是没有信托,这对拉美国家震动很大,引发了一场改革运动,它们纷纷引入信托因素和信托制度①。虽然这场改革的主要目的是为满足商业领域的需求并曾引起争论,改革后在一些国家也曾出现过反复,但总的来说为其 20 世纪 80 年代养老金制度改革奠定了一个良好的基础,甚至使之成为养老金制度改革的成功典范。

在拉美,智利是一个成功的改革先锋,随后十几个拉美国家效法智利,取得了比较理想的效果。智利 1981 年社会保障引入了 DC 型完全积累制的模式,社保基金实行 DC 型完全积累的信托制。经过精心准备,智利几乎在一夜之间完成了制度的转换。除了许多其他条件以外,当时智利军政府采取强制性的措施起到了关键作用。25 年过去了,智利的这个 DC 型信托制养老基金的运作效果虽然存在一些问题,但总体来看较好,受到业内的广泛赞许:宏观经济政策稳定,资本市场日益成熟,投资回报率很高,经济运行良好,增长速度稳中有升,成为拉美的一个典范②。

智利的成功案例给我们的启示是:(1)只要立法机构不遗余力地引入信托制养老金的类似制度,固有的大陆法制度的道路依赖问题并不是完全不可克服的,甚至在最敌视信托的西班牙传统的拉美国家也可获得成功,法学界对此已有共识③。(2)在具有将近 200 年法国法族传统的拉美国家能够成功地建立起 DC 型信托制度,在我们这个只有 100 多年德国法族传统的国家就更

---

① 参见张天民:《失去衡平法的信托》,中信出版社 2004 年版,第 137—138 页。

② 在拉丁美洲,除智利外,还有十几个国家采取了同样的养老金制度,业绩斐然,但都不如智利稳健。当然,智利社保改革后也存在一些问题,但就投资回报率等指标来说是成功的。智利休克式改革的成功得益于其当时的军政府强制性推进,当然,这是一个特殊的社会条件。关于智利社保制度改革的分析,笔者将专文另述。另外,笔者这里要说的是,智利改革的成功虽然主要表现在社保基金,但从引入信托的层面来看,它与企业年金是有可比性的。

③ 参见张天民:《失去衡平法的信托》,中信出版社 2004 年版,第 137—138 页。

没有理由对 DC 说"不"。（3）DC 型制度既然能够在法国法族传统的智利生根发芽,25 年来业绩良好,就没有理由认为在中国存在不适应性问题。

（六）对当前中国企业年金政策的思考

1. 当前改革阶段的两个特征及其对政策制定的影响。我们的改革已进行了将近 30 年,到了经济各个子系统的改革阶段,可称为"后改革阶段"。"后改革阶段"明显具有两个重要特征。

第一,社会群体和市场主体对任何政策的出台都很敏感。在"后改革阶段",大的社会利益格局已基本形成。任何一个非常微观的改革政策出台都很可能对一部分群体的利益产生一些影响,引起社会的广泛关注,甚至就连一项福利增进的改革,即在不损害和降低任何群体利益的前提下而提高另一小部分人的利益的改革措施,也可能会导致全社会的关注和强烈反对,从而引发社会不和谐现象的发生。而在 20 世纪八九十年代的改革初期,任何一项措施和政策的出台都与以往旧体制形成巨大的反差,因而几乎所有改革措施都受到大多数人群的欢迎。那时人们对腐败问题的容忍程度要低于现在,但同时对收入分配政策的敏感性也低于现在,而后改革阶段却恰好相反,人们对腐败问题的容忍度要高一些,但同时对收入分配政策的敏感性也很高,因为激烈的竞争使各个市场主体更加关心宏观经济政策的走向对他们利益的触动。

第二,社会经济政策制定的参与度比较小。经过近 30 年的改革,市场经济制度的大框架体系已基本尘埃落定,进入了经济部门子系统改革的攻坚战阶段,技术性很强,要求具有一定的专业知识,所以,社会参与制定改革政策的范围比以前要小,甚至只是发生在一个和几个主要政府专业部门。于是,政策制定过程中发生的分歧与以往相比更多地是在政府不同部门之间,而较少发生在政府与社会之间（当然这里也存在着不透明的问题）,于是,很小范围内少部分人的认识和判断就很容易影响政策的制定,甚至有可能直接成为政策。

上述两个特征说明,后改革阶段是一个对社会经济政策变动非常敏感的阶段。因此,在制定政策过程中要充分考虑到社会各方的承受力,要兼顾当前和长远,要举轻若重,要充分予以论证,要尽量扩大社会讨论的参与率。

2. 现阶段各项立法的两个特征及其重要的导向作用。与改革初期阶段相比,后改革阶段的立法和政策制定具有两个特征:（1）立法的密度前所未有。改革的深入主要表现在部门立法的数量越来越多,行业层面的立法越来越密,牵涉的经济部门越来越广泛,技术细节越来越专业化;经济子系统的部门立法构成了市场经济制度的总和;因此,当前的改革阶段是中国市场经济法律制度的一个重要形成期。(2)不同利益集团对不同政策取向之间的矛盾日益尖锐。虽然以往各项政策的制定也牵涉社会不同利益集团,但却从未像现在这样"院外集团"与政府机构的互动如此频繁,政策的出台对市场的影响如此明显和敏感,不同政策取向所导致的不同利益关系之间的对立从来没有像现在这样尖锐,政策出台之前各种利益集团对其施加影响力的程度从未像现在这样激烈。用政治学的语言,这是一件好事,是社会进步的表现,因为政府的产出与输入之间加强交流将有利于政策的准确性,以减少失误。上述两个特征显示,既然法律制度对经济结果具有重大的反作用,因此,各个经济部门的立法导向非常重要。

3. DC 型与 DB 型政策导致不同的社会贴现率。不同经济环境下的社会贴现率是不同的,从对 DC 型与 DB 型采取的态度和选择便可窥见一斑。其中,经济环境和政治环境是影响贴现率的两个重要变量。

第一,市场经济制度的成熟程度是一个变量。在一个市场经济制度成熟的社会里,厂商贴现率与社会贴现率之间的差距要小于市场经济体制不成熟社会里存在的差距,或者说,市场经济制度成熟的厂商贴现率相对更接近于社会贴现率,而不太成熟的市场经济制度里它们之间的差距就较大。在中国,金融机构和部分国有企业认为 DB 型比 DC 型更有利于它们自己,存在着较强的 DB 冲动,这说明中国厂商贴现率较高,与中国长期社会发展的需要之间的差距较大。但在发达国家则形成很大的反差:厂商认识到,DC 制度对它们的短期利益和长期利益都较为有利,这是 20 世纪 70 年代以来大量厂商放弃 DB 型转而采取 DC 型的根本原因,说明在成熟的市场经济制度下的厂商贴现率比较低,与社会贴现率比较接近。

第二,民主制度程序也是一个变量。政府是要换届的,国家则是永存的。一个制度比较完善的政府贴现率与社会贴现率之间的差距要小于制度不太完善的国家政府。或者说,制度不太完善的政府贴现率可能要高一些,它更倾向于部分厂商:面对部分厂商 DB 型的市场需求,DB 政策能很快出台,而几乎不需要什么论证和争论,过程很短暂。其实,美国国内对 DB 型与 DC 型也存在着两种态度和两种倾向,存在着两大利益集团,它们之间争论的时间之长,程度之激烈,实属罕见。例如,DB 型的忠实代表者和捍卫者非"美国精算协会"和"美国退休者集团协会"莫属:前者代表了 DB 型企业年金计划利益阶层的5000 多名精算师,因为 DB 型的消失就意味着他们的失业;后者是成立于1958 年的一个非营利机构,其成员有几千万退休者,是代表退休者利益的一个最大的社会组织,一个实力雄厚的力挺 DB 型的最大院外集团。其 2004 年总资产 16 亿美元,投资收入 2000 多万美元,会费和保费收入高达 4 亿美元,并还有很多公开出版物和基金会等实体,经营诸如旅游等实业,当年收益高达6000 万美元;它甚至还有一个庞大的科研机构"政策与战略集团",下属很多研究所①。"美国退休者集团协会"凭借雄厚的经济实力,为捍卫 DB 型在美国立法中的地位在国会这个合法博弈的平台上"冲锋陷阵";在它身后的几千万退休人口全部是 DB 型的支持者。虽然美国存在着一支不可忽视的支持DB 型的社会力量和院外集团,但政策制定者在历次修订案中都没有采取完全妥协的态度,甚至在震动世界的"安然事件"之后,政策制定者作了较大幅度修改,但关键的核心条文还是纹丝未动,这使上述两个机构大失所望。这是政府机构和社会制度成熟的表现,是导致政府贴现率走低并逼近社会贴现率的一个重要保证。

第三,较低政策贴现率符合长期社会利益。20 世纪 70 年代以来 DC 制逐渐在英美崛起,尤其在美国逐渐占主导地位的事实说明:厂商对 DC 型的强烈需求意味着在成熟的市场经济制度下企业贴现率是比较低的,比较符合整体社会发展的长期利益;国家在立法上抵制 DB 型鼓励 DC 型,这说明政府贴现率也在走低,是顺应社会的发展潮流。试想,如果政府反其道而行之,庇护 DB型而抑制 DC 型,那就说明政府贴现率走高,与社会贴现率呈现出背向的走势;虽然暂时可以符合一部分厂商的意愿,但不符合整体社会发展的长期利益;我们假设,如果 1974 年美国颁布的不是《雇员退休收入安全法案》,而是采取了相反的措施,强行规定的不是信托制而是别的制度,那么,就没有今天美国的资本市场和来于市场的个人福祉。总之,在美国选择 DC 型和放弃DB 型不仅仅是由市场单方决定的,也是政府政策的结果,是国家和市场二者

---

① AARP, "Consolidated Financial Statements", Dec.31, 2004 and 2003, With Independent Auditors' Report thereon.

共同选择的结果。

4. 当前导致较高政策贴现率的两个主要原因。中国制定的政策之所以出现问题和受到质疑,是由许多原因造成的。归纳起来,导致出现较高贴现率的主要原因有两个。

第一,政出多门,局部利益至上,中央权威下降。政府产出与投入之间的交流和沟通比改革初期好多了——这是政府与社会之间的交流和博弈。但目前最大的问题来自于政府内部职能部门之间的协调和交流的缺乏,来自于政府各部门之间的博弈。在当前这"第二轮"的"政出多门"窘局中,由于政策制定和立法内容逐渐专门化和技术化,国务院立法部门很难亲自操刀,部门之争难以仲裁,从而造成了中央权威的逐渐下降。跨部际的协调出现真空,跨部际的部门缺位,这令人想起当年体改委在这方面曾经发挥过的重要作用。

发达国家解决这个问题的办法一般是通过听证会制度予以解决。由于没有这样一个制度和较强的专业技术原因,就只能以部门草稿为主,或听之任之,或替而代之,缺乏第三方公允和独立的判断与仲裁。部门为自己立法等于是为自己开药方,其贴现率必然要高于国务院的角度,高于全社会的贴现率。目前 DB 政策的出现就是一个比较典型的案例。现实中还有其他一些类似案例。

第二,急功近利,短期行为,没有用科学发展观统领。部门为自己立法,有利有弊,利在于部门立法更了解实际情况;但同时,由于企业和机构的贴现率必定高于社会贴现率,这也会影响到政策制定的部门人员,于是部门贴现率就一般偏向于走高而不是走低。而问题在于,部门立法一旦出现不断走高的贴现率就是一件非常可怕的事情,因为它代表的是国家立法,将造成严重的后果和社会危害:人们思想产生混乱,对预期产生误导,对未来失去信心。市场主体急功近利的心态,短期利益的行为等就表现在各个方面。当前一个典型的表现是"圈现钱"的心态充斥市场和企业之中。由此可见,只有用科学发展观统领全局才能站得高看得远,制定的政策才能比较接近于社会贴现率,不产生社会误导;否则,它反过来对企业又会带来更高贴现率的短期行为,从而形成恶性循环。

5. DB 政策对较高社会贴现率的误导作用。DB 制度将产生诸多负面效应。对社会贴现率能产生什么影响是评估一项公共政策的一个重要标准,虽然还没有一套量化的分析方法。出现 DB 政策这样一个公共决策的博弈过程和博弈结果使人们不能不认为,在企业年金政策方面这是政府贴现率不断走高的一个表现,其误导作用的后果将是严重的,其产生的不利影响将是多重的。

我们刚刚建立起企业年金制度,在未来的发展中,还会存在许多其他制度陷阱。就目前我们的任务来讲,还应防止出现某种混合型企业年金制度①,因为从本质上讲,这些混合制也属 DB 型,长期内也是一个制度陷阱,它将产生与 DB 型几乎完全一样的问题,其在英美也是国家担保公司的对象,是国家的一个财政"包袱"。当中国企业年金真正在市场开始运作时,有关监管部门对这种变通的 DB 制应保持警惕。

从国外的发展历程来看,保险机构在企业年金的初期阶段确实曾是 DB 的主要经办人,但随着资本市场的发展和企业年金市场的发展,在劳动力流动性和回报率的双重压力下,保险机构的市场份额不断下滑,保险机构的功能从一站式经办逐渐过渡到以提供年金产品为主,这个"二阶段"过程在英美发达国家也是一个事实。

对中国保险机构来说,短期内在市场上它无疑是最具有实力和吸引力的一个市场主体,但长期看,人口老龄化、独生子女政策、市场的无序、企业生命周期等都将使 DB 政策最终可能成为保险机构的财务"包袱",即使生命表不断调整,但其滞后性也很难克服。所以,市场份额的减少对保险机构来说也是不可避免的,这是发达国家的经历所证明的一个规律。

利用大数法则提供养老金市场的年金产品是保险机构的天职,是退休资产市场的永恒主题;即使在目前,随着政府债券发行制度的不断完善,这也不是不可能的,因为接续 DC 型制度的主体只能是保险机构(指购买年金产品);况且,基本社会保障制度个人账户资金不管计发办法如何调整,都难以满足退休余寿不断增长的现实需要,当发展到一定阶段时,账户资金走向金融市场选购年金产品是一个迟早要出现的发展趋势。

(七) 结论

两百多年的历史尤其是 20 世纪以来的历史证明,普通法传统中的信托概

---

① 如"现金余额制"(CBP)等(关于混合型,参见郑秉文:《养老保险"名义账户"制的制度渊源与理论基础》,《经济研究》2003 年第 4 期)。

念在大陆法传统国家中一直是程度不同地采取扩张的态势,大陆法系传统国家从未中断过继受来自普通法系的信托因素。大陆法系国家采取 DC 型信托制企业年金是大趋势。尽管普通法系的信托概念在大陆法系国家的运用效果不一,但一些拉美国家成功的案例说明,在企业年金和福利制度中,中国应最大限度地发挥信托在普通法系中所应有的价值,扩大信托用途的范围,实现信托的全部功能,以造福子孙后代。

信托不仅是一个制度,也是一种观念。信托观念的扩张对大陆法传统的中国提出了挑战。在我们这样一个没有信托制度背景和信托文化传统的国度里继受信托制度,在我们这样一个既没有企业年金又没有养老金信托可言的国度里建立一个 DC 型信托制养老金制度,我们将面临着严峻的挑战,同时也是一次机遇;大陆法传统的道路依赖和对信托制度的陌生很可能导致我们的福利制度和社会保障制度走上另一条道路。

中国私法体系和经济体系都在不断完善的过程中。法律制度与经济制度的建立应协同考虑,用科学发展观统领,这是政策制定者和立法者的共同任务。加入 WTO 市场开放以后,我们这个大陆法系传统国家将不可避免地面对来自普通法的制度规则、经营理念和文化观念的冲击;价值判断和目标选择要求我们将法律体系与经济体系的建设共同考虑进来,以适应和参与国际经济的竞争。

参考文献:

奥利维亚·S.米切尔:《美国企业养老金发展新趋势》,黄念译,载《保险与社会保障》(第一辑),中国劳动社会保障出版社 2005 年版。

梅汝璈:《〈拿破仑论典〉及其影响》,2005 年 5 月 26 日,见 http://www.law-walker.net/detail.asp? id=3073。

《深圳特区报》2005 年 4 月 27 日。

徐国栋:《〈法国民法典〉模式的传播与变形小史》,2004 年 4 月 28 日,见 http://www.civillaw.com.cn/weizhang/default.asp? id=15739。

张天民:《失去衡平法的信托》,中信出版社 2004 年版。

郑秉文:《养老保险"名义账户"制的制度渊源与理论基础》,《经济研究》2003 年第 4 期。

AARP, "Consolidated Financial Statements", Dec.31, 2004 and 2003, With Independent Auditors' Report thereon.

"Fundamentals", *ICI Research in Brief*, Vol.13, No.2. June 2004.

Gordon L. Clark, *Pension Fund Capitalism*, Oxford University Press, 2000.

ICI, *Investment Company Fact Book*, 45th Edition, 2005.

Mary Williams Walsh, "I. B. M. to Freeze Pension Plans to Trim Costs", 2006, http://www.nytimes.com/2006/01/06/business/06pension.html.

"Worldwide Mutual Fund Assets And Flows, Third Quarter 2005", http://www.ici.org/.

（本文原载于《中国人口科学》2006 年第 2 期,第 2—20 页）

中国企业年金的治理危机及其出路

——以上海社保案为例

内容提要：文章认为中国建立 DC 型信托制企业年金之后，原有的四种运营模式应尽快让位，政府应尽快退出。从上海社保案可以看出，"政府控制型企业年金"存在诸多弊端，很难建立起一个良好的养老基金治理结构，而且容易被用于"为国民经济服务"这一不符合企业年金的目标。政府控制型企业年金的投资结果大多都不理想，投资行为也常常发生社会利益冲突。

中国企业年金安全性问题近来已成为全社会关注的一个焦点。例如，上海社保案涉案金额高达 34.5 亿人民币，其中绝大部分为企业年金，较少是基本保险资金。截至 2005 年年底，上海年金中心管理的资金达 110 多亿元，占全国年金总额的 1/6；换言之，仅这次涉案企业年金的数额就占上海市政府掌控的企业年金总资产的 1/4—1/3①。

一、法人治理结构缺位导致企业年金安全性危机

在上海社保案的诸多分析中，绝大多数媒体和文章都将之认定是违规投资或拆借造成的。但从本质上讲，导致上海社保案的根本原因不是投资违规操作，而主要是政府控制型企业年金的法人治理结构缺位。

---

① 上海社保案披露以来，大多数媒体提到其涉及的金额是 32 亿元，但根据上海年金中心提交的起诉书，上海年金中心通过委托资金运营的方式，先后拆借给福禧及其股东沸点投资的资金总额是 34.5 亿元。关于上述这方面的数据，参见《中央调查组进驻上海清查 34 亿社保金腐败案》，2006 年 8 月 27 日，见华商网，http://hsb.huash.com/200608/27/content_5687347.htm。

（一）2004 年之前没有统一的企业年金投资细则

中国企业年金的发展历史显示,从 1991 年国务院颁布《关于企业职工养老保险制度改革的决定》提出企业可根据自身经济能力建立企业补充养老保险起,到 2004 年劳动和社会保障部颁发《企业年金试行办法》、《企业年金基金管理试行办法》(以下简称"两个《试行办法》")之前的 13 年里,中国根本就没对企业年金投资管理和运营增值作出过任何明确的规定。《关于企业职工养老保险制度改革的决定》只简单地提出了列支渠道问题;1995 年劳动部《关于印发〈关于建立企业补充养老保险制度的意见〉的通知》中,只比较详细地规定了组织程序和管理、资金来源渠道、供款方式与水平、记账方式和计发办法、雇员与雇主双方的权利和义务等,而对投资管理则只进行了原则性的描述,至于投资问题就无章可循了。2000 年国务院颁发的《完善城镇社会保障体系试点方案的通知》虽然进一步规定"实行市场化运营和管理",但对投资营运的方式和资产配置等也没有作出任何强制性的规定与细则。

20 世纪 90 年代以来中国企业年金投资轨迹基本是:上海等发达省市对企业年金资金的保值增值始终与社保资金采取混合管理的办法,没有分离出来,20 世纪 90 年代初主要是协议存款和购买国债,20 世纪 90 年代中后期开始进入房地产等实业投资领域,进入 21 世纪以来开始进行多元化投资,如进入资本市场等。由于对企业年金投资运营没有制定强制性的信息披露制度,各地的资产分布情况没有准确的官方统计资料,甚至常常是一个"商业秘密",就连中央主管部门也难以定期发布权威性的信息统计。

由此可见,2004 年之前,中国企业年金的投资是无章可循,无规可违。于是,笔者认为,上海社保案的关键主要不在于其资产配置和投资策略的违规操作(少部分基本社会保险资金除外)。

（二）企业年金原有四种经营模式的风险源

中国企业年金安全性风险源关键在于企业年金的法律组织形式,即在于其经营模式。在 2004 年之前,企业年金原有经营模式主要有四种,其政策根据主要来源于两个文件。一是 1995 年国务院颁发的《关于深化企业职工养老保险制度改革的通知》,该通知规定,企业补充养老保险由企业和个人自主选择经办机构。当时的补充保险基本是模仿基本社会保险资金的管理方式,即规定的行政管理与基金管理分开、执行机构与监督机构分设的管理体制,社会保险行政管理部门的主要任务是制定政策、规划,加强监督、指导,管理社会保险基金一律由社会保险经办机构负责。二是 1995 年 12 月劳动部印发的《关于印发〈关于建立企业补充养老保险制度的意见〉的通知》,再次对此予以确认,并规定具备条件的大型企业、企业集团和行业也可以自行经办补充养老保险,但需建立专门的经办机构。

　　根据上述文件的规定,经过十几年的演变和选择,中国企业年金的组织形式大致有这样四种模式:(1)"自办模式"。包括行业的统筹部分,如电力、石油、石化、民航、电信、铁道等行业企业,它们大多属于国有垄断性质的企业或行业,其风险特征是企业年金资产与企业自有资产之间没有实现有效隔离,带有明显的 DB 风险性质的因素,绝大多数大中型国有企业选择了这种模式。(2)"经办模式"。其被一些经济发达的沿海省市所选择,如上海、深圳等,即由当地社保行政部门成立专门机构,经办企业年金的运营工作,其风险特征是企业年金资产与地方公共权力之间没有实现有效隔离,地方政府干预的因素较多,带有地方行政保护及其附属物的色彩。此外,缴费和资金分配规则一般由企业自定,经办机构主要负责统一管理基金的投资运营,其中包括协议存款和购买国债,还包括直接投资和委托外部金融机构运营等。(3)"保险公司模式"。不少企业补充保险资金用于购买了商业团险,虽然它实现了与企业自有资产、与地方公共权力之间的隔离,但不属于真正意义上的企业年金,只是寿险公司的一个团险义务而已。(4)"蛇口模式"。由于历史原因,这是由招商局蛇口工业区经办企业年金的一个特例,它成立于 1981 年。

　　上述四种原有经营模式法律组织形式的性质模棱两可、模糊不清。首先从"经办模式"看,《关于企业职工养老保险制度改革的决定》规定,"由社会保险管理机构按国家技术监督局发布的社会保障号码记入职工个人账户"。后来的所有文件均明确突出了积累制的精神,即缴费进入个人账户,增值部分归账户持有人,退休时完全账户全部余额归账户持有人。仅从缴费和给付这两个主要特征来看,毫无疑问,它是属于 DC 型的,与 2004 年两个《试行办法》确立的现代企业年金制度的性质是一致的。但是,无论是营运管理的主体(指政府),还是在投资模式(没有独立投资)上,它都不是真正的 DC 型积累制。其次从"自办模式"看,企业年金实行自我管理,在没有明确规定的情况下,自我投资也好,购买商业团险也罢(保险公司模式),甚至不规范的企业将之作为"账外账"或融资工具的变相财务公司等,就更不能算是标准的 DC 型信托制了,而是带有强烈的并且是"变了味"的 DB 型色彩。最后从蛇口模式看,这个特例集经办模式和自办模式二者特点于一身,既有经办模式的特征(从政府管理的角度看),又带有自办模式的特色(从企业理事会的角度分析),是一个模棱两可的模式。总之,四种原有模式下的投资运营决策权不在地方政府手里,就在企业主自己的手里,如此落后的法律组织形式或经营模式必然酝酿着巨大的潜在风险,因此它正是 2004 年颁布的两个《试行办法》所要求的强制性实行财产权与经营权分离的改造对象。

四种原有营运模式存在着不同的风险源:在"经办模式"下,由于资金完全掌控在地方政府手中,基金的安全容易受到地方政府"道德风险"的影响,资金的使用容易受到地方公共权力的操纵,容易发生挤占挪用、权力腐败、官商勾结、利益输送。在"自办模式"下,由于资金离企业职工缴费源头较近,基金的操作虽然在表面上一般谨慎从事,但由于缺乏专业人士,收益率比较低,基金的安全容易受到企业经营风险和市场运营风险的影响,同时也存在着企业主挪用和腐败等潜在的客观条件。在"保险公司模式"下,基金的风险主要来自保险公司的经营状况。"蛇口模式"的风险在于容易来自政府和企业二者道德风险的双重夹击。总之,2004 年之前中国企业年金的存量部分的风险概源于 DB 属性的非信托制和非市场化的规范运营方式,是没有正式引入 DC 型信托制条件下官商结合的必然结果之一。

(三)上海社保案是经办模式的典型失败案例

企业年金的营运投资规则是从 2004 年开始有的,以这两个《试行办法》为界,在此之后发起举办的企业年金"增量部分"均应按现代 DC 型信托制建立,而在此之前的"存量部分"则在原有的模式惯性之中。

根据前述分析,可以作出这样几个基本判断和进一步的分析。

第一,上海社保案的性质判断问题。上海社保案涉案资金的投资行为是发生在 2004 年两个《试行办法》颁布之前[①],属于上海企业年金的存量部分,是历史遗留问题,是由于中央政府没有给出过渡时间表将之纳入两个《试行办法》制定的 DC 型信托制的制度框架之内造成的后果。上海社保案属于典

---

① 参见胡润峰等:《上海社保:危险的投资》,《财经》2006 年第 17 期。

型的"经办模式"的危机和失败,是政府控制企业年金的必然结果之一,是典型的政府失灵的表现。企业年金管理是政府必须退出的领域,它与基本社会保险具有根本不同的属性。

第二,经办模式的缺陷。2005年年底,全国企业年金的积累大约有680亿元,上海大约有100多亿元①。作为典型的经办模式,上海社保案的所谓"违规",在没有明确的投资管理规定的历史条件下,不是指对资产配置的违规和对投资限制的突破,而是指经办人员没有很好地履行政府决策中关于决策科学化、民主化和制度化(以下简称"三化")的程序,导致了官商勾结和利益输送。

第三,经办模式必然导致腐败。"政府控制型企业年金"很难建立起法人治理结构,决策的"三化"难以真正实现。任何一个没有法人治理结构、由政府控制、甚至是政府附属物的基金(包括社会医疗、工伤等保险资金,还包括住房公积金等)是很难建立起决策的"三化"程序的,也不可能存在建立法人治理结构的内在激励,即使建立起来,在目前的社会环境下也很难做到不受任何公权的影响和操纵;甚至在具有良好治理结构的发达国家政府控制型企业年金中,也存在公权侵害基金利益的现象。

二、"政府控制型企业年金"的利弊分析

(一)公共治理危机与养老金治理危机

公共治理也称为公共部门治理或政府治理,它是指在政府事务管理中为实现福利最大化和解决利益相关者利益冲突的目标而制定的制度过程与制度安排;公共治理的本质是代表市民解决委托代理的问题。一般认为,金融制度的公共治理应遵循以下四条基本原则:(1)透明的金融制度要履行陈述的义务;(2)金融监管机构应具备独立性;(3)金融监管机构应具备有效性;(4)负责任的金融制度要采取反腐败的措施。

学界普遍认为,上述第一和第四条对养老金来说是高度相关的。为此他们总结出养老金受益人的风险主要有四种:(1)政府不能兑现退休收入的承

---

① 齐轶:《明年底完成原有年金规范工作》,《中国证券报》2006年9月25日。

诺;(2)政府误用缴费者的缴费,为满足社会政策的目标而宁可牺牲退休收入的目标;(3)政府将基金用于"目标贷款"和特殊融资,从而导致基金运行失效;(4)腐败和滥用导致重大损失①。

上述治理原则也好,潜在风险也罢,主要是针对那些公共养老金。于是,公共养老金除了面对市场风险外,还需要面对政府干预的风险,尤其对政府直接控制的"政府模式"就更是如此。例如,有学者分析,有些养老计划是"在政府内部管理的,事实上是作为一个部门来管理的,而其他一些计划是由专门建立的代理机构来管理。在有些国家,这些代理机构属于政府当局的性质,而有些则是信托的形式。总之,这种政府模式对滥用来说是完全开放的,所以不是一个最好的惯例"②。毫无疑问,中国经办模式就是典型的"政府模式"。

但是,不管采取哪种法律组织形式,都应有一个理事会,这是国际惯例,概莫能外,因为它是养老金治理的主体,是实施有效的内控与外控的重要机制。一般来说,理事会成员的产生有三个办法:计划成员选举、政府任命和当然成员。20世纪90年代美国州以下地方政府公务人员200多个养老金计划的统计显示,理事会的组成平均是8.5人,最少的是3人,最多的是32人。在有代表性的26个养老基金中,平均人数是12人,最少的3人,最多的29人;其中,当然成员平均在20%以下,70%是任命的③。

就上海社保案来看,经办模式的DB特征的最大危害在于不能建立起一个上述法人治理结构,从而最终导致基金安全性危机。

2004年两个《试行办法》确立的中国DC型信托制,其核心概念是企业年金资产完全独立于政府和企业,建立一个独立的法人治理结构,完全摆脱公共权力的控制,按照国际惯例进行市场投资运营,严格实行所有权、受益权和经营权的彻底分离,使企业年金这个长期金融资产在未来几十年里,从企业资产当中分离出去,远离公共权力的干预,分别由受托人、托管人、投资人和账户管理人各司其职,相互制约,按照市场规则进行投资运营。

① Alberto R. Musalem and Robert J.Palacios, *Public Pension Fund Management：Governance, Accountability,and Investment Policies*, The World Bank,Washington, D.C., USA., 2004, pp.7-8.

② Alberto R. Musalem and Robert J. Palacios,*Public Pension Fund Management：Governance, Accountability, and Investment Policies*, The World Bank, Washington, D.C., USA., 2004, p.11.

③ Alberto R. Musalem and Robert J.Palacios, *Public Pension Fund Management：Governance, Accountability,and Investment Policies*, The World Bank,Washington, D.C., USA., 2004, p.74.

从企业资产中分离出去,可以有效防止由于企业经营出现问题而导致的DB模式的支付风险,有利于保护企业职工的合法权益,克服来自企业主的投资随意性;从地方公共权力中分离出去,等于是在公共权力与企业年金之间建立了一道"防火墙",将公权腐败与企业年金完全隔离开来,这对规避地方政府的道德风险和保护基金的安全性具有长远的意义。

从企业年金长期发展来看,在资金的安全性和收益性之间,安全性是首要的,其次才是收益性。上海社保案再次说明,坚持DC和防止DB是保证基金安全性的一项根本措施,是防止出现资金滥用和利益输送的一个制度保证,尤其在现阶段中国个别地方GDP崇拜和投资冲动的政治经济生态环境下,它是保证基金安全性进而获取收益性的一个前提。

(二)"政府控制型企业年金"的关键在于不能建立起法人治理结构

中国企业年金的安全性要求它必须建立一个上述良好的治理结构,以建立一个防止公共权力干预、威胁和滥用资金的屏障。但是,对于政府控制型的经办模式来说,在目前条件下,建立良好治理结构的激励远不如金融机构更具有内部驱动力。

第一,政府具有天然的垄断倾向,养老基金"公共性"是政企合一的天然垄断物品。十几年来,上海社保局虽经四次变革,机构几经变动,但始终没有引入一个较好的基金治理结构,恰恰相反,养老金对政府的附属性质亦步亦趋。第一次是20世纪90年代初,由隶属于上海市劳动局的"上海市退休费统筹管理所"划拨出1亿元资金创立申宝公司,利用"部分结余"投资房地产;这种政企不分、亦官亦商的结构说明,它不可能产生法人治理结构的驱动力。第二次是1993年成立上海市社会保险管理局,代替原上海市退休费统筹管理所,但申宝公司也相应划转上海市社会保险管理局,其行政管理与商业运营一体化的结构仍未改变。第三次是1998年,原劳动局和社会保险管理局合二为一,上海市劳动和社会保障局正式成立,但也正是从这时开始,社保基金的使用权更加集中了。第四次是2002年上海社保局相继登记成立了上海社保中心和上海年金中心,但"两金"(社保基金与企业年金)长期混用的局面依然如故,管理体制没有任何变化,全市"两金"更加牢牢握在社保局手中。

第二,所有养老基金,包括企业年金,其投资项目的产权看上去"性质不清,产权不明",具有"公地悲剧"的属性,成为公权侵蚀的一个"蜜罐"。这是政府利用养老金投资的最好借口,也是政府不愿意放弃基金管理的根本原因。广大职工的缴费变成了公共权力投资的骰子,换言之,上海社保局集基金管理人、投资人和受托人于一身,企业年金已形同一场往来平账的纸上游戏。其实,类似事件曾多次发生,如 2004 年广州市人大代表在市人大会议上对 8 亿元社保基金"在外营运"案提出质疑①。

第三,公共权力对其影响巨大。因为投资几乎完全置于个别人直接垂直操控之下,挪用资金、利益输送、为小团体谋取不正当的利益、裙带关系、关联交易等会不断产生。于是,一言堂和人治就是政府控制型企业年金的治理结构。实际上,即使在发达国家,虽然政府控制型企业年金能够建立起比较完善的治理结构,但公共权力操控投资的案例也是屡见不鲜的,成为滋生腐败的根源。政府控制型养老金不可避免地将导致地方政府养老基金案件和丑闻层出不穷,发人深省。例如,美国密苏里州公务员退休制度建立了一个风险资本,但 3 年之后就因收益率太低而被迫关闭;伊利诺伊州将 2100 万美元挪用至州财政之中;加州养老基金 1991 年挪用 16 亿美元用于平衡州财政;明尼苏达州一支烟草业的股票在清仓时发现损失了 200 万美元;美国会计总署的调查发现,凡是投资于住宅的养老基金回报率都比较低,或资金回收有困难②。

第四,没有法人治理结构就没有披露信息的任何强制性,没有披露就谈不上监管,养老计划的参保人和受益人就对资金的投资、收益、分配等一无所知,合法权益可能受到严重损害。上海社保局的官方网站每年发布的"通知"内容非常简单。例如,落款日期为 2005 年 12 月 31 日的"沪劳保福发(2005)44号"《结算本市补充保险基金收益分配的通知》只有一句话:"各参保单位和个人 2004 年末的补充养老保险账户储存额按 4.00% 的收益分配率计算收益";2005 年的收益情况只给出了一个表格(见表 1)。经过笔者计算可知,2005 年

---

① 参见郑秉文以下四篇文章:《构建规范的社保基金投资体系迫在眉睫——对广州 8 亿社保基金被挪用的反思》,《中国改革报》2004 年 4 月 12 日;《社保基金投资处于"放羊状态"》,《改革内参》2004 年第 14 期(总第 434 期);《8 亿养老金坏账谁承担》,《中国社会导刊》2004 年第 5 期,第 20—22 页;《不仅仅是政府埋单的事》,《环球财经》2004 年第 6 期,第 18—19 页。

② 这些案例出自以下 3 个研究报告:Joint Economic Committee House Staff Report, "The Economics of ETIs: Sacrificing Returns for Political Goals", September 1995; "Economically Targeted Investments(ETIs):The Issues", Tuesday, May 23,1995; Economically Targeted Investments(ETIs), "The Solution:H.R.1594 The Pension Protection Act",Tuesday, June 6,1995。

的平均收益率仅为 2.167%。即使这样一个象征性的信息披露,也是极不规范的,全文只有几百字。除此之外,该网站关于企业年金的其他信息则一无所有,是亏还是赢,完全是个"黑洞"。

表1　2005 年各月上海缴纳的补充养老保险费收益分配率

月份	1	2	3	4	5	6	7	8	9	10	11	12
收益率(%)	4.00	3.67	3.33	3.00	2.67	2.33	2.00	1.67	1.33	1.00	0.67	0.33

资料来源:见上海社保局官方网站,http://www.12333.gov.cn/zxzx/shbxxgwd/t20060512_1002668.shtml。

政府控制型年金不但不可能建立起治理结构,甚至还是个"迷宫"。上海社保局下设 15 个职能处室,另设 18 个事业单位,即"政务执行机构"的 17 个中心和一个总队(劳动监察总队),但从官方网站上看只有社保中心,而没有年金中心。

(三)"为国民经济服务"口号的导向是错误的

建立企业年金的唯一目标是为退休收入的多元化和收益最大化服务;唯一服务对象是受益人。建立企业年金的目标和服务对象是非常明确的,它决定了退休资产安全性必然要成为企业年金治理的第一要求。但在政府控制型基金中,政府的目标很容易被政治家人格化,"为国民经济服务"口号的本质是养老基金投资的目标政治化代替了收益最大化,甚至成为地方政府个别腐败官员挪用和利益输送的一个"掩护"。在这个冠冕堂皇的借口下,企业年金就可成为制造政绩和推动 GDP 增长的一个牺牲品。

为达到上述政治目标或政绩表现,投资策略就容易成为为政治目的服务的一个附属品,甚至动用地方立法机构专门为之立法,将资金风险的后患留给后人,将"政绩"留给自己。据披露,上海 F1 赛场案和上海国际网球大师案的背后也有社保资金的影子①。此外,2004 年之后,在宏观调控的大形势下,银行对房地产项目的贷款审批日益严格,而经办机构发放委托贷款则可以"绕开"许多规定而打开方便之门。上海社保局投资旗下诸多房地产项目就是明证②。

---

①　参见《邱晓华涉社保案严重违纪》,《香港文汇报》2006 年 10 月 20 日。

②　例如,明天广场、永银大厦、东银大厦、东海广场和来福士广场等,参见胡润峰等:《上海社保:危险的投资》,《财经》2006 年第 17 期。

这样的案例,在美国也比比皆是。例如,美国就有 18 个州立法规定养老基金允许用于政治目的的"社会投资"①。克林顿上台之后修改了《雇员退休收入安全法案》(ERISA)的部分条款,改变了传统的以基金受益人回报率最大化为唯一目标的基金投资战略;加入第二个目标的目的是为了达到建筑公共住宅、创造就业机会的政治目的,以拉拢选民;劳工部还将"经济目标投资"定义为"除为雇员的津贴给付计划寻求投资回报以外还需选择他们的经济收益"的投资行为。这样,基金管理人既要考虑到相关收益人的利益,同时也要考虑到第三者的集体利益②。美国康州曾动用 2500 万美元投资于本州公司,以拯救 1000 个就业岗位③;加州也曾有许多类似的案例,州长上任伊始就让"加州公务员退休制度"基金(CalPERS)对该州单亲家庭住宅投资 3.75 亿美元,旨在"刺激加州经济发展",但该基金理事会官员表示反对,认为这是政治压力的结果,于是选择了一个"恰当的时间"请《养老金与投资》杂志编辑部进行了一次关于"抵制政治压力可以为投资项目带来利益"的采访,该州的财政局长立即由此得知此事,便予以干预,使这场灾难得以避免。其实,为了加快州内的经济发展和创造就业机会,20 世纪七八十年代美国一些州就曾立法鼓励和促进地方公务员养老基金对"州内总体福利"进行投资。例如,在俄亥俄州甚至还规定将种族优先权作为其养老基金的目标④。

(四)政府控制型企业年金收益率一般低于私人部门的企业年金

政府控制型企业年金的收益情况之所以不如市场管理型法人治理的养老基金,有以下三个主要原因。

第一,政府青睐的投资领域一般都带有潜在的政治目的,这些目的一般不为舆论所察觉,只有行内专家略知其中奥秘,所以,市场化投资程度比较高的私人养老基金一般都对此退避三舍。美国联邦政府的"养老金待遇担保公司"(PBGC)测算显示,私人养老金计划对 ETIs 的投资份额很小,在 20

---

① 在发达国家,具有政府目的和色彩的养老金投资经常被称为"社会投资"。

② Joint Economic Committee House Staff Report, "Economically Targeted Investments(ETIs): The Issues", Tuesday, May 23, 1995.

③ Alberto R. Musalem and Robert J.Palacios, *Public Pension Fund Management: Governance, Accountability,and Investment Policies*, The World Bank,Washington, D.C., USA., 2004, p.61.

④ Roberta Romano, "Public Pension Fund Activism in Corporate Governance Reconsidered", *Columbia Law Review*,Vol.93,No.4, 1993, pp. 795 – 853.

世纪 90 年代初 3.5 万亿美元的企业年金总额中只有 5%,但也造成了近百亿美元的损失①。地方政府为搞政绩而大力招商引资,这并不是中国改革开放中所特有的,也是发达国家可以见到的案例。例如,美国的宾州为笼络德国大众汽车在本州投资,动用了该州的公务员企业年金,由于种种原因,结果这个投资成为该州养老基金的一个"烂尾工程",造成巨大的经济损失②。

第二,通常的规律是,发展中国家基础设施的回报率在经济高速增长期较高,但在进入成熟期之后就趋于平均化,甚至最终成为公益事业,但这时,其资产流动性早已陷入困境,难以自拔,严重影响了企业年金的支付能力。类似的典型案例在东亚有新加坡、韩国和日本等,其中日本的教训颇为深刻,甚至 20 世纪 90 年代日本 10 年经济萎靡不振,与此也不无关系③。中国作为发展中国家,在企业年金投资营运中要充分考虑基础设施的这个报酬递减规律,未雨绸缪,警钟长鸣。

第三,凡是将企业年金用于政治目的的投资,一般都受到了市场规律的惩罚,导致企业年金收益率低下,最终受到了公众舆论的强烈谴责。例如,美国国会"联合经济委员会"的研究报告显示④,克林顿政府旨在促进本地经济发展的投资导向最终导致养老基金年收益率降低了 1.9%—2.4%。地方政府的"社会投资"也一样。例如,肯萨斯州养老基金为促进州内经济发展,州立公务员企业年金计划对州内企业投资比例很大,包括一个钢铁厂,结果损失了 1 亿美元。事后该州一个立法委员会对该基金直接投资进行调查后得出结论,认为该基金理事会对这项投资曾经有一个备忘录,责令该基金管理人对此负责,于是,肯萨斯州养老基金将其"炒鱿鱼"了事。美国的一项研究结果表明,1985—1989 年由于公共部门的干预而导致的企业年金损失中,投资收入的损失大约有 150 亿美元,用于政治目的投资引起的损失为 56 亿美元,限制对南

---

① Joint Economic Committee House Staff Report, *The Economics of ETIs: Sacrificing Returns for Political Goals*, September 1995.

② 郑秉文:《美国地方养老基金失败教训发人深省》,《中国证券报》2003 年 6 月 20 日。

③ 关于日本养老金投资基础设施的教训分析,见郑秉文、房连泉、王新梅:《日本社保基金"东亚化"投资的惨痛教训》,《国际经济评论》2005 年第 3 期,第 26—33 页。

④ Joint Economic Committee House Staff Report, "The Economics of ETIs: Sacrificing Returns for Political Goals", September 1995.

非投资导致的损失为 76 亿美元,总计大约 282 亿美元①。

(五)政府控制型企业年金的投资行为常常发生社会利益冲突

政府控制型企业年金的投资行为一般会导致一些负面影响:(1)对竞争性领域投资产生的负面影响较大,如对某些具有较好收益前途和潜力的项目投资可能会带来稳定和较高的收益水平,但也会导致致命的社会利益冲突,因为一般说来,政府控制型企业年金的成本高于市场管理型企业年金的成本水平。这样,从全社会的角度看,国民整体福利收益便产生损失,这就是人们常说的不可避免地会对私人部门的挤出效应。(2)在有些情况下会导致某些社会公平问题。例如,对某些诸如电信等垄断型行业的投资形成之后,在项目初创阶段,如果产品定价太高(如电话的初装费,移动电话的垄断话费标准,高速公路的过路费和水电价格等),将会造成社会公众与地方政府之间的公开对立情绪,直接影响政府的公信力。在中国正在讨论的《反垄断法》中应考虑类似冲突问题。(3)有些投资会影响不同社会群体之间的和谐。某些领域的投资项目可能惠及的社会集团范围较小,容易引起其他社会团体的不满,这种积怨往往也会影响公众对政府的信心。(4)对某些收益率较高的特殊行业的投资虽然符合法律标准,但却容易受到社会道德的质疑。例如,烟草业、酿酒业等回报率较高,但政府控制型企业年金对其投资必定会遭受道德层面的谴责。在中国,类似这样的行业比较多,如对环保影响较大、污染严重但收益率较高的领域等。

在国外,政府控制型企业年金的投资行为导致的社会利益冲突案例也不鲜见。美国明尼苏达州 1988 年通过了一项法案,授权所属公共养老基金可以进行国际投资。1991 年负责管理退休基金资产的"州投资理事会"决定在投资组合中划出 10%用于国际投资,但当 1992 年与一个国际基金管理人草签合同时,工人举行了大规模的示威活动,反对任何形式的国际投资,认为没有必要对外国股票进行投资,因为这样很可能会影响当地的就业水平,州政府为此专门成立了一个工作小组研究养老基金投资战略问题以同时满足"劳工、人权和环境的标准"。还有一个案例是伊利诺伊州政府雇员养老基金与其他股

---

① Roberta Romano, "Public Pension Fund Activism in Corporate Governance Reconsidered", *Columbia Law Review*, Vol.93, No.4, 1993, pp. 795-853.

东之间在投资战略方面出现了利益冲突,这是一个具有典型性的案例。一个印刷厂陷入经济困境,工人试图收购其由科尔伯格—克拉维斯集团公司(以下简称 KKR)公司控股的一个股东(是一个基金)的全部股权。州财政局长从中支持工人的行动,威胁 KKR 公司说工厂要正常运转下去,不得减少就业岗位,否则就抽回企业年金对其未来的投资。财政局长作为“州投资委员会”的一个成员,经过做工作,很快就使其全票通过了一个决定,该决定要求 KKR“尽一切努力以确保在财政上支持工人购买股权并使其成交”。KKR 不得不照办。有关报章对此评论说,一个投资者对 KKR 施压迫使其控股金融机构提出就业问题,在基金业内,这是第一个案例,KKR 面对如此压力而屈服也是第一次①。

三、地方政府的退出与中央政府加强监管

(一)从上海社保案看政府退出的趋势

上述分析显示,2004 年两个《试行办法》颁布之前企业年金资产的存量部分是风险的源头,上海社保案的涉案资金概源于此。中央政府应尽快采取措施,制定过渡时间表,把“自办模式”和“经办模式”尽快改造和过渡到 DC 型信托模式上来,这是当前政府有关部门大力发展企业年金的一个迫切任务。在出现上海社保事件之后的 2006 年 9 月 1 日,劳动和社会保障部紧急颁发了《关于进一步加强社会保险基金管理监督工作的通知》,明确要求各地社保经办机构不再接收新的企业年金计划,2004 年之前建立的企业年金计划要在2007 年底之前移交给具备资格的机构管理运营。这个《通知》表明,中央政府已下定决心,限期让各地社保经办机构从企业年金的营运管理中尽快退出,让位于市场,遵循国际惯例,将政府手中的企业年金正式纳入市场化管理之中。毫无疑问,这个《通知》是促进企业年金管理规范化的一次重要的转折,也是政府职能的一次重要转变。

客观地看 2004 年以前企业年金的存量,作为一个初级阶段的现代企业年

---

① Roberta Romano, "Public Pension Fund Activism in Corporate Governance Reconsidered", *Columbia Law Review*, Vol.93, No.4, 1993, pp. 803 – 808, 830 – 853.

金制度雏形,其历史地位是不容抹杀的,它为今天企业年金的发展奠定了一个基础。但是,无论从中国企业年金的发展需要来看,还是从世界的发展潮流来说,带有明显 DB 色彩的地方政府控制型企业年金只有让位于市场,才能从制度上根除安全性的隐患;既非 DB 又非 DC 的原有模式只有走上 DC 型信托制的正确道路,才能完成中国企业年金的大转折;唯有如此,企业年金的资金才能长治久安,类似上海社保案的腐败问题才能从制度上杜绝,这是一个大趋势。企业年金存量的转制与过渡,是从政府到市场的一个转变过程;地方政府的退出为中央政府加强市场监管提出了更高的要求,甚至是个挑战。

类似这样的改造过渡期,在一些发达国家也曾相应地存在过,甚至在美英等国正处于过渡之中①。

一位美国经济学家曾分析道,政府控制的企业年金存在这么多的问题,后果这么严重,是因为这些基金绝大部分都是 DB 型的;DB 型的一个重要特点就是其损失的最终承担者还是受益人,而不是地方政府,因为最后的结果不是提高养老计划的缴费水平,就是降低受益人的养老金水平。对地方政府而言,他们要想吃到这块"蛋糕",就必须要维持其 DB 型的结构,因为它是攫取利益的一个制度保证②。

一位美国著名法学家给出的政策建议是,要想促使政府退出企业年金的营运,一个最简单的办法,那就是,各州政府雇员 DB 型企业年金都必须向 DC 型转轨③。

(二)从广东事件看中央与地方的博弈

对于中央政府近年来强力推行的两个《试行办法》,有些地方政府的认识角度还是错位的,不但不想退出,反而变本加厉。几天以前,广东省刚刚公布了一个《关于广东省企业年金管理中心成立的通告》,《通告》称自发布之日起,"广东省企业年金管理中心可接洽并受理省内企业、非财政拨款事业单位、社会团体企业年金管理业务"④。

---

① 关于美英等国企业年金从 DB 向 DC 型过渡和转型的情况,见郑秉文:《中国企业年金何去何从》,《中国人口科学》2006 年第 2 期。

② Carolyn Weaver, "How not to Reform Social Security", by AEI, July 27, 1998.

③ Roberta Romano, "Public Pension Fund Activism in Corporate Governance Reconsidered", *Columbia Law Review*, Vol.93, No.4, 1993.

④ 王春霞:《广东企业年金管理中心业务资格悬疑》,《第一财经日报》2006 年 10 月 11 日。

广东省的这个《通告》所带的两个附件,与中央政府的精神严重不符。

第一,明确了广东省企业年金管理中心(下简称"中心")的宗旨,即"接受广东省内企业(含经费自收自支事业单位)委托,协助企业建立企业年金制度,确保年金基金的安全和保值增值",其职责是:接受企业委托,受托全责管理企业年金基金;选择、监督资金存储银行、托管人、基金运营机构及中介服务机构,并依法签订相关管理协议;根据协议收取企业和职工缴费,并及时受理和准确支付职工个人应享受的年金待遇。由此看来,《通告》俨然将政府机构变成了一个受托人,这是政府对市场的干预和控制,是政府强权对市场原则的践踏,是国家对企业主和工人合法权益的剥夺,完全违背了法人受托模式中关于受托机构需要经过批准、其注册资本不少于1亿元并在任何时候都维持不少于1.5亿元净资产的规定。

第二,《通告》在第二十条对管理与监督进行了详细的规定:"中心设立年金基金投资运营决策委员会,人员由省社保局分管领导、中心负责人、部门负责人及年金中心负责基金投资运营的业务人员组成,负责对大宗年金基金投资运营方案进行研究,并提出年金基金投资运营可行性方案报局党委审批。"《通告》还明确了中心主要任务是"协助企业建立企业年金制度,接受企业委托,管理企业年金,确保年金基金的安全和保值增值";甚至在第七条还规定了年金基金投资运营管理原则和投资范围:"根据国内资本市场情况,可选择银行存款、国债、证券投资基金、央行票据、保险产品、有价证券及国家法律、法规、规章许可的投资范围"。由此看来,《通告》将中心明确定位为投资管理人的法律地位,这是对劳动和社会保障部《企业年金基金管理试行办法》的公然违背,后者规定只有基金管理公司、信托投资公司、保险资产管理公司等具有一定资质并经批准的其他专业投资机构才具有投资资格,地方政府是没有资格的。

第三,《通告》在第八条明确了年金基金投资收入分配的原则甚至个人账户的计息办法:"以同期中国人民银行人民币一年定期利率计息……职工年金待遇每月支付一次,当月15日前申报受理的待遇当月支付;15日以后申报受理的,待遇次月支付。"广东省把中心地位等同于账户管理人的地位,并"事先人为规定"个人账户的收益率标准,这种非市场化收益率的强制性做法,不仅将个人账户"束之高阁",而且明显地将目前中国实施的DC型制度变通为

DB 计划,这样,既降低了账户持有人市场化投资的收益水平,又为政府的未来带来了潜在的支付风险。

第四,明确了中心事业单位的性质,《章程》的第二条规定,"广东省企业年金管理中心经广东省人民政府批准成立,属广东省社会保险基金管理局管理的经费自收自支的独立事业单位",甚至还作出了提取事业单位管理费用的规定,即按照年金资产各项"计提业务管理费比例,按上年末管理年金资产净值最高不超过 1.3%比例,从基金运营收益中计提"。广东这种计提管理费的做法增加了企业年金运转的额外成本,其后果不是将之转嫁到账户持有人即退休者的身上,就是增加了市场营运机构的成本,损害了社会的整体福利水平。

第五,《章程》还决定建立企业年金基金投资管理风险准备金,从中再提取 20%用于投资风险准备金。广东省建立风险准备金的做法不仅增加了制度交易成本,而且为制度运转带来了潜在的准备金的投资风险,降低了退休职工的收益水平,破坏了企业年金制度框架的全国统一性。

广东事件说明,在中国企业年金的发展进程中,政府的退出不是一朝一夕的事,它涉及利益格局的重新分配,交织着地方主义和部门利益的深层矛盾。

第一,劳动和社会保障部两个法令已颁布两年有余,其确立的"四个市场主体"为核心特征的 DC 型信托制在业内人人皆知。按广东《通告》的规定,该中心的职能覆盖了除银行这个托管人以外的所有其他机构职能,是个"万能人",不但没有按照两个法令有步骤地退出,反而以地方政府政令的形式强化政府的"万能人"地位,这是地方明火执仗违背中央政令的行为。

第二,上海社保事件案发只有一两个月,其教训之沉痛,案例之典型,应该成为各地政府及相关部门自检和反思的一面镜子,但是,上海这个"前车"还是没有成为广东"之鉴",相反,《通告》是在众多媒体报道与分析上海社保案的氛围下发布的,可见地方利益驱动力之大。

国外几十年的 DC 型信托制实践证明,只有严密的制度与严明的纪律,才能建立起一个信托制度和一个比较成熟的养老金市场。

(三)地方政府退出的急迫性

与广东省相反,有些地方政府在劳动和社会保障部颁发了《关于进一步加强社会保险基金管理监督工作的通知》之后积极响应配合。例如,天津市

的《天津市建立企业年金制度的意见》和"关于印发《天津市贯彻〈企业年金基
金管理实行办法〉实施意见》的通知",明确向全市提出要求,"以前已经管理
或参与管理企业年金基金的单位,应在2006年12月底之前清算后退出,并将
管理或参与管理企业年金基金的情况及退出情况报市劳动保障局、市财政局、
市审计局进行审计";还提出了做好企业年金过渡工作的一些措施,如要求
"2004年5月1日前已经开展企业年金业务的保险公司、信托投资公司及其
他专业机构,应向劳动和社会保障部提交资格认定申请";还对以下四种违规
行为提出给予停止企业年金管理业务,分别是未按照规定向市劳动保障主管
部门报送资格和备案的机构、未履行信息披露义务的机构、获得资格但业务超
出认定范围的机构、未获得资格认定的有关机构。

从天津市的文件可以看出,天津市监管的力度和决心非常之大,所提出的
政府从原有"经办模式"退出的时间表比国家劳动和社会保障部《通知》设定
的时间整整提前了一年,而且提出的监管标准、对象、要求都非常明确,同时给
予的税优政策水平为8%,在全国名列前茅。

据笔者了解,至今为止,天津市是地方企业年金政策中反映最迅速、退出
日期最短、规定最严格、表述最规范、理解最准确、税收最优惠的省市之一。虽
然目前天津企业年金积累刚刚超过5亿元,参加职工不到14万人,参加企业
数量为154家①,其规模现状无法与上海市、广东省相提并论,但天津市十分
重视企业年金工作,体现了以人为本的精神,并早在2005年就把建立和推进
企业年金写在了"十一五"规划纲要之中。

四、完善养老金监管的一个历史转折点

(一)企业年金营运模式的新起点

在许多国家企业年金发展的历程中几乎都有某种相似之处,一些重大历
史事件的出现最终导致监管制度的摧毁或重建,也就是说,重大违规事件往往
是重大监管改革的前兆,由此不断推动企业年金向更健康更完善的更高阶段
前进。无论上海社保案,还是广东事件,它们都应成为中国企业年金发展的一

---

① 引自2006年10月24日天津"企业年金天津推介会"的会议资料。

个历史转折点。

英国就曾出现类似的情况,1991 年挪用企业年金的"麦克威尔事件"成为诞生《1995 年养老金法案》的催化剂,从而确立了今天英国企业年金监管的制度框架。英国《镜报》集团董事长麦克威尔,为弥补公司运营资金不足,从上市公司企业年金中动用了 10 亿英镑,但由于经营环境的变化,最终于 1991 年破产,8.5 万职工丧失了全部或部分企业年金。"麦克威尔事件"激起了全社会的义愤和政府对养老基金安全性的高度重视。在此之前,英国对企业年金的营运与投资并没有全国范围的专门监管部门,一些涉案金额较小的养老金欺诈事件时有发生,但均未引起社会和当局足够的重视。"麦克威尔事件"后,1992 年英国立即成立了"养老金法律执行情况评估委员会"(PLRC)即"古德委员会",该委员会对英国企业年金的现状作出了全面评估,对未来监管体制提出了系统的政策建议;在这些政策建议的基础上,通过了《1995 年养老金法案》,该法案对英国社保制度进行了彻底改革,对企业年金监管建立了一整套完整的制度体系;根据《1995 年养老金法案》第一部分的规定,成立了一个事业单位"企业年金基金监管总局"(Opra),专门从事企业年金的监管工作①。

美国也曾有过相同的发展过程:位于印第安纳州的斯图特贝克汽车制造厂拥有在职职工和退休工人 10500 人,由于经营问题于 1964 年破产,导致7000 名工人失业,只有 3600 名 60 岁以上的退休人员拿到了全额退休金,4000 名 40—59 岁的职工只拿到了 15% 的全额退休金,2900 名 40 岁以下的职工则分文没有,其企业年金全部付诸东流。"斯图特贝克事件"最终导致 1974年《雇员退休收入安全法案》的诞生,从而为促进发展 DC 型企业年金奠定了坚实的法律制度基础,为美国企业年金收入多元化和资本市场的遥遥领先作出了巨大贡献。"斯图特贝克事件"是美国的一个悲剧,人们经常反思,例如:1984 年,研究口头历史的美国印第安纳大学"历史与记忆研究中心"对当年斯

---

① 引自 Daniel J. Mitchell, "Government Controlled Investment: The Wrong Answer to the Wrong Question", in *Backgrounder*, Published by The Heritage foundation, No.1841, April 11, 2005; Department for Work and Pensions Dr. Brian Davis Independent Reviewer, "Report of the Quinquennial Review of the Occupational Pensions Regulatory Authority (Opra)", December 2002, *Protecting Pensions*, *Annual Report and Accounts* 2004/1005.

图特贝克汽车厂的 51 名职工进行了面谈①;2002 年"安然事件"后,许多学者再次开始研究"斯图特贝克事件",将 DB 计划的斯图特贝克的支付风险与安然 DC 型计划购买本公司股票的投资风险进行了比较,最终促使美国再次立法,规范企业年金的投资行为,通过了《2002 保护美国养老金法案》,以改进401(k)制度框架和工人的权利②。

(二)几个结论

上海社保案应该像英国的"麦克威尔事件"、美国的"斯图特贝克事件"那样,能够成为中国深刻认识 DB 劣势和 DC 优势的一个绝好反面案例,成为新一轮立法的契机。要真正实现这个愿望,我们就应该从上海社保案中得出以下四点重要结论。

第一,几年来一直有人怀疑,国外的 DC 型在中国是否会"水土不服"? 英美的不成文法中的信托精神在中国是否适应? DC 型养老计划资产独立运营的信托模式会否失灵? 上海社保案的出现就是有力的回答,在资产安全性受到传统 DB 色彩的原有模式的威胁下,这样的怀疑应该烟消云散,这样的争论应该尘埃落定。

第二,还有观点曾建议设立一个过渡期,为地方政府掌控的"经办模式"留出一定的空间,与目前的信托模式并驾齐驱,过渡一段时间,然后再逐渐改造,就是说为原有的"经办模式"留出一条"生路",两个制度并行下去。很显然,上海社保案使这样的良好愿望破灭,说明我们不但不能为原有模式留出过渡期,反而应采取严厉措施,使原有的"经办模式"尽快转轨,加速改造。

第三,《关于进一步加强社会保险基金管理监督工作的通知》只针对导致上海社保案的"经办模式"的过渡期提出了严格要求,而对"自办模式"、"保险公司模式"和"蛇口模式"的过渡问题却只字未提。事实上,其他三种模式尤其"自办模式"的经营和投资风险也是不容忽视的,潜在的各种风险也是犹如暗流涌动,业内已多有披露和批评,如自我投资比例问题、资产隔离没实现、企业拆借与各种产业投资等,"蛇口模式"也是如此,只是目前没有暴露而已。

---

① IU DSHM Collection,"51 Interviews:Studebaker 1984 – 1985",Center for the Study of History and Memory,2004.

② Carl F. Horowitz,"Pension Pain:The Other Social Insurance Crisis",Thursday,June 17, 2004,http://www.mises.org/fullstory.aspx? control = 1545&id = 7.

我们应以上海社保案为例,"一揽子"解决企业年金其他三种原有模式的过渡问题。

第四,地方政府的退出是对中央政府的一个挑战。地方政府退出去之后要有一整套相对完整的市场监管制度跟上去,弥补政府退出后出现的"真空"。15 年来,地方政府为中国企业年金的发起、发育、发展作出了不可磨灭的贡献,这是一段历史,是中国企业年金发展史上一个永久的记忆。地方政府退出势在必行,市场运作是大势所趋,这时,如果中央政府严格监管跟不上来,便会留出"监管真空",依然会出现违规腐败和大案要案。政府失灵与市场失灵的后果同样不堪设想,甚至政府监管不力导致的损失比原有营运模式的损失还要巨大(如美国的"安然事件"),比上海社保案还要惊人(如英国的"麦克威尔事件")。就目前中国企业年金的发展势头与对市场监管力度和能力的要求来说,还存在较大的差距。比如,要根据《OECD 企业年金治理准则》的精神①,结合中国的具体国情,建立一套完备的企业年金治理结构准则,使OECD 的准则很好的本土化;再比如,包括"经办模式"在内的原有营运模式的关键问题在于其营运的"黑洞化",企业年金的一切信息如同 2000 年以前国有银行的不良贷款那样,被视为机密,这样,就需要建立一整套严格和科学的信息披露制度;再比如,在外部监管的法规建设、监管队伍素质的提高、机构规模的扩大、监管机构功能的设计、与银监会和证监会及保监会的监管协调分工等许多方面都十分薄弱,非常落后,甚至是缺位的,有的需要时间来解决,有的需要下决心去解决。在这个"真空"过渡期,政府应加快步伐采取相应措施,尽快建立专门的监管机构,保证中国企业年金的顺利发展。

总之,从基金安全性要求来看,上海社保案恰恰证明了中国必须坚持 DC模式才是唯一正确的改革方向。

参考文献:

胡润峰等:《上海社保:危险的投资》,《财经》2006 年第 17 期。

齐轶:《明年底完成原有年金规范工作》,《中国证券报》2006 年 9 月

---

① OECD 秘书处:《OECD 企业年金治理准则》,载郑秉文主编:《保险与社会保障》(第一辑),中国劳动社会保障出版社 2006 年版。

25 日。

王春霞:《广东企业年金管理中心业务资格悬疑》,《第一财经日报》2006年 10 月 11 日。

郑秉文:《美国地方养老基金失败教训发人深省》,《中国证券报》2003 年 6 月 20 日。

郑秉文:《8 亿养老金坏账谁承担》,《中国社会导刊》2004 年第 5 期。

郑秉文:《不仅仅是政府埋单的事》,《环球财经》2004 年第 6 期。

郑秉文等:《日本社保基金"东亚化"投资的惨痛教训》,《国际经济评论》2005 年第 3 期。

郑秉文:《中国企业年金何去何从》,《中国人口科学》2006 年第 2 期。

OECD 秘书处:《OECD 企业年金治理准则》,载郑秉文主编:《保险与社会保障》(第一辑),中国劳动社会保障出版社 2006 年版。

《邱晓华涉社保案严重违纪》,《香港文汇报》2006 年 10 月 20 日。

Alberto R. Musalem and Robert J. Palacios, *Public Pension Fund Management: Governance, Accountability, and Investment Policies*, The World Bank, Washington D.C., USA. 2004.

Carl F. Horowitz, "Pension Pain: The Other Social Insurance Crisis", Thursday, June 17, 2004, http://www. mises. org/fullstory. aspx? control = 1545&id = 7.

Carolyn Weaver, "How not to Reform Social Security", by AEI, July 27, 1998.

Daniel J. Mitchell, "Government Controlled Investment: The Wrong Answer to the Wrong Question", in *Backgrounder*, Published by The Heritage Foundation, No.1841, April 11, 2005.

Department for Work and Pensions Dr. Brian Davis-Independent Reviewer, "Report of the Quinquennial Review of the Occupational Pensions Regulatory Authority(Opra)", December 2002.

IU DSHM Collection, "51 Interviews: Studebaker 1984 – 1985", Center for the Study of History and Memory, 2004.

Joint Economic Committee House Staff Report, "Economically Targeted

Investments（ETIs）：The Issues"，Tuesday，May 23，1995.

Joint Economic Committee House Staff Report，"The Economics of ETIs：Sacrificing Returns for Political Goals"，September 1995.

Roberta Romano，"Public Pension Fund Activism in Corporate Governance Reconsidered"，*Columbia Law Review*，Vol.93，No.4，1993.

（本文原载于《中国人口科学》2006 年第 6 期，第 7—20 页）

当前中国养老金信托存在的
重大问题及其改革方向[*]

内容提要:本文对 2004 年颁布两个部令以来企业年金市场的发展作了总结,分析了当前养老金信托市场存在的问题和下一步改革的方向,认为外部受托人"空壳化"和市场角色"分散化"是发展企业年金的重要障碍之一,它导致价格大战和超低收费,无序竞争,这非常不利于企业年金的发展和中小企业的参与。本文认为,改革的出路在于建立专业化捆绑式一站服务型的受托人机构即养老金管理公司。本文在分析国际养老金管理公司类型与特点的基础上,指出了中国建立养老金管理公司的意义、定位、需要注意的若干问题和需要解决的诸多制度障碍等;认为建立养老金管理公司的目的在于构建一个"三层级"的年金供给市场结构,这不但符合两个部令的要求,也符合中国现阶段的发展水平和基本国情及国际发展的潮流。

确立中国现代企业年金制度的两个《试行办法》(以下简称 20 号和 23 号令)已颁布三年多,第一批 37 家企业年金营运商资格牌照已颁发两年多,企业年金基金首单进入市场也已将近一年;在即将进行第二批企业年金运营商牌照审批之际,我们有必要对这几年来企业年金发展的现状与结果作个梳理和总结,找出存在的问题,提出解决的方案,商讨改革的方向,调整制度的框架,完善市场的结构,以达到促进企业年金健康发展的目的。

---

* 笔者十分感谢中国养老金网 CEO 杨老金博士的有益评论。本文原标题为《企业年金受托模式的"空壳化"及其改革的方向》,曾提交给 2007 年 9 月 22—23 日劳动和社会保障部举办的 2007 年第二届中国社会保障论坛并获三等奖。

一、导论:三年来企业年金的发展及其
存在的认识误区

（一）三年来中国企业年金制度的发展与成就

从 1991 年建立企业补充保险开始,经过十几年的改革探索,中国企业补充保险的参加人数和基金规模逐年增加,尤其是 2004 年劳动和社会保障部颁布 20 号和 23 号两个部令这三年来,企业年金基金管理逐步规范,制度建设取得明显进展,具体可归纳为以下四个方面。第一,企业年金制度框架雏形已见。三年来,企业年金的规章制度不断完善,初步形成了 DC 型完全积累制的企业年金信托制的框架结构;在两个部令基础上,劳动和社会保障部与有关部门又相继出台了十几个配套办法,进一步细化了企业年金基金管理运作流程,规范了企业年金基金账户管理信息系统等制度建设,中国企业年金制度在劳动和社会保障部及相关部门的推动下,正在逐渐走向规范。第二,企业年金基金治理结构不断完善。三年来,企业年金基金治理作为旨在确保企业年金计划受益人利益最大化的制度安排,规定由受托人负责企业年金基金的受托职责,由账户管理人、托管人和投资管理人各司其职、各负其责、相互制约,成为构建基金安全的有力制度保证。第三,市场运营机制初步建立。劳动和社会保障部会同中国银监会、中国证监会、中国保监会,对企业年金市场实施了有效监管,规定由社会保险经办机构、原行业管理的以及企业自行管理的原有企业年金,均应移交给具备资格的机构管理运营。第四,资产规模不断发展扩大,企业年金资产积累迅速。截至 2006 年年底,有 2.4 万多家企业建立企业年金,参加职工人数达 964 万人,积累基金 910 亿元,人均账户积累已达 1 万元左右,其中,按新办法管理运营的企业年金基金已达 160 亿元,人均账户资产约为 1.6 万元,涉及职工近 100 万,2006 年第四季度的投资收益率为 9.6%;参加企业年金计划的职工人数已从 2004 年占参加基本社会保险职工人数的 4% 提高到 2007 年初的 7.66%,比 2000 年增长了 44.53%;基金积累占基本养老保险基金结存的 19.43%[①]。

[①]　中国养老金网主编:《中国企业年金的规范与发展》,中华工商联合出版社 2007 年版,第 3—19 页。

虽然几年来企业年金得到了长足发展,政府的推动和营运商的作用都发挥到了极致,但总的来说仍处于幼稚阶段,与成熟经济体相比,配套法律制度还显得相对滞后,市场规范亟须进一步提高,对某些领域下一步改革还存在一些误区,在某些方面还存在许多严重问题。

(二)误区之一:将原有"企业自办模式"改造为开放式行业年金

劳社部 2006 年发布了关于企业年金移交的 34 号《通知》之后,原有的"企业自办模式"理事会内部受托模式问题就自然提到了议事日程上来。有观点认为(例如 OECD)[①],在年金移交工作中,自办模式即理事会内部受托模式应予以改造,其大致思路是:第一,按照发达国家的惯例,将理事会受托模式改造成开放式的"行业年金",向全社会的中小企业开放,以节省它们的成本,扩大中小企业年金的覆盖面和促进其市场的发展;第二,让省级和市级工会参与进来,成为积极参与新建行业年金的发展动力,以扩大和推动行业年金的建立;第三,以此来促进农民工企业年金的建立,以适应农民工行业内全国性流动。

(三)误区之二:将原有"地方经办模式"下年金中心重组为受托人

地方社保经办机构在 2007 年年底将企业年金移交给具备资格的机构管理运营之后,地方政府企业年金管理中心的地位与作用问题便备受关注,有观点认为(如 OECD),其改革路线图应该是:第一,将之改造为符合两个部令所要求的合格受托人或其他服务提供商,对没建立企业年金中心的地区可以建立类似的中心,以调动地方政府的积极性;第二,重组后的地方年金管理中心向本地区的所有企业开放,面向全社会,扩大集合年金的规模和覆盖面;第三,扩大地方政府企业年金中心的职能,以减轻中央政府的负担,并且作为最后责任承担人,既可采取法人外部受托模式,也可采取内部理事会受托模式,还可将有些服务外包出去;第四,地区性年金管理中心就是"集合式企业年金理事会",地方政府可派员参加,属于非营利性的金融机构和商业机构,无须最低资本金的法律要求。

---

① OECD Directorate for Financial and Enterprise Affairs, "Collective Pension Funds-International Evidence and Implications for China's Enterprise Annuities Reform", OECD. 该文为 OECD 给中国劳动和社会保障部的建议书。以下关于 OECD 的不同看法的引用,均出自该文。

二、当前内部与外部两个受托模式的改革思路

对"企业自办模式"和"地方经办模式"的改革出路评价实际是对当前内部受托和外部受托的评估问题。从本质上看,"企业自办"和"地方经办"这两种原有模式都可看作是目前中国存在的两种"集合年金"的受托模式。上述对自办模式和经办模式的改革建议不尽符合中国的实际,存在诸多实际负面影响。

(一)当前"内部理事会受托模式"应以鼓励发展为主,小步改革为辅

"企业自办模式"主要是以十几个垄断性行业企业年金为代表的"理事会内部受托模式",这种以电力、铁道、石油等垄断行业为代表的"理事会受托模式"相当于国外的"行业年金","行业年金"也常称为"多雇主计划"(参见后面的《美国"集合企业年金计划":捆绑式受托人模式种类繁多》)。从目前形势来看,对这种内部受托模式国家有关部门应采取因势利导、积极鼓励和多方保护的措施,同时还要逐渐使之按照两个部令的要求,对该外包的业务要限期尽快实施,而不必强求将其一律由封闭式改造为开放式的行业年金;简言之,"理事会内部受托模式"是完全必要的,应以鼓励发展为主,小步改革为辅,不宜在制度上做大的调整,理由如下。

第一,国有经济曾是计划经济时代的主体,曾为社会主义经济建设发挥过重要作用,它们20年前率先建立起的补充保险制度曾为职工的福利待遇发挥过重要作用;当前这些大型骨干行业同样是国有经济的命脉,它们的背后是资产总量高达6万亿的企业集团,占经济总量高达1/3[①],几乎覆盖了所有关乎国计民生的基础产业和重要领域。从某种程度上说,它们建立的行业年金代表着当前企业年金的发展水平,决定着企业年金的发展深度,甚至从当前总量和覆盖面上看,没有行业年金就甚至等于没有企业年金;目前采取保持和支持行业年金内部受托模式的态度,将有利于保护集团企业举办企业年金的积极性和基金的安全性,防止由于强行改造成开放式年金而导致的预期波动和内

---

①　郑秉文、杨老金:《中国联合企业年金计划展现独特魅力》,《上海证券报》2006年4月6日。

部恐慌;总体来说,这些行业年金的历史较长,制度较为完善,运作较为规范,鼓励这些行业年金的发展可以起到积极的示范效应,激励更多的大型垄断集团建立行业年金,尽快进入这个市场。

第二,成本较低,利益冲突比较小,是国际发展的一个潮流。行业年金计划在国外非常发达,例如澳大利亚有 82 只行业年金,德国有化工业(BAVC)和能源业(IGBCE)行业年金等①,香港 40 只强积金中就有两只是"行业年金",一只为建筑业年金,另外一只为餐饮业年金,加拿大和丹麦等国家的行业年金规模都很大。行业年金之所以如此受到欢迎,是因为它的一个重要特点非常明显:理事会内部受托的非营利性,加之规模经济效应明显,成本比外部受托明显要小得多,便携性较好,可以在全国同业内进行流动。

第三,应尽快完善制度,鼓励合规经营。当然,这种受托模式存在的潜在问题不可忽视,应引起监管部门的高度重视,比如:要再次强调和加强对其缴费配比的监控,最高限额不得随意突破或变相提高;对其资产配置和投资策略要加强监管,严密监视其资金流的动向;要设置期限,令其严格按照两个部令的要求,将托管和投资等业务外包出去,以降低投资风险和提高企业年金基金安全性。

第四,地方工会目前不宜介入,否则将产生负面影响。众所周知的是,在建立企业年金之初地方工会实际就根本没有介入,至多是企业与内部工会集体协商的结果。况且这些大型集团公司的工会建制是非属地化的,省市级工会现在介入的负面影响是:会为这些企业年金的市场化转型增添额外的制度交易成本,关系不顺,将很可能削弱他们的积极性,甚至节外生枝;会为年金提供商带来额外的"婆婆",导致市场交易成本增加,效率降低;对国资委来说,会增加资本与劳动之间的摩擦和对立情绪,增加新建立企业年金的困难。国外的经验教训显示,工会组织从外部介入将会增加制度的交易费用和政治风险。例如,美国制定《雇员退休收入保障法》(ERISA)的重要原因之一就是试图进一步遏制一些养老金丑闻,根据美国会调查的结果,美国工会领导人一些腐败分子往往不当地管理由工会发起的养老金计划和待遇基金②。我们的规

---

① OECD Directorate for Financial and Enterprise Affairs, " Collective Pension Funds-International Evidence and Implications for China's Enterprise Annuities Reform", OECD.

② Langbein, John H., "The Secret Life of the Trust: The Trust as an Instrument of commerce", in *The Yale Law Journal*, Vol.107: 165, 1997 - 1998.

定和国外的惯例是,在企业建立养老金计划时,雇主要与企业内部工会进行协商并取得一致,而不是与属地化的地方工会机构协商。

第五,将封闭式改造为开放式为时过早,目前阶段将弊大于利。在国外,传统的行业年金仅局限于特定的行业之内,但随着时间的不断变化,一些国家行业年金的发展趋势确实是逐渐从封闭式走向开放式。例如澳大利亚的许多行业年金就早已向中小企业甚至社会公众开放,以扩大成员人数,获取更大的规模经济。甚至在有些国家,其集合企业年金已超越行业范围在国家层面得到集合,例如由于工会力量比较强大,瑞典就有一些建立在雇主联合会与工会集体协商基础之上的跨行业的全国性年金计划。但是,也有一些国家没有这样,例如荷兰的行业年金依然保持为封闭型。国外行业年金的许多经历和做法眼下还不太适合中国的现状,它们的今天只是中国的明天而已,不应超越中国目前的发展阶段:目前中国经济发展水平不一,制度条件还不成熟,企业职工素质还有待提高,即使在东部沿海发达地区人们对企业年金的认识也仅限于金融界,在其他企业界才刚刚开始,而在社会上则远没有像股票和基金那样广为接受,因此,模仿国外的开放式行业年金的做法无异于揠苗助长,难以操作,存在一定的潜在金融风险,同时又有可能打击企业领导(举办人)及其"局内人"(受益人)的积极性;在目前阶段,维持"局内人/局外人"的相对封闭现状将有助于行业年金的发展。改为开放式的初衷是有意义的,可以为农民工提供一个服务窗口,但目前农民工参加基本保险还处于起步阶段,其全国性的统一基本保险制度还处于草拟阶段。所以,这个建议超越了中国目前的实际发展水平,很不现实。

(二)地方政府企业年金管理中心进行重组具有行政化和区域化的严重倾向,不利于企业年金发展

第一,设立区域性的企业年金中心不应该也没有必要与2007年年底移交行为联系起来,因为大部分企业年金发起人为大型国企,与地方政府经办机构基本没有关系,所以,移交行为不应与建立区域性的年金中心挂起钩来。

第二,重组之后必然带有许多难以完全割断的政府脐带关系,带有浓厚的政府色彩和背景,对于刚刚摆脱政府经办机构、本来完全属于商业运行的自愿性补充养老的第二支柱来说,不利于其轻装上阵和走向市场,不同地区存在众多的准政府机构作为受托人必将扭曲和掣肘其快速发展;由于历史的原因,地

方政府本来就天然存在着控制企业的冲动,甚至成为其进入市场的一个阻力①。

第三,利用行政手段建立起服务提供商或受托人,既无最低资本金的法律要求,又属非营利性机构,既非金融机构,又非商业机构,不伦不类,这具有导致受托人治理主体的行政化倾向,不符合两个部令的有关规定,也不符合信托精神。

第四,在外包时存在着强烈的幕后操纵和政治干预的风险倾向,很可能扭曲市场,压抑金融机构的发展,导致寻租行为的出现。重组后的地区性年金管理中心看上去遍布全国各地,星罗棋布,表面上似乎可起到推动企业年金发展的作用,但是,企业年金受托人这种行政化和区域化垄断色彩不符合企业年金的发展要求,属于典型的地方割据和画地为牢的人为干预,相对于以目前金融机构拉动和诱导型市场化道路来说,它将弊大于利。在中国企业年金的推动与建设上,要坚持市场化的道路,坚持培育机构和培育市场的"双培"导向,政府的任务主要应是服务:为工人、企业、市场和营运商服务。

第五,地方企业年金中心应该改革成为未来监管体系的一个地方组成部分。移交之后,地方企业年金中心的改革方向应以行政监管为主,成为中央政府监管系统的垂直下属机构,成为政府监管机构,而不应该介入市场,更不应该替代市场;这样,既可加强政府的垂直监管体系,又可放手让机构按照市场规律进行竞争,促进市场发展。

(三)"外部法人受托模式"应在目前的制度框架下加大力度,全力推进

按照劳社部 34 号《通知》的精神,地方经办机构移交之后,绝大部分年金存量部分应采取外部法人受托的运作模式,从某种意义上讲,这也是集合年金的一种形式。对年金增量部分而言,其外部受托的对象主要是那些经济效益较好的大型国企和集团公司,如联想集团 2006 年建立的计划就是一个典型案例。外部法人受托模式的特点是单个计划规模明显小于内部受托的行业年金,第一单于 2006 年正式进入市场之后回报率看好,普遍受到关注,发展规模较快。对于这类企业年金目前可采取支持的态度,继续按照"分拆式"受托模

---

① 对地方政府控制企业年金基金的批评与分析,见郑秉文:《中国企业年金的治理危机及其出路——以上海社保案为例》,《中国人口科学》2006 年第 6 期,第 7—20 页。

式发展下去。

在发达国家,外部受托模式具有如下特点:它常常采用开放式的做法(与目前中国采取的封闭式相对应),通过标准化的零售产品进行大规模促销,吸纳众多中小企业随时加入进来;供应商提供几种风险偏好不同的标准化零售产品;外部受托人为盈利性的法人商业机构,这是与内部受托一个不同的特点;它还可采取"捆绑式"即"一站购齐式"的提供方式,以降低管理成本;国外零售式年金计划很受市场欢迎,例如澳大利亚超年金资产总额近1万亿澳元,其中集成信托式的零售年金占了市场的最大份额,高达1/3;中国香港的零售计划即集成信托计划更为发达,更受欢迎,在40只强积金里,作为零售产品的"集成信托计划"就占36只①。这种开放式的零售企业年金制度之所以在国外很受欢迎,是因为它有很多优点,例如,中小企业欢迎这种灵活的产品,可以节省很多时间,提高管理效率,降低管理成本,只要它们在市场"采购"既可。

对中国目前外部法人受托的开放式零售产品的开发,政府主管部门应采取积极的鼓励态度,尤其是开发面向中小企业的"集成信托"产品,为中小企业提供便捷低价的适中产品。但目前需要注意的有两个问题:一是根据目前中国国情,零售对象先暂时不要向社会公众个人开放,而仅针对企业雇主。一般来说,只要企业与提供商在收费和投资策略等问题上达成一致即可为员工购买。二是尽管员工之间有着不同的风险偏好,营运商一般都提供一系列不同的风险回报组合,但在加入计划的中小企业里,应暂不实行计划成员个人决策机制。上述两个要点是基于中国目前国情考虑的:企业年金的监管制度还不够完备,监管队伍规模还不够适应,监管措施还不够有力,资本市场还不十分成熟,在诚信体系还不够发达和市场不成熟的大环境下,如同个人支票的信用体系还难以在短期内一步到位向全国大面积推广那样,个人投资的决策素养还有待提高,面向个人的零售企业年金的福利欺诈现象在较长时期内将足以摧毁这个制度。在这方面发达国家曾发生过类似的教训,出现过销售欺诈等世界性丑闻,给消费者造成很大的经济损失。

鉴于此,无论是在地方经办机构的移交过程中(存量部分),还是在外部

---

① OECD Directorate for Financial and Enterprise Affairs, "Collective Pension Funds-International Evidence and Implications for China's Enterprise Annuities Reform", OECD.

受托模式的推进中(增量部分),均应采取稳健的政策和务实的态度,对受托人和投资管理人的产品开发积极性要予以鼓励。

三、受托人"空壳化"与市场角色"分散化"
是当前的主要矛盾

当前中国年金市场可能存在许多问题,但最关键和最主要的问题是受托人"空壳化"与市场角色"分散化"的矛盾。这个主要矛盾导致派生出一些其他次要矛盾。

(一)目前企业年金提供商的基本情况分析

第一,在 29 家机构获得的 37 个牌照中,有 21 个机构获得的是单独牌照:1 个受托人(中诚信托)、5 个账管人(浦发银行、中国人寿保险、新华人寿、太平洋保险和泰康保险)、2 个托管人(建行、中行)和 13 个投资管理人(其中 8 个是基金管理公司)。第二,有 12 个机构获得了 24 个牌照:"受托人+账户管理人"是 2 个,即华宝信托与中信信托;"受托人+投资管理人"2 个,即太平养老和平安养老保险公司;"账户管理人+投资管理人"1 个,即"中国人寿保险股份公司账户管理人+中国人寿资产管理公司投资管理人";"账户管理人+托管人"有 4 个,即光大银行、招商银行、工商银行和交通银行。第三,有 2 个金融集团具有 3 个资格:中信集团旗下"中信信托"是"受托人+账户管理人",旗下"中信证券"获投资管理人资格(如果旗下的中信银行下次再获得托管资格,就成为"全人");"招商集团"有 3 个资格,即"招商银行"是"账户管理+托管人","招商基金"是投资管理人①。

上述分析显示,在机构数量上,获得"双牌照"的机构有 12 个,占 29 个机构的 41%;从牌照比例上看,获得"双牌照"的机构虽然是 12 个,但牌照却共有 24 个,占 37 个牌照的 65%。从牌照分布和机构来看,当前"全分拆"模式与"双牌照"模式虽然共存,但凸显三个问题:第一,不仅"全分拆"的单独牌照受托人面临生存困难,而且,"受托人+账户管理人"的"双牌照"模式也将面临

---

① 中华人民共和国劳动和社会保障部通告(第 5 号):《关于公布第一批企业年金基金管理机构的通告》,见劳动和社会保障部网站,http://www.molss.gov.cn/。

较大的生存困难;据测算,仅就受托人的收费来说,即使再加上账户管理人资格,在 7—10 年内也将难以出现盈利,受托人难以立足市场。换言之,"受托人+账户管理人"模式未能解决"受托人"生存之道,仍未解决其发展之路。第二,从理论上讲,背靠金融控股集团的情况稍好,它或可利用内在转移价格的优势对其管理成本"内在化",或依靠"投资管理人"牌照的支撑可以化解生存危机,但是,目前这类金融集团的背景均为契约型保险。第三,相对于投资管理人等角色,受托人的数量较少,竞争不充分,尤其是受托人的牌照组合捆绑相差悬殊,竞争不是处于同一个起跑线上。

(二)当前外部受托模式中受托人出现"空壳化"现象,核心作用难以形成

从上述分析的受托模式现状可以得出结论:第一,就内部受托与外部受托二者来说,当前市场的主要矛盾集中在外部受托上,完善外部受托制度较长时期内既是需要解决的主要市场矛盾,也是企业年金市场发展的主要方向。第二,就外部受托模式的四个市场角色来说,当前主要矛盾集中在受托人身上,受托人的核心地位受到撼动,出现"空壳化"趋势,难以承担起信托制企业年金架构中赋予的法律责任。

当前外部法人受托模式存在的主要原因如下。第一,权利与义务不对称,实力与权力不相符,市场资格与实际地位不对等,商业利益与法律责任不匹配,导致生计难以维持,作用难以发挥,理论与实际相脱节,理想与现实相背离。所以,如何将四对矛盾结合起来,这是当前外部受托模式的主要难题。受托人是信托型企业年金的核心概念,是企业年金的第一责任人,是企业年金基金的治理主体,作用十分重大,它包括选择任命、监督管理、评价更换账户管理人、托管人、投资管理人以及相应的所有中介服务商,负责制定企业年金基金的投资策略和与委托人的沟通;在长达几十年的受托基金资产管理中,受托人全程承担上述服务提供商出现的任何违约或过失造成的法律责任的最终后果。但是,按照 23 号令的规定,受托人提取的管理费不得高于受托管理企业年金基金资产净值的 0.2%,这个比例仅占企业年金管理总成本的 1.6% 左右,比美国 401(k)的受托费少一半左右①,加之在恶性竞争中他们不得不压低收费标

① 中华人民共和国劳动和社会保障部、银监会、证监会和保监会第 23 号令:《企业年金基金管理试行办法》,见劳动和社会保障部网站,http://www.molss.gov.cn/。

准,甚至象征性收费的现象比比皆是;受托人和账户管理人建立管理平台的一次性投入很大,具有明显的规模经济效应,但如此低价运行不仅不能维持运转成本,而且还难以体现受托人的核心地位,影响其履行正常职责。如此尴尬的局面使受托人难以担负起第一责任人的作用,尤其是单牌照的受托人根本就没有积极性投入足够的专业管理精力,导致受托人作用"空壳化"。

第二,受托人数量有限,单一牌照难以生存,甚至"受托+账户管理"的双牌照机构也自身难保,市场核心作用受到严重影响,受托人机构事实上形同虚设。在目前的5个受托人中,1个单牌照的机构和2个双牌照机构(受托+账户管理)利润空间十分有限,积极性不高,难以发挥年金市场上的主导作用。只有另外2个双牌照受托人(受托+投资管理)由于其具有投资管理资格而情况稍好,脚跟稍稳,具有明显的市场优势和市场推动作用。就是说,单牌照的"受托人+账户管理人"捆绑式受托人处于同样的两难境地,难以统领"其他人",受托人的行业信誉和应有的法律地位远没有树立起来,受托人地位被"虚置"起来。金融集团旗下的受托人,他们的作用有两种可能性:一是对其不重视,如此微利的"芝麻项目"在他们眼里无足轻重,微不足道,导致旗下受托人机构以副业待之,难以名副其实;二是在金融集团的强力支持下,将其无足轻重的成本消化在集团内部而采取大干一场的态度,成为业内声誉卓著的受托人。这两种结果完全取决于集团和受托人之间的个案情况,难有制度保证。

第三,总的结论是,除个案以外,大多数受托人目前的市场地位虚弱,处于勉强维持状态,推动年金市场的龙头作用不尽如人意,甚至在一定程度上制约了年金市场的发展。除上述制度设计原因以外,似乎中国的法律文化也可能是导致受托人空壳化的一个环境原因。美国耶鲁大学著名信托法学家约翰·兰贝恩(John H. Langbein)的研究成果颇具有启发意义,他说,在英美法系之外,信托不为外人所知,商事信托难以发展,但日本是一个例外。据1999年的统计数据,日本信托业的资产已经达到了2万亿美元,主要集中于各种各样的商事信托,包括共同基金、不动产发展信托和各种储蓄产品。他给出的结论是,日本的经验告诉人们,即使和信托传统无关,也可以发展生机勃勃的信托制度。据兰贝恩的定义,受托人法中有两个最根本原则:忠诚原则和谨慎原则。忠诚原则要求受托人管理信托的唯一目的是保障受益人的利益,这就要求受托人在管理信托资产时不能自我交易,以防止任何利益冲突;谨慎原则要求受托人负有谨慎管理的义务,"受托人在管理信托时需要具有一定的谨慎和技巧,就像管理自己财产那样小心谨慎"①。目前中国受托人的窘境已明显构成其对受托人忠诚精神和谨慎精神的严峻挑战,甚至有可能导致继受商事信托传统进程的夭折——因为在任何国家,养老金信托都是其最典型、最成功和最广泛的商事信托的案例代表。

(三)受托人软弱导致市场竞争无序,动摇了以受托人为核心的信托型年金市场结构,市场各个角色陷入恶性竞争的乱象状态

在信托型企业年金的市场链条中,由于受托人的核心地位几乎是形同虚设,所以,账户管理人、托管人和投资管理人不得不纷纷撇开受托人,径直追随委托人或企业主,直接与之打交道,拉客户,甚至出现个别"程序倒置"的现象,即由其他已经"拉到客户"的市场角色反过来推荐和指定受托人,或者企业雇主绕过受托人直接指定其他市场角色的现象也不鲜见,这已成为公开的秘密。失去市场核心的信托制必将导致市场秩序的极大混乱,委托人门庭若市,无所适从,企业主高朋满座,无从下手;当前,没有龙头的其他三个角色各自为战;长期看,受托人作为治理主体的缺失必将导致长期内对其他市场角色的监控力度下降,蕴藏着极大的资金安全性风险和金融市场风险,威胁着受益人的正当权益,并且,信托制市场结构受到空前的威胁,信托精神受到传统文化的严峻挑战。

受托人的"软骨病"违反了两个部令的规定,甚至形成了对信托制年金制度的严峻挑战;在企业年金的市场链条中,如果说其他市场角色的"硬撑"所影响的只是市场价值链的个别环节,受托人处于尴尬境地就会影响整个企业年金市场的正常发展,影响专业化受托机构的正常发育,进而会形成恶性循环。典型的恶性循环表现就是市场价格的恶性竞争。

(四)受托人缺位导致恶性竞争,市场角色分散导致超低收费,这就是所谓"机构热"的主要原因之一

受托人软弱与市场角色分散既是一个问题的两个方面,也是互为因果;市场角色过于分散导致受托人虚置,受托人软弱又导致对其他角色监管的放纵,

---

① Langbein, John H. "The Secret Life of the Trust: The Trust as an Instrument of commerce", in *The Yale Law Journal*, Vol.107: 165, 1997−1998.

进而导致恶性竞争。所以,在这个意义上说,目前市场尴尬局面可以将受托人弱化与市场角色分散看作互为因果的同一件事的两个侧面。23 号令规定,受托费是 0.2%,托管费 0.2%,投资管理费 1.2%,账户管理费每户每人不超过 5元。但实际情况却是,市场各个主体的取费现状远远低于上述标准:投资管理费根据投资产品的不同,常常在 0.4%—1% 之间;托管费大多在 0.05%—0.15% 之间;账户管理费也是象征性的,大型企业每人每月往往在 1 元以下;受托费则大多数只在 0.05%—0.1% 之间①。

目前,企业年金市场是群雄角逐、恶性厮杀、自毁长城的春秋战国时代。受托人和账户管理人初次投入巨大,出于稳定客户的考虑,以大大低于运营和服务成本的价格"硬撑"下去是出于无奈。它们的希望只能寄托在扩大当期市场份额以摊薄成本上,寄托于未来扩大客户来源以期尽早收回成本上,它们强烈地期待着市场的扩大与繁荣;它们在拼搏着,拼命地跑马占地,这就是所谓当前"机构热"的原因之一。于是,恶性竞争和价格战愈演愈烈,甚至出现个别零收费现象,在表面上看,机构显得"越来越热",而在本质上,受托人越来越受到挤压,难以形成专业化和职业化,进而又加剧了市场角色之间的价格战和低收费的无序竞争;价格战的直接恶果是,没有金融集团背景的受托人、没有投资管理人资格的单牌照和双牌照受托人面对的形势更加恶化,难以立足,长此以往,将丧失竞争力,使受托人的市场供给形成畸形发展,制约企业年金市场的发展。

当前,信托型企业年金制度下的受托人十分重要的市场地位只停留在理论上,现实中景象是:外部受托人既面临着自我生存的考验,又面临着市场的严重挤压;外部受托人既是中小企业举办企业年金的必由之路,又是目前的一个瓶颈。对集合企业年金而言,外部受托模式既是推动中国广大中小企业建立年金计划的重要路径,在一定程度上又代表了企业年金的发展方向。

(五)受托人"空壳化"和市场角色"分散化"不利于中小企业参加集合企业年金,这就是所谓"企业冷"的主要原因之一

第一,受托人"空壳化"不利于生产集合年金产品,不利于中小企业参加企业年金。众所周知,企业年金目前的举办人都是垄断性行业和高营利性国

―――――――――――――

① 中华人民共和国劳动和社会保障部、银监会、证监会和保监会第 23 号令:《企业年金基金管理试行办法》,见劳动和社会保障部网站,http://www.molss.gov.cn/。

企,这种被媒体称为豪门盛宴的现象广受诟病,而占 GDP55% 和占全部就业人口 75% 的 230 万家中小企业则与之无缘,举办年金的不到 100 家,仅占 0.4%,资产总额不到 1%①。中小企业站在企业年金门外的原因是多方面的,例如一般来说,中小企业多为非国有企业,规模有限,缺乏集体协商机制,强资本弱劳工现象较为明显,利润率不如垄断性国企高,经济实力难以允许它们向员工提供足够的福利待遇,等等。国际经验告诉人们,克服这些困难的一个途径在于由市场为他们提供一些专门设计的"集合企业年金计划";一般来说,提供这些产品的供应商是受托人或其他服务商。但是,在当前受托人空壳化的市场条件下,它们不可能有足够的动力和财力投资开发集合年金计划,换言之,专业化程度较低的受托人在实力和能力上都难以满足中小企业市场的这个需求;在一定程度上说,这是目前中小企业难以举办企业年金的一个重要原因。中小企业往往员工较少,本身缺少独立建立企业年金的积极性和能力;国外中小企业建立企业年金大多是通过加入集合企业年金计划这个途径实现的,因为集合企业年金计划具有十分明显的规模经济效应和外部经济效应,尤其是与单个企业的企业年金计划相比,具有独特的优势和内在的经济价值,非常适合中小企业的加入。

规模经济效应是指由于规模的扩大导致年金计划本身长期平均管理成本的大幅降低以及经济效率和收益的不断提高。由于规模经济的作用,管理成本的高低与公司规模的大小成反比,公司越小,参加企业年金的管理成本就越高,这是中小企业站在企业年金门槛之外的一个重要原因。例如,美国低于 100 人的小型公司 401(k)计划的管理成本占到全部资产净值的 1.4%,甚至 1.6%,比正常的平均值高出 62% 左右,而较大型公司只有 0.5%—0.8% 左右。一般来说,以 500 人和 1000 万元资产的 401(k)为例,在全部费用比例中,受托人费用最低,仅占全部成本的 3%,账户管理费用占全部成本的 14%,企业年金管理成本占比最大的是投资管理费,大约占全部管理成本的 80% 以上②。

---

① OECD Directorate for Financial and Enterprise Affairs, "Collective Pension Funds-International Evidence and Implications for China's Enterprise Annuities Reform", OECD.

② Task Order 1. "Final Report, Pension and Welfare Benefits Administration, Study of 401(k) Plan Fees and Expenses", Contract No. J-P-7-0046, April 13, 1998. at http://www.dol.gov/ebsa/pdf/401kRept.pdf.

外部经济效应是指无须增加管理成本而对其他年金参加者产生的外部经济收益,因为在年龄结构、收入水平和缴费能力等很多方面具有一定同质性的中小企业可以由受托人建立一个"资产池",建立一个集合计划,这有利于保障集合年金计划对参与职工公平和效率预期的实现。所以,对中小企业来说,加入集合年金计划会降低单位管理成本,使受益人的福利增加;对监管部门来说,监管部门由监管数个主体变为主要监管一个集成的主体即"资产池",监管成本得以降低,监管效率将会提高,监管便利性也大大增强;对运营商来说,管理运营联合企业年金计划这个"资产池",将有利于其规模经济的实现,大幅降低运营成本,提高运营管理的收益和便利性。

第二,市场"角色分散化"不利于集成信托产品的市场供给,不利于企业年金市场的深度开发。市场角色的分散化,致使外部受托人空壳化,进而导致企业建立企业年金制度的管理环节多、流程长、效率低、成本高,极大地影响了企业建立企业年金的积极性,既不利于启动企业年金市场,又不利于中小企业参加集合企业年金。这便是企业年金"企业冷"的一个重要原因。

市场角色过多,不仅使企业年金制度看上去显得过于复杂化,"4 个人"构成的信托制年金制度使中小企业眼花缭乱,尤其在没有全国统一税优政策的情况下,进一步抑制了它们建立企业年金的积极性。角色过于分散势必使管理成本攀升:假设有 2 个缴费者,他们的费率相同,年均回报率也相同,都是 9%,但是如果一个人的管理成本只有 0.2%,另一个人则是 1.2%,那么,35 年之后,1 个百分点管理成本之差将导致前者的账户积累余额比后者高出 23%。

目前中国法人受托模式开发集合企业年金计划的方向应主要是"前端集合"计划:参与计划的成员企业,须接受受托人统一制订的集合年金计划;与单雇主法人受托模式相比,集合计划法人受托是一种"标准化"的计划,在国际上它包括多雇主企业年金计划、区域联合企业年金计划、联盟企业年金计划等;最典型的集合计划是香港强积金的集成信托计划(Master Trusts),它允许接受多个企业的信托,在这个意义上讲它也是一种"零售年金"计划,可对小企业甚至自雇者开放,一般来说企业员工在受托人统一制订的产品清单中享有选择产品的决策权。所以,从国际上流行的集成信托计划,即上述"前端集合"与"零售年金"这两个特点来看,其提供商一般来说是不同角色捆绑程度较高的受托人。简化市场角色,打造具有投资资格的捆绑式专业化受托人,并不排斥投资管理人的重要作用,恰恰相反,可以促其提升供给集成信托产品的能力。投资管理人的直接客户本来就不应是委托人即企业主,而应是受托人。但在受托人"空壳化"的情况下,投资管理人只能绕开受托人,这不利于投资管理人对集成信托产品的开发和销售,不利于投资管理人企业年金的投资功能的正常发挥,带有一定的盲目性,降低了专业基金投资公司的产品供给能力,因为受托人的品种开发不是万能的,需将相当一部分投资外包给投资管理人,投资范围和品种的限制使之只能自行开发设计特定的某些产品,而大量的集成信托产品只能来自外包。

鉴于上述对主要面对中小企业"前端集合"集成信托产品的论述及其市场需求的分析以及中小企业建立企业年金计划的迫切性,垂直整合市场角色资格,建立专业化的受托人机构,构建中国特色的养老金管理公司便成为当前的改革重点和发展方向。

四、建立"捆绑式"养老金管理公司的可行性与必要性

(一)当前改革的思路是:垂直整合市场主体资格,建立以受托人为市场核心的养老金管理公司

如前所述,市场呈恶性竞争带有某种必然性:第一,一方面在市场启动初期,过于分散的角色划分自然导致过低收费竞争和市场价格扭曲的倾向,另一方面非专业化的受托人作为市场角色之一同样受到价格扭曲的挤压,难以发挥其在信托型年金市场中的核心作用,进而加剧了市场无序竞争。第二,一方面非专业化受托人不能发挥集合年金市场的拉动与主导作用,只能被动地围着那些经济效益较好的大型国企和集团公司转,甚至听命于其他市场角色的摆布,另一方面受托人没有能力开发潜力巨大的集合年金市场的资源,加剧了不断增加的市场主体对市场份额的无序竞争,这又进一步压低了市场价格。第三,一方面中小企业进入企业年金的门槛太高,集合企业年金难以在市场产生,进而减少了受托人的市场资源,另一方面受托人不能成为中小企业进入市场的主渠道,作为年金市场主体的中小企业面临无"人"开发的市场断裂态势,进而导致中小企业建立企业年金的积极性不高,新的市场进入者不是非常

踊跃,市场年金存量还主要以历史遗留下来的行业年金为主导,"豪门盛宴"的诟病难以消除。

因此,从上述意义来说,外部受托制度当前存在的诸多矛盾互为因果,恶性循环,受托人资格成为一个弃之不舍但又食之无味的烫手山芋。解决这些矛盾的焦点在于强化受托人的核心功能,具体思路是叠加资格牌照,使受托人逐渐走向专业化和职业化,建立真正意义上的捆绑型专业化养老金管理公司。

对此,劳动和社会保障部已注意到这些问题,表示进行第二批机构认定时将不再单独设立受托人和账户管理人资格,而试行"受托人+账户管理人"并考虑"托管人+账户管理人"的2+2模式,这充分说明,下次资格审批将有可能成为企业年金制度发展史上一次重要转折,促进企业年金市场的发展再上一个台阶①。

(二)建立养老金管理公司是实施信托制企业年金的一个制度创新

无论从国外的经验教训看,还是从国内的市场前景需求看,受托人的发展方向应予以强化,应考虑到专业化和职业化问题;专业化和职业化改革的重要途径之一就是赋予其更多的功能;较多的市场资格的捆绑,其直接途径就是建立真正的养老金管理公司;建立养老金管理公司是实施信托制企业年金的又一个制度创新。

根据国外养老金管理公司的实践,养老金管理公司作为一个外部法人受托人,其核心要素在于其具有投资管理(包括其分包)功能的一体化,就是说受托人资格与投资管理人资格是捆绑在一起的,这既是受托人在市场上的生存之本,又是养老金管理公司的本质特征之一,更是养老金管理公司得以发挥其核心作用的关键所在。

捆绑式养老金管理公司的运行模式与现代信托理念不仅不相悖,反而是对坚持信托制的一个创新:早在20多年前拉丁美洲十几个国家建立养老金管理公司的成功实验、中国香港地区7年前强积金的正式运转和澳大利亚超年金近年来取得的业绩,都是对盎格鲁—撒克逊信托传统的发扬光大,其他欧美许多国家捆绑式受托人的诞生也是一个明证。

---

① 引自陈良2007年6月13日在BBVA银行与中信银行联合举办的"中国和拉美国家企业年金发展论坛"上的演讲,载《中国证券报》《上海证券报》《国际金融报》《金融时报》《东方早报》和新华网等媒体6月14—15日前后的相关消息报道。

（三）建立捆绑式的养老金管理公司制度安排完全符合现行政策的规定

一部三会共同签署发布的 23 号文件《企业年金基金管理试行办法》明确提出了"养老金管理公司"这个概念，并将之规定为受托机构之一，这是建立养老金公司的基本政策根据。第 23 号令第十条明确规定："本办法所称受托人，是指受托管理企业年金基金的企业年金理事会或符合国家规定的养老金管理公司等法人受托机构。"

文中所指养老金管理公司的制度安排，就是指捆绑式服务（Bundled Services），也称为"一站购齐式（One-stop Shopping）"或"全天候服务提供商（Full Service Provider）"，在国际实践中，就是指市场不同角色和机构功能的垂直整合，即由一个金融机构同时兼有多种市场角色或功能，包括受托人、账户管理人、投资管理人等，在有些国家和地区甚至还包括托管人的资格。两个部令规定中只是提出投资管理人与托管人不得为同一人兼任。将投资管理人资格捆绑在受托人之内，在首批机构中已经有过实验，两年来的结果证明，这个实践基本是成功的。这说明，它不但没有超出 23 号部令关于建立养老金管理公司法人受托的捆绑规定，而且也符合国际发展的潮流，适应目前中国促进企业年金市场的需要。

（四）捆绑式养老金管理公司符合中国的国情

建立捆绑式养老金管理公司之所以符合中国目前的国情和年金市场的需求，是基于以下几点。

第一，捆绑式专业养老金管理公司的建立，可以降低中国企业年金的运营成本、管理成本和沟通成本，提高各个环节的服务效率和准确性，有效克服提供商各自为政、片面宣传以及误导委托人和受益人的现象，以"一站购齐式"全天候服务商的方式和专业化的产品设计，推动集合企业年金的发展，提高中小企业进入市场的积极性和热情，成为拉动企业年金市场发展的旗舰和综合服务管理的核心平台。

第二，纯粹的专业化养老金管理公司，除具有一揽子综合服务能力以外，还具有对资本市场与年金市场二者关系充分理解和深入研究的专业综合能力。在资本市场上，养老金产品设计是最人性化、离资金源头最近、游离于其受益人（账户资产所有者）时限最长的金融资产；以受托人为核心的捆绑式养老金管理公司无论在投资管理系统还是在其他各项专业服务上，都可通过及时把握和监督具体的市场运作来识别每一个市场主体的运行准确性、收益合理性及其价值内涵。

第三,在缺乏信托精神的大陆法体系下,捆绑式养老金管理公司可弥补单一资格受托人短视的缺陷,这是目前中国坚持和推动信托型养老金的一个捷径,因为它可克服仅从表面投资结构和收益数据来分析判断投资管理人的肤浅判断,能够避免单一提供商容易陷入程式化管理的误区;个性化的方案设计和收益回报的长期性,既是养老金投资与其他基金投资之间最大的区别,也是专业化养老金管理公司(受托人)与其他投资公司之间最大的区别。

第四,"分拆式"存在一些优势,也是"捆绑式"所不可比拟的。例如,价格是透明的,责任是清晰的,主体是确认的,专业化程度较高,任何带有利益输送和损害受益人利益的决策倾向都受到各司其职的市场主体的监督和审议等,但同时其存在的问题也是比较明显的。例如,不同行业和不同机构之间的分工合作问题,不同市场主体价值链的成本收益平衡问题,尤其是受托人成本收益低下导致的核心作用缺位问题,等等。反过来,"捆绑式"的优势也是"分拆式"所难以替代的,例如,它的成本相对比较低,信息相对来说是对称的,成本可以内在化,可以避免受托人法律地位的弱化及其责任重大与盈利空间狭小的矛盾。

总之,分拆式和捆绑式之间的分析比较显示,它们各有特点,仅仅是个选择的问题,即哪一个模式更适合所处的历史环境和发展阶段。权衡利弊,在当前阶段,打造几个捆绑式养老金管理公司,明确受托人法律地位和市场作用,可起到推动市场发展和满足市场发展需求的作用。

五、国外"捆绑式"养老金受托人的现状与发展趋势

(一)受托模式的总体发展趋势

按法律组织性质,受托人可分为内部理事会受托制和外部法人受托制。按受托人与其他市场角色的组合形式,可将其分为分拆模式和捆绑模式。分拆模式是指受托人将账户、投资、托管人角色(部分)分给其他个人;捆绑模式是指受托人将其他市场角色集为一身,为计划发起人提供"一站购齐式"服务。

　　笔者绘制的图 1 是个路线图,其目的在于解析和说明受托人模式的演变脉络与发展趋势。

　　法人受托捆绑模式在 20 世纪 80 年代以来逐渐发展成明显不同的两种形式:一种是单个法人受托捆绑模式;另一种是传统的金融集团下的捆绑模式,即服务提供商均属同一个金融控股集团。20 世纪 90 年代以来又出现了第三种新型的介于分拆和捆绑式两个极端之间的捆绑模式即"法人受托联盟模式",这是受托人与其他专业法人机构以建立战略联盟的方式共同提供服务的一种折中方式,是在法人受托模式下引入的一种变通的分拆模式的做法,其目的在于以分成和提成为基础,为市场提供"一站式"服务。

　　在单个法人机构捆绑模式中,国外目前主要存在两种形式:一种是传统的以强势金融机构为轴心建立的捆绑模式;另一种是 20 世纪 80 年代以来在拉美十几个国家和中国香港地区出现的专业化养老金管理公司。

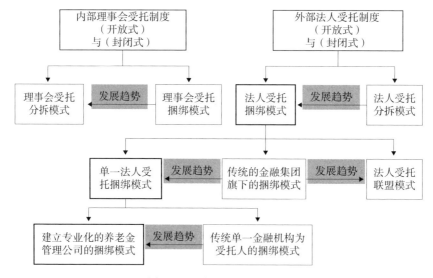

图 1　信托制企业年金受托模式发展趋势

资料来源:笔者制作。

　　以拉丁美洲国家的养老金管理公司为代表的高度捆绑模式和以中国香港地区的单一金融机构为代表的捆绑模式是企业年金受托管理的最新模式。根据图 1 示意,中国当前改革的重点和路径应该是:

外部法人受托模式→法人受托模式→单一法人受托捆绑模式→专业化养老金管理公司

对于上述趋势在国外的发展情况,下面将予以逐一详述。

(二)内部理事会捆绑受托模式向分拆受托模式的发展趋势

在理事会受托模式中,采用角色捆绑的情况不是很多,尤其在信托制的企业年金计划中,大多采取的是理事会受托分拆模式,因为在企业内部能够满足投资管理人条件的机构不多,专业人才缺乏,成本较高,大多数情况下,它们将投资等专项业务外包出去。例如,约有41.6%的401(k)计划采用了理事会受托分拆模式,其中,有74.8%的成员少于50人的计划、50.5%的成员人数在50—199人的计划都选择了这一模式,而成员数在1000人以上的大型计划较少采用这种模式①。

(三)外部法人受托分拆模式向捆绑模式发展的趋势与转变

法人受托分拆模式由于其独特的优点,在20世纪90年代之前成为企业年金的主流受托模式;但是,随着DC型计划数量的膨胀和DB计划的衰落,尤其是20世纪90年代以来随着基金管理公司、保险公司等金融机构的发展和壮大,再加上捆绑模式的费用相对较低,具有明显的规模经济效应,提供的服务更为便利,市场有很大的需求潜力,于是,金融机构开始倾向于提供捆绑式服务,并逐渐成为养老计划信托管理的一个主流模式,市场份额越来越大,捆绑模式开始逐渐取代分拆模式的主导地位。例如,美国401(k)计划中采取捆绑模式的占72%,其中企业越小采取这个模式的就越多:250人以下成员的企业有87%采取了捆绑模式,250—1000人有75%,1000人以上是61%;而相比之下,采取分拆模式的只有28%,其中250人以下的只占13%,250—1000人的占25%,1000人以上的占39%。按照美国的规定,401(k)计划受托人必须将计划资产交由第三方进行托管,并且资产托管人不能与投资管理人为同一人②。

---

① 孙婕:《美国401(k)计划信托问题研究——管理架构、运作模式及对中国的启示》,硕士学位论文,中国社会科学院研究生院,2005年5月,第16页。

② 见美国劳工部网站,http://www.dol.gov/ebsa/。

表1　美国401(k)按计划规模划分的信托管理模式实际采用情况

企业规模(成员数)	1—249人	250—1000人	1000人以上	总计
采用法人受托分拆模式企业的比例(%)	13	25	39	28
采用法人受托捆绑模式企业的比例(%)	87	75	61	72

资料来源:*A Look at* 401(*k*) *Plan Fees*,见美国劳工部网站,http://www.dol.gov/ebsa/publications/。

(四)金融控股集团捆绑模式与法人受托联盟模式共同发展的趋势

随着信托资产的激增,外部法人受托捆绑模式的规模经济也越发显示出优势,成本不断下降,于是,对金融控股集团旗下的分拆式服务商来说,其成本就更低,收益就更大,几乎所有有条件的金融集团都表现出提供捆绑服务的强烈偏好。但是,捆绑和分拆模式之间的优劣之争始终没间断过,因为分拆和捆绑两个模式各占先机,难以兼得:分拆模式提供专业化的服务质量高一些,但成本也较高,而捆绑模式虽降低了成本,但专业化服务质量一般较为有限,并常受到容易产生利益冲突的质疑。于是,20世纪90年代后期,一种崭新的可以克服各自劣势与发挥各自优势的折中模式出现了:法人受托联盟模式。联盟模式的特点是指受托人兼任账户管理和投资管理人的职能,但其具体途径是通过与其他专业机构如基金管理公司建立战略联盟的方式,由其提供投资管理的服务,但基金管理公司只承担投资管理的职责,协助受托人履行投资管理的作用,而不正式充当投资管理人,在佣金上采取双方分成抽取百分点的协议形式解决。因法人受托联盟模式的费用适中,专业化程度适度,普遍受到市场的欢迎。在2004年一项调查中,有79%的捆绑服务商采用了联盟模式,有76%的被调查企业已经采用或者希望采用这一模式①。

(五)单一法人受托捆绑模式的新趋势:"一站购齐式"养老金管理公司独领风骚

其实,在美国的信托制养老计划中,例如401(k),即使是分拆模式,一般也不是"全分拆",而常常采取"受托人+账户管理人"的"半捆绑"或称"半分

---

① 孙婕:《美国401(k)计划信托问题研究——管理架构、运作模式及对中国的启示》,硕士学位论文,中国社会科学院研究生院,2005年5月,第21页。

拆"模式;而在"受托人+投资管理人"的捆绑模式中,法人受托机构常常由基金管理公司等机构来担任。于是,目前主要存在两种单一法人机构捆绑模式。一种是传统的以强势金融机构为轴心建立的捆绑模式,例如在美国大约200家捆绑式机构里,以投资管理能力强大的基金管理公司、银行、保险公司和信托公司等为核心的机构作为受托人提供捆绑的一站购齐式服务,它占据了美国和欧洲企业年金的捆绑服务市场的相当份额,其中基金管理公司占据明显优势,占美国所有捆绑服务商的50.4%,银行和保险公司分别占24.4%和14.1%,咨询公司占8.1%,其他类仅占3.0%[1];而在中国香港,强积金条例规定,信托公司是捆绑机构的唯一主体。美国捆绑式的所有行政管理费用单据都直接送给计划发起人,并全部体现在"5500表"之中,并可到达参保的账户持有人手里得以确认。另一种模式是20世纪80年代以来在拉美十几个国家和中国香港地区出现的专业化的养老金管理公司,这些公司大多是根据法律新建的专门养老资产管理公司,是一种崭新的全天候服务提供商,采取一站购齐式的捆绑模式。从结构上看,养老金管理公司这种纵向整合的最大优点是它具有集团军的作用,对中小企业建立集合年金计划具有很大的吸引力,但其缺点在于缺少受托人和投资管理人外部相互监督机制,受托机构须在内部建立防止利益冲突的防火墙体系。

六、中国建立养老金管理公司的基本原则及需要注意的若干问题

(一)养老金管理公司的定位

建立养老金管理公司的重要目的或最大特征应该是,它是专门致力于两个部令规定的企业年金这个第二支柱资产的专业化公司;客户群既包括广大的中小企业,为其提供集合年金计划产品,又包括大型企业,为其提供综合服务的一揽子业务。这既可体现政府的社会责任也可体现企业的社会责任,这是因为,培育专业化养老金管理公司就意味着培育这个市场,就意味着为企业

---

[1]　Task Order 1, "Final Report, Pension and Welfare Benefits Administration, Study of 401(k) Plan Fees and Expenses", Contract No. J-P-7-0046, April 13, 1998, at http://www.dol.gov/ebsa/pdf/401kRept.pdf.

和市场服务,为国民福祉服务。

(二)为推动市场发展集合计划,政府组建养老金管理公司完全符合国际惯例和历史潮流

旨在推动面向中小企业的集合计划的拉美国家建立专业化养老金管理公司,中国香港地区强积金计划捆绑式受托人,澳大利亚超年金近年来业绩不错,即使在被称为自由市场经济的美国,联邦政府也不遗余力地通过修改立法等各种手段,采取提供捆绑式一站购齐的服务方式,向中小企业提供价格低廉和手续方便的集合计划和零售产品,如"简易职工养老金计划"(简称 SEP)和"简易个人退休账户"(Simple IRA)。美国联邦政府是通过修改《税收法》第408(k)条款的方式建立起这种简易的捆绑式服务养老计划的,以便为中小企业举办简便和低价的退休计划提供法律根据;所以,该项捆绑式的简易计划普遍被学术界看作是政府与市场通力合作的结果,看作是联邦政府对中小企业潜在需求快速反应的结果。正是由于这个原因,联邦政府为高度捆绑式的专业金融机构担当受托人设置的门槛很低,规定凡是具有提供年金产品资格的银行、共同基金、保险公司均可担任受托人。

与美国非常成熟的资本市场条件相比,为保证企业年金资产的安全性及其受益职工的权益,推动和规范受托人提供商市场的有序发展,中国在考虑拟定建立捆绑式养老金管理公司的条例时,为其设置一定的进入门槛是理性和理所应当的,是完全符合国际惯例的,也是中央政府应该承担的一个社会责任;在这方面,中国香港和澳大利亚等地区和国家的启发在于,它们虽然都是继受盎格鲁—撒克逊不成文法的经济体,受托传统深入人心,但是,它们还是为捆绑式受托人设置了诸多限制条件。

(三)建立养老金管理公司的目的在于构建"三层级"的市场结构,优化市场资源

第一,建立养老金管理公司与目前的双牌照和单牌照提供商之间的关系不仅只是竞争性的关系,它们之间还具有互补性和不可替代性。建立养老金公司的目的是为了满足多层次的市场需求,构建一个"三层级"的市场结构:单牌照与双牌照提供商——→金融控股集团背景的提供商——→捆绑式专业化养老金管理公司。这样可以发挥不同市场主体的优势,达到优化市场结构和提高市场效率的目的;适应市场发展的要求,实现构建"三层级"企业年金市场

的制度创新;通过专门化的道路,把企业年金市场带动起来,对做大做强养老金管理公司进行试点,使之成为企业年金市场中的旗舰。

第二,建立养老金管理公司与发展金融控股集团旗下企业年金供应商角色可齐头并进。在考虑建立养老金管理公司的同时,要采取紧急措施,继续推动金融控股集团旗下的受托人为开拓市场发挥作用。金融控股集团旗下金融机构作为企业年金服务提供商目前存在一定优势,在集团内可形成明显的价值链,减少不必要的重复投资,较高的投入成本可以受到一定的补偿。发展金融控股集团旗下的企业年金提供商与建立专业养老金管理公司并不矛盾,它们具有一定互补性和不可替代性,这是拉美 26 年来实践养老金管理公司的一个重要结果:拉美国家养老金管理公司的股东大多都是金融控股集团(例如BBVA),但这些捆绑式养老金管理公司的专有性、专业性、信托性和捆绑性等特征,是其金融控股股东所无法可替代的。

(四)应合理吸取国外的先进经验,根据国情,吸取所长,为我所用

从宏观上讲,中国香港和拉美的专业化养老金管理公司的建立对世界各国来说都是一个新生事物,它们是强制性第一支柱基本社保制度的产物,参与率有法律保障,能够"吃得饱",与中国自愿型第二支柱的企业年金制度相比具有较大的差异性。但是,在微观操作层面却具有较多的可比性,可资借鉴的东西较多,尤其在风险控制方面。

第一,在高度捆绑模式下,应高度重视和充分发挥托管人的监管作用。香港强积金条例规定合格的受托人可以兼任托管人,对此我们应采取更为严格的态度。2004 年两个部令规定,投资管理人和托管人不能兼任,受托人和托管人也不能兼任。在制度设计上,这些规定是发挥托管人对捆绑式公司的监管作用和对资金安全的保障作用的重要法律保证。托管人以外部第三方的角度对捆绑式养老金管理公司合规性的监督是企业年金监管框架的一个重要组成部分,其优势在于,托管人的外部监督可以从安全性和专业性上起到审计部门难以发挥的重要作用,可以有效规避捆绑式养老金管理公司在受托和投资这两个程序在同一个法人主体中的道德风险。

第二,要加强公司治理和完善风险内控机制。在养老金管理公司架构下,按照信托管理模式,要通过建立有效的公司治理机制和严格的隔离制度,保证在同一法人体系内受托职能与其他管理职能的共存,加强风险内部控制,对受

托资产与自有资产实行有效隔离,对受托人内部和外部管理的独立性进行有效的监督,保障受托资产安全,避免利益冲突。对此,在拉美国家养老金管理公司运行的 26 年中,人们几乎从未发现由于投资管理功能与受托功能捆绑在一起而导致的资金安全性风险的记录,它们积累了很多成功的经验;中国的基金管理公司在这方面也积累了很多宝贵经验,总体来说是成功的,良好的治理结构和透明的运行机制使利益冲突得以避免,这是近年来基金管理公司数量膨胀速度很快的一个重要原因。

第三,养老金管理公司的投资工具和品种要作出某种适当的安排与限制,以防止"权力滥用",保证资金的安全性。拉美国家总体来说,对其投资管理外包没有任何硬性规定;考虑到现阶段中国的市场环境,建立养老金管理公司应对其投资功能设立某种比例的外包最低限制,对不同产品品种的外包数量设置某种外包最低限额,甚至对金融控股集团旗下的投资管理也须设立类似的外包比例下限。

第四,对养老金管理公司财务透明性问题和利益冲突等潜在风险,须通过行政与财务上的独立核算予以规避。

(五)养老金管理公司与基本养老保险个人账户基金的关系

基本养老保险个人账户资金的性质与企业年金账户资金虽然都具有强烈的私有性,但还是存在本质的区别。前者是国家举办的强制性基本保险,国家应承担一定的补偿责任,应建立一定程度的补偿机制,制定一套相应的政策,对投资机构国家要作出一定的制度安排,对受益水平应承担一定财政责任。而企业年金则不完全如此;按照国际惯例,企业年金作为自愿型补充保险,应完全进行市场化营运;作为 DC 型信托制,目前阶段无须建立官方的补偿机制。鉴于此,养老金管理公司的任务应是专营企业年金资产,基本养老保险账户资金应由中央政府另行单独制定投资管理政策,在管理营运上不应与企业年金合二为一。

(六)关于养老金管理公司的待遇补偿机制

国际惯例显示,专业养老金管理公司可以建立某种补偿机制,但在实践中各国采取的做法各有不同,总的来说可以分为四种情况。一是以立法的形式强制性从自有资产中扣除一个比例,建立风险基金,例如,智利法律要求养老金管理公司从自有资金中提取养老基金净值的 1%,以此建立一个储备金,并允许将之与养老基金资产一起进行投资。二是强制性从运营商管理的基金资产中扣除一定比例。例如,中国香港强积金条例规定,为保护受益人的利益和弥补受益人的潜在损失,中国香港强积金管理局在受托人管理的强积金资产中强制性扣除0.03%,将之作为一个补偿基金[①],以弥补受托人由于不法行为和违规操作所造成的损失;法律还规定,当该补偿基金的数额不足以弥补损失的时候,财政司将有可能提供相应的援助和贷款。三是强制性要求受托人购买保险公司的责任险。澳大利亚的实验具有一定启发意义:为建立一个补偿机制,澳大利亚引入了商业再保险机制,强制性要求受托人必须购买"受托人保险",以补偿受托人在履行其职责时可能发生的经济责任,但规定受托人发生欺诈行为或民事判决的罚款处分行为时,保险公司有权不履行赔偿责任。四是对投资回报率强制规定最高限额,超出部分作为风险储备金予以提取。例如,智利在作出上述扣除一定自有资产的规定的同时,还规定养老金管理公司实际投资回报率必须达到一个最低标准和最高标准,对于超出最高标准的部分予以强制性提取,据此建立一个"利润储备金",用于以丰补歉,以弥补实际投资回报率与最低投资回报率之间的差额。

鉴于商业保险的国际发展趋势和中国巨大的市场规模,可以考虑澳大利亚的补偿思路,将养老金管理公司的补偿机制与商业再保险机制结合起来,采取市场化的方式,由保险公司设立养老金管理公司特种"受托责任险"。

（七）关于养老金管理公司的基金安全保障机制

国际经验表明,"一站购齐"模式在欧美、拉美和亚洲普遍存在着,并且作为企业年金的一种主要方式发挥着重要作用。由于提供零售年金计划的外部受托人是完全按照商业规则运营的,承担着可能带来的较大风险,所以,既要对其进行严厉的监管,一般又要对其设立较为严格的资格限制。其中,设置最低资本额的规定是普遍采用的一个办法,例如,中国香港强积金管理条例规定,法人受托人的注册资本至少要达到1.5亿港币,澳大利亚的法人受托机构注册资本额至少要500万澳元,智利养老金管理公司的最低注册资本金为5000UF,并要求其随着管理的养老金计划成员数量的增加而相应提高,超过

---

① 郑秉文、房连泉:《社保改革"智利模式"25年发展历程回眸》,《拉丁美洲研究》2006年第5期,第3—15页。

5000 人时其净资本金最低为 1 万 UF,超过 7500 人时为 1.5 万 UF,超过 1 万人以上时为 2 万 UF,如果养老金管理公司不能满足上述资本金最低要求,可在 6 个月期限内予以补足,否则,营业执照将被吊销并进入破产程序①。

规定注册资本金最低限额的目的在于为保护受益人的利益建立一个额外的最低防护措施,以应对潜在的机构运营风险,激励受托人谨慎、恰当和正确地管理年金资产。第 23 号令明确规定,受托人的"注册资本不少于 1 亿元人民币,且在任何时候都维持不少于 1.5 亿元人民币的净资产"②。鉴于对专业化一站式法人受托人的进入门槛应适当提高的考虑,养老金管理公司的最低注册资本额度应稍作上调为宜。

七、中国建立养老金管理公司的根本障碍在于监管体制关系不顺

(一)发放牌照不等于审批机构

2004 年两个部令允许养老金管理公司模式的捆绑式制度安排;2004 年 6 月 29 日国务院令第 412 号发布的《国务院对确需保留的行政审批项目设定行政许可的决定》保留并设定行政许可 500 项,其中第 92 项为劳动和社会保障部负责"补充保险经办机构资格认定"③。这是劳动和社会保障部审批企业年金营运商牌照的法律依据。

但是,发放牌照不等于审批机构,养老金管理公司的审批主体问题目前还没有解决。在"一部三会"(劳动和社会保障部、银监会、证监会和保监会)的监管制度安排下,养老金管理公司作为一个信托性质的机构,其审批似乎应由银监会负责核准,但由于种种原因,意欲建立专营企业年金的养老金管理公司的愿望却未能实现,所以,他们只能"曲线救国",转向保监会审批建立"××养

---

① UF 是智利的一种没有具体实物形态的指数化货币单位,2006 年 1UF 相当于 17931 比索(peos),约为 34.9 美元。参见郑秉文、房连泉:《社保改革"智利模式"25 年发展历程回眸》,第 3—15 页。

② 中华人民共和国劳动和社会保障部、银监会、证监会和保监会第 23 号令:《企业年金基金管理试行办法》,见劳动和社会保障部网站,http://www.molss.gov.cn/。

③ 中华人民共和国国务院令第 412 号:《国务院对确需保留的行政审批项目设定行政许可的决定》,见中央政府门户网站,http://www.gov.cn。

老保险公司"。众所周知,在世界各国"职业退休金计划"近百年的实践中,职业退休金计划的融资工具主要有两种:"养老信托基金"(Pension Fund)和"养老保险合同"(Pension Insurance Contracts)。2004 年两个部令的规定十分明确,中国实行的是属于盎格鲁—撒克逊传统的"养老信托基金",而不是"养老保险合同";"养老信托基金"与"养老保险合同"之间的本质区别就是资产型与负债型、信托型与公司型、市场型与合同型、DC 型与 DB 型之间的区别;2004 年两个部令确立的中国职业退休金计划是前者,而不是后者;而冠以"××养老保险公司"字头的营运商尽管签字画押,但仍有兼营后者之嫌,不利于企业年金由养老金管理公司名正言顺、堂而皇之地专司其责。

(二)养老金管理公司难产的关键在于企业年金监管机构关系没有理顺

根据企业年金"谁监管、谁审批"的国际惯例,企业年金的监管机构与审批机构应为同一机构。例如,在拉丁美洲,养老金管理公司由政府行政监管部门审批成立,如在智利就由"养老金监管局(SAFP)"批准建立,墨西哥是国家退休储蓄计划委员会审批(CONSAR),在性质上是公共有限责任公司,并要求符合这些国家《公司法》的相关要求。拉美的养老金管理公司监管机构一般都是独立自主的,向上对社会保障主管部门负责,向下对养老金管理公司实施监管和注册审批的职能。中国香港强积金制度实行的是牌照审批制度,受托人的审批发放机关是其行政监管部门强积金计划管理局(MPFA),只是在审批强积金中介机构和强积金计划及其产品时,由强积金管理局、金融管理局、保险业监督和证券及期货事务监察委员会联合执行。澳大利亚政府对经营超年金业务的机构实行的也是经营许可证制度,由"澳大利亚审慎监管局"负责审核批准经营执照①。

劳动和社会保障部作为企业年金行政主管部门,要同时成为其行业监管和机构审批的主体,最好应将监管部门单独设置,予以实体化,扩大和强化监管队伍。这样的监管改革思路是符合目前中国金融监管总体框架的,也符合企业年金的监管体制。目前世界上企业监管模式大致有三种:第一是"联合模式",即由一个机构负责监管所有金融部门,包括银行、证券公司、保险公司

---

① Ross Clare, "Are Administration and Investment Costs in the Australian Superannuation Industry too High?", ASFA Research Centre, The Association of superannuation Funds of Australia Limited, Nov. 2001, at http://www.superannuation.asn.au.

和养老基金等,德国、韩国、加拿大、澳大利亚、挪威等采取这种模式。第二是"半联合模式",即只有保险资金和企业年金这两部分资金由同一个机构联合监管,其他金融部门由其他机构负责监管,捷克、波兰、西班牙、葡萄牙和比利时等采取这个模式。第三是"专业模式",即设立多个监管机构同时专门从事企业年金的监管,整个监管过程涉及三个以上的监管机构,采用这种模式的国家有美国、英国、日本、意大利和爱尔兰等。

(三)将企业年金监管机构实体化,符合国际惯例和制度属性

目前中国的监管采取的是"专业模式",即由劳动和社会保障部负责监管,证监会和保监会等相关部门予以协同监管。企业年金作为一个相对特殊的金融行业监管,这完全符合企业年金的市场发展要求。

第一,企业年金发展迅速,2000 年只有 200 亿元,2005 年在颁布两个部令的次年就一跃攀升到 680 亿,到 2006 年底已高达 910 亿,资金增量比 2000 年增长了 256%,比 2004 年增长了 37%[①];据有关国际机构预测,今后的数年内将很快达到每年上千亿的增长速度。

第二,企业年金游离于企业缴费职工的年限长达几十年,资金的安全性和收益性都是一个十分重要的课题。在安全性上看,这是企业职工的养命钱,关乎社会稳定。从收益性上看,几十年的信托管理要求其不能大幅"缩水",否则,也会影响到社会稳定。监管机构的专一性将有利于企业年金的安全运营。

第三,根据国外的惯例,在国家的层面建立一个联席会议性质的企业年金监管委员会,必然要求有工会代表和企业主代表等参加,而监管部门实际是该委员会的一个下属机构,这样一个"代表制"性质的监管委员会是一个国际惯例,是企业年金监管与其他金融品不同的一个重要特征。

第四,长期看,社保基金与企业年金的监管应该分开,因为前者带有强烈的财政属性,而后者带有明显的金融属性,前者主要还属于公共部门,国家要承担相当的责任,后者则主要属于私人部门,主要靠市场机制,其监管的规律由此也具有相当的差异性。

第五,监管部门的主要监管对象是包括养老金管理公司在内的企业年金

---

① 这些数据引自中国养老金网主编:《中国企业年金的规范与发展》,中华工商联合出版社 2007 年版,第 2—19 页。

提供商本身、企业年金基金和企业年金的其他相关从业人员的队伍管理。

第六,要达到上述目的,改革企业年金监管体制可分两步走:第一步是在目前阶段充实监管力量,扩大监管队伍,逐渐使企业年金监管专业化,建立一个机构类似美国劳工部下辖的"雇员福利保障局(EBSA)";第二步是在条件成熟时将之单独设置,成为一个单独设置的行业监管和机构审批的实体部门,建立一个机构类似英国的"养老金监管局",下设3个部,14个处,或类似爱尔兰的"养老金监管委员会",下设6个处。

参考文献:

陈良:2007年6月13日在BBVA银行与中信银行联合举办的"中国和拉美国家企业年金发展论坛"上的演讲,载《中国证券报》、《上海证券报》、《国际金融报》、《金融时报》、《东方早报》和新华网等媒体6月14—15日前后的相关消息报道。

孙婕:《美国401(k)计划信托问题研究——管理架构、运作模式及对中国的启示》,硕士学位论文,中国社会科学院研究生院,2005年5月。

郑秉文:《中国企业年金的治理危机及其出路——以上海社保案为例》,《中国人口科学》2006年第6期(双月刊)。

郑秉文、房连泉:《社保改革"智利模式"25年发展历程回眸》,《拉丁美洲研究》2006年第5期(双月刊)。

郑秉文、杨老金:《中国联合企业年金计划展现独特魅力》,《上海证券报》2006年4月6日第A11版。

中国养老金网主编:《中国企业年金的规范与发展》,中华工商联合出版社2007年版。

中华人民共和国国务院令第412号:《国务院对确需保留的行政审批项目设定行政许可的决定》,见中央政府门户网站,www.gov.cn。

中华人民共和国劳动和社会保障部通告(第5号):《关于公布第一批企业年金基金管理机构的通告》,见劳动和社会保障部网站,http://www.molss.gov.cn/。

中华人民共和国劳动和社会保障部、银监会、证监会和保监会第23号令:《企业年金基金管理试行办法》,见劳动和社会保障部网站,http://www.molss.

gov. cn/。

A Look at 401(*k*) *Plan Fees*，见美国劳工部网站，http://www.dol.gov/ebsa/publications/。

Langbein, John H. "The Secret Life of the Trust: The Trust as an Instrument of commerce", in *The Yale Law Journal*, Vol.107: 165, 1997–1998.

OECD Directorate for Financial and Enterprise Affairs, "Collective Pension Funds–International Evidence and Implications for China's Enterprise Annuities Reform". OECD.

Ross Clare, "Are Administration and Investment Costs in the Australian Superannuation Industry too High?", ASFA Research Centre, The Association of superannuation Funds of Australia Limited, Nov. 2001, at http://www.superannuation.asn.au.

Task Order 1, "Final Report, Pension and Welfare Benefits Administration, Study of 401(k) Plan Fees and Expenses", Contract No. J–P–7–0046, April 13, 1998. at http://www.dol.gov/ebsa/pdf/401kRept.pdf.

（本文原载于《中国政法大学学报》2008 年第 1 期，第 30—48 页）

中国企业年金发展滞后的政策因素分析

——兼论"部分 TEE"税优模式的选择

内容提要：本文在回顾中国企业年金政策演变的基础上，分析了制约企业年金发展的政策因素。笔者认为，税优政策不统一和不完整是导致企业年金发展严重滞后的主要原因之一。为促使企业年金在多层次社保体系中发挥应有作用，为建立消费信心和拉动内需作出应有贡献，应尽快确定税收模式，制定一套完整的、符合中国国情的税收政策。本文在对企业年金税优政策进行国际比较研究之后指出，发达国家广泛实行的 EET 税优模式在中国受到分类个人所得税制的约束，与"退休皆免税"的社会文化环境存在冲突，不适合目前中国的现状。因此笔者建议采用"部分 TEE"模式，并设计了"五档捆绑式"方案。

2010 年是中国建立企业养老补充保险制度（后改为"企业年金"）20 周年，企业年金制度实施税优制度 10 周年[①]。20 年来，伴随着经济高速增长，中国社保体系发生了巨大的变化。但是，企业年金作为多层次社保体系的第二支柱，与第一支柱和企业的现实需求相比，存在的差距很大，严重影响了构建多层次社保体系，不利于建立消费信心和扩大内需。中国企业年金发展滞后固然是多种因素造成的，但税优政策不统一和不完整所产生的制约作用越来越明显，尤其是个人缴费前端征税的政策对抑制企业年金的发展也越来越明

[①]　1991 年之前由工会系统发起举办的"职工互助补充保险"应视为现代企业年金制度的自发与互济的初级阶段。1991 年 6 月，国务院发布的《关于企业职工养老金制度改革的决定》首次提出"企业补充养老保险"的概念，正式提出"国家提倡、鼓励企业实行补充养老保险和职工参加个人储蓄性养老保险"。

显。目前国家税务总局公布的一项企业年金税收政策引起业内广泛关注,于是,中国企业年金税收政策和税优模式问题再次提到议事日程。

一、企业年金税收政策历史沿革:
中央放权与地方推动

在 20 年企业补充保险制度的历史中,开始实施税优政策试点以来的历史仅为 10 年。10 年来,在企业缴费税收政策方面,国务院和财税部门发布的文件已有十几个。追溯和回顾企业年金税优政策的演变脉络,需要从三个层面来考察。

(一)中央政府企业年金税收政策历史回顾与政策变化

1. 国务院发布的关于企业年金税优政策的规定。2000 年,国务院发布的《关于印发完善城镇社会保障体系试点方案的通知》是中国企业年金实施税优政策的开端,该文将企业补充养老保险改为企业年金,并规定企业年金基金实行完全积累,采用个人账户方式进行管理,费用由企业和职工个人缴纳,企业缴费在工资总额 4% 以内的部分可从成本中列支。2003 年,国务院办公厅发布的《关于印发文化体制改革试点中支持文化产业发展和经营性文化事业单位转制为企业的两个规定的通知》中重申了 4% 的规定。2007 年,《企业所得税法实施条例》第 35 条的表述是,企业为投资者或职工支付的补充养老保险费、补充医疗保险费,在国务院财政、税务主管部门规定的范围和标准内,准予扣除。

2. 财政部公布的补充保险税优政策的规定。2003 年,财政部公布的《关于企业为职工购买保险有关财务处理问题的通知》规定:辽宁等完善城镇社会保障体系试点地区的企业,提取额在工资总额 4% 以内的部分,作为劳动保险费列入成本(费用);非试点地区的企业,应从应付福利费中列支,但不得因此导致应付福利费发生赤字。2006 年,财政部颁发的《企业财务通则》规定,为职工建立补充医疗保险和补充养老保险,所需费用按照省级以上人民政府规定的比例从成本(费用)中提取。超出规定比例的部分,由职工个人负担。2008 年,财政部发布的《关于企业新旧财务制度衔接有关问题的通知》规定:补充养老保险的企业缴费总额在工资总额 4% 以内的部分,从成本(费用)中列支;企业缴费总额超出规定比例的部分,不得由企业负担,企业应当从职工工资中扣缴;个人缴费全部由个人负担,企业不得提供任何形式的资助。2009年6月,财政部和国家税务总局联合颁发的《关于补充养老保险费 补充医疗保险费有关企业所得税政策问题的通知》规定,自2008年1月1日起,企业根据国家有关政策规定,为在本企业任职或者受雇的全体员工支付的补充养老保险费、补充医疗保险费,分别在不超过职工工资总额5%标准内的部分,在计算应纳税所得额时准予扣除;超过的部分,不予扣除。

3. 国家税务总局颁布的有关企业年金税优的相关规定。2003年,国家税务总局发布的《关于执行〈企业会计制度〉需要明确的有关所得税问题的通知》规定,企业为全体雇员按国务院或省级人民政府规定的比例或标准缴纳的补充养老保险、补充医疗保险,可以在税前扣除。2009年6月,国家税务总局与财政部联合颁发的《关于补充养老保险费 补充医疗保险费有关企业所得税政策问题的通知》,内容如前述。2009年12月10日,国家税务总局颁布的《关于企业年金个人所得税征收管理有关问题的通知》规定:企业年金的个人缴费部分,不得在个人当月工资、薪金计算个人所得税时扣除;企业年金的企业缴费计入个人账户的部分,按照"工资、薪金所得"项目计算当期应纳个人所得税款,并由企业在缴费时代扣代缴。

(二)地方税优政策的推动与国家统一政策的滞后

国务院2000年发布了辽宁省试行4%税优试点的文件之后,据初步统计,包括1997年上海出台的企业补充保险的税优规定,全国共有31个省政府发布了税收政策文件。其中,21个省份对企业年金税优比例作出专门规定,10个省份在其基本养老保险实施意见中规定了企业年金的税收比例。在这31个省份中,只有1个省在其文件中没有明确税优比例(河南),有16个省份规定的企业缴费优惠比例是4%,8个省份是5%,2个省份是6%,2个省份是8.3%,1个省份是12%,2个省份是12.5%[1]。除西藏、江苏和湖北在缴费比例中规定了个人缴费税优外,其他省份制定的税优均指企业缴费。地方性税优覆盖率如此之高(96.7%),是推动企业年金发展主要动力之一。然而,地

---

① 根据《中国企业年金发展报告》(杨帆、郑秉文、杨老金主编,中国劳动保障出版社2008年版)和"中国养老金网"资料整理。

方性税优政策非常不规范,比例相差悬殊,大致存在 5 个档次,且最高档是最低档的 3 倍;另外,时间分布很不均衡,2004 年当年比较集中,共有 10 个省份,2004 年之前有 5 个省份(含 1997 年之前的 1 个),2005 年之后有 16 个省份。

与地方政府积极性形成较大反差的是,国家统一税优政策基本处于被动和彷徨状态,只是对地方税优政策的纷纷出台表示允许,直至 2008 年才在全国范围明确 4%比例的税收政策。

财政部作为制定和执行财政税收发展战略与方针政策、制定和执行财务会计管理的规章制度的主管部门,国家税务总局作为具体起草税收法律法规草案及实施细则的主管部门,在其税优政策观念变化中可看出其大致演变脉络:2003 年认可试点省份 4%→2006 年认可各省自定比例→2008 年明确全国范围 4%→2009 年全国范围提高到 5%。2009 年提高到 5%,既是对《企业所得税法实施条例》的贯彻执行,也是国家财税部门抵御金融危机的一个举措。国资委虽然不是制定税收政策的部门,但其发布的文件对央企具有约束力和影响力。如 2005 年《关于中央企业建立企业年金制度的指导意见》和 2007 年《关于中央企业试行企业年金制度有关问题的通知》强调执行 4%税优比例,央企缴费不能超过 8.3%。

(三)企业年金发展的三个阶段及其特征

20 年来的企业年金发展可分为三个阶段,企业年金基金积累曲线可视为观察企业年金制度发展与税优政策互动关系的一个重要窗口(见图 1)。

第一阶段为 1991—2000 年,这是"政府推动阶段",中央政府发布的三个文件发挥了作用①,企业年金基金积累从无到有,到 2000 年基金累计达 259 亿元。

第二阶段是 2000—2003 年,这是"税优试点阶段",其标志性事件是 2000

---

① 这三个文件及其主要内容是:1995 年国务院颁发的《关于深化企业职工养老保险制度改革的通知》规定,企业可根据本单位经济效益情况,为职工建立补充养老保险;1995 年劳动部印发的《关于建立企业补充养老保险制度的意见》规定了企业补充保险的细则,介绍了中国大连、上海,美国和日本建立企业补充保险的情况;1997 年国务院发布的《关于建立统一的企业职工基本养老保险制度的决定》明确在国家政策指导下要大力发展企业补充养老保险,上海和深圳等一些发达地区据此出台了地方试点性质的政策文件,对补充养老保险给予程度不同的税收优惠,铁道、邮电、电力、交通、金融等十多个行业先后建立了补充养老保险。

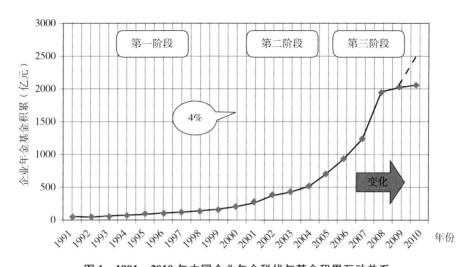

图1　1991—2010年中国企业年金税优与基金积累互动关系

注:2009和2010年的基金累计数据为笔者估算,其他数据来自历年《人力资源和社会保障事业发展统计公报》。

年国务院发布的《关于印发完善城镇社会保障体系试点方案的通知》对辽宁等试点省份制定的4%税优政策。税优试点为企业年金发展注入了新的生机,到2004年基金积累达493亿元。

第三阶段是2004—2009年,这是"政策推动阶段",其标志性事件是2004年两个试行办法的颁布。2004年企业补充保险主管部门——原劳动和社会保障部发布了《企业年金试行办法》和《企业年金基金管理试行办法》,首次将传统的企业养老补充保险规范为完全积累的DC型信托制模式,对完全市场化运行模式给出了基本框架,并对企业和个人的缴费比例上限作出了规定:企业缴费比例不超过其上年度职工工资总额的8.3%,企业和职工个人缴费比例合计一般不超过本企业上年度职工工资总额的16.6%。

"政策推动阶段"主要有两个特点:一是"税优政策推动"。两个"试行办法"标志着中国现代企业年金制度的正式确立及其与国际接轨,极大地激发了各省建立企业年金的积极性。在2003年"国税通知"的授权下,2004年掀起了地方企业年金税优政策的高潮,到2008年财税部门在全国范围正式实施4%税优政策时,已有31个省份自定了税优政策,地方性税优政策覆盖全国,推动了企业年金较快扩张,基金积累从2004年的493亿元发展到2008年的

1911 亿元①。二是"配套政策推动"。主管部门相继出台了近 20 个配套措施,政策法规不断完善,为企业年金健康发展提供了制度保证。例如,制定了企业年金基金管理运作流程和企业年金基金账户管理信息系统规范,下发了关于企业年金基金证券投资有关问题的通知、关于企业年金基金银行账户管理等有关问题的通知、关于企业年金基金进入全国银行间债券市场有关事项的通知、关于企业年金方案和基金管理合同备案有关问题的通知,出台了企业年金基金会计准则等,从而形成以开户流程、运作流程、受托人规定等细则为补充的企业年金整体运作框架。此外,2005 年和 2008 年进行了两次认定工作,共有 49 家企业年金基金管理机构获得了 61 个资格认定,推动了年金市场的发育和成长,并顺利完成了过渡计划。

与前两个阶段相比,第三阶段在短短五六年里企业年金基金资产翻了两番。这说明地方性税优政策"弥补"了中央税优政策供给不足的缺陷,一系列相关配套政策的密集出台"弥补"了中央统一税收政策缺位的缺憾。这"两个弥补"既是"政策推动阶段"的两个经验,同时也从另一个角度给人们两点启发:一是虽然地方性税优客观上助推了企业年金的发展,但呈现某种混乱和严重"碎片化"现象,税优比例不统一,税优结构不一致,绝大部分地区仅规定企业缴费享有税优,进而导致地区间发展失衡和制度不公平;二是有些配套政策迟迟没有制定,受制于全国统一税优政策的缺位。

(四)地方税优政策的"碎片化"及其推动作用

第三阶段各省纷纷制定税优政策固然是两个试行办法激励的结果,但是,中央政府认可和授权起到了决定性的作用,进而掀起地方税优政策出现两次高潮。第一次是 2003 年国家税务总局发布的"国税通知",该文规定"按国务院或省级人民政府规定的比例或标准缴纳的补充养老保险、补充医疗保险,可以在税前扣除",首次对地方政府自定政策认可和鼓励,于是 17 个省份颁布了税优政策;第二次高潮是 2006 年财政部颁发《企业财务通则》,规定"所需费用按照省级以上人民政府规定的比例从成本(费用)中提取",再次促使 11 个省份出台了地方税优政策,使税优政策覆盖全国并占统

---

① 2004 年数据引自杨帆、郑秉文、杨老金:《中国企业年金发展报告》,中国劳动保障出版社 2008 年版,第 73 页。2008 年数据引自人力资源和社会保障部、国家统计局:《2008 年度人力资源和社会保障事业发展统计公报》,见人力资源和社会保障部网站。

治地位。

中央政府对地方政府的授权和放权为促进发展企业年金创造了较大的空间和宽松的氛围,在一定程度上满足了企业年金的发展要求。然而,中央统一税收政策出台之所以严重滞后,没有成为促进企业年金发展的主导因素,是因为中央政府没有一个完整和长远的企业年金发展战略,没有一个既定的税优政策目标,始终处于迟疑、犹豫和观望之中。中央税收政策行为的这种"双面性"影响了职工和企业参与建立企业年金的积极性,损害了企业年金的公信力,是年金制度整体处于低迷徘徊状态的主要原因。

二、企业年金发展严重滞后:国际比较的 差距与国内需求的压力

20 年来,虽然中国企业年金制度框架已初步形成,年金市场得以初步建立,但在中国多层次社保体系中,企业年金还远未承担起第二支柱应有的作用,在一定程度上影响了社保体系整体建设。

(一)4 个测度指标存在巨大差距

企业补充保险的测度指标很多,但无论用哪个指标来衡量,中国企业年金的现状均与很多国家存在巨大差距。

1. 企业年金计划参与率。参与率又可分为企业参与率和就业人口参与率。中国建立企业年金计划的企业为 3.3 万户[①],全国各类企业共计 325 万户[②],企业参与率仅为 1%。中东欧转型国家建立多支柱社保制度的时间几乎与中国相同,但企业年金的发展速度却远快于中国。例如,捷克建立职业年金的企业参与率是 45%,匈牙利是 31%,芬兰是 8.7%。与发达国家相比,中国的差距更大。企业参与率德国高达 64%,美国是 46%,英国是 47.1%,爱尔兰是 42.9%,意大利是 10.6%。就业人口参与率英国高达 59.1%,美国为 57.7%[③],

---

① 《2008 年度人力资源和社会保障事业发展统计公报》,见人力资源和社会保障部网站。
② 人力资源和社会保障部、国家统计局:《中国统计年鉴 2009》(光盘版),中国统计出版社 2009 年版。
③ OECD, *Pensions at a Glance* 2009: *Retirement-Income Systems in OECD Countries*, OECD, 2009, p.141.

而中国仅为 1.3%①。

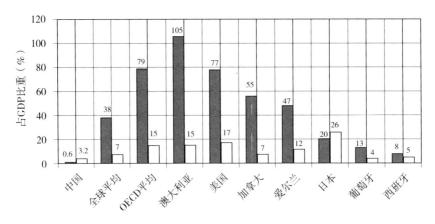

图 2　中国及部分国家企业年金和基本养老保险基金占 GDP 的比重

注:中国数据引自《2008 年度人力资源和社会保障事业发展统计公报》,见人力资源和社会保障部网
站;全球平均数据引自郑秉文等:《机关事业单位养老保险改革的思路——"混合型"统账结合制度
下的测算》,《公共管理学报》2009 年第 1 期;其他数据引自 Robert Holzmann, *Aging Population*,
Pension Funds, *and Financial Markets*, *Regional Perspectives and Global Challenges for Central*, *Eastern*,
and Southern Europe, The World Bank, Washington D.C., 2009。

2. 企业年金资产比重。中国企业年金资产不到 GDP 的 0.6%,而基本养
老保险基金资产为 GDP 的 3.2%。相比之下,全球企业年金总量 29 万亿美
元,占全球 GDP 高达 38%,基本社保基金大约是 5.4 万亿美元,占全球 GDP
的 7%。其中,OECD 成员国企业年金资产平均占 GDP 的 78.9%,而基本社保
基金仅占 14.5%。与新兴市场相比,中国的差距也越来越大。波兰建立企业
年金的时间与中国差不多,但企业年金发展迅速,从 1999 年资产占 GDP 的
0.3%上升到 2007 年的 13.7%,而社保基金仅为 0.3%②(见图 2)。

3. 企业年金替代率。中国企业年金在退休收入中的替代率不到 1%,可
以忽略不计;中国退休人员的收入主要依赖基本养老保险的给付。而 OECD

———————

① 中国就业人员总数为 7.52 亿(引自《中国统计年鉴 2009》,光盘版,中国统计出版社
2010 年版),企业年金的缴费职工人数仅为 1038 万人(引自《2008 年度人力资源和社会保障事业
发展统计公报》,见人力资源和社会保障部网站)。

② 数据引自图 2。波兰基本养老保险的数据引自 OECD, *Pensions at a Glance* 2009:
Retirement-Income Systems in OECD Countries, OECD, 2009, p.143。

的 30 个成员国企业年金替代率平均高达 9%（基本养老保险平均替代率是 59%），基本保险与企业年金替代率合计达 68%；其中，22 个成员国基本养老保险与强制性企业年金二者合计的替代率为 66%；英国自愿型企业年金替代率接近 40%，而基本养老保险替代率仅为 30.8%；美国自愿型企业年金替代率也接近 40%，其基本养老保险替代率为 38.7%[①]（见图 3）。从图 3 可以看出，企业年金替代率越低的国家，其基本保险的压力就越大，替代率的要求就越高。

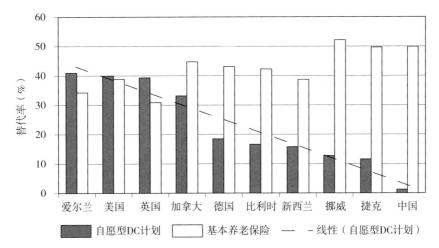

图 3　部分国家自愿型 DC 年金计划替代率及其与基本养老保险替代率的关系

资料来源：OECD，*Pensions at a Glance* 2009：*Retirement-Income Systems in OECD Countries*，OECD，2009，p.119。

4. 企业年金资产占资本市场的比重。国际经验显示，企业年金越发达的国家，资本市场就越发达。目前，中国已跃居全球新兴资本市场第一位，全球资本市场第三位，但企业年金却只占总市值的 0.3%，与资本大国的地位很不相符，与发达国家相差几十甚至上百倍。2007 年，在 10 个发达国家中，养老金占其总市值的 40%；16 个中东欧和拉美新兴市场中，养老金资产占其总市值的 31.7%，其中，匈牙利从 2002 年的 0.9% 上升到 2007 年的 16.9%，秘鲁从 1996 年的 4.2% 上升到 2007 年的 14.1%，波兰从 1999 年的 0.6% 上升到 2007

以上数据引自：OECD，*Pensions at a Glance* 2009：*Retirement-Income Systems in OECD Countries*，OECD，2009，p.143,118，box，p.119。

年的 6.4%①。

从另一个角度看,中国资本市场需要企业年金。企业年金基金是游离于缴费者和企业之外长达几十年的长期资本,而非短期投机资金。虽然企业年金基金的唯一目标是保值、增值,但作为资本市场上最重要的机构投资者之一,企业年金基金的投资管理人无疑是促进资本市场健康发展的长期机构投资者。

(二)多层次社保体系严重失衡

近 20 年来,中国社保体系依然主要依靠第一支柱,多层次社保体系框架处于严重失衡状态(见图 4)②。从图 4 可以看出,第一支柱和第四支柱几乎承受着全部压力,国家和个人的负担过大,而其他三个支柱则没有承担起相应责任,尤其是第二支柱几乎形同虚设。例如,发展医疗第二支柱可扩大城乡居民医疗保险"第三方支付"的比重,减少患者的自费负担,尤其在农村,"大病致贫"和"大病返贫"现象较为普遍。

(三)企业年金没有为转变增长方式作出应有贡献

这次金融危机给中国很多启示,其中,大力发展企业年金,以建立消费信心和扩大内需,应该是一个主要启示。

1. 企业年金严重滞后不利于启动消费和转变增长方式。此次金融危机显示,转变增长方式迫在眉睫。但由于退休人员的退休收入主要来自基本保险制度,来源结构单一,替代率难以大幅提高,同时,由于医疗费用难以分散化,基本医疗保险压力很大,储蓄率从 1998 年的 37.5% 上升至 2007 年的 49.9%,2008 年已高达 51.3%③。储蓄率过高,既与几千年的儒家传统文化等其他因素有关,也与养老保险社保体系各支柱之间负担分配不尽合理、未来预期具有不确定性有密切关系。大力发展企业补充养老保险和补充医疗保险,可建立

---

① Robert Holzmann, *Aging Population, Pension Funds, and Financial Markets, Regional Perspectives and Global Challenges for Central, Eastern, and Southern Europe*, The World Bank, Washington D.C., 2009, pp.43 – 45, table 3.1 and table 3.3.

② 关于五支柱的划分与论述,见世界银行:《21 世纪的老年收入保障——养老金制度改革国际比较》,罗伯特·霍尔兹曼、理查德·欣茨主编,郑秉文等译,中国劳动社会保障出版社 2006 年版。

③ 郑秉文:《2009 金融危机:"社保新政"与扩大内需》,《中国社会科学院研究生院学报》2010 年第 1 期。

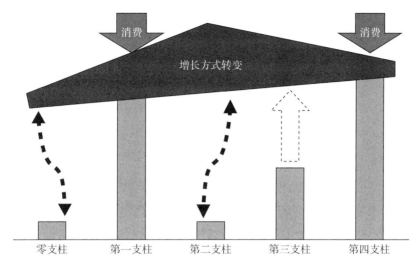

图 4　中国社保制度 5 支柱失衡状况

注:零支柱指来自税收的养老补贴性质的普惠制度,至今在全国范围内尚无统一完整的制度;第一支柱
　　指强制性基本养老和医疗保险;第二支柱指自愿型企业补充养老和医疗保险;第三支柱指商业养老
　　保险;第四支柱指个人预防性银行存款。

消费信心,稳定消费预期,促进退休收入多元化,提高退休生活品质,扩大居民当期消费,有利于拉动内需和促进增长方式的转变。

　　2. 企业年金严重滞后不利于弥补企业养老保险待遇偏低和提高老年群体消费水平。十几年来,企业、公务员、事业单位养老金水平形成三个台阶,且差距逐年拉大,这不仅制约了老年群体的消费能力,不利于启动内需,甚至还成为影响社会稳定的因素。例如,1990 年企业人均年离退休费为 1664 元,事业单位职工为 1889 元,公务员为 2006 元,事业单位职工和公务员仅分别比企业高出 13.5%和 20.6%。2005 年,企业人均年退休费仅提高到 8803 元,而事业单位职工和公务员则分别提高到 16425 元和 18410 元,分别比企业高出 86.6%和 109.1%[1]。2010 年已是第六年连续上调企业养老金,企业人均离退休费每月已超过 1200 元[2],但与事业单位职工和公务员相比还是存在较大差

---

　　① 郑秉文、孙守纪、齐传君:《机关事业单位养老保险制度改革的思路——"混合型"统账结合制度下的测算》,《公共管理学报》2009 年第 1 期。

　　② 记者徐博、张晓松:《连续第六次提高企业退休人员养老金彰显中央政府高度重视改善民生》,2009 年 12 月 22 日,见新华网,http://news.xinhuanet.com/fortune/2009-12/22/content_12690260.htm。

距。尽管企业退休待遇水平偏低是多方面原因造成的,但企业年金制度的补偿机制缺位也是主要原因之一。

(四)企业年金滞后成为机关事业单位养老金改革的一个"短板"

2008 年 2 月 29 日国务院下发《事业单位工作人员养老保险改革试点方案》(以下简称"试点方案")以来,五省市事业单位养老金改革始终难以启动。诚然,事业单位分类改革情况复杂,进展必然缓慢,但现行企业养老保险待遇水平过低,事业单位职工对养老金并轨必然存在抵触情绪。虽然"试点方案"指出要为事业单位职工建立职业年金,但企业年金尚且举步维艰,"职业年金"就更无从谈起,事业单位养老金改革自然止步不前。截至 2009 年,事业单位职工大约有 3000 万人,参加养老保险改革的虽高达 1940 万人,但主要集中在地方省市,其中在职职工 1504 万,离退休人员 436 万人①。还有大约 1000 万事业单位职工没有参加养老保险改革,他们主要集中在中央各个事业单位,如果加上公务员,有将近 2000 万人。虽说事业单位职工和公务员参加统一的养老金改革是迟早的事情,但如果不建立职业年金制度,将第一支柱降下来的替代率补上去,这项改革将遥遥无期。

三、从"模糊 TEE"到"纯粹 TEE": 制度定型与政策收紧

(一)当前税优模式性质的判断

企业年金个人所得税征收主要涉及缴费筹资、基金运营和养老金领取三个环节。目前世界范围内企业年金税收模式主要有:后端征税的 EET、前端征税的 TEE 和中端征税的 ETE(E 表示免征,T 表示征税)三种。目前绝大多数国家采取的是 EET。

自 2000 年中国试行企业年金税优政策以来,财税部门发布的诸多文件均未对个人缴费税优模式作出过任何完整描述。对中端和后端是否征税也从未涉及,但在实际操作中,处于模糊状态的中端和后端基本不征税,并成为"惯例"。10 年来,税优政策文件的出台完全是围绕企业缴费前端免税进行的,只

---

① 国家统计局:《中国劳动统计年鉴 2009》(光盘版),中国统计出版社 2009 年版。

有个别省份制定了较高的个人缴费优惠比例。仅有 1 个文件出现"个人缴费全部由个人负担,企业不得提供任何形式的资助",这一表述显然是禁止企业"代替"个人缴费,与税收政策无关。

目前中国企业年金的税优现状可描述为:前端纳税但事实上不缴费,中端和后端免税但无章可循。因此,中国实行的税收政策基本可以定性为不规范的"模糊 TEE"。

2009 年 12 月 10 日国家税务总局颁布的《关于企业年金个人所得税征收管理有关问题的通知》(以下简称《国税通知》)对个人缴费作了明确规定,这是"模糊 TEE"走向规范化的一次转折,也给企业年金市场带来一些震动,并引起人们对企业年金税收政策的反思。

1."国税通知"的积极意义。第一,首次明确了企业年金是补充养老保险的一种主要形式,将企业年金的性质正式界定为第二支柱,其标志性规定是将企业缴费计入个人账户部分与工资、薪金区分开,把远期收入从即期收入独立出来,单独征税。第二,首次将上述规定的适用范围限定在按照《企业年金试行办法》规定建立的企业年金,而在此之外的其他补充养老保险不在此列,这就厘清了企业年金与商业养老保险的界限,明确了企业年金的政策性和准公共性,与商业养老保险的商业性和私人市场性质区分开来。第三,首次明确了缴税、退税和补缴税等几个重要环节。例如,对计入个人账户的企业缴费扣缴个人所得税,对已扣缴个人所得税的企业缴费如不能归属个人可以退税,未扣缴个人所得税的企业缴费要补税等。这些征管措施的明确与实施,在很大程度上结束了个税执行无依据的模糊状态,使企业年金税收制度趋向于规范和透明,解决了 10 年来存在的诸多问题①。第四,划入个人账户的企业缴费单独视为一个月工资、薪金收入,降低了年金的适用税率,高收入者从中受益,这意味着企业年金与众不同,享有一定的特殊税优空间,体现的是国家在政策上对发展企业年金的鼓励、倾斜和扶持。第五,首次明确个人缴费课征个人所得税,匡正了实际操作中无章可循的混乱局面。

2."国税通知"带来的负面影响。首先,企业缴费进入个人账户部分进行

---

① 据悉,目前只有福建、云南和江苏等少数几个省份明确要求企业缴费部分全额并入当月个人工资、薪金所得计算征收个人所得税(参见嘉实基金养老金研究小组:《企业年金与税收(上篇)》,《经济参考报》2009 年 7 月 31 日)。

征税,增加了制度的复杂性和管理成本。即使将企业缴费计入个人账户部分单独征税,降低了适用税率,但企业执行起来仍非常复杂。在年金方案设计中,已计入个人账户的企业缴费并不意味着其最终归属,其差额部分的退税在理论上讲是可行的,但操作性较差。因为每个人工资水平、划入比例和适用的个税档次不尽相同,多年的投资收益难以计算,未来企业多退少补的调整很难向职工解释清楚。其次,规定企业缴费只能按月份缴费,不利于解决"中人"补偿问题。此次规定,按季度、半年或年度缴纳的企业缴费不得还原至所属月份,均按照 1 个月工资的适用税率计算。近十几年来,随着 DC 计划数量和资产规模的不断膨胀,DC 计划也逐渐采取弹性缴费办法,尤其是这次金融危机之后,允许企业在经济繁荣和萧条时,根据其经营状况进行缴费。此外,中国还有一个特殊的国情,即企业年金刚刚起步,解决"中人"补偿问题对国有企业来说涉及企业稳定问题。如果不能还原至所属月份,将不利于对"中人"补充养老保险问题作出合理安排,增加了解决"中人"的补偿成本。最后,此次规定补缴以往企业缴费进入个人账户部分的个人所得税,将减少个人账户资产。很多年金计划已存续十几年,补缴之后有些账户资产余额将减少万元以上①。补缴的追溯行为意味着以往地方立法与现行规范性文件之间产生较大冲突,甚至还涉及是否存在"偷税"定性及其滞纳金的法理判断依据问题,这些本来与职工个人没有任何关系的政策变动会引发职工对企业年金制度稳定性和政策连续性的质疑,在职工和退休人员中容易导致抵触情绪,影响职工建立企业年金的积极性。

(二)从"模糊 TEE"走向"纯粹 TEE"

2009 年 6 月《关于补充养老保险 补充医疗保险费有关企业所得税政策问题的通知》将企业缴费税优从 4% 提高到 5%,此举可视为国家财税部门为完善社保体系和积极抵御金融危机而采取的一项"社保新政"。在时隔半年后的 12 月,在经济刺激计划还未完全退出的大背景下公布《国税通知》,明确个人缴费和企业缴费划入职工账户部分,双双课征个人所得税。这项重大的政策调整相当于确定了"投资和领取环节免税"的 TEE 模式的框架,意味着中

---

① 假定某职工 2009 年应税收入合计 10 万元,企业为其缴纳年金合计为 6225 元,那么,该职工补缴的个税应为:100000/12-2000=6333,6225×20%-375=870 元/年。

国企业年金从此将转向"纯粹 TEE",由此,《国税通知》在业内引起极大反响:拟建立企业年金的企业开始驻足观望,职工建立企业年金的积极性空前低落。

　　既然《国税通知》意味着对"纯粹 TEE"的确定,也就意味着这是对中国企业年金制度模式的一次抉择,人们自然对其审视有加,税优模式选择问题便自然提到议事日程。

　　1.历史教训显示,TEE 不利于企业年金的发展。10 年来,由于地方政策的替代,企业缴费的税优政策事实上已不是制约企业年金发展的障碍,障碍来自一直悬而未决的个人缴费税优问题,这是中国企业年金大大滞后于中东欧新兴市场的制度根源。

　　中国企业年金制度采取的是 DC 型信托制,与之相适应的税优模式应是 EET。因为,DC 型企业年金本来就是"延税型储蓄",是储蓄的一个替代工具,即使今天,很多国家将"储蓄"二字直接冠名于企业年金的全称之中。例如,美国联邦政府为其雇员建立的补充养老计划就直呼为"节俭储蓄计划"(TSP)。储蓄的本质是个人参与缴费,如无税优,个人则不缴费,个人缴费原则就形同虚设,DC 型制度就失去本来意义,职工积极性将受挫。

　　2.国外经验证明,EET 是主流发展趋势。目前世界各国绝大多数 DC 型企业年金计划采取的是 EET。在 OECD 的 30 个成员国中,在前端有征税行为的仅为 5 个国家,其仅有 1 个实行的是 TEE(匈牙利);采取其他模式的国家也是非常罕见的。例如,采取 EEE 的仅有土耳其,采取 TTT 的仅有澳大利亚,采取 TET 的有奥地利和捷克,采取 TTE 的是新西兰,采取 ETT 的有瑞典、丹麦和意大利。值得注意的是,没有国家实行 ETE。

　　EET 是主流模式,采取"纯粹 EET"的有 12 个国家(如美国、英国、加拿大和荷兰等),均为第二支柱十分发达的国家,或讲英语的盎格鲁—撒克逊不成文法系的国家。其他 EET 可被视为"非纯粹"的或"变体"的 EET,其可分为三种类型:第一类是 EET/PE,其特点是在待遇支付阶段采取"应税额实行部分减免"(PE)的办法,其优惠程度比"纯粹"的 EET 还要稍高一些。采取这种模式的有法国、德国、爱尔兰、日本、韩国和墨西哥,它们或是排位非常靠前的发达国家,或是新兴市场。第二类是 E(TC)ET/PE,其特点是在缴费环节虽然免税,但楔入了一个"固定免税额"(TC)的制度设计,即对高于某个限度的缴费额实施课税政策;在待遇支付环节中实行"部分减免",

等于又"补回"了缴费环节楔入的那个"固定免税额"。比利时和葡萄牙采用这种模式。第三类实行的是 EET(15%),只有斯洛伐克 1 个国家采用这种模式,其特点是在待遇支付环节采用15%的固定税率,而不是累进制。上述对国外 EET 的分析显示,实行 3 种变体 EET 的 9 个国家中,每个国家和每个变体的税优程度都不亚于"纯粹 EET",甚至比"纯粹 EET"还要优惠一些(见表 1)。

表1　2003 年 OECD 成员国企业年金税优模式及其特征

国家	缴费阶段[a]	运营阶段	支付阶段[b]	国家	缴费阶段[a]	运营阶段	支付阶段[b]
澳大利亚[c]	T	pT	T/PE	韩国	E	E	T/PE
奥地利[c]	T(PE)	E	T/PE	卢森堡[c]	E	E	T
比利时[c]	E(TC)	E	T/PE	墨西哥	E	E	T/PE
加拿大	E	E	T	荷兰	E	E	T
捷克[c]	T(S)	E	T/PE	新西兰[c]	T	T	E
丹麦	E	pT(15%)	T	挪威	E	E	T
芬兰	E	E	T	波兰	E	E	T
法国	E	E	T/PE	葡萄牙[c]	E(TC)	E	T/PE
德国	E	E	T/PE	斯洛伐克	E	E	T(15%)
希腊	E	E	T	西班牙	E	E	T
匈牙利[c,d]	T	E	E	瑞典	E	pT(15%)	T
冰岛	E	E	T	瑞士	E	E	T
爱尔兰	E	E	T/PE	土耳其	E	E	E
意大利	E	pT(12.5%)	T/PE	英国	E	E	T
日本	E	E	T/PE	美国	E	E	T

注:TC 为定额式税收抵扣;PE 为部分免税或减税;S 为国家补贴;pT 为部分征税。a.在很多国家,缴费的税优有一定限额。b.是指年金产品的税优。很多国家允许一次性待遇支付,这时,执行的是部分免税政策,以保持年金产品的税收中性。c.雇主缴费与雇员缴费的税优政策不尽一致。d.强制性养老计划的缴费实行税收全免政策,但自愿型计划的缴费只有税收额抵扣(TC)。

资料来源:Pablo Antolin, Alain de Serres and Christine de la Maisonneuve, "Long-term Budgetary Implications of Tax-Favoured Retirement Saving Plans", *OECD Economic Studies*, No. 39, 2004/2, p.29, table 1.

　　3. EET 与 DC 型企业年金的本源税优关系可以促进扩大参与率。20 世纪

70 年代以前,DB 型企业年金在发达国家占统治地位,在 DB 计划下,税优政策与企业年金的关联性还不显著,因为绝大部分 DB 计划实行的均为雇主单方缴费。但是,在 DC 型计划发展势头已超过传统的 DB 型的今天,EET 税优政策与 DC 型计划已具有一种本源关系,甚至没有税优就没有 DC 型企业年金,美国 401(k)计划本身就出于税法,职工领取薪水和缴纳个税与办理延税养老金同在一个环节,职工可以直接进入该计划的"自动登记"程序。2003 年自动登记的雇员仅占雇员总数的 8.4%,2005 年上升到 16.5%,其中大型企业雇员"自动登记"的比重更高,从 2002 年的 17% 上升到 2006 年的 41.3%。英国一项官方调查显示,采用传统的"职工申参加"方式的参与率为 41%,而采用"自动登记"方式的高达 59%[1]。由此看来,明确确立税优政策与个人所得税的本源关系并由此引入"自动登记"方式,这是发达国家自愿型企业年金具有较高参与率的原因之一。

(三)采取 EET 模式的成本分析

1. 采取 EET 导致的"预算成本"分析。对个人缴费采取 EET 对当期税入确有一定影响,这似乎是制约当前采取"纯粹"EET 的一个原因。所谓"税收损失"是指 EET 模式下"应缴未缴的缴费税入"(RFC),由此产生"预算成本"。但对"预算成本"产生的影响在不同国家差距较大,一般不超过 GDP 的 2%,如爱尔兰为 1.92%,英国为 1.68%,澳大利亚为 1.56%,瑞士为 1.56%,加拿大为 1.32%,荷兰为 1.19%,美国为 1.18%,丹麦为 1.17%,冰岛为 1.05%,挪威为 0.62%,瑞典为 0.56%,葡萄牙为 0.45%,西班牙为 0.30%,日本为 0.18%,斯洛伐克为 0.02%[2]。对中国来说,如果放弃目前设计的"模糊 TEE"并采取 EET,所导致的当期"税入损失"主要包括企业缴费计入个人账户部分的个人所得税和个人缴费的个人所得税两部分。以目前 2000 亿元基金的缴费者为基础,假定未来他们继续缴费,二者合计每年造成的当期"税入损失"似在 100 亿元左右。这部分"税入损失"对预算成本会产生的影响仅占

---

① OECD, *Pensions at a Glance* 2009: *Retirement-Income Systems in OECD Countries*, OECD, 2009, pp.107 - 108.

② Kwang-Yeol Yoo and Alain de Serres, "Tax Treatment of Private Pension Savings in OECD Countries and the Net Tax Cost per Unit of Contribution to Tax-Favoured Schemes", Economics Department Working Papers No.406, 14-Oct-2004, p.38, figure 4.

GDP 的 0.3%。

表 2 企业年金 5 个征税模式对征税额的影响比较

(单位:元)

征税模式	TTE	ETT	EET	TEE	EEE
个人缴费额	10000	10000	10000	10000	10000
个人纳税额	-2000	—	—	-2000	—
企业年金基金	8000	10000	10000	8000	10000
收益额	9300	11600	15900	12700	15900
年金基金最终资产	17300	21600	25900	20700	25900
个人纳税额	—	-4300	-5200	—	—
企业年金净资产	17300	17300	20700	20700	25900

注:笔者制作。

2. 采取 EET 导致的"跨期税入"分析。从长远看,当期的"税入损失"是一个"税入转换"。对政府财政来说,采取 TEE 还是 EET,涉及当期税入与远期税入的"转换",采取 EET 只是推迟了税入时点,并没有减少远期税入,反而有可能增加。例如,在五个征税模式中,假定某职工企业年金缴费累计资产有10000 元(见表 2),为简化起见,假定个人所得税率为定额式的 20%,距离法定退休年龄还有 10 年,投资收益率为年均 10%,还假定价格通胀为零。那么,如果采取 TEE,政府的税入为 2000 元,若采取 EET,10 年后征收的个税为5200 元。对中国而言,EET 的"转换"功能还具有两层含义:一是中国人口老龄化高峰期将发生在 2030 年之后,EET 可使这笔财政收入"转移"到人口老龄化高峰时期,用以缓解和应对老龄化带来的养老保障财务压力;二是可使之"转移"到未来经济进入稳态时期,届时财政收入也将进入稳态。这两层含义可将企业年金的 EET 视为一个财政的"长期税入储备工具"。

3. "当期税入"导致的机会成本分析。如何处理当期税入与制度发展二者之间的关系,是当期税入重要还是建立和发展企业年金制度重要,是决策者难以回避的抉择。长远看,制度建设比当期税入更重要。很显然,在企业年金建立初期,如果决策者认为当期税入重要,则应采取 TEE,其代价为企业年金制度发展的滞后和未来老年群体退休收入预期的减少;如认为发展企业年金更为重要,就应采取 EET,其代价为当期税入的延迟。采取 TEE 还是 EET,是对短期利益与长期利益的取舍,是在政府利益与社会利益之间的权衡:短期内,政府利益与社会利益存在一定差距,这是二者"社会贴现率"存在差异的结果。"政府贴现率"一般要高于"社会贴现率",因为政府是更替的,而社会发展则是连续的。

四、从"纯粹 TEE"到"部分 TEE":
税制硬约束与社会软约束

(一)确定企业年金税优模式的必要性与立法的急迫性

1. 企业年金税收政策的随意性和盲目性。10 年来,税收政策的预期几乎完全是跟着几个部门之间的博弈走;没有对企业年金税优若干模式进行对比研究,部门之间缺乏协调。多年来,发展多层次社保体系仅是一个口号,没有一个完整的战略部署,没有阶段性目标和路线图。例如,每个层次(支柱)的缴费率和替代率应如何分配,多大比例的参与率才是中国的制度目标,如何实现这个目标,如何吸引非国有中小企业参加进来,如何让企业年金和基本养老保险成为拉动内需和促进增长方式转变的一个制度保证,如何设计短期和长期的税收政策,等等,没有统一的研究。总之,企业年金税收政策带有较大的随意性和盲目性。

2. 税优模式不完整是《国税通知》遗留的问题。《国税通知》虽然明确了个人缴费前端征税,但税优模式问题并未彻底解决,政策还是不完整。比如,该通知与以往所有文件一样,对中端和后端政策只字未提,留下巨大的操作空间,使不同地区和不同金融机构在理解和做法上存在较大灵活性。再比如,企业年金每年新增的养老金领取者已不在少数,已有个别省市对其征收个人所得税,显得政策十分混乱。又如,中端是否征税始终无章可循,但在具体执行中却基本按免税处理,这就为日后政策变化留下悬念,金融机构必然心有余悸。

3. 应全面检视税收政策,制定完整税收政策和确定税优模式。10 年来,税优政策之所以始终没有离开前端,也没有对中端和后端作出任何明确规定,一方面说明我们重视的仅仅是当期的财政收入,漠视了长期的制度建设,另一方面说明企业年金制度没有得到应有的重视,没有真正纳入决策者的视野和多层次社保体系框架当中。正在讨论拟议中的"社会保险法"应将企业年金的制度模式和税优模式等十分重大的框架性问题纳入进来,以立法的形式予以确认。目前企业年金税优政策到了一个需要全面检视和确定模式的关键时刻。

(二)现行所得税法的硬约束与社会文化的软约束

1. EET 养老金在现实中面临的税法冲突。就个人缴费而言,本文前述中将中国企业年金税优模式定性为"模糊 TEE",而将《国税通知》定性为"纯粹TEE",其实,二者区别不大,均不利于企业年金发展。既然 EET 具有很多优势,那么,为什么不能采用 EET? 这是因为实行 EET 的后端纳税模式与中国目前实行的分类个人所得税制存在较大抵触。《个人所得税法》第四条第七款规定,"按照国家统一规定发给干部、职工的安家费、退职费、退休工资、离休工资、离休生活补助费"将免纳个人所得税。这就不仅对企业年金形成立法冲突,而且对其他类别的退休收入也提出法律质疑。例如,《个人所得税法》第四条第五款规定免纳个人所得税仅有"保险赔款",而没有养老金产品。"保险赔款"显然意指财产保险中由于保险标的灭失和损坏所获得的保险金赔付。那么,个人商业养老保险产品的保险金给付的性质是什么,是否应该纳税,这些均无明确规定,但在实际操作过程中,保险金的给付是免征个人所得税的。再例如,团险在理论上应为 EET 模式,但事实上很多地区变形为 EEE。再例如,据笔者调研统计,目前中国大约有 130 多个县级市和地级市实行了地方性的 60 岁或以上老年人的老年补贴制度①,其特点是资金均来自财政转移支付,实行非收入调查式制度,大多仅以年龄和户籍为资格条件,并免征个人所得税,这显然与《个人所得税法》第四条第三款规定的"按照国家统一规定发给的补贴、津贴"予以免纳个人所得税的规定相抵触。与保险赔款一样,这个日益普遍的地方性老年补贴免税制度实际也是一个"灰色地带"。

《个人所得税法》中明确规定免税的项目是"退休工资"。"退休收入"概念的范畴显然大于"退休工资",应包括"退休工资"、各种地方性老龄补贴、企业年金所得和商业个人养老保险金等。"退休工资"是指强制性的基本养老保险制度中由缴费权益形成的退休收入(这里暂且不论公务员和事业单位等

---

① 关于中国目前实行的地方性非缴费型老龄补贴制度的分析研究,笔者将另文专述。

没有参加基本养老保险的单位),属于工资的性质。虽然在目前统账结合的基本养老保险制度下,个人账户资产形成的退休收入与企业年金个人账户形成的退休所得,无论在计发方式上(均由缴费和收益形成)还是在支取方式上(绝大部分为一次性支取)几乎完全一致,但其性质却全然不同。所以,《个人所得税法》列举的"退休工资"这个概念不应包括企业年金所得、各种地方性老龄补贴、团险和各种商业个人养老保险金,这就是企业年金税收政策与现行税法产生抵触并难以出台、延税型商业养老保险产品面临尴尬并几起几落、个人商业养老保险产品的保险金给付成为"灰色地带"并难有定论的原因所在。

在养老金来源多样化的趋势下,退休收入的外延与含义越来越宽泛,退休工资仅是其中的一个组成部分。因此,在目前分类所得税制下,我们面临的选择有二:一是在修改《个人所得税法》时将企业年金所得、延税型养老保险产品、个人商业养老保险产品的保险金给付,甚至地方性老龄补贴等逐一列入,与"退休工资"并列,即所有"退休收入"均实行免税制;二是明确规定只有"退休工资"免税,其他"退休收入"均予以纳税,以期尽快消除这些不规范的做法,强化税制的严肃性与可操作性。

2.EET养老金面临的社会文化抵触。目前世界各国个人所得税模式可分为三种:分类所得税制、综合所得税制、综合和分类相结合的混合所得税制。分类所得税制是指分类定率、分类扣除、分类征收、源泉扣缴和代扣代缴,这就是对上述诸多"退休收入"难以免税的原因之一;而综合所得税制是无论来源如何,对个人全年所有收入总额进行综合,在减除各种法定的宽免额和扣除额之后,余下为应税所得,在个人自行申报之后,按统一累计税率计征所得税;混合所得税制是将分类课征与综合课征结合起来,对有些项目单独课征,多数由纳税人汇总缴纳。

中国自1994年开始实行新的分类所得税制以来,将应纳个人所得税划分为11类,不同类别适用不同的税率,并实行与之配套的代扣代缴制度。由于是多个环节课征,这个税制对增加财政收入,调节个人收入差距发挥了一定作用,但同样也存在很多问题和缺陷,例如,按税源分别课征难以准确测定和完整体现纳税人的真实纳税能力,所得来源多且综合收入高的纳税人缴税很可能较少,与量能负担的社会公平原则相悖。换言之,按《个人所得税法》,个人所得税表面上看是一个税种,实际是由11个类别构成,与其相对应的适用税率有 5 种,而免纳个人所得税的类别列出了 10 项。所以,分类所得税制的征缴原则注重的是"所得来源","退休工资"与其他退休收入的来源不同,如果将不同来源的诸多"延税型"养老金逐一列入《个人所得税法》的免税类别,必将导致其与现行分类个人所得税制产生激烈冲突,短期内,具有颠覆性的单项个人所得税制改革将难以实现。如果将所有退休收入或企业年金明确列入纳税类别,那就意味着选择了后端征税的 EET 模式,别无其他选择,但这也是非常复杂的,不仅难以顺利通过,而且也是不可能的,这是因为,在中国特有的心理习惯、儒家文化和传统美德等社会软环境中,"退休皆免税"已深入人心,甚至成为一个思维定式。例如,不仅基本养老保险的统筹部分实行的是 EEE,个人账户部分实行的也是 EEE,由此成为世界各国基本养老保险中最宽松和最优惠的税收制度;其他所有"退休收入"虽然未明确规定免税,但在实际执行中基本上也是免税的。这就是社会软环境的结果。这里要强调的是,目前每年都有相当一部分企业年金缴费者达到法定退休年龄,进入领取者的行列。如果明确实行 EET,其产生的负面效应也是不可忽视的,不利于推动企业年金的发展,尤其对那些个人账户累计余额较多的领取者来说,一次性支取的适用税率有可能是最高的,其后果是难以接受的。

上述困境就是企业年金难以名正言顺实行 EET 的原因之一,是《国税通知》只能含糊其辞地选择 TEE 的诸多原因之一。换言之,企业年金实行 EET 受到的社会软约束要大于所谓税务机关征管能力薄弱及其技术手段落后的硬约束,甚至大于分类所得税制的硬约束。

(三)个人所得税制的转型与"部分 TEE"的提出

1. 国外实行综合所得税制促进养老金发展的经验。早在 1994 年实行新的分类所得税制之初,就有学者在对 3 种模式比较的基础上,提出了制度过渡与转型问题①。分类所得税制的理论依据是发端于 19 世纪末的区别定性理论,该理论认为,与资本所得的流入相比,劳动所得的流入持续力较差,会因失业和生病而中断,不利于国家对税源的掌握,只有采取源泉缴扣的办法及其分类所得税制,才能保证税收的流入。但随着纳税意识的增强、税收信息制度的

---

① 参见史兴旺、梁红星:《个人所得税课税模式的比较与选择》,《经济与管理研究》1996 年第 6 期,第 42—45 页。

完善,尤其是社保体系纷纷建立之后,劳动所得流入中断或终止造成的损失已不明显,区别定性理论已显过时,分类所得税制已不适应时代发展,尤其是在各种延税型养老金普遍建立的要求下,绝大多数工业化国家纷纷转为实行综合所得税制。一小部分发达国家实行混合所得税制,如法国、突尼斯和塞内加尔等讲法语国家①。极少数国家和地区实行分类所得税制,如中国香港特别行政区、葡萄牙和苏丹等②。美国实行的是典型的综合所得税制,对老年收入和高收入者实行差别较大的税收待遇,例如,年满 65 岁的老年人除按填报身份的标准扣除之外,还享有附加的扣除额,而对高收入者则设立 5% 附加税③。美国 65 岁及以上老年人贫困发生率之所以能够从 1935 年的 70% 下降到2005 年的 8.1%④,与美国拥有世界上最发达的 EET 型企业年金和延税型养老金有关;美国之所以能够拥有发达的养老金,与其实行的综合所得税制有关。

2. 分类所得税制向综合与分类相结合的混合所得税制转型的必要性。鉴于税制改革的必要性,2003 年《关于完善社会主义市场经济体制若干问题的决定》首次指出,"改进个人所得税,实行综合和分类相结合的个人所得税制",开始了从分类所得税制向混合所得税制改革的转型;2006 年通过的《"十一五"规划纲要》又明确提出"实行综合和分类相结合的个人所得税制度";2007 年财政部和国家税务总局开始制定实行综合与分类相结合的个人所得税制度⑤;2008 年 7 月国务院办公厅转发的国家发改委《关于 2008 年深化经济体制改革工作意见的通知》指出,"研究建立综合与分类相结合的个人所得税制度"。

---

①　参见薛香梅:《中国个人所得税课税模式选择》,《合作经济与科技》2006 年第 1 期,第60—61 页。

②　参见姚涛:《论个人所得税课税模式的改革》,《广西财政高等专科学校学报》2001 年第4 期,第 27—29 页。

③　袁亚春、杨春玲:《美国联邦个人所得税制及其对中国的借鉴意义》,《浙江大学学报》(人文社会科学版)2001 年第 6 期,第 56—60 页。

④　U.S. Census Bureau, *Current Population Survey*, *2005 and 2006 Annual Social and Economic Supplements*, 2006, table A—2.

⑤　童颖:《个税起征点将随 CPI 浮动》,《东方早报》2007 年 12 月 26 日第 B16 版。该文披露,国家税务总局局长肖捷在 2007 年 12 月召开的全国税务工作会议上表示,将进一步推进个人所得税制改革工作,研究综合与分类相结合的个人所得税制度。

近几年来,中国以"小步微调"为特征的转型改革措施频频出台,如上调工资、薪金所得减除费用标准(由 800 元先后提高到 1600 元和 2000 元),对年收入超过 12 万元者实行纳税自行申报制度、减低和免征利息所得税(从 20%下调到 5%直至暂时免征)等。但由于纳税意识普遍薄弱、征管能力普遍落后、个人所得税制改革的复杂性等原因,这些改革都未触及制度的实质,没有突破性进展,离过渡期目标即综合与分类相结合的混合所得税制还有很大差距,离最终的综合所得税制目标就更远了①。

3. 分类所得税制下过渡性税收政策"部分 TEE"的提出。目前中国的收入分配制度尚处于转轨时期,许多政策有待规范。在个人收入来源日益多元化的今天,税制改革显得十分紧迫,但又不能一蹴而就;对退休收入来源多元化的社保体系目标而言,尽快发展企业年金是急迫的,但却受到税制硬约束和社会软约束的重要影响。面对这些冲突和矛盾,企业年金作为收入分配制度的一个组成部分和社保体系的一个支柱,在税制转型期内,只能退而求其次,寻求一个权宜之计,既要满足企业年金发展的需要,又不能与现行税制和社会环境产生较大冲突,以最大限度实现保证财政收入和调动职工积极性的双重目标。

换言之,四个"现成"的主要征税模式都不太适合中国的具体国情:实行 EET 与现行税制和社会环境存在较大抵触;实行 EEE 显然不是理性的选择,不利于财政收入;实行 ETE 缺乏对个人收入的调节;实行 TEE 则不利于调动职工积极性和促进企业年金发展。静态地讲,从世界各国案例看,EET 固然是一个最优的税收模式选择,TEE 固然不利于企业年金发展;从中文文献检索中可看到,业内和学界几乎一面倒,倾向 EET,拒绝 TEE,这是可以理解的;但是,将所得税法和社会环境引入之后却发现,这不是理性的,在这种环境下要想满足企业年金发展的实际需要,就必须将现实与理想结合起来,创造出一个适合中国国情的税优模式。为此,笔者提出一个折中的过渡性制度安排——"部分 TEE"。

---

① 这里参考了高培勇如下三篇文章:《新一轮税制改革评述:内容、进程与前瞻》,《财贸经济》2009 年第 2 期,第 5—12 页;《个税改革:还是要加快向综合与分类结合制转轨》,《税务研究》2008 年第 1 期;《个税自行申报的困境与出路》,《经济》2007 年第 3 期。

五、"部分 TEE"的过渡性制度安排：
模式创新与政策设计

（一）"部分 TEE"的设计特征与历史定位

1. "部分 TEE"的四个设计原则描述。作为一个完整的税收模式，"部分 TEE"模式明确规定在中端和后端免除个人所得税；在前端征税设计中，企业缴费保持目前 5%税优比例的规定，在个人缴费征税设计上实行"部分纳税"。实行部分前端课税一般有两种方式。一是在前端给予一个免税限额，即定额式免税，比利时和葡萄牙采取这个方式。但在中国采用这种方式至少存在两个困难：（1）由于经济高速增长，社会平均工资增长率呈两位数，免税额几乎需要年年调整，交易成本较大；（2）地区间发展存在较大差距，工资水平相差甚远。例如，2008 年上海在职职工平均工资是 56565 元，而江西仅为 21000元①。由此看来，全国实行统一免税额不仅操作性较差，且有失公平，只能根据经济发展水平实行级差式免税额，但这无异于实行比例限额。二是"楔入"一个免税比例，这个方式从全国范围来看比较公平，容易操作。为此，笔者倾向于采用免税比例的方式。"部分 TEE"将体现四个设计原则：与个人所得税法实行的分类所得税制的一致性；调动职工建立年金制度的积极性；充分发挥企业缴费对职工的激励性；体现企业年金制度设计上的公平性。具体设计有以下四个特征：（1）明确对个人缴费给予税收优惠政策，笔者给出两个方案，方案一是 2.5%的税优比例，相当于企业缴费税优比例 5%的 1/2，方案二是4%。（2）将个人缴费比例从目前的 8.3%下调至 5%，作为个人缴费比例上限。（3）将税优比例与缴费比例"对应捆绑"起来，设定五个缴费档次，每个档次对应一个税优比例（见表3）；职工个人对五个档次享有选择权。（4）将企业缴费比例从目前的 8.3%下调至 5%，作为企业缴费比例上限，即企业缴费比例与税优比例重合起来，均设定为 5%；将 5%税优分割在五个档次之中，成为真正的"配比缴费"，还原 DC 型双方缴费的本来属性。在划入个人账户时，

---

① 国家统计局：《2009 年中国劳动统计年鉴》（光盘版），中国统计出版社 2009 年版，3—4、1—43。

维持"国税通知"的规定,独立课征个人所得税。进入个人账户即意味着最终完成了归属权,如同个人储蓄所有权那样,不得随意变更。

在上述两个捆绑式方案的第一至第五缴费档次中,账户缴费总额分别为个人工资的2%、4%、6%、8%、10%,其中个人与企业缴费各占一半。两个方案不同之处在于,个人缴费税优比例在每档的分配中是不一样的。

表3 "部分TEE"两个方案与"五档捆绑式"设计

缴费和税优比例		占工资百分比(%)				
		一档	二档	三档	四档	五档
账户缴费总额		2	4	6	8	10
方案一	个人缴费比例	1	2	3	4	5
	个人税优比例	0.5	1.0	1.5	2.0	2.5
	企业缴费比例暨税优比例	1	2	3	4	5
方案二	个人缴费比例	1	2	3	4	5
	个人税优比例	0	1	2	3	4
	企业缴费比例暨税优比例	1	2	3	4	5

注:笔者制作。

在具体执行中,这里设计的"五档捆绑式"结构还可视具体情况分成"大捆绑"与"小捆绑"。上述设计为"大捆绑",意指将个人的缴费比例和税优比例,与企业缴费捆绑起来,共同形成每个档次;"小捆绑"是指仅将个人的缴费比例与税优比例捆绑在一起,而将企业缴费独立出去,意味着仍保留原企业账户的制度设计。笔者倾向于"大捆绑",这是过渡期内保证企业年金公平性和取信于民的一个重要设计。

2."部分TEE"的历史定位与替代率估算。从国际比较看,"部分TEE"的本质是T(PE)EE或"准TEE",而不是完全意义上的TEE。以"五档捆绑式"为设计特征的T(PE)EE在表2列出的30个国家中均未看到,在世界范围内也许是一个少见的TEE税优模式。这个"部分TEE"设计思路,是分类所得税制框架下的一个折中方案,是该税制约束下发展企业年金的一个临时计划,具有中国本土特色,是过渡期内推动企业年金制度发展的一个既征税又免税的混合型的有限激励。

"部分 TEE"是一个过渡性的制度安排,因为实行 EET 才是发展企业年金的最优选择;只有转变税制才能为实行 EET 模式创造与之相适应的税制环境。从这个角度看,待时机成熟,应适时将"部分 TEE"转变为"纯粹 EET"。

对企业人力资源部门来说,"五档捆绑式"看上去比较复杂,但在微观操作中,全国可以统一设计一个软件,只要输入基本信息便可自动生成划入个人账户的数据,具有准确率高和便于财会操作的优势。为充分体现企业年金制度在不同地区和不同行业之间的公平性和开放性,需全国统一实施"部分 TEE"税优模式,取消地方政府各自为政和比例悬殊的税收政策。

"部分 TEE"的替代率比较理想,以方案一第五档为例,在年均投资收益率为 5% 和缴费期为 30 年等假定条件下,其个人工资替代率大约为 15%—18%。这个替代率水平与前述英、美等发达国家的 40% 替代率相比存在很大差距,但远远高于 OECD 的 30 个成员国平均 9% 的水平。因此,在过渡期内"部分 TEE"基本可以满足发展企业年金并由其承担起社保体系第二支柱的需要;即使过渡期较长,也可成为一个稳定性较好的次优选择。

(二)"部分 TEE"的设计理念与制度目标

1. 考虑到与现行分类所得税制源泉征税的一致性。既要体现前端的源泉征税特征,切实避免一元钱象征性缴费等道德风险的发生和税收的严重流失,又要明显植入一定的税优机制,以期获得鼓励参与的效果,这就是"部分 TEE"的设计初衷和制度特点。这个设计理念主要体现在以下三点:(1)给予个人缴费有限的税优比例,无论是方案一还是方案二,与国外相比,税优比例都是很小的。(2)企业缴费划入个人账户时征缴个人所得税并独立计征,这是打了折扣的企业缴费税优设计。(3)实施"五档捆绑式"制度设计,既要保证每人享有税优,又要保证每个人必须纳税;方案一的特点是,选择档次越高,税优比例就越高,纳税也越多;方案二的特点是,选择缴费的档次越高,享有的税优比例就越高,但纳税比例则始终保持为 1%。上述两个方案中,只要建立年金计划,当期就能保证税收流入财政。

2. 考虑到"税收激励"在职工建立企业年金中的积极性。为激励个人缴费,将缴费比例与税优比例捆绑在一起,可以有效避免道德风险的发生。实际上,几年来国内实践和国外案例显示,个人缴费的实际比例常常高于税优的规定比例,这就是"税收激励"效应,因此,"五档捆绑式"设计符合国际惯例,也符合中国国情,且简单易懂,便于操作。职工自主选择的依据取决于个人不同的经济条件和"储蓄偏好",取决于"税收激励"对不同个人产生的边际效用。

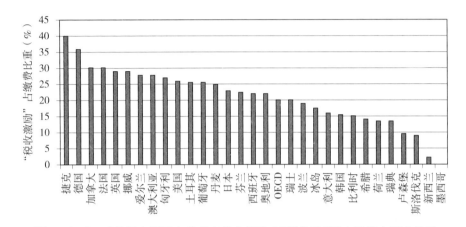

图5　OECD成员国自愿型企业养老补充保险中"税收激励"在缴费中所占比重

资料来源:OECD,*Pensions at a Glance* 2009:*Retirement-Income Systems in OECD Countries*,OECD,2009,p. 110,table 4-7.

在OECD成员国中,个人实际缴费比例一般都大于税优比例,"税收激励"平均占实际缴费的20%,最高的国家是捷克,为40%,最低的是墨西哥和新西兰。在"税收激励"和缴费上限较为慷慨的国家,个人缴费率较高,享有的税优较多,如爱尔兰、英国、加拿大和美国。有些国家(如荷兰、瑞士、冰岛、丹麦和瑞典)为弥补"养老金缺口",替代率要求较高,缴费率也较高。据OECD的一项报告,税优比例与实际缴费较为接近的国家有:日本(4.5%)、墨西哥(5.5%)、西班牙(6%)、瑞典(7%)、斯洛伐克(8%)、丹麦(9%)、挪威(11%)、美国(14.5%)、加拿大(15.5%)、荷兰(16%)、澳大利亚(16%)、瑞士(16.5%)、爱尔兰(37.6%)①。

3.考虑企业缴费归属在企业年金设计中的激励性。以往企业缴费与个人缴费的配比关系非常松散,企业缴费没有起到激励的作用,但在"五档捆

---

① Kwang-Yeol Yoo and Alain de Serres, "Tax Treatment of Private Pension Savings in OECD Countries and the Net Tax Cost per Unit of Contribution to Tax-Favoured Schemes", *Economics Department Working Papers* No.406, 14-Oct-2004, p.38, figure 5.

绑式"设计下,企业缴费即时自动进入个人账户,即时完成企业缴费的归属,还原了企业的"配比缴费"属性。DC 型企业年金本来就具有储蓄性质,应以职工个人缴费为主,企业缴费的目的是给予一定的"支持"。因此,"五档捆绑式"不仅体现和强化了双方缴费的原则,而且还体现了企业缴费的激励原则,即个人缴费越多,进入其个人账户的企业配比缴费比例就越高。在该设计下,应取消目前普遍流行的"企业账户",以避免个人象征性缴纳一元钱的道德风险的发生,防止企业高管层在分配企业账户缴费资产时滥用权力,纠正已经"走样"和"变味"的年金制度的继续发生。该设计的激励来自职工的信息对称性,因为个人账户收益和资产增长余额变动一目了然。

4. 考虑企业年金制度设计中的四个公平性。众所周知,中国企业年金之所以没有引起决策层的高度重视,没有制定出一套完整的税优政策,其主要原因是存在两个担心,一是担心影响当期财政收入,二是担心其成为加剧社会分配不公的"富人俱乐部"。近几年来,社会舆论对大型国有垄断企业建立企业年金颇有微词,因为目前大中型国有垄断企业建立企业年金的比重远远大于非国有中小型企业,而且由于 2004 年之前制度不完善,个别企业缴费比例过高和个人账户资产余额过大等现象确实存在。如果在制度设计中没有注意和不能解决这些问题,企业年金在中国就注定是没有发展前途的,就注定在社保体系中不能发挥其应有的作用。

从社会公平性考虑,将企业缴费比例上限从 8.3% 下调至 5%,并将其与税优比例统一设定为 5%。个人缴费比例也从 8.3% 下调至 5%。降低双方"缴费封顶线"的目的是考虑到中国国有企业比重相对较高,防止经济效益非常好的垄断型国有企业不计成本、利用较高的缴费空间将之作为滥用未来福利分配的一个手段。其实,国外绝大部分 DC 型计划税优比例很高,如英国雇员缴费税优比例平均高达 29%,其中,年收入 5 万美元以下者为 20%,5 万美元及以上者高达 40%;大型企业的雇主缴费税优比例为 28%,小型企业为 21%①。很多国家还允许职工的实际缴费比例高于税优比例,

①　笔者在与英国标准人寿高级养老金政策经理安得烈·J.塔利(Andrew J.Tully)先生座谈时获得的数据。

有的国家未设个人缴费比例上限,有的甚至允许个人向单位临时借贷一部分资金(如美国联邦政府雇员的"TSP 计划"),几个月后归还。在中国目前条件下,这个捆绑式设计是一个过渡性方案,待若干年后(如 5 年)中小企业参与率达到一定程度、社会公平性不被认为是一个问题时,税优和缴费比例均可适当上调。

从企业内部公平性考虑,将企业缴费即时划入个人账户,取消企业账户。这个设计是一把"双刃剑":一方面限制了企业雇主的"裁量权",企业只能根据职工选择的档次被动地对其账户按照公式给予机械地"配比缴费";另一方面提高了制度的透明度,充分体现了高管与职工的平等原则,极大地限制了性别歧视、身份歧视、年龄歧视、工龄歧视和级别歧视等现象的发生。取消企业账户意味着企业缴费不能"独立"出来,意味着取消企业缴费归属期的条件限制,意味着实际缴费比例不能按企业工资总额计算,而应以每个职工个人工资为基数计算,真正实现企业内部的公平性,限制收入分配差距拉大。这里要纠正企业年金作为"金手铐"的一个认识误区。如果将企业缴费暂时集中形成一个企业账户,以"未定归属期"的方式作为限制人才流失的手段,那就不仅会扭曲劳动力的自由流动,而且还有损企业年金的声誉。取消企业账户和当期解决企业缴费的归属问题,以增加职工福利的方式来吸引和留住人才,而不是限制流动,这才是"金手铐"的真谛。

从不同企业规模之间公平性考虑,"五档捆绑式"设计为中小企业提供了多样性的税优选择空间,降低了缴费能力弱的中小企业进入"门槛",并可根据经济周期波动情况,在经济景气时选择高档费率。这将有利于调动中小企业建立企业年金的积极性。否则,如果采取纯粹的 TEE,等于是将中小企业排除在外,其结果恰恰是强化了企业年金"富人俱乐部"的示范效应。

从不同职工之间公平性考虑,将一档作为自动登记参加年金制度的一个"缴费起点线",等于为新进入青年职工加入企业年金设立了一个"自动注册机制",最大限度地扩大了参与率,为不同年龄、不同经济条件和不同偏好的职工提供了较宽的选择范围。

在上述四个公平性的设计下,由于职工积极性得以调动,前端实行了部分纳税,但一定税优比例的植入可以起到较大的激励作用,促进自愿型企业年金的发展。OECD 成员国中只有匈牙利实施的是纯粹的 TEE,其效果非常好,替代率高达 26.2%，占其 GDP 高达 10.9%①，但是，匈牙利案例基本没有可比性，因为其企业年金是强制型的。

（三）防止企业年金拉大收入分配差距和扩大参与率的两个建议

1. 建议尽早出台集合计划《管理条例》，鼓励中小企业建立企业年金。根据笔者调研数据，目前建立企业年金的中小企业将近 7000 个，约占建立企业年金总户数的 20%；人数 100 多万，占总缴费人数的 10%；基金规模 70 多亿元，不到基金总规模的 4%②。广大中小企业被拒之门外，不是因为其意愿低下，而是由于集合计划的《管理条例》始终没有出台，单一计划"门槛"较高，不适合中小企业的进入。集合计划缺位在客观上对中小企业有失公允，那些经营效益较好、加入意愿较高的中小企业，由于没有集合计划而不能享受与大型国有企业同等待遇的企业年金税收优惠，由此企业年金被视为"富人俱乐部"，这是制度供给缺位和政策歧视的结果。能够尽快制定和出台集合计划"管理条例"，是有效防止企业年金成为拉大收入分配差距的"富人俱乐部"的一个重要制度保证，应引起政府主管部门的高度重视。

集合计划的自身特点是管理机构的行政成本较低（免去了建立单一计划所需要的全部交易成本）、收益率较高（多个企业形成的巨大资产池可拓宽投资范围和选择收益率高的投资工具）、风险低（有利于实现分散化投资）、计划的存续不受单个企业破产的影响（以整个集合计划的存续为存在条件）、非常适合企业生命周期短和员工数量不多的中小企业参加。

制定和公布集合计划管理条例迫在眉睫，既是因为目前已存在的 40 多个"准集合计划"迫切需要有章可循，有据可依，保护缴费人合法权益，消除基金安全隐患，扩大投资品种范围，提高收益率，更是因为只有制定和公布集合计划管理条例，让更多的中小企业加入进来，才能自动消除广为诟病的企业年金是专门为高收入的大型垄断企业服务的社会舆论，才能彻底改变政府不作为的社会印象，才能真正体现企业年金的公平性、开放性和普及性。

2. 建议制定"职业年金制度"并与"部分 TEE"税优制度同时出台。尽早建立起一个完整的职业年金制度，是积极推进公务员和事业单位养老保险改

---

① OECD, *Pensions at a Glance* 2009：*Retirement-Income Systems in OECD Countries*, OECD, 2009, p.119 and 143.

② 作者调研数据。

革的重要一步。完善税优制度是为事业单位职工和公务员建立职业年金的一个契机,"职业年金条例"应同时出台。事业单位和公务员系统建立职业年金制度也是对资本市场一个重大贡献。若按 50% 的国有单位和 10% 的非国有单位建立企业年金来推算,参加企业年金的缴费人数大约为 3600 万人,其企业年金缴费总额每年将净增 1010 亿元①,这将成为每年进入资本市场的长期性投资资金,到 2020 年,企业年金资产规模将有望超过 1.5 万亿元。

这是一个十分保守的估算,因为目前全国公务员和事业单位(尤其是高等院校与科研单位)在岗职工将近 4000 万人,"职业年金条例"正式出台之后,他们建立职业年金的偏好要高于私人部门的雇员,仅这个群体的缴费总额就会达到上述估算数据。当然,这里涉及 5% 的单位缴费的财政补贴问题,但总体看财政压力不是很大,按现行对事业单位拨付资金的渠道和结构看,第一年需要增加的财政拨付不会超过 300 亿元,仅占 GDP 的 0.1% 和财政收入的 0.4%。

如果考虑到单位配比缴费的财政约束条件,还有另一个"大过渡"的思路,即仅为"新人"建立职业年金计划并实施单位缴费("中人"没有单位配比缴费),这样第一年的财政补贴仅为 8 亿元。按照这一保守思路的匡算,在个人缴费税优条件下,如按国家机关和事业单位建立职业年金参与率 50% 计算,每年缴费增量将达 310 亿元,如按 80% 计算,将达 500 亿元②。

六、结　语

既然《国税通知》将中国企业年金税优模式抉择问题推向了前台,我们就应认真反思,科学对待。转变增长方式的急迫性"倒逼"社保体系路线图需要尽快出台,而企业年金能否担当起第二支柱的重任在相当程度上取决于税优模式的选择;既然社保制度和企业年金都是舶来品,我们就应兼收并蓄,为我

---

① 2008 年全国职工工资总额 3.3 万亿元,在岗职工 1.15 亿人;其中,国有单位 1.9 万亿元,在岗职工 6100 万人;非国有单位 1.5 万亿元,在岗职工 5400 万人。引自国家统计局:《中国统计年鉴 2009》(光盘版),中国统计出版社 2009 年版。

② 2008 年全国事业单位人均工资 29251 元,机关人均 33209 元。这里按年人均缴费 1560元计算。引自国家统计局:《中国统计年鉴 2009》(光盘版),中国统计出版社 2009 年版。

所用,但不能机械照搬。20 年的企业年金历史和 10 年的税优政策演变历史告诉我们,税优政策应尽快给出完整设计,税优模式应尽早抉择,尤其是在"后危机时代",应尽快纳入社保体系的整体考虑之中;既然个人所得税法实行的是分类制,在制度设计时应考虑目前的税制,并结合相关的社会因素,以中国具体国情为背景,制定一个"多赢"的税优制度,以适应和满足各方面的要求。"部分 TEE"税优模式作为一个制度尝试,在实践中应积极探索,不断完善,使中国特色的企业年金制度在世界社保制度创新中占有一席之地。"部分 TEE"企业年金税优模式还昭示,目前实行的分类个人所得税制已不适应中国经济发展的客观需要,不适应个人税收递延型养老保险产品的商业开发,因此,个人所得税制改革应加快步伐。

参考文献:

高培勇:《新一轮税制改革评述:内容、进程与前瞻》,《财贸经济》2009 年第 2 期。

国家统计局:《中国统计年鉴(2009)》(光盘版),中国统计出版社 2009 年版。

嘉实基金养老金研究小组:《企业年金与税收(上篇)》,《经济参考报》2009 年 7 月 31 日。

人力资源和社会保障部、国家统计局:《2008 年度人力资源和社会保障事业发展统计公报》,见人力资源和社会保障部网站,http://www.mohrss.gov.cn。

史兴旺、梁红星:《个人所得税课税模式的比较与选择》,《经济与管理研究》1996 年第 6 期。

童颖:《个税起征点将随 CPI 浮动》,《东方早报》2007 年 12 月 26 日。

徐博、张晓松:《连续第六次提高企业退休人员养老金彰显中央政府高度重视改善民生》,2009 年 12 月 22 日,见新华网,http://news.xinhuanet.com/fortune/2009—12/22/content_12690260.htm。

薛香梅:《中国个人所得税课税模式选择》,《合作经济与科技》2006 年第 1 期。

杨帆等:《中国企业年金发展报告》,中国劳动保障出版社 2008 年版。

姚涛:《论个人所得税课税模式的改革》,《广西财政高等专科学校学报》

2001 年第 4 期。

袁亚春、杨春玲:《美国联邦个人所得税制及其对中国的借鉴意义》,《浙江大学学报(人文社会科学版)》2001 年第 6 期。

郑秉文等:《机关事业单位养老保险制度改革的思路——"混合型"统账结合制度下的测算》,《公共管理学报》2009 年第 1 期。

郑秉文:《2009 金融危机:"社保新政"与扩大内需》,《中国社会科学院研究生院学报》2010 年第 1 期。

Department of Health & Human Services, US, CHIP Statistical Enrollment Data System (SEDS) form CMS21E, CMS64.21E, and CMS21 waiver(2/07/08), February 1, 2008.

Kwang-Yeol Yoo and Alain de Serres, "Tax Treatment of Private Pension Savings in OECD Countries and the Net Tax Cost per Unit of Contribution to Tax-Favoured Schemes", Economics Department Working Papers No. 406, 14-Oct-2004.

OECD, *Pensions at a Glance* 2009: *Retirement-Income Systems in OECD Countries*, OECD, 2009.

Robert Holzmann, *Aging Population, Pension Funds, and Financial Markets, Regional Perspectives and Global Challenges for Central, Eastern, and Southern Europe*, The World Bank, Washington D.C., 2009.

U.S. Census Bureau, Current Population Survey, 2005 and 2006 Annual Social and Economic Supplements, 2006.

(本文原载于《中国人口科学》2010 年第 2 期,第 2—23 页)

建立养老基金管理公司
是社会保障全面深化改革的"牛鼻子"*

内容提要：养老基金管理公司作为新一类型金融机构，对机关事业单位养老金改革来说，是强大的载体依托；对基本养老保险基金投资体制改革而言，是一个重要的投资载体；对年金市场来讲，是推进多层次社保体系和年金市场发展的重要引擎；对家庭财富来说，是大资管时代打造养老金业的一个孵化器。

党的十八届三中全会通过的《中共中央关于全面深化改革若干重大问题的决定》对社会保障全面深化改革作出了全面的战略部署，其中包括推进机关事业单位养老金改革、建立职业年金体系、基本养老保险基金实行市场化和多元化投资运营等。这些改革都涉及养老基金的投资运营及其运营载体问题。投资运营的载体看似小事，实则关乎机关事业单位养老金改革、基金投资体制改革、年金体制改革的成败与否。从这个角度讲，投资载体问题即建立养老基金管理公司的问题，就成为一个"牛鼻子"。

一、建立养老基金管理公司是机关事业
单位养老改革的一个必要条件

众所周知，机关事业单位养老保险制度改革的基本原则显然是"基本养

---

* 该文初稿得到全国社保基金理事会规划研究部王强处长的有益评论和重要启发，特表示衷心感谢。

老+职业年金"的"两层设计",旨在保证与企业职工养老制度的一致性,彻底消除"双轨制"。与企业相比,机关事业单位的明显特征是工作环境相对稳定(长期聘用合同),人员素质较高(学历较高且全部严格考试入门),工资增长机制平滑稳定(不是大起大落),工作岗位重要(主要是国家行政管理、医疗卫生教育和上层建筑等重要部门),而目前企业年金的"社会基础设施"难以满足机关事业单位建立职业年金的实际要求,这就为机关事业单位养老保险改革带来一定困难。

简言之,全国范围内的机关事业单位普遍建立职业年金所需要的"社会基础设施"的"硬件条件",实际就是指受托人、账户管理人和投资管理人的客观条件。目前,年金市场上已有的单一资格管理人角色分散,现有的 6 个养老保险公司虽然基本将多个资格实行了纵向捆绑,规模有所扩大,但总体看还不能满足需要,需要"升级";另外,现存的养老保险公司发展极不平衡,目前形成的发展模式大约有两种:一是以提供信托制的企业年金服务为主,专业化程度较高,可以看作养老基金管理公司的雏形;二是以混合经营为特色,即以团险带动年金,契约型保险业务占主流。由于这两种模式与机关事业单位建立职业年金的实际要求都存在一定差距,因此,建立养老基金管理公司便成为机关事业单位养老保险改革的一个必要条件。

作为机关事业单位建立职业年金的社会基础设施和硬件条件,养老基金管理公司可以满足这样三个条件。

一是"体量的规模性"。机关事业单位养老金改革之后,职业年金计划作为重要的补充形式将如雨后春笋,各省和直辖市将会出现教师基金、医生基金、政府公务员基金等,甚至不排除出现全国性的行业年金(类似澳大利亚与荷兰等国的行业年金),它们大部分将采取内部受托形式,也不排除有些会采取外部受托模式。在规模上它们都将是庞然大物,如同美国各州的政府公务员基金和教师基金等,它们动辄几千亿美元,个别几支在全球排名中名列前茅。虽然它们可以分别选择多家投资管理人,但目前国内投资管理人的规模和实力却还没有足够大,很不对称,有"小马拉大车"之嫌。有了养老基金管理公司,机关事业单位建立职业年金载体的缺位问题(受托人、账管人与投资管理人)就得以解决。换言之,建立起足够大的专业化机构,投资和运营便有了可靠与稳定的载体,面对职业年金的这个"社会基础设施",机关公务员和事业单位两个群体就会"放心"参加改革。

二是"竞争的有序性"。在理论上讲,与企业年金完全一样,职业年金作为第二支柱是"自愿型"的制度,但是,机关公务员和事业单位的工作性质又决定了这样一个事实,职业年金具有"准强制性",这一点与美国等发达国家十分相似。因此,建立养老基金管理公司是机关事业单位这轮养老制度改革的一个必要条件,是其顶层设计不可分割的一个组成部分,应纳入全国范围内深化养老保障改革的制度安排之中。基于这样的考虑,我们应吸取10年前初建企业年金市场时的一些教训,构建一个"市场有序和竞争有限"的年金制度环境。于是,建立若干养老基金管理公司就成为必然,在全国划分大区域,每个区域有若干公司共同负责,在外部受托人和投资管理人的市场上,既存在竞争,又相对固定区域,以确保各省机关事业单位养老保险制度改革的安全性和有效性。现存的众多企业年金投资管理人可成为养老基金管理公司的外部投资管理人,由此形成一个二级市场。

三是"投资的选择性"。专业化的养老基金管理公司具有强大的资产配置能力与多样性产品的服务提供能力,可以实施专门的投资策略,为不同年龄组建立不同配置的生命周期基金,提供不同的投资基金系列服务,甚至建立一定程度的回报平滑稳定机制,以熨平世界经济波动或国内经济周期带来的收益波动。在较长时期内,作为补充的第二支柱,职业年金也好,企业年金也罢,对账户资产采取个人的分散投资决策的可能性很小,由投管人实行集中投资将是唯一选项,这是国情条件约束的结果。为克服这种集中投资的缺陷,满足不同年龄段和不同风险偏好的账户持有人对资产配置的不同要求,投管人提供不同的生命周期基金和不同的组合是大势所趋。机关公务员和事业单位人员建立的职业年金更加特殊,他们的流动性不是很大,对生命周期基金的需求更加强烈、要求更加严格,只有养老基金管理公司才能提供这些服务和满足这些要求。

事业单位(包括部分公务员)养老保险前两轮改革(20世纪90年代中期和2008年)之所以没有进展,主要原因之一就是职业年金这个第二支柱没有建立起来,第一支柱改革后下降的替代率能否补上去存在不确定性。

而建立职业年金的"核心问题"或称重要载体就是建立养老基金管理公司，这是一个"牛鼻子"。此次第三轮改革正在顶层设计之中，应吸取前两轮改革经验教训，"兵马未动，粮草先行"，为建立职业年金做好"硬件"准备。对机关公务员和事业单位人员的第二支柱来说，养老基金管理公司带有行政管理一站式服务的重要职能，实际上，"养老基金管理"在国外早已成为金融市场的一个新业态，英文中已经约定俗成，使用的是固定的大写字母，用词是 Administration of Pension Fund（APF），没用 corporation 等词，带有明显的"特许"与"管理"的含义，例如，西班牙文里也是用的 Administration（AFP）①。

美国联邦政府公务员和军职人员建立的职业年金"节俭储蓄计划"（下简称 TSP）很成功，很有代表性，也很有启发，堪称政府雇员的信托制 DC 型职业年金的一个样板。TSP 建立于 1986 年，实际就是"政府版"的 401（K）计划。截至 2013 年年底，参加这个自愿型计划的人数达 450 万（包括联邦邮政系统），资产规模达 4050 亿美元。它为参保人提供了 10 只基金，雇员可自由选择搭配。其中，有 5 只是个人基金，它们分别是 G 基金，F 基金，C 基金，S 基金和 I 基金。有 5 只是"生命周期基金"，它们分别是 L 2050（2045 年以后退休），L 2040（2035—2044 年退休），L 2030（2025—2034 年退休），L 2020（2015—2024 年退休），L Income 基金（2015 年之前退休），参保人根据自己年龄选择适合自己的投资基金。建立 10 只基金是一个特殊的制度安排，负责监管的是美国"通货监理局"（OCC），而不是证监会（SEC）。承担 TSP 运营的是"联邦退休节俭计划投资委员会"（FRTIB），这是一个独立的专门机构，隶属联邦政府。

---

①　考虑到英文原意，本文使用的是"养老基金管理公司"，而不是"养老金管理公司"，也不是"养老基金投资公司"。西班牙文的 AFP 知名度很高，使用很普及，甚至在非西班牙语国家都广泛使用这个缩写。参见中文译著，胡安·阿里斯蒂亚主编：《AFP：三个字的革命——智利社会保障制度改革》，中央编译出版社 2001 年版。

表 1　美国 TSP 的个人投资基金特征

个人基金	G 基金	F 基金	C 基金	S 基金	I 基金	L 基金
特征描述	政府债券投资基金,旨在提供高于通货膨胀率的收益率,减少市场波动风险;包括短期政府债券,特别是包括 TSP 专门发行的特种债券,利率受到美国政府的担保,没有"信用风险"	固定收益指数投资基金,旨在提供高于货币基金的利率,目标是盯住巴克莱债券指数,信用风险相对很小	股票指数投资基金,旨在提供潜在的长期高收益率,标普 500 指数为基准,大中型美国上市公司	小市值股票投资基金,旨在提供潜在高收益的机会,投资对象是美国中小企业,以道琼斯指数为基础	国际股票指数投资基金,旨在提供潜在的高收益机会,投资对象是美国以外的 21 个发达国家上市公司,以摩根斯坦利的 EAFE 国际指数为基准(欧洲、澳大利亚、亚洲、远东)	生命周期基金,根据不同的时间参照,把参保人账户分配在 G、F、C、S 和 I 基金之中,不同的 L 基金量身定做不同的比例配置
收益类型	利息	市场价格变化、利息	市场价格变化、分红	市场价格变化、分红	市场价格变化、货币价值相对变化、分红	收益大约与 G、F、C、S 和 I 基金的加权平均收益相等
净行政费用	0.027%	0.039%	0.029%	0.026%	0.029%	

注:不同的 L 基金取决于个人的选择,所以成本不尽相同,例如,2013 年 L Income 基金和 L 2020 的净行
　政费用是 0.028%,而 L 2030、L 2040 和 L 2050 是 0.029%。

资料来源:根据网站 https://www.tsp.gov/资料整理得来。

表 2　美国 TSP 的生命周期基金资产配置(2013 年 12 月)

(%)

个人基金	G 基金	F 基金	C 基金	S 基金	I 基金	L 基金
生命周期基金	G 基金	F 基金	C 基金	S 基金	I 基金	
L Income	74	6	12	3	1	
L 2020	42	5	28	9	16	
L 2030	28	5	35	13	19	
L 2040	19	5	38	16	22	
L 2050	11	3	42	18	26	

资料来源:见 https://www.tsp.gov/。

总体看,美国的 TSP 收益率很好,不仅战胜了通胀,还大大高于社会平均增长率。2013 年平均收益率是 16.0%,1986—2013 年年底的平均收益率是 7.4%。在个人基金和生命周期基金之间,绝大部分人选择的是前者,从资产规模来看,依次是 G 基金 1440 亿美元,C 基金 1017 亿美元,S 基金 396 亿美元,I 基金 227 亿美元,F 基金 189 亿美元,合计将近 3300 亿美元,占全部资产的 80%。余下 700 亿为生命周期基金,其持有资产 L 2020 为 203 亿美元、L 2030 为 178 亿美元、L 2040 为 133 亿美元、L 基金为 62 亿美元、L 2050 为 31 亿美元。

表 3 美国 TSP 2009—2013 年收益率

(%)

时间(年)	L income	L 2020	L 2030	L 2040	L 2050	G 基金	F 基金	C 基金	S 基金	I 基金
2009	8.57	19.14	22.48	25.19	—	2.97	5.99	26.68	34.85	30.04
2010	5.74	10.59	12.48	13.89	—	2.81	6.71	15.06	29.06	7.94
2011	2.23	0.41	-0.31	-0.96	—	2.45	7.89	2.11	-3.38	-11.81
2012	4.77	10.42	12.61	14.27	15.85	1.47	4.29	16.07	18.57	18.62
2013	6.97	16.03	20.16	23.23	26.20	1.89	-1.68	32.45	38.35	22.13
建立以来	4.5	6.09	6.65	7.02	12.4	5.54	6.66	10.3	9.31	5.38
建立时间(年)	2005				2011	1987	1988		2001	

资料来源:见 https://www.tsp.gov/。

二、建立养老基金管理公司是基本养老保险基金投资改革的一个充分条件

三中全会通过的《决定》明确指出,要"推进基金市场化、多元化投资运营"。与机关事业单位养老保险改革一样,城镇企业职工基本养老保险基金市场化和多元化投资体制改革也是一个难啃的"硬骨头"。

早在 2011 年 2 月—2012 年 2 月,基本养老保险基金投资体制改革曾进行过一次艰难的改革。当时,课题组将世界各国的基本养老保险基金投资管理体制分为三个模式。

一是"政府部门投资运营模式",是指政府将基本养老保险基金直接交由财政部牵头组成的一个特定政府机构,后者发挥政府的职能,养老资产几乎完全以购买国债或特殊政府债券为主,完全与市场隔绝。国债投资的行政管理主体规模不大,只起到会计账簿和发布精算报告的作用。目前,这是基本养老保险基金投资体制最为保守的模式,实施这个模式的有美国、西班牙和爱尔兰等,它们实行的都是 DB 型现收现付制。

二是"市场机构投资运营模式",是指政府将养老保险基金直接交由数家特许养老金公司投资运营,公司之间具有竞争性,最终可以淘汰,并且公司还承担着社会保险费征缴和养老金发放等一站式服务,是该国养老金制度的运行载体。这种养老金制度一般来说是引入个人账户的 DC 型完全积累制,每个账户持有人享有账户资产的投资组合选择权和决策权,并承担最终投资风险。目前,这是改革最为激烈的市场化投资模式,与上述"政府部门投资运营模式"形成两个极端,采取这种 DC 型积累制投资模式的国家已超过 20 个,主要分布在拉丁美洲和中东欧国家,中国香港地区采取的也是这个模式。

三是"专门机构投资运营模式",是指政府将基本养老保险基金交由专门成立的特殊投资机构实施市场化、多元化和国际化运营的模式,它往往是经过议会立法授权并由政府发起组织成立的专门机构投资者,具有现代公司治理结构。一般来说,一个经济体只建立一个类似公司,统管全国的基本养老保险基金的投资运营,具有垄断性。目前,越来越多的国家开始采取这个模式,最早是瑞典和丹麦等,近十几年来,加拿大、日本和韩国等也纷纷效法,且采取这个模式的国家实施的均为 DB 型现收现付制。很显然,这个模式是介于上述两个极端模式之间的一个中间道路。

经过慎重比较和选择,决策层确定了第三种模式的改革思路,即"专门机构投资运营模式",拟新建一个全国范围的国务院直属事业单位,由其实行市场化和多元化的投资体制改革。但后来由于社会舆论逆转等原因,新建机构的改革进程于 2012 年 2 月暂时告一段落。

与两年前相比,此轮全面深化改革的形势发生了很大变化,中央政府作出了本届政府内财政供养人员只减不增的庄重承诺,于是,两年前新建机构的改革思路遇到瓶颈,多年前大口径的抉择范围即省级投资的选项再次浮出水面。从投资主体的选择来看,在理论上讲,此轮投资体制改革至少还存在着五个方案。

"方案一"是各省自行进行投资决策,国家仅规定一个市场化投资的基本原则。多年前在劳动保障部系统这是最为流行的一个政策主张,它真实反映了地方利益主张,但很显然,这个方案问题多多。30 多个省级投资主体的法人治理结构难以建立,专业投资人士难以招揽。谁来决定置产配置、亏损缺口如何处理、各省收益率可能存在巨大差别和攀比、各省分散投资的利益输送风险点太多等,不仅投资风险加大,而且有可能增加对资本市场的冲击和不确定性。重要的是,20 多年来,统筹层次之所以难以提高,它与保险基金地方化的利益博弈存在很大关系,省级作为投资主体无疑将会强化早已形成的地方利益,加剧中央与地方事权及财权的错配,与实现全国统筹层次的制度目标完全背道而驰,南辕北辙。一旦这一步迈出去,在可预见到的时期内,全国统筹水平将不可能真正实现,如同 1999 年确立的社会保险费双重征缴体制那样(社保部门和税务部门同时征缴),重建单一征缴体制将面临水火不容的利益博弈,甚至在《社会保险法》多年的立法过程中都未推进半步。因此,一旦省级投资体制确立,中国的社保制度碎片化必将被彻底"物质化"。届时,在世界各国社会保险基金投资体制中,中国将是唯一一个由省级地方政府主导投资的"碎片化"制度。上述分析显示,省级地方作为投资主体是"下下策",不利于实现制度的长期目标,不符合参保人的群体利益,不适应经济社会发展的长期需要。

"方案二"是各省分别自行决定委托给全国社保基金理事会投资,即广东千亿委托模式在全国大面积铺开。在本质上讲这个方案与"方案一"相差无几,虽然提高了收益率,但最大的问题是不利于提高统筹层次。如果这个模式在地方不断铺开和蔓延,结余较多的省份纷纷直接委托给全国社保基金理事会,长期看,等于是对地方利益固化的一种"默认",养老保险制度实现全国统筹将面临着更加激烈的抵制。因此,各省自行委托模式只是一个权宜之计,在大面积铺开之前,应尽早决断,应该把中国的投资模式定下来。

"方案三"是中策,即各地基金统一归集到中央,统一委托全国社保基金理事会进行投资。虽然这个模式实现了全国统一投资,免除了各省分散投资固化地方利益的弊端,但长期内全国社保基金理事会必须要解决这样一个问题:目前的资金来源主要是财政转移支付,一旦由缴费形成的基金成为另一个主要来源,两类资金风险容忍度不同,流动性和资产配置要求也不同。重要的是,随着时间的推移,后者规模将越来越大,一分为二是迟早的事情,与其将来拆分,不如现在就新建机构。

"方案四"是新建全国独立投资机构,使投资行为在社会保险制度里内生化。毫无疑问,这是"上上策",意味着中国将有两只主权养老基金,一只以财政转移支付为主而形成,另一只以参保人缴费形成,它们可以实行不同的投资策略,甚或不同的国际投资区域。至于增加事业人员编制的问题,则大可不必多虑。新建机构应完全遵照市场规律和国际惯例行事,应给予完全的企业地位,不需要事业编制,行政费用也不需要财政拨款,甚至,现行的全国社保基金理事会也应如此统一改为企业建制,这样两个巨型机构投资者既可解决其员工的市场化薪酬福利待遇问题,也可解决人才流失问题,还可解决正常的运营费用问题。重要的是,不但没有增加事业编制,反而腾出了事业编制,可谓一举多得。

"方案五"是新建若干养老基金管理公司,参与社会保险基金的投资。这是一个绕不开的选项,哪个方案都离不开它,不管采取上述哪个方案,我们都会突然发现,一旦3.1万亿元这个巨大的养老保险基金池打开闸门,都需要大量的外部投资管理人去承接它。例如,全国社保基金理事会委托投资也好,新建直属国务院的投资机构也罢,或是确立省级投资主体的体制,都需要数量足够多、规模足够大、更加专业化的投资载体作为其外部投资管理人。实际上,潜在的可投资基金规模还要更大,情况还要更加紧急。比如,城乡居保的养老基金2013年年底已达3006亿元,到2004年年底估计要逼近4000亿;五险基金合计2013年年底已达4.77万亿元[①],2014年年底超过5万亿元大关已毫无悬念,它们年年月月都承受着贬值风险,它们都需要保值增值!

所以,上述分析显示,允许筹建若干养老基金管理公司是无论如何都要做的,如果说这是"方案五",它实际就是中国养老基金投资的"市政建设和基础设施",只要放开基本社会保险基金的投资阀门,就需要养老基金管理公司。

---

① 人力资源和社会保障部:《2013年全国社会保险情况》,2014年6月24日,见人力资源和社会保障部网站。

三、建立养老基金管理公司是强力推进
多层次社保体系的一个重要引擎

1991 年国务院颁布的《关于企业职工养老保险制度改革的决定》(国发〔1993〕33 号)首次规定"逐步建立起基本养老保险与企业补充养老保险和职工个人储蓄性养老保险相结合"的三支柱体系;1993 年召开的十四届三中全会通过的《中共中央关于建立社会主义市场经济体制若干问题的决定》,进一步明确要"建立多层次的社会保障体系"。此后,中央在历次相关重要文件中都提到建立多层次社保体系,其中本世纪以来进行过三次重大改革:2001 年在辽宁做实个人账户试点中将企业补充养老保险改为企业年金,明确建立完全积累制并给予单位缴费4%税优政策;2004 年进一步将其改造为 DC 型信托制,并全面进行市场化投资;2013 年企业年金税优政策完全采取国际流行的EET 模式,个人职工缴费实现4%的税优。近七八年来,企业年金发展进入快车道,截至 2014 年 6 月底基金累计达 6472 亿元,建立企业年金的职工达 2170万人①。

但总体看,企业年金作为第二支柱还显得十分滞后:基金累计余额占GDP 仅为 1.1%,而美国则占 80%,荷兰高达 130%;企业年金基金仅占基本养老保险基金的 20%,而美国则高达 440%。企业年金发展缓慢,固然与其他一些制约因素有关,比如:个人所得税改革始终没有到位;税优比例还很小,激励作用还不够;基本养老保险的缴费比例过高,影响了第二支柱的缴费能力;年金制度复杂,门槛较高,不利于中小企业加入进来。但是,除此之外,更深层的原因还在于企业年金制度设计的体制问题,即目前的年金发展市场是"过度竞争型",需要较长时间的自然培育过程。而拉丁美洲 20 世纪 80 年代以来、中东欧 20 世纪 90 年代以来、新兴市场经济体近年来建立的"政府推动型"则可实现跨越式的超长发展,其重要措施就是建立大型养老基金管理公司,作为推动养老金业的不可替代的旗舰,这是近二三十年来新兴市场提供的一个很

---

① 人力资源和社会保障部:《全国企业年金基金业务数据摘要——2014 年二季度》,2014年 10 月 8 日,见人力资源和社会保障部网站。

好经验。

一般说来,发达的养老金业均出现在不成文法系、讲英语的国家和地区,因为现代养老金业尤其是 DC 型养老金计划采取的是 DC 型信托制,《衡平法》为其带来了信托制。而在欧洲大陆法系国家及其广大的前殖民地地区,它们继受的是缺乏信托因素的欧洲大陆法系,不利于发展信托业和养老金业,于是,为了弥补这个缺憾和加快促进养老金业发展,这些新兴市场纷纷采取建立特许的养老基金管理公司办法,走出了一条"政府推动型"道路,效果良好。

2011 年年底的数据显示[①],从加入养老基金管理公司的参保人数量来看,墨西哥、智利和秘鲁等 11 个拉丁美洲国家参保人数占经济活动人口的比重为34%,保加利亚、哈萨克斯坦、波兰和罗马尼亚等四国平均是 81%。从管理的基金规模来看,拉美 11 国养老基金管理公司管理的基金规模高达 4670 亿美元,保加利亚等四国养老基金公司管理的基金合计为 885 亿美元,西班牙和乌克兰养老基金公司管理的基金合计是 1077 亿美元。从收益率来看,拉美地区的实际历史收益率为 7.66%。从拥有公司的数量来看,玻利维亚有 4 个,智利和哥伦比亚各 6 个,哥斯达黎加 7 个,萨尔瓦多 2 个,墨西哥 14 个,巴拿马 7个,秘鲁 4 个,波兰 14 个,多米尼加共和国 5 个,罗马尼亚 9 个,乌拉圭 4 个,哈萨克斯坦 11 个,保加利亚 9 个,克罗地亚 4 个,斯洛伐克 6 个,爱沙尼亚 6个,匈牙利 12 个,科索沃 9 个,拉脱维亚 10 个,立陶宛 9,马其顿 2 个,西班牙的重要公司有 69 个。从参与人数和基金积累方面看,哥斯达黎加的参与人数从 2001 年的 89 万增加到 2011 年的 205 万人,养老基金累计规模从 2100 万美元增加到 36 亿美元;墨西哥 1997 年参与人数是 777 万人,2011 年高达4251 万人,基金积累增长十分迅速,从 1997 年的 6 亿美元一跃发展到 2011 年的 1208 亿美元;西班牙 1989 年参与人数仅为 32 万,2011 年增加到 1065 万人,基金累计规模从 1989 年的 8 亿美元激增至 1074 亿美元;俄罗斯从 2005年的 61 万人增加到 2011 年的 1188 万人,基金累计从 2002 年的 15 亿美元激增至 2011 年的 488 亿美元;哈萨克斯坦从 1999 年的 300 万人增加到 2011 年的 814 万,基金规模从 4.7 亿美元增加到 182 亿美元;波兰参与人数从 1999年的 1119 万人,增加到 2011 年的 1550 万人,基金从 5.7 亿美元增加到 658

---

① 这些养老基金管理公司的数据见 http://www.fiap.cl/。

亿美元;乌克兰参与人数从 2000 年的 1640 人增加到 59 万人,基金从 62 万美元增加到 2.2 亿美元。

中国既是一个后发的新兴市场,又是一个大陆法系传统的国家,物权法系占统治地位,没有信托因素和信托传统。所以,构建一个"政府推动型"的发展模式,利用养老基金管理公司这个杠杆撬动年金这个市场,是吸取拉美和中东欧这些新兴市场的核心关键,为此才能赶上这趟历史班车。2004 年以来的年金市场之所以不如人意,原因之一在于采取了一个"恶性竞争有余,竞争主体失范,政府推动缺位,政策诱导不利"的发展战略。因此,对单体的养老金业机构来说,恶性竞争不利于这些市场细胞(金融机构)的成长,业务收不抵支,市场发育不起来,形成恶性循环;对大型金融集团而言,养老金业务不足挂齿,在集团公司内容易被边缘化,专业化程度逐渐下降,难以成为主流业务。

在"政府推动型"发展战略下,一定数量的养老基金管理公司竞争有序,形成"一级市场",在全国不同区域的年金市场上实行有序竞争;除部分自营以外,大部分"外包"给众多的其他投资管理人,形成充分竞争的二级市场。养老基金管理公司采取捆绑的一站式服务,集受托、账管、投资为一体,兼营咨询和设计,在年金市场上成为诱导和推动年金市场的"航母",推动众多的二级市场主体进行竞争。"两层市场结构"的设计有利于促进养老金业的发展。

近年来,金融监管不断松绑,新政不断出台,资产管理业进入一个新阶段。在即将到来的"大资管时代",养老基金管理公司不仅是社保体系建设中促进第二支柱发展的载体,也是家庭金融资产持有的一个重要产品,是社会财富、居民财富和家庭财富的一个表现形式。随着经济发展和财富的增加,社会对财富形式的需求也日趋多元化,养老金产品无疑是重要财富之一。建立养老基金管理公司,一方面可满足居民对拥有财富多样化的需要,满足广大居民投资者对家庭金融资产多样性的需求,另一方面,还可满足资产管理行业进入"大资管时代"的需求,丰富资产管理行业多层次和多样性的发展需求。从中国资产管理行业的格局来看,养老金是财富的资产管理者,养老基金管理公司是资产管理者,在某种意义上讲,"养老金业"也包含在资产管理行业之中。因此,"养老金业"在整个资产管理行业中,应继基金、券商、保险、信托、私募之后占有一席之地,成为资产管理业中的一个重要成员。在大资管行业,养老金业建立之时,就是资本市场成熟之日。

　　机关事业单位建立职业年金之后,根据雇主和雇员的缴费率及其工资缴费基数,如果再加上企业年金,每年的缴费增量就会超过 2000 亿元。

四、简单结论

　　实际上,早在 2007 年,学界和有关主管部门就曾提出设立"中国版"的"养老基金管理公司"①。当时,企业年金的市场化投资体制刚刚运行两年,市场角色"分散化"和受托人"空壳化"现象十分严峻,建立以受托人为核心的年金市场,可以遏制恶性竞争的无序状态。虽然相关部门在监管主体和养老基金公司定位等方面存在不同看法,此议案暂时被搁置起来,但是作为替代性措施,主管部门果断采取两项措施。一是迅速纵向整合年金资格,最大限度将多个资格绑定给一个机构;一是在已有两家养老保险公司(平安和太平)的基础之上,同年又批准成立了三家养老保险公司(国寿、泰康、长江)。这两项措施效果明显,尤其是近年来,资格整合效应逐渐显示出正能量,为推动企业年金发展发挥了重要作用。

　　七年后的今天,在十八届三中全会全面深化改革的战略部署下,社保改革的新形势和新任务再次提出建立养老基金管理公司的时代呼唤。所不同的是,与七年前相比,此次建立养老基金公司的意义更加深远,它已远远超越了发展企业年金的需要,从某种意义上讲,机关事业单位养老金改革和基本养老保险基金投资改革将对其多有期待和仰仗。

　　鉴于此,有关部门应尽快联合起草《养老基金管理公司管理办法》,同时对条件成熟的可先行试点,批准成立少数几家养老金管理公司,至少为即将启动的中央国家机关和事业单位建立职业年金做好准备,为"中国版的 TSP"打造硬件基础,待《养老基金管理公司管理办法》发布后,养老金管理公司就可以挂牌经营。在制度设计时,可将如下问题统一考虑进来。

---

　　① 见郑秉文撰写的如下 3 篇文章:《企业年金受托模式的"空壳化"及其改革的方向——关于建立专业养老金管理公司的政策建议》,第二届中国社会保障论坛获奖论文,载中国社会保障论坛组委会编:《建立覆盖城乡的社会体系:第二届中国社会保障论坛文集(2007)》(上册),中国劳动社会保障出版社 2007 年版,第 115—135 页;《当前中国养老金信托存在的重大问题及其改革方向》,《中国政法大学学报》2008 年第 1 期,第 30—48 页;《建立专业养老金管理公司的可行性分析与政策建议》,《宏观经济研究》2007 年第 9 期,第 6—13 页。

第一，从机构性质和法律定位上看，养老基金管理公司是基金管理公司、是信托性质的机构、还是中国新的一类金融机构？这个问题比较复杂，需要结合国外的经历和做法，结合中国目前的法律政策，可进一步研商，如能达成共识，也可将其列为新一类金融机构。在拉美和中东欧，这类公司是由专门立法许可成立的专业化养老公司。

第二，从业务范围上看，养老基金管理公司是从事企业年金、职业年金、基本养老保险基金、全国社会保障基金受托、账户管理或者投资管理业务；不从事现有基金管理公司的公募基金发行和管理业务，区别于基金管理公司，也区别于目前的养老保险公司。这样的投资范围，就基本解决了生存和发展问题。

第三，从职能和功能上看，养老基金管理公司是集企业年金（职业年金）的受托人、账管人、投管人于一身的，为委托人服务的专业化年金服务商，是机关公务员和事业单位职业年金的一站式服务提供商，是中国社保体系中担负重任支持第二支柱发展的特殊金融机构。

第四，从养老金业的专业化看，养老基金管理公司是专业的养老资产管理公司。专业化投资管理是指由专业投资机构负责养老基金的投资运营，养老金管理机构按照金融市场业务的要求建立投资管理框架并设置部门，聘用专业人才组建投资团队。专业的养老基金管理公司，可以更好地坚持养老基金的审慎投资、责任投资、长期投资和价值投资。

第五，从规模和注册门槛上看，建立养老基金管理公司要提高注册资本金额度。例如，注册资本金最低门槛为50亿元。只有实力强劲的股东才能满足这些要求，并从长期战略高度持续性支持养老基金管理公司的发展。同时，便于监管部门控制养老基金管理公司的数量，既有一定的数量进行资源有效竞争，又不要过多过滥导致市场恶性竞争。同时，高门槛可为机关事业单位建立稳定的职业年金制度带来可靠保障。

第六，从发起股东结构上看，建立养老基金管理公司要鼓励大型生产性企业作为发起股东。应鼓励大型生产性企业（包括民企）作为发起股东，同时允许商业银行、保险公司、证券公司、全国社会保障基金理事会等加入。养老基金管理公司可设立地方分支机构，可用资本金从事自营投资业务，以保证公司开业之初就不会出现亏损情况，增强委托人对养老基金管理公司的信心，也为养老基金管理公司制定长期发展战略、建立市场化薪酬福利制度。

第七,从现行的养老保险公司发展关系来看,要处理好养老基金管理公司与养老保险公司的关系。现在的养老保险公司可以改造成养老基金公司。如养老保险公司不想改造成养老基金管理公司,政策上可以留有余地,暂不强行规定,但必须明确目前的养老保险公司形式,以后不再新增数量。

参考文献:

胡安·阿里斯蒂亚主编:《AFP:三个字的革命——智利社会保障制度改革》,中央编译出版社 2001 年版。

人力资源和社会保障部:《2013 年全国社会保险情况》,2014 年 6 月 24 日,见人力资源和社会保障部网站。

人力资源和社会保障部:《全国企业年金基金业务数据摘要——2014 年二季度》,2014 年 10 月 8 日,见人力资源和社会保障部网站。

郑秉文:《企业年金受托模式的"空壳化"及其改革的方向——关于建立专业养老金管理公司的政策建议》,第二届中国社会保障论坛获奖论文,载中国社会保障论坛组委会编:《建立覆盖城乡的社会体系:第二届中国社会保障论坛文集(2007)》(上册),中国劳动社会保障出版社 2007 年版。

郑秉文:《当前中国养老金信托存在的重大问题及其改革方向》,《中国政法大学学报》2008 年第 1 期。

郑秉文:《建立专业养老金管理公司的可行性分析与政策建议》,《宏观经济研究》2007 年第 9 期。

(本文原载于《全球化》2014 年第 12 期,第 15—27 页)

郑秉文自选集（下卷）

中国社会保障改革与跨越中等收入陷阱

中国社会保障改革与经济发展

中国社会保障改革与「名义账户制」

人民出版社

目　　录

第八编　中国社会保障改革与跨越中等收入陷阱

2003 年，与美国波士顿学院（BC）的艾丽西亚·芒内尔（Alicia Munnell）教授

中国社会保障制度 60 年:成就与教训

内容提要:本文将中国社保制度分为改革开放前后 30 年两个时期,并对其进行了评价。本文着重从"制度参数"、"制度结构"和"制度过程"三个方面对存在的问题进行了讨论,总结了 60 年来中国社会保障制度主要成就与教训。针对"后金融危机"时代转变增长方式,提出了"社保制度作为一个生产要素"的命题,指出完善社保制度建设是促进经济高速增长必不可少的制度准备。

在新中国成立 60 周年之际,对社会保障①的成就与教训进行总结与反思具有重要战略意义。中国社会保障 60 年的历程可大致分成两个时期:即前 30 年高度计划经济的"国家/企业保险"时期和后 30 年改革开放的现代社保制度时期。前 30 年建立的苏联式"国家/企业保险"与高度计划经济体制相适应;后 30 年实行的国家、企业和个人三方分责制的"现代社会保险"与市场经济相适应。对比前后 30 年的制度特征并进行国际比较,找出目前存在的问题,对中国社保制度作出准确定位,将有助于社保制度在"后金融危机"时代沿着正确的方向不断改革,以适应和促进中国构建和谐社会和经济高速发展的双重需要。

一、前 30 年社保制度历史地位

(一)阶段特征

改革开放前 30 年大致可分为 3 个历史阶段。

第一阶段是 1949—1958 年的"制度初创时期"。这一时期中国社保制度主要法律依据和政策成果是 1951 年政务院颁布的《中华人民共和国劳动保险条

---

① 本文中"社会保障"的概念是指涵盖缴费型的社会保险与非缴费型的社会福利的广义范畴。

例》(后来于 1953 年和 1956 年进行 2 次修订),其基本特征是:(1)在城镇覆盖基本实现应保尽保,即几乎所有类型的企业都被覆盖进来。(2)设立项目广泛,均进入企业成本,基本上包括生命周期的各个阶段,职工家属也享有相当的待遇水平。(3)养老保险融资渠道为企业缴费和国家"兜底"即企业与国家分层负责,上缴国家部分由国家调剂使用。(4)管理体制为国家主导,企业工会具体执行。(5)实行城乡分立制度,以体现"城乡差别"。农村养老制度的主要是以1956 年通过的《一九五六年到一九六七年全国农业发展纲要》和《高级农业生产合作社示范章程》为政策依据,重点体现在"五保"上,在医疗上实行的是农村合作医疗制度,即由农业生产合作社、农民和医生共同筹建保健站,通过缴纳少量的保健费,农民可以免费享受预防保健服务及免收挂号费和出诊费。(6)机关事业单位与企业实行分立制度,以体现"干企差别"。机关事业单位养老制度实行的是与工龄挂钩的差别替代率,医疗实行的是公费医疗制度(即由财政支出),而企业实行的是劳保医疗制度,由企业和保险基金双方支付。

第二阶段是 1959—1966 年的"制度调整时期"。这一时期的特点是:(1)在城镇,社保制度的财务危机开始显现。随着覆盖面的扩大,公费医疗和劳保医疗逐渐出现费用上涨趋势,为财政带来压力。为减少财政负担,中央政府不得不出台一些限制性措施,于是,旨在控制费用上涨而设立的干部特权和等级制度在这个时期逐渐形成。从这个角度看,等级制的引入是财政约束的结果之一。(2)在农村,社保覆盖面得以进一步扩大,尤其是农村"五保"制度与合作医疗制度,人民公社制度的确立与实施进一步刺激了该制度覆盖面的扩大,并逐渐成为农村社保制度的一个经济支撑和实施平台。上述两个制度特征说明:一方面城镇社保制度出现了覆盖面扩张和待遇水平收缩两种趋势并存的态势,旨在减少财务负担;另一方面,农村则出现前所未有的制度发展潜力。这个时期城镇制度的财务危机被"文革"所"阻断"而没有全面爆发。

第三阶段是 1967—1978 年的"制度畸形发展时期"。这一阶段城乡分割的制度结构发生了"逆转"。城镇社保制度全面陷入困境,从"国家/企业保险"蜕化为简单的"企业保险"。其主要原因在于:一是全民所有制企业大面积亏损,1976 年全国亏损面和亏损率已分别达到 31.52% 和 19.44%[①],单一

① 郑海航:《国有企业亏损研究》,经济管理出版社 1998 年版,第 14、79 页。

的企业缴费使其融资渠道开始枯竭,制度难以正常运行;二是工会系统基本处于瘫痪状态,基层工会难以正常工作,制度赖以运转的管理主体不复存在;三是 1969 年财政部颁发了《关于国营企业财务工作中几项制度的改革意见(草案)》,规定国营企业一律停止提取劳动保险金,由此,社保资金由国家"兜底"下降为企业"兜底",职工的生、老、病、死均变为企业的内部事务,"国家/企业保险"模式"蜕化"为"企业保险"模式,企业变成万能企业,"单位"成为赖以生存的唯一基础。而在农村"五保"制度几乎全部停顿,但合作医疗却得到空前的发展。

(二)历史地位

总体而言,改革开放前 30 年"国家/企业保险"制度是历史的必然产物。从国际环境看,符合当时冷战条件下两大阵营对垒的国际大环境,适应苏联式高度集中的计划经济模式和国际共产主义运动的要求。从中国共产党的历史看,是对革命战争年代和根据地福利工作实践的自然延伸,是争取劳动权和福利权的政治诉求的具体表达形式。从当时国内经济条件的约束看,与其经济体制、社会结构和意识形态是"配合"的,为国民经济发展作出了巨大的贡献。从所有制结构看,当时国有经济成分占统治地位,以"单位"为纽带的社保制度将每一个人都固定在一个单位里,每个社会成员便自然被纳入到社保网络之中。从农村集体所有制看,"五保"制度和合作医疗制度与农村占绝对统治地位的集体经济是温和的,后者必然成为前者的实施主体和操作平台。从宏观经济管理体制看,包括劳动力在内的所有生产要素均由政府出面予以配置,在无休止的"试错"过程中,在严格的户籍制度和没有自由流动的劳动力市场(即"充分就业")的条件下,企业单方缴费的社保制度也是非常适应的。从收入分配体制看,城乡实行的低工资,农村实行的工分制,分配关系非常简单,作为二次分配制度之一的传统社保制度是一个有益补充,企业"统一扣除"的融资方式符合马克思设想中"社会总产品扣除"的思想,这种"福利扣除"是劳动者"再生产"的必要条件。从国家与企业关系看,企业是国家的一个行政附属物,劳动者是被分配到附属物中的一个"分子","国家/企业保险"把传统意识形态中的国家"父爱主义"发挥得淋漓尽致。

(三)主要成就

在前 30 年中,"国家/企业保险"对经济安全(如 3 年自然灾害期间)、社会稳定(如"文革"期间)、国民经济发展(工业化赶超战略)甚至国家主权安全都发挥了重要作用,为新中国"站稳脚跟"作出了贡献。然而,它是建立在国有经济和集体经济一统天下、经济高度集中与"充分就业"的前提之下。随着人口结构的变化,大量知识青年回城和复员军人退伍对城镇社保制度提出了挑战,没有任何社会保护的"待业大军"形成一个不稳定因素;农村集体经济的动摇对农村"五保"和合作医疗制度形成威胁,尤其是,当1978年实行改革开放之后,"依附"于农村集体经济的农村社保制度和"依附"于单一的"正规部门"(国有企业和集体企业)的城镇社保制度面临严峻挑战。于是,国有企业经营困难致使社保融资预期越来越差,制度收入激励性荡然无存;日益庞大的待业群体逐渐导致应保尽保的"死角"越来越大;人口普查数据显示,全国总人口从1953年的5.83亿增加到1980年的9.87亿,净增4.04亿,"充分就业"的压力逐年增加;流动人口规模越来越庞大,1978年只有100万—200万,但到1982年,一年以上常住流动人口已达657万,占总人口的0.66%,1990年上升到2135万人,增长2.25倍,占全国人口的1.88%,在传统的"国家/企业保险"没有恢复的"真空"时期,时代呼唤现代社保制度的建立。

二、后30年社保制度发展历程

(一)阶段特征

1978年中国实行改革开放至今大致也是30年,社保制度演进历史大致可划分为3个阶段。

第一阶段是1978—1992年部分恢复旧制度与试点探索新制度的阶段。改革开放之初,百废待兴,前30年社保制度留下的"遗产"需要尽快消化,在新制度建立之前,对于一些亟待解决的遗留问题需要恢复部分旧制度。为此,1978年颁发文件首先解决了机关事业和国有企业职工200万人始终没有办理退休手续的问题,该人数次年增加到596万人,1980年达到816万人,1982年又确立了"离休制度",应退未退问题得到了妥善的解决,到1991年年底,离退休人员已达2433万人①。这个阶段对新制度的试点探索主要体现在两

---

① 国家统计局:《中国劳动统计年鉴(1996)》,中国统计出版社1996年版。

个群体的制度上。一是针对集体企业退休人员,1984 年劳动人事部与中国人民保险公司联合发文建立了一个"半商业化"养老制度;二是针对合同制工人,1986 年国务院颁布的《国营企业实行劳动合同制暂行规定》确定了一个企业缴费 15% 和个人 3% 的积累制养老保险制度。这两个制度的建立是对现代社保制度的一次有益探索,为日后建立统账结合制度积累了一些经验。这个阶段的医保改革主要包括三方面:一是压缩和控制机关事业单位的公费医疗支出规模。这项举措既是对旧制度的恢复,也是对旧制度的控制。二是企业劳保医疗制度实行大病医疗费用社会统筹改革,到 1992 年参保人员已达到130 万人。三是在部分省市试行医疗保险综合改革,在此基础上,1992 年 3 月劳动部发布《关于企业职工医疗保险制度改革的设想》,标志着医疗保险制度改革从此进入准备阶段。这个阶段另一个重要制度创新是在 1986 年国务院颁布的《国营企业职工待业保险暂行规定》中正式引入"待业"概念,旨在妥善安置新形势下濒临破产边缘的国营企业职工。实行联产承包责任制之后,农村恢复了"五保"制度,但合作医疗制度逐年萎缩,到 20 世纪 90 年代末几乎消亡。

　　第二阶段是 1993—1998 年社保制度思路形成与目标模式选择阶段。1992年邓小平南方谈话和 1993 年党的第十四届三中全会通过的《中共中央关于建立社会主义市场经济若干问题的决定》,不仅标志着中国特色市场经济体制改革的开始,而且确立了建立"多层次"统账结合的社保制度目标。1997 年国务院颁布的《关于建立统一的企业职工基本养老保险制度的决定》进一步明确了统账比例。在医保改革方面,在江西省九江市和江苏省镇江市试点基础上,1998 年国务院正式确定了城镇职工医疗保险统账结合的制度结构。1993 年国务院颁布《国有企业职工待业保险规定》,以替代 1986 年颁布的《暂行规定》。另外两个重要制度创新是 1996 年颁发的工伤保险《试行办法》和城镇建立低保制度的《通知》,它们标志着中国社保制度的不断完善和非缴费型制度的正式引入。

　　第三阶段是 1998 年以来社保体系初步形成和扩张阶段。在社保制度模式基本确立之后,2000 年和 2005 年分别在东北三省进行了做实账户试点改革,以期实现部分积累制;2005 年规定统账结合的个人账户比例从 11% 下调至 8%,并调整了计发公式。在医保方面,2007 年颁布了城镇居民基本医疗保险试点的《指导意见》;在农村,2003 年建立"新农合"医疗制度的《意见》正式发表,以替代前 30 年的"旧农合";2009 年在向社会发布农民工参加基本养老保险办法征求意见稿之后,"新农保"养老制度的《指导意见》正式公布。这一阶段,国务院颁布的 3 项重要"条例"标志着中国社保制度法制化进入一个崭新阶段,它们是《城市居民最低生活保障条例》(1999 年)、《失业保险条例》(1999 年)和《工伤保险条例》(2003年)。

(二)历史贡献

改革开放以来,中国社保制度取得了举世瞩目的成就。从"五险"覆盖面看,参保人数明显增加,覆盖面逐步扩大(见图 1)。从基金实力看,由于扩面的原因,基金增长显著,社会保障的物质基础与实力大大增强(见图 2)。从收支占 GDP 比重看,2008 年养老保险收入 9740 亿元,支出 7390 亿元,医保收入3040 亿元,支出 2084 亿元,失业保险收入 585 亿元,支出 254 亿元,工伤保险收入 217 亿元,支出 127 亿元,生育保险收入 114 亿元,支出 71 亿元①;2008

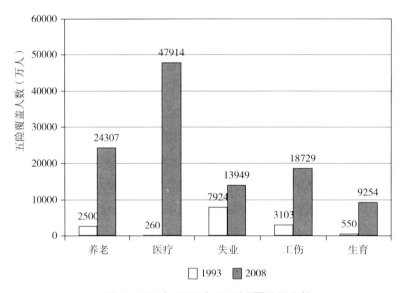

图 1　1993 与 2008 年"五险"覆盖面比较

注:工伤险为 1996 年数据。
资料来源:人力资源和社会保障部、国家统计局:历年《人力资源和社会保障事业发展统计公报》,见人力资源和社会保障部网站。

---

①　以上数据均引自人力资源和社会保障部、国家统计局:历年《人力资源和社会保障事业发展统计公报》,见人力资源和社会保障部网站。

年"五险"收入占 GDP 比重高达 5.5%,支出占 4.0%,收支合计占 GDP 的 9.5%。从非缴费型制度的发展来看,家计调查式保障制度已经初具规模。这些来自于一般税收的福利项目发展迅速,到 2008 年底,全国民政事业费支出将达 1300 亿,占 GDP 的 0.5%,如果再加上对基本养老保险制度 1000 多亿补贴的转移支付就近 1%。城乡"低保"制度 2008 年支出 600 亿元,其中城市覆盖人口 2273 万人,将近 1100 万户家庭,月人均标准已提高到 206 元,实际补差额达月人均 132 元;农村覆盖人数已达 3858 万人,月人均标准达 81.5 元,实际补差额月人均为 43 元①。

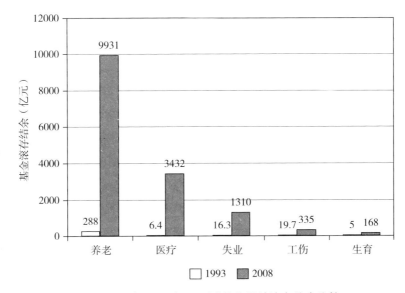

图 2   1993 与 2008 年"五险"基金累计滚存结余比较

注:工伤险为 1996 年数据。
资料来源:历年《人力资源和社会保障事业发展统计公报》。

(三)主要成就

与前 30 年一样,后 30 年现代社保制度的建立与发展同样为经济体制改革和社会发展作出了巨大贡献。

从对经济体制改革的贡献看,在 20 世纪 90 年代后期国企改革中,"两个确保"和"三条保障线"发挥了保驾护航作用,为缓解下岗失业高峰作出了巨

① 以上数据根据民政部公布的《民政事业统计季报》(2008)计算得出。

大贡献。仅以 1998 年至 2002 年 6 月底为例，全国国有企业累计下岗职工达2600 多万人，90%以上进入企业再就业服务中心；领取基本养老金的企业离退休人数从 2700 多万人增加到 3200 多万人，每年平均增加 150 万人，98%左右的离退休人员按时足额领到了养老金，并补发了历史拖欠的 215 亿元；全国95%左右即 3000 多万国有企业下岗职工领到了基本生活费[①]；1998 年至今，全国企业离退休人员共领取养老金 3.9 万亿元[②]。在那个特殊的历史时期，刚刚确立的社保制度较好地保障了上述困难居民的基本生活，维护了社会稳定，促进了经济体制改革和经济结构调整的顺利进行，为中国走出东亚经济危机后出口大幅度下降、经济增长乏力的困境，为中国经济恢复高速增长、加入WTO 进行了准备[③]。

从对社会稳定的贡献看，中国社保制度实力与 1997 年东亚金融危机时相比已大大提高，面对全球金融危机对中国实体经济的冲击，2008 年末与 2009年初人力资源和社会保障部等三部委发文，为减轻企业负担，允许困难企业及时地和阶段性地采取"五缓四减三补两协商"措施；人力资源和社会保障部等三部门发布了稳定劳动关系的"六条意见"，要求在保企业、保就业、保稳定中充分发挥三方协商机制的独特作用。据有关部门预测，上述"五缓四减三补"为企业减负上千亿元，稳定企业职工就业岗位达上千万个，对有效抵御金融危机的冲击和保持就业局势的稳定起到了积极的作用。

从抵御金融危机的作用看，与 1997 年东亚金融危机时相比，此次金融危机中社保政策的及时调整，标志着中国社保制度从此走上了调整其制度参数以应对外部环境变化的反周期的制度化轨道。

三、中国社保制度主要教训

60 年来，尤其是后 30 年来，虽然已搭建起中国特色的社保制度体系框

---

① 贺劲松、齐中熙：《"两个确保"和"三条保障线"构筑社保安全网》，2002 年 11 月 11 日，见新华网，http://new.xinhuanet.com/newscenter/2002-11/11/content_625808.htm。

② 胡晓义：《中国社保障制度析论》，《中国社会科学院研究生院学报》2009 年第 5 期。

③ 王延中：《不得已的"三条保障线"与"两个确保"》，《中国社会保障》2007 年第 11 期，第22—23 页。

架,为国民福祉和经济建设作出了重要贡献,但在制度参数、制度结构和制度过程三个方面仍面临挑战。

(一)制度参数方面存在的问题

在制度参数方面存在的大多为可以量化的技术问题,这些问题对制度发展形成了障碍。

1."制度目标"难以实现。从"充足性"上看,全国城镇养老保险平均替代率水平存在问题较大,它可分为两个阶段:在 2002 年之前,替代率的制度初始设计水平虽然为 58.5%,但实际水平却高于这个比率;在此之后,社会平均替代率呈直线下滑趋势,从 2000 年的 71%下降到 2008 年的 44%(见表 1),值得注意的是,这个下降趋势是在中央政府连年上调待遇水平的情况下发生的。连年人为干预上调待遇水平一方面可以弥补制度参数存在的缺陷,但另一方面却不利于制度长期的健康发展与建设,统账结合制度设计有蜕化之嫌。养老保险替代率的这两个阶段说明,其充分性很不稳定,如无制度外干预将难以正常运转下去。在医疗保险方面,中国不是一个实行全民医保的国家,仅从全国城乡医药费直接支付者的角度看,一般估计 60%以上的医药费是个人支付的[1],相比之下,美国也是没有全民医保的国家,但 2007 年在全国"个人健康支出(PHCE)"1.87 万亿美元的支出结构中,患者个人支付仅占全部支出的14.3%[2],从一个侧面说明,中国患者自费的负担过重,充足性存在问题。

表 1　2000—2008 年全国城镇职工平均工资总额、名义增长率、退休金替代率

年份	2000	2001	2002	2003	2004	2005	2006	2007	2008
退休金社平工资替代率(%)	71	63	63	57	53	50	45	42	44
在岗职工名义工资增长率(%)	12.7	16.0	14.3	13.0	14.1%	14.6	14.4	18.7	17.2
在岗职工平均工资总额(元)	9414	10870	12422	14040	16024	18364	21001	24932	29229

资料来源:作者根据历年《劳动和社会保障事业发展统计公报》和《中国统计年鉴》的数据计算。

---

[1]　中国社会科学院(工经所)医疗体制改革课题组:《关于本轮医改若干重大问题的政策建议》,2008 年 10 月,第 21 页。

[2]　CMS, Department of Health & Human Services, US, "Health Care Financing Review", 2008 *Statistical Supplement*, 2007, Table 1.3 and Table 1.1.

从"可负担性"上看:个人缴费率"五险"合计已超过 10%,如果加上企业年金和住房公积金将超过 30%;对企业成本来说,"五险"合计已近 33%,如果再加上住房公积金和企业年金将高达 53%,是全世界企业福利性缴费率最高的国家之一,不利于提升企业竞争力;财政负担较大,转移支付逐年提高,2002—2008 年对养老保险制度的补贴已达 5768 亿元。上述充足性和可负担性的对比形成了严重的逆向发展趋势,即一方面缴费率居高不下,另一方面替代率却不断下滑。

从"透明性"上看,制度待遇水平的计发公式和制度运行流程及其行政成本的透明度都很低,尤其是复杂的计发公式已成为其激励性不足和覆盖面难以扩大的重要原因之一,由此成为社会广为诟病的一个制度弊端。

从"可持续性"上看,目前中国养老保险财务可持续性主要存在三个问题:一是地区间非常不平衡,"五险"基金积累连年增加,但几乎都集中在东部沿海地区,而中、西部地区需要财政补贴已成为常态。二是个人账户做实的转型成本较大,全国试点省份做实个人账户仅为 1100 亿元,1 万多亿的"空账"形成的转型成本成为财政的空前压力,而另一方面养老保险 2008 年滚存余额9931 亿元却不能有效地"置换"成账户资产。三是未来人口老龄化压力对制度可持续性形成潜在的财务压力。上述三个问题显示,中国养老保险基金一方面积累连年呈跳跃式增加,为保值增值带来极大压力,另一方面当前和未来的财务压力却成为可持续性的一个重大挑战,这几乎是全世界独一无二的、非常特殊的"基金比失灵"①现象。

2."制度效率"大打折扣。从"适用性"上看,十几年来中国社保在扩大覆盖面上始终没有突破性进展,其根本原因在于制度的适用性较差,不适合灵活

---

① "基金比"是测量公共养老金制度财务可持续性的一个工具和养老基金充足度的一个指标,是现收现付制长期精算平衡的一个评估标准,意指当年养老资产总值占待遇支出的比率。美国给出的标准是,如果基金比高于 30% 或 50%,就说明这个养老金制度已具有较好的可持续性,如果超过 100% 就被视为更好。美国"联邦社保信托基金"2009 年的基金比已达 393%。中国社保制度结构虽是统账结合,但由于绝大部分个人账户为空账,可被近似看作现收现付制,采用"基金比"这个衡量指标是可行的。虽然 2009 年中国养老保险的基金比是 134%(2008 年支出7390 亿元,滚存余额 9931 亿元),高于美国制定的标准,本不需要财政补贴,但是,由于实行的不是全国水平的统筹层次,这个基金比只能在"理论"上成立,在实践中还需对欠发达地区进行转移支付。笔者将这个奇特现象称为"基金比失灵"现象。

就业人员等非正规部门群体参保。近年来,"新农合"的建立已使全国整体局势有根本性扭转,"新农保"制度的出台有可能成为农村养老保险覆盖面的第二个转折点,但相比之下,城镇社保覆盖面问题不久就会浮出水面,成为矛盾焦点。

在"便携性"上,由于统筹层次低和财政体制"分灶吃饭"等原因造成制度便携性差,给流动人口尤其农民工的全国范围流动带来很大障碍,导致流动群体"退保"和频繁参保现象严重,这不仅制约了全国范围劳动力市场的形成,而且挫伤了参保人的积极性,由此带来的"便携性损失"造成新的不公,即出现穷人补贴富人、农村补贴城镇的"倒挂"现象。

"可获性"主要是指制度的进入"门槛"、服务质量和服务效率等派送体系的效率问题。社保制度"地方化"、"碎片化"的现象和扭曲的地方政府行为,常常形成许多无形和有形的制度障碍,增加了军队转业人员、流动人员、灵活就业人员、自雇人员、非正规部门人员、"40、50"人员、低收入人员、女性等弱势群体的参保难度,成为扩大覆盖面的另一个"死角"。

在"激励性"方面主要存在三个问题:一是基金的收益性,即中国"五险"基金投资体制效率低下导致收益率长期以来年均不到2%[1],致使参保人对制度的预期较低,逃费、谎报、藏匿现象比较普遍,名义费基与真实费基差距较大。例如,2007年全国养老制度缴费工资基数仅为社会平均工资的68.1%,并呈逐年缩小趋势,2002年该比率为71.3%。二是多缴多得的"对等原则"不明显,个人缴费与未来权益之间联系不紧密,未参保人参保意愿低下。三是征缴率(登记参保人数/达到参保资格的人数)和遵缴率(实际缴费人数/登记参保人数)低下,逃保、退保、断保现象严重。

3."制度配合"存在冲突。制度配合主要体现在制度的内部和外部配合性上。

所谓"制度内部的配合性"主要指社保制度若干支柱之间比例关系。就养老和医疗来说,至少可划分出5个支柱:带有救助性质、来自国家转移支付的部分为零支柱,基本保险制度为第一支柱,职业养老和医疗补充保险为第二支柱,个人购买的商业性保险产品为第三支柱,个人银行储蓄为第四支柱。5

---

[1]　王光平:《五部委勾勒完善社会保障路线图》,《中国证券报》2008年11月7日第1版。

个支柱之间的关系实际可以抽象为两大比例关系：一是非缴费型的零支柱与缴费型的其他4个支柱之间的关系。目前二者之间的边界显得模糊不清，各自功能定位稍显混乱，不是非常配合，比如，非缴费型强调的是对弱势群体的救助和反贫困，而缴费型强调财务自我平衡目的；目前缴费型第一支柱财务状况畸形，既离不开对财政转移支付的依赖，同时又解决不了自身基金积累余额激增的投资问题。非缴费型制度财力分散到缴费型制度当中，导致其转移支付规模有限。二是缴费型4个支柱之间的关系。目前的状况是过分依赖第一支柱，负担沉重，而第二支柱发展十分缓慢，在养老收入和医疗支出结构中比重太小；第三支柱情况好于第二支柱，而第四支柱则"好"于第三支柱，储蓄率的居高不下，说明人们对养老和医疗的预期不好，个人负担过大。

"制度外部的配合性"主要指社保制度在整体上是否有利于促进经济增长，目前主要存在的问题是"双高"（高积累和高费率），在可以预见的若干年内将成为名副其实的"第二财政"（见图3）。社保制度的"双高"与国际收支的"双顺差""里应外合"，将为实现增长方式的根本转变和启动内需带来许多难以预料的挑战。从某种意义上讲，解决"双高"的难度不亚于"双顺差"。

4."制度公平"功能缺失。制度公平主要体现在纵向熨平和横向熨平这两个功能上。

"纵向熨平功能"主要有三层含义：一是参保人个人生命周期的"两段式"熨平功能，即养老保险使个人收入在"职业生涯"和"退休生涯"两个阶段之间实现从储蓄积累到延迟消费的一个平滑的分配；二是"职业生涯内部"熨平功能，以满足对失业、疾病、生育、工伤等不时之需的暂短需求；三是"代际互助"功能。对目前中国社保制度来说，纵向熨平的作用虽然要好于横向熨平功能的发挥，但政府对纵向熨平的承诺常常受到质疑，制度公信力受到制度缺陷示范效应的极大抵消。

"横向熨平功能"是指社保制度在行业之间、职业之间、群体之间、东西部之间、城乡之间引入一定的再分配因素，但又不等于完全不体现差异性，同时又要为缩小其初始差异性作出贡献。重要的是，基本保险的一个基本原则是消灭行业和集团的特权，如医疗、养老、失业等特权均应无条件地取消。目前中国社保制度中横向熨平功能严重缺损，企业与机关事业单位之间的差异标志着制度改革远未到位。

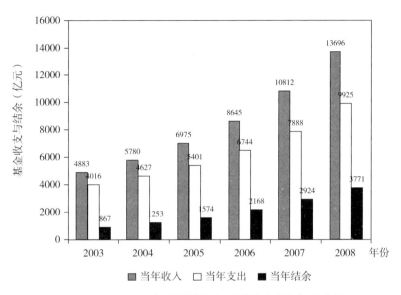

图3　1993—2008年中国社保"五险"基金收支与结余情况

资料来源:人力资源和社会保障部、国家统计局:历年《人力资源和社会保障事业发展统计公报》,见人力资源和社会保障部网站。

(二)制度结构方面存在的问题

在制度结构方面,目前主要存在4个问题。

1.制度"碎片化"的发展趋势。后30年社保制度不断呈"碎片化"趋势,尤其是养老保险制度。在发掘"碎片化"制度冲动及其体制根源时,抛开"分灶吃饭"的财政体制之后即会发现,其路径依赖和制度渊源可追溯到前30年。在前30年中,养老保险制度走了一段由分到统、再由统到分的"之"字形路:1958年国务院颁布的《国务院关于工人、职员退休处理的暂行规定(草案)》将企业、机关事业单位和人民团体的退休条件和退休待遇统一进行了相应规范,实际上等于将城镇两个退休制度"合二为一",消取了"干企差别",实现了制度的统一。20年后的1978年,面对"文革"中挤压的几百万无法退休人员的"社会压力",为解燃眉之急,"干企差别"的分立制度得以恢复,并一直延续到今天。

简言之,在前30年高度计划经济体制下,中国社保制度主要存在2个差别(干企差别,城乡差别)和3个台阶(机关事业单位、企业、农村);后30年由于社保制度引入了个人缴费因素(前30年的传统制度中工人不缴费),又嬗变出若干"大碎片"和无数"小碎片",以适应不同群体和不同发展水平的多种社会需求。后30年"碎片化"结果是对前30年的延续,与前30年相比有过之而无不及,这是制度设计者所始料不及的。从两个30年的历史比较可看出,早在半个世纪之前社保制度曾有过统一的历史,1978年"分立制度"回归导致的"之"字形改革的教训说明两个问题:一是目前公务员、事业单位的养老保险改革是可行的,取消"碎片化"是急迫的,因为中国曾建立过一个统一制度,问题在于决策者要首先避免"走捷径"的短视行为;二是1978年"分立制度"的回归带有一定的必然性,表面看是为了解决"文革"中积压的退休人员的正常退休问题,但实际上解决的是前30年城镇社保制度因财务危机而无法消化的正常退休问题,只不过是"文革"将这个危机的爆发推迟了整整10年,并将其"一次性打包"移交给了"新制度"。

2.社保行政管理的分散化。前30年实行的是高度集中的计划经济体制,社保制度作为一个依附物相对简单,无论是前台服务制度派送体系,还是后台行政操作体统,基本都与计划经济体制相吻合。在社保行政管理体制上,前30年留给后30年的"遗产"主要有两个,这两个"遗产"在一定程度上制约着"大社保"概念的形成,致使"大部委制"还不足够大,在一定程度上还存在"九龙治水"的弊端。

第一,横向管理的跨度还要再"大"一些。前30年社保制度实行的是"民政管理福利,工会执行保险"的二元体制,前者管理的是财政转移,后者是企业缴费,基本不存在二者配合的客观需求。很显然,市场经济体制下"非缴费型制度"和"缴费型制度"的整合与配合难以由传统计划经济下相适应的二元行政管理体制来完成。

第二,纵向管理的体系还要再"强"一些。前30年的缴费型保险制度的具体执行者是工会系统,这就为后30年社保管理行政系统的建立留下了"真空"。与此同时,历经嬗变的劳动部、劳动人事部、劳动和社会保障部、人力资源和社会保障部的"部位改革"均未触动纵向的社保经办系统,该系统将日益难以满足公共财政框架下社保制度不断发展的需要。目前全国各级经办机构只有12万人,管理负荷日益加大以致难以承受:"新农合"和"新农保"制度在农村的铺开,城镇居民医疗制度的不断扩大,农民工参加养老保险办法的实施,城镇灵活就业人员转续关系新办法的执行,人口流动规模的不断扩大,包括"五险"在内的社保体系到 2020 年覆盖城乡目标的实现等,社保工作量和服务对象将成倍增加,其结果有可能是,财政投入增加了,但服务质量下降了。

3. 城乡制度统筹的相对落后。在对前后 30 年城乡二元制度在统筹设计和统筹水平等方面进行比较之后发现,后 30 年存在三个问题。

第一,后 30 年农村医疗事业整体看显得落后。前 30 年农村合作医疗取得很大成就,尤其在后期,"合作医疗制度"、"保健站"和"赤脚医生"基本解决了农村医疗保健缺医少药的问题,到 1976 年,全国已有 90% 的农民参加了合作医疗[1],被赞誉为"发展中国家解决卫生经费的唯一典范"[2]。相比之下,后 30 年农村合作医疗制度长期滞后,始终处于停顿状态,只是 2003 年"新农合"试点以来才逐渐建立起一个制度框架,2008 年其覆盖面才达到 1978 年的水平,2009 年才覆盖到所有有农业人口的县市。

第二,后 30 年农村养老状况不如前 30 年。前 30 年农村没有建立养老保险制度,养老问题主要靠"居家养老"方式和"五保"制度。这种养老模式基本符合当时流动人口受到严格控制的、农业合作社和人民公社集体经济为主的社会经济环境,且 1956 年之后"五保"制度发展较快,1958 年享受"五保"待遇的有 519 万人[3],占当年农村总人口的 0.9%[4],但后 30 年"五保"工作基本没有超过前 30 年:(1)2009 年 6 月农村"五保"供养对象为 551 万人[5],仅占农村总人口的 0.7%,低于 1958 年的水平;(2)20 世纪 50 年代末到"文革"之前,农村"五保"供养的 61 岁以上人口大约占农村老年人口的 20%[6],相比之下,如按 2005 年全国 1% 人口抽样调查的 60 岁及以上人口 1.44 亿计算,"五保"

---

[1]　林闽钢:《中国农村合作医疗制度的公共政策分析》,《江海学刊》2002 年第 3 期,第 92 页。

[2]　李砚洪:《赤脚医生——20 世纪中国的温暖记忆》,《北京日报》2008 年 1 月 22 日第 14 和 15 版。

[3]　崔乃夫:《当代中国的民政(下)》,当代中国出版社 1994 年版,第 105—106 页。

[4]　根据《中国统计年鉴(1985 年)》数据计算,1958 年总人口为 6.6 亿,按城市化率 16.2% 计算,农业人口大约 5.5 亿。

[5]　卫敏丽、徐博:《政府官员与网民共话中国 60 年社会保障发展成就》,2009 年 9 月 3 日,见中国政府网,http://www.gov/cn/jizg/2009—09/03/content_1408483.htm。

[6]　因 1954 年的"一普"统计中没有 60 岁及以上人口数据,只能使用"二普"公布的老年人口抚养比 5.5%,即 61 岁以上人口数据为 3817 万,根据城市化率得出农村老年人口大约为 3100 万。20% 是根据 1958 年 519 万"五保"待遇享受人口推算得出的数据。"文革"被视为特殊情况,"五保"工作基本停滞。

供养人数 551 万仅占农村老年人口的 5.9%①,大大低于"文革"前 20% 的比重;(3)如将目前 551 万"五保"人口和 512 万参加"老农保"的养老金领取人数合计起来,其受益人口总计将占农村总人口的 1.3%,略高于前 30 年 0.9% 的数据,只占农村老年人口的 11%。

第三,城镇养老保险统筹水平低于前 30 年。前 30 年城镇职工养老保险的资金运行管理特点和统筹水平是"国家统筹与企业管理相结合",是一个"国企结合"的制度。1951 年颁布的《劳动保险条例》规定,企业需缴纳相当于企业职工工资总额的 3% 作为劳动保险金,其中 30% 作为劳动保险统筹基金上缴中华全国总工会,实行的是全国统筹,70% 作为劳动保险基金由企业工会基层委员会按规定执行。前 30 年养老保险基金这种管理结构显示,当时已有 30% 的基金实现了全国统筹水平,70% 实行的是企业统筹水平。而后 30 年养老保险制度实行的"统账结合"制度中,除十几个实施个人账户做实试点省份实现了账户基金省级统筹外,统筹基金的管理层次始终没有突破县市级水平。这种统筹层次低下的、极度分散的社保基金管理状况相对于前 30 年来说,显然是一种退步。

4. 工会参与管理程度的相对弱化。在中国社保前后两个 30 年中,工会参与社保制度管理及其发挥的作用经历了一个从管理者到局外人的角色转变。在前 30 年中,中国城镇职工养老保险和劳保医疗制度采取的是"工会管理模式",企业缴纳基金统筹部分由全国总工会管理,企业支出部分由基层工会负责管理。这意味着,工会的角色不是一个参与程度多寡和高低的问题,而是一个名副其实的管理者。

工会系统成为前 30 年社保制度的管理者是历史选择的结果,带有相当的必然性。从对保险的理论解读上看,新中国成立后的首要任务就是恢复、给予、确立劳动人民当家做主的"劳动权利";从"劳动权利"与"保险权利"的关系看,劳动与保险是密不可分的,早在 1949 年 9 月通过的《中国人民政治协商会议共同纲领》中就已将"劳动"与"保险"二者合一,使用的概念是"劳动保险制度"。从"劳动保险"与企业之间的关系看,保险金全部由企业缴纳,职工个人无须缴费,这意味着"保险工作"属于企业的义务,是企业的一项内部事

---

① 2005 年"五普"公布的老年抚养比为 11.03%,即农村老年人口大约为 9380 万。

务。作为企业内部的工会,参与管理劳动保险既可体现工人主人翁地位,又可实现工人自我管理的原则。从当时的历史条件看,新中国成立初期在没有现成的专门组织管理机构、来不及在全国范围内从上到下组建新机制的情况下,工会组织作为管理者是一个合适的选择,工会组织机构从中央到地方的建制是完整的,符合管理劳动保险所需要的条件。

然而,后 30 年工会在中国社保制度的作用越来越弱,甚至"彻底淡出"。在市场经济下,"社会保险"已逐渐成为一项"社会权利",它已超越了劳动保险或职业保险的范畴,社会保险的管理主体和责任主体必然是国家,而不是工会。虽然"工会管理模式"已不符合目前中国社保制度的要求,但工会适度参与企业内部管理的余地还是存在的,如监督费基、费率和遵缴率的执行情况,督促雇主遵守相关法规等。在企业外部,其则有益于基金行政管理和投资运用过程的透明性,有益于提高社保经办机构服务质量、控制行政管理成本和信息披露等。随着经济社会和社保制度的不断发展,工会参与管理的程度必将逐渐提高,这是社会文明进步的一个具体表现。

(三)制度过程方面存在的问题

横向与国外相比,中国目前社保的"制度过程"存在以下 4 个问题。

1. 局部利益与社会利益的博弈问题。从历史上看,如同其他公共政策一样,社保政策的制定和社保制度的演变从一开始就是博弈的结果,是公共选择的结果,其立法过程中的这些博弈大多都是按照相应的法定程序,具有较高的社会参与度和透明度。在中国的社保制度历史中也同样充满博弈,它主要表现在若干利益主体之间:一是中央与地方的利益主体之间。比如,发达地区与欠发达地区间对提高统筹层次的利益是不一致的,于是对实现省级统筹的态度便相去甚远。二是中央决策部门之间的利益主体之间。例如,1999 年国务院制定的《社会保险费征缴暂行条例》便是税务部门与社保部门之间不同意见相持不下的折中结果,10 年来不同的看法始终存在,在近几年来制定《社会保险法》的过程中表现得更为突出。三是不同利益集团之间。例如,公共部门(指机关事业单位)与私人部门(企业养老制度)之间,前者尤其是公务员改革始终没有时间表。

社保制度立法过程中存在不同利益者的博弈是正常的,但目前存在的问题主要有三个。一是在"公共选择"过程中,各个利益主体的表达方式及其博弈程序应制度化和公开化,唯此才能使社保决策结果更加科学化和民主化,最大限度地符合社会长期利益。二是应有独立、超脱和相对没有利益瓜葛的综合判断和裁决部门进入法定决策程序之中,尤其对博弈激烈和长期争论的一些问题应引入一定的社会民间智库的判断表达权重。因此,从判断和裁决的机制需求来看,类似原"体改委"的存在是有价值的。三是对久而不决的一些机制问题(如双重征缴体制)应尽早解决,以期从一个均衡走向另一个均衡。

2. 理念追求与改革日程的协调问题。制度建设如同建筑设计,要有理念追求。例如,奥巴马医改的目的本来是加强国家在医保制度的主导作用,扩大医保覆盖率,实惠于民,但却受到空前反对和严峻挑战。除去其他因素之外,反对政府过多干预和防止计划因素回归的保守主义信念是重要原因。再例如,日耳曼民族始终不渝地"抱守"现收现付制,坚决反对积累模式,这与其经历过两次世界大战之后对社会财富形式和个人财富安全的独特理解和制度追求不无紧密关系。还有一个典型案例,美国联邦养老基金(OASDI)自建立以来,在其74年历史里始终不为华尔街利益集团鼓噪的市场化投资的"强大攻势"所动,甚至小布什政府两次试图引入账户的重大改革动议都因社会舆论和反对派的抵制而"胎死腹中"。美国养老基金投资管理体制能够抵制住来自邻国墨西哥和加拿大实行市场化投资的"南北夹击"而保持其长期稳定不变,与美国人对现收现付制养老保险制度"财政作用"的本质理解和"政府功能"的传统认识具有某种必然关联性。对中国社保制度来说,其理念追求应由以下4个层次构成。

第一,树立理念的可行性。如果说中国在改革开放之初采取的"摸石头过河"是一个成功的经验并成为"中国道路"的"必由之路",那么,30年后的今天"一揽子"设计已不可避免地成为"中国模式"所必不可少的一个"罗盘指针"。社保制度已有120多年的历史,已有很多成熟的经验和沉痛的教训,确立与追随某种理念不仅具有可行性,而且也是一个国际惯例,"摸石头过河"、走一步看一步的"试错法"改革已不适应中国目前发展需要。

第二,确立模式的必要性。制度模式的选择是对理念追求的再确认,诸多模式各有千秋,只有站在理性的高度才能认识到模式选择的必要性。由此,在设计制度的每一个细节时既能防止传统计划体制下"大锅饭"思维定式的回归,又能合理吸取国外新兴经济体激进的社保改革新动向;既能冷静对待来自发达国家高福利制度的外部压力,又能正确引导被国内民粹主义思潮高高吊起的社会"胃口"。这是因为,模式的确立是对信念的制度化,是对随意性的规范化,否则,"返工"的成本和代价是巨大的,在这方面,法国的教训十分沉痛。

第三,技术路线的非政治化。理念和模式不等于技术路线,且社会保障的制度创新日新月异,社保制度设计的技术性很强,几乎没有意识形态色彩,不可政治化。例如,目前统账结合只是部分积累制的实现形式之一,而不是部分积累制的全部;统账结合和做实账户试点工作目前已经遇到很多难以克服的困难,城镇制度改革处于进退维谷的胶着状态,应对其部分积累制的这个实现形式予以总结和反思,优化部分积累制的技术路线。

第四,认清改革日程的重要性。对中国社保制度改革来说,一是目标宏大,但基本没有时间表。例如,启动于 2000 年的辽宁省做实账户试点已分 3 批推广到 12 个省份,至今已近 10 年。这种无休止的试点使全社会对改革没有预期。二是宏观有方向,微观很茫然。比如,做实账户的目的是为了实现部分积累制,但做实之后投资体制等很多问题却没有认真考虑过,在微观上处于无人问津的境地,很多问题一拖再拖,整个社保系统各级决策者多少都感到茫然。三是缺少"一揽子"设计,容易遭受"滑铁卢"。如五省市事业单位养老金试点改革由于没有对潜在的降低待遇水平的可能性给出具体补偿方案便匆忙实施,在舆论哗然、人心恐慌的情况下,只能对不降低待遇水平作出泛泛的承诺,导致改革受阻。这个案例说明,没有理念追求和日程表的改革带有相当的盲目性。

3. 制度创建与"机会窗口"的问题。从时间顺序看,世界范围内建立社保制度的国家大致可分为 4 组:(1)第一次世界大战之前建立社保制度的老牌资本主义国家,主要分布在其发源地欧洲;(2)两次世界大战期间建立社保制度的美国等新兴发达国家和英、法、西、葡等前殖民地国家,如一些拉丁美洲和非洲国家;(3)第二次世界大战结束之后建立起社保制度的亚洲等一些欠发达地区;(4)20 世纪 90 年代才开始建立现代社保制度的转型国家。

十几年来,前 3 组国家面临的任务无一不是对"已经存在"的社保政策进行"改革",旨在减轻其财务负担,而包括中国在内的转型国家的任务是"建立"社保制度,因为,传统的国家保险制度随着计划经济的消失而消失,其优势在于几乎没有任何制度"包袱",是在一张白纸上对社保制度进行"任意"设计,不像前 3 组尤其是第一组国家那样在建立社保制度时只能对历史上早已形成的行业性互助会制度被动性地"接受"与整合。于是对"建立新制度"的中国来说存在两个重要机会:一是迅速扩大覆盖面;二是建立起统一的制度。只要决策者抓住了这两个机会,社会保险的"制度赡养比"就会被迅速"稀释",可使制度收入在几十年之内大于支出,财政转移仅对"老人"负责即可。这两个机会具有高度的相互关联性:如果长期不能达到应保尽保,制度赡养比将会逐渐失去优势,财政必将对制度进行补贴,同时,数量巨大的未参保群体形成的政治压力将导致产生对"碎片化"制度的巨大社会需求,于是各种不同的"小制度"便应运而生,其结果必然是地区间基金失衡现状日益明显。例如,发达地区的"城保"基金不断增加,而欠发达地区和"农保"则离不开财政补贴。这就是中国社保制度没有及时抓住"机会窗口"导致的"基金过剩与资金匮乏"并存的畸形融资后果。

这两个机会拥有一个共同的"机会窗口",其关闭期将发生在基本实现全覆盖之时,稍纵即逝,这是"建立新制度"即"制度初始状态"的一个重要规律,是"改造旧制度"的发达国家所不具备的一个优势。如果在短期内,用"碎片化"的制度迅速实现了"全覆盖",就等于"人为"地提前关闭了这个"机会窗口",这无异于自动放弃了这个"机会窗口"。因此,应在这个"机会窗口"关闭之前将扩大覆盖面与最大限度避免制度"碎片化"统筹考虑。目前,城镇非正规部门还基本没有覆盖进来,但随着"新农保"试点的启动和推广,这个"机会窗口"的关闭期将会提前到来。

4. 制度创新与本土特色的交融问题。制度创新就是指一般规律与本土特色的交融。目前中国经济高速发展和二元结构问题并存,这是两个最大的国情,但在制度设计和制度创新中却没有体现和适应这两个国情。

第一,在经济高速发展与个人账户的 DC 型完全积累制之间存在较大矛盾。1978 年至 2008 年年均 GDP 增速达 9.8%[1]。高速增长条件下社保制度积累性越高,保值增值的困难就越大,年均 2% 的投资收益率仅能勉强钉住 2%—3% 物价指数的"账面标准",25 年到 30 年后其实际能够代表的财富数

---

[1] 张卓元主编:《中国经济学 60 年(1949—2009)》,中国社会科学出版社 2009 年版,第 37 页。

量无疑将减少50%。因此,个人账户积累制不适合中国高速增长的外部经济环境。其改革思路应是融资方式中减少积累因素,增加其现收现付因素。由此得出的结论是,做实个人账户不是高速增长条件下实现部分积累制的最优技术路线,它仅适合于稳态下的经济体。

第二,在二元结构与目前统筹部分的 DB 型现收现付制之间存在较大冲突。目前统账结合制度下的社会统筹部分属于 DB 型现收现付制,这与二元结构形成较大矛盾,在地区间发展水平存在较大差异性的外部经济环境下,道德风险难以控制,制度收入最大化和提高统筹层次受到挑战。而中东欧转型国家则基本完成了工业化,基本不存在类似问题,这是中国与它们之间最大的国情差异。解决这个矛盾的关键在于加大引入精算中性因素,牢牢抓住"对等原则",加强个人缴费和未来收益的联系,坚持多缴多得,强化激励机制。由此看到,目前制度设计中引入的精算因素太少,达不到足以克服二元结构外部环境造成巨大困难所需要的水平。

上述看似相互抵触的两个矛盾,导致统账结合出现"制度失灵"现象:在理论上统账结合是美好的,在实践中却难以普及,困难重重。制度创新变成"制度失灵",其原因就在于"水土不服"。

四、"后金融危机"时代展望:社保 制度作为一个生产要素

(一)国际实践对"社保制度作为一个生产要素"的认知过程

1973 年石油危机曾引发一场关于社会支出作用的大讨论。随后长达十几年的高失业率和低增长率促使欧洲开始逐渐将社保制度的认知从社会政策的范畴扩大到经济政策的范畴。于是,"社保制度作为一个生产要素"的命题便开始出现。

欧盟在 1997 年发表的一份研究报告正式提出"社保制度现代化"的口号[1],其思路是指在社保制度中将义务和机会结合起来,通过削减社保待遇水

---

[1]　European Commission,"Modernising and Improving Social Protection in the European Union: Communication from the Commission", March 1997, pp.5 - 10.

平的方式,赋予个人更多的进入和退出劳动力市场的机会,其具体内容为:适应工作本质的变化,适应职业生涯中性别平衡的变化,适应人口老龄化的变化,适应欧盟内部劳动力流动的变化。其中"第一个适应"是指就业问题,欧盟对此明确提出"社保制度本身就是一个生产要素"。20 世纪 90 年代是欧洲失业率居高不下的年代,对此,欧盟认为,就业状况与经济表现之间的关系日益密切。于是,创造就业机会成为头等大事,"就业导向型"的积极劳动力市场便成为社保制度的核心目标。社保制度现代化改革的本质是重构公共支出结构,旨在让公共支出为促进就业留有更充分的余地。

"就业友好型"是社保制度作为一个生产要素的另一个现代化改革的表现形式,具体是指:社保制度要适应新的劳动关系,保证其灵活性与保障性的统一,使社保缴费和待遇给付更加符合"就业友好型"的要求,强化激励机制,改善和加强缴费与给付之间的联系;陷入"失业陷阱"的人必然是那些面对社保制度负激励的人;而陷入"贫困陷阱"的人肯定也是社保制度需要负起责任的那部分人。为此,欧盟为社保制度树立的"就业友好型"改革目标,就是将"失业保险"变成"就业保险",将失业保险的制度目标改造为鼓励和刺激人们出去就业。

国际劳工组织对"社保制度作为一个生产要素"的讨论重点和角度均有不同,观点稍显保守。根据国际劳工组织的解释,所谓生产要素,是指持续提高一个经济体的总体产出水平的力量,其具体途径是提高每个工人或每个工时(即劳动生产率)的产出水平[1],由此认为,社保制度不仅可以通过减少贫困来实现社会公平,而且也是一个促进经济增长的生产要素[2]。在 2003 年发布的《全球就业日程》(GEA)列出的 10 个核心要素中,第八个是"社会保障作为一个生产要素"[3]。国际劳工组织认为,建立社保制度的目的是为了防范各种生命风险,如疾病、残疾、老年、生育或由于种种原因而失去收入等。社保制度

---

[1] ILO, "Social Protection as a Productive Factor", GB. 294/ESP/4, Geneva, Switzerland, November 2005, p.1.

[2] A.Bonilla Garcia and J.V.Gruat, "Social Protection: A Life Cycled Continuum Investment for Social Justice", *Poverty Reduction and Sustainable Development*, Version 1.0. ILO, Geneva, November 2003, p.11.

[3] ILO, "Global Employment Agenda", GB.286/ESP/1, Geneva, Switzerland, March 2003, pp. 11-12.

不仅可维持和提高工人的生产能力,而且还可通过扩大就业潜力或提高就业率来创造新的经济活动,像劳动力市场政策那样,社保制度是提高经济动力和促进劳动力流动的一个关键工具。社保制度的功能还可通过熨平社会消费,在经济衰退时提供一定的替代率,以此稳定经济形势。

无论在欧洲还是在美国,此次金融危机使"社保制度作为一个生产要素"的作用更加明显。在欧盟,金融危机导致的就业压力使积极劳动力市场政策的社保改革方向在其经济刺激计划当中得到更为明显的体现,可以预言,"就业导向型"和"就业友好型"的社保制度现代化改革方向,在后金融危机时代不但不会改变,而且会更加坚定。相比之下,美国在这次金融危机中制订的"一揽子"经济刺激方案更偏重于刺激消费需求,无论是向弱势群体直接发放现金补贴,还是大幅降税,其社会救助的比重均大于欧洲。尽管欧美之间采取抵御金融危机的手段各不相同,但社保制度作为一个生产要素的地位却更加明显,尤其是美国,奥巴马的医改方案显然是"社保制度作为一个生产要素"的另一个典型案例,是美国为"后金融危机"时代的经济崛起所作的制度准备。

(二)"后金融危机"时代对"社保制度作为一个生产要素"的展望

回首新中国 60 年历史,社保制度经历了一个从计划经济体制附属物到市场经济安全网、从国企改革配套设施到构建和谐社会的制度保障这样一个发展过程。尽管社保体系仍存在一些问题,但对其在政治稳定与社会和谐中重要性的认识均已达成共识。尤其是在这次金融危机中社保政策首次被纳入到扩内需、保增长的"一揽子"刺激政策组合之中,并作为一个要素来对待。社会保障首次与促进增长紧密联系在一起,其地位提高到一个空前的历史高度,并俨然成为一个宏观调控的生产要素。

中国政府大幅度调整"社保参数",大规模运用"社保因素",不仅其力度和范围远远大于欧美,并且还兼有欧美的双重特点:既采取各种"就业友好型"的积极劳动力市场措施,降低社保"门槛",千方百计扩大就业,同时又在 4 万亿元经济刺激"一揽子"计划中发挥刺激消费和拉动需求的作用。扩大就业和扩大内需的政策组合,使"社保制度作为一个生产要素"在中国表现得比欧美更为淋漓尽致,更加名副其实。

展望未来,站在历史的新起点上,中国社保制度作为"后金融危机"时代促进经济增长的一个生产要素的命题已经提出,方向已经明确。首先,转变增长方式的长期性决定了"社保制度作为一个生产要素"在拉动内需市场中经济作用的长期性。过度依赖外需的增长方式不可能在短期内得以根本扭转,需要产业政策、区域政策及其他政策和社会政策的长期协同努力。在建立消费信心和拉动内需市场的过程中,社保政策具有其他政策不可替代的作用,鉴于此,社保制度为转变增长方式所作的努力将是长期的。其次,转变增长方式又是非常急迫的,这就要求"社保制度作为一个生产要素"在转变增长方式过程中发挥的作用具有相当的急迫性,其主要作用应表现在扭转储蓄倾向和稳定消费预期上,使社保制度真正成为一个社会安全网。最后,转变增长方式要求社保制度建设具有协调性,使其制度安排在客观上有利于促进增长方式的转变。

在"后金融危机"时代,2009 年是一个新的起点,它必定要成为"社保新政年":几个月前公布的医改方案、即将启动的新农保试点、即将出台的《养老保险转移接续办法》和《农民工参加养老保险办法》等诸多作为生产要素的社保政策,无疑是为启动中国经济高速增长所作的一系列制度准备,将成为"后金融危机"时代中国政治稳定、社会和谐、经济增长的制度保证。

参考文献:

崔乃夫:《当代中国的民政(下)》,当代中国出版社 1994 年版。

国家统计局:《中国劳动统计年鉴(1996)》,中国统计出版社 1996 年版。

贺劲松、齐中熙:《"两个确保"和"三条保障线"构筑社保安全网》,2002 年 11 月 11 日,见新华网,http://new. xinhuanet. com/newscenter/2002-11/11/content_625808.htm。

胡晓义:《中国社保障制度析论》,《中国社会科学院研究生院学报》2009 年第 5 期。

李砚洪:《赤脚医生——20 世纪中国的温暖记忆》,《北京日报》2008 年 1 月 22 日。

林闽钢:《中国农村合作医疗制度的公共政策分析》,《江海学刊》2002 年第 3 期。

王光平:《五部委勾勒完善社会保障路线图》,《中国证券报》2008 年 11

月 7 日。

王延中:《不得已的"三条保障线"与"两个确保"》,《中国社会保障》2007
年第 11 期。

卫敏丽、徐博:《政府官员与网民共话中国 60 年社会保障发展成就》,
2009 年 9 月 3 日,见中国政府网,http://www/gov/cn/jizg/2009-09/03/content
_1408483.htm。

张卓元主编:《中国经济学 60 年(1949—2009)》,中国社会科学出版社
2009 年版。

郑海航:《国有企业亏损研究》,经济管理出版社 1998 年版。

中国社会科学院(工经所)医疗体制改革课题组:《关于本轮医改若干重
大问题的政策建议》,2008 年 10 月。

A. Bonilla Garcia and J. V. Gruat, "Social Protection: A Life Cycled
Continuum Investment for Social Justice", *Poverty Reduction and Sustainable
Development*, *Version* 1.0. ILO, Geneva, November 2003.

European Commission, "Modernising and Improving Social Protection in the
European Union: Communication from the Commission", March 1997.

ILO, "Global Employment Agenda", GB. 286/ESP/1, Geneva, Switzerland,
March 2003.

ILO, "Social Protection as a Productive Factor", GB. 294/ESP/4, Geneva,
Switzerland, November 2005.

(本文原载于《中国人口科学》2009 年第 5 期,第 2—18 页)

改革开放 30 年中国流动人口
社会保障的发展与挑战

内容提要:本文对改革开放 30 年来流动人口社会保障的状况与存在的问题进行了总结,分析了流动人口对全国养老保险制度收入的贡献率,对发达省份与欠发达省份基本养老保险财务可持续性的影响,对人口流出地与流入地基金流的影响。指出在目前社保政策下,流动人口所在的打工地社保制度将获益;流出地将受损,流动人口的养老权益受到极大侵害;人口流入地的获益是以流出地的地方性财政补贴支出为代价的;由于户籍制度的制约等原因,流动人口只能回到流出地养老,流出地承担的这个养老债务最终必将由中央财政来承担。为防止养老保险制度"碎片化"倾向,以适应流动人口参保,建议建立全国统一的养老保险制度。

一、流动人口快速膨胀对社保制度便携性的要求

改革开放 30 年来,中国经历了和正在经历着人类历史上最大规模的人口迁移。改革开放初期,全国离开户口所在地外出打工的农民流动人数大约在 100 万—200 万之间,但 2005 年全国 1% 人口抽样调查数据显示,流动人口已高达 1.47 亿[①],占总人口的 11.28%。相比之下在失业保险、基本养老保险和基本医疗保险中,流动人口参加失业保险的仅占 11.44%,参加养老保险的占 20.41%,参加医疗保险的占 23.78%。全国流动人口中没参加任何保险的占

---

① 国家统计局:《2005 年全国 1% 人口抽样调查主要数据公报》,2006 年 3 月 16 日,见国家统计局网站,http://www.stats.gov.cn。

72.82%,在余下 27.18%的参加保险的流动人口中,9.41%参加了"三险"中的一个,7.07%参加了"三险"中的两个,10.70%参加了全部"三险"。另据人力资源和社会保障部公布的最新数据,2006 年参加基本养老保险的农民工人数为 1417 万人,2007 年 1846 万人(其他年份无数据),2007 年参加失业保险的农民工人数为 1150 万人①,据此推算,2007 年农民工参加基本养老保险的人数远远没到 20.41%,最多也就在 13%左右,参加失业保险的没到 11.44%,应该在 7%—8%左右。

(一)省流动人口规模扩大,造成退保人数增加

据 2000 年"五普"调查的数据,1990—2000 年的人口机械变动即在空间位置上跨省迁移的变化明显快于 1982—1990 年。到 2005 年全国 1%人口抽样调查时,当年跨省流动人口 4779 万人,与 2000 年"五普"调查数据相比,增加 537 万人②。也正是这一时期,流动人口数量的变化终于导致一个质的变化,即社保制度逐渐成为流动人口异地流动的一个桎梏,其标志性事件就是农民工开始大量退保。珠三角大批农民工彻夜排队退保的数量逐渐达到高峰,随后波及"长三角"地区,尤其在临近春节时。例如,东莞 2007 年退保手续的高达 60 多万人次,最多时一天退保现金流达 30 多万元,其中仅南城区社保分局就有 1.23 万人退保,退保总金额高达 2628 万元③。

据广东省社保部门统计,2002—2006 年该省退保人数逐年上升,5 年平均增长率为 16.95%:"毛退保率"(农民工退保人数/全省参加基本养老保险总人数×100%)逐年攀升,2002 年是 7.17%,2003 年 8.38%,2004 年 9.15%,2005 年 10.79%,2006 年高达 11.18%;"净退保率"(农民工退保人数/全省农民工参加基本养老保险总人数×100%)2006 年高达 31.25%,2007 年 1—10 月为 25%。2006 年流动人口成功办理异地转续手续的只有 7.68 万人,其中省内转续占 52.80%,跨省转续为 47.2%④。

"长三角"紧随"珠三角"之后,成为流动人口与社保制度转续功能发生严重冲突的第二地区,形势变得日益严峻。截至 2007 年底,江苏省参保农民工

---

①　劳动和社会保障部:《劳动和社会保障事业发展统计公报》(2006、2007),见劳动和社会保障部网站,http://www.mohrss.gov.cn/mohrss/Desktop.aspx? PATH=rsbww/sy。

②　国家统计局:《2005 年全国 1%人口抽样调查主要数据公报》,2006 年 3 月 16 日,见国家统计局网站,http://www.stats.gov.cn。

③　吴兵:《农民工"退保潮"因何而起》,《人民日报》2008 年 1 月 8 日。

④　人力资源和社会保障部社会事业管理中心编:《2007 年重点课题研究报告》,2008 年 5 月。

人数为282.5万人,占全省参保职工的24.2%,而成功办理转移手续的农民工只占总人次的14.04%,大约占退保总人次的1/7,即每7个异地打工者只有1人成功办理了转移手续,全省退保人次高达11.12万人,退保金额达1.99亿元。不能顺利办理异地转续手续的重要原因之一是跨省流动人口比例越来越高,并逐渐显露出两个特征:一是流动人口总量增速非常快,2007年几乎是2005年的2倍;二是跨省流动的增幅2007年是2005年的1.84倍,而省内流动的增幅则是1.79倍(见表1)。

表1 江苏省2005—2007年基本养老保险关系跨省与省内转移对比人次

(单位:人次)

年份	省内流动	跨省流动	流动总数
2005	54431	11161	65592
2006	71291	23151	94442
2007	97859	20555	118414
合计	223581	54867	278448

资料来源:人力资源和社会保障部社会保险事业管理中心编:《2007年重点课题研究报告》,2008年5月,第131页。

在地区经济发展水平不平衡的"客观条件"和社保统筹层次很低(以县市级为主)的"主观条件"(指制度设计)的双重约束下,现行统账结合的制度设计便成为流动人口尤其是其发生跨省流动时的一个桎梏,造成其"便携性损失",而且成为全国劳动力市场的一个制度障碍。

(二)流动人口聚集区社保制度"碎片化"状况严重

改革开放30年来,沿海发达地区日益成为流动人口的聚集区,这是中国流动人口空间迁移流动分布的一个重要特点。1990年的"四普"统计数据,与1982年"三普"数据相比,流动人口在沿海和首都地区的数量剧增,例如,广东、北京、广西、海南、江苏远高于全国平均水平,其中广东由49.75万人增加到379.10万人,增长了7.62倍;北京由16.99万人增加到60.21万人,增长3.54倍[1]。到2000年"五普"时,东部沿海和北京依然是5个主

[1] 国家统计局:《1990年人口普查主要数据的公报(第五号)》,1990年12月18日,见国家统计局网站,http://www.stats.gov.cn。

要人口流入地,并且跨省迁入人口规模明显提高,其中,广东、浙江、上海、江苏和北京的跨省迁入人口分别占到了全国跨省迁入人口的 34.2%、8.5%、6.5%、6.1%和5.6%,合计占全国跨省迁入总人口的 60.9%①。到 2005 年全国 1%人口抽样调查时这个趋势就更加明显,沿海的流动人口更加集中,例如,仅广东省就集中了 20.65%,其次是浙江(8.31%)和江苏(8.15%);其中,上海、广东、北京、浙江和福建的流动人口占当地常住总人口的比例分别已达 34%、26%、23%、20%和 19%②。越是发达的地区,流动人口越为集中,越是沿海地区,跨省流动人口越多。

在沿海发达地区和北京地区,流动人口的流动时间越来越长,平均流动时间将近 5 年,其中 6 年以上的占 26.22%,3—5 年的占 21.11%,3 年以下的占52.67%③。北京市统计局的动态监测说明,北京市外来人口已达 409.5 万人④。2006 年北京市 1%人口抽样调查结果显示出流动人口的一些特点:(1)增长速度较快,平均每年增加 20 多万人,年均增长 6.9%;(2)滞留时间较长且 82.9%为农业户口,平均在京居住时间长达 4.8 年,超过 5 年者高达38.8%,超过 10 年以上者占 13.5%;(3)在 15 岁以上流动人口中,有配偶者占75.4%,且夫妻同时在京流动者占已婚流动人口比例高达 75.3%;(4)只流动到北京、没有去过其他城市的占比高达 70%。北京流动人口的上述特征显示,他们中的绝大多数人已经实现了职业身份的"非农化"性质,甚至已经成了事实上的"北京人"⑤。

在过去的 30 年,社保制度对流动人口总体而言呈缺失状态,但同时,面对巨大的流动人口规模及上述空间分布特征和人口学特征的社会压力,各地不得不竭尽所能,最大限度地解决流动人口的社保问题,进而导致沿海发达地区呈现出流动人口社保制度"碎片化"倾向。一是广东等沿海一些省市采取的"城保碎片",即将流动人口纳入城镇基本保险制度;二是东部沿海地区一些

---

① 蔡建明等:《我国人口迁移趋势及空间格局演变》,《人口研究》2007 年第 5 期,第 16 页。
② 段成荣、杨舸:《中国流动人口状况》,"中国社会服务政策与家庭福利国际研讨会"论文,2008 年 3 月 1 日。
③ 李立宏:《中国人口迁移的影响因素浅析》,《西北人口》2000 年第 2 期。
④ 王祥进:《北京市流动人口管理的现状、难点及对策》,《市场与人口分析》2006 年第 4 期,第 76 页。
⑤ 瞿振武等:《北京市流动人口的最新状况与分析》,《人口研究》2007 年第 2 期,第 33 页。

省份采取的"农保碎片",即将其纳入农民基本保险制度;三是以上海和成都等地为代表的"综保碎片",即为流动人口探索建立一个独立于其他制度的农民工社保制度。

"城保"模式的优势在于将流动人口完全纳入当地城镇基本保险制度之内,此举跨越了户籍限制,取消了对农民工身份的制度歧视,但由于目前统账结合制度便携性很差,流动人口异地流动时只能带走个人账户资产,导致"便携性损失"十分严重,流动人口参保、退保日益频繁。"农保"模式的优势是"门槛"较低,劣势同样是存在便携性问题,当异地流动时,由于统筹层次较低,跨省流动十分困难,其结果只能是退保、断保或失保。"综保"模式的优点是将诸项保险"打包"之后费率较低,对流动人口来说简单易行,但问题是待遇水平与当地户籍参保人员相差悬殊,并且不能与周边其他任何制度接轨,呈现出严重"碎片化"趋势。比如,与上海近在咫尺的苏州新加坡工业园区实行的是公积金制度,园区为企业职工建立了包括住房、养老、医疗、失业等保障项目的独立制度,与上海"综保"以及周边任何地区社保制度相比都完全不同,就连职工回到市区养老都难以转续关系。江苏与上海同处长三角地区,劳动力交流比较频繁,但却存在上海"综保"和苏州公积金等若干"碎片化"的地方性社保制度。

流动人口不仅被分割在"城保"、"农保"和"综保"3个"大碎片"之中,而且还存在于诸多"小碎片"中。以"城保"模式为例,很多地方对城镇基本社保制度做了较大变通和变形,以适应本地的外来人口参保。比如,在采取"城保"模式的江苏省吴江市,外来流动人口从业人员被分割在3个不同制度之中:一是雇用外地城镇户籍劳动者的单位按19%缴费;二是雇用外地农村户口劳动者即农民工的城镇企业按13%缴费;三是雇用外地农民工的开发区企业按10%缴费。

在沿海一些发达省份,由于本地户籍从业人员已基本达到应保尽保,外来流动人口已成为当地社保当年扩大覆盖面的主要对象,流动人口社保制度"碎片化"现状正在趋于制度化和固定化。例如,江苏省吴江市2004年登记外来人口为35.32万人,2007年骤增至75.61万人,外来人口在数量上几乎与吴江市本地户籍人口(79.32万人)相当。虽然流动人口参保人数规模已远远超过本地户籍从业人员的规模,但由于外来人口的流动性很强,"断保"和"退保"的情况非常严重(见表2)。据吴江市统计局资料,目前外来从业人员有 21.26 万人处于"断保"状态,其中 18.70 万人为外地农村户口。这说明相当一部分流动人口的社保制度名存实亡。

表 2　2003—2007 年江苏省吴江市外来流动从业人员参保情况

人数(人)	2003 年(半年)	2004 年	2005 年	2006 年	2007 年
本地户籍参保人数	12743	27373	25203	31337	28836
流动人口参保人数	23687	57031	84455	105290	162773
"断保"人数	8264	23783	46286	67936	93360
"退保"人数	7824	12384	18488	31295	40846

资料来源:华东理工大学国家小城镇社会保障研究中心:《吴江市社会保障发展规划研究(2008—2012)》,2008 年 7 月 28 日,第 51 页。

二、流动人口对全国社保制度收支和省际社保资金流的影响

在现行政策下,由于流动人口在异地转续时只能转移其个人账户资产,不能"携带"单位缴纳的统筹部分,这就势必对流动人口的流出地和流入地社保制度财务可持续性产生不同影响。

(一)对流入地社保制度财务可持续性的影响

广东省是全国流入人口最多的地区,下面以其为例剖析流动人口对流入地社保制度财务的影响。

对可持续性的影响。首先估算每个退保人平均为当地社保资金作出的"贡献"。考虑到 2002 年以来社平工资增长率因素,假定广东省 9 个市单位缴费比例平均为 8%,根据这个保守的估计(深圳单位缴费费率是 8%,东莞是 10%,广州的国企是 20%,私企是 12%),只要估算出每个人 8% 个人账户缴存余额便可得出退保时其为当地贡献的社保基金总量。以 2006 年广东省流动人口成功办理转出手续时人均账户缴存金额为例,其中,省内转出人均 8835 元,跨省转出人均 5948 元,我们将其算数平均值 7392 元作为流动人口对当地的"贡献"总额(见表 3),即个人账户每年积累大约为 1848 元(假定每个账户平均积累 4 年)。这个估算口径可能偏高,因为凡是可以按照正当手续办理

社保转续的流动人口,一般在正规部门就业,收入水平较高,参保时间较长,所以,在转出时人均金额就有可能高于平均水平。还有一个更为保守的估算口径:按照广东省官方的统计,2002—2006年广东省退保流动人口的参保缴费年限大致在18个月左右;若按照在岗职工平均工资60%(下限)测算,则退保人参保缴费年限可能在22—26个月之间,因此,退保流动人口的参保缴费年限平均可能在两年以下①。如果按2005年广东省最低缴费工资1591元/月,缴费率8%计算,假定每个流动人口就业两年,那么,每个退保人为广东省平均贡献3055元,即每年积累1527.5元。这个估算口径要低于上个估算口径。

表3　2006年广东省基本养老保险省际和省内转移对比

类别	转出			转入			合计	
	人次	个人账户金额(万元)	人均金额(万元)	人次	个人账户金额(万元)	人均金额(万元)	人次	个人账户金额(万元)
省内	21157	18691.5	0.8835	19419	14849.4	0.7647	40576	33540.9
跨省	22165	13183.33	0.5948	14103	8265.24	0.5861	36268	21448.57
合计	43322	31874.83	—	33522	23114.64	—	76844	54989.47

资料来源:人力资源和社会保障部社会保险事业管理中心编:《2007年重点课题研究报告》,2008年5月,第188页。

广东省从2002年起开始办理流动人口退保业务,到2007年10月,共办理退保983.72万人次。其中2002年为100.76万人次;2003年为124.21万人次;2004年为145.30万人次;2005年为193.81万人次;2006年为220.45万人次;2007年1—10月为199.19万人次②。如果按第一种口径计算,6年来退保人口沉淀的资金将高达727.17亿元,平均每年沉淀120多亿元。如果按上述第二个口径计算,退保流动人口为广东省贡献了301亿元,即平均贡献50亿元。到2007年底,广东省基本养老保险基金滚存节余1282亿元,占当年全国滚存结余7391亿元的17.34%③,而其参保人数只占全国的12.25%。

---

① 人力资源和社会保障部社会事业管理中心编:《2007年重点课题研究报告》,2008年5月。
② 人力资源和社会保障部社会事业管理中心编:《2007年重点课题研究报告》,2008年5月。
③ 劳动和社会保障部:《2007年度劳动和社会保障事业发展统计公报》,见人力资源和社会保障部网站,http://www.mohrss.gov.cn/mohrss/Desktop.aspx? PATH=rsbww/sy。

广东省社保基金额多年来始终位居全国首位,这个悬殊巨大的数据说明,不论哪个估算更接近实际,良好的财务可持续性必定与制度抚养比密切相关。截至 2007 年 12 月广东省基本养老保险参保人数为 2227 万人,其中离退休人员仅为 257 万人,其制度抚养比仅为 10%,这充分显示了流动人口对广东省的贡献。

(二)对流出地社保制度财务可持续性的影响

在现行政策下,人口流入地的社保制度财务可持续性将获益,但对人口流出地来说正好相反。下面以四川省为例,分析人口流出地社保制度财务状况受到的影响。据统计,2007 年四川省劳务输出为 1070.67 万人[①],由于流出人口绝大部分为经济活动人口,2008 年四川省的制度抚养比为 44.38%,与前述广东省的制度抚养比(10%)相差悬殊,甚至远高于 25%的全国平均制度抚养比[②]。

根据资料分析,四川省在过去几年里的制度收入始终少于支出,年年需要财政补贴且结余很少,2007 年底时大约有滚存结余 200 亿元。据四川省社保部门的测算,在目前存在 1000 多万输出劳动力和其他条件假定不变的情况下(如财政补贴比例保持不变等),滚存结余将逐年减少,2010 年为 190 亿元,2012 年 140 亿元,2014 年下降到 16 亿元,到 2015 年滚存结余将首次出现 109 亿元缺口,以后这个缺口会不断扩大,2016 年 124 亿元,2018 年 170 亿元,到 2020 年为 267 亿元,2025 年将高达 560 亿元。[③]

由于在外省发达地区打工就业人口的高流动性和养老保险关系转续的种种壁垒,年复一年的参保和退保行为导致他们获得的仅是个人账户缴存余额的一次性给付,单位缴费部分形成"便携性损失",成为统筹基金而沉淀在当地。省外流动人口每年的这些"便携性损失"应该是四川省社保制度的收入额,也可称为将来四川每年新增的养老保险基金缺口,还可称为未来这些流动人口回乡养老时(回到户籍地)转嫁给四川省的养老保险支出额。外出跨省

[①]　人力资源和社会保障部社会事业管理中心编:《2007 年重点课题研究报告》,2008 年 5 月。

[②]　全国平均制度抚养比根据劳动和社会保障部、国家统计局:《2007 年度劳动和社会保障事业发展统计公报》计算得出。

[③]　因无从获取四川省社保基金年度收支和财政补贴状况的数据资料,这些判断是根据《2007 年重点课题研究报告》第 225 页表 B 分析得出的。

流动人口给四川省造成的社保制度收入损失由以下公式计算（在不考虑价格、投资回报率损失等其他因素的情况下，假定流出人口为100%经济活动人口）：

$$UF = MP \times PI \times AS \times CB \times EC - SP - IC \tag{1}$$

式（1）中UF为当年养老保险基金缺口；MP为当年省外流动人口总人数（2007年12月底为1070.7万人，每年按5%即2004—2007年的年均增长率递增）；PI为当年参保覆盖率即假定为遵缴率（假定到2020年覆盖率为80%，倒推计算每年假定扩面速率为5%）；AS为当年省平工资（按外地省平工资加权平均值取值，2007年为2万元，以后每年按保守的8%年增长率计算）；CB为缴费工资基数（按平均最低下限60%计算）；EC为单位缴费率（根据现行政策统一按20%计算）；SP为成功办理回乡转续人数；IC为流入人口参保缴费制度收入。这里需要说明的是，能够成功办理回乡转续手续并将统筹基金转移回乡的比例数据无从获取，这里以广东省2006年数据为例，该年全省共办理符合政策条件的养老保险关系转移7.68万人次，而同期因无法转续而退保的农民工为220.45万人次，即假定4%为可以办理回乡转续资金的取值。根据2005年全国1%人口抽样调查数据，四川吸纳的跨省流动人口占全国全部流入人口1.00%①，据此推算四川省流入人口约为47.79万人；若按广东省跨省转出人均账户缴存金额5948元、流动人口参保率18.58%来估算，四川省流入人口缴费收入5.28亿元，并假定四川省每年流入人口比例及其为四川省"贡献"的5.28亿元统筹基金不变，设其为制度收入的一个常数。

计算结果显示，四川省流出人口年轻时为流入地贡献了20%工资比例的社保统筹基金，假定流出人口退休时100%地全部回到老家四川省养老，其户籍制度决定了他们的养老责任将不可避免地"转嫁"到四川省，由此使本来就存在较大基金缺口的养老制度更加"雪上加霜"。如果考虑到现行制度抚养比条件下的制度收入预测状况，2010年本来应该略有结余，但被"回迁人口"养老造成的新增财务负担所抵消之后，就减少到88亿元；2012年本来也可结余140亿，但在考虑到"回迁人口"养老债务"转嫁"因素之后，却出现当期支

---

① 段成荣、杨舸：《中国流动人口状况》，"中国社会服务政策与家庭福利国际研讨会"论文，2008年3月1日。

付缺口 41 亿元,由此每年形成的支付缺口越来越大(见表 4、表 5)。

表 4　四川省流出人口造成的新增制度收入缺口

年份	省外流出人口(万人)	覆盖率(%)	省平工资(元)	缴费工资基数(%)	单位缴费率(%)	成功办理回乡转续关系[*](%)	流入人口参保缴费制度收入[*](亿元)	养老保险基金缺口[*](亿元)
2007	1070.7	15	20000	60	20	4	5.28	-28.53
2010	1239.4	30	25194	60	20	4	5.28	-101.66
2012	1366.5	40	29387	60	20	4	5.28	-181.46
2014	1506.5	50	34276	60	20	4	5.28	-297.85
2016	1661.0	60	39980	60	20	4	5.28	-465.54
2018	1831.2	70	46633	60	20	4	5.28	-703.93
2020	2019.0	80	54392	60	20	4	5.28	-1040.02

注:[*]为作者测算,其余数据引自人力资源和社会保障部社会保险事业管理中心编:《2007 年重点课题研究报告》,第 230 页。

表 5　2010—2025 年四川省基本养老制度财务不可持续性预测

(单位:亿元)

年份	2010	2012	2014	2016	2018	2020	2025
现行制度收支状况	190	140	16	-124	-170	-267	-560
人口流出隐形债务	-102	-181	-298	-466	-704	-1040	-2454
合计	88	-41	-282	-590	-874	-1307	-3014

资料来源:作者计算。

（三）对全国范围社保基金收支的影响

为精确测算流动人口对全国社保基金收支总体形势及其对省际社保资金流产生的影响,这里使用 2005 年全国 1% 抽样调查数据。2005 年全国 1.47 亿流动人口中,省内流动人口占 65.99%,达 9956 万人,跨省流动人口为 4779 万人,占 34.01%。为使流动人口的单位缴费总额的估算更接近于实际,本文假定全国流动人口参保的单位缴费费率(ER)平均为 16%(因为各地方和各种制度费率相差悬殊,有的按照"城保"的 20% 缴费,而"农保"和"综保"则低于这个比例,因此 16% 这个保守的取值显得中性)。假定 2005 年全国流动人口参保缴费费基(IB)为广东省当年最低缴费工资 1591 元/月的 80%,假定广东省流动人口的参保率 18.58% 为全国平均参保率(AP)并假定参保率等于遵缴率,流动人口形成的统筹基金(ME)的测算公式为:

$$ME = ER \times IB \times 80\% \times 12 \times AP \times LP \times 18.58\% \tag{2}$$

式(2)中 LP 为流动人口规模。从式(2)可获得两组估算数据。

第一组数据是,2005 年每个流动人口为打工地"创造"的统筹基金平均为 2444 元,该年总计为其打工地"创造"了 668.4 亿元的统筹基金。这对全国社保制度资金流产生的影响较大,从中可揭示出这样几层政策含意:(1)如果假定将前述广东省办理转续社保关系的 4% 考虑进来,全国流动人口的"便携性损失"的"理论值"就大约应为 641.7 亿元,这无疑是对流动人口社保权益的极大侵害,是当前流动人口社保制度最大的不合理性和不科学性。(2)流向东部的这些基金既没有可能形成当期消费基金,也没有由中央政府统一管理并形成有效投资,而是分散在全国 2000 多个统筹单位之中,尤其是分散在沿海流动人口集聚地区,相当一部分作为协议存款加大了商业银行流动性的压力。(3)从全国社保政策的层面看,根据主管部门的统计①,2005 年当年全国城镇基本养老保险基金征缴收入为 4312 亿元(总收入 5093 亿元,余下为各级财政补贴),其中流动人口的贡献率已经占到 15.5%。虽然这个比例不算很大,但其贡献已具有一定的战略意义,甚至在某种程度上扭转了全国社保基金收支的基本格局:如果没有流动人口的缴费贡献,在不考虑财政补贴的情况下,当年征缴收入与待遇支出(4040 亿元)之间出现 396 亿元的赤字;2004 年末城镇基本养老滚存结余为 2975 亿元,2005 年末滚存结余为 4041 亿元,这说明 2005 年当年净结余为 1066 亿元,而流动人口的贡献率占到净结余的 63%。

需要说明的是,为简化起见,上述分析并没有将流动人口"暂存"在打工地的个人账户资金计算在内,如按前述广东省 2006 年"净退保率"31.25% 计算,加上个人账户资金,流动人口对全国养老基金征缴收入的贡献率就不是 15.5%,而是 18%,即(334.2×31.25%+668.4)÷4312×100%;2005 年当年征缴收入与待遇支出的赤字就不是 396 亿元,而是 501 亿元;在 2005 年当年养老

---

① 2004 和 2005 年社保基金征缴收支数据引自劳动和社会保障部、国家统计局:2005 和 2006 年《劳动和社会保障事业发展统计公报》,见人力资源和社会保障部网站,http://www.mohrss.gov.cn/mohrss/Desktop.aspx? PATH=rsbww/sy。

基金 1066 亿元净结余中,流动人口的贡献率就不是 63% ,而是 70% 。

（四）对东、中和西部社保基金流不平衡性的影响

从式（2）获得的第二组数据是 2005 年跨省流动人口对省际社保基金的影响程度,从测算中得知,跨省流入人口为打工地"留下"217 亿元。表 6 的测算结果显示出省际流动人口带来的统筹资金流的分省流向和规模,以及 31 个省份社保基金平衡状况受到的不同程度的影响。

表 6　2005 年跨省流动人口对各省社保基金财务状况的影响

地区	流入人口			流出人口			基本平衡状况（亿元）
	比例（%）	数量（万人）	流入基金（亿元）	比例（%）	数量（万人）	流出基金（亿元）	
全国	100.00	4779	217	100.00	4779	-217	0
北京	6.78	324.02	14.7	0.83	39.67	-1.8	12.9
天津	2.36	112.78	5.0	0.52	24.85	-1.1	3.9
河北	1.74	83.15	3.8	2.42	115.65	-5.3	-1.5
山西	0.82	39.19	1.8	1.19	56.87	-2.6	-0.8
内蒙古	1.40	66.91	3.0	1.98	94.62	-4.3	-1.3
辽宁	2.21	105.62	4.5	2.31	110.39	-5.0	-0.5
吉林	0.60	28.67	1.3	0.73	34.89	-1.6	-0.3
黑龙江	0.79	37.75	1.7	1.32	63.08	-2.9	-1.2
上海	9.26	442.54	20.1	1.16	55.44	-3.5	16.6
江苏	8.48	405.26	18.4	5.52	263.80	-12.0	6.4
浙江	12.39	592.12	26.9	4.93	235.60	-10.1	16.8
安徽	0.69	32.96	1.5	7.73	369.42	-16.8	-15.3
福建	5.66	270.49	12.3	4.22	201.67	-9.2	3.1
江西	0.50	23.90	1.1	4.86	232.26	-10.5	-9.4
山东	2.53	120.91	5.5	4.39	209.80	-9.5	-4.0
河南	0.55	26.28	1.2	6.23	297.73	-13.5	-12.3
湖北	0.91	43.49	2.0	5.72	273.36	-12.4	-10.4
湖南	0.64	30.59	1.4	4.77	227.96	-10.4	-9.0
广东	32.64	1559.87	70.6	7.88	376.59	-17.1	53.7
广西	0.73	34.89	1.6	5.28	252.33	-11.5	-9.9

续表

地区	流入人口			流出人口			基本平衡状况（亿元）
	比例（%）	数量（万人）	流入基金（亿元）	比例（%）	数量（万人）	流出基金（亿元）	
海南	0.58	27.72	1.3	0.47	22.46	−1.0	+0.3
重庆	0.70	33.45	1.5	3.56	170.13	−7.7	−6.2
四川	1.00	47.79	2.2	11.27	538.59	−24.5	−22.3
贵州	0.76	36.32	1.6	3.44	164.40	−7.5	−5.9
云南	1.61	76.94	3.5	1.95	76.94	−4.2	−0.7
西藏	0.08	3.82	1.7	0.07	3.35	−1.5	0.2
陕西	0.75	35.84	1.6	2.78	132.86	−6.0	−4.4
甘肃	0.32	15.29	0.7	1.33	63.56	−2.9	−2.2
青海	0.25	11.95	0.5	0.21	10.04	−0.6	−0.1
宁夏	0.23	10.99	0.5	0.32	15.29	−0.7	−0.2
新疆	2.05	97.97	4.3	0.61	30.59	−1.3	3.0

注：跨省流入和流出人口数据引自段成荣、杨舸：《中国流动人口状况》，其他为作者测算。

从流出人口规模及其"创造"的统筹基金"损益"结果来看，东部（10个省份）、中部（12个省份）、西部（9个省份）显然形成三个台阶：东部地区吸纳的跨省流动人口占其全国总和的83%，总计为3961万人，为打工地"留下"的统筹基金也恰好占全国总数的83%，为182亿元。在考虑到抵消1540万流出人口及其70亿流出基金的因素之后，流入人口"创造"的统筹基金在东部为正值，高达112亿元，这是第一个台阶；第二个台阶是西部，由于其跨省流出人口规模远远小于中部，在考虑到356万流入人口的抵扣因素之后，作为人口净流出地，西部流出的统筹基金仅为12亿元，仅占全国流出基金的13%，尤其在分散到9个省份之后，社保基金平均受损为1亿元；第三个台阶是中部，由于流出人口主要来自中部地区，占全国的56%（2632万人），流出基金高达120亿元，占全国的55%，远远大于西部的流出规模，即使抵扣基金流入因素之后，"基金损失"也高达100亿元，是西部的9倍（见表7）。流动人口使东部社保基金"获益"最大，中部"受损"最大，西部受到的影响最小，甚至可以忽略不计。

表 7　东、中、西部地区跨省人口流动状况及对统筹基金的流向的影响

地区	流入人口		流出人口		基金流入		基金流出		基金总体流向（亿元）
	数量（万人）	比例（%）	数量（万人）	比例（%）	数量（亿元）	比例（%）	数量（亿元）	比例（%）	
东部（10 省份）	3961	83	1540	32	182	83	-70	32	112
中部（12 省份）	462	10	2632	56	20	9	-120	55	-100
西部（9 省份）	356	7	607	12	17	8	-29	13	-12

注：作者测算。

　　社保基金受到影响的主要省份有 14 个。跨省流入人口规模较大的前 5 个省份合计占全国流入人口总数的 70%，达 3324 万人；跨省流出规模较大的省份有 9 个，合计占全国流出人口总数的 52.36%，达 2526 万人。在目前社保制度框架下，跨省流动人口为省际社保基金收支带来了失衡因素，由此带来了两个财政风险。

　　第一个财政风险是人口净流出导致流出地制度抚养比大幅提高，为地方政府带来"当期财政负担"。表 8 显示，2005 年 9 个主要流出地的当期支付缺口应为 100.7 亿元，这个当期支付缺口与 2005 年和其他年份流出地的地方财政补贴规模大体相当。就是说，在 2002—2007 年（2001 年无数据）中央、地方两级财政对养老制度补贴的 4606.1 亿元中，地方财政补贴的数额与其流出人口导致的当期支付缺口基本吻合（2003、2004、2005、2006、2007 年地方财政补贴分别为 56 亿元、92 亿元、92 亿元、197 亿元、257 亿元，年均补贴 139 亿元）。虽然地方政府财政补贴的分省情况不得而知，但据悉均发生在中西部地区。这意味着，沿海人口流入地统筹基金的"获益"是有代价的，这个代价就是人口流出地为其当期支付缺口拨付的地方性财政补贴，甚至可以认为是中、西部地方性财政补贴的一个"间接转换"。这充分证明，目前社保制度不但没有起到不同地区间的再分配作用，反而存在着一种负激励机制，发挥的是"逆向再分配作用"。这种负激励机制使富裕地区社保基金状况越来越好，而中、西部贫困的流出地越来越差，同时，流动人口在发达地区沉淀下来的统筹基金处于低效的投资营运之中，通胀率和工资增长率使之陷入严重缩水的保值风险状态。

表8 14个省份社保基金净流入与净流出情况

地区	占全国跨省净流动比例(%)	资金净规模(亿元)	基金流入规模		流入人口占跨省流入人口比例(%)	基金流出规模		流出人口占跨省流出人口比例(%)
			占全国比例(%)	数量(亿元)		占全国比例(%)	数量(亿元)	
东部								
广东	25	53.7	33	70.8	32.64	8	−17.1	7.88
上海	8	16.6	9	20.1	9.26	2	−3.5	1.16
浙江	7	15.9	12	26.9	12.39	5	−10.1	4.93
北京	6	12.9	7	14.7	6.78	0.1	−1.8	0.83
江苏	3	6.4	8	18.4	8.48	6	−12.0	5.52
合计	49	105.5	69	150.9	69.55	21.1	−44.5	20.32
中西部								
四川	10	−22.3	1	2.2	1.00	11	−24.5	11.27
安徽	7	−15.3	1	1.5	0.69	8	−16.8	7.73
河南	6	−12.3	1	1.2	0.55	6	−13.5	6.23
湖北	5	−10.4	1	2.0	0.91	6	−12.4	5.72
广西	5	−9.9	1	1.6	0.73	5	−11.5	5.28
江西	4	−9.4	0.5	1.1	0.50	5	−10.5	4.86
湖南	4	−9.0	1	1.4	0.64	5	−10.4	4.77
重庆	3	−6.2	1	1.5	0.70	4	−7.7	3.56
贵州	3	−5.9	1	1.6	0.76	3	−7.5	3.44
合计	47	−100.7	8.5	14.1	6.48	53	−114.8	52.36

注:表中数据为作者测算。

第二个是"长期财政风险"。即中央财政对人口流出地未来隐形养老债务的支付风险。这是户籍制度和生活水平等多重因素影响的结果。

跨省流出人口退休时绝大部分将回到户籍地养老,有统计显示,流动人口"回迁养老"现象已被许多调研结果所证明:当前的流出人口将成为流出地未来的潜在退休人口,当前流出人口在外省"损失"的基金贡献将成为本地未来隐性养老债务,若干年后当这个巨大的隐性养老债务显性化时,由谁来偿还这笔养老债务,流动人口的养老负担由谁来承担,这将是对未来社保制度的一个挑战。基本社会保险制度的最后担保人是国家,理应成为最终出资人。这个财政风险的本质是基金流入地对中央财政的一种"转嫁",因为在目前社保制度框架下,基金净流入地不可能对流出地几十年后的"养老债务"承担买单义务,流入地与流出地之间不可能自发地建立起一种自愿协商式的代际制度安排,因为流入地与分散的流出地之间在流动人口规模上的不对应性将使其交易成本非常巨大,因此,只能由国家出面建立一个制度安排。

上述分析说明:(1)与 20 世纪相比,进入 21 世纪以来中西部人口流出地养老制度收不抵支问题已开始日益显现。它导致中、西部地方政府年均 100 多亿元的财政转移,但总体来看,规模还不算太大,还能负担得起,其中基金净流出 10 亿元以上的省份只有 4 个,仅四川省就达 20 多亿,5 亿—10 亿元的有 5 个省份。(2)随着时间的推移,当"回迁人口"在流出地养老达到高峰时,当流动人口参保覆盖面逐渐扩大时,流出地的养老债务负担必将越来越大,"长期财政风险"也就随之增大。(3)在流动人口还很年轻、跨省流动规模还不是很大、参保覆盖面还不算很广、财政还完全有能力的时候,应未雨绸缪,尽早彻底解决流动人口的社保制度便携性问题。(4)流动人口社保关系转续中存在的障碍源于地区间发展的不平衡,但社保转续问题不解决反过来又会加剧地区间养老保险事业早已存在的失衡状态。由于发展不平衡,中、西部地区的流入人口数量占全国流入人口的 18%,而流出人口却占 68%(见表7),这种双向省际流动数量的反差昭示:一方面,欠发达地区当前正在大量输出劳动力,养老制度的缴费收入正在减少,而未来将不得不背负起巨大的养老负担;另一方面,发达地区聚集的绝大部分跨省流动劳动力正在为其社保制度不断地创造收入,而将来无须为其支付养老金;发达与欠发达地区之间的这种"逆向交换",将进一步致使欠发达地区社保基金的基金比、收入比、成本比、实账比等衡量支付能力的各种指数恶化下去,导致社保制度抚养比、参保率、遵缴率、替代率各种参数环境的差距更加拉大,进而促使养老保险事业"锁定"在路径依赖之中,陷入恶性循环。

三、社保制度设计缺陷对地方政府行为的扭曲

(一)社保制度内部和外部政策环境

流动人口退保现象主要决定于社保制度安排中存在的设计缺陷,是制度

负向激励设计的结果。

第一,转入地政府对养老债务转嫁的抵触。在现行养老制度架构下,个人账户相对比例较小,大部分流动人口参保人建账时间只有十多年,实际资产积累较少,退休后其养老金待遇缺口必然要由统筹基金承担,这是各省现行的主要做法。鉴于此,流动人口原籍地每接收一个还乡养老的回迁人员就将多增加统筹基金的一份压力。这里以人口输出大省湖南省为例对支付缺口作一简单测算:假定转入人员全部以灵活就业人员身份参保,单位缴费比例为20%,并假定缴费费基按2006年湖南省在岗月平均工资1487元计算,年均工资增长率按10%计算;个人账户规模为8%,其中做实比例为5%(按年利率4%计息),空账部分为3%(按银行年利3.06%计息);男性预期寿命为73岁(60岁退休),女性为78岁(55岁退休);于是得出湖南省当地统筹基金为不同缴费年限退休回湖南人员弥补的资金缺口量。

2005年全国1%人口抽样调查结果显示,湖南省当年跨省流出人口为228万人(占全国的4.77%),根据2005年规定的待遇计发办法,如按平均缴费年限15年并假定男女各占50%计算,还假定跨省流出人口全部回迁到原籍湖南省养老并将其账户资金转回湖南,该省统筹基金就将额外年均增加210亿元的缺口,总计高达3850亿元;如按平均缴费20年计算,将年均增加养老金支出450多亿元,总计高达8200多亿元。据湖南省社保部门2008年最新的统计,2007年外出跨省流动务工人员为805.9万人[1],在其他假定条件不变的情况下,如果他们全部回乡养老,按15年缴费年限计算,将年均额外增加700多亿元的压力,总计将为湖南增加1.36万亿元的缺口;如按20年缴费计算,年均将增加缺口1600多亿元,总计将增加高达2.9万亿元的资金缺口。

上述案例计算说明:(1)无论是按2005年全国1%人口抽样调查的数据,还是按湖南省社保部门统计的2008年跨省流出人口数据计算,无论是按缴费年限15年还是20年来测算,回迁人口对原籍地"转嫁"的社保债务负担,对于一个养老制度目前年均收支分别只有200多亿元的省份来说,是难以承受的。(2)退休者参保时间越长,个人账户积累比例与其统筹基金养老金权益

---

[1]   人力资源和社会保障部社会事业管理中心编:《2007年重点课题研究报告》,2008年5月。

之间的差距就越大,统筹基金对其养老金的实际补贴就越多;回迁人员年龄越大,其在湖南省缴费贡献期与退休待遇期之间的比例差距就越大,对转入地就意味着其缴费贡献期越短,受益期越长,对转入地的统筹基金形成的压力就越大。(3)在回迁养老人员可以转回全部账户资金的情况下,转入地社保基金尚且承受如此巨大的财政压力,如果考虑到那些办理退保手续、不能转回账户资金的绝大部分回乡养老人员,转入地社保制度的压力就可想而知了。按228万回迁养老人口和15年缴费期计算,湖南省将再增加1140亿元的缺口,如按20年缴费期计算则再增加2280亿元,如按805.9万人计算,为统筹范围增加的资金缺口将分别为4000亿和8000多亿元。(4)如果再考虑上调待遇水平等其他不确定性因素,统筹基金就更会不堪重负,因为与账户资金相比,现收现付的统筹基金承担的是无限责任。

第二,转出地政府的"经济人"行为是制度安排的必然结果。对社保关系转出地来说,允许流动人口退保既是一种无奈之举,也是一种"经济人"的逐利行为,虽然符合当前社保政策,但却使流动人口处于一种受损境地,不符合社会长期利益。对参保流动人口的这种鼓励流出、抵制流入的逆向激励机制源自不科学的制度安排。其中,"财政分灶吃饭、基金独立核算"是扭曲地方政府行为的一个重要制度根源。改革开放30年来,中国养老保险制度逐渐形成了"财政分灶吃饭、基金独立核算"的资金流约束体制。在该体制下,养老保险基金流严格按政府系统行政管理层级进行划分,形成2000多个规模不同、大小不等的基金统筹单位,每个统筹单位均实行"划分收支、分级包干"。所谓"统筹单位",是指以行政区划为利益边界的一个封闭式运行单元,其核心要素是进行独立核算,作为承载主体的地方政府,事权与财权完全对应。所谓"独立核算",是指以确保养老金按时足额发放为制度目标的基金收支平衡体系,其核心概念是该级地方政府对其负有全责并以该级财政收入进行兜底。在这样一个资金流约束体制下,地方政府的本性必然要表现出典型的"经济人"特征,地方政府的行为必然以追求"经济人"的利益最大化为终极目标。社保关系的转出就意味着政府责任的转嫁,转入就等于政府责任的加大,尤其当统筹范围内基金出现入不敷出和流动人口接近退休年龄时。于是,在允许个人账户转出的社保政策框架之内,当流动人口提出退保申请时,地方政府的态度必然是"半推半就",甚至是"默认"和"欢送",换言之,目前社保基金的约束机制是诱发地方局部利益和利己主义的制度根源。

表9　个人账户资金积累额与统筹基金支出养老金之间的差距

（单位：万元）

缴费不同年限		个人账户积累额（含利息）	养老金领取总额（未计算调整额）	差额
交满15年	男45岁起	5.62	19.53	-13.91
	女40岁起	5.62	25.45	-19.83
交满20年	男40岁起	10.57	40.26	-29.69
	女35岁起	10.57	52.75	-42.18

注：上述湖南在岗职工平均工资和原始数据引自人力资源和社会保障部社会保险事业管理中心编：《2007年重点课题研究报告》，第176页。

此外，社保立法滞后，社保制度不统一，地方性社保政策十分混乱。中国至今还没有一部全国性和综合性的社会保险法，社保政策分散在位阶很低的部门法规之中。流动人口中除包括农民工之外，还包括一部分机关事业单位人员，他们转入企业部门之后的"视同缴费"部分在实践中难以实现，存在着从机关事业单位到企业基本保险制度之间的便携性障碍。还包括相当一部分城镇户籍的破产国企职工，由于制度不统一，在跨省流动时只有很少一部分能够办理劳动关系异地转移。

（二）为国企改革建立的基本养老保险制度不适于流动人口

社保制度最初主要是为了解决国企改革下岗职工问题而设计的配套措施，这个制度自建立以来始终没有提出和制定过改善流动人口参保可及性的具体措施。

从制度属性来说，任何一经济体的社保制度应适应其所有社会群体的特征。但是，在经济体制改革之初，国企改革遇到的一个首要任务是解决冗员下岗待业问题，这是当时历史条件下的一个重要社会问题。在将国企的"国家人"变成"社会人"的过程中，一个迫在眉睫的重要任务就是要建立一套养老、失业、医疗等基本社会保险制度，以配合国企改革的历史进程。于是，当初社保制度的设计就不可避免地带有国企改革"经济政策"配套的性质，而较少将其作为一个"社会政策"来通盘考虑；不可避免地将其设计特征集中在城镇职工，而较少地考虑到农村居民；不可避免地主要考虑到有雇主的城镇职工尤其是其雇主是国家的国企职工,而较少地考虑到没有雇主的其他就业群体和流动人口,甚至对于规模如此庞大的流动人口的出现都是始料未及的。我们甚至可以认为,中国现行社会保险制度是从传统计划经济体制下国有企业职工保险脱胎而来的,不可避免地带有国企的影子。于是,当面对"三农"问题和流动人口时,甚至当面对城镇流动人口时,社保制度的不可及性就暴露无遗,显得十分不适应。一个最典型的不适合流动人口的规定是要求所有参保人员必须在一个地方累计缴费 15 年以上才能享受退休待遇。对于基本养老保险来说,这个最低权益要求带有十分明显的"城镇"色彩和计划经济色彩。改革开放以来,随着市场经济的发展,跨省务工人员的流动性越来越大,就业不稳定,不可能固定在某一个地方或某一个用人单位连续务工 15 年。四川省社保部门的调查显示,跨省务工人员在餐饮业和工矿企业的人员平均工作周期约为 4—6 年,从事建筑等重体力劳动的平均工作周期仅为 2—3 年;广东省的调研数据显示,2002—2006 年退保流动人口的参保缴费年限大致在 18 个月左右①。这个制度设计不但不适合流动人口的特点,甚至成为"迫使"和"诱导"流动人口退保的一个推力和借口,因为对流动人口来说,只有频繁退保参保,才享有获得一次性退还账户缴存金额的机会和权利。从这个角度看,15 年的规定在某种程度上迎合了流动人口的短视心理,达到了个人账户资产套现的目的。这种制度安排在一些流动人口集聚区已逐渐演变成参保者与管理者之间各得其所的一个"隐含合同",成为流动人口参保的一个规律,在客观上对流动人口退保行为起到了一定的激励作用。

对于这样一种历史渊源及其路径依赖的社保制度设计,人们不应对当初的设计者提出更多的苛刻要求,即使其可能会受到缺乏前瞻性的诟病。但事实证明,社保制度在历次政策调整时始终没有对流动人口参保可及性作出任何重要决策。

1996 年劳动部颁发的《关于企业职工基本养老保险基金转移问题的通知》对企业职工个人账户转移办法作了原则规定,1997 年又作了较大调整,废止了该文件,代之以《关于印发〈企业职工基本养老保险个人账户管理暂行办

①　人力资源和社会保障部社会事业管理中心编:《2007 年重点课题研究报告》,2008 年 5 月。

法〉的通知》。1997年国务院发布了《国务院关于建立统一的企业职工基本养老保险制度的决定》,规定"职工调动时,个人账户全部随同转移"。这里要强调的是,20世纪90年代颁发的政策文件主要是针对正规部门的,对非正规部门的流动人口转续办法没有规定具体做法,例如:规定企业职工在同一统筹范围内流动时,只转移基本养老保险关系和个人账户档案,不转移基金;在职工跨统筹范围流动时,转移基本养老保险关系和个人账户档案。进入21世纪以后,流动人口和机关事业单位人员的异地转续才逐渐提上日程,此时,2000年"五普"数据显示流动人口已达1.44亿,占总人口的11.62%,但在当年启动的辽宁试点方案中却没有将之考虑进去。2001年劳动和保障部颁发的《关于规范企业职工基本养老保险个人账户管理有关问题的通知》规定,已参加基本养老保险的企业职工,在调入已开展基本养老保险制度改革的机关事业单位时要转移养老保险关系,至于个人账户储存额是否转移,由各省、自治区、直辖市根据实际情况确定。2001年12月劳动和社会保障部发布的《关于完善城镇职工基本养老保险政策有关问题的通知》中首次对农民工合同社保关系转续问题作出一些规定,但非常原则,具体措施需由地方政府作出相应规定。2006年以来,《中共中央、国务院关于推进社会主义新农村建设的若干意见》、《国务院关于解决农民工问题的若干意见》和《国务院办公厅转发劳动和社会保障部关于做好被征地农民就业培训和社会保障工作指导意见的通知》等一系列重要文件,对农民工等流动人口的社会保险工作提出了一系列原则要求,特别是对制定农民工的社会养老办法提出了低费率、广覆盖、可转移并能与城乡养老保险制度相衔接的指导思想。在始终没有统一部署和统一政策的情况下,地方各级政府发挥主观能动性,建立了诸多适合流动人口的社保制度,例如,1999年北京市颁布了《农民合同制职工参加北京市养老、失业保险暂行办法》。从微观角度讲,地方政府这些举措均属制度创新的性质,对缓解流动人口参保压力和贯彻中央精神发挥了重要作用,但从宏观角度讲却形成了全国范围流动人口社保"碎片化",甚至为进一步整合流动人口社保制度带来了一定程度的负担。

在回顾和描述30年来流动人口社保政策演变脉络时,可以这样总结:全国性的政策供给远落后于一些地方的社会实践,制度安排落后于社会群体的参保意愿,基本社保制度的发展完善落后于商业保险品种的开发与发展。社保政策的重要特征在于中央政府的主导性和统一性,鉴于此,30 年来致使社保制度可及性缺失的主要原因在于中央社保政策反应迟钝,这是致使流动人口覆盖面狭窄和"碎片化"的最主要原因,说明国家对流动人口的保护落后于流动人口对国民经济发展作出的贡献。

(三)不可流动是基本养老保险制度的最大缺陷

基本社保制度便携性很差,这个致命弱点来自于两个制度设计缺陷即与二元经济结构相抵触和与户籍制度相挂钩。

目前覆盖流动人口的"城保"、"农保"和"综保"三个制度都有一个共同的缺陷——便携性差。在这三个制度中,"城保"和"农保"是目前现行的两个制度。纵向看,此二者之间没有衔接的通道,无论是在统账设计、缴费来源,还是在行政管理、待遇水平上,均不一致,加入"城保"的流动人口回乡定居时难以转续到"农保",参加"农保"的变为城镇居民时又需要重新参加"城保";横向看,跨省流动时更加难以实现。"综保"的地位就更为尴尬,进不能入"城保",退不能进"农保",横向不能与任何一个省市的制度对接,是一个十足的过渡性安排。

造成当前社保制度不可及性的最大设计缺陷有两个。

第一,统筹和账户简单叠加与二元经济结构相冲突。在经济高速增长过程中,每年千万计农转非人员的身份转换和数以亿计流动人口的异地快速流动需要社保制度对典型的二元经济社会具有较高的适应性。在统账简单叠加的制度下,DC 型完全积累制的个人账户资产具有 100% 的便携性,但是 DB 型现收现付的统筹部分则只能在统筹范围内实现其资产的便携性功能,统筹水平太低致使参保人不能实现全国范围的流动,便携性就受到极大的制约。如果强行提高统筹层次,在二元经济社会条件下,欠发达地区就会出现严重的道德风险,导致社保制度的缴费收入出现逆向选择,严重影响制度收入,增加制度的财政风险。统筹部分对统筹层次的这个要求来自于现收现付的制度特性:统筹部分的当前缴费与退休收入不是完全对应的,制度记录所表示的只是一种权益预期,而并非与缴费资产完全对等。

第二,社保制度建立在户籍制度之上使之更加复杂化,使社保"碎片"合法化。户籍制度是中国城乡二元体系的一个重要标签,社保制度建立在户籍制度之上,使本来对二元结构已经产生严重冲突的社保制度更加复杂化,使社保"碎片"合法化,由此形成两个相互割裂的制度。

在改革开放前,制约人口流动的因素主要有:户籍制度、就业制度、粮食供给制度和住房制度。但在改革开放之后,后两个制度已被货币化和市场化;就业制度虽然还发挥一定作用,但业已基本消除,没有构成人口流动的障碍,非正规部门甚至正规就业部门已向所有人开放;相比之下,户籍制度的人口学特征却始终牢牢地伴随着流动人口,"人户分离"虽然没有构成其空间迁移的障碍,但户籍制度却成为他们获取社会保障等"城市公共物品"的一个主要屏障。例如,许多地方政策规定,退役军人在异地工作不能参保,只有回到户籍地才有参保的权利;有户籍的职工可以转入基本养老保险关系,无户籍的不能转入;与单位解除劳动关系后并以自由职业者身份可在户籍地续保,没有户口的只能在当地再就业才能续保,否则只能将社保关系转走或退保;等等。

福利制度分为缴费型制度和非缴费型制度,缴费型的"保险制度"无论从理论上还是现实需要上,都可以并且应该将之与户籍制度完全剥离开来,与"户籍制度"完全脱钩,代之以"身份证制度",如同银行存款,只要具有身份唯一性的识别功能即可,这与低保等来自于财政补贴的非缴费型制度完全不同。

四、主要结论与讨论

在目前人口流动规模持续膨胀与社会保障制度不适应的情况下,尤其是在贯彻落实十七大提出的 2020 年基本建立覆盖城乡社保体系的战略目标过程中,基本养老保险应注意以下几个问题。

(一)警惕"缴费型"养老保险制度"碎片化"倾向:防止"拉美化"

国际经验显示,在发展中国家城镇化进程中,凡是采取多元化"碎片化"社保制度的国家,当农民进城务工之后,都将成为典型的拉美化现象的受害者,在这方面,以拉美国家的教训尤为深刻。拉美国家农民与城镇居民虽没有户籍制度的隔离,但实行的却是分立的社保制度。在过去的 30 年里,拉美国家经历了快速城市化进程,大量农民进城务工并滞留下来。随着农民转化为市民,农村贫困不断转化为城市贫困:一边是财富增长,一边是绝对贫困恶化,形成极大反差。1980 年农村贫困人口是 7300 万,到 2002 年上升到 7480 万,而城市贫困人口则从 6290 万人激增到 1.47 亿人,翻了一番多。这说明,拉美国家在近 30 年来的城镇化进程中,几乎所有的贫困人口增量都涌进了城镇。在分立的农民社保制度中,由于待遇差距日益拉大,滞留在城镇的农民成为异类,例如,厄瓜多尔农民社保制度(SSC)的待遇水平在 20 世纪 90 年代中期每月是 23 美元,仅为城镇社保制度(SSO)退休金的 25%,到 2000 年实行美元化时下降到 3 美元,后来到 2003 年是只相当于城镇社保制度的 1.6%。在 21 世纪初,厄瓜多尔 75% 的农民生活在贫困线以下,他们被称为是"半无产阶级化"的农民①。拉美的教训昭示,在一经济体持续、大规模地城市化历史进程中,"碎片化"式的分立社保制度将会对本来就有可能发生的城市病、两极分化等社会问题起到催化的作用,使城镇化进程走向"拉美化"的歧路。在中国城乡分割的二元结构里,流动人口本来就以体制外方式生存在城镇的另一个"亚二元结构"里②,也有学者称之为新时期的"都市部落"③。据有关研究,城市贫困人口中约有 10% 来自于农村地区④。如果再为流动人口单立制度,就势必会催化"城市病"的发展,进而导致"拉美化"的合法化。因此,流动人口的分立社保制度是目前中国社保制度的次优选择,最优选择应是统一制度。

(二)关注"非缴费型"养老补贴"碎片化"倾向:防止"福利诱导型"人口流动

随着各级财政状况的极大改善与建设和谐社会重要部署的推进,近一两年来许多县市纷纷建立起各自的非缴费型养老补贴制度,它们在补贴标准、补贴方式、资金渠道来源结构、资格条件等方面均不一致,显得十分凌乱,甚至大有攀比与竞赛的态势。其基本印象是沿海发达地区的水平要高一些,内地的补贴水平要低一些,许多地区还规定了联动机制等,呈现出极大的"碎片化"趋势。归纳起来,大致有以苏州市为代表的财政完全补贴型、以宁波市为代表的财政补

---

① 以上数据引自以下两份资料:ECLAC, *Shaping the Future of Social Protection: Access, Financing and Solidarity*, UN, March 2006, p. 24;Tanya Korovkin, "Creating a Social Wasteland? Non-traditional Agricultural Exports and Rural Poverty in Ecuador", in *Revista Europea de Estudios Latinoamericanos y del Caribe* 79, octubre de 2005, pp.52–54。

② 刘传江:《中国流动人口的特征及其计划生育管理》,《南京人口管理干部学院》1998 年第 3 期,第 7 页。

③ 杨云彦:《改革开放以来中国人口"非正式迁移"的状况》,《中国社会科学》1996 年第 6 期,第 64 页。

④ 参见蔡建明等:《中国人口迁移趋势及空间格局演变》,《人口研究》2007 年第 5 期,第 18 页。

贴与个人缴费混合型、以杭州市为代表的个人账户型等。在人口老龄化和老年人口贫困问题日益显现的今天，在没有中央统一政策的条件下，结合本地情况建立的各种地方性养老补贴制度是一种有益探索和重要实践。然而，就养老制度而言，无论是缴费型和还是非缴费型，只要是"碎片式"的，由于其待遇水平差距较大，均对统一大市场的形成和对人力资本要素的流动产生较大的扭曲效应。而相比之下，诸如工伤事故保险制度等，即使"碎片化"的程度更高，待遇差距更大，但对统一大市场和人力资本流动的负面影响非常小，与养老制度不可同日而语。处于养老制度和工伤制度之间的是失业保险制度，即使地区间待遇水平存在一定差距，但对全国范围劳动力流动的影响而言，既不会像养老制度那么大，又不如工伤制度那么小，居于其间。为此，几乎所有国家的养老补贴制度均由中央政府统一立法，统一制度，统一比例，无一例外，而工伤或失业保险制度在一些国家常常由地方政府根据情况自定，将其归为地方立法的范畴。

在改革开放30年里，驱动人口流动的主要因素是经济因素。2000年一项研究显示，在省际流动人口中，73%是务工经商[①]。2005年全国1%人口抽样调查显示，在省际流动人口中，73.36%为务工经商[②]。而在未来30年改革的历史进程中，如果任凭来自地方财政的养老补贴以"碎片化"的方式发展下去，福利因素将会成为推动人口流动的另一个动因。在高低不平的养老补贴制度分布中，水平较高的养老补贴将会成为吸引人口流动和定居的"免费午餐"，这些地区将会成为老年人口的聚集地。在目前户籍制度管理下，地方性养老补贴制度还没有成为老年人口流动的诱导因素。但当户籍制度彻底改革后，"福利诱导型"人口流动将会为地方财政和城市发展带来额外负担，不利于经济发展，同时对全国范围劳动力流动将会产生一定的扭曲效应。

（三）建立全国统一养老保险制度中存在两个认识误区

第一个误区是认为城乡分割二元结构条件下不可能建立起一个统一的制度。任何"缴费型"保险制度，只要在缴费与待遇之间建立起密切的精算关系，就可避免道德风险和逆向选择，所以，扩大个人账户可有效解决这个难题，实现统一制度的目标。第二个误区是认为统一制度不能体现地区发展的不平

---

① 李立宏：《中国人口迁移的影响因素浅析》，《西北人口》2000年第2期。

② 段成荣、杨舸：《中国流动人口状况》，"中国社会服务政策与家庭福利国际研讨会"论文，2008年3月1日。

衡性。全国一个制度不是意味着全国一个待遇水平,而是指全国一个缴费比例;不是意味着一人一份的定额式给付,而是指与个人缴费比例相对应的一个替代率水平;不是意味着无视东、中、西部存在的差距和不管城乡之间的差别。恰恰相反,是在地区间社平收入基础之上体现地区间的退休待遇差别,只有这样,才能防止和避免目前普遍流行和存在的机关事业单位与企业部门、垄断行业与竞争行业、国企与民企、资源性企业与普通制造业、特权行业与普通行业之间的退休待遇差别,即通过全国一个制度和全民一个门槛的途径,实现人人在缴费比例面前平等,人人在制度面前平等。只要避免和解决了这两个误区,建立全国统一的养老制度的技术问题就基本解决了。现在的问题不在技术上存在不可能性,而在于决策者对深化制度改革存在畏难情绪。

(四)建立全国统一社保制度的思路:改"简单型"统账结合为"混合型"统账结合

为克服城乡分割二元结构和体现地区发展不平衡性问题,建立统一的社保制度须将目前的"简单型"统账结合"升级"为"混合型"统账结合①,即根据"名义账户"的基本原理,采取大账户的方式,将个人和单位的缴费全部划入个人账户。在生命周期的"缴费阶段"(工作期间)将现行的 DB 型统筹部分改革为 DC 型统筹部分,旨在个人缴费与未来待遇之间建立一个精算机制,与个人利益紧密联系起来;在生命周期的"受益阶段"(退休之后)根据精算结果提供一份终生年金产品,以体现原有 DB 型统筹部分的再分配作用。

建立在"混合型"统账结合基础之上的、统一的养老保险制度跨越了城乡鸿沟、户籍藩篱、农工之分,具有制度便携性,任何群体和个人可在全国统一制度内自由流动,随身携带,不存在身份转换问题,如同银行储蓄存款账户,可在异地缴费和退休。总之,这是一个适合流动人口和人口流动的养老制度,是城镇化和现代化进程中的最优选择。

参考文献:

蔡建明等:《中国人口迁移趋势及空间格局演变》,《人口研究》2007 年第 5 期。

---

① 关于"混合型"统账结合的详细设计与研究将专文另述,这里不再赘述。

段成荣、孙玉晶:《中国流动人口统计口径的历史变动》,《人口研究》2006年第4期。

段成荣、杨舸:《中国流动人口状况》,"中国社会服务政策与家庭福利国际研讨会"论文,2008年3月1日。

国家统计局:《1990年人口普查主要数据的公报(第五号)》,1990年12月18日,见国家统计局网站,www.stats.gov.cn。

国家统计局:《2005年全国1%人口抽样调查主要数据公报》,2006年3月16日,见国家统计局网站,www.stats.gov.cn。

劳动和社会保障部、国家统计局:《劳动和社会保障事业发展统计公报》(2006、2007),见人力资源和社会保障部网站,www.mohrss.gov.cn/mohrss/Desktop.aspx?PATH=rsbww/sy。

李立宏:《中国人口迁移的影响因素浅析》,《西北人口》2000年第2期。

刘传江:《中国流动人口的特征及其计划生育管理》,《南京人口管理干部学院》1998年第3期。

瞿振武等:《北京市流动人口的最新状况与分析》,《人口研究》2007年第2期。

人力资源和社会保障部社会事业管理中心编:《2007年重点课题研究报告》,2008年5月。

王祥进:《北京市流动人口管理的现状、难点及对策》,《市场与人口分析》2006年第4期。

吴兵:《农民工"退保潮"因何而起》,《人民日报》2008年1月8日。

杨云彦:《改革开放以来中国人口"非正式迁移"的状况》,《中国社会科学》1996年第6期。

(本文原载于《中国人口科学》2008年第5期,第2—17页)

中国社会保险经办服务
体系的现状、问题及改革思路

内容提要：文章从中国社会保险经办服务体系的现状入手,分析了目前社保经办机构存在的问题,并针对这些问题提出三点改革建议:(1)社会保险经办人员编制实行动态配比制,工作人员数量与参保人次"挂钩",以防止出现人员超负荷工作。服务质量下降的现象;(2)社保经办服务系统的经费预算全部纳入到社会保险基金中列支,以彻底解决经费保障不足的问题;(3)根据推进事业单位改革的政事分开和管办分离的要求,建立全国社会保险事业管理总局,各级经办机构实行垂直领导体制,社保经办系统应定性为"特殊类公益事业单位"。

2013 年是中国社会保险经办服务体系建立 20 周年。20 年来社保经办服务体系从无到有,人员规模从小到大,为社会保险制度的发展作出了巨大贡献。中央政府十分重视社保经办服务体系的建设,十八届三中全会通过的《关于全面深化改革若干重大问题的决定》指出,"加快健全社会保障管理体制和经办服务体系"。健全社会保障管理体制和完善经办服务体系,既属于切实转变政府职能和深化行政体制改革的范畴,又属于建设服务型政府的标志性举措。然而,随着中国社会保险制度覆盖人次的成倍增加和社保制度精细化管理的客观要求,全国社保经办服务体系面临着空前的挑战。

一、社会保险经办服务体系的现状与作用

（一）社会保险经办服务体系支撑"制度规模"不断扩大

20 年来,中国社会保险制度快速发展,经办服务体系成为扩大制度规模

的有力支撑。从覆盖人数和基金规模看,2012 年底,全国社会保险覆盖 26.6 亿人次,其中城镇五险合计参保 13.4 亿人次(养老 3.0 亿人次、医疗 5.4 亿人次、失业 1.9 亿人次、工伤 1.5 亿人次、生育 1.6 亿人次),新农保和城居保合计参保 4.8 亿人次[①],新农合参保 8.4 亿人次[②]。城镇职工养老制度缴费人数从 1990 年的 5211 万人提高到 2012 年的 22981 万人;离退休人数增长幅度更大,1990 年仅为 965 万人,2012 年增加到 7446 万人(见图 1)。1993 年社会保险基金收入合计仅为 461 亿元(不含系统统筹部分),支出 419 亿元,累计结余 288 亿元(包括购买国家特种债券)。2012 年,5 项社会保险(不含城乡居

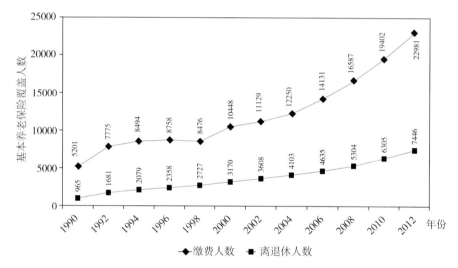

图 1　1990—2012 年中国城镇职工基本养老保险制度覆盖面变化

资料来源:国家人力资源和社会保障部发布的历年《发展统计公告》。

民社会养老保险)基金收入合计 28909 亿元,基金支出合计 22182 亿元,5 项社会保险累计结余(含城乡养老保险)38106 亿元。[③] 1990 年城镇职工基本养老保险基金制度收入仅为 179 亿元,制度支出 149 亿元,累计结余只有 98 亿

---

①　人力资源和社会保障部、国家统计局:《2012 年度人力资源和社会保障事业发展统计公报》,见国家人力资源和社会保障部网站。

②　"卫生部就新农合工作进展情况举行新闻发布会",见中国政府网,http://www.gov.cn/xwfb/2012-02/27/ content_2077409.htm。

③　以上数据均引自国家人力资源和社会保障部官网,其中,1993 年数据来自《关于 1993 年劳动事业发展的公报》,2012 年数据来自《2012 年度人力资源和社会保障事业发展统计公报》。

元,而 2012 年当年的制度收入高达 20001 亿元,支出 15562 亿元,基金累计结余 23941 亿元(见表 1)。

表 1　1990—2012 年城镇职工基本养老保险基金收支余额情况

(单位:亿元)

年份	收入	支出	累积余额	年份	收入	支出	累积余额
1990	179	149	98	2002	3171	2843	1608
1992	366	322	221	2004	4258	3502	2975
1994	707	661	305	2006	6310	4897	5489
1996	1172	1032	579	2008	9740	7390	9931
1998	1459	1512	588	2010	13420	10555	15365
2000	2278	2115	947	2012	20001	15562	23941

资料来源:国家人力资源和社会保障部发布的历年《发展统计公告》。

(二)社会保险经办服务体系保证了制度运行质量

近年来,全国范围的社会保险经办服务体系逐步实现了养老金社会化发放,企业保险几年间便"升级"为社会保险,2009 年建立了在 30 个工作日内完成异地转移接续养老关系的制度框架,用半手工式的操作程序消除了由于制度构建缺陷带来的"便携性损失"。而由此带来的工作量却逐年增大,养老关系跨省转续数量 2010 年为 38 万人次,2011 年激增至 104 万人次,2012 年高达 115 万人次;跨省转移资金规模逐年增长,2010、2011 和 2012 年分别为 33 亿元、104 亿元和 179 亿元[①]。

在由社保部门征缴的省份,社会保险费的"五险统管"、"五险合一"或"一票统缴"征缴体制已成为发展趋势,大约半数省份建立了类似的统一征收制度;社会保障卡发放数量从 2009 年的 1 亿张激增到 2012 年底的 4.8 亿张,平均每年增发 1 亿多张;新农保和城居保先后于 2009 年和 2011 年建立,在短短几年时间里,这两个制度基本实现了应保尽保。

(三)社会保险经办服务体系自我完善与成长

社会保险制度覆盖面不断扩大,险种不断增加,这就要求经办系统的规模同步发展。为此,各级编制管理部门和社会保险行政管理部门在社会保险经

---

① 本文中未注明出处的数据均由人力资源和社会保障部提供。

办机构数量和人员配备上给予了很大支持,机构数量从 2000 年的 4784 个增加到 2012 年的 8411 个(见表2)。2012 年底,全国有1364 个县(区)设立了居保机构,占县级行政区划的 47.7%。在机构数量和人员比例上,参公管理均占一半左右(见表3)。在经办人员中,参公管理的为 77657 人,占实有总人数的 45.1%;其中,"养老"机构参公管理人员为 50666 人,占参公管理人员总数的 65.2%,其余四类机构参公管理的人员共 26991 人,占 34.8%,包括"医保"(含医疗、失业、生育)、"工伤"、"居保"(新农保和城居保)和"机保"(机关事业单位养老保险)机构。在全国范围内,参公管理的机构有 4421 个,占机构总数的 52.6%,其中,"养老"机构为 2368 个,占参公管理机构总数的 53.5%,其余四类参公管理的机构总计为 2053 个,占 46.5%。

表2 2000 年以来社会保险经办服务系统编制情况、实有人数、机构数量和负荷比

项目	年份												
	2000	2001	2002	2003	2004	2005	2006	2007	2008	2009	2010	2011	2012
机构数量(个)	4784	5135	6469	6805	7293	7433	7455	7434	7419	7448	7653	8109	8411
人员编制(人)	71111	82313	96205	102042	106982	110148	114572	119032	123006	128691	136572	147303	156746
实有人数(人)	74945	85056	98071	104494	112675	116445	124736	129085	133043	140656	150376	161824	172177
参保人次(万人)	20663	24073	25949	27851	32524	37028	51225	62397	76371	89445	97444	139966	166876
负荷比	1:2757	1:2830	1:2646	1:2665	1:2887	1:3180	1:4107	1:4834	1:5740	1:6359	1:6480	1:8649	1:9692

注:(1)机构数量为"个";参保人次的单位为"万人";参保人次不含失业保险和新农合。(2)"负荷比"为经办机构的"实有人数"与参保人次之比。(3)数据由人力资源和社会保障部提供。

表3 2012 年五项社会保险经办机构基本情况

项目	养老	医疗	工伤	居保	机保	合计
机构						
数量(个)	3447	2219	329	1500	916	8411
参公(个)	2368	1188	139	352	374	4421
人员						

项目	养老	医疗	工伤	居保	机保	合计
编制（人）	86589	40139	2376	18427	9215	156746
实有（人）	95884	45190	2806	18161	10136	172177
参公（人）	50666	19347	1110	2751	3783	77657

注：(1)"居保"是指农村养老保险和城镇居民养老保险,2012年全国有17个省区的1364个县(区)设立了居保机构,占县级行政区划的47.7%,江西和陕西省100%的县区设立了居保机构。(2)数据由人力资源和社会保障部提供。

　　2012年,全国99.9%的经办机构实行全额拨款,只有5个实行差额拨款,5个实行自收自支,这10个经办机构均为县级以下机构。

　　随着经办队伍规模的扩大,经费预算也随之逐年增加,实际支出有增无减。2010年全国经办系统实际支出112.5亿元,2011年增长到131.3亿元,增长率高达16.7%;2012年实际支出为148.11亿元,增长率为12.8%(见表4)。在经办机构几乎全部为全额拨款的情况下,各级政府逐年大幅增加对经办机构行政成本的转移支付,这说明社会保障越来越受到各级政府的重视,尤其是受到财政部门的支持。

表4　2012年各级和各类经办机构经费支出情况

（单位:亿元）

	总支出		商品和服务		基本建设		人员经费			其他	
	实际支出	预算	实际支出	预算	实际支出	预算	信息建设	实际支出	预算	实际支出	预算
省级	16.18	16.07	7.91	7.85	0.24	0.23	0.13	6.38	6.35	1.65	1.64
地级	48.78	45.08	16.7	15.28	1.39	1.00	0.48	26.38	25.04	4.31	3.76
县级	83.15	71.22	25.24	20.68	3.66	2.30	1.37	47.6	42.78	6.65	5.46
全国	148.11	132.37	49.85	43.81	5.29	3.53	1.98	80.36	74.17	12.61	10.86
养老	98.64	89.37	33.21	29.62	3.17	2.21	0.94	54.04	50.33	8.22	7.21
医保	32.63	28.95	10.9	9.55	0.98	0.62	0.56	17.31	15.87	3.44	2.91
工伤	1.11	1.03	0.34	0.3	0.02	0.02	0.01	0.68	0.64	0.07	0.07
居保	9.88	8.00	3.73	2.98	0.96	0.58	0.40	4.57	3.98	0.62	0.46
机保	5.85	5.02	1.67	1.36	0.15	0.11	0.06	3.76	3.34	0.27	0.21

注:表中数据由人力资源和社会保障部提供。

二、社会保险经办服务体系存在的问题

（一）人均负荷比接近极限，社会保险服务质量受到制约

虽然经办人员规模在过去的十几年里增加了 1 倍多，但社会保险几个险种合计参保人次却增加了 7 倍（不含新农合与失业保险），经办系统人员的增长速度远赶不上社会保险制度的膨胀速度。于是，全国经办系统相对应的各个险种的参保人次人均负荷比不断攀升，从 2000 年的 1∶2757（即 1 个经办人员对应 2757 参保人次），提高到 2012 年的 1∶9692，可以预见的是，2013 年将超过 1∶10000 人次大关。尤其是 2009 年以来，新农保和城居保的建立使参保人次激增，从 2009 年的 10 亿人次增加到 2012 年的 16.7 亿人次，参保人次增加了 67%，而经办人员仅增加了 22%，从 14.1 万人增加到 17.2 万人。

如果将新农合（8.4 亿人）和失业保险（1.9 亿人）纳入经办体系之中①，截至 2012 年底，全国社会保险参保人次达到 26.6 亿。此外，失业保险和工伤保险是两个大险种，随着覆盖面的扩大，还有几个亿的潜在参保人，如果再加上 2 亿—3 亿的农民工和城镇灵活就业人员的潜在养老保险参保规模，未来 10 年全国经办系统大约还需增加 10 万人（按照目前 1∶9692 的负荷比计算）。换言之，如果将上述两种情况都考虑进来，未来全国经办人员规模将逼近 40 万人。如果适当降低人均负荷比，比如，降到 2009 年的 1∶6359，未来 10 年全国范围的经办机构人员将超过 55 万人。若仅从养老保险经办机构的人均负荷比来考虑，情况又有所不同。养老经办负荷比分为大口径和小口径，大口径下的养老经办负荷比根据缴费人数和退休人数的合计数计算，小口径仅根据退休人数进行计算。2012 年，养老保险经办机构人员为 95884 人，大口径下的负荷比为 1∶8135［95884/（3.0 亿城职保+4.8 亿城乡居民）］，小口径下的负荷比为 1∶2140［95884/（7446 万+13075 万）］。显然，这两个口径的负荷比都很高。

由于工作量成倍增加，县市级经办机构工作人员经常处于超负荷运转状

---

① 新农合的经办业务目前仍归卫生和计划生育委员会负责；失业保险在全国各地的经办管理存在三种模式，一是归行政机构管理，二是归经办系统管理，三是归行政机构和经办机构双重管理。鉴于这个复杂情况，本文使用的数据中并不包含失业保险覆盖人数。

态,全国经办系统不得不超编使用工作人员,实有人数长期超过人员编制。2012 年全国有 26 个省份(含新疆建设兵团)超编,累计超编 15431 人。

(二)经费保障不足,社会保险制度处于维持运行状态

全国社保经办系统的经费安排虽然有较大改善,且全系统基本实现了全额拨款,但与实际工作需要相比,仍存在很大差距,不利于社会保障制度目标的实现。

从"人均服务费用"①来看,2012 年仅为 8.88 元②。这个标准明显偏低,在这个标准下,即使最基本的服务也很难向全体参保人提供。例如,除去 80 亿元的经办人员工资这个刚性支出(见表4),人均服务费用 8.88 元就会降到 4 元,如果扣除房租、水电等基本办公费用,还不够为参保人邮寄一份通知书的邮资。各省之间也不平衡,有些地区标准更低。纵向看,由于参保人次激增,2012 年的人均服务费用比 2011 年下降了 0.51 元。此外,越往基层,人均服务费用越低。2012 年全国市、县两级预算内经费虽然比 2011 年提高了 2.5% 和 1.3%,占实际支出的比重分别为 92.4% 和 85.6%,但缺口仍达 8%—14%。

从"经办人员经费支出"看,2012 年全国经办系统的人员经费支出总计为 80.36 亿元(见表4)。按 172177 的实有人数来平均,年人均支出 46673 元。但值得注意的是,越往基层,人员经费支出水平越低。根据表4 和表5 的数据,省级经办机构的人员经费支出为 144638 元(6.38 亿元 14411 人),每月 12053 元;地(市)级的人员经费支出年均水平为 60827 元,每月 5069 元;而县(区)级机构人员的年均收入水平只有 38265 元,每月仅为 3189 元,低于全国 3889 元的平均水平。这就意味着全国经办机构中,有 70% 以上的经办工作人员的平均收入低于全国城镇在岗职工的平均收入水平,而正是这个群体站在提供社保服务的第一线。此外,各地人员经费支出水平参差不齐,在全国 32 个省级单位中(含新疆建设兵团)有 15 个高于平均水平,17 个低于平均水平。最高的是天津、上海和北京市,分别高达 14.9 万元、10.6 万元和 9.1 万元,最低是河南省的 2.9 万元和山西省的 2.8 万元。

---

① "人均服务费用"是指全国经办系统的所有支出除以参保人次,用于衡量社会保险制度为参保人提供公共服务的能力。

② 148.1亿元÷16.69亿参保人次(不含失业保险和新农合)。

表5 2012年各级经办机构人数情况与变化

经办机构	合计	省级	地(市)级	县(区)级
编制人数(人)	156746	5149	37567	113985
与2011年相比	+9443(6.4%)	+1220	−389	+8612
实有人数(人)	172177	4411	43369	124397
与2011年相比	103539(6.4%)	+53	+974	+9326

注:表中数据由人力资源和社会保障部提供。括号内数字为增长率。

从"行政成本支出占基金收入比重"来看,2012年社会保险经办机构总支出148.11亿元(见表4),占社会保险基金征收额23853亿元(不含失业保险)的0.62%。从养老经办机构行政成本占当年养老金支出比重来看,2012年中国养老保险经办机构的支出总计为98.64亿元(见表4),养老金总支出为16712亿元(其中,城职保支出15562亿元,城居保和新农保合计支出1150亿元),养老保险行政成本仅占养老金支出的0.59%。上述支出比例均低于国外的平均水平。

(三)经费投入体制不顺,"金保工程"和"三化"建设跟不上服务型政府的发展要求

作为"十五"期间确定重点建设的12个电子政务项目之一,"金保工程"经过8年的发展累计投入80亿元,基本完成了一期建设,全国80%的地级以上城市建成了统一的数据中心,30个省份实现了人社部、省、市三级网络贯通,全国乡镇街道平均联网率达92%。"金保工程"不但支撑了社会保险业务系统的有效应用,而且通过推动三级数据中心的建设,形成了加速向街道、社区、乡镇基层服务机构延伸的态势。截至2013年9月底,全国将近2700个县级单位通过信息系统办理城乡居保业务。然而,按照"记录一生、保障一生、服务一生"的发展目标,社会保险和公共服务的准确性、可及性、便利性还存在较大差距,信息化、标准化、专业化的"三化"建设还跟不上建设服务型政府的现实需要①。信息化的公共服务能力薄弱,不适应社会保障覆盖全国、惠及

———————

① 官方有关文献中常将社保经办体系"三化"建设界定为规范化、信息化和标准化。但实际上,规范化和信息化的含义相近,在经办体系改革中,队伍建设的专业化是非常必要的。所以,本文将"三化"称为信息化、标准化和专业化。

全民的需要。例如,社会保障各业务领域的公共服务项目需要进一步整合,管理服务还应实现联动,信息化资源还需进一步共事,各领域的信息化手段还需加强。再例如,管理服务手段陈旧,信息化的公共服务手段不足,就业信息不对称,关系转续比较难,异地就医难和获取服务不便,各项制度之间的相互衔接、地区之间的流动、业务之间的状态变化等还需在统一平台上进一步畅通。"金保工程"存在上述问题,主要是投入体制分散化造成的,即"金保工程"的投入是由中央(部委)、省级、地(市)级、县(市)级等四级财政分别为当地信息化进行投入的体制,在全国层面未形成统一的规模效应,导致"金保工程"投入分散化、平台"碎片化",从而导致全国统一建设的核心平台难以真正建立起来。信息化投入体制改革越早,造成的经济损失就越小,因为一旦在全国层面进行一次性投入,此前的分散化投入所形成的"碎片化"信息系统就要淘汰。

标准化和专业化建设也同样受到投入体制不顺的严重影响。虽然现代社会保险制度在中国刚刚建立,但其标准化工作已受到高度重视。2009 年全国社会保险标准技术委员会成立以来,中国社会保险标准化工作进展迅速,在短短的几年内,就制定发布了《社会保险服务总则》和《社会保障服务中心设备设施要求》等十几个国家标准。然而,在现实中,由于编制和经费的限制,大部分经办体系的末端(镇里和村里)只能聘用各种缺少专业培训和职业训练的人员,人员身份多达五六种,硬件的标准与国家标准相比存在很大差距。这既是人员编制约束的结果,也是经费投入不足的表现。由于经办服务体系的基层工作人员流动性大,办公场所不正规,服务质量与标准化技术委员会制定的国家标准相去甚远。

三、国外社会保险经办服务制度三种模式 划分及其与中国的比较

(一)国外社会保险经办服务制度三种模式划分及其特征

国外的社会保险经办服务制度各有千秋,尤其是各国社保制度的历史演变及其文化环境不同,所以即使同一种模式,也存在较大的差异。一般来说,大致可分为三种模式。

1. 以英美为代表的"统一模式"。采取这一模式的国家主要是北欧国家、北美国家、日本和韩国等。如美国的社会保障总署(SSA)、日本的年金管理机构(JPS)、韩国的国民年金公团(NPS)等均属于这一模式。这种模式的主要特点大致与贝弗里奇社会保险模式相对应,以普享性(Universality)、均一性(Uniformity)和统一性(Unity)"3U"原则为主要制度特征;所谓普享性原则是指社保制度覆盖所有居民,不受职业限制,享受福利待遇的唯一资格是"居民";均一性原则是指每个社会成员都可获得均等的公共服务、待遇水平或替代率,与个人的收入水平关系不大,没有任何歧视性待遇;统一性原则是指国家建立一个统一的行政管理机构和经办服务体系,全国范围的社保基金与津贴发放均由其统一提供和管理。统一性原则实际是指建立起一个统管全国的社保经办系统,这是"统一模式"的主要特征。

2. 以法德为代表的"自治模式"。这种模式主要分布在在西欧/南欧及这些国家的广大前殖民地,其主要特征是"职业保险"、"对等"和"合作主义"原则,恰好与"3U"原则相对立:"职业保险"原则指参保状况与职业地位具有高度关联性,没有职业就难以被覆盖进来;"对等"原则指待遇水平与工资水平和缴费水平相关联或成比例;"合作主义"原则指整个社保制度大厦是由雇主、雇员和国家三方合作共同撑起,这个共同协商的伙伴关系结构是"自治模式"的基石。换言之,在自治模式里,从保险费的征缴到养老基金的管理,再到养老金的发放,所有的经办服务机构都是那些以执行特殊公共服务为目的的私人法律地位的社会团体,这些经办机构在工会的深度参与和掌控下代表职工的利益,以社会伙伴的姿态,与政府和雇主密切合作,建造起自治模式的社会保险大厦。

3. 以智利为代表的"公司模式"。这种模式主要存在于拉美地区和中东欧地区,其基本特征是在职工养老保险制度中引人和建立个人账户,账户资金由特许的专业养老基金管理公司进行投资管理,各个特许的养老基金管理公司之间存在着竞争关系,为吸引参保人(顾客),公司需提供较高的投资收益率和良好的服务。公司是养老保险基金的投资者,也是养老保险业务的经办机构,从保险费征缴到基金投资管理,从各种参保记录到待遇水平计算,从养老金派送发放到退休人员的各种服务,养老基金管理公司是社保制度的唯一载体,提供的是"一站式"服务。

（二）国外三种经办服务模式的经费支出基本高于中国

不管是统一模式、自治模式，还是公司模式，基本都将行政成本列入社会保险基金支出之中（很少有例外），这已成为一个国际惯例。在统一模式里，虽然经办系统是由国家建立的，经办人员在有的国家属于政府雇员（如美国），有的不属于政府雇员（如日本），但其行政成本都列入基金支出之中。例如，1940 年美国老遗残信托保险计划运转以来，其行政成本一直与养老金支出总额并列，共同构成"成本"支出，规模比较稳定，每年占其缴费收入的 1% 左右①。在自治模式里，其行政成本就更是如此，因为从法律上讲，这些经办机构属于"私法地位的公益机构"，其所有经费就更是在基金中列支与扣除。在公司模式里，养老基金管理公司是特许的私人公司，运作模式完全遵循自负盈亏和自我平衡的市场原则，所以这些特许公司的经营收入就是按照基金比例（或收益率比例）直接收取管理费。中国的经办体系结构属于统一模式，但经办机构的费用支出基本低于其他国家。

从"人均服务费用"来看，2012 年中国仅为 8.88 元人民币，但在自治模式里，2011 年荷兰经办机构该费用高达 43 欧元②，是中国的 50 倍。在公司模式里，2009 年玻利维亚该费用为 13.7 美元，智利 48.2 美元，哥伦比亚 50.6 美元，哥斯达黎加 22.1 美元，萨尔瓦多 17.7 美元，墨西哥 21.8 美元，秘鲁 36.2 美元，多米尼加共和国 8.7 美元，乌拉圭 45.9 美元③，均高于中国。

从"行政成本支出占基金收入比重"来看，2012 年中国社会保险经办机构总支出是 148.11 亿元，占社会保险基金征收额 23853 亿元（不含失业保险）的 0.62%。这个比例很低，比三种模式中的任何国家都低：在统一模式里，2011

---

① 美国 1985 年行政成本为 22 亿美元，占当年缴费收入的 1.15%；1990 年为 23 亿美元，占 0.78%；1995 年为 31 亿美元，占 0.86%；2000 年为 38 亿美元，占 0.77%；2005 年为 53 亿美元，占 0.89%；2010 年为 65 亿美元，占 1.02%；2012 年为 63 亿美元，占 1.07%。详见 Board of Trustees of the Federal Old-Age and Survivors Insurance and Disability Insurance Trust Funds , The 2013 Annual Report of the Board of Trustees of the Federal Old-Age and Survirors Insurance and Disability Insurance Trust Funds Communication , D.C., 2013, p.151, table VI.A.l。

② 见荷兰社保银行网站，http://www.svb.nl/int/nl/over_de_svb/onze_prestaties/cijfers/kerncijfers/。

③ 根据以下网站公布的资料计算得出 http://www.aiosfp.org/estadisticas/boletines_estadisticos/boletin24.xls。

年韩国国民年金的行政费用为4836亿韩元[1]，占当年缴费收入411810亿韩元的1.2%，是中国的2倍。在自治模式里，荷兰2011年社保经办机构"荷兰社保银行"的管理成本占当年基金收入的0.79%[2]；法国2009—2012年医疗保险经办机构的管理成本占医疗保险基金收入的比例一般维持在4%左右，养老保险基金在1%左右[3]；2012年奥地利社保经办机构的管理成本占基金总收入的2.1%，其中，医疗和工伤保险为2.8%，养老保险为1.5%。在公司模式里，其行政成本要比统一模式和自治模式高一些，因为投资运营成本高，自然也高于中国经办机构的行政成本。

从养老经办机构行政成本占当年养老金支出比重来看，2012年中国养老保险经办机构的支出为2.64亿元，养老金总支出为16712亿元（城职保支出的15562亿元与城居保、新农保支出的1150亿元之和），于是，养老保险行政成本仅占养老金支出的0.59%。这个比重低于2012年美国的0.81%（行政支出63亿美元÷养老金支出7748亿美元×100%），更低于2011年韩国的5%（行政支出4927亿韩元÷国民年金支出98193亿韩元×100%）[4]。

（三）国外三种经办服务模式的人员负荷比基本都低于中国

从人员负荷比来看，2013年中国将超过1∶100000。但在统一模式里，美国社会保障署雇员6.2万人，在各州残疾鉴定中心还有1.4万名地方政府雇员[5]。美国基本养老保险即养老、遗属、伤残保险制度（OASDI）的负荷比大约为1∶3000。在自治模式里，绝大部分国家负荷比都远低于中国。例如，荷兰养老经办机构大口径负荷比仅为1∶1622（SVB，2011）；奥地利则更低，其大口径负荷比是1∶808，小口径仅为1∶307。在公司模式里，养老基金管理公

①　"The NPS Management Report 2012"，p.70，见韩国国民年金公团官网，http://english/nps.or.kr/jsppage/english/ npf_korea/npf_06_01.jsp。

②　见荷兰社保银行网站，http://www.svb.nl/int/nl/over_de_svb/onze_prestaties/cijfers/kerncijfers/。

③　"Direction De La Sécurité Sociale Les Chiffres Clés de La Sécurité Sociale 2012，2013"，p.38，见 http://www.securite-Sociale.fr/ Chiffres-cles-2012-de-la-Securite-sociale。

④　"The NPS Management Report 2012"，p.70，见韩国国民年金公团官网 http://english/nps.or.kr/jsppage/english/ npf_korea/npf_06_01.jsp。

⑤　"SSA FY2014 Budget Justification"，p.98，见美国社会保障总署官网，http://www.ssa.gov/budget/FY14Files/ 2014AE.pdf。

司在养老保险缴费、投资管理、养老金发放这三个主要环节里实施的是"一站式"服务,在争夺客户(参保人)的前端销售环节和中端的投资管理环节需要雇佣大量专业技术人员,因此从理论上讲,其负荷比应远高于其他两种模式和中国的经办体系。但事实上并非如此,智利的负荷比为 1∶1457,乌拉圭为 1∶2968①。由此看来,公司模式的负荷比与自治模式和统一模式相比较起来并不是很高。例如,法国仅"普通制度"经办人员就达 16.4 万人②,几乎与中国全国经办系统人员数量一样,但法国该制度参保人员不到中国的 1/10。

四、社会保险经办服务体系的改革思路

为确保社会保险经办服务体系能够跟上社会保障制度发展的需要,确保政府职能转变和行政体制改革顺利进行,必须加快社会保障管理体制和经办服务体系的改革步伐。根据十八届三中全会提出的"实现基础养老金全国统筹,坚持精算平衡原则"和"加快健全社会保障管理体制和经办服务体系"总体要求,在借鉴国际惯例的基础上,笔者提出以下政策建议。

(一)经办服务系统的人员编制应与参保人次"挂钩",实行动态配比制

在社会保障管理体制改革中,要注意防止"重政策、轻执行,重管理、轻服务"的倾向。社保制度的经办服务系统如同"制度框架",覆盖人次相当于"制度内容",如果"制度内容"过于庞大而导致"制度框架"难以包含,制度运行的质量就必然受到影响,届时,"投入增加了,但服务质量却下来了"就有可能出现。因此,实行较为严格的动态配比制,人员编制与参保人次挂钩,就成为当前健全经办服务系统的主要工作。经办服务人员编制的核定、经办服务机构

---

① 这里的负荷比与前述大口径和小口径略有不同,因为公司模式下养老金发放采取的主要是一次性领取或到商业保险公司转换年金产品的方式,所以退休群体对负荷比的影响不大。在统计中,这里选取的负荷比的公式是:登记参与人数(含缴费人数和断缴人数)/公司雇员(含销售人数)。根据各国年报计算得出。数据来源于 http://www.fiap.cl/。

② 法国共有 4 个制度,"普通制度"覆盖全国参保人数的 80% 以上,经办人员规模最大。其他 3 个制度为农业制度、自由职业者制度和特殊制度,参见 UCANSS, Rapport sur l'Emploi 2011, Octobre 2011, http://extranetucanss. fr/contenu/public/Espace Ressources Humaines/ Instances Paritaires/ CPNEFP/ rapports_empl。

的负荷比,是决定社会保险服务质量乃至政府执行力的主要因素之一。迄今为止,由于经办机构的属地化管理等原因,在中央政府层面始终没有制定一个相对权威的经办服务机构人员编制的核定标准,没有给出一个负荷比的参照。据悉,有些地方政府曾经制定过不同的核定标准与核定方法,其负荷比各不相同①。

广东省社会保险基金管理局等有关部门在参照其他地区核定标准的基础上,经过深入调研,认为在"五险统管"的模式下,社会保险经办机构编制总额除根据参保人数核定外,还应按各险种工作特性进行综合计算,结合地方经济发展水平和信息化水平,以及具体任务和人员素质等因素。为此,广东省给出了两类地区的人员编制的确定公式:

经济发达地区编制总额 I=[A/8000+B/5000+(C+D+E)/15000]×K

经济欠发达地区编制总额 I=[A/5000+B/3000+(C+D+E)/8000]×K

其中,I 为编制总额,A 为养老保险参保人数,B 为医疗保险参保人数,C、D、E 分别为失业保险、工伤保险和生育保险参保人数,K(0.9—1.1)为地方调节系数。上述经办机构人员编制核定公式里给出的负荷比有些高。为了降低这个负荷比,在该公式之外,广东省增加了一个"保底基数",即经办机构内设机构必须做到保险关系、待遇核发、基金管理、信息技术、稽核内审分设,市、县级每个科(股)至少配备 3 人(因各项业务的经办、复核、审批不能为同一人),再加上领导职位和后勤人员,市级不少于 25 人、县级不少于 20 人、乡镇基层不少于 8 人。考虑到广东省计算公式里内含了上述"保底基数",本文以孟昭喜等②给出的省、市、县三级经办机构人均负荷比(1:8000、1:5000、1:3000),将广东省经济发达地区人员编制计算公式调整为适用于全国的计算

① 参见林白桦:《建设与覆盖城乡的社会保障体系相适应的社会保险经办管理体制》,2008 年 10 月 7 日,见中国社会保险学会网站 http://www.csia.cn/hknr/200810/t20081007_199668.htm。给出了部分地方制定的核起标准与核定方法。例如,北京市规定,区县社保经办机构编制按略高于 1:5000 的标准配备;河南省规定,县级养老保险经办机构人员编制,在参保人数 10000 人以下的按 10—15 名核定,10001—20000 人的按 15—20 名核定,20001 人以上的,每增加参保人数 2000 人,增加 1 名编制,最高不突破 30 名;四川省成都市规定,市级经办机构编制按 1:10000 的标准配置,区县按 1:4000 的标准配置。

② 参见孟昭喜等主编:《完善社会保险经办管理服务体系研究》,中国劳动保障出版社2012 年版。

公式：

I＝［A/3000+B/5000+（C+D+E）/15000］×K

根据这个公式，全国经办系统的负荷比大约为1∶6300，这就意味着，在目前既定的参保人次条件下，经办机构人员的规模将翻一番多。如果将失业保险和新农合整合到"五险统管"的经办体系中，考虑到失业和工伤这两个扩面潜力很大的险种的膨胀，再考虑到2.6亿农民工和城镇灵活就业人员这两个群体加入"五险"后的情况，全国经办系统的人员编制大约为52万—58万人。这个规模与前文的设想比较吻合，是2020年经办体系整合之后（失业保险和新农合归属完成）与社会保险覆盖面能够实现应保尽保时的最佳状态。经办服务体系人员编制实施动态配比制，不仅要提高经办人员的比例，还要提高学历结构。2012年的数据显示，全国经办系统中，硕士及以上占2.2%，大学本科占47.8%，专科占39.8%，高中及以下占10.2%。实行动态配比制之后，大学本科及以上学历人员比例应大幅提高，这一方面可提高社保经办队伍的人员素质，进而提高社保制度的运行质量和服务型政府的窗口效率，另一方面还可为缓解大学生就业难作出一定贡献。

（二）经办机构经费支出应视为制度运行成本，在社会保险基金中列支

社会保险经办服务机构人员编制在全国范围内采取动态配比制，经办机构规模与参保人次紧密"挂钩"，这样的改革对经办机构经费来源最具挑战性。1999年以来，全国社保经办机构在同级地方财政的预算安排下运行，这种行政费用属地化预算管理体制是制度运行质量差、痼疾难以根治的主要根源之一。其具体表现为：第一，经办机构行政费用属地化预算管理是事权与财权严重不匹配和不统一的主要表现之一；第二，经办机构行政费用属地化预算管理是22年来统筹层次没有提高的主要原因之一；第三，经办机构行政费用属地化预算管理是导致制度和政策"碎片化"的根源之一；第四，经办机构行政费用属地化管理将导致出现不公平，影响均等化公共服务的提供；第五，在经济下行压力不断加大的趋势下，地方财政和地方债务形势均不明朗，各级社保经办机构的预算安排好于以往的可能性很小。由此可见，经办机构行政费用在各级财政预算中给予安排不是上策，不符合社保经办机构的行业特征，不利于社保制度建设，不利于构建服务型政府。

既符合国际惯例又符合经济学原理的制度安排，是在养老金制度或社会

保险制度中引入"成本"概念,将经办系统的费用视为制度运行的成本之一,全部列入保险基金支出框架之中。《中共中央关于全面深化改革若干重大问题的决定》在论述建立更加公平可持续的社会保障制度时指出,要"坚持精算平衡原则"。精算平衡原则实际就是养老金制度财务可持续性的一个分析框架。在这个分析工具里,引入成本这个概念是一个前提,否则不建立起一个收入—成本的分析框架,精算平衡概念就无从谈起,精算平衡原则就无法建立。养老保险制度(一般也包括其他社会保险制度)是缴费型制度,缴费型制度的一个基本原则就是费基和待遇水平之间、收入与成本之间要建立起一个逻辑的平衡关系,在现收现付制下,实际就是收入与成本的精算平衡关系。凡是符合精算平衡原则的养老金制度,就是一个健康的制度,否则长期处于精算赤字状态下的养老金制度就必然不是一个健康的制度。在收入—成本的框架下,要引出"收入率"和"成本率"这两个概念。所谓"成本率"是指"养老金制度的成本占费基的比例",收入率是指"养老金制度的正常缴费收入占费基的比例"。这样,对某一年而言,当年的收支平衡就必然要求年度收入率等于年度成本率。但对某一个测算评估的时段而言,精算平衡就是指汇总收入率与汇总成本率基本相等,即前者减去后者的"差"等于"零"或大于"零",这就说明该制度坚持了精算平衡原则;否则,就说明出现了"精算赤字"。

一般来说,养老金制度的"收入"只包括正常缴费收入,不包括投资回报率和财政补贴等其他任何收入来源,而行政成本则包括所有与之相关发生的费用,但主要由养老金和行政费用两部分组成。美国对此作了明确的规定①,而且美国是很早就引入成本概念并建立收入—成本分析框架的国家。这个分析框架使其财务可持续性分析变得便捷,甚至成为未来 25 年、50 年和 75 年,即短期、中期和长期的主要精算工具。2013 年美国社会保障署给出的精算结果为:短期(2013—2037 年)的年均精算赤字为-1.26%(收入率 14.77%,成本率 6.03%);中期(2013—2062 年)为 - 2.25%(收入率 14.08%,成本率

---

① 在美国"收入"包括"非利息性"收入,而行政成本是指社会保障总署和财政部在管理美国老、遗、残制度,国内税务总局在征缴工薪税的过程中所发生的费用,该项行政费用在老遗残信托基金之中列支,包括收入率、成本率和长期精算等内容,参见 Board of Trustees of the Federal Old-Age and Survivors Insurance and Disability Insurance Trust Funds, *The 2013 Annual Report of the Board of Trustees of the Federal Old-Age and Survivors Insurance and Disability Insurance Trust Funds Communication*, Washington. D.C., 2013, p.219、p.217、p.223、p.197。

16.33%）；长期（2013—2087 年）为 2.72%（收入率 13.88%，成本率 16.60%）。由此可以看出，由于人口老龄化等原因，未来测算期越长，养老金隐性债务负担越大。

上述收入—成本的分析框架显示，在中国养老金制度里引入成本概念，将经办系统的行政费用视为并入保险基金成本支出是非常必要的，这是建立和坚持精算平衡原则所必需的一个条件。

早在 1997—1999 年经办机构的经费就在基金征收额中列支并提取，但由于出现了挤占、挪用和违规建设等问题，1999 年财政部出台的《财政部、劳动和社会保障部关于社会保险经办机构经费保障等问题的通知》重新进行了规定，并沿用至今。规定指出"从 1999 年 1 月起，经办机构经费，包括人员经费、公用经费和专项经费，由同级财政部门根据人事（机构编制）部门核定的编制人数核拨；各级经办机构不得再从社会保险基金中提取或列支费用"。现在看来，经办机构行政成本在社会保险基金中列支似乎是走回头路，实则不然，因为大环境发生了根本变化。

从经办机构经费预算的批准部门来看，1997—1999 年是社保经办机构向同级财政部门申请，带有明显的"坐收坐支"的性质，容易产生挤占和挪用等问题。实际上，经办机构经费预算应该是自成体系自下而上地申报预算，经费自上而下地划拨，所不同的只是源头不在财政预算中列支，而是在基金支出项下列支。但在实现全国统筹之前，应严格实行统收统支，严格实行预算制，严格防止出现"坐收坐支"。

从社会保险基金规模和支出效率来看，15 年前基金余额很小，年度收支基本处于赤字状态，各级财政部门将经办机构成本"接管"过去是对社保制度的巨大支持，是对社保制度变相的转移支付。但目前社会保险基金条件发生了逆转，社会保险基金规模不断扩大，面对的难题是如何保值增值，如何合理扩大支出范围，如何最大限度地减少由于投资体制落后而带来的缩水等。在这种情况下，不仅经办机构的行政成本，而且信息化的投入等都应纳入到社会保险基金支出之中。如此扩大支出，在宏观上是提高资金运用效率、减少福利损失、增进国民福利的"大财政"的一盘棋措施，也是改革社保制度、健全经办体系、转变行政体制的理性思维的必然结果。

从经办机构人员编制实行动态配比的实际需要看，要使经办机构人员规模能够按负荷比与参保人次指数化增长相适应,其经费支出就只能在社会保险基金中列支,否则经办机构人员急剧增加的态势,是地方有关部门所不愿意看到的,更是地方财政难以承受的。可以说,经办人员实行动态配比与经办行政成本在社会保险基金中列支,这两项举措相辅相成,相得益彰,缺一不可,是2020年之前健全社会保障管理体制和经办服务体系的主要内容。从绩效考核与薪酬激励体系设计上看,行政费用在社会保险基金里列支与实施负荷比制度均属于量化管理和量化考核的必要条件,是建立薪酬激励机制的充分条件,完全符合《中共中央、国务院关于分类推进事业单位改革的指导意见》第十八条的规定"以完善工资分配激励约束机制为核心,健全符合事业单位特点、体现岗位绩效和分级分类管理要求的工作人员收入分配制度……探索对不同类型事业单位实行不同的绩效工资管理办法"。同时,经办机构费用在社会保险基金中列支可以得到充足的制度保障。作为服务型政府的一个窗口行业,统一标志和服装标准的社保经办体系有条件建立起专业化和职业化的经办服务队伍。众所周知,在双重征缴体制下,在社保费由税务部门代征地区,除正常财政经费外,税务部门还可按社保费征收额的0.6%—2%提取奖励经费,而社保费由社保经办机构征收的地区则基本没有这笔奖励经费。多年来遗留下来的这种"同工不同酬"造成的经费保障水平差距应在此次改革中得以消化,社保经办系统应建立一个现代薪酬体系。

(三)社会保险制度应实行政事分开和管办分离,经办系统应采取全国垂直领导体制

党的十八大报告提出对机构编制要严格控制。在这一背景下,面对社会保险服务需求量与日俱增的趋势,必须跳出传统的人事编制政策的局限,对经办机构事业单位定性及其行政体制进行彻底改革。

第一,尽快出台"社会保险经办机构管理条例",旨在对经办机构的性质和法律地位作出规定。《社会保险法》已生效两年多,但很多重要的配套政策始终缺位,例如,"社会保险基金投资条例"和"社会保险经办机构管理条例"等。这些条例将有可能触及某些已经固化的利益群体,因此尽快立法将有利于推动经办体系改革。

第二,尽快实施政事分开,管办分离,社会保险事业管理中心升级为全国社会保险管理总局是大势所趋。为理顺政府与事业单位的关系,建议经办系

统尽快变为法人实体。社会保险经办体系是面向社会提供公益服务的事业单位,将现人力资源和社会保障部的内设机构社会保险事业管理中心升格为全国社会保险事业管理总局,是实行政事分开、管办分离的具体体现,"总局"是独立的法人实体,拥有事业单位法人自主权。

第三,在事业单位分类中将社保经办机构列为特殊类公益事业单位。根据《中共中央国务院关于分类推进事业单位改革的指导意见》,事业单位划分为承担行政职能、从事生产经营活动和从事公益服务三个类别。从事公益服务的事业单位细分为公益一类和公益二类。公益一类承担义务教育、基础性科研、公共卫生及基层的基本医疗服务等基本公益服务;公益二类承担高等教育、非营利医疗等公益服务。社保经办机构的绝大部分服务是公益性质的,但又带有明显的行政执法职能;经办机构经费来源不是完全由市场配置的,但又有相对应性质的专用于成本支出的社会保险基金。因此,在事业单位分类改革中,社会保险经办机构应定性为"特殊类"公益事业单位,或称"公益三类",给予独立法人地位。人员编制完全由负荷比决定,由上级经办机构和同级机构编制管理机关核定,与传统的机构编制管理机关完全脱钩,与参公管理完全脱钩;经办机构经营费用全部在社会保险基金中列支,由经办机构提出申请,由财政部、人力资源和社会保障部核定,彻底与同级财政脱钩。

第四,"金保工程"的投入在社会保险基金支出中列支,以尽快建立起覆盖全国的统一电子平台。鉴于 IT 行业的特点,"金保工程"应尽量采取自上而下、一次性大规模预算、全国"一揽子"投入的政策。这样就只有在社会保险基金支出中列支才能做得到,这就要求养老保险基金的统筹管理尽快实现全国统筹。

第五,在全国范围内社会保险经办系统实行垂直管理,建立一支专业化的社会保险职业队伍。由于实行动态配比的负荷比管理机制,每一个经办机构可以:建立法人治理结构,向独立自主运营的社会公共服务机构过渡;建立全行业统一的管理经办体制,实行全系统的垂直管理,弱化行政管理职能;制定业绩考核表机制,实行工效挂钩,建立薪酬激励制度。

第六,有条件的乡镇以下的经办机构可采取向社会购买服务的方式构建经办服务体系的终端系统。《国务院办公厅关于政府向社会力量购买服务的指导意见》指出,"教育、就业、社保、医疗卫生、住房保障、文化体育及残疾人服务等基本公共服务领域,要逐步加大政府向社会力量购买服务的力度"。在经办服务体系向村、镇、社区和街道延伸时,有些具体的社会保险服务项目可采取政府购买服务的方式予以解决。这样既可满足人民群众日益增长的公共服务需求,又能满足地区间发展不平衡的问题,还能提高某些领域的公共服务质量,在经办系统内部引入一定的竞争和示范效应,有利于创新公共服务供给模式和社会保险终端服务方式。事实上,近几年来,有些经办机构对新农保等部分社会保险项目采取了向商业保险公司委托的方式,取得了较好的效果。

五、结　语

目前社会保险经办服务体系与日新月异的社会保险制度本身发展的实际需要、建设服务型政府的客观要求、国际通行惯例都还存在较大差距。而这些领域存在的差距,正是需要进行全面深化改革的深水区。鉴于此,本文提出三条改革建议:一是社会保险经办人员编制实行动态配比制,工作人员数量与参保人次按比例"挂钩",以防止出现"投入上去了,服务质量下来了",确保社会保险服务质量始终在各项公共服务中名列前茅;二是社保经办服务系统的经费预算与各级财政预算"脱钩",纳入社会保险基金支出中列支,以确保经办服务经费始终达标;三是根据事业单位改革的政事分开和管办分离的要求,建立全国社会保险事业管理总局,全国经办机构实行垂直领导体制,在事业单位分类中将社保经办系统定性为"特殊类公益事业单位",或增设"公益三类"。

在上述建议中,前两条有望改变目前超负荷的局面,确保社保制度运行质量不降低:既可节省地方各级财政支出用于地方建设,又能从根本上解决经办机构经费保障不足的困境;既可提高社会保险基金运用效率和减少投资收益率过低导致的缩水,又能彻底解决"金保工程"投入体制的分散化和碎片化痼疾,在全国迅速建立统一的电子核心平台,为保证制度运行质量、提高制度的便携性和弥补制度设计中存在的一些缺陷发挥独有的作用。第三项改革建议是确保前两项改革具有合法性的基本根据,也是建设服务型政府在社会保险领域的具体体现。进而,在上述三条政策建议里,随着收入—成本分析框架的建立,制度运行成本在社会保险基金列支之后,养老保险制度的财权与事权逐渐统一,提高统筹层次的障碍得以部分清除;十八届三中全会提出的"实现基础养老金全国统筹,坚持精算平衡原则"将会得到实现。这说明,改革经办服务体系与实现制度目标具有高度相关性,甚至在某种程度上经办服务体系模式的选择对制度运行质量具有决定性作用。一方面,"社会保险经办机构管理条例"和"社会保险基金投资条例"等《社会保险法》的配套法规急需出台;另一方面,《社会保险法》生效虽然只有两年,但必要的修订也应列入议事日程,这既符合社会保险法经常修订的国际惯例,也符合中国社会保险制度改革的现实需要。

参考文献:

林白桦:《建设与覆盖城乡的社会保障体系相适应的社会保险经办管理体制》,2008 年 10 月 7 日,见中国社会保险学会网站,http://www.csia.cn/hknr/200810/t20081007_199668.htm。

孟昭喜等主编:《完善社会保险经办管理服务体系研究》,中国劳动保障出版社 2012 年版。

SVB, "Sociale Verzakeringsbank SUWI-Jaarverslag 2011", 2011, http://www.svb.nl/Images/SUWI.

UCANSS, "Rapport sur l'Emploi 2011", Octobre 2011, http://extranetucanss.fr/contenu/public/Espace Ressources Humaines/Instances Paritaires/CPNEFP/rapports_empl.

(本文原载于《中国人口科学》2013 年第 6 期,第 2—16 页)

如何从经济学角度看待"用工荒"*

内容提要：前几年出现的"民工荒"和近月来的"用工荒"，均由农民工供需失衡造成的价格下降所致，是农民工劳动力要素市场自发调节的周期性结果。作者在价格成因变化的分析中发现，近年来，尤其是 2009 年，农村福利条件的极大改善提高了农民外出打务工的机会成本，农民工的"市场价格"含义正在发生变化，其中，"新生代农民工"即"80 后"和"90 后"正逐渐成为企业用工的主体，这个群体受教育程度较高，生活态度和生活方式发生较大变化，"休闲逸乐"正逐渐成为他们的一个机会成本，导致其劳动供给减少。"用工荒"是推动中国实现增长方式转变的一个内生动力，是调整产业结构升级的一个上升拉力，是促进城镇化的一个市场推力。年复一年的"春节民工潮"的"轮回"和"用工荒"的出现，无形之中成为具有浓厚中国特色的用工价格集体协商谈判的一个自发的有效形式，成为提高农民工工资的一个市场机制。面对"用工荒"，政府应做好用工价格市场和劳动密集型企业转型的服务引导工作，继续做好农民工和农村社会保障制度完善工作，长期内，还应做好人口变化预测和人口政策的调整工作。

去年此时，金融危机导致全国农民工失业约 2500 万人[1]，而今年此刻，在经济刺激计划还没有完全退出的背景下却突然出现"用工荒"。"缺工"现象正逐渐从珠三角和长三角沿海发达地区向内地一些农民工输出大省蔓延，如湖北、安徽和河南等，其势头已经超过前几年曾出现过的"民工荒"，以福建省

---

* 该文一些内容曾在有关日报上刊载。

[1] 郑秉文：《2009 金融危机："社保新政"与扩大内需》，《中国社会科学院研究生院学报》2010 年第 1 期，第 16—28 页。

晋江市为例,诸如制鞋等劳动密集型企业缺工人数高达40%—70%①。

仅仅一年的时间,出现反差如此之大的失业和缺工的一次逆转。如何解释、评价和应对突然而至的"用工荒"？学者们见仁见智。

一、"用工荒"的出现是市场逻辑的结果

(一)农民工是一个充分竞争的劳动力要素市场,供需失衡导致价格失衡

"用工荒"的出现固然是很多因素综合的结果,近日来报章中给出的大大小小原因可列出一个长长的清单。但从微观经济理论出发,去年的大面积失业和今年的大规模"用工荒",都是市场价格的结果,或者说,"用工荒"的出现是农民工的劳动力要素价格过低造成的。

经济学假定,在完全竞争市场,劳动力要素的价格在供给曲线和需求曲线相交汇处形成,这个均衡价格就是市场价格。在中国诸多劳动力要素市场上,农民工市场是一个竞争最充分的市场:在企业层面,全世界工会密度最低的农民工群体根本无力"杯葛"企业主;在市场层面,一盘散沙的农民工任由市场摆布。因此,农民工市场是垄断因素最小、竞争最充分、市场机制最完美的要素市场之一。

农民工价格之所以低廉,是长期以来农民工供给大于需求的结果:1982年"三普"时农民工仅为657万,1990年"四普"时达2135万②,2000年"五普"时上升到1.44亿,2009年3月国家统计局的一项统计结果已上升到2.25亿人③,农民工占总人口比重在上述4个时点上呈快速跳跃式膨胀趋势(见图1)。由此看出,中国经济之所以高速增长、出口产品竞争力之所以战无不胜、外汇储备规模之所以位居世界之首,甚至出现"双顺差"(贸易顺差和资本项目顺差)和"四高"(高增长、高储蓄、高投资,高顺差)等,均离不开廉价农民工的巨大贡献。因此,从这个角度看,中国的成功是市场经济的成功,是廉价劳

---

① 参见《求解工荒:用工环境呈关键因素》,《海南日报》2010年3月5日第B1版。

② 张庆五:《当前中国流动人口状况对策研究》,《人口与计划生育》1993年第4期,第47页。

③ 国家统计局:《2008年末全国农民工总量为22542万人》,2009年3月25日,见国家统计局网站主页,http://www.stats.gov.cn/。

动力的结果,没有廉价的农民工就没有今天改革开放的伟大成就。

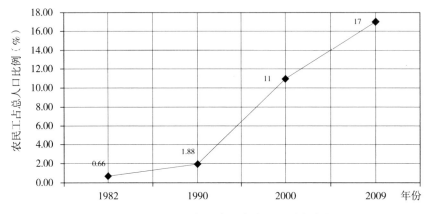

图1　1982—2009 年 4 个时点农民工增长变化

资料来源:1982 和 1990 年数据引自张庆五:《当前中国流动人口状况对策研究》,《人口与计划生育》
1993 年第 4 期,第 47 页;2000 年数据引自"五普";2009 年数据引自国家统计局:《2008 年末
全国农民工总量为 22542 万人》,2009 年 3 月 25 日,见国家统计局网站,http://www.stats.
gov.cn/。

　　一方面,农民工规模呈跳跃式增长,另一方面,农民工价格偏低始终没
有根本改变,农民工务工意愿逐年下降。人力资源和社会保障部今年春节
前在全国 13 个省的 26 个大中城市和 27 个省的 90 个县开展了两项调查即
"农村外出务工人员就业情况调查"和"企业春季用工需求调查",共涉及
3239 家企业和 9081 名农村外出务工的返乡人员。调查结果显示①,有 62%
的返乡务工人员明确表示春节后要继续外出务工,与 2008 年同期调查相比
降低了 6 个百分点;有 30% 的返乡务工人员表示要视情况而定是否再次外
出务工,所占比例与往年相比增长 6%;有 8% 的返乡务工人员表示不再外
出务工,主要原因是务工工资太低,准备就地创业或家里有事等。其中,在
准备外出务工人员中,74% 的人员准备回原企业上班,不准备回原企业上班
的主要原因有:收入太低占 49%,加班太多占 18%,没发展前途占 14%,学
不到技术占 12%。

　　人力资源和社会保障部的这项调查显示,就工资增长预期来说,企业主认

① 　任社宣:《人社部发布企业用工需求和农村外出务工人员就业调查结果》,2010 年 2 月
26 日,见人力资源和社会保障部主页,http://www.mohrss.gov.cn。

为2010年平均工资收入将比2009年实际工资收入增长9%,而打算继续外出务工人员的预期则高达14%,就是说,务工人员的工资增长预期比企业主高出5个百分点——高出1/3。

(二)"用工荒"是农民工价格自发调节的市场现象,是劳动力要素市场的周期性结果

发达地区用工需求较大,工资水平较高,农民工比较集中,例如,多年来,仅广东省就几乎集中了全国农民工的15%—20%①。较高的价格导致农民工蜂拥而至,流入过多,反过来对其市场价格增幅具有压低的倾向,例如:2009年9月末的数据显示②,东部地区农民工月均收入1455元,与第二季度相比,增幅仅为2.5%;中部地区为1389元,增幅是3.2%;西部地区1382元,增幅高达4.3%。由于用工价格增长在三个"台阶"中开始出现失衡趋势,农民工外出务工便出现此消彼长的状况,这个苗头早在2009年1—9月便已出现:2009年9月底西部地区务工的劳动力增长4.7%,占全部外出务工劳动力的比重为18.9%,比6月底上升了0.7%,成为全国农村外出劳动力就业增长最快的地区,所以,1—9月西部地区农民工就近就地务工的数量呈持续增长态势。而相比之下,在长三角和珠三角地区,2009年6月底务工的劳动力比3月底下降1.2%;到9月底,珠三角务工的劳动力比6月底再下降1.4%;虽然长三角地区务工的劳动力比6月底增长0.6%,但还未恢复到3月底的水平。就是说,在2009年前9个月全国农村外出务工农民工总体数量不断增加的情况下,沿海发达地区的农民工人数却在直线减少,而在中部和西部地区,农民工"就近就地"转移却不断加快,农民工的供给从东部向中部和西部地区转移的趋势已经显现,特别是向西部地区的转移趋势已经十分明显。

这就是东部、中部和西部三个"价格台阶"中农民工供给情况此消彼长的基本图景:农民工向价格增幅稍高的台阶自发流动,价格增长较低的东部地区便出现"用工荒";东部地区农民工的供给减少之后,其价格会自动反弹,于

---

① 郑秉文:《改革开放30年中国流动人口社会保障的发展与挑战》,《中国人口科学》2008年第5期,第2—17页。

② 以下数据引自国家统计局:《2009年第三季度农村劳动力外出务工情况》,2009年11月2日,见国家统计局网站主页。

是,农民工的流入便开始增加;供给增加到一定程度还会再次导致价格增幅向下波动,于是,新一轮的"用工荒"便又出现。如此周而复始,这就是用工市场价格自发调节的结果,是"民工荒"的周期性特点,是价格围绕价值波动的市场规律,这个规律最终将导致价格自动恢复到均衡价格水平。但是,价格恢复是有"时滞"的,"用工荒"便是这个"时滞"的表现。

二、农民工价格成因变化分析

(一)近年来,尤其是 2009 年,农村福利条件的极大改善提高了外出务工的机会成本,农民工的"市场价格"含义开始发生变化

从农民工的"价格结构"上看,在以往的务工价格中,其机会成本非常小。但近年来,异地进城打务工的机会成本不断提高,尤其是 2009 年,抗击金融危机的一揽子刺激措施的实施,一系列惠农举措和社保新政的出台等,都骤然提高了农民工外出异地打工的机会成本,使农民工对其现行市场价格低估,其货币价值打了折扣,没有达到农民工供方的预期价格,于是便减少了其劳动供给,出现了"用工荒"。下面以 2009 年 6 月末数据为例,具体分析近年来尤其是 2009 年农民工机会成本上升的成因[1]:

——从工资性收入上看,中央及各级地方政府经济刺激计划加大了基础设施和重大项目的投资力度,使农村本地务工所得人均增长 8.6%,而外出进城务工收入仅增长 7.7%。

——从家庭经营收入看,由于农村受金融危机影响小于城镇,人均增长 5.5%,而城镇经营净收入增长仅为 3.9%。

——从财产性收入看,由于实施了一系列惠农措施,例如农村土地流转速度加快,转让承包土地经营权收入增加,土地征用补偿收入和租金等收入均有所增加,人均财产性现金收入增长 9.9%,略高于城镇的 9.1%。

——从转移性现金收入看,由粮食直补、农资综合补贴、良种补贴、农机具购置补贴等"四项补贴"构成的惠农政策力度加大之后,农民的转移性现金收

---

① 以下数据引自国家统计局:《关于上半年农村居民现金收入的说明》,2009 年 8 月 7 日,见国家统计局网站。

入大幅增加。尤其是,各项社会保障制度不断完善,新农合覆盖面已基本达到应保尽保,报销医疗费比例和低保费均幅有所增长,养老金和救灾款增加幅度较大。所有这些,使农村居民财产性收入增长31.4%,远远高于城镇居民财产性收入9.1%的增长。

——从社保预期看,2009年8月中央政府公布农村养老保障新政即"新农保"政策出台,两级财政补贴式的养老制度极大地提高了农村居民社保预期,而外出打工参加城镇社保门槛居高不下,城镇制度没有任何变化,即使2010年1月实施养老关系转续办法之后也并没有降低农民工参保的门槛。换言之,农村社保新政的不断出台和社保制度不断完善的向好预期在客观上也是提高农民离乡外出打工机会成本的一个因素。

(二)"新生代农民工"观念发生较大变化,"休闲逸乐"正逐渐成为他们的一个机会成本,导致价格含义发生较大变化

在"新生代农民工"及其父辈之间,他们的机会成本是不一样的,甚至存在较大"代沟"。两代农民工的一个重大差别源于他们对待生活的态度和观念的较大转变。在"新生代农民工"那里,他们外出务工的机会成本要大于其父辈,其主要表现之一在于对休闲娱乐和生活态度的价值观上。2010年发布的中央1号文件《关于加大统筹城乡发展力度 进一步夯实农业农村发展基础的若干意见》首次使用"新生代农民工"的提法,并指出要针对这个群体的特点"着力解决新生代农民工问题"。

"新生代农民工"主要是指"80后"和"90后",他们已占农民工群体的60%以上。据最近的一项调查[1],珠三角的"新生代农民工"已占求职的绝对主体,甚至在东莞占近9成,年龄30岁以上的仅占9%;在佛山占7成,40—50岁年龄段的仅占1成;在江门占8成以上。新生代农民工的群体特征十分明显,即受教育程度高,可塑性强,学习能力强,创新能力强,价值观念和生活方式上已完全城市化,对物质和精神的享受追求较高,追求个性独立和看重工作环境和发展前景,更加珍惜个人价值和崇尚自由,渴望更大的发展空间,不仅想在城里有一个体面的生活,而且不愿做城市的"过客",试图融入城市的潜

---

[1] 欧阳少伟等:《求职农民工新生代已占八成》,《南方都市报》2010年2月25日第A06—07版。

意识更加强烈;同时,他们几乎没有种过地,甚至很多人就出生在其父辈打工的城镇居住地,工作耐受力远不如他们父辈,出门务工的意愿低下。在他们眼里,其父辈们每月拿到的工资是不平等的"裸工资",与城镇职工相比,缺少同等的诸如住房、医疗、养老等各种福利特权和子女受教育特权,更没有逸乐休闲。于是,在"新生代农民工"眼里,务工所得被低估,"裸工资"具有机会成本,那就是休闲逸乐及其有品质的生活方式,因为在他们观念中,休闲娱乐的价值要大大高估于其父辈。于是,"新生代农民工"的机会成本高于其父辈。

由此看来,"新生代农民工"的劳动供给曲线与其父辈农民工相比是两条平行的曲线(见图2):在农民工收入普遍偏低的同等情况下,两代农民工的劳动供给曲线是不同的。由于父辈农民工的机会成本禀赋较小,甚至基本不存在,其替代效应大于收入效应,劳动供给将随着工资的增加而增加,劳动供给曲线将一直向右上方延伸,即他们的替代效应将在较长时期内大于其收入效应,劳动供给将在较长时期内会随着工资的增加而不断增加。但是,"新生代农民工"受的教育多于其父辈,其闲暇作为机会成本在其价值观中是禀赋的,所以,"新生代农民工"的劳动供给曲线是整体向左移动的,与右侧父辈的劳动供给曲线平行,两代人的这两条曲线之间的"间距"实际就是闲暇娱乐的价格。

换言之,"新生代农民工"的闲暇娱乐是有"价格"的,这个价格(即这个间距)加上其父辈的"裸工资"(即父辈的供给曲线),就是新生代农民工的价格(即新生代的劳动供给曲线)。换言之,"新生代农民工"劳动供给曲线的"初始状态"天然地位于其父辈曲线的左侧,其"工资起点"天然就高于其父辈的工资起点。但是,这并不意味着"新生代农民工"的收入效应已大于替代效应,更不意味着新生代的劳动供给曲线将提前向后弯曲,恰恰相反,对"新生代农民工"而言,在目前工资水平下,其劳动供给的增加也将随着工资的增加而增加,其向后弯曲的那个"点"很可能要"迟"于其父辈,因为他们对生活质量的追求和要求高于其父辈。

两代农民工的两条平行曲线的政策含义主要有两点:第一,要想使新生代的劳动供给水平达到与其父辈相同的劳动供给水平,就必须支付高于其父辈的工资水平,多出来的这个"价格差"就是新生代禀赋的休闲娱乐的价格。总体看,在新生代农民工占绝大多数的今天,要想获取或恢复原有的劳动供给,

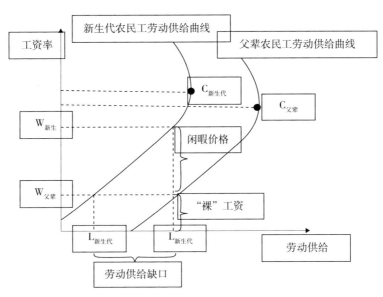

图 2　中国两代农民工的劳动供给曲线和价格的比较

注:C 点之前,工资率提高的替代效应大于收入效应;在 C 点之后,工资率提高的收入效应大于替代效应。

资料来源:作者绘制。

就需要市场调节生成一个新的均衡价格。第二,随着农村教育水平和教育质量的不断提高和农村社保制度的不断完善,每一代农民工的工资需要不断提高,需要不断将机会成本加入进去。其实,这也是对人力资本投入的一种回报,否则,其劳动供给曲线就会向左移动,出现"用工荒"。

(三)大学生"就业难"作为一个反例,恰恰证明农民工"用工荒"是价值规律和市场经济的结果

一面是农民工"用工荒",一面是大学生毕业就业难,如何解释劳动力要素市场的这个奇特现象? 笔者认为,大学生就业难也是市场价格规律的结果。2009 年 6 月末的数据显示[①]:全国城镇在岗职工月均工资 2440 元,比 2008 年同期增加了 279 元,平均增长 12.9%。相比之下,公务员增长 15.1%,事业单位 14.7%,高于全国平均 12.9% 的水平,而企业平均增长 11.9%,低于平均水

---

① 国家统计局:《关于上半年城镇单位职工平均工资的说明》,2009 年 8 月 7 日,见国家统计局网站主页。

平。这里要强调的是,这个工资水平是受到金融危机影响的结果,平均增幅为进入 21 世纪以来最低,与 2008 年相比,已经回落了 5.1 个百分点,否则会更高。正是由于价格的原因,才出现了大学生"就业难",于是,国家机关向社会公开招聘中几千个大学生报考一个职位的情况便司空见惯。

那么,为什么大学生供给大于需求,却没有压低机关和事业单位等公共部门的价格?答案很简单,因为公共部门与私人部门的"定价机制"不同,中外概莫能外,法国和瑞典也是典型的案例。公共部门的价格不是"市场价格",而是"政策价格",公共部门的价格带有一定的非竞争性,其工资增长据有相当的刚性,一般是"盯住"社平工资指数。例如 2009 年机关工资调整和津补贴规范开始逐步兑现等,于是,在不同的"定价机制"下,大学生的"过度供给"(指相对于国家机关的需求)并不能像农民工市场那样,在较短时期内会自动压低公务员和事业单位的价格,所以,大学生就业难短期内将难以缓解。

大学生就业难和农民工用工荒虽是两个完全相反的案例和社会现象,但其所反映的本质是一样的。

三、"用工荒"的意义及其应对措施

(一)正确理解"用工荒"的潜在意义

"用工荒"大多发生在那些劳动密集型企业,缺口较大的主要是普工,而且在沿海发达地区大多发生在外向型的劳动密集型行业。由于这些行业的净利润大多只有 3% 到 5%,"用工荒"将导致推高其用工成本,本来十分微薄的利润将被"吃掉"相当一部分,对这些企业和行业来说,这无疑是一个坏消息,甚至是一个沉重打击。这预示着,人口优势的丧失、人力成本的增加、廉价农民工时代的终结,正在一步一步向我们走来。如何看待"用工荒"?笔者认为,这是市场的法则,也是经济的进步;是增长的危机,也是发展的必然;是前行的挑战,也是转型的机遇。这里要强调的是,我们要认识和利用"用工荒"的进步、必然和机遇,积极疏导,而不应采取盲目的消极态度。

1. "用工荒"对实现增长方式转变是一个内生动力。转变增长方式是近年来政府和社会的一个共识,对金融危机和庞大外储的热议使人们更加意识到其紧迫性。此时出现的"用工荒"充分显示,增长方式转变不仅是政府提出的一个高屋建瓴的发展战略,也是要素市场提出的一个发展要求。在过去,出口产品的竞争力更多地来自用工成本的低廉,而较少地来自产品质量和技术含量等因素。用工成本的提高,必然导致产品国内价格的提高。在"名义汇率"给定的条件下,这意味着"实际汇率"的上升,出口优势开始下降①。无论是产品国内价格提高导致的"实际汇率"升值,还是"名义汇率"上升导致的"实际汇率"升值,其结果是相同的。由于"实际汇率"的升值,丧失出口竞争力的企业必然更多地向内看,这意味着贸易顺差的减少和国际收支向着平衡方向的转变。由于种种原因,中国的"名义汇率"升值一直比较缓慢,企业实现产业升级和提高生产效率的动力不足。但是,不管汇率政策如何,中国不可能永远靠廉价劳动力驱动出口和获取外汇;由廉价劳动力换取的竞争力注定是难以持续的。可持续竞争力的获取必须来自技术进步和高附加值的自主创新。用工成本的上升将会迫使企业改善产品成本结构和企业成本结构,而这种改变将有利于促进增长方式的转变,有利于摆脱通过出口吸收过剩产能的路径依赖,有利于纠正要素价格的扭曲。换句话说,"用工荒"必然导致人民币"实际汇率"的升值。对于应该通过物价上涨抑或"名义汇率"升值实现实际汇率升值的问题置而不论,不争的事实是:"用工荒"已经成为推动中国实现增长方式转变的一种内生动力。

2. 农民工市场价格的上涨对促进城镇化是一个市场推力。工业化是增长的必由之路,而城镇化则是工业化的必然结果。但是,工业化与城镇化的关系既互为条件,又常常不是完全同步,如果工业化速度较快,而城镇化速度跟不上,就有可能出现"城市病",反之亦然,如一些拉美国家。由此,城镇化与现代化不协调导致的"城市病"现象常常被描述为"拉美化","城市病"的牺牲品是"非农化"过程中的农民工。农民工市场价格的上升将有助于防止"城市病"的发生和克服城镇化与工业化的失调;有助于"新生代农民工"对城镇的融入和"市民化"进程;有利于社会凝聚和社会融合,以促进城镇化的步伐跟上工业化的高度发展,促进由"国强民富"向"民富国强"转型。

3. "用工荒"对调整产业结构升级是一个上升拉力。近期内,用工成本

---

① 这里的论述主要参考了余永定:《关于当前宏观经济的十问十答》,《21世纪经济报道》2007年12月10日。作者表示衷心感谢。

上涨显然提高了劳动密集型和外向型企业的门槛,对其造成的冲击较大。但长期内,民工成本上升可以拉动产业结构升级,拉动粗放型经济向集约型转型。此外,"用工荒"作为一个拉力,可以促使企业主转变观念,顺应潮流,服从市场,超越自我,迫使其从廉价成本型的产品竞争力向自主创新型的企业竞争力转变,拉动企业的可持续发展,拉动产业结构逐步优化和不断升级。

(二)"用工荒"是农民工工资的一个增长机制

1. 提高农民工工资水平势在必行,转变增长方式是一个有效的市场结果。如果说,长期以来,农民工工资偏低是其供求失衡的市场结果,那么,任何用非市场手段提高农民工工资的企图都将是徒劳的,且适得其反。比如,采取提高最低工资制的办法不仅远水不解近渴,因为最低工资与社平工资之间的差距较大,而且大幅提高最低工资的底线会产生其他副作用,甚至会明显扭曲市场价格。提高农民工平均工资的有效手段仍是采取市场的办法,尽快实行增长方式转变在客观上会促进农民工工资水平的提高,可将之视为一个有效的市场手段。企业向内看的结果自然会提高企业门槛,提高用工成本。所以,就"用工荒"对提高农民工工资水平而言,转变增长方式是一个福音,也是一个市场结果。

2. 年复一年的"春节民工潮"的"轮回",其作用相当于一年一次的集体协商谈判。每年春节前返乡过年和春节后进城务工,既是中国特有的民俗文化传统,客观上也成为每年一次的农民工与企业主讨价还价的一个"集体协商行动",这个"非组织化"的集体谈判无形之中就相当于一个"年度定价机制":如果此时出现"用工荒",对农民工市场价格就具有明显的拉动效应;如果从沿海发达地区向内地扩散,就会成为全国范围内农民工重新定价的一个市场机制。这里要强调的是,这个定价机制是市场自发的结果,与欧美发达国家利用工会集体谈判进行定价不同。工会谈判定价对劳动的"名义价格"具有强化作用,在某种程度上是对市场均衡价格的扭曲,甚至常常导致工会与雇主私下里签订"隐含合同",扭曲市场价格,降低劳动力要素市场的灵活性,失业率居高不下,造成"局内人"和"局外人"的严重对峙,社会不稳定因素与日俱增,失业待遇水平逐年提高,最终成为财政的一个负担。从周期性和季节性等特征看,"春节民工潮"似乎很像日本的"春斗",但却有本质区别,日本的"春斗"是组织化程度相当高、由工会发起并组织、全社会广泛参与的集体工资谈判①。与这些发达国家的集体谈判相比,"春节民工潮"这个年度"谈判定价机制"是市场自发势力的结果,其结果虽然相当于全国农民工每年签订一次"新合同",但却全然不会出现类似发达国家工会集体谈判下导致的市场僵化和"隐含合同"等弊端,也不会出现社会群体事件,恰恰相反,它所体现的是劳动力要素市场的弹性。

鉴于此,年复一年的"春节民工潮"的"轮回"和"用工荒"的偶然出现,是一个具有浓厚中国特色的自发的农民工价格集体协商的有效形式和工资调节机制,既有利于农民工工资的提高,又有利于农民工失业率的降低。

(三)积极应对"用工荒"的举措

既然"用工荒"是市场自发势力和市场价值规律的结果,那么,农民工这个特定时代的特殊群体就无疑是推动经济转型和增长方式转变的一个"市场势力"。对此,政府应采取市场的办法,积极创造条件,做好服务和引导,而不应采取行政的措施对市场过度干预。换言之,政府的定位应是做好服务和引导工作,应尊重市场规律,利用市场法则,顺应市场发展,推动市场成长。

1. 短期内,做好用工价格市场和劳动密集型企业转型的服务引导工作。例如,在全国对用工市场实行价格跟踪监测制度和价格波动公开制度,在电视上打出公益性广告,如同道路电子牌,发出前方路况警示,以使行车人避开堵车路段,定期发布全国范围的普工工资水平指数,为农民工流动作出及时与合理的引导和服务。再例如,为劳动密集型和外向型企业做好向内看的转型服务工作,提供从金融市场到信息市场的良好服务等。

2. 中期内,继续做好农民工和农村社会保障制度完善工作,加大社保新政出台力度。在所有劳动就业群体中,农民工是社保制度覆盖率最低的群体,参

---

① 日本"春斗"的全称是"春季争取提高工资的斗争",起源于1954年,当时的5个产业工会联合组织"共斗会议",后来,由于参与的工会越来越多,逐渐演变成全社会参与进来的一年一度的制度化"春斗"。由于日本的财政年度始于春季,所以,每年1月各工会便开始统一步调,向资方交涉新一年的工资和工时等标准。虽然日本的"春斗"是全国范围的,目标是经过协调并基本一致的,但谈判层次主要发生在企业内部劳资之间,而不是在某一地区或全国的层面上进行,目前已成为日本劳方与资方交涉薪资的重要途径。例如,在2008年1月23日开始的"春斗"中,日本工会联盟确定的目标为每人每月增加1万日元(引自马晶:《日本每年"春斗"争取涨工资》,《新京报》2008年1月27日第B03版)。

保率仅为 17% 左右①,因此,农民工群体也是福利成本占比最低的群体(即"裸工资")。农民工工资的提高不应成为减少其福利成本的一个借口或替代,相反,要继续做好农民工的各项社保制度改革与完善工作,扩大制度覆盖面,尽快将福利成本纳入用工成本之中,并将其提高到一个适当的程度,促使企业从廉价用工成本型向产品自主创新型转变,以逐渐适应廉价劳动时代的终结。

3.长期内,做好人口变化预测和人口政策的调整工作。未来几十年内,中国人口老龄化的发展速度将超乎寻常。人口结构的变化对劳动力市场具有较大影响,中国人口优势在未来几十年内将逐渐丧失。例如,到 2050 年,中国 60 岁及以上人口占总人口的 31.1%,仅次于发达国家的 32.6%,远远高于世界平均水平的 21.9%②。认真评估和及时调整人口政策、做好人口变化预测、积极迎接老龄化社会的到来,不仅仅是应对未来企业"用工荒"的一个措施,也是保持和提高国家竞争力的一个条件。

参考文献:

国家统计局:《2008 年末全国农民工总量为 22542 万人》,2009 年 3 月 25 日,见国家统计局网站,http://www.stats.gov.cn/。

国家统计局:《关于上半年农村居民现金收入的说明》,2009 年 8 月 7 日,见国家统计局网站,http://www.stats.gov.cn/。

国家统计局:《关于上半年城镇单位职工平均工资的说明》,2009 年 8 月 7 日,见国家统计局网站,http://www.stats.gov.cn/。

国家统计局:《2009 年第三季度农村劳动力外出务工情况》,2009 年 11 月 2 日,见国家统计局网站,http://www.stats.gov.cn/。

马晶:《日本每年"春斗"争取涨工资》,《新京报》2008 年 1 月 27 日第 B03 版。

欧阳少伟等:《求职农民工新生代已占八成》,《南方都市报》2010 年 2 月 25 日第 A06-07 版。

---

① 郑秉文:《改革开放 30 年中国流动人口社会保障的发展与挑战》,《中国人口科学》2008 年第 5 期,第 2—17 页。

② "World Population Prospects: The 2008 Revision Population Database", UN, United Nations Population Division, 2008.

《求解工荒：用工环境呈关键因素》，《海南日报》2010 年 3 月 5 日第 B1 版。

任社宣：《人社部发布企业用工需求和农村外出务工人员就业调查结果》，2010 年 2 月 26 日，见人力资源和社会保障部网站，http://www.mohrss.gov.cn。

余永定：《关于当前宏观经济的十问十答》，《21 世纪经济报道》2007 年 12 月 10 日。

张庆五：《当前中国流动人口状况对策研究》，《人口与计划生育》1993 年第 4 期。

郑秉文：《改革开放 30 年中国流动人口社会保障的发展与挑战》，《中国人口科学》2008 年第 5 期。

郑秉文：《2009 金融危机："社保新政"与扩大内需》，《中国社会科学院研究生院学报》2010 年第 1 期。

"World Population Prospects：The 2008 Revision Population Database", UN, United Nations Population Division, 2008.

（本文原载于《经济学动态》2010 年第 3 期，第 73—78 页）

"中等收入陷阱"与中国发展道路

——基于国际经验教训的视角

内容提要:2010 年中国人均 GDP 超过 4000 美元,标志着中国正式进入"上中等收入"行列。本文对掉进"中等收入陷阱"的拉美等国家进行比较,以跨越这个"陷阱"并早已进入高收入行列的东亚"四小龙"为参照系,指出中国经济发展已经历和即将经历市场驱动、要素驱动、效率驱动和创新驱动四个阶段,以及三次跨越;目前刚进入效率驱动即"上中等收入"阶段;本文分析了中国在这个阶段容易掉进"中等收入陷阱"的各种诱因,提出避免掉进"陷阱"和经济转型的动力问题,认为制度、政策和基础设施构成了动力组合。

2010 年,中国人均 GDP 终于走出"下中等收入"组,进入"上中等收入"组的下沿。这是一个重要的历史节点,它标志着中国现代化进程从此进入了一个崭新的阶段,经济发展水平迈上了一个更高的台阶,社会进步将要面临一次新的跨越,同时也意味着,中国改革开放取得了举世瞩目的成就,未来将面临一些新的、严峻的挑战。

一、"中等收入陷阱"的经验分析与国际比较

(一)"中等收入陷阱"概念的提出

世界银行将世界各经济体按人均年国民总收入(GNI)分为低、中、高 3 组,并每年公布调整的标准。根据 2010 年 8 月的最新标准,低收入为人均年国民总收入 995 美元及以下,中等收入为 996—12195 美元,高收入为 12196 美元及以上。其中,在中等收入标准中,又划分为"偏下中等收入"(以下简称

"下中等收入")和"偏上中等收入"（以下简称"上中等收入"），前者的标准为
996—3945 美元，后者为 3946—12195 美元。

　　根据这个标准，在世界银行目前统计的 213 个经济体中，低收入组有 40
个，中等收入组 104 个，高收入组 69 个。在中等收入组中，下中等收入有 56
个，上中等收入 48 个。在 2009 年全世界创造的 58.14 万亿美元 GDP 中，低
收入经济体创造的仅为 0.43 万亿美元；中等收入为 16.12 万亿美元；高收入
为 41.59 万亿美元。在中等收入组中，下中等收入和上中等收入经济体创造
的 GDP 大约各占一半，前者为 8.81 万亿美元，后者为 7.30 万亿美元。不同
收入组 GDP[①] 的增长变化如图 1 所示。

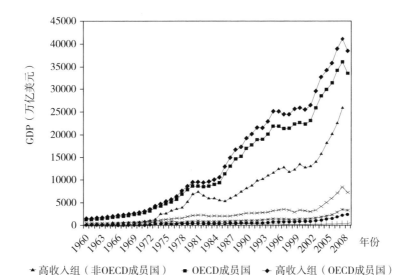

图 1　不同收入组 GDP 的增长变化

资料来源：见世界银行网站，http://data.worldbank.org/indicator/。

　　2006 年世界银行首次提出"中等收入陷阱"这个概念，2010 年又进一步阐

---

　　①　国民总收入（GNI）等于 GDP 加上来自国外的要素收入再减去对国外的要素支出，即
GNI＝GDP＋（来自国外的要素收入－国外的要素支出）。人均国民总收入是指国民总收入除以年
均人口，即人均 GNI 与人均 GDP 大致相当。例如，2008 年智利人均 GNI 为 10084 美元，而人均
GDP 是 10167 美元。出于获取数据资料的便利和国内表达习惯等方面的考虑，本文在衡量收入
水平时使用人均 GDP 替代人均 GNI。

述为:"几十年来,拉美和中东的很多经济体深陷'中等收入陷阱'而不能自拔;面对不断上升的工资成本,这些国家作为商品生产者始终挣扎在大规模和低成本的生产性竞争之中,不能提升价值链和开拓以知识创新产品与服务为主的高成长市场"。综上所述,"中等收入陷阱"是指一些发展中国家走出"低水平均衡陷阱"之后,虽然经济发展水平超过了人均 GDP1000 美元,进入中等收入行列,但却很少有国家能够顺利进入高收入行列,长期徘徊在中等收入区间,它们或是陷入增长与回落的循环之中,或是较长期处于增长十分缓慢甚至停滞的状态。在中等收入阶段,有些国家和地区长期滞留在下中等收入阶段,有些国家和地区则较快走出下中等收入阶段,但却在上中等收入阶段徘徊不前。

(二)"中等收入陷阱"案例比较

中等收入组主要分布在 4 个地区,即拉丁美洲与加勒比地区(以下简称"拉美")、欧洲与中亚、东亚与太平洋、中东与北非。其中,"欧洲与中亚"主要为转型经济体,其市场经济体制确立的时间较短,但近年发展较快,人均 GDP 从 1989 年的 2278 美元提高到 2009 年的 6412 美元。俄罗斯近年来发展十分

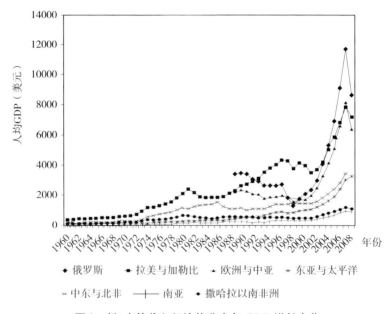

图 2　低、中等收入经济体分布与 GDP 增长变化

资料来源:见世界银行网站,http://data.worldbank.org/indicator/。

迅速,但波动幅度很大。2005 年俄罗斯人均 GDP 为 5337 美元,2008 年曾一度上升到 11743 美元,翻了一番多,2009 年又大幅回落到 8684 美元(见图 2)。"中东与北非"在世界银行的统计上有两层含义:一是地理上的含义,包括所有收入水平的经济体;二是仅包括发展中国家,即本文使用的发展上的含义,其 2009 年人均 GDP 为 3211 美元①。

几年来,世界银行在讨论"中等收入陷阱"国家时,主要将目光集中在拉美、东亚和中东地区。拉美是中等收入国家最为集中的地区,在其 33 个经济体中,中等收入有 28 个,其中,下中等收入 9 个,上中等收入 19 个。此外,近年来,拉美之所以经常被提及并作为"中等收入陷阱"的主要案例国家,还有一个重要原因是,某些拉美国家早在 20 世纪 60 年代末和 70 年代初就已达到中等收入水平。例如,智利于 1971 年人均 GDP 达到 1097 美元,乌拉圭 1973 年达到 1405 美元,到2009 年两国分别为 9645 美元和 9420 美元,据预测,这两个国家 2011 年将进入高收入行列;墨西哥 1974 年(1255 美元)和巴西 1975 年(1144 美元)也分别达到中等收入水平,2009 年分别是 8144 美元和 8121 美元;哥伦比亚 1979 年人均 GDP 达

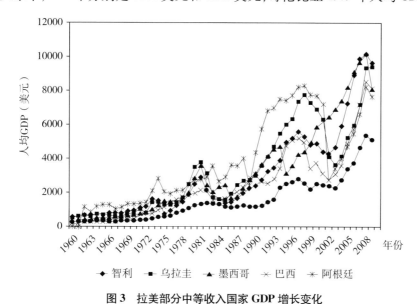

图 3　拉美部分中等收入国家 GDP 增长变化

资料来源:见世界银行网站,http://data.worldbank.org/indicator/。

---

① World Bank, "Robust Recovery, Rising Risks", in *World Bank East Asia and Pacific Economic Up Date*, 2010, Vol.2, Washington, DC, November 2010, pp.23－47.

1063 美元,2009 年为 5126 美元;阿根廷早在 1962 年人均 GDP 就达到 1145 美元,但 2009 年仅为 7666 美元(见图 3)。根据国际货币基金组织 2010 年 10 月的一项预测,在未来 5 年内,阿根廷人均 GDP 与高收入标准仍存在较大距离①。截至 2011 年,拉美地区上述国家在"中等收入陷阱"平均滞留时间 37 年,其中智利 40 年,乌拉圭 38 年、墨西哥 37 年,巴西 36 年,哥伦比亚 32 年,阿根廷更是长达 49 年。

与拉美相比,亚洲经济发展水平整体较低,进入中等收入行列的时间较晚。马来西亚和叙利亚分别于 1977 和 1978 年进入中等收入国家行列,2009 年人均 GDP 分别为 7030 美元和 2474 美元;泰国 1988 年达到 1119 美元,2009 年人均 GDP 为 3893 美元;印度尼西亚、蒙古、菲律宾跨过中等收入"门槛"只有几年,2009 年人均 GDP 仅为 2349 美元、1573 美元和 1752 美元;印度则于 2007 年刚刚达标,2009 年人均 GDP 是 1134 美元(见图 4);越南有望于 2010 年正式进入中等收入国家行列;至于老挝和柬埔寨,它们还需在低收入水平徘徊若干年才有望踏进中等收入的"门槛"。此外,亚洲中等收入国家经济增长显示出不稳定的

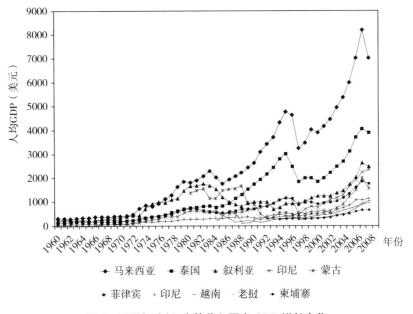

图 4　亚洲部分低、中等收入国家 GDP 增长变化

资料来源:见世界银行网站,http://data.worldbank.org/indicator/。

---

① IMF, "World Economic Outlook Database", October 2010.

特点。例如,叙利亚1978年进入中等收入国家行列,但1987—2000年又回落到1000美元以下;蒙古于1990—2006年滑落到低收入"贫困陷阱"。

自19世纪中叶第一次工业革命以来,全球230多个经济体中只有60多个成为高收入国家和地区,绝大部分至今还停留在中等收入阶段,少数仍未走出低收入行列。值得注意的是,目前一些高收入国家,在半个世纪前,其经济发展水平还不如某些发展中国家和地区(见图5)。例如,1962年阿根廷人均GDP既高于其前宗主国西班牙(519美元),也高于其移民主要来源地的意大利(990美元)①,但其目前却未走出"中等收入陷阱"。然而,西班牙1969年进入中等收入国家行列,1978年跨入高收入行列,2009年人均GDP为31774美元;意大利的增长速度更为迅速,1963年达到中等收入水平,1975年就成为高收入国家,2009年人均GDP为35084美元。葡萄牙作为巴西的前宗主国,1960年人均GDP为804美元,与巴西(208美元)同属低收入国家。但是,葡萄牙1971年达到中等收入水平,1987年又进入高收入行列,2009年人均GDP

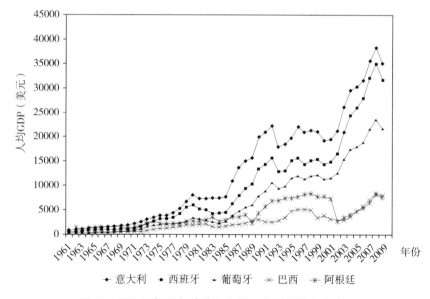

图5　巴西、阿根廷与其前宗主国经济增长的变化比较

资料来源:见世界银行网站,http://data.worldbank.org/indicator/。

---

①　这里之所以举例意大利,是因为在阿根廷移民中,大约一半来自意大利(宋晓平:《阿根廷》,社会科学文献出版社2005年版,第16—19页)。

为 21903 美元,而巴西仍处于中等收入水平。

二、中国经济发展的三次跨越与四个阶段

2009 年中国人均 GDP 为 3744 美元,2010 年中国 GDP 增长率约为 9.5%[①],据此计算人均 GDP 将达 4114 美元。这意味着,2010 年中国已突破世界银行最新调整的上中等收入标准 3945 美元,正式跻身于上中等收入行列。

(一)中国经济发展的三次历史性跨越:国际比较的角度

改革开放以来,中国在 1978 年人均 GDP 仅为 155 美元的起点上,只用了 23 年就于 2001 年突破 1000 美元大关(1042 美元),正式进入下中等收入组,实现了第一次跨越;随后仅用了 9 年时间突破 4000 美元大关,从下中等收入一跃跻入上中等收入行列,完成了第二次历史性跨越(见图 6)。

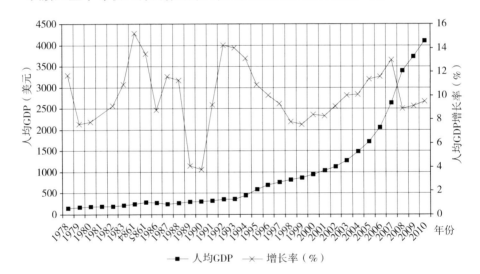

图 6　1978—2010 年中国人均 GDP 与增长率变化

注:2010 年增长率引自国务院发展研究中心:《2010 年 GDP 增长率预计约 9.5%,CPI 涨幅料 3% 以内》,2010 年,见 http://cn.reuters.com/article/realEstateNews/idCNnCN833254620100103。2010 年人均 GDP 由作者据此计算。2009 年增长率引自国家统计局:《关于 2009 年年度国内生产总值(GDP)数据修订的公告》,见 http://www.stats.gov.cn/tjdt/zygg/sjx-dtzgg/t20100702_402654527.htm。其他数据来自国家统计局:《中国统计年鉴(2009)》(光盘版),中国统计出版社 2009 年版,第 2—4 页。

---

① 国务院发展研究中心:《2010 年 GDP 增长率预计约 9.5%,CPI 涨幅料 3% 以内》,2010 年,见 http://cn.reuters.com/article/realEstateNews/idCNnCN833254620100103。

　　这是一次"惊险的跨越",它向世人再现了"东亚速度"。在被誉为成功走出"中等收入陷阱"典范的"东亚奇迹"中①,日本、中国香港地区用了 7 年,新加坡用了 8 年,韩国用了 11 年。这个"惊险的跨越"意味着,如果将下中等收入和上中等收入视为"中等收入陷阱"的两个不同阶段,中国已成功跨出"中等收入陷阱"的初级阶段②。相比之下,在这个跨越中,马来西亚用了 18 年,泰国用了 20 年;拉美国家平均用了 22 年(1974 年拉美国家人均 GDP 为 1188 美元,1996 年 4042 美元),其中,墨西哥用了 18 年,乌拉圭用了 19 年,巴西用了 20 年,智利用了 23 年,阿根廷用了 26 年,哥伦比亚则用了 28 年,而其前宗主国西班牙和葡萄牙分别仅用了 9 年和 15 年,意大利用了 14 年(见表 1)。在进入上中等收入阶段之后,中国面临的是如何实现第三次跨越,顺利进入高收入国家行列。在其他条件不

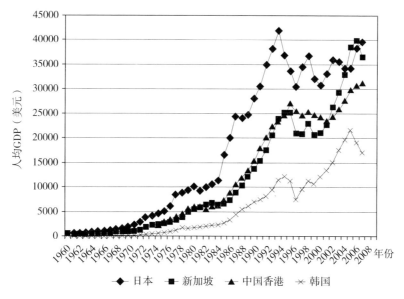

图 7　东亚部分高收入国家和地区 GDP 增长变化

资料来源:见世界银行网站,http://data.worldbank.org/indicator/。

---

　　①　由于难以获得较为完整的中国台湾省数据资料,本文不予考虑。
　　②　国内有些报章将"中等收入陷阱"误解为仅仅进入"上中等收入"之后的阶段,例如,见《人民论坛》2010 年第 19 期的一组专栏文章《中国会掉进中等收入陷阱吗》。实际上,世界银行将之解释为进入"中等收入"之后的阶段,其中包括"下中等收入"阶段(参见 World Bank, *Robust Recovery*, *Rising Risks*, in World Bank East Asia and Pacific Economic Up Date 2010, Vol. 2, Washington, DC, November 2010)。

变的情况下,按照目前的增长速度推测,中国实现第三次跨越、顺利进入高收入组的时间大约在"十四五"规划期间,即从现在起需要 11—15 年左右①。如果不出意外,按照这个预测,中国的"第三次跨越"将有可能再现"东亚速度"(见图 7)。在这个跨越中(3946 美元—12196 美元),日本用了 12 年,新加坡用了 11 年,中国香港地区用了 11 年,韩国仅用了 7 年(见表 1)。

表 1　部分国家和地区跨越"中等收入陷阱"的时点

国家和地区	第一时点（年）	"中等收入陷阱"		2009 年人均 GDP（美元）
		第二时点（年）	第三时点（年）	
日本	1966	1973	1985	39738
韩国	1977	1988	1995	17078
新加坡	1971	1979	1990	36537
中国香港	1971	1978	1989	31300
意大利	1963	1977	1987	35084
西班牙	1969	1971	1978	31774
葡萄牙	1971	1987	2002	21903
马来西亚	1977	1995	—	7030
泰国	1988	2008	—	3893
阿根廷	1962	1988	—	7666
智利	1971	1994	—	9644
墨西哥	1974	1992	—	8143
巴西	1975	1995	—	8114
哥伦比亚	1979	2007	—	5056
乌拉圭	1973	1992	—	9420
拉美平均	1974	1996	—	7189
中国	2001	2010	2021—2025	4114

注:完成第一次跨越的时点时人均收入为 995 美元,完成第二次跨越的时点时人均收入 3946 美元,完成第三次跨越的时点时人均收入为 12196 美元。表中中国 4114 美元为 2010 年预测数据,是作者根据 2010 年 GDP 增长率 9.5% 的预测计算得出。作者根据世界银行网站(http://data.worldbank.org/about/)资料编制。

———————————

① 考虑到人口数量的增长、高收入国家的标准调整、汇率变化等一些因素,据笔者测算,届时经济总量大约 120 万亿人民币,人均 1.25 万美元即 8.5 万元人民币左右。

（二）中国经济成长的四个发展阶段：增长驱动力的角度

纵观中国改革开放 33 年来的经济发展,展望未来的发展目标,可将已经跨越的低收入和下中等收入,未来将要跨越的上中等收入和高收入这四个发展阶段,从成长驱动力的角度,相应地概括为"市场驱动"、"要素驱动"、"效率驱动"和"创新驱动"四个阶段(见表2)。

表 2　中国经济成长的四个发展阶段

完成三次跨越的时点	完成第一次跨越（人均收入 995 美元）的时点（年）	"中等收入陷阱"		2009 年人均 GDP（美元）
		完成第二次跨越（人均收入 3946 美元）的时点（年）	完成第三次跨越（人均收入 12196 美元）的时点（年）	
日本	1966	1973	1985	39738
韩国	1977	1988	1995	17078
新加坡	1971	1979	1990	36537
中国香港	1971	1978	1989	31300
意大利	1963	1977	1987	35084
西班牙	1969	1971	1978	31774
葡萄牙	1971	1987	2002	21903
马来西亚	1977	1995	—	7030
泰国	1988	2008	—	3893
阿根廷	1962	1988	—	7666
智利	1971	1994	—	9644
墨西哥	1974	1992	—	8143
巴西	1975	1995	—	8114
哥伦比亚	1979	2007	—	5056
乌拉圭	1973	1992	—	9420
拉美平均	1974	1996	—	7189
中国	2001	2010	预测大约 2021—2025	4114

注:四个发展阶段的人均 GDP 标准是根据世界银行 2010 年 8 月发布的人均国民收入 3 个不同组别(低收入、中等收入和高收入)的标准大致换算的,采取整数的目的在于易记,且具有一定象征性意义。

1. 第一阶段 1978—2000 年:"市场驱动"阶段。1978—2000 年是中国经济成长的"市场驱动"阶段,也是人均 1000 美元以下的低收入阶段。在这个阶段,中国之所以能够保持高速增长、成功跨越"贫困陷阱",除其他因素外,无论是农村包产到户,还是城镇国企改革,一个重要原因是明晰产权性质,引入市场等价交换的激励因素,使几十年高度计划体制压抑下的生产力得到释放。尤其是1992年确立社会主义市场经济体制后,市场经济制度逐步完善,增长速度从1992年的14.2%逐渐回归到2000年理性的8.4%。这个发展阶段是市场经济制度不断试错、探索和建立的阶段,一切改革领域都是为了建立市场经济制度,每一届政府都在为引入市场和驱动增长而努力。增长的背后是市场的推动,成长的动力是市场的驱使。在高度计划经济体制下政府"有形之手"突然被市场"无形之手"替代之后,市场势力的结果必然带有相当的自发性、盲目性甚至是疯狂性。而正是这些原始的市场爆发力,推动中国最终跨越低收入发展阶段。

2. 第二阶段2001—2009年:"要素驱动"阶段。2001—2009年是中国经济增长的"要素驱动"阶段,也是进入下中等收入的重要历史阶段。根据现代增长理论,经济增长取决于劳动、资本及资源和技术进步的投入。在下中等收入阶段,发展中国家往往利用比较优势,以要素投入来拉动增长,尤其对石油、天然气、矿产、农产品等自然资源丰富的经济体,资源立国的要素驱动特点十分明显,甚至到了"资源诅咒"的依赖程度。毫不例外,此阶段中国经济增长也明显带有劳动驱动、资源驱动、资本驱动甚至土地驱动的"有形要素驱动"的历史特征。

首先,从劳动要素投入看,由于中国正处于人口红利高峰期,丰富和廉价的劳动力成为经济增长的比较优势,以劳动密集型产品出口为主的对外贸易自然就成为一个重要增长引擎。从外汇储备的增长趋势可以看出,外汇储备保值增值的压力主要就是在这9年之中形成的,2001年仅为2121亿美元,2010年末激增至2.85万亿美元。有研究认为,劳动对增长贡献率的变动以2003年为界可大致分为两个阶段,此前贡献率较低,此后逐渐稳定下来①。其次,从资源要素投入看,土地要素对经济增长的贡献率逐年增大,甚至很多年份超过劳动的贡献率,1997—2008年平均在20%—30%之间;矿产资源的消

---

① 参见李名峰:《土地要素对中国经济增长贡献研究》,《中国地质大学学报》(社会科学版)2010年第1期,第60—64页。

耗对工业增长的贡献率更要高一些,有研究认为高达37%;环境资源消耗的贡献率是18%;能源的贡献率为16%①。最后,从资本要素投入看,中国的投资率始终居高不下,是经济增长的一个重要引擎。例如,2000年投资率为35%,2009年提高到40%以上,而同期消费率则从2002年的60%下降到2006年的50%以下。

这个发展阶段,尽管是粗放的,但却是幸运的,中国加入WTO恰好贯穿了这个阶段的全部。这是一个历史性的机遇,中国抓住这个机遇,带着2.85万亿美元的外汇储备,利用9年的时间,顺利走出这个阶段,进入下一个发展阶段。

3.第三阶段2010年至"十四五"规划:"效率驱动"阶段。从2010年至"十四五"规划,是人均GDP达到4000美元—12300美元的上中等收入阶段,是中国经济增长从"要素驱动"向"效率驱动"转型的重要阶段。从要素驱动向效率驱动转型有两层含义:一是从主要依靠出口和投资驱动为主向依靠消费、投资与出口协调拉动转型,属于一国发展战略;二是从粗放增长向集约增长转型,即提高生产力和竞争力的水平,是进入高收入(第四阶段)的必由之路。转变发展战略的紧迫性和必要性,在此次金融危机之后已形成社会共识。经济转型的关键在于粗放向集约转型,这是效率驱动的主要内涵,即改善投入产出比,提高投资报酬率,提升经济竞争力,以获取长期增长的可持续性。相对于要素驱动阶段,效率驱动阶段强调的是增长的良性循环:报酬率是增长的主要驱动力,改善投入产出比就可提高生产力,生产力水平提高之后就会提高投资报酬率,包括物质投入、人力投入和技术投入。因此,反过来,国民收入的可持续能力决定于生产力,投资报酬率也决定于生产力,而增长潜力又决定于投资。

4.第四阶段"十四五"规划之后:"创新驱动"阶段。"十四五"规划之后,中国开始进入高收入阶段,这是一个技术创新驱动增长的阶段。众所周知,虽然改善制度、减少宏观经济不稳定性、提高人力资本、修建社会基础设施等都可获取收益并带来增长,但都难逃报酬递减的规律。长期看,增长和提高经济的竞争力只能依靠技术创新。在高收入发达国家,技术创新无一不是驱动增

---

① 张其仔:《能成为引擎的三个标准》,《人民论坛》2009年第4期,第24—25页。

长的根本源泉。在高收入发达国家的经济增长中,技术创新的贡献率达70%,而中国的创新贡献率还不到40%①。提高自主创新能力,建设创新型国家,是中国国家发展战略的核心,也是提高综合竞争力的关键,同时,也是当前跨越"中等收入陷阱"的战略部署和进入高收入国家行列的战略通道。综上所述,在中国经济增长的四个阶段中,市场驱动阶段的本质是中国经济史的制度变迁,强调的是自由市场经济制度的转型;要素驱动阶段实际是比较优势的必然阶段,强调的是市场经济制度的确立;效率驱动阶段是避免"中等收入陷阱"的必由之路,强调的是市场经济制度内涵的提升和社会转型;技术创新阶段是高收入经济体的趋同发展阶段,强调的是社会转型和政治转型。

(三)跨越"中等收入陷阱":效率驱动的角度

目前,中国刚刚进入第三个发展阶段,即上中等收入阶段。在这个阶段,要实现要素驱动向效率驱动的转型,就需制定一套由"制度"、"政策"和"基础设施"构成的动力组合。

1."制度":效率驱动转型的关键。"制度"是指个人、企业和政府三者互动,进而产生收入和财富的法律和行政框架。制度虽然不能直接导致增长,但制度的质量对增长的影响很大,在投资决策、生产组织、利益分配、制定发展战略等方面发挥重要作用。制度的质量有两层含义,一是政府对市场、公平和效率的态度。不同的态度将导致不同的政策,不同的政策将导致不同的产出。二是政府的效率。如果官僚主义和文牍主义盛行,官员腐败、低效,决策不透明,都会影响经济增长。

制度因素与制度环境对经济增长的影响非常大,具有不可替代性。这是因为,制度环境对宏观和微观经济政策、社会政策和公共政策产生直接影响。一方面,即使"政策"是适宜的,但如果"制度"丧失公信力且陷入小集团利益,"政策"也将失效;另一方面,"制度"出现问题,就不可能持续地"生产"出适宜的"政策"。例如,阿根廷资源丰富,市场规模较大,且初等和高等教育等领域在拉美名列前茅,甚至在世界各国中都处于中上游,但是,所有这些都不能抵消和替代其"制度"所应发挥的效率,以致阿根廷属于"制度"层面上的十几

---

① 韩保江:《大国"后发优势"的中国机遇》,《瞭望》2010 年第 42 期。

个子项目竞争力在全球 139 个经济体中均排在 130 名之后①。从某种意义上讲,"制度"已成为经济增长的驱动力,是构成一国核心竞争力的要件。这个"无形生产要素"甚至比自然资源更稀缺。阿根廷落入"中等收入陷阱"不能自拔,其主要原因是"制度"的功能缺失,导致经济增长的潜力难以释放。

在全球化背景下,在未来中等收入国家的激烈竞争中,决定胜负的根本因素之一在某种程度上就是"制度",相互较量的实质也是"制度"。"制度"对增长的决定性作用与日俱增,依靠"制度"和管理等这些非物质生产要素驱动增长,意味着增长机制的深刻转变,甚至在某种意义上"制度"可被视为生产力,"制度"的质量可被视为生产力水平;制度变迁推动经济增长,经济增长伴随制度变迁。在过去的十几年里,以法制建设为主要标志的"制度"建设在中国取得了长足发展,服务型政府的建设与转型取得了较大成就,为可持续增长创造了有利环境。但总体上看,建设"制度"的任务是长期和艰巨的,包括政府决策的科学性、公正性、透明性和可行性,政府的运行效率和反腐倡廉建设,政府的治理能力和监管能力,政府的公信力和动员力,等等。总之,在未来十几年里,体制的活力与"制度"的优势是决定增长可持续性与国际竞争力及顺利跨越"中等收入陷阱"的关键。

2."政策":效率转型的保障。一是指宏观经济政策。宏观经济政策如果没有较好的稳定性,就难以提供稳定的预期,增长就难以获得可持续性,甚至停滞或倒退。例如,通胀管理能力较差,政策出现偏差,通胀预期就必然较高,就必然会导致商业周期紊乱,放大经济的波动性。例如,希腊财政政策的失误导致其发生主权债务危机,其竞争力排名从 2006—2007 年的第 61 位下降到 2010—2011 年的第 83 位,其经济增长必然面临致命的打击。

二是指微观经济政策。反垄断与不正当竞争、公平竞争的市场秩序与市场效率、企业财税政策与治理污染和保护环境等,所有这些都是宏观经济运行的微观基础。如果没有良好的微观经济政策,宏观经济政策的目标依然不能实现。这是因为良好的微观经济政策对提高货物生产和服务贸易的效率具有诱发作用,包括微观经济活动的质量和数量;相反,微观经济政策失当就会直

---

①　Klaus Schwab,"The Global Competitiveness Report 2010-2011",World Economic Forum, Geneva,Switzerland,2010,p.81.

接影响货物市场和金融市场的效率,进而对经济增长产生极大负面影响。

三是社会政策。社会政策如果不适宜,例如,初次分配不合理,二次分配就难以调整,两极分化就难以控制,劳动的负激励显然不利于增长。再例如,劳动力市场的效率与弹性直接影响劳动力的流动效率和生产激励,进而间接影响增长。如果劳动力从一个经济活动迅速向另一个经济活动转移时成本较高,工资水平僵化,就说明劳动力市场僵硬,影响市场效率,进而影响增长。

四是公共政策。包括医疗卫生、国民教育、土地管理、市政建设等在内的公共政策在进入上中等收入阶段之后,应认真反思和总结经验,吸取中国和一些发展中国家的经验教训,使之能够适应经济增长和社会发展的需要,避免其成为制约增长的一个"短板"。总之,在过去的下中等收入阶段,中国宏观经济政策对增长作出了重要贡献,但在微观经济政策、社会政策和公共政策的配套和配合等方面却存在缺失,有些已显得严重滞后;在进入上中等收入阶段后,经济社会环境和国民诉求等许多方面都有较大改变,对此应予以高度重视,积极跟进,否则,将有可能拖累经济增长。

3. "基础设施":效率转型的支撑。"基础设施"有两层含义。一是指交通道路、航空铁路、电力电信等基础建设的公共产品的提供。在下中等收入的"经济起飞"阶段,尤其在"十一五"期间,这些硬件的基础设施投入较大,改善较快,金融危机后,经济刺激一揽子计划加大了对包括农村在内的基础设施的投入力度,为进入上中等收入阶段打下了良好的基础。二是指社会基础设施,即指医疗卫生、社会保障、国民教育、金融服务等公共服务的提供。统计显示,改善基础设施可降低物流成本,提高区域贸易和国际贸易,还可促进增长,起到减贫的效果。在这方面,韩国具有较多经验,其通过改善基础设施每年提高 GDP 大约1.4%—1.8%[①],减少不公平大约 10%—20%。相反的案例显示,在陷入"中等收入陷阱"的国家中,一半以上的国家基础设施的公共投入有所不足,导致其增长乏力。例如,拉美对基础设施的公共投入在 20 世纪 80 年代和 90 年代始终呈下降趋势,从 1988 年占 GDP 的 3% 下降到 1998 年的 1%,而这正是拉美经济处于低谷的时期。巴西政府认识到了这个问题,加大了对基础设施的投

---

① Klaus Schwab,"The Global Competitiveness Report 2010 – 2011", World Economic Forum, Geneva, Switzerland, 2010, pp.33 – 35.

入力度,仅 2007—2010 年对基础设施的投入就达 5040 亿美元,于是,2003—2010 年卢拉政府执政 8 年平均增长率为 3.9%①,最高年份 2007 和 2008 年分别高达 6.9% 和 5.1%,而 1990—2002 年仅为 1.9%。在 2010 年的全球竞争力排名中,中国居第 27 位,但相比之下,基础设施的单项竞争力排名仅为第 50 位(见表 3),这说明中国在"十一五"期间包括交通运输在内的公共服务的是落后的,在效率驱动阶段难以满足社会发展和经济增长的需求。尽管如此,在中等收入国家中,中国基础设施的得分情况要好于"金砖四国"和拉美国家的平均水平,这就为中等收入阶段的效率驱动转型和可持续增长打下了一个基础。

表 3　2010—2011 年部分国家和地区基础设施竞争力排名与得分

国家和地区	基础设施竞争力单项排名与得分		综合竞争力排名
	排名	得分	
中国香港	1	6.77	11
新加坡	5	6.22	3
中国台湾	16	5.63	13
韩国	18	5.59	22
马来西亚	30	4.97	26
智利	40	4.69	30
中国	50	4.44	27
金砖四国	—	4.10	—
巴西	62	4.02	58
拉丁美洲	—	3.75	—
墨西哥	75	3.74	66
阿根廷	77	3.63	87
印度尼西亚	82	3.56	44
印度	86	3.49	51
菲律宾	104	2.92	85

注:基础设施最高分为 7 分。根据 World Bank,*Robust Recovery*,*Rising Risks*, in World Bank East Asia and Pacific Economic Up Date 2010, Vol.2, Washington, DC, November 2010, pp.16—17、18—19、33 编制。

①　根据世界银行网站(http://data.worldbank.org/indicator/)数据计算。

三、中国积极应对"中等收入陷阱"的挑战

中国改革开放一方面释放了计划体制下受到严重束缚的生产力,极大提高了国民收入水平,但另一方面打破了高度计划经济时期的特有均衡,导致产生一些一时难以解决的社会矛盾和体制矛盾。因此,改革是一把"双刃剑",改革进程势必面临一定风险。经济增长也是一把"双刃剑":一方面它给国民带来前所未有的实惠,甚至还可暂时掩盖一些新的、潜在的矛盾;另一方面,伴随着经济高速增长,原有的利益格局被迅速打破,甚至重新洗牌,在新的均衡还没有实现之前,有可能导致在人与人、人与社会、人与自然、人与财富等方面产生一些意想不到的问题,处理不好,就不利于经济增长。中国成功走出下中等收入阶段这个"矛盾凸显"时期,刚刚进入"陷阱密布"的上中等收入阶段。未来十几年,尤其"十二五"期间,是中国避免掉进"中等收入陷阱"、顺利进入高收入发展阶段的关键时期。毋庸置疑,与下中等收入阶段相比,中国在上中等收入阶段面临的考验将是全新的,面对的挑战将是严峻的。与其他掉进"中等收入陷阱"的国家相比,中国在中等收入阶段遇到的问题更复杂,任何一个失误都可能存在导致掉进"陷阱"的风险。作为世界第二大新兴经济体,中国经济增长备受瞩目,甚至被视为全球增长的一个引擎,稍有波动,对区域甚至全球经济都会产生较大影响。根据近十几年来周边国家和其他一些发展中国家的经验教训,结合中国曾在下中等收入阶段遇到的问题,针对中国在上中等收入阶段可能遇到的挑战,笔者提出如下建议。

(一)避免"转型陷阱",抓住转变增长方式的历史机遇

中共中央十七届五中全会刚通过的《关于制定国民经济和社会发展第十二个五年规划的建议》(以下简称"十二五"规划建议)指出,未来5年以加快转变经济发展方式为主线,这是推动科学发展的必由之路。以加快转变经济发展方式为主线,显然是指把经济结构战略性调整作为加快转变经济发展方式的主攻方向,尽快构建扩大内需长效机制,促进经济增长向依靠消费、投资、出口协调拉动转变。但是,在中国社会经济发展中,不平衡、不协调、不可持续的问题依然十分突出,这个基本判断正如"十二五"规划建议所论述的那样,完全"符合中国基本国情和发展阶段性新特征"。在上中等收入发展阶段,中

国经济社会面临的阶段性新特征或落进"中等收入陷阱"的诸多诱因主要是：投资和消费的失衡关系难以扭转，增长的资源环境约束更为明显，产业结构还不合理，城乡区域发展很不协调，收入分配差距日益扩大，科技创新能力还不强，农业基础仍然薄弱，就业总量压力和结构性矛盾十分突出，制约可持续增长的体制机制障碍依然较多，各种社会矛盾明显增多，等等。所有这些"阶段性新特征"，都是在进入上中等收入水平之后需要在增长方式转型中逐步加以解决的。这就需要抓住历史机遇，充分利用各种有利条件，准确把握发展趋势，以顺利跨越"中等收入陷阱"。

在世界经济史上，由于没有抓住历史机遇导致转型滞后，并从此一蹶不振的案例并不少见。早在 19 世纪中后期，拉美国家就陆续踏上了现代化之路。在尔后的百余年里，该地区在增长模式转型过程中走过一个"之"字形的弯路，即经历了初级产品出口导向、进口替代工业化和新型出口导向这样三个发展阶段，曾经历过两次转型。第一次转型发生在 20 世纪 30 年代以后。从 19 世纪中叶到第一次世界大战，南美大陆很多国家采取的是初级产品出口导向型增长模式，并且取得较好的成绩，其增长率与"拉丁欧洲"（指伊比利亚地区和意大利）同步①，略低于美国和"欧洲核心"（指英国、法国和德国）；人均GDP 高于"拉丁欧洲"，略低于"欧洲核心"与美国。然而由于第一次世界大战导致欧美进口市场大幅萎缩和进口产品结构发生较大变化等原因，制约了拉美国家初级产品的出口；但拉美的进口替代发展战略是迫于 30 年代大萧条并主要从 40 年代后期开始转型的，大约滞后了 15—25 年，错过了几乎一代人的机会，经济增长下滑十分明显。1925—1945 年拉美地区 GDP 年均增长率仅为 3.5%，而转型后的 1945—1980 年则高达 5.6%，其中，巴西和墨西哥则分别高达 8% 和 7%②。第二次转型主要发生在 20 世纪 80 年代至 90 年代，特别是 21 世纪以来。拉美进口替代发展模式为拉美打下了相当的工业基础，取得一定的成就，但与东亚相比，拉美增长率不可同日而语。1961—2000 年东亚新兴经济体增长率年均在 7% 以上，1973 年中国香港地区曾高达 17.4%，而拉

---

① Victor Bulmer-Thomasetc. Edited, *The Cambridge Economic History of Latin America*, *Volume II*, *The Long Twentieth Century*, Cambridge University Press, 2008, pp.12–13.

② 江时学：《对拉美进口替代工业化发展模式的初步总结》，《拉丁美洲研究》1995 年第 6 期，第 2—3 页。

美平均只有 1.7%（见表 4），在"失去的 80 年代"甚至跌为负增长。

表 4 1961—2008 年"东亚速度"与拉美人均 GDP 增长率比较

（%）

时间（年） 国家/地区	1961—2000	1961—1970	1971—1980	1981—1990	1991—2000	2001—2008
日本	5.0	9.8	4.5	4.6	1.2	1.0
韩国	7.6	8.2	7.3	8.7	6.1	3.5
中国香港	7.7	10.2	9.7	6.8	4.0	4.0
新加坡	8.3	9.9	8.8	7.5	7.6	4.7
拉美（25 国）	1.7	2.4	3.0	−0.07	1.5	3.6

注：拉美 1961—2000 年的数据引自 Noman Loayza & etc，etd.，"Economic Growth in Latin America and the Carib bean：Stylized Facts，Explanations，and Forecasts"，Central Bank of Chile，Working Papers No.265，table1.4；日本、韩国、新加坡和中国香港地区数据根据世界银行网站（http：//data.worldbank.org/indicator/）数据计算得出。

20 世纪 80 年代至 90 年代，拉美试图转型，其出口占 GDP 比重逐年提高，21 世纪之后才终于进入由新兴市场引领的经济增长的"快车道"，出现了几十年来未有的高增长率，2001—2008 年人均 GDP 增长率提高到 3.6%，2007 年达 5.9%。但是，拉美第二次转型错过了 50 年代至 1973 年第一次石油危机期间十分有利的国际贸易环境，在进口替代模式主导下，经济发展从 80 年代开始急转直下，被东亚新兴国家和地区远远甩在后面。由于没有抓住历史机遇，拉美第二次经济转型大约延迟了 35—45 年。而这期间，欧洲和日本经过了中等收入阶段，又进入了高收入行列。随后，亚洲"四小龙"开始崛起，成为进入高收入的新兴经济体。

纵观 20 世纪百年来拉美经济发展历程，其两次转型合计延迟大约 50—70 年，尤其第二次转型的延误，从一个侧面成为解释当今拉美国家整体上经济发展始终停留在中等收入水平的主要原因之一。有理由这样认为，对拉美经济转型的机会成本而言，"失去的 80 年代"只是一个符号，实际上就经济发展的国际比较来看，"失去的"至少是半个世纪。

（二）防止"拉美陷阱"，实现"包容性增长"

从世界各国基尼系数调查中可看出：凡是经济发展水平低的国家，基尼系数一般都较高；凡是高收入的发达国家（个别资源型国家不在此列），基尼系数都较低,且一般不超过 0.40;中等收入国家的基尼系数一般都较高;拉美是世界上基尼系数最高的地区。这些现象说明,收入公平与经济发展之间具有高度相关性。

"拉美陷阱"主要是指分配不公,进而指两极分化的社会、动荡不安的城市和毫不守信的承诺等①。其实,"拉美陷阱"的含义可从三方面来理解。第一,正如乔治(George)等告诫的那样②,如在 2020 年之前不能从"拉美陷阱"里逃出来,中国现代化进程将有可能像一个"方形轮子",走走停停,断断续续,届时,将有可能导致三种结果,即自由化、专制合作主义或陷入拉美式的混乱与动荡之中。换言之,分配不公和两极分化有可能导致社会分化和冲突,进而中断增长,掉进"中等收入陷阱"。第二,收入分配不合理,甚至与扩大社会消费总需求逐渐脱节,将不利于经济增长。如果这个自由市场制度的缺陷长期得不到纠正,就意味着分配原则和分配政策没有考虑到有利于经济的可持续增长。在初始分配环节的分配原则并没有将社会总消费需求和宏观经济总量增长的关系等因素考虑进来,政府应该及早出面纠正"市场失灵",否则,将不利于扩大内需和加快增长方式转变,有损于增长的可持续性。第三,有利于经济增长的分配原则及其方式应是包容性增长,即公平合理地分享经济增长,而不是拉美式的"增长性贫困",即一方面经济呈低速增长态势,但另一方面贫困率也居高不下。包容性增长自然包括提高"社会包容"程度,消除"社会排斥"因素,减缓各种社会矛盾,促进社会稳定和谐。

中国基尼系数虽低于拉美的中等收入国家,但却高于很多亚洲发展中国家,且呈逐渐攀高的趋势。改革开放以来,中国的减贫成就斐然,举世公认,但分配不公却始终受到社会的诟病,并且城乡之间、沿海和内陆之间、行业之间、城镇居民内部的收入差距日益扩大。因此,在踏进上中等收入"门槛"的关键时刻,从"GDP 增长"向"包容性增长"转变,其本质含义与从要素驱动向效率驱动转变具有异曲同工之处。在未来十几年里,当历史行进到上中等收入阶段的后期,人均经济总量大约将是目前的 3 倍,如不采取有效措施,贫富差距

---

　　①　George J. Gilboy and Eric Heginbotham 2004, "The Latin Americanization of China?", *Current History*, September 2004, Volume 103, Issue:674, Philadelphia. PA19127, USA., pp.256-261.

　　②　George J. Gilboy and Eric Heginbotham 2004, "The Latin Americanization of China?" *Current History*, September 2004, Volume 103, Issue:674, Philadelphia. PA19127, USA., pp.256-261.

将有可能进一步扩大,社会矛盾将积重难返,对社会安定形成威胁。为此,尽快进行收入分配制度改革,加快户籍制度改革,积极推动城镇化进程,缩小城乡差距,防止两极分化,将是确保稳妥跨越"中等收入陷阱"的必要举措。在这方面,早在一二十年前就成功进入高收入组的亚洲"四小龙"积累了有益经验:一方面经济高速增长,另一方面收入分配不断改善。

(三)跨越"福利陷阱",保持社保制度与经济增长的同步发展

历史经验证明,目前发达国家的主要社会保障和福利项目,几乎都是这些国家在 20 世纪 60—70 年代处于上升时期逐步建立起来的,可以说,60—70 年代是欧洲资本主义的鼎盛时期。例如,法国 1970 年之前 GDP 增长率最低时没有低于 4.3%,最高曾达 7.0%(见图 8)。于是,在社会舆论压力下,60 年代末和 70 年代初成为劳动保护制度和福利项目的立法高峰期。但是,1973 年的石油危机打破了法国和欧洲福利国家的良好预期,法国 GDP 增长率从 1974 年的 4.5% 骤然跌至 1975 年的 -1.0%,此后虽有反弹,但却始终没有超过 50—60 年代(1960—1969 年法国年均增长率是 5.6%,而 1978—2009 年仅为 2.0%)。

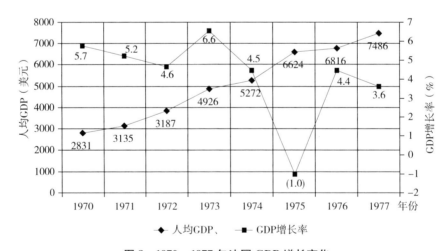

图 8 1970—1977 年法国 GDP 增长变化

资料来源:见世界银行网站,http://data.worldbank.org/indicator/。

持续的经济衰退和居高不下的失业率使高福利制度成为法国财政的沉重负担,但福利刚性却使改革遇到极大的阻力。1995 年以来,在政府主张改革

与社会极力反对的激烈冲突和社会动荡中,很多法国及欧洲学者开始反思 20 世纪 70 年代初立法时的仓促与盲动。

　　虽然拉美国家建立社保制度和福利项目的时间大多是在"二战"前,略晚于欧洲,但战后发展很快,逐渐成为财政的一个负担。为减少国家财政责任,拉美国家率先进行社会保障私有化改革,将国家的责任转嫁给社会和个人。值得注意的是,在私有化改革时,绝大部分国家已进入中等收入阶段。例如,1981 年智利改革时人均 GDP 为 2876 美元,1994 年阿根廷改革时 7591 美元,1997 年乌拉圭改革时 7361 美元,1997 年墨西哥改革时 4274 美元,2000 年哥斯达黎加改革时 4057 美元①。由此可见,拉美社保制度改革的时间虽与欧洲国家改革几乎同步,甚至略早于欧洲,但 20 世纪 80—90 年代欧洲早已进入高收入国家行列,例如,法国 1995 年首次试图实施改革时人均 GDP 为 26421 美元,2000 年瑞典养老金改革时 27879 美元。这说明,拉美掉入"中等收入陷阱"之后,迟缓的经济增长使社保制度显得有些超前和不合时宜。中国经济正处于上升期,社保制度也同样处于建设高涨期。但目前中国的问题是社保制度没有跟上经济高速发展的步伐,制度建设显得非常滞后,没有充分发挥保障居民消费和扩大内需的应有作用。在进入上中等收入阶段之后,迅速的城镇化、大规模的非农化和生活水平的整体提高,必将使社保制度的现状显得更为滞后,尤其是经济增长的预期使人们对社保制度的要求更高,社保制度面临的压力更大。在这种情况下,重要的是要保持清醒头脑,居安思危,吸取当年欧洲发达国家处于中等收入阶段时和拉美国家的一些教训,始终保持社保制度与经济增长的同步发展,既不要滞后,也不应超前,滞后将不利于扩大消费和经济增长,超前会"透支"经济增长的可持续性,成为掉进"中等收入陷阱"的诱因。换言之,社保制度建设中要防止出现从一个极端走向另一个极端的倾向。

四、结　语

　　毫无疑问,中等收入发展阶段是中国仍可以大有作为的重要战略机遇期,

---

　　①　见世界银行网站,http://data.worldbank.org/indicator/。

也是各种社会矛盾明显增多的陷阱密布期。在这个发展阶段,中国既面临难得的历史机遇,也面临诸多可以预见和难以预见的风险挑战,除前述的"转型陷阱"、"拉美陷阱"和"福利陷阱"之外,还面临着诸如"金融陷阱"的风险、"美元陷阱"的考验、"民主陷阱"的诱因、"失衡陷阱"的危险等,甚至还包括主要来自房地产市场的"资产泡沫陷阱"和来自国际舞台的各种各样的"恶意捧杀陷阱"等。这些大大小小陷阱,构成了中国独有的中等收入阶段的"阶段性新特征",形成了前所未有的"中国式"的"中等收入陷阱"的严峻挑战。

尽管如此,33 年的改革开放为中国顺利渡过中等收入阶段和跨越"中等收入陷阱"积累了丰富经验,为中国经济长远可持续发展奠定了重要基础。有理由相信,在中国发展道路上,在中国的第三次跨越中,"中等收入陷阱"必将成为历史。

参考文献:

国务院发展研究中心:《2010 年 GDP 增长率预计约 9.5%,CPI 涨幅料 3% 以内》,2010 年,见 http://cn. reuters. com/article/realEstateNews/idCNnCN833254620100103。

韩保江:《大国"后发优势"的中国机遇》,《瞭望》2010 年第 42 期。

江时学:《对拉美进口替代工业化发展模式的初步总结》,《拉丁美洲研究》1995 年第 6 期。

李名峰:《土地要素对中国经济增长贡献研究》,《中国地质大学学报》(社会科学版)2010 年第 1 期。

宋晓平:《阿根廷》,社会科学文献出版社 2005 年版。

张其仔:《能成为引擎的三个标准》,《人民论坛》2009 年第 4 期。

George J. Gilboy and Eric Heginbotham 2004,"The Latin Americanization of China?", *Current History*, September 2004, Volume 103, Issue: 674, Philadelphia. PA19127,USA.

IMF,"World Economic Outlook Database", October 2010.

Klaus Schwab,"The Global Competitiveness Report 2010 – 2011", World Economic Forum, Geneva, Switzerland, 2010.

Victor Bulmer-Thomasetc. Edited, *The Cambridge Economic History of Latin*

America，*Volume Ⅱ*，*The Long Twentieth Century*，Cambridge University Press，2008.

World Bank，"Robust Recovery，Rising Risks"，in World Bank *East Asia and Pacific Economic UpDate*，2010，Vol.2，Washington，DC，November 2010.

（本文原载于《中国人口科学》2011 年第 1 期,第 2—15 页）

第九编 中国社会保障改革与经济发展

中国失业保险基金增长原因分析及其政策选择
　　——从中外比较的角度兼论投资体制改革
中国社保"碎片化制度"危害与"碎片化冲动"探源
2009金融危机："社保新政"与扩大内需
建立社会保障"长效机制"的12点思考
　　——国际比较的角度
社会保障体系的巨灾风险补偿功能分析
　　——美国9·11五周年的启示
建立社保基金投资管理体系的战略思考
社会保险基金投资体制"2011改革"无果而终的经验教训与前景分析
费改税不符合中国社会保障制度发展战略取向

2006 年，与英国伦敦政治经济学院（LSE）的尼古拉斯·巴尔（Nicholas Barr）教授

中国失业保险基金增长原因
分析及其政策选择[*]

——从中外比较的角度兼论投资体制改革

内容提要:作者首先分析了中国失业保险基金不断增长的诸多原因,认为事业单位参加失业保险、城镇登记失业率较为稳定、覆盖面不断扩大等原因必将导致未来失业保险基金规模继续增加下去。失业保险基金投资收益率不到2%,为失业保险基金不断增加带来较大压力,导致福利损失。本文提出了应对失业保险基金不断膨胀的 5 项政策选择,并对改革失业保险制度和失业保险基金投资管理体制以提高收益率提出了政策建议,认为应将失业保险制度的责任主体改革为以省级政府为主,制度运行和基金投资均应以省级政府为责任主体,为此,提出了发行省级失业保险特种债券的改革思路。

一、失业保险基金激增原因分析:
失业基金呈刚性增长趋势

(一)失业保险基金增长迅速:受益人数下降较快

近年来,中国失业保险基金增长迅速。从 1999 年的累积结余 160 亿激增至 2009 年的 1524 亿(见图 1),10 年增长了近 10 倍,年均增长率近 20%。即使在 2008 年国际金融危机肆虐,全球失业保险基金面临巨大压力,中国新增

* 本文是在欧盟项目办与人力资源和社会保障部于 2010 年 5 月 20—21 日共同举办的《社会保险基金与就业促进国际研讨会》上提交的 PPT 基础上扩充而来的。本文形成初稿之后,孙守纪博士和齐传君博士作了评论并提出宝贵意见;人力资源和社会保障部失业保险司提供了部分 2009 年数据并提出很多宝贵意见。笔者对上述同志表示衷心感谢。

失业人员 2500 万人、占全球新增 5000 万人的一半的极端形势下①,失业保险基金仍保持着快速增长,2008 和 2009 两年净增 545 亿元,占全部滚存结余的 1/3,从而引起社会相关部门和媒体的高度关注和极大兴趣。

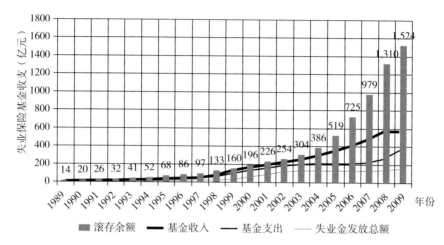

图 1　1989—2009 年中国失业保险基金收支与滚存余额增长

资料来源:国家统计局:《中国统计年鉴 2009》(光盘版),中国统计出版社 2009 年版,表 22—39;2009
　　年数据引自人力资源和社会保障部、国家统计局:《2009 年人力资源和社会保障事业发展统
　　计公报》,见人力资源和社会保障部网站。

相比之下,在金融危机期间,由于失业率剧增,全球各国失业保险基金均面临巨大压力。例如,2004 年以来,美国失业保险收入一直大于支出,但 2008 年失业保险制度收入 317 亿,而支出为 515 亿美元;2009 年失业率激增至 9.3%,制度收入降到 371 亿美元,而支出竟高达 1329 亿美元。回顾 1998 年以来美国失业保险基金收支状况就会发现,在过去的 18 年里收支总体水平均呈下滑趋势,其中有 9 年收入小于支出,6 年收支大致相抵,只有 3 年收入大于支出。总体看,18 年来收支大致平衡,没有余额。美国尚且如此,在以高福利著称的欧洲,其失业保险基金的情况就可想而知了②。

但在中国社保五险中,失业保险基金的增长幅度与其他 4 个险种几乎一

---

　　①　关于 2008—2009 年金融危机期间中国新增失业人员数量的辨析,见郑秉文:《2009 金融危机:"社保新政"与扩大内需》,《中国社会科学院研究生院学报》2010 年第 1 期。

　　②　"Contributions Collected & Benefits Paid as a Percent of Total Wages, Total UI Program Contributions Collected",见美国劳工部网站,http://www.doleta.gov/unemploy/。

样,2004—2009 年大约增长了 3 倍以上:从 2004 年的 386 亿元增加到 2009 年的 1524 亿元。同期养老保险基金从 3260 亿增加到 1.3 万亿,医疗保险基金从 958 亿增加到 4276 亿,工伤保险基金从 119 亿增加到 404 亿,生育保险基金从 56 亿增加到 212 亿①。

但相比之下,失业保险基金的扩面幅度稍显不及,缴费人数仅从 2004 年的 1.06 亿增加到 2009 年的 1.27 亿,增幅大大低于其他险种:养老保险基金覆盖人数从 2004 年的 1.6 亿扩大到 2.4 亿,医疗保险基金从 1.2 亿增加到 4.0 亿,工伤保险基金从 6800 万人扩大到 1.5 亿,生育保险基金从 4000 万扩大 1.1 亿。而失业保险受益人数却持续下降,从 2004 年的 754 万逐年依次下降到 678 万、598 万和 539 万,在金融危机期间继续下降到 2008 年的 543 万和 2009 年的 484 万②,创 2002 年以来最低点。

(二)事业单位纳入失业保险制度:形成隐性转移支付

导致失业保险基金积累不断增长的原因较多,比如:职工工资增速较快致使缴费基数不断扩大、新增参保人员的数量多于新增失业人员的数量、失业保险基金支出范围还比较窄小。此外,事业单位参保之后形成的隐性转移支付也是导致失业保险基金增长的主要原因之一。

1999 年实施的《失业保险条例》第二条规定:城镇企业事业单位、城镇企业事业单位职工依照本条例的规定,缴纳失业保险费;第六条规定:城镇企业事业单位按照本单位工资总额的百分之二缴纳失业保险费,职工按照本人工资的百分之一缴纳失业保险费。众所周知,全国范围内事业单位人事制度改革没有完全到位,失业几率很小。所以 1999 年公布的《失业保险条例》将失业保险覆盖面扩大到事业单位之后,虽然一方面解除了事业单位人员后顾之忧,但另一方面,事业单位参保相当于是对失业保险基金的一个隐性转移支付。

1.事业单位参保人数占全部参保人数的 20%。1999 年 1 月公布《条例》的当年年底失业保险制度参保人数就跃上一个台阶(见图 3),净增 1924 万

①　人力资源和社会保障部、国家统计局:历年《人力资源和社会保障事业发展统计公报》,见人力资源和社会保障部网站。

②　2009 年数据由人力资源和社会保障部失业保险司提供。2008 年以前的数据引自国家统计局:《中国统计年鉴 2009》(光盘版),中国统计出版社 2009 年版,表 22—41。

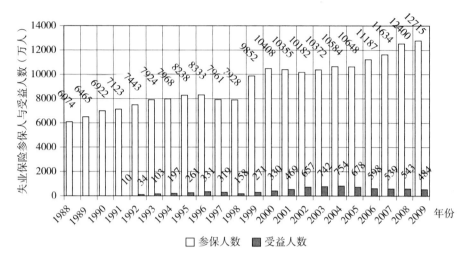

图 2　1988—2009 年中国失业保险制度参保人与受益人变化

资料来源:1988—1993 年数据引自胡晓义主编:《走向和谐:中国社会保障发展 60 年》,中国劳动社会
　　　　保障出版社 2009 年版,第 260 页,表 5—2,其中 1998 年之前的受益人数据为待业职工享受
　　　　救济人数;1994—2008 年数据引自国家统计局:《中国统计年鉴 2009》(光盘版),中国统计
　　　　出版社 2009 年版,表 22—41;2009 年数据由人力资源和社会保障部失业保险司提供。

人,增幅达 24.3%,这显然包含着事业单位职工参保的因素。随即各省市纷
纷转发该条例并公布本地的实施细则,事业单位参加失业保险覆盖面迅速铺
开,在 2000 年 8 月 4 日劳动和社会保障部、财政部发布《关于切实做好事业单
位参加失业保险工作有关问题的通知》(劳社部发[2000]14 号)时,"事业单
位参保人数已达到 1500 多万人"①。而当年全国事业单位职工为 2683 万
人②,即 1 年半之后事业单位参保率就高达 56%,占 2000 年失业保险制度参
保人数 1.04 亿人的 14.4%。据人社部的统计,到 2008 年,全国事业单位参保
人数上升到 2438 万人,占全国事业单位职工总数 2915 万人的 83.6%③,占当
年失业保险参保人数 1.24 亿人的 20%。

----

　　① 《关于切实做好事业单位参加失业保险工作有关问题的通知》(劳社部发[2000]14 号)
认为,"去年以来,各地认真贯彻《失业保险条例》和《社会保险费征缴暂行条例》(以下简称'两
个条例'),积极推动事业单位参加失业保险,目前事业单位参保人数已达到 1500 多万人"。
　　② 国家统计局:《中国统计年鉴 2000》(光盘版),中国统计出版社 2009 年版,表 5—7。
　　③ 当然,各地事业单位参保率差异较大,有的省份已基本实现了应保尽保,例如,据有关报
章介绍,河南省早在 2008 年就实现了 98.5%,为全国位居第一。参见《商报》2008 年 3 月 12 日。

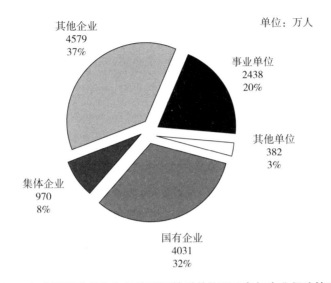

图 3　2008 年中国事业单位和其他不同性质单位职工参加失业保险情况

资料来源:胡晓义主编:《走向和谐:中国社会保障发展 60 年》,中国劳动社会保障出版社 2009 年版,第
　　　311 页,表 5—4。

2. 事业单位缴费收入占当年缴费总收入的 10%。2009 年全国事业单位
缴费基数约 4000 亿元,缴费总额为 59 亿元[1],占全年总收入 580 亿元的
10%,占全年总支出 367 亿元的 16%[2]。这就与上述事业单位参保人数占全
部参保人数百分比的数据产生较大差距,人均费基仅为 16406 元(4000 亿/
2438 万人),而全国事业单位职工人均工资为 29758 元[3]。但如按《条例》规
定的 3%费率计算,当年事业单位缴费总额应为 218 亿元,应占 2009 年总收入
的 37%和总支出的 59%。造成这种差距的原因可能有三方面,即欠费情况较
为普遍、费基较小、实际费率较低。

第三,1999 年以来事业单位缴费贡献率占目前失业保险基金历年累计
结余的 27%。从前述数据和分析可看出,十一年来事业单位参保人数占全
部参保人数比重的中位数为 17%,但对失业保险基金的"实际贡献率"则小

---

[1]　人力资源和社会保障部失业保险司提供了 2009 年数据。

[2]　2008 年及以前的数据均引自国家统计局:《中国统计年鉴 2009》(光盘版),中国统计出
版社 2009 年版,表 22—39。

[3]　本文关于 2008 年事业单位职工人数和人均工资、不同性质企业的平均工资等数据均引
自国家统计局:《中国统计年鉴 2009》(光盘版),中国统计出版社 2009 年版,表 4—6,4—25。

于17%。然而考虑到差额拨款事业单位缴费的情况之后,这里将"实际贡献率"取值为12%。以此系数来推算,剔除事业单位缴费后,十一年来失业保险基金收入年均减少几十亿元,其中2002年所剩无几(见表1)。到2009年年底,失业保险基金累计结余应为1102.5亿元(969.5亿加上1998年底滚存结余133亿元,见图1和表1),而不是1524亿元。换言之,事业单位缴费大约总计贡献了422亿元,即在目前1524亿元累计结余中,27.6%来自事业单位或可视为由事业单位缴费形成,即事业单位的隐性转移支付占1/4强。

表1　剔除事业单位缴费后的收支结余估算

(单位:亿元)

年份	剔除前当年收入	剔除后当年收入	当年支出	剔除后当年结余
1999	125.2	110.2	91.6	18.6
2000	160.4	141.2	123.4	17.8
2001	187.3	164.8	156.6	8.2
2002	215.6	189.7	186.6	3.1
2003	249.5	219.6	199.8	19.8
2004	291.0	262.1	211.0	51.1
2005	340.3	299.5	206.9	92.6
2006	402.4	354.1	198.0	156.1
2007	471.7	415.1	217.7	197.4
2008	585.1	514.9	253.5	261.4
2009	580.0	510.0	367.0	143.4
总计	3608.5	3181.6	2212.1	969.5

资料来源:根据国家统计局:《中国统计年鉴2009》数据计算(光盘版),中国统计出版社2009年版,表22—39。2009年数据引自人力资源和社会保障部、国家统计局:《2009年人力资源和社会保障事业发展统计公报》,见人力资源和社会保障部网站。

(三)未来城镇登记失业率不会超过4.3%:失业保险基金将不断膨胀

未来若干年内,失业保险基金规模不断扩大将呈刚性发展趋势。如果事业单位参加失业保险制度的政策和事业单位人事政策没有较大变化,来自其隐性转移支付的"财政支持"仍将导致失业保险基金不断膨胀下去。此外,未来城镇登记失业率也是影响失业保险基金不断增长的另一个因素。

过去 9 年城镇登记失业率平均为 4.1%,在金融危机最为深重的 2008 年和 2009 年,城镇登记失业率仍分别为 4.2% 和 4.3%(见表 2)。鉴于此,未来城镇登记失业率将难以超过 4.3%,因此,失业保险基金规模不断增长将没有任何悬念。

表 2　2001—2009 年中国城镇登记失业率与失业人数变化

年份	城镇登记失业率(%)	城镇登记失业人数(万人)
2001	3.6	681
2002	4.0	770
2003	4.3	800
2004	4.2	827
2005	4.2	839
2006	4.1	847
2007	4.0	830
2008	4.2	886
2009	4.3	921
平均	4.1	822

资料来源:人力资源和社会保障部、国家统计局:历年《人力资源和社会保障事业发展统计公报》,见人力资源和社会保障部网站。

(四)未来覆盖面不断扩大:失业保险基金不断膨胀前景预测

覆盖面不断扩大是失业保险基金不断增长的主要原因。随着覆盖面的不断扩大,失业保险基金积累规模必将不断增加。2008 年末全国就业人员 7.75 亿人[①],参保人员 1.24 亿人,覆盖率为 16%。在城镇就业人员 3.02 亿人中,城镇单位就业人员 1.22 亿人,在岗职工 1.15 亿人,这说明城镇单位就业人员已基本实现应保尽保。但是,如按下面几个口径进行分析,失业保险覆盖面还有进一步扩大的可能性。

第一,从"二产"就业农民工数量来看,还有较大的扩面余地。扩面的目标群体主要是农民工:第二产业 2.11 亿人,占 27%;第三产业 2.57 亿人,占 33%。

---

① 以下城镇的就业情况和农民工的数据均引自人力资源和社会保障部、国家统计局:《2008 年度人力资源和社会保障事业发展统计公报》,见人力资源和社会保障部网站。

"二产"是指制造业,电力、燃气及水的生产和供应业,再加上一部分"三产"农民工从业人员,他们都是有雇主的单位,具有参保的条件,尤其是农民工数量占绝对优势的建筑业等,显然还有较大的扩面余地。据 2008 年底的数据,全国农民工总量为 2.25 亿人,其中外出农民工数量为 1.40 亿人,而参加失业保险的农民工人数仅为 1549 万人①,占外出农民工总数的 11%。照此测算,还有 1 亿就业人员应覆盖进来,参保率从目前的 16% 提高到 27%—32% 是可行的。

第二,1997 年东亚金融危机之后的经验显示,中国失业保险还存在扩面的较大空间。中国失业保险制度在城镇的覆盖人口至少应为 2.1 亿—2.5 亿人,参保率为 27%—32%。这个估算是符合实际的,例如,在 1997 年东亚金融危机之前韩国和中国台湾的参保率很低,危机之后的参保率分别提高到 33.3% 和 35.9%(见表 3)。

表 3　东亚金融危机前后韩国和中国台湾省失业保险覆盖率变化

年份		1997	1998	1999	2000
覆盖人数占适龄劳动人口比例(%)	韩国	7.8	26.3	33.1	33.3
	中国台湾	—	—	13.0	35.9

资料来源:郑秉文:《金融危机引发社保制度改革不断深化》,《中国证券报》2009 年 7 月 6 日第 A14 版。

第三,农民工加入失业保险的可行性。1997 年东亚金融危机之后失业保险覆盖面扩大的经验与中国二产就业人员结构所揭示的潜在覆盖对象群体均说明,失业保险覆盖面扩大一倍之后,其覆盖的主要群体正好是农民工这个群体,在数量上二者是基本吻合的。当然,农民工流动性很强,道德风险容易导致制度财务可持续性出现问题,这为扩面带来许多挑战。但如果对失业保险制度的待遇计发规则(异地发放等)和资格要求(连续工作时限和相对固定的住所等)等作出适当调整,以适应特殊时期的社会转型需要,适合季节性工种和建筑业等领域农民工参保,甚至适合城镇服务行业就业的农民工群体参保,有雇主的农民工参加失业保险制度是完全可行的。在这方面,美国的一些经验可资借鉴,例如美国《联邦失业税收法案》规定,雇主只要雇佣一个雇员达

———————

① 以上数据引自国家统计局:《中国统计年鉴 2009》(光盘版),中国统计出版社 2009 年版,表 4—1。

20周以上就必须参保,包括州政府公务员系统。很多州在立法中对覆盖对象的要求常常超出了联邦政府的规定,有些州立法将家庭帮工和家庭服务机构也纳入覆盖范围,对雇员工作时限最低要求放得更宽。美国失业保险制度的覆盖率之所以很高,对工资收入的就业人口覆盖率高达95.5%左右[①],其主要做法就是将流动性较强的非正规就业人员也纳入进来。在这方面,各州作为统筹单位,具有较高激励性,立法比较灵活。

此外,失业保险还要加强反福利欺诈的制度建设,将参保人道德风险降到最低程度,同时,还要防止雇主与雇员的合谋。当然,失业保险覆盖面扩大到农民工群体之后,关键还要其他经济社会条件的及时跟进,例如加速城镇化进程,提高经济的正规化程度等。

二、应对失业保险基金不断增长的政策选择:制度改革的取向

金融危机以来,许多学者疾呼大幅提高社保待遇水平,包括养老、医疗、失业等。其理由有二:一是提高消费能力,扩大内需;二是中国失业保险基金增长迅速,滚存积累日益增加,大幅提高失业金的标准可减缓基金增值保值的压力。那么,中国失业保险金的水平是高还是低? 低多少? 应该提高多少? 如何看待和应对失业保险基金不断增长的趋势? 如何看待失业保险制度和失业保险基金管理体制改革的政策选择? 对此,笔者提出如下一些看法。

(一)政策选择之一:失业金替代率可适当上调

《失业保险条例》第十八条规定:失业保险金的标准,按照低于当地最低工资标准、高于城市居民最低生活保障标准的水平,由省、自治区、直辖市人民政府确定。在实践中,中国失业金属于非家计调查式定额给付,水平通常为当地最低工资的60%—80%之间[②]。2006年全国平均失业保险待遇为300元[③],而当年城镇在

---

① BLS, "Technical Note, in News Release", Bureau of Labor Statistics, U.S. Department of Labor, Thursday, April 1, 2010, USDL—10—0393.p.7.

② 胡晓义主编:《走向和谐:中国社会保障发展60年》,中国劳动社会保障出版社2009年版,第314页。

③ 白维军:《金融危机背景下中国失业保险制度的功能缺失与制度优化》,《技术经济与管理研究》2009年第6期。

岗职工月均工资为1769元,即失业保险金的替代率为全国在岗职工社平工资的17%。纵向看,中国失业金替代率总体水平呈下降趋势,例如,10年来北京失业保险金下降了将近一半左右:1999年北京市职工月均工资为1124元,失业保险金为333元①,替代率则高达30%;而2009年北京市职工月均工资3726元②,失业保险金为617元③,替代率下降到17%。与欧盟国家相比(见表4),中国失业保险金的替代率确实显得低了一些,即使与美国相比,中国失业保险替代率也是非常低的,还有较大上调空间。

适当上调失业金的水平可提高失业者的生活水平,扩大内需,在一定程度上还可缓解不断增加的失业保险基金的压力。

表4 欧盟部分国家失业保险缴费水平与待遇标准

国家	缴费比例	失业保险金水平
德国	雇主1.65%、雇员1.65%	参考工资的60%—70%,并根据家庭成员情况调整
比利时	雇主1.46%、雇员1.46%	参考工资的55%—60%,并根据家庭成员情况调整
丹麦	2/3来自税收、1/3来自缴费	参考工资的90%到最高工资
西班牙	雇主5.75%、雇员1.55%	参考工资的90%到最高工资
法国	雇主4.0%、雇员2.4%	参考工资的57.4%—75%
荷兰	雇主4.75%、雇员3.50%	前两个月为参考工资的75%,之后调整到70%
葡萄牙	雇主1%、雇员1%	参考工资的65%到最高标准
卢森堡	完全由税收解决	参考工资的80%,如有子女抚养,可提高到85%

资料来源:阿塔·侯赛因:《欧盟各国的失业保险计划》,《中国社会保障》2009年第1期。

(二)政策选择之二:扩大覆盖面以提高制度的"瞄准率"

自1999年实施《失业保险条例》以来,其受益人数量曲线呈抛物线状:从

---

① 北京市人力资源和社会保障局课题组:《北京市失业保险基金促进就业与预防失业功能研究》,《北京劳动保障职业学院学报》2009年第4期。
② 北京市人力资源和社会保障局:《关于2010年度社会保险缴费基数及相关待遇水平核定有关问题的通知》(京人社保发[2010]89号),2010年4月12日。
③ 北京市人力资源和社会保障局课题组:《北京市失业保险基金促进就业与预防失业功能研究》,《北京劳动保障职业学院学报》2009年第4期。

2004 年最高点持续下降,包括金融危机期间的 2007 年和 2008 年仍连年走低,到 2009 年出人意料地创下 2002 年以来最低点。而同期城镇登记失业率曲线则略微上扬,形成一个"剪刀口",并具有逐年扩大的趋向。出现"剪刀口"的原因较多:首先,2002—2004 年国有企业改革产生的大量下岗职工离开"待业中心",导致享受失业保险待遇的人数激增,形成高峰,但随着企业冗员的减少和退出,企业职工队伍逐渐开始相对稳定,从 2004 年开始享受失业待遇人数逐年减少。其次,近年来,促进就业政策逐渐开始发挥作用,城镇失业人员数量有所减少。最后,由于参保意识淡漠等原因,流动性较大和失业风险较大的群体没有被覆盖进来,覆盖进来的群体中有相当一部分人就业比较稳定,再加上统筹层次太低和财政分灶吃饭等原因,个别统筹单位出现的"道德风险"导致失业保险制度出现"逆向选择"①。

"剪刀口"的出现显示,一方面城镇登记失业人数居高不下,而另一方面受益人数量则不断下降,进而导致失业保险基金余额增长迅速。尤其是金融危机期间领取失业金人数没升反降,这与新增 2500 万失业人员的事实形成巨大反差(新增失业人员主要为农民工,所以这里将其近似等于农民工)。2009 年农民工参加失业保险制度的人数为 1643 万人,按全国农民工 2.30 亿这个"大口径"来计算,其参保率仅为 7.1%;如按"外出农民工"为 1.45 亿这个"小口径"来计算②,参保率为 11.3%(假定参保农民工均为外出农民工)。这 2

---

① 道德风险(moral hazard)和逆向选择(adverse selection)本是信息经济学和委托代理理论的术语,其特定含义是指自由市场经济下出现的两个经济现象:道德风险指从事经济活动的人最大限度地增进自身效用,同时又做出不利于他人的行动,属于一种不完全承担风险后果的自私行为;逆向选择指在道德风险作用下,交易双方信息不对称,于是造成市场价格下降,继而导致劣质品驱逐优质品,进而出现市场交易产品平均质量下降,最终导致交易失败和市场失灵,最典型的案例是保险市场。本文这里讨论的是强制性保险,不属市场交易范畴,道德风险只是一种"借用",意指在统筹层次十分低下的情况下,由于财政分灶吃饭等体制约束,统筹单位对参保群体进行利我主义的"撇奶油行为"的主观故意。"反向选择"(reverse)这个词是笔者对逆向选择(adverse)的一个"移用",意指在利我主义的"撇奶油行为"的主观故意下,低风险群体常常受到失业保险制度的欢迎,而真正需要失业保险的高风险群体则常常没有被"选"进来,因为他们不能为地方失业保险基金增长作出贡献。所以,"反向选择"是失业保险统筹层次低下和地方政府道德风险的一个必然结果。从某种意义上说,10 年前将事业单位纳入失业保险制度是一个最大的"反向选择",即使在今天,事业单位分类制改革才刚刚开始,事业单位用工制度改革遥遥无期,因此,事业单位是失业保险制度一个最大的奶油。

② 人力资源和社会保障部、国家统计局:《2009 年人力资源和社会保障事业发展统计公报》,见人力资源和社会保障部网站。

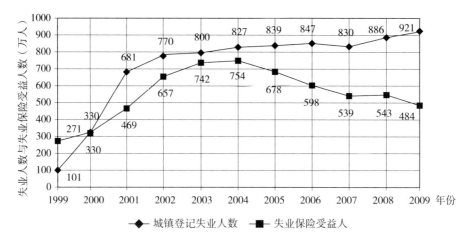

图4 2001—2009 年中国城镇登记失业人数与失业保险受益人数的关系

资料来源:2008 年之前的数据引自国家统计局:《中国统计年鉴 2009》(光盘版),中国统计出版社 2009 年版,表 22—41;2009 年受益人数量由人力资源和社会保障部失业保险司提供。

组数据均说明,农民工参保率太低。2009 年全国领取失业金人数为 484 万人,即使假定他们全部为农民工,大口径下领取失业金的农民工仅为 2.1%,小口径下是 3.3%。

中国失业保险受益率的"剪刀口"现象显示,中国失业保险的"瞄准率"出现了严重偏差。失业保险制度的受益人对象应重点"瞄准"进城务工的有雇主的农民工群体和城镇有雇主的就业群体,以避免"剪刀口"的进一步扩大。这既是目前缓解失业保险基金压力的一个途径,也是充分发挥失业保险制度功能的本质体现。因此,在覆盖面扩大过程中缩小"剪刀口"和提高失业保险制度的"瞄准率",既是统筹层次低下的条件下提高失业保险基金使用效率、缓解失业基金增长压力的重要政策取向,也是应对失业高峰和给付风险、充分发挥失业保险制度功能的需要。要达到这些目标,就必须改善失业保险统筹单位的激励机制,改革地方失业保险经办机构的评价标准,防止失业保险制度的财务指标的锦标主义,防止失业保险基金增长至高无上的盲目崇拜。

(三)政策选择之三:设立延长失业金期限的三条"红线"

《失业保险条例》第十七条规定:失业人员失业前所在单位和本人按照规定累计缴费时间满 1 年不足 5 年的,领取失业保险金的期限最长为 12 个月;累计缴费时间满 5 年不足 10 年的,领取失业保险金的期限最长为 18 个月;累计缴费时间 10 年以上的,领取失业保险金的期限最长为 24 个月。与欧盟国家的缴费期限和待遇期限相比(见表 5),即使与一些同等发展水平的发展中国家相比,中国失业保险的待遇期限显得太低,还有一定的放宽空间。

表 5　欧盟部分国家失业保险金的待遇期限

国家	最短参保期限	最长申领期限
德国	过去 2 年内参保 12 个月	6—24 个月
比利时	过去 18 个月内参保 12 个月	不限制
丹麦	过去 3 年内参保 52 周	4 年
西班牙	过去 6 年内参保 12 个月	4—24 个月
法国	过去 22 个月内参保 6 个月	7—36 个月
英国	每 2 年参保时间为 1 年,根据收入水平而定	182 天—6 个月
荷兰	过去 36 个月内参保 26 个月或每 5 年内参保 4 年,每年参保 52 天	3 个月或 3—38 个月
葡萄牙	过去 24 个月内参保 15 个月	9—38 个月
卢森堡	过去 12 个月内参保 6 个月	等于参保的时间

资料来源:阿塔·侯赛因:《欧盟各国的失业保险计划》,《中国社会保障》2009 年第 1 期。

　　建立失业保险制度的目的是为了保护劳动力的失业风险,调节经济周期导致的贫困发生率,在一定时期内和一定程度上熨平失业人口的消费水平,以保持和促进经济增长和社会发展。但是,适当延长失业金待遇期限,一定要依据相应的法定程序,为失业保险待遇支付标准设立若干"红线",以充分发挥失业保险反危机的功能。

　　第一,为"总失业率"设定一条失业金自动延期的红线。"总失业率"(Total Unemployment Rate,简称 TUR)即媒体俗称的"失业率",是指失业人数占"全国劳动力"的百分比。"全国劳动力"是指除军队服役、监狱服刑或精神病患者以外的 16 岁至 65 岁的就业人员和失业人员以及积极寻找工作的人数总和。绝大部分发达国家对失业人数和失业率的统计采用的是"调查失业率",例如,美国是对入户调查和机构调查的数据调整之后给出一个"总失业率"。由于发达国家农业人口比例很小,所以,有关国家发布的"非农部门"失业率常常被替代为"总失业率"来使用。2009 年美国劳动力人数为 1.55 亿人，"总失业率"为 9.3%，失业人口 1400 万人①。

对一个经济体而言，不同经济周期和历史时期所能承受的失业率是不同的。一般而言，在经济萧条时期"标准失业率"可上调一些，例如，美国平均失业率在 20 世纪 50 年代是 4.2%，60 年代是 4.3%，70 年代是 6.0%，80 年代是 7.2%，90 年代是 5.7%，2000—2009 年是 5.7%；其中最低年份是 1953 年的 2.9%，最高是 1982 年的 9.7%②。在 1973 年全球性石油危机和 1979—1982 年世界性经济危机期间，失业率上升之后"标准失业率"得以上调。美国劳工统计局每月公布一次"标准失业率"，其目的就是为当前所能承受的失业率给出一个"参考值"。

经济体内不同地区之间所承受的失业率也是不同的。美国 2009 年给出的标准失业率是 6.5%，其目的就是为各州启动自动延长待遇期设定一个红线：如果超过 6.5%，便可顺延失业金期限 13 周；如果超过 8.0%，便可顺延 20 周③。

中国地区间发展很不平衡，中央政府可定期发布统一的参考值，各省级政府根据省情予以调整。例如，沿海发达地区设定的红线可以稍低一些，而中西部地区可以稍高一些。即使在发达地区，出口加工型企业密集的地区在经济周期中应采取等级红线制度，根据不同失业率延长失业金待遇期。达到某个失业率红线之后，延长失业金期限的程序便自动启动。当然，问题是中国失业保险覆盖率很小，采取的是城镇登记失业率，难以反映 2 亿多流动就业人口的真实失业情况，这就为设立失业金延期红线增加了一定困难。

第二，为"参保失业率"设定一条失业金自动延期的红线。"参保失业率"（Insured Unemployment Rate，简称 IUR）是指失业并领取失业金的人数占正在就业的全部参保人的百分比，但不包括领取失业金资格已经过期但还未实现再就业的失业人数④。这个指标在覆盖率很高的国家几乎等于正规部门的就业人口的数量。例如，2008 年美国失业保险制度（UI）和"联邦雇员失业补

①　BLS, "The Employment Situation-June 2010 in News Release", Bureau of Labor Statistics, U.S. Department of Labor, Thursday, June 2, 2010, USDL—10—0886, pp.1－4.

②　根据美国劳工部网站（http://www.doleta.gov/unemploy/）的资料计算得出，见 Average Duration vs. Total Unemployment Rate。

③　National Employment Law Project, "The Economic Recovery Bill's New EB State Option", February 16, 2009, NELP, p.2.

④　BLS, "Technical Note, in News Release", Bureau of Labor Statistics, U.S. Department of Labor, Thursday, April 1, 2010, USDL—10—0393, pp.7－9.

偿"制度(UCFE)每周平均失业金 840 美元,覆盖的雇主为 906 万个,工作岗位数量有 1.348 亿个,人数是 1.294 亿人(对兼职岗位调整以后),占全部工资领取者就业总人数的 95.5%;工资总额为 6.14 万亿美元,占全国个人总收入的 93.8%、美国 GDP 的 42.5%。"参保失业率"不包括自雇者、大部分小农场的农业工人、军队官兵、铁路雇员(另有制度)、在校学生和某些小型 NPO 雇员等。由于美国失业保险制度几乎覆盖了所有正规部门[①],所以美国的"参保失业率"很低,正常年份从未超过 5%。即使 2009 年美国各州平均"参保失业率"仅为 4%,在过去的几十年历史上,只有 1974—1975 年、1984 年和 2010 年上半年超过了 5%[②]。根据规定,一旦"参保失业率"超过 5% 这个红线,"延伸失业金"程序便开始启动。

自 1999 年中国政府出台《失业保险条例》以来,"参保失业率"曲线呈一个草帽状:2003 年达到顶点,为 7.7%;随后便逐年下滑,包括金融危机的 2007 和 2008 年在内,分别下滑到 4.8% 和 4.4%;2009 年继续下滑至 3.8%,成为 2001 年以来的最低点(见图 5)。理论上讲,失业保险覆盖率越狭小,"参保失业率"所表达的"总失业率"就越失真,甚至可以造成假象。尤其在金融危机冲击期间,如果"参保失业率"的变化方向与"总失业率"相反,就只能说明这个失业保险制度的瞄准率较低,其结果就只能是推动失业保险基金规模继续增长。这是因为,从本质上讲,在融资方式现收现付的大数法则下,"参保失业率"是考察失业保险制度财务状况的一个重要指标,实际就是这个制度的"财务支持率",这个比率越低,失业保险制度的财务状况就越好,基金积累就越大。但是,与养老保险不同的是,这不是失业保险制度追求的财务目标,因为失业高峰的周期与经济周期具有高度相关性,它们是同向的。

与"总失业率"和"失业受益率"相比,"参保失业率"的历史数据是最为完整和规范的;在过去的 11 年里,有一半年份的"参保失业率"低于 5%;随着制度覆盖面的不断扩大,这个比率将会呈现出逐渐降低的趋势。那么,在社保制度不断扩面的特殊背景下,如何为"参保失业率"设定一个红线? 有两个思

---

① 正是由于美国失业保险制度几乎覆盖了所有正规部门,所以,有些美国文献对 IUR 给出的概念解释是领取失业金人数占正规部门就业人数活非农就业领薪就业人口的百分比。这个解释是不准确的。

② DOL, "UI Data Summary FY 2008 Budget Mid-session Review", U.S. Department of Labor, p.4.

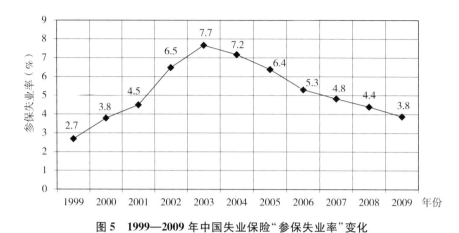

图 5　1999—2009 年中国失业保险"参保失业率"变化

资料来源:2008 年之前的数据根据国家统计局:《中国统计年鉴 2009》(光盘版),中国统计出版社 2009
　　　　年版,表 22—41 的数据计算得出;2009 年受益人数量由人力资源和社会保障部失业司提供。

路可供决策者选择:一是由中央政府定期公布一个统一参考值,由省级政府根
据其经济发展水平另行制定各自的红线,报中央政府核准审批;二是由各省以
过去若干年的平均"参保失业率"为基数,当上升幅度达到某个规定的比例
时,例如达到过去 3 年"参保失业率"平均值的 30%时,该省便自动进入延长
失业金待遇期的程序,并对延期的期限作出具体规定。

　　第三,为"失业受益率"设定一条红线。"失业受益率"(Recipiency Rate,
简称 RR)是指失业金领取人数占全国失业人数的百分比。这是衡量一国失
业保险制度瞄准率和覆盖率的一个主要标尺,但受到制度设计理念和福利模
式的约束,国家之间差距较大,即使在一国之内也会受到执政理念和国家财政
状况的较大影响。例如,在 20 世纪 50 年代,美国"失业受益率"大约是 50%,
60 年代和 70 年代下降到 40%左右,80 年代继续下降到 35%左右,其中 1984
年下降到最低点 29.5%,90 年代继续维持在 35%;进入本世纪以来平均水平
回升到 38%[1],但总体呈下降趋势,从 2001 年的 44%下滑到 2008 年的 37%,
2009 年回升至 40%(见图 6)。

　　从美国长达 60 年的"失业受益率"曲线来看,剔除其他因素之后,它基本
与经济景气情况联系在一起。经济繁荣时,"失业受益率"走低,经济萧条时,

―――――――――

　　[1]　"Regular Program Insured Unemployment as a Percent of Total Unemployment",见美国劳工
部网站,http://www.doleta.gov/unemploy/。

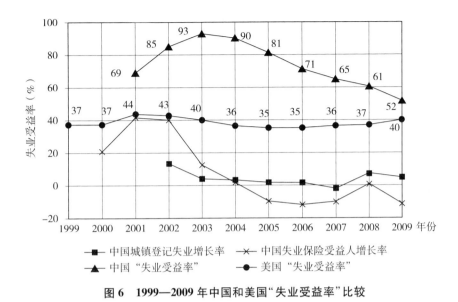

图6　1999—2009 年中国和美国"失业受益率"比较

资料来源:中国的数据引自国家统计局:《中国统计年鉴2009》,中国统计出版社2009年版;美国资料引自"Regular Program Insured Unemployment as a Percent of Total Unemployment",见美国劳工部网站,http://www.doleta.gov/unemploy/。

"失业受益率"就走高。但相比之下,中国的"失业受益率"统计只能根据城镇登记失业率来测算,存在很多问题:首先,1999 年出现"倒挂"现象(城镇登记失业人数 101 万人,失业保险受益人数 271 万人),2000 年受益率几乎是100%。其次,即使剔除 1999 年和 2000 年的不正常情况之后,2001—2009 年中国的平均失业受益率也为 71%,远远高于美国的 38%,但这显然是表面现象,因为中国使用的城镇登记失业率要小于调查失业率。再次,在金融危机期间受益率不升反降,从 2007 年的 65% 下降到 2008 年的 61%,再下降到 2009年的 52%,这是一件十分反常的现象,足以说明失业保险制度"瞄准率"出现了严重偏差。最后,2003 年以来,城镇登记失业人数增长率始终高于受益人数增长率,前者只有 1 年为负值,而后者有 4 年为负值。

　　由于二元结构和失业保险制度覆盖率狭窄等原因,失业保险制度的"瞄准率"难以短期内获得较大提高。于是,由于城镇登记失业率与"失业受益率"在一定程度上存在的"两张皮"和"剪刀口"现象在一定时期内将难以完全消除,失业保险基金增长在一定程度上就存在着刚性。这样,由于根据城镇登记失业率难以给出一个真实的"失业受益率",为其设定一条自动启动的预警红线并采取相应措施就显得十分困难。鉴于此,可以授权地方政府,在失业保险基金累计余额较多的地区,当受益率下降到一定程度时,经过上级政府批准之后可在某些系数上作一定调整。

(四)政策选择之四:建立失业保险费率调节机制及其权力下放

第一,事业单位可视为失业保险基金的一个"收入调节阀"。前述分析显示,如剔除事业单位参加失业保险制度这个因素,私人部门的"制度支持比"较为恰当,收入略大于支出,基金略有结余。于是,在失业保险基金投资体制眼下难有突破、事业单位用工制度改革难以一步到位的情况下,事业单位缴费可以作为基金收入的一个"调节阀",旨在缓解失业保险基金规模激增的压力。换言之,在失业保险基金规模较大时可暂时下调事业单位的缴费比例,反之在失业高峰时可临时上调。与基本养老保险和医疗保险制度不同的是,失业保险基金的支付风险及其财务可持续性具有较强的周期性,受经济景气情况的影响非常大。正是基于失业保险基金的这个特征,可将事业单位缴费视为一个"制度收入调节阀"。

第二,失业保险费应建立自动调节机制。随着失业保险覆盖面的逐渐扩大和失业保险基金规模的不断扩大,建立失业保险费率"自动调节机制"(AAM)已显得十分紧迫。在金融危机期间,减缓失业保险费被纳入社保新政之中,可被视为一次"实验",积累了一些经验。2008年年底,人力资源和社会保障部、财政部、国家税务总局3个部门联合下发了《关于采取积极措施减轻企业负担稳定就业局势有关问题的通知》(人社部发〔2008〕117号),明确了阶段性降低失业保险费率、缓缴失业保险费等一系列社保新政。对此,全国各地积极响应,结合本地实际情况及时出台贯彻落实文件和实施方案,为应对金融危机和稳定就业作出了贡献。例如,自2009年1月1日起,北京失业保险费率由原来的单位缴1.5%、个人缴0.5%分别下调至1.0%和0.2%,降幅达40%①;广州从3%降到0.3%。据统计,2009年1—6月,通过降低失业保险费率和缓缴失业保险费,直接减轻企业负担达42亿元,涉及企业290万家,职工8200万人②。

---

① 北京市人力资源和社会保障局课题组:《北京市失业保险基金促进就业与预防失业功能研究》,《北京劳动保障职业学院学报》2009年第4期。

② 胡晓义主编:《走向和谐:中国社会保障发展60年》,中国劳动社会保障出版社2009年版,第273、274页。

　　第三,建立失业保险基金"自动调节机制"的核心是失业保险的责任主体应从中央政府下沉到省级政府。各省失业保险情况差异性较大,例如,2008 年底广东省滚存结余 170 亿元,而有些省份只有 6 亿(见表 6);鉴于此,在立法上中央政府只需制定一个统一的"基金储备率"即可,事业单位缴费率和企业单位失业保险费率的浮动调节权力均应全部下放到省级政府,由各省根据基金状况随时调节费率,以实现自我平衡和略有结余的制度目标。

表 6　2008 年中国失业保险参保人数与基金结余分布状况

省份/地区	参保人数（万人）	年末领取失业保险金人数（万人）	基金收支情况（亿元）			省份/地区	参保人数（万人）	年末领取失业保险金人数（万人）	基金收支情况（亿元）		
			基金收入	基金支出	累计结余				基金收入	基金支出	累计结余
全国	12399.8	261.2	585.1	253.5	1310.1	华中:3288 万人,309 亿元					
华北:1866 万人,209 亿元						河南	683.4	18.4	18.1	12.8	33.4
北京	614.3	2.6	34.7	13.5	71.6	湖北	422.9	7.4	15.4	8.4	33.7
天津	232.5	3.2	16.9	5.0	38.2	湖南	390.1	8.3	11.5	6.6	24.0
河北	481.7	9.8	21.9	8.2	49.9	广东	1471.9	13.7	55.3	13.5	173.3
山西	312.2	7.3	12.7	4.7	32.3	广西	234.6	8.0	11.7	4.3	33.7
内蒙古	225.5	3.1	7.6	3.2	17.4	海南	84.7	3.3	3.8	1.7	10.5
东北:1324 万人,99 亿元						西南:988 万人,119 亿元					
辽宁	622.7	15.7	30.7	13.9	25.2	重庆	210.1	4.4	8.7	2.5	17.6
吉林	233.7	16.5	9.6	5.7	23.4	四川	436.9	12.2	22.2	11.0	35.9
黑龙江	467.6	10.3	16.1	5.4	50.6	贵州	141.4	1.3	7.0	2.1	29.8
华东:4137 万人,478 亿元						云南	191.9	3.7	11.6	2.5	32.1
上海	511.8	14.0	53.9	44.3	69.3	西藏	7.8	0.0	0.7	0.5	3.4
江苏	1052.2	21.5	59.3	27.5	119.0	西北:797 万人,96 亿元					
浙江	731.1	6.3	36.2	9.9	101.6	陕西	329.3	9.1	13.9	6.0	30.0
安徽	373.1	12.8	14.4	7.2	18.5	甘肃	162.6	5.6	6.5	3.4	13.1
福建	338.7	4.6	14.0	4.0	39.2	青海	35.4	2.3	2.6	1.2	6.6
江西	266.3	3.4	6.4	2.0	18.3	宁夏	44.4	1.4	2.6	0.9	5.8
山东	864.1	24.9	45.3	14.4	112.1	新疆	224.8	6.1	14.0	7.2	40.5

资料来源:国家统计局:《中国统计年鉴 2009》,中国统计出版社 2010 年版。

从近十几年来欧洲国家改革潮流来看,失业保险的责任主体呈逐渐下沉趋势。美国失业保险制度从 1935 年建立之日起就是由联邦政府和州政府共同举办的保险项目:联邦政府仅制定基本原则,失业保险的举办、管理和运行均由各州负责,它们赋有失业税的自动调节职能。1970—2008 年美国失业税收入与失业金支付两条曲线(见图 7)显示两个特点。一个特点是在过去 40年里,凡是在经济危机期间出现支付曲线高峰时,其征缴税率次年便必然提高,时滞大约 1 年,在持续爬升大约 3—4 年后达最高点,然后开始下滑。这两条曲线呈交叉式的顺周期起伏波动状态,失业税收入对失业金支付高峰时出现的缺口的"弥补行为"主要发生在"事后",而无须"事前"积累,这是失业保险与养老和医疗等最大的区别之一。

图7　1970—2008 年美国失业税收入与失业金支出

资料来源:Contributions Collected & Benefits Paid, as a Percent of Total Wages,见美国劳工部网站 http://www.doleta.gov/unemploy/。

另一个特点是,40 年来征缴税率和支出标准占全部工资比重均呈同步下降趋势,而没有单纯追求基金的积累,这个规律可被视为失业保险制度和失业保险基金追求的一个目标,即收支大致相抵,略有结余。正如美国 2009 年的财务报告所言,"联邦政府没有为将来支付失业保险金或劳工部其他相关的支出而储备专项资金"①。例如,根据美国劳工部的年报,截至 2009 年 9 月 30 日,劳工部失业保险"联合资产负债表"的资产总额为 441.8 亿美元,其中,从财政部贷款 144 亿,投资 201.1 亿,利息收入 54.7 亿,自有房产和设备等 42 亿。其实,这 441.8 亿美元的"资产"就是失业保险的"全部债务"与"金融状况"的合计,其中债务 296.6 亿,净金融状况 145.3 亿。由于美国的"联邦失业税"和"州失业税"均全部进入"失业信托基金"(UI),该基金将其几乎全部用于政府债券投资。截至 2009 年 9 月 30 日,该基金净值合计仅为 198.45 亿美元,其中,其持有 2010 年 6 月 30 日到期的特种国债 3.34 亿美元(利率 3.25%),2011 年 6 月 30 日到期的特种国债 192.94 亿美元(利率 4.5%),利息收入 2.17 亿美元②。

从理论层面看,失业保险基金储备规模还没有一个国际公认的量化指标,各国都在探索之中。重要的是,美国的情况稍好,而大部分欧洲发达国家失业保险基金则需要财政补贴。

第四,建立失业保险制度"自动调节机制"是失业保险制度应具备的一个机制。在私人市场上,由于信息不对称,"道德风险"和"逆向选择"常常导致市场失灵,尤其对失业保险而言,道德风险使保险商很难辨明和判断失业的真正原因,其识别成本非常高以至于使之成为不可能。失业风险的概率与经济景气情况等因素高度相关,风险比较集中,通过集合风险的办法难以分散总的风险。逆向选择的存在导致难以制定一个理想的保费标准,尤其对不同风险的群体难以识别和难以制定不同的费率。所以,失业保险的这些特点导致其私人保险市场效率必然十分低下,难以产生市场供给,或者说,失业是一种市场不可保的风险,只能由国家作为一项公共产品予以提供。于是,由国家"垄断提供"的失业保险项目制定的费率也具有垄断性,如果失业保险基金规模过高,在其他政策既定的前提下,建立缴费的"自动调节机制"便是十分必要的了,这是社会保险制度公平性的一个具体体现。

中国失业保险制度在金融危机期间采取的减缓费率做法是反周期的一项

---

① Center for Program Planning and Results, "Good Jobs for Everyone-FY 2009 Performance and Accountability Report", U.S. Department of Labor, Nov. 16, 2009, p.183.

② Center for Program Planning and Results, "Good Jobs for Everyone-FY 2009 Performance and Accountability Report", U.S. Department of Labor, Nov. 16, 2009, p. 171, 199.

临时措施,而不是一个制度安排,在拟定中的《社会保险法》和即将修订的《失业保险条例》中应以立法形式固定下来,给地方政府以足够的自主权,将费率的"自动调节机制"建立起来。

(五)政策选择之五:失业保险基金促进就业和预防失业的功能应适当扩大

适当扩大失业保险基金运用范围,对困难企业给予岗位补贴、对特困群体进行职业培训补贴、创造公益性岗位等,所有这些均应视为失业保险基金发挥促进就业和预防失业的重要举措。金融危机期间,按照人社部117号文的规定,失业保险基金允许为困难企业的稳定岗位支付社会保险补贴,收到了良好效果。例如,北京市提高了岗位补贴标准(3年来从5000元提高到9000元)和公益性岗位补贴(从1/3提高到4/5)等,10年来总计从失业保险基金中支出促进就业经费46亿元,总计有168万失业人员实现了就业和再就业,城镇登记失业率多年来一直控制在2.5%以内,远低于全国平均水平。尽管如此,2009年北京市失业保险基金已高达72亿元,超过当年制度收入的2倍和支出的5倍多①。

其实,早在2005年国务院颁布的《关于进一步加强就业再就业工作的通知》(国发[2005]36号)中就要求发挥失业保险制度促进再就业的功能,允许进行扩大失业保险基金支出范围的试点。2006年1月劳动和社会保障部与财政部联合发布的《关于适当扩大失业保险基金支出范围试点有关问题的通知》(劳社部发[2006]5号)作出明确规定并在东部7省市开始试点。2009年7月人社部和财政部联合发布《关于延长东部7省(市)扩大失业保险基金支出范围试点政策有关问题的通知》,决定延长试点政策1年。结合金融危机中的一些做法和国际惯例,似有以下思路可作为扩大失业保险基金支出范围的选择。

第一,对已经失去工作并自主创业的参保人,可以凭工商登记等凭证,设立一个"自雇人员创业补贴"②,补贴幅度可根据创业情况分为若干档次,以替代传统的失业金,旨在鼓励自我创业的自雇人员。

---

① 北京市人力资源和社会保障局课题组:《北京市失业保险基金促进就业与预防失业功能研究》,《北京劳动保障职业学院学报》2009年第4期。
② 美国有7个州自行设立了类似项目。

第二,对自愿到基层社区担任社会工作者的参保人,在基层社区同意的情况下,可设立一个"社区工作者津贴",设定一定的支付期限和工作要求。这是一个介于公益性和非公益性岗位的岗位支持。

第三,对登记失业的参保人和刚毕业的大学生,可设立"绿色岗位补贴"。这是一个潮流,在此次金融危机期间欧美一些国家开始将之作为促进就业和再就业的举措之一。例如,美国几个州能源类、环保市政类、农业类等领域设立了类似的绿色岗位补贴。

第四,对大学应届毕业生可设立不同类型的促进就业补贴,将失业保险基金的功能适当扩大到大学生自主创业,对缓解大学生就业难是一个贡献。

第五,对16—24岁青年人可设立类似"青年促进就业计划"之类的青年计划。这是近年来欧美较为盛行的一个就业促进方向,并在2009年2月17日美国签署的《复兴法案》中首次被引入美国就业促进和就业培训之中。通过该方案,2009年全美有32.5万青年人获取了暑期就业机会[1]。

第六,对已经失去领取失业金资格但还未重新就业的失业人员可授权地方政府在特殊时期(例如城镇失业率超过某个系数之后或中央政府主管部门特批情况下,以及经济萧条时期)建立"延伸失业金制度"。美国在20世纪70年代引入这个制度,由联邦和州政府联合资助。

4年来的试点实践证明,扩大失业保险基金的支出范围不仅是缓解失业保险基金压力的权宜之计,也是目前积极推进具有中国特色的积极劳动力政策的一个大好时机,还是积极探索建立城乡统一失业保险制度、推进农民工居民化和城镇化的重要举措。近年来,养老保险制度和医疗卫生体制改革进程较快,改革力度较大,比较而言,失业保险制度的改革已明显落后,不适应经济社会发展的需要。修订《失业保险条例》应尽快提到议事日程,将促进就业和预防失业的功能以立法的形式固定下来,应将部分促进就业措施与失业保险基金有效衔接起来,适当扩大失业保险基金的功能,将积极劳动力市场政策的支出项目予以规范化。

---

[1] DOL, "Workforce Investment Act Youth Program Guidance for Program Year 2010", DOL, Jan.2010. p.1.

三、改革中应注意的问题:基金管理改革应服从制度改革的需要

失业保险基金不断增长是覆盖面扩大过程当中的必然结果之一。在这个特殊历史时期,如有些问题处理不妥,可能会为今后改革带来较大障碍。

(一)待遇水平上调要适度,以防止出现"失业陷阱"现象

与欧盟国家相比,中国失业保险待遇期限和替代率显得苛刻,不够慷慨;因此,二者皆有一定的提高空间。但在上调过程中,待遇期限和替代水平均应适当。作为刚刚进入中低收入国家群组下沿的最大发展中国家,中国在较长时期内应将保持和提高就业率作为重中之重,这是福利制度中的最大福利,也是此次金融危机的最大启示之一。在五项保险制度中,失业保险对劳动力市场弹性的影响最大,其待遇水平对就业市场的影响最大。在这方面,欧洲有很多经验教训。对此,我们既要防止"泛福利化"倾向,又要防止失业津贴导致产生"失业陷阱"的倾向发生。

关于失业保险导致的"失业陷阱",比利时是一个极端的典型案例。比利时总人口1100万[①],劳动就业适龄人口630万(20—64岁),占总人口60%,但是,自愿性失业人口(自愿退出劳动市场)为140万人,占适龄劳动就业人口的22%(占总人口的13%),而非自愿性失业人口仅为57万人,占劳动适龄人口的9%(占总人口的5.5%),可是领取失业保险待遇的人口则高达107万,占适龄劳动人口的17%(占总人口的10%),远远高于5.5%的比例。这是因为比利时的失业保险待遇非常慷慨:只要在过去的18个月里参保12个月,就可以"无限制"领取失业金。

相对来讲,美国失业保险替代率大约比欧洲低1/3以上,2007年各州失业金平均替代率为47.0%,十几年来变化不大。半个世纪以来,每次金融危机之后,与欧洲相比都是美国率先走出低谷。欧洲失业率高企是其难以摆脱危机的一个标志,在学界,欧洲"失业陷阱"受到的诟病远比美国更为激烈,美

---

① 比利时的数据引自董克用、李刚:《比利时失业保险体系对中国失业保险改革的启示》,《人口与经济》2008年第3期,第71—76页。

国劳动力市场弹性显然好于欧洲,就业率高于欧洲,失业率低于欧洲,成为欧洲赶超的一个典范①。欧美之间存在的这些差异性固然由许多原因导致,但失业保险制度及其待遇水平的差异性是其中主要原因之一。

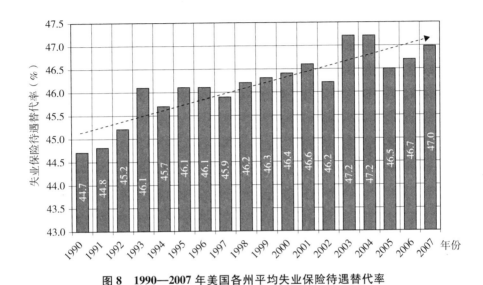

图8　1990—2007 年美国各州平均失业保险待遇替代率

资料来源:"Replacement Rates, US average",见美国劳工部网站,http://www.doleta.gov/unemploy/。

(二)扩大失业保险基金功能要适当,厘清失业保险与劳动力市场政策之间的边界

毫无疑问,中国失业保险基金的支出范围存在进一步扩大的空间,但要适度,而不应过度。原因如下。

首先,失业保险基金的支付目标与劳动力市场政策的功能应有所区别,正常年份的失业金支出与紧急时期的临时措施应有所区别。劳动力市场政策的成本应主要由国家财政来承担,如果失业保险基金的功能过度延伸并常态化,就等于将国家的责任转嫁给了参保人,加重了参保人的缴费负担,这不仅有失

---

① 欧盟 2000 年通过《里斯本日程》和 2010 年 4 月通过《欧洲 2020》,这两个 10 年计划均将美国作为其潜在的追赶目标,包括就业率等。例如,在《里斯本日程》中,欧盟设定的就业率目标是从 2000 年的 61% 提高到 2005 年的 65% 和 2010 年的 70%;失业率到 2010 年将降低到 4%。但由于金融危机的原因,在 2010 年 4 月对《里斯本日程》评估时不得不承认,这些目标显然都未达到。资料来源:"The Lisbon European Council-An Agenda of Economic and Social Renewal for Europe", DOC/00/7, Brussels, 28 February 2000, p.20.

社会公平,也不利于扩大社会消费。由此,在适当扩大失业保险基金支付范围的试点过程中,应划清失业保险基金支出范围与国家责任之间的边界。事实上,在4年试点过程中已出现了失业保险促进就业资金与财政促进就业资金的关系问题,一些地方出现了实行财政促进就业资金与失业保险促进就业资金的"双轨"问题①。

其次,欧洲国家积极劳动力市场政策的较大规模支出出现于20世纪90年代,十几年来在统计分析上越加规范化。国际劳工组织统计中使用的SSI、欧盟使用的ESSPROS、OECD使用的SOCX等已将二者分开。例如,OECD将"社会支出"划分为9项,其中将"积极劳动力市场计划"与失业保险分离开来独立统计:1980年欧盟成员国"积极劳动力市场计划"平均支出占GDP的0.4%,到2001年提高到0.7%,失业保险支出从1980年的1.0%提高到2001年的1.1%②。在中国,将二者的统计分析分开之后将有利于判断其劳动力市场政策是积极的、消极的还是中性的,以此来分析和确定制度模式的选择、调整政策和支出的取向。

最后,之所以在统计分析上将失业金支出与促进就业的财政支出分开计算,是因为失业保险基金的功能延伸与劳动力市场政策的财政支出对劳动力市场的影响是不一样的;常态化的高福利失业金对劳动力市场的负面影响较大,不利于提高就业率,而临时的大规模反周期措施则有利于扩大内需和恢复经济增长,劳动力市场弹性较好。因此,有必要厘清失业保险与劳动力市场政策之间的边界,在某个临界点上将促进就业和预防失业的功能从失业保险制度中剥离出去,而不应将某些临时的紧急措施常态化,将本来应由国家转移支付承担起的责任固化到失业保险之中。即将出台的《社会保险法》和《失业保险条例》(修正)对失业保险的功能应作出准确规定,或将就业促进与就业培训的支出在失业金支出中划定一个最高比例③。

---

① 胡晓义主编:《走向和谐:中国社会保障发展60年》,中国劳动社会保障出版社2009年9月版,第273、272页。

② OECD, *The Social Expenditure Database: An Interpretive Guide-SOCX 1980－2003*, OECD 2007, p.6.

③ 欧美之间的劳动力市场政策存在较大区别,欧洲国家财政承担了较大的就业促进与就业培训的职能,而在美国,培训功能主要由企业来承担;总体看,美国就业促进和就业培训的支出占失业金不到10%。

　　在发达国家中,美国失业保险制度的运行机制和制度结构具有一定代表性,符合美国劳动力市场"中性"政策的追求。从美国 1980—2010 年的失业保险支出中可以看到这样几个特点(见图 9)。

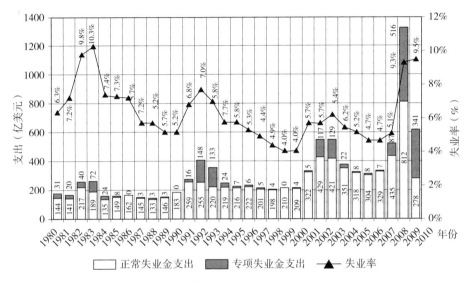

图9　1980—2010 年美国正常失业金支出、临时反危机支出与失业率变化

注 1:"正常支出"(RB)指失业金;"其他支出"均来自转移支付,包括 7 个部分:延伸待遇给付(EB)、联邦补充失业金(FSB)、联邦补充补偿金(FSC)、紧急失业补偿金(EUC)、临时延伸失业补偿金(TEUC)、联邦农业雇员失业补偿金(UCFE)、前公务员失业补偿金(UCX)。

注 2:2010 年数据截至 2010 年 5 月底。

资料来源:关于失业率的数据,2008 年以前的引自"Average Duration vs Total Unemployment Rate",见美国劳工部网站,http://www.doleta.gov/unemploy/;2009 年数据和 2010 年数据(截至 5 月底)引自 BLS,"The Employment Situation-June 2010 in News Release", Bureau of Labor Statistics, U.S. Department of Labor, Thursday, June 2, 2010, USDL—10—0886.p.1。关于失业金支出,引自 UI Program Outlays。

　　第一,从 1980 年以来的历次危机与支出的关系来看,失业率与支出规模的趋势是同向和吻合的,即在失业率攀升时支出规模也随之大幅提高。

　　第二,在 4 次危机中,正常支出和转移支付二者合计的规模一次比一次大:1982 和 1983 年危机分别为 257.7 亿美元和 261.9 亿美元,1992 和 1993 年危机为 402.7 亿美元和 402.7 亿美元,2002 和 2003 年危机为 546.1 亿美元和 550.3 亿美元,此次金融危机达到巅峰,2007 年是 521.9 亿美元,2008 年骤升至 1328.1 亿美元,2010 年仅前 5 个月就高达 618.9 亿美元。这说明,政府反周期的作用越来越大。

第三,正常年份只有失业金的支出,其资金来自失业保险基金,只有 4 次经济危机期间才进行大规模转移支付即增加各种失业救济金,且转移支付的地位日益显赫,例如,2010 年前 5 个月的支出中竟占一半以上,达 341 亿美元,高于正常失业金支出的 278 亿美元。

第四,在危机期间,除失业保险制度根据条例的规定增加了支出以外,转移支付均有相关立法依据,或说所有财政转移支付均列有专门项目。例如,2009 年美国失业救助的转移支付规模之所以前所未有,是因为其临时紧急措施的转移支付多达 5 项之多①:《2009 美国复兴与再投资法案》(P.L.111—5)、《2009 年综合拨款法案》(P.L.111—8)、《2009 年综合拨款法案修正案》(P.L.111—46)、《2009 劳工、房屋所有权与创业救助法案》(P.L.111—92)、《2010 国防部授权法案》(P.L.111—118)。每个法案均包括若干失业待遇补偿的内容,例如,《2009 美国复兴与再投资法案》中涉及失业保险待遇的有:"2008 年紧急失业补偿的延伸计划"(2010 年 1 月 1 日之前失业金每周增加 25 美元),"失业保险补偿现代化刺激支出"(到 2011 年 9 月 30 日联邦给各州拨付 70 亿美元),"特别行政费分配方案"(联邦政府向州政府拨付 5 亿美元)等等。所有这些都是反危机和反周期的临时措施,几乎都属于劳动力市场政策的成本支出,资金来自财政转移支付。

第五,无论是失业保险基金的支出,还是转移支付的支出,投向非常集中,目的非常明确,它们均以失业津贴为要,以提高消费能力为主,而较少用于就业促进和就业培训②,以期扩大需求,恢复经济和控制贫困发生率。例如,2008 年美国失业保险支出 583.1 亿美元,其中 536.8 亿美元用于失业金补贴支出,就业促进与就业培训仅为 57 亿美元;2009 年总支出 1391.2 亿美元,其中失业金补贴

---

① Loryn Lancaster, "Charges in Federal and State Unemployment Insurance Legislation in 2009", *Monthly Labor Review*, January 2010.

② 即使举办培训项目也大多采取公共采购的形式,例如,美国政府与 94 个中小培训公司或 NPO 机构管理的培训中心采取签合同的方式购买职业技能培训项目,另有 28 个培训中心是劳工部与农业部和内政部等联合举办的培训,还与 20 个培训机构签合同,向社会提供职业拓展和职业转型的培训。2009 年通过《劳动力投资法案》(WIA,1998)提供的全部培训投入仅为 16.4 亿美元。见 Center for Program Planning and Results, "Good Jobs for Everyone-FY 2009 Performance and Accountability Report", U.S. Department of Labor, Nov. 16, 2009, p.230.

支出高达1333.5亿美元,而就业促进与就业培训仅为72.1亿美元[1]。

(三)在扩大覆盖面进程中,应避免为公务员单独建立失业保险制度的倾向

在失业保险制度以省级政府为责任主体的制度设计下,已不存在为公务员单独建立失业保险制度的客观条件和现实需要[2]。失业保险的放权与地方化管理应将公务员系统统一纳入基本制度中来,否则,为其单独建立制度将与事业单位目前的状况发生冲突,引起不必要的群体矛盾和攀比,且"群体制度"与地方化制度相叠加导致制度复杂化,容易造成社会不公平和群体特权的倾向。现实的选择只能是在全国形成一个"块块管理"的格局,而无须再另外建立一个"条条管理"的交叉体制。在中国,公务员队伍是单独建立失业保险制度还是纳入统一制度之中,与其说是失业保险的制度建设问题,不如说是一个十分敏感的政治问题,决策者应十分慎重,吸取5省市事业单位养老金改革试点面临的尴尬教训。

公务员纳入失业保险制度之后,无疑将加大失业保险基金累积余额的压力,与失业保险基金实现自我平衡的制度相悖。但是,单独建立制度和资产池所面对的将是基金增值(经济)和社会舆论(政治)的双重压力。两害相权取其轻。鉴于此,公务员参与各省地方化的失业保险制度为上策。在这方面,欧洲很多国家实行的都是行业性的失业保险制度,不同群体保留各自的失业保险制度,但美国基本是一个统一的制度[3]。中国没有这些历史包袱,建立特殊行业与特殊群体的失业保险制度不符合具体国情。待失业保险制度覆盖范围扩大到全国公务员系统之后,失业保险基金规模膨胀速度将更加迅速,失业保

---

[1]　Center for Program Planning and Results, "Good Jobs for Everyone-FY 2009 Performance and Accountability Report", U.S. Department of Labor, Nov. 16, 2009, p.172.

[2]　有一种观点认为,"公务员就业稳定,失业风险很小,可以实行单独的失业保险方法。另外,一些事业单位行使的是行政职能,管理方法与公务员完全相同,也没有必要将他们纳入失业保险的范围"。见胡晓义主编:《走向和谐:中国社会保障发展60年》,中国劳动社会保障出版社2009年版,第317页。

[3]　由于历史的原因,美国铁路雇员的养老、遗属、医疗和失业保险均为独立制度。铁路养老保险基金实行独立的市场化投资策略,在2009年233亿美元中,股票大约占1/3。铁路失业保险制度的税率、待遇水平、基金核算等均为独立运行。金融危机对美国铁路工人造成的影响较大,2008年失业人数为1.1万人,失业金支出为3510万美元;2009年则上升到2.4万人,1.1亿美元,为最历史最高点。见美国铁路养老保险委员会网站,http://www.rrb.gov/act/statistical_tables.asp。

险基金投资管理体制改革压力将更加迫切。

四、失业保险制度的责任主体为
省级政府:投资体制改革设想

(一)失业保险基金投资体制改革刻不容缓:尽快提高失业保险基金投资
收益率

失业保险基金规模将随着覆盖面的扩大而逐渐扩大,例如,美国 1970 年
州失业税征收规模仅为 25 亿美元,到 2008 年达到 300 亿美元;1971 年联邦失
业税征收仅为 10 亿美元,到 2006 年高达 71 亿美元①。

但对中国而言,与其他社保五险基金的情况一样,失业保险基金的管理投
资体制难以适应未来发展的需要。1999 年《失业保险条例》第十一条规定:失
业保险基金必须存入财政部门在国有商业银行开设的社会保障基金财政专
户,实行收支两条线管理,由财政部门依法进行监督。存入银行和按照国家规
定购买国债的失业保险基金,分别按照城乡居民同期存款利率和国债利息计
息。失业保险基金的利息并入失业保险基金。

由于上述投资策略已显过时,投资渠道狭小,根据 2008 年底国家审计署
公布的统计数据,多年来中国五险社保基金的收益率不到 2%②,而 2000—
2008 年间,CPI 分别是 0.4%、0.7%、-0.8%、1.2%、3.9%、1.8%、1.5%、4.8%
和 5.9%,年均 2.2%③。失业保险基金收益率显然难以战胜 CPI,仅 2007 和

---

① 根据美国《联邦失业税收法案》,雇员不缴纳失业税,只有雇主缴纳失业税;分为"联邦
失业税"和"州失业税",其中"联邦失业税"以雇员工资中的 7000 美元为税基,税率为 6.2%,全
国平均税率大约相当于工资总额的 0.6%,由内税局来征收;"州失业税"(其中 3 个州对雇员也
征收)的税率在联邦立法的规定范围内根据企业失业状况和历史记录来具体确定,各州之间差
别很大,即使一个州之内不同企业之间差异也很大,但税基一般高于 7000 美元,征缴机构为各州
的失业保险经办机构。"联邦失业税"主要用于支付联邦和各州失业保险的行政成本和联邦政
府负责的那部分"延伸失业金",收不抵支的州可以申请贷款。"州失业税"主要用于支付日常的
失业金和由州政府负责的那部分"延伸失业金"。

② 王光平:《全国各类社保基金积累额近 2.5 万亿元 五项基金年均收益不到 2%》,《中国
证券报》第 1 版。

③ 根据国家统计局:《中国统计年鉴 2009》,中国统计出版社 2009 年版,表 8—1"各种物价
指数"得出。这里不含 2009 年 CPI 数据。

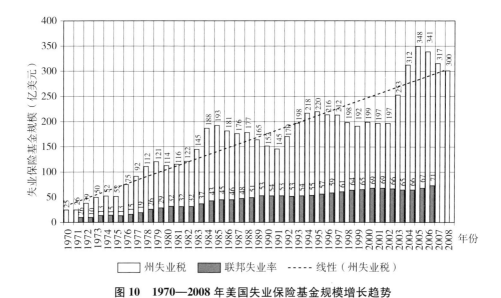

图 10　1970—2008 年美国失业保险基金规模增长趋势

资料来源:"FUTA Taxes Collected 和 State Contributions Collected",见美国劳工部网站,http://www.doleta.gov/unemploy/。

2008 年失业保险基金分别贬值高达 2% 和 4% 左右。面对增速如此之快的失业保险基金规模和如此之低的收益率水平之间的巨大矛盾,失业保险基金面临巨大贬值风险,失业保险制度也面临巨大社会压力,因此,改革失业保险基金投资体制和提高收益率势在必行,刻不容缓。一方面,改革投资体制是失业保险制度乃至社保制度改革的一个组成部分,另一方面,也是缓解基金压力的必由之路。

(二)投资主体 3 个层次的选择比较:省级政府应为责任主体

毫无疑问,失业保险基金的投资管理不应采取中央水平的管理方式。1999 年《失业保险条例》第七条规定:失业保险基金在直辖市和设区的市实行全市统筹;其他地区的统筹层次由省、自治区人民政府规定。实际上目前绝大部分失业保险制度的统筹是以县市级为主,而不是以市级为主,资金管理非常分散。如果以县市级这个实际统筹水平为投资主体进行投资,全国将有 2000 多个投资主体,资金池太小,"风险点"太多。此外,如果以《失业保险条例》规定的"设区的市实行全市统筹"为单位作为投资主体,其结果风险点也会很多,全国将多达近 300 个。

长期看,中国失业保险制度的责任主体和统筹层次应以省级稳住,这是一个较为理想的选择,与强化省级失业保险制度管理体制合为一体。为此,以省级政府为责任主体的失业保险基金保值增值体制更符合国情,这样,全国将有30多个投资管理主体。采取省级投资模式之后,县市各统筹单位应采取行政委托的方式将资金委托给省级社保经办机构,由后者再作为"委托人",采取招标的方式将资金"外包"给法人投资主体,采取市场化投资方式。

笔者认为,以省级政府为失业保险基金投资管理的责任主体,是将失业保险统筹水平提高到省级的一个重要步骤,或者说是一个前提。只有实现了以省级政府投资管理的基本体制,才能确定省级政府对失业保险基金投资管理的责任主体地位,才能进一步实现省级统筹水平的失业保险制度的基本原则,才能落实发行省级政府失业保险各种债券的制度设计。

(三)改革投资体制的基本思路:发行省级政府失业保险特种国债

失业与养老保险基金资产流动性的要求存在一定差异性:养老保险基金的资产流动性要求不高,但失业保险基金的流动性则要求很高,因此,失业保险基金不适合实业和产业投资,而应以证券投资为主。据此,失业保险基金投资策略便有如下三个思路可供比较选择:一是国债投资。完全持有国债利率太低,流动性较差。二是股票投资。完全持有权益类资产风险较大,也不是理想选择。三是将上述二者结合的混合投资,既持有一定数量省级特种国债,又持有一定比重的权益类证券资产。

笔者之所以倾向于失业保险基金投资于由省级政府发行特种国债,还因为失业保险基金规模平均每个省份几十亿或上百亿元(见表6),正好可满足各省发行省级债券的实际需求,因此具备发行省级债券的可操作性。金融危机期间,国务院同意2009年地方发行2000亿元债券①,期限3年,由财政部代理发行,列入省级预算管理,这对各省发行"省级特种失业保险债券"而言是一个有益尝试。此外,从失业保险的性质来看,发行"省级特种失业保险债券"恰好可把失业保险的责任完全下放给省级政府。失业保险特种省级债券应以省政府为发行和偿还主体,可由财政部代理发行,冠以发债地方政府名称,具体为《××××年××省政府失业保险特种债券(××期)》。

---

① 朱宇:《2000亿地方债利率由市场化招标确定》,《中国证券报》2009年3月18日第1版。

失业保险基金以持有省级政府特种债券为主的投资策略至少有四个优势：一是利率水平可以明显提高，不仅可大大高于目前不到2%的利率水平，而且各省还可根据具体情况，让参保人分享经济高速增长的好处，也可体现出各省之间的差异，因此，利息由各省自定，中央政府可给予一个指导原则。二是可调动扩大覆盖率的地方政府积极性，改善激励机制，提高失业保险扩大覆盖面的速度，这是因为，扩大覆盖面之后必将扩大失业保险基金规模，此举可部分满足地方政府的融资需求。三是可以促进发展资本市场的繁荣，促进地方社保部门和财政部门的融合与合作，促进省级社保经办机构培养较多专门人才。

在制度启动初期，中央政府可对失业保险基金持有省级债券和权益类产品的比重作一个基本规定。

（四）省级政府集中投资管理制度设计：提高统筹层次的可行性

中国失业保险制度统筹水平太低，统筹单位过多，地区割据，基金分散，这是实行省级统一投资管理的一个重大障碍。因此，如何将分散在2000多个统筹单位的失业保险基金"集中"起来，提高到省级水平，这个困难与养老保险基金投资体制改革遇到的困难完全一样。但相比之下，失业保险制度提高省级统筹层次要相对简单一些，因为与养老保险制度相比，失业保险制度有如下三个特点。

第一，失业保险制度可以设计成"碎片化"制度（见图11）。失业保险基金投资管理的统筹层次只需提高到省级，而根本不存在提高到全国水平的必要。省级政府完全可成为失业保险制度的运行枢纽和中心，成为失业保险制度的运行载体。我们将失业保险制度设计为"省级属地化管理体制"，允许失业保险制度"碎片化"格局的存在，是因为这样对建立全国范围的统一劳动力市场不会产生负面影响，对劳动力全国范围的自由流动不存在阻碍或扭曲效应。工伤制度也具有这个特点。这是因为，失业和工伤保险制度是"即期生效"的现收现付制，几乎不存在权益累计和归属的计算问题，这是与养老保险制度特征大不相同的一个制度特征，也是近十几年来欧洲国家尤其北欧国家失业保险制度改革过程中不断放权、松绑并将责任主体不断下移的理论根据①。

---

① 关于社会保险五个险种碎片化制度设计下道德风险成本不同和劳动力市场影响不同的论述，见郑秉文：《中国社保"碎片化制度"危害与"碎片化冲动"探源》，《甘肃社会科学》2009年第3期。

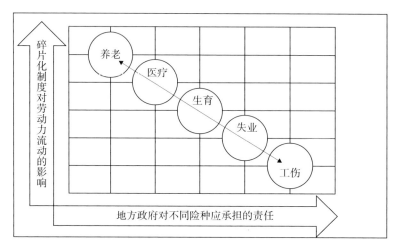

图 11 中国社保五险"碎片化"对劳动力流动影响和及其责任主体的选择示意

资料来源:作者制作。

美国失业保险的责任主体是州政府,各州对费率的规定完全根据各州的就业状况、基金平衡情况、待遇水平等因素来决定,呈现出典型的碎片化状态:各州雇主平均费率为工资的 0.6%[①],但最高的阿拉斯加州为 1.29%,最低的弗吉尼亚州仅为 0.23%,最高为最低的 5.6 倍(见图 12);就替代率来看,虽然平均水平为 47%,但最高的夏威夷州为 56.7%,最低的阿拉斯加州仅为 30.5%,最高为最低的 1.9 倍(见图 13)。尽管如此,美国碎片化失业保险制度对全国范围劳动力的流动没有产生什么影响,劳动力流动没有受到扭曲,相反,美国的流动人口数量高于欧洲一倍以上[②]。各州失业税统一上解到联邦政府,存入到联邦财政部的失业保险信托基金,需要时可随时支取。《联邦失业税收法案》对各州只规定一个"最低税基"要求,联邦政府允许各州自行设定税率,此外,待遇计发公式、经济条件和实际税率等各州之间存在较大差距。

第二,省级政府为投资主体的制度设计是关键。首先,在以省级政府债券

---

① 美国各州失业保险缴费主要来自雇主,只有 4 个州立法规定对雇员同时征税,所以,这里指雇主缴费水平基本就等于雇主和雇员的失业保险的全部缴费水平。

② 郑秉文:《中国社保"碎片化制度"危害与"碎片化冲动"探源》,《甘肃社会科学》2009 年第 3 期,第 50—58 页。

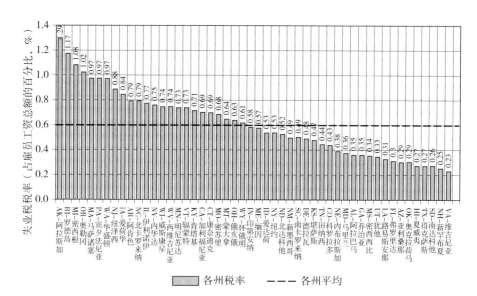

图 12 2008 年美国各州"联邦失业税"税率一览

资料来源:"Estimated Average Employer Tax Rates by State",见美国劳工部网站,http://www.doleta.gov/unemploy/。

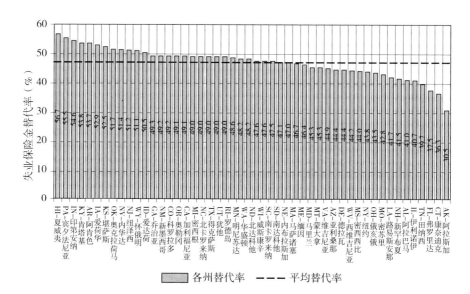

图 13 2007 年美国各州失业保险金替代率一览

资料来源:"Replacement Rates by State",见美国劳工部网站,http://www.doleta.gov/unemploy/。

为主流的资产配置结构中,省级政府在"集中和归集"下辖地方失业保险基金时,市县实际统筹单位等于是对省级债券的"购买",或是对省级投资主体管理机构较高收益率"产品"的一个"投资",具有精算中性,而不是"一平二调"意义上的调拨使用或"大锅饭"行为,且由于收益率远高于目前低于 2% 的自我管理的收益率水平,县市实际统筹单位具有较高的主动性和积极性。其次,对省级以下统筹单位而言,这种投资体制实际是一个"半市场化"的行政投资体制,基层统筹单位只是对省级行政管理行为的一种"执行"行为,基层县市级社保经办机构可以直接作为执行机构,而无须像企业年金制度那样建立起一个完善的法人治理结构。最后,在这种投资体制下,基层统筹单位道德风险的发生几率非常小,即使个别基层单位出现一些道德风险迹象,省级政府对下辖的市县实际统筹单位"距离"较近,容易识别、鉴别、预防和纠正,因此,基本不会逆向选择,制度收入不会因此而受到影响,中央和省级政府就基本不存在由此陷入财政风险的可能性。

第三,失业保险制度提高到省级统筹管理水平可一步到位。与基本养老保险制度提高统筹水平的难度相比,失业保险显得非常简单,具有很强的可行性和可操作性,可以一步到位,而无须分成几个阶段,也无须试点。决策部门将失业保险制度统筹层次的"长期目标"定位为省级统筹是正确的,可行的[①]。问题仅仅在于,面对失业保险基金规模的急剧增长,应尽快采取积极措施,制定实施细则,设定时间表,以最大限度地减少目前失业保险基金收益率的损失,从较为容易改革的(相对于养老保险而言)失业保险制度为突破口,为全面、正确、科学和真正地提高中国社会保险统筹层次积累经验,深化社保制度改革,正确引导社会舆论,让社会保障制度为构建和谐社会和促进增长方式转变及早作出应有的贡献。

参考文献:

阿塔·侯赛因:《欧盟各国的失业保险计划》,《中国社会保障》2009 年第 1 期。

---

① 人力资源和社会保障部副部长胡晓义主编的《走向和谐:中国社会保障发展 60 年》认为,"长远目标是逐步实现失业保险省级统筹",中国劳动保障出版社 2009 年版,第 318 页。

白维军:《金融危机背景下中国失业保险制度的功能缺失与制度优化》,《技术经济与管理研究》2009 年第 6 期。

北京市人力资源和社会保障局课题组:《北京市失业保险基金促进就业与预防失业功能研究》,《北京劳动保障职业学院学报》2009 年第 4 期。

北京市人力资源和社会保障局:《关于 2010 年度社会保险缴费基数及相关待遇水平核定有关问题的通知》(京人社保发〔2010〕89 号),2010 年 4 月 12 日。

董克用、李刚:《比利时失业保险体系对中国失业保险改革的启示》,《人口与经济》2008 年第 3 期。

国家统计局:《中国统计年鉴 2000》(光盘版),中国统计出版社 2000 年版。

国家统计局:《中国统计年鉴 2009》(光盘版),中国统计出版社 2009 年版。

胡晓义主编:《走向和谐:中国社会保障发展 60 年》,中国劳动社会保障出版社 2009 年版。

人力资源和社会保障部、国家统计局:历年《人力资源和社会保障事业发展统计公报》,见人力资源和社会保障部网站。

王光平:《全国各类社保基金积累额近 2.5 万亿元 五项基金年均收益不到 2%》,《中国证券报》2008 年 11 月 7 日第 1 版。

郑秉文:《中国社保"碎片化制度"危害与"碎片化冲动"探源》,《甘肃社会科学》2009 年第 3 期。

郑秉文:《金融危机引发社保制度改革不断深化》,《中国证券报》2009 年 7 月 6 日第 A14 版。

郑秉文:《2009 金融危机:"社保新政"与扩大内需》,《中国社会科学院研究生院学报》2010 年第 1 期。

朱宇:《2000 亿地方债利率由市场化招标确定》,《中国证券报》2009 年 3 月 18 日第 1 版。

"Average Duration vs Total Unemployment Rate",见美国劳工部网站,http://www.doleta.gov/unemploy/。

BLS,"Technical Note, in News Release", Bureau of Labor Statistics, U.S.

Department of Labor, Thursday, April 1, 2010, USDL-10-0393.

BLS, "The Employment Situation – June 2010 in News Release", Bureau of Labor Statistics, U.S. Department of Labor, Thursday, June 2, 2010, USDL-10-0886.

Center for Program Planning and Results, "Good Jobs for Everyone-FY 2009 Performance and Accountability Report", U. S. Department of Labor, Nov. 16, 2009.

"Contributions Collected & Benefits Paid as a Percent of Total Wages, Total UI Program Contributions Collected", 见美国劳工部网站, http://www.doleta. gov/unemploy/。

DOL, "UI Data Summary FY 2008 Budget Mid-session Review", U. S. Department of Labor.

DOL, "Workforce Investment Act Youth Program Guidance for Program Year 2010", DOL, Jan.2010.

"Estimated Average Employer Tax Rates by State", 见美国劳工部网站, http://www.doleta.gov/unemploy/。

"FUTA Taxes Collected 和 State Contributions Collected", 见美国劳工部网站, http://www.doleta.gov/unemploy/。

Loryn Lancaster, "Charges in Federal and State Unemployment Insurance Legislation in 2009", *Monthly Labor Review*, January 2010.

National Employment Law Project, "The Economic Recovery Bill's New EB State Option", February 16, 2009, NELP.

OECD, "The Social Expenditure Database: An Interpretive Guide-SOCX 1980-2003", OECD 2007.

"Regular Program Insured Unemployment as a Percent of Total Unemployment", 见美国劳工部网站, http://www.doleta.gov/unemploy/。

"Replacement Rates by State", 见美国劳工部网站, http://www.doleta. gov/unemploy/。

"Replacement Rates, US average", 见美国劳工部网站, http://www.doleta. gov/unemploy/。

"The Lisbon European Council-An Agenda of Economic and Social Renewal for Europe", DOC/00/7, Brussels,28 February 2000.

（本文原载于《经济社会比较》2010 年第 6 期,第 1—20 页）

中国社保"碎片化制度"危害与
"碎片化冲动"探源

内容提要:在中国社保制度十几年的短暂历史中,碎片化趋势广受诟病。本文分析了碎片化制度的弊端,指出了建立统一制度的必要性、紧迫性和可行性,在对欧洲碎片化制度起源和现状作出分析的基础之上,对英法碎片化制度进行整合路径进行了比较,对美国统一制度的优势作了分析,指出社会保险五个险种碎片化对劳动力市场负面影响存在很大差异性,养老和医疗保险应采取统一制度;分析了中国社保制度碎片化冲动的种种表现,认为这是强势群体与弱势群体博弈、制度设计存在缺陷、认识存在误区、中央权威弱化等很多原因综合的结果。最后指出建立统一制度是大势所趋。

一、中国社保制度"碎片化"起源与现状

(一)中国社保制度碎片化起源与现状

众所周知,20世纪90年代初,中国社保制度的建立和改革肇始于国有企业改革,其重要初衷之一是为国企冗员分流制定配套措施,以替代传统计划经济时代实行的"国家保险/企业保险",对国营企业大包大揽的旧制度进行彻底改革,因而,社保制度的设计特点带有明显的国企改革配套特征。随着改革的深入和参保覆盖范围的扩大,国有经济职工早已应保尽保,实现了当年改革的初衷。但当统账结合制度从国企走向非公经济成分、走向其他群体、走向农村即向社会推广时却发现,这个制度难以完全适应这些不同的群体,难以发挥其构建和谐社会的制度保障作用,在发生金融危机时也难以承担起保增长、促消费、拉内需的制度重任。这是因为,制度缺陷很快显现出来:在1997年确立

个人账户系统的 5 年之后即从 2002 年开始,广东省就逐渐出现农民工"退保"现象,并有增无减,一年比一年严重,截至 2007 年年底已办理退保手续1000 万人;在 2002—2006 年,与同期广东省基本养老保险总参保人数相比,在不考虑频繁退保、参保的情况下,农民工退保率分别为 7.17%、8.38%、9.15%、10.79%和 11.18%,退保人次呈逐年上升趋势①。

为满足各地参保群体的意愿和要求,适应社会发展的需要,解决社保制度存在的"便携性"缺陷,许多地方政府纷纷开始采取变通措施,例如采取降低费率、单独建立小制度的办法,以最大限度地覆盖城镇灵活就业人员、农民工、务农农民、失地农民等不同群体。于是,中国社保制度就逐渐呈现出一个碎片化发展趋势,尤其是,除机关事业单位、城镇企业和农村等几个大碎片之外,各种小碎片制度犹如雨后春笋,遍地开花,形成了城市与农村分割、私人部门与公共部门分立的多种退休制度并存状况。

(二)案例分析

从大制度上划分,中国目前的社保制度可以划分为三四个,但在实际操作中,由于强烈的现实需求,即使在同一个大制度里,也存在诸多小碎片。例如,城镇基本养老制度费率不统一,各种开发区基本养老制度不统一,农民工群体在不同地区被分割在不同的制度里,大碎片套小碎片的情况非常严重。这里仅以东部发达地区长三角的吴江(和东海)为例予以剖析②。

截至 2007 年末,吴江市全市户籍总人口仅为 80 万人,而登记外来人口则为 76 万人。在这样一个 150 多万人口的县级市里就存在着 4 种养老制度,即农保、土保、城保和公保(机关事业单位),每个制度里又套着一些小制度。

1.农保。在"农保"里,个人出资 40%,市镇两级财政补贴 60%;平均待遇水平每月 100 元左右,比农村最低生活保障线还要低一些。而在东海县,"老农保"农民的费率从 2 元到 20 元分为十个档次,由农民自由选择,但人均退休

---

① 广东省社会保险基金管理局:《基本养老保险关系转移接续问题研究》,载人力资源和社会保障部社会保险事业管理中心编:《2007 年重点课题研究报告》,2008 年 5 月,第 193 页。

② 吴江市和东海县的资料数据引自纪晓岚等:《吴江市社会保障发展规划研究 2008—2012》(吴江市劳动和社会保障局委托课题),华东理工大学国家小城镇社会保障研究中心,2008 年 7 月;纪晓岚等:《社会保障与经济社会协调发展研究——东海社会保障经验实证研究》(东海县劳动和社会保障局委托课题),华东理工大学国家小城镇社会保障研究中心,2008 年 11 月。作者对华东理工大学国家小城镇社会保障研究中心的这两个课题研究者表示衷心感谢。

金仅仅为 11.5 元。在"新农保"里,每年每人最低缴费 600 元,多数农民实行"811 工程",即个人出 80%,乡镇财政补贴 10%,村集体补贴 10%;村干部(党支部书记、村委会主任、会计和乡村医生)实行"433 工程",个人拿 40%,财政补贴 30%,集体补贴 30%。

2. 土保。"土保"即"土地换保障"制度,被征地农民绝大部分未纳入城镇社会保障体系,而是采取获得的土地补偿款的办法,一般是一亩土地 2 万元左右,大约仅能维持被征地农民 7 年的生活水平。吴江市征地农民生活保障水平标准是每人每月 220 元,2007 年 7 月后提高到 240 元。

3. 城保。"城保"更为复杂,根据户籍性质和企业性质分为三个不同费率:一是本地户籍和雇用外地城镇户籍人员的单位按规定基数的 19% 缴费;二是雇用外地农民工的城镇企业按上述基数的 13% 缴费;三是雇用外地农民工的开发区企业按 10% 缴费(见表 1)。划入账户比例不同,比如,外来从业人员个人和单位所有缴费全部划入个人账户;费基不同,比如,一般企业的费基下限为 1180 元/月(2007 年),而外商投资企业、民营企业可按不低于 950 元/月的标准缴纳。

4. 公保。"公保"即机关事业单位,由于全国机关事业单位社会养老保险没有统一改革,吴江市机关事业单位人员的参保范围、缴费基数、缴费比例、缴费方式、机构设置等都不尽一致。已参保单位职工退休手续由人事部门审批,劳动保障部门负责发放养老金,参保范围包括以下三类:一是差额拨款和自收自支事业单位中的在编在册工作人员;二是全额拨款事业单位中的合同制工人以及行政机关行政附属编制中的劳动合同制工人;三是 2004 年 10 月 1 日后全额拨款事业单位的新进在编人员。这三类人员的单位缴费来源不同,赡养比差别很大,1996 年刚建立时,在职与离退休人员的比例是 4:1,但机关事业单位每年新增参保职工不到 1%,退休人员的增长速度则是 8%,2008 年在职与离退休人员的比例提高到 2.8:1。截至 2007 年 12 月末,有 364 个机关事业单位,总计 7082 名在职职工参加社会养老保险。享受社会养老保险待遇的离退休职工有 2629 人,目前累计滚存结余 0.38 亿元,预计到 2011 年所有历年积累基金将全部用完。

上述一个小小县级市的碎片化状况便如此眼花缭乱,如果将之放大到全国,那就可想而知了。

表1　吴江市三个养老制度的费率情况

企业类别	用人单位费率（%）	参保人个人费率（%）	费率合计（%）
吴江市本地户籍职工	19	8	27
外来从业人员（外地城镇户籍）	19	8	27
外地农民工（城镇企业）	13	8	21
外地农民工（开发区企业）	10	8	18

资料来源:纪晓岚等:《吴江市社会保障发展规划研究（2008—2012）》（吴江市劳动和社会保障局委托课题），华东理工大学国家小城镇社会保障研究中心，2008年7月28日，表1—6。

二、中国"碎片化"社保制度的危害

（一）碎片化社保制度的种种弊端

1. 不利于社会稳定。多种退休制度必然导致存在多种退休待遇,多种退休待遇的差别必然导致不同群体之间相互攀比,进而导致社会摩擦和社会矛盾,不利于社会和谐与社会稳定。目前中国机关、事业单位与企业三个制度之间的退休金待遇差导致的不和谐现象日益突出,并已成为每年"两会"代表批评的一个社会不公问题和社会媒体关注的一个热点新闻,由此导致上访案件逐年增加,成为影响社会和谐与社会稳定的重要因素之一。

2. 不利于社会公正。社会保障的一个重要特征应该体现社会正义和社会公平。但在多种退休制度下,社会保障制度建立在群体特征的基础之上,退休待遇存在差异并具有不断拉大的趋势。例如,1990年企业人均离退休费为1664元,事业单位和机关公务员分别是1889元和2006元,差距还不明显,事业单位和机关人均离退休费分别比企业仅高出13.5%和20.6%。但是,到2005年,企业单位人均离退休费为8803元,事业单位和机关分别是16425元和18410元,即事业单位和机关人均离退休费分别比企业高出86.6%和109.1%[①],不仅企业退休金待遇水平与机关事业单位退休金水平出现逐年拉大的趋势,甚至事业单位与机关公务员之间的退休金也开始逐渐拉大,这种由

———————

　　① 根据国家统计局、劳动和社会保障部:《中国劳动统计年鉴》（2002—2006年）计算,中国统计出版社。

于部门不同而人为造成的养老金差距被认为是社会不公正的表现。此外,农民工异地打工不能转续社保关系所导致的"便携性损失"也是社会不公正的典型表现。

3. 不利于社会流动。社会流动又称社会位移,是指个体从一种社会集团移向另一种社会集团、从一个部门移向另一个部门、从一个社会集团或部门内部的某个层次移向另一个层次的社会现象。就目前来看,社会流动的概念已远远超出农民工全国流动和异地打工的范畴,还包括机关事业单位人员流动到企业、城镇居民流动到农村、退休后异地养老等所有社保关系转续,并包括农村劳动力转移过程中身份转换时的社保关系转续等。在多种退休制度下,不但农民工难以转续社保关系,就连机关干部向私人部门、私人部门向公共部门、私人部门跨省市的流动,社保关系转续也都统统成为难题。现阶段是新中国成立以来干群矛盾、社会矛盾、群体事件、社会冲突等问题最集中、最频繁、最突出的历史时期,在落实中央提出构建和谐社会的战略部署中,保持良好的社会流动是维持社会稳定的一个重要"稳定器",否则,制约社会流动的社保制度就将成为一个潜在"火药桶"。在社会大转型时代,劳动力要素流动是市场经济的一个内在要求,全国大市场的形成有赖于社保制度的配套和支持。

4. 不利于提高社保资金运用效率。制度不统一降低基金运用效率,不利于制定统一的投资策略。这主要表现在两个方面。第一是资金运用效率低下。由于碎片化制度下缴费收入管理非常分散,地区间和制度间横向不能调剂,中央政府纵向难以统筹使用,例如,截至 2008 年底,广东省基本养老基金已滚存结余 2000 亿元,占全国滚存结余总额的 1/4,而西部欠发达地区则连年存在当期支付缺口,每年需要各级财政补贴。再例如,"年轻"(较低的赡养比)的农民工制度不能统筹兼顾其他"年老"(较高的赡养比)的制度,社保基金运用效率低下。第二是养老基金分割在全国几千个县市级统筹单位,治理结构难以建立起来,投资策略的升级和优化难以实现,只能采取协议银行存款和购买国债的消极投资策略,回报率十分低下,在 2008 年 11 月第三届全国社保论坛上审计署公布的收益率只有 2%。在基金管理碎片化状态下,社保基金积累越多,隐患就越大,投资压力就越大,贬值风险就越大,截至 2008 年底,全国五险滚存累计已超过 1.38 万亿元,近六年来每年结余 1000 多亿①。可以预言,如碎片化问题不解决,分散在地方的、天文数字的社保基金滚存结余,无论在行政管理上,还是在保值增值上,迟早有一天将成为一个难题,成为继外汇储备之后的第二大保值增值难题,甚至比外储保值问题更为困难(因为外储起码是中央集中投资管理)。

5. 不利于控制财政风险。福利刚性是一个铁律:只要存在多种退休制度,退休待遇较低的群体必然向高的群体攀比,最终的结果必然是就高不就低,"攀高拉齐"。从 1991 到 2005 年的 15 年间,机关单位人均离退休费的平均增长率是 16.3%,而企业人均离退休费的平均增长率是 10.9%,机关单位高出企业 5.4 个百分点;事业单位人均离退休费的平均增长率是 15.8%,高出企业4.9 个百分点②。为此,2007 年中央政府决定,在已经连续三年上调企业退休待遇的基础上,再连续上调三年。这项决定无疑体现了党中央、国务院对广大退休人员的亲切关怀,缩小了企业退休待遇与机关事业单位的差距,但同时也对财政提出了三个方面的挑战:一是中西部和老工业基地的当期支付缺口加重了本来就不富裕的社保基金的负担;二是上调成本支出虽然主要从当地养老保险基金滚存余额中列支,但长期来看必将影响基金的财务可持续性,最终还是财政兜底的;三是地方道德风险导致待遇调整在各地存在一定的碎片化结果,蕴藏着潜在财政风险。例如,虽然 2007 年 12 月 12 日劳动和社会保障部与财政部联合颁发的《关于 2008 年调整企业退休人员基本养老金的通知》(劳社部发〔2007〕43 号)明确规定"按照 2007 年企业退休人员月人均基本养老金的 10% 左右确定",但事实上,在全部 29 个省区市中(包括深圳市,下同),上调幅度大于 10% 的有 26 个,最低的为 10%(3 个省份),其中上调幅度最高的是 18.9%。全国平均增幅 12%,高于规定的 10%,全国平均上调 122元,高于规定的 100 元。由此,调整之后的替代率水平必然高低不齐,最低的省份只有 37%,最高的是 60%(如果不算深圳)③。如此连年反复,其结果有可能造成轮番攀比,蕴藏着潜在的长期财政风险。

---

① 《尹蔚民在全国人力资源和社会保障工作会议上的工作报告》(摘要),见 http://www.gov.cn/gzdt/2009-02/20/content_1237105.htm。

② 根据国家统计局、劳动和社会保障部:《中国劳动统计年鉴》(2002—2006)计算,中国统计出版社。

③ 郑秉文、牟兵:《养老金调待机制存在的问题与建议——基于 2008 年养老金上调的案例分析》,《宏观经济研究》2009 年第 1 期,第 10—13 页。

6.不利于社保制度长期建设。统账结合是部分积累制。待遇差别逼使待遇上调,这是典型的制度外部行政干预行为,其客观后果是人为的"盯住"某个指数(如这几年来10%的上调幅度)。久而久之,不仅统筹部分的待遇计发公式的约束功能逐渐丧失,而且个人账户的作用也变得可有可无,账户比例的大小乃至做实账户的意义等都大打折扣,统筹与账户之间的界限必然模糊起来,统账结合的部分积累制特点与日剧减,统账结合的制度特征将流于形式,这是一种典型的"制度蜕变"。这种"制度蜕变"将对制度收入起到相当的负激励作用:对参保人来说,缴费与待遇之间的联系受到一定扭曲并逐渐松散起来;对企业来说,缴费积极性受到影响,道德风险使其费率和费基的计算上存在着"趋小"的可能性,制度收入将会受到影响,进而影响到社保基金的支付能力。重要的是,当统账结合制度流于形式时,很容易形成一种"制度依赖",进而演化为参保人和参保企业主的"心理依赖",最终形成一种依赖文化。

7.不利于拉动内需。在多种退休制度并存情况下,待遇差的调整只能靠"外部政策"进行"临时"调整,而非制度化的指数化承诺。参保者退休待遇预期就难以确定,透明性较差,制度难以识别,不仅影响政府的公信力,而且不利于参保者熨平消费周期的个人消费决策,严重影响当期消费信心,不利于拉动内需。在外贸依存度已超过70%的增长方式中,内需是今后十几年经济发展的重要引擎,此次美国次贷危机引发的世界金融风暴向人们昭示,社会保障制度应该成为稳定居民消费和扩大内需的一个制度保障。

8.不利于扩大覆盖面。越简单的制度越容易被公众接受,越容易普及推广。统账结合本来就是一个十分复杂的制度,如果再加上多种制度并存,就显得更加复杂,叠床架构,令参保者无所适从。尤其对介于城镇和农村之间的农民工来说,增加了参保人对制度的认知难度,影响了参保积极性。多年来养老制度覆盖面狭窄,扩大覆盖范围困难重重,除其他原因之外,制度的碎片化和复杂性是一个重要原因。社保制度覆盖面长期如果不能实现应保尽保,不但成为最大的社会不公正,而且其合法性也受到挑战。

9.不利于提高社保制度运行质量。众所周知,全国社保系统经办机构队伍只有11万—12万人。以江苏省东海县为例,在全县的县、镇(乡)、村三级农村养老保险网络中,全部适龄参保人口为50万人,其中,县农村养老保险处共有工作人员 10 人,人均管理 5 万人,而县农保大厅只有 4 人;23 个乡镇劳动保障事务所(加上一个开发区)共计 66 名工作人员,平均每个事务所不到 3 人;各村只有 1 名社会保障协管员①。就是在统一制度下,这种管理负荷已远远高于国外,如果再加上碎片式的退休制度,就会增加成倍的工作量,不但极大地降低了本来就是粗放管理型的制度运行质量,而且增加了基层社保经办机构的操作难度。比如,在沿海发达省市,用工多元化现象已非常普遍,同一工厂和办公楼里很可能存在不同户籍、不同原籍等多种身份并存的职工队伍,碎片化制度要求对他们必须要逐一识别,建立不同的劳动关系档案和不同的社保制度,于是,参保登记、缴费记录和待遇发放等各个环节的差错率、诉讼案件、频繁的转换使制度交易成本非常大。

10. 不利于社会融合与社会和谐。同工不同缴费,同工不同制度,同工不同待遇,这种"身份歧视"、"制度歧视"、"待遇歧视"不仅为制度运行带来较大的交易成本和困难,而且不利于社会融合。在长三角和珠三角地区,同一个集体或单位的不同户籍和不同身份的外来人员已经很难分得出来,但在碎片化制度下,身份高低贵贱本已逐渐模糊的和谐群体又重新被人为划出三六九等,强行归属为城保、农保、土保等不同的制度之内,强烈的社会排斥感和自卑感在农村户籍的外来人员中会油然而生。

(二)农民工参保办法弊大于利

农民工社保制度在酝酿多年之后,终于以过渡性制度的面貌出现。对农民工这个群体来说,这个参保办法眼下看是好事,中、长期看依然是后患无穷,与分立的农民工制度别无二致。

短期看,这个参保办法把目前分割在成百上千个地方"小碎片"里的农民工整合成一个"大碎片",解决了眼下非常急迫的"便携性"困境,缓解了农民工异地流动打工转续社保关系时的燃眉之急,免除了目前由于其异地转续社保关系而遭受的"便携性损失"(单位缴费部分)。

但中、长期看,这个变相的农民工制度还是没有解决退休待遇差别问题,它至少表现在以下三个方面。第一,不利于城镇化进程,容易出现"拉美现

①　纪晓岚等:《社会保障与经济社会协调发展研究——东海社会保障经验实证研究》(东海县劳动和社会保障局委托课题),华东理工大学国家小城镇社会保障研究中心,2008 年 11 月。

象"。据预测,到 2020 年中国城镇化率将达到 60%,即每年至少要有一千多万农村劳动力转移出来。目前这个办法虽然只是一个过渡性制度,只规定了缴费办法,而没有规定待遇计发办法,但是,当他们在城镇退休时,低于城镇制度费率 1 倍的缴费水平必然导致其未来退休收入替代率也相差甚远,"二等公民"的退休金有可能将其"锁定"在城镇"亚二元结构"里,其结果是将诸如北京等大城市的"××村"合法化了。拉丁美洲大部分国家实行的农村社保制度待遇水平低于城镇,在过去几十年"非农化"过程中,他们进城落户之后就成为"城市病"的牺牲品。第二,对回乡养老的农民工来说,他们的退休待遇显然会高于当地农村制度水平,在农村分层化结构中容易引发新的社会矛盾。第三,按照目前的制度设计,农民工退休时将处于不利地位。退休地无论是城镇还是农村,在对农民工终生养老金的权益追溯和支付结算时都会遇到很多问题,例如,以缴费凭证为根据之一的长达几十年的转续过程容易产生道德风险。当退休地在进行"地区间结算"时是很难"算清"的,例如,根据面向全社会征求意见的《农民工参加基本养老保险办法》(摘要),养老金由基础养老金和个人账户养老金构成,但众所周知,由于基础养老金是无限兜底的,任何地方基础养老金都是社保基金的一个财务负担,所以,任何地方政府都不愿被农民工"选为"退休地,数量有限的个人账户滚存余额对退休地社保基金来说是杯水车薪。因而,"地区间结算"将存在很多扯皮的事情,由此导致的退休的道德风险将防不胜防,各种土政策仍将成为农民工顺利退休的一个制度障碍,就是说,总体看对农民工是不利的。

上述对农民工参保办法的分析显示,变相建立的农民工社保制度显然弊大于利,等于把矛盾推向了未来。

三、国外社保"碎片化"整合的经验与教训

(一)起源:英国整合碎片成功的经验

碎片化社保制度历史源远流长,可以追溯到欧洲几百年前的行业公会和基尔特(Guilt)主义互助会。在两百多年后的 19 世纪末由德国开历史先河,以国家立法的名义将之逐个"招安",将之变成强制性的国家保险制度。这个以当时德国铁血宰相俾斯麦命名的社保制度保留了碎片化管理的行业统筹特

征,在随后半个多世纪里成为欧洲各国效法的模式。直到第二次世界大战,俾斯麦模式一统天下的局面才被英国贝弗里奇模式所打破,从此俾式与贝氏两个模式便成为欧洲乃至全世界占主导地位的两个主要模式,成为分析社保制度的两个主要工具。起源于第二次世界大战的贝弗里奇模式的特征是试图对俾斯麦模式的碎片化现状进行整合,以建立起一个"大一统"的社保制度。可以说,除少许遗留问题以外,英国基本上完成了碎片整合的历史任务,建立起了一个"三统一"的社保制度即统一国民资格、统一待遇比例、统一管理机构。这个"三统一"彻底摒弃了碎片化造成的社会歧视,为欧洲和全世界树起了一个最新的标杆,很多已经采取俾斯麦模式的国家随之效法,有的国家改革成功了,有的失败了。北欧国家成功地建立起统一制度,而大多数西欧大陆国家则比较完整地保留了传统的碎片化制度。

(二)危害:法国碎片化制度整合失利的教训

在第二次世界大战后期,法国也曾试图效法英国,对其碎片化制度进行整合,当时负责此项使命的拉罗克也想做法国的贝弗里奇,制订了一个整合方案,但由于种种原因没能如愿,法国比较完整地保留了几百年前留下的碎片化遗产。在二战后60多年里,碎片化制度逐渐显现其缺陷,即待遇水平存在差距,福利刚性导致攀高拉齐,致使财政不堪重负,历届政府均信誓旦旦,试图削减山头,"向下"拉齐福利水平,但始终没有成功过。尤其是最近十几年来,养老保险制度改革已成为新政府上台后列入其议事日程的第一目标,但每次改革都引发全国性的示威游行,两届总理直接或间接为此而下台。铁路等享有养老保险特权的"小制度"甚至每隔两年左右便发动一次全国性的大规模社会运动,主动迎击政府的改革行为,至于小规模的罢工、游行、示威、街头政治等则越来越频繁和密集,年年不断,月月发生。为此,笔者专门查阅了2008年1月1日至12月31日法国主要报刊,粗略统计的结果是,与福利待遇有关的罢工和游行示威就多达100多次,平均每周2次左右[1]。

(三)经验:美国一起步就建立一个统一社保制度的重要启示

美国1935年通过《社会保险法案》时,一起步建立的就是一个统一的社

---

[1] 关于法国碎片化社保制度的危害及其制度起源,见郑秉文:《法国"碎片化"社保制度的起源与危害:历史传统·民族特征·路径依赖——2007年11月法国大罢工感慨与沉思》,载郑秉文等主编:《保险与社会保障》第3辑,中国劳动社会保障出版社2009年版。

保制度,而不是以行业和企业为基础的碎片化制度。虽然当时美国经济发展水平与欧洲差不多,并呈现较为明显的二元结构特点,但是,它并没有重蹈欧洲覆辙,而是另辟蹊径。虽然在建立之初其覆盖对象包括所有私人部门,大多数公务员没有加入进来,直到20世纪80年代才完成了对全国公务员的覆盖任务,但是,总体来说,美国的制度并没有步英国"先碎片后整合"的老路,采取"曲线救国"的方式,也没有像法国那样沿着"碎片式打补丁"的路径亦步亦趋而难以自拔,而是走出一条"渐进式大一统"的独特道路,最终完成了统一之路。

英国的"先碎片后整合"、法国的"碎片式打补丁"、美国的"渐进式大一统"改革道路是三个截然不同的改革路径。由于历史的局限性,英国和法国的碎片制度是历史遗产的结果,如果说他们是旧制度的被动接受者,那么,美国1935年首次立法建立的社保制度就带有相当的主动性,它在吸取英法当时碎片化教训的基础之上,一起步就建立起一个统一制度,通过"渐进式大一统"的改革路径在全国建立起一个大一统的社保制度。

(四)比较:欧美之间社保制度巨大差异性是欧洲竞争力远不如美国的一个重要原因

以英国、法国和美国为代表的三个不同改革路径的效果是不同的,对经济和社会的影响也是不同的。美国的大一统制度为其社会稳定作出了重要贡献,半个世纪以来我们从未发现美国因社保问题而引发的社会不稳定的记录,但相比之下,法国半个多世纪以来则饱尝碎片制度的苦头,即使英国的碎片已在1946年经过整合,但也还遗留一些痕迹,时常引起社会动荡。比如,英国2006年3月28日,150万地方市政员工举行了24小时大罢工,他们走上街头举行示威游行,抗议政府提高退休年龄的计划,这是英国自1926年大罢工以来规模最大的一次全国性罢工。也是在这同一天,隔海相望的法国也发生了青年骚乱,一多半大学罢课,抗议《首次雇佣合同法》的实施,警方出动大批警力,强行驱散巴黎中心罢课学生。这是十几年来法国发生的最大的学生运动之一①。

---

① 关于英法这次大罢工,见郑秉文:《译者跋:社会和谐、社会政策、社会保障——欧美的启示》,载R.米什拉:《社会政策与福利政策——全球化的视角》,郑秉文译,中国劳动保障出版社2007年版。

如果假设美国1935年的社保法没有建立一个统一制度,而是权利下放到各州,50个州由50部法律构成,存在50个高低不平的养老制度,那么,七十多年后的今天,美国社保制度必定也像法国那样,既是一个人人赖以生存的社会安全网,也是一个"烫手山芋",成为社会动荡不安的"火药桶"。英国的案例说明,碎片整合的时间越早,成功的可能性越大;法国的案例显示,碎片整合的时间越晚,整合的难度越大,甚至不可能;美国的事例说明,一起步就建立一个统一制度,是一个最理想的境界。

四、中国社保"碎片化冲动"的认识误区

以农民工社保制度为焦点,几年来关于社保制度的"统分之争"从未停止过。其中,"分派"坚持认为,中国不可能在全国建立起一个统一的社保制度,主要原因有三。

(一)误认为统一制度不能体现待遇差别

"分派"认为,中国城乡之间发展极不平衡,地区之间差距很大,建立统一制度不能很好体现城乡之间和地区之间的差别,这是一个认识误区。统一的保险制度,重在"保险"二字,意指多缴多得,少缴少得,待遇与缴费应具有相当的精算关系。只要建立起这样一个权利与义务密切联系的制度,不但可以很好地体现群体之间和地区之间经济发展和收入水平的差距,甚至还可体现不同个体之间的差异性。所谓统一的保险制度,贵在统一的缴费率、统一的替代率、统一的利率、统一的政策约束、统一的管理体制、统一的基金运用,意味着全体国民在一个平台上彼此平等,在空间分布上完全可以自由流动。参保人之间的退休金实际待遇水平因人而异、因地而异,完全与当地和个人的收入水平挂钩,但是,由于替代率的一致性和公平性,体现的是个人精算公平,不存在社会攀比的空间和理由。社保制度是二次分配的一个制度工具,对初次分配的格局只能做到一定程度的校正,而不能完全指望二次分配制度之一的社保制度解决全部问题,并且,社会保险制度不可能包打天下。为防止道德风险和解决高工资收入者的退休待遇过高,任何国家的社保制度几乎都设定一个封顶线予以调整(一般是当地社会平均工资水平的300%)。恰恰相反,正是碎片化的多种退休制度,不可能很好地反映不同群体和不同地区之间由于发

展水平不同导致的待遇差异问题,扭曲了真实工资水平与退休待遇之间的联系,隐藏了许多实际收入来源,模糊了实际收入结构。

持这种观点的分派可能搞混了养老保障与养老保险之间的关系,把来自于一般税收的定额式养老补贴与养老保险二者的制度功能混淆起来,把非缴费型与缴费型的社保制度的界限混淆起来,甚至"错配"了二者的功能,即把前者的功能要求赋予了后者,对后者的要求强加给了前者。

重要的是,统一制度和统一替代率的待遇差所体现的,基本是初次分配的自然结果,而碎片化的多种退休制度是人为操作与特权的结果,这就是为什么碎片式多种退休制度容易导致不同群体攀比和社会不稳定的根本原因,即社会全体成员不是在同一个起跑线上,制度垄断赋予较多福利特权,表现出极大的社会不平等,处于劣势的弱势群体自然会攀比特权群体,但政府改革对特权群体却往往无能为力,改革便屡屡失败。

(二)误认为二元结构不适应建立统一制度

"分派"认为,中国是典型的二元结构,在经济发展不平衡的情况下,不适宜建立一个统一制度,否则,道德风险和逆向选择将有可能导致制度收入减少,直至破产。这个解释乍看上去似乎有一定道理,但细分析起来,则会发现这个信息经济学的解释只适用于特定的制度设计,或说,道德风险和逆向选择只会在 DB 型现收现付的制度下发挥作用,但对 DC 型积累制、对 NDC 型的现收现付制是不起作用的。换言之,在目前统账结合制度下,它只对统筹部分发挥作用,只要将统筹部分予以适当改革,就可以完全解决制度设计与外部二元结构之间的矛盾和冲突。

信息经济学对道德风险和逆向选择的解决办法之一是激励设计,即只要解决好激励机制的设计问题,只要强化制度精算关系,加强个人缴费与未来收益之间的关系,建立一个多缴多得的制度模式,就可以彻底解决目前统筹部分与二元结构之间的矛盾和冲突。换个角度解释,强制性基本养老保险的举办人是国家,相当于国家举办了一个"大型保险公司";只要将商业保险的精算原理运用于基本社会保险制度,将精算中性引入基本保险制度并加大激励因素,就可以很好解决这个问题,在二元结构特征十分明显的外部条件下,建立起一个全国统一的社保制度。保险公司早在几百年之前就已经存在了,在今天它们存在于任何二元结构的国家的任何角落,无孔不入,这就是一个最好佐证。

　　其实,从历史上看,世界上很多国家都是在二元结构比较明显的条件下建立起统一制度的,甚至建立起一个 DB 型现收现付制。例如,城镇化率是判断二元结构特征的一个重要指标,罗马尼亚的城镇化率仅为 42.7%(2001 年数据),不比中国强多少,但却建立了全国统筹的统一制度。再例如,人均 GDP 也是一个判断经济发展水平的重要指标,1935 年美国建立统一的基本养老保险制度时,按 1992 年价格(下同)计算,GDP 总量为 6984 亿美元,人均 GDP 仅为 5488 美元,并不比中国目前水平高出很多;按时价计算,GDP 总量为 731 亿美元,人均 GDP 为 575 美元[1];此外,即使按城镇化率的指标来看,美国 1935 年也不是很高,据推算应在 55% 以下[2],略高于 2008 年中国的 45%,并且肯定低于 2020 年中国 2020 年实现全覆盖时的 60% 左右。当时,美国二元结构也较明显,东北部非常发达,几乎集中了所有的制造业,而南方大平原和西部地区则相对落后,只生产和提供初级产品,这种二元结构特点非常明显的商品交换格局并没有阻止美国建立一个统一社保制度,况且当时美国建立的是 DB 型现收现付制。

　　"分派"在论证建立统一制度不可能性时,或是没有考虑到 DB 与 DC 两种计发方式不同的适应性问题,在目前统账结合(既有 DB 又有 DC)既定不变的条件下作出了不可能性"定论"。实际上,只要将目前统账结合下的 DB 统筹部分"改性"为 DC 性质的统筹就可以了。或是混淆了"保险"与"保障"二者之间的关系,误将"社会保障"的再分配功能"错配"给了"社会保险"制度。资金来自于一般税收的"保障制度"负有不可推卸的再分配功能,而来自于雇员和雇主双方缴费的"保险制度"则更多地是强调制度的财务可持续性及其参保人生命周期的收入熨平功能。两个制度各有侧重,各司其职,相互配合,形成一个统一的社保系统。如果错配功能,两个制度则都难以实现各自的功能,财务问题都将浮出水面[3]。

---

　　①　根据如下资料计算:US. Census Bureau, "20th Century Statistics", in *Statistical Abstract of the United States*, 1999, p.881, table 1434。

　　②　根据如下资料推算:"Historical Statistics and Analysis",见 http://www.friesian.com/stats.htm。

　　③　详见郑秉文、齐传君:《社保制度走到十字路口:"大一统"还是"碎片化"》,《中国证券报》2009 年 1 月 22 日第 A11 版。

（三）对"城乡社保统筹"概念的不同诠释

"城乡社保统筹"这个提法已有多年，但近几年来，这个概念已逐渐被误读为多种退休制度并存合法性的托词，成为指导社保改革的官方意识形态和"权威诠释"。于是，"制度统一"被"制度统筹"所替代。

所谓"制度统筹"，就是指尽快消除社保制度城乡之间的差别，逐渐走向"制度统一"。所谓"制度统一"，就是指"单一制度"，而不是多种制度并存。在多种制度并存的既定条件下，社保制度的完善与发展应以"制度统一"为唯一目标，这个过程可被称为"制度统筹"，就是说，"制度统筹"仅是一个手段和过程而已，而不是制度目标。如果将这个手段和过程作为终极目标而无所作为，那么，碎片化制度一旦成熟起来，路径依赖就难以对其进行"再改革"。社保制度的完善实际就是社保制度改革本身，完善与改革二者不是割裂的，完善的过程就是改革的过程，在这个过程中应有时不我待的紧迫感，要有时间表，要建立"倒逼机制"。否则，城乡社保统筹的口号说得震天响，但我们却在亦步亦趋地构造一个碎片化制度，每一个制度的出台都成为走向碎片化制度的"不懈地努力"，那就不仅仅与"制度统一"背道而驰，而且也不符合"制度统筹"的内涵。

众所周知，碎片化制度是有相当的惯性的，2008年2月宣布的五省市事业单位养老金改革之所以停滞不前，其中一个重要原因就是制度惯性使然。欧洲尤其是法国的教训告诉人们，今天为社保制度打上一个补丁，明天就有可能为这个补丁再制造和打上更多的补丁，以弥补和掩盖由其带来的更多问题。打上一个补丁将意味着"派生"出更多意想不到的问题，于是，"中国版"的"法国式"碎片化制度就有可能像法国那样"补丁摞补丁"，横跨几代人。这就是制度惯性。

实际上，碎片化制度的弊端已不容政策制定者再犹豫下去，只要稍微回顾一下自1997年国务院颁发26号文至今12年的暂短历史，就会发现有三个重大事件。这三个事件足以证明，目前的碎片化制度不能在延续下去了。第一件大事是机关事业单位与企业两种退休制度带来的待遇差别早在2000年就开始明显起来，到2004年已十分尖锐，引起社会不稳定；第二件大事是农民工"退保"现象早在2002年就开始出现了，到2006年已成为每年春节的一大社会新闻；第三件大事是企业退休金水平早在2005年就不得不开始人为上调，

2009 年已是连续上调的第 5 年。

　　上述三件大事中的任何一件都足以显示社保制度本身缺陷的致命性,三件大事一件比一件更触及制度的核心,即支付能力和财务可持续性问题。

　　1997 年明确账户比例至今的 12 年里,社保改革方案引起全国范围网民热议也有三次:第一次是 2005 年 12 月国务院发布 38 号文件时将个人账户从 11%缩小到 8%引起的;第二次是 2008 年 11 月在第三届社保论坛上透露的延迟退休年龄的消息引起的,虽然这仅是一次带有学术探讨性质的"非官方"信息;第三次是 2009 年 1 月 20 日人力资源和社会保障部举行的新闻发布会宣布事业单位养老金制度改革引起的,虽然早在 1 年前的 2008 年 1 月 21 日新闻发布会已经宣布过。三次全国网民讨论社保政策改革的特点非常明显:第一个特点是言辞一次比一次激烈,网民将公款吃喝消费和出国等腐败现象联系起来,强烈抨击社保制度出现的问题;第二个特点是参与讨论的质量一次比一次高,在事业单位改革的热议中许多网民提出的建议很有见地;第三个特点是一次比一次敏感,比如,延迟退休年龄的提出只是一个学术研讨性质的探索,不是政策发布,但却一石激起千层浪。

　　上述三个事件的首次发生仅仅是在 1997 年正式确立账户制度的几年之后,并且那时的覆盖率只有大约 10%,只有今天的一半左右。随着覆盖面的扩大,参保范围越大,碎片化制度的弊端就越显露无遗。上述三次全国网议的频率一次比一次密集,并且逐渐触及公务员和事业单位等国家机器运转的核心部门。这些都说明,这个社保制度承受的压力将与日俱增,整个社会对社保的期望值已被高高吊起,全体国民对社保改革的每一细小举措都密切关注,所有媒体无不对制度统一投以赞慕的期许。而所有这一切,都与碎片化制度带来的弊端多少有关。正当人们热烈讨论碎片化制度不能为构建社会和谐与促进社会公正作出应有贡献的时刻,美国次贷危机导致的全球金融危机对中国实体经济造成了巨大冲击,使全社会对社保拉动内需都寄予了无限厚望,并赋予了其促进经济增长的深刻含义。

　　在这样一个大背景下,碎片化制度将始终是各个群体所诟病的一个靶子,"制度统筹"和"制度统一"将始终是各个群体所仰慕的一个目标,"城乡社保统筹"的提法将始终会伴随改革的过程并成为社保话语系统的一个主要关键词而不能退役。

五、中国社保"碎片化冲动"的路径依赖

（一）决策者对"碎片化"制度危害的认识不足

在欧洲，"碎片化"制度已有几百年的历史，而在中国只有十几年的短暂时光。由于历史悠久，欧洲"碎片化"制度已经非常成熟，他们实施的全覆盖是"碎片式"的全覆盖。相比之下，在中国，如果除去公共部门，我们的碎片化程度还很低，严格意义上讲，绝大部分经济活动人口还没有任何社保制度。英国尚能顶住多如牛毛的工会和不同党派的政治压力，克服成百上千个"特权碎片"和历史沉疴的惯性阻力，将之改造成一个统一制度，中国如果决心将目前仅有的几个很不成熟的碎片整合起来，建立一个统一制度，其难度要远小当年的英国。

但事实却正好相反。中国目前"碎片化冲动"之所以有增无减，"碎片化"趋势之所以亦步亦趋，其中一个重要原因是决策者对碎片制度危害的认识不足，对欧洲碎片化危害程度的了解不够，对美国统一制度的比较优势感之不深，学界的研究和媒体的宣传还不足以引起决策层的高度重视。

（二）决策者对养老制度的设计"粗犷"，认知还停留在一般公共政策的传统习惯之中

由于半个多世纪传统习惯势力的缘故，许多公共政策的制定还依然遵循着原有的惯性，即中央政府制定的政策只是一个框架，许多具体条款均要求省级政府另行拟定。20世纪90年代自建立社保制度以来，其政策规定无不存在这样特征。统计表明，绝大部分中央政府关于社保的文件规定下达之后，各省级政府不得不据此另行发文予以具体化，否则，在操作层面上将难以执行：从最早的1991年国务院《关于企业职工养老保险制度改革的决定》（33号文）中对城镇私营企业职工和个体劳动者等不同群体建立社保制度要求"具体办法由各省、自治区、直辖市人民政府制定"，到1997年国务院《关于建立统一的企业职工基本养老保险制度的决定》（26号文）中"缴费比例和待遇水平由省、自治区、直辖市人民政府参照本决定精神确定"的表述；从1999年国务院《社会保险费征缴暂行条例》（第259号令）规定的"社会保险费的征收机构由省、自治区、直辖市人民政府规定"（指既可由税务机关征收，也可由社保

经办机构征收），到 2005 年国务院颁发的《关于完善企业职工基本养老保险制度的决定》（38 号文）对待遇计发办法由"各省、自治区、直辖市人民政府……制订具体的过渡办法，并报劳动保障部、财政部备案"的规定；等等。各地可操作空间非常大，非常灵活。

重要的是，层层政府，上仿下效，逐级细化，最基层的制度设计差距甚大：省级政府在制定相应细节之后，把剩下的设计细节"甩给"地市级政府，由其发文决定，地市级政府再次根据地方情况增加一些具体措施之后，再次要求县市（县级）级政府"另行规定"。如此"逐渐下沉"、"逐级细化"和"不断加码"的制度设计，一层一层模拟和细化下去，整个制度便一点一点"附加"上去，整个制度框架便最终由三个甚至四个层级政府文件构筑起来。在这个框架下，各省之间、各市和地区之间、各县之间均存在差异性，越往下沉，差异越大，在执行层面，各省市之间的差距越来越大，于是，社保制度就逐渐地方化、碎片化、合法化。

中央政府如此"粗犷"的制度设计，其根源在于对社保制度的认知还停留在一般公共政策的传统习惯当中，用制定一般公共政策的思维定式来制定社保制度，没有认识到社保制度设计上的"粗犷"会最终导致制度破碎，更没意识到制度碎片会引起反响巨大的不良后果。

在社会政策中，社保政策是较为特殊的一项：制度不统一将制约人力资本的流动和全国大市场的形成。欧盟已意识到这个问题，从制定一些最低的标准起步，引导各成员国社保制度尽量"趋同"，以适应欧洲大市场的需要，甚至欧盟早在多年前就连续发布"指令"和"指南"，对各成员国五花八门的补充保险模式提出一些"硬性"的要求，逼使进行规范。美国是联邦制国家，许多社会政策和经济政策的立法权在各州，但基本养老保险、老年医疗保险（美国没有全民的医保制度）等对劳动力市场产生较大影响的制度立法权却始终掌握在联邦一级，这些关键的社保制度全国是统一的。中国是中央集权的单一制国家，并且历史悠久，延绵数千年，无论在科举制度、官吏制度、税收制度乃至意识形态等领域，均为大一统，省市级立法权限十分狭小，但唯有社会保障制度却从未"统一"起来过，中央政府制定的过于简单的政策规定，为次级政府留下了很大的"细节空间"，既不如联邦制的美国对社保制度的规制力度，更不如欧盟成员国对欧盟相关政策的执行力度。

（三）决策者较少认识到五项保险对劳动力市场具有不同的影响

毫无疑问，在社保"五险"中，基本养老和医疗保险制度如果不统一，对社会流动和劳动力市场弹性的负面影响要远远大于失业、生育和工伤制度"碎片化"状况产生的影响。对社会保险不同险种的这个规律认识，无论在学界还是政界，都已达成共识，没有争议。所以，一般来说，为了最大限度地减少社保制度对劳动力市场的负面影响，几乎世界各国都将养老保险和医疗保险的立法权紧紧掌握在中央政府手里，最大限度地在全国范围内建立起一个统一制度，而将工伤、生育甚至失业等对市场影响很小的保险项目"留给"地方政府。即使在20世纪90年代以来全球的改革浪潮中，为了减轻财政负担，欧洲大陆甚至北欧一些福利国家纷纷将失业和生育等险种下放到地方政府，采取了被称为"松绑"的改革运动，但是养老和医疗等这些涉及基本民生和全国市场的项目却依然由中央政府实施统一改革，统一制订方案，全国一个制度，全国一盘棋。

国外一些学者曾做过一些考察和经验性分析。美国工伤保险历来是州立项目，由各州立法决定其工伤补偿水平，因此，各州差异性很大，碎片化情况比较严重。例如，工伤保险中以失去一只胳膊、一只手、一条腿、一只脚和一只眼这五个项目的最高补偿额为例，其中宾州最高，五项合计为89.59万美元，最低的是麻省，合计仅为11.11万元，高低相差8倍多。其中，失去一条腿，麻省工伤保险的补偿金额仅为2.36万美元，而宾州则高达21.6万美元；失去一只胳膊麻省仅为2.59万美元，而宾州则高达21.61万美元；失去一只手麻省是2.0万美元，宾州是18.7万美元；失去一只脚麻省是1.75万美元，而宾州则高达13.17万美元；失去一只眼麻省是2.3万美元，宾州是14.5万美元。其他各州的工伤补偿水平差距也不小，介于宾州和麻省二者之间。虽然工伤保险补偿水平相差很大，但由于美国的基本养老保险是全国统一的，所以，相比之下，美国劳动力流动情况要远远好于碎片化的欧洲，美国各州之间的劳动力流动人口数量占其人口的2.8%，而同期在欧盟，国内流动人口数量在德国则占1.1%，英国1.1%，意大利仅为0.5%[①]。欧美的经验性考察与比较说明，工

---

① Krueger, Alan B., "The March to European Union and the Labor Compact", NBER paper series 7456, January 2000, p.7, table 1, p.24.

伤保险等险种可以下放到地方政府,因为其"碎片化"状况对劳动力市场的影响很小,而养老保险则不同。

　　从理论上讲,上述这个经验性考察及其结论是完全正确的,因为工伤保险中发生道德风险的"成本"对参保人来讲是很高的,要远远高于该险种的"收益"(即给予的法定补偿额),对个人来讲是划不来的,即使在补偿额最高的宾州也是划不来的,因此,碎片化工伤保险制度对劳动力市场的扭曲程度很小。但是,相比之下,医疗保险的道德风险成本则很低,养老保险的道德风险成本几乎是零(法定退休年龄的道德风险是很难的发生的),所以,对扭曲劳动力市场的影响也好,发生的概率也罢,都要甚于工伤和生育等险种,这就是养老基本保险须由中央政府统一设计和统一实施的根本原因。表2显示,在基本保险中,养老、医疗甚至失业等立法权最好不要下放,最好不要碎片化,因为参保人道德风险的成本较低,但对工伤和生育来说正好相反。从个人风险概率上看也是如此,对参保人来说,工伤风险的发生概率当然要远远小于养老和医疗,因此,养老和医疗等保险项目应建立统一制度。

表2　"五险"对劳动力市场的影响与道德风险的个人成本比较

基本保险五个项目	养老	医疗	失业	生育	工伤
对劳动力市场的影响程度	＋＋＋＋＋	＋＋＋＋	＋＋＋	＋＋	＋
参保人发生道德风险的成本	＋	＋＋	＋＋＋	＋＋＋＋	＋＋＋＋＋

注:"+"号越多,表示影响和强度越大,反之则越小。
资料来源:作者制作。

　　(四)中央政府缺乏"一揽子"设计,导致权威逐渐弱化

　　在现代社会,尤其在"后发优势"的东亚国家,社会保险应由中央政府强势介入,主导其改革的全过程。但由于在认识上存在一定偏差等原因,中央政府没有发挥其应有的"强势作用",中央政府在社保领域的权威具有逐渐弱化的趋势。

　　1. 缺乏总体设计理念,没有"一揽子"设计思想。现代社保制度立法的历史在国外已有一百多年,如果加上传统的行业基尔特主义的互助会制度有几百年的历史,其历史经验教训、各流派理论观点、各模式优劣比较、理论和实践的前沿创新、学术研究水平等都十分成熟,很多经验都是现成的,一目了然。

中国社保制度整体设计上还处于支离破碎、头痛医头脚痛医脚的阶段,既没有一个追求的模式理念,也没有短期、中期、长期的量化规划,其中,做实账户等政策举步维艰就是最典型的例子。换言之,十几年来,我们的基本养老保险制度始终处于未定型、未定性、未定局的阶段,为草拟《社会保险法》等立法工作带来很多困难。这种状况造成了政策设计中留下的余地和空间很大,随意性很大。换个角度讲,等于把很多责任推给了地方,很多本来应该由中央政府承担的责任却推给了次级地方政府。于是,从中央到地方,整个行业没有形成一个完整的制度概念及其追求意识,甚至说远没有形成行业共识,几乎所有次级政府均处于"制度创新"的亢奋和无奈之中,这是极端错误的。社保政策如同货币政策,次级政府只有执行的义务,没有创新的权利,这基本是国际惯例。

2. 中央政府在向地方政府"推卸责任"的同时,也弱化了自己的权威。中央政府承担的责任不够,本应承担的责任下放到地方,具有明显的推诿色彩,该统起来的没有统起来,该管起来的没有管起来。于是,地方政府发言权的权重显示出日益强势的倾向,中央政府的权威出现日益弱化的趋势,很多设计是由中央和地方协商的结果,甚至是妥协的后果,缺乏执行政策的严肃性。同时,由于地方政府承担较多的责任,地方主管部门存在很多意见甚至不满情绪,反过来又强化了讨价还价的权重。在这个潜规则中,承担责任多的地方与承担责任少的地方之间存在着政策偏差的趋势,由此形成"肢解"制度的内在动力。毫无疑问,一个公开的秘密是,沉淀上千亿元社保基金的发达地区的发言权重显然大于每年需要财政补贴的欠发达地区,制度设计偏向这些省份便成自然,于是形成良性循环,而欠发达地区正相反。

从某个角度讲,碎片化制度是强势省份受益的制度。

(五)最高层重视程度不够,横向博弈导致社保部门成为"弱势群体"

1. 最高层还需加大对社保的投入与关注。中央提出构建和谐社会的伟大战略举措以来,从中央到地方,各级领导对社保建设的重视程度与日俱增,这是不争的事实。但在一些具体政策的落实方面,在涉及资源分配方面,社保部门往往排在后面,例如人员编制和预算安排等,许多问题长期得不到解决,导致主管部门力不从心,政策设计难以一步到位,中央政府公信力难以树立,制度运行长期处于"战时"状态,出台一些没有经过详细论证的打补丁式的"临时"抱佛脚政策便难以避免。

2. 横向之间部委博弈严重，许多问题长期难以协调。社保制度的设计、运行、监督等涉及部门较多，需要多部门的配合与协调。比如，社保基金的投资和监管体系的设计与运行、社保基金征缴体制的确立与执行等，很多问题难以协调，连续几届政府难以彻底解决，严重影响了制度设计的整体规划，影响了制度的运行质量，影响了中央政府的权威性，影响了中央与地方之间的协调效果，甚至企业、参保人、社会舆论的意见很大，但仍难以解决。从某种程度说，这也是导致制度碎片化倾向日益严重的根源之一。

（六）制度设计缺陷导致地方政行为扭曲，"碎片化"倾向具有一定的"市场"

根据 2005 年 1% 人口抽样调查，中国流动人口已达 1.5 亿。另据 2008 年 11 月 20 日人力资源和社会保障部在国务院新闻办新闻发布会上公布的数据，中国农民工大约有 2.3 亿，其中外出人员大约有 1.2 亿[①]。天文数据的流动人口和流动性很强的农民工群体为中国目前"碎片割据"的统账结合社保基金带来了极大的不平衡因素：由于大部分农民工在异地转移时只能选择退保，单位缴纳形成的统筹基金便"沉淀"在打工地；一般来说，打工地均为发达地区，这样，农民工流入在客观上提高了发达地区社保基金的支付能力。以农民工流入大省广东为例，2002—2007 年广东省由此"获益"727.17 亿元，平均每年沉淀 120 多亿元。还有一个稍微保守一些的计算口径，退保农民工为广东省贡献了 301 亿元，即平均贡献 50 亿元。截至 2008 年底，广东省基本养老保险基金滚存结余近 2000 亿元，占当年全国滚存结余 20% 左右，而其参保人数只占全国的 12.25%[②]。多年来广东省社保基金余额之所以始终位居全国榜首，农民工的巨大贡献是不可忽视的。这说明，"碎片化"社保制度对发达地区来说是有利的。于是，在目前碎片化制度下，发达地区的地方政府行为自然受到巨大利益的驱使，他们自然成为碎片化制度的拥护者，在客观上就自然成为碎片化制度的一个利益集团，具有相当的"碎片化冲动"，在中央和地方的博弈中，对建立全国统一制度必然发挥一定制约影响。

---

① 尹蔚民：《正在建立农民工就业状况调查统计体系》，2008 年 11 月 20 日，见新华网，http://news.xinhuanet.com/politics/2008—11/20/content_10386273.htm。

② 郑秉文：《改革开放 30 年中国流动人口社会保障的发展与挑战》，《中国人口科学》2008 年第 5 期，第 5 页。

于是,在制度改革和制度设计过程中,在 2009 年 2 月新出台的农民工参保办法征求意见稿中,就必然要考虑到地方的"局部利益",保护其社保制度运转的积极性,否则,积极性受到挫伤就不利于地方社保制度的执行,也不利于农民工参保。在制定农民工制度过程中,单位多缴纳 2% 统筹基金的制度设计在相当程度上就是出于这些考虑的结果。

相反,欠发达地区一般是农民工的流出地,在碎片化制度下,流出地政府行为也受到较大扭曲。当农民工年事已高和回乡养老时,它们自然要设置一些限制条件,因为农民工这个群体客观上"牵连"了它们,它们本来就已经流失了社保基金的制度收入,本来就早已收不抵支,如果只负责农民工回乡养老,那自然是不公平的,对原籍地退休人员也是不公平的。从这个角度看,欠发达地区是碎片化制度的受害者。为此,在"城镇企业职工基本养老保险关系转移接续暂行办法"(摘要)中规定的男超过 50 周岁和女超过 40 周岁在异地就业时"建立临时养老保险缴费账户"不能说不是一个妥协的结果。

不管是发达地区的政府行为,还是欠发达地区的政府行为,它们的扭曲都完全是制度设计的必然结果,从微观和个体角度观察,是理性的,不应过多求全责备,问题出在制度设计上。

(七)解放思想与克服畏难情绪

胡锦涛在 2009 年第 1 期《求是》杂志发表的重要文章《努力把贯彻落实科学发展观提高到新水平》中指出:有的在发展观念上存在重"显绩"轻"潜绩"、重当前轻长远、见物不见人等问题;有的思想不够解放,改革创新意识不强,因循守旧,封闭保守;有的缺乏推动科学发展必备的知识,缺乏进行战略思维、辩证思维、系统思维、创新思维的能力,存在搞形式主义、做表面文章、敷衍塞责等问题。

胡锦涛上述关于提高科学发展观自觉性的总结和十七大重提解放思想的含义,对克服社保制度碎片化和建立统一制度来说,具有重大意义。

首先,要全面准确地领会中央历次文献中关于统账结合制度的精神实质,既不要推倒重来,又不要故步自封,如同当年认识股份制也是公有制的一个实现形式那样,要接受和承认这个认识过程,而不是盲目拒绝。这个过程是个不断升华的过程,是个不断扬弃的过程,是一个继续解放思想和科学发展的过程。

其次,要重新理解十几年以前制定统账结合制度的理念和精髓,而不应拘泥于统账结合的形式和表象,不是残守这个日益蜕化的制度外壳。常识告诉人们,统账结合只是部分积累制的实现形式之一,而不是全部,更不完全等同于部分积累制。部分积累制的精髓在于将社会共济与个人责任相结合,个人缴费与未来收益相联系。在新形势下,应积极探索其他实现形式,而不是徒有虚名的作茧自缚。

再次,要继续借鉴和消化在国外已被实践证明并正在证明着的一切先进管理经验和社保制度创新,为我所用,不拘一格,包括对早已运行了十几年的"名义账户"(NDC)制的再评估。

最后,要克服畏难情绪,克服本位主义,勇于迎难而上,而不应遇到问题绕着走。以农民工参保办法为例,其具体思路本可归纳为三个:第一是为农民工单独建立一个制度,这是最简单最容易操作的一个"捷径"。第二个是让其维持现状,农民工走到哪里就参加哪里的社保制度,归当地管理。这显然难以维系下去,现实中遇到的问题太多。第三个选择是改革城镇基本养老保险制度,让其适合覆盖农民工,进而覆盖全民,统一建立全国范围的社保制度。但是,目前的"农民工参加基本养老保险办法"却成为第四个思路:非此非彼。这个"过渡性"制度是避免碎片化制度的进步,抑或退步?

在上述三个思路中,第一、二个均为下策,第三个才是上策,即在全国建立一个统一制度,这是一个既需要下决心、又需要下气力的改革路径。于是,第四个思路便应运而生,既不是"潜绩",也不属"显绩",只能被称为一条似是而非的中间路线。

参考文献:

国家统计局、劳动和社会保障部:《中国劳动统计年鉴》(2002—2006年),中国统计出版社。

广东省社会保险基金管理局:《基本养老保险关系转移接续问题研究》,载人力资源和社会保障部社会保险事业管理中心编:《2007年重点课题研究报告》,2008年5月。

纪晓岚等:《吴江市社会保障发展规划研究(2008—2012)》(吴江市劳动和社会保障局委托课题),华东理工大学国家小城镇社会保障研究中心,2008

年7月。

纪晓岚等:《社会保障与经济社会协调发展研究——东海社会保障经验实证研究》(东海县劳动和社会保障局委托课题),华东理工大学国家小城镇社会保障研究中心,2008年11月。

尹蔚民:《正在建立农民工就业状况调查统计体系》,2008年11月20日,见新华网,http://news. xinhuanet. com/politics/2008 - 11/20/content_10386273.htm。

《尹蔚民在全国人力资源和社会保障工作会议上的工作报告(摘要)》,2009年2月20日,见中央政府门户网站,http://www.gov.cn/gzdt/2009 - 02/20/content_1237105.htm。

郑秉文:《译者跋:社会和谐、社会政策、社会保障——欧美的启示》,载R. 米什拉:《社会政策与福利政策——全球化的视角》,郑秉文译,中国劳动保障出版社2007年版。

郑秉文:《改革开放30年中国流动人口社会保障的发展与挑战》,《中国人口科学》2008年第5期。

郑秉文:《法国"碎片化"社保制度的起源与危害:历史传统·民族特征·路径依赖——2007年11月法国大罢工感慨与沉思》,载郑秉文等主编:《保险与社会保障》第3辑,中国劳动社会保障出版社2009年版。

郑秉文、牟兵:《养老金调待机制存在的问题与建议——基于2008年养老金上调的案例分析》,《宏观经济研究》2009年第1期。

郑秉文、齐传君:《社保制度走到十字路口:"大一统"还是"碎片化"》,《中国证券报》2009年1月22日第A11版。

"Historical Statistics and Analysis",见 http://www.friesian.com/stats.htm。

Krueger, Alan B.,"The March to European Union and the Labor Compact", NBER paper series 7456, January 2000.

US. Census Bureau, "20th Century Statistics", in *Statistical Abstract of the United States*, 1999.

(本文原载于《甘肃社会科学》2009年第3期,第50—58页)

2009 金融危机："社保新政"与扩大内需

内容提要：在 2008—2009 年国际金融危机期间,中国实体经济受到巨大冲击,大批外向型企业倒闭歇业,失业规模达到历史新高。中央政府及时推出"社保新政",为保企业、保就业、保稳定作出了不可替代的贡献。国际金融危机凸显转变经济增长方式的重要性与紧迫性。"社保新政"在金融危机期间的成功实践昭示,在后金融危机时代,社保制度作为一个"长期投入"的生产要素必将为扩大内需、促进增长、转变增长方式作出较大应有贡献。为此,作者提出了处理好四大关系和十二项具体建议。

一、金融危机对全球社保制度的冲击：社保资产受损与失业率提高

此次金融危机导致全球新增失业大军约 5000 万人,失业保险基金支出增加,收入减少,养老资产遭受重创,社保资产支付能力受到挑战,未来筹资压力加大。金融危机期间贫困人口增加,政府财政收入受到较大影响,社会救助的力度受到影响。

（一）对养老资产造成重大损失

金融危机对全球社保制度带来严峻挑战,导致全球社保基金损失巨大。由于医保和失业等保险制度的融资方式主要是现收现付,积累余额有限,市场化投资程度有限,几乎没有受到什么损失,金融危机的冲击主要体现在全球养老资产的大幅缩水。

全球养老资产由企业养老金、主权养老金和基本养老保险基金三大部分组成,总资产从 2007 年年底的 34.77 万亿美元,下降到 2009 年年初的 29.88

万亿美元(含当年缴费收入),损失总计达5.5万亿美元。其中,第一部分即企业养老金(补充养老保险即第二支柱)损失巨大,高达5.2万亿美元,缩水18%。第二部分即"主权养老基金"(主要由转移支付形成)损失较大,全球共11只主权养老基金(包括中国的全国社保基金),2007年年底总市值5952亿美元,到2009年年初缩水近1200亿美元,但由于当年转移支付等因素,资产总额上升为6757亿美元。

第三部分是基本养老保险基金(主要来自缴费收入),金融危机导致其损失1809亿美元。2007年年底,全球5.17万亿美元社保基金可分为市场化投资和国债投资两大类。其中,实行市场化投资的主要是实行DB型现收现付制的发达经济体和实行DC型积累制的拉美国家,前者损失较大,后者较小,合计其资产总规模从2007年年底的20924亿美元下降到2009年年初的19115亿美元,损失1809亿美元;但是,实行国债投资型的DB型现收现付制的5个国家(包括美国、英国和中国等)合计占全球的一半,由于利息收入稳定,资产规模从24844亿美元上升到27514亿美元,增加了2670亿美元即10.7%;如果再加上十几个实行中央公积金的国家(大约3000亿美元),全球社保基金总量就从金融危机前的4.8668万亿美元增加到2009年年初的4.9629万亿美元(不含其他国家信息不详的社保基金大约7000亿美元)[1]。

(二)对失业保险基金带来压力

国际劳工组织的分析显示,2009年初全球的失业人口大约是2.1亿—2.4亿,全球平均失业率从6.5%上升到7.4%,OECD成员国平均失业率达10.1%,并对金融危机导致的全球失业情况作出三种估计:2900万人、3900万、5900万人[2]。考虑到中国、欧盟、美国和OECD对各自失业数量的估算[3],笔者认为5000万人更符合实际情况。此次金融危机导致的失业人口分布情况有如下特点:欧美发达经济体高端白领领域或金融业失业规模要远远高于以往,尤其是美国,因为金融机构破产、重组和萎缩等原因造成大量失业和裁

---

[1] 上述数据引自郑秉文:《金融危机对全球养老资产的冲击及对中国养老资产投资体制的挑战》,《国际经济评论》2009年第9—10月刊,第5—29页。

[2] ILO, "Global Employment Trends-Update", May 2009, p.5.

[3] 以下数据根据IMF的估算数据分析得出,见其相关网站主页。

员,截至 2009 年 3 月底,全球银行业资产损失近 9000 亿美元,保险业 2000 多亿美元,政府发起金融企业(GSEs)1000 多亿美元,于是,大量高级金融专业人士加入失业大军。但在新兴市场经济体,由于其外向型产业遭受重创,失业大军大多为熟练蓝领工人。

2009 年 2 月,19 个发达和新兴经济体领取失业保险金的人数比 2008 年 5 月增加了 53%①。这无疑为全球失业保险基金增加了 1 倍的压力。

(三)对社会救助支付增加了负担

在金融危机期间,一方面,开工不足导致财政收入减少,失业率提高导致失业保险的缴费收入锐减,失业保险金支出却明显增加;另一方面,贫困人口数量增加较快,各国政府不得不增加社会救助支出的规模。世界银行估计贫困人口增加了 5300 万(每天少于 1.25 美元的标准)②。但国际劳工组织估计,全球贫困人口将新增 2 亿(每天少于 1 美元的标准),即从 2008 年的 10 亿增加到 12 亿③。截至 2009 年 4 月底,全球公布实施一揽子刺激计划的国家达 32 个,投入资金达 2 万亿美元(90%来自 G20 国家),2009 年投放资金占全球 GDP 的 1.4%④。但是,由于刺激计划的相当一部分用于金融部门的救助和基础设施的建设,用于社会救助的比重有限,恢复就业率效果不甚明显。此外,由于财政收入受到较大影响,用于社会救助的实际投入大打折扣,例如,美国失业率上升导致税收大幅下降,以往各州财政收入缺口在 1500 亿美元左右,但 2008 年则超过 2000 亿美元,于是,如同斯蒂格利茨所言,这将意味着在未来两年内,各州财政收入恶化将抵消联邦政府刺激计划投入的 50%左右⑤。

---

① Report of the Director-General, "Tackling the Global Jobs Crisis", International Labour Conference, 98th Session 2009, Report I(A). ILO, Geneva, p.5.

② World Bank, President Zoelick, Press Conference, 31 Mar. 2009, Press Release No. 2009/286EXC.

③ 根据下述两份文献比较得出:Report of the Director-General, "Tackling the Global Jobs Crisis", International Labour Conference, 98th Session 2009, Report I(A), ILO, Geneva, p.5;ILO, "Global Employment Trends-Update", May 2009, p.5.

④ ILO, "Global Employment Trends-Update", May 2009, p.5.

⑤ Joseph Stiglitz, "The Global Crisis, Social Protection and Jobs", in *International Labour Review*, Vol.148(2009), No.1-2. ILO, 2009, p.5.

二、金融危机对中国社保制度的挑战：
"社保新政"及其效果

与其他国家不同，在此次金融危机期间，中国社保资产受损最小，但新增失业数量最大，占全球新增失业人口的一半。中国政府及时推出"社保新政"，首次将社保作为一个反周期手段，缓解了企业经营困境，减轻了企业负担，稳定了就业局势，社保覆盖面迅速止跌回升，为稳定社会作出了应有贡献。

（一）金融危机对中国社保制度的冲击及其特点

由于中国社保制度刚刚建立十几年，覆盖面狭小，加之中国外贸依存度过高等原因，中国社保制度和就业状况在此次金融危机中呈现出与其他国家完全不同的特点。

首先，中国养老基金几乎没有任何损失，成为世界各国养老基金损失最小的国家之一。从基本保险制度来，五险基金毫发无损，这得益于中国基本社会保险制度统筹层次很低、保险基金以银行协议存款和购买国债为主的落后的投资策略的结果。从养老保险第二支柱的企业年金来看，它也是世界受损最小的补充养老基金之一，这得益于两方面原因，即投资股票的比例不高于基金净资产的20%，各个企业年金提供商在此次金融危机初露端倪时反应敏捷，动作迅速，清仓及时。从主权养老基金来看，中国的全国社保基金（理事会）收益率为-6.79%，成为全球11只主权养老基金中损失最小者，这既得益于保守的投资策略，又得益于决策者具有前瞻性的战略决策。

其次，中国失业人口达2500万以上，其中绝大多数为农民工。中国金融业几乎毫发无损，高级白领和专业人士没有大规模裁员，但由于外需导向型经济的明显特点，国外订单大量取消致使珠三角和长三角外向型企业农民工大规模返乡。农民工失业的统计数据说法不一。2009年2月的一个官方数据认为[①]，在1.3亿"外出农民工"中有2000万农民工失业，即15.3%的农民工失去工作。但是，1.3亿"外出农民工"这个数据被明显低估：从2005年1%人

---

① 中央财经领导小组办公室副主任、中央农村工作领导小组办公室主任陈锡文在国务院新闻办公室2009年2月2日举办的新闻发布会上的答记者问，2009年11月27日，见国务院新闻办主页，http://www.scio.gov.cn/xwfbh/xwbfbh/wqfbh/2009/0202/200905/t308608.htm。

口抽样调查数据看,流动人口已达 1.47 亿;从 2009 年 3 月 15 日国家统计局公布的抽样调查数据看①,在全国 2.25 亿农民工中,外出农民工数量为 1.4 亿人,本乡镇以内的本地农民工数量为 8501 万人;如按前述 15.3% 计算,外出农民工失业数量应为 2141 万人,如考虑本地农民工的失业因素,2009 年 2 月在金融危机中农民工失业人口至少应在 2500 万。于是,在全球新增的 5000 万失业大军里,中国就占一半。其实,这个数据也很可能是低估了,因为据报载,2009 年春节前仅广东省东莞市就流失了 600 万农民工②。

最后,基本社会保险参保人数明显减少。在此次金融危机中,中小企业和劳动密集型企业参保人数明显减少。2009 年 1 月养老、医疗、工伤三项保险参保人数分别比 2008 年底减少 23 万、51 万和 203 万人,成为近几年覆盖面连续扩大以来首次下降。在沿海外向型经济发达地区,农民工出现返乡高潮,退保和断保使农民工参加养老、医疗和工伤三项保险人数分别减少 93 万、68 万和 137 万③。由于企业经营出现困难,缴费困难企业增多,社保基金征缴出现较大困难,加之失业人数增加,社保基金收入受到较大影响。

(二)"社保新政"主要内容

首先,在此次金融危机中,中国政府首次将社保政策作为一个反周期手段。与财政政策和其他经济政策一起,社保政策为保增长和促就业作出了贡献。改革开放以来,社会政策从未进入经济宏观调控一揽子计划,而仅被视为解决"社会问题"的一个常规手段和维持"社会稳定"的一个阀门。但在此次金融危机中,社会政策首次被纳入解决"经济问题"的视野,社保制度被置于"扩大内需"的位置,社保因素首次被大规模普遍运用,这是一个重大转变(尤其与 1997—1998 年金融危机相比)。这个重大转变不仅是一次观念上的飞跃,也是一次抗击金融危机的成功实践,为今后中国政府应对金融危机积累了宝贵经验。

其次,面对金融危机对中国实体经济的冲击,中国政府及时调整制度参数,

---

① 国家统计局:《2008 年末全国农民工总量为 22542 万人》,2009 年 11 月 27 日,见国家统计局网站,http://www.stats.gov.cn/tjfx/fxbg/t20090325_402547406.htm。

② 黎广、吴梦纾:《广东痛苦转身 农民工提前返乡东莞人口流失 600 万》,2009 年 11 月 28 日,见《羊城晚报》网站,http://www.ycwb.com.cn/news/2008-11/10/content_2006468.htm。

③ 引自 2009 年 10 月 15 日在斯德哥尔摩由中国人力资源和社会保障部与欧盟联合召开的第四届中欧社会保障高层圆桌会议上人力资源社会保障部胡晓义副部长的致辞,根据笔者现场记录整理,未经其本人审阅。

推出"社保新政"。"社保新政"的主要内容是调整参数,其目的在于帮助企业降低成本,维持收入水平和就业水平,最大限度地减少金融危机的影响。"社保新政"的具体措施包括"五缓四减",即实行有弹性的社会保险缴费政策,对受金融危机影响暂时无力缴费的困难企业:允许缓缴养老、医疗、失业、工伤和生育5项社会保险费,缓缴期为2009年之内,缓缴期限最长不超过6个月;允许困难企业阶段性降低医疗、失业、工伤和生育保险费,期限最长不超过12个月。

再次,扩大单项社会保险基金的用途范围,扩大就业培训和稳定就业岗位。2008年年底发布的"社保新政"允许失业保险金为困难企业稳定岗位支付社会保险补贴和岗位补贴,允许就业专项资金对困难企业用于职工在岗培训的补贴,执行期为2009年之内,补贴期限最长不超过6个月。

最后,采取紧急措施,调整劳动关系,稳定就业形势。"社保新政"还允许困难的企业可通过与包括农民工在内的职工进行集体协商,采取灵活用工、弹性工时、弹性工资、组织培训等措施,以稳定就业岗位和劳动关系;鼓励和支持企业采取在岗培训、轮岗轮休、协商薪酬等措施,尽最大努力不裁员或少裁员,特别是国有大中型企业带头不裁员;对于困难企业经过多方努力仍不得不实行经济性裁员的,可在企业与工会或职工依法平等协商一致后,签订分期支付或以其他方式支付经济补偿的协议①。

(三)"社保新政"应对金融危机的效果

经过一系列调整,"社保新政"的效果立即显现,为保增长、保民生、保就业作出了贡献。

首先,"社保新政"缓解了企业经营困境,减轻了企业负担,稳定了就业局势。"五缓四减"产生明显效果,截至2009年9月底,总共累计为企业减轻负担166亿,同时,稳定就业岗位达上千万个。

其次,五项基本保险制度覆盖面迅速止跌回升,效果明显。截至2009年9月底,养老保险参保人数比2008年增加900万人(2008年年底为21891万人),医疗保险增加4600万人(2008年年底为31822万人),工伤保险增加500万人(2008年年底13787万人),生育保险增加800万人(2008年年底9254万

---

① 以上"五缓四减"等资料引自:《中国三部门采取五大举措减轻企业负担稳定就业》,见新华网,http://news.xinhuanet.com/newscenter/2008—12/21/content_10533000_1.htm。

人）。在金融危机期间，基本社会保险覆盖面不仅没有缩小，反而明显扩大，这在世界各国都是少见的，在客观上发挥了安全网的作用。

最后，覆盖面扩大增加了当期社会保险基金的收入。覆盖面扩大之后提高了社保基金的支付能力，而且反过来又为提高待遇水平打下了物质基础，极大缓解了参保人的经济压力。五项保险基金征缴收入不但没有降低，反而有所提高，根据 2009 年 9 月的统计，同比增长 17.5%，各项保险待遇水平均有所提高，五险支出同比增长 30%①。同时，2009 年 1 月份顺利完成了连续第五年上调养老保险待遇水平 10% 的预定计划，据笔者估算②，仅该项支出就大约高达 600 亿元。

三、金融危机对中国社保制度的启示：
反危机手段与生产要素

此次金融危机人们对社保制度的认识发生了两个变化。第一，面对金融危机对实体经济的巨大影响，"社保新政"成为反危机的一个临时手段和反周期的一个紧急措施，其着力点在于保企业和保就业，由此，人们开始认识到保企业与保就业不是相互割裂的，而是相辅相成的。第二，此次金融危机使转变经济增长方式的问题更加尖锐起来，在后金融危机时代，社保政策作为一个生产要素势必对促进增长方式转变作出应有贡献。

（一）社保政策作为反危机手段：保企业与保就业

2008 年上半年，长三角沿海发达地区一些外向型企业出现经营困难，就业形势开始严峻；2008 年下半年，珠三角地区以加工和出口为主的劳动密集型中小企业用工需求骤减，停产关闭现象开始大面积出现，企业规模裁员和职工待岗歇业现象增多，欠薪、断保甚至欠薪逃匿现象不断发生，劳动关系不稳定性凸显并出现了一些新的变化。2009 年 2 月，人力资源和社会保障部、中

---

① 以上截至 2009 年 9 月份的覆盖面扩大、征缴收入扩大和企业减负等三处数据，分别引自 2009 年 10 月 15 日在斯德哥尔摩由中国人力资源和社会保障部与欧盟联合召开的第四届中欧社会保障高层圆桌会议上人力资源社会保障部胡晓义副部长的致辞，根据笔者现场记录整理，未经其本人审阅。

② 郑秉文、牟兵：《养老金调待机制存在的问题与建议——基于 2008 年养老金上调的案例分析》，《宏观经济研究》2009 年第 1 期，第 10—13 页。

华全国总工会和中国企业联合会/中国企业家协会(下简称"一部三会")联合发布《关于应对当前经济形势稳定劳动关系的指导意见》(下简称《指导意见》),强调在三方协商对话的基础上,明确提出了"保企业"的导向①。这个提法很及时,对调整劳动关系和稳定就业发挥了不可替代的积极作用。

第一,金融危机导致劳动关系出现新变化,保企业、保就业、保稳定成为社保政策反周期的着力点。金融危机既是对社保制度的考验,也是各国调整社保政策的绝好机会。例如,阿根廷在工人和工会的极力支持下,于 2008 年 11月一夜之间废除了实行 14 年之久的个人账户式养老保险制度②,将 DC 型完全积累制退回到传统的 DB 型现收现付制。这个重大事件震惊了世界各国社保业内人士,同时也说明,在金融危机面前,社保制度既可载舟,也可覆舟,关键在于制度设计的科学性和政策调整的敏捷性。于是,金融危机面前达成如下共识:保稳定要首先保就业,保就业就必须要保企业。"一部三会"提出的"保企业、保就业、保稳定"不仅是一个临时举措,也是一次观念转变,即把保就业与保企业统一起来,于是出台了"五缓四减"等一系列调整社保参数的政策。

第二,无论是经济繁荣还是萧条时,保企业与保就业都是相辅相成的。观念上的转变表现在两个方面:一是保就业与促就业不仅是政府和社会的责任,也是雇主和雇员的责任,是三方协商机制的本质之一,任何单方面强调企业的责任而忽视企业的保护都是片面的。二是保企业与促就业不是对立的,无论在经济萧条时,还是在经济繁荣时,这是一个永恒的话题,而不应"临时抱佛脚"。众所周知,任何劳动保护制度都或多或少会对劳动力市场产生一定的扭曲作用:一方面保护了劳动者,但另一方面也设立了门槛,成为一把双刃剑。政府的作用在于根据国情如何"两害相权取其轻",制定一个适合现阶段发展水平的制度安排,既要考虑到"局内人"(就业人员)的利益,更要考虑到"局外人"(失业人员)的流动,在劳动保护立法中不可一蹴而就,不应将经济繁荣时

---

① "一部三会"的《指导意见》提出"在保企业、保就业、保稳定中充分发挥三方机制的独特作用",见《关于应对当前经济形势稳定劳动关系的指导意见》。

② 关于阿根廷 2008 年 11 月将个人账户式公共养老金实施国有化改革的分析,参见郑秉文、房连泉:《阿根廷私有化社保制度"国有化再改革"的过程、内容与动因》,《拉丁美洲研究》2009 年第 2 期,第 7—24 页。

保就业与经济萧条时保企业对立起来,否则,良好的主观愿望就有可能欲速不达。

第三,任何劳动立法和社会保障项目,都应将保企业和促就业放在首位。保就业就等于保民生,保民生就等于保稳定,就业是民生之本,稳定之基,这是不同于欧洲的一个基本国情。欧洲高失业率既是过度劳动保护的结果,又是过度劳动保护的原因,是高福利和高税收的一个新的社会均衡。从这个角度看,福利国家的劳动保护和社会保障只是事情的一个方面。中国将长期处于社会主义初级发展阶段,"就业"是最基本的"福利",促进就业是各项社会政策和劳动立法的第一目标,是劳动者的第一福利要求,因此,保持较低的就业门槛是保企业和促就业的一个交汇点,是积极就业政策的一个基本点。

2006 年和 2007 年间关于"劳动合同法"立法的争论在此次金融危机中可以画上一个句号了。这是因为,从某种意义上看,"一部三会"发布的《指导意见》中"在保企业、保就业、保稳定中充分发挥三方机制的独特作用"的提法,其本质毋庸置疑是对其采取的一个临时校正。

(二)社保制度作为一个生产要素:拉动内需与促进增长方式转变

作为世界上最年轻的社保制度之一,中国社保制度只有十几年的历史,但却经历了两次金融危机:在 1997—1998 年东亚金融危机中,中国社保制度为国有企业下岗职工筹措失业保险金,承受了金融危机的巨大压力。在此次金融危机中,中国社保制度不但又一次经受住了考验,而且成功地推出和运用了"社保新政"。这个成功的尝试显示,社保制度作为一个生产要素势必为后危机时代促进增长方式转变作出应有贡献。

第一,转变增长方式的提出与紧迫性。胡锦涛早在 2004 年 5 月在江苏省考察工作时就提出要树立和落实科学发展观与优化结构的问题;2004 年 12 月胡锦涛在中央经济工作会议上首次正式提出"转变经济增长方式、加快经济结构调整、推进协调发展";2006 年 2 月在中共中央政治局第二十九次集体学习时胡锦涛明确提出,要加快转变经济增长方式,推动经济又快又好发展。此后不久,胡锦涛在考察上海和福建时多次强调切实转变经济增长方式和推动经济社会科学发展的重要性。继十六大《决定》提出"转变增长方式,提高发展质量"之后,胡锦涛在讲话中又多次强调转变增长方式的必要性和急迫性,例如,在十七大报告中,胡锦涛明确提出"加快转变外贸增长方式,立足以质取胜,调整进出口结构"。在 2009 年 12 月 5 日召开的中央经济工作会议上强调把增加居民消费作为扩大内需的重点,认为转变经济发展方式已刻不容缓,胡锦涛在重要讲话中深刻阐述了加快经济发展方式转变的重要性和紧迫性。

第二,扩大内需任重道远。从外需主导型向内需主导型经济增长方式转变,关乎中国国民经济可持续发展的经济安全问题。这个转变既具有紧迫性,又具有长期性,不仅存在很多体制性障碍,而且涉及结构调整的方方面面,包括增长路径依赖、国民经济结构惯性、国民收入初次分配结构失衡、居民收入差距不断扩大等。例如,低消费率和高储蓄率的主要原因是城乡居民收入水平低于经济增长,2008 年城镇居民人居可支配收入实际增长低于经济增长 0.6 个百分点,农村居民人均纯收入实际增长低 1 个百分点,由此导致住户部门收入占比总体呈下降趋势,从 1992 年居民收入占国民可支配收入的 68.3% 下降到 2007 年的 57%。最终消费率从 1992 年的 62.4% 下降到 2008 年的 48.6%,远低于世界平均水平(2006 年世界平均消费率为 63%,发展中国家平均为 58%)。另外,居民边际消费倾向总体呈下降趋势,其中,城镇居民边际消费倾向从 2002 年的 0.85% 下降到 2008 年的 0.56%,农村居民边际消费倾向由 2002 年的 0.85% 下降到 2008 年的 0.71%。2000—2007 年消费对经济增长率的贡献率(最终消费增加额与 GDP 增加额之比)从 63.8% 下降为 39.7%[①]。

上述经济结构现状说明,扩大内需受到的制约因素很多,社保制度既不能包打天下,又不应无所作为,对此我们应有一个清醒的认识。

第三,社保制度可以稳定和促进消费的国际经验。改善收入分配和完善社保体系可建立消费信心,稳定消费预期,熨平消费周期,为促进增长方式的转变作出贡献。例如,日本在 20 世纪 60 年代发起的一场消费者革命成为日本经济起飞的转折点。

再例如,美国经历 1929—1931 年大萧条之后,1935 年建立起社保制度,对美国扩大国内市场和稳定居民消费起到了重大作用,使居民私人消费支出

---

① 中国人民银行货币政策分析小组:2008 年第一季度《中国货币政策执行报告》,第 30 页,第四季度《中国货币政策执行报告》,第 37—38 页,2009 年 11 月 29 日,见人民银行网站,http://www.pbc.gov.cn/。

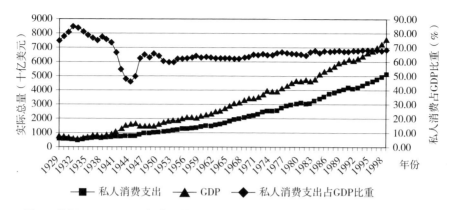

图1　美国1929—1998年建立社保制度前后私人消费份额的比较(1992年价格)

资料来源:US. Census Bureau, "20th Century Statistics", in *Statistical Abstract of the United States*, 1999.

一直稳定在60%—70%之间(见图1),并稳中有升,成为美国居民干预消费的一个"定心丸",为二战之后美国经济腾飞奠定了基础①。

四、后危机时代中国社保制度展望:处理好
四大关系与十二个政策建议

"社保新政"虽然为中国成功抗击金融危机和最早走出危机作出了贡献,但同时也暴露出社保制度存在一些制度性与结构性问题,这既是此次金融危机对中国社保制度提出的挑战,同时也涉及后金融危机时代中国经济增长中社保制度的功能和定位的调整问题。

社保制度之所以被视为扩内需、促增长和转变增长方式的一个"长期投入"的生产要素,是因为劳动力的长期产出决定于资本投资率或劳动效率。资本投资的功能有三:一是可部分替代生产过程中消费的资本存量,二是可额外增加劳动力资本存量供给,三是可确保使用最新的技术。正是从这个增长理论出发,社保制度对人力资本的投资可确保有效运用资本存量的劳动力技术水平的提高。经验数据显示,在发达国家与欠发达国家之间、正规经济与非正规经济之间,之所以前者的长期产出水平高于后者,就是因为前者对包括社

---

① US. Census Bureau, "20th Century Statistics", in *Statistical Abstract of the United States*, 1999.

保制度在内的人力资源的投入占 GDP 比重要高与后者。在后金融危机时代，转变经济增长方式已刻不容缓，笔者为此提出以下十二个政策建议，并认为要着力处理好以下四个关系。

(一)处理好扩大覆盖面与制度建设的关系

制约中国社保制度不能为扩大内需作出较大贡献的一个重要缺陷是覆盖面狭小，没有充分发挥安全网的作用，成为扩大城乡居民消费的体制性障碍之一。扩大覆盖面、实现应保尽保将有利于城乡居民建立消费信心。这也是十七大对社保体系提出的一个战略目标：在养老保险方面，虽然目前"新农保"的出台为农村仅为 8%(6000 万人，占农村总人口比重)的覆盖面带来了新的希冀，但是，我们还有很长的路要走，随着试点的铺开，还会发现很多其他需要不断解决的问题，城镇养老保险的形势更为严峻。如果说"新农保"的政策特点可以一举打破农村扩面的瓶颈，那么，城镇养老制度的难点依然存在，政策依然没有重大突破，几亿灵活就业人员的参保问题依然是一个巨大挑战。

表 1　1998—2008 年中国社保制度覆盖面变化趋势

(单位:万人)

年份	城镇养老	城镇职工医疗	失业保险	工伤保险	生育保险	农村养老	城镇居民医疗
1998	8476	1618	7928	3782	2776	8025	
1999	12486	2065	9852	3960	3000	8000	
2000	13618	4332	10408	4350	3002	6172	
2001	12363	7286	10355	4345	4355	5995	
2002	14736	9400	10182	4406	3488	5462	
2003	15506	10902	10373	4575	3655	5428	
2004	16353	12404	10584	6845	4384	5378	
2005	17487	13783	10648	8478	5408	5442	
2006	18766	15732	11187	10286	6459	5374	
2007	20137	18020	11645	12173	7775	5171	4291
2008	21891	19996	12400	13787	9254	5595	11826

注:"城镇居民医疗"建立于 2007 年。

资料来源:根据人力资源和社会保障部、国家统计局:历年《人力资源和社会保障事业发展统计公报》整理,见人力资源和社会保障部网站,http://www.mohrss.gov.cn/Desktop.aspx? PATH = rsbww/sy。

在医疗方面,虽然新农合基本解决了农村居民参保问题,但在城镇居民医保制度上,绝大多数人目前还"裸露"在制度之外。2008 年失业、工伤和生育保险,其覆盖面仅平均为城镇养老覆盖面 2.2 亿人的一半左右(分别仅为 1.2亿、1.4 亿和 9000 万,见表 1)①。社会安全网覆盖面狭小,这是城乡储蓄率居高不下、心存消费余悸和内需难以启动的原因之一。

但是,扩大覆盖面不能以牺牲制度建设为代价,不能顾此失彼,不能以长远利益换取眼前利益,不能以行政手段代替制度改革。这里要注意以下三个倾向。

第一,扩大覆盖面的同时要防止制度碎片化。目前,中国社保制度已出现碎片化倾向。应加快机关事业单位养老保险制度改革步伐,下大气力整合城镇社保制度碎片化现状,尤其是农民工制度碎片化问题,例如,年初公布的"农民养老参保办法"(征求意见稿)正在修订之中。但在日前"新农保"制度正式公布之后,形势则发生变化:是否还有必要制定一个"农民工参加城镇养老办法"?否则,在实际运行中,农民工就事实上面临着三个制度的选择:城镇制度、新农保、"参保办法"。这不仅使制度多出一个"碎片",而且也为基层社保机构的实务操作带来较大困难。制度碎片化是导致制度便携性差的主要原因。为此,要提高制度的统筹层次和便携性,并将之与防止碎片化结合起来。

第二,强化制度的激励机制是扩大社保制度覆盖面的一个内在动力。多年的实践证明,单纯强调制度的强制性、片面强调制度的执行力是远远不够的,还应强化制度的吸引力,增强制度的激励机制,使参保人能够享受到参保的好处。这就需要强化缴费与收益之间的"对等原则",建立起多缴多得的密切联系,从激励机制上解决参保人的内在动力远比单纯强调外部执行力更为有效。例如,香港地区 2000 年建立强积金,2002 年参保覆盖面就达到 98%,其根本原因就在于香港强积金具有良好的激励机制,雇主的缴费完全划入个人账户。

第三,增强制度的透明性、可及性与稳定性是扩面工作的激励因素。越是透明度高的制度就容易普及,因为参保人可以清晰地看到他们参保的预期。

---

① 以上覆盖面数据引自人力资源和社会保障部、国家统计局:《2008 年人力资源和社会保障事业发展统计公报》,见人力资源和社会保障部网站,http://www.mohrss.gov.cn/Desktop.aspx?PATH=rsbww/sy。

如果参保人"看不透"30 年之后他的养老金到底能拿多少,灵活就业人员势必徘徊在制度之外;如果参保人认为参加医疗保险之后手续繁杂,服务效率和质量低下,甚至搞不清报销比例及其如何维护其合法权益,小个体工商户参保意愿就必然低下;如果社会舆论普遍认为养老金逐年降低,待遇水平没有一个严格的、与社平工资增长率或 CPI 等某个指数挂钩的固定给付公式与承诺,那么,这种待遇水平的不稳定性自然要伤害人们的参保积极性。

(二)处理好社保制度自身积累与宏观经济环境的关系

中国社保基金增长较快,尤其近 5 年来,年均结余 2000 亿余左右(见图2);1993 年社保基金累计仅为 335 亿元,到 2008 年底则高达 1.37 万亿元[①]。社保基金结余并不是越多越好,尤其对养老保险来说,在投资体制不尽合理和收益率低下的情况下,滚存余额过大就意味着受到的侵蚀越大,这是因为,在现收现付下(中国养老保险虽为统账结合模式,属于部分积累制,但由于目前绝大部分为空账,可近视为现收现付制),积累的本质是未来的债务。为此,有些国家规定的"基金比"(即当年支出额与滚存结余之比)还不到 30%,而中国目前"基金比"已达 150%。滚存余额过大意味着未来政府的责任就更大,换言之,过高的社保基金积累也不是免费的午餐。

重要的是,如果社保制度自身积累过高,就有可能与外部宏观经济环境的要求形成冲突。改革开放 30 年来,中国国际收支经常项目、资本和金融项目至今连续 18 年呈现"双顺差"[②],截至 2009 年 9 月底,外汇储备已达 2.27 万亿美元[③];中国储蓄率是世界之最,从 1998 年的 37.5% 上升至 2007 年49.9%[④],2008 年已高达 51.3%[⑤]。

---

① 人力资源和社会保障部、国家统计局:历年《人力资源和社会保障事业发展统计公报》,见人力资源和社会保障部网站,http://www.mohrss.gov.cn/Desktop.aspx？PATH＝rsbww/sy。这里不包括企业年金和新农合。

② 国家外汇管理局国际收支分析小组:《2008 年中国国际收支报告》,2009 年 4 月 24 日,见国家外汇管理局网站,http://www.safe.gov.cn/。

③ 见国家外汇管理局网站,http://www.safe.gov.cn/。

④ 周小川:《关于储蓄率问题的思考》,2009 年 3 月 25 日,见新华网,http://news.xinhuanet.com/fortune/2009—03/25/content_11067056.htm。

⑤ 国家统计局局长马建堂在 2009 年 7 月全球智库峰会上的演讲:《中国储蓄率超五成——智库称促消费应先"均贫富"》,见 http://www.chinanews.com.cn/cj/news/2009/07—04/1761191.shtml。

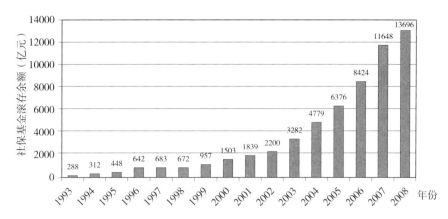

图 2　1993—2008 年中国社会保险五项基金滚存余额增长趋势

注:这里不包括企业年金和农村新农合。

资料来源:人力资源和社会保障部、国家统计局:历年《人力资源和社会保障事业发展统计公报》,见人力资源和社会保障部网站,http://www.mohrss.gov.cn/Desktop.aspx? PATH = rsbww/sy。

　　显然,外部经济环境的要求与社保制度自身的积累之间存在一定冲突,于是,社保基金积累应该适度,而不应单纯追求高积累。为此,笔者提出以下三个建议。

　　第一,适当下调过高的名义费率。目前,中国社会保险五个险种费率合计达 43.2%(以北京服务业为例),如加上住房公积金(单位和个人各缴存 12%)和 5%的企业年金,用工成本将高达工资水平的 72%[1]。过高的"名义费率"既不利于企业竞争力的提高,也不利于提高当期职工消费能力,还成为加速社保基金积累的一个口实。诚然,近几年来,养老保险制度里始终得到一定的财政补贴,例如,2002—2008 年财政补贴达 5800 亿元[2],占目前滚存结余的62%。诚然,这种"畸形积累"是目前统筹层次低下的结果[3],而统筹层次低下在某种程度上是制度设计由于存在缺陷而不适应经济社会二元结构的结果。

---

　　[1]　作者调研数据。

　　[2]　人力资源和社会保障部、国家统计局:历年《人力资源和社会保障事业发展统计公报》,见人力资源和社会保障部网站,http://www.mohrss.gov.cn/Desktop.aspx? PATH = rsbww/sy。

　　[3]　"畸形积累"是指一方面随着覆盖面的扩大,滚存结余迅速增加,另一方面又离不开财政转移支付,制度可持续性存在缺陷,同时,名义费率又难以下调。关于高积累和高费率的"双高"难题和世界上独一无二的"基金比失灵"现象的分析,见郑秉文《中国社会保障制度 60 年:成就与教训》,《中国人口科学》2009 年第 5 期,第 2—18 页。

无论如何,按照目前"名义费率"测算,到 2020 年实现全覆盖即实现应保尽保时,仅养老保险基金滚存结余就将超过 10 万亿元①。这是目前应该引起决策者注意的一个问题。

第二,尽快建立待遇水平指数化挂钩的机制。还有一个参照系可在一定程度上证明目前"名义费率"过高。以养老保险制度为例,目前的"制度赡养比"为 1∶3,如按目前 28% 的费率计算,其待遇水平至少应达到 84%,但事实上仅为 50% 左右,并呈连续 10 年下降趋势。导致缴费率与"制度赡养比"两个参数之间出现如此差距的原因是费率水平难以下调的主要原因,决策者由此担心:一是在城镇养老保险制度里,大约有 20% 是自雇人员,他们的费率仅为 20%,从而"拉低"了制度平均费率;二是当年缴费基数均以上一年基数为核算基础,在社平工资增长率较快的情况下,这又使费基出现了一个缺口;三是由于种种原因,实际缴费人数要小于登记参保人数,这又出现一个折扣。在这三个因素的共同作用下,缴费率与"制度赡养比"两个参数之间便出现上述差距:在 28% 缴费率的条件下,1∶3 的"制度赡养比"并没有产生与此相对应的养老金水平。于是决策者认为,"实际费率"并没有这么高,一旦"名义费率"下调,就有可能出现制度收入下降和收不抵支的缺口,连年盈余的大好形势有可能一夜之间回到十几年以前。这些担心有一定道理,但我们应该清醒地认识到,上述 3 个折扣现象是制度设计存在缺陷的结果,完全可采取加强激励机制等办法克服这些缺陷,以期做实费基,为下调名义费率创造条件。从另一角度讲,名义费率过高必然出现道德风险,费基不实难以避免。目前统筹层次低下,可采取适当提高待遇水平的方式,为养老金制度"内置"一个指数化挂钩养老金的自动机制,免除每年上调 10% 的行政干预为制度建设带来的负面影响。此外,医保制度的某些项目也存在适当的提高报销比例的空间。

第三,加快改革投资体制。在中国保险制度中,账户部分应尽快实行市场化投资改革。在此次金融危机中,尽管许多采取市场化投资的社保基金遭受较大损失,但我们不应因噎废食。统筹部分应尽快规范投资行为,"国债型"投资体制的良好表现在此次金融危机中给世人以深刻印象,它既可保证基金安全性,又可保证其较高的收益性,不失为目前统筹层次低下条件下的一个理

---

① 作者估算的数据。

想解决方案。上述"账户基金市场化"与"统筹部分国债化"的"分类投资体制"符合中国社保制度现状,否则,在目前收益率仅为2%的条件下,社保基金高速积累和做实账户的合法性均面临严峻挑战。

(三)处理好第一支柱和第二支柱的关系

十几年前中国政府便确立了多层次社保体系的基本理念,但目前五支柱的"瘸腿"现象十分严峻:第一支柱负担过重,其他支柱发展严重滞后。在医疗保险制度中,第二支柱明显缺位,尤其对大病和特种病的费用补充微乎其微;零支柱即城乡医疗救助制度显得投入不足,覆盖面狭小。养老保险制度五个支柱之间"瘸腿"状况更为严重:属于基本保险的第一支柱压力过大,广大退休人口的收入来源主要靠这个支柱;属于第四支柱的个人储蓄不得不畸形发展,储蓄率必然过高,这反过来又是第一支柱不够完善造成的;属于商业养老保险的第三支柱发展相对较好;来自一般税收的养老补贴性质的零支柱还没有建立起来,是一个空白;企业年金作为第二支柱发展十分缓慢,人为制约因素很多。此次金融危机显示,应尽快理顺多层次和多支柱之间的关系,大力发展第二支柱,尽快建立零支柱。

第一,第二支柱即企业年金制度要尽快解决"税优瓶颈"。目前制约企业年金发展的主要障碍是2004年原劳动和社会保障部颁布的第20和24号令规定的税优政策难以完全落实,在雇主税优比例8.33%中仅落实了5%,而职工个人8.33%还没到位①,并且政策不稳定,五年来多有变化。这严重挫伤了企业与职工建立企业年金的积极性,年金市场始终处于徘徊状态,金融机构难以为继,潜伏着倒退的风险(巨大的前期投入难以收回),第二支柱的前途令人担忧,企业年金市场有可能一蹶不振。企业年金基金是资本市场的长期投资基金,而非投机资金,大力发展企业年金有利于繁荣和发展金融市场,是年金市场与资本市场的"双赢举措"。发达国家资本市场之所以十分发达,其中一个原因就在于长达三十多年投资周期的企业年金规模巨大,成为资本市场的重要支撑。在金融

---

① 财政部2008年2月29日颁布的《关于企业新旧财务制度衔接有关问题的通知》(财企[2008]34号)规定"补充养老保险的企业缴费总额在工资总额4%以内的部分,从成本(费用)中列支";2009年6月2日财政部和国家税务总局联合颁发的《关于补充养老保险费 补充医疗保险费有关企业所得税政策问题的通知》(财税[2009]27号)又增加一个百分点的税优。但是,职工个人税优政策始终没有出台。

危机期间,2008 年 12 月 8 日国务院办公厅发布了"金融 30 条"(国办发 126
号),但对排位第二支柱的企业年金(包括企业补充医疗保险)的税优问题仍没
任何表述,仅提到"研究对养老保险投保人给予延迟纳税等税收优惠",这显然
是指商业保险的第三支柱。第二支柱的另一个问题是"集合产品计划管理条
例"始终没有出台,中小企业建立企业年金和金融机构投资体制上存在的制度
性障碍没得到解决,且资本市场的诸多年金基金投资组合均面临"违规"
风险。

　　第二,第二支柱即企业补充医疗保险制度要加快建设步伐。中国城镇医
疗参保人就诊自费比例太高,报销比例过低,平均仅为 52%①,其中城镇职工
医保的报销比例为 70%,城镇居民医保的报销比例为 50%,新农合的报销比
例为 38%②。因此,"大病致贫"和"大病返贫"现象较为普遍。相比之下,美
国 2007 年"老年医疗保险制度"参保人的自费比例仅为 14.3%③,欧洲国家更
低,甚至有些国家只支付挂号费④。鉴于中国基本医疗保险制度在较长时期
内难以达到发达国家的报销比例水平,为缓解第一支柱的压力,减少城乡居民
看病的经济负担,建议提高对建立企业补充医疗制度的重视程度,加大税优政
策力度,加快建立第二支柱的步伐。

　　第三,第三支柱即商业养老和医疗保险产品仍需加速发展。虽然商业保
险的产品种类与数量得到了长足发展,成就显著,全国人均长期寿险保单持有
量已超过 0.1 件,保险深度已近 3%,保险密度已超过 500 元⑤,但发展水平很
不均衡,总体水平存在较大差距,还有很大的发展空间。就寿险来看,与某些
中等收入经济体家庭平均金融资产结构相比,差距很大,与发达国家补充医疗

---

① 这里仅仅是指城镇职工医疗、城镇居民医保和新农合三个制度的平均报销水平,如果加
上没有参保和没有接受医疗救助的人群的自费部分,平均报销水平就更低了。

② 引自政协委员兼社会和法制委员会副主任、前劳动和社会保障部副部长王东进在全国
政协与中国社会科学院联合举办的"新形势下社会和谐与稳定问题"研讨会上的演讲《加快基本
医疗保障制度建设促进社会更加和谐稳定》。根据笔者现场记录整理,未经其本人审阅。

③ Department of Health & Human Services, Health Care Financing Review, 2008 *Statistical
Supplement*, table 1.3 and table 1.1, CMS, US, 2007.

④ 例如,奥地利医保制度覆盖面几乎 100%,参保人在定点医院就诊时,个人仅支付挂号
费,医疗和药物费用几乎没有自费的;当到非定点医院和其他欧盟成员国就诊时,个人才支付一
定的自费部分——2009 年 10 月 18—22 日作者在奥地利考察社保机构时调研数据。

⑤ 根据保监会网站主页公布的数据推算。

保险占"第三方支付"比重相比①,差距更大。

(四)处理好缴费型制度和非缴费型制度的关系

大概念下福利制度可分为社会保险和社会保障两个制度。"社会保险"属于缴费型制度,是一国福利制度的骨干部分,追求的目标应是制度收支的自我平衡机制和制度的财务可持续性。西方国家在 20 世纪 90 年代之所以先后掀起风起云涌的改革浪潮,其根本原因就是其社会保险制度的支付能力出现了问题。相比之下,"社会保障"是非缴费型制度,其功能定位应该主要是体现国家的责任,强调二次分配对一次分配的校正,让受益人口能够分享到经济高速增长的好处,注重对社会弱势群体的救助,使其真正成为一个社会安全网和抵御社会风险的最后一道防线。

在处理好这两个制度的关系方面,此次金融危机对中国的启发起码有两个:一是加大非缴费型制度投入有利于拉动内需,但目前中国非缴费型的养老金制度还处于空白状态,社会救助的投入比重较小,城镇居民依赖的主要还是缴费型制度。二是加大非缴费型制度投入涉及长期内"福利模式"(WR)的选择取向问题,在目前世界各国中,凡是非缴费型支出比重较大的福利模式,其劳动力市场弹性都比较好,内需驱动具有可持续性,反之则反。

第一,厘清缴费型和非缴费型两个制度的边界。缴费型和非缴费型两个制度的功能定位在观念和认知上不应错位。国际社保改革的经验教训显示,如果两个制度界限混淆,边界模糊,功能错配,目标错位,保险制度将在财务上不可持续,日益离不开财政转移。同时,保障制度的救助力度十分有限,由于保险制度的拖累,保障制度的财力难以提高。在以往的改革中,保险制度和保障制度均存在一些问题,难以有效地成为居民消费的安全网,刺激内需的作用均不到位。保险制度应成为就业人口离不开的主要制度,他们是国家的社会基础和消费主体;保障制度应成为社会弱势群体离不开的主要来源,他们依赖政府,既是转移支付转化为当期消费基金的主体,又是保障制度的直接受益者和国家的坚定支持者。换言之,中产阶级和广大领薪阶层所依赖的是缴费型

---

① 例如,在美国 2007 年"个人健康支出"中,患者自费比例为 14.3%,其余均为"第三方支付",其中公共部门支付(医疗保险制度)45.3%,私人部门 40.4%(私人部门由 2 部分构成,即企业补充医疗保险 36.2%,其他私人基金 4.2%),Department of Health & Human Services, *Health Care Financing Review*, 2008 *Statistical Supplement*, table 1.3 and table 1.1, CMS, US, 2007.

的保险制度,"就业福利"或"工作福利"是他们的生命线;而弱势群体所依赖的是非缴费型的保障制度;保险和保障这两个制度分别覆盖于两个群体,共同铸造了他们对国家的忠诚。这就是保险制度和保障制度的功能定位、社会作用和经济功能。

第二,加大城乡医疗救助制度和城乡低保制度的力度。社会救助是非缴费型制度的一个组成部分。目前看,应加快《社会救助法》的立法进程,以立法的形式确保城乡医疗救助和低保制度的规范性和制度化。城乡医疗救助制度是中国医疗卫生体制的一个主要"子系统",目前存在的问题是投入力度有限,覆盖面狭小,瞄准精确度较差。低保制度是目前收入调查式制度的主体,存在的问题一是投入还有提高的空间,例如 2008 年支出占 GDP 比重还不到 0.3%,二是受益人口不到总人口的 5%[①]。总之,城乡医疗救助制度和低保制度还存在一定发展空间。

第三,尽快建立养老保险"零支柱"即非缴费型养老金制度。所谓非缴费型养老金制度(NCP)是指由政府向符合规定条件的老年公民提供的现金转移支付计划,也可称为养老补贴、社会养老金、国民年金等,旨在保证最低水平的老年收入。目前,中国还没有建立一个全国范围的非缴费型养老金制度。如果说金融危机之前还没有认识到零支柱的重要性,那么,金融危机期间一些地区出现的发放购物券等现象则彰显出建立这个制度的迫切性。首先,建立零支柱有助于增加居民消费需求和转变增长方式。在第一支柱覆盖面狭小的情况下,零支柱可弥补覆盖面的缺口;在经济发展长期处于初级阶段、第一支柱替代率的设计水平不可能也不应该太高的情况下,可减少老年贫困率;作为老年社会安全网的最后一道屏障,可增加消费信心;老年群体边际消费倾向较高,拉动内需的效果明显。其次,建立零支柱有助于避免非缴费型制度"碎片化"趋势。近几年来,许多城市事实上已纷纷建立起形式各异、水平不同的零支柱,比如,北京在 2008 年初建立起"城乡无社会保障老年居民养老补贴",江苏省有五个城市已建立起类似养老补贴的制度[②]。在零支柱已经遍地开花的情况下,中央政府出面在全国统一建立不可能额外增加较大财务负担,重要

---

① 根据民政部网站主页公布的数据计算得出。
② 参见北京社保局和江苏省社保局的官方网站。

的是,非缴费型制度"碎片化"趋势大有愈演愈烈之势,隐藏着较多社会问题,例如,地区间公平性问题,潜伏着老年人口空间分布扭曲的风险(当户籍制度改革之后)。中央政府尽早在全国范围内建立规范化的非缴费型养老金制度,可规避碎片化趋势,提高中央政府的公信力。最后,在财政上中国目前完全有能力建立非缴费型养老金制度。据笔者估算,在全国范围建立一个零支柱,中央和地方的财政补贴合计不会超过 GDP 的 1%,对中央财政来说,仅相当于 2008 年对养老保险制度的专项补贴(1500 亿元),没有额外增加财政负担,但可平均提高城乡老年居民 10% 以上的收入替代率,对刺激和扩大内需会起到事半功倍的效果。目前已有几十个发展中国家实行了非缴费型养老金制度,积累了一些高贵经验。

参考文献:

国家统计局:《2008 年末全国农民工总量为 22542 万人》,2009 年 11 月 27 日,见国家统计局网站,http://www.stats.gov.cn/tjfx/fxbg/t20090325_402547406.htm。

国家外汇管理局国际收支分析小组:《2008 年中国国际收支报告》,2009 年 4 月 24 日,见国家外汇管理局网站,http://www.safe.gov.cn/。

黎广、吴梦纾:《广东痛苦转身 农民工提前返乡东莞人口流失 600 万》,2009 年 11 月 28 日,见《羊城晚报》网站,http://www.ycwb.com.cn/news/2008-11/10/content_2006468.htm。

马建堂:《中国储蓄率超五成一 智库称促消费应先"均贫富"》,2009 年 7 月在全球智库峰会上的演讲,见 http://www.chinanews.com.cn/cj/news/2009/07-04/1761191.shtml。

人力资源和社会保障部、国家统计局:历年《人力资源和社会保障事业发展统计公报》,见人力资源和社会保障部网站,http://www.mohrss.gov.cn/Desktop.aspx? PATH=rsbww/sy。

郑秉文:《金融危机对全球养老资产的冲击及对中国养老资产投资体制的挑战》,《国际经济评论》2009 年 9—10 月刊。

郑秉文:《中国社会保障制度 60 年:成就与教训》,《中国人口科学》2009 年第 5 期。

郑秉文、房连泉:《阿根廷私有化社保制度"国有化再改革"的过程、内容与动因》,《拉丁美洲研究》2009 年第 2 期。

郑秉文、牟兵:《养老金调待机制存在的问题与建议——基于 2008 年养老金上调的案例分析》,《宏观经济研究》2009 年第 1 期。

中国人民银行货币政策分析小组:2008 年第 1 季度《中国货币政策执行报告》,第 4 季度《中国货币政策执行报告》,2009 年 11 月 29 日,见人民银行网站,http://www.pbc.gov.cn/。

《中国三部门采取五大举措减轻企业负担稳定就业》,见新华网,http://news.xinhuanet.com/newscenter/2008-12/21/content_10533000_1.htm。

中央财经领导小组办公室副主任、中央农村工作领导小组办公室主任陈锡文在国务院新闻办公室 2009 年 2 月 2 日举办的新闻发布会上的答记者问,2009 年 11 月 27 日,见国务院新闻办主页,http://www.scio.gov.cn/xwfbh/xwbfbh/wqfbh/2009/0202/200905/t308608.htm。

周小川:《关于储蓄率问题的思考》,2009 年 3 月 25 日,见新华网,http://news.xinhuanet.com/fortune/2009-03/25/content_11067056.htm。

ILO, "Global Employment Trends-Update", May 2009,

Department of Health & Human Services, *Health Care Financing Review*, 2008 *Statistical Supplement*, table 1.3 and table 1.1, CMS, US, 2007.

Joseph Stiglitz, "The global crisis, social protection and jobs", in *International Labour Review*, Vol.148(2009), No.1-2. ILO, 2009.

Report of the Director-General, "Tackling the Global Jobs Crisis", International Labour Conference, 98th Session 2009, Report I(A). ILO, Geneva.

US. Census Bureau, "20th Century Statistics", in *Statistical Abstract of the United States*, 1999.

World Bank, President Zoelick, Press Conference, 31 Mar. 2009, Press release No.2009/286EXC.

(本文原载于《中国社会科学院研究生院学报》
2010 年第 1 期,第 16—28 页)

建立社会保障"长效机制"的 12 点思考

——国际比较的角度

内容提要：在"十一五"规划中建立社保制度"长效机制"显然应是题中应有之义。其实，二十多年来国外社保改革的一个重要目标正是为了探索其可持续性，为了寻找其长效机制的实现途径。其中，有些国家积累了一些宝贵经验，有些国家也有过惨痛教训；那么，我们应该从哪些方面吸取它们的经验教训？如何将国外的一些教训作为我们的前车之鉴？如何将之吸纳到我们"十一五"的规划之中甚至吸取到我们社保制度的长期建设之中？对"十一五"期间社保制度建设长效机制来说，所有这些都意味着什么？本文从国际比较的角度提出了"十一五"规划期间需要注意的十二个方面的思考和建议。

一、坚持探索部分积累制的新的实现形式不回头，这是建立长效机制的一个基本制度框架

所谓"统账结合"，就是部分积累制；所谓部分积累制，就是混合模式；所谓混合模式，目前在中国就是：DB 型现收现付制的社会统筹部分+DC 型完全积累制的个人账户制部分。

在十几年以前改革之初，对中国产生较大影响的主要有三种社保模式，即以瑞典为代表的传统的 DB 型现收现付制、以智利为代表的 DC 型完全积累制和以新加坡为代表的中央公积金制。显然，无论是哪种模式，完全照搬拿过来都不符合中国的具体国情。在没有任何可借鉴的现成的成功经验前提下，中国建立了统账结合的半积累制。从实践上讲，它的诞生是一个制度创新，其意义不亚于智利 1981 年建立的 DC 型完全积累制；从理论上讲，它具有 DB 型现

收现付制和 DC 型完全积累制二者兼而有之的优点,是一个较好的转型与过渡模式。在事隔 8 年之后的 2001 年美国政府才制定出类似统账结合的改革方案,在整整 10 年之后的 2003 年俄罗斯方颁布了一个建立个人账户的半积累制方案,在 12 年之后即从 2005 年 1 月开始,斯洛伐克才开始建立个人账户(雇主和雇员总计 18% 的缴费被"名义"个人账户和现收现付制平分)①。可以说,"统账结合"这个过渡性模式开始在一些国家流行,日益成为一些发达国家和东欧转型国家进行改革的一个重要可选方案,它们无疑是沿着我们的改革思路进行的。从这个意义上讲,中国首创的、自己探索和摸索出来的"统账结合"模式正在成为一个开历史先河的样板,中国对世界各国的改革是有贡献的。从理论上讲,这个模式是具有长效机制的一个可供选择的方案,在当时是超前的,是有前瞻性的,是个历史性的贡献。现在看来,其基本内涵和精神,我们要坚持,不能走回头路,任何变相的现收现付制都是不明智的,不长效的,是倒退的。

但是,我们应该认识到,历史条件已经今非昔比,部分积累制的实现形式已不仅是统账结合,它只是其中的一种,名义账户制的出现又多了一个部分积累制的新形式。在当前统账结合的架构下我们遇到了空账运转等由于转型成本问题带来的困难,做实账户的积累遇到了前所未有的投资困难,这些困难很可能摧毁统账结合的基础,久而久之就有可能导致其倒退为现收现付。那么,我们所坚持的到底是什么? 我们应该明白,我们坚持的是部分积累制的财政长效性的核心理念,而不一定是统账结合的具体实现形式,具体实现形式只是通向部分积累制的一个技术路线。

"十一五"期间我们应当积极探索部分积累制的新的实现形式,积极解决统账结合中的转型成本困难,解决做实账户中的投资保值的巨大障碍。否则,到"十二五"时我们仍要解决它。而名义账户制就是部分积累制的一个新的实现形式,可以解决这些困难。

---

① 郑秉文:《欧亚六国社会保障"名义账户"制利弊分析及其对中国的启示》,《世界经济与政治》2003 年第 5 期。

二、坚持完善多支柱模式不动摇,这是建立 长效机制的一个长期制度保证

国外的一个重要改革趋势是从单一支柱向多支柱过渡,将负担分散到几个支柱当中,这是一个重要的经验,我们应当继续坚持多支柱模式不动摇。但同时,我们还应与时俱进,不断发展和改善多支柱的设计,赋予其时代的内涵。这个新的时代内涵就是构建和谐社会,它要求我们加大社保的再分配功能和力度,同时,这也是科学发展观向我们提出的一个新要求。在这方面,世界银行的思路变化对我们有一定的启发。

世界银行在 1994 年出版的著名《防止老龄危机》中曾向各国推荐"多支柱"模式①,在世界各国改革模式选择中起到了重要的作用。十多年过去了,多支柱已经成为各国改革所坚持的一条基本经验,固守单支柱的国家所剩无几。11 年后的今天,世界银行又出版了第二本里程碑式的重要著作《21 世纪老年人的收入保障:养老制度改革的国际比较视角》,它是在世界银行首席经济学家办公室提议下完成的,该书宣称它"是世界银行各有关部门跨部门合作的结晶",并认为,世界银行在参与了八十多个国家的改革和对六十多个国家提供了资助,尤其是在总结了自 1994 年出版了第一本书之后的近 11 年来的经验之后,世界银行"增进了对养老保险改革的了解与认识……认为多支柱的制度设计具有明显优势……越来越认识到,更多的选择有助于有效保护老年人群,并保证财政可持续性"②。那么,11 年之后的今天,世界银行对探索长效机制有什么变化和进展呢? 我们可以归纳为三个方面:

第一,继续坚持多支柱模式的思想,但建议将三支柱进一步扩展到五支柱,即:一是非缴费型的"零支柱",二是缴费型并与个人收入水平挂钩的第一支柱,三是强制性的第二支柱即个人储蓄账户式的企业年金,四是自愿型的多种形式的"第三支柱"(既可以是 DC 型也可以是 DB 型),五是非正规保障形式的第四支柱。在这个五支柱的建议中,认为各国政府可以根据各自的情况

---

① 参见世界银行:《防止老龄危机》,中国财政经济出版社 1996 年版。

② The World Bank, *Old-Age Income support in the 21ˢᵗ Century*: *An International Perspective on Pension Systems and Reform*, Washington D.C., 2005, pp.2 – 6.

在各支柱之间保持适当的平衡,各支柱的构成要根据实际的需要予以确定,甚至支柱的数量也可以视情况而定,不必拘泥于千篇一律。

第二,继续关注社保制度财政可持续性,但将注意力更多地倾斜到老年弱势群体的基本收入保障上。设立"零支柱"的目的就是为了消除老年贫困,为他们建立基本的收入保障,尽管低收入国家面临筹资困难,但也应讲求策略,分步实施。

第三,继续强调 DC 型积累制在应对老龄化方面占有非常重要的地位,但却认为在某些情况下它的局限性越来越明显,即在全社会范围内进行收入再分配以消除贫困越来越受到广泛的重视。

总而言之,1984—2004 年的 20 年间,世界银行在为 68 个国家发放的 204 笔贷款中积累的一条重要经验就是,多支柱优势在于能够更好地实现养老保险制度的多重目标(例如消除贫困,缩小退休前后的收入差距,保持收入稳定),能够有效地应对普遍存在的多重风险(经济风险,政治风险和人口风险),能够具有更大的灵活性,能够更好地适应不同主要目标人群的不同需求,一句话,能够增强社保制度的长效机制。

上个月我在接待智利社会保障部的官员时得知,考虑到 DC 型完全积累制的一些局限性,智利新的改革方案正在酝酿之中并将于 2006 年开始实施,其基本思路是在现有的制度框架不变的前提下,加上一个非缴费性的基本养老保障金(每人大约 100 美元),资金来自于一般税收。智利新方案的思路无疑与世界银行"零支柱"的建议不谋而合。

"十一五"期间,根据构建和谐社会和科学发展观的总体要求和世界银行给我们的启示,我们应该:第一,继续完善中国多支柱的制度框架,调整现有的支柱结构,强化各支柱的不同功能,加大社会保障的再分配因素和消除贫困的制度能力;第二,应考虑把社会统筹部分作为一个基本支柱完全独立出来,作为再分配的一个基本保证养老金;第三,考虑将个人账户部分作为与个人收入和缴费挂钩的一个支柱相对独立出来运作;第四,大力发展第二支柱即企业年金。

三、坚持"补救型"模式的理念不能变,这是建立长效机制本身的一个长效机制

就国家、市场和个人(家庭)三者之间的关系来讲,中国社保制度正处在

一个重要发育期,即正处于模式选择期,模式还未完全定型,一旦走上了某一模式的道路就很难回头。近年来,理论界和媒体的看法很多,尤其是呼吁政府应承担更多的责任,增加更大的投入等观点受到各界的广泛同情和关注。但是,究竟哪个模式更符合中国国情? 哪个模式更有可持续性? "十一五"期间我们能够做些什么? 如果我们没有一个明确的指导思想和核心理念,我们当前出台的一些政策就很可能与我们最终要选取的模式之间是背道而驰的,最终为我们的子孙后代留下重新改革的包袱,增加他们的改革成本。

就国家、市场和个人(家庭)三者关系来说,国外学界将福利制度模式分为多种。主流的观点是将之分为三种,即北欧的人民福利国家模式,欧洲大陆的合作主义模式,以美国为代表的混合模式;其中,国家的责任和义务在三种模式中是依次递减的,市场和个人(家庭)的作用是递增的。它们各有千秋,基本可概括为三点:一是北欧模式中福利供给非常慷慨,传统的工人阶级和新中产阶级都是受益阶层,但私人部门的福利市场相对发展不足,国家负担太重;二是欧洲大陆模式中,福利项目条块分割,等级森严,中产阶级是主要受益者,给付水平较高,国家负担较大,改革进程艰难;三是美国模式中,广泛的社会救助、一定的转移支付与作用适当的社会保障使中产阶级离不开市场,穷人弱势群体离不开国家,他们二者同时成为市场化制度的两个主要支持阶层,同时,国家负担较轻,个人福利不差,市场福利发达①。

为方便起见,我们可以将之简化为两大类,即欧洲模式的"普救型"和美国模式的"补救型"。根据我们的国情,有三点基本结论:一是中国版图辽阔,发展极不均衡,恐怕在几代人里都无法复制非常慷慨的主要由国家包办的"人人皆福利"的"普救型"模式,而只能偏向于提供"底线"的、有限的,同时发挥国家、市场和个人(家庭)三者作用的混合的"补救型"模式。这是一个不用过多论证的几乎没有争议的基本判断。二是所谓"补救型"即指国家有限的转移支付应主要针对弱势群体,制度设计一定要为社会提供一个基本的"底线"保障,将有限的财政资源花在"刀刃"上,不能"撒胡椒面",要腾出资源集中对目标群体进行转移支付;其效果应该是穷人基本靠国家,富人主要靠

---

①　参见[丹麦]艾斯平—安德森:《福利资本主义的三个世界》,郑秉文译,法律出版社 2003年版。

市场,使他们都成为这个福利制度和政治制度的支持者,使之成为社会稳定的基础和主体。三是我们知道,社会保障制度对就业弹性具有很大的反作用,就业压力在未来几十年里将始终是中国的最大压力之一,而"补救型"的一个重要特点就是失业率比较低,就业市场弹性比较大,对广大的垃圾岗位和高端的白领管理岗位都具有充足供给的能力,可以较大地缓解就业压力;而"普救型"的特点似乎正相反,即人均劳动生产率较高,但失业率也较高,白领管理岗位和垃圾岗位的提供都比较有限,就业的"局内人"和失业的"局外人"之间形成一个制度性的鸿沟,劳动力难以流动,单位劳动生产率较高的"局内人"不得不"养活"失业的"局外人",在巨大的转移支付作用之下,最终的结果还是导致社会人均生产率低于"补救型",社会福利总收益还是受到很大影响。反过来讲,正是这个社保制度模式才是解释欧洲始终保持 2 位数失业率的真正原因之一,或说正是这个社保制度模式才是解释美国私人部门成为一个巨大的就业机器的根本原因之一。

对我们的社保制度而言,所谓"补救型",简言之就是国家的作用不是万能的而是有限的,不是大包大揽而是提供底线的,不是主导的而是引导的,不是"普救式"的而是"补救式"的。进而应该明确,既然在几代人里我们根本无力复制"普救型"的人民福利国家,那么,就不应唱高调,不应吊起人们的胃口,更不应该"预支"政府的承诺,那是一种不负责任的态度;人均 GDP 只有一千多美元的发展阶段采取的冷静态度不可能与上万美元的发达国家相比,相对应的历史发展阶段要有相对应的福利制度。

在确定了"补救型"的理念之后,我们应该确定如何在"十一五"期间为"补救型"制度做点什么。这里也有三点:第一,应该整合和强化国家"保底"的那一块资源。如"低保"制度,明确国家在养老和医疗等主要项目上的基本责任,例如,如何将养老的统筹部分改造成基本养老金等。可以说在"保底"上,我们的资源分配不是公平了,而是还有不公平的地方,不是多了,而是少了,转移支付不是规范了,而是还有很大的随意性,等等,发达国家在这方面有很多经验可以借鉴。第二,欧洲的经验告诉我们,实际即使在美国,企业集体协商中工人的参与率和参与度也是很高的,而在中国不是高了,而是低了,不是强化了,而是弱化了。集体协商制度因素的引入我们还有很大的差距,工人的权益还没有从根本上在"补救型"的基准上予以保障。第三,一些发挥市场和个人(家庭)作用的政策还有很多工作要做,例如企业年金就是典型的市场福利,可是我们的立法、税优政策、工人的权益保障状况等,都远没有跟上去,远不适应市场和工人的现实需求,远离"补救型"的制度要求①。

总而言之,"补救型"不等于国家不作为,而是意味着,国家必须要作为,国家作为的表现不仅要进行必要的转移支付,而且还要提供制度和游戏规则;在所有这些方面,我们都与世界上典型的"补救型"制度相去甚远,更何况与"普救型"相比了。只要我们的制度模式选择正确了,就等于为建立长效机制打好了基础,或说就为建立长效机制预留了空间。

四、坚持合理的缴费水平不走弯路,这是建立长效机制的一个长期条件

目前中国的整体缴费水平太高,以北京 2004 年服务业为例,雇主雇员缴费合计是:养老 28%,医疗 12%以上(额外还要缴纳几元钱的"大额医疗")、失业 2%,工伤 0.4%,总计已达 42.4%,如果再加上 10%的住房公积金就已超过 52%,这个比例甚至超过了以高福利著称的许多欧洲国家。据悉,日前《福布斯》发布"全球 2005 税务负担指数"公布,中国税务负担排名全球第二。不管《福布斯》的数据采集渠道与计算方法有什么问题,它至少从一个侧面提醒我们,那些包括所有涉及社保福利各种税收在内的所谓"劳动收入税"确实是太高了,相比之下,美国的"劳动收入税"只有 40%左右②。我们要长期和辩证地看待降低费率问题:从短期看,降低税率好像会对当期制度收支平衡产生影响,甚至会较大幅度地减少制度的总收入,但长期看,降低费率可以提高企业竞争力,有利于参保率和扩面,有利于提高全社会的劳动供给,有利于扩大费基,有利于提高收入总体水平和收入总量,有利于社会保障制度长效机制的长期建设。这是因为,只有这样才能变"要我参保"为"我要参保",从根本上可刺激个人缴费动机。这是加强个人缴费与未来收益之间的联系,增强缴费激

① 参见郑秉文:《"福利模式"比较研究与福利改革实证分析——政治经济学的角度》,《学术界》2005 年第 3 期。

② 参见郑秉文:《"时间一致性"对社保理论的贡献——税率对劳动供给的影响》,《中国人口科学》2005 年第 1 期。

励力度,进而提高制度收入水平的一个长期制度条件,是建立长效机制的一个不容忽视的重要问题。

诚然,解决这个问题不是一蹴而就的,因为要维持一定水平的替代率,与旧制度衔接起来,但应制定一个降低费率的时间表,要有这个思想和制度准备。"十一五"期间,对统筹部分的缴费公式可以考虑两个要点:一是降低整体缴费水平,经过测算之后将费率降到一个合理的程度,或说降到一个支付能力能够承受得起的最低限度。二是不但整体缴费水平要降低,而且边际费率也要降低,换言之,要引入边际因素。欧美国家之间的差异性已表明,这是鼓励为统筹基金多缴费的一个重要手段,是统筹部分长效机制建设的一个不可替代的重要机制建设。边际费率的公式设计要考虑到中国的现实,要适应灵活就业人员和农民工等的需要,要有灵活性,可以考虑城镇就业人员家庭的"联合因素",例如将之作为一个"缴费单元"。

五、坚持个人账户的合理规模不倒退, 这是建立长效机制的唯一载体

我们知道,积累制与现收现付制的一个最大区别就在于后者引入了资本化的个人账户。而之所以说积累制具有财政可持续性就是因为有了个人账户,个人账户的最大优点就是对老龄化具有完全的抵御能力,最大的缺点是对通货膨胀无能为力。所以,从长期看,抵御老龄化的一个长效机制就是要维持一定的个人账户比例,换言之,个人账户比例的大小决定了抵御老龄化风险的财政能力的大小。但在国际经验性研究中,个人账户的大小并没有一定规律可循,而只能参考一国老龄化的程度和趋势、财政状况、宏观经济情况、人口增长速度、制度目标替代率等一些因素予以确定。中国正值高速发展期,考虑到较高的社平工资率和通胀因素,个人账户比例不宜过大,但由于老龄化高峰尚未真正到来,比例也不能太小。横向来看,采取类似模式的其他国家的缴费总额中一般将1/4 至 1/3 左右划入个人账户,所以,如果在短期内中国仍维持 28% 的缴费率,那么,11% 划入个人账户是比较合适的。1997 年国发 26 号文规定是 11%,2000年辽宁试点降到 8%,黑吉两省试点降到 5%,据说个别地区在做实时还要再低一些;这种不断下降的趋势与建立长效机制的目标显然是不符的,个中原因可

能是为了容易做实账户。但长期看,这种办法不是长效的,而是饮鸩止渴:皮之不存,毛将焉附? 那样,即使个人账户都做实了,但比例一味降下去,甚至成为一个象征性的点缀,那么,可持续性就无从谈起,长效机制就成为无本之木。那时,统账结合在表面上倒是"名副其实"了,但实际上,部分积累制的意义却基本丧失了,可持续性的载体就基本变成了一个"花瓶"或"空壳",当年制度设计时的初衷落空了——为了做实而做实,那就基本是现收现付了。

为此,在"十一五"期间,个人账户的地位要确定下来,甚至要用政策法规的形式相对固定下来,把个人账户的规模维持一个边界点上,使长效机制的这个载体真正能够发挥作用。具体说来,至少应采取两方面的措施:一是在试点地区和非试点地区将账户比例回复到 8%,如果整体 28% 费率暂时不动,应回复到 11% 的水平上。二是在账户中也要引入边际费率因素,即对个人账户的缴费机制设计要有新的思路,围绕着降低边际费率想办法,缴费公式要灵活一些,甚至可以考虑设计一些激励的因素,体现多缴多得的原则。

六、坚持探索选择正确的投资策略不灰心, 这是建立长效机制的唯一实现途径

社保基金的保值增值是一个世界性的难题,这个探索至今仍在过程之中,还没有定论。20 世纪 90 年代中期以来,日本、瑞典、美国(拟议中)等纷纷放弃国债和基础设施的投资而转向金融和资本市场。国外的实践和理论一再显示和证明:第一,投资的资金主要应该是来自个人账户的资金,虽然账户持有人不一定是投资决策人,这是防止出现"社会投资"的根本办法;第二,在大环境不具备时,投资的主体应该是中央政府或地方政府,而不应是个人;第三,统筹基金一般应购买政府债券,而进入金融市场的成功案例非常之少,失败的先例则比比皆是。在理论上讲,统筹基金投资股市和基础设施对市场经济制度和资本市场产生的负面影响非常之大,这样的案例俯首皆是,其教训是极其沉痛的,如日本二战后以来至 2001 年改革之前[1]。

---

[1]　参见郑秉文、房连泉、王新梅:《日本社保基金"东亚化"投资的惨痛教训》,《国际经济评论》2005 年第 3 期。

"十一五"期间,首先,应进一步确定全国社保基金理事会的法律地位,理清其与社保制度的关系,在法律上将理事会的融资渠道固定下来,继续摸索投资策略;其次,应尽快将账户资金的投资保值政策明确下来,坚持进入资本市场的理念,完善其委托代理制度,实现省级统一集中投资的基本目标;最后,在实现省级统筹基金的归集、管理和投资渠道的基础之上,积极探索省级发行特种社保债券和中央政府特种债券的试点等规范的、符合国际惯例的保值增值规则,等等。概而言之,统筹部分也好,账户部分也罢,它们的投资制度在"十一五"期间都要有所为,有所动作,尽快将地方沉淀的资金投资行为统一起来,防止和规避几年来地方政府不得不进行的无序投资管理中出现的金融潜在风险。

七、坚持大力发展企业年金不放松,这是建立长效机制的一个重要补充机制

大力发展企业年金第二支柱是建立长效社会养老"大制度"的一个重要补充机制,是"大社保"概念之下的一个不可分开的重要组成部分,是弥补因社保缴费降低而导致替代率降低的一个重要补充措施,同时也是发展资本市场的需要。几乎与任何一个发达国家相比,中国企业年金目前占 GDP 和退休收入的比重都是最低的,发展空间十分远大。从覆盖率来看,丹麦与荷兰已达到 85%以上,英国和美国为 50%以上,爱尔兰为 40%,西班牙为 15%;企业年金基金储备最少的占 GNP 的百分比也达两位数,多的要高达一倍和数倍,替代率也都在 30%—50%之间。而中国在上述几个指标中都小得可以忽略不计,甚至是零。巨大的企业年金市场需要我们在许多方面予以努力:第一,当前,首批企业年金的机构审批执照已经发出,资金的安全性问题马上提到议事日程上来,并成为业界关心的一个头等重要大事,从内部看,资金的安全性要求我们须根据 OECD 几月前刚刚发布的《企业年金治理准则》,根据国情尽快制定出我们自己的准则。第二,从外部看,保证安全性要制定单独的年金监管制度,它与上市公司和其他金融机构的监管毕竟不太一样,许多国家都有独立的监管体系。第三,长期看最根本的发展动因在于受让于第一支柱留下的缴费空间,在于适当降低第一支柱的缴费率,因此,这是一个系统工程。第四,要

改善宏观经济环境,当前,民企的生命周期只有 2.9 年,因此雇主作为发起人,其发起意愿十分有限。第五,要改善微观经济环境,增强劳工的集体协商的地位和发言权,创造职工的积极性。第六,要大力完善资本市场①。

摆在"十一五"案头的起码有三项工作十分重要:

第一是最艰巨的一项工作,即尽快选择一个适合中国的监管模式(例如混合模式),与"三会"尽快完成磨合期,以迅速搭建起监管机构的框架并使其运转起来,此项工作时间之急迫,任务之紧急,已是迫在眉睫。执照已发,进入市场在即,如果监管跟不上,各种风险不日将浮出水面,如责任不清,任务不明,落实不到位,部门之间扯皮推诿会酿成巨大的人为矛盾,主管部门会被逼使走向制度倒退。监管体系的设计要十分严格,万分严厉,铁面无私,这是建设资本市场的需要,是捍卫企业年金制度的需要,是保护工人利益和维护社会稳定的需要,是子孙后代福祉利益的需要,来不得半点懈怠与马虎。在信托责任很弱甚至没有任何信托传统的大背景下,能否建立起强力的监管制度以保护受益人的根本利益,是保护年金制度不至于走弯路甚至流产的关键环节,也是几年来股市留给我们的一个重要教训,而目前主管部门的监管人手太少,任务太重,根本不足以完成这项工作。

第二是比较容易的一项工作,即应尽快制定企业年金治理准则,从内部保证资金的安全性。我们已有多年的上市公司治理的经验,OECD 又刚刚颁发了《企业年金治理准则》②,所有这些都是我们可供参照的一个平台,主管部门要据此制定适合中国的治理指引,为所有机构提供一个治理框架。这是发展企业年金的一个配套工程,是推进年金发展的一个重要前提,是规范市场和繁荣市场的一个手段。

第三是最容易的一项工作,那就是尽快将制定税优政策摆到议事日程上来。我们知道,发展企业年金还有很多困难要解决。事实证明,税收优惠是重要的,但又不是最重要的。例如,2000 年国务院关于辽宁社会保障试点的 42 号文件规定了 4% 的优惠政策,但是,2000 年当年辽宁企业年金的余额就是 5

---

① 这些数据引自郑秉文:《"一升一降"适度调整年金和社保比例》,《中国证券报》2005 年 8 月 5 日第 A19 版。

② 参见郑秉文:《企业年金治理的标尺——〈OECD 企业年金治理准则〉对中国的启示》,《中国证券报》2005 年 8 月 18 日第 A15 版。

个亿左右,到今年大约还是 5 个亿①。5 年过去了,没有什么太大的变化,税优政策没发挥什么作用,这就说明,税优政策虽然很重要,但不是最致命的。当然了,辽宁是老工业基地,国有企业比较多,负担比较大,情况可能特殊一些。尽管税优政策不是最致命的,但毕竟是一个重要的经济刺激手段,是一个普遍的国际惯例。其实,许多省市地区已经纷纷出台了地方性的税优措施,并且将会形成一个不断蔓延的趋势,尤其是,在首批企业年金资格机构名单公布之后必将导致新一轮"土政策"的比赛高潮。这已经是大势所趋,堵是堵不死的,挡是挡不住的,只能因势利导,顺应潮流,与其任其发展导致形成制度碎片,不如早日统一,建立起一个大一统的全国制度。否则,统一税优政策出台晚了中央政府就显得非常被动,得不偿失。世界各国的实践证明,制定企业年金税优办法是必需的,是一件没有商量余地的公共政策,是政府不可推卸的一项责任,是个迟早要做的事情。既然如此,那就宜早不宜迟。

毫无疑问,EET 型的税收政策更加适合具体国情,它既对企业建立养老计划有促进作用,又对资本市场的发展有促进作用。从表面上看,EET 型税优政策似乎对当期国家财政收入有一定的影响,这可能是许多人担心的一件事,但事实上却不一定:从长期看,它对发展企业年金起到的刺激作用所带来的退休收入的提高必将抵扣因救助和各种专项拨款的转移支付;从中期看,所有市场"中介"机构产生的贡献必将提高社会总体收益的水平;从近期看,即使当期财政收入暂时受到一定影响,那也是完全可以承受的,国家财政每年几千亿的增幅在相当程度上是有能力弥补的。"十一五"期间出台税优政策是个最好的时机:一是财政状况如此看好,不能坐失良机;二是在目前早已山穷水尽的窘境下,它是资本市场的第一重大利好,事实上,中国资本市场的重要问题之一就是像企业年金这样长期性资金一直"真空",而投机性资金充斥市场。

八、坚持不断扩大覆盖面的进程不犹豫, 这是建立长效机制的一个权宜之计

应制定一个时间表,制订几个过渡性方案,分期分批将有关社会群体纳入

---

① 数据引自郑秉文:《是什么牵制企业年金发展》,《改革内参》2005 年第 24 期。

社保体系改革之中,这既是构建和谐社会的重要措施,又是增强制度可持续性和建立长效机制的一个重要权宜之计。这样的好处是:第一,可以扩大费基,短期内迅速提高制度的财政可持续性;第二,可以促进缩小社会两极分化;第三,可以提高覆盖率,为提高社会统筹层次奠定基础。事实上许多发达国家都曾走过这条路,或说采取过类似的权宜之计,例如,美国 1935 年建立社保制度,15 年之后的 1950 年强制性地把"自雇者"覆盖进来,7 年之后的 1957 年又强制性地把残疾人纳入进来,变相地扩大了费基,为制度财政可持续性即长效性作出了巨大贡献。要实现上述扩大覆盖面和提高统筹层次当然有许许多多制度性的准备工作要做,但这是大趋势[①]。

我们说扩大覆盖面是建立长效机制的一个权宜之计,其实,这是基本社会养老保障的一个制度目标。任何一个国家的基本社会保障制度,都是尽量将所有领薪阶层覆盖进来,覆盖面占经济活动人口比例的大小是评价社会保障制度是否成熟的一个重要标志,是体现社会公平性的一个重要指示器,是体现政府责任的一个重要方面,是一个国家进入国际市场是否被看作市场经济的一个重要指标。换言之,近期看,扩面是建立长效机制的一个权宜之计,但长期看,它就是建立社会保障制度的初衷之一,是构建和谐社会的必经之路。

"十一五"期间,首先,应将非正规部门灵活就业人员覆盖进来;其次,农民工纳入社保制度作为一个重要考虑和举措;最后,应将三千多万事业单位人员纳入改革的范围,这是一项难度非常大的工作,至少在"十一五"期间应拿出一个改革轮廓。

九、坚持提高统筹水平的目标不懈怠, 这是建立长效机制的一个重要法则

众所周知,统筹水平越高,集合风险和化解风险的能力就越强,这是大数法则的一个基本原理,是各国社会保障制度建设的一个基本经验。就第一支柱中 DB 型现收现付制的统筹部分来说,逐渐提高统筹水平是强化长效机制

[①]　关于美国不断扩大费基的情况,详见郑秉文:《DB 型现收现付制社保基金的危机与投资理念——美国"联邦社保信托基金"治理结构及其不可持续性的解决途径》,《世界经济》2003 年第 11 期。

的一个重要手段。诚然,在经济发展不均衡的条件下,提高统筹水平需要一个过程,在目前以县级统筹为主的现实中,要创造条件,逐渐提高统筹层次,逐渐过渡到省级统筹,最后实现全国的统筹。这是创造全国大市场的需要,是建立社会保障制度根本目标的需要,同时,也是建立长效机制的一个不容忽视的重要法则。

提高覆盖率与提高统筹水平二者之间互为前提,相辅相成:覆盖率越高,提高社会统筹水平就越容易;社会统筹水平越高,就越能促进劳动力在全国范围的自由流动。全国统筹若得以实现,制度集合风险的能力将大大得以提高。

如果"十一五"间普遍实现省级统筹,中国社保制度的长效机制就将发生一个质的变化,因此,过渡期越短对提高长效机制的建立就越有利。在"十一五"期间,要有一个时间表,实现从县市级统筹向省级统筹的过渡,实现"真正的完全意义上的省级统筹"。目前辽吉黑三省改革试点中的省级统筹还不完全是严格的收支两条线,这些表述和目标还是"初级阶段"的,例如,允许省里统一核算,余缺可以调度使用,甚至结余基金可以由省级授权市县管理,等等。鉴于此,"真正的完全意义上的省级统筹"还没实现,省级风险集合能力还是打折扣的。

十、坚持大手笔的大思路不含糊,这是建立长效机制的一个战略部署

对社保制度设计与建设十几年的改革历程,可以用一句话来概括,那就是战略有余,战术不足。如何解释? 如果说统账结合的大制度得以确立是一个战略性的部署,我们已成功地完成了一个理想的规划,获得了一个美好的蓝图,那么,各个子系统就属于战术性的问题,而这些战术的设计和运行就显得不尽人意,存在许多随意性问题,例如大到国有股减持、国有股权划拨、辽宁试点等,小到账户比例下调、地方沉淀资金的搁置、行业属地化等,制度碎片化现象比较严重。由此,我们可以得出这样的结论:对于部分积累制模式的选择与建立,在战略上我们是个大赢家,但在整个转型期的一系列日程表安排与设计上存在诸多战术问题。如果一些问题长期得不到妥善解决,这个制度的设计初衷就要落空,甚至倒退(如账户比例一味缩小)。

　　换言之,部分积累的大制度定下来之后,如何解决这些有碍于长效机制建立的种种子系统? 或说,如何顺利地实现这个在当年是超前的、具有前瞻性的部分积累制度? 既然它是先进的,对此我们不应动摇,那么,我们如何能够顺利实现这个混合模式使统账结合的制度良好地运转下去并能够使我们顺利达到彼岸? 有什么技术方案能使我们解决看上去似乎自相矛盾的解决方案? 例如,做实账户与扩大账户比例之间似乎存在的矛盾,降低缴费水平与扩大账户之间似乎存在的矛盾,等等。实际,它们不是逻辑上的矛盾,换个思路来考虑也许就柳暗花明,这是一个战略思考,解决的是(各个子系统的)战术问题,解决的是(实现统账结合的)技术问题。

十一、坚持名义账户的核心思想,这是实现 长效机制一个过渡性方案

　　所谓换个思路,比如说运用名义账户的基本原理进行思维,前面提到的第四、五、八、九条等许多政策建议就不是矛盾的了,否则,一眼看去,它们之间存在着相当尖锐的自我矛盾的地方,人们会误认为其存在着逻辑思维的错误。

　　既然统账结合的本质就是部分积累制,它其实就是混合制的一种而已,混合制还包括名义账户制。而名义账户制可以看成是部分积累制的一个新的实现形式,是 DC 型的现收现付制,而不是传统的 DB 型的现收现付制,或说是现收现付制的"翻版"。它可以实现目前统账结合的所有目标:既有现收现付的优点,也有积累制的优势;既有 DC 的成分,又有 DB 的因素。所以,从本质上讲它就是一种混合制。在过渡期内它可以为建立长效机制发挥一定的暂时作用,成为走向真正实账积累的一个过渡性方案。

　　名义账户的核心思想其实只有两条:第一条是在融资方面它完全是 DB 型现收现付的性质,于是,它就既可以避免当前因做实账户而遇到的巨大成本困难,又可以避免因做实账户以后由于资本市场不成熟而遇到的巨大投资困境。第二条是在缴费方面它完全可以起到 DC 型积累制的作用,就是说,它将个人缴费和未来收益百分之百地紧密联系起来,人们是发自内心地愿意主动缴费的,能从根本上激发缴费积极性,因为它如同银行个人存款一样。名义账户的这两个核心优势足以解决当前我们面临的主要困难,上述几条建议之间

出现的似乎相互矛盾和逻辑错误都会在这两个优点面前迎刃而解。由于名义账户是"模拟做实",是"模拟积累制",实际就几乎等于银行存款储蓄:银行里的现金早已被运用去了,账户是空的,但在法律上银行账户里的钱就是持有人的,记录是清晰的,准确的,存多少拿多少,一分不少,多存多拿,具有完全的激励效果。

在资本市场没有投资条件的情况下,在投资问题难以解决的条件下,在融资方面实行现收现付是最保值的,最现实的,收益是最大化的,风险也是最小的。做实的账户是个包袱,并且,规模越大,包袱就越大;数量越多,负担就越重。例如,近5年来年均社平工资增长率是14%,这对试点省份2%—3%的年均投资回报率来说意味着巨大的侵蚀。这些负担最终还是要由中央政府来负担的,最终还是要转嫁到纳税人身上,其结果不言自明:如果全国全部按比例都做实了账户,那么每年增收的几千亿财政收入就在相当程度上意味着化为乌有。在当前世界成功的改革案例中,名义账户制的现收现付融资特征是解决投资这个"第一困难"的唯一途径,是实现最终统账结合的最好临时手段,是当前可供选择的一个最佳过渡方案,待未来资本市场成熟时再做实账户也不迟。

从本质上讲,它是目前能看得到的部分积累制的一个新的实现形式,是反对倒退回DB型现收现付制的一个重要制度保证:这就是"取中构和",即一条最佳的"取中"之道,进而达到"构和"之目的,是建立长效机制中求同、求实、求稳的一个"中间道路",是减少国家财政负担和保障受益人利益的一个和谐之道,是建立长效机制的一个过渡性方案①。

十二、坚持与时俱进,实事求是,因地制宜,抓住机遇,积极探索部分积累制新的实现形式,这是建立长效机制的一个正确思想方法

美国2001年抛出的"布什方案"中三个统账结合模式均为做实个人账户,它之所以敢于这样有两个原因:一是它有这个财力,截至2004年12月31

---

① 张春红:《中国的养老保障制度要"取中构和"》,《中国劳动保障报》2005年7月28日第1版。

日,现收现付制的美国联邦社保基金的余额储备已高达 1.7 万亿美元,而每年的支付大约只有 4000 亿美元—5000 亿美元,就是说,其积累余额是年度成本的将近 300%以上①,它完全可以在制度内一次性解决转型成本,而不需进行任何转移支付;二是它有全世界最发达的资本市场,投资回报率肯定不会低于购买国债。换言之,美国设计统账结合的制度并做实个人账户,建立一个投资型的资本化账户是因为美国具备了两个条件。

智利 1981 年一次性向 DC 型完全积累制进行休克性过渡,也是由于它在当时具有相当的经济条件和政治条件,2006 年设想中的增加"零支柱"的改革成本完全是来自财政税收,这也是因为它具备了相当的经济条件。智利社保部官员与我面谈时说,近年来智利铜矿收入非常好,是其主要来源,它们完全有这个能力,且近年来一直宏观经济稳定,大环境良好。换个角度讲,智利进行休克性疗法,基本上是一次性向完全积累制转型,并建立起了一个个人分散化投资的资本化账户,这也是因为它具备了一定的历史条件。

中国香港地区 2001 年改革一起步就做成个人分散投资的 DC 型完全积累制的"强积金"也是出于两个主要原因:一是条件具备,如人口规模较小,经济条件较好,领薪阶层金融文化素质较高,等等;二是它有一个非常发达的资本市场,这个"硬件"条件足以使它能够支撑起这个投资,可以获取相当的回报率。一句话,香港地区建立强积金制度也是完全符合它的经济条件的,是一个正确的选择。

瑞典和意大利等欧亚七国从 20 世纪 90 年代中期至今(最晚的是捷克 2004 年年初宣布的)之所以纷纷引入名义账户制,也是由于两个客观条件的约束所决定的:第一,如要维持现存的现收现付制,成本太高,负担不起;如要转型为完全积累制,成本也太高,照样也负担不起;第二,对波兰、拉脱维亚、蒙古、吉尔吉斯斯坦和捷克来说,它们还多了一个条件约束,即它们的资本市场很不成熟,做实账户也无法投资②。于是,名义账户制便应运而生,顺应了历

---

① Board of Trustees of the Federal Old-Age and Survivors Insurance and Disability Insurance Trust Funds, *The 2005 Annual Report of the Board of Trustees of the Federal Old-Age and Survivors Insurance and Disability Insurance Trust Funds Communication*, Washington, D.C., March 23, 2005, Table II.B1, p.4.

② 参见郑秉文、房连泉:《蒙古社会保障"名义账户"制改革研究》,《当代亚太》2005 年第 6 期。

史的潮流和改革的意愿。十年来的运转结果说明,它们基本是成功的。换言之,欧亚七国不得不引入名义账户制也是特定历史条件的结果,在既无财力、又无投资条件的情况下,这也是一个明智的选择。

从上述这些改革案例和改革方案可以得出两个结论:第一,在模式选择中,既要与时俱进,积极探索,又要实事求是,因地制宜。虽然不同的环境条件决定了它们不同的改革模式,但它们都是正确的。强人所难的事情常常是事倍功半;故步自封的事情常常是无疾而终。在部分积累制的实现形式中,在 20 世纪 90 年代初中国创建统账结合时还没有出现名义账户制。第二,既要敢于抓住机遇,善于顺应潮流,又要敢于大胆否定自我,善于自我调整。没有人认为我们会永远保持如此高速的增长,机不可失,在高速期我们必须要居安思危,否则,如果在高速期没有想到未来必须要解决的一些关键问题,那么,在未来走出盛世之后我们就不能走出历史的怪圈,因为,常常是机遇创造奇迹,时机造就成功。

那么,上述国外这些改革案例对我们有什么启示呢? 我们也可以从两个方面来看:第一,我们既无充足的转型成本,又无成熟的资本市场,面对这两个基本国情,我们要积极探索部分积累制新的实现形式,而不应故步自封,拘泥形式。我们应该坚持的是部分积累制的精神实质,而不是当时历史条件下做实账户的技术路线。第二,名义账户制是目前我们能够看到的一个部分积累制的新的形式,可以避免中国目前的两个困境(转型成本不足,资本市场不成熟),是一个可供研究的制度形式,是"十一五"期间可供选择的一个方案。就目前东三省改革试点的效果来看,这个模式可以解决它们存在的许多遗留问题和困难。至于这个东三省试点问题,笔者将另文论述。

简单的结论就应该是:待这两个条件具备时再做实账户也不迟。

"十一五"期间必定还是个高速期,所以,它是解决上述十几个问题以建立长效机制的一个不可多得的制度创新机遇期。

参考文献:

[丹麦]艾斯平—安德森:《福利资本主义的三个世界》,郑秉文译,法律出版社 2003 年版。

世界银行:《防止老龄危机》,中国财政经济出版社 1996 年版。

张春红:《中国的养老保障制度要"取中构和"》,《中国劳动保障报》2005

年 7 月 28 日第 1 版。

郑秉文:《企业年金治理的标尺——〈OECD 企业年金治理准则〉对中国的启示》,《中国证券报》2005 年 8 月 18 日第 A15 版。

郑秉文:《DB 型现收现付制社保基金的危机与投资理念——美国"联邦社保信托基金"治理结构及其不可持续性的解决途径》,《世界经济》2003 年第 11 期。

郑秉文:《欧亚六国社会保障"名义账户"制利弊分析及其对中国的启示》,《世界经济与政治》2003 年第 5 期。

郑秉文:《"时间一致性"对社保理论的贡献——税率对劳动供给的影响》,《中国人口科学》2005 年第 1 期。

郑秉文:《"福利模式"比较研究与福利改革实证分析——政治经济学的角度》,《学术界》2005 年第 3 期。

郑秉文:《"一升一降"适度调整年金和社保比例》,《中国证券报》2005 年 8 月 5 日第 A19 版。

郑秉文:《是什么牵制企业年金发展》,《改革内参》2005 年 8 月 20 日出版第 24 期。

郑秉文、房连泉:《蒙古社会保障"名义账户"制改革研究》,《当代亚太》2005 年第 6 期。

郑秉文、房连泉、王新梅:《日本社保基金"东亚化"投资的惨痛教训》,《国际经济评论》2005 年第 3 期。

Board of Trustees of the Federal Old-Age and Survivors Insurance and Disability Insurance Trust Funds, *The 2005 Annual Report of the Board of Trustees of the Federal Old-Age and Survivors Insurance and Disability Insurance Trust Funds Communication*, Washington, D.C., March 23, 2005.

The World Bank, *Old-Age Income support in the 21st Century: An International Perspective on Pension Systems and Reform*, The World Bank, Washington D. C., 2005.

(本文原载于《管理世界》2005 年第 10 期,第 58—67 页)

社会保障体系的巨灾风险补偿功能分析

——美国9·11五周年的启示

内容提要：五年前9·11恐怖袭击事件中，美国社会保障制度发挥了一定的巨灾补偿作用。其中有很多经验，例如国家对巨灾损失的补偿通过国家计划、保险公司和慈善事业这个"三条腿机制"发挥作用，并通过立法建立了一个临时机构"9·11遇难者补偿基金"，令其根据普通法的原则，赋予全权，统一运作全国的补偿工作；也有一些教训，例如，社会安全号信息管理不善和被盗用，从而酿成飞机劫持者拥有合法的手续等。中国要建立起社保制度突发事件巨灾风险补偿的"三条腿机制"还有很长的路要走，例如，基本社保制度的工伤保险中存在着诸多问题，保险业还需进一步改革完善，慈善事业的机制缺位等；本文对尽快建立一个混合型的"国家巨灾补偿机制"提出了一些改革思路以及采取公共委托与购买的方式进行损失补偿的设想。

一、9·11提出社会保障制度的评估问题

5年前，震惊全球的9·11恐怖袭击摧毁了美国世贸中心双子塔。

5年来，世界上发生了一系列突发事件和巨灾事件：法国戴高乐机场候机大厅倒塌，美国卡特丽娜等4个飓风先后登陆美国，日本发生强烈地震，印尼海域发生了伤亡惨重和举世哀悼的强震与海啸，等等。此外，还发生了一系列恐怖袭击事件：巴厘岛连环爆炸，联合国驻伊拉克办事处汽车炸弹袭击，马德里火车站连环爆炸，伦敦地铁和公共汽车自杀式连环爆炸，等等。

这5年来，中国也相继发生了"非典"和台风等多起重大灾害。在这些举世关注的巨灾面前，国土安全、危机管理、应急机制、防灾体系、气象灾害防范、

反恐措施与安全检查等问题不断被提到各国政府的议事日程。这些措施的制定和机制的建立,无疑对减灾防灾来说是制度性的保障。

5年后,9·11事件的影响已逐渐渗透到社会生活的各个领域,甚至成为人类进入21世纪的一个重要时间坐标:它对人的生命价值判断、对政治安全和经济安全、对人们日常生活的诸多领域的影响越来越大,这些影响仍在继续扩大着。同样,也正是这个时间坐标,它正在逐渐改变人们对社会保障制度巨灾补偿功能的认识和看法:人们在反思本来属于他们自己的社保制度。

社会保障制度在巨灾补偿上是否也应该有所作为,是否是题中应有之义,答案应该是肯定的。9·11事件发生5年来,直到今天美国社会保障制度的风险补偿还在发挥着作用,它从一个侧面体现了政府的作用,成为巨灾风险保障系统大框架的一个组成部分。回顾和总结一下9·11事件5年来社保制度在其中的表现,我们就会看到,巨灾风险补偿应成为社会保障的制度性功能一个组成部分,应成为社会保障制度设计和改革的一个评估标准;一句话,9·11事件为社会保障制度的设计提出了一个挑战,它使人们自然而然地对社保制度本质的认识更加深刻,并使人们从中看到其对中国完善社保制度改革的某种启发。

二、美国社保制度为9·11事件遇难者"买单"

据估计,9·11事件造成的直接和间接经济损失高达几千亿美元,当然,这只是包括初期的医疗费用、遗属津贴、保险赔款、重建投资等,对致残致伤人员的补偿将一直持续到其将来的正常死亡为止。在9·11恐怖袭击中,世贸中心双子大厦中死亡或失踪人数为2823人,五角大楼死亡或失踪184人,宾州飞机坠毁中死亡或失踪40人;世贸中心大楼附近方圆2500平方英尺的街道的办公区受到了毁灭性的损坏,700多家小公司受到了严重影响,大约7000居民腾空了受损的居所。据有关估计,纽约市在2001年最后3个月里大约因此而丧失了12.5万个就业机会①。

---

① The Foundation Center, "Philanthropy's Response to September 11", Library of Congress Control Number: 2004116950, New York, NY 10003-3076, USA. Nov.2004, p.9.

谁应该为遭到恐怖主义袭击所产生的经济连锁反应买单？美国社会保障系统的补偿功能是什么？通过什么手段和工具对如此巨大的突发灾难事件进行有效的补偿？政府在补偿过程中如何运作并实现其补偿"买单"的目的？

我们知道，美国基本社保制度体现在巨灾补偿机制方面的项目主要有两个。一个是"养老、遗属与残障保险"计划，即常说的"OASDI"，美国人经常挂在口头上的"社会保障"概念就是指这个计划，在美国它是狭义上的社保制度即简称为"老遗残保障"的制度；另一个体现在医疗保险方面。

先看"老遗残保障"制度的巨灾补偿作用。

在美国9·11事件两周年的时候，美国社保总署发布了一份报告披露[1]，社会保障制度对9·11事件中涉及的残疾和遗属津贴的支付大约为6700万美元，每月支付约300万美元。在9·11之后的几天里，美国社保总署总共接待了来自2281个家庭5629人的遗属与残障津贴的申请，其中绝大部分给付是9·11事件中亡者的遗属津贴。在美国社保制度的框架里，遗属津贴制度本来就是一个主要社保项目，2001年全国大约有200万儿童享有遗属津贴的待遇，平均每个子女是554美元/月。根据规定，9·11事件中死亡人员的家庭成员享有获得遗属津贴的资格，截至2003年9月两周年时，在美国社保总署领取遗属津贴的遗孤为2375人（其中，纽约州死亡人数最多，是2200名），配偶853人。除了每月的津贴以外，一次性津贴的受益人有1800人，总计为5028人。9·11事件中领取残障津贴的人数远远少于遗属津贴的人数，2003年每月向498名受伤致残人员支付残障津贴，此外还有81名配偶和子女[2]。

再来看医疗保险的补偿作用。

众所周知，美国没有覆盖全民的强制性医疗保障制度，只有针对65岁以上老年人的"医疗照顾计划"和针对穷人的"医疗救助计划"。9·11以后，除

---

① Robert Longley, "Social Security's Response to 9-11 Attacks", 29 Oct. 2003, at *usgovinfo.com*.

② Jill Braunstein, "Social Security and Workers' Compensation Aid September 11 Terror Victims: Existing Social Insurance Programs Prove Reliable, Equipped to Handle Disasters", in *Social Security Brief*, No. 12, National Academy of Social Insurance (NASI), March 11, 2002.

了死亡待遇以外,医疗救助工作完全是由全美红十字会来承担的[1],其主要内容就是对9·11事件的受伤者和患病者的医疗服务提供"经济救助",资格条件必须限制在2001年9月11日至18日这一周之内发生的上述伤残患病者。提供经济救助的形式主要有三:一是针对商业医疗保险投保者"共同支付"部分进行救助;二是对"老年医疗照顾计划"、"穷人医疗救助计划"、社会基本保险的残障保险等计划不予报销的部分进行救助;三是对不属于精神病处方的不给报销部分进行救助。另外,慢性病不在红十字会救助范围之内。

美国2006年5月26日的《纽约时报》报道[2],美国红十字会近来做了一次民意测验,结果发现,9·11事件虽然已过去5年,但其在世人心中留下的心灵伤痛却挥之不去。根据红十字会发布的这份报告,2/3的遗属和遇难家属目前在精神上还没有恢复正常,在1500名幸存者中,40%的成年人说他们需要额外的服务,以期在精神上予以健康治疗和经济上予以援助以及在医疗上继续获得服务;该报告还指出,当时地面参与救助的平民百姓在精神上遭受的创伤是最大的,红十字会为此于2002年留存了9000万美元用于未来几年里的上述服务,并建立一个"美国红十字会9·11恢复计划",该计划已对纽约、新泽西和其他州的6万人和家庭提供了帮助;"恢复计划"执行主席古德曼说,"我们着眼于长期的问题",恢复精神健康计划的服务工作将持续到2007年底,然后拟将某些工作转移到社区中继续进行下去,同时把社会各界捐助的许多资源保存下来。

三、美国社保制度为9·11事件遇难者家属"雪中送炭"

9·11事件发生之后,一般的美国人对美国社保制度的看法发生了如下三个重要变化。

第一个变化是,在普通人的感受和印象中,社会保障制度是公共的,其效

---

[1]　The Resource Coordination Unit, "Health Services, in September 11 Recovery Program, Benefits Overview", *Community Services*, American Red Cross, Nov. 8, 2004.

[2]　Anthony Depalma, "Survey Finds that Grief is a Constant Companion for Those at the Scene of the 9/11 Attacks", in *New York Times*, May 26, 2006.

率不如商业保险那样高,但在 9·11 事件处理过程中,许多人改变了这个看法,他们认为,公共的社保制度还是有效率的①。9·11 事件之后当年的 10 月 3 日就进行了第一次补偿给付工作。之所以这样有效率,是因为美国社保总署启动了特殊紧急程序,其以最快的速度向世贸中心双子大楼、五角大楼和宾州的遇难家庭进行赔付补偿工作。9·11 的次日,美国社保总署以 800 开头的免费申报电话号码就全部开通了。到 9 月 24 日,除了曼哈顿的社保所以外(因为它靠近世贸中心),纽约所有的社保所办公室全部开放并运转起来。据悉,美国社保制度与其他行政部门效率高,是因为 9·11 之后立即成立了一个秘密的"影子政府",由 75—150 名人士组成,地点在首都华盛顿以外,使命是处理与 9·11 有关的救助工作。

第二个变化是,普通人认为社保制度提供的是基本保险,水平较低,仅能维持基本生活,但没想到在巨灾面前,某些紧急的专门立法与社保制度相结合,形成了特殊条件下对社保制度的一个"制度援助",大大提高了社保制度的补偿水平,为遇难者家属解决了很大的经济困难。9·11 发生一个星期之后即 2001 年 9 月 18 日就通过了"2001 年美国恐怖袭击恢复与反应紧急适用法案",该法案允许向遇难者提供紧急援助。9 月 22 日签署了"航空运输安全与制度稳定法案",根据该法案第四条,国会通过了建立"9·11 遇难者赔偿基金"的法案。该基金由司法部负责,委托一个特别执行人来运作管理,主要是对遇难者及其遗属进行经济补偿,虽然社会上存在很多争议,但作为"非经济性质的损失补助"最终还是被看成是一个"内部规定"予以实行。根据规定,对死亡者一次性补偿 25 万美元,再加上对配偶和每一个子女给予一次性补助 5 万美元。2002 年 3 月对这个规定又进行了调整,后者的标准从 5 万美元上调至 10 万美元,并授权对遇难家庭最高可补偿 100 万美元②。

第三个变化是,9·11 恐怖主义袭击事件使许多美国人第一次认识到,在遇到巨灾时社会保障制度是多么的重要,它所提供的不仅仅是参保人本人的

---

① Jill Braunstein, "Social Security and Workers' Compensation Aid September 11 Terror Victims: Existing Social Insurance Programs Prove Reliable, Equipped to Handle Disasters", in *Social Security Brief*, No. 12, National Academy of social Insurance(NASI), March 11, 2002.

② Lloyd Dixon, Stephen J. Carroll, Darius N. Lakdawalla, Robert T. Reville, David Adamson, *Issues and Options for Government Intervention in the Market for Terrorism Insurance*, RAND Institute for Civil Justice, The RAND Corporation, 1776 Main Street, Santa Monica, USA, 2004.

一个退休计划,实际还为其遗属及其残障问题提供了一个"家庭保护"的机制。这个机制在关键时刻显示出其宝贵之处,发挥了巨大的作用,尤其对单职工家庭来说甚至挽救了整个家庭。时任美国社保总署代理署长拉里·马萨纳里在 2001 年 11 月 1 日举行的国会听证会上作证词时讲述了这样一个故事①:9·11 之后,纽约一位男士的妻子在世贸中心遇难,这位男子是个"家庭妇男",经济拮据,维持不了他的房子,准备卖掉,就在这时,社保总署的一位代表告诉他,他及其家庭成员可以享有遗属待遇,劝他不要卖房子,于是,这位男士就保住了房子。

四、美国社保制度在 9·11 事件中的教训

9·11 事件之后,美国的国土安全成为头等大事,为此立即成立了国土安全部,与此相联系的安全问题在社保研究领域也开始了。对美国来讲,社保制度应对诸如恐怖主义袭击等突发事件能力的关键在于对突发事件的评估,就是说,突发事件是社保制度面临的一项长期还是短期任务,这是一个关键。

一些专家学者认为,从短期看,类似 9·11 恐怖主义袭击事件必将导致美国社会保障基金支出增加,余额减少;同时,美国经济信心却受到重创,对社保制度缴纳的"工薪税"间接带来负面影响。但是,美国社保制度的经济实力足以应付这些突发事件。截至 2001 年 12 月 31 日,美国社保制度即"老遗残保障"全年支付津贴 4320 亿美元,制度收入为 6020 亿美元,全部资产累计余额已高达 1.2 万亿美元。这个经济实力即使没有一个美元的转移支付,社保制度本身也不会产生任何支付上的困难和影响。于是,在 2002 年 3 月出版的《2001 年度社保基金报告》中根本没有显示为 9·11 事件所列的开支,因为在 1.2 万亿的余额储备中,年度支出几百万简直就是一个不值一提的零头。在美国,即使在经济最好的时候,由于种种原因,参加强制性社保制度的人也不是百分之百的,1999 年全美劳动力人口为 1.59 亿,社保制度覆盖率为 96% 即大约 1.52 亿劳动人口,还有 680 万就业人口没有参加进来。所以,社保制度

---

① 以上资料引自:Larry Massanari, Testimony at the House Committee on Ways and Means, "Subcommittee on Social Security:Social Security's Response to the September 11 Terrorist Attacks", Acting Commissioner for Social Security, November 1, 2001。

短期内应对突发事件在经济实力上是根本不存在问题的①。

　　舆论的一致看法是②,问题出在长期上。如果将应对恐怖袭击作为社保制度的一个长期任务来对待,美国社保制度改革进程中就需要改变以前的某些思路,即在考虑社保制度的长期可持续性时,还要着重考虑其全国范围的共济性问题。如果引入个人账户,做实账户的资金虽然完全可以从余额当中调剂解决,而无须进行转移支付,但考虑到恐怖袭击作为一项长期任务,就会给社保基金带来双重的财政压力,并且降低了其社会统筹的共济性。我们不知道这样的观点是否是导致美国建立个人账户制度改革流产的一个原因,但至少学界讨论到了这些问题。

　　舆论界普遍认为,9·11事件是对政府机构效率与反应能力的一个检验和测试,一些非政府组织和研究机构对其进行了调查研究,归纳出了社会舆论的反应和各界的评价,认为政府各个部门动员资源的能力和表现是前所未有的。人们对"9·11遇难者补偿基金"、失业保险、医疗救助计划、社会保障计划(即老遗残计划)在危机中的应急表现满意度较高,但对联邦紧急管理总署则持批评态度的人较多,其媒体反应也不好。例如其在处理世贸中心大楼坍塌过程中缺乏弹性,在协调慈善机构之间时缺乏力度。此外,对联邦环境保护总署及其州以下各级相关机构也颇有微词。当然,这些都是"软"问题。美国社保制度中的缺陷足以影响国土安全的"硬"问题在于社会安全号的滥用上③。

　　美国社保总署在9·11发生的第二天就发现了这样一个重大疏漏:9月11日被劫持的飞机上19名恐怖分子里有13名持有"合法"的身份证和社会安全号。于是第三天即9月13日社保总署就作出决定:允许美国联邦调查局立即介入对劫机者身份证件和社会安全号的调查,为了国家利益,立即将全部社保档案向联邦调查局开放。

---

①　Board of Trustees of the Federal Old-Age and Survivors Insurance and Disability Insurance Trust Funds, *The 2002 Annual Report of the Board of Trustees of the Federal Old-Age and Survivors Insurance and Disability Insurance Trust Funds Communication*, Washington, D.C., March 26, 2002.

②　Peter Ferrara, "Social Security Post-9·11,Where reform fits in", at *nationalreview.com*.

③　以下资料引自:Dave Eberhart, "Social Security Won't Alert INS to Illegals", Monday, Sept. 29, 2003, at *NewsMax.com*。

众所周知,在美国的外国人可以用自己的身份证件号码去申请驾驶执照和在银行开户等,因此,许多盗用的身份证件及其号码为国家安全带来许多隐患,9·11 的飞机劫持者就凭此持有合法的银行户头和信用卡。美国社保总署 2002 年 5 月的一份报告还披露了许多其他社会安全号发放和使用当中出现的问题,例如:每 12 个外国人中就有 1 个使用伪造的文件或偷来的身份证获得了社会保障卡;仅 2000 年就向 10 万多名非居民身份的人错发了社会保障卡;2002 年全国有 100 万人试图使用假冒证件参保,但都被拒绝了;许多亲属使用他人的社会安全号参加社会工作,个别人甚至进入高管阶层。目前,美国联邦调查局和美国中央情报局都介入了这项调查工作。

其实,这个漏洞存在已久,美国社保总署早在 1994 年就采取措施,试图解决冒用社会安全号问题,并采取向雇主邮寄"与事实不符"声明书的形式,提醒雇主其雇员的信息是不准确的。9·11 以后美国加大了查处假冒社会安全号的力度,发出的声明书成倍增长,如 2002 年向全国公司企业邮寄了 9 万封这样的信函。2004 年 5 月 4 日,一位做了变性手术的人就接到了这样的向其确认性别的信函。

美国为此对涉及隐私问题的法律进行了修改,以加强对社会安全号的计算机安全的管理,防止网络对社会安全号的泄露。

五、社保制度巨灾风险补偿机制的国际比较

(一)美国的"老遗残"补偿机制

按照美国"老遗残"(OASDI)即基本社会保障制度的规定,遗属津贴分为两种,一种是"全保"①,一种是"现保"。"全保"的含意是,参保人本人及其家属享有全额的待遇资格,其前提条件是参保人从 21 岁到 62 岁时,每年至少获得一个"积分",满分为 40 个积分。这个门槛很低,只相当于 10 年工龄的缴费,或说等于每个季度的收入达到最低标准就可以了。目前这个标准是 830 美元,只要达到这个标准,就可获得终身"全保"。换言之,只要参保人正常缴

---

① 以下资料引自:"Survivors Benefits: First Line of Protection in the Wake of recent Tragedies", in *The Clearinghouse on International Developments in Child, Youth and Family Policies*, Columbia University, Issue Brief November 2001。

费就可获得"社保积分",每个季度每收入 830 美元便可获一个积分,这样每年就可累计获得 4 个积分,10 年获得 40 个,在退休时年龄达到 65 岁时就享有领取全额退休金的资格;如 62—65 岁之间退休,其退休金就不是全额的。每季度收入 830 美元,这个标准简直可以忽略不计,"全保"等于没有门槛,任何一个人都可以达到,只要参保者不发生意外死亡,一般都可获得全额退休金;正常死亡之后,其配偶也可获得"全保"的死亡待遇。另一种是所谓的"现保",指参保人没有获得"全保"的资格,但只要参保人目前还处于参保状态就算作是"现保"了。例如,参保人在过去的 13 年里已获有 6 个积分,当前每个季度的收入达到了 830 美元。这时,如果他去世,其家属即可获得"现保"标准的死亡津贴。

遗属津贴标准是这样计算的:配偶只要有 16 岁以下的子女,不管年龄如何,均可获得 75% 的死亡津贴;配偶年龄超过 65 岁者获得 100%;年龄在 60—64 岁之间者享有 71%—94%。子女津贴的计算公式是:未独立的子女可获得 75% 的死亡津贴;如果领取死亡津贴家庭里,其成员超过一人以上,那么,津贴总额就有最高限额,但一般来说相当于死亡津贴的 150%—180%。不管去世者是"全保"还是"现保",还有一次性的 255 美元特殊津贴,支付给配偶或子女。

遗属津贴的给付标准还有"全孤儿"和"半孤儿"之分:"全孤儿"是指失去父母双亲,"半孤儿"是指失去单亲;"半孤儿"津贴的标准一般是死亡津贴的 10%—40% 左右,"全孤儿"津贴是 20%—100% 之间。

(二)其他发达国家社保制度的巨灾风险补偿机制

美国的一次性死亡津贴是 255 美元,比较低。有些国家提供的一次性死亡津贴比较高,例如加拿大的一次性津贴 1999 年的标准相当于亡者 6 个月的退休金,最高限额可达 2.5 万加元。葡萄牙一次性津贴的标准也很高,相当于亡者最后 5 年最高工资收入的 2 年平均工薪收入水平的 6 倍。

美国的遗属津贴标准略高于大部分其他发达国家,给付期也较长,非婚子女年龄达 18—19 岁高中毕业。也有一些发达国家的给付期更长,支付到正规教育结束之后,甚至包括大学教育,年龄在 18—27 岁之间。遗属津贴在许多发达国家都有相应的立法,如奥地利、比利时、德国、意大利、荷兰、西班牙等,其给付标准大约在亡者生前月均工薪的 7.7% 至 59.9% 之间。有些国家,例如澳大利亚、芬兰、德国、爱尔兰、以色列和英国等,它们将定额式的遗属津贴与收入调查式的补充津贴结合起来,建立了一种混合型的遗属津贴。法国和挪威还建立了一个额外的子女照顾津贴制度,目的是帮助其完成学业。

由于近年来巨灾频繁发生,越来越多的国家认识到遗属津贴的重要性,把遗属待遇看作是社保制度减灾和巨灾风险补偿的重要机制之一,把遗属津贴给付公式的设计看作是社保制度的核心内容之一。

六、"9·11 遇难者补偿基金"的特殊职能与突出贡献

对政府的补偿功能来说,建立"9·11 遇难者补偿基金"的目的完全是为了整合和动员全社会与公共部门的资源,加大对 9·11 遇难者及其家属的经济补偿。这样,既没有改变现行社会保障体系的框架结构,同时又发挥了政府在经济补偿中不可替代的重要作用,还可有效地动员社会资源,在一定程度上满足了社会捐赠的愿望,将社会捐助整合起来,纳入统一补偿的轨道当中。"9·11 遇难者补偿基金"是以立法的形式建立的,即根据"航空运输安全和制度稳定法案"第 4 条的同名条款建立的,从法律角度看,既是航空业一揽子救援行动的一个措施,也是为 9·11 事件中遇难者及其家属的损失提供经济性和非经济性补偿的一个工具。

从国家应对巨灾补偿的经验教训来看,政府这种补偿渠道的建立属于典型的公共服务的私人购买行为,是保证补偿工作效率和降低交易费用的一个有效方法,也是发达国家时常使用的一个应急措施[①]。

国会委托美国司法部长约翰·阿什克罗夫特负责管理这个补偿计划。2001 年 11 月 26 日司法部长阿什克罗夫特任命芬勃格大律师为"9·11 基金"的"特别执行人",行使其全部的管理责任,即"9·11 基金"的所有行政管理和补偿工作,其职责是决定该基金给予补偿的资格设定与资格调查,根据其经济上和非经济上及其他条件的受损情况决定支付给申请人的补偿数额。作为

---

① 以下资料引自:Kenneth T. Feinberg, Esq, Special Master, "Final Report of the Special Master for the September 11th Victim Compensation Fund of 2001", Volume I, Department of Justice, Washington D.C., USA, 2004。

特别全权执行人,该律师必须在 2001 年 12 月 21 日之前制定一个执行"航空运输安全和制度稳定法案"第 4 条的规定,120 天之内完成补偿方案,在随后的 20 天之内对索赔者完成补偿支付。于是,在 9·11 悲剧发生整整 14 周之后即 12 月 21 日,"9·11 基金"在华盛顿正式启动运转,特别执行人芬勃格发布了"内部最终条例",该条例规定了经济补偿与非经济损失的补偿细则、申请程序、补偿规则、补偿原则等。

根据国会的要求,司法部部长阿什克罗夫特和特别执行人芬勃格对全部补偿工作具有全权,负一切责任,而无须在遇难者家属是否有补偿的需要上去证伪。补偿的全部文件必须完整地保留两年。特别执行人芬勃格对补偿资格的决定和补偿数额的决定将是最终的决定,不受司法的复议(在美国,司法复议不具有英国式的狭义技术含义,而主要是指上诉或任何其他形式的法律检查或复议)。

根据该法案的第 4 条,国会要求"9·11 基金"特别执行人必须要使用"普通法"的基本原则对赔偿进行评估,即在对遭受的损害和赔偿的数额作出决定时,必须要考虑到遇难申领人遭受的损害、陈述的事实和申请人的具体环境等。在面谈中,申请人有权得到法律解释,有权申诉事实(包括证人与文书)。

按规定,"9·11 基金"的填表申请截止日是 2003 年 12 月 22 日。在最后期限逼近的日子里,申报人数剧增,仅在最后的一个月里,就有 4200 多宗申报,这些申报必须在基金关闭日即 2004 年 6 月 30 日之前处理完毕。为此,工作人员最多的时候达 330 人,处理信件高达 80779 封。其中,工作人员里有98% 来自 2973 个在 9·11 袭击中失去亲人的家庭。

在"9·11 基金"运转了 997 天之后,于 2004 年 7 月正式关闭,完成了预定的任务,芬勃格律师回到了自己的私人律师事务所,他建议,建立一个永久的遇难者基金是不可行的,也是不明智的。

作为这项援助工作结束的一个标志,布什总统在白宫会见了"9·11 基金"特别执行人芬勃格律师和司法部长约翰·阿什克罗夫特。

另一个标志 9·11 事件善后告一段落的事件是 2005 年夏季美国诺顿出版社出版了一本被称为官方出版物的近 600 页《9·11 委员会报告》,这本书是诺顿出版社历史上发行量最大的书,也是发行量最大的政府官方出版物之一,高达 100 多万本。"9·11 委员会"之所以选中了这个出版社,是因为它承诺每本定价不超过 10 美元,即使这样,诺顿出版社依然捐款 60 万美元,其中"巨灾防治与应对中心"、"企业准备国际中心"和霍普金斯大学高级国际研究学院各获得 20 万美元。该出版社社长说,这 60 万美元相当于毛利的 10%①。

"9·11 基金"接到的死亡家属报告案共计 2972 宗,其中予以确认的是 2880 宗,向 2878 个家庭进行了补偿,最少的是 25 万美元,最多的是 710 万美元,平均每个家庭 210 万美元。接到的受伤报告是 2600 多宗,共 4430 个受伤者,2675 人受到了补偿,其中 1919 人是地面的抢救人员,赔偿最少的是 500 美元,最多的是 870 万美元。在受伤者中,烧伤者接受的补偿最多,其中 40 人平均 210 万美元,与死亡者的补偿额基本相同②。

七、巨灾补偿中的"三条腿机制"与政府作用

9·11 恐怖袭击造成的巨大损失对美国的社保系统和补偿机制无疑是个挑战。9·11 仅对保险公司造成的损失就将近 400 亿美元,其中再保险公司承担 3/4。据悉,9·11 是以往恐怖事件给保险公司造成的最大赔付案的三十多倍。那么,美国的赔偿机制是如何具体运转的? 政府的补偿作用是如何体现的? 国家为 9·11 造成的损失支出了多少补偿? 这一直是人们非常感兴趣的话题。

对 9·11 这个惨痛事件来说,美国的补偿机制主要有三个:政府计划、保险公司、慈善机构。这三个补偿机制都是通过"9·11 遇难者补偿基金"这一个渠道和机构发挥作用的。对遇难者及家庭进行补偿,这是"9·11 基金"的第一个职能,第二个职能是利用补偿来刺激和恢复纽约的经济活动,资助其尽快运转起来。

---

① 上述资料数据引自:The 9/11 Commission Report: *Final Report of the National Commission on Terrorist Attacks Upon the United States*, Official Government Edition, U.S. Government Printing Office, Washington, D.C., July 2004。

② 这里给出的数据是根据下述 2 个报告整理出来的,因为这里 2 个报告的统计口径不一样。Kenneth T.Feinberg, Esq, Special Master, "Final Report of the Special Master for the September 11th Victim Compensation Fund of 2001", Volume I, Department of Justice, Washington D.C., USA, 2004. Lloyd Dixon and Rachel Kaganoff Stern, "Compensation for Losses from the 9/11 Attacks", RAND Institute for Civil Justice, The RAND Corporation, 1776 Main Street, Santa Monica, USA, 2004.

9·11 之后,许多机构对美国应急机制和补偿机制作了大量的评估报告与研究专著,反思美国政府补偿计划和社保系统补偿机制的经验教训,例如,芬勃格任特别执行人的"9·11 遇难者补偿基金",在其关闭之后向全社会发布了《"9·11 遇难者补偿基金"特别执行人最终报告》,著名智库兰德公司也发表了一个专门评估报告《9·11 袭击的补偿》,此外还有《政府干预恐怖主义的保险市场的问题与选择》和《慈善业对 9·11 的回应》等。总的来说,他们对"9·11 基金"给予了很高的评价,对其出色表现进行了肯定。

图 1 显示的是三个补偿机制提供给世贸中心大厦、五角大楼和宾州的遇难者及世贸中心大厦商务和个人损失的资金比例情况。民事侵权行为导致的补偿虽然可被看成是第四个机制,但不在本文的讨论范围之内。由于很多损失难以估量,所以,全部 381 亿美元的补偿支出只是一个大概的估计数字。图中这些可以"量化"的补偿比例显示,政府发挥了重要作用,大约支付了一半,另一半是由保险公司支付的,慈善机构的资金比例为 7%。

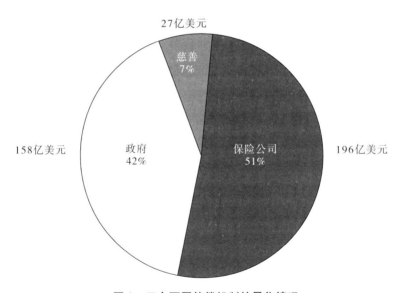

27亿美元

慈善
7%

158亿美元

政府
42%

保险公司
51%

196亿美元

图1 三个不同补偿机制的量化情况

资料来源:Lloyd Dixon and Rachel Kaganoff Stern,"Compensation for Losses from the 9/11 Attacks", RAND Institute for Civil Justice, The RAND Corporation, 1776 Main Street, Santa Monica, USA, 2004, figure S.1, p.xviii.

如果将遇难者分为 7 个组别,图 2 给出了每一组遇难者的补偿情况。我

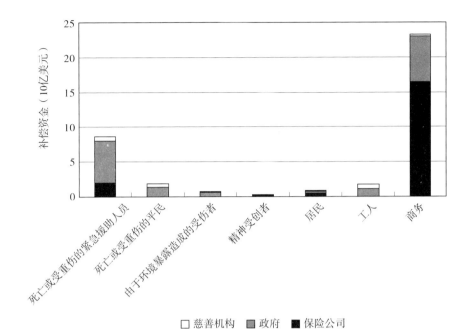

图2　不同遇难者组别补偿资金及其来源的量化

资料来源:Lloyd Dixon and Rachel Kaganoff Stern,"Compensation for Losses from the 9/11 Attacks",RAND Institute for Civil Justice,The RAND Corporation,1776 Main Street,Santa Monica,USA,2004, figure S.2,p.xix.

们可以作出这样的总结:第一,每一组的补偿数额是由三个补偿机制混合提供的,区别仅在于所占比例的组合不同而已。第二,从图2可以看出,第一、第二和第三等几个组分别构成了人员伤亡补偿的主体,人数最多,同时也是"9·11基金"中人员补偿的主干部分,大约100多亿美元,占全部遇难各组合计的28%。第三,补偿紧急救援者数额是19亿美元,占死亡补偿和重伤人员补偿的18%,虽然紧急救援人员的人数只占死亡或重伤人员的14%。第四,政府和慈善机构的资金主要用于人员伤亡的补偿上了。第五,商务活动的补偿是重点,高达233亿美元,占全部的61%,这说明产权的损失很大,对纽约的经济和商务活动造成的影响也是巨大的,但保险公司的补偿机制发挥了重要作用,而政府的补偿数额几乎与其对人员伤亡的补偿相等。第六,从商务的补偿中可以推测出,9·11对工人带来的经济影响非常巨大,虽然直接对其补偿的数量略少于商务活动,但工人可从对商务的补偿中间接获益。第七,在第七组的商务活动补偿中,商业保险发挥了很大作用,并且是通过产权损失和中断商务活动的形式补偿的,而遇难者和重伤者的补偿则主要来自政府,一小部分来自寿险赔付和慈善机构。第八,工人、紧急救援人员和精神创伤者的全部补偿来自慈善机构,其次是政府计划。第九,在实际中,每一组遇难者的人员补偿很大,其中来自政府的资源是最容易量化的,比如工人获得的补偿2/3以上来自政府。

那么,政府资金又是如何筹措的呢?资金来源结构如何?如何在紧急情况下筹措到这笔巨资?社会保障制度在整个政府补偿计划当中占有什么样的位置?第一,表1告诉我们,在普通市民死亡和重伤补偿的86.7亿美元中,慈善机构7.1亿美元(不到1/10),保险公司20亿美元(不到1/4),它们合计不到补偿的1/3,余下的2/3完全来自政府。在政府补偿的这59.6亿美元中,来自"犯罪遇难者总署"的资金2000万美元,"9·11遇难者补偿基金"55.8亿美元,社会保障3.6亿美元,总计将近59.6亿美元。但是,对于伤残人员来说,来自社会保障的补偿资金流将是终生的,直至将来自然去世。第二,在政府支付的救助人员死亡和重伤的14.2亿美元补偿总额中,"9·11基金"9.4亿美元,公共安全办公室待遇支付1.1亿美元,其他政府项目支出3.7亿美元。第三,政府对暴露环境下重伤者的补偿是5.4亿美元,其中"9·11遇难者补偿基金"3.8亿美元,长期健康监护紧急医疗支出0.9亿美元,室内居民清扫计划0.5亿美元,世贸中心大厦居民补偿0.2亿美元。第四,政府对商务活动补偿总额是62.4亿美元,其中,用于产权损失的补偿是7.6亿美元(来自低息中小企业贷款0.1亿美元,企业贷款7.5亿美元),用于收入损失补偿6亿美元(中小企业恢复贷款5.8亿美元,城市和州政府的小企业贷款0.2亿美元),用于重建的激励费用48.8亿美元(小企业信用税款6.3亿美元,其他自由区税款待遇38亿美元,低息小企业贷款0.8亿美元,小企业引资计划1.6亿美元,长期引资计划2.1亿美元)①。

---

① 以上数据引自:Lloyd Dixon and Rachel Kaganoff Stern,"Compensation for Losses from the 9/11 Attacks",RAND Institute for Civil Justice, The RAND Corporation, 1776 Main Street, Santa Monica, USA, 2004, Chpter 3。

表1　不同类型遇难者损失补偿不同类型的费用

（单位：亿美元）

损失人员	损失性质	保险公司	政府	慈善	三个补偿机制合计	占总额的百分比（%）
死亡或受重伤的平民 a	人员受伤	20.0	59.6b	7.1	86.7	23
	产权损失	0	0	0		
	收入损失	0	0	0		
	重建费用	0	0	0		
死亡或受重伤的紧急援助人员 a	人员受伤	0	14.2 b	5.0	19.2	5
	产权损失	0	0	0		
	收入损失	0	0	0		
	重建费用	0	0	0		
由于环境暴露造成的受伤者	人员受伤	0.6 c	4.9	0.6	6.6	2
	产权损失	0	0.5	0		
	收入损失	0	0	0		
	重建费用	0	0	0		
精神受创者	人员受伤	0.3	1.4	0.4	2.1	1
	产权损失	0	0	0		
	收入损失	0	0	0		
	重建费用	0	0	0		
居民	人员受伤	0	0	0	9.2	2
	产权损失	5.0	3.4d	0.8		
	收入损失	0	0	0		
	重建费用	0	2.4	0		
工人	人员受伤	0	0	5.4	17.0	4
	产权损失	0	0	0		
	收入损失	0	11.6	0		
	重建费用	0	0.7	0		
商务	人员受伤	0	0.8	0	233.3	61
	产权损失	74.7	7.6	0		
	收入损失	95.1	6.0	0		
	重建费用	0	48.8	1.1		

损失人员	损失性质	保险公司	政府	慈善	三个补偿机制合计	占总额的百分比（％）
其他基金	0	0	0	6.5	6.5	2
总计		195.7	158	26.9	380.6	100

注:a:包括所有死亡者,但不包括在世贸中心袭击中的死亡者。b:不包括所得税和资产税。c:不包括
　私人健康保险的支付和雇员救助计划。d:包括9·11事件以后执行的4000万美元的居民贷款计
　划的家庭补偿。

资料来源:Lloyd Dixon and Rachel Kaganoff Stern, "Compensation for Losses from the 9/11 Attacks",
　　　RAND Institute for Civil Justice, The RAND Corporation, 1776 Main Street, Santa Monica, USA,
　　　2004, table E.1.p.159. and table 8.1, p.132.上述两个表格合计起来。

　　上述政府补偿资金的来源结构说明了这样几个问题:一是几乎所有转移
支付都来自政府的预算安排之中;二是对突发事件的巨灾补偿是有条不紊的;
三是国家的财政补偿起到了不可替代的主导作用。

八、巨灾损失的评估与补偿标准的计算

　　"9·11基金"及其特别执行人芬勃格利用4个月的时间制定了补偿的计
算办法,这个补偿方案芬勃格本人后来不太满意。事后他曾有过这样评价:当
初要是为各种各样的所有遇难者提供统一的补偿标准就好了,这样就可以在
这些遗属中避免划分不同人群。但是,总的来说,社会舆论的评价是很好的,
几乎没有发生遇难者家属不满意的情况,这对政府建立巨灾补偿机制来说是
一个重要的经验。第二个经验应该是适用的法律体系问题。国会明确要求特
别执行人芬勃格在具体评估损失时必须运用"普通法"即不成文法的基本原
则,须在损失状况的评估和补偿数额的决定时考虑到遇难者家属陈述的事实、
具体环境,并且要求必须亲自单独地面谈。对于这个具体评估方式,许多研究
报告都给予了高度的评价,认为这种普通法系原则的运用是保证能够正确决
定几千个补偿案例都比较符合实际、比较公正、比较经得起历史检验的一个重
要保证。

　　但是,这样的补偿数额的确定方式也给工作带来了巨大的困难,为计算公
式的合理性和科学性提出了严峻的挑战。因此,"9·11基金"制定的补偿计

算公式是非常复杂的,考虑的因素也是非常多的,芬勃格花费了很多精力,征求了很多专业人士的意见。例如,在考虑遇难者的收入水平时,要抵扣其联邦和州的各种纳税额,从最低的 5.275% 一直到计算到 30.39%;在考虑预期寿命减去实际死亡年龄的余命时,余命的多少就成为决定未来收入总额的一个主要因素,但同时又与纳税额有关,还要考虑到通胀指数与工资增长率的预期因素,例如,18 岁的工资增长率假定为 9.744%,而 52 岁以上者的工资增长率假设为 3.00%,还要考虑到不同收入者的消费倾向与比例,还要抵扣掉其他来源的收入假定,等等①。

表 2　不同收入水平遇难者的比例情况

收入水平(万美元)	申报赔偿人数(人)	占总申报人数比例(%)	全部补偿数额(美元)	占全部死亡申报的比例(%)
0	17	0.59	13396374.59	0.22
2.499 或以下	163	5.66	179648077.33	3.00
2.5—9.99	1591	55.24	2418567353.96	40.34
10—19.99	633	21.98	1457314626.24	24.30
20—49.99	310	10.76	1052333721.38	17.55
50—99.99	89	3.09	422719241.32	7.05
100—199.99	52	1.81	294934413.48	4.92
200—399.99	17	0.59	106312992.16	1.77
400 或以上	8	0.28	51034301.62	0.85

资料来源:Kenneth T.Feinberg, Esq, Special Master, "Final Report of the Special Master for the September 11th Victim Compensation Fund of 2001", Volume I, Department of Justice, Washington D.C., USA, p.97, table 2.

总的来说,"9·11 基金"在计算补偿数额时考虑的因素大约有如下几种(见专栏 1)。

---

① General Program Information on September 11th Victim Compensation Fund of 2001, *Victim Compensation Fund Frequently Asked Questions (FAQ)*, Section 5: Compensation for Deceased Victims. revised on February 10, 2004. table 3, p.10.

专栏 1:补偿因素的考虑与计算

补偿额 =
+ 未来的税后收入
+ 未来企业年金的待遇价值(例如医疗保险的缴费、401k 账户的企业年金缴费等)
+ 未来家庭服务的价值
+ 未来父母的收入价值潜力
+ 需要自费的生理和精神健康照顾的费用
- 雇主提供的终身保险的支付价值
- 慈善机构的捐赠
- 9·11 待遇的税款
- 社会保障死亡待遇
+ 社会保障退休待遇
- 未来家庭消费中的遇难者的部分
- 社会保障中的雇主缴费
- 终身保险的预筹资金缴费

资料来源: Lloyd Dixon and Rachel Kaganoff Stern, " Compensation for Losses from the 9/11 Attacks",
   RAND Institute for Civil Justice, The RAND Corporation, 1776 Main Street, Santa Monica, USA,
   2004. pp.32 - 33.

　　由于补偿数额涉及个人隐私,所有的官方报告和"基金"报告及其他研究报告中均未作任何提及。只是为了说明不同遇难者获得补偿的不同数额情况,"9·11 基金"专门列出了一些现实生活中的案例样本,以便于向遇难者家属或受伤者本人进行解释(见专栏 2)。

专栏 2:遇难者补偿举例

　　已婚军官,年龄 26 岁,无供养亲属,每个补偿基点为 4.4 万美元,在抵扣 16.84 万美元之后可获得净补偿 184.11 万美元。
　　已婚公司高管,年龄 38 岁,无供养亲属,每个补偿基点为 6.5 万美元,在抵扣 58.75 万美元之后可获得净补偿 98.48 万美元。
　　独身专业人士,年龄 43 岁,无供养亲属,每个补偿基点为 9.4 万美元,在抵扣 5 万美元之后可获得净补偿 116.44 万美元。
　　已婚劳动者,年龄 47 岁,3 个供养亲属,每个补偿基点为 5.8 万美元,在抵扣 29.87 万美元之后可获得净补偿 103.66 万美元。
　　已婚平民在五角大楼工作,年龄 54 岁,无供养亲属,每个补偿基点为 11.6 万美元,在抵扣 50.88 万美元之后可获得净补偿 68.56 万美元。
　　已婚软件设计经理,年龄 36 岁,无供养亲属,工资基点为 23.1 万美元,在抵扣 93.68 万美元之后可获得净补偿 348.15 万美元。

资料来源:Kenneth T.Feinberg, Esq, Special Master, " Final Report of the Special Master for the September
   11th Victim Compensation Fund of 2001", Volume I, Department of Justice, Washington D.C.,
   USA, 2004.Appendix: Claim Summaries.

九、9·11 对中国的 6 点启发

既然在 9·11 事件 5 周年之际人们看到了属于美国的社保制度的优点和缺点，现在和未来，那么，对中国社保制度来说，9·11 说明了什么呢？

（一）中国基本社保制度补偿立法齐全，但存在诸多操作问题

中国社保制度的伤亡补偿在改革开放建立现代社保制度之初就已有表述。1994 年国务院颁布了《中华人民共和国劳动法》，1996 年劳动部发布了《企业职工工伤保险试行办法》，2003 年 2 月国务院发布了《工伤保险条例》，同年 9 月劳动和社会保障部颁布了《因工死亡职工供养亲属范围规定》。可以说，目前中国社保制度的灾难补偿机制主要体现在上述一系列法规之中，另外再辅之以安全生产法和职业病防治法等。法律体系的基本框架建立起来了，但在安全生产和自然灾害导致损失的补偿中，实际操作与诸多法规之间却存在许多问题：第一是费率偏低，以大型矿难为例，危险行业（如煤矿）的工伤保险最高费率为 2%，再加上 50% 浮动也就只有 3%，其结果是不足以引起矿主对矿难预防的重视，制度缴费收入较低，赔偿支付标准难以提高；第二是统筹层次较低，一般为市级以下，其结果是集合风险的能力较弱，提高赔偿额度难上加难；第三是补偿额度较低，根据《工伤保险条例》关于“一次性工亡补助金标准为 48 个月至 60 个月的统筹地区上年度职工月平均工资”的规定[1]，工亡人员的补偿金额也就是几万元，其结果是对矿工的吸引力较小，对矿主的监督力度比较弱化，还易受到地方赔偿措施的冲击。

中国是矿难事件频繁高发的国家，近年来，特大矿难接二连三，事故频发，据 2006 年 9 月 11 日新华社电[2]，国家安监总局的统计显示，2006 年前 8 个月全国煤矿企业发生事故 1824 起，死亡 2900 人，全国工矿企业 10 万人死亡率为 10 左右，而煤炭行业从业人员 10 万人死亡率则高达 109.1；在 1991—2005 年间，全国工亡人数为 166.7 万人，年均 11.1 万人。与此同时，除国有企业以外，其他煤矿很少参加工伤保险，进而导致覆盖率较小，补偿能力难以提高，显

---

① 《工伤保险条例》（中华人民共和国国务院令第 375 号），2003 年 4 月 27 日。

② 新华社：《前 8 月煤矿企业发生事故 1824 起，2900 人死于煤矿事故》，《北京晨报》2006 年 9 月 12 日第 2 版。

现出一个比较尴尬的境地。为使社会稳定,加大补偿力度和额度,维护工人和家属的合法权益,地方和企业积极干预,提高补偿标准,发挥了重要的积极作用,一般给予的一次性补偿在十万元以上或几十万元,有地方政府进一步明令规定不得低于20万,于是20万就成为约定俗成的一个"流行标准"①。

解决这种尴尬局面的根本措施在于:上调高危风险行业的工伤保险缴费率,实现省级统筹,提高抗风险的经济能力,加大补偿力度和数额,将随机的个别补偿行为纳入统一的法制轨道上来,依法补偿,维护基本制度的严肃性和权威性,以强化基本补偿机制(与商业保险相比)的可操作性和可持续性;提高补偿测算与给付程序的科学性与合法性,以避免地方政府"抚恤"的灰色属性和随意性,消除其对基本工伤保险制度造成的负面影响;进行较高层次的立法,明确雇主在各补偿主体之间的应有责任及其功能,以协调好雇主、地方法(例如某些地方"20万"补偿的规定)和国家法之间的界限和空间,避免矿主逃匿和藏匿之后"老板发财,政府发丧"的发生;提高工伤保险透明度和公平性,以避免地区之间、国企与民企之间、不同雇主和不同行业企业之间的攀比,提高基本制度的吸引力和补偿能力,保护遇难者及其遗属的合法补偿权益。

工伤保险是社保制度中体现国家补偿功能的一个重要渠道,是补偿的"三条腿"机制中的核心概念,是构建和谐社会和稳定社会的一个基本制度保障,有关部门应切实调研,积极牵头,尽早协调好中央和地方、市场和政府、制度补偿和社会补偿之间的关系。

(二)中国保险业发展虽不平衡,但仍有实力担当起补偿的第二机制

改革开放近30年来,中国保险年均增长速度为25%,成为国民经济中发展最快的行业之一。截至2005年底,全国保险业务收入达到4928亿元,保险密度379元,保险深度2.7%,保险业务收入的世界排名由2000年的第16位上升到2005年的第11位。保险公司总资产达到15296.3亿元,比2000年增长了3.6倍②。整体来说,保险业在非典疫情和台风灾害等突发事件面前发挥过一定的补偿作用。但相比之下,也存在着不平衡现象:首先,财险业不如寿险业发达,前者主要集中在三个沿海的工商业比较发达的地区;其次,再保

---

① 向春华:《"20万"VS工伤保险补偿——访中国人民大学社会保障研究中心教授孙树涵》,《中国社会保障》2006年第3期。
② 上述数据引自中国保监会网站。

险业市场的容量严重不足,再保险业务集中度太高,供给结构相当单一,市场需求结构也比较集中;再次,中国是世界上自然灾害最为严重的国家之一,但农业保险占全国财险保费的收入不到10%,占总保费收入的不到1%,占农业GDP的不到0.1%,险种不足,与实际农业发展的需求极不相称;最后,健康险产品和人身意外伤害险创新不足,发展滞后,市场份额较小,与市场需求和发达国家相比存在较大差距。

(三)中国慈善事业相对落后,巨灾补偿机制的"第三条腿"基本缺位

在9·11事件的补偿中,美国的慈善事业发挥了较大的作用,其特点是:第一,慈善机构的反应速度较快,十分灵活,9·11事件一发生,就迅速出现了许多专门的慈善机构。例如,9·11的当天下午,纽约最大的两家慈善机构"纽约社区信托基金"和"纽约联合道路"便宣布成立了一个合资性质的"9·11基金"。此后,各种慈善机构迅速诞生,如雨后春笋,据税务局的统计,为9·11捐款新成立的免税慈善机构数量就多达262个。第二,个人捐款非常踊跃,到2001年10月中旬,已有58%的美国人对9·11遇难者进行了不同数量的自愿捐助。美国红十字会截至2001年10月31日就收到了5.43亿美元,是9·11之后收到捐款最多的一个专门慈善机构,即使在宣布捐助活动停止之后,到2002年6月又收到了4.24亿美元。前述纽约最大的两家慈善机构成立的合资"9·11基金"仅成立2星期就获捐款1.15亿美元,到第4个月时捐款高达4.25亿,捐款的个人来自全美50个州和150多个国家。由于捐助数额太大,2002年1月16日,该基金宣布不再接受任何捐助,但截至2002年6月,又获得了7600万美元。第三,参加捐助的慈善机构数量很多。慈善资源的流动性较快,机制灵活,据统计,至少有369个机构参加了9·11的救助和捐助。第四,国际捐款比例较大。在9·11事件获得的将近28亿美元捐款中,有11亿来自国际捐助。第五,许多保险公司也参加了捐助。例如,美国"大都会人寿公司基金会"仅2003年1年就向儿童健康基金捐助了15万美元,向漂浮医院(Floating)捐助了13.5万。

9·11之后,一些机构开始对9·11期间美国慈善事业的反应进行反思,认为存在三个方面的经验教训:一是慈善业的捐助比例较小,所占比例不到10%。二是慈善事业的使命本应促进公民社会的形成与发展,大力发展NGO和NPO,促进社会上跨部门的伙伴关系,促进社会公正,但在9·11事件中发

挥的作用不够。实际上,美国慈善事业的资源早在 30 年以前流向人类服务领域的比例就开始逐渐下降,从 20 世纪 70 年代初期的 12%—13% 减少到 90 年代的 9%,今天这个比例又下降到 8%①。三是美国政府没有把主要精力放在促进社会公正方面,而是将重点放在了军事的"硬力量"上,忽视了社会公正这个"软力量",这本来也是慈善事业的一个重要使命,本应起到激发和维护社会公正与消除接受者的羞辱感的作用,但实际也没有做好。

中国慈善事业在巨灾补偿机制中发挥的作用和存在的问题完全不同于发达国家,其特点是比例非常少,作用非常小,历史非常短。实际上,慈善事业应是一个单独的"非利润部门",在许多发达国家其社会作用业已与其他部门并驾齐驱,俨然已成为一个重要的部门,甚至在有的国家统计中被单独划分出来。中国慈善事业发展之滞后,规模之落后,完全不可同日而语。在中国巨灾补偿方面,严格意义上说还只是个点缀而已,没有成为"三条腿机制"的一个部分。慈善事业作为第三补偿机制,是不可或缺的,即国家(社保与财政)、市场(保险公司)和慈善事业这三条腿机制缺一不可;但现实中,只有两个机制在发挥作用,与许多发达国家相比,我们的补偿机制缺少一条腿。

和谐社会的客观要求,公民社会的发展趋势,公正社会的基本条件,福利社会的美好未来,统统都需要慈善事业的大发展。我们应优化社会环境,制定有力的税收政策,营造一个大力发展慈善事业和尽快促进慈善机构成长的法律环境、制度环境和人文环境。

(四)关于建立混合型"国家巨灾补偿机制",一些不成熟的改革思路

9·11 事件、非典疫情和禽流感、地震、台风、洪水等均属巨灾保险的范畴。在自然灾害频繁发生的发展中国家,我们应建立一个混合型的巨灾补偿机制,即同时发挥国家与市场、政府与机构的双重作用的风险补偿机制框架,发挥保险业的综合作用和国家的信用,避免以往单方面主要靠国家财政补助解决恢复生产的单方补偿局面。其具体思路是:或可以先从建立行业性的强制巨灾再保险机制起步(例如煤矿),以应对可能出现的行业巨灾危机事件引发的巨额损失;或可以先行试点建立区域或社区性质的巨灾保险制度(如沿

---

① 关于美国慈善事业的上述数据引自:The Foundation Center, "Philanthropy's Response to September 11", Library of Congress Control Number: 2004116950, New York, NY 10003—3076, USA. Nov.2004, pp.2 – 6, 10, 101。

海台风），在理算出合理保险费率的基础上，强制性要求该区域居民参保，并将汇集的再保险基金运作于国内外的资本市场；或中央政府可发行政府巨灾债券，通过联合商业保险机构的市场主体形式，将风险损失在国内外市场的更大范围内进行转移。总而言之，巨灾保险补偿机制的建立可从小的方面起步，为建立全国范围内的巨灾补偿保险机制积累经验。

（五）在巨灾补偿的救助中可适当采用"公共采购"的作用，以节省交易成本和提高效率

巨灾的特征是它在非常短时期内急速爆发，影响区域广大，涉及人员非常普遍，造成的损失非常惨痛和巨大；巨灾补偿的救助活动要求必须是迅速的，短期的，临时的，果断的，有效率的。巨灾补偿的具体工作，例如测算评估和给付程序等细节，从 9·11 案例来看是可以采取委托和特别授权的方式进行的，政府不一定要亲力亲为。这样的优势是效率比较高，专业化程度较高（例如测算与评估工作比较复杂，法律专门人才需求量比较大），运作的交易成本较低。在这方面，"9·11 遇难者补偿基金"可以被看成是一个较好的案例，是特定条件下一个较好的社会服务的私人市场的"公共采购"行为，具有某种启发。

参考文献：

《工伤保险条例》（中华人民共和国国务院令第 375 号），2003 年 4 月 27 日。

向春华：《"20 万"VS.工伤保险补偿——访中国人民大学社会保障研究中心教授孙树涵》，《中国社会保障》2006 年第 3 期。

Anthony Depalma, "Survey Finds that Grief is a Constant Companion for Those at the Scene of the 9/11 Attacks", in *New York Times*, May 26, 2006.

Board of Trustees of the Federal Old-Age and Survivors Insurance and Disability Insurance Trust Funds, *The* 2002 *Annual Report of the Board of Trustees of the Federal Old-Age and Survivors Insurance and Disability Insurance Trust Funds Communication*, Washington, D.C., USA, March 26, 2002.

Dave Eberhart, "Social Security Won't Alert INS to Illegals", Monday, Sept. 29, 2003, at NewsMax.com.

General Program Information on September 11th Victim Compensation Fund of 2001, *Victim Compensation Fund Frequently Asked Questions (FAQ)*, Section 5: Compensation for Deceased Victims, revised on February 10, 2004.

Jill Braunstein, "Social Security and Workers' Compensation Aid September 11 Terror Victims: Existing Social Insurance Programs Prove Reliable and Equipped to Handle Disasters", in *Social Security Brief.* No. 12, National Academy of Social Insurance (NASI), March 11, 2002.

Kenneth T. Feinberg, Esq, Special Master, "Final Report of the Special Master for the September 11th Victim Compensation Fund of 2001", Volume I, Department of Justice, Washington D.C., USA, 2004.

Larry Massanari, *Testimony* at the House Committee on Ways and Means, "Subcommittee on Social Security: Social Security's Response to the September 11 Terrorist Attacks", Acting Commissioner for Social Security, November 1, 2001.

Lloyd Dixon, Stephen J. Carroll, Darius N. Lakdawalla, Robert T. Reville, David Adamson, "Issues and Options for Government Intervention in the Market for Terrorism Insurance", RAND Institute for Civil Justice, The RAND Corporation, 1776 Main Street, Santa Monica, USA, 2004.

Lloyd Dixon and Rachel Kaganoff Stern, "Compensation for Losses from the 9/11 Attacks", RAND Institute for Civil Justice, The RAND Corporation, 1776 Main Street, Santa Monica, USA, 2004.

Peter Ferrara, "Social Security Post-9. 11, Where reform fits in", at *nationalreview.com*.

Robert Longley, "Social Security's Response to 9-11 Attacks", 29 Oct. 2003, at *usgovinfo.com*.

"Survivors Benefits: First Line of Protection in the Wake of recent Tragedies", in *The Clearinghouse on International Developments in Child*, *Youth and Family Policies*, Columbia University, Issue Brief November 2001.

The Foundation Center, "Philanthropy's Response to September 11", Library of Congress Control Number: 2004116950, New York, NY 10003-3076, USA. Nov.2004.

The Resource Coordination Unit, "Health Services, in September 11 Recovery Program, Benefits Overview", Community Services, American Red Cross, Nov. 8, 2004.

The 9/11 Commission Report, *Final report of the National commission on Terrorist Attacks Upon the United States*, Official Government Edition, U. S. Government Printing Office, Washington, D.C. July 2004.

（本文原载于《公共管理学报》2007 年第 1 期,第 1—11 页）

建立社保基金投资管理体系的战略思考

内容提要：中国社保基金的投资管理一直处于十分混乱状态：沉淀于地方省市的 1600 多亿缴费余额统账混用，没有统一的投资管理策略，回报率低下，存在巨大的金融风险；"全国社保基金"投资策略不尽合理；中央政府不得不额外每年财政转移予以专项补助。将上述三块资源统筹考虑，本文提出将账户基金、统筹基金、储备基金分离出来，为其设计了不同的投资策略与制度：账户基金应实施完全的资本市场的投资；储备基金应完全走向国际资本市场；统筹基金保值增值问题是个世界性难题，提出应首先完成省级统筹，实行"三离开"的投资原则，并首次提出须避免和谨防"东亚化"的投资倾向，吸取东亚的教训，应为其设立三个投资管理体系。为配合上述投资体系的建立，还提出了调整社保缴费比例的设想，认为这个基本框架：既符合国际惯例，又符合具体国情，具有中国特色；既有制度创新，又为未来诸如地方开放地方债市等发展留下了空间；既保持了职工收入替代率没有降低，又增强了社保制度的财政可持续性，同时还减轻了国家的财政负担。

当前中国深化和完善社会保障制度改革的一项重要任务就是贯彻落实十六届三中全会通过的《中共中央关于完善社会主义市场经济体制若干问题的决定》（以下简称《决定》）中关于"推进就业和分配体制改革，完善社会保障体系"精神，积极部署国务院 2004 年 1 月发布的《关于推进资本市场改革开放和稳定发展的若干意见》（以下简称《九条意见》）提出的"大力发展资本市场是一项重要的战略任务"和"积极推进资本市场改革开放和稳定发展"的任务。

完善社保体系建设和大力发展资本市场是一件相辅相成、联系密切的系统工程,是一项前所未有的制度创新;资本市场不仅是社会主义市场经济体系的重要组成部分,也是一个完整的社会保障体系的重要组成部分;大力发展资本市场不仅对中国实现 21 世纪头 20 年国民经济翻两番的战略目标具有重要意义,而且对建设一个福荫子孙具有可持续发展的现代社会保障制度具有重要的战略意义。深化和完善社保制度离不开稳定发展的资本市场,资本市场的深化改革需要社保基金投资管理制度的支持与配合,社保基金可持续性的投资体系更离不开资本市场的支撑及其良好的成熟环境。统揽全局,高屋建瓴,整合资源,建立一个既符合国际惯例又具有中国特色的社保基金投资管理体制,是贯彻落实《决定》与《九条意见》关于完善社保体系和大力发展资本市场的一个重要"结合部"和"纽带",是深化社保制度改革和积极推进资本市场稳定发展的一个重要战略部署和一个关键环节。

党中央和国务院十分重视中国社保基金投资管理的制度建设工作,并提出了下一步工作的具体内容:《决定》第三十条强调社保管理工作首先要"强化社会保险基金征缴,扩大征缴覆盖面,规范基金监管,确保基金安全";《九条意见》第三条明确提出"逐步提高社会保障基金……投入资本市场的资金比例"。

《决定》和《九条意见》的上述指示精神为建立有中国特色社保基金投资管理体制指明了方向,布置了任务,列出了时间表,意义深远,举世瞩目,时不我待。当前,建立中国社保基金投资管理制度的一项首要任务就是要按照《九条意见》的要求,努力创造制度条件,为逐渐提高社保基金的入市比例而进行制度设计。它既是建立中国社保基金投资体系的一个重要核心问题,又是完善和深化社保体系建设一个不可分割的重要内容。

根据上述中央有关精神的要求,2001 年颁布的《全国社会保障基金投资管理暂行办法》(以下简称《暂行办法》)已经显然不适应对建立一个完整的社保基金投资体系的要求,应尽快予以修改或进行新的立法,这是建立中国社保基金投资管理体系的一个基本前提。这里讨论的一些问题就是对新的立法或修改《暂行办法》所应涵盖基本内容的设想或建议。

一、中国社保基金投资管理的现状与问题

中国基本社保制度的大框架已经确定,即"统账结合"的"半积累制"。这

个基本制度的立意是符合世界改革潮流的,也符合中国的基本国情,现在回过头来看,当初的这个设计是超前的和正确的。但由于种种原因,目前中国社保基金投资管理的现状远不适应和满足社保制度的要求和设计,在管理上是混乱的,在投资上是放任的,在预算上是随机的,在理念上是缺位的。

(一)建立中国社保基金投资管理体系的必要性

1. 从保险缴费结构上来看,由于转型成本亟待解决,个人工资缴费比例8%与单位缴费20%始终是混合使用,因为支付的资金缺口只能靠透支个人账户予以解决,这两部分资金不得不混合管理与透支使用;在投资方面各地有关部门各行其是,无法可依。这个既成事实对于那些收不抵支的省市来说还没有什么意义,但对于那些略有盈余的省市来说就会出现许多问题。

2. 从横向上看,全国存在着被割裂的两部分资金,它们分别在两个不同的法律环境下运转着:一个是游离于基本社保制度之外的1330多亿的"全国社保基金",这个与社保制度不太相干的实体独善其身,有法可依,独立运行,具有单独的《暂行办法》,资产分布依法多元化持有并已进入股市,在众目睽睽之下,作为一时的舆论焦点,似乎它成了中国社保基金投资管理体制的代名词,甚至常常被媒体"误认"为它就是中国社保基金投资体制的全部或代表了中国社保基金的投资管理的整个体系。另一个是各地节余沉淀下来的缴费收入余额,大约有1600多亿。这部分资金在管理上和投资上无章可循,对存有节余的市县,中央难以统一调动与平衡,处于"放养"和八仙过海的混乱状态,成了被遗忘的角落。

3. 从纵向上看,即从中央和地方的财政关系来看也存在着两部分资金:一部分就是地方节余的"存量"即1600多亿保险缴费收入余额。还有一部分是每年临时发生的非制度化的"增量",即对那些社保缴费收不抵支的贫困地区由中央政府给予专项补贴,就是说,这个非制度化转移支付意味着中央财政兜底,例如2002年的财政专项补贴为408亿。由于这个补贴仅在每年"需要"时才"临时"发生,只有在年度决算的时候才会出现,常常被人们尤其是媒体和公众"习惯性"地忽视掉。所以,在我们这个基本的社保制度之外事实上还存在着一个非固定和非制度化的财政补贴。这个所谓的专项补贴事实上已经成为一个"隐性社保基金"。

(二)建立中国社保基金投资管理制度的可行性

上述状况的分析显示,中国的社保基金投资管理体制实际上还没有真正建立起来,关系还没有理顺,理念还没有确立,根本不是一个如何改革的问题,而是一个如何理清思路、拨乱匡正的问题,是一个如何设计和建立社保基金投资管理制度的问题。从另一个侧面也充分说明,建立一个社保基金投资管理制度是非常必要和及时的。

1.特殊性。社保基金的投资管理应被看作是"第二财政"。在发达国家,由于社保基金的特殊性和重要性,它们都将其视为"第二财政",并纳入严格的财政预算之中(少数国家例外)。由于其规模巨大(美国占 GDP 的 10%以上),涉及千家万户的切身利益,许多国家将其纳入议会或国会的重要议事议程之中,即使在苏联等东欧转型国家,对于社保基金存量的管理和投资也是先立法,后管理,几乎无一例外。在中国加入 WTO 以后,建立社保基金投资管理体系是适应经济全球化和融入世界经济体系的需要,是建立一个大市场促进资本和劳动的流动、提高企业竞争力的需要,是完善财政制度、发展资本市场、预防金融危机的需要,是提升社保制度财政可持续能力和完善市场经济制度的必然要求。

2.迫切性。上述混乱局面如果长期得不到解决,必将产生"道路依赖"的惯性,并有可能导致如下严重后果。

第一,长期对地方社保沉淀的缴费余额放任自流将有可能酿成社会风险和经济损失。沉淀于地方的 1600 多亿是实实在在来自于保险缴费的收入余额,与"全国社保基金"相比,其保值增值问题显然流于形式,受到冷落,无人问津,随意性比较大;一些地方管理部门在没有任何法律保护和法律根据的情况下自定章程,八仙过海,或挪用或投资,就成为一种必然现象;据网上披露,投资于股市、房地产、基础设施等已是公开的秘密。在银行存款利息远远低于平均社会工资增长率的情况下,这些"混乱"的投资行为是不得已而为之。长此以往,必会导致出现坏账,影响资产流动性,从而导致支付危机,进而可能引发社会稳定问题。最近媒体曝光的广州人大代表质疑 8 亿社保基金事件就足以说明这个问题的严重性,在某种程度上说,它很可能只是冰山一角,在一些地方已出现一些坏账,只是没到支付期,矛盾没有显露而已。一旦出现问题,安全性和流动性受到严重影响的时候,最终出面解决问题的还是中央政府,因为在法律上讲社会保障的最终担保人是中央政府,而不是地方政府;其损失最后只能转嫁国民经济和全体纳税人身上,他们是最终的财政归宿。

第二,地方长期沉淀的缴费余额将导致资源难以整合,甚至资源误置和浪费。一方面,发达地区虽然存在一些社保缴费余额,但其投资管理极其混乱,存在形成坏账的潜在危机;另一方面,中央财政却不得不为收不抵支的贫困地区而额外进行转移,从而形成了除缴费之外另外一个重要的"隐性社保基金"。据统计,1998—2002 年中央财政对贫困地区的养老支出缺口的转移将近 1300 亿(见表 1),4 年时间增加了 17 倍;还有专家统计说,从 1998 年以来,中央向各地转移支付的养老专项补贴是 1800 亿[1]。巨大的财政转移支付充分说明了中央对社保工作的高度重视,同时我们还看到,道德风险的因素和逆向选择的结果导致地方对中央政府的过度依赖,有节余的市县很少按规定及时足额上解资金,本可自己利用盈余补足的缺口也推到省里和中央,在客观上形成了一种"逼使"中央给予补助的态势,甚至人为地扩大了资金缺口,尤其前两年在中央一再强调两个"确保"的大环境下。可以说,这已经不仅仅是个中央与地方的权利分配问题,而是社保基金投资制度的一个结构性缺陷。

表 1　1998—2002 年中央财政对基本养老金缺口补贴情况

年份	基本养老金缺口补贴(亿元)
1998	24.0
1999	175.0
2000	338.0
2001	349.0
2002	408.0
总计	1294.0

资料来源:根据劳动和社会保障部 2003 年统计摘要整理。

第三,长期不解决地方沉淀的缴费收入余额必将最终导致制度的扭曲和变形。地方沉淀的资金是由于统筹水平低而造成的,统筹水平低从根本上讲是由经济发展水平差异性决定的,而经济发展水平不平衡在任何一个国家都

① 胡晓义:《关于逐步提高养老保险统筹层次》,《中国社会保障》2004 年第 1 期,第 19—21 页。

是绝对的,平衡是相对的;对中国来说,这种发展不平衡必将在一个相当长的历史时期内存在。长此以往,富裕地区沉淀的资金规模就不可避免地会出现两种结果,或是逐渐做大,或是由于道德风险的原因而藏匿;不管出现哪种情况,中央就更难以调动,政令更难以实施,制度更难以统一,贫富差距更加难以缩小,"制度惯性"更加导致积重难返;在完善社保制度的过程中,现存的制度方案就会受到严重影响,甚至"随弯就弯","削足适靴"。例如,富裕地区沉淀的资金将不得不"名正言顺"起来,为这个既成事实而进行制度设计,以其"合法化"为最终结局。一旦以立法的形式将之独立出来成为一个单独的自愿型"地方支柱",将三支柱(国家基本社保制度、企业保险、个人储蓄保险)变为四支柱,道德风险事实上就更难以防范,福利刚性和局部利益会促使富裕地区的"地方支柱"不断升级(这是一个最好的政绩工程),攀比效应会激励贫困地区以损失和藏匿税收等多种方式而设立和建设"地方支柱",由此,或是形成以牺牲"第一支柱"的缴费为代价的"地方支柱"的攀比竞赛之中,或是贫困地区不断向中央政府申请补贴从而陷入中央与地方的轮番博弈之中,或是贫困地区迫于行政压力而"甘愿自弃"导致基本社保制度贫富"二元化"局面,其制度结构的凹凸不平必将影响全国大市场的统一,成为劳动力流动的障碍,人才不能流入,贫困地区愈加贫困,从而陷入不良循环之中。那时,这个在1993年党的十四届三中全会《决定》中正式确立的统账结合的统一社保制度就有可能支离破碎,付之东流。

第四,个人账户的缴费资金余额如果一直透支下去,个人账户始终呈"空转"状态,对1.7亿缴费人一直没有个"说法"和交代,缴费人的积极性和对社保制度的信心势必受到影响,逃费、费基不实、覆盖率难以扩大等都会影响到社保基金的规模和社保制度的完善。重要的是,个人账户作为半积累制的载体,如果这个问题长期拖下去不解决,半积累制就会名存实亡,事实上的现收现付的制度特征就会"自动生成",当初的设计和多年的努力就会前功尽弃。

第五,对目前"全国社保基金"进行改造和改革的任务已经客观地摆在面前。"全国社保基金"的管理结构已经不能满足社保基金管理与投资的内在要求,不能适应资本市场的外在需要,对2001年制定和发布的《暂行办法》进行修改已是大势所趋,势在必行。例如,如何按照《决定》的要求依法充实社保基金?如何按照《九条意见》的要求扩大入市比例和规模?何谓"合规资金"并如何予以界定？是留在国内资本市场还是走向海外？与基本社保制度的给付体系是什么关系或说如何参与支付体系？与28%的保险缴费余额是什么关系？如何与社保制度相衔接？等等。

3.可行性。从时机上看，目前条件已基本成熟，《决定》和《九条意见》已经制定了基本框架，给出了基本原则。

第一，社保基金的投资运营体系独立于政府职能的社保行政管理（如给付网络的运作等），这是符合国际惯例的，如美国社保总署与联邦社保信托基金理事会都是相对独立而各司其职，许多其他发达国家采取的都是相对独立的运作模式。投资体系与政府管理体系分开就意味着明确责任和权利，有利于社保基金的规范管理和提高投资收益，有可能把地方沉淀的资金管起来和用起来。

第二，"全国社保基金理事会"已经做了许多有益的尝试性工作，积累了一定的经验，要利用这个现成的基础对其职能进行改造和完善，将所有社保资源统筹整合起来，建立一个完整的社保投资管理体系。一方面，理事会的尴尬地位得以顺利解决，名正言顺地被纳入整体社保制度框架之中；另一方面，又减少了另外建立投资体系的制度成本。所谓尴尬地位是指，主要来源于财政转移（少量其他收益）的"全国社保基金"的投资行为和管理概念完全游离于社保制度之外，事实上是一个单一的风险投资基金。如果撇开"社保"二字，它只是一个几乎可以冠以任何名称的投资基金而已。

第三，我们应该认识到，建立一个统一的社保基金投资体系宜早不宜迟，理顺现有混乱局面长痛不如短痛。说到底，所谓建立社保基金投资管理体系，其实质是深化社保制度改革的一个不可逾越的重要步骤，只有社保体系的进一步改革才能推动投资体系的建立。辽宁试点工作已完成一年有余，其核心内容是做实个人账户。是否推广和如何推广已摆在我们面前，成为一个不可回避的焦点问题。一方面，建立社保基金投资管理体系需要解决许多难题，需要许多部门协调，需要决策层最后下决心，而不是某一两个部门就能一蹴而就的。与其这样"胶着"，不如以《九条意见》为契机，以《决定》为根据，以投资体系的建设为切入点，将社保制度改革进行下去。另一方面，建立投资管理体系所涉及的深层次问题还是个社保的基本制度问题；相对于整体社保制度来说，投资体系的建立只是其中的一部分，是服务于社保制度的一个子系统，对其进行整合有赖于社保制度框架的进一步确立与完善。如前所述,这项涉及有关部门和地方利益的社保资源整合与改革是一次利益再分配和大协调,既十分敏感,又非常重大,需要中央统一部署,整体协调,详细研究。

二、建立社保基金投资管理体系的基本思路

中国社保基金投资管理体制的设计框架一定要围绕着"统账结合"这个基本制度来思考。根据中国社保制度的基本特征、目标取向、资金管理和资本市场的现状,中国社保基金投资管理体系的基本轮廓可以按以下思路循环渐进,逐步到位。

（一）整合资源,建立三个基金,分别投资

将目前的三部分资金重新整合,实现全国范围的统一投资管理:一是将目前完全是"风险投资基金"性质的"全国社保基金"改造成为"储备基金",完全离开国内资本市场,走向国际市场;二是将个人账户内的缴费余额(8%的个人缴费)分离出来,单独投资与核算,建立独立法人实体"账户基金",实行完全的市场化投资;三是将分离出来的社会统筹部分(20%的单位缴费)留在省里,实现省级统筹,省级政府负责投资管理,中央负责制定一个统一的投资政策和方案,并为其专门设计一个投资方案计划。这三个基金中,"储备基金"和"账户基金"分别为两个独立的事业法人实体,具有独立的民事行为能力,按照各自的投资策略进行投资,单独核算,各自承担自己的行政成本并分担"理事会"的行政成本,它们直接对"全国社保基金理事会"负责,并向其报告年度财政预决算。"理事会"对两个基金实行行政领导。"统筹基金"的法定管理人为省级政府,实行省级分散管理与投资;各省不设理事会,但模仿理事会的做法分别成立"统筹基金"的事业法人实体,行政成本记入在内,独立核算,每年向省有关部门和"理事会"报告年度财政计划。

根据三个基金的财务报告情况,"理事会"负责发布三个基金的联合年度财务报告《全国社保基金报告》。

（二）"统筹基金"和"账户基金"应分别成为养老津贴给付的两个层次

将"统筹基金"与"账户基金"分离出来进行独立投资,除了出于完善社保体系建设和提高投资收益率等多方面的考虑之外,还有一个重要的目的就是

将这两个基金的给付独立出来,形成基本养老保障津贴给付的两个层级。

"建立多层次的社会保障体系",这是体现在国发〔1997〕26 号等一系列文件中中央早已作出的决策。所谓多层次就是多支柱,由国家强制性的社会保障、自愿型的企业补充保险和自愿的个人储蓄保险等构成。在目前的制度运行中,作为统账结合的基本社会保障体系,"统筹基金"和"账户基金"都同属于第一支柱。在许多国家,第一支柱的津贴给付由至少两个层级构成,例如可以分为最低养老金(也有的国家称为基本养老基金)和与投资收益挂钩的养老金。第一个层级的设立是为了能够给退休者提供一个基本生活保障,主要来自"统筹基金",是现收现付制的指数化给付,它与过去的资历、贡献和工薪水平等因素是联系在一起的;第二个层级来自于"账户基金",其给付水平主要取决于投资收益的水平,属于"锦上添花"的性质,一般来说都高于第一层级。

这两部分合起来就构成了退休者来自于第一支柱的退休养老收入,并作为计算第一支柱替代率的基数。

美国目前设计中的半积累制方案和英国目前实行的方案都是两个层级结构。例如,在英国的第一支柱中,第一层级为统一缴费率的现收现付制的"国家基本养老金"(State Basic Pension)。第二层级是"收入相关联的养老金计划"(Earning-related Pension),它只是一个概念的总称,分别由四种性质不同的养老计划组成:一是国家提供的"国家收入关联计划"(SERP);二是国家提供的"国家第二养老金"①;三是雇主提供的"职业养老金计划";四是商业机构提供的"个人养老金计划"计划。雇员只能选择参加其中的一种,而不能同时参加两个及以上,就是说在第二层级上每个雇员可有四种不同的选择。其中,前两种由国家提供,采取现收现付制,后两种"职业养老金计划"和"个人

---

① "国家第二养老金"是1999年工党政府专门建立的一个制度。这是因为,第二层级中的其他三个计划都有最低收入的限制要求,年收入低于一定的数额就没有资格参加,于是,为了解决由于收入低而没有资格加入第二层级的退休保障问题,"国家第二养老金"规定年收入低于9500英镑的目标群体可以参加该计划,以代替现有的"国家收入关联计划"(SERP)。该养老金计划与国家基本养老金相似,是统一费率的定额给付。这样,年收入在9000英镑的个人,退休后可获得的养老津贴将是他在"国家收入关联计划"中的2倍。这样,英国的第二层级事实上就变成了由四个计划构成的一组计划,以适应不同的群体。详见郑秉文、胡云超:《英国养老保险制度改革"市场化"取向的经验与教训》,《辽宁大学学报》2003年第4期。

养老金计划"是市场行为,强制性参加,由私人机构发起和管理,采取完全积累制。

除了第二层级以外,为了保证老年贫困人口的收入水平,英国政府1999年又增设了一道"安全网":"最低收入保证"(MIG)制度,规定75岁以下的单身退休人员和75岁以上的夫妇双退休家庭,如果其退休金加上其他收入低于政府规定的最低收入,政府将额外发放补贴,将家庭收入至少补足到国家规定的最低收入水平。由此看来,英国基本社会养老保障这个第一支柱中,第一层级是国家基本养老金,第二层级由四个计划组成,可供人们选择,如果再加上"最低收入保证",那么实际上对75岁以上老人来说,他们在第一支柱中就获有三个层级的保护。

由于经济发展水平的限制,中国第一支柱目前当然不可能设立如此之多的层级。但是,我们有条件有必要把社会统筹和个人账户这两个部分的津贴分别独立出来:将统筹部分作为第一个层级,采取指数化的现收现付,与工资增长率挂钩,作为"最低养老金"来看待,这是一个最基本的"保底"退休收入;将个人账户部分作为第二个层级,其收入水平来自以往的缴费余额加上市场投资收益,显然这个退休收入"随行就市",随资本市场收益率的波动而波动。

一般来说,根据国外的惯例,退休时对个人账户基金的使用无非有三种提取方式:一是一次性提取,二是分期提取,三是个人自愿将其购买终生年金(为防止贫困的发生以减少国家的救助负担,少数国家是强制性的购买)。显然,中国个人账户的收入只有在将来各方面条件尤其是资本市场成熟时才有能力对其部分实行年金化。

结束目前统账混合的管理现状,不仅可以把这两部分基金分离出来予以独立投资与核算,而且为分设两个层级的养老金奠定了基础,使之成为可能。

(三)将"全国社保基金"改造为"储备基金"

目前的"全国社保基金"完全是"风险投资基金"的性质,应当将之改造为一个走向国际资本市场的"储备基金",离开国内市场,到海外市场进行投资,成为QDII。从国际惯例上讲,如果其资金来源主要是财政拨款或其他收益,而不是来自社保缴费,即如果与缴纳保险费的未来受益人没有任何内在联系,那么这种专门用于投资收益目的的社保基金就应该被认定是"风险投资基金",它就应该离开本国的资本市场,而应专门为国际资本市场所设计。这显然是为了避免给国内市场经济制度带来负面冲击的影响,避免"与民争利"和陷入市场监管者与投资者之间利益冲突时的尴尬与矛盾,避免对上市公司的正常经营产生政治干预。例如,2001年爱尔兰将电信私有化的收益(还有少量融资来自财政转移和个人额外增加的缴费)一次性注资建立了一个"全国养老储备基金"(NPRF)。爱尔兰这个基金的投资战略是完全面向国际资本市场的。其投资策略是,债券20%(在欧元区),股票80%。在股票投资中,欧元区40.9%,美国23%,日本4.4%,太平洋1.3%,世界其他地区10.4%。再如,挪威盛产石油,在2002年的GDP中石油收入已占16%。为减轻未来老龄化为社会养老带来的财政负担,将一部分石油的物理储备置换为金融资产,挪威政府1997年建立了一个"石油基金",总共转移了6930亿克朗,全部用于投资国际资本市场。挪威财政部对投资战略作了这样的原则规定:在资产分布结构中,"固定收入工具"应占其总资产的50%—70%,股票工具30%—50%。在前者中,对欧洲、美洲和亚太地区的投资比重应分别为45%—65%、25%—45%和0—20%;在后者中,欧洲为40%—60%,美洲和亚太地区40%—60%。

根据上述国际惯例和国外的经验教训,中国"储备基金"应该实行完全的海外投资策略,这既可以在一定程度上和相当时期内为缓解人民币升值的压力作出一定的贡献并成为为之作出一定努力的具体表现,同时,其蓄水池和储备基金的功能保持不变,在另两个基金支付出现缺口时承担起为其注资的作用。

在发达国家也有类似的先例。例如,爱尔兰在对原来现收现付制的结构保持基本不动的前提下,"全国养老储备基金"(NPRF)就是基本养老制度资金来源的一个补充,它完全独立运作于"旧制度"之外,完全不触动现存的现收现付制的融资制度。由于它几乎完全来自私有化收益而非账户内的个人保险缴费,所以它的投资对象只能是国际资本市场。

(四)将"账户基金"分离出来由中央政府集中管理与投资

1."账户基金"的征管。"账户基金"的征管方式要在修改后的《暂行办法》中统一起来,辽宁试点在这方面的做法基本是成功的,其基本特点是:个人账户资金完全由个人缴费形成;统账分别管理,前者不得占用后者;统账分征(前者由地税部门,后者由社保经办机构),后者通过人民银行国库逐级上解到省里,由省社保经办机构统一管理和运营,实行省级核算,分级支付。

2．"账户基金"透支的预防机制。按照目前的政策，根据辽宁试点的做法，个人账户资金支付不足时可以从统筹基金渠道予以补足，这就从制度上没有把统账基金完全分开，存在着账户基金被统筹透支的潜在可能性。那时，新一轮的统账混合、相互透支的局面又会卷土重来，这个制度又退回到了原点。之所以目前的制度设计中确实存在着"统筹基金"向"账户基金"透支的可能性，是因为"统筹基金"收不抵支的现象在相当长时期内将是必然的：一是当前退休年龄偏低的现象日益严重；二是预期寿命越来越长；三是自然出生率与自然死亡率的不均衡导致赡养率日益提高，如在辽宁，其赡养率 2000 年是 38．8％，2003 年是 42．6％，预计 2016 年是 80％，2030 年是 100％[1]；四是目前的投资渠道单一，回报率十分低下；等等。这些外在客观因素和混账管理的"制度因素"为"统筹基金"向"账户基金"透支埋下了伏笔。只有一方面提高"统筹基金"的回报率或建立一个"储备基金"定期向其注资的机制，另一方面将"账户基金"的投资营运完全独立于"统筹基金"，建立两个完全独立的法人实体，才可能完全"堵"住这两个基金之间的潜在透支通道。此外，长期看，"账户基金"的年金化是未来的一个发展方向，"账户基金"只有独立营运核算才能为其将来实行年金化创造一个基本条件，而只有实现省级统筹和省级实施投资管理才有能力体现出一个规模经济的集合投资效应，才能有效地防止地方管理部门在这两个基金之间相互透支的可能性。

3．"账户基金"的投资渠道与收益率问题。在辽宁的试点中，个人账户资金的行政管理达到了预期目的，基本是成功的。但是，个人账户做实后的关键是投资营运的可持续发展问题。在这方面，除了营运体制还没理顺、责权划分存在异议以外，重要的是投资渠道问题没有得到根本解决。截至目前，在政策允许的情况下，账户基金除少部分用于保证当期支付外，83 亿的余额已全部投资营运，购买国债 43 亿，协议存款 40 亿，年度收益率为 2．5％[2]。这个收益率远远低于社会平均工资增长率的收益率，不但完全失去了做实账户的本来意义，还远远不能应对未来的"长寿风险"，不能达到个人账户的目标替代率，影响了职工的退休收入，而且，这还等于变相缩水，是对账户基金的严重侵蚀。

---

①　王慎十、张晓龙：《做实个人账户的实践与思考》，《中国社会保障》2004 年第 2 期，第 21 页。
②　王慎十、张晓龙：《做实个人账户的实践与思考》，《中国社会保障》2004 年第 2 期，第 21 页。

这样的投资渠道和营运模式如果推广开来，巨大的财政负担无疑压在省级政府身上，这必然导致各省为最大限度地提高收益率而八仙过海，各显其能。这其中所谓的"走市场化营运道路"的呼声日渐高涨，事实上，目前省、市级的账户基金进行委托投资管理和进入资本市场只是一个时间问题。面对这个呼之欲出的局面，与其"暗度陈仓"，还不如中央有关部门尽早按《九条意见》的要求，像2004年4月颁发的《企业年金试行办法》和《企业年金基金管理试行办法》那样，为其制定一套相应的投资政策，采取类似目前"全国社保基金"集中投资的办法以规避风险，使"账户基金"名正言顺地进入一个法制化、规范化和市场化的投资轨道。

相对于"统筹基金"来讲，"账户基金"由中央政府统一实施投资管理，在技术路径上、制度设计上、利益格局上的重塑与整合都要容易许多，制度转换的成本也低许多，而且个人账户资金的继承性、透明性和便携性等特点决定了它与缴费人的利益相对比较密切，对账户缴费的征集、上解和调动等方面的影响是非常有限的。

（五）"统筹基金"实行省级统筹和投资管理

1. 关于"统筹基金"的法律地位。在半积累制下，用于现收现付制的社会统筹基金的法律地位应被视为整体社保投资体系不可分割的一部分，国家要给出一个大政策，虽然还没有实现全国的统筹水平，但也要基本上把它管起来，而绝不应像现在这样由地方随意投资；社保制度的发起人是国家，而不是地方，国家是其最终的法定担保人和执行人，即便是由于种种原因而不能实现全国统筹，但也要尽可能地做到全国采用一个政策要求，主要包括：缴费标准，征集方式，上解途径，管理机构，投资策略，等等。应该彻底将目前这种地方操作、中央兜底的局面改变为中央预算、省级统筹、分级负责的格局。

2. 关于"统筹困境"的特殊国情。党的十六届三中全会《决定》再一次明确指出："建立健全省级养老保险调剂基金，在完善市级统筹基础上，逐步实行省级统筹，条件具备时实行基本养老金的基础部分全国统筹。"其实，早在1991年国务院颁布的《关于企业职工养老保险制度改革的决定》中就已经提出"由目前的市、县级统筹逐步过渡到省级统筹"。13年过去了，不但全国统筹遥遥无期，就连省级统筹的水平也远未实现，目前，只有京、津、沪、陕、闽5个省和直辖市实现了省级统筹。形成鲜明反差的事实却是，市级统筹104个，县级统筹 1017 个①。

就笔者掌握的资料,目前全世界各国社保制度中,"统筹水平"作为一个不可克服的制度问题困扰决策者的情况,几乎只有在中国存在,并逐渐变成一个"统筹困境"。无论是老牌的发达资本主义国家还是发展中国家或苏联东欧转型国家,无论是经济发达的大国如美国还是欠发达的大国如印度(小国就更不用说了),它们根本就不存在什么州级或省、市级统筹的问题。它们全国只有一个制度标准,一个全国水平的统筹级别,统收统支,州和省地方制定的养老计划均为额外附加在这个基本的国家社保制度之外的属于地方立法行为的自愿型"补充制度"(美国就是这样)。

中国"统筹困境"的制度渊源来自于当时社保制度初创时"自下而上"的启动程序、"分灶吃饭"的财政体制概念和地区间经济发展水平不平衡等许多因素。总之,与任何经济转型国家相比,这是中国特定的历史和制度环境造成的结果,是中国经济转轨时期的一大困难和一大特色。之所以 13 年来统筹水平基本没有发生根本变化,主要原因是担心统筹水平的提高会带来较低的缴费收入的逆向选择的结果,从而导致省级统筹名存实亡,不堪重负。

3. 实行"全国统筹"的四个步骤和两个阶段性目标。十六届三中全会《决定》里所说的"基础部分"就是指非账户部分即 20% 的缴费。这个"基础部分"在第一支柱中可以被看成许多发达国家的"基本养老金"。《决定》关于"建立健全省级养老保险调剂基金,在完善市级统筹基础上,逐步实行省级统筹,条件具备时实行基本养老金的基础部分全国统筹"的指示精神为我们解决"统筹困境"指明了前进方向。

第一,上述《决定》中的基本精神体现着深刻的辩证关系。实现省级统筹的前提和基础工作是建立和健全省级养老保险调剂基金和完善市级统筹,而实现全国统筹的条件则是实现省级统筹。《决定》的这个基本精神是在告诉我们,实现省级统筹的工作必将建立在完善市级统筹和省级养老保险调剂基金之上。根据《决定》的精神,目前摆在我们面前的这个任务可以分为四个步骤:首先,要将 1017 个县级统筹尽快过渡到市级统筹水平;其次,尽快完成基

---

① 胡晓义:《关于逐步提高养老保险统筹层次》,《中国社会保障》2004 年第 1 期,第 19—21 页。

础部分即社会统筹部分的市级统筹水平,否则,过渡到省级统筹将是一句空话;再次,与此同时要完成建立健全省级调剂基金的任务,它与完善市级统筹不是矛盾的,而应是同步的,相辅相成的,就是说实行省级统筹的突破口有两个,一个是建立健全省级调剂基金,另一个是完善市级统筹;最后,这两项基础工作完成之时,就是省级统筹确立之日。这是落实《决定》提出的"实行基本养老金的基础部分全国统筹"的第一个目标,实现这个目标的周期不会很长,除个别省以外,技术障碍不是很大。

第二,第二个近期目标是实现省级统筹。"统筹基金"在省级统筹水平上的运转恐怕要持续较长一段时期。在这个时期,首先,要为各省"统筹基金"设立一个体系相对完备、设计比较科学、目标适合国情、收益率比较合意的投资策略规划;其次,这个投资策略规划包括为其建立地方"准债券市场"、"金融债市场"、逐步完善"理事会"的内部治理结构,培养干部,培育资本市场;再次,理顺三个基金之间的信用关系、财务关系和行政关系,三个基金与"理事会"的行政关系、隶属关系和业务关系,尤其是"理事会"与省级"统筹基金"之间的关系,总结和积累"统筹基金"投资管理的经验教训;最后,从大的框架上理顺"理事会"与社保行政主管部门即与劳动和社会保障部之间的关系,将社保基金投资管理体系的建设与社会保障制度的完善与改革融合在一起,使之成为中国特色社保制度的一个组成部分。由于"省级统筹"是一个相对较长的历史阶段,是将来实现全国统筹的关键的"制度准备时期",它将直接决定着过渡到全国统筹的时间表,所以,省级统筹的制度设计是当前工作的重点和关键,启动要赶早,调研要细致,要借鉴国外的经验教训,要符合中国的具体国情,要相关部门通力合作,统一步调,要提倡"大社保"的概念,摈弃门户之见和局部利益之诟病,甚至应该将企业养老保险(企业年金)的制度设计和投资管理一并纳入进来考虑。

第三,实现全国统筹是中国社保基金投资体系与社保制度建设的理想境界,是三中全会《决定》制定的一个正确的战略性目标,是我们应该为之努力奋斗的关系国计民生的一个制度模式,是健全收入分配和促进经济社会可持续发展的一个重要机制,是完善社会主义市场经济体制的目标和任务的一个重要组成部分。实现"基础部分全国统筹"无疑将会在整体上提升中国社保制度抵御风险的能力,有利于集合投资的经济效益,将奠定作为中国养老保障第一支柱中"基本养老金"实现指数化给付的经济基础,有利于统筹人与自然的和谐发展。

第四,实现"省级统筹"的现实意义。实现省级统筹这个近期目标具有重大的现实意义,与13年前相比,其条件已经基本具备。无论是省级控制统筹资金的比例和能力还是核算范围,无论是省级经办机构的管理水平还是各省的财政实力,都是13年前所不能同日而语的。实现省级统筹的意义在于:一是提高抵御风险能力的需要;二是劳动力市场形成的客观要求,虽然目前流动性最大的三个群体还没有因统筹水平低而受到非常大的影响,例如1亿多的农民工在基本社保制度之外,几百万白领阶层依靠的福利主要来自市场而对社保统筹水平的要求基本可以忽略不计,3000万人口的事业单位还没有被覆盖进来而仍然实行传统模式,但是,实现省级统筹势在必行;三是实现省级统筹是规范制度和建立统一社保基金投资体系的需要;四是实现省级统筹可以规避投资风险,防范坏账的发生,这是落实《九条意见》,推进资本市场稳定发展的一项重要举措。实现省级统筹,把地市级沉淀的资金投资增值行为规范起来,是提高收益率和提升社会统筹的财政可持续性的一项长期性制度建设,所以,这是一件难度非常大的工作,应分步骤进行,逐步到位。

(六)三个基金的功能定位和"理事会"的管理架构

1. 三个基金各自的功能定位。"储备基金"属于财政转移的性质,在一定的规则范围内应承担起对另外两个基金的平衡、补足和调节的义务,这是"储备基金"发挥其蓄水池的储备功能的唯一体现,是其权利与义务的结合与统一;其投资主体和风险的承担主体是国家,直接受益者是另两个法人基金;其不负有直接给付的功能,只具有平衡后两个基金的义务。

20%的"统筹基金"由于采取的是待遇确定型(以下简称DB型)的现收现付制,所以,它体现的是社会统筹的再分配,国家信誉担保的基本生活保障功能和政府的基本社会责任。为保证退休者的基本生活水平,"统筹基金"作为基本社保制度的第一层次的给付,采取与社会平均工资增长率指数化挂钩的计发方式,这事实上承担的是基本养老金或最低养老金的功能。

8%的"账户基金"具有明晰的个人产权性质,其完全积累制的筹资模式应体现其个人的经济责任,以增强养老制度的财政可持续能力。风险和收益均发生在资本化账户内的投资模式所体现的是个人收益权利与投资风险的二者统一,其动态性的给付是与投资收益率挂钩的,即采取精算性质的缴费确定型(以下简称 DC 型)给付,其计算公式应该是"个人缴费+账户内投资收益+外部调剂的利率-行政成本"。这里,所谓"外部调剂的利率"是指,在一定程度上和一定范围内,从"储备基金"转移一部分以承担起国家"补偿"账户持有人在"账户基金"中的某种权利不对称,"弥补"在"统筹基金"投资行为中个人财产权"缺位"的某些制度缺陷。

2. 三个基金各自不同的投融资方式。风险投资性质的"储备基金"完全投资于国际资本市场,投资主体和风险担保人都是国家,采取完全符合国际惯例的投资管理规则与投资策略,资金来源主要是财政转移和其他形式的资产划转。"账户基金"的资金完全来自于个人缴费部分,在国内资本市场上采取某种形式的、符合国情的、完全市场化的积累制投资模式,投资主体是国家,风险承担者和受益者是账户持有者。实行现收现付制融资方式的"统筹基金"的资金来源主要是单位雇主缴费部分。在实行省级统筹以后,其投资管理的特征是:在日常行政管理上以地方为主,中央政府的管理主要是通过制定政策的形式实现的;以地方性投资工具和部门行业性的投资工具为主,中央政府债券为辅;以"准债券市场"和"金融债市场"这"两个市场"的投资为主,以银行协议存款为辅。

3. 三个基金各自不同的资产分布与投资组合。显而易见,"储备基金"持有海外市场资产,"账户基金"持有国内市场资产,而"统筹基金"持有中国中央和地方政府债券及政策性银行的金融债券。这样的资产分布是最佳组合,从整体上看:既最大限度地分散了投资风险,又存在着能够达到收益最优化的现实可能性;既符合国际改革的潮流,又适应中国目前资本市场欠发达的现状;既可以维持最低限度的投资收益,又能保证其基本的津贴给付水平;既符合每个基金属性的对其投资策略的内在要求,又能最大限度地保护中国市场经济制度不受其负面影响。

4. 三个基金的运作与管理。作为独立的事业法人,每个基金均具有独立承担民事责任的能力,它们分别实行独立核算,独立承担行政成本并分别记入各自账户之内,对"理事会"分别独立发布财务报告,分别接受有关部门的独立监督与审计。"理事会"作为一个行政管理部门,其行政成本摊入三个基金之中,不负责具体的日常投资业务工作,负责发布三个基金联合账户的《中国社保基金年度财务报告》;对下,"理事会"负责这三个基金的行政和业务指导;对上,"理事会"是独立的事业法人单位,具有社保基金行政管理的法人地位(见图1)。"理事会"的管理结构可以借鉴一些发达国家的经验,例如美国"联邦社保信托基金"是"养老、遗属及残障保险信托基金"(OASDI),对外统一发布联合年度报告,但在报告中养老基金和残障基金则分列细目,在投资运行中独立核算。

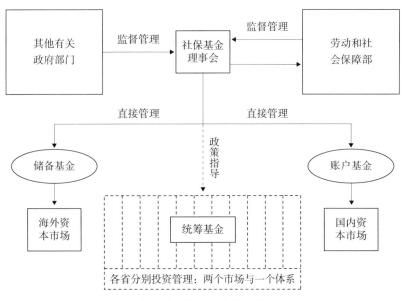

图1　中国社保基金投资管理体系图解

三、建立社保基金投资管理体系的步骤与设想

建立社保基金投资管理体系所涉及的不仅仅是一个简单的纵向与横向、条条与块块的资金投资管理权限的行政划分问题,更不能简单地将之理解为中央集权与地方分权的一个简单的问题,而是一个重大的制度选择和制度创新。概括起来,在未来修改《暂行办法》或制定《社保基金投资法案》时,应考虑和解决一些理论与实践问题。

(一)社保基金如何才能"合规入市"

十六届三中全会的《决定》和国务院的《九条意见》都明确指出,要大力发展机构投资者,拓宽合规资金入市渠道,建立多层次资本市场体系。《九条意见》关于"鼓励合规资金入市"的这一条款中明确要求逐步提高社会保障基金投入资本市场的资金比例。

"社保基金"在整体上被认定为是进入资本市场的"合规资金",这就为我们建立社保投资管理体系扫清了障碍。我们知道,"合规"是相对于"违规"和非"合规"而言的,"违规"是"禁入","合规"意味着"可入"。对于所有"合规资金"来说,包括社保资金在内,必然存在着一个建立"合规资金"与资本市场的"渠道对接"问题。创造条件,寻找有效的入市途径,将资金变成资本是所有"合规资金"所面临的一个任务,对于社保基金来说,尤其如此。

社保基金与资本市场"渠道对接"的有效途径是通过改造社保基金的内部制度属性来完成和实现的。目前世界上存在着三类社保基金:一类是现收现付制度下的社保基金,一般来说,它不适合于投资与资本市场,强行进入会为市场制度带来一些负面影响;一类是积累制度下的社保基金,实行这个制度的目的就是为了使之能够进入资本市场,所以,它可以进入或者说必须进入资本市场;还有一类是混合制度下的社保基金,它是上述两种制度的某种混合形式,例如,将上述两种制度结合起来的半积累制度,还有名义账户制度等,在这类混合制度中,其账户资金是可以投资于资本市场的。

这三类社保基金投资渠道的上述界定,是经济学研究中对社保基金投资行为所给出的一个基本理论和命题,是发达国家几十年来的实践所总结出来的一个基本规律和概括,是对违反这些市场经济规律国家的诸多教训的一个总结和归纳。《决定》和《九条意见》关于"拓宽合规资金入市渠道"的指示就是要求我们不断地总结国外的经验教训,尊重市场经济的普遍规律,通过深化社保体系的改革来努力"拓宽"社保基金进入资本市场的渠道。所以,从这个高度来看,《决定》和《九条意见》关于"拓宽合规资金入市渠道"的指示精神,就是对市场经济基本规律的一个最好的总结和概括,是对建立社保基金投资体系的一个基本要求。

按照《决定》和《九条意见》的这些指示精神,根据中国"统账结合"的半积累的制度特性,社保基金哪一部分可以进入,哪一部分不能进入资本市场的界限和争论便迎刃而解,制度设计的基本轮廓便一目了然,剩下的只是具体思路和步骤问题。

(二)"账户基金"投资策略的设想

个人账户是中国"半积累制"的载体,是体现社保制度财政可持续性的一个制度工具,是可以进入资本市场的核心部分。"账户基金"只能或必须投资于资本市场,否则就是浪费,就是资源误置,这是经济理论的一个基本要求和原则。

十六届三中全会的《决定》明确指出,"逐步做实个人账户"。我们当前面临的选择是"马上"做实,还是"逐步"做实?换言之,以做实个人账户为主要内容的辽宁试点已结束近一年半,是"马上"推广还是"逐步"推广?争论不在于"是否"做实,而在于"何时"做实。个人账户不做实等于"半积累"的制度没做实;做实账户等于就做实了"半积累"的制度;设立账户的目的就是为了做实。问题不在于"是否"推广,而在于"何时"推广。辽宁做实账户的办法是中央、地方和企业各出资一部分,据此推算,如果在全国推广开来中央需要预筹资金大约几千亿。那么,现在推广辽宁试点是否"适时"?

《决定》中的"逐步"不应理解为"马上"。这是因为,马上做实会遇到许多诸如如何预筹资金之类的困难。但最重要的困难是做实以后如何解决保值增值的投资问题。辽宁试点只是解决了做实的问题,而根本没有解决投资的问题。既然投资问题没有解决就不如不做实,否则就等于坐等工资增长率和通胀率的侵蚀,这是极大的浪费,或地方社保经办机构随意投资而产生极大的金融风险与坏账。

鉴于此,目前可供选择的政策工具可以是名义账户制,先不要做实账户,即像瑞典等欧亚六国那样,直接将目前"空账运转"的窘迫现状改造为名义账户制度,其优势是不必预筹转型成本,具有较大的制度灵活性,适应目前资本市场不发达的现实等①。这是上策。

但名义账户毕竟是一个过渡性质的制度,长期看,随着经济的发展和财力的提升,做实个人账户是一个必然趋势,是迟早的事情。事实上,对于所谓"实账运转"这个概念,实际上可以有几种理解,或说根据国外的实践经验存在几种投资思路。那么,"账户基金"的市场投资策略目前有多少种预案可供

---

① 参见郑秉文:《欧盟国家社会养老的制度选择及其前景——兼论"名义账户"制对欧盟的适用性》,《欧洲研究》2003年第2期,第74—91页;郑秉文:《养老保险"名义账户"制的制度渊源与理论基础》,《经济研究》2003年第4期,第63—72页;郑秉文:《欧亚六国社会保障"名义账户"制利弊分析及其对中国的启示》,《世界经济与政治》2003年第5期,第56—61页。

选择比较？哪种方案更适合于中国目前的经济发展水平？根据当前资本市场的现状，"账户基金"的具体投资策略可有如下几种方案。

1. 建立真正的"资本化账户"。"资本化账户"投资模式目前是世界各国改革中一种最理想的投资模式，例如智利模式、香港地区的"强积金"模式，其主要特点是：资金完全在个人账户里运转，由账户持有人根据其投资偏好进行分散决策；保险公司、基金管理公司等相关金融机构经审查批准可以进入这个市场进行竞争，根据市场的需求自行设计多样化的风险与收益各具特点的投资品种，账户持有人作为投资者进行选择，投资风险与投资收益的权利完全对等，前者由账户持有人个人承担，后者由其完全享有。国家的作用是制定投资指南，对市场进行维护和监管，或提供某些服务，例如提供一组相应的投资基金等。

完全"资本化账户"是典型的 DC 型完全积累制下的社保基金投资方式。目前来看，根据发达国家的经验教训，它显然还不适合于目前中国的具体国情。这是因为：一是资本市场不发达，风险很大，心理和经济承受能力十分有限；二是账户持有人的素质有待提高；三是在管理水平、经验、人才等诸多方面存在差异性和限制；四是文化观念和传统习惯等"软环境"还不能一步到位地使之承担起这样一个完全体现个性化和个人能力的个体收益差异性如此之大的养老基金投资制度；五是一次性做满账户所需资金数量巨大。在这种制度下，所谓"账户基金"对国家来说是不存在一个"集合"的可资集中管理的基金。从维持社会基本稳定的大局出发，这个模式目前在政治上和经济上都是不适宜的，而应采取中央统一集中投资的某种模式，其目的是为了将投资风险降到最低程度，保证账户持有人获有一个基本收益率，国家可以从宏观管理上保留一个提供基本保障的制度可能性和最后给予"校正"的机会。

2. 中央公积金制的投资策略。这个制度模式的特点是个人账户按实际缴费记账，但事实上是"空"的，其缴费积累由中央"拿走"统一进行投资运行，投资决策和资产分布等一切投资业务均由中央政府统一安排，是属于政府控制型的"集合"投资，投资回报率由中央政府根据情况统一制定，给付方式是 DC 型的。与"资本化账户"相比，中央公积金型的"账户基金"投资策略的优势在于可以避免上述遇到的那些问题，比较适合中国的具体国情。新加坡的教训告诉我们，这个模式具有一些劣势，由于中央政府掌握了一个真正意义上的

"账户基金"（与资本化账户相比），其要单方面承担投资收益的经济和法律责任，投资收益如果在短期内不够理想，可以采取"有管理的利率"的办法予以解决，即在熊市或亏损时采取财政"暗补"的形式对个人账户的收益率进行调节，但是，如果长期这样下去，这个制度会扭曲资本市场的真实回报率，不但对资本市场产生影响，而且对社保制度本身也会产生一定的影响，存在着蜕变为"名义待遇确定型"制度的可能性。尽管如此，这个制度在中国的适应性也强于上述"资本化账户"模式。新加坡为缓解这个矛盾和弥补这个制度缺陷，前几年又在这个制度中设立了一个"小制度"，即个人可以自愿另外申请一个新的"资本化账户"，采取完全积累式的投资方式，其资本来源是从缴费中划入一部分进来。

3. 名义账户制度的投资策略。这里需要理清名义账户制这个概念的本质。既然账户已经做实，还有必要或有可能实行名义账户制的投资策略吗？这里的名义账户与前面说的是一回事吗？名义账户制是一种社保制度模式，是在不能解决转型成本的情况下而要实现 DC 型给付目的的一种制度选择；无论账户里是空的还是"记实"的都可以实行"名义账户制"。在"记清"与"记实"账户内缴费资金的前提下，其资金实际被用于支付给退休者，余额可以用来进行投资，但记发方式依然按 DC 型计算，这就是"名义账户制"的本质要求和关键所在。"名义账户制"的优势是：第一，将当前的个人缴费贡献与未来的计发方式紧密联系起来，鼓励多缴费才能多收入，制度弹性比较大，用于统筹那部分的支付压力较小，可以得到完全的调剂，资产流动性也较好；第二，精算型的记发方式可以使账户内余额像积累制那样没有任何障碍地由中央政府集中投资于股市，避免了"资本化账户"模式下个人分散投资的市场风险，也不像现收现付制那样投资组合受到完全的制度限制（指不能进入股市）；第三，名义账户下，其投资收益率由中央投资机构根据实际收益率和工资增长率进行一定范围的调剂。很显然，与上述中央公积金模式相比，这个方案是一个更为理想的投资模式，是更适合于目前中国国情的一个最优化的制度选择。

4. 关于逐渐提高个人账户规模的设计。辽宁试点中一个重要内容是将个人账户的规模从原来的11%缩小到8%，据悉其目的在于尽量减轻个人的缴费负担，以使账户内的资金完全由个人缴费形成。但从财政可持续性和减少国家负担的角度来看,逐渐提高个人账户的比例应该是一个总的发展趋势,利大于弊。第一,短期内可以规避和克服由于建立统一投资的"账户基金"而导致的缴费征集难度和缴费流失现象,在长期内有利于激励调动个人缴费的积极性和加强对单位雇主缴费的监督力度,从制度设计上减少了缴费的道德风险;第二,有利于进一步巩固和夯实半积累的制度基础,目前全国平均账户资金也就几千元,在年金化遥遥无期的情况下,其支付能力预期是可想而知的;第三,有利于提高制度的财政可持续能力和应对老龄化的人口发展趋势,从制度建设上讲有利于为未来创造条件向完全积累制的潜在制度目标过渡而做好准备;第四,有利于逐渐提高个人账户部分的替代率和降低基本统筹部分的替代率,进而逐渐降低基本养老金的给付水平和减少"统筹基金"的投资压力,实现第一支柱津贴给付中这两部分比例的换位,即应逐渐缩小统筹部分的缴费和给付而提高账户部分的缴费和给付,而不是像目前这样正好相反,即依靠市场的份额应该越来越大,而仰仗政府的比例应该日益缩小;第五,有利于逐渐提高全体国民的金融意识和投资意识;最后,有利于落实《九条意见》中关于逐渐扩大进入资本市场的资金比例的指示精神,逐渐创造和扩大更大比例的社保基金的合规资金规模,有步骤地推进资本市场的稳定发展。

总而言之,扩大个人账户规模比例好处很多。但是,我们将面临一个财政问题:扩大账户规模需要更大规模的转型成本。因此,在制度设计的时候可以采取变通的办法,既要落实《决定》逐渐做实的精神,又要达到扩大账户规模的目的。同时,既要避免过大的转型成本,又要扩大合规社保资金进入资本市场的比例。把个人账户分为"两段":一段是"做实"的;另一段是"虚拟"的。例如,将个人账户扩大到16%,其中,8%为"做实"的,完全来自个人缴费;另外的8%是"虚拟"的,从单位雇主的缴费中"划入"进来。虚实各占50%的个人账户全部实行"名义账户制"的投资、融资和营运模式,这样,一方面减少了8%的统筹基金的压力和指数化给付方式的财政压力;另一方面又节省了50%的转型成本,同时,又等于扩大了100%的进入资本市场的合规资金。换言之,如果按目前个人账户8%的记账额是将近5000亿进行推算,那么,扩大后的可进入资本市场的合规资金规模就将超过1万亿元人民币。

5.关于逐渐缩小社保缴费资产比例及其与企业补充保险(下简称"企保",即企业年金)缴费资产比例置换和扩大进入资本市场的合规资金的设想。目前,与许多发达国家相比,中国社保制度的缴费比例过高,仅养老保险就是28%,加上其他4项保险缴费高达42%以上,如果再加上住房公积金等就将接近或超过50%,企业负担已经十分沉重,建立企保已经力不从心。保险缴费对于既定的工资总额来说是个稀缺性资源,社保缴费占用的比例大了,企保使用的比例就自然会缩小。前者大到一定程度,后者就无力承担,"企保基金"市场就难以形成。就是说,养老保险这个缴费资源是一个规模既定的蛋糕,就看在社保和企保之间如何分配。如果在社保缴费已经很高的情况下再设立强制性企保养老计划就会增加产品成本,降低企业竞争力。在目前的设计下,应该适当地降低社保缴费的比例规模,将其让位于企保,这样:可以减少国家社保的财政压力;可以降低社保的替代率以让位于企保,进而可以"自动地"促使"企保基金"的市场供给和需求的生成,而非简单地使用行政办法;可以提高退休者的退休收入水平,因为根据国外的经验,企保基金投资于资本市场的回报率一般都高于社保;较高的收益率反过来又可以进一步刺激企保覆盖率的扩大,促进企保市场的发展,形成良性循环;可以在这个规模既定的蛋糕中扩大合规资金的比例,因为降低社保缴费中的统筹部分以提高企保缴费比例等于将非合规资金转换成合规资金,即在这两个养老基金之间进行了资产置换,变相地扩大了进入资本市场的资金比例(因为目前中国设计的企业年金计划采用的是DC型完全积累制,属于合规资金),从而加速了企保基金市场的发育和成熟,促进了资本市场的稳定发展和良性循环。

　　关于企保基金的投资体系设计是另外一个范畴,不属于社保基金的研究领域和本文的论题,但这里涉及了社保缴费的比例与合规资金的资产置换问题,所以作一简要论述。如果结合上述关于逐渐缩小个人账户规模比例的设想,个人账户的缴费设计就应该是这样一个"888方案"的轮廓或思路:总体维持28%不变,8%"做实",8%"虚拟",8%社会统筹,余下的4%让位于"企保",以减少制度的改革震动和成本。其中,个人账户的16%实行名义账户制,8%的社会统筹仍实行现收现付制,全部投资于资本市场的4%企保基金应设定为法定的"强制型"计划。而2004年4月颁布的《企业年金试行办法》和《企业年金基金管理试行办法》规定的不得高于工资1/6的缴费(雇员与雇主合计)则是自愿型的补充计划。

　　这样,"企保基金"的"保底"规模就应该由两部分组成:一部分是强制性

的 4%；另一部分是国发〔2000〕42 号文件规定的自愿型的可在成本中列支的
那 4%，合计可达到 8%，或至少在 4%—8%之间。这样推算起来（以基本社保
个人账户记账额 4000 亿为参照），企保基金即企业年金的总额就应该在 2400
亿至 4800 亿之间。而中国（据 2000 年统计）企保基金总额仅为 192 亿，覆盖
率为 6%，只有 500 万—600 万人左右，这些数据小得也几乎可以忽略不计。
发达国家"企保"提供的退休收入一般占到退休者全部收入的 60%，占资本市
场的比例非常高，如美国十几万亿美元的资本市场中就占 1/3 左右，覆盖率也
非常高，例如丹麦几乎是 100%，荷兰 85%，英国 60%，美国 50%，爱尔兰 40%，
最低的西班牙也高达 15%①。

（三）"统筹基金"的投资管理问题

1."统筹基金"的法律地位。鉴于地方沉淀资金的现状，社会上有呼声
建议将之作为一个"地方支柱"独立出来，认为应根据各省的经济条件自愿
发起设立，附加在国家基本社保制度之外，自行投资管理。这样的结果将导
致社保制度增加了一个层次，使问题复杂化，不利于逐渐缩小东西部地区经
济发展的差距，不利于全国统一大市场的形成，并且，没有一个规范的统一
投资政策，地方自行投资管理的潜在风险很难控制。"统筹基金"作为国家
基本社保制度中一个不可分割部分的法律地位仍应维持不变，发起人依然
是国家而绝不应是地方。它应是国家提供的一个公共产品而不应是地方提
供的区域性公共产品；应是国家信誉担保的强制性制度，而绝不应将之"下
降"为"可有可无"（指地方自愿型）的"地方支柱"；应是中国养老保障制度
中的第一支柱，与个人账户共同作为第一支柱的法定地位不能动摇，而不应
将之变成第 n 支柱。

2."统筹基金"的管理体制。实行省级统筹的设计工作应尽快提到议事
议程上来。省级统筹的"统筹基金"的行政管理和投资管理应模仿"全国社保
基金理事会"，由一个专门的事业法人负责，从政府部门独立出来，成本计入
"统筹基金"的营运成本之中，纵向上受"全国社保基金理事会"的业务指导，
横向上受省政府的领导，在业务权利划分上应将日常的缴费征集和津贴发放

---

① 　郑秉文：《中国企业年金发展掣肘何在》，《中国证券报》2004 年 1 月 13 日；劳动和社会
保障部社会保险研究所、博时基金管理有限公司：《中国企业年金制度与管理规范》，中国劳动社
会保障出版社 2002 年版。

等所有社保行政事务和政府职能完全剥离出去,专司投资管理,纳入省级预算,受同级财政和人民银行等相关部门的监督。

3."统筹基金"的给付条件。面对几乎将近两位数的工资增长率(1990—2000年平均为8.1%),"统筹基金"必须实行工资指数化挂钩的给付。这既是DB型现收现付制的一个缺点,有可能导致"统筹基金"陷入财政困境,同时又是一个优点,可以在一定程度上发挥再分配的作用,以保证退休人口生活水平与经济增长同步。这既是对采取DC型积累制的"账户基金"的补充和调节,对退休者个人承担完全的通胀等社会风险的一种"补偿",同时又是全体参保者分享有经济高速增长成果的一个具体体现。这既是国际通行的一个惯例,又是中国为维护社会稳定所必须采取的一个满足社会要求以实现国民经济可持续发展的一个"以人为本"的基本原则。总之,DB型现收现付制"统筹基金"实行指数化给付,DC型积累制"账户基金"采取精算型给付,这是中国目前已经选择与确立的"统筹结合"半积累制的一个基本特征和本质要求,是社保制度支付能力可持续性发展和保证人民生活水平二者兼顾的一个最优化制度组合,是目前能看得到的最佳现实选择。

为保证退休职工的生活水平,中国过去十几年的退休金事实上也一直是指数化的,给付水平与标准一直不断提高,带有"终身年金"的性质。例如,1992年全国的离退休人员是1700多万,到2002年达4223万人,增长了2.48倍,而同期基本养老保险基金支出从1992年的277.9亿增加到2002年的2842.9亿,增加的幅度是10.23倍[1]。

综上所述,"统筹基金"投资管理体系应满足两个层次的要求:第一个层次是低要求,它至少可以应对老龄化浪潮及其赡养率的逆转趋势,这是世界上所有国家所面对的共同难题;第二个层次是"高要求",即指数化给付应是题中应有之意,这是一个必须为之的重要原则。这是"统筹基金"实行省级统筹能否最终成立和运转下去的关键,否则停留在市县级统筹事小,更重要的是,全国统筹仍将遥遥无期,因为省级统筹成功与否将直接关乎全国统筹的日程表。能够建立一个可持续性很好的省级统筹投资管理体系,全国统筹将指日可待,中国社保制度的完善与建设就上了一个台阶。

---

① 郑秉文:《社会保障体制改革攻坚》,中国水利水电出版社2004年版。

另外,我们还需要明确以下两个问题。

其一,如果说上述"低要求"是来自于经济社会的外部因素的严峻挑战,那么,"高要求"事实上就是来自于"统筹基金"自身内在的刚性要求的结果,是 DB 型现收现付制的一个制度特性。它的运行规律对其投资体系的上述两个要求具有强烈的客观性,而绝不仅仅是我们人为地对这个投资体系的一种主观意愿。

其二,现收现付制"统筹基金"的投资回报率是一个世界性难题,或从财政或从其他储备基金进行转移支付是完全必要和必然的,我们不应对其持有较高的期望值。之所以日本和韩国等东亚儒家文化圈的一些新兴工业化国家不惜违背市场经济规律,将现收现付制基金的很少一部分"试水"股市(一般 15% 以下)、不动产和基础设施等资产,并在遭到失败之后多年来还是孜孜不倦地对其难舍难离,其原因就在于此;英国前殖民地的十几个国家之所以有悖于盎格鲁—撒克逊的教义传统采取中央公积金制,而从未实行过其前宗主国 DB 型现收现付制的混合预算制(即英国的社保缴费不单独进行任何投资与独立核算,而是列在总储备金之中混合使用),虽然连年股市投资收益率远远低于通胀率,但仍不回头,依然锲而不舍,难以自拔,其原因也在于此。虽然与只有二十多年历史的 DC 型积累制相比,已有上百年历史的 DB 型现收现付制是老资格了,但老龄化现象的出现却是在最近 20—30 年的事情,并且,战后婴儿潮的退休高峰期还在 10—15 年之后,支付高峰也在后面,所以,DB 型现收现付制的统筹基金面对的这个难题还是"崭新"的,从这个意义上讲,这个制度模式仍在探索和发展之中。

4. "统筹基金"的投资渠道与投资理念。发达国家的实践告诉人们,统筹基金的筹资渠道无非就几个,对于中国一般来说存在着四个来源:(1)财政转移支付,制度性的或临时性的,预算安排要留有一定的余地;绝大部分发达国家在缴费收不抵支时几乎都临时采取这种方式。(2)设立或划入某些税种,给予专项补贴,法国为补贴社会分摊金即保险缴费收入的不足,1991 年开始专门征收一个特殊的税种"综合社会捐"(Contribution Sociale Générralisée,简称 CSG)。(3)来自于"储备基金"的注资,这是中国社保投资体系设计的一个重要特点,挪威"石油基金"的设立含有类似的明显动机。(4)就是来自于自我增值的投资收益,在这方面,发达国家的情况投资渠道与策略差异性很大,美国是完全投资于政府债券,东亚一些主要国家除了投资于政府债券以外,还将其中一部分投资于股市和不动产等,英国等国家则将其纳入财政总预算,基本不对其进行独立投资。

上述几个渠道中,只有英国和美国的方式比较成功,社保基金从未损失,而其他两个方式都损失惨重。从投资股市的结果来看,10个英国前殖民地国家在20世纪80年代只有3个国家的收益率是正的,其余均为负值,有的国家高达负30%以上。更为惨痛的教训是对基础设施等产业的投资,日本就是一个最好的反面教材。

日本中央政府设立的公共养老基金厚生年金和国民年金均为DB型现收现付制,其支出余额"积立金"从1951年颁布的《资金运用部法》开始100%地存托到财务省(原大藏省)的"资金运用部"(TFB),通过其下属"财政投融资计画"（ FILP,下简称"财投计画"）为地方公共机构和项目进行贷款和投资①;截至2001年3月底,"财投计画"资产总额大约是410兆日元,占GDP的80%,但坏账的比例竟高达2/3②。其中,积立金资产累计为142兆日元,占GDP的28%,但坏账和呆账的比例竟高达"财投计画"资金总额的75%,预计造成的财务损失大约为78.3兆日元,占2000年GDP的15%;由于"财投计画"的资金来源主要是邮政储蓄(近47%)和积立金(近27%)③,这两笔资金混合使用,准确的损失估计是十分困难的。积立金的产业投资损失一般认为主要是存在于三个方面:(1)对公共基础设施的投资和贷款,如日本高速公路等基础设施、生活环境、社会福利等部门和项目的建设,其中20个"财投计画"的机构已丧失还贷能力;(2)对地方政府的借款和贷款,到2000年底,47个都府县、693个市、2557个村镇欠款55兆日元,丧失偿还能力的金额达42兆日元,逾期违约35兆日元;(3)对前日本国民铁路公司(JNR)的贷款失败,1964年开始出现亏损,坏账高达7.3兆日元。总的来说,大约2/3投资于基础设施和福利事业,另1/3是其他产业领域。例如,2001财政年度投资贷款额32.5兆,其中对中小企业贷款和工业与科技等投资仅占30%,其余70%全

---

①　这里"计画"二字采用了日文汉字的写法。
②　清泷信宏:《日本近期的坏账问题》,《比较》2003年第7辑,中信出版社,第111页。
③　土居丈郎、星岳雄:《谁为"财政投融资计画"买单》,《比较》2003年第7辑,中信出版社,第117页。

部用于基础建设和福利设施等①。

一些日本经济学家经过分析给出的结论是:日本经济十几年来陷入泥潭不能自拔与这部分社保基金投资形成的大量坏账有很大的关系,"财投计画"和其他金融部门的损失再加上社会保障的重负一起"构成了日本经济复苏的严重障碍……证据显示,至少从20世纪90年代开始'财投计画'已经损害了经济增长"。②

虽然2001年4月日本政府开始改革,"资金运用部"(TFB)被撤销,"财投计画"被"转换",但"财投计画"的账几乎还没有透明,"披露信息不透明",大部分报表显示的是"风险管理贷款",③甚至日本政治家至今对其积立金的投资损失也"不愿意公开承认",公众无从知晓真正的损失数额④。在20世纪90年代日本金融危机中,日本银行业、寿险业和"财投计画"这3个领域的坏账损失将会导致注资成本高达120兆日元,为纳税人带来了120兆日元的隐性债务,占GDP的24%,其中"财投计画"就占了一半以上,达78.3兆日元⑤。

以日本为代表的"东亚化"投资教训也发生在韩国和新加坡等国家,它告诉人们这样四个事实或规律:(1)在人均GDP登上1000美元这个台阶之后,既是经济发展的黄金时期,也同样可能是一个社保基金投资"多元化"的矛盾突显时期。在这个时期,建立社保基金投资体系的迫切性和基础设施建设的迅速膨胀一拍即合,后者收益率的诱惑力导致前者大量资金储备的源源流入,为日本的经济发展尤其是初期的基础设施和公共项目的建设发挥了重要作用。(2)在人均GDP超过3000美元—4000美元以后,基础建设和医疗卫生等社会福利设施的收益率开始急剧下降,呆账和坏账危机四伏,资金的流动性

①　土居丈郎、星岳雄:《谁为"财政投融资计画"买单》,《比较》2003年第7辑,中信出版社,第119页。

②　土居丈郎、星岳雄:《谁为"财政投融资计画"买单》,《比较》2003年第7辑,中信出版社,第136页。

③　土居丈郎、星岳雄:《谁为"财政投融资计画"买单》,《比较》2003年第7辑,中信出版社,第115—130页。

④　阿尼尔·卡什亚普:《日本金融危机之剖析》,《比较》2003年第7辑,中信出版社,第160页。

⑤　阿尼尔·卡什亚普:《日本金融危机之剖析》,《比较》2003年第7辑,中信出版社,第142—164页。

受到严重破坏,在东亚国家,这个周期或说显现期大约是 15—25 年。(3)在经济增长率较高的情况下,坏账还一时不能显露出来,但这位日本经济学家说,"在经济增长率下降的时候,坏账问题对经济的压力就会逐渐显露出来。我希望大家能从日本的教训当中总结出经验,及早地解决问题,不要重复出现日本失败的教训"。① (4)特殊条件下的历史文化和政治经济制度很可能是导致东亚国家经济起飞阶段出现"东亚化"倾向的一个重要原因,而"东亚化"则很可能是日本经济十余年不能自拔的一个重要诱因。中国著名经济学家余永定教授最近对日本经济作出的判断和推论更为深刻,颇有启发:"日本的经济问题绝不是单纯的宏观经济调控问题,也不是简单的不良债权处理问题。日本所面临的是与日本文化、政治制度和经济制度密切相关的结构问题……日本经济的发展和目前的陷入困境,为中国提供了极好的经验教训。"②2003年是同属这个儒家文化圈中的中国正式迈入人均 GDP1000 美元这个门槛的第一年,恰巧也是社保基金正式进入股市的第一年;"东亚化"社保基金投资教训的覆辙应避免,英美模式的经验要关注;"东亚化"的投资弊端和危险挥之未去,阴影依旧笼罩,应警钟长鸣;英美投资策略的模式及其改革趋向值得人们深思。

像其他所有国家一样,中国"统筹基金"的支付能力和收益率问题在相当长历史时期内也必将是社保基金投资体系建设中的一个核心难题。中国 DB 型现收现付制"统筹基金"的投资理念无疑应吸取"东亚化"的教训和英美模式的启发,无疑应予以规范化和法制化,应将安全性和流动性放在首位,其次才是赢利性。正是由于这个原因,DB 型现收现付制的"统筹基金"应该离开资本市场,离开基础设施和不动产,离开其他产业等投资领域。这个"三个离开"应该作为"统筹基金"的一个基本投资理念。

5. "统筹基金"的投资管理原则。既要遵守"三个离开",又要尽可能地提高其增值能力,这是对"统筹基金"投资设计的一个挑战。由于是省级统筹和省级投资管理,同时又具有以中央政府的信誉作为其最终担保人的国家社保制度的法律地位,所以,这种特殊的"统筹基金"的投资管理体系的制度模式

① 　清泷信宏:《日本近期的坏账问题》,《比较》2003 年第 7 辑,中信出版社,第 113 页。
② 　余永定:《试错的记录:我对世界经济研究的一些心得》,《世界经济》2004 年第 3 期,第1—9 页。

应体现这样四个基本原则:(1)发挥中央和地方两个积极性;(2)持有中央和地方两个层级的政府债券的资产;(3)发挥财政和金融两个领域的经济作用;(4)体现全国经济发展平均水平和地方特点的相互结合。

这些投资管理原则和责权分工应明确地体现在修改后的相关法案之中,对于两级政府债券资产的持有比例和产品种类等细责要予以明确化,具有可操作性。

毫无疑问,需要着重考虑的是地方政府的积极性如何发挥、如何体现,地方区域性的投资体系如何设计、如何开发与结合,"三个离开"与营利性之间如何协调与设计,融资渠道的"四个来源"与资产分布如何组合和与如何设置比例,地方政府的投资行为与中央制定的基本原则之间如何衔接和吻合等问题。这是中国社保基金投资体系的一大特色,也是一个制度创新。

6. "统筹基金"的投资策略与省级政府的任务。建立一个符合国情和省情、具有中国特色的省级统筹的"统筹基金"投资体系是一个系统工程:要在遵循"三个离开"基本投资原则的前提下,广开思路,拓宽投资渠道;要在发挥中央和地方两级财政作用的同时,开拓政策性金融工具的创新作用。其基本轮廓与蓝图是:

第一,对于中央政府的作用来说,投资策略要由中央政府统一制定,地方政府无权另立规则;中央政府对"统筹基金"统一发行定向特种社保政府债券,"统筹基金"须持有一定比例;政府债券可以分为可交易型和非交易型、短期和长期,要制定灵活的回购规则以适应其流动性的特殊需要;可以根据情况分为指数化和固定收益型等。"统筹基金"持有一定比例的中央政府债券,这既是收入再分配的一种重要形式,也是中央政府在全国范围内分享经济持续高速增长的一个措施。

第二,对于省级地方政府的作用来说,其职能和任务应定位于两个方面:一是以设计地方特种社保债券市场为契机,努力建立一个初级的地方区域性"准债券市场",为将来条件成熟时在中央政府的统一领导和部署下正式建立地方公债制度而作出尝试和准备;二是利用政策性银行的准国家信用资源,创新"社保金融债券概念",专门设计针对"统筹基金"的社保投资产品,实现"双赢",努力建立一个独具"社保色彩"的特殊"金融债市场"。

7. 建立"统筹基金"区域性投资体系的设计及其必要性。"统筹基金"地方区域性的投资体系主要由"准债券市场"和"金融债市场"组成,辅之以"社保信用合作体系"。在赋予省级政府充分的管理权限下,省级政府作为省级统筹的主体,要担负起创建"准债券市场"和依法安全进入"金融债市场"(以下简称"两个市场")的重任。这样"两个市场"的性质,是介于股市债市与国家政策和国家信用之间的某种"准市场",是一种"半市场化行为",是以国家一定政策税收优惠为前提、以地方政府某种经济形式为一定代价予以支持和发展起来的金融工具和财政手段相结合的特殊投资渠道,是目前条件下"统筹基金"一个特殊的投资领域,是中国社保基金投资体系中的一个"特殊部门",也可以说,是中国社保基金在实现全国统筹之前的一个特殊历史阶段。"两个市场"的混合设计目前似乎还没有看到国际先例,要先试点,循环渐进,取得成功经验以后再稳妥地逐渐全面铺开。

"社保信用合作体系"是指在三个基金之间建立一个范围很小的信用体系,旨在调动另外两个基金的积极性,为"统筹基金"发挥一个有限的补充融资作用,以解决短期头寸为主要目的。

8. "准债券市场"的开放与建立。第一,国外社保基金持有地方政府债券的实践。国家基本社保基金长期投资于地方政府债券并不是无先例可寻的。加拿大政府成立于 1966 年的基本养老保障制度"加拿大养老计划"(CPP)就规定必须购买一定比例的 20 年期的省级政府债券。截至 1999 年 3 月 31 日,"CPP 投资基金"的余额为 308 亿加元,几乎全部是在 20 世纪 80 年代初购买的 20 年期政府债券,其中包括相当的省级政府债券,其流动性和收益率均十分理想,1998—1999 年有 17 亿加元到期变现,平均利率是 9.5%。在过去长期政府债券的投资战略下,年均收益率为 11.44%①。

第二,省级特种社保债券的发行。定向发行地方社保债券的主体应以省级政府为主,省级以下的市地级政府一般不作为债券发行主体;地方社保债券的期限以中短期债券为主,例如三年、五年、八年等期限,要根据各省的具体支付预期情况和经济发展水平,与财政收入的周期有机衔接起来;地方社保债券的发行规模要根据实际情况由中央有关部门联合批准;在发行方式上可以通过证券公司或商业银行来完成,发行价格可以通过竞价或协议等方式确定,私

---

① 郑秉文:《OECD 国家社保基金入市的酸甜苦辣》,《中国证券报》2003 年 7 月 9 日。

募和公募均可考虑在内;居民个人和机构均可是投资者;地方社保债券的交易一般应以柜台交易为主;如果上市交易,要受国家证券监督管理部门、财政部门、计划部门、劳动社会保障部门、全国社保基金理事会等部门的批准和监督并另行制定细则;一般来说,债券的利率水平应由市场决定,也可以发行一部分特殊的指数化债券。

第三,省级特种社保债券的偿还。地方社保债券的偿还应以两个资金渠道为主,即地方财政收入、经过特殊批准发新债券偿还旧债;发行地方社保债券所筹集的资金可以适当地用于当地基础设施的开发与建设之目的,但一定要以立法或政策文件的形式严格控制在某个比例之内,或一事一议经中央有关部门批准,包括城市道路、交通、煤气、新区开发、小区建设、旧城改造、上下水管网、水利工程、电讯通讯设施、文化教育体育设施、医疗卫生保健设施、社会福利设施和社会公益性的休闲娱乐设施等;所以,基础设施项目自身收入的偿还比例要经过中央有关部门审批,并限制在一定比例之内。

第四,发行省级特种社保债券的短期意义和长远目的。为“统筹基金”发行地方特种社保债券,设立一个专门的“准债券市场”,在短期内,这是一个安全有效的有益投资渠道,是解决省级统筹的一个权宜之计,同时也是省内平衡经济发展和实现再分配、让参保人分享区域经济增长实惠和促进地区经济发展的一个重要途径。对于新中国的历史来说,这是一个历史性的财政制度创新。

从长期看,“准债券市场”的开放对在未来时机成熟时,建立一个真正的地方债券市场无疑将是一个有益的尝试。地方公债在国外是比较普遍的债券形式,但在中国一直是一个没有开禁的领域。建立地方公债制度对于地方财政的培植、促进地方财政收入的正常增长、优化地方财政收入结构和改进中央与地方财政的关系等是有积极意义的。随着市场经济制度的进一步完善,在不久的将来,地方债券应会成为中国市场经济体系的一个组成部分。

9.“金融债市场”的设想与建设。为“统筹基金”建立一个所谓的“金融债市场”,其含义是:在一定程度上发挥金融债券的作用,尤其是那些债信等级相当于国家主权级且收益水平又高于国债的政策性金融债的作用,使之成为“统筹基金”的一个投资渠道;政策性银行在国家给予某种优惠政策的前提下(如国家信用担保、贴息、税收优惠等),定向发行特种社保金融债券,形成一个"社保产品特区";该金融债券可以在银行间市场流通,形成一个"二级市场",非银行金融机构经过备案可以进入银行间市场;政策性银行发行定向特种社保债券应以实行保本经营为原则,以创新社保投资产品为载体,以竞标和协议为主要交易规则,面向以"统筹基金"为唯一投资者的比较成熟的"金融债市场";这是一个将国家信用引申为半市场信用,兼有信贷和证券两种性质的准市场;银行间及其与"统筹基金"之间形成的这个"准市场"可以利用现有的资源和条件,开发新的政策性金融债券投资品种,创新概念,把"半市场化社保产品"与"统筹基金"的特殊技术要求"对接起来",实现双赢。

在这方面,不仅国外存在一些现成的经验,国内的实践也取得了一些有益的尝试。例如,国家开发银行推出的"开发性金融"概念具有一定的启发意义,事实上,其发行的金融债券就曾被"全国社保基金"所持有。政策性银行可以在目前经营品种的基础上,进一步拓展业务范围,开阔思路,开发某些成熟而适合"统筹基金"的需求,诸如"间接银团"、其他管理资产、其他准国债性质的政策性金融债券等投资工具。

10. 在三个基金之间为"统筹基金"建立一个相对独立的"社保信用合作体系"。"账户基金"的支付压力在一定时期内显然要小于"统筹基金"的压力。针对社保基金"三足鼎立"和分而治之的特殊制度框架,为"统筹基金"融资建立一个相对封闭运行的"社保信用合作体系"是可行的,也是必要的,其政策含义包括如下方面。

第一,"储备基金"可以发挥一定的补充作用。作为海外投资的风险基金,其基本功能是社保基金的储备性质,在"统筹基金"和"账户基金"发生支付困难时,它应该承担起注资的义务。根据预先的制度设计,"储备基金"可以在某个限度内或划出一个比例,纳入社保信用合作体系之内,根据预先设定的规则,在特殊情况下启动这个程序,以协议或很小固息的方式加入到这个信用体系之中,构成这个体系的一个补充,在一定范围内形成与另一个基金的适度竞争。

第二,"账户基金"在特殊情况下也可以适度进入这个信用合作体系。实行完全市场化独立投资的"账户基金"不像"储备基金"那样,应该没有这个补充的信用义务,更不能透支。但是,在制度设计时,可以预留一个"窗口",个人账户做实以后,将近5000亿的记账额在资产分布上很可能会留有较大的余地,在一定条件下,经过有关部门的批准,它也可以适度地进入信用合作体系。

第三,建立"社保信用合作体系"的几个原则。另两个基金的作用一定要在划定的范围内进行(经过有关部门批准或法定程序),比例不能过大(例如全部资产的10%),时间不能太长(例如1年),其功能是临时补充的性质。

四、"储备基金"的筹资与投资问题

在将"全国社保基金"改造成为"储备基金"的过程中,相对来说,其投资策略比较容易确定,无非是在积极策略和消极策略之间进行某种组合或选择而已,主要问题还是个筹资问题。十六届三中全会《决定》早已给出一个基本原则:"采取多种方式包括依法划转部分国有资产充实社会保障基金。"如何落实《决定》的精神,是当前考虑的首要问题。

第一,"依法划转"就是依法办事,这是《决定》的一个重要精神。2001年发布的《暂行办法》的目的和内容主要是基金投资与管理的具体程序,对于筹资只作了笼统的规定:"全国社会保障基金是指全国社会保障基金理事会负责管理的由国有股减持划入资金及股权资产、中央财政拨入资金、经国务院批准以其他方式筹集的资金及其投资收益形成的由中央政府集中的社会保障基金"。落实《决定》"依法划转"的精神以修改和补充《暂行办法》入手,将之修改成为一个包括筹资和投资在内的一个综合性文件,并将上述三个基金的性质、管理框架和法律地位等也固定下来。只有这样,一个综合性的类似《全国社会保障基金法案》的文件才能包容和适应中国建立社保基金制度的实际需要,使之成为中国社保制度建设的一个重要组成部分。

第二,筹资安排以立法的形式予以制度化。为给将来留有较大的余地,可供考虑的诸多筹资渠道都可以考虑进来,例如,国有股减持、国有股权划拨、专项收益等。在这些方面,发达国家有一些比较成功的经验,例如,通过立法的手段,可借鉴挪威"石油基金"和爱尔兰"全国养老储备基金"的某些经验等。就前几年实践中的经验教训来看,财政转移更适合于中国的具体国情,对资本市场的现状来说,这个筹资手段更为现实一些,也符合国际惯例,如爱尔兰为充实"全国养老储备基金"就是以立法的形式规定在 2055 年之前每年财政转移支付相当于 1%GDP 的预筹基金。将"依法划转"在财政安排中具体化,可以从多方面加以考虑。例如,在前一年基数之上将 GDP 的增量部分作为划入一定比例的根据,甚至也可以直接考虑 GDP 增长率的某个比率,甚至可以划入某个专项税种的某个比例(如燃油税)等。

第三,"账户基金"、"统筹基金"和"储备基金"这三个基金不同的投资市场也要相应作出明确规定,符合国际惯例,依法经营。例如,"储备基金"在海外投资需要法律依据的支持。

参考文献:

阿尼尔·卡什亚普:《日本金融危机之剖析》,《比较》2003 年第 7 辑,中信出版社。

胡晓义:《关于逐步提高养老保险统筹层次》,《中国社会保障》2004 年第 1 期。

劳动和社会保障部社会保险研究所、博时基金管理有限公司:《中国企业年金制度与管理规范》,中国劳动社会保障出版社 2002 年版。

清泷信宏:《日本近期的坏账问题》,《比较》2003 年第 7 辑,中信出版社。

土居丈郎、星岳雄:《谁为"财政投融资计画"买单》,《比较》2003 年第 7 辑,中信出版社。

王慎十、张晓龙:《做实个人账户的实践与思考》,《中国社会保障》2004 年第 2 期。

余永定:《试错的记录:我对世界经济研究的一些心得》,《世界经济》2004 年第 3 期。

郑秉文:《欧盟国家社会养老的制度选择及其前景——兼论"名义账户"制对欧盟的适用性》,《欧洲研究》2003 年第 2 期。

郑秉文:《养老保险"名义账户"制的制度渊源与理论基础》,《经济研究》2003 年第 4 期。

郑秉文:《欧亚六国社会保障"名义账户"制利弊分析及其对中国的启示》,《世界经济与政治》2003 年第 5 期。

郑秉文:《社会保障体制改革攻坚》,中国水利水电出版社 2004 年版。

郑秉文、胡云超:《英国养老制度改革"市场化"取向的经验与教训》,《辽宁大学学报》2003 年第 4 期。

（本文原载于《公共管理学报》2004 年第 4 期,第 4—21 页）

社会保险基金投资体制"2011改革"无果而终的经验教训与前景分析

内容提要：由于社会保险基金规模逐年扩大，保值增值的压力也越来越大。虽然基本养老保险基金投资体制"2011改革"无果而终，但其基本经验告诉人们，改革总比不改革要好；"2011改革"的主要教训就是，投资体制改革本来属于专业问题和技术范畴，但却遭遇了媒体炒作，在互联网时代，非专业化的网络表达方式占据了上风，扭转了改革进程。作为一个压力测试，"2011改革"的主要经验是需要处理好五大关系：在现行统账结合的基本养老保险制度保持不变的条件下，要建立中央统一运行的市场化投资管理体制，首先要处理好中央和地方的关系；其次要处理好宏观经济和地方稳定的关系；再次要处理好投资收益和参保人权益的关系；再次要处理好诸多方面政府和市场的关系；最后要处理好相关的各个法律关系。在党的十八届三中全会"全面深化改革"的战略部署下，养老保险实行名义账户制（NDC）是大势所趋，但由于种种原因，在现收现付的融资方式下仍需建立一个基金投资体制。与"2011改革"所不同的是，当前面临的形势发生了根本变化：省级投资模式有可能成为此轮改革的主流，这无疑将固化统筹层次低下的制度弊端，因此，省级投资模式是最不利的可选模式。从改革前景来看，无论此轮改革采取哪个投资体制模式，都离不开建立养老基金管理公司这个选项。

党的十八届三中全会通过的《中共中央关于全面深化改革若干重大问题的决定》指出，"加强社会保险基金投资管理和监督，推进基金市场化、多元化投资运营"。毫无疑问，在社会保障制度全面深化改革的统一部署下，此轮改革中必然要涉及投资体制的改革。建立社会保险基金尤其是基本养老保险基金的投资体制,是十八届三中全会启动的新一轮社保改革的题中应有之义。

但是,与社会保险基金投资体制"2011 改革"相比,虽然只有短短的 2 年时间,此轮改革的时代背景却已发生了巨大变化,星转斗移,物是人非。如果业内人士还用"2011 改革"的老眼光来看待此轮改革,那就肯定会出现重大误判。

纵然,中国社会保障制度建立只有二十多年的时间,还处于不断完善的过程之中,但由于缺乏一揽子顶层设计,摸着石头过河的惯性导致一些重要的配套制度始终没有建立起来。其中,投资体制始终缺位,规模庞大的社会保险基金和养老保险基金只能躺在银行里睡大觉,跑不赢通货膨胀,多年来处于贬值风险之中,与实行市场化投资的任何国外基本养老保险基金收益率相比,甚至与中国的"全国社保基金"(理事会)和企业年金的收益率相比,相差都十分悬殊,潜在的损失巨大。

正是这样一个背景,"2011 改革"启动了。尽管"2011 改革"最终仅仅成为一次"压力测试",但正是这次"压力测试",它更成为一笔宝贵的财富,留给继任者,留给业界,留给历史。之所以说它是宝贵的财富,是因为它必将成为此轮改革中的前车之鉴。

"2011 改革"无果而终,但其经验是宝贵的,教训更是无价的。其基本经验告诉人们,改革总比不改革要好,即使走一小步,也比一步不走要好;"2011 改革"的主要教训是,投资体制改革本来属于专业问题和技术范畴,但却遭遇了媒体炒作,在互联网时代,非专业化的网络表达方式占据了上风,扭转了改革进程。作为一个压力测试,如果说"2011 改革"还有经验可谈的话,那就是需要处理好五大关系:在现行统账结合的基本养老保险制度保持不变的条件下,要建立中央统一运行的市场化投资管理体制,首先要处理好中央和地方的关系;其次要处理好宏观经济和地方稳定的关系;再次要处理好投资收益和参保人权益的关系;再次要处理好诸多方面政府和市场的关系;最后要处理好相关的各个法律关系。

党的十八届三中全会通过的《中共中央关于全面深化改革若干重大问题的决定》对基本养老保险制度改革指明了前进方向,提出了基本要求,框定了改革思路,那就是:"完善个人账户制度,健全多缴多得激励机制,确保参保人权益,实现基础养老金全国统筹,坚持精算平衡原则。"

在上述这些表述中,"健全多缴多得激励机制"看似十分熟悉,几十年来,它曾无数次出现在各种重要文献之中,但是,由于种种原因,它却从来没有真正实现过。比如,2009年建立"新农保"制度以来(2014年年初与"城居保"合并为"城乡居保"),绝大部分参保人选择的缴费档次为最低档次即每人每年缴费100元。再比如,做实个人账户试点至今已有13年,但是,从职工个人到企业单位,从地方政府到中央政府,几乎都处于"应付差事"的状态,每年出现的"继续做实个人账户试点"的标准表述持续了十几年,形式大于内容,这已是公开的秘密;终于,在三中全会通过的《中共中央关于全面深化改革若干重大问题的决定》被"完善个人账户制度"的崭新表述予以代之。于是,如果人们将"健全多缴多得激励机制"与"完善个人账户制度"和"坚持精算平衡原则"结合起来,养老保险制度就会立即以一种崭新的制度形式呈现在人们面前,那就是,个人账户的本质是强调其多缴多得的原始功能,如同银行储蓄存款制度那样,那才是引入个人账户的真谛! 如果将"银行账户"演变为"股票账户",账户持有人未必能够得到实惠,因为利率肯定得不到保障,让参保人"享受"市场波动的收益率肯定不是引入个人账户的本来目的,也不是建立统账结合的根本目的,而多缴多得和利率保障这两条才是此次制度升级和深化改革的根本目的,是回归个人账户本质的重要举措。

这就是NDC,就是"名义账户",就是至今世界已有七国实行的名义账户的基本原因和基本事实;这也是三中全会之后一个最大和最新的时代背景! 这是中国养老保险制度历史上的一次革命! 此轮改革将带来充满生机和严峻挑战的美妙前景。

那么,接踵而来的将是很多问题摆在面前。比如,在实行名义账户制(NDC)的基本前提下,还需要继续建立养老保险基金投资体制吗? 换言之,在融资方式为现收现付的条件下仍需建立一个基金投资体制吗? 什么样的投资体制更能与中国的名义账户制相匹配? 在当前的角力格局下,为什么说省级投资模式有可能成为此轮改革的主流声音? 这是前进还是倒退? 是固化统筹层次低下的制度弊端还是顺应的历史潮流?

所有上述这些问题,与其他领域的全面深化改革相比,看上去似乎都是小巫见大巫,甚至与社保领域本身的其他改革项目相比,都不足挂齿。但事实不是这样! 我们一定要重视投资体制模式的选择! 投资体制改革方向和制度模式的选择,在一定意义上将决定着社保制度的前途和命运,甚至决定着经济体制是否活力依然。

基于上述原因,在谈到中国社会保险投资体制改革或基本养老保险基金投资体制改革这个话题之前,我们必须要谈"2011 改革",就是说,我们首先需要的是短暂回顾,然后才是未来展望。这是研习中国养老保险基金投资体制的一个功课。

一、引子:改革达成共识

中国社会保险基金规模持续增长①:1993 年社会保险基金所有收入规模仅为 461 亿元(不含系统统筹部分)②,累计结存仅为 288 亿元(包括购买国家特种债券部分),而 2013 年收入达 3.3 万亿元,累计结余 4.77 亿元(含城乡养老)③,分别增长了 72 倍和 157 倍。城镇职工基本养老保险基金规模的增长幅度更令人叹为观止,1990 年收入仅为 179 亿元,滚存结余只有 98 亿元,而 2013 年则分别高达 22680 亿元和 28269 亿元④,分别增长了 126 倍和 288 倍。

但是,包括基本养老保险基金在内的社会保险基金投资运营体制却始终没有任何改变,与基金增长幅度相比,与国外投资体制相比,都显得严重滞后。截至 2013 年 12 月 31 日,虽然全国社会保险基金累计资产总额已达

---

① 本文研究的基金投资体制主要是指分散在地方的养老保险基金的投资体制改革问题,因为养老保险基金的规模庞大,具有代表性,但也意指五项社会保险基金的投资问题。其他社会保险基金规模同样也逐年扩大,处于贬值风险之中:城镇职工基本医疗保险基金 9117 亿元(含个人账户积累),其备付能力是 130%(100%意指足以支付 1 年);失业保险基金 3686 亿元,备付能力为 700%;工伤保险基金 996 亿元,备付能力为 200%;生育保险基金 515 亿元,备付能力为 180%。《社会保险法》规定:"社会保险基金在保证安全的前提下,按照国务院规定投资运营实现保值增值"。由此看来,除养老保险基金以外的其他社会保险基金保值增值问题也十分急迫。当然,其他社会保险基金的流动性要求高一些,资产配置要求有所不同而已。

② 这里的数据分别引自劳动部、国家统计局:《关于 1990 年劳动事业发展的公报》和《关于 1993 年劳动事业发展的公报》;人力资源和社会保障部、国家统计局:《2012 年度人力资源和社会保障事业发展统计公报》,2013 年 5 月 28 日,见人力资源和社会保障部网站。

③ 人力资源和社会保障部 2013 年第四季度新闻发布会文字实录,见中国网,http://www.china.com.cn/zhibo/2014-01/24/content_31260509.htm? show=t。

④ 人力资源和社会保障部、国家统计局:《2013 年度人力资源和社会保障事业发展统计公报》,见人力资源和社会保障部网站。

4.77万亿元,占当年GDP高达8.3%,但由于多元化和市场化的投资体制没有建立起来,绝大部分基金作为财政专户存款"躺"在银行里"睡大觉",购买国债和委托投资的合计仅为711亿元,还不到资产总额的零头①。由于市场化和专业化的投资运营难以建立起来,基金保值增值能力很差,长期以来年均收益率为同期银行活期存款利息,还不到2%②,1993—2012年中国CPI年均复合增长率高达4.8%③,明显处于贬值风险之中,基金缩水成为常态,并且,重要的是,低于实行市场化投资运营的企业年金基金收益率(2007—2012年投资收益率几何平均值8.35%)④,还低于全国社保基金理事会的收益率(年均收益率9.02%)⑤,更远远低于社会平均工资增长率(20年来城镇社会平均工资增长率14.85%)⑥,造成了巨大的资源浪费和天量的福利损失。在以上四个参照下,仅基本养老保险这一个险种在过去20年来的损失量化就分别为:

第一,以通胀率(CPI)作为基准,贬值将近千亿元;

第二,以企业年金基金投资收益率为参考基准,损失将高达3277亿元;

第三,以全国社会保障基金投资收益为参考基准,潜在损失将近5500亿元;

第四,以社平工资增长率作为参照,福利损失将高达1.3万亿元。

上述天量损失的危害,主要表现在它将侵蚀未来基本养老保险制度的支付能力,为增加各级政府财政负担埋下了定时炸弹,等于是将损失转嫁给了各级财政,最终,羊毛出在羊身上,受损的还是纳税人和全体国民。2013年12月审计署公布的"全国政府性债务审计结果"明白无误地告诉人们,在30.2万亿的政府性债务中,地方债占大头,在中国社保统筹层次十分低下的条件

---

① 引自人力资源和社会保障部:《2013年全国社会保险情况》,见人力资源和社会保障部网站。

② 王亚平:《全国各类社保积累额金2.5万亿元,五项基金年均收益不到2%:五部委勾勒完善社会保障路线图》,《中国证券报》2008年11月7日A01—A02版。

③ 国家统计局:《中国统计年鉴》,见http://www.stats.gov.cn/tjsj/ndsj/2013/indexch.htm。

④ 人力资源和社会保障部基金监督司:《全国企业年金基金业务数据摘要2012年度》,2013年4月,第15页,表8。

⑤ 郑秉文主编:《中国养老金发展报告2013》,经济管理出版社2013年版,第107页,表1。

⑥ 见国家统计局网站,http://www.stats.gov.cn/tjsj/ndsj/。

下,收益率如果也十分低下,那无疑将会加大地方债务的压力。其实,在1998—2013 年各级财政向基本养老保险制度转移支付的 18339 亿元里[①],中央财政是占大头的,地方只是一个零头,这就是说,基金投资收益率低下,对中央财政的压力更大。

表 1　全国政府性债务一览

（单位:万亿元）

债务承担	负有偿还责任	负有担保责任	负有一定救助责任	合计
中央政府	9.7	0.2	2.4	12.3
地方政府	10.9	2.7	4.3	17.9
合计	20.6	2.9	6.7	30.2

资料来源:《全国政府性债务审计结果》(2013 年 12 月 30 日公告),见审计署网站。

本来,中国人口老龄化趋势十分严峻,近年来,国内几个团队所作的养老保险制度隐性债务测算结果都触目惊心:

2012 年 6 月,曹远征教授(中国银行首席经济学家)领导的团队给出的测算结果是[②]:2013 年中国养老金隐性债务将高达 18.3 万亿元。

2012 年 12 月,马骏教授(德意志银行大中华区首席经济学家)领导的研究小组作的国家资产负债表显示[③]:中国城镇企业职工基本养老保险制度今天已有缺口,如果假定财政补贴保持 2011 年的水平不变,其累计结余将于 2022 年消耗殆尽,此后便处于负债的状态,2013—2050 年的累计缺口现值将相当于 2011 年 GDP 的 83%(其中含机关事业单位的 14%),而 2011 年的 GDP 为 45 万亿元,即 2013—2050 年的累计缺口现值应当是 37 万亿元。

2013 年 11 月,郑伟教授(北京大学经济学院)等人的测算结果是[④]:养老

---

　　① 人力资源和社会保障部、国家统计局:历年《人力资源和社会保障事业发展统计公报》,见人力资源和社会保障部网站。

　　② 曹远征等:《重塑国家资产负债能力》,《财经》2012 年第 15 期(总 324 期)。

　　③ 马骏、张晓蓉、李治国等:《中国国家资产负债表研究》,社会科学文献出版社 2012 年版,第 198、237 页。

　　④ 郑伟、陈凯、林山君:《中国养老保险制度中长期测算及改革思路探讨》,第五届中国社会保障论坛获奖论文,2013 年 11 月 7 日。

保险基金将于 2037 年出现收支缺口,2048 年养老保险基金将耗尽枯竭,2010—2100 年 90 年期间的基金综合精算缺口将超过 12%。

2013 年 12 月,李扬教授(中国社会科学院)领导的团队作出的资产负债表测算结果显示[①]:2023 年城镇企业职工(含机关事业单位)基本养老保险将出现收不抵支,2029 年累计结余将消耗殆尽,2050 年累计缺口将达 802 万亿元,占当年 GDP 的 91%,当年养老金总支出(包括职工和居民养老保险)占GDP 比例将达 11.85%。

2014 年 3 月,魏吉漳博士(中国社科院研究生院)对城镇企业职工基本养老保险的历史债务做了测算[②],其结果是,以 2012 年为基准,社会统筹账户的隐性债务为 83.6 万亿,个人账户的隐性债务为 2.6 万亿,合计城镇职工基本养老保险统账结合制度下的隐性债务为 86.2 万亿,占 2012 年 GDP 的比率为 166%。

由此,基本养老保险基金保值增值的任务非常迫切,因为投资体制改革可提高支付能力,缓解债务压力,党中央和中央政府数次提出要进行包括基本养老保险基金在内的社会保险基金投资管理体制改革:

《"十二五"规划纲要》明确提出,要积极稳妥推进养老基金投资运营;

十八大报告指出,建立社会保险基金投资运营制度,确保基金安全和保值增值;

十八届三中全会通过的《中共中央关于全面深化改革若干重大问题的决定》再次指出,加强社会保险基金投资管理和监督,推进基金市场化、多元化投资运营。

可以说,社会保险基金和养老保险基金不是需不需要投资体制改革的问题,而是如何改革、何时再次启动改革的问题。改革已经达成共识。

2013 年新一届政府刚刚成立不久,人力资源和社会保障部等部门就联合启动了养老保险顶层设计的平行研究。国内 4 支研究团队应邀参加并提交了

[①]　李扬等:《中国国家资产负债表 2013——理论、方法与风险评估》,中国社会科学出版社 2013 年版,第 238 页。

[②]　魏吉漳:《中国养老保险统账结合制度的隐性债务有多少?》,《快讯》2014 年第 11 期(总第 60 期),2014 年 3 月 20 日,见中国社科院社会保障实验室网站,http://www.cisscass.org/。

研究成果①。这 4 个平行研究几乎都主张尽快实施"名义账户",同时,基本上都主张尽快改革投资体制,摈弃存银行的传统做法。这两点共识后来在十八届三中全会通过的《中共中央关于全面深化改革若干重大问题的决定》中都予以明确下来,为 2014 年社保改革指明了方向。

那么,如何看待下一阶段社会保险基金投资体制改革?

这要从 4 年前启动的"2011 改革"开始说起。

二、"2011 改革"的过程:初衷与结果背离的巧合

"2011 改革"的改革过程和大事记基本如下:

2010 年 10 月,笔者撰写的一个关于社会保险基金投资体制市场化改革和化解贬值风险的研究报告获得中央领导同志的批示。

2011 年 3 月 17 日,改革的案头工作正式启动,人力资源和社会保障部基金监督司主要领导召集 9 名学者开会,在传达完领导同志批示之后对改革投资体制问题进行了研讨。为使中央领导同志便于了解,司领导决定将世界各国的投资体制分为"政府部门投资运营模式"、"专门机构投资运营模式"和"市场机构投资运营模式"等三种,并据此分成 3 个小组,每个小组负责撰写一个模式,两周后交稿。笔者和齐传钧博士一组,可能是由于笔者在拉美所工作的原因,承担的是撰写"市场机构投资运营模式",评论人由韬睿惠悦(Towers Watson)的冼懿敏(Yvonne Sin)和徐建红担任。

2011 年 3—5 月,上述三个投资模式均得到了充分的可行性研究并形成报告。其中,"专门机构投资运营模式"受到青睐;不出所料,有关领导决定成

---

① 国内应邀参加研究的 4 支团队是国务院发展研究中心社会发展研究部、中国社科院世界社保研究中心、中国人民大学劳动人事学院、浙江大学公共管理学院。在这 4 支团队中有 3 支非常明确提出实施"名义账户制"。此外,还有 3 支国际团队,它们是世界银行、国际劳工组织、国际社会保障协会。当然了,在国内 4 支团队中,我们中国社科院这个团队提交的也是"名义账户制"的改革方案,并且,这个方案是在 2008 年 5 月应邀向劳动和社会保障部提交的名义账户改革方案基础之上加以改进的"升级版"。关于 2008 年提交的改革方案,相关信息可见郑秉文:《译者跋:中国社保"名义账户"改革新思路——"混合型"统账结合》,载罗伯特·霍尔茨曼、爱德华·帕尔默主编:《名义账户制的理论与实践——社会保障改革新思想》,郑秉文等译校,中国劳动社会保障出版社 2009 年版,第 615—643 页。

立专门机构负责基本养老保险基金投资事宜。

2011 年 6—10 月,有关决策部门对选择"专门机构投资运营模式"的认识取得一致,筹建专门机构投资运营正式开始,相关工作也开始进行。

2011 年 11 月,新任证监会主席郭树清发表言论,大力倡导和推进养老金和住房公积金进入资本市场,提高收益率,进而掀起养老金入市的舆论攻势。媒体开始炒作养老金入市,主张与反对两种意见同时出现。

2011 年 12 月 20 日,全国社保基金理事会戴相龙理事长应邀参加中国社科院世界社保研究中心举办的《中国养老金发展报告 2011》发布式暨"欧债危机与养老金改革"国际研讨会,在其发表的主旨演讲中呼吁正确对待养老金投资体制改革①;会上发布笔者主编的《中国养老金发展报告 2011》,认为,欧债危机中有养老金等福利刚性的因素。

2011 年 12 月 21 日晚上,笔者应邀到央视参加《新闻 1+1》栏目的访谈,就 20 日发布《中国养老金发展报告 2011》的内容和养老金入市问题发表看法,并对基本养老保险基金投资体制应尽快进行市场化、多元化和国际化的改革取向和国际发展趋势发表了个人观点,认为改革是大势所趋,势在必行,并对上海等有关媒体人士和媒体存在的普遍担心问题作了回应。

2012 年 2 月 2 日,由于网络媒体对养老金投资体制改革一直以来争议非常大,非常激烈,养老金入市血本无归的声音不绝于耳,反对的声音十分激烈,甚至呈白热化程度,决策层最终决定,拟议半年多"专门机构投资运营模式"决定暂时放一放。

2012 年 3 月 20 日,全国社保基金理事会官网公布,经国务院批准,广东省千亿基本养老保险基金委托其投资运营的协议正式签字②。至此,从一年前人力资源和社会保障部基金监督司召集学者开会和启动案头工作开始,投资体制改革的进程就告一段落。

当时我们就曾议论到,考虑到十八将要召开、新政府领导集体将要建立、三中全会需要部署未来 10 年改革蓝图等一系列因素的时间排序,社会保险基

---

① 丁冰、陈莹莹:《养老金投资管理明年或有重大进展》,《中国证券报》2011 年 12 月 21 日第 A01—A02 版。

② 高国辉、张胜波:《广东千亿养老金委托社保基金投资运营》,《南方日报》2012 年 3 月 21 日第 A01 版。

金投资体制改革这件事再要是"捡起来",大约需要 3—4 年的时间,也就是到 2015—2016 年了。

上述回顾可看出,2011 年启动的改革方案是新建投资机构,但意外的是, 2012 年初的收获却是委托模式即广东千亿基金委托给全国社保基金理事会。 本来,这是两件毫不相干的事情,但在回顾这段短暂历史时我们可以得出这样 的评论:一是改革总比不改革要好,毕竟往前迈了一步;二是它们实际上都是 一次改革的压力测试,这就是下文要展开的内容了。

三、"2011 改革"的经验:改革总比不改革要好

现在回过头来看"2011 改革",既有一些经验,也有一些教训,更有很多 启示。

先说经验。"2011 改革"的方向是正确的,这是经验。"2011 改革"的初 衷是新建机构,采取"专门机构投资运营模式",但"2011 改革"意外收获的是 广东千亿基金委托投资。

初衷和结果不一样,为什么还说是经验? 这是因为,改革总比不改革好。 迈一小步总比一动不动要好! 不管怎么改,改革总比不改革要好! 从收益 率上看,2011 年广东千亿委托投资的收益率是 6.73%[①],2013 年的收益率还 未公布,但从全国社保基金理事会公布的《基金年度报告(2013 年度)》披露 的 6.20% 收益率来看[②],2013 年广东委托的千亿基金收益率也不会低 于 6.20%。

"2011 年改革"的初衷是新建专门机构,专司全国社会保险基金的投资运 营。很显然,采用"专门机构投资运营模式"的思路是符合中国国情的,与"政 府部门投资运营模式"和"市场机构投资运营模式"相比是上策。其实,所谓 "政府部门投资运营模式",实际就是国债投资模式,以美国模式为典型,全部 用于购买国债。这个投资模式显然不适合中国国情,中国宏观经济环境和财 税环境难以承受这个模式。所谓"市场机构投资运营模式",实际就是智利模

---

① 黄丽娜:《千亿养老金入市收益 6.73%》,《羊城晚报》2013 年 12 月 26 日第 A8 版。

② 全国社保基金理事会:《全国社会保障基金理事会基金年度报告(2013 年度)》,见全国 社保基金理事会网站。

式,也是人们常说的香港强基金模式。这个模式的特点是参保人对全部养老资产的投资决策"个人说了算",等于把养老资产保值增值的全部责任都"托付"给了个人投资技巧和投资能力上,这显然不符合中国的国情,不符合中国的文化传统、职工现状和市场环境,不符合中国目前建立的养老保障制度结构。所以,剩下的就只有"专门机构投资运营模式",就是新建一个统揽全国、市场化、多元化的投资机构,对全国的社会保险基金资产进行统一和集中投资。相比之下,这是上策,符合中国的国情。

从基金规模上讲,未来社保基金规模庞大,一支基金肯定是不够容纳的,至少应是三足鼎立的局面。到 2020 年,全国社保基金(理事会)的规模至少要达 3000 亿—4000 亿美元,十八届三中全会《中共中央关于全面深化改革若干重大问题的决定》指出,"划转部分国有资本充实社会保障基金";基本养老保险基金目前已超过 5000 亿美元;就目前世界各国已有的实践来看,还没有超过 5000 亿美元的市场化的养老基金机构投资者,所以,未来的规模预测显示,我们至少应有两三只养老基金投资机构。其实,瑞典基本养老保险基金的机构投资者共计有 5 个,但其资产总计还不到 2000 亿美元。多只基金主体可以产生竞争,还可以各有侧重。另外,资金来源于财政的主权养老基金,与来自于缴费的养老基金的风险容忍度是不一样的,应实施不同的投资策略。所以,新建机构是早晚的事情。

虽然这个初衷没有实现,但方向是对的。这一点当时是有共识的。至于授权各省自行投资,不管是借用省级社保经办机构为基本养老保险基金的投资管理主体,还是建立省级法人机构为本省基本养老保险基金投资管理主体,抑或建立省级社会保险投资管委会,省级投资的方案显然已不适应国情,关于这一点,下文会继续论述。

四、"2011 改革"的教训:投资改革的专业化讨论推向互联网

导致"2011 改革"搁浅的主要原因之一是,投资体制属于养老保险制度的"后台",是非常专业的技术工作,但却没有采取"技术路线"来处理,而是在"2011 改革"中被抛向社会舆论的风口浪尖,并经历了半年多媒体的非专业性

的"狂轰乱炸",最终于 2012 年 2 月搁置起来。

养老保险基金是否应该实行市场化投资体制、如何采取市场化投资体制等,这些都是非常专业的问题,更多地应在专业范围内进行讨论;一旦讨论决定,在高层决策之后,在组建实施阶段也应在专业范围内进行操作。在民粹主义风气盛行和网络媒体十分发达的今天,技术问题易庸俗化,专业问题易社会化,偶然问题易情绪化,孤立问题易趋势化。这样的社会舆论环境既是一个压力测试器,具有检测的激励性作用,也是一次暴风骤雨,具有妖魔化的摧毁性作用,使本来就进入深水区的改革更加艰难。所以,网络炒作有可能导致出现变局,甚至成为改革进程的一个"最大变量"。"2011 改革"搁浅其实就是这个变量的结果。

2011 年 11 月笔者随一高层代表团到欧盟参加第二届中欧政党高层论坛第二次会议。在一次大会上,一女性欧洲政党领袖在演讲中手举一本刚出版的书,说她正在阅读,对中国有启发,正式推荐给我们。担心她演讲之后就马上离开会场,话音未落笔者就移步到主席台,现场借下这本书翻看,小心记下来。后来,在国内多次讲课场合笔者都讲过此事,在中国人民大学讲课时一有心听众替笔者购买一本。这本书就是《没有领袖的革命——普通人在 21 世纪是如何掌权和改变政治的》(*The Leaderless Revolution—How Ordinary People Will Take Power and Change Politics in the 21st Century*),作者是英国的卡恩·罗斯(Carne Ross)。作者在书中引用了大量案例,详细描述和记录了在"阿拉伯之春"中,网络是如何发挥作用推翻这些政府的,其主要思想就是告诉人们,在传统的社会运动中,人们经常看到的是振臂一呼便带领人民奋起的巨人领袖,于是,革命就成功了。但在互联网社会里,"阿拉伯之春"的出现却没有像传统社会运动那样由领袖指引,这是一场没有领袖的革命,但获得了成功。为什么? 因为互联网扮演了一个特殊的功能,在这场没有领袖的革命中成功地实现政权更替。

笔者用这本书举例,是想以此来说明"2011 改革"搁浅的原因。网络媒体能推翻阿拉伯国家的政府,当然就能影响基金投资体制改革的进程。

在专业分工越来越细化的今天,对技术性很强的改革领域应多多召开专家会议,多借鉴国外相关领域改革的得失,多考察国内的具体国情的适用性。社会保险基金投资体制改革的专业化程度很高,在专业领域应展开热烈讨论,公开论战,甚至,投资实务向来就只能在专业人士和专业团队中进行讨论和操作,反之,很可能于事无补,耽搁改革进程。

互联网作为信息技术的主要表现形式,为决策者沟通社会和了解国情提供了新的工具和手段,为改革方案征求民意插上了新的翅膀,但是,一旦将专业化领域的改革推向大众,互联网就为甄别和判断社情民意、为最终采取决策带来新的严峻挑战:

——互联网的开放性,成为所有社会成员发声的平台,这一方面显示出平等性,同时又显示出片面性,因为不管是否具有专业知识,他们的权利和权重是一样的,所以,点击的数量给出的信号不一定是理性的;

——互联网的自主性,使其容易成为某些群体反复表达意愿的场所,在这里,比的是谁更有闲暇时间,因此,大量拥有闲暇时间的群体将以超过一人一票的潜规则而成为这个"舆论场"的常客;

——互联网的隐匿性,使任何人都可以随时上网发表意见,互联网可以反映各种利益诉求,也可以任意表达不满情绪,尤其是,对某一改革方案表达不满时使用的语言常常是极端的,给人们的印象是震撼的,效果是出其不意的,对决策层的影响甚大;

——互联网的迅捷性,使其在很短的时间内就能够爆发惊人的组织动员能量,对某一个改革方案的不满在网络的推波助澜下可产生"雪崩效应",瞬间扩散升级为全国范围的一场类似投票的表态运动,使某项改革轰然坍塌;

——互联网的民粹性,这是最重要的,社会的短期利益与长期利益、人民的当前福利与长远福祉、国家发展的短期效益与长期发展可持续性常常是矛盾的,甚至是相反的,在特定的历史条件下,网络表达的往往是一面倒即倾向于前者,而非后者。

因此,如何主动适应社会信息化的大趋势,努力掌握以互联网为代表的信息技术特点规律,使其成为推动改革、宣传改革和理解改革的平台,这对未来社会保障改革乃至其他领域的改革是一个挑战。

在笔者看来,"2011 改革"搁浅的主因固然是网络媒体炒作的结果,这是毋庸置疑的,社会舆论和网络媒体的强大攻势对决策产生了作用,改革进程由此受到了影响。但是,如前所述,"2011 改革"作为一次"压力测试",使我们面对一个两难选择:要改革就只能实行"专门机构投资运营模式"即进行市场化投资体制改革,这是上策;但真的进入改革程序之后却突然发现不是那么容易,有很多以往想不到和看不见的困难突然显现出来,需要一个一个地加以解决,至少要予以回答,而不能采取置之不理的茫然态度。

归纳起来,这些问题就是要处理好"五大关系":在现行统账结合的基本养老保险制度下,如果实行中央集中的市场化投资管理体制,如何处理好中央和地方的关系;如何处理好投资收益和参保人权益的关系;如何处理好政府和市场的关系;如何处理好相关的各个法律关系。

五、"2011 改革"的启示(一):如何
处理好中央与地方的关系

与世界任何国家相比,中国基本养老保险制度是一个非常特殊和十分罕见的制度。

首先,基金管理的层级很低,现金流的收入与支出及其核算主要发生在县市级政府那里,真实资产也沉淀在他们那里,中央政府和省级政府只有账簿,而不掌握基金。

其次,由于统筹层次太低,各级政府对养老保险制度都有出资的义务,这就说明事权和财权是分散的,即资产的实际保管权在地方,但名义上的决策权却在中央,"夹"在中间的省级政府向中央政府负责。

再次,2011 年生效的《社会保险法》规定:"县级以上人民政府将社会保险事业纳入国民经济和社会发展规划","县级以上人民政府对社会保险事业给予必要的经费支持"。这意味着,从理论上讲,各级政府都拥有养老保险的财权,但事权则与之不完全匹配,在实践中,事权和财权不匹配的情况确实存在。

最后,地方政府虽然只有基金的"保管权",没有决策权,但久而久之,基金规模不断扩大,逐渐成为地方政府的一个利益,并且越来越固化。二十多年来,这就是统筹层次难以提高的真正原因之一。

在这样一个制度环境下,一旦实行中央集中投资管理的体制,就必将触动早已形成的地方利益,于是,2011 年"新建机构"的"压力测试"第一个遇到的就是如何处理好中央和地方的关系问题,在养老保险制度中,其本质主要表现在事权与财权的关系上。这个问题涉及基金的管理权(保管权)、投资运营

权、调剂权、补贴权、监督权和决策权等,从本质上讲,它牵涉的是中国养老保险制度的一个根本问题,就是统筹层次是提高还是不提高的问题。

这项制度到底是中央的事权还是地方的事权,到了应该厘清的时候了,否则,除投资以外,很多制度运行中出现的问题,其根源都在此。

统筹层次是指养老基金资金流的收入、支出、核算、管理的层级。由于中国的养老制度在二十多年前是自下而上建立起来的,是摸着石头过河一路走过来的,所以,它建立的初始状态是由地方发起的,这样,资金流的管理层级就非常低即统筹层次很低,钱都在"底下",全国的统筹单位大约有两千多个,大部分为县市级政府管理层次。所以,从基金流的管理角度看,全国范围内真正实现省级统筹的只有三四个省份。虽然全国大部分省份早就宣布实现省级统筹,但其标准是按照《关于推进企业职工基本养老保险省级统筹有关问题的通知》(劳社部发[2007]3 号)设定的"六统一"来衡量的①,即使这样,2012 年审计署公布的《2012 年第 34 号公告:全国社会保障资金审计结果》显示,截至2011 年底,全国仍有 17 个省尚未完全达到省级统筹的"六统一"标准②。

"2011 改革"给人们很多启示,其中一个最重要的启示就是,养老制度统筹层次太低,不利于建立集中的投资管理制度。可以说,建立投资体制之所以有可能诱发如此之多的潜在风险,其主要原因就是统筹层次太低:中央政府实行集中投资的话,分散在两千多个地方统筹单位的基金需要"上解"到中央政府,这完全是一个"外生"行为,必然牵涉地方养老基金支付能力和地方政府的利益,遇到"讨价还价"问题;由于地方发展水平不一致,利益诉求也不尽一致,这就增加了制度运转的交易成本和规则碎片化风险。如果允许地方政府单独投资,建立完善的法人治理结构则存在较大困难,进而存在较大投资风险,即使从两千多个县市级统筹单位上升到省级作为投资主体,在三十多个省级投资主体建立完善合规的法人治理结构也是非常困难的,存在很多技术问题。

因此,统筹层次太低是目前建立任何投资体制的大敌,与其相匹配的自然

---

① 根据劳社部发[2007]3 号文件的表述,"六统一"是指统一制度,统一费率和费基,统一养老金计发办法和统筹项目,统一基金核算,统一预算,统一业务流程。

② 审计署:《2012 年第 34 号公告:全国社会保障资金审计结果》,2012 年 8 月 2 日,见国家审计署网站。

是银行存款和购买国债等非市场化的投资制度。所以,要想完成市场化和多元化的投资体制改革,只有将统筹层次提高到全国水平才能使之成为一个"内生"的制度,从而消除那些"上解"资金过程中产生的种种问题。

六、"2011 改革"的启示(二):如何处理好宏观经济与地方稳定的关系

"2011 改革"遇到的另一个较为明显的问题是,由于社会保险基金的规模越来越大,统筹层次低下使之在地方金融系统和经济发展中的作用日显突出。在实施中央集中投资的体制时,在转型过程中,我们至少要考虑到处理好以下若干关系和影响。

第一,如何处理好对地方银行存贷款的影响。这也是在征求意见会上遇到的议论较多的一个问题。虽然 1995 年颁布的《关于深化企业职工养老保险制度改革的通知》(国发[1995]6 号)规定"养老保险基金的结余额,除留足 2 个月的支付费用外,80% 左右应用于购买由国家发行的社会保险基金特种定向债券",但近 10 年来的数据显示,购买国债的社会保险基金比例很小,只具有象征意义,绝大部分基金都是以"财政专户存款"的形式存在银行里[①]。实施中央集中投资运营后,存款减少量占原存款比例有限,大约只对 12 个省份有一定影响,其中,新疆和宁夏下降幅度可能要大一些,大约为 3%,北京和上海等 6 个省份下降要小一些,大约不到 1%,其他省份下降幅度为 1%—3% 区间。鉴于本课题研究的上述结果,地方政府和金融机构的这种担心基本可以释然。

第二,如何处理好对某些金融机构的影响。由于商业银行的存贷款利率都是以中国人民银行设定的基准利率为基础,商业银行的利润主要取决于可贷资金的数量,所以,存款规模越大,贷款及其利润就越大。大型国有银行吸存能力强,利润率就高,分散在地方的社会保险基金一旦归集到中央,对大型国有银行的影响是很有限的,而只会对一些股份制商业银行产生一定的影响。

---

① 人力资源和社会保障部:《2011 年全国社会保险情况》,2012 年 6 月 27 日;人力资源和社会保障部:《2013 年全国社会保险情况》,2014 年 6 月 24 日发布,见人力资源和社会保障部网站。

如果这些社会保险基金在短时间内突然归集到中央,它们就会受到较大影响:调研发现①,基本社会保险基金(五险合计,还包括一些企业年金基金等)在 ZX 银行的存款已超过千亿元,达到存款额的 5%,其中,养老保险基金超过 500 亿元,占存款额 2.5%。例如,ZX 银行的某些支行普遍超过存款额的 10% 以上,个别已超过 15%。此外,JT 银行和 ZS 银行的情况与 ZX 银行相差无几。这说明,现阶段实行中央集中投资管理体制改革对某些金融机构是有一定影响的,尽管影响不是很大。

　　第三,如何处理好对某些地区金融系统的影响。毫无疑问,基金上解到中央之后大部分地区的金融系统受到的影响不大。但是,个别发达地区尤其是珠三角地区受到的影响比较明显。调研结果显示,2011 年年底广东省在"筹集"千亿元委托给全国社保基金理事会投资时就遇到了类似问题:筹集指标下达给各市时需要讨价还价,各市在给区县二次下达时也遇到了这个问题,区县统筹单位有关部门在向存款银行下达时遇到的阻力更大一些。于是,广东省千亿元社会保险基金是分若干批次"上解"给全国社保基金理事会的。

　　第四,如何处理好对地方经济增长的影响。毫无疑问,从理论上讲,广义货币供应量(M2)对经济增长的影响较为明显。但是,如果分散在多个年份里,分期分批逐步上解或转存基本养老保险基金,就可把这些影响稀释和分散开来,把对地方经济增长产生的负面影响降到最小程度。所以,投资体制改革和中央集中投资对地方经济增长的影响不是很大,是可控的。但是,2012 年改革测试告诉我们,投资体制越早改,对地方经济的负面影响就越小。

　　综上所述,中央新建机构的统一投资模式眼下还不会引发对银行系统、地方经济和金融形势的实质性影响。对这些预期,应提前通过各种渠道将研究成果和预测结果安民告示,打消疑虑。但是,随着时间的推移,基本社会保险和养老保险基金规模如果越来越大,对一些股份制商业银行而言,其存款占比将越来越高,影响也将越来越大。这说明,基金投资体制改革越早,产生的震动就越小。在目前,可以采取分批上解的办法来化解和降低这些影响。需要指出的是,基本养老保险制度提高统筹层次是早晚的事情,终有一天,即使不归集到中央,也须上解到省里,所以,股份制商业银行和地方性中小银行应早

---

　　①　实地调研结果为个别谈话。

做准备,这是一个理性的选择。

七、"2011 改革"的启示(三):如何处理好投资收益和参保人权益的关系

基本养老保险基金归集到中央并实行市场化投资之后,对其收益率的分配将是一个难题。比如,参保人能直接受益吗?按照什么规则受益?如何受益?如何将受益部分分别划分到参保人的统筹养老金和账户养老金里面去?这也是马上需要面对的问题。

其实,这既是一个理论问题,也是一个现实问题。在统账结合制度下,尤其是在大部分参保人的个人账户基金没有"做实"的情况下,这个问题比较复杂;重要的是,这也是一个政治决定问题。

从理论上讲,实行中央集中投资体制之后,收益率将会高于目前银行活期存款的利率水平,总体看,对参保人是有利的。假定以全国社会保障基金投资收益率为参照来计算,它意味着在总体上可为养老保险基金累计余额多贡献5500 亿元。新增的这 5500 亿元随着不同的政策组合,将至少存在着四种提高参保人福利水平的可能性:第一个可能性是,它可以使所有缴费者人均多缴费 2400 元,按照个人账户和社会统筹的目前比例来分配,每个缴费者个人账户可分配 720 元,社会统筹部分人均可获得 1680 元。第二个可能性是,可以降低缴费者的缴费率,提高其当期的消费水平,这是因为,影响养老保险制度财务可持续性的主要参数有 3 个,即人口增长率、工资增长率以及投资收益率;在前 2 个参数不变和其他条件不变的情况下,投资收益率提高之后,可适当降低费率。第三个可能性是,可以提高养老金领取者的待遇水平,按 2012 年底退休人数计算,每人可获得 7400 元,或可以提高养老金领取者的整体替代率。第四个可能性是,或全部分配到缴费者个人账户之中,或全部划入社会统筹部分,用于提高制度的支付能力,减轻财政负担或未来缴费者的经济负担等。

但在现实中,实行中央统一的投资体制之后会出现很多复杂情况,涉及职工的切身利益。这里假定,由于种种原因,如果投资策略出现失误或遇到世界范围的金融危机,真实收益率出现负值或大面积滑坡,当期退休人员的个人账

户资产大幅缩水,账户养老金水平将受较大影响,这时,制度设计者将面临一个十分尴尬的局面,因此,是否需要有一个制度设计的预案? 是否需要实现安民告示,让参保人有心理准备和提高承受能力? 如何运用智慧去破解这个难题? 其实,实行账户实账积累和投资的国家无一例外地都面临这个问题:在分散投资决策的智利模式(包括香港强基金)里,有些国家立法强制性规定运营商(养老基金管理公司)需采取某种补偿机制;有些则没有引入和建立任何补偿机制,例如,瑞典是由名义账户和实账积累两部分组成,实账积累部分的风险完全由参保人承担,在2009年遇到大幅缩水[1];在中央公积金模式里(新加坡为例),个人账户获取的是"有管理的利率"(managed interest),每年由政府公布,与真实的市场投资回报率是"脱节"的,政府从未公布真实收益率,旨在以丰补歉,自我平滑。实行账户实账积累的补偿或担保制度大致就是这三种情况[2]。中国在实行中央政府统一负责的市场化投资体制之后,是否需要制定一个适合中国国情、民情和社情的账户补偿与担保机制,如何制定等等,这些都是必须要面对的,必须要有预案,这是一个决定市场化投资体制成败与否的关键之一。

换言之,无论投资收益率是正值,还是负值,实行中央统一投资体制后,都是一件复杂和棘手的难题。在投资收益率是正值且收益率较高的情况下,重要的是要处理好中央投资机构和参保人之间、中央政府和地方政府之间、个人账户和社会统筹之间、长期和眼前、制度可持续性和当期实际需要、缴费者和养老金领取者之间的诸多关系。协调好这些关系;在投资收益率为负值或大幅滑坡的情况下,棘手的处理难题是如何或是否有必要建立担保或补偿机制,在改革投资体制的同时,这些制度建设应同步进行。

以上是"2011压力测试"的一个重要启示:它是一个难题,尤其在民粹主义盛行的时期,投资收益率无论是正值还是负值,其处理机制的设计都是一个难题,这是制度设计中的一个核心部件。由于这些问题没有定论,所以,投资体制改革存在较大难度。

---

[1] 详见郑秉文:《金融危机对全球养老资产的冲击及对中国养老资产投资体制的挑战》,《国际经济评论》2009年9—10月刊。

[2] 建立"风险准备金制度",即由养老基金投资运营机构提取风险准备金,以备不时之需;二是建立市场化担保制度即运营机构购买"商业再保险制度";三是建立政策性的再保险制度即成立"中央担保公司"。

八、"2011 改革"的启示(四):如何 处理好政府和市场的关系

在社会保险基金(养老保险基金)投资体制改革中,处理好政府和市场的关系具有特殊的重要意义。在这个问题上,所谓政府和市场的关系主要体现在新建机构的法律定位上。

毫无疑问,社会保险基金资产是完全独立于中央投资机构的资产,这是非常明确的。但是,中央投资机构的法律定位却完全体现了政府和市场关系的全部。换言之,中央投资机构是事业单位还是企业单位,这是核心问题之一;核心问题之二是中央投资机构的经费来源是来自中央财政拨款,还是列入资产运营成本;核心问题之三是中央投资机构的雇员聘用是否有较大的独立性。如果没有处理好这三个关系,那就意味着没有处理好政府和市场的关系。

其实,中央投资机构与现存的全国社保基金理事会的性质几乎完全一样。根据《全国社会保障基金理事会章程》①,理事会是全国社保基金的管理运营机构,"为国务院直属事业单位","理事会经费由中央财政拨款,与社保基金资产分别建账、核算"。十多年的历史证明,这两个定位决定了理事会"政府附属物"的属性,与其经营的企业属性存在冲突,不利于理事会进一步走向国际和与国际接轨,在未来发展中,是制约其进一步成长的瓶颈。深层次讲,还是没有处理好和正确厘清政府与市场的关系。

十八届三中全会通过的《中共中央关于全面深化改革若干重大问题的决定》指出:实践发展永无止境,解放思想永无止境,改革开放永无止境。在社保基金投资运营体制改革进程中,实际也存在一个处理好政府和市场的关系问题,那就是运营机构的定位问题。在这方面,要突破传统的思维定式,勇于探索,大胆引入市场因素,发挥市场作用,重新界定运营机构的法律定位,把十八届三中全会关于从广度和深度上推进市场化改革和完善市场体系的精神实质落在实处,把社保基金实行市场化改革视为坚持和完善基本经济制度的一个重要组成部分。换言之,即使社会保险基金的投资体制和投资策略都选择

---

① 全国社保基金理事会:《全国社会保障基金理事会章程》,见全国社保基金理事会网站。

对了,但如果机制不正确,保值增值的问题就还是没有从根本上解决,十八届三中全会关于厘清政府和市场边界的精神还是没有落到实处。

拟新建的中央投资机构也好,现存的全国社保基金理事会也罢,它们的法律地位和机构属性应采取完全企业的性质,与中投公司(中国投资有限责任公司)完全类似,即应成为依照《中华人民共和国公司法》设立的专门从事该项特定资产投资管理业务的国有独资公司,应属于"市场"的公司企业,按照市场原则运作,其行政费用应在成本支出中列支,其专业人士管理和薪酬制度应与国际惯例接轨。

在国外,在基本养老保险基金市场化运营的机构设置中,鲜有类似全国社保理事会这样的机构,无论是西方(例如加拿大的 CPPIB 即"加拿大养老金计划投资委员会")①,还是东方(如韩国的 NPF 即"国民养老基金")②,它们非常明确地将自己定位为企业的性质。正确地定位中国投资机构的法律地位,这是处理好政府和市场的第一步。2012 年 10 月底,笔者曾在北京接待加拿大 CCPIB 的 CEO 兼总裁马克・魏斯曼(Mark Wiseman)先生和香港办事处总经理马克・梅钦(Mark G.A.Machin)先生。总裁魏斯曼见面跟笔者说的第一句话就是"我是公司的 CEO,是经营者,不是政府官员"。CCPIB 管理的资产仅为 1833 亿美元,与中国的全国社保基金理事会受托管理的资产规模差不多,但加拿大的 CPPIB 实行公司化管理,其雇员数量多达 900 人(包括伦敦办事处 51 人和香港办事处 32 人),是全国社保基金理事会的 3 倍。

另外,中央投资机构在投资决策上应具有较为独立的裁量权,其治理结构是:理事长和副理事长由国家任命;理事会成员应采取席位制,应包括财政部、人力资源和社会保障部、审计署、工会、雇主(全国工商联)、机构管理人的代表,还应包括若干专家和专业技术人士;按照规定的投资范围和投资比例进行投资管理活动并建立风控机构;独立制定"准入标准和审批程序",挑选并委托各种金融机构参与基本养老保险基金投资管理活动;作为机构投资者,与其他金融机构是一样,接受人力资源和社会保障部的行政监督,其市场经营活动接受证监会和保监会等市场监管机构的监管。

---

①　CPP Investment Board ,"People, Purpose, Performance: Annual Report 2013".

②　NPS (National Pension Service), "Working Together for Better Tomorrow—2012 the NPS Fund Management Report".

最后,在中央政府制定的有关原则规定下,中央投资机构应实行市场化的薪酬制度体系,专业人才的聘用规则与国际接轨,实行绩效考核。

九、"2011 改革"的启示(五):如何处理好相关的法律关系

建立社会保障制度以来,涉及基本养老保险基金和社会保险基金投资的政策法规和规定大约有 5 个:1995 年国务院《关于深化企业职工养老保险制度改革的通知》(国发[1995]6 号);1997 年国务院《关于建立统一的企业职工基本养老保险制度的决定》(国发[1997]26 号);1999 年财政部和劳动保障部《社会保障基金财务制度》(财社字[1999]60 号);2006 年劳动和社会保障部《关于进一步加强社会保险基金管理监督工作的通知》(劳社部发[2006]34 号);2012 年财政部《关于加强和规范社会保障基金财政专户管理有关问题的通知》(财社[2012]3 号)。

上述政策法规的内容可归纳为三个要点:第一,养老基金结余须留足相当于 2 个月的支付额;第二,其余的全部存入银行和购买国债;第三,不得进行任何其他形式的直接或间接投资,不得从事任何其他金融和经营性事业。因此,投资体制改革需要处理好若干相关的法律关系。

面对这样一个一成不变的投资管理体制,要使它走上市场化和多元化,尤其是按照十八届三中全会《中共中央关于全面深化改革若干重大问题的决定》对养老保障改革的部署进行改革,就必然遇到如下不同法律问题需要解决,这也是"2011 改革"遇到的问题:

第一,尽快制定"投资管理条例",理顺与现行非市场化投资的政策规定相冲突问题。近五六年来,上至《社会保险法》,下到"十二五"规划纲要,从十七大和十八大乃至十八届三中全会文献,到国务院的常务会议精神和发改委、财政部、人力资源和社会保障部等部门会议文件,推进社保基金投资运营和拓宽投资渠道等提法已经司空见惯;但是,从理论上讲,中央建立专业机构进行集中投资遇到的与现行政策的冲突问题仍然纹丝未动,全部都在那里。《社会保险法》第六十九条规定,"社会保险基金在保证安全的前提下,按照国务院规定投资运营实现保值增值"。投资体制改革,应立法现行,国务院制定"中国基本养老保险基金投资管理条例"应尽早提到案头。

第二,尽快制定"投资理事会条例",为新建的投资机构进行定位。"投资管理条例"是《社会保险法》的下位法,但却是制定"中国养老保险基金投资理事会条例"的上位法。因此,为理顺投资机构若干法律关系,该"投资管理条例"的主要内容应包括:对中央投资机构的基本性质、法律地位、功能属性等,作出原则规定;对社会统筹基金和个人账户基金应作出不同的投资策略和基准等;如果决定投资对象包括其他五项社会保险基金(包括新农保和新农合等),由于医疗、失业、工伤和生育保险基金对资产流动性的要求不同,支付规律和周期等不同,须对准备金预留的数量、资产配置原则和投资策略等分别作出规定,对投资理念和投资原则等作出规定。

第三,在目前养老保险制度结构框架不变的情况下,"投资管理条例"应界定中央投资机构和省级统筹单位、参保人等各方关系。中央投资机构受中央政府委托,行使的是基金受托人和投资管理人的责任,省级统筹单位应行使委托人的责任(尽管还没有实现省级统筹),因此,"投资管理条例"应对其与省级统筹单位的各自义务和责任作出基本规定,对投资收益与个人账户资产的关系作出原则规定,对是否建立投资收益损失的补偿机制作出规定;如果建立,对建立补偿机制的类型及其基本原理作出规定;对采取真实利率还是"有管理的利率"(managed interest)作出规定,如果采取"有管理的利率",问题就复杂了,对一些基本原则就要作出规定,因为涉及制度设计层面的很多细节。

第四,即使实行"名义账户制"(NDC),也需制定"投资管理条例"。这时,需对"有管理的利率"的确定原则、公布机制等作出规定;对投资的年报制度、资产和未来债务的动态测算、"名义资产"与名义利率的关系、名义利率与真实利率的关系、名义资产的独立性与账户资产的关系等作出规定,对名义资产的法律地位作出规定。这些内容涉及基本制度结构的改革取向和顶层设计,不是投资体制单项改革能够完成的,也不是"投资管理条例"所能大包大揽的,所以,养老保障体制顶层设计中应包括投资体制改革的内容。

十、此轮养老保险制度改革:实行"名义账户制"仍需建立投资体制

13年来做实账户试点的部分积累制目标不能实现,这肯定说明制度目标

或制度设计存在问题。党的十八届三中全会通过的《中共中央关于全面深化改革若干重大问题的决定》一改 13 年来"继续做实个人账户试点"的惯常表述,代之以全新的"完善个人账户制度"。毫无疑问,中国养老保险制度实行名义账户制是一次重大变化,是前文提到的 2013 年国内 4 支研究团队应邀提交顶层设计主张实施名义账户制的必然延续,是 2001 年辽宁开启的做实个人账户试点的历史转折,是对名义账户制这一新生事物的认识不断深化的客观结果。它预示着,在不久的将来,中国会加入到世界上目前已有 7 国实施的名义账户大家族之中。

如果说此轮改革实施名义账户制是对 2008 年中国社会科学院提交名义账户制改革方案的继续,那么,此轮投资体制改革便是对"2011 改革"的继续。

名义账户的重要特征是在融资方式上采取现收现付制,制度设计上不要求有积累,只要求收支平衡,所以,从理论上讲是没有资产积累的,无须建立投资体制,这是现收现付制与积累制的重要区别。但在向名义账户制转型之后,我国的养老保险制度仍需建立市场化和多元化乃至国际化的投资体制,这是由以下三个原因所决定的。

第一,养老基金存量规模庞大,在适当与新制度"切割"之后仍需尽快建立投资体制。目前累计结余养老基金 2.8 万亿元,明年超过 3 万亿已无悬念。向名义账户转型之后,作为旧制度的"遗产",庞大的养老保险基金理所当然应由新制度继承并进行投资运营,这是国际惯例。但是,这个养老基金池的投资运营应适当与新制度进行"切割",需要独立投资和封闭运行,在较长时期内实行多元化和市场化的投资体制,以提高这个资金池的保值增值的能力。就是说,这个资金池应作为养老保险制度的重要战略储备,作为名义账户制的"自动平衡基金",如同瑞典 2000 年实行的改革模式。瑞典当年向名义账户制转型时也"接手"了此前国家补充养老金制度(ATP)"遗留"的规模庞大养老基金,由此建立起缓冲基金。

第二,社会统筹离不开财政补贴,养老基金规模由此将继续增长。向名义账户制转型的方案还未确定,但可以肯定的是,只要保留社会统筹部分,提高统筹基金管理层次就几乎是不可能的,这是地方利益所决定的,这时,中央财政对欠发达地区的转移支付就是不可避免的,由此"置换"成发达地区的基金畸形积累;统筹部分的比例越大,转移支付的规模就越大。只有将统筹部分降

到零,个人账户扩大到28%的极致,才有可能最终无须财政介入。个人账户
与社会统筹的比例方案至今还未确定,但其可能性不外乎有三个:一是个人账
户扩大到28%的极致,取消社会统筹;二是个人账户保持目前的8%不变;三
是个人账户扩大到8%和28%之间的某个点,比如16%,社会统筹剩下12%。
第一可能性最小,但其结果最好;第二种可能性最大,但却是最不理想的;第三
种可能性是存在的,问题是看博弈的结果。

第三,覆盖面还有扩大的空间,这将推动养老基金规模继续增长。截至目
前,基本养老保险的覆盖面还有一定的扩大空间,估计潜在参保数量在1亿—
2亿人左右(截至2013年年底,全国基本养老保险参保人数为6.0亿人,全国
就业人员是7.7亿人)①,他们主要是农民工群体。按照以往城镇企业职工覆
盖面扩大的速率来推算,未来七八年将是覆盖面持续扩大的历史时期,所以,
年轻缴费人数的不断持续加入将推动养老基金规模继续增长下去。

基于上述分析,建立名义账户制与建立基金投资体制是不冲突的,应该齐
头并进,尽快实施。

十一、此轮基金投资体制改革:可选
方案多于"2011改革"

如前所述,在"2011改革"可供选择的思路中,当时有"政府部门投资运
营"、"市场机构投资运营"和"专门机构投资运营"三个模式。但在此轮改革
中,可供选项范围更大了,这是因为,与两年前相比,形势发生了变化,其中,一
个最大的变化是新的领导集体作出庄重承诺即财政供养人员只减不增。这
样,似乎两年前"新建中央机构"的改革思路受到限制,于是,除了"2011改
革"面临的三个思路可供选择之外,多年前的"大口径"选项范围似乎再次呈
现在决策者面前。从投资主体的角度看,此轮投资体制改革至少还存在着五
个方案。

---

① 引自人力资源和社会保障部国家统计局:《2013年度人力资源和社会保障事业发展统
计公报》,见人力资源和社会保障部网站。

表 2　中国基本养老保险基金投资体制"两轮改革"面临的可选项的比较

	方案一：政府部门投资运营模式	方案二：专门机构投资运营模式		方案三：市场机构投资运营模式	
"2011 改革"面临的可供选项	指国债投资模式，养老保险基金全部用于购买国债，典型代表国家为美国、西班牙等	指由政府出面建立一个统揽全国、市场化和多元化投资机构，直属国务院，典型模式为加拿大、日本和韩国等		指参保人为个人账户持有人，对账户资产具有完全的投资决策，典型模式为智利和我国香港强基金模式等	
此轮改革面临的可供选项	方案一：借用省级社保经办机构	方案二：建立省级独立法人机构	方案三：统一委托给全国社保基金理事会	方案四：新建若干养老基金管理公司	方案五：新建全国独立投资机构
	省级政府作为受托人，这是"行政受托"，属于地方政府直接控制	建立省级国有独资法人机构，这是"法人受托"，具有完善的治理结构，属于地方政府间接控制	延续和改造2006年部分省市账户做实试点的中央补助受托管理的做法，委托为全国社保基金理事会	由全国社保经办机构将养老保险基金"分配"给若干投资机构或养老基金管理公司进行投资	新建一个独立法人投资机构，直属国务院，负责全国基本养老保险基金（社会保险基金）的投资运营
难易程度	这五个方案由易到难，可循序渐进，也可一步到位 →				

资料来源：作者制作。

　　方案一和方案二是多年前在劳动和保障部系统最为流行的一个政策主张，这是世人皆知的一个事实①。但很显然，如前文所述，这两个方案的最大问题在于三十多个省级投资主体的法人治理结构难以完善，许多重大问题难以解决。比如，谁来决定置产配置，各省收益率可能存在巨大差别和攀比如何处理，收益率为负值将如何面对，如何面对各省分散投资的利益输送风险点太多等问题，不仅投资风险加大，而且有可能增加对资本市场的冲击和不确定性；重要的是，省级作为投资主体不仅会强化早已形成的地方利益，而且与提高统筹层次背道而驰，南辕北辙；一旦这一步迈出去，在可预见到的时期内，全

①　2005 年以来的研究文献显示，相当一部分政策主张赞同省级投资管理体制。

国统筹水平将不可能真正实现,如同1999年确立的社会保险费双重征缴体制那样(社保部门和税务部门同时征缴),重建单一征缴体制将面临水火不容的利益博弈,即使在《社会保险法》多年的立法过程中都未推进半步,因此,一旦省级投资体制确立,中国的社保制度碎片化必将被彻底"固化",届时,在世界各国社会保险基金投资体制中,中国将是唯一由省级地方政府主导投资的国家(加拿大魁北克省除外)。上述分析显示,建立省级地方投资体制是"下下策",这是笔者始终以来一贯反对地方作为投资主体的主要原因。省级投资体制不利于提高统筹层次,而统筹层次低下是目前很多制度缺陷的根源。下文将专门分析统筹层次低下导致的制度运行质量恶劣的种种表现。

方案三是中策,因为全国社保基金理事会虽然可以作为(唯一或主要)受托投资管理人,但早晚要解决这样一个问题:其资金来源不同,基金性质不同,用途不同,风险容忍度不同,流动性和资产配置要求也都不同,随着时间的推移,规模将越来越大,一分为二是迟早的事情,与其将来拆分,不如现在就新建机构。

方案四的可能性也是存在的,即或是组建若干养老基金管理公司,或是以目前若干具有资格的投资机构为主体,形成基本养老保险基金的一级投资市场,这些资金池作为名义账户制的缓冲基金,具有竞争性的关系

方案五就是"2011改革"的方案。所以,虽然这显然是"上上策",但可能性却似乎比"2011改革"小了很多。如果继续实施这个方案,那就意味着,中国届时将有两只主权养老基金,一只以财政资金为主而形成,一只以参保人缴费形成,它们可以实行不同的投资策略,甚或不同的国际投资区域。至于增加事业人员编制的问题,新建机构可完全遵照市场规律和国际惯例行事,应给予完全的企业地位,不需要事业编制,行政费用也不需要财政拨款,甚至,现存的全国社保基金理事会也应如此统一改为企业建制。这样,这两个机构投资者既可建立与国际接轨的机构投资者的薪酬福利待遇,也可解决人才流失问题,还可解决正常的运营费用问题。重要的是,不但没有增加事业编制,反而腾出大量事业编制,可谓一举多得。

上述分析说明,既然此轮投资体制改革方案的可选范围大于"2011改革",那么,情况就将更加复杂,考虑的因素就更多起来,且基本养老保险的制度结构改革需要投资体制的呼应。凡此种种,都是此轮改革中遇到的新情况

和新问题。

十二、落后的省级投资体制:低下的统筹层次将得以固化

据前文所述,中国的养老制度统筹层次很低,大部分为县市级政府管理层次。这就存在很多问题。

第一,统筹层次太低不利于建立投资管理制度。"2011 改革"给人们很多启示,其中一个最重要的启示就是,养老制度统筹层次太低不利于建立投资管理制度。与统筹层次低相匹配的自然是银行存款和购买国债等非市场化的投资制度。要想完成市场化和多元化的投资体制改革,只有将统筹层次提高到全国水平才能使之成为一个"内生"的制度,从而消除那些"上解"资金过程中产生的种种问题。统筹层次低下不仅为建立投资体制带来重重困难,而且也为整个制度运行带来很多问题,严重影响了制度的运行质量。

第二,统筹层次低下导致基金管理割据。人口流动跨越统筹地区时存在障碍,制度"便携性"很差,退保和重复参保问题比较严重。2009 年国务院办公厅发布的《关于转发人力资源社会保障部财政部城镇企业职工基本养老保险关系转移接续暂行办法的通知》(国办发〔2009〕66 号)出台之后,退保的行为被禁止了,规定异地打工只能转移接续,但跨统筹地区的流动和接续还是非常不方便,手持介绍信的传统人工转移接续很不适应现代社会的需要。虽然退保现象看不见了,永远成为中国社保制度中一个记忆,但是,重复参保的现象多了起来,"断保"现象又开始凸显出来。李克强总理 2013 年 11 月在中国工会第十六次代表大会上作的形势报告中说①,全国有 3800 万人断保,相当于当年全国城镇企业参保职工的 16.5%。

第三,统筹层次低下导致地区间两极分化。统筹层次低下使基金不能在全国层面统收统支,于是就出现一个奇特的现象。一方面,基金沉淀在发达地区越来越多,规模越来越大:2010 年有 4 个省份的累计结余超过千亿元,它们

---

① 《李克强在中国工会第十六次全国代表大会上的经济形势报告》,《工人日报》2013 年 11 月 4 日第 1 版。

是广东(2471 亿),江苏(1272 亿),浙江(1162 亿),山东(1078 亿)①;2011 年超过千亿元的省份增加到 5 个:广东(3108 亿),江苏(1658 亿),浙江(1520 亿),山东(1382 亿),四川(1260 亿)②;2012 年又增加到 7 个:广东(3880 亿),江苏(2146 亿),浙江(1964 亿),山东(1639 亿),四川(1464 亿),北京(1225 亿),辽宁(1055 亿)③;2013 年超过千亿的省份又增加到 9 个:广东(4673 亿),江苏(2516 亿),浙江(2297 亿),山东(1858 亿),四川(1749 亿),北京 1671 亿元,辽宁(1227 亿),山西(1125 亿),上海(1077 亿)④。但另一方面,这些省份的基金却不能用于那些欠发达省份,反而,从全国范围看,财政补贴的数量每年增加:2010 年为 1954 亿元⑤;2011 年 2270 亿⑥;2012 年 2650 亿⑦,2013 年 3019 亿元⑧。这说明,欠发达省份收不抵支,只有靠财政补贴才能保证养老金足额发放,且补贴规模越来越大,进而导致全国范围内基金累计规模越来越大。这是典型的资金宏观运用低效的表现,即财政资金转换为利率很低的银行存款而遭受贬值,等于变相地将财政资金补贴给了银行。

第四,统筹层次低下还导致一个致命的缺陷,即制度长期处于空账运转状态。一方面,我们有相同规模的基金(2013 年年底全国城镇基本养老保险基金累计结余 28269 亿元),但另一方面,我们却不能做实大致相同规模的空账(2013 年年底空账额高达 30955 亿元),2013 年底做实账户规模仅为 4154 亿元⑨。这个结果意味着,13 年来 13 个省份做实账户试点基本处于流产状态:一方面,财政补贴逐年增加;但另一方面,空账额却越来越大,就是说,统账结合的制度目标长期不能实现,每天早上太阳升起的时候空账额就有所增加,制度公信力下降,政府公信力受到影响,空账成为制度的一个软肋。

---

①　郑秉文主编:《中国养老金发展报告 2011》,经济管理出版社 2011 年版,第 30 页,表 7。

②　郑秉文主编:《中国养老金发展报告 2012》,经济管理出版社 2012 年版,第 54 页,表 6。

③　郑秉文主编:《中国养老金发展报告 2013》,经济管理出版社 2013 年版,第 79 页,表 11。

④　郑秉文主编:《中国养老金发展报告 2014》,即将出版。

⑤　郑秉文主编:《中国养老金发展报告 2011》,经济管理出版社 2011 年版,第 25 页。

⑥　郑秉文主编:《中国养老金发展报告 2012》,经济管理出版社 2012 年版,第 44 页。

⑦　郑秉文主编:《中国养老金发展报告 2013》,经济管理出版社 2013 年版,第 58 页。

⑧　见人力资源和社会保障部:《2013 年度人力资源和社会保障事业发展统计公报》,见人力资源和社会保障部网站。

⑨　郑秉文主编:《中国养老金发展报告 2014》,即将出版。

表3 2006—2013年城镇企业职工基本养老保险个人账户基金变化

	2006	2007		2008		2009		2010		2011		2012		2013	
	a	a	b	a	b	a	b	a	b	a	b	a	b	a	b
记账额	9994	11743	17.5	13837	17.8	16557	19.7	19596	18.4	24859	26.9	29543	18.8	35109	18.8
做实账户规模	—	786	—	1100	39.9	1569	42.6	2039	30.0	2703	32.6	3499	29.41	4154	18.7
空账额	—	10957	—	12737	16.0	14988	17.7	17557	17.1	22156	26.2	26044	17.5	30955	18.9
养老基金余额	5489	7391	34.7	9931	34.4	12526	26.1	15365	22.6	19497	26.9	23941	22.8	28269	18.1

注:a 为基金规模,单位:亿元;b 为增长率,指百分比。

资料来源:郑秉文主编:2011—2014 历年《中国养老金发展报告》,经济管理出版社。

上述分析说明,统筹层次低下是目前养老保险制度一个致命的缺陷。它导致制度运行质量永远处于一个亚健康的状态,中国养老保险制度的很多弊病皆来自这个缺陷,它几乎是一切弊病的根源。既然我们知道,一旦建立省级投资体制,统筹层次低下就得以固化,那么,省级投资体制就毋庸置疑是一个落后的、应该摒弃的投资体制。

十三、创建养老基金管理公司:此轮投资体制改革的一个突破口

早在 2007 年,在企业年金投资体制刚刚运行两年的情况下,笔者就提出建立"养老基金管理公司"的改革取向问题[①],旨在规避市场角色"分散化"和

---

① 见郑秉文撰写的如下 2 篇文章:《企业年金受托模式的"空壳化"及其改革的方向——关于建立专业养老金管理公司的政策建议》,"第二届中国社会保障论坛"获奖论文,载中国社会保障论坛组委会编:《建立覆盖城乡的社会体系:第二届中国社会保障论坛文集(2007)》(上册),中国劳动社会保障出版社 2007 年版,第 115—135 页;《当前中国养老金信托存在的重大问题及其改革方向》,《中国政法大学学报》2008 年第 1 期,第 30—48 页。在这几篇论文里,笔者分析了理事会内部受托模式和外部受托模式中面临的问题和改革的出路,指出外部受托人"空壳化"和市场角色"分散化"是发展企业年金的重要障碍之一,它导致价格大战和超低收费,无序竞争,这非常不利于企业年金的发展和中小企业的参与。提出改革的出路在于建立专业化捆绑式一站服务型的受托人机构即养老基金管理公司,以期为中小企业提供集成信托产品,降低其进入市场的门槛。进而,笔者指出了我国建立养老管理公司的意义、定位、需要注意的 8 个问题和需要解决的诸多制度障碍等,认为建立养老金管理公司可以很好地解决这些问题,即通过专门化的道路,把企业年金市场带动起来,对做大做强养老基金管理公司进行试点,使之成为企业年金市场中的旗舰。当时,笔者在这些文章里还对建立养老基金管理公司的监管模式和制度框架作了分析。

受托人"空壳化"的现象,建立以受托人为核心的年金市场,遏制恶性竞争的无序状态。但是,由于几个相关部门在监管主体和养老基金公司定位等方面存在不同看法,此议案在国务院层面暂时被搁置起来。作为替代性的措施,在已有两家养老保险公司(平安和太平)的基础之上,同年国务院又批准成立了3 家养老保险公司(国寿、泰康、长江)①。

七年后的今天,在十八届三中全会全面深化改革的战略部署下,社保改革的新形势和新任务再次提出建立养老基金管理公司的时代呼唤。所不同的是,与七年前相比,此次建立养老基金公司的意义更加深远。

第一,是促进基本养老保险投资体制改革的一个充分条件。以上对"2011 改革"中三个改革模式的分析比较和对此轮改革中五个潜在方案的利弊权衡显示,在基本养老保险基金投资体制改革取向上,不管选择哪个方案(除了以购买国债为主的"政府部门投资运营模式"以外),都需要投资载体,准确地讲需要大量外部投资管理人。例如,全国社保基金理事会委托投资需要外部投资管理人,新建直属国务院的投资机构需要投资管理人,实行省级投资的体制也需要外部投资管理人;换言之,在新的改革起点上,当机关事业单位加入进来之后,我们需要数量足够多、规模足够大、更加专业化的投资载体作为其外部投资管理人,而目前现有的企业年金运营机构和全国社保的外部投资管理人则远不能满足这个巨大的投资市场的要求。于是,筹建养老基金管理公司这个"老问题"依然是个"新办法",在投资体制最终决定之前,应同时将其列入议事日程中来。

第二,是机关事业单位养老金改革的必要条件。机关事业单位养老金改革的基本原则显然是"基本养老+职业年金"的"两层设计",目的是为了保证与企业职工养老制度的一致性,彻底消除"双轨制"。但是,与企业相比,机关事业单位的明显特征是工作环境相对稳定(长期聘用合同),人员素质较高(学历较高且全部严格考试入门),工资增长机制平滑稳定(不是大起大落),工作岗位重要(掌握国家行政管理、医疗卫生教育和上层建筑等重要部门),而目前企业年金的"社会基础设施"跟不上建立职业年金的实际需要,不能满

---

① 　在已有 5 家养老保险公司的情况下,2014 年初又批准建立了安邦养老保险股份有限责任公司,至此,全国共计拥有 6 家。

足机关事业单位建立职业年金的现实要求。建立若干旗舰养老基金管理公司之后，机关事业单位的职业年金可形成"两层市场结构"：一个是"一级市场"，是指若干养老基金管理公司实行有限竞争态势，成为机关事业单位职业年金的一站式服务的提供商；另一个是"二级市场"，是指养老基金管理公司将大量投资"外包"给有资质的大量金融机构，包括6个养老保险公司，实行充分的市场竞争。众所周知，20世纪90年代和2008年事业单位养老金两轮实行改革，但均未有结果，主要原因之一就是未将构建职业年金制度纳入顶层设计之中，而建立职业年金的"核心技术"就是建立养老基金管理公司，这是一个"牛鼻子"。此次第三轮事业单位养老金改革正在顶层设计之中，前两轮改革的失败要成为前车之鉴。

第三，是撬动企业年金发展的重要引擎。世界各国的企业年金发展模式可大致分为"市场竞争型"和"政府推动型"。"市场竞争型"是指以美国为代表的发达国家实行的企业年金发展模式，其特点主要有：起步建立较早，甚至早于其基本养老保险制度，所以，DB型计划比较发达，比重较高；20世纪70年代以来，DC型信托制计划开始兴起，逐渐成为资产管理业的一个组成部分，尤其是以401（k）为代表的职业年金计划在美国蓬勃发展，其规模已开始超过DB型计划；绝大部分养老计划的运营是由市场相关金融机构承担的，监管部门须需发行特许资格和设置准入门槛，受托人、托管人、账管人和投管人的角色比较分散，竞争较为充分；DC型职业年金计划较为发达的国家基本为信托传统深厚的不成文法国家，它们构成了当今世界"市场竞争型"企业年金发展模式的主体国家。

"政府推动型"是指拉丁美洲20世纪80年代以来、中东欧20世纪90年代以来、新兴市场经济体近年来建立起来的跨越式超长发展的一个模式，其重要的标志和关键就是建立大型养老基金管理公司，后者在推动养老金业发展方面起到了不可替代的引擎作用。例如，2011年底的数据显示①，就拥有养老基金管理公司的数量来讲，玻利维亚有4个，智利6个，哥斯达黎加7个，墨西哥14个，巴拿马7个，秘鲁4个，乌拉圭4个，波兰14个，罗马尼亚9个，哈萨克斯坦11个，保加利亚9个，克罗地亚4个，斯洛伐克6个，匈牙利12个，科索沃9个，拉脱维亚10个，西班牙69个，俄罗斯428个。在养老基金管理公

---

① 这些养老基金管理公司的数据引自：http://www.fiap.cl/。

司的推动下,这些国家的养老基金业发展非常快:墨西哥1997年参与人数仅为777万人,2011年则高达4251万人,基金积累增长从1997年的6亿美元一跃增加到2011年的1208亿美元;西班牙1989年参与人数仅为32万,2011年增加到1065万人,基金累计规模从1989年的8亿美元激增至1074亿美元;俄罗斯从2005年的61万人增加到2011年的1188万人,基金累计从2002年的15亿美元激增至2011年的488亿美元。

中国是一个后发的新兴市场,企业年金刚刚起步,又是一个大陆法系传统的国家,应吸取拉美和中东欧这些国家和地区的经验,构建一个"政府推动型"的发展模式,赶上这趟历史班车,利用养老基金管理公司这个杠杆去撬动年金市场:作为企业年金的航母和引擎,建立若干养老基金管理公司,在全国不同区域的年金市场上有序竞争,形成"一级市场";除部分自营以外,大部分投资业务外包给目前有资质的众多投资管理人,形成充分竞争的二级市场。

机关事业单位养老保险制度改革涉及的是建立职业年金"两层市场结构"问题,企业年金市场涉及的也是"二级市场"问题,这是此轮改革养老金改革的一个重点制度建设。

十四、结论:第三轮改革的前途

基本养老保险基金投资体制改革最初是从个人账户基金开始的。

早在2005年,原劳动和社会保障部便开始探讨基本养老保险个人账户基金投资运营问题,当时,有关部门与做实个人账户试点省份的看法相左,学者之间的看法也存在较大差异性,在多次学术研讨会上,均没有形成主流看法。当时正值扩大做实个人账户试点,在原东北三省做实账户试点的基础上,中央决定再选择6—8个省份进入试点行列中来①。这样,随着做实账户省份的增

---

① 2005年底劳动和社会保障部等联合出台的《关于扩大做实企业职工基本养老保险个人账户试点有关问题的通知》规定,"做实的个人账户基金由省级统一管理。中央财政补助部分可由省级政府委托全国社会保障基金理事会投资运营并承诺一定的收益率"。2006年12月,全国社保基金理事会与天津、山西、吉林、黑龙江、山东、河南、湖北、湖南和新疆9个省区签署协议,其结果是委托运营基金大约每年100亿元,委托期限最短为5年。在5年的委托期内,社保基金会将根据投资运营情况每年分红一次,5年期满时结算;全国社保基金理事会承诺每年3.5%的保底收益率。

加,账户基金的规模也必将扩大,投资问题便自然提到案头。但是,投资体制最终还是没有建立起来,最后的结果是,2006年12月中央财政给予9个省份做实个人账户的补助资金正式委托给全国社保基金理事会来投资运营。于是,"2006改革"的结果与"2011改革"差不多,也是以委托全国社保基金理事会投资而告终。

如果说"2006改革"是建立养老保险制度以来首次提出社会保险基金投资体制改革并以委托全国社保基金理事会而告终,那么,"2011改革"便是第二次"试水",其结果与"2006改革"惊人地相似,即以广东千亿基金委托全国社保基金理事会而终结。目前将要进行的改革是第三轮投资体制改革,其命运如何? 如果说"2011改革"的舆论压力和部门博弈是两个最大的变数,前者主要集中在是否实施市场化改革上,后者主要集中在采取什么投资模式上,那么,此轮改革的情况就显得更加复杂了。

这涉及对养老保险制度的选择问题及其福利损失的看法问题,涉及养老保险制度与养老保险基金投资之间的关系问题,因此涉及建立养老保险基金投资体制的必然性和必要性的问题。

纵观我的学术心路历程,我对基本养老保险保险基金投资体制的看法曾发生过转变。早在2004年我发表《建立社保基金投资管理体系的战略思考》时①,看法和观点与现在不大一样。当时,我将国内的养老保险基金投资策略分为三大块:全国社保基金作为"储备基金",其投资策略应完全走向国际资本市场;统账结合的"账户基金"应实施完全市场化的资本市场的投资策略,由中央政府负责投资管理,封闭运行,自我平衡;统账结合的"统筹基金"实行省级统筹和"三离开"的投资原则(离开资本市场,离开基础设施和不动产,离开其他产业等投资领域),采取全部购买特种国债的投资策略,具体设想是持有中央政府发行的特种社保国债(可交易与不可交易的)以及省级地方政府发行的债券和金融债券,由此创建和形成"两个市场"即"准债券市场"和"金融债市场"。于是,在上述储备基金、账户基金和统筹基金这三只基金之间便形成一个专门的"社保信用合作体系"。当时,笔者还对上述三只基金各自的

---

① 见郑秉文:《建立社保基金投资管理体系的战略思考》,《公共管理学报》2004年第4期,第4—21页。

法律定位、支付功能、融资渠道和行政隶属关系等制度框架提出了具体的政策建议,对其回报率做了对比,认为基本可以逼近平均社会工资增长率的水平。为配合上述投资体系的建立,还提出了调整社保缴费比例的设想,认为这个基本框架既符合国际惯例,又符合具体国情,具有中国特色;既有制度创新,又为未来诸如地方开放地方债市等发展留下了空间;既保持了职工收入替代率没有降低,又增强了社保制度的财政可持续性,同时还减轻了国家的财政负担。

笔者上述对中国养老保险基金投资体制的看法可以归结为一点,就是在统账结合制度下,账户基金应实行市场化的投资体制,而统筹基金则主要是以国债投资为主。

但是,后来的发展趋势却残酷地显示,这些想法离现实存在很大差距,尤其是,现实世界中的三个"没想到"促使笔者彻底改变了对中国养老保险基金投资体制改革的看法。

第一个"没想到"是,虽然笔者"认识到"了"艾伦条件"和"生物收益率"的铁律①,但"没想到"做实账户最终还是流产了,于是,账户基金市场化投资体制的建立便成为泡影。艾伦条件告诉人们,存银行和买国债的保值增值方式离社会平均工资增长率与人口增长率之和更远,差距更大,只有建立市场化的投资体制才能更加逼近或缩小这个差距,这样,减少"生物收益率"损失的办法就是尽早建立市场化投资体制;于是,在轰轰烈烈的做实账户试点的"运动"下,账户基金规模必然会越来越大,这已成为全社会的一个预期;相反,统筹基金的比重必然会不断萎缩,越来越小,就是说,统筹基金将不断被转换为账户基金,这样,统筹基金实行国债投资策略的收益率虽然低于账户基金,但不会对整个养老保险基金的收益率形成巨大影响。但是,"没想到"的是,做实个人账户试点的 13 个省份积极性逐年下降,新的省份不愿意加入进来,做实账户试点陷入流产状态;相对应地是,基金都留在了账户之外,即形成了规模庞大的统筹基金。退一步讲,即使账户基金规模远不如预期,其市场化投资体制也没有建立起来,账户基金与统筹基金实行的都是银行存款的保值增值

---

① 在积累制度下,如果投资收益率小于人口增长率与工资增长率之和,积累制就是不可取的,这时就应该放弃积累制而实行现收现付制,因为现收现付制是有效率的,它能够在代际之间进行帕累托有效配置,这就是内部收益率,这个内部收益率就是人口增长率和工资增长率之和,也叫生物收益率。这就是"艾伦条件",常常也被称之为萨缪尔森定理。

方式。于是,这个"没想到"导致笔者 2004 年投资体制改革"三足鼎立"的设想彻底陷入虚无状态。

第二个"没想到"是,虽然笔者"意识到"了随着覆盖面的扩大,养老保险基金规模将不断扩大,投资压力也将随着增加,但是,"没想到"的是,统筹层次始终没能提高,由此"逼使"财政转移支付不得不大规模介入,对养老保险进行的转移支付一年比一年多:1998 年仅为 24 亿元,占当年的 GDP 的 0.02%,但到 2013 年则高达 3019 亿元,占 0.5%。1998 年以来,财政转移支付合计高达 18338 亿元,而 2013 年基本养老保险基金历年累计余额也就是 28269 亿元,就是说,在滚存余额中,大约有 64% 是财政补贴形成的。每年财政补贴之所以不得不大规模介入,其主要原因之一是养老保险基金的统筹管理层次低下,收不抵支的地区为保证发放养老金不得不"理直气壮"地把手伸向财政。我们知道,早在 1991 年发布的《国务院关于企业职工养老保险制度改革的决定》(国发〔1991〕33 号)就规定,"尚未实行基本养老保险基金省级统筹的地区,要积极创造条件,由目前的市、县统筹逐步过渡到省级统筹。"习惯上讲,在中国特定文化背景下,文件规定的动作一般来说就肯定形成预期,这是制定政策的基本依据。但这次却不是这样,这件事却没有形成预期,二十多年过去了,统筹层次还是原封没动,这个预期没有实现,这是谁也"没想到"的。于是,财政转移支付就成为必然,在客观上"帮助"养老保险基金快速发展,使其保值增值的压力陡然增加。至于为什么统筹层次经过二十多年之后还是没有提高,这就是另外一个问题了。

第三个"没想到"是,虽然笔者"意识到"了 1997 年加拿大改革、2000 年日本和韩国改革冲破了以美国为首的 DB 型现收现付制条件下保险基金不能进入资本市场进行市场化投资的"禁忌"[1],但是,万万"没想到"这三个国家的改革形成了一个宏大的历史潮流,不仅冲破了人们的思维桎梏,更带来了一场颠覆性的历史变革,甚至对传统的引入个人账户的双重目的都产生巨大影响,

---

[1] 美国相关部门和一部分学者始终认为,DB 型现收现付条件下的养老保险基金如果直接进入资本市场进行投资,将会带来很多负面影响,一般来说只能建立个人账户并通过个人账户进行市场化投资。关于这些理念的介绍,请见郑秉文:《DB 型现收现付制社保基金的危机与投资理念——美国"联邦社保信托基金"治理结构及其不可持续性的解决途径》,《世界经济》2003 年第 11 期,第 46—69 页。

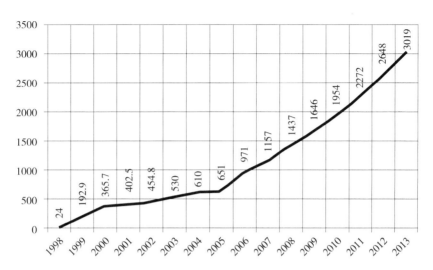

图 1　1998—2013 年各级财政对城镇企业职工基本养老保险基金的转移支付

资料来源:作者根据历年《人力资源和社会保障事业发展统计公报》(人力资源和社会保障部发布,见人力资源和社会保障部网站)绘制。

即建立个人账户的目的之一是为了进行市场化投资的假定已被三国改革的成功实践所彻底摒弃。随着时间的推移,三国的投资实践显现出的是逐年向好,尤其是,加拿大"1997 改革"显示出其引领性的示范作用,通过个人账户进行市场化投资的信条无疑已沦为历史窠臼。这个"没想到"的冲击力也是非常大的,尽管美国基本养老保险"联邦社保信托基金"(OASDI)依然故我,我行我素,仍全部持有政府债券,但是,外部世界的变化与实实在在的投资收益率已经证明,DB 型现收现付制的两种投资体制完全可以并行不悖,相互竞争。

　　主观决定于客观。上述三个"没想到"使笔者的心路历程发生转变,使笔者的主观认识出现变化。虽然多元化和市场化的投资收益率仍不能跑赢社会平均工资增长率(与人口增长率之和),但毕竟高于银行存款利率,也高于国债利率,是目前能够看得到的减少福利损失的最佳办法。于是,改革投资体制自然成为上策,这是对社保基金安全性和收益性更加负责的体现。从另一个方面讲,中国采取市场化的改革取向,这完全符合世界改革潮流,继加拿大、日本、韩国之后,如果中国成为市场化改革的第四个国家,这将是一个创举,也是一个发展趋势。

　　实际上,上述三个"没想到"带来的冲击是非常大的,它不仅改变了笔者作为一个学者的心路历程和学术观点,也改变了中国养老保险制度的运行质量和支付能力,甚至,还改变了决策层前两次投资体制改革的政治决心。但不管怎样,改革的趋势是不会改变的,散落在两千多个统筹地区的基本养老保险基金终有一天要进行投资的,这一天必将出现在此轮或称第三轮改革中,问题只是在于采取什么模式而已。

参考文献:

曹远征等:《重塑国家资产负债能力》,《财经》2012 年第 15 期(总 324 期)。

丁冰、陈莹莹:《养老金投资管理明年或有重大进展》,《中国证券报》2011 年 12 月 21 日。

国家统计局:《中国统计年鉴》,见 http://www.stats.gov.cn/tjsj/ndsj/2013/indexch.htm。

国家统计局网站,http://www.stats.gov.cn/tjsj/ndsj/。

高国辉、张胜波:《广东千亿养老金委托社保基金投资运营》,《南方日报》2012 年 3 月 21 日。

黄丽娜:《千亿养老金入市收益6.73%》,《羊城晚报》2013 年 12 月 26 日。

劳动部、国家统计局:《关于 1990 年劳动事业发展的公报》和《关于 1993 年劳动事业发展的公报》。

《李克强在中国工会第十六次全国代表大会上的经济形势报告》,《工人日报》2013 年 11 月 4 日。

李扬等:《中国国家资产负债表 2013——理论、方法与风险评估》,中国社会科学出版社 2013 年版。

马骏、张晓蓉、李治国等:《中国国家资产负债表研究》,社会科学文献出版社 2012 年版。

罗伯特·霍尔茨曼、爱德华·帕尔默主编:《名义账户制的理论与实践——社会保障改革新思想》,郑秉文等译校,中国劳动社会保障出版社 2009 年版。

全国社保基金理事会:《全国社会保障基金理事会基金年度报告(2013 年)》,见全国社保基金理事会网站。

全国社保基金理事会:《全国社会保障基金理事会章程》,见全国社保基金理事会网站。

人力资源和社会保障部:《2011 年全国社会保险情况》,2012 年 6 月 27日,见人力资源和社会保障部网站。

人力资源和社会保障部:《2013 年全国社会保险情况》,2014 年 6 月 24日,见人力资源和社会保障部网站。

人力资源和社会保障部、国家统计局:《2012 年度人力资源和社会保障事业发展统计公报》,见人力资源和社会保障部网站。

人力资源和社会保障部、国家统计局:《2013 年度人力资源和社会保障事业发展统计公报》,见人力资源和社会保障部网站。

人力资源和社会保障部:《2013 年全国社会保险情况》,见人力资源和社会保障部网站。

人力资源和社会保障部基金监督司:《全国企业年金基金业务数据摘要2012 年度》,2013 年 4 月。

人力资源和社会保障部 2013 年第四季度新闻发布会文字实录,见中国网,http://www.china.com.cn/zhibo/2014 - 01/24/content _ 31260509.htm?show=t。

审计署:《2012 年第 34 号公告:全国社会保障资金审计结果》,2012 年 8月 2 日,见国家审计署网站。

王亚平:《全国各类社保积累额金 2.5 万亿元,五项基金年均收益不到2%:五部委勾勒完善社会保障路线图》,《中国证券报》2008 年 11 月 7 日A01—A02 版。

魏吉漳:《中国养老保险统账结合制度的隐性债务有多少?》,《快讯》2014年第 11 期(总第 60 期),2014 年 3 月 20 日,见中国社科院社会保障实验室网站,http://www.cisscass.org/。

郑伟、陈凯、林山君:《中国养老保险制度中长期测算及改革思路探讨》,第五届中国社会保障论坛获奖论文,2013 年 11 月 7 日。

郑秉文:《金融危机对全球养老资产的冲击及对中国养老资产投资体制的挑战》,《国际经济评论》2009 年 9—10 月刊。

审计署:《2012 年第 34 号公告:全国社会保障资金审计结果》,2012 年 8

月 2 日,见国家审计署网站。

郑秉文主编:《中国养老金发展报告 2011》,经济管理出版社 2011 年版。

郑秉文主编:《中国养老金发展报告 2012》,经济管理出版社 2012 年版。

郑秉文主编:《中国养老金发展报告 2013》,经济管理出版社 2013 年版。

郑秉文:《建立社保基金投资管理体系的战略思考》,《公共管理学报》2004 年第 4 期。

http://www.fiap.cl/.

CPP Investment Board ,"People, Purpose, Performance: Annual Report 2013".

NPS (National Pension Service),"Working Together for Better Tomorrow——2012 the NPS Fund Management Report".

(本文原载于《辽宁大学学报》2014 年第 5 期,第 1—19 页)

费改税不符合中国社会
保障制度发展战略取向

内容提要：社会保障税与社会保障费之间存在本质的差别，社会保障税具有无偿性、固定性和强制性，而社会保障费则体现了供款与权益之间的密切联系。在目前阶段，社会保障费改税既不符合世界社会保障私有化改革潮流，也不符合中国统账结合社保制度的性质，不符合中国社保制度发展战略取向，不适应中国社会保障和经济发展阶段。社会保障费改税无助于解决中国社保制度在征缴、基金安全和统筹层次等方面的问题。近年来的金融危机和增长方式转变要求社会保障具有更大的弹性，新农保、事业单位养老金改革和医疗保险改革等也使得社会保障费改税的可行性进一步降低。

关于中国社会保障费改税问题的争论由来已久，在 20 世纪末即有相关部门与许多研究者主张实行社会保险费改税，当时郑功成教授明确提出"社会保险费改税应当缓行"的观点，此后他在不同场合亦多次发表反对社会保险费改税的意见①。最近的一次争论发生在 4 年前，即 2006 年 9 月，有媒体宣布有关部门正研究社会保障费改税，再次引发理论界和媒体关于社会保障费改税问题的一场争论。笔者曾撰文指出社会保障费改税不合时宜。目前，有关报刊又一次提起费改税。四年来，社会保障制度的发展和金融危机的爆发

---

① 郑功成教授是坚持中国不宜实行社会保险费改税的学者之一。1998 年，在社会保险费改税呼声极高的背景下，他曾向有关决策机构提供过题为"社会保险费改税应当缓行"的专题政策研究报告，此后，他在不同场合及公开出版或发表的论著中又多次强调过不赞同社会保障费改税的观点。参见郑功成：《社会保障学》，商务印书馆 2000 年版；郑功成：《社会保险费改税应当缓行》，《中国经济时报》2000 年 2 月 16 日；郑功成：《慎对社会保险费改税的问题》，《领导决策信息》2005 年第 16 期。

使人们对费改税的认识更加深入,费改税的难度不仅加大了,而且更加不符合中国社会保障制度发展战略取向,在社保基金累计余额逐年增加的压力下[①],费改税不符合社保基金投资体制的改革趋势。

一、社会保障税与社会保障费的本质差别

社会保障税体现的是对纳税人社保权利的保护:纳税人在纳税之后,在个人与国家之间就形成一种平等互惠的"利益交换"关系,这个"利益交换"关系受到法律的保护,纳税人应依法享有社保制度赋予的相关权利即国家提供公共物品和公共服务(社保制度)的消费权利;权利是目的,义务是手段;履行纳税义务是为了获取权利的实现。纳税人不纳税就等于主动放弃了自己的公民权利,只要纳税,就会获取相应的权利。税收制度是义务与权利相一致的统一体,与其纳税额的多少基本无关。从理论上讲,纳税额为几百万元的企业高级管理人员的公民权利与纳税额只有几百元的普通清洁工是一样的,他们的权利是相等的。尽管公司总裁与普通工薪者之间纳税额存在很大差距,但他们享受公共产品的数量差别不是很大,享有政府提供社保公共物品的数量与质量没有太大的差异性,重要的是与他是否纳税这个事实有关,这就是人们常说的税收的无偿性、固定性、强制性的含义,也是社保税具有的三大特性。虽然最近十几年来世界范围内社会保障改革进程中很多国家已突破了"无偿性",在缴税制的国家或多或少引入了一定的补偿因素,但总体来说,在社保税体制下,纳税人的当前供款与退休后享有的待遇水平没有直接对等的精算关系。

从社保融资方式看,一般来说,缴税制与现收现付制相联系。现收现付制的最大特点是退休金水平与纳税人最后工资水平相挂钩,而与个人和单位的实际供款总额没有直接的关联性。所以,现收现付制一般与"待遇确定型"(Defined Benefits,简称DB)联系在一起,全称就是"待遇确定型现收现付制"或简称为"DB型现收现付制"。

与社保税恰恰相反,社保费的本质属性是供款与权益关系密切,它强调的

是缴款与权利的对等性。除了在固定性和强制性方面与社保税具有同样的法律约束之外,社保费的"补偿性"与社保税的"无偿性"是相对立的。社保费的"补偿性"一般有两种形式:一种形式是现收现付制下,它与未来待遇水平存在较高的"联系因素"。另一种形式是引入账户的缴费,它具有更加紧密的联系,所体现的是完全的"精算因素",多缴多得的联系更为明显、更为紧密,具有完全的补偿性质,或者说具有完全的"对等性"。社保费还具有"即时性",它是指账户持有人到法定年龄时的产权意义,是个人账户资产私有性的一个时间承诺。引入个人账户的意义在于个人账户是个人资产建设和国家以立法形式进行承诺的一个载体,具有可继承性等特点。

二、社会保障费改税存在八个弊端

多年来国内学界主张社会保障费改税的主要论述和依据可以归纳为八个方面:一是认为发达国家大多数实行的社会保障税,不是社会保障费,费改税是国际社会改革的大潮流,是与国际接轨;二是费改税可以提升征缴的权威性,增强征缴的强制性,加大征收力度,提高征缴率;三是可以降低成本,尤其是税务系统遍布全国,业务熟练,利用现有的税务机构可以大幅降低征缴成本;四是可以解决当前社保经办机构与地税系统双重征缴的矛盾,如核准的统计口径、票据的传递时滞、复审存在的差错等,避免出现一些相互推诿的现象;五是费改税可以建立税务机关征收、财政部门管理、社保部门支出的"三位一体"管理体制,相互制约,相互监督,有利于提高社保资金的安全性,有效防止挪用、挤占和腐败;六是由于税务部门征缴可以提高征缴力度,将增强参保的强制力,有利于扩大社保覆盖面;七是有利于提高统筹层次,有利于资金投资管理;八是符合全国范围内费改税的大趋势,有利于建立公共财政制度和促进政府职能的转变,等等①。

上述主张社会保障费改税的观点有一定道理。但是,从中国社会保障制度的发展进程来看,尤其是从中国社会保障制度发展战略取向来看,费改税既不

---

① 郑秉文:《社会保障费改税不利于深化社保制度改革》,载《建立覆盖城乡的社会保障体系:第二届中国社会保障论坛文集(2007)》(上册),中国劳动社会保障出版社 2007 年版,第419—431 页。

适应中国社会保障制度特征、社会保障发展阶段和客观经济社会环境,也不符合国际社会社会保障改革潮流。中国建立统账结合制度的初衷是为了将公平与效率结合起来、将社会再分配与个人激励机制结合起来。这是一个部分积累制的混合型制度模式,与之相适应的应是社保费而不是社保税。费改税违背中国社保制度发展战略的目标和要求,并可能导致诸多弊端,如加剧征缴的复杂性,降低社保制度灵活性,阻碍社保制度改革与完善。不仅如此,费改税不适应中国目前的二元经济结构,超越了中国经济发展阶段,没有可持续性。

(一)世界性的改革潮流不是费改税,而是税改费

从国际潮流看,第二次世界大战之后,全球社会保障制度的税费改革过程分为两个阶段:第一阶段是 20 世纪 40 年代末和 50 年代初,欧洲国家纷纷建立福利制度,实行缴费制的国家相继弃费改税,出现一股费改税的潮流;第二阶段是在 20 世纪 80 年代,社会保障制度改革开始出现逆转,税改费成为一个新的潮流,并且这个潮流方兴未艾。税改费主要出现在三个地区:一是在拉丁美洲地区。1981 年以智利为代表的私有化改革带动了 12 个其他拉美国家进行了智利模式改革,这些国家或全部或部分地引入了个人账户。改革后的养老金制度实行市场化的投资制度,改革前的社保税性质荡然无存。二是在亚洲地区,一些新兴市场国家和地区开始进行以个人账户为特征的社会保障制度改革,例如,1997 年中国正式确立统账结合制度,2000 年中国香港地区正式实施强积金,还有蒙古、吉尔吉斯斯坦等国引入了名义账户。这些亚洲国家引入个人账户的目的在于加强个人供款和未来待遇之间的联系和进行市场化投资,以提高收益率。三是在欧洲,俄罗斯、波兰、拉脱维亚、瑞典和意大利名义账户制的改革、爱尔兰半积累制的改革、德国积分制的改革等。这些欧洲国家引入个人账户或账户因素的目的在于减轻多年来国家的财政负担,加强个人在养老金制度中的作用。在过去 30 年里,上述三个地区大约有 40 个国家不同程度地引入了个人账户,实现了从税向费的转变。这些国家的改革取向无一不是加强缴费与待遇之间的联系,通过引入账户因素(包括名义账户)对慷慨的待遇水平进行约束,以减少国家的财政负担。

(二)费改税不符合旨在加强缴费与待遇之间联系的社会保障制度发展战略的要求

加强缴费与待遇之间的联系是中国社会保障制度改革的基本原则和既定

方针。坚持社保供款的性质为费,是坚持这个基本原则和既定方针的一个制度基石;相反,费改税意味着将个人供款与未来待遇的联系割裂开来,国家财政将要承担起无限责任,这显然不符合中国国情和中央多次强调的加强缴费和待遇之间联系的基本精神。欧洲福利国家面临的财政困难使我们看到,以缴税制为主要特征的福利制度缺乏可持续性,最终还是不得不进行改革。中国作为人均 GDP 不到 4000 美元的发展中大国,在较长时期内不应以福利国家为社保改革的追求目标。世界社会保障制度改革的实践告诉我们,社会保障制度的财务可持续性是社会保障制度得以长治久安的基础,坚持缴费制是维持财务可持续性的一个基石。

(三)费改税在技术上不符合统账结合的混合型制度的设计要求

从理论上讲,在统账结合制度中,社会统筹部分的缴款可以实行费改税,而个人账户部分的缴费则不可能改为税,否则就会与个人账户的存在产生冲突。如果将供款一分为二,统筹部分改为税,个人账户部分仍保留为费,则会人为地使社会保障制度复杂起来,加大社会公众对社会保障的认知困难,在供款征缴过程中将会引发一些额外的制度运行成本,人为地制造一些制度矛盾,不符合制度的本质要求和发展战略取向。我们当前面临很多紧迫的改革任务,费改税既不是最紧迫的任务之一,也不是解决其他困境的关键所在。如果实行费改税,反而会使人们的思想混乱起来,发出一个错误信号,误导参保人走向大锅饭的传统体制。

(四)费改税不符合社会保障制度深化改革对"制度弹性"的要求

税制的刚性要大于费制,这既是税制的优点,也是它的缺点。费改税将会加大社会保障制度的刚性,导致社会保障制度缺乏灵活性。中国社会保障制度目前还远远没有定性,更没有定型,从源头供款到末端支付,从基金管理到投资运营,从机关事业单位到农民社保问题等,均处于改革探索过程中。例如,做实个人账户试点目前只在 13 个省份当中进行,当期社会统筹出现的缺口与做实个人账户所需转型成本之间的矛盾始终没有得到根本解决,账户基金的投资体制和运营机制问题始终没有明朗,庞大的养老资产的保值增值问题始终没有得到解决,社会保障制度的预期远没有明确给出,《社会保险法》还未出台,等等。所有这些,都需要为制度改革留出一定余地,保留缴费制就等于为未来改革面临的不确定性保留了弹性空间。反之,费改税之后将极大地缩小了未来制度调整的空间。

(五)明显的二元社会经济是制约费改税的重要因素

费改税涉及的因素很复杂,首先需要以制度结构的自身改革为前提,以适应外部的二元结构。在目前的社会保障制度设计下,一旦实行费改税,城镇和农村的纳税人概念和范围的界定以及税率设定就可能面临严重困难。要增加一个税种或是一个税目,首先要确定其纳税对象,需要人大会议讨论通过。如果实行费改税,按照目前城乡经济发展水平的巨大差距,农民能否成为法定义务纳税人还是一个很大的问题。如果将农民和农村排除在外,将会加剧原有的社会矛盾,与和谐社会建设的目标背道而驰。尤其是在中央政府已经免除农业税的大背景下,建立农民社保税的环境已然不存在,为全国农民新增一个税种很不现实。农业生产特征、农民收入水平及城镇化过程中大量失地农民的产生等,都决定了向农民征社保税不具有现实性。在差异性如此之大的二元经济结构下,费改税的社会经济环境还远未具备①。

(六)费改税不是加强征缴力度的关键所在

社保资金征收力度的大小不在于缴款的性质是费还是税。例如,包括法国、德国和意大利等国在内的许多西欧大国的社保供款实行的都是费制,他们几乎不存在逃费现象,征缴力度不差于实行税制的美国和英国。中国目前社保费征缴力度较薄弱,问题主要在于制度设计上存在诸多缺陷,如参保门槛较高,便携性较差,制度设计复杂,透明性较差,政策缺乏连续性等。这些制度缺陷弱化了制度的激励机制,费改税之后不能增强制度的激励机制,且原有的这些制度设计缺陷将依然存在。只有解决了这些制度设计缺陷,变"逼我参保"为"我要参保",征缴力度问题才能迎刃而解。换言之,征缴力度来源于制度的激励机制,而较少来自供款属性的改变。

(七)费改税不是加强基金安全的必要条件

中国社保资金的安全性不在于是"费"还是"税"。例如,在实行费制的西欧国家,社保基金的安全性并不差于实行税制的英国和美国。我们不能假设,美国税改费就会产生安全性风险;意大利1995年和瑞典2000年实行税改

---

① 参见郑秉文、房连泉:《社会保障供款征缴体制国际比较与中国的选择》,《公共管理学报》2007年第4期。

费以后,其基金安全性依然很好,没有出现任何不如以前的违规现象。中国社保基金安全性潜在风险来自两个内生原因:一是由于缺乏投资渠道,基金仅限于协议存款和购买国债,收益率低下,导致市场化投资具有天然的内在冲动;二是统筹层次十分低下,基金管理相当分散,为这些潜在风险带来了客观条件①。这两个制度内生缺陷是导致基金投资风险、保值风险、管理风险的主要原因,由此对基金安全性形成的主要威胁是法人违规。社保基金完全由地方财政专户管理,自然人违规和腐败的现象较为罕见,尤其是在上海社保案发生之后。

(八)费改税不利于提高统筹层次

目前,中国社会保障基金统筹管理水平实行真正意义上省级大收大支的寥寥无几,大概只有北京、上海、天津、陕西等少数几个省份,甚至辽宁省在经过 10 年试点之后也没有实现真正意义上的省级水平的大收大支。决定社保基金能否提高统筹管理水平的因素显然不在于实行社保费还是社保税。在区域之间、城乡之间发展水平极不平衡的二元结构下,一旦提高基金收支管理层次,地方政府的道德风险必将导致基金收入减少和基金支出规模增加,其逆向选择有可能致使社保基金面临较高的财务风险,这是当前社保基金收支统筹管理水平难以提高的真正原因。如果实行费改税,纳税人供款与权益之间的联系将被割裂开来,统筹层次越高,对基金收入的不利影响就越大。因此,社保税对统筹水平提高影响的程度要远远大于费制,财政风险也必将大于费制。

三、八个新问题使得费改税更不可行

四年前讨论的社会保障费改税尚且不可行,四年后的今天情况更加复杂化了,全球金融危机的爆发及其对中国社会保障制度的挑战和新社会保障政策的出台,使得费改税导致的不确定性陡然增加。从动态上讲,全球金融危机爆发后,为刺激经济增长、促进就业,人力资源和社会保障部及时出台了旨在减轻企业负担的社保新政,这正是得益于社保费制度的灵活性。如果实行费

---

① 参见郑秉文:《社保基金违规的制度分析与改革思路》,《中国人口科学》2007 年第 4 期,第 3—5 页。

改税,无论是"纵向设计"还是"横向设计",都会面临重重矛盾和困难。新农保政策的出台和事业单位养老金制度改革使得费改税面临更大的复杂性;社保基金投资管理模式改革使得费改税面临更多悬而未决的新问题;费改税涉及社保制度的通盘考虑与统筹安排,而且基本养老保险费改税将影响其他保险制度特别是医疗保险制度的改革,将有可能引发建立福利普惠制的巨大压力。

(一)金融危机中实施的社保新政显示,费改税不是改革的大方向

在此次全球金融危机期间,中国政府及时采取了一揽子反危机措施。金融危机对中国的冲击导致就业形势急剧恶化,而两千多万失业群体中绝大部分是农民工。为配合中央提出的保增长、促就业、保民生、保稳定的战略,人力资源和社会保障部及时推出了"社保新政",其具体措施包括"五缓四减":允许困难企业在一定期限内缓缴养老、失业、医疗、工伤、生育保险五项社会保险费;阶段性降低城镇职工基本医疗保险、失业保险、工伤保险、生育保险四项社会保险费率。社保新政为减轻企业负担和稳定就业作出了巨大贡献,对促进经济复苏和稳定就业局势起到了重要作用①。中央政府之所以能够及时调整社保制度相关参数,推出一揽子"社保新政",其中一个重要原因是中国社会保障制度采取的是社保费,运用比较灵活。这是社保税所不具备的一个优势,也是国际社会应对此次国际金融危机的一个宝贵经验。

(二)在拉动内需和转变经济增长方式过程中,社保费更具优势

此次国际金融危机还显示,增强居民消费信心、拉动消费需求、转变经济增长方式的任务迫在眉睫,并关乎国民经济可持续发展的经济安全问题。在这个大背景下,社会保障制度的任务首先是扩大覆盖面,为增强消费者信心作出长期的制度保障,而设立新的税种或税目将与中央经济工作会议和全国财政工作会议上多次提及的实行"结构性减税"的精神有南辕北辙之嫌,将对扩大内需造成阻碍。改革开放30年来,在国民收入分配结构中,国民财富过度向政府而不是居民倾斜。在金融危机期间,面对财政收入远超居民收入、居民收入增长乏力和消费疲软的严重失衡状况,有学者提出直接大幅让利于民的

---

① 参见郑秉文:《2009金融危机:"社保新政"与扩大内需》,《中国社会科学院研究生院学报》2010年第1期,第16—28页。

减税计划,有报刊撰文提出扩大减税的范围和规模的建议,甚至有地方"两会"代表提出用退税方式向全体居民发放红包的提案。在如此收入分配体制改革的取向和氛围下,设立社保税不仅是一个社会保障制度改革问题,也不仅是一个财税体制改革问题,而是一个政治和社会问题,是一个转变经济增长方式的战略问题。

(三)费改税有可能会降低征缴效率,潜伏着财政风险

1994年开始实行的分税制改革的本质是在各级政府之间明确划分事权与财权,按税种划分中央和地方的收入来源,按照税种实现分权、分税、分管"三分",即将税收按照税种分为中央税、地方税、共享税。如果实行社会保障费改税,将产生实行中央税、地方税还是共享税,如何科学划分中央与地方的责任和义务等问题,而这些问题又涉及地方政府积极性的激励机制设计。在社会保障五险统筹层次如此低下的情况下,这个激励机制的"纵向设计"显然是一个难题。"横向设计"也同样存在矛盾:费改税之后,征缴主体是税务部门还是社保部门,这个久拖不决的矛盾将会重新提起,部门博弈将会立即重现,届时,2007年曾经出现过的征缴主体的部门利益之争将会再次白热化。如果将养老保险的社会统筹部分改为税,账户部分保留为费,就将面临是实行"分征体制"还是"代征体制"的抉择,即是实行税务部门征收属于税的统筹部分、社保部门负责征缴属于费的账户部分,还是统一由一个部门负责征缴所有税和费。如果实行"分征体制",不仅征缴体制会更加复杂化,而且涉及征缴效率问题;如果实行"代征体制",则会潜伏新的风险,因为如果税务部门负责征缴而社保部门只负责待遇支付,收支之间的联系必将失去内生的精算机制,收不抵支的财务风险有可能会成为一种常态。

(四)新农保政策出台之后,个人供款性质更加远离税性

2009年国务院出台了新农保政策,其融资方式是由个人缴费、集体补助、政府补贴三方面构成的,农村居民缴费标准目前设为每年100元至500元5个档次,三方缴费和补贴几乎全部计入终身记录的个人账户。这是一个典型的多缴多得的账户模式,三方供款只能定性为缴费,难以强制地定性缴税。而且,新农保试点的基本原则是"保基本、广覆盖、有弹性、可持续",如果实行费改税,该制度的"弹性"原则将大打折扣。截至2010年3月,全国11%的农村地区开展了新农保试点,养老保险首次覆盖了1.3亿名农村居民。如果实行

费改税,全国社会保障制度税费分割必将十分严重,成为全世界独一无二的税费并存的三元结构:在全国范围内存在城乡税费分割现象,即农村实行的是费,城镇实行的是税;在城镇出现统账税费分割现象,即社会统筹部分实行的是税,个人账户部门实行的费。很显然,如此税费混杂的三元设计是不可取的,是社会保障制度的次优选择,不符合中国社会保障制度发展战略的取向①。

(五)事业单位养老金制度改革止步不前,费改税将使之更加复杂化

2008年2月中央提出五省市事业单位养老金制度改革方案,但两年半来,这项改革始终处于酝酿阶段,其复杂性远超过当初的预测,本届政府恐难以真正启动。面对更为复杂的事业单位养老金制度改革前景,如果实行费改税,事业单位改革将会遇到支付转型成本的理论困境。事业单位养老金制度改革的核心是与城镇基本养老保险制度并轨。其中个人账户完全由个人缴费形成,统筹基金的单位配比缴费毫无疑问地要来自财政转移支付。在费改税的条件下,统筹基金的供款改为税,其管理主体势必为财政部门。这样,不管社保税是设立联合账户还是分立账户,单位配比供款的实质等于是间接地利用社保税收入支付了事业单位养老金的单位配比供款。这就在理论上出现一些问题,相当于或接近于"用社保税来支付社保税"的一个自我循环,统账结合的部分积累制性质(做实账户的资金性质及其来源)将流于形式,与目前做实个人账户试点的既定方针大相径庭。这涉及制度模式重新选择改革方向和发展战略的问题。这个潜在难题及其性质如同2009年中央政府允许辽宁省将账户基金余额用来支付当期出现的统筹基金缺口一样,等于是对部分积累制的制度属性的一个挑战。

(六)费改税将对改革投资体制产生连锁制约,不利于社保基金投资体制改革

近年来,社保基金的投资策略与投资体制改革问题多次被摆在决策层"案头"。2008年11月审计署公布权威消息②,五项社保基金平均收益率不

---

① 参见郑秉文:《中国社保"碎片化制度"危害与社保"碎片化冲动"探源》,《甘肃社会科学》2009年第3期,第50—58页。

② 王光平:《全国各类社保基金积累额近2.5万亿元 五项基金年均收益不到2%》,《中国证券报》2008年11月7日。

到2%,贬值风险逐年加大。因此,中国社保基金实行投资管理是大势所趋,但如果实行费改税,将牵涉很多更为复杂的问题,例如,在财政部门及其预算中,是采用联合账户还是分立账户的模式。社保供款用于产业投资还是证券投资,短期内收支平衡与否将对其是否列入中央预算的联合账户具有较大的会计意义。如果采取分立账户管理模式,就不会对财政预算的平衡产生影响。对此,有的国家采用的是联合账户模式,有的国家则采取分立账户模式,在美国曾发生过变化,还产生过争议[①]。对中国来说,社保基金的投资模式还没有最终确定,一旦实行费改税,势必对投资模式、投资策略、投资主体等方面的选择都有较大影响。

(七)费改税涉及社保制度的通盘考虑与统筹安排,应协调推进

四年前发生有关社保费改税的讨论正值中共十七大召开前后。中共十七大报告提出了促进企业、机关和事业单位基本养老保险制度改革、探索建立农村养老保险制度、提高统筹层次、制定全国统一的社会保险关系转续办法、加强基金监管和实现保值增值等项工作安排。四年来,社会保障制度建设按照中共十七大的战略部署,正在逐步完成各项预定任务。例如,2009年底出台了养老保险关系转续办法和医保转移结算办法,社会保障制度便携性终于迈出了一大步,农民工养老关系转续问题得以阶段性解决,异地医保报销问题也得到解决。但实行费改税将面临如何与这些改革日程相互衔接、实现省级或全国统筹的目标如何与费改税相结合,以及费改税是否有利于促进这些既定改革目标的实现等问题。例如,截至2010年3月底,全国新农保试点参保人数已达4685万人,基金累计结余243亿元[②],毫无疑问,费改税将为提高新农保的统筹层次和新农保基金的投资运营体制带来新的问题和新的挑战。中央政府各部门之间只有加强沟通协调,才能统一步调,统筹安排,通盘考虑,以尽量避免重复工作、相互矛盾或相互掣肘等问题。

---

① 关于分立账户模式和联合账户模式的利弊及美国在这两个模式之间的选择变化,参见郑秉文:《社保基金投资股市对经济增长的影响》,《财贸经济》2004年第9期。

② 人力资源和社会保障部:《人力资源和社会保障部2010年第一季度新闻发布会》,见 http://www.xinhuanet.com/zhibo/20090120a/zhibo.htm。

（八）基本养老保险费改税影响其他保险制度改革进程，尤其是医疗体制改革的进程

2009 年 4 月新医改方案公布，医疗体制改革的序幕正式拉开，医改的指导思想、基本原则、改革思路也进一步明确。就医保制度而言，同样为统账结合的医保基金累计结余达到 4276 亿元（统筹基金 2882 亿元，账户基金 1394 亿元）①，遇到的投资困境和改革目标几乎与养老保险完全一样，如提高报销比例、提高统筹层次、增强保值增值能力等。如果养老保险供款改成"税"，那么，医保供款将立即面临是否费改税的问题。中国五项保险基金都已积累了巨额盈余，截至 2009 年年底，失业保险累计结余达 1515 亿元，工伤保险结余为 404 亿元，生育保险结余为 212 亿元，如包括养老保险结余 1.32 万亿元，五险基金累计结余合计已高达 1.96 万亿元。一旦养老保险实行费改税，规模如此巨大的五险基金储备余额也面临着是否全部改为税的问题。尤其是对医保制度来说，当养老保险统筹部分改为税之后，政府变相承担起无限责任，示范效应意味着政府同样应该对医疗保险承担起无限责任，不仅如此，医保费改税还面临着如何与医药卫生体制改革衔接的问题。失业保险基金扩大支付范围的试点正在东部七省进行，费改税的连锁反应必将波及失业保险供款费的性质，进而，失业基金扩大支付范围的功能能否继续也将面临挑战。在绝大部分国家，诸多保险项目供款性质是一致的，因此，养老保险供款费改税将会产生一定的示范效应，医疗和失业保险将首当其冲。这意味着，中国社会保障制度将有可能从此转向，成为走向福利国家的一个起点，而这是中国现阶段发展水平所无力承担的。

四、结 论

经过上述分析，我们可以对有关中国社会保障制度费改税问题多年来的争论给出一些结论。

第一，费改税基本不符合目前中国社会保障制度结构设计的本质要求，与

---

① 人力资源和社会保障部、国家统计局：《2009 年人力资源和社会保障事业发展统计公报》，见 http://www.gov.cn/gzdt/2010-05/21/content_1611039.htm。

外部社会经济二元结构存在较大冲突,必将派生出一些新的问题,使社会保障制度更加复杂化,超越了目前中国社会保障制度发展阶段,超越了中国社会经济发展阶段,与中国社会保障制度发展战略相悖。

第二,中国现阶段社会保障制度改革的重点应放在各项制度建设上,扩大覆盖面和完善基金投资管理体制等各项改革应放在优先考虑之列,它们才是阻碍提高生活品质、扩大内需、转变增长方式的关键所在,费改税不能推动解决迫在眉睫的问题,反而会对当前改革带来一些负面影响。

第三,费改税的潜在问题是弱化供款与待遇之间的联系,有可能损害社会保障制度的财务可持续性,使各级财政陷入财政风险之中。中国社会保障制度在较长时期内应坚持缴费制,以坚持社保基金自我平衡为首要原则之一,逐年增长的社保基金规模不应成为费改税的理由之一。

第四,基本养老保险费改税的长期效应有可能导致其他险种费改税也面临同样的改革压力,尤其是医疗保险和失业保险。在其他国家,各项险种供款性质基本是一致的,于是,基本养老保险费改税有可能引发连锁反应,成为其他社保险种费改税的起点。

第五,费改税可能成为迈向福利国家的一个起点,因为社保税是构建福利国家的重要基石,国家财政兜底的福利制度就是建立在这个基础之上的一个必然结果,这也是30年来其他国家通过税改费的方式减轻国家财政负担和提高竞争力的主要原因之一。

第六,中国在较长时期内不具备建立福利国家的经济基础,福利国家的税收模式不应成为中国的唯一改革取向,而应建立一个与国家经济发展水平相适应、有较大发展潜力和空间、财务可持续的社会保障制度。在人均GDP10000美元以上的发达国家中,基本存在两大类模式,即福利国家与福利社会,较长时期内,适合中国国情的将是福利社会,而不是福利国家。

第七,改革开放前完全财政化的社会福利模式是不可取的,当然,完全市场化的模式也不可取。既不能完全市场化,也不能完全财政化,而应建立一个混合式的社会保障制度,同时发挥财政、社会、企业、个人四个方面的作用,任何一个方面都不可偏废,不可走极端。

第八,改革开放三十多年的历史经验和教训显示,缺乏部门之间的协调是制约中国社会保障制度发展和导致走弯路的原因之一。为此,包括社保供款的性质在内,社会保障制度改革应通盘考虑,统筹规划,加强部门之间的协调沟通,最大限度地控制部门利益至上和部门博弈带来的负面影响。

参考文献:

人力资源和社会保障部、国家统计局:《2009 年人力资源和社会保障事业发展统计公报》,见 http://www. gov. cn/gzdt/2010—05/21/content_1611039.htm。

人力资源和社会保障部:《人力资源和社会保障部 2010 年第一季度新闻发布会》,见 http://www.xinhuanet.com/zhibo/20090120a/zhibo.htm。

王光平:《全国各类社保基金积累额近 2.5 万亿元 五项基金年均收益不到 2%》,《中国证券报》2008 年 11 月 7 日。

郑秉文:《社会保障费改税不利于深化社保制度改革》,载《建立覆盖城乡的社会保障体系:第二届中国社会保障论坛文集(2007)》(上册),中国劳动社会保障出版社 2007 年版。

郑秉文、房连泉:《社会保障供款征缴体制国际比较与中国的选择》,《公共管理学报》2007 年第 4 期。

郑秉文:《社保基金违规的制度分析与改革思路》,《中国人口科学》2007 年第 4 期。

郑秉文:《中国社保"碎片化制度"危害与社保"碎片化冲动"探源》,《甘肃社会科学》2009 年第 3 期。

郑秉文:《2009 金融危机:"社保新政"与扩大内需》,《中国社会科学院研究生院学报》2010 年第 1 期。

(本文原载于《中国人民大学学报》2010 年第 5 期,第 23—30 页)

第十编 中国社会保障改革与"名义账户制"

2014 年, 与美国布鲁金斯学会（**Brookings**）的亨利·阿伦（**Henry Aaron**）教授

欧盟国家社会养老的制度选择及其前景

——兼论"名义账户"制对欧盟的适用性

内容提要：面临全球老龄化,欧盟国家社会养老保障的两个共同特征即现收现付制的融资方式和 DB 型给付方式是导致其陷入财政困境的主要制度性原因;除财政不可持续性以外,欧盟还有一个独特的地区性困难即一体化过程中要求养老制度具有便携性以适应劳动力自由流动的客观要求。DC 型积累制虽然可以解决欧盟的"双重问题",但巨大的转型成本却使之成为不可能;这样,DB 制与 DC 制相结合的混合型制度就成为学界讨论的焦点,在可供选择的两种混合型制度中,欧洲四国几年前采用的"名义账户"是一个制度创新,基本上可以解决"双重问题"。本文从规范和实证两个方面分析了"名义账户"制对欧盟国家的适用性问题,逐一介绍和研究了欧盟委员会推荐的向"名义账户"制过渡的三个方案,探讨了欧盟国家引入"名义账户"制之后的前途,认为这是一个潜在的过渡性替代方案,同时也分析了在转型过程中可能出现的问题和解决的办法等。

一、欧盟国家养老制度的现状：
基本特征与"双重问题"

虽然欧盟国家的养老制度千差万别,但它们却有两个基本的共同特征:一是现收现付制基础上的税收方式,即融资方式一般来说是以工薪税(或强制性缴费)的形式;二是给付标准的计算基础一般来说是参照个人工作年限和职业生涯内个人收入的平均水平。欧盟各国养老制度这两个最基本的共性说明它们属于典型的"待遇确定型"(以下简称 DB)给付方式。

这两个最基本的共性是导致目前大部分欧盟成员国和候选国养老制度几乎都面临财政可持续性危机的主要制度性原因。从欧盟国家内部讲,导致其DB型现收现付制陷入财政危机的间接原因是"人口逆向发展趋势",其具体表现是低出生率和高寿命预期。20年以前,人们还普遍认为,"人口逆向发展趋势"仅仅是一个战后婴儿潮即将退休引起的暂时现象,但现在人们已经逐渐取得这样的共识:低出生率和高寿命预期是导致赡养率在2040年之前不断提高的主要因素;欧盟人口再生产的最低比率应是2.1‰,而早在20世纪70年代末就已经下降到了1.7‰,并始终徘徊在这个水平;从寿命预期来看,在2000—2050年之间它还将大幅度提高[①]。

"人口逆向发展趋势"所表现的低出生率和高寿命预期这两个社会现象为欧盟各国带来了两个经济难题:一是支撑未来养老金给付的工薪税必须大幅上调;二是赡养率不断提高。这两个经济难题成为欧盟国家养老制度收不抵支、债台高筑的直接原因。面对财政危机,如果对传统的DB型现收现付制进行单项"微调",可供选择的措施无非是提高工薪税、降低养老金给付标准、延长退休年龄,等等。对这些"参量式"修修补补的措施无论是单项使用还是交叉组合,都无疑会牵涉千家万户的切身利益,福利水平如此"大幅度收缩"将很有可能导致社会不稳定,具有相当的政治风险。据美国著名经济学家费尔德斯坦(Feldstein, M.)对欧洲的研究[②],如果欧洲国家要想维持目前的给付水平,工薪税至少要提高50%以上,并且如此之高的养老金成本最终要转嫁到公共医疗保健等其他福利项目成本和其他附加税率上,从而遭致相关利益集团的强烈反弹。法国等一些成员国改革的夭折就是明证。

由此看来,"参量式"改革既很难解决欧盟国家长期的财政困难,近期内在政治上又存在着不可行性。出路何在?世界性的改革浪潮和学界普遍的共识告诉人们,出路在于对养老制度进行彻底的改革。

毫无疑问,"人口逆向发展趋势"或称人口老龄化问题是导致欧盟国家积

---

① Heikki Oksanen, "Pension Reforms: Key Issues Illustrated with an Actuarial Model", European Commission, Directorate-General for Economic and Financial Affairs, Economic Papers, No. 174, Publications, BU1-1/180, B-1049 Brussels, Belgium, July 2002, p.6.

② Feldstein, Martin, "The Future of Social Security Pensions in Europe", NBER Working Paper 8487, 1050 Massachusetts Avenue Cambridge, MA 02138, Sept. 2001, p.2.

极寻求改革出路的重要原因之一。但这个问题显然不是欧盟国家所独有的
"地区性"问题,而是十几年来引致和推动世界范围内养老保障制度改革的一
个"全球性"难题。对欧盟来说,对现收现付制进行改造或改革还是出于或还
要考虑到一个独特的"地区性"问题,即欧盟各成员国之间劳动力自由流动的
问题。换言之,即使欧盟国家没有陷入养老金成本不断上升的财政危机,从长
期来看,它们目前普遍采用的 DB 型现收现付制也不是一个很理想的结构,因
为它已经越来越不能适应欧洲劳动力市场日益一体化的内在经济要求。如上
所述,欧盟国家在基本融资和基本给付方式上具有共性,但是,在微观管理与
计算公式等许多具体法律条款上又存在着较大的差异性,从而导致养老金给
付的便携性较差,成为劳动力自由流动的一个重要障碍,对经济一体化进程产
生了一定的负面影响。

欧盟成员国之间社会养老制度的差异性主要表现在七个方面。

第一,从政府的财政责任来看,除了靠"基金自筹"即雇员和雇主共同缴
费(税)的国家以外,给予固定财政补贴的国家有 5 个,法律规定由雇员、雇主
和国家三方出资的国家有 1 个(希腊从 1993 年开始,比率为 6.67/13.33/
10)。比利时、西班牙、爱尔兰等国政府根据实际情况给予一定的补贴以平衡
赤字;丹麦和奥地利由国家兜底,负担全部费用;法国、荷兰和葡萄牙是由各基
金之间互济,国家基本上不参与筹资。

第二,从缴费比率来看,差异性非常之大。例如,法国的缴费仅为工薪比
例的 14.75%(雇员/雇主为 6.55/8.2),而意大利则高出 1 倍多,为 33%(雇
员/雇主 8.89/24.11),卢森堡 24%(雇员 8%、雇主 8%、国家补贴 8%),奥
地利 22.8%(雇员 10.25%、雇主 12.55%)。芬兰的缴费则根据企业性质的不
同实行差别费率,例如私有企业主平均缴费 16.85%,教会机构的雇主 27%,
农民和自雇人员 21.1%。西班牙和葡萄牙缴纳的是"社会保障综合费"(含疾
病和生育,内部调剂),前者比率为 28.3%(雇员仅为 4.7%,雇主 23.6%),后
者为 34.25%(雇员 11%,雇主 23.25%)。英国实行的是收入差别费率制,情
况更为复杂:对雇员的规定是,周收入低于 93 欧元的免缴,93 欧元—697 欧元
之间的缴纳 93 欧元的 2%,再加上 93 欧元—697 欧元之间的 10%。对雇主的
规定是,周收入低于 93 欧元的免缴,在其他情况下分别缴纳 3%、5%、7%、
10%,取决于雇员的收入水平;如果加入了职业养老金计划,对收入为 93 欧

元—697 欧元的则采取递减的办法;此外,还根据年龄的增加而递减,减除部分由国家予以补贴。

第三,从最低参保的年限来看,规定标准差异很大。例如,荷兰无任何资格限制;丹麦规定 15—67 岁之间至少在丹麦居住三年;希腊规定缴费期须满4500 日;西班牙规定缴费期 15 年,领取养老金前的 5 年至少缴费 2 年;爱尔兰规定必须 55 岁以前参加保险,缴费期 156 周;卢森堡规定必须参保 129 个月,到 65 岁时未达到这个标准者个人缴费部分完全退还;葡萄牙规定缴费或视同缴费 15 年,每年必须有 120 个缴费记录日。

第四,从领取全额养老金的条件来看,各国情况也不尽相同。比利时规定女 41 年工龄,男 45 年工龄;西班牙规定缴费 35 年;法国规定参保期 160 个季度;卢森堡规定参保 40 年;荷兰规定参保 50 年以上;奥地利规定参保 40 年;芬兰规定 16—65 岁期间在芬兰居住 40 年。

第五,从指数化挂钩情况来看,有的国家定期与通胀指数挂钩(如西班牙1997 年的预期通胀按 1.6% 调整,1998 年按 2.1% 调整),而有的国家按工资增长指数调整(如卢森堡 1993—1995 年是按同期工资增长率 3.2% 调整的)。

第六,最复杂的要属养老金给付的计算方法和计算公式,几乎一个国家一个情况,没有重复的国家。以下仅是几个成员国的个别案例:比利时的规定是,男性的为 S(参照工资)×60%×1/45,女性为 S×60%×1/41,有配偶者男性为 S×75%×1/45,女性为 S×75%×1/41;丹麦的规定是年全额养老金为 6218欧元,居住不满 40 年者,15—67 岁之间每居住 1 年给予 1/40 的全额养老金;德国的规定是,PEP×1.0×AR,其中 PEP 为个人收入积分,等于个人收入指数,1.0 为个人建立养老金的种类,AR 为当前养老金现值;西班牙规定,养老金的数量按法定基数的一定比例确定,它根据缴费年限而变化,从缴费的50% 到缴费 35 年的 100%。在缴费的第 16—25 年间,每增加 1 年增加 3%,第26 年以后每年增加 2%。法国的计算公式是,$S×t×n/150$,其中 S 为参照工资,n 为缴费季度数,最高为 150,t 为养老金率,以受保人的年龄和缴费年数为基础,最大比例是 1938 年出生并缴费超过 155 个季度的人为 50%,到 2003 年为160 个季度,每少缴费 1 个季度减少 1.25%,直至 65 岁。卢森堡的比较简单,主要有种种即单一费率补助和比例补助,前者规定每缴费 1 年按 1/40 获取给付,最高 40 年,每月 238 欧元,后者为记入账户总收入的 1.78%。葡萄牙的月养老金＝(0.02×N×R)/140,其中 N＝参保年数,R ＝最后 15 年中最好的 10 年的收入水平,每年支付月养老金 14 次。

第七,欧盟各国收入参照基数或计算基数都是不一样的,"视同缴费"的条件更是千差万别,配偶和子女的权重也不尽相同,它们对养老金最终的给付水平有很大的影响;此外,几乎所有成员国都设立了名目不同的"特殊补充养老金"、"最低养老金"、"最高养老金"、"提前退休养老金"、"延迟养老金"等,其给付标准、获取条件和计算公式都表现出极大的差异性。这些附加性的退休给付在替代率中占有相当的比重,对退休者具有实质性的经济意义。

虽然上述养老金给付的差异性[1]在政府间相关"可转移"文件中提供了"可能性",但更多地是具有"理论"和概念上的意义,多如牛毛的各种计算口径的转换程序犹如不同"轨制"火车之间的运输系统需要不断地"换轨"。这额外增加了交易费用,"侵蚀"了养老金给付的质量,成为劳动力自由流动的一个客观障碍。既然"可能性"与"便携性"之间存在着差距,那么,欧盟养老的制度选择和欧洲一体化的客观需要就自然而然地将"便携性"提到了议事日程上来。

总之,欧盟国家养老保障制度改革具有其特殊性,即在其制度设计和选择时的着眼点有两个,或者说它们要同时解决的问题有两个:财政可持续性与便携性问题。对于欧盟改革的这种特殊性,费尔德斯坦将之称为"双重问题"(A Double Problem),而其他任何国家和地区基本上是没有这种"双重问题"的。为了说明解决这种"双重问题"的迫切性,费尔德斯坦讲了一个小"故事"[2]:一个葡萄牙人在德国工作几年,然后再到法国和意大利继续工作,最后在西班牙退休,这样,这三个不同国家雇主们是向三个不同的现收现付制缴纳工薪税的。那么,当他在西班牙退休时,谁为他支付退休金呢? 以哪个国家 DB 型的给付标准来计算退休金标准呢?

费尔德斯坦自问自答说,存在着两个可能性:一个是,作为葡萄牙公民,按葡萄牙的标准领取退休金——即使他从未在那里工作过,从未向葡萄牙政府

---

[1]　以上均根据网址 http://europa.eu.int/comm/employment_social 资料归纳整理,资料截至1999 年。

[2]　Feldstein, Martin, "The Future of Social Security Pensions in Europe", NBER Working Paper 8487, 1050 Massachusetts Avenue Cambridge, MA 02138, Sept. 2001,pp.3-4.

缴纳过工薪税。这样,很显然其结果对葡萄牙政府来说是不公正的,这是一个不可能被接受的财政负担。另一个可能性是,由西班牙政府来支付其退休金,因为他是在西班牙退休的。即使这样,公平的办法应该是要求法国、德国和意大利等这些国家来分担他的退休金。但这就会出现一个重要的问题:由于各国养老金成本和给付公式的差异性,根据哪个国家的法律来分割其成本和确定其给付的比例? 由谁来计算和"集合"这些成本和给付? 这个过程需要多少"交易成本"和时间? 很显然,将他在这三个国家的就业经历和缴费记录简单地分割开来是不合理的,况且,不可能或不允许他个人去将这三个国家的缴费"集合"起来,退一步讲,即使可以"集合"起来,其总额与其全部职业生涯中的收入记录也不一定很"吻合"。

二、解决"双重问题"可供选择的制度安排:
比较研究与理论演绎

从一百多年的制度演进和二十多年的改革经验来看,社会养老保障的制度类型存在三种:目前绝大多数发达国家实行的传统的 DB 型现收现付制、1981 年智利率先采用的"缴费确定型"(下简称 DC)的完全积累制(或称完全私有化)、介于这两个极端的某种混合形式(或称部分积累制、部分私有化)。

(一)DB 型现收现付制

面对不断变化着的诸如老龄化等外部经济社会因素,二战后曾为福利国家作出过不可磨灭的历史性贡献甚至被称为"拯救了资本主义"的 DB 型传统现收现付制(当然还包括其他福利项目)已经逐渐失去了昔日的魅力,它在财政上越发显示出其不可持续性,这是不争的事实,是人们已经取得的共识。现在摆在人们案头的问题是如何对它进行改造。如果在 DB 制的框架内对其进行部分私有化改革,一个常识性的做法是将基金交由私人机构管理,这样就势必导致如下一些不确定性:第一,降低第一支柱的给付水平,换言之就是降低第一支柱"精算公平"的程度,削减代际之间契约上的可接受程度,其代价是不得不让完全积累型的第二支柱作出一些牺牲;第二,根据经验性分析,一般来说,交由私人市场管理将导致行政管理费用提高的后果,并在一定程度存在着赤字的可能性;第三,不同程度地存在着投资风险,而风险的规模则取决于

私人管理机构根据法律从工薪税中提取私有化投资的比例及其组合;第四,DB 型的给付方式决定了风险的最终承担者还是国家,即 DB 制的性质要求国家是最后担保人;第五,从目前各国的改革实践来看,还没有在 DB 制框架内成功地实现私有化改革的先例;第六,对欧盟国家来说,依然没有解决养老金给付的便携性问题。

(二)DC 型完全积累制

虽然拉美的智利等世界上大约只有 10 个国家完成了向"DC 型完全积累制"的转型,"DC 型完全积累制"的历史只有二十多年,但是,它们的实践证明,这个模式基本上是成功的,并且积累了一些宝贵的经验。"DC 型完全积累制"的核心内容是为每一个人建立投资型的个人账户,而建立投资型个人账户最大的好处是提供了一个较好的回报率,可以大幅度削减退休金给付的长期成本,从而一举可以解决财政的可持续性问题。

我们知道,典型的现收现付制下的回报率大约在 2%,它主要来自税基的增加:由于雇员的数量和每个雇员的平均实际收入是呈上升型的,所以,现收现付制为退休者提供的给付一般来说高于他们工作时所缴纳的工薪税。相比之下,投资型个人账户系统提供的回报率一般被认为在 7% 左右,例如,官方对 1802—1997 年和 1871—1997 年这两个样本时期的一份统计结果就是7%[1]。如果提取 0.4% 为行政管理费用,还有 6.7% 的"可支配回报率"(Usable Return)。回报率的不同必然对养老金给付的成本带来很大的影响。假设 25—65 岁为一个人的职业生涯,65 岁退休,85 岁死亡;为简化计算公式,再假设所有养老金储蓄的职业生涯"中位点"(Midpoint)为 45 岁,并假设所有的给付发生在退休生涯的"中位点"75 岁;再假设在现收现付制的储蓄利率为2% 的条件下,45 岁时缴费 1000 美元,到 75 岁时就增至 1811 美元;而在投资型个人账户制度下,即使其回报率按保守的 6% 计算,在 45 岁时只要缴纳 685美元到 75 岁时就可以获得同样的 1811 美元,节省了 315 美元。这样,投资型制度与现收现付制相比,前者可以节省至少 1/3 的缴费。这个比较意味着,30% 工薪税所形成的给付水平在投资型制度下 9.45% 的利率就可以实现了。

---

① Social Security Advisory Board, "Estimating the Real Rate of Return on Stocks Over the long Term", Washington D.C., Aug. 2001, p.47.

这些回报率是根据历史上平均回报率的数据计算出来的,未来肯定存在着不确定性和风险,股票与债券投资组合的回报率也存在着很大的变数。为了对投资型制度的风险进行测算,费尔德斯坦测算了年金的概率分布①,假设每年从收入中储蓄6%,股票/债券的投资组合为60/40,66岁购买一个可变年金投资于一个同样的股票/债券的组合之中。表1中显示了67岁、77岁和87岁时的结果。

表1 作为现收现付制"标准给付"倍数的投资型退休金给付的概率分布

累积概率	67 岁	77 岁	87 岁
0.01	0.40	0.21	0.12
0.02	0.47	0.26	0.17
0.05	0.61	0.39	0.26
0.10	0.79	0.56	0.40
0.20	1.08	0.84	0.65
0.30	1.38	1.16	0.95
0.40	1.71	1.52	1.34
0.50	2.12	1.95	1.83
0.60	2.57	2.54	2.49
0.70	3.26	3.34	3.45
0.80	4.29	4.72	5.04
0.90	6.30	7.49	8.84
0.95	8.74	11.28	13.66
0.99	15.65	22.76	32.13

注:"投资型制度的给付"是建立在6%的储蓄率和6.3%的平均实际回报率的基础之上。"标准给付"是指美国现行现收现付制法律框架下支付给平均雇员的给付,长期来看这个给付所要求的税收比率应该大体上等于收入的19%。为简化起见,笔者省略了储蓄率为4%和9%时的情况,只摘取了在6%的"中间数据"。

资料来源:Feldstein, Martin and Elena Ranguelova, "Individual Risk in an Investment-Based Social Security System", *American Economic Review*, Issue:4, Vol. 91(Sept. 2001), p.1124.

67岁获得的中等投资型年金相当于"标准给付"的2.12倍,低于现收现付制给付的概率是20%,低于"标准给付"47%的概率为2%,低于40%"标准

① Feldstein, Martin and Elena Ranguelova, "Individual Risk in an Investment-Based Social Security System", *American Economic Review*, Issue:4, Vol. 91(Sept. 2001), p.1124.

给付"的概率只有1%。表1还显示,退休者年龄越大,风险就越大,这主要是由于回报率不确定性的年限随之增加造成的,其"方差"由此而提高了。例如,对于77岁的退休者来说,投资型体制的给付低于"标准给付"56%的概率为10%,低于21%的概率为1%;而对于87岁的退休者来说,低于40%和12%"标准给付"的概率分别是10%和1%①。

以上论述了DC型完全积累制在财政上具有可持续性的优点。此外,这种制度具有百分之百的便携性,它可以随着个人而随时"迁移"到欧盟的任何一个国家,不管在哪个国家工作或退休,都可以获得一个"精算"的退休金,并且各成员国再也不必"集合"工薪税了。

虽然DC型完全积累制的上述两个优势恰好可以解决欧盟国家的"双重问题",但是对欧盟大多数国家来说也具有不可行性,因为这个方案需要巨大的转型成本。据欧盟委员会的测算②,假定维持2000年的养老金给付标准不变,如果向"完全积累制"过渡就需要建立一个相当于工资总额645%的预酬基金;如果维持目前的缴费水平不变,为降低转型成本的规模将法定退休年龄推迟到63岁,那么在这个制度成熟之时这笔基金的总额仍相当于工资总额的680%;规模如此庞大的转型成本几乎等于欧盟GDP的300%,欧盟全部资本存量的1/2。由此看来,巨大的转型成本是向完全积累制过渡的一个巨大障碍,几乎使之成为不可能。另外从政治上看,向完全积累制转型还涉及代际之间的公平问题。

(三)混合型制度

混合型制度是指DB制与DC制、现收现付制与积累制某些特征相结合起来的某种制度。既然目前绝大多数发达国家实行的DB型现收现付制和一些国家实行的DC型完全积累制都各有利弊,那么,如何将二者结合起来建立一个"各取所需"、"趋利避害",可以同时解决欧盟"双重问题"的"混合型制度"就成为讨论的焦点。

"混合型制度"在许多学术文献中具有双重含义:一个是指社会养老制度

---

① 还可以参见费尔德斯坦的另外一篇论文:Feldstein, Martin, "The Future of Social Security Pensions in Europe", NBER Working Paper 8487, 1050 Massachusetts Avenue Cambridge, MA 02138, Sept. 2001。

② Heikki Oksanen, "Pension Reforms: Key Issues Illustrated with an Actuarial Model", European Commission, Directorate-General for Economic and Financial Affairs, *Economic Papers*, No. 174, Publications, BU1-1/180, B-1049 Brussels, Belgium, July 2002, p.48.

与第二支柱企业养老金计划和第三支柱个人储蓄型的"补充保险制度"结合起来,大幅度地收缩第一支柱即社会养老保障的替代率,将其空间让位于后两个支柱,就是说将相当一部分公共部门的责任转移给私人部门来承担;由于在这个含义中第一支柱现收现付制的性质没有任何的改革,所以这不是本文的研究范围。另一个含义是指对第一支柱内部本身即针对现收现付制融资方式和 DB 型给付方式的公共养老制度的改革,这才是本文研究的主要任务。

就目前全球改革的实践来看,"混合型制度"大致上可以分为两大类:一类是建立个人账户,将账户中的一部分缴费交由私人部门管理并投资于资本市场;被称之为"部分私有化"或"部分积累制"的这种"混合型制度"的优势是部分地解决了财政可持续性和部分便携性问题,但不是从根本上解决了这两个问题,其劣势是仍然需要相当规模的转型成本,甚至使之成为不可能。中国目前实行的这种"部分积累制"的"混合型制度"的实践证明,转型成本的缺位这个"死结"还是没有解决,它必然表现出"空账运行"的两难境地。美国政府前年抛出了一个"部分私有化"的报告,目前正处于研究和热烈讨论的阶段①。另一类虽然也建立了个人账户,但事实上却是"名义"性质和虚拟的,融资方式依然是现收现付制,给付却是 DC 型完全积累制的方式。其既有 DB 制特点,又有DC 制的优势,是现收现付制与积累制的一种混合体;这是一个崭新制度,是一个创举;它虽然只是部分地解决了财政的可持续性问题,但却具有较好的"便携性",最重要的是它一举解决了转型成本问题。从 1995 年开始,欧洲先后有四个国家引进了这个制度,它们是瑞典、意大利、拉脱维亚和波兰,亚洲的蒙古和吉尔吉斯斯坦也采用了这个制度。欧亚六国七八年的实践证明,这个养老新模式基本上是成功的。

这个混合型的养老制度就是"名义缴费确定型",也称为"名义账户"制(NDC,以下简称"名义账户"制)②。

---

① 关于美国制定的部分私有化三个模式的具体内容,可以参见郑秉文的另外三篇文章:《围绕美国社会保障"私有化"的争论》,《国际经济评论》2003 年第 1 期;《美国社保改革:迈向股市的一跃》,《改革》2003 年第 2 期;《"W 的办法"——华尔街与福利》,《读书》2003 年第 3 期。

② 关于欧亚六国"名义账户"制的改革过程、利弊分析、对中国的适用性、理论与制度渊源等问题,参见郑秉文的另外两篇文章:《欧亚六国社会保障"名义账户"制利弊分析及其对中国的启示》,《世界经济与政治》2003 年第 5 期;《养老保险"名义账户"制的制度渊源与理论基础》,《经济研究》2003 年第 4 期。

（四）"名义账户"制

"名义账户"制在瑞典和拉脱维亚率先引进之后，立即引起了经济理论界的极大兴趣，许多经济学家给予了较高的评价，甚至连偏向于私有化改革的激进派代表人物费尔德斯坦都坚持认为实行"名义账户"制是欧盟国家走出困境的唯一出路①，并为此专门撰写了一篇题为《欧洲社会养老保障的前途》的论文②。费尔德斯坦极力向欧盟国家推荐"名义账户"制度是基于以下几个理由：

首先，"名义账户"制间接地解决了财政危机。在"名义账户"制中，雇员或雇主支付的是一个约定的收入比例；虽然这笔基金没有投入到股票和债券市场当中，而是由政府管理并用于支付给当前的现收现付制度，但与 DB 制不同的是，他们支付给现收现付制的缴费被记入到了个人账户之中。由于该账户的积累余额可以体现出一个以"名义利率"计算的回报率，并且该回报率等于工薪税税基的增长率，所以，这种"名义回报率"是政府可以为现收现付制支付得起的一个比率，这样，它的给付预期与 DB 型现收现付制下所支付的给付水平就大体相等。

其次，"名义账户"制的优势是具有很强的"便携性"。在漫长的个人职业生涯中它既允许个人在欧盟许多成员国工作又可以在另外别的国家退休。这种流动性很强的"便携性"是因为给付水平的确定突然变得十分容易而形成的；退休时，个人账户中积累的资产总额既可以变现，又可以转化为投资型的年金，还可以转换成为一个其回报率等于这笔资金最后的落地国家（退休者从其他国家带来的）税基增长率的现收现付制的年金；由于个人账户积累的资产总额是缴税累计及其"名义回报率"的总合，所以，即使他在德国工作许多年，他及其德国雇主的工薪税缴纳给了德国政府，如果 15 年之后他移居到法国就业，由于德国政府为其账户记入了一个与德国长期工薪税的税基增长率相等的回报率（例如，平均工资增长率和劳动力人数增长率的总合），德国

---

① 关于社会保障经济学界流派的划分及其政策主张等，参见郑秉文：《经济学中的福利国家》，《中国社会科学》2003 年第 1 期。

② Feldstein, Martin, "The Future of Social Security Pensions in Europe", NBER Working Paper 8487, 1050 Massachusetts Avenue Cambridge, MA 02138, Sept. 2001.以下这一段中费尔德斯坦的观点内容和直接引文均出自该论文，不另做注释。

政府也可以非常容易地将其 15 年个人账户积累的资产转移至法国政府;到法
国以后,他就可以按法国的税率进行支付,其个人账户的积累也开始按法国的
"名义回报率"进行计算;如果他在法国退休,法国政府就要将其账户所有的
资产归还给他本人。

再次,"名义账户"制度对任何一个国家来说都是公平的,没有额外的负
担。这是因为,任何一个国家向下一个"继任国家"所转移的仅是他个人支付
给当地政府的总额(含"前任政府"),再加上以"税入"的增加而不是以"税
率"的提高为计算基础的回报率。

最后,费尔德斯坦认为,从现收现付制向以个人投资型的 DC 型账户与现
收现付制的 DC 型名义账户相结合的混合型制度转型,当然既存在着行政管
理费用问题,也存在着一些其他经济问题。但是,瑞典和拉脱维亚等国家的实
践显示了他们是如何成功地从传统的 DB 型向名义 DC 型转型的过程,如何从
纯粹的现收现付制向个人投资型账户与现收现付制相结合的"混合型制度"
转型的经验。

总的来说,"名义账户"制是一个很具吸引力的、潜在的解决"双重问题"
的制度安排。费尔德斯坦断言道,"除非欧盟国家朝着这个方向迈进,否则,
他们不仅将面对着与日俱增的工薪税的税率,还将面对着一个与欧盟国家劳
动力自由流动的概念不相兼容的社会养老保障制度"①。

从以上对 DB 型现收现付制、DC 型完全积累制、混合型制度和"名义账户"
制四种制度特质性的分析和费尔德斯坦的研究中可以得出这样一个初步的结
论:引入"名义账户"制很可能成为欧盟国家养老制度潜在的主要改革趋向。这
个结论的逻辑推理过程应该是:第一,面对老龄化,如果要想保持目前的替代率
不变,代际之间的公正就应该要求当前工作的一代为他们自己和为退休的一代
同时支付两次,这就意味着这个制度应该转向"部分积累制"或某种"混合型制
度";第二,"部分积累制"所要求的结果只能是部分私有化的制度选择,而"混合
型制度"的制度安排则可以避免"部分积累制"所带来的某些弊病;第三,即使在
部分积累制下,人们所面对的也应该是或必须是,或保持目前的替代率,或降低

---

① Feldstein, Martin, "The Future of Social Security Pensions in Europe", NBER Working
Paper 8487, 1050 Massachusetts Avenue Cambridge, MA 02138, Sept. 2001, p.12.

替代率以使目前的缴费率足以支撑财政的可持续性,而要解决这两个问题并同时实现长期的可持续性的目标,潜在的可能性之一就似乎是实现向"名义账户"制转型。这就是"名义账户"制在欧洲的前途的逻辑推理过程。

三、欧盟向"名义账户"制过渡的三个方案: 实证分析与规范研究

对"名义账户"制的讨论不但吸引了欧美经济学界的注意力,还引起了欧美一些国家政府及其主管部门的关注。例如,美国国会众议院"筹款委员会"的"社会保障分会"两年来就多次举行关于"名义账户"的专题听证会,不但邀请美国的克里克夫(Kotlikoff L.)等著名经济学家到场予以陈述和辩论,还不远万里邀请欧洲的学者专程到会"现身说法"出具证词①。

令人瞩目的是,欧盟委员会的一些官方机构也启动了对"名义账户"制的研究工作,并对其在欧盟国家的适用性问题开展了讨论。一个典型的例证是欧盟委员会专门负责福利事务的"经济与财政总司"于2002年7月发表了一份题为《养老金改革:精算模型研究的主要问题》的研究报告②。这个长篇报告在对欧盟国家养老制度经过认真评估的基础上,十分谨慎地为其成员国和候选国推荐并设计了两个"改革蓝图":第一个蓝图是,向"预酬基金"的DB制和部分私有化的DB制转型,就是说,为了能够较好地管理不断积累的基金,实行部分私有化是一个选择;第二个蓝图是,从DB制向"名义账户"制转型,辅之以一个私人部门管理的第二支柱即私人市场的补充保险。

该报告虽然对这两个蓝图都进行了认真客观的研究与比较,但是非常明显,最后的结论是倾向于选择"名义账户"制,甚至为欧盟国家向其转型设计

---

① 例如,2001年6月30日美国众议院"筹款委员会"的"社会保障分会"专程邀请"瑞典国家社会保险董事会"首席经济学家、瑞典"名义账户"的主要设计者、瑞典乌普萨拉大学(Uppsala University)帕尔莫(Palmer, E.)教授在其《社会保障与养老金改革:外国的教训"专题听证会》上作了题为《瑞典养老金的新制度》的证词,在证词中他专门介绍了瑞典"名义账户"制几年来良好运行的情况和基本经验。

② Heikki Oksanen, "Pension Reforms: Key Issues Illustrated with an Actuarial Model", European Commission, Directorate-General for Economic and Financial Affairs, *Economic Papers*, No. 174, Publications, BU1-1/180, B-1049 Brussels, Belgium, July 2002.以下有关该报告的内容不再注明出处。

了三个过渡方案。

（一）向"名义账户"制转型的三个过渡方案

欧盟的这个报告给出了向"名义账户"制过渡的三个方案。这三个方案中给定的各种假设条件见表2。

表2　向"名义账户"制过渡的三个方案

第一支柱，"名义账户"制			
内容	方案一	方案二	方案三
法定退休年龄	60岁	60岁	63岁
向"名义账户"制转型的人群分组数量	全体为1组集体转型	分2组转型	分2组转型
"名义账户"制的"第一年养老金"	0+	54.1	72.7
"新稳态"中的"平均养老金"	36.1	36.1	44.7
2068年的资产或债务（-）	-131	-11	39
2001—2068年为可持续性而平均支出的补贴	1.1	0.1	-0.3
"新稳态"中的隐性养老金债务	642	642	642
第二支柱，回报率wb+1.5%			
"新稳态"中的"平均养老金"	8.5	8.5	10.5
"新稳态"中的资产	157	157	157
"新稳态"中的养老金平均总额	44.6	44.6	55.2
第二支柱，回报率wb+3%			
"新稳态"中的"平均养老金"	13.7	13.7	17.1
"新稳态"中的资产	207	207	210
"新稳态"中的养老金平均总额	49.8	49.8	61.8

注：

①出生率1981年下降到1.7；寿命逐渐从2000年的78岁上升至2050年的83岁；利率 $r=wb+1.5\%$；缴费率设定在27%；"名义利率"（nir）的设定是"盯住""工资单"增长率。

②三个方案："方案一"，60岁退休，保留原DB制下所获得的权利，所有人2001年进入"名义账户"制；"方案二"，60岁退休，1951年以前出生的人留在原DB制之中，所有其他人2001年进入"名义账户"制，且原DB制下所获得的权利全部转入"名义账户"制之中；"方案三"，退休年龄到2010年逐渐提高到63岁，其他方面与"方案二"一样。

③第二支柱：缴费率设定在4%，有两种回报率可以选择，即 $r=wb+1.5\%$，和 $r=wb+3\%$。第二支柱与第一支柱的各方案相配合，表中最后一行显示了制度成熟之后各方案的养老金平均总额。

④除出生率以外，以上所有数据均为工资总额的百分比。wb为工资总额。nss为"新稳态"。

资料来源：Heikki Oksanen，"Pension Reforms：Key Issues Illustrated with an Actuarial Model"，*European Commission*，*Directorate-General for Economic and Financial Affairs*，Economic Papers，No.174，Publications，BU1-1/180，B-1049 Brussels，Belgium，July 2002，p.30. table 3.2.

在"方案一"中,假定 2001 年正式启动向"名义账户"制过渡,在此之前所有人均保留原来积累下来的 DB 型养老金权利,但从 2001 年开始享有"名义账户"制的权利;假定工资增长率为个人账户的"名义利率"(nir),并且,这个名义利率同样被假定为是养老金给付指数化的比率。从长期来看,"第一年养老金"的替代率要下降至 40%,平均养老金则要降到 36%,这样,养老金的收支正好平衡;但是,到 2040 年可能会出现赤字,一直到 20 世纪 60 年代终止所有 DB 型权利的给付并且人口增长速度平稳下来的时候才能恢复平衡;由于利率对累积的债务具有"放大"的作用,债务届时将高达工资总额的 131%,一般税收转移支付给予的补贴将达工资总额的 1%。造成这种财政失衡的主要原因是以前积累下来的 DB 型养老金权利的成本高于"名义账户"成本所造成的。

"方案二"假设 1951 年之前出生的人都留在旧制度之中,他们在 2011 年退休;1951 年以后出生的人都将进入新的制度,其 DB 型权利都将转换为"名义账户"制的权利。该报告精算的结果是,无论在转型过渡期还是从长期来看,"方案二"都将会导致收支的平衡。2011 年"名义账户"制发放的"第一年养老金"替代率仅是 54%,远远低于 2010 年支付的原 DB 型遗留下来的 60%的替代率。

"方案三"假设将原 DB 制下获得的养老金权利全部转入到"名义账户"制之中。据预测,这个方案刚开始时将导致收支盈余,在 2011 年高峰时可达工薪总额的 3.3%;虽然不久之后也会产生一些赤字,但总的说来,2001—2068年之间平均盈余为工薪总额的 0.3%;2010 年最后一次发放的 DB 型养老金的替代率将增加到 71.5%,而 2014 年"名义账户"制下的"第一年养老金"替代率为 72.7%;再往后的几年里,随着"名义账户"制逐渐开始进入"新稳态","第一年养老金"替代率将下降到 44.7%,"平均养老金"降至 48%。

(二)在"名义账户"制的设计中应注意的几个问题

美国布什政府 2001 年 12 月为国会递交了一份题为《加强社会保障、为全体美国人民创造个人福祉》的报告,与这份长达 256 页的"布什报告"提出的向私有化过渡的三个方案相比,欧盟的这份报告提出的三个方案显得粗糙一些,但还是讨论了如下一些具体问题。

1."名义账户"制财政可持续性的客观条件。在"名义账户"制下,如果名义利率与缴费增长率相等、决定年金的寿命预期的指数不断得以修改并可以反映现实，那么，"名义账户"制的一个主要优势就是在长期内可以实现收支平衡；如果这两个假设在现实中不复存在，"名义账户"制就将失去这个优势。我们知道，就业增长率、退休年龄与寿命预期这三个变量的任何变化都将导致养老金收支二者之间的背离。所以，理论上讲，在"名义账户"制进入"成熟期"之前或者说在达到"新稳态"之前，总是面临着财政不可持续的可能性。

所谓"新稳态"（nss）是指重大比例关系保持不变的条件下的一种增长状态，例如，预算赤字与GDP（或工资单）的比例关系保持不变，债务和资产与GDP的比例关系保持不变等。所谓"成熟的"名义账户制度就是指达到"新稳态"的制度，它意味着所有社会成员的职业生涯和退休生涯都已经被"名义账户"制度所覆盖，在这里也可以说"成熟的"制度特指从DB制向"名义账户"制转型过程的完成与结束。

对于这个问题，该报告给出了两个重要的判断：一般来说"成熟的"名义账户制度需要63年的时间（含职业生涯和退休生涯）；在一个成熟的"名义账户"制中，财政可持续性的背离倾向将不会很严重。

2."名义账户"制必须辅之以私人管理的第二支柱。该报告认为，在"名义账户"制引入之后替代率将下降到36%—45%，所以必须同时建立起一个完全积累制的补充保险体系，即第二支柱甚至自愿型的第三支柱。强制性的第二支柱应向私人市场开放。第一支柱与第二支柱的根本区别在于，前者的"内部利率"（Internal Rate of Interest）基本上等同于工资增长率，而后者的资产回报率如前所述则取决于市场，一般情况下可达到6%—7%左右。

该报告为第二支柱设计了两个模式：第一个模式是，假设在向"名义账户"制支付27%的缴费之外再提取工资的4%缴费建立一个基金，其市场的资本回报率为$r=wb+1.5\%$，并以年金的形式提供给退休者。这样，在初始阶段第二支柱的盈余将会达到工资总额的4%以上，进而总规模将会膨胀到工资的157%，平均养老金随之就会达到工资的8.5%（工作40年）和10.5%（工作43年）。第二个模式是假设回报率为$r=wb+3\%$，其他条件基本不变，这样，替代率就要比第一个模式高出6个百分点，从总体上就可以恢复到60%以上。这是前两个转型方案的情况。如果采用"方案三"，以保守的回报率$r=wb+1.5\%$为例，到2014年时"第一年养老金"是72.7%，然后开始下降，随着制度的不断成熟,第一支柱与第二支柱合起来养老金的平均总额将下降至55.2%,仅比原DB制下降了一点点儿。由此看来,将法定退休年龄提高3年就可足以保证"名义账户"制的财政平衡。

3.将"第一年养老金"与"平均养老金"这两个概念区分开来。欧盟这份报告提出的这三个过渡方案中将"第一年养老金"(Entry Pension)与"平均养老金"(Average Pension)这两个概念区分开来,这既是一个十分有意义的理论问题,又是一个现实问题。我们知道,在绝大多数的DB型现收现付制中养老金给付是与平均工资挂钩指数化的,所以,"第一年养老金"与全体退休人口的平均养老金没有什么区别,因此这两个概念也就没有什么区别,基本上是可以通用的。但是,在"名义账户"制下它们都是与"工资单"挂钩指数化而不是与平均工资挂钩指数化的;由于老龄化的原因导致劳动力的规模不断下降,这样,工资的增长率必然要低于平均工资;进而全体退休人口的平均工资就将低于平均的"第一年养老金"。

(三)评论与结论

首先,出生率和寿命预期这两个变量是导致目前欧盟国家DB型现收现付制失衡的重要因素,而"名义账户"制下的缴费几乎是完全可以覆盖支出的,这种在长期内替代率可以自动调节的功能是"名义账户"制的重要优点之一,因而理应成为欧盟予以理性选择的考虑范围之内。正如该报告所说的,向"名义账户"制转型"是实现公共养老金制度财政可持续性与代际公正的一个可替代的办法"①。

此外,"名义账户"制与DB型的现收现付制的重要区别在于养老金的负担、劳动力的规模和劳动生产率之间的联系,而贯穿于这三个主要变量之间的一个"公因子"就是替代率。在DB制下,养老金是与工资挂钩指数化的,所以,养老金给付仅仅取决于税基的增长率和法定退休年龄的变化;这样,养老金的缴费水平就取决于劳动力的规模,而劳动力的规模则主要取决于出生率(这是在失业率、劳动力市场参与率和移民等其他变量给定不变的假设基础之上)。"名义账户"制下的替代率主要取决于劳动力规模的变化,其具体表

---

① Heikki Oksanen, "Pension Reforms: Key Issues Illustrated with an Actuarial Model", European Commission, Directorate-General for Economic and Financial Affairs, *Economic Papers*, No. 174, Publications, BU1-1/180, B-1049 Brussels, Belgium, July 2002, p.4.

现取决于工资的增长幅度,因为工资的增长幅度对"名义利率"的水平具有很大的影响;同时,个人养老金给付水平则取决于个人退休的决策。由于替代率最终是与"工资单"挂钩指数化的,所以,替代率最终不是由劳动生产率决定的;只有当养老金不是与工资而是与价格挂钩指数化时,劳动生产率才会产生作用。养老金给付指数化的具体设计最终将决定"第一年养老金"和"平均养老金"之间的比率。

其次,虽然欧盟报告的后面也顺便提到了"名义账户"制具有"便携性"的优势,但它推荐"名义账户"制的初衷主要还是因为它可以较好地应对来自老龄化的压力,从而可以解决其财政可持续性问题,例如,该报告认为"名义账户制的诞生及其转型准确地讲是为了解决老龄化的问题"。事实上,与DB制相比,"名义账户"制的另一个优势即有利于资产转移的特征在客观上可以成为促进欧盟成员国之间劳动力自由流动一个制度保证,可以很好地解决前面费尔德斯坦提到的那个"双重问题",是一个非常适应于欧洲一体化进程的制度选择和制度安排。而DB制下养老金权利"价值折算"的透明度取决于两个因素,一个是这个制度整体上的设计结构,另一个是这个制度的可持续性问题。由于这两个问题致使其透明度较差并具有不确定性,所以,其便携性也就必然非常弱,与"名义账户"制和"完全积累制"相比,这是一个劣势。

再次,"名义账户"制并不是一副包治百病的灵丹妙药,在向"名义账户"制转型的过渡中,即在进入"新稳态"之前,存在着财政失衡的可能性。如前所述,就业人数增长率、退休年龄与寿命预期这三个变量的任何变化都可能导致养老金收支的背离。这种情况的出现很大程度上取决于如何制定从以往积累的DB型权利向"名义账户"制转型的换算规则,还取决于退休年龄的变化等情况。这样,在转型的过程中要求某种程度的一般税收转移支付,或实施某种专门的调节措施。欧洲四国建立储备基金的做法已经为此积累了一些经验。其实,即使"名义账户"制进入"成熟"期之后财政的背离倾向不会很严重,也应该需要建立一个"应急"的调节机制以确保财政的可持续性,这个机制就是政府预算的转移支付。

最后,毫无疑问,欧盟框架内养老保障的制度设计与制度选择牵涉欧盟的经济政策和社会政策的双重配合问题,还牵涉欧盟和各民族国家的双层立法问题;与其他单一经济体相比,这已经是一件很复杂的事情了;如果再考虑到历史、政治、社会和文化等方面的因素和条件,那就更是一个其他任何经济体不可比拟的复杂工程了。尽管如此,欧洲四国"名义账户"制的实践为欧洲的选择提供了一次机会;这是欧洲的一个创举,也为世界其他国家开了一个先河。但无论如何,人们都可以这样认为,对欧盟来说,如果仅仅从"纯粹的"经济因素的角度来考虑养老保障的制度选择,其制度的目标取向是比较清晰的。从"制度创新"这个角度出发,欧洲四国的试验和欧盟层面的努力,似乎与半个世纪前成立的"煤钢联营"一样,必将具有深远的历史意义。

参考文献:

郑秉文:《欧亚六国社会保障"名义账户"制利弊分析及其对中国的启示》,《世界经济与政治》2003 年第 5 期。

郑秉文:《养老保险"名义账户"制的制度渊源与理论基础》,《经济研究》2003 年第 4 期。

Feldstein, Martin and Elena Ranguelova, "Individual Risk in an Investment-Based Social Security System", *American Economic Review*. Issue: 4, Vol. 91, Sept. 2001.

Feldstein, Martin, "The Future of Social Security Pensions in Europe", NBER Working Paper 8487, 1050 Massachusetts Avenue Cambridge, MA 02138, Sept. 2001.

Heikki Oksanen, "Pension Reforms: Key Issues Illustrated with an Actuarial Model", European Commission, Directorate-General for Economic and Financial Affairs, *Economic Papers*, No.174, Publications, BU1-1/180, B-1049 Brussels, Belgium, July 2002.

Social Security Advisory Board, *Estimating the Real Rate of Return on Stocks Over the long Term*. Washington D.C., Aug. 2001.

(本文原载于《欧洲研究》2003 年第 2 期,第 74—91 页)

养老保险"名义账户"制的制度
渊源与理论基础

内容提要:瑞典、拉脱维亚、意大利、波兰、蒙古和吉尔吉斯斯坦欧亚六国社会养老保险 1995 年以来成功地实现了从现收现付制向"名义账户"制的转型。"名义账户"制是现收现付制和积累制、待遇确定型和缴费确定型相结合的一种混合型制度,是一个制度创新。该制度模式较好地解决了制度转型成本的问题,受到了国际学界的广泛关注。"名义账户"制的诞生和发展具有深刻的思想基础和制度渊源,对其进行深刻的探讨会促进学术界对"名义账户"制的研究,尤其是可以增加其在中国适用性问题的讨论。本文认为,从某种意义讲,"名义账户"制可以认为是私人保险市场中法国"积分制"和美国"现金余额"制的某种延伸,而布坎南 1968 年关于"社会保障券"的设想和克里克夫等人 1983 年关于 BKS 模型的设计可以认为是其理论上的一种实验。

在公共养老保险制度的发展史上,1995 年以来瑞典、意大利、波兰、拉脱维亚、蒙古和吉尔吉斯斯坦欧亚六国可谓实现了一个历史性的创举:成功地将历史上和理论上某些私人保险市场的因素应用到公共养老保险制度之中,创造出一个崭新的制度——"名义账户"制(NDC)。七八年的实践证明,这个新型的社会养老保险制度运行良好,基本上克服了实行传统现收现付制的国家及实行这种制度的经济转型国家向积累制或半积累制转型过程中普遍遇到的转型成本问题,受到了国际学术界的广泛关注,俄罗斯和捷克等一些国家跃跃欲试,甚至欧盟委员会为其成员国设计了向其转型的三个过渡方案①。"名义

---

① 郑秉文:《欧盟国家社会养老的制度选择及其前景——兼论"名义账户"制对欧盟的适用性》,《欧洲研究》2003 年第 2 期。

账户"制是兼具现收现付制和积累制、待遇确定型(以下简称 DB)和缴费确定型(以下简称 DC)特征的一种混合型制度,简单地讲即在融资方面采取现收现付制的 DB 型方式,但在给付上采用积累制的 DC 型方式;在六国的"名义账户"制度设计中,它们根据各自的具体国情附加了相应的不同功能,使六国的"名义账户"制度各有千秋,殊途同归,积累了一些经验。

欧亚六国 1995 年以来"不约而同"地实行了"名义账户"制,这虽然是其政策制定者不断探索的结果,但学术界一般认为,它的制度雏形显然起源于二战以后西欧一些国家私人保险市场上流行的"积分制"和美国 20 世纪 80 年代产生的"现金余额"制度,其思想基础可以追溯到 1968 年布坎南"社会保障券"的设想和 1983 年克里克夫等人关于 BKS 模型的改革建议。从这个意义上讲,"名义账户"制在欧亚六国的实行是私人保险制度的某些特征在公共保险制度上的某种延伸和应用,是经济学家改革思想与建议的某种尝试与实践。

那么,二战后法国流行的"积分制"和美国兴起的"现金余额"制在几十年的运行中有什么特征? 布坎南"社会保障券"的设想和克里克夫等人提出的 BKS 模型的改革思路要点是什么? 它们与欧亚六国目前实行的"名义账户"制是什么关系? 有何异同? 有何创新? 以上就是本文的研究任务①。

一、法国积分制

二战后以来法国和德国等许多发达国家私人部门的养老保险计划实行的几乎都是非积累型的、以"积分为基础的给付"制度,尤其是行业的强制性养老保险制度,所以,这种流行的私人保险市场制度在本质上讲是一种"名义账户"。正是从这个意义上讲,有的学者说"名义账户是一个很陈旧的概念"②,它至少可以追溯至二战后初期法国"私人"保险实行的"积分制"。建立于

---

①　郑秉文:《欧亚六国社会保障"名义账户"制利弊分析及其对中国的启示》,《世界经济与政治》2003 年第 5 期。

②　Salvador Valdes-Priedo, "The Financial Stability of National Account Pensions", *Scandinavian Journal of Economics*, 2000, 120,3, p.397.

1961 年 12 月 8 日的"补充退休金协会"（以下简称 ARRCO）是补充性质的,建立于 1947 年 3 月 14 日的"高级管理人员退休金管理机构总协会"（以下简称 AGIRC）是额外附加性质的,后者主要服务于企业高级管理人员。1972 年 12 月 29 日的法律规定它们均成为强制性的补充保险。

所谓"积分制",是指经办机构为缴费人记录"积分",积分的数量由当年购买每个积分的价格决定,即每个积分都有一个用货币单位来表达的"价值"。退休时这些积分以法郎的形式转换为养老金,并且与通货膨胀挂钩指数化。上述两个基金的董事会每年定期对下列三个参数进行调整:(1)养老金积分的购买（交易）"价格"（Tariff de l'opération）。由于个人账户中积累的"资产"事实上是"积分",而不是由现金来表达的,所以,个人在将缴费转换成积分时等于是在"购买"一种"产品",而这个"产品"即积分的价格每年是不一样的。(2)养老金积分的"价值",即积分被出售转换成养老金时的价值。这些养老金计划使用的参数调整的办法是特殊的"分期"独立制定的办法,例如,如果某个养老金计划有现金节余,它就会降低缴费率,几年之后很可能由于财政形势的变化而再次提高缴费率。(3)缴费率（Cotisation）。从上述养老金积分的"交易价格"和"出售价值"的性质来看,实际上这二者都涉及了"实际缴费"（Cotisation Effective）的问题,即本质上讲缴费率的"价格"问题,所以,现实中的缴费率可以看成是法定缴费率（Taux Contratuel）的一个产品,或看成是一种"叫价"或称"牌价"（Le taux d'appel）,它经常高于法定缴费率的 100%,必要的情况下可以在许多年之内都高于 100% 的法定缴费率。据测算,未来几年里的"牌价"一般都将高于法定缴费率,参见表 1。例如,ARRCO（从 1992 年至今）和 AGIRC 的价格都在其 125% 左右,这样,法定缴费率就须乘以 1.25 这个系数,即"叫价"或称"牌价"的计算方法是:6%（雇员法定缴费率）×1.25＝7.5%,这样,雇员的实际缴费率就变为 7.5%,但记入账户之中的却仍然是 6% 的"权利"（les droits）。此外,为加强再分配的作用,维持该制度的资金平衡,法国 ARRCO/AGIRC 的"积分制"对收入差距比较大的群体实行"差别费率",即对收入高的群体实行较高的费率,但其"积分"不按同比率增长;ARRCO/AGIRC 还经常对收入很高的群体实行"额外"的缴费,但不增加任何积分,这就是"特殊额外的缴费"（CET）。此外,法律规定,考虑到收支平衡的问题,法国补充养老保险的缴费率分为三个"档次",可由各个企业去选择①(见表1)。

表1　ARRCO/AGIRC 的缴费率及其预测

年份	ARRCO						AGIRC		
	A 档次: 高级管理人员 与高级非管理 人员之和		B 档次:非高级管理人员				B 和 C 档次: 非高级管理人 员及其他		CET* A、B、C 档次
			1997 年 1 月 1 日之前就存在 的企业		1997 年 1 月 1 日以后建立的 企业				
	法定缴 费率(%)	牌价 (%)	法定缴 费率(%)	牌价 (%)	法定缴 费率(%)	牌价 (%)	法定缴 费率(%)	牌价 (%)	
1996	4.5	5.625	4.5	5.625	4.5	5.625	13	16.25	—
1997	5.0	6.250	5.0	6.250	14.0	17.500	14	17.50	0.07
1998	5.5	6.875	5.5	6.870	14.0	17.500	15	18.75	0.14
1999	6.0	7.500	6.0	7.500	15.0	18.750	16	20.00	0.21
2000	6.0	7.500	10.0	12.500	16.0	20.000	16	20.00	0.28
2002	6.0	7.500	12.0	15.000	16.0	20.000	16	20.00	0.35
2004	6.0	7.500	14.0	17.500	16.0	20.000	16	20.00	0.35
2005	6.0	7.500	16.0	20.000	16.0	20.000	16	20.00	0.35

注:* CET(La Contribution exceptionnelle et temporaire)意为"特殊额外的缴费",它自身不产生未来养老
　金的权利,也不支持养老金积分的牌价。
资料来源:Michel Laroque, *Contribution à l'Histoire Financière de la Sécurité Sociale*, La Documentation
　Française, 1999, p.478.

　　从上述三个参数可以看出,法国私人养老金"积分制"的特点是:(1)为达到收支平衡的目标,在传统的 DB 下采用的调整缴费率或给付水平等措施会产生很大的社会震动。但"积分制"就不这样,可以经常定期或不定期地调整各个参数以维持收支的平衡,例如,在退休之前,养老金水平是无法知道的,从

　　① A 部分是指"普通制度"(régime générale)缴费率的"封顶线"(platfond),该"制度"覆盖了全国大约80%的工薪者,是法国最重要的一个养老金计划。在这个"封顶线"之外,还有两个档次,即 B 和 C 档次。B 档次的缴费率水平是"普通制度"封顶线以上的1—4 倍之间。C 档次是4—8 倍之间。企业和雇员可以根据自己的经济状况自由选择。根据 1999 年的规定,"最低法定缴费率"(taux contractuel minimum de cotisation)是16%,即雇员 6%,雇主10%。据统计,法国补充保险的平均工资替代率在30%以上(Dorion, Georges, et André Grionnet, *La Sécurité Sociale*, 7 édition, *Que sais-je? Collection Encyclopédique*, Presses Universitares de France, 2000, pp.76-77)。

而为最终实现资金平衡留出了空间。(2)在法国,几乎所有私人市场的养老金计划都是自治的性质,ARRCO/AGIRC 也不例外,它们是具有独立私法地位的机构,根据法律由工会代表、雇主代表(有时政府也派出代表)组成的董事会负责大政方针的制定①,所以,上述三个参数的调整是共同协商决定的结果,体现了民主参与和工会的意志,与 DB 制相比更具有政治上的可行性。(3)由于缴费率是相对固定的,所以,未来养老金水平就几乎等于整个职业生涯总收入的这个比率,而 DB 制下的养老金水平常常受到退休之前几年收入水平的影响。从积分增长的方式来看,"积分制"的给付条件与 DC 制很相似。

尽管西方学者对法国"积分制"的定性及其与"名义账户"制的关系的评价不尽相同,有的认为"积分制"属于"典型的"名义账户制②,有的认为不太像"名义账户"③,但从"积分制"的资金来源、给付条件和三个参数的调节过程等方面来看,欧亚六国实行的"名义账户"制与法国私人保险的"积分制"在基本理念上是如出一辙的。

1992 年德国改革引入的"个人积分制度"也带有名义账户的成分,2001年的"里斯特改革"(Riester Reform)就走得更远了。

二、"现金余额"制

"现金余额"制(Cash Balance Plan, 以下简称 CBP)是 DB 制和 DC 制的一种混合型计划,是美国私人年金市场的一个重要产品,它有如下一些特点。(1)从融资方面来看,它具有 DB 制的特征:虽然雇员与雇主共同的缴费记入了雇员的个人账户,但其累计资产的运营、管理与增值则与雇员本人没有关系,是由雇主统一运作管理,在这个意义上讲,个人账户中的"资产积累"是"虚

---

① Dorion, Georges, et André Grionnet, *La Sécurité Sociale*, 7 édition, *Que sais-je? Collection Encyclopédique*, Presses Universitares de France, 2000, pp.74－75.

② 例如,国际劳工组织的一些专家认为,"法国补充养老保障制度是典型的名义缴费确定型制度",参见科林·吉列恩等:《全球养老保障——改革与发展》,杨燕绥等译,中国劳动社会保障出版社 2002 年版,第 47 页。

③ 有的西方学者说,"法国的积分制度运作的方式是传统的 DB 型计划,而不太像名义账户性质的"。参见 Salvador Valdes-Priedo, "The Financial Stability of Notional Account Pensions", *Scandinavian Journal of Economics*, 2000。

拟"的,仅具有纸面上的"簿记"意义。(2)从风险分担方面来看,雇主全面负责所有"名义资产"在资本市场的增值行为,承担了全部风险。(3)从养老金给付标准的决定因素来看,CBP 不像 DB 制那样由一个预先约定的"公式"或"承诺"来决定,而是按工资水平并参考工龄和年龄等因素折算成"年度积分",记入其个人账户之中,同时,利率也是"虚拟的",并以"积分"的形式记入其中。(4)从养老金给付的条件来看,由积分换算成的现金余额是由个人缴费和利息构成的,二者之和决定了账户持有人最终的"权利",因此,CBP 制的给付支出条件带有 DC 制的"精算"性质。(5)从利率确定方法来看,它可以采用固定利率或可变利率的形式,也可以采取区别对待的差别利率,同时,还可以采取均一利率(例如按当年国库债券的收益率为计算基础,如 3%)。(6)从养老金支付的方式来看,养老金的提取与支付的方式主要有两种,可由雇员自由选择:一是像 401(K)那样,可以将本息一次性提取,而 DB 制下则不能这样;二是与雇主协商使之年金化,按月领取,一直到死亡。(7)从监管方面来看,在美国私人保险市场上,由于 CBP 的融资性质与 DB 制很相像,所以,CBP 被划归 DB 制的序列予以管理,这样,所有采用 CBP 计划的公司均由美国联邦政府的"养老金给付担保公司"(PBGC)负责监管,因此可以得到一些"待遇",而实行 DC 制的公司则不享有这些待遇,也不由"养老金给付担保公司"负责监管[①]。

　　CBP 制的投资理念最初是由美国克瓦查·利普顿(Kwasha Lipton)"雇员养老金咨询公司"在 1984 年 10 月"雇员给付理事会秋季年会"上首次提出来的,这个崭新的养老金投资理财的理念和计划次年被"美洲银行"接受采用。该公司认为,与传统的 DB 制相比,CBP 制具有如下十大优势:(1)对年轻雇员和退休者的慷慨度都比较高;(2)"同工同酬",没有年龄、性别和

　　[①]　参见 Johnson, R.W. and Cori E. Uccello, "Can Cash Balance Plans Improve Retirement Security for Today's Worker?", Brief Series No.14. the Retirement Project, Urban Institute, Nov.2002, pp.1 - 7。美国私人养老金市场上的补充养老保险计划主要由 DB 制和 DC 制这两种性质的保险计划构成。为防止公司破产等不可抗力对 DB 制下雇员养老金可能造成"血本无归"的事情发生,美国联邦政府于 1974 年成立了"养老金给付担保公司"(PBGC),专门负责对实行 DB 制的公司的监管。该公司对实行 DB 制的公司按人头收费,并对这笔收费实行统一管理、营运与增值,当其"成员公司"一旦发生倒闭破产时,该公司便根据法律予以接收,由其直接向账户持有人按事先规定的比例(每年调整)发放养老金。所以,从这个意义上讲,该公司很像一个"再保险公司"和"基金管理公司"二者的混合体。该公司的行政管理费用从基金增值中提取。目前该公司的投资总额已达 160 亿美元。

婚姻状况等方面的歧视倾向;(3)易于结算和理解;(4)收益和损失都易于转让;(5)年复一年的积累余额具有灵活性;(6)在出现"积累过度"时也不要求相应增加行政费用;(7)雇主可以进行长期投资,投资可以多样化;(8)如果回报率低于雇员所获得的积分,行政成本将相应下降;(9)可以纳入联邦政府"养老金给付担保公司"的管理系列之中,得到"再保险",而实行 DC制的公司则没有这个待遇;(10)可以解决提前退休等问题导致的"补贴"问题①。

20 年的实践证明,CBP 制的优势显然可以归纳为这样四条:一是它具有较强的便携性,有利于劳动力的市场流动;二是加强了收益与缴费之间的联系,具有较好的激励机制;三是透明度较高,一目了然;四是灵活的精算机制为雇主带来了潜在的投资利润的可能性。

"作为 DB 制的一种特殊形式"②,CBP 制 20 世纪 90 年代以来受到了越来越多的雇主的青睐,私人养老金市场上 CBP 制所占有的份额比例越来越大,而 DB 制越来越小,一些跨国公司纷纷放弃 DB 制而转向采用 CBP 制,同时还受到了学界的广泛关注③。

由于上述 CBP 的诸多特征与"名义账户"制具有相似之处,所以,有些经济学家将"名义账户"制的诞生看成是 CBP 制某些特征延伸的结果,就是说,CBP 制作为 DC 和 DB 制的混合制度,从私人保险部门延伸和扩大到了社会保险部门。例如,由于提出储蓄生命周期假设并使之在家庭和企业储蓄的研究中得以广泛应用,并于 1985 年获得诺贝尔经济学奖的麻省理工学院弗兰科·莫迪利安尼(Franco Modigliani)教授等学者就是这样认为的,在他们看来,意大利等国的"名义账户"制实际上就是 CBP 这种公司养老金计划的一种

---

① Gold, Jeremy, "Shareholder-Optimal Design of Cash Balance Pension Plans", Pension Research Council Working Paper, Pension research Council, the Wharton School, University of Pennsylvania, PRC WP 2001-7, Dec. 2000, pp.11 - 12.

② Gold, Jeremy, "Shareholder-Optimal Design of Cash Balance Pension Plans", Pension Research Council Working Paper, Pension research Council, the Wharton School, University of Pennsylvania, PRC WP 2001-7, Dec. 2000.

③ Secretary's Advisory Committee on Employee Welfare and Pension Plans, "Report/Recommendations of the Working Group Studying the Trend in the Defined Benefit Market to Hybrid Plans", ERISA. Department of Labour, Nov.1999.

结构上的放大①。但是,也有一些著名的经济学家对此持有异议。例如,同在麻省理工学院的戴尔蒙德(Peter A. Diamond)教授对此就不以为然,他直言不能将"名义账户"制与 CBP 制简单地看成一回事儿,因为二者之间的区别在于前者的营运负责人是公共部门,这将对国民储蓄带来一定的负面影响,而后者负责人则是私人部门,遵循的是市场原则②。

三、布坎南"社会保障券"的设想

斯德哥尔摩大学国际经济研究所的著名经济学家林德贝克(Assar Lindbeck)等人认为③,"名义账户"制所体现的融资方式和给付条件的理论渊源和思想基础可以追溯至诺贝尔经济学奖 1986 年得主 J. M. 布坎南(Buchanan)在 1968 年发表的一篇重要论文《经济增长中的社会保险:为彻底改革提出的一个建议》中为美国社会保险制度改革提出的一个建议④。布坎南在这篇只有 10 页的论文中提出了一个重要的思想:为"彻底改革"美国社会保障制度,需要一个"完全不同的思路",即用强制性购买"社会保险券"来代替征收工薪税。具体地讲,布坎南提出的"社会保险券"设想有以下六项内容。

第一,废除对雇主和雇员征收工薪税的制度。工薪税的支付毕竟来自于雇员的"工资单",这就直接增加了劳动力成本。第二,建立"社会保险券"(以下简称"社保券")制度,要求全体有收入的人按收入比例购买"社保券"。征收工薪税与强制性购买"社保券"这二者之间的本质区别在于,纳税人在支付

---

① Modigliani, F. and Maria Luisa Ceprini, "Social Security Reform: A Proposal for Italy", *Review of Economic Conditions in Italy*, 1998, pp.177 - 201; Modigliani, F. and Arun S. Muralidhar, "A Solution to the Social Security Crisis from an MIT Team", Sloan Working Paper 4051 (Fourth Revision), 2000.

② 这是 2002 年 10 月 21 日戴尔蒙德教授在其麻省理工学院办公室与笔者见面时发表的议论。对于他的这种观点,在其下述著作中可以比较婉转地窥测一斑:Diamond, P.A., *Social Security Reform*, Oxford University Press, 2002, pp.17 - 20。

③ Feldstein, M. & Siebert, H., *Social Security Pension Reform in Europe*, The University of Chicago Press, 2002, p.35; Salvador Valdes-Priedo, "The Financial Stability of Notional Account Pensions", *Scandinavian Journal of Economics*, 2000, 120,3, pp.397 - 398.

④ Buchanan, James M., "Social Insurance in a Growing Economy: A Proposal for Radical Reform", *National Tax Journal*, 1968, pp.386.395.

工薪税的时候并没有得到"与支付的交易相对应的显性权利"①,而强制性购买"社保券"的结果却是实实在在地获得了一个权利。第三,可以利用销售"社保券"的收入来为目前的社会保障制度融资,其缺口部分由一般税收转移支付予以弥补等。第四,在按其收入比例购买的强制性"社保券"以外,允许个人自愿再购买一些"额外的""社保券"。第五,在自愿的基础上,作为向联邦政府购买"社保券"的一个替代办法,允许个人从私人公司购买"社保券",这样既可以打破政府对"社保券"的垄断,又可以使这类债券在市场上流通起来;这样,私人机构与政府保险机构之间形成的竞争态势就能很好地成为遏制官僚主义无效率的一个保障。第六,"使'社保券'的回报率与下述两个比率相等:(1)美国政府债券的长期利率;(2)GNP 的增长率"②。

从上述布坎南提出的用"社保券"代替工薪税的六条内容可以清晰地看到,布坎南的改革思路中强调的是两个重点:一是在给付公式上偏向于将个人缴费与未来给付有机地挂起钩来;二是在融资方式上偏向于现收现付制。用布坎南的话来说,这两个"要点"看上去仿佛是"南辕北辙",但却可以将之有机地结合起来;能够使二者有机结合的"介质"就是建立"社保券"制度,按照这个思路,既能保留"代际之间税收转移计划的优势",同时又能"体现出一个真正的保险制度的最优化特点"③。布坎南的依据如下。

首先,他认为现收现付制比"金融投资式"制度的回报率更高,这样,现收现付制的融资方式从社会福利的角度来说就达到了最优化。布坎南根据当时美国一直较高的经济增长率的经验性推断,假定未来美国增长率较快,缴费收入也很快。此外,从再分配的角度来看,社会保障的给付还要与"需要"联系起来,否则,"就与公平原则所要求的恰恰背道而驰"④。

其次,布坎南之所以还同时强调养老金的给付要与收入记录联系在一起,

---

① Buchanan, James M., "Social Insurance in a Growing Economy: A Proposal for Radical Reform", *National Tax Journal*, 1968, p.390.

② Buchanan, James M., "Social Insurance in a Growing Economy: A Proposal for Radical Reform", *National Tax Journal*, 1968, p.391.

③ Buchanan, James M., "Social Insurance in a Growing Economy: A Proposal for Radical Reform", *National Tax Journal*, 1968, p.390.

④ Buchanan, James M., "Social Insurance in a Growing Economy: A Proposal for Radical Reform", *National Tax Journal*, 1968, p.386.

除了强调精算性质以外,大概是出于两个原因的考虑:一是提出"社保券"建议的根本目的还不是仅仅停留在获得财政的稳定性上,甚至恰恰相反,他明确表示,"试图与这个账户的两个侧面①相吻合的目的不是这种方案的特征"②。其实,布坎南强调缴费与未来养老金给付之间联系起来的真正意图在于增加工作激励,提高工作的回报率,以减少对工作课征的隐性边际税率。二是,由于劳动力市场增加了经济效率,"帕累托改进"就有可能成为现实。现实中的假设是,隐含在养老金中大约40%的税已经从"完全非精算型"的制度转移到准精算型的、有个人账户的、缴费关联型的"名义账户"制度之中③。

最后,布坎南之所以提出"社保券"与"两个比率"挂钩的设想,是因为布坎南担心政治干预很可能会导致工人得不到实惠。这是因为1968年布坎南在撰写该文时,美国国会还没有对养老金给付的消费物价指数化(CPI)进行立法,所以布坎南"两个比率挂钩"的设想从动机上讲是想将政治与养老金的给付隔离开来,以使后者不受政治行为和通货膨胀的影响和侵蚀,将现收现付制这种融资方式的回报率予以"锁定"。

四、BKS 模型

一些经济学家认为④,"名义账户"思想的具体化和模型化来自鲍斯金

---

①　根据上下文,这里应指"收入与支出"。

②　Buchanan, James M., "Social Insurance in a Growing Economy: A Proposal for Radical Reform", *National Tax Journal*, 1968, p.391.

③　这40%是这样推算出来的:假设20岁开始工作,64岁退休,退休之后的寿命为20年;平均来说,工人开始缴费的年龄为42岁,领取养老金的年龄为74岁,这样,缴费期为32年(74-42=32);再假设缴费率为20%,每月收入为500美元以上,即每月缴费100美元。在现收现付制度中,回报率为2%,这2%主要是税基增加的结果,那么,32年之后,这100美元的缴费就变成了188美元。但是,如果资本市场的回报率是5%并且将这5%作为一个折扣,那么这188美元的资本价值就是40美元($188/[1.05]^{32}$);这意味着,对工作课征的边际税率是12%($[100-40]/500$)。这样,从"完全非精算型"向"准精算型"转型以后就将税从20%减到12%。可以参见Feldstein, M., & Siebert, H., *Social Security Pension Reform in Europe*, The University of Chicago Press, 2002, pp.35-36。

④　Salvador Valdes-Priedo, "The Financial Stability of Notional Account Pensions", *Scandinavian Journal of Economics*, 2000, 120,3,p.398; almer, Edward, "Swedish Pension Reform: How Did It Evolve, and What Does It Mean for the Future?" in Chtp.6.in Feldstein, M & Siebert, H. eds., *Social Security Pension Reform in Europe*, the University of Chicago Press, 2002, p.179.

（Boskin，M.）、克里克夫（kotlikoff，L.）、夏文（Shoven，J.）1988 年发表的一篇题为《个人保险账户：社会保障制度根本改革的一个建议》的重要论文，在文中他们使用的概念是"个人保险账户"（以下简称 PSA）。这三位经济学家（以下简称"BKS 三人"）均以强烈拥护和倡导私有化改革的激进派或称保守派而著称于欧美经济学界，尤其克里克夫，他是私有化改革激进派的领袖人物。

然而，克里克夫与同为私有化改革激进派领袖的萨克斯（Sachs，J.）和费尔德斯坦（Feldstein，M. S.）等经济学家有所不同，克里克夫坚决拥护现收现付制的基本融资制度，但在给付方面却反对 DB 制，而后两位经济学家认为，在有条件的前提下，应由现收现付制向积累制转型，由 DC 制来替代 DB 制。"BKS 三人"关于社保制度的这种"混合"的思想主要是来自他们对巨大转型成本的思考和担心，所以，从这个角度来考虑方案选择问题时，向积累制转型就不是一个"合意"的方案了，"政治上是不可行的"，这样就不能完全改变现收现付这个基本制度①。

正是出于这个基本考虑，"BKS 三人"在这篇论文中提出了一个既保持现收现付制融资方式，又引入 DB 型给付因素的所谓的"个人保险账户"（PSA）的混合型制度，内涵其中的"名义账户"思想后来逐渐被称为"BKS 模型"、"BKS 建议"或"BKS 制度"（以下简称"BKS"模型）②。从这个意义上讲，"BKS 三人"的这篇论文是正式明确提出"名义账户"思路的第一篇论文。也正是从这个基点出发，克里克夫曾多次强调说，这项改革建议的目的不是欲改变当前现收现付制的设计目标③。与目前传统制度相比，PSA 制度在许多方

---

① Boskin, Michael, Laurence J. Kotlikoff, and John B. Shoven, "Personal Security Accounts: A Proposal for Fundamental Social Security Reform", in eds. Susan Wachter, *Social Security and Private Pension: Providing for Retirement in the 21st Century*, Philadelphia: Lexington Books, 1988, p. 182.

② Palmer, Edward, "Swedish Pension Reform: How Did It Evolve, and What Does It Mean for the Future?", Chtp.6.in Feldstein, M. & Siebert, H. eds., *Social Security Pension Reform in Europe*, the University of Chicago Press, 2002, p.179.

③ 强调现收现付制融资方式的好处和 DB 和 DC 制相结合的优势，是 2002 年 12 月 10 日克里克夫与笔者在其办公室会面时谈话的主要内容之一。他还说，中国在这方面应该积极起来，探索其在中国的可行性问题。

面模仿了私人保险市场的运作模式,具有如下特征①。

1. PSA 账户的 5 个项目与名义记录。每个人都有一个"PSA 个人账户",记入账户里的缴费仅具有会计上的意义;PSA 制度由养老、残障、配偶遗属、子女遗属和老年医疗保险 5 个"保险单"组成;从账簿会计的意义上讲,在购买年度保险单时,每年的隐性回报是根据每年的总体财政状况而不断变化的,这样就增加了灵活性,避免了周期性财政危机。

2. PSA 制度的强制性。与目前的社保制度一样,PSA 制度是强制性的,凡符合资格的人都必须予以购买。

3. 积分的转换与分配。PSA 制度的给付最终是由"社保税"和积分转换而得出的。在目前传统社保制度的工薪税和 PSA 制积分之间设定一个相互转换的公式,这个公式当然是经过精算的,但"BKS 三人"给出的仅仅是一个三口之家的"假设案例"(见表 2)。

4. 不同"保险单"之间相互组合的灵活性。对于上述不同保险单的组合,PSA 制度具有广泛的适应性。PSA 制度将根据每个家庭成员的结构状况,适应于每个家庭购买保险的特殊需要,不同的家庭成员结构购买不同的保险单组合。例如,对于没有子女的独身者,他的所有积分将全部花费在养老年金和残障年金上。为强调"保险单"不同组合的灵活性,"BKS 三人"甚至给出了记录积分与缴费的 PSA 账面样本(见表 2)。

表 2　PSA 制度的样板:PSA 制度的积分与税收支付

(单位:美元)

PSA 积 分					
年龄	总额	养老	残障	幸存配偶	幸存子女
21	500	250	250	0	0
22	550	440	110	—	—
23	600	480	120	—	—

① 以下内容参见:Boskin, Michael, Laurence J. Kotlikoff, and John B. Shoven, "Personal Security Accounts: A Proposal for Fundamental Social Security Reform", in eds. Susan Wachter, *Social Security and Private Pension: Providing for Retirement in the 21st Century*, Philadelphia: Lexington Books, 1988, pp.179-206。

续表

PSA 积 分					
年龄	总额	养老	残障	幸存配偶	幸存子女
—	—	—	—	—	—
35	1000	800	200	—	—
36	800	500	180	1.0	—
37	900	575	200	125	—
38	900	300	180	115	3.5
39	1500	870	300	180	150
40	1800	1200	270	200	130
社保税的支付情况					
年龄	丈夫支付的总额		配偶支付的总额		
21	480		0		
22	535		0		
—	—		—		
40	1200		600		

资料来源：Boskin, Michael, Laurence J. Kotlikoff, and John B. Shoven, "Personal Security Accounts: A Proposal for Fundamental Social Security Reform", in eds. Susan Wachter, *Social Security and Private Pension: Providing for Retirement in the 21st Century*, Philadelphia: Lexington Books, 1988, Table 7-1, p.188.

5. PSA 制度的"个人所有权"和"便携性"。由于妻子也同样拥有一个 PSA 个人账户，所以，如果他们离婚，就可以各自分别保留着自己的账户；如果他们本人或继任的配偶连续缴纳社保税，他或她就可以继续为自己购买年金而积累积分；如果离婚后他们都不愿意为前任配偶购买幸存配偶年金而花费积分，那么，前任配偶还仍有权利领取其原来婚内生涯中所积累的积分所购买的年金；对于婚内所生子女，他们二人仍有义务被要求为其购买子女幸存年金。PSA 制度的这些特点无疑充分体现了年金的"个人所有权"和"便携性"。

6. 年金给付的计算方法。由于是用积分来购买年金，所以，每一种年金的"价格"都是经过精算的，即为每个年金所支付的预期现价与花费在这个年金上的积分总额都是相等的，精算后的回报率对所有各项保险单和所有 PSA 制参加者都是一样的，这样，除了积分的积累总额以外，所有 PSA 制度的参加者从记入在 PSA 账户的缴费中所获得的回报率都是相同的。"BKS 三人"在该

文中分别给出了 5 种"保险单"的计算公式,这里仅以养老保险为例来看看
PSA 制度给付的计算过程①。

对 PSA 制的参加者来说,养老金从 62 岁开始给付,即年龄为 a,年限为 t,
以 a 的年龄用 t 的年限购买的养老金为 $A(a, t)$,那么,$C(a, t)$ 的结果就取
决于如下公式:

$$C(a, t) = A(a, t) \sum_{i=62}^{100} \frac{P_{i,a}}{(1 + r_t)^{(i-a)}}$$

这里,$P_{i,a}$ 是指 PSA 制的参加者在当前 a 的既定年龄下有可能存活到 i 年
龄的概率,其中,$A(a, t)$ 和 $C(a, t)$ 都是以美元的不变购买力计算的;PSA
的年金均与通胀挂钩完全指数化。r_t 是指在 t 年的时间里所有积分的实际回
报率;PSA 制度的所有加入者领取的全部指数化养老金是过去每年购买年金
的总和,即 $A(a, t)$。从中可以看出,PSA 制养老年金的给付是独立于其职业
生涯中的劳动所得,最终的年金规模取决于购买这种年金的积分的精算结果:
年回报率 r_t"将由独立的精算委员会每年予以选择确定,以确保给付与税收的
长期平衡,使社保基金的储备规模至少等于 3 年给付的支付总额"②。

7. 转换率问题。缴费、积分和给付这三者之间存在着一个转换的问题,对
此,克里克夫说,转换率是能够保持收入与支出的"价值财政平衡"的关键;在
"名义账户"制内部,如果以政府债券的市场回报率进行换算并且其计算结果
超过了缴费的现值和目前储备,其给付的计算公式中就应该使用较低的回报
率。为保持传统制度的"现值平衡",每年在选择转换率时,应该像瑞典那样,
对寿命预期的变化进行自动调节。

8. 关于制度转型衔接的问题。从现收现付制向 PSA 制转型,与向积累制
转型相比虽然简单得多,但也同样涉及一个转型问题。BKS 的转型设计是,

---

① Boskin, Michael, Laurence J. Kotlikoff, and John B. Shoven, "Personal Security Accounts:
A Proposal for Fundamental Social Security Reform", in eds. Susan Wachter, *Social Security and
Private Pension: Providing for Retirement in the 21st Century*, Philadelphia: Lexington Books, 1988, p.
185.

② Boskin, Michael, Laurence J. Kotlikoff, and John B. Shoven, "Personal Security Accounts:
A Proposal for Fundamental Social Security Reform", in eds. Susan Wachter, *Social Security and
Private Pension: Providing for Retirement in the 21st Century*, Philadelphia: Lexington Books, 1988,
pp.190 - 191.

在启动 PSA 制的时候,45 周岁以下的人加入到这个制度来,45 岁以上的则继续留在传统的旧制度中。

9. 关于可持续性问题。BKS 三人认为,PSA 制的另一个特点是,社保制度的财政支付体制将继续保持其"自我筹资"的特征,由工作的一代支付退休的一代,但与目前传统的体制所不同的是,PSA 制将设立某些条款,以避免出现短期的筹资危机,并且将自动消除长期赤字。

从 BKS 模型以上 9 个方面的技术特征可以对 PSA 制度作出如下五项结论。

第一,采用"收入共享"的办法,取消了从单个个人和"双职工夫妇"向"单职工"或主要是"单职工夫妇"的转移,这样,它所强调的是尽量避免代际之间、贫富之间、性别之间、职业之间的不公平和无效率问题,但没有提出建立一个自动财政平衡机制的具体方案和具体措施。

第二,采用将积分分别分配到 5 个项目"保险单"的办法,基本上保留了目前保险项目的框架结构不变,保持了目前传统制度的最重要的一些特征,提供了一个更适合于家庭需要的一揽子保险计划,既为年轻的一代和未来的几代人重构了社保制度,又加强了而不是削弱了政府的作用和责任,使之更具有广泛的适用性,但又没有触动现收现付制的累进性及现收现付制融资方式的基本特征。

第三,采用适用于各种家庭特殊需求的办法,以发布年度报告的形式,将缴费与给付有机地紧密联系起来,改善了社会保险的提供效率,具有较强的便携性,加强了激励机制,减少了劳动者的负向激励问题,使他们可以对其缴税与给付之间的回报联系一目了然,所以,与其将这种支付称为"税收",不如称为"缴费"更贴切,从而克服了传统现收现付制中给付具有不确定性的缺点,但是,"BKS 三人"只给出了缴费与积分相互转换的"假设样本",而没有给出具体的设计思路。

第四,采用将私人制度和公共制度相混合的办法,将 DB 制和 DC 制各自的优点结合起来。众所周知,私人保险市场受到逆向选择的负面影响很大,其结果是使其定价与"精算型的公平"相去甚远,不能提供"抗通胀型"的"终生年金";从这个角度来看,虽然在一定程度上克服了私人市场的"逆向选择"的缺陷,但却没有涉及"道德风险"问题。

第五,采用将现收现付制和积累制相结合起来的办法,具有一定程度的"再分配"因素,保存了这种从高收入家庭向低收入家庭进行"再分配"的功能。对穷人家庭和富人家庭实行差别的缴费积分换算公式,就是说,对穷人家庭提供的积分高于他们的实际缴费,对富人家庭则相反,但是这肯定又涉及财政的可持续性问题、风险预调和紧急情况的应对措施等问题,例如是否需要一部分预筹资金等,而 BKS 模型没有涉及这些最重要的话题。

从几个方面的分析和归纳中可以看出,虽然克里克夫本人认为 BKS 模型与"名义账户"制有一些差异①,但总的来说,BKS 模型的基本思路与"名义账户"制运行机理基本上是一致的。

五、结束语

从上述对两个私人市场制度和经济学家两个改革设想的具体分析研究中可以看出,它们的某些个别特征和框架思路不同程度地被应用到了"名义账户"制度之中,从而形成了"名义账户"的制度渊源和思想基础的重要来源之一。但同时,欧亚六国"名义账户"制在设计和实践上,甚至在某些重要方面与它们又存在着较大的区别。这些差异性在世界范围内的社会养老保险改革浪潮中又可以解释为它代表着或寓意着某种发展趋势。

第一,"名义账户"制的诞生、实践与发展说明,社会养老保险制度在改革中孕育着私人保险制度和社会保险制度在理念上和模式上相互交融和相互渗透、公共保险不断采用私人保险和私人储蓄制度某些特征的一种倾向。"名义账户"制吸收了私人储蓄和保险市场实践中的一些特征,对传统的现收现付的社会保障制度进行了改造,保留了各自一些适应于人口变化和经济社会等外部其他条件变化的优点,从而形成了自己最基本的五个特点:现收现付制

---

① 2002 年 12 月 10 日克里克夫本人与笔者会面时说,"名义账户"制与 BKS 模型不完全相同,例如,瑞典的"名义账户"制年度账户报告的给付水平即转换成给付的积分的价值是随着一些潜在参数的变化而每年都不一样的,但 BKS 模型中给付水平的变化却不是那么经常的。克里克夫为此讲述了一个他与帕尔莫(Palmer, E.)发生"争执"的小故事:在 2000 年德国召开的一次讨论会上,帕尔莫作关于瑞典"名义账户"制改革的专题演讲,克里克夫是他的评论人,在其评论中发表了上述看法;帕尔莫当场就"回击"了克里克夫,说在给付方面他没看出瑞典"名义账户"制和 BKS 模型之间有什么不同的地方,并给予了长时间的"回应"。

的融资原则、DC 式精算型的给付条件、缴费与给付的捆绑式密切联系、个人所有权、便携性。这五个特点无疑可以看作是对传统现收现付制的重要改造或改革。

第二,"名义账户"制的出现与半个世纪以来某些私人制度的演进和经济思想的发展有着一定的内在承继联系,它们既一脉相承,又不断自我发展和变异,从这个意义上讲,"名义账户"制既是现收现付制与积累制、DB 制与 DC 制的混合制度,也可以认为是私人制度的某种延伸和经济思想的某种实践。在欧亚六国目前实施的"名义账户"的架构中都可以看得到 BKS 模型、"社保券"的设想、积分制度和 CBP 制度的许多特征①,但在有些方面也有所不同。

首先,总的说来,在给付条件的侧重上有所不同:后者似乎更加忠诚于 DB 型制度,而欧亚六国的实践则更倾向于 DC 制的因素选择。例如,根据积分制度,积分是用给定年份的缴费除以一个基于"参考工资"所计算出来的数值。积分的价值是由一个委员会决定的,该委员会在估计系统内资源的基础上来确定积分的价值。总之,积分制试图通过确定积分和领取全额养老金年龄的方式来保留 DB 制度的因素;再分配仅在制度内部进行,因此部分缴费可以被看作是税收,而不太像某些实行"名义账户"制的欧亚六国那样将其当作"纯"保险费,"额外积分"需要另行缴费。再例如,在 BKS 模型中,养老金的增量最终是由缴费的年限决定的,为了维持整个系统内的财务稳定,必须要考虑到未来生存者和残障发生的比率,这显然也带有较浓的 DB 制色彩。

其次,对于新制度的参与者来说,积分制和 BKS 模型并没有给出一个关于未来的清晰蓝图,而欧亚六国的"名义账户"制却基本上都给定了一个十分清晰的制度框架,并将第二支柱——企业补充保险——也纳入总体一揽子设计之中。例如在瑞典,国家社会保障委员会每年公布收益预测,人们可以了解到平均寿命的长度和收益情况,并且每年都会被告知他们账户的发展情况,根据现在的寿命情况可以计算得出补助的情况和经济增长的预测等。

最后,欧亚六国改革的一个重要特点是他们几乎都将医疗和残障等保险项目从养老金制度中分离出来,建立了一个单纯的养老金制度;而积分制度和

① 参见郑秉文:《欧亚六国社会保障"名义账户"制利弊分析及其对中国的启示》,《世界经济与政治》2003 年第 5 期。

BKS 模型则包括了老年医疗保险,这样就有可能存在着"侵蚀"养老基金,导致产生降低未来养老金标准的可能性。

第三,经济学家们认为,"积分制"和"现金余额"制也好,"社保券"的设想和 BKS 模型的改革建议也罢,从某种意义上讲,它们或被认为是欧亚六国目前实行的"名义账户"制的"制度雏形",或被认为是其理论的重要基础之一;但是,"名义账户"制的诞生不仅仅是对它们一个简单地重复,其与它们之间存在着一个重要的区别,至少一些经济学家是这样认为的:以往的"积分制"和"现金余额"制的实践被认为其自动财政平衡机制是不完善的,"社保券"和 BKS 模型等以往的学术研究被认为基本上没有提出自动财政平衡机制的总体设计思路;所以,至少从财政平衡机制设计这个角度讲,"名义账户"制"应该是 20 世纪 90 年代欧洲改革者们的一个崭新的创举"①。

参考文献:

郑秉文:《欧盟国家社会养老的制度选择及其前景——兼论"名义账户"制对欧盟的适用性》,《欧洲研究》2003 年第 2 期。

郑秉文:《欧亚六国社会保障"名义账户"制利弊分析及其对中国的启示》,《世界经济与政治》2003 年第 5 期。

Boskin, Michael, Laurence J. Kotlikoff, and John B. Shoven, "Personal Security Accounts: A Proposal for Fundamental Social Security Reform", in eds. Susan Wachter, *Social Security and Private Pension*: *Providing for Retirement in the 21st Century*, Philadelphia: Lexington Books, 1988.

Buchanan, James M., "Social Insurance in a Growing Economy: A Proposal for Radical Reform", *National Tax Journal*, 1968.

Diamond, P.A., *Social Security Reform*, Oxford University Press, 2002.

Dorion, Georges, et André Grionnet, *La Sécurité Sociale*, 7 édition, *Que sais-je? Collection Encyclopédique*, Presses Universitares de France, 2000.

---

① 关于这个结论,详见 Salvador Valdes-Priedo, "The Financial Stability of Notional Account Pensions", *Scandinavian Journal of Economics*, 2000, p.399;关于欧亚六国"名义账户"制的设计,详见郑秉文:《欧亚六国社会保障"名义账户"制利弊分析及其对中国的启示》,《世界经济与政治》2003 年第 5 期。

Feldstein, M., & Siebert, H., *Social Security Pension Reform in Europe*, The University of Chicago Press, 2002.

Gold, Jeremy, "Shareholder-Optimal Design of Cash Balance Pension Plans", Pension Research Council Working Paper, Pension research Council, the Wharton School, University of Pennsylvania, PRC WP 2001-7, Dec. 2000.

Johnson, R. W. and Cori E. Uccello, "Can Cash Balance Plans Improve Retirement Security for Today's Worker?", Brief Series No. 14. the Retirement Project, Urban Institute, Nov.2002.

Michel Laroque, *Contribution à l'Histoire Financière de la Sécurité Sociale*, La Documentation Française, 1999.

Modigliani, F. and Maria Luisa Ceprini, "Social Security Reform: A Proposal for Italy", *Review of Economic Conditions in Italy*, 1998.

Modigliani, F. and Arun S. Muralidhar, "A Solution to the Social Security Crisis from an MIT Team", Sloan Working Paper 4051 (Fourth Revision), 2000.

Palmer, Edward, "Swedish Pension Reform: How Did It Evolve, and What Does It Mean for the Future?", Chtp.6, in Feldstein, M & Siebert, H. eds. *Social Security Pension Reform in Europe*, the University of Chicago Press, 2002.

Salvador Valdes-Priedo, "The Financial Stability of Notional Account Pensions", *Scandinavian Journal of Economics*, 2000.

Secretary's Advisory Committee on Employee Welfare and Pension Plans, "Report/Recommendations of the Working Group Studying the Trend in the Defined Benefit Market to Hybrid Plans", ERISA. Department of Labour, Nov. 10,1999.

（本文原载于《经济研究》2003 年第 4 期，第 63—72 页）

欧亚六国社会保障"名义账户"制利弊分析及其对中国的启示[*]

内容提要:在世界范围内的社会保障改革浪潮中,实行待遇确定型现收现付制的拉美和欧美国家纷纷向缴费确定型积累制模式转型。但是在转型过程中它们无一不遇到一个难以克服的转型成本问题,即由谁来支付当前的退休一代。1995 年以来,欧亚六国经过研究和探索,找到了一个较好的过渡性办法:"名义账户"制。几年的实践证明,"名义账户"制基本上是成功的,它被称为是社会保障一个重要的制度创新,受到了发展中国家的广泛关注。本文是中文文献中首次对"名义账户"进行评介和研究的论文。本文对"名义账户"制的概念、定义、基本特征进行了论述,对其利弊进行了较为深入的分析,并指出了其在社会保障历史演进中的地位和作用,最后,对"名义账户"制在中国的适用性问题做了探讨,认为,在解决当前运行中的"空账运转"即转型成本问题过程中,它至少是一个最优化的过渡办法,其经过适合中国特殊国情的七个方面的"适当变形"和重塑之后基本上是可行的。

继 1981 年智利成为第一个从给付确定型的现收现付制模式(PAYGO DB)向强制性的缴费确定型的积累制模式(Funded DC,这里将 Funded 称为"积累式",也可被称为"基金式的")转型的国家之后,从 20 世纪 90 年代开始在全世界范围内包括欧洲和拉美许多国家掀起了一个私有化改革的浪潮。但

* 本文在成稿过程中,中国社会科学院的王延中研究员给予了中肯的评论并提出了宝贵的意见,这里特此鸣谢。

是,这些国家在改革的过程中无不遇到一个现实而又严峻的困难,即转型成本问题:由谁来支付当前的退休者。

从1995年至今,这些国家在经过艰难的探索和大胆的尝试之后,终于找到了一个比较理想的出路,既完成了从现收现付制向积累制的平稳过渡,又基本上克服了转型成本的难题,他们不但顺利地完成了制度的转型过渡,而且,几年来的实际运行证明,社会保障这个崭新的模式具有较强的生命力,并很可能成为其他现收现付制国家转型的一个重要"替代模式"。

1995年正式诞生的这个全新模式就是"名义缴费确定型"(NDC)模式,我们将之简称为"名义账户"制。目前已有欧洲的瑞典、意大利、波兰、拉脱维亚以及中亚的蒙古和吉尔吉斯斯坦六个国家引入了这个新模式。

一、"名义账户"的概念定义及其基本特征

(一)"名义账户"的概念定义

"名义缴费确定型"模式或称"名义账户"制,它既有某些"待遇确定型现收现付制"的特征,又有"缴费确定型积累制"的某些特征,所以,"名义账户"制既可被称为"缴费确定型的现收现付制"模式,也可以被认为是"待遇确定型现收现付制"的某种变型,从本质上讲,是现收现付制与积累制、待遇确定型与缴费确定型的混合模式,即 DC+DB=NDC。

1. 从融资的方式来看,"名义账户"制建立在现收现付制的基础之上,即社会缴费直接用于支付当前的退休者,但它又不同于传统的待遇确定型的现收现付制,因为在"名义账户"制度下,每个工人建立的个人账户是"名义上"和"模拟的"积累制,而不是真正意义上即"资本化"的积累制,可以说是事实上的"非积累制"或称"非基金式";这种"名义账户"制的账户系统仅仅是一种"记账"的管理方式,而不需实际存入资金。

2. 从养老金给付的条件和规则来看,虽然个人账户中的资产是"名义"性质的,但退休金的给付标准原则上却是严格按"缴费确定型积累制"规则运行的,就是说,在退休领取养老金的时候个人账户中的"名义资产"即刻便被年金化了。一般来说,养老金给付的标准主要取决于记入个人账户缴费的积累、"名义资产"的投资增值、"名义资产"转成退休年金的计算公式、退休给付指

数化的公式等,上述四个因素的合计便是养老金给付的总额①。

(二)"名义账户"制的基本特点

虽然欧亚六国采用的"名义账户"制略有差异,但它们都有一些共同的重要特征。

1. 养老金给付指数化。为保持与生活水平(工资增长率)或至少与通胀率同步,退休金给付一般来说都予以指数化,即它们都设有一些调整寿命预期的机制。例如,瑞典既考虑到了通胀也考虑到了经济增长率:如果经济增长率超过1.6%,那么年度调整就会超过通胀率;如果经济增长率低于1.6%,那么年度调整就会低于通胀率。意大利和拉脱维亚的指数化是与通胀挂钩的,而波兰也是与通胀挂钩,具体规定是,在实际工资增长率(通胀以后)变化20%时与其挂钩②。

2. 为特殊群体提供"名义缴费记录"。为"保护"某些"特殊社会群体",其中5个国家为那些由于某种原因暂时离开劳动力市场而不能缴费的人设计了一种"名义记账"的功能,即在其个人账户中可以"记录"相应数额的"名义缴费"。例如,意大利规定,对于那些由于照看小孩而不能工作的母亲,照顾子女的最大年限为6年,即在子女6岁之前一直由政府代为"缴费";在波兰,诸如失业、照看子女和看护残障者等均可获得个人账户中的政府缴费③。

3. 记入到"名义账户"中的缴费比例差距较大。有些国家工薪税全部记录在个人账户里,而有些国家则仅记录其中的一部分。瑞典的缴费是18.5%,由雇主和雇员平均支付,其中记入到个人账户里竟高达16%;波兰是32.52%,但记入到名义账户的则只有12.22%;意大利的工薪税是32.8%,其

① Fox, L. and Palmer, E., "New Approaches to Multipillar Pension Systems: What in the World Is Going On?", Chpt 3, in eds. by Holzmann, Robert, and Joseph Stiglitz, *New Ideas About Old Age Security—Toward Sustainable Pension Systems in the 21ˢᵗ Century*, the World Bank, Washington D. C., 2001.

② Disney, R., "Notional Accounts as a Pension Reform Strategy: An Evaluation", Social Protection Discussion Paper Series No. 9928.Washington D.C.: The World Bank, 1999.

③ Orenstein, M., "How Politics and Institutions Affect Pension Reform in Three Postcommunist Countries", World Bank Policy Research Paper WPS 2310, Mar, 2000.

中雇主为 23.91%,雇员为 8.89%,全部记入个人账户之中①。

4. 新旧体制转型过渡的途径和衔接的措施各有千秋。在转型过程中,欧亚六国都面临着"新人"、"中人"和"老人"在转型过程中的"地位"和"待遇"问题,能否处理好这"三种人"之间的关系是涉及转型成功与否的关键问题。拉脱维亚是将传统体制下的各种因素换算成"名义记录"以后加进个人账户之中;蒙古的办法是 1960 年以前出生的人留在传统体制里不动。波兰对不同年龄段的人采取了不同的办法,例如,1968 年以后出生的人必须加入到新的"名义账户"制度之中,1949—1968 年出生的人有权利选择或是进入新计划,或是二者兼而有之,1949 年以前出生的人必须留在传统体制内。意大利规定,只有 1996 年以后进入劳动力市场的人才能加入到"名义账户"制度中,在传统体制工作 18 年以上者则必须留在旧体制之中,而介于上述二者之间年龄段的人拥有选择加入"名义账户"计划的权利②。

5. 根据具体国情为"名义账户"设定其他一些附加的功能,即可以为适应政策制定者的需要而予以适当的变形。例如,波兰除了进入"名义账户"的12.22%以外,还专门设计了一个强制性的"个人积累账户",并将 7.3%缴入"个人积累账户"之中,而意大利、拉脱维亚和吉尔吉斯斯坦则没有强制性的个人积累账户;在蒙古的"名义账户"中,计划在 2003 年开始逐渐加入"积累的因素",起点是工薪税的 3%,到 2020 年逐渐增加到 7.5%③;意大利虽然没有另外设定一个强制性的"个人积累账户",但却采取了一定的税收政策鼓励

① Brugiavini, A., & Fornero, E., "A Pension System in Transition: the Case of Italy", Dec. 1998,[*Copy of paper provided by email*: a-brugiavini@ nwu.edu]; Biggs, A., "Poland Moves Toward Pension Freedom", July 1999, *Cato Institute*. http://www.cato.org/dailys/07-15-99.html; Sundén, A., "How Will Sweden's New Pension System Work?", Center for Retirement Research at Boston College, Issue in Brief No.3. Chestnut Hill, MA. Mar. 2000.

② Fox, L.& Palmer, E., "Latvian Pension Reform", Washington, D.C. World Bank, Social ProtectionDiscussion Paper No. 9922. Sept. 1999; Brugiavini, A., "Social Security and Retirement in Italy", Working Paper of NBER No. 6155, Sept.1997; Chlon, A., & Gora, M., & Rutkowski, M., "Shaping Pension Reform in Poland: Security Through Diversity", Social Protection Discussion Paper Series No. 9923.Washington D.C.: The World Bank, Aug, 1999.

③ Orenstein, M., "How Politics and Institutions Affect Pension Reform in Three Postcommunist Countries", World Bank Policy Research Paper WPS 2310, Mar, 2000.

自愿建立"个人积累账户"[1];瑞典设有自愿性的个人账户;波兰和拉脱维亚计划在不久的将来加上"个人积累账户",将之作为第三支柱。除了意大利之外,其他国家均设立了"最低养老金"制度,其资金均来自政府的一般税收,此项制度设计的目的是为了能够确保那些工资很低、没有达到缴费年限的工人可以获得一个最基本的养老金给付。吉尔吉斯斯坦没有设立"最低养老金",但1997年设立了"基础养老金",它的标准是统一的,与最低工资配套,大约是平均工资的29%,男性60岁、女性55岁均可获得[2]。

(三)"名义账户"制的优点

由于"名义账户"制是一件新生事物,就目前来看,在"名义账户"制的设计和运行中,有些问题可能还未显现出来,有些则可能是暂时的;其中出现的一些问题对缴费确定型来讲可能是优点,但对待遇确定型来讲却很可能是缺点。总的来说,欧亚六国"名义账户"制的改革是比较成功的[3]。

1.在一定时期内它可以适应外部社会经济形势的变化。"名义账户"制的模式对外部经济社会形势的变化具有较强的适应性,尤其对工资水平的变化。对人口老龄化来说,它也具有一些优势,包括对"名义资产"进行年金化设计等;此外,对劳动力规模的波动也具有较强的适应性,例如,拉脱维亚和波兰的"名义账户"制对未来缴费工人数量减少的情况具有自动调节其养老金给付水平的功能[4]。

2.在短期内,为预防出现收支不平衡的情况,欧亚六国的"名义账户"制度几乎都预设了一些自动调节的功能。例如,瑞典设立了一个储备基金,其中包括在紧急时可以变现的资产,还设计了一个特殊的"中断"功能,当赤字超

① Hamman, J. A., "The Reform of the Pension System in Italy", Working Paper of the International Monetary Fund. WP/97/18; JEL Classification Numers:H55, 1997.

② James, E., "Social Security Reform in Other Nations", The Heritage Foundation Lecture, No.618. Washington, D.C., June 1998.

③ Fox, L. and Palmer, E., "New Approaches to Multipillar Pension Systems: What in the World Is Going On?", Chpt 3, in eds. by Holzmann, Robert, and Joseph Stiglitz, *New Ideas About Old Age Security—Toward Sustainable Pension Systems in the 21ˢᵗ Century*, the World Bank, Washington D. C., 2001, pp.90 - 132.

④ Fox, L.& Palmer, E., "Latvian Pension Reform", Washington, D.C. World Bank, Social Protection Discussion Paper No. 9922. Sept. 1999.

过一定的水平时可以自动启动;波兰在 2002—2008 年间,每年从工薪税中提取 1 个百分点用于建立一个应付紧急情况的特殊储备基金。每个国家设计的储备基金情况不太一样,应对紧急情况的机制也不尽相同,但它们都为随时请议会介入留下了空间①。

3. 与待遇确定型的现收现付制相比较,"名义账户"制更具有透明度。账户持有者可以随时查看他的账户,可以随时掌握和了解其缴费指数化的情况,不易受到经办机构的欺诈和管理不善带来的风险的影响。例如在拉脱维亚,当政府发布寿命预期退休年金计算公式的时候,每个人都十分清楚自己未来的年金情况。这种透明度还表现在工人对自己退休计划的预期上。例如,对于那些即将退休的人来说,他可以自己计算"名义资产"的状况以决定是提前还是推迟退休的时间②。

4. 加强了保险缴费与未来给付之间的联系,以较高的透明度重塑和强化了劳动的激励机制。从缴费者主观上讲,"名义账户"制下的缴费很直观地被看作是一种"储蓄",或是一种"真正"的缴费,或是一种推迟的"回馈",而不是一种与自己切身利益没有直接关系的税收;这样,通过将缴费与给付联系起来的办法在公共养老保障制度中再现了"保险"的因素,在现存的社会保障制度框架之内扩大了福利增量,使当前的现收现付制的融资方式更具有可持续性。从客观上讲,名义账户中的缴费余额一目了然,易于计算,直接与其未来的收益挂起钩来,对工人继续留在劳动力市场上具有一定的促进作用。意大利改革以后,新的养老金给付水平对那些原本想 62 岁退休而现在则决定 65 岁退休的人来说每年增加了 6%;它还直接地影响了年老工人的退休决策,例如决定 57 岁退休的人数下降了 15%③。瑞典人 62 岁退休时获取的给付的工资替代率是 46%,如果 65 岁退休就是 62.60%,如果 68 岁退休就可以达到 82%。留在劳动力市场上的人数达到一定程度时,势必会自动减少退休金的

① James, E. & Brooks, S., "The Political Economy of Pension Reform", in eds. by Holzmann, Robert, and Joseph Stiglitz, *New Ideas About Old Age Security—Toward Sustainable Pension Systems in the 21ª Century*, the World Bank, Washington D.C., 2001, pp.133 - 170.

② Fox, L.& Palmer, E., "Latvian Pension Reform", Washington, D.C. World Bank, Social Protection Discussion Paper No. 9922. Sept. 1999.

③ Hamman, J. A., "The Reform of the Pension System in Italy", Working Paper of the International Monetary Fund. WP/97/18; JEL Classification Numers:H55, 1997.

支付压力,降低赡养率,扩大资金来源,不但可以成为导致公共养老保险财政平衡的潜力,而且,激励机制的重塑获得了只有单纯的"参量改革"(如推迟退休年龄,或单一地提高缴费标准,或降低养老金标准)等立法措施才能达到的效果,从而达到了事半功倍的目的①。

5.它为工人提供了一个更为灵活的退休选择。由于最终的退休金给付标准是根据工龄计算的,所以,那些愿意接受较低退休金而换取提前退休的工人,或那些愿意获取未来较多退休金而继续留在劳动力市场上的人都拥有了合法的选择权,而没有任何附加条件或"惩罚"。对于那些愿意提前退休的人来说,他选择的显然是未来较低的工资替代率。

6.与待遇确定型的现收现付制相比较,它具有较强的抵抗政治风险的能力。年金指数化事实上是个政治性很强的问题,政策制定者可以对年金化的维度进行选择。由于"名义账户"制再分配的功能较弱,所以一般来说应设立一个最低退休金的计划予以补充,而最低退休金的慷慨程度是易受政治风险影响的。此外,由于"名义账户"制是与工资挂钩指数化的,而不是与资本市场挂钩,所以,一般来说它的养老金给付不易产生较大的变化,从这个意义上讲,与待遇确定型的现收现付制相比,"名义账户"制不易受到过度承诺的政治风险的影响②。

7.很适合资本市场不发达的国家。在一些转型国家和发展中国家,资本市场不发达,金融机构不成熟,那么,引入"名义账户"制就很适应这种特殊的国情,就是说,"名义账户"制在资本市场和金融机构成熟起来之前就可以很快地运转起来,同时它又可以反过来刺激资本市场的发展③。

8.基本上可以解决转型成本的风险问题。在从现收现付制向积累制过渡的过程中,由于旧制度的隐性债务必须要偿还,所以存在着"制度性资金不

---

① Normann, G., & Mitchell, D., "Pension Reform in Sweden: Lessons for American Policymakers", The Heritage Foundation, No.1381, getfile.cfm&PageID = 13248 Washington, D.C. June 29, 2000.

② Palmer, Edward, "Swedish Pension Reform: How Did It Evolve, and What Does It Mean for the Future?", Chtp.6, in Feldstein, M & Siebert, H.eds., *Social Security Pension Reform in Europe*, the University of Chicago Press, 2002, pp.178 – 180.

③ Williamson, John B., "The Pros and Cans of Notional Defined Contribution Schemes", Provided by Williamson in Boston College, USA., Sept. 6, 2002.

足"的经济风险,并且这种经济上的转型成本很可观,甚至要持续几代人。
"名义账户"制可以有助于削减转型成本所造成的政治风险和社会风险的影
响,即它可以使其转型成本得以分散化——使之分散到和"消化"到一个年龄
跨度很宽的时段里。所谓政治风险主要是指不能兑现未来收益的承诺;所谓
社会风险主要是指无力及时调整适应人口变化的政策。这正是目前一些国家
已经或正在采用"名义账户"制的根本原因。

二、"名义账户"制的局限性及其历史地位

(一)"名义账户"制的局限性

虽然"名义账户"制具有较多的优势,但是与现收现付制和积累制相比却
有一些明显的局限性,对此应该有个清醒的认识,以尽量避免在转型过程中出
现失误。

1. 再分配作用比较弱。与现收现付制度相比,由于"名义账户"制再分配
的作用比较弱,所以如果没有"最低退休金计划"作为保障,从现收现付制向
"名义账户"制转型就会在退休者之间造成较大的收入不公现象。欧亚六国
的实践证明:(1)"名义账户"制的这个局限性导致这样一个现象,即在比较
富裕的工人中比较容易推行"名义账户"制,而在较贫穷的工人中则难度比较
大。(2)如果没有"最低退休金保障"这个机制,有些工人的境遇与现收现付
制相比就会变得很糟,对他们来说,还不如不改革,因为现收现付制对他们更
有利。(3)对于40年工龄以上的工人来说,"名义账户"制可以提供一个很好
的收入替代率(例如税后50%左右)。但对于农业工人、妇女、非正规经济部
门的工人来说,他们的替代率很可能不到40%。①

2. 对国民储蓄不能作出贡献。与缴费确定型的积累制相比,"名义账户"
制账户中的资产显然不是"资本资产",而是"名义资产",所以,它不会对国民
储蓄率作出任何贡献。相反,瑞典的研究说明,"名义账户"制对储蓄率具有
一定的负效应。一方面,"名义账户"制不能对经济具有刺激的作用,而另一

---

① Williamson, John B., "The Pros and Cans of Notional Defined Contribution Schemes",
provided by Williamson in Boston College, USA., Sept. 6, 2002.

方面,对许多国家来说,经济增长率则是一件很重要的事情,这样,"名义账户"制就不能像缴费确定型的制度那样对发展资本市场具有较大的直接推动作用[1]。

3. 对一些"弱势群体"不利。(1)对妇女不利。一般来说,由于照看子女老人家务等原因,工资本来就较低的妇女的职业生涯记录不太连贯,其年金化的预期给付不会很高;另一方面,与男性相比,妇女的职业生涯比较短,而平均寿命比较长,这就等于对妇女实行了一种带有"惩罚"性质的机制,迫使她们希望在劳动力市场上滞留的时间长一些。在拉脱维亚,"名义账户"下 55 岁退休的妇女平均获得的退休金要低 25%[2]。在波兰,提前退休的妇女所获得的退休金要比 60 岁退休减少 50%。(2)对鳏寡老人不利[3]。例如,拉脱维亚取消了对所有配偶幸存者的给付,而拉脱维亚的妇女平均寿命比男性长 8 年[4]。

4. 关于短期内财政自动平衡问题。所谓"自动财政稳定"是指在不经常运用立法干预的前提下养老金计划调整财政风险的能力。之所以强调"不经常运用立法干预",是因为立法干预会导致出现诸多方面的问题[5]。在"自动财政稳定"这个定义中,还有必要将"短期财政平衡"与"长期财政稳定"区别开来。"短期财政平衡"是指避免导致资产减少(部分积累制)和陷入债务危机的各种措施;"长期财政稳定"是指在一段时期内甚至在几十年内允许资产和债务存在着,但在经过一定的财政冲击以后即可马上恢复平衡,进入正常

---

① Palmer, Edward, "Swedish Pension Reform: How Did It Evolve, and What Does It Mean for the Future?", Chtp.6, in Feldstein, M. & Siebert, H.eds., *Social Security Pension Reform in Europe*, the University of Chicago Press, 2002, pp.178 – 180.

② Fox, L.& Palmer, E., "Latvian Pension Reform", Washington, D.C. World Bank, Social ProtectionDiscussion Paper No. 9922. Sept. 1999.

③ Chlon, A., & Gora, M., & Rutkowski, M., "Shaping Pension Reform in Poland: Security Through Diversity", Social Protection Discussion Paper Series No. 9923.Washington D.C.: The World Bank, Aug. 1999.

④ Fox, L.& Palmer, E., "Latvian Pension Reform", Washington, D.C. World Bank, Social ProtectionDiscussion Paper No. 9922. Sept. 1999.

⑤ 一般认为,立法干预可以造成政治上的负面影响:第一,参数调整很可能会触动一些人的利益,例如增加参保人的经济风险等。第二,参数调整的结果很可能会对未来几代人产生不利的影响,而这几代人却不能参加投票。第三,政治家很可能采取承诺提高养老金给付的办法来拉拢选民,而不顾养老金制度的可持续性发展问题。

状态。

通过某种自动的规则来获取财政的稳定性需要一定的社会成本。例如，混合使用个别参数的办法与整体全面调节的办法都可以被认为是成本：就某一个阶段财政失衡来说，可以将几项个别的调节措施予以混合使用，例如缴费率、退休年龄、替代率等，其代价是养老金领取者承担了较大的风险。实现短期内自动财政平衡的调节措施也是需要社会成本的，例如以牺牲未来几代人再分配的机会为代价，或者还可以通过提高和降低公共债务等财政手段来获取这些机会。

短期内自动财政平衡是一个非常合意的目标。但是，由于"名义账户"制在本质上实行的是 DB 型的现收现付制，"终生年金"一直支付到退休者死亡，死亡率预期与实际死亡率之间的差别是短期财政平衡这个目标只能存在于不现实的稳定状态之中的一个重要因素。于是，"名义账户"制就像传统的 DB 型现收现付制一样，需要其他的财政调节措施予以配合，例如，政府担保、不间断地立法以制定一些强制性的措施（例如即使建立一个储备基金也需要不间断的干预）。从融资与给付上讲，由于 DB 制很难实现短期的自动财政平衡，所以 DB 制要求国家作为担保人承担一定的风险；而 DC 制从理论上讲则具有短期自动财政稳定的功能，所以基本上不需要有担保人予以担保。

（二）"名义账户"制的历史地位

纵观欧亚六国的改革，有理由认为，在世界社会保障的历史进程中，"名义账户"制的历史地位具有如下一些本质特点。

首先，之所以说"名义账户"制是现收现付制与积累制、待遇确定型与缴费确定型的混合物，是因为在退休之后，这种名义上的积累即刻就以精算的方法转变成真正的年金。由此看来，从本质上讲，"名义账户"制也可以认定为是对现收现付制的一种改良。

其次，欧亚六国的这种"改良"趋势与英国等国家建立个人账户的福利改革取向形成了一股私有化改革的潮流，这个潮流与传统的福利国家理念产生了很大的距离，所以，从这个意义上讲，"名义账户"制的出现和当代世界福利改革的总体取向在很大程度上是对传统福利国家范式的一种背叛。

再次，这种"名义账户"的混合模式可以被看作是一个"隐形的日程表"。这是因为：第一，由于所有的缴费被用于支付当前的退休者，所以，无论在财政上还是在政治上,它对当前这种现收现付制具有一种"收缩"的作用;第二,可以将之看成是一个过渡性的阶段目标,而不是养老保障改革的最终目标,在这个过渡过程中,人们可以逐步地继续向其最终的制度目标前进;第三,"名义账户"的最终目标可以是"演变"成为"真正积累式的"个人退休储蓄账户,像智利和英国那样,也就是说,这个账户是作为社会保障制度总体设计框架中的一个重要组成部分。

最后,由于"名义账户"制可以解决转型成本问题,从而使转型成本不再构成对待遇确定型的现收现付制进行改造的一个障碍,所以,"名义账户"制是将社会保障制度从"待遇确定型"转向"缴费确定型"的、较为缓和的、很现实的一个转型途径,是可以克服转型成本、融入世界范围的社会保障改革浪潮的一个捷径。

三、"名义账户"制对中国的适用性问题

很显然,"名义账户"制对诸如智利、墨西哥、中国香港或英国等这些已经走上大规模私有化改革道路的国家和地区来说是没有任何吸引力的,因为这些国家和地区缴费确定型的积累模式已经占据了统治地位,其运行效果基本上是成功的;对诸如美国等社保收支情况较好、现收现付制很成熟、正欲进行私有化或半私有化改革的国家来说也没有太大的吸引力,因为它们可以通过不太激烈的一揽子改革方案予以解决,而且对它们来说,向"名义账户"制转型与进行"真正"积累制的改革(私有化和半私有化的)相比较,前者带来的政治代价并不比后者更小①。

比较一致的看法是,"名义账户"模式对经济转型国家更具有吸引力,据悉,捷克和俄罗斯等转型国家正在积极探索其可行性问题,有经济学家预测说,在未来的几十年里,它很有可能会使目前缴费确定型的积累模式的吸引力大打折扣,逐渐使人们对其热情降下来,甚至会成为其替代模式,在前计划经济国家尤其在那些腐败现象比较严重甚至导致收入与支出逆向结果的发展中

---

① James, E. & Brooks, S., "The Political Economy of Pension Reform", in eds. by Holzmann, Robert, and Joseph Stiglitz, *New Ideas About Old Age Security—Toward Sustainable Pension Systems in the 21*ˢᵗ *Century*, the World Bank, Washington D.C., 2001, pp.133 – 170.

国家很快会流行和效仿起来,在贫穷国家中得到普遍认可的可能性也会高于那些富裕的国家①。欧盟委员会对不但高度评价了欧洲四国的这个制度创新,而且对"名义账户"制十分青睐,甚至为欧洲国家设计了向其过渡的三个方案②。

对中国来说,权衡得失,从几个大的方面来看"名义账户"制是利大于弊的。

1. 可以较好地解决转型成本问题,即"空账运转"问题。由于"名义账户"制从本质上提供了一个事实上不必对其个人账户"做实"的"模拟运行"模式,所以它可以解决中国近几年来一直令人困扰的"空账"难题;从长期来看,可以使之成为最终向"做实账户"的"半积累制"甚至向完全积累制过渡的一个途径,即在这个过渡期中,转型成本得以分散化(分布在各代人之中)。正是从这个意义上讲,经过几年来尤其是近一年来"预筹资金"的实践(如减持国有股等),"名义账户"制恐怕是解决"转型成本"问题的比较现实的一个出路。

事实上,世界银行和西方的一些西方经济学家已经将目前中国"空账运转"的实际情况称为是"一种新型的待遇确定型加上名义账户的现收现付制",或"准名义账户"制③。

2. 从短期来看,"名义账户"制是目前可以看得到的一个"最优化"的融资

---

① Williamson, John B., "The Pros and Cans of Notional Defined Contribution Schemes", provided by Williamson in Boston College, USA., Sept. 6, 2002.

② 参见郑秉文:《欧盟国家社会养老的制度选择及其前景——兼论"名义账户"制对欧盟的适用性》,《欧洲研究》2003年第2期。

③ 世界银行的L.福克丝(Fox)女士和瑞典国家保险董事会研究与评估部的主任、转型国家社会保障制度的专家E.帕尔莫(Palmer)教授撰文说:"1997年8月,中国开始建立国家统一制度框架……是在用一种新型的待遇确定型加上名义账户的现收现付制的模式替代现行的条块制。待遇确定型的给付是均一费率,相当于全省平均工资的20%(称作基本待遇)。在这种均一费率的给付之上是一种准名义账户制的给付。该制度并不是完全的名义账户制,因为其待遇没有与寿命预期挂起钩来。事实上,这种方法给所有年龄的人假设了10年的寿命预期,结果是:第一,可能不稳定;第二,鼓励提前退休。国家为那些工作15年以上(包括15年)的人制定了过渡性安排,因为与政府应该沿用的旧DB制相比较,新的给付没那么慷慨(主要是看盈利情况)。" Fox, Louise and Palmer, Edward, "New Approaches to Multipillar Pension Systems: What in the World Is Going On?", Chpt 3, in eds. by Holzmann, Robert, and Joseph Stiglitz, *New Ideas About Old Age Security—Toward Sustainable Pension Systems in the 21ᵗ Century*, the World Bank, Washington D. C., 2001., pp.109 - 110.

制度安排。对于政府财政来说,与"待遇确定型"相比,由于"名义账户"制将一部分风险(人口变化或经济波动)从政府身上转移到了个人身上,所以,虽然"名义账户"制承担风险的能力小于"缴费确定型的积累制"模式,但却大于传统的"待遇确定型的现收现付制"模式;这样,不但解决了隐性债务问题,而且,在"名义账户"制度下存在着许多削减养老金给付的途径(尤其是在通货膨胀时期)。从这个意义上讲,"名义账户"制可以稳定相当长一段历史时期。

3. 为调整替代率提供了机会。从社会保障总体制度架构上来看,在可预见的未来,世界上最流行、最有传播力、最理性的制度模式无疑就是基于三支柱或四支柱的混合模式。根据欧亚六国的实践和经验,作为第一支柱的"名义账户",其替代率一般都不是很高;降低替代率已经成为一个世界性潮流,否则就不能为其他几个支柱让出空间[1];而实施"名义账户"制是削减养老金给付标准,即降低替代率的一个社会震动最小、政治上最具可行性的途径和机会。尽管中国的工资水平总体上比较低,恩格尔系数比较高,费基不实,缴费工资普遍低于统计工资,统计工资低于实发工资,但"事实上"的"收入替代率"恐怕是世界上最高的,一般认为在 80% 左右,在个别地区甚至高达100%—130%[2];因此,即使为了将来的三支柱或四支柱的混合模式架构预留出一定的"空间"这个目标,也应该把替代率降下来。

4. 从资本市场的现状来看,"名义账户"制是一个比较适合目前中国国情的过渡性制度安排。尽管现收现付制向积累制过渡的私有化改革正如火如荼,涉及欧美二十多个国家,但是,实行积累制的一个重要前提是需要一个比较发达的资本市场;欧美发达国家资本市场的发育过程已有 200 年的历史,相比之下,中国社会保障制度改革历史只有二十多年的时间,资本市场只是一个十多岁的"娃娃";如此"幼稚"的资本市场是不能承受得起积累制的巨大市场要求的,否则,不但社保基金和社保制度有可能毁于一旦,而且巨大的潜在金

---

① Fox, L. and Palmer, E., "New Approaches to Multipillar Pension Systems: What in the World Is Going On?", Chpt 3, in eds. by Holzmann, Robert, and Joseph Stiglitz, *New Ideas About Old Age Security—Toward Sustainable Pension Systems in the 21ˢᵗ Century*, the World Bank, Washington D. C., 2001, pp.90-132.

② 参见晓波:《社会保障路在何方——关于改革和完善中国社会保障制度的对话》(对话人:郑功成、郑秉文、闫新生、王宗凡),《人民论坛》2001 年第 8 期(总第 113 期),第 23 页。

融风险将具有摧毁整个国民经济的危险性。传统改革思维定式使人们往往一讲到"社保"就会马上想到"缺钱";资本市场作为一个制度安排,其发育成长成熟是需要时间的,而"时间"这个参量是任何人为因素都不能替代的,所以,从这个意义上讲,"制度"远比"资金"更为重要,与其说我们"缺钱",不如说我们缺的是"制度",或说缺的是"时间",或我们等待的是"时间";在这个"制度"发育起来之前,在这个"时间"到来之前,"社保基金谨慎入市"应该"警钟长鸣"。由此,在这样一个"制度安排"的现状下,积累制和部分积累制的适应性对中国来说是很有限的,而"名义账户"制相比较而言则不需要一个很成熟的全国范围的资本市场和很完善的金融制度结构及相关法规制度,因此,将"理论上"是半积累制、而事实上"空账运转"的现收现付制直接转型为"名义缴费确定型"即"名义账户"制,是一个顺理成章、成本最小化、效用最大化、制度最优化的捷径,既适应目前资本市场的现状,又兼顾到向未来的积累制过渡预留了发展的"空间"。待资本市场成熟之时,"名义"二字便可以"实账"二字替而代之。

至于"名义账户"制这个过渡性制度安排到底需要多少时间,这确实是一个不确定性的问题。三个支柱的养老基金在起始阶段无疑将以持有国家债券为主,第一支柱为中央集中管理模式①,第二支柱(企业补充保险)为分散化管理模式(例如以地方政府为主),第三支柱(商业保险)为完全市场化运作模式;随着时间的推移和金融制度的不断成熟,国家债券的持有比例将逐渐减少,第二支柱的管理权限也可以逐渐下移,最后将逐渐让位于市场化管理;三个支柱养老基金对市场的逐渐介入和资本市场的逐渐发育互为前提,互为渗透,互动互利,水到渠成;这样,既最大限度地降低了养老基金的风险(其代价是较低的回报率——与资本市场的回报率相比),又对中国资本市场的发育起到了间接的促进作用(其代价表面上看似乎"推后"了资本市场的成长——与"匆忙入市"相比,后者很可能会带来不可挽回的更大的经济代价,那才是真正地欲速不达)。

---

① 关于第一支柱管理模式的细节,甚至可以参考美国"两支柱的混合模式",参见郑秉文的另外几篇文章:《围绕美国社会保障"私有化"的争论》,《国际经济评论》2003 年第 1 期;《美国社保改革:迈向股票市场的一跃》,《改革》2003 年第 2 期;《"W 的办法"——华尔街与福利》,《读书》2003 年第 3 期。

5. 为适应人口、就业等具体而特殊的中国国情,应该为"名义账户"制专门设计一些附加功能,使之稍微变形。如前所述,"名义账户"制最大的特征之一是它具有较大的灵活性和可塑性,欧亚六国的实践充分地说明,它们最大限度地发挥了"名义账户"这一优势。所以,"名义账户"制在欧亚六国各有千秋,特点各异。在许多方面,中国的具体国情与欧亚六国相比,差距巨大;"名义账户"制的某些特征对他们来说可能是优点,而对我们来说则很可能是缺点。例如,"名义账户"制具有较好的透明度,对继续留在劳动力市场上具有正面的激励作用;这个特点,对劳动力短缺的国家是个优点,但对就业结构特殊、就业压力异常巨大的中国来说,则需要额外设计某种功能使之兼而顾之,比如说,对于超过法定退休年龄或由于某种原因"正式"退出劳动力市场(如"内退"、"买断工龄"、"居家"等已经领取一份退休金或"薪金")的人员来说,规定其再就业之后的工资中所缴纳的保险费比例要乘以一个大于"1"的系数(比如说是"2"),等等。再例如,由于出生率比较低等原因,欧亚六国的"名义账户"中都为其设计了"名义记录"的功能,政府从一般税收中转移支付,以增加转移支付的再分配因素,"保护"那些由于照看子女而暂时离开劳动力市场的妇女;而在中国则可以为之设计一些"方向相反"的功能,例如,为保持"缴费记录",可以采取一定的税收优惠的办法鼓励那些暂时离开劳动力市场的人继续缴费以"购买"那些"缴费记录",甚至可以根据农村和城镇不同的出生率设计出不同的规则。总而言之,具有中国特色的"名义账户"制的一些具体细节可以针对中国的特殊国情专门地予以研究设计。

6. 将第二支柱作为第一支柱"名义账户"制不可分割的一部分纳入总体设计之中。欧亚六国的一条重要经验是,在设计第一支柱"名义账户"制度的同时,将第二支柱即企业补充保险一揽子予以考虑进来。由于第一支柱的替代率降了下来等诸多原因,第二支柱必须作为中国养老保险的一个不可或缺的重要部分纳入其中,给予高度的重视,并以立法的形式予以固定下来。这既是促进发育资本市场的潜在客观需要,又是规范现代企业管理、加入 WTO 与国际接轨的必然趋势;既是减轻第一支柱中央财政负担的一个重要措施,又是稳定社会、加强工人阶级主人翁责任感的一个长治久安的重要措施。总而言之,对目前中国企业补充保险制度进行彻底的改造,已经迫在眉睫。没有企业补充保险、不重视企业补充保险、将之置于可有可无的境地或将之在观念上排斥在社会保障整体配套设计框架之外的任何作为都是对"社会保障制度"的一种狭隘的错误理解甚至是一种偏见,这种"社会保障制度"既是不完整的,又是与世界改革潮流相悖的;既是对社会资源的一种浪费,又是作茧自缚。从工资替代率上讲,第一支柱的给付空间越来越让位于第二支柱,企业补充保险的替代率比重越来越大;从缴费比例的发展趋势上讲,对第二支柱的缴费所占的比重越来越大;从资本市场养老金的构成来看,第二支柱养老金的比例始终占绝对的统治地位(在实行现收现付制的国家中,第一支柱持有的主要是国家债券);从社会保险的改革趋势上讲,第一支柱所模仿的越来越多的是第二支柱"企业养老计划"的特征,即私人保险市场的一些特征。概而言之,在工资替代率、社会保险的管理特征、资本市场的构成等诸多方面,社会保险与企业补充保险越来越呈现出相互依存、相互交融的趋势①。

从中国目前国有企业和"三资"的现状、劳动力市场的特点、资本市场的限制等具体国情出发,尤其是根据欧亚六国的经验,建立第二支柱的基本原则应该大致是:建立个人账户(每个人有两套账户系统)、完全积累型的、DC 制的、强制性的、地方公共管理的(至少在起始阶段)、多层次的(指允许并鼓励设立行业性的补充保险基金,条条与块块共存)、缴费者参与管理监督的(从工会参与的意义上讲)、就业关联型的、非年金化的(在资本市场成熟之前)、税收激励型的。而不能或不应该是完全 DB 制的、半积累型的、自愿性的、私人管理的(指完全市场化即由完全基金管理公司托管)、单一层次的(指禁止设立行业性的)、年金化的(既允许是一次性给付的)②、非税收"交易"性质的(指完全行政命令型的),等等。

7. 财政风险的"预调机制"问题。如前所述,既然"名义账户"制是 DB 制DC 制的混合制度,在融资上具有现收现付制的特点,那么,DB 制所决定的收入与支出的性质所可能造成的财政稳定性就存在着潜在的风险。对此中国可以借鉴欧亚六国设置"储备基金"的办法预筹一部分资金以备事先调节,但根据具体国情不宜额外再设置一个"最低养老金"制度;也可以同时采取从个人

---

① 参见郑秉文:《养老保险"名义账户"制的制度渊源与理论基础》,《经济研究》2003 年第4 期。

② 关于中国企业补充保险的年金化问题、企业补充保险问题或建立真正意义上的"企业年金"问题,将另文专门讨论。

"名义账户"的缴费中抽取若干百分点的办法,专门建立或部分资助一个"储备基金",但比例不宜过高。

参考文献:

郑秉文:《欧盟国家社会养老的制度选择及其前景——兼论"名义账户"制对欧盟的适用性》,《欧洲研究》2003 年第 2 期。

郑秉文:《养老保险"名义账户"制的制度渊源与理论基础》,《经济研究》2003 年第 4 期。

Biggs, A., "Poland Moves Toward Pension Freedom", July 1999, Cato Institute. http://www.cato.org/dailys/07-15-99.html.

Brugiavini, A., & Fornero, E., "A Pension System in Transition: the Case of Italy", Dec. 1998, [*Copy of paper provided by email*: a-brugiavini@ nwu.edu].

Brugiavini, A., "Social Security and Retirement in Italy", Working Paper of NBER No. 6155, Sept.1997.

Chlon, A., & Gora, M., & Rutkowski, M., "Shaping Pension Reform in Poland: Security Through Diversity", Social Protection Discussion Paper Series No. 9923.Washington D.C.: The World Bank, Aug. 1999.

Disney, R., "Notional Accounts as a Pension Reform Strategy: An Evaluation", Social Protection Discussion Paper Series No. 9928, Washington D. C.: The World Bank, 1999.

Fox, L.& Palmer, E., "Latvian Pension Reform", Washington, D.C. World Bank. Social Protection Discussion Paper No. 9922, Sept. 1999.

Fox, L. and Palmer, E., "New Approaches to Multipillar Pension Systems: What in the World Is Going On?", Chpt 3, in eds. by Holzmann, Robert, and Joseph Stiglitz, *New Ideas About Old Age Security—Toward Sustainable Pension Systems in the 21st Century*, the World Bank, Washington D.C., 2001.

Hamman, J. A., "The Reform of the Pension System in Italy", Working Paper of the International Monetary Fund. WP/97/18; JEL Classification Numers: H55, 1997.

James, E., "Social Security Reform in Other Nations", The

HeritageFoundation Lecture, No.618, Washington, D.C., June 1998.

James, E. & Brooks, S., "The Political Economy of Pension Reform", in eds. by Holzmann, Robert, and Joseph Stiglitz, *New Ideas About Old Age Security—Toward Sustainable Pension Systems in the 21st Century*, the World Bank, Washington D.C., 2001.

Normann, G., & Mitchell, D., "Pension Reform in Sweden: Lessons for American Policymakers", The Heritage Foundation, No. 1381, getfile. cfm&PageID = 13248 Washington, D.C. June 29, 2000.

Orenstein, M.,"How Politics and Institutions Affect Pension Reform in Three Postcommunist Countries", World Bank Policy Research Paper WPS 2310, Mar, 2000.

Palmer, Edward, "Swedish Pension Reform: How Did It Evolve, and What Does It Mean for the Future?", Chtp.6, in Feldstein, M & Siebert, H. eds. *Social Security Pension Reform in Europe*, the University of Chicago Press, 2002.

Sundén, A.,"How Will Sweden's New Pension System Work?", Center for Retirement Research at Boston College, Issue in *Brief No.*3. *Chestnut Hill*, MA. Mar. 2000.

Williamson, John B.,"The Pros and Cans of Notional Defined Contribution Schemes", provided by Williamson in Boston College, USA., Sept. 6, 2002.

（本文原载于《世界经济与政治》2003 年第 5 期,第 56—61 页）

"名义账户"制：中国养老保障制度的
一个理性选择[*]

内容提要：欧亚六国引入"名义账户"制以后引起了世人的关注。本文从 13 个方面分析了"名义账户"制对中国的适用性问题，认为"名义账户"制不但可以解决中国社会养老保障中遇到的转型成本的巨大困难，而且与十年前选择半积累制和后来明确"统账结合"模式时的初衷是相吻合的，兼顾到了"社会互济"和"自我保障"即公平与效率的问题，可以克服在养老金缴费的"搭便车"问题和在信用体系严重缺失的经济体中导致的"行政性的逆向选择"问题，有利于提高缴费的比率和扩大保险的覆盖面。根据中国人口众多、就业压力巨大等特殊的国情对可塑性比较强的"名义账户"进行适当的变形和改造之后，"名义账户"不失为一个可供选择的过渡性制度安排。

从 1995 年以来，自欧亚六国（瑞典、意大利、拉脱维亚、波兰、蒙古和吉尔吉斯斯坦）大胆地引入了一个崭新的社会保障制度模式之后，基本上完成了从现收现付制向名义账户制的平稳过渡，克服了转型成本的难题；几年来的实际运行证明，这个崭新的社会保障模式具有较强的生命力，并很可能成为其他现收现付制国家转型的一个重要"替代模式"。

欧亚六国采用的这个全新模式就是"名义缴费确定型"模式（NDC，以下简称"名义账户"制）。

---
　　* 本文在成稿过程中先后与张宇燕、王延中、刘燕生和刘惠林先生进行了富有成效的讨论，特此鸣谢。

所谓"名义账户"制是指兼具现收现付制与积累制、待遇确定型(以下简称"DB型")与缴费确定型(以下简称"DC型")特征的一种混合模式,它既有某些"DB型现收现付制"的特征,又有"DC型积累制"的某些特征,所以,"名义账户"制既可称为"DC型的现收现付制"模式,也可以认为是"DB型现收现付制"的某种变型。第一,从融资的方式来看,"名义账户"制是建立在现收现付制的基础之上,即社会缴费直接用于支付当前的退休者,但它又不同于传统的DB型的现收现付制,因为"名义账户"制度建立的个人账户只是"名义上"和"模拟的",不是真正意义上即"资本化"的积累制,可以说事实上它是"非积累制";这种"名义账户"制的账户系统仅仅是一种"记账"的管理方式,而不需实际存入缴费。第二,从养老金给付的条件和规则来看,虽然个人账户中的资产是"名义"性质的,但在退休时却变得具有真正的实际意义,成为记发标准的根本原则,退休金的给付标准严格按"DC型积累制"规则运行,就是说,在领取养老金的时候,个人账户中的"名义资产"即刻便被年金化了。一般来说,养老金给付的标准主要取决于记入个人账户缴费的积累、"名义资产"的投资增值、"名义资产"转成退休年金的计算公式、退休给付指数化的公式等,上述四个因素的合计便可得出养老金给付的总额。

目前学术界对"名义账户"制的优点、局限性、理论渊源等已经有一些讨论[1],这里就不再赘述。本文的主要任务是探讨"名义账户"模式对中国的适用性问题。

学术界普遍认为,"名义账户"制对诸如智利和墨西哥等这些已经走上大规模私有化改革道路的国家来说毫无疑问是没有任何吸引力的,因为这些国家DC型的积累模式已经占据了统治地位,其运行效果基本上是成功的;对诸如美国等社保收支情况较好、现收现付制很成熟、正欲进行私有化或半私有化改革的国家来说也没有太大的吸引力,因为它们可以通过不太激烈的一揽子改革方案予以解决,而且,对它们来说,向"名义账户"制转型与进行"真正"积累制的改革相比较,前者带来的政治代价并不比后者更小。比较一致地看法是,"名义账户"模式对经济转型国家更具有吸引力,据悉,捷克和俄罗斯等转

---

[1] 关于"名义账户"制的局限性及其理论基础和制度渊源等论述,参见郑秉文:《养老保险"名义账户"制的制度渊源与理论基础》,《经济研究》2003年第4期;郑秉文:《欧亚六国社会保障"名义账户"制利弊分析及其对中国的启示》,《世界经济与政治》2003年第5期。

型国家正在积极探索其可行性问题。有经济学家预测说,在未来的几十年里,它很有可能会使目前DC型积累模式失去往日那样的吸引力,使人们对其热情逐渐降下来,在前计划经济国家尤其在那些腐败现象比较严重甚至导致收支逆向结果的发展中国家很快会流行和效仿起来,在贫穷国家中得到普遍认可的可能性也会高于那些富裕的国家。

　　中国既是最大的发展中国家,又是一个经济转型国家。可以说,"名义账户"制对中国具有很大的吸引力和适用性。从几个方面来看,权衡得失,"名义账户"制对中国是利大于弊的。

一、"名义账户"制可以较好地解决转型成本问题

　　面对人口老龄化和寿命预期提高等因素引起的巨大财政负担,目前大多数西方国家实行的DB型现收现付制显然是无能为力的,甚至必将导致养老制度最终破产。从长期来看,只有向某种DC型积累制转型才是解决问题的唯一的根本出路。但是对绝大多数西方发达国家来说这个方案又是不可行的,因为几乎没有哪个国家能够承担如此巨大的转型成本,就连15个欧盟成员国也望而却步:据欧盟委员会的测算,假定维持2000年的养老金给付标准不变,如果向"完全积累制"过渡就需要建立一个相当于工资总额645%的预酬基金;如果维持目前的缴费水平不变,为降低转型成本的规模将法定退休年龄推迟到63岁,那么在这个制度成熟之时这笔基金的总额仍相当于工资总额的680%;规模如此庞大的转型成本几乎等于欧盟GDP的300%,欧盟全部资本存量的1/2。由此看来,巨大的转型成本是向完全基累制过渡的一个巨大障碍,几乎使之成为不可能。为此,欧委会极力推荐欧亚六国实行的"名义账户"制,并为欧盟成员国和候选国"建议性"地设计了"名义账户"制的三个过渡方案①。为了避免天文数字的转型成本,富甲一方的美国在经过了多年的讨论之后,花了7个月的时间、耗资70多万美元抛出了一个称为"布什报告"的一揽子改革计划;这个"布什报告"设计了三个"谨慎"的"半积累"式(部分

---

① 参见郑秉文:《欧盟国家社会养老的制度选择及其前景——兼论"名义账户"制对欧盟的适用性》,《欧洲研究》2003年第2期,第82页。

私有化)方案供全社会讨论和国会选择①。

中国 1993 年确定了"社会统筹与个人账户相结合"的改革目标之后，1997 年又进一步明确了由现收现付制向"统账结合"新体制过渡的方案。但是，在引入个人账户之后很快就出现了转型成本问题。由于测算范围和方法不同，国内学术界对养老金隐形债务的估计存在着分歧，认为自 1 万亿元至 10 万亿元人民币(下同)不等，但多数学者认为应该在 3 万亿—4 万亿元左右。例如，有学者经过精算以后认为，当利率分别为 3%、4% 和 5% 时，隐形养老金债务将分别为 38860 亿元、35082 亿元和 32125 亿元。几年来，新建立起来的养老保障制度借助于统筹账户与个人账户的"混账"管理，不断地透支个人账户，使个人账户的空账规模越来越大，据说已超过 1000 亿元②。为了实现弥补空账、做实账户的目的，2001 年决定以减持国有股的方式为社会保障体系预筹一部分资金，但由于其导致资本市场动荡不安等许多原因，不到一年就不得不叫停。

有报道说，辽宁试点中把空账做成实账需要几百亿人民币③，人们寄希望于中央政府的支持和补贴。现在辽宁作为全国唯一的试点省份，中央财政的部分转移支付尚能承受，如果在全国展开，中央的财政就会面临很大的压力：按辽宁的这个缺口推算，全国各省做实账户需要的转移支付将会高达近万亿人民币。从这个意义上讲，辽宁试点的经验已经失去了制度创新的本来意义，它仅仅是对中央政府是否承担转型成本的决心的一个"考验"而已。那么，如果中央财政暂时无力承担如此高昂的转型成本，辽宁试点是否铺开？下一步怎么走？人们似乎又回到了那个不可逾越的"老问题"，即转型成本问题面前。

在这个时刻，作为可以克服转型成本过渡方案之一的"名义账户"制就应该纳入新一届政府的视线之内。

由于"名义账户"制从本质上讲提供了一个事实上不必对其个人账户"做

---

① 关于美国"部分私有化"三个改革方案的细节，见郑秉文：《围绕美国社会保障"私有化"的争论》，《国际经济评论》2003 年第 1 期；《美国社保改革：迈向股票市场的一跃》，《改革》2003 年第 2 期；《"W 的办法"——华尔街与福利》，《读书》2003 年第 3 期。

② 参见王梦奎主编：《中国社会保障体制改革》，中国发展出版社 2001 年版，第 516、521 页。

③ 该数据引自仲伟志：《辽宁社保试点一周年》，《经济观察报》2002 年第 65 期。

实"的"模拟运行"模式,所以,从长期来看,可以使之成为最终向"做实账户"的"半积累制"甚至完全积累制过渡的一个途径。由于"名义账户"制避开了转型成本问题,从而使转型成本不再构成对待遇确定型的现收现付制进行改造的一个障碍,所以,"名义账户"制是将社会保障制度从 DB 型转向 DC 型的、较为缓和的、很现实的一个转型途径,是可以克服转型成本、融入世界范围的社会保障改革浪潮的一个捷径。事实上,世界银行和西方的一些西方经济学家已经将目前中国"空账运转"的实际情况称为是"一种新型的 DB 型加上名义账户的现收现付制",或"准名义账户"制①。

二、"名义账户"制的基本特征完全符合选择
"统账结合"模式时的初衷和基本出发点

　　20 世纪 90 年代初,经过对外国经验广泛的考察和对模式选择展开的广泛争论并通过多种方案的比较之后,社会各界终于取得了这样一个基本共识,即中国必须选择符合中国国情的社会统筹与个人账户相结合的部分积累模式。这一基本原则在十四届三中全会通过的《中共中央关于建立社会主义市场经济体制若干问题的决定》(1993 年 11 月 14 日)得到了确定。国发[1997]26 号文件《国务院关于建立统一的企业职工养老保险制度的决定》进一步明确,中国养老体制的基本特点是"由基础养老金和个人账户养老金组成"的"社会统筹与个人账户相结合";"基础养老金"所体现的是"社会互济"原则,

---

　　① 世界银行的 L.福克丝(Fox)女士和瑞典国家保险董事会研究与评估部主任、转型国家社会保障制度的专家 E.帕尔莫(Palmer)教授撰文说:"1997 年 8 月,中国开始建立国家统一制度框架……是在用一种新型的待遇确定型加上名义账户的现收现付制的模式替代现行的条块制。待遇确定型的给付是均一费率,相当于全省平均工资的 20%(称作基本待遇)。在这种均一费率的给付之上是一种准名义账户制的给付。该制度并不是完全的名义账户制,因为其待遇没有与寿命预期挂起钩来。事实上,这种方法给所有年龄的人假设了 10 年的寿命预期,结果是:(1)可能不稳定;(2)鼓励提前退休。国家为那些工作 15 年以上(包括 15 年)的人制定了过渡性安排,因为与政府应该沿用的旧 DB 制相比较,新的给付没那么慷慨(主要是看盈利情况)。"载 Fox, L. and Palmer, E.,"New Approaches to Multipillar Pension Systems: What in the World Is Going On?" Chpt 3, in eds. by Holzmann, Robert, and Joseph Stiglitz, *New Ideas About Old Age Security——Toward Sustainable Pension Systems in the 21st Century*, the World Bank, Washington D.C., 2001, pp.109 - 110.

而个人账户则以比较直观的方式充分体现了"自我保障"原则,后者所反映的是个人在职业生涯中工资水平高低与劳动贡献大小的差异。毫无疑问,部分积累制是一种非常适合中国国情的混合型制度,它能够把社会责任与个人责任两方面的优势结合起来,把公平与效率、宏观的集合风险能力与微观的激励机制结合起来,也就是采用混合制度的目的在于同时强调社会互济和自我保障两个方面的积极性。从财政可持续性的角度来看,混合型制度比现收现付制更具有弹性和张力,其"寿命预期"更为理想一些。

现在从世界性的改革趋势来看,若干年前选择半积累制的"统账结合"模式的初衷和出发点是完全正确的:既要部分地避免现收现付制的缺点,同时又考虑到了中国的具体国力和国情(指与完全积累制相比)。从当初的制度设计目标来说,其整体方向是正确的,目标预期是超前的。

"名义账户"制兼有 DB 型现收现付制的特点和 DC 型积累制的优势,前者的融资方式充分体现了该制度的社会责任、公平、宏观的集合风险能力和社会互济的作用,而后者的给付特点则更多地表现了其个人责任、效率、微观的激励机制和自我保障的功能。换言之,"名义账户"这个崭新的混合型制度既有传统的现收现付制"统筹"的优点,又具有积累制"精算"的给付性质;既能充分体现社会互济的国家宏观经济责任,又更能发挥个人自我保障的微观经济效率。正是从这个意义上讲,人们将"名义账户"制看作是"DC 型的现收现付制",是加以改造的现收现付制;也正是从这个意义上讲,"名义账户"制的这些特性完全符合 20 世纪 90 年代初中国选择半积累制这种混合型制度的设计目标和设计初衷,完全符合中国的国情。

三、"名义账户"制基本上可以解决缴费"搭便车"现象和支付"失控"现象

对于中国这样一个发展中国家来说,历史、文化、经济和制度等诸多方面的因素在现代社会保障制度的建设上淋漓尽致地表现为"搭便车"的危害性,其破坏程度之大、影响力之广,是前所未有的,空前的,甚至它严重地制约着中国社会保障制度的正常发展,是短期内仅靠行政手段根本无法完全解决的严重制约社会保障制度发展的一个巨大障碍。目前"统账结合"的制度设计存

在着缴费的"搭便车"问题和给付的"失控"问题。

先看缴费方面的"搭便车"问题。除了经济效益不好等其他"客观"原因以外，逃费是导致收缴率下降的重要"主观"（指缴费主体）原因之一。资料显示，"效益好的企业认为入保吃亏，有意拖欠不缴，等于变相退出统筹"，1992年全国收缴率为96.3%，1993年降为93.3%，1994年降为92.4%。欠缴企业一般采取故意隐瞒工资总额、少交统筹基金、转移银行账户等违规手段拖欠不交；据1998年的数据，参加养老保险统筹的企业，有30%的工资总额未计在应缴的基数之内①。养老保障制度是典型的"优效型公共产品"，在公共产品的消费中很容易出现"搭便车"和"收费难"的问题。"统账结合"制度下，"搭便车"问题之所以如此严重，其重要原因之一在于其结构设计，即统账分开加之个人账户比例较小，导致养老金的给付属于"非精算性质"的，与雇员的利益没有直接的挂钩，进而致使雇员缺乏监督雇主缴费的内部冲动，从而造成了"大锅饭"心理和"搭便车"的"负激励"机制；就是说，来自"社会统筹"的缴费和来自"个人账户"的缴费都存在着严重的"激励缺失"，因而存在着严重的"搭便车"动机；这种制度设计上的缺陷最终导致的必将是入保不全、覆盖率不足等制度性的后果；对于制度性的后果仅靠"道德说教"是难以完全克服的，没有保障的。问题在于，设计"统筹结合"的初衷是想同时调动"两个积极性"；尽管这个设计初衷是好的、正确的，但是其结果正好事与愿违，走向反面。

再来看给付方面的"失控"问题。它主要表现在两个方面：第一，提前退休。例如，"1998年1—8月份行业移交地方前，新增退休人员79.6万人，其中违规提前退休的达43.8万人，占55%……据查，最年轻的退休者只有24岁，简直到了荒唐的地步"。第二，社保基金被挤占挪用。1998年全国直接被动用挪用的基金高达55.6亿元，其资金流向主要是"基本建设投资借款、金融拆借贷款、流动资金借款、自办实体借款、困难企业职工春节生活补助，等等。被挤占挪用的基金中，地方政府决定的占40%，劳动部门决定的占30%，社会保险机构决定的占30%。除直接挤占挪用外，还有其他违规违纪现象，如多

---

① 这里的数据和引言均出自江春泽、李南雄：《中国养老保险省级统筹以后的矛盾分析与对策研究》，载北京大学中国经济研究中心"讨论稿系列"，No.C1999001，1999年，第11页。

提管理费、未专款专户储存、给贷款作抵押担保等"①。

除了其他方面的原因以外,上述在缴费和给付两方面产生的"搭便车"和"失控"问题,其根源主要还在于制度的设计方面:制度对人的行为具有巨大的反作用。它主要表现在以下三个方面。

第一,"统账结合"的立意是正确的,但"统账分开"的现实却已经成为缴费"负激励"的制度性根源。"统账结合"几年的实践表明,在微观上,对个人和企业的缴费主体来讲,两方面都缺乏激励机制,"社会统筹"和"个人账户"两个方面的积极性没有很好地"调动"起来,雇员对其个人账户的缴费和雇主对其社会统筹的缴费都不积极,彼此都不关心对方或监督对方是否足额缴费或是否缴费,甚至两方面都存在着"故意逃费"的动机,因为他们的缴费与他们各自未来的回报没有某种"精算型"的"因果"联系,他们双方都认为自己吃的是"大锅饭"。之所以会出现这种"搭便车"的效应,是因为在缴费的渠道和划分甚至管理上都是"统账分开"的:雇主和雇员共同缴费的总额中大约2/3—3/4用于"社会统筹",而划入个人账户中的仅是一小部分,也就是说,起码在"名义上""属于个人"的那部分占小头;这样,较少的"个人"因素和较多的"统筹"成分——面对这样一个与其未来预期的联系不是十分"明朗"和"密切"的制度,"经济人"的假设便会驱使个人、企业、县、市等每一个和每一级缴费主体都千方百计地争取少缴费。在个人与企业、下级与上级、地方与中央等这些"博弈"关系中,在前者身上所反映出来的"搭便车"就不可避免了,于是,"收不抵支"现象就会成为一种"常态",津贴给付方面存在的"入不敷出"就会成为一种"必然"。

第二,在"统账结合"的制度设计中,个人账户的规模与"搭便车"现象成反比,与社会统筹水平成正比。个人账户的规模越小,"激励机制"就越弱,缴费就越困难,扩大社会统筹范围的难度就越大;相反,如果个人账户的规模越大,缴费就越容易,从而扩大社会统筹的范围就越容易。这些比例关系是由"统账结合"制度中缴费激励机制的强度决定的。鉴于此,提高缴费率的措施之一应该是个人账户的规模逐渐趋向于扩大。雇员与雇主的缴费100%地全

---

① 这里的数据和引言均出自江春泽、李南雄:《中国养老保险省级统筹以后的矛盾分析与对策研究》,第9—11页。

部划入个人账户所产生的正面激励因素显然要大于将其一小部分划入个人账户的情况。

　　辽宁的试点中将个人账户规模缩小了3个百分点,即下调至8%;虽然个人真正的"实缴"部分由原来的3%提高到现在的8%,个人缴费完全划入了个人账户,但是个人账户的规模在"统账"缴费总额中的比例缩小了,这个变化意味着弱化了个人缴费的"激励机制",加大了雇主与雇员"搭便车"(逃费)的几率,进而意味着,相应所要求的统筹范围就应该趋向于越小;如果是方向相反,即个人账户的规模缩小3个百分点,而欲将统筹范围再提高一个层次,那么其结果正好是事倍功半,"搭便车"和"缴费难"的现象就会愈发严重,收支缺口就会呈现出扩大的趋势。换句话说,假设将辽宁试点向全国推广,并假设将省级统筹提高至全国范围的统筹,那么,"个人账户缩小"与"统筹范围扩大"这两个方向相反的措施同时实施对缴费预期所带来的后果是可想而知的。

　　第三,在目前"统账结合"设计下,统筹水平将会出现更为严重的"行政性的逆向选择"。"逆向选择"是指由于信息不对称导致的一种"市场失灵",强制性社会保险显然不应该属于市场范畴,所以不应该使用这个概念。但是,类似"统账结合"制度或其他任何组织结构中同样存在信息缺失及其导致产生负激励的可能性,为方便分析,这里暂且使用"行政性逆向选择"以区别于私人市场的"逆向选择"。统筹水平越高,范围越大,"缴费表现"就越不好,"行政性逆向选择"现象就越严重:由于地区之间经济发展水平和企业之间经济效益的差异性,凡是积极响应统筹和倡导提高统筹水平的,一般都是经济不发达或效益不好的"欠费"地区或企业,而经济发达和效益良好的地区和企业则相反。这就是公共产品消费中的一个规律,即公共产品提供和覆盖的范围越大,"搭便车"的"逃费"现象就越严重。"统账结合"制度下的这种"行政性逆向选择"将会导致"上车的逃费者"逐渐增多:不欠费的机构或地区发现它们"吃亏"了,于是它们便藏匿信息,隐瞒真实情况,逐渐也变成"欠费者"。与市场失灵中的"逆向选择"不同的是,"行政性逆向选择"的博弈过程中没有"自愿的退出行为",所以,强制性的制度导致制度里等待中央财政最后"兜底"的"欠费者"越来越多。如此这样恶性循环下去,最终为"摧毁"这个制度埋下了隐患:为了恢复社会统筹的财政能力,那时的政策选择就很可能或是在"博弈"

过程中讨价还价,以最终获得一定的"补偿"而收场,或是不得不重新降低统筹的层次,使这个制度又回到它的"原点",甚至更降低一个统筹层次。反过来讲,在现行"统账结合"的设计框架下,"社会统筹"水平的高低是影响"搭便车"现象严重与否的重要变量之一。从理论上讲,统筹水平的高低与风险集合能力的大小是成正比的,即统筹范围越大,抵御风险的能力就越强。但是,由于"统账结合"的上述特点和原因,其结果就必将是现实中的"缴费表现"与统筹水平成反比,统筹水平的层次越高,范围越大,行政能力就递减,中央对地方监管的"交易费用"就越高,基层单位"搭便车"和"逃费"现象就越严重,养老金收入与给付之间的背离倾向就越大。总之,"统账结合"制度特征在缴费方面对统筹水平所要求的应该是"下移"的倾向,统筹的范围越小,"缴费表现"就会越好,"行政性逆向选择"就越小,但不能反其道而行之。

一份 1999 年的经验性资料显示,当年辽宁在搞省级统筹时,出于避免"抽肥补瘦"、"一平二调"和"鞭打快牛"的考虑,有赤字的县(朝阳、铁岭、阜新)就赞成,有结余的地区(大连、鞍山)就不赞成,没有积极性;据悉,省社保局的干部为此提出过探讨性的意见,可否在该省"以市级统筹为主,以省级统筹为辅";为提高统筹水平,1998 年原 11 个行业统筹移交给了地方管理;本来,将行业统筹转交给地方管理是为将来实现全国统筹创造条件,同时也是为了增强地方资金的实力,但后一个目的似乎没有达到,反而增加了地方的负担,如辽宁由省里支援了 4000 万,宁夏由地方支援了 500 万,山西支援了 200 万。这种后果固然是由诸多原因造成的,但"道德风险"也是一个重要的原因:突击花钱,扩大统筹项目,提高支付标准,调低缴费率等,如有色金属行业原平均费率为 33%,1998 年调为 20%。行业统筹存在中央主管部门的结余基金为 68.8 亿元,上缴中央财政专户的只有 34 亿元。存在地方的结余基金为 77.8 亿元,仅移交 6 亿元①。

对于"统账结合"出现的上述三个制度性缺陷,"名义账户"模式可以较好地予以避免。

第一,由于"名义账户"制的给付条件是"精算型"的指数化方式,具有较

---

① 这一段的资料引自江春泽、李南雄:《中国养老保险省级统筹以后的矛盾分析与对策研究》,第 8 页。

高的透明度,它将目前的缴费与未来的给付紧密地联系在一起,对未来的给付具有相对比较准确的预期,从而形成了正面的缴费激励作用,避免了目前制度下出现的严重的"搭便车"现象。

第二,"名义账户"制度下一般划入个人账户的比例很大,甚至可以100%进入个人账户。中国可以吸取欧亚六国的一些经验教训①,在"名义账户"的设计中针对"信用体系缺失"的具体国情将个人账户的规模设计最大化,甚至全部划入个人账户。这样,与目前的"统账结合"制度相比可以收到"一石二鸟"的效用,一方面可大大地提高社会统筹的资源动员能力(即用于现收现付的缴费资源最高可达100%),另一方面还可使缴费主体的激励机制达到最大化,且在雇员与雇主二者之间形成前者对后者的监督机制,因为后者的缴费已经"属于"前者。从这两个积极性的调动来看,这个"双赢"的制度设计将会导致良好的"缴费表现"。但有一点可以肯定,即使不是100%进入个人账户,其对缴费的激励机制所产生的负面影响至少不会像"统账结合"制度下那么大,因为在养老金的计发公式上可以依然按双方缴费的100%来予以计算,这是一个"补救性"的调剂手段。

第三,"名义账户"制度下个人账户的规模基本上对社会统筹的能力、水平和范围不产生"负相关"的影响。不管名义账户的比例有多大,社会统筹所动员的资源都可以是缴费总额的100%,就是说,个人账户的"名义记录"与缴费资源的使用完全可以分为两个不同的系统独立操作。这样,将统筹水平提高到中央一级就没有任何技术障碍。

第四,"名义账户"制度下不管统筹的水平有多高,统筹的范围有多大,都基本上不会产生"行政性逆向选择"。由于"名义账户"条件下实行的精算型

① 虽然欧亚六国的实践中记入到个人账户中的缴费比例差距较大,但它们各自的设计中充分地体现了其具体国情的独特需要。例如,从雇主和雇员的缴费比例来看,瑞典和波兰的方案中他们的比例是相同的,而意大利、拉脱维亚、吉尔吉斯斯坦和蒙古则是雇主的比例更高一些。有些国家缴费全部记录在个人账户里,而另一些国家则仅记录其中的一部分:瑞典的缴费是18.5%(由雇主和雇员平均支付),其中记入个人账户里高达16%;波兰是32.52%,但记入名义账户的则只有12.22%;意大利的缴费是32.8%(雇主23.91%,雇员为8.89),全部记入个人账户之中;拉脱维亚是雇主为23.58%,雇员为9%,其中记入"名义账户"的是20%;吉尔吉斯斯坦是29%,其中雇主24%,雇员为5%;在蒙古,雇主为3.5%,雇员为5.5%,记入"名义账户"的是15%。详见郑秉文:《欧亚六国社会保障"名义账户"制利弊分析及其对中国的启示》。

给付计发方式导致了完全的激励机制,有效地消除了"搭便车"的制度根源,所以,不管是省级还是全国水平的统筹,都基本上不存在"大锅饭"的"鞭打快牛"问题,不存在"缴费者吃亏"和"欠费者占便宜"的问题。这样,制度里的任何人,其缴费的现实风险和收益预期基本是相等的,从而比较有效地克服了"行政性逆向选择"。

第五,"名义账户"制度基本可以解决给付过程中出现的种种"失控"行为。"精算型"的给付对给付总额具有明显的财政约束作用,诸如"提前退休"等欺诈行为类似道德风险可以得到有效控制;由于全部缴费在理论上可以100%进入中央专有账户用于社会统筹,所以中央养老基金的统一管理与运作根除了地方对基金进行"挤占挪用"等各种违规行为的潜在可能性。

四、"名义账户"制为降低缴费比例和下调
替代率提供了政治上的可行性

从社会保障总体制度架构上来看,在可预见的未来,世界上最流行、最有传播力、最理性的制度模式无疑就是基于三支柱或四支柱的混合模式。这里,欧亚六国的实践和经验为我们提供了两条重要的启示。第一,在雇员和雇主养老保险的缴费结构中,降低对第一支柱的缴费比例。世界各国在这方面的改革趋势有两个:一个趋势是,对雇主来说,在其养老保险的缴费结构中,对第一支柱的缴费比例逐渐缩小,对第二支柱的缴费比例不断扩大,在至少不增加企业负担的前提下,逐渐将其对第一支柱的缴费比例转移到第二支柱;另一个趋势是,对雇员个人来说,逐渐降低其对第一支柱的缴费比例,将其缴费空间逐渐转移到第二支柱甚至第三支柱(个人养老储蓄)上,鼓励人们参加企业补充保险。这两个趋势的意义在于,在个人养老金的资源结构上国家承担的责任逐渐转向由市场。第二,第一支柱的替代率一般都不是很高。降低基本养老金的替代率已经成为一个世界性潮流,否则就不能为其他几个支柱让出空间[①];既然降低了对第一支柱的缴费比例,那就意味着,第一支柱所提供的只

---

① Fox, L. and Palmer, E., *New Approaches to Multipillar Pension Systems: What in the World Is Going On?* pp.90-132. 关于欧委会设计的第一支柱"名义账户"的替代率等详细情况,见下文和郑秉文:《欧盟国家社会养老的制度选择及其前景——兼论"名义账户"制对欧盟的适用性》。

能是或应该是基本的生活保障,而"体面的退休生活水平"必须要依靠第一支柱和第二支柱的资源。

中国目前的问题有两个,可以概括为"两个偏高":一个问题是基本养老保险的缴费率偏高。缴费率偏高不但增加了企业的经济负担、提高了企业成本、损害了企业竞争力,而且"侵蚀"了企业参加补充保险的缴费能力和空间;另一个问题是基本养老保险的替代率偏高。尽管中国的工资水平总体上比较低,恩格尔系数比较高,费基不实,缴费工资普遍低于统计工资,统计工资低于实发工资,但是事实上社会基本养老金的"真实""收入替代率"恐怕是世界上最高的国家之一,一般认为在 80% 左右,在个别地区甚至高达 100%—130%[①];第一支柱的替代率降不下来,雇员和雇主就都缺乏参加企业补充保险的激励机制,第二支柱就很难发展起来,资本市场就缺少一个重要的"组成部分",不利于资本市场的发展。因此,为了建立第二和第三支柱,即为"多支柱的混合模式"社保架构预留出一定的"发展空间",为了促进资本市场尽快发育并为之也"预留"出一定的"发展空间",应该把替代率降下来,将社会基本养老保险的缴费"挤压"或"引导"到这两个"发展空间"之中,重新调整养老缴费的"资源配置"结构。这样,不但没有影响人们的实际生活水平,还有可能还会进一步提高生活质量。

实施"名义账户"制是降低社会基本养老缴费标准(减少企业负担)、降低替代率(下调给付标准)的一个社会震动最小、政治上最具可行性的途径,是从根本上重新"塑造"第二甚至第三支柱的"一揽子设计"的一个机会。

五、将第二支柱作为第一支柱"名义账户"制不可分割的一部分纳入总体设计之中

欧亚六国的一条重要经验是,在设计第一支柱"名义账户"制度的同时,将第二支柱即企业补充保险一揽子予以考虑进来。欧盟委员会在 2002 年发表的一份研究报告中为欧盟成员国和候选国设计的向"名义账户"制过渡的

---

① 参见晓波:《社会保障路在何方——关于改革和完善中国社会保障制度的对话》(对话人:郑功成、郑秉文、闫新生、王宗凡),《人民论坛》2001 年第 8 期,第 23 页。

三个方案中都将企业保险放到了非常重要的绝对不可或缺的地位,认为在"名义账户"制引入之后替代率将下降到36%—45%,所以必须同时建立起一个完全积累制的、强制性的补充保险体系,并且相应向私人市场开放;第一支柱即"名义账户"制实行的是"内部利率",它基本上等同于工资增长率,而第二支柱即企业补充保险的资产回报率则取决于市场。可以说,欧美国家在对第一支柱进行改革的同时,几乎无一例外地将第二支柱即企业补充保险给予一揽子通盘设计之中,或者说,各国社会保障的改革已经越来越离不开私人企业保险在总体设计上作为"补充"的地位①。

中国目前企业补充保险正处于起步阶段,覆盖率很小。据2000年的统计,企业补充保险覆盖的人口只有560万,占国家基本养老保险即第一支柱覆盖人口的5.3%②。导致这种情况的原因主要有:第一,与社会保障相比,中央政府没有给予十分的重视,因此,补充保险只是自愿性的,而不是强制性的。第二,配套的财税措施还没有完全到位,无章可循。第三,财税方面的激励机制还不够,雇主不愿意参加。例如,到目前为止,只有2000年国务院的第42号文件中的一项根据,即"企业缴费在工资总额4%以内的部分,可从成本中列支"。第四,在基金的投资运作方面效益不佳,风险很大。第五,缺乏有经验的专业机构和管理人员;等等。

从目前中国社会保障架构来看,必须强化第二支柱的建设,原因如下。

第一,由于第一支柱的替代率降了下来等诸多原因,第二支柱必须作为中国养老保险的一个不可或缺的重要组成部分"补上去",并以立法的形式予以固定下来。这既是促进发育资本市场的潜在客观需要,又是规范现代企业管理、加入WTO与国际接轨的必然趋势;既是减轻第一支柱中央财政负担的一个重要措施,又是稳定社会、加强工人阶级主人翁责任感的一个长治久安的重要措施。总而言之,对目前中国企业补充保险制度进行彻底地改造已经迫在眉睫。没有企业补充保险、不重视企业补充保险、将之置于可有可无的境地或将之在观念上排斥在社会保障整体设计框架之外的任何观念都是对"社会保

---

① 关于欧洲改革中将企业补充保险纳入其中一揽子设计的情况,参见郑秉文:《欧盟国家社会养老的制度选择及其前景——兼论"名义账户"制对欧盟的适用性》。

② 劳动和保障部社会保险研究所、博时基金管理有限公司:《中国企业年金制度与管理规范》,中国劳动社会保障出版社2002年版,第3页。

障制度"的一种狭隘的错误理解,甚至是一种偏见,这种"社会保障制度"既是不完整的,又是与世界改革潮流相悖的;它既是对社会资源的一种浪费,又是作茧自缚。

第二,从工资替代率上讲,第一支柱的一部分空间让位于第二支柱之后,企业补充保险的替代率应该"补上去";从缴费比例的发展趋势上讲,第二支柱的缴费所占的比重越来越大;从资本市场养老金的构成来看,第二支柱养老金的比重越来越大,例如,美国企业年金的资产已逾5万亿美元,占到了资本市场的1/3①;从社会保险的改革趋势上讲,第一支柱所模仿的越来越多的是第二支柱"企业养老计划"即私人保险市场的一些特征。总之,在工资替代率、社会保险的管理特征、资本市场的构成等诸多方面,社会保险与企业补充保险越来越呈现出相互依存、相互交融的趋势②。

第三,从中国目前国有企业和"三资企业"的现状、劳动力市场的特点、资本市场的限制等具体国情出发,尤其是根据欧亚六国的经验,建立第二支柱的基本原则大致应该是:建立个人账户(每个人有两套账户系统)、完全积累制的、DC制的、强制性的、地方公共管理的(至少在起始阶段)、多层次的(指允许并鼓励设立行业性的补充保险基金,条条与块块共存)、缴费者参与管理监督的(从工会参与的意义上讲)、就业关联型的、非年金化的(在资本市场成熟之前)、税收激励型等。而不能或不应该是完全DB制的、半积累型的、自愿性的、私人管理的(指完全市场化即完全由基金管理公司托管)、单一层次的(指禁止设立行业性的)、年金化的(既允许是一次性给付的)、非税收"交易"性质的(指完全行政命令型的),等等。

六、为适应人口、就业等具体而特殊的国情,应该为"名义账户"制专门设计一些附加功能,使之稍微变形

如前所述,"名义账户"制最大的特征之一是它具有较大的灵活性和可

① 劳动和保障部社会保险研究所、博时基金管理有限公司:《中国企业年金制度与管理规范》,第136页。

② 例如,"名义账户"制本身就是一个很好的例子,它在许多方面模仿了私人养老金制度的某些特征。关于社会保障与私人企业保险之间的相互渗透等这方面的详细内容参见郑秉文:《养老保险"名义账户"制的制度渊源与理论基础》。

塑性,欧亚六国的实践充分说明,他们最大限度地发挥了这一优势,所以,"名义账户"制在欧亚六国特点各异。中国的具体国情与欧亚六国相比差异性较大;"名义账户"制的某些特征对他们来说可能是优点,而对我们来说则很可能是缺点。例如,"名义账户"制具有较好的透明度,对继续留在劳动力市场上具有正面的激励作用;这个特点,对劳动力短缺甚至需要大量移民予以补充的国家是个优点,但对就业压力异常巨大的中国来说,则是个缺点。

在中国 7 亿多经济活动人口中,还存在着 2.4 亿的农村剩余劳动力,城镇里还有 3000 多万富裕人口;由于人口基数庞大,人口的规模仍以每年 1279 万的速度增长着。中国人口增长率较快,基数大。据预测,在 2000 年 13 亿的基础上,到 2010 年将达到 14 亿,2030—2040 年在 15 亿—16 亿左右。失业率几年来一直居高不下,例如,国家劳动部信息中心的统计是,1997 年和 1998 年的城镇登记失业率均为 3.1%;但国务院发展研究中心的推算显示,20 世纪 90 年代中期以来城镇的真实失业率一直是 10%左右,1997 年和 1998 年可能高达 13%—15%;预计今后 10 年城镇真实失业率至少在 10%以上,接近或超过国际公认的失业警戒线①。

就业压力十分巨大,这是中国特殊的国情,需要额外为"名义账户"制附加某种功能使之兼而顾之。比如说,对于那些"退而不休"的人、那些由于种种原因在 50 岁左右就以各种形式"正式"退出劳动力市场并享有一份退休金的人来说,例如对于超过法定退休年龄或由于某种原因"正式"退出劳动力市场(如"内退"、"买断工龄"、"居家"等已经领取一份退休金或"合法退休收入")的人员来说,规定其再次进入劳动力市场之后须继续缴费,其缴费率应乘以一个大于"1"的系数(比如说是"1.5"),但仍以正常的费率记入其个人账户之中(等于课征了一个税率),等等。再如,由于出生率比较低等原因,欧亚六国的"名义账户"中都为其设计了"名义记录"的功能,政府从一般税收中转移支付,以增加转移支付的再分配因素,"保护"那些由于照看子女而暂时离开劳动力市场的妇女;而在中国则可以为之设计

---

① 这一段的数据转引自赵勇:《缓解中国就业压力的政策的思考》,《社会保险研究》2003 年第 1 期,第 23 页;宋斌文:《加入 WTO 初期中国失业保险面临的挑战及对策》,《社会保险研究》2002 年第 12 期,第 15 页。

一些"方向相反"的功能。例如,为保持"缴费记录",可以采取一定的税收优惠的办法鼓励那些暂时离开劳动力市场的人继续缴费以"购买"那些"缴费记录",甚至可以根据农村和城镇不同的出生率设计出不同的规则。总之,具有中国特色的"名义账户"制的一些具体细节可以针对中国一些特殊国情专门地予以研究设计。

七、"名义账户"制具有良好的"便携性",有利于劳动力的流动和统筹范围进一步扩大,进而有利于促进全国大市场的形成,提高国家的风险整体集合能力

中国地域辽阔,经济发展水平很不平衡,且流动性人口规模非常之庞大,如果养老制度不具有良好的"便携性",就不能适应这个非常特殊的国情;尤其是加入 WTO 以后,中国养老制度不仅要适应不同地区之间劳动力的自由流动,而且还要适应不同部门之间、不同所有制企业之间甚至外资企业和内资企业之间、正规部门和非正规部门之间劳动力可以自由流动的要求。"便携性"的高低与社保统筹水平的大小成正相关,较差的"便携性"肯定会制约统筹范围的进一步扩大,而统筹范围越大,劳动力流动的范围就越大。目前"统账结合"制度下出现的缴费"搭便车"不仅为提高统筹水平带来了一定的障碍,影响了统筹水平的进一步提高,甚至目前所谓的市级省级统筹也"名不副实",所以,当前这个制度设计对进一步提高便携性和统筹水平已经没有很大的余地,严重地制约了劳动力在全国范围的流动和全国大市场的形成以及市场效率的进一步提高。

"名义账户"制一个最大的优点是它的给付具有非常好的"便携性",这个优点具有当前制度设计所不可比拟的许多优点:首先,它为进一步提高统筹水平和扩大统筹范围创造了条件,即使一步到位实行全国范围的统筹也不存在技术上的任何障碍,没有任何附加成本。其次,良好的"便携性"和统筹水平的提高可以促进劳动力的自由流动,企业、部门和地区之间几乎完全消除了障碍,为建立全国范围的统一大市场开辟了道路。欧盟委员会之所以向其成员国和候选国推荐"名义账户"制也是出于它具有良好的"便携性",有利于劳动

力自由流动和建立"欧洲统一市场"的考虑①。最后,既然统筹水平的提高与风险的集合能力成正比,那么,全国范围的统筹就为提高中国社会保障的整体风险抵御能力提供了制度上的保证。

八、"名义账户"制有利于非正规部门就业人口参加社会保险,扩大参保率和覆盖面

我们知道,灵活就业比重在发达国家呈上升的趋势,在发展中国家这一趋势更为明显。例如,在1990—1994年间,拉丁美洲80%、非洲93%的新增就业岗位就是由非正规部门创造的;目前,灵活就业人口占全部就业人口的百分比,非洲为57.2%,亚太地区为32.8%,即使在发达的美国,这一比例也高达30%。作为最大的发展中国家,中国这个比例和绝对数都非常大,这也是一个特殊的国情。在中国,所谓灵活就业是指在劳动时间、收入报酬、工作场地、保险福利、劳动关系等方面不同于建立在工业化和现代化工厂制度基础上的、传统的主流就业方式的就业形式的总称;一般来说,灵活就业的特点是劳动关系非正规化,报酬较低,与社会保险没有制度性的联系,就业门槛低,容易进入和退出;这些人还常常被一些报章称为"边缘人口"或"弱势群体"等,他们主要集中在正规部门使用的临时工、季节工、小时工、下岗人员、农民工、个体户和自由职业者等。据2001年的统计,城镇和集体单位职工总数减少了5000万,个体工商户和自由职业者2000多万,进城务工的农民工8000万;在这些人口中,保守地估计灵活就业人口也在1.3亿以上。而2001年城镇就业者为2.4亿,其中参加保险的人口仅为1亿多一些,占44.4%②。由于这些人口没有签订正规的劳动合同,所以他们没有参加任何社会保险。

与目前"统账结合"的制度相比,由于"名义账户"制具有灵活的携带性,这就有利于提高非正规部门就业人口和灵活就业人口的参保比率,在制度上为他们增加了参保的机会,既扩大了保险覆盖率,又扩大了费基,起到了事半

---

① 详情参见郑秉文:《欧盟国家社会养老的制度选择及其前景——兼论"名义账户"制对欧盟的适用性》。

② 上述数据和内容均引自社保所课题组:《中国灵活就业群体的社会保险研究》,《社会保险研究》2002年第11期,第2—5页。

功倍的作用,使社会保障制度进一步趋向完善。

将非正规部门就业人口尤其是将农民工尽快地纳入社会保障安全网之内,这不仅仅是一个单纯的社会保障制度单项改革,而是一个严肃的政治问题,从长期看,它关乎社会稳定和人心向背,是一个关乎全局和长治久安的百年大计。同时,它既涉及社会公平和社会权利,又涉及纵向公平与横向公平。

九、"名义账户"制的财政风险"预调机制"问题

既然"名义账户"制是 DB 和 DC 制的混合型制度,在融资上具有现收现付制的特点,那么,DB 制所决定的收入与支出的性质所可能造成的财政稳定性就存在着潜在的风险。中国可以借鉴欧亚六国设置"储备基金"的办法预筹一部分资金以备事先调节。

此外,欧亚六国中某些国家设立的"最低养老金"和"基础养老金"等制度可以被视为津贴给付的一种"事后调节"的"预调机制"。例如,吉尔吉斯斯坦1997 年设立了"基础养老金",它的标准是统一的,与最低工资配套。除了意大利以外,其他国家几乎都设立了"最低养老金"制度,其目的是为了能够确保那些工资很低、没有达到缴费年限的工人获得一个最基本的养老金给付。意大利在引入"名义账户"制的时候没有设立"最低养老金"制度,但对 65 岁以上老年人实行了一种"家计调查型社会救助"的养老金。经济学家普遍认为,由于"名义账户"制收入再分配的功能较弱,所以,可以根据需要设置一些"预调机制";如果中国不再额外设置一个"最低养老金"制度,可考虑采取从个人"名义账户"缴费中抽取若干百分点的办法,专门建立或部分资助一个"储备基金"等。

十、"名义账户"制是目前可以看得到的一个"最优化"的融资制度安排

对于政府财政来说,与 DB 型相比,由于"名义账户"制将一部分风险(人口变化或经济波动)从政府身上转移到了个人身上,所以,虽然"名义账户"制承担风险的能力小于"DC 型积累制"模式,但却大于传统的"DB 型现收现付制"模

式。这样,不但解决了隐性债务问题,而且,在"名义账户"制度下存在着许多削减养老金给付水平的途径(尤其是在通货膨胀的时期)。从这个意义上讲,"名义账户"制可以稳定相当长一段历史时期。这种"名义账户"的混合模式可以看作是一个"隐形的日程表"。这是因为,第一,由于所有的缴费被用于支付当前的退休者,所以,无论在财政上还是在政治上,它对当前的现收现付融资制度具有一种"收缩"的作用;第二,可以将之看成是一个过渡的阶段性目标,而不是养老保障改革的最终目标,在这个过渡过程中,人们可以逐步地继续向其最终的制度目标前进;第三,"名义账户"的最终目标可以是"演变"成为"真正积累式的"个人退休储蓄账户或个人投资账户,例如像美国目前设计的"部分投资型"的个人账户①,或像智利"完全投资型"的个人账户,就是说,这个个人账户是作为社会保障制度总体设计框架中的一个重要组成部分。

十一、"名义账户"制比较适合目前中国资本市场的现状

尽管现收现付制向积累制过渡的私有化改革正如火如荼,卷入了欧美二十多个国家,但是,实行 DC 型积累制的一个重要前提是需要一个比较发达的资本市场;欧美发达国家资本市场的发育过程已有近 200 年的历史,相比之下,中国社会保障制度改革历史只有二十多年的时间,资本市场只是一个十多岁的"娃娃";如此"幼稚"的资本市场是不能承受得起积累制的巨大市场要求的,巨大的潜在金融风险将具有摧毁整个社保制度的危险性。传统改革思维定式使人们往往一讲到"社保"就会马上想到"缺钱";资本市场作为一个制度安排,其发育成长成熟需要的是时间,而"时间"这个参量是任何人为因素都不可能替代的,所以,从这个意义上讲,"制度"远比"资金"更为重要,与其说我们"缺钱",不如说我们缺的是"制度",或说缺的是"时间";在这个"制度"发育起来之前,在这个"时间"到来之前,社保基金入市必将置政府于市场风险之中,国家必将扮演着最后出资人的"无限责任保险公司"的角色。由此,

---

① 美国"半私有化"的三个改革方案中,是从 12%的工薪税中提取 2%—4%不等进入个人账户进行投资。详见郑秉文:《围绕美国社会保障"私有化"的争论》;郑秉文:《美国社保改革:迈向股票市场的一跃》。

在这样一个"制度安排"的现状下,积累制和部分积累制的适用性对中国来说是很有限的,而"名义账户"制相比较而言,则不需要一个很成熟的全国范围的资本市场和很完善的金融制度结构及相关法规制度。至于"名义账户"制这个过渡性制度安排到底需要多少时间的问题,这是一个不确定性。在起始阶段,第一支柱为中央集中管理模式,第二支柱(企业补充保险)为分散化管理模式(例如以地方政府为主),第三支柱(商业保险)为完全市场化运作模式;三个支柱对市场的逐渐介入和资本市场的逐渐发育互为前提,互为渗透,互动互利,水到渠成;这样,既最大限度地降低了养老基金的投资风险,又对中国资本市场的发育起到了间接的促进作用。

十二、通过"名义账户"制可以建立"个人财产权"

建立社会保障的"个人财产权"是一个非常重要的观念问题和实践问题。社会保障的全部资产储备属于全体缴费者,每个缴费者都是其财产所有者的一分子,对其拥有法定财产所有权,并应该受到法律的保护;作为缴费者,他有缴费的义务,但作为所有者,他也应有相对准确和明晰的财产权利。把缴费者与所有者这两个表面上似乎对立的身份能够统一起来,使之完全与社会保障制度之间建立起某种密切的利益关系,他们就会拥有真正的"主人翁感",他们便认为自己是社会保障制度的一个"真正主人"。

"名义账户"制下个人财产所有权被"虚拟地"物化在个人"名义账户"之中,当前的缴费与未来的收益具有紧密的"精算"关系,财产所有者既对未来收益享有全部权利(只有在退休领取时才缴所得税),又承担着一定的风险,风险的分担与收益的分享都完完全全体现在个人账户之中,一目了然,他们不再将自己的缴费看作是一种纳税。与 DC 型积累制相比,"名义账户"里的资产余额尽管是"虚拟"的,但如同银行账户的储蓄存款,虽然人们看到的不是货币本身,但随时电话查询与上网登录获得的余额数字却不是虚拟的,是看得见的。任何一个人都可以根据自己的缴费比例等相关公式计算出自己某个时段或到某个年龄段的账户余额,如同自己在银行存款那样了如指掌。并且,离婚时可以进行财产分割、死亡时可以予以遗赠、特殊情况时可以提前支取等相关的法律规定完全可以使之成为每个劳动者的"第二储蓄"。

这就是建立社会保障"个人财产权"或称"产权明晰化"的真正含义。

在现收现付制度和当前"统账结合"制度下,个人缴费的义务清晰明了,但个人的财产权利却模糊不清,缴费人过去的缴费累计与未来的给付之间不存在一种必然的精算联系,在观念上缴费者对其缴费看作是一种与己无关的纳税,觉得与自己未来的切身利益没有什么关系;缴费人对其未来的期待只是一种法律上的指数化承诺,实际上这仅是一种由政府担保的"权利预期",这个遥远的"权利预期"看不见摸不着,可及性较差,并且物化的载体即个人账户也显得不是那么重要,使当前的缴费与未来的利益割裂开来。在这个制度下,国家承担着基金增值和支付风险的"无限责任",但这种承诺的兑现说到底所"抵押"的最后还是缴费者本人,即最终要转嫁到缴费人身上。于是,在个人财产权"缺位"的情况下,便自然而然会出现"道德风险"和"行政性的逆向选择"。

建立"个人财产权"是通过个人账户实现的,它是"产权明晰化"的关键,是个人财产权得以物化的重要和唯一载体,在社会保障制度中它发挥着不可替代的作用。没有个人账户,或个人账户没有起到应有的作用,个人财产权的建立就无从谈起。建立和完善社会保障制度,首要的是建立个人财产权,在信用体系缺失和经济转型失序的过程中,它既是激励机制的原始动力,又是社会保障制度的根本支柱。"名义账户"制可以起到这个作用。

十三、"名义账户"制可以为社保基金入市分担和规避一定的风险

任何一个国家社保基金进入资本市场的目的都是为了提高投资收益率,减少国家的财政负担。但是,如果假设资本市场风险为一个常数并假设其他条件不变,没有建立起个人财产权的社保基金进入市场以后就很可能事与愿违,为社保基金带来额外的"入市成本"。反过来讲,以某种形式建立起社保基金的个人财产权就可以改变投资策略,市场风险可以降至最低程度。所以,从某种程度上讲,建立个人财产权是社保基金进入资本市场的一个资格。

社保基金能否入市以及入市的模式与社保制度的属性具有密切的关系。按社保制度的性质来划分,社保基金入市有以下模式:第一,现收现付制基金投资模式。OECD中的加拿大、日本和韩国等几个国家与英国前殖民地的一

些国家采取了这个模式。其投资特点是,由于现收现付制没有建立个人财产权,集中进入市场投资的风险完全由国家来承担,所以,为控制投资风险就不得不控制进入资本市场资产比例,一般在基金资产总额的 5%—20% 左右,而绝大部分资产被用来购买政府债券和其他;从效果上看,投资收益率比较低,大多数国家呈负值,并且投资组合中不可避免地有相当一部分用于"社会投资",失误较多,损失较大。正是由于这个原因,美国自建立社会保障制度至今近 70 年远离资本市场,完全购买政府特殊债券。美国前年制定的半积累制改革方案中为摈弃这种没有个人财产权的"非理性"投资模式,规定建立规模较小的投资型个人账户,这一举措的重要目的就是为了将一部分缴费投资于股票市场以提高投资收益率[1]。第二,完全积累制基金投资模式。这类模式具有完全的投资型账户和完全的个人财产权,其投资特点是以个人账户为中心的个人分散决策型投资模式,收益率基本上是正值。以拉美国家为代表的这些国家在这方面取得了一些成功的经验。第三,混合制基金投资模式。这个模式包括半积累制和"名义账户"制等。美国的改革属于半积累模式,而瑞典的则属于典型的"名义账户"投资模式。对后者来说,基金入市后的投资战略兼有上述"积累制模式"的某些优势(投资型账户中的部分资本化),也可以规避一些"现收现付制模式"的弊病(统筹部分产生的"社会投资"),这就决定其收益率一般情况下应该好于"现收现付制模式",但还要看划入个人账户的比例及账户内余额是否采用资本化投资形式等其他一些因素。对中国来说,将"入市"的基金限定在"名义账户"制度之下、"名义产权明晰化"基础之上和个人账户的"名义资产"之中,是现阶段社保基金入市一个比较理想的状态。先建立个人财产权,而后入市,这既是社会保障制度的百年大计,又是社保基金的立命之本;既是资本市场的真正利好,又是长治久安的制度保证。

　　既然社保制度的性质决定了社保基金入市的模式及其投资战略特征,那么,目前中国中央社保基金的资金来源主要是中央财政拨款,再加上比例较小

---

　　① 关于美国社保基金入市的原因和改革方案,参见郑秉文:《围绕美国社会保障"私有化"的争论》,《国际经济评论》2003 年第 1 期;郑秉文:《美国社保改革:迈向股票市场的一跃》,《改革》2003 年第 2 期;郑秉文:《"W 的办法"——华尔街与福利》,《读书》2003 年第 3 期;郑秉文:《社保基金与资本市场》系列研究之二:《美国中央养老基金为何 70 年不入市》,《中国证券报》2003 年 6 月 19 日第 13 版。

的账户比例,所以,可以将之近似地看成是"现收现付制模式"。在这种条件下进入了股市,如果收益丰厚,参保者与国家将存在分享的机会;如果损失较大,中央政府将是风险的唯一直接承担者,较少存在风险分担的可能性,但最终的归宿还是要转嫁到国民经济和参保人身上,由此将导致发生收入再分配;如果在市场上出现既是监管者又是投资者的利益冲突、出现"社会投资"、出现其他问题,那么,政府的公信力将会将受到一定的影响,资本市场将受到一定的冲击。这是其他国家"现收现付制模式"入市的前车之鉴①。

参考文献:

江春泽、李南雄:《中国养老保险省级统筹以后的矛盾分析与对策研究》,载北京大学中国经济研究中心"讨论稿系列",No.C1999001,1999 年。

劳动和保障部社会保险研究所、博时基金管理有限公司:《中国企业年金制度与管理规范》,中国劳动社会保障出版社 2002 年版。

社保所课题组:《中国灵活就业群体的社会保险研究》,《社会保险研究》2002 年第 11 期。

宋斌文:《加入 WTO 初期中国失业保险面临的挑战及对策》,《社会保险研究》2002 年第 12 期。

王梦奎主编:《中国社会保障体制改革》,中国发展出版社 2001 年版。

晓波:《社会保障路在何方——关于改革和完善中国社会保障制度的对话》(对话人:郑功成、郑秉文、闫新生、王宗凡),《人民论坛》2001 年第 8 期。

赵勇:《缓解中国就业压力的政策的思考》,《社会保险研究》2003 年第1 期。

郑秉文:《欧盟国家社会养老的制度选择及其前景——兼论"名义账户"制对欧盟的适用性》,《欧洲研究》2003 年第 2 期。

郑秉文:《养老保险"名义账户"制的制度渊源与理论基础》,《经济研究》

---

① 关于这些国家入市后教训,参见郑秉文:《美国地方养老金失败教训发人深省》,《社保基金与资本市场》系列研究之三,《中国证券报》2003 年 6 月 20 日第 12 版;郑秉文:《社保基金入市对经济影响面面观》,《社保基金与资本市场》系列研究之四,《中国证券报》2003 年 6 月 26 日第 13 版;郑秉文:《国外社保基金入市苦果如何酿成》,《社保基金与资本市场》系列研究之五,《中国证券报》2003 年 7 月 3 日第 10 版。

2003 年第 4 期。

郑秉文:《欧亚六国社会保障"名义账户"制利弊分析及其对中国的启示》,《世界经济与政治》2003 年第 5 期。

郑秉文:《围绕美国社会保障"私有化"的争论》,《国际经济评论》2003 年第 1 期。

郑秉文:《美国社保改革:迈向股票市场的一跃》,《改革》2003 年第 2 期。

郑秉文:《"W 的办法"——华尔街与福利》,《读书》2003 年第 3 期。

郑秉文:《社保基金与资本市场》系列研究之一:《建立名义账户是入市的理性化前提》,《中国证券报》2003 年 6 月 12 日第 11 版。

郑秉文:《社保基金与资本市场》系列研究之二:《美国中央养老基金为何70 年不入市》,《中国证券报》2003 年 6 月 19 日第 13 版。

郑秉文:《社保基金与资本市场》系列研究之三:《美国地方养老金失败教训发人深省》,《中国证券报》2003 年 6 月 20 日第 12 版。

郑秉文:《社保基金与资本市场》系列研究之四:《社保基金入市对经济影响面面观》,《中国证券报》2003 年 6 月 26 日第 13 版。

郑秉文:《社保基金与资本市场》系列研究之五:《国外社保基金入市苦果如何酿成》,《中国证券报》2003 年 7 月 3 日第 10 版。

仲伟志:《辽宁社保试点一周年》,《经济观察报》2002 年 7 月 15 日。

Fox, L. and Palmer, E., "New Approaches to Multipillar Pension Systems: What in the World Is Going On?", Chpt 3, in *New Ideas About Old Age Security— Toward Sustainable Pension Systems in the 21st Century*, eds. by Holzmann, Robert, and Joseph Stiglitz, the World Bank, Washington D.C., 2001.

Williamson, John B., "The Pros and Cans of Notional Defined Contribution Schemes", Provided by Williamson in Boston College, USA., Sept. 6, 2002.

(本文原载于《管理世界》2003 年第 8 期,第 33—45 页)

中国社保"名义账户"改革新思路

——"混合型"统账结合

内容提要:作者根据"名义账户"(NDC)的基本原理和思想,针对非正规就业比重大、地区发展差异大、城乡二元结构十分明显、经济高速增长带来居民收入高速增长、城镇化率进程比较快等诸多中国特殊国情,设计了城乡一体的养老保险制度;在这个"混合型"的统账结合的制度里,机关公务员和事业单位人员统一纳入进来,全国实行一个养老保险制度;雇主和雇员缴费全部纳入个人账户之中,个人缴费实行完全精算中性,多缴多得和长缴多得完全实现,进而,制度的精算平衡得以实现。根据未来 60 年的精算(截至 2070 年),制度的财务可持续性是完全可以获得的。

一、中国名义账户制:将"简单型"统账结合改造为"混合型"统账结合

笔者研究和跟踪名义账户制已有七八年的时间了,翻译名义账户制(NDC)的著作也不少了。多年的研究使笔者越来越感到现行制度的融资方式和给付公式都已不可持续。

第一,中国目前统账结合已经走进一个死胡同。统账结合属于部分积累制的一种,最重要的一个标志是要做实个人账户,以令其真正能够起到应有的作用,这是社保制度融资方式的一个重要特征。但是,辽宁试点 8 年的结果告诉人们,这条路已经基本走不通了。一方面,当期统筹支付面临缺口,每年需要十几亿的财政补贴,另一方面账户资金到 2008 年底的积累已超过 500 亿元。是任由财政永远补贴下去,还是同意辽宁借支账户资金用于社会统筹缺

口的申请？目前决策层正在权衡之中。一旦同意"动用"账户资金，就意味着做实账户试点的彻底流产，进而意味着统账结合将流于形式。目前全国做实账户试点省份已有 11 个，账户积累已超过 800 亿元。这样没有期限地、没有时间表地"试点"下去，无异于慢性流产。由此回头看 2005 年个人账户由 11%缩小到 8%，是完全不得已而为之。

第二，退休金待遇水平下降趋势靠制度自身已无法遏制和补偿。2008 年中央政府宣布在连续 3 年上调退休金的基础上再连续上调 3 年，每年大约 10%，2008 年实际上调 12%左右，全国全年大约需要 590 亿元。今年是连续上调的第五年。这也是不得已而为之，因为退休金水平与社平工资和公务员退休金水平的距离与日俱增，单靠保险制度的计算公式已经无能为力。

当一个养老制度的融资方式和给付公式双双出现问题时，就说明这个制度已经存在着必须要进行改革的理由了，到了不得不改革的程度了。

据多年的研究心得，我认为名义账户制是目前可供选择的一个重要制度出路：通过它，可以走出做实账户的两难困境，可以免除连续多年人为调节待遇水平的"外力干预"，可以一揽子解决统筹层次太低、投资体制严重不合理、收益率低下、异地转续社保关系的便携性障碍、覆盖面难以迅速扩大到全体经济活动人口、做实账户需要巨大的转型成本、碎片化地方割据造成基金监管困难、资本市场不发达等等几乎所有可以想到和遇到的制度困难。

上述所有这些困难之所以难以一揽子解决，是因为目前社会统筹与个人账户"简单相加"的统账结合制度与二元经济社会结构发生严重冲突。利用名义账户思想，将当前"简单型"统账结合制，顺势改造为"混合型"统账结合制，就是笔者多年思考的结果。在这个制度下，上述一切枝节问题将迎刃而解。

所谓"混合型"统账结合的"混合"二字，意指：（1）将名义账户的基本原理应用于现行统账结合的制度框架之中，以保持现行统账结合政策的稳定性和连续性；（2）将个人和单位缴费统统划入个人账户"混合运用"，雇员和雇主的缴费全部归属账户持有人；（3）将参保人职业生涯中的 DC 型融资方式与退休后兑换成 DB 型的终生退休金"混合使用"，旨在克服二元结构制度的不适应性和保持退休金的替代率水平；（4）将个人账户中做实的部分与虚拟的部分混合起来，旨在实现部分积累制规定的做实账户的目的；（5）将做实的账户资产"集中混合"起来而无须量化到个人账户里,旨在达到银行储蓄式账户的效果和目的;(6)将做实部分的"真实收益率"与虚拟的"名义收益率"(即内部收益率)"混合计算",旨在建立一个 8% 的"固定利率",即本文使用的类似银行的"公布利率";(7)将个人账户该做实的部分继续做实并与没有做实的部分进行"混合投资"管理,旨在实现资产个人化的目标;(8)将全体参保人的"身份"混合起来以消除社会身份与城乡户籍带来的"参保歧视"和社会排斥,旨在实现社会保障的公平性和公正性;(9)将城乡制度混合起来统一设计,以打破二元结构的制度分割,旨在建立一个全国范围的统一制度和消灭碎片化现象;(10)将名义账户制的"内核"植入统账结合的外壳之中,旨在建立具有中国特色的名义账户制度。

上面即是结合中国目前统账结合之现状、在保持现行制度框架基础之上设计的具有中国特色的名义账户制,即"混合型"统账结合制的主要思想和内容。

瑞典、意大利、波兰、蒙古、拉脱维亚、捷克、吉尔吉斯斯坦等国家已先后实行了名义账户制,最早于 1995 年引入名义账户制的瑞典和拉脱维亚至今已有十多年的经验。但这些国家实行的几乎完全是"纯粹"的或"典型"的名义账户制,没有做实账户的融入(瑞典的做实账户即实账积累部分在制度上是相对独立分开的,而不是"混合型"的制度)。"混合型"统账结合将名义账户因素引入现行统账结合之中,将二者"有机混合"起来,具有中国自己的特色,根据中国实际作了重大变形与创新,已不是原来意义上的 NDC 了。

这里要说明的是,这项研究既是一个纯粹的学术研究,又是一个政策设计,在研究和设计过程中充分考虑到了可操作性,考虑到了与现行财政转移规模的衔接,考虑到了为将来财政加大投入的可操作空间留有充分余地,考虑到了实现十七大提出的 2020 年基本建立覆盖城乡社保体系的战略目标的实现问题,甚至考虑到了儒家储蓄文化传统的适用性问题。本设计假定从 2009 年向"混合型"统账结合开始过渡,过渡期为 2009—2020 年,测算期为 2009—2070 年。

名义账户是我多年来研究的一个学术重点,无论在理论上还是在国别案例上,均为我的一个重要学术领域。从某种程度上说,"混合型"统账结合的命题提出和完整设计,是我多年研究名义账户制的一个结果和交代,是我多年学习养老金经济学和 NDC 的一个成果与作业。这里抛出以示向同行学习①。

还需要说明的是,这也是笔者承担人力资源和社会保障部委托的《中国养老保障发展战略研究》课题的阶段性成果之一。

二、"混合型"统账结合的提出:具体思路与方案设计

(一)混合型统账结合的设计准则及其要求

本着统账结合制度框架不变、不推倒重来的基本原则,根据辽宁试点的困境和中央关于做实账户和提高统筹层次的基本要求,为贯彻落实十七大提出的解放思想和实现社保全覆盖的精神和"全覆盖、保基本、多层次、可持续"的重要理念,建议因势利导,尽快将当前"简单型"统账结合改造为"混合型"统账结合。

(二)混合型统账结合的大账户思路及其激励机制

所谓"混合型"统账结合,就是将当前统筹部分与账户部分的"简单相加"变成"混合叠加",即"你中有我,我中有你",即采取"大账户、全激励"的措施,以解决目前社会统筹部分与二元经济社会结构之间的严重冲突,旨在将目前的"待遇确定型"(DB)改造为"缴费确定型"(DC)。其核心思想是:将个人缴费和单位缴费统统划入个人账户,完全计入个人名下;建立起积累多少,受益多少,多缴多得的"全激励"制度机制;单位缴费相当于给予个人的一份高额储蓄利息,使制度具有强烈的吸引力,因为只要在银行有存款,未参保人就自然会对较低的银行利息与参保获得的 100% 的"利息"(如果个人与单位缴费是 1∶1)加以比较和评价,自然会在银行存款与参保之间进行理性抉择。

(三)对"做实账户"的全新理解及其融资方式

在"大账户"内形成两段:一段是"实账积累",以完成做实账户既定比例的要求;另一段是"记账积累"。在相当长时期内,中国内地的具体情况不具备像智利和中国香港地区那样由账户持有人对其账户资产进行自我决策的"分散投资"模式,而只能选择统一决策的"集中投资"模式。所谓做实账户,

---

① 这里需要感谢的是,齐传君博士提供了测算数据,但责任由我来承担,因为都是经过我认可的。

不是狭义地指每个人的账户里每天都能看到余额现金和真金白银,如同银行,储蓄账户的存款已被银行放贷出去予以营运,账户里只是一笔记录清晰的账目而已,只要银行留有一定比例的信贷准备金以防止挤兑风险,就足以说明账户是"做实"和"有钱"的。养老制度比银行存款还要简单,因为它没有任何挤兑风险,银行储户提款概率的分布是随机的,难以预测,但养老制度的支付只在达到法定退休年龄时才发生,制度支付是完全可以预测的,是有计划的。

正是基于对"集中投资"模式特征的分析,社保账户资产每时每刻都量化到每个账户里不但没有任何实际意义,而且是多此一举,画蛇添足。鉴于此,所谓做实账户,就是当养老制度全部账户资产历年滚存量化到所有参保人账户时,只要在任何一个时点上能够满足和达到其做实账户比例所要求的资金"最低要求",即可视为账户已经做实,因为这时制度具备了抵御老龄化所需要的真实资产。这就是广义上的、"集中投资"决策型账户制度下做实账户的含意。

对"做实"的这部分账户资产实行全国统一投资管理和集中投资策略,实行全国范围的大收大支,由中央政府负责全部账户资产的投资管理。对"记账"的那部分,实行现收现付的融资方式,在80%的扩大制度覆盖面空间中,当期收入足以支付当期支付,滚存余额远远大于账户做实所要求的最低比例。

建立养老保险的大账户可使它从根本上克服提高统筹的任何障碍,克服道德风险和逆向选择的风险,统筹层次的提高完全不必两步走,而可一步到位,如同银行存款,根本不存在统筹调剂的水平与层次问题。这为中央政府统一管理账户资金的收入与支出创造了条件,加强了国家运营资金和运用资金的能力,提高了国家养老保险制度的信誉和公信力。同时,也为参保人异地打工转续关系扫清了一切障碍,如同银行存款账户的唯一性和可终身跟踪记录缴费,参保人可随时随地拨打电话和上网查阅账户余额,完全透明,简单易懂,不管在哪里工作,无论在哪里退休,均与户口和居住地无关,没有任何身份歧视,国民待遇平等一致,可以实现养老保险完全的便携性,可以实现全国一卡通并兼具查询和金融功能。除了支付有预期以外,与银行相比,基本保险制度的另一个优势是其最后担保人是国家,因为强制性养老保险的举办人是国家。

(四)"混合型"统账结合的三个方案及其可持续性预测

目前养老保险28%的缴费总体水平太高,门槛太高,不利于扩大覆盖面和提高企业竞争力。本文设计的"混合型"统账结合改革方案有三个,为保持政策连续性,个人缴费水平维持8%不变,但单位缴费将全面下调;提供三个方案设计的目的在于为决策部门留出较大回旋和参考余地。其中,方案一的单位缴费从现在的20%逐渐降到8%(即8+8方案),总体缴费率为16%,做实账户比例为5%;方案二降到12%(8+12方案),总体费率为20%,做实账户比例是8%;方案三是16%(即8+16方案),总体费率是24%,做实账户比例也是8%。

假定改革启动时间为2009年,改革过渡期为2009—2020年。在过渡期内,三个方案中企业缴费划入账户的余下部分仍进入社会统筹,即统筹部分仍然保留,但逐年下降,到2020年彻底取消。三个方案的单位缴费水平逐年降低,其中,"8+8方案"每年降低1个百分点,到2020年下降到8%,全部划入个人账户;"8+12方案"大约每年降低0.6个百分点,到2020年降到12%;"8+16方案"每年大约下降0.4个百分点,到2020降到目标16%。在2020年过渡期结束时,三个方案届时统筹部分为零,双方所有缴费全部为账户资金(见表1)。

表1　2009—2020年过渡期内三个方案"单位缴费"和统筹部分逐年下调趋势

(%)

三个方案 (账户规模)	年份 个人缴费	2009	2010	2011	2012	2013	2014	2015	2016	2017	2018	2019	2020+
		下述三个方案个人缴费均为8%											
8+8方案一 (账户16%做实5%)	原有统筹	11	10	9	8	7	6	5	4	3	2	1	0
	企业缴费	19	18	17	16	15	14	13	12	11	10	9	8
8+12方案二 (账户20%做实8%)	原有统筹	7.3	6.6	6.0	5.3	4.6	4.0	3.3	2.7	2.0	1.3	0.6	0
	企业缴费	19.3	18.6	18	17.3	16.6	17	15.3	14.7	14.0	13.3	12.6	12
8+16方案三 (账户24%做实8%)	原有统筹	3.7	3.4	3.0	2.7	2.4	2.0	1.7	1.4	1.0	0.7	0.4	0
	企业缴费	19.7	19.4	19	18.7	18.4	18	17.7	17.4	17	16.7	16.4	16

资料来源:笔者制作。

从2009年开始一步到位做实个人账户既定比例。经测算,到2020年时三个方案的情景分别是:方案一当年收入2.7万亿,支出2.0万亿,余额0.7万亿,届时历年资金滚存结余为8.8万亿元,占当年GDP的13.1%,做实5%账户之后还有结余资金1.1万亿元;方案二当年收入3.2万亿,支出2万亿,滚存余额将达 11.2 万亿元,占当年 GDP 的 16.7%,当年做实账户 8% 之后略有缺口,大致是 1 万亿元左右,但随后几年的缴费将可弥补;方案三当年收入是 3.8 万亿,支出是 2 万亿,当年余额是 1.8 万亿,历年滚存余额将高达 13.8 万亿元,占当年 GDP 的 20.6%,量化到每个账户的 8% 做实比例之后还有结余 1.5 万亿元(见表 2)。

表 2　2009—2020 年三个改革方案财务可持续情况比较

(单位:万亿元)

三个改革方案	节点年份	当年收支状况			滚存结余		做实后滚存结余
		当年收入	当年支出	当年结余	滚存结余	占GDP百分比(%)	
		1 列	2 列	3 列	4 列	5 列	6 列
方案一(8+8 方案):做实账户目标 5%	2009	0.9074	0.6446	0.2628	0.9995	3.47	0.8604
	2013	1.5723	1.1101	0.4622	2.9692	7.58	1.4165
	2017	2.2076	1.7403	0.4673	5.7781	10.84	1.4811
	2020	2.6654	2.0075	0.6580	8.7907	13.09	1.1149
方案二(8+12 方案):做实账户目标 8%	2009	0.9139	0.6446	0.2672	1.0060	3.49	0.7577
	2013	1.6462	1.1146	0.5127	3.1526	8.04	0.6361
	2017	2.4718	1.7583	0.6805	6.7255	12.61	-0.1901
	2020	3.2210	2.0281	1.1467	11.254	16.75	-1.0746
方案三(8+16 方案):做实账户目标 8%	2009	0.9237	0.6446	0.2791	1.0158	3.53	0.7675
	2013	1.7330	1.1190	0.6140	3.3680	8.59	0.8515
	2017	2.7359	1.7763	0.9596	7.7441	14.52	0.8285
	2020	3.7766	2.0487	1.7278	13.849	20.62	1.5203

注:表中各列说明如下:1 列"当年收入"包含"个人缴费 8%+单位缴费 8%+统筹部分+灵活就业和农民个人缴费 8%"(以方案一为例,下同),包括账户资产 5.8% 的真实投资收益率;2 和 3 列为当年制度实际支出及其收支差额情况;4 和 5 列为历年滚存结余,包括 5.8% 的真实投资收益率;6 列"做实后滚存结余"指历年结余在完成做实账户目标比例以后的余额状况。

资料来源:作者制作。

"混合型"统账结合的测算分短期(2009—2013 年即转型的第一个五年)、中期(2009—2020 年即转型期结束,实现全覆盖)和长期(2009—2070 年)。长期可持续性的测算结果显示,三个方案既定账户比例不但均可做实,而且滚存余额呈持续增长态势:在方案一中,到 2030 年滚存结余是 33 万亿,2040 年 86 万亿,2050 年 164 万亿元,2060 年 267 万亿,到 2070 年时高达 413 万亿元。方案二的情况更好一些,2030 年滚存结余是 47 万亿,2040 年是 119 万亿,2050 年是 222 万亿,2060 年 359 万亿,2070 年是 549 万亿元。由于方案三的缴费高,所以滚存结余更为可观:2030 年是 60 万亿,2040 年是 152 万亿,2050 年 282 万亿,2060 年 451 万亿,2070 年高达 687 万亿元。

三、"混合型"统账结合的特色:缴费设计与待遇水平

(一)参保群体的界定依据及其实际意义

"混合型"统账结合的一个重要设计特征是,有雇主的职工其雇主要依法缴费,但对没有雇主的灵活就业人员和农民来说,采取制度记账的方式予以配比缴费,所以,甄别和鉴定参保群体是否拥有雇主意义重大,它直接涉及制度财务状况。

根据"混合型"统账结合的设计需要,结合《劳动合同法》对用工制度的相关规定,全部参保人员可分为四大类 12 个群体;分类的原则有二:一是按有无雇主划分,即第一类职工类和第二类公职人员类共计 8 个群体,他们均为有雇主参保人员,第三类城镇灵活就业人员与第四类农民等 4 个群体被视为无雇主参保人员。二是按单位缴费资金来源的性质划分,即有无雇主的第一和第二类人员由雇主支付单位缴费,其余无雇主的人员由制度予以"记账"解决(见表 3)。

表 3　混合型统账结合制度覆盖四类人员和 12 个群体的特征及其单位缴费来源

四大类	12 个群体	12 个群体名称	群体特征、个人缴费费率及其单位缴费来源
第一类:职工	1	国有企业职工	私人部门的职工类的特征是有雇主,除个人按法定费率缴纳以外,不管雇主的性质如何,单位缴费均由用人单位依法缴纳。特别指出的是,各类企业使用的农民工按职工类对待,用人单位要依法足额缴纳。
	2	民营企业职工	
	3	集体企业职工	
	4	三资企业职工	
	5	农民工(含各类企业)	

续表

四大类	12个群体	12个群体名称		群体特征、个人缴费费率及其单位缴费来源
第二类：公职人员	6	国家公务员		公职人员的特征是其雇主被视为国家,按双方缴费原则参保,除个人缴费以外,雇主需依法足额缴费,其中,事业单位的资金来源仍按全额拨款、差额拨款和无拨款的原有经费来源渠道和结构执行(或另行规定)。
	7	各类教师		
	8	事业单位人员	有财政补贴或差额补贴	
			无财政补贴	
第三类：城镇灵活就业人员	9	各类私营个体工商户及其从业人员		这类3个群体特征被视为无雇主,"单位缴费"部分采取"记账"方式解决。个人依法缴费,考虑到缴费能力,费基均按上年社平工资的50%计算。
	10	城镇自由职业者		
	11	城镇无职业居民		
第四类：农民	12	农民		农民为典型的无雇主参保人员,"单位缴费"部分采取"记账"方式解决;个人缴费基数为当地上一年农村人均纯收入。

资料来源:笔者制作。

(二)缴费设计及其资金来源

第一类"职工"包括国有、民营、集体和三资企业等从业人员和各类型企业使用的农民工等5个群体。他们的个人缴费按"法定费率"缴纳,费基按个人实际工资水平计算;"单位缴费"由雇主和单位按雇员实际缴费费基和法定比例依法配比缴纳。为保证社会公平和防止道德风险(由于利率较高,个别单位缴费配比可能很高甚至翻番),对效益很好的资源垄断型大中型国企或三资企业允许"超额缴费",但设定一个缴费上限,标准为上年当地社平工资的300%。对"超额缴费"部分,取消单位缴费的配比部分。高于法定费率的缴费方案需经过地方社会保障主管部门批准备案。农民工这个群体比较特殊,一般来说,有雇主的农民工由其雇主依法缴纳单位缴费;由于农民工的身份经常处于亦工亦农之间,难以严格界定,在建立社保关系时,应先由本人申请,当地社保部门审核确定。农民工的单位缴费在其有雇主的时候由用人单位支付,在其回家务农时按农民的缴费办法实施。

第二类是公职人员,包括公务员、教师和财政拨款事业单位从业人员3个群体。由于其雇主被视为是"国家",其"单位缴费"的配比应由用人单位依法缴纳,其资金来源渠道与经费结构继续按现行拨款办法执行,即全额拨款单位继续由国家财政全额补贴,单位缴费部分以实际缴费工资为基数予以全额,差额拨款单位仍按现行拨款比例对单位缴费部分进行现有比例拨款。公职人员的养老保险制度改革转型比较复杂:对2009年改革以前的退休人员,即"老人"采取"老办法"不变;对2009年以前已经参保但未到法定退休年龄的"中人"采取"分段计算的办法";对新制度参加工作的"新人"采取"新办法"。

第三类人员是无雇主的城镇灵活就业人员,包括私营个体工商从业人员、城镇自由职业者和城镇无职业居民3个群体。这类参保人员情况十分复杂,是社保体系扩大覆盖面的重点和难点。考虑到城镇灵活就业人员较低的收入水平和缴费能力,费基取值为当地上年社平工资的50%(大体相当于城镇灵活就业人员平均收入),个人缴费一般按法定费率执行,也可按低于和高于法定费率的标准缴费(考虑到收入差距较大),最低的缴费下限为法定费基的50%,最高为300%,参保人根据个人情况自选档次。对超过法定费率的自愿性"超额缴费"部分,将不给予单位配比缴费,仅获利息;"单位缴费"部分按个人实际缴费的比例由制度"记账"予以解决。

第四类人员是无雇主的农民。农民是12个群体中缴费能力最低的群体,也是社会养老制度扩大覆盖面最困难的一个群体,且地区间差距非常大。基于农村地区和农民的现状,"混合型"统账结合对农民的缴费给予两个特别设计:一是费基为上年当地平均纯收入,这与上述城镇灵活就业人员不同;二是不设下限,即自选的范围在法定费基的0—300%之间。对超过法定费率的自愿性"超额缴费"不给予单位配比缴费,仅获利息;农民的"单位缴费"部分按个人实际缴费的比例由制度"记账"予以解决。

这里强调的是,"混合型"统账结合制度中,上述第三和第四类无雇主参保人员的"用人单位"均被"虚拟"为制度本身,其"单位缴费"由"制度"予以"记账"解决,采取"虚账实记"的方式给予解决,而无须给予转移支付。退休后,其待遇由养老保险制度予以"支付"。对第三类灵活就业人员和第四类农民的"单位缴费"采取"记账"方式解决,这是"混合型"统账结合制度的特色和关键:对国家来说可以免除财政负担和转型成本,对制度本身来说可以最大限度地缩小制度负债,对参保人来说起到了至少是翻倍的激励作用。经过测算,虽然无须转移支付的支持,但也是具有财务可持续性的。

(三)待遇过渡方案与终身年金制度

第一,过渡期的待遇衔接方案与终身年金的计算公式。目前旧制度下已经退休的"老人"待遇水平和计发方式不变,上述对财务可持续性测算中已考虑到这个因素。2009—2020 年加入制度的"新人"按新制度计发待遇。建立新制度之前参保的"中人"在退休时采取"倒推建账"的办法"补齐"缴费记录(具体办法可另行研究),但在 2009 年新制度启动时不追溯历史纪录。退休待遇的给付完全"模拟"积累制的计算公式:退休待遇总额 = 个人实际缴费+单位配比缴费(或记账缴费)+公布利率。其发放形式既可采取一次性领取的方式(少部分人),也可按月发放,采取终身年金的方式。待遇计算和发放机构应为新建立的"全国基本养老基金投资管理总局",计发公式是根据账户资产积累总额换算的终身年金,一直发放到参保人死亡;终身年金每年按工资增长率的 60%上调;账户持有人在未达到法定退休年龄时死亡的,其个人缴费的部分(包括 5.8%的利息收入)可继承;退休后死亡则不再具有继承性。

第二,终身年金的替代率。前述三个改革方案的个人退休收入替代率分别是 41%(方案一),52%(方案二)和 62%(方案三)。这里要强调的是,它是个人退休收入的替代率,不是社平工资替代率,并且是退休之后根据个人账户资产累计总额换算的"终身年金"的替代率。由于单位缴费大幅降低,建立和发展企业年金的客观条件得以改善,加上企业年金 23%的替代率(假定缴费期按 40 年、收益率按 5.8%、双方缴费率各按 4%测算),三个改革方案的替代率均高于目前养老制度的实际替代率。

第三,终身年金的财务承受力。根据设计,参保人如在法定退休年龄之前死亡,其遗属可对个人缴费部分依法继承。这种"部分继承性"的设定,其目的是为了建立终身年金制度;建立终身年金的目的是为加强养老保险的社会统筹因素。终身年金与现行统账结合制度下的统筹部分给付条件很相似,其本质等于由国家即"全国基本养老基金投资管理总局"替代商业保险公司提供了一个"年金产品",在利用大数法则这个意义上讲,"全国基本养老基金投资管理总局"功能相当于一个商业保险公司。如果与实行现收现付制的一个经济体相比较,"全国基本养老基金投资管理总局"的运行机制与之相差无几,相同之处在于它们都是利用大数法则实现现收现付的融资方式,最终担保人都是国家,不同之处在于,前者的待遇计算是 DB 型的,而后者是 DC 型的。

本质上,这个封闭式运行的提供终身年金的公司是对一个实行现收现付的经济体的模拟。

通过测算发现,"部分继承性"对养老基金的滚存余额的影响不是很大(见表4),"继承额占滚存结余的比率"一栏中数值很小,在三个方案中,均在0.2%上下波动,振幅不是非常大,终身年金的发放在财务上是持续的,制度完全可以承受。

表4　混合型统账结合制度中个人缴费部分的继承对基金滚存余额的影响

节点年份	死亡人数（万人）	遗属继承额（亿元）	没有继承下的滚存结余（万亿元）	给予继承下的滚存结余（万亿元）	遗属继承额占滚存结余的比率（%）
方案一（8+8方案）					
2009	50.9927	0	1.0349	1.0349	0
2013	111.3763	87.4314	3.6764	3.6532	0.2378
2020	119.1634	240.4365	12.7597	12.5835	0.1884
2030	163.1190	1361.4538	50.2754	48.9146	0.2708
2050	166.2235	7035.9238	280.9642	264.2942	0.2504
2070	147.6722	17222.3465	945.1541	854.4841	0.1822
方案二（8+12方案）					
2009	50.9927	0	1.0591	1.0591	0
2013	111.3763	87.4314	4.2018	4.1787	0.2081
2020	119.1634	240.4365	17.1196	16.9435	0.1404
2030	163.1190	1361.4538	71.5040	70.1432	0.1904
2050	166.2235	7035.9238	389.9343	373.2643	0.1804
2070	147.6722	17222.3465	1301.9817	1211.3116	0.1323
方案三（8+16方案）					
2009	50.9927	0	1.0865	1.0865	0
2013	111.3763	87.4314	4.7592	4.7361	0.1837
2020	119.1634	240.4365	21.6109	21.4347	0.1113
2030	163.1190	1361.4538	92.9634	91.6025	0.1465
2050	166.2235	7035.9238	499.6171	482.9471	0.1408
2070	147.6722	17222.3465	1661.0102	1570.3401	0.1037

注:"遗属继承额占滚存结余的比率"是"遗属继承"除以"没有继承下的滚存结余"的结果。
资料来源:笔者制作。

四、"混合型"统账结合的五个必要条件: 不可分割的一揽子设计

课题组设计的"混合型"统账结合制度是一揽子设计,下述若干必要条件和设计特征是其不可分割的一个重要组成部分。

（一）建立非缴费型的"社会养老金"制度

第一,2009 年引入"社会养老金"的意义。"社会养老金"资金完全来自财政转移支付,属于非缴费型的养老保险制度,其收益资格条件是普惠型、非家计调查式,是一种定额式补贴。从养老保障的"大福利"概念来看,这是转型过程中一个必须支付的成本,因为它必然涉及已达到或超过法定退休年龄人口的老有所养问题,应该将"缴费型养老保险"与"非缴费型养老保障"放在一个篮子里通盘考虑,相互衔接,一揽子设计,共同构成中国老年人口的养老保护伞和安全网。

社会养老金的实施分两个阶段进行。第一个阶段是 2009—2020 年,覆盖对象是全国所有制度外没有任何退休收入来源的 65 岁以上城镇和农民老年居民,包括此间初次参保并退休的 65 岁以上老年人。2009 年制度启动时社会养老金领取人口大约 1.05 亿人（城镇约 3078 万,农村 7448 万）;到 2020 年时大约增加到 1.57 亿（城镇 5500 万,农村 1.02 亿人）。第二个阶段是 2021—2070 年,覆盖对象将扩大到所有城镇 65 岁以上参保的灵活就业人员和未参保人员（无论参保与否）。由此,2021 年领取社会养老金人口将激增到 1.68 亿人,其中,农村 1.04 亿人,城镇 6349 万人。

社会养老金的待遇标准城镇每人每月 200 元,农村 50 元（2009 年价格）;按社平工资增长率的 100% 指数化挂钩,每年上调,一直发放到受益人死亡。

第二,社会养老金的资金来源与支付原则。社会养老金的财政补贴原则有两个。一是总体支出水平不超过目前财政对养老制度的补贴水平,即控制在 GDP 的 1% 以下。2007 年中央和地方两级财政对养老制度的补贴是 1000 元,仅占 GDP 的 0.47%。现行养老制度如不改革,到 2020 年估计有可能逼近 0.7%—0.9%。现行制度下的补贴主要是用于对部分西部贫困地区当期缺口

的补贴和对做实账户试点省份的补贴,所以,在"混合型"统账结合转型之后这个补贴应取消,代之以建立社会养老金,这等于建立社会养老金只相当于现行制度财政补贴的一个转换。

二是建立社会养老金制度的财政补贴由央地两级财政负担,各占50%,补贴的办法是中央对地方财政补贴进行一比一的配套拨付。这样,在2009年的1186亿元中(见表5),中央财政补贴的数额就明显少于2007年,仅为593亿元,仅占GDP的0.2%左右。对地方财政支出来说虽然略有增加,但分散到每个省市之后也就是几十亿而已,总体来看"转换"之后不但没有增加财政支出的负担,反而有较大幅度的减少。

表5　2009—2020年社会养老金支出预测

年份	城镇(元/月/人)					农村(元/月/人)					合计	
	受益人(万人)	给付额	支出(亿元)	占GDP(%)	替代率(%)	受益人(万人)	给付额	支出(亿元)	占GDP(%)	替代率(%)	总支出(亿元)	占GDP(%)
2009	3078	200	739	0.26	9.1	7448	50	447	0.16	14.3	1186	0.41
2010	3279	224	881	0.28	9.1	7587	56	510	0.16	14.9	1391	0.45
2011	3462	251	1042	0.31	9.1	7732	63	582	0.17	15.4	1624	0.48
2012	3706	280	1244	0.34	9.1	7913	70	664	0.18	15.9	1908	0.53
2013	3927	311	1463	0.37	9.1	8082	78	753	0.19	16.4	2216	0.57
2014	4163	343	1714	0.40	9.1	8336	86	858	0.20	16.7	2572	0.61
2015	4380	377	1983	0.43	9.1	8596	94	973	0.21	17.1	2957	0.65
2016	4581	413	2272	0.46	9.1	8825	103	1094	0.22	17.3	3366	0.68
2017	4811	450	2601	0.49	9.1	9180	113	1241	0.23	17.5	3841	0.72
2018	5029	489	2949	0.51	9.1	9495	122	1392	0.24	17.5	4341	0.75
2019	5265	528	3335	0.54	9.1	9831	132	1557	0.25	17.5	4891	0.79
2020	5493	567	3740	0.56	9.1	10175	142	1732	0.25	17.5	5472	0.81
2021	6349	607	4626	0.64	9.1	10421	152	1898	0.26	17.3	6524	0.90

资料来源:笔者制作。

第三,2009—2070年社会养老金的财务可负担性。在2009—2013年社会养老金制度启动的第一个五年里,财政补贴年均只占GDP的0.49%,央地两级财政分别还不到0.25%;在2009—2020年过渡期平均只有GDP的

0.62%,央地各占仅为 0.31%。这些测算结果说明,建立社会养老金制度之后,中央财政转移规模可明显下降,资金使用效率明显提高:一是保险制度与保障制度之间界限清晰,养老保障的财政支出得以规范化和制度化,全部用于非缴费型的社会养老金,而缴费型养老保险则完全由缴费形成;二是养老保险制度外老年人几乎全部覆盖,社保体系全覆盖的初级目标得以实现;三是现行体制下,一方面保险制度连年结余高达 1000 多亿元,另一方面许多地区存在当期缺口,亟须补贴,资金运用效率低下;四是现行制度下对试点省份做实账户给予财政补贴的两难困境一举解决,全部补贴用于当期发放社会养老金有利于拉动内需;五是覆盖人口逐年上升,从 2009 年的 1.05 亿人口扩大到 2013年的 1.2 亿。

在 2040 年之后,由于受益人口规模逐渐缩小,社会养老金支出占 GDP 比例缓慢下降,大约从 0.8%逐渐降到 2070 年的 0.6%。

从财政支出来看,引入社会养老金可增加部分家庭人均收入,因此就相当于减少了用于低保的财政支出,是对低保财政支出的一个置换,不可能为财政带来较为沉重的双重支付压力。

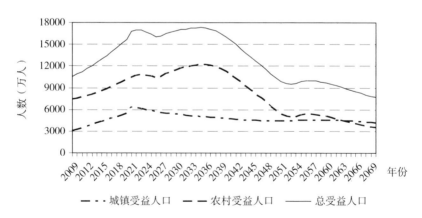

图 1 2009—2070 年社会养老金受益人口的规模

资料来源:笔者制作。

(二)利率的确定原则及其制度含意

第一,第一阶段过渡期实施"公布利率"的实质及其与意义。根据设计,"混合型"统账结合确定利率的原则在两个阶段采取不同的原则。第一阶段过渡期是 2009—2020 年,利率的确定原则采取"公布利率",取值设定在带有鼓励性质的8%。因为2020年之前参保人数年均增长率大约为8%,平均缴费工资增长率至少也为8%,这就是2020年之前"公布利率""盯住"8%的原因,旨在尽量平衡基金的收支,使其在2009—2070年的精算平衡中具有较好的财务可持续性。但8%只是中期内对"公布利率"给定的一个参照系,在具体操作中,可根据每年滚存余额真实投资收益率情况进行调整,以丰补歉,长期内只要总体上不超过8%,三个方案的财务精算平衡便可实现。利率每年由国家统一定期公布,全国一个标准,每月按时记入账内,透明公开,即时可查。

第二,账户资产余额真实投资收益率与记账利率的关系。由于每年收入大于支出,滚存余额一直呈静增长态势,投资问题十分重要。滚存余额的真实投资回报率按每年5.8%模拟测算,全部收益累加到滚存余额之中,与制度收入"混合"计算相加并"混合"使用(这也是"混合型"统账结合的含意之一),无须单独量化并计入个人账户之中,以熨平账户利率波动。滚存余额的真实投资收益率是账户资产的实际收益率,与年度公布的为参保人计入到个人账户的"公布利率"没有关系,因此,从这个意义上说,8%这个"公布利率"实际就是"记账利率"。

第三,第二阶段"稳态期"即2021—2070年采取"真实利率"。稳态期采取的"真实利率"就是资产投资的"真实回报率",本文中所有的测算均将5.8%作为"真实回报率"的基准参照,这个系数已经非常保守,不影响对制度可持续性的精算结果。

(三)养老基金的行政管理体制

只有采取从基金征缴到待遇发放的"五统一"模式,才能实现由国家按月发放待遇的终身年金制度设计,这也是"混合型"统账结合的一个制度特点。其具体思路有两点:第一,上策为在人力资源和社会保障部的框架内建立新机构(例如"全国基本养老基金投资管理总局"),下策为利用目前的全国社保基金理事会。第二,为避免目前中投公司的尴尬境地,可将账户资产视为营运机构的"自有资金"对待,作为一个事业单位,比照金融部门的"三会",按照投资收益情况提取一定比例行政管理费用,以吸引一定的投资管理专门人才。该机构的法律地位应相对独立,下设分支机构(例如目前的社保地方经办机构),其职权职能的设计大致应采取"五统一"的"一条龙"服务模式:一是统一征缴归集,由该机构负责归集资金,建立全国范围的缴费征集体制;二是统一账户管理,建立全国统一账户管理 IT 平台,记录实际缴费和配比记账,计入利率等;三是统一投资运营,负责全国账户资产滚存积累余额的投资运营和资产配置,甚至可以规定一定比例的海外投资,固定收益部分实行自我管理,对权益收益部分实行外包方式;四是统一年报制度,每年统一制作并公布年报,公布全国统一利率;五是统一待遇发放管理,负责退休职工养老金的年金化制度安排,并利用各地分支机构发放养老金,否则,如果采取部门或地方割据、各自为政的碎片式的待遇支出管理方式,将很难根据大数法则的优势采取年金化的计算公式。

(四)社保部门征缴保费的必要性

在"混合型"统账结合下,缴费完全划入个人账户,全国统筹实现了完全便携性,扩大覆盖面的动力主要是来自参保人的内在动力,而非外部强制力,税务部门负责征缴显然没有优势。

第一,社保部门征缴将有利于终身年金的设计和实施。终身年金是"混合型"统账结合的一个重要制度安排,是作为第一支柱的养老金制度的一个重要功能,是构建和谐社会不可或缺的一个制度保障。征收、营运和待遇支付的职能分开将影响对初始数据采集的及时性,影响制度财务精算的准确性,不利于长期内社保财务制度的运行。

第二,社保部门征缴将有利于维系和加强对参保人的劳动关系的追踪和识别。在 2020 年实现全覆盖之前,城镇灵活就业人员和农民工等流动人口是扩面的重中之重,目前,城镇许多企业甚至事业单位里,外来人员占比已经很高,他们在同一个单位甚至办公室,身份难以严格界定。税务部门的优势在于对正规部门采取大兵团的征缴,而在劳动和社保合而为一的体制下,社保系统的优势在于对散兵游勇式的流动人口可以采取个性化的身份识别,在劳动关系日益复杂化和就业方式日益多样化的形势下,可提高身份鉴别的准确性,尤其是可提高农民和城镇灵活就业人员"记账缴费"的准确性。

第三,社保部门征缴将有利于养老金发放的准确性。养老保险是服务型政府的一个窗口,对缴费、记录、核算、支付、查询服务等所有服务应像银行那样,全国一个标准规范,一个标识窗口,一个技术平台,否则,对 2 亿农民工来说,将有可能增加缴费记录与实际征缴之间的误差几率,为计算终身年金带来隐患。日本 2006 年出现养老金丑闻是一个深刻教训:500 万条养老金缴费记录信息缺失,2000 万笔款项无法查明缴纳者,几十万笔缴费记录失踪,这将导致许多国民无法及时足额领取养老金。

第四,社保部门征缴将有利于信息安全性。在信息化社会,信息安全是社会安全的一个重要方面,征缴与发放分开将有可能增加信息传递过程中的安全风险,甚至带来人为隐患。2008 年 10 月英国税务署向审计署通过快递公司邮寄社保资料光盘丢失就是一个重要教训,光盘记录着 2500 多万人的个人机密信息。该事件导致全国范围内的公众恐慌,税务署署长为此引咎辞职。

第五,社保部门征缴将有利于降低信息系统的投入成本。信息系统的建设涉及千家万户的终身切身利益。社保 IT 系统目前远未形成全国一个平台,如果将征缴与后续工作分开,将额外增加信息系统的投入。

(五)逐渐提高退休年龄

逐渐提高退休年龄是"混合型"统账结合的一个必要条件,在前述可持续性精算中是已被考虑进去的一个重要因子。渐提高退休年龄应采取"三步走"的改革策略:第一步是"规范阶段",在 2010—2012 年逐步规范职工的退休行为,防止道德风险,严格禁止提前退休并领取养老金的现象发生。第二步是"提高阶段",在 2013—2020 年逐步提高退休年龄,女职工年均提高 1 岁,女干部和男职工年均提高 0.5 岁,到 2020 年女职工统一 60 岁和男职工 65 岁为法定退休年龄,即平均为 62.5 岁。第三步是"弹性阶段",从 2021 年开始,逐渐建立起"弹性退休制度",其政策含意是法定退休年龄只是一个最低退休年龄,国家采取相应的鼓励措施,具体退休年龄由个人自愿自主作出选择,争取到 2030 年使参保人员的平均退休年龄达到 65 岁。

在"混合型"统账结合的设计中,退休待遇水平最终将取决于缴费年限。这样,在参保人那里,选择较早退休意味着选择未来较低的替代率,选择较高的替代率等于必须要选择延迟退出劳动力市场,即在闲暇与收入之间存在着一个替换关系。在过渡期内提高法定退休年龄,在 2020 年之后建立弹性退休制度,将意味着为那些愿意获得较多退休金而继续留在劳动力市场的人提供了一个合法的选择权,这个权利将有利于提高该制度的退休收入水平。

五、"混合型"统账结合的一个难题：
机关事业单位的改革设计

(一)机关事业单位改革与不改革的权衡与难点

公职人员的社保改革历来都是一个难题。机关事业单位是一国的政策制定者和执行者,公职人员进入社会养老保险的改革范围,无异于改革改到了自己的头上,这既是社保改革进程的一个必然阶段,也是社保改革的一个"坎"。

理论上讲,公职人员的"雇主"是国家,在目前世界一百多个建立基本养老保险制度的国家里,几乎所有的政府都为参保公职人员依法配比缴费,这是一个国际惯例,是一国的政府责任。为此,在本文设计和测算中,公职人员的"单位缴费"均按国际惯例来自其"雇主",实际就等于暗含在财政拨款之中(经费自筹事业单位除外)。这里之所以将公职人员作为一个特殊群体独立出来专门讨论和设计,既是因为公职人员的改革具有特殊性,它涉及社会稳定,应该慎之又慎,还因为,机关事业单位纳入改革之后,财政一方面要负担当前的退休"老人",另一方面还要支付"新人"的单位缴费,对这种"双重支付"在财政上是否能够承受得起,这是非常重要的。对其短、中和长期的收益成本需要分析,对改革和不改革两种结果需要权衡。

(二)机关事业单位在改革和不改革情况下退休费的比较

2006 年全国机关事业单位在职人员总计 3800 多万人,占总人口的2.9%;离退休人员为 1114 万人。

表6　2001—2006 年机关事业职工基本情况、离退休费支出和财政拨付情况

年份	年中在岗职工人数(万人)		年中在岗职工人数占总人口比率(%)		离退休人数(万人)		离退休费支出(亿元)		财政拨付总额(亿元)	财政拨付资金的分配情况		
	事业	机关	事业	机关	事业	机关	事业	机关		事业	机关	占比
1 列	2 列	3 列	4 列	5 列	6 列	7 列	8 列	9 列	10 列	11 列	12 列	13 列
2001	2665.6	1056.5	2.0886	0.8278	654.4	263.1	721.2	313.8	624.72	310.92	313.8	43.11%
2002	2630.6	1034.5	2.0479	0.8054	661.1	273.6	818.4	369.2	788.83	419.63	369.2	51.27%
2003	2632.4	1045.2	2.0370	0.8088	720.1	290.2	972.1	431.9	894.97	463.07	431.9	47.64%

续表

年份	年中在岗职工人数（万人）		年中在岗职工人数占总人口比率（%）		离退休人数（万人）		离退休费支出（亿元）		财政拨付总额（亿元）	财政拨付资金的分配情况		
	事业	机关	事业	机关	事业	机关	事业	机关		事业	机关	占比
2004	2646.4	1060.5	2.0359	0.8158	740.0	298.0	1088.6	486.2	1028.11	541.91	486.2	49.78%
2005	2692.2	1065.4	2.0589	0.8148	801.9	311.9	1266.3	561.4	1164.83	603.43	561.4	47.65%
2006	2726.3	1079.5	2.0741	0.8212	—	—	—	—	1330.20	—	—	—

资料来源：表中 11—13 列数据系笔者测算得出，其余引自官方统计。

我们据此可大致推算出未来机关事业单位离退休人员数量的变化趋势（见表 7）。如果机关事业单位养老保险参加改革，2049 年将成为一个转折点，从这个时点开始，旧制度内留下的退休职工数量将逐渐下降，与不改革形成巨大反差，并且幅度越来越大。到 2055 年，改革后旧制度内留下的退休人员数量只是不改革情况下的 1/2，到 2065 年下降到 1/3，到 2070 年降至 1/8。可以预测到，在 2070 年之后的数年里，机关事业单位改革将结束转型期，届时，机关事业单位的全部退休人员均为新制度参保者。

目前机关单位的退休费全部来自财政拨款，而事业单位大约有一半左右需要自筹。假定经费来源结构维持不变，机关事业单位改革后，单位缴费部分的支出十分有限（见表 7），以方案二为例，改革的第一个 5 年平均每年多支出占 GDP 的 0.05%，在整个过渡期 12 年里仅为 0.048%。

表 7　2009—2020 年机关事业单位改革后财政支出的增量部分及其占 GDP 比例

方案	年份	2009	2010	2011	2012	2013	2014	2015	2016	2017	2018	2019	2020
一	支出额（亿元）	14	33	58	89	126	146	168	193	219	247	277	308
	占 GDP 比例（%）	0.005	0.01	0.02	0.02	0.03	0.03	0.04	0.04	0.04	0.04	0.04	0.05
二	支出额（亿元）	21	50	87	133	190	220	253	289	329.	371	415	462
	占 GDP 比例（%）	0.01	0.02	0.03	0.04	0.05	0.05	0.06	0.06	0.06	0.06	0.07	0.07

续表

方案	年份	2009	2010	2011	2012	2013	2014	2015	2016	2017	2018	2019	2020
三	支出额（亿元）	28	67	116	178	253	293	337	386	439	495	554	616
	占 GDP 比例(%)	0.01	0.02	0.03	0.05	0.06	0.07	0.07	0.08	0.08	0.09	0.09	0.09

资料来源:笔者制作。

（三）机关事业单位三个改革方案的"成本期"与"收益期"

如果机关事业单位纳入改革范畴,"双重支付"下的财政负担占 GDP 比例发展趋势可分为四个阶段。第一阶段是 2009—2013 年为支出增幅较为明显的"拉动期"。这是改革的起步阶段,支出增幅较为明显,原因有三:一是这段时间工资增长率较高,导致待遇的水平大幅提高;第二阶段是有的较低退休年龄导致退休职工人数快速增长;第三阶段是财政开始向"双重支付"转型具有凸显的拉动作用。二是 2014—2020 年为"下降期"。三个改革方案 GDP 占比曲线均呈平滑下降趋势,原因是工资增长率下降和职工退休年龄提高所致。三是 2021—2048 年为"上升期"。这个时期在头六七年里支出增长比较缓慢,后期较快,到 2048 年达到峰值。第四阶段是 2049—2070 年为"收益期"。如前所述,从 2049 年这个节点开始,改革的收益逐渐显现:方案一从 2052 年、方案二从 2053 年、方案三从 2061 年将首次出现改革后的支出小于不改革支出的拐点,此后收益更为明显,到 2070 年,改革的效果就更为喜人(见图 2)。

在"双重支付"的四个发展阶段中,前三个阶段总体讲是"成本期",第四个阶段是"收益期";"收益期"的含意在于,"新人"(2009 年改革后加入制度的人)开始逐渐进入退休年龄,旧制度中由财政负担的退休人口不再增加,改革后的财政支出及其占 GDP 比例曲线快速下移,尤其是从"收益点"开始,分别与不改革的曲线交叉,之后便一直位于不改革曲线的下方,并且改革与不改革两条曲线之间的差距越来越大,改革的收益开始显现并越来越明显。

当然,改革后仅从财政支出的"单重支付"角度看即由支付单位缴费而发

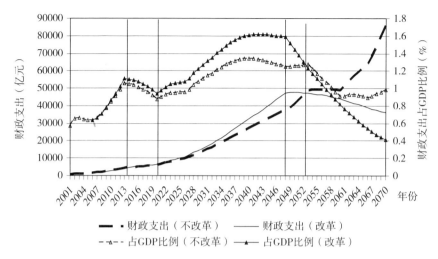

图 2　机关事业单位改革和不改革的财政支出比较（方案二，含退休金）

资料来源：笔者制作。

生的补贴来看，其支出总额是呈不断增长态势的，但即使在 2047—2050 年高峰期也没超过 GDP 的 0.33%（以方案二为例），此后便略有下降，到 2070 年降到 0.29%（见图 3）。

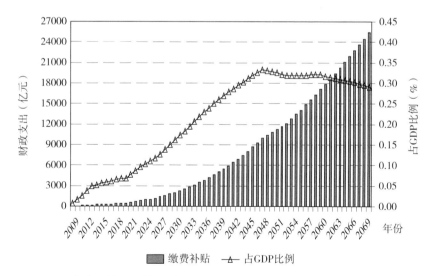

图 3　机关事业单位改革后财政增量部分的发展趋势（方案二，不含退休金）

资料来源：笔者制作。

（四）机关事业单位改革和不改革的成本收益分析

从图4可看到,在2052年这个时点之前,两条曲线始终位于零轴下方,曲线与零轴之间的面积就是改革期间财政的全部额外支付,这就是机关事业单位改革的全部成本;这个成本是有限的,最大值是2048年,但也仅为26.61%。但以2053年这个时点为标志,财政支出开始减少,改革开始获益,从此以后,两条曲线开始位于零轴的上方,并呈现快速上升趋势,越往后越陡峭,到2070年将比不改革减少57.86%的财政支出;可以预测,2070年以后的收益相对值将收敛于70%左右,即当全部"老人"死亡之后,用于机关事业单位的财政支出只有不改革条件下的30%左右。由于两条曲线不再交于零轴,它们与零轴围成的面积是非闭合的,改革的收益将是无限的。

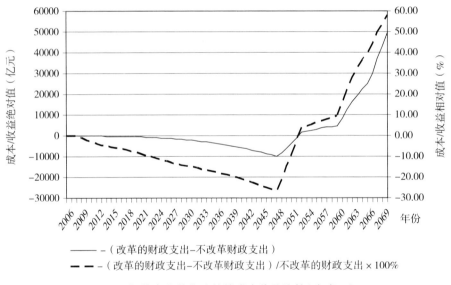

———－（改革的财政支出-不改革财政支出）

－ － －（改革的财政支出-不改革财政支出）/不改革的财政支出×100%

图4　机关事业单位改革的成本收益比较（方案二）

资料来源:笔者制作。

上述成本收益分析显示:从国家财政的角度看,既然改革后财政支出的增加是财政必须支付的一个转型成本,改革后财政支出短、中期增加,长期内减少,那么,以2052年这个"收益点"为界,便有了改革与不改革的比较和取舍问题。

从短、中期看,如果财政困难,支付不起零轴以下三角部分的改革成本,

2052年之后的改革收益就只能忍痛割爱;从长期来看,改革的收益在2053年之后将明显大于改革的成本,这个收益将成为一劳永逸;从转型成本来看,增量十分有限,财政完全有能力负担得起,完全可以承受;从成本期和收益期的角度看,改革后的总体支出(含增量部分)可近似看成是现行制度下本来每年就必须拨付的离退休费的一个"转换",如果在考虑到2053年之后的收益"抵扣",那么这个"转换"实际就等于当前利益与长远利益的一个"置换",这个"置换"显然是非常划算的。

此外,公职人员的单位缴费配比应由财政解决,这是满足"混合型"统账结合财务可持续性的一个条件,这也是国家对政府雇员不可推卸的一个重要责任,还是维系公职人员忠诚于国家的一个不可或缺的重要手段。

六、"混合型"统账结合的一个选择:农民和城镇灵活就业人员的补贴问题

(一)为农民和城镇灵活就业人员给予补贴的可行性

在"混合型"统账结合的上述设计中只发生了两笔财政补贴,数额很小。一笔是建立"社会养老金"制度,在2009—2013年社会养老金制度启动的第一个5年里,财政补贴年均只占GDP的0.49%,在2009—2020年过渡期平均只有GDP的0.62%。如果央地两级分担,那就更少了。其实这是对目前每年给予养老保险制度补贴的一个转换而已,并没有额外增加财政补贴,甚至更低。另一笔是对机关事业单位人员参保的单位缴费补贴,这个转移项目在数额上比社会养老金小得多:改革的第一个5年里年均仅相当于GDP的0.05%(方案二),是社会养老金的1/10,整个过渡期12年里年均仅为0.048%,仅是社会养老金的1/12。社会养老金和机关事业单位的财政补贴两项相加也没超出财政对现行制度的补贴。

在这种情况下,是否可以考虑对农民和城镇灵活就业人员参保的"单位缴费"给予财政补贴,而不是以"制度记账"的形式"解决"。那就是,在出于体现国家责任的需要、在政策决策可行和财力允许的情况下,是否可以考虑由财政转移予以承担,变"虚账实记"为"财政补贴"。这里强调的是,精算的结果显示,即使不用财政补贴,"混合型"统账结合制的基金积累情况也非常好,其

财务具有可持续性。采取财政补贴的办法,其目的仅仅是出于政府责任的考虑,而不是出于养老保险制度财务支付能力的需要。

纵观世界各国社保发展历程和历史,在经济社会二元结构如此明显、农村人口比例如此之高、农民工数量如此庞大的中国建立起一个覆盖城乡的社保体系,这是绝无仅有的,对其给予"记账"式缴费配比更是举世罕见的。鉴于此,本文对农民和城镇灵活就业人员"单位缴费"是否采取财政补贴的办法予以解决,给予利弊权衡的比较分析,以供政府抉择。

(二)为农民和城镇灵活就业人员给予补贴的具体方式及其案例分析

在假定给予财政补贴的情况下,一个基本原则是央地两级财政分担,各占 50%。这里以方案二为例,具体解析两级财政补贴的支出结构。中央对各省补贴的拨付总额计算公式是按全国平均工资收入水平为基数,乘以缴费比例 12% 的 50% 和受益群体人头。地方的补贴总额计算公式则采取另一个方式:发达地区的平均工资(农民是当地平均纯收入)水平远远高于落后地区的水平,所以,落后地区的账户规模绝对额就远远小于发达地区,但由于中央补贴的拨付水平是按照全国平均水平确定的,这样,落后地区账户绝对额较小,地方财政的实际补贴支出就较小,反之,在发达地区,较高水平的平均工资水平决定了账户绝对额较高,相对于中央按全国平均水平补贴的既定水平来说,地方财政的补贴就自然较高。实际上,这是一个"中央定额、地方补差"的补贴方式,央地两级财政的补贴额各占 50%,但在实际效果上则大大减轻了落后地区的财政压力,发达地区"间接地"补贴了落后地区。

现以北京和贵州分别作为发达和落后地区为例。2007 年全国农村人均纯收入为 4140 元,每月缴费基数应为 345 元,中央和地方为每个农民账户的财政配比缴费各分担一半即 21 元(345×6%),合计是 42 元(12%),加上农民个人缴费 28 元(345×8%),个人账户缴费总额为 70 元。这个补贴公式只对中央财政转移有意义,具体到不同的地方财政补贴时则相差很大。北京 2007 年农村人均纯收入高达 9559 元,每月缴费基数为 797 元,参保农民个人缴费 64 元(797×8%),账户总规模为 159 元(797×20%)。但由于中央政府财政配比总额是按全国平均水平 21 元拨付的,北京市财政的配比就要高达 74 元才行。对不发达的贵州省来说,情形正好相反:2007 年贵州省农村人均纯收入仅为 2374 元,不到北京的 1/4,缴费基数为 198 元,账户缴费实际总额仅为 40 元(198×20%);但在中央政府财政补贴"定额"21 元的"支持"下,"空余缺口"就仅为 19 元,这时,如果贵州省按规定先行配比缴纳 6%,即为每个农民补贴 12 元(198×6%),参保农民个人缴费额就仅为 7 元,其实际费率就仅为 3.5%,不到法定费率 8% 的一半。这时,贵州省还有一个选择:如果让农民按法定费率 8% 先行缴纳 15.84 元,留给贵州省财政补贴的"空余缺口"就仅为 3.16 元——仅为 1.6%,不到 12% 的一个零头。对贵州省来说,上述第一个选择可以减轻农民的负担,第二个选择可完全减轻地方财政的负担。其实,贵州省还有第三个选择:可在这两个端点之间寻找一个适当的,既减轻农民负担、又降低财政负担的"分配比例";于是,贫困地区农民参保的单位缴费实际上得以大幅降低,等于是由发达地区"分担"了相当部分。城镇灵活就业人员的财政配比公式大同小异(见表 8)。

表 8　农民与城镇灵活就业人员给予财政拨付公式示意

(单位:元/月/人)

典型地区	总缴费额		个人基本缴费		中央财政配比		地方财政配比	
	农民	灵活就业	农民	灵活就业	农民	灵活就业	农民	灵活就业
全国	70	208	28	84	21	62	21	62
北京市	159	332	64	133	21	62	74	137
贵州省	40	172	7	69	21	62	12	41

资料来源:笔者制作。

(三)为农民和城镇灵活就业人员给予补贴的两个原则及其激励作用

财政补贴的方式非常重要,它既涉及公平问题,又涉及效率问题。从上述财政补贴的案例分析可看出,本文对财政补贴的设计原则主要有两个:一是"中央与地方分担"的原则,各占 50%,旨在发挥中央和地方两个积极性。二是"中央补贴按全国平均水平和人头定额的原则拨付,地方补贴按当地实际水平和账户缺口补差的原则拨付"。第一个原则之所以可体现"央地公平",是指中央与地方责任清晰,以立法的形式确定公共财政的制度框架,严格按 50% 分担比例执行;第二个原则之所以可很好地体现资金运用效率,是指这个制度设计既可减轻落后地区财政压力,又可达到富裕地区补贴贫困地区的再分配效果。

北京和贵州两个案例分析显示,财政补贴的上述两个原则可归纳为"央地分担、中央定额、地方补差"。在具体实施过程中,这样的补贴方式具有很多优势:一是再分配的优势非常明显,等于是发达地区间接地对欠发达地区给予了补贴,体现了发达地区"支援"贫困地区的实际效果;二是贫困地区参保人既体现了地区间发展水平的差异性,同时也分享到了全国发达地区经济高速发展的成果;三是对省级补贴的来源结构来说,也可采取类似的分担机制,在省市(县)两级补贴中各占50%,甚至在市县两级财政中层层模仿,以熨平一省内发展不平衡的问题;四是无论在全国层面还是在一省之内,越是发达的地区,实际财政支出就越多,越是贫困的地区,实际支出就越少,是一种完全的"正向"激励机制,有利于激励和提高贫穷地区政府和个人的参保意愿以及积极性;五是央地两级政府财政转移50%的总比例不变,责任边界十分明确;六是在央地分担的情况下,财政压力不是很大。

(四)为农民和城镇灵活就业人员给予补贴的可负担性及其对财政的影响

短期内即在改革的第一个5年里,当期财政补贴几乎每年翻一番,是增速最快的时期。中期内即在2020年之前,三个方案的财政补贴占GDP比例均呈激增趋势,为当期财政带来一定压力,尤其在2020年。长期内将始终呈下降趋势,年均下降幅度很小,没有波动,非常平滑。总体来看,为农民和城镇灵活就业人员参保给予补贴的财政负担在第一个5年里最具有挑战性,压力很大;中期内也面临较大考验,将达到峰值;长期内逐渐下降的平稳趋势令人信心倍增。因此,这项财政补贴既是压力也是挑战,在央地两级财政分担的情况下,不能说绝对是不可承受的,尤其是,比如,可以采取单独对农民一个群体补贴,长期内将减少大约一半的财政负担(见表9)。

表9　2009—2070年城镇灵活就业人员和农民的财政补贴及其占GDP比例

节点年份	方案一(8+8方案)				方案二(8+12方案)				方案三(8+16方案)			
	补贴额(亿元)			占GDP比例(%)	补贴额(亿元)			占GDP比例(%)	补贴额(亿元)			占GDP比例(%)
	农民	其他	合计		农民	其他	合计		农民	其他	合计	
2009	287	66	354	0.12	431	99	530	0.18	574	133	707	0.25

续表

节点年份	方案一（8+8 方案）				方案二（8+12 方案）				方案三（8+16 方案）			
	补贴额（亿元）			占 GDP 比例（%）	补贴额（亿元）			占 GDP 比例（%）	补贴额（亿元）			占 GDP 比例（%）
	农民	其他	合计		农民	其他	合计		农民	其他	合计	
2014	1588	784	2372	0.56	2382	1176	3558	0.84	3176	1568	4744	1.12
2020	2006	2426	4432	0.66	3008	3639	6648	0.99	4011	4852	8864	1.32
2030	2714	4502	7216	0.58	4072	6753	10825	0.87	5429	9004	14433	1.16
2040	4322	6946	11268	0.56	6483	10419	16902	0.83	8644	13893	22536	1.11
2050	6513	10619	17132	0.52	9769	15928	25697	0.78	13025	21238	34263	1.04
2060	11336	14915	26251	0.49	17004	22373	39376	0.73	22671	29830	52502	0.98
2070	20758	21353	42111	0.48	31137	32030	63167	0.72	41516	42706	84223	0.96

注："其他"指第三类即灵活就业人员。
资料来源：笔者制作。

（五）为农民和城镇灵活就业人员参保给予补贴对"实账比"的影响

"实账比"（Funded Ratios）是在研究具有中国特色的"混合型"统账结合的过程中发现并使用的一个专门测量工具，意指用历年滚存基金结余除以做实既定账户比例所需要资产总额的商（再乘 100）。图 5 中虚线为做实既定账户比例所要求的最低账户资产规模，通过比较发现，在没有补贴情况下，2009—2070 年的滚存"实账比"均已达到 100%。在有补贴的情况下"实账比"只不过平均大约高出 50% 而已，但却没有什么实际意义，可以说基本是"多余"的。

（六）为农民和城镇灵活就业人员给予补贴对"基金比"的影响

衡量一养老金制度是否有财务可持续性的另一个有效工具是"基金比"（Fund Ratios），这是美国联邦信托基金（OASDI）每年在其年度报告中使用的一个测量工具，是测量养老基金充足度的一个尺度，意指年初养老资产占成本的比例。按照美国的衡量标准，如果基金比超过 30% 或 50%，就已经说明这个养老金制度的支付能力具有较好的可持续性了，如果超过 100% 那就更好了。图 6 显示，即使对农民和灵活就业人员的单位缴费完全采取记账的办法，2020 年之前的基金比也都在 100% 以上和 500% 以下（B 侧图），在 2020 年之后就更好了，均在 1500% 左右。所以，给予财政补贴的结果只不过大幅提高

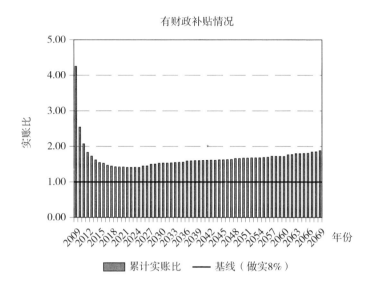

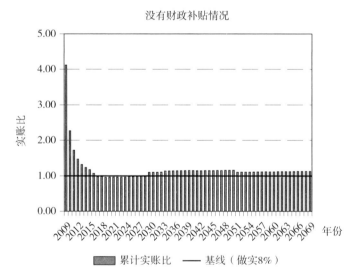

图5　农民和城镇灵活就业人员"单位缴费"有无财政补贴对"实账比"的影响(方案二)
资料来源:笔者制作。

了基金比的系数而已,尤其是 2020 年之后,均在 2000% 以上(A 侧图)。所以,城镇灵活就业人员和农民的"单位缴费"由财政转移来承担,从制度财务可持续性上讲是完全没有这个必要的,也是不需要的,它的意义完全在于体现国家的责任。

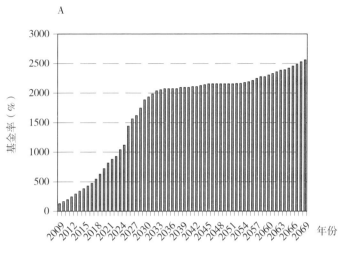

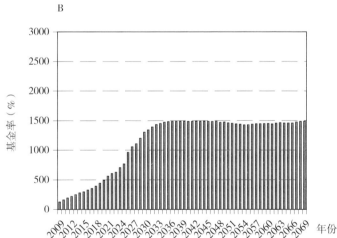

图 6　农民和城镇灵活就业人员有无财政补贴对"基金比"的影响(方案二)

资料来源:笔者制作。

七、"混合型"统账结合的九个优点:
与"简单型"统账结合的对比

(一)实现了制度统一性,为构建和谐社会奠定基础

与目前的"简单型"统账结合相比,"混合型"统账结合实现了"三统

一"。一是实现了全国统一制度。对不同群体实行的不同制度碎片进行了整合,可实现制度统一,不管身份地位和单位性质如何,不管东、中、西部,全民实行一个制度,全国一个费率,一个利率,一个替代率,跨越了户籍限制,实现了社会公正。二是实现了城乡统筹和全民覆盖。自 1991 年国务院颁发 33 号文《关于企业职工养老保险制度改革的决定》,首次提出"要积极创造条件,由目前的市、县统筹逐步过渡到省级统筹"目标以来,18 年来统筹水平没有实质性变化。"混合型"统账结合一步到位,可实现十七大提出的全国统筹和全民覆盖。三是实现了全国统一待遇。"混合型"统账结合是一个反碎片化的制度设计,它在解决全民覆盖时防止了制度碎片化,在解决全国统筹时防止了道德风险,在解决统一制度时防止了待遇差距过大。在"混合型"统账结合中,只存在着与个人缴费多少高度相关的"个人替代率待遇差",对个人是精算公平的,从制度上根除了群体间、阶层间、行业间和地区间的"制度性待遇差",规避了相互攀比导致的社会不稳定的潜在隐患,为构建社会和谐打下了基础。

(二)实现了制度积累性,做实账户的制度目标得以实现

自 1993 年党的十四届三中全会提出"实行社会统筹和个人账户相结合"的养老保险制度以来,做实个人账户始终面临巨大转型成本的困扰,做实账户试点的省份一直面临诸多困难。为此,账户比例不得不从 11% 下调到 8%,做实试点也从 8% 下调到 5%,但在全国推广做实账户的时间表仍迟迟难以决定。"混合型"统账结合在没有额外增加财政负担的情况下,一步到位完成了中央历次强调和提出的做实账户的制度目标,实现了真正的部分积累制,如同十几年前建立的"简单型"统账结合那样,再次以制度创新的姿态为世界各国树立了社保改革的样板,实现了 15 年前制度设计者的初衷。

(三)实现了制度便携性,有利于促进全国统一劳动力市场的形成

"混合型"统账结合是基于大账户思路的一个制度变体,是对目前实施的"简单型"统账结合的"升级版",个人和单位缴费全部划入个人账户之后可随身携带,如同银行储蓄存款账户,终身记录跟随,破解了地方分灶吃饭的财政体制下统筹部分在异地转移时的约束性,避免了现行制度下的"便携性损失",不但可以规避农民工年复一年出现的"退保潮",而且还可解决机关事业单位与企业之间、农民身份向非农身份转换之间、贫困地区向富裕地区转移之

间所发生的所有权益记录与折算问题,大大省却和简化了类似欧盟国家之间不同统筹单位(成员国)之间的"分段计算、权益累加"的巨大工作量,极大地降低了制度交易成本,尤其是极大地方便了数以亿计的农民工频繁的异地转续,全国实现全流通和一卡通。

(四)实现了财务可持续性,基金积累不断得到充实和扩大

与现行制度相比,在没有额外增加财政补贴,没有划转国有资产的情况下,"混合型"统账结合依靠完善制度本身,通过扩大覆盖面同时解决了两个问题:完成做实账户与长期可持续性问题。基金滚存积累持续增长,基金比和实账比等指数均良好,积累总额连年翻番,成为全世界规模最大的社保基金,甚至成为世界上最大的投资境外的一只主权养老基金。

(五)提高了基金安全性,有利于基金监管

由于实行全国统筹水平,克服了现行制度下地方分散管理基金的缺陷,大大提高了资金安全性。地方割据形成了众多的管理主体,地方政府既是养老保险的制度运行者,又是基金违规使用的始作俑者,这是现行制度一个难以克服的痼疾,是当今世界各国基本养老保险基金管理中的一个独特现象。在制度未定型的改革过程中,监管体制难以建立起来,不适应地方分散管理的基金运营体制。于是,社保基金违规操作便成为一个社保制度伴随物,难以根除。"混合型"统账结合在全国层面实行大收大支的集中管理营运体制,地方政府只负责待遇发放,从制度上杜绝了基金违规投资使用的可能性,极大地提高了养老保险基金的安全性。

(六)提高了参保激励性,使之成为扩大覆盖面的制度内生动力

作为基本养老保险,吸引力与强制力同等重要,在具体国情下和覆盖面狭小的当前阶段甚至更重要。只要能建立起与个人利益紧密相连的精算关系并从中得到实惠,只要符合中国居民传统的"不是银行胜似银行"的依赖银行的安全感,只要降低企业的负担和顺应地方政府的利益,只要能够调动工会的集体协商和监督企业主的积极性,在参保人眼里,养老保险就最终会成为最后一道生存保障线,参保意愿就会得以提升,成为扩大覆盖面的内生原动力。所有这些,在大账户概念下的"混合型"统账结合里基本都已具备。

（七）具有良好的透明性，可促进扩大参保覆盖面

对参保人来说，目前的"简单型"统账结合难以扩面的一个重要原因就在于它实际上并"不简单"，而是太复杂了。相比之下，十分简单的"混合型"统账结合像是一个银行存款制度，具有良好的透明性，其主要表现有二：一是"进门之后"参保人享有良好的待遇预期。大账户简单易算，即使文化程度较低的群体也十分容易掌握和计算，相对于异常复杂的现行制度来说，这个透明得像银行一样的养老保险制度给他们以较高的认知度，有利于拉动内需。二是在"进门之前"参保人就有清晰透明的路线图。一个制度越简单透明，就越容易推广普及。对所有未参保的群体来说，尤其对流动人口来讲，全民一个制度就等于全国只有一个"门口"，全民只有一个"门槛"，非常便捷。

（八）具有良好的可获性，可提高退休收入替代率

在大账户概念下，"混合型"统账结合的个人缴费带有明显的"储蓄性质"和强烈的"购买性质"。所谓"储蓄性质"主要是指透明的"公布利率"全国一致，私有性质的"单位缴费"明确无误，完全归己，等等；所谓"购买性质"是指缴费灵活，很像保险公司"零售"的"终身年金产品"，可多买，也可少买，具有良好的"可获性"，门槛很低。为农民来提供的 0—300% 的法定费率和为城镇灵活就业人员提供的 50%—300% 法定费率区间，如同一个"超级市场"，可根据个人能力任意"自选"。此外，由于失业和歇业等各种原因，这些群体还可根据收入情况，在经济条件好的时候多缴一些，年景不好的时候少缴一些，根据个人职业生涯的状况进行"自选"。但不管是多缴还是少缴，均体现了精算公平，很像在商业保险公司购买一个保险产品，无所谓"吃亏"还是"占便宜"，不存在横向之间攀比问题，因为达到法定退休年龄之后换算成的终身年金具有同样的公平性质。

（九）具有良好的共济性，起到了一定的再分配作用

"混合型"统账结合的共济性主要表现在以下三个方面。一是可以在不同发展水平地区间进行平衡，加强地区间的互济性。由于实现了全国统筹，真正的大收大支得以实现，全国范围统一调配资金成为现实，欠发达地区可以得到支持。二是退休后终身年金制度在参保者个人终身收入上具有较好的熨平作用。指数化的终身年金制度可根据账户资产积累总额换算成一个享有终身

的年金产品,一直支付到死亡。三是对弱势或特殊群体有一定的倾斜。例如,农村的社会养老金替代率相当于当地平均纯收入水平的17%(50元),远远高于城镇社平工资的9%(200元);再例如,依据劳动法,对孕期或哺乳期的妇女等暂时离开劳动力市场而不能缴费的特殊群体或特殊时期,在免除其实际支付缴费的同时,为其设计一个"记账"缴费的功能,将其作为工作期同等对待,等等。

八、"混合型"统账结合得以成立的关键: 扩大覆盖面与制度可持续

(一)"混合型"统账结合三个方案的精算平衡:12种情况均有精算结余

"收入比"是规定时期内年度总收入(不包括利息收入)现值与缴费工资总额现值的比例;"成本比"是规定时期内年度支出现值与缴费工资总额现值的比例,成本比包括了在预测期末满足下一年100%基金率的资产。"收入比"与"成本比"之差就是精算平衡值(Actuarial Balance),意指"收支比"的差距,是衡量养老保险制度长期内财务收支平衡状态的一个工具,其好处是分子和分母都以当年价格计算,消除了价格的影响,可以进行不同时期的比较。如果加入期初基金因素,收入比就是期初基金加上年度收入之和与年缴费工资总额的比例,成本比就是年度成本与年缴费工资总额的比例。

通过对2009—2070年的精算得知(见表10),在"混合型"统账结合的三个方案中,基本型(仅对机关事业单位的单位缴费给予财政补贴)与附加型(除机关事业单位外,对农民和灵活就业人员的"单位缴费"也采用财政补贴的办法)相比,只是精算结余小一些而已;毫无疑问,有期初基金的精算结余均多于无期初基金的精算结余。换言之,在所有表10列出的12种情况下均有精算结余,其中,在有期初基金情况下的精算结余要大于无期初基金,附加型要大于基本型,缴费水平高的方案要大于缴费水平低的方案。有些情况下的精算结余比较适中,例如方案二的基本型等。

表10　2009—2070 年三个方案长期精算平衡估计与比较

（％）

类别		方案一		方案二		方案三	
		基本型	附加型	基本型	附加型	基本型	附加型
无期初基金	收入比	14.38	16.25	17.37	20.16	20.36	24.08
	成本比	12.85		15.30		17.75	
	精算平衡值	1.53	3.40	2.07	4.86	2.61	6.34
有期初基金	收入比	14.44	16.30	17.42	20.21	20.41	24.14
	成本比	13.27		15.82		18.36	
	精算平衡值	1.17	3.03	1.60	4.40	2.04	5.77

注：“基本型”是指财政对机关事业单位的单位缴费给予财政补贴。附加型是指除机关事业单位以外，
　　对农民和灵活就业人员的“单位缴费”也给予财政补贴，而不采取“制度记账”的方式。
资料来源：笔者制作。

（二）“简单型”转向“混合型”统账结合的关键：扩大覆盖面与制度可持续

在目前实施的“简单型”统账结合制度下，费率水平在高达28%的情况下还是不能实现精算平衡，每年需要财政补贴。但在“混合型”统账结合制度下，三个改革方案的费率全面下调，农民和城镇灵活就业人员的单位缴费用记账方式予以解决，即使这样，滚存结余连年增加，基金规模越来越大，长期精算平衡得以实现。人们不禁要问，“混合型”统账结合为何可以成功？

答案很简单：“混合型”统账结合赖以成立的一个关键是扩大覆盖面。在“混合型”统账结合制度下，参保激励机制得以建立，覆盖面迅速扩大，制度收入激增，全国统筹一步到位，资金使用效率得以提高，目前养老保险存在的众多问题几乎全部迎刃而解，养老保险制度进入良性循环，走向制度化和法制化。

相比之下，当前“简单型”统账结合制度特征不适合覆盖其他不同群体，制度收入难有突破，碎片化制度致使财政背上包袱，参保人得不到实惠，由此导致制度吸引力更加低下，形成负激励的循环锁定。

第一，激励机制从根本上解决了制度收入问题：引入边际因素的必然结果。在目前阶段，中国养老制度可持续的根本在于制度吸引力，而不在于执行力。制度吸引力和制度收入问题是中国养老制度建设的关键之一，在目前阶

段其意义要远远重要于许多其他问题。

混合型统账结合是通过三个激励设计的共同作用来解决制度收入问题的。首先,通过把个人和单位的缴费全部划入个人账户、全国统一的较高水平配比缴费等一系列手段解决了居民个人的激励问题;其次,通过全面和大幅降低企业缴费比例和企业财务负担解决了雇主参保的激励问题;最后,通过居民个人和雇主单位直接激励措施,间接地实现了费基与费率最大化的激励设计,最终实现制度收入最大化。

这三个激励机制的设计从三个方面规避了道德风险的发生,其本质是模拟完全积累制的结果,将社保制度视为一种储蓄制度,将社保缴费看成是某种性质的银行储蓄,将当前缴费与未来收益建立起紧密关系。用诺贝尔奖获得者普雷斯科特的话来说,就是建立起一种"边际税率性质的储蓄",这种边际税率的体系所建立起一种精算关系。凡是具有边际税率体系性质的供款制度,均可增加当前的制度收入供给,可将未来权利承诺性质的退休资产变成边际性质的退休资产,即现在的支付行为对未来不是"与己无关"的纳税性质,而是一种"完全为自己"的储蓄性质。换言之,这是一个主观为自己、客观上增加了制度收入的制度本质。

与此同时,"混合型"统账结合制度不但实现了完全积累制的银行边际储蓄性质的缴费效果,而且在融资上采取混合型办法,既有实账积累部分(做实账户),又有虚账积累部分(现收现付制),既"节省"了做实账户的转型成本,又在现收现付制的退休权利预期中加进了边际因素,使退休资产的积累变成边际性质的资产积累,是一种既真实(有真正做实的部分)又虚拟(没有做实的部分)的"虚实结合"的混合型制度,既具有完全积累制的优势——做实账户部分的"真实资产"可以抵御老龄化,又具有现收现付制的优点——没有做实部分的"虚拟资产"可以节省"做实成本","节省"财政转移。

第二,覆盖面狭窄拯救了制度可持续性:覆盖面狭窄是可资利用的一个优势。在目前阶段,中国养老制度的可持续问题根本在于制度收入问题,而不在于财政投入。制度收入是指养老制度的缴费收入,而不是指财政补贴的收入。因为只有在覆盖面狭窄的养老制度里才有可能利用这个缺陷实现扩大制度收入这个转变,如果像发达国家那样已经实现应保尽保,就不存在通过扩大覆盖面骤然扩大制度收入的条件,换言之,目前中国养老保险制度覆盖面狭窄是个缺点,但在制度转型中却是一个可资利用的优点:正是它,才拯救了制度可持续性,覆盖面越狭窄,转型后获取的"福利收益"就越大,如同费率,费率水平越高,降低其边际费率后获得的福利收益就越大。正是由于中国养老制度费率很高,覆盖面很小,一旦将"简单型"统账结合改造为"混合型"统账结合,制度缴费收入的曲线就像一个长长的抛物线,可赢得几代人的时间,节省巨大的转型成本,获取意想不到的福利收益。"大账户、全激励"的三个激励机制设计使年轻的净缴费人口几乎同时加入进来,制度赡养比得以大大提高,即使在实现全覆盖之后,长期内制度收入也将大于制度支出,养老资产余额呈净增长状态。

覆盖面狭窄既是养老保险制度改革的重要原因之一,也是"混合型"统账结合得以成功的根本所在。覆盖面狭窄本来是个劣势,但却成为建立和实施"混合型"统账结合制度的前提。这个"前提"是任何一个欧美发达经济体稳态下养老保险制度所不具备的,因为它们的覆盖面已近饱和,扩面余地已经很小。从这个角度看,"混合型"统账结合正是建基于扩大覆盖面的前提之上的制度,是一个变不利为有利、化劣势为优势、把挑战变成机遇的制度;甚至可以说,没有当前狭窄的覆盖面,就不可能有一个全新的养老制度。

但是,在目前的盲目改革策略下,决策者毫无计划地对一个群体建立一个制度,为了完成任务而完成任务,养老保险制度面临着不断"打补丁"的发展趋势,当社会所有群体被不同制度覆盖完毕之际,也正是碎片化制度得以建成之时,那时,建立"混合型"统账结合的条件便不复存在,我们永远失去的不仅是一个具有良好财务可持续性的养老制度,还将痛失一个全国统一的养老制度。法国碎片化制度现状向世人揭示,日后对碎片化的再改革必将积重难返,福利刚性必将导致改革步履维艰,二次革命必将付出沉痛的代价,不仅导致社会风险,也必将导致财政风险,甚至导致政治风险。历史上,法国已经失去几次与改革失之交臂的机会,我们不能因循守旧,亦步亦趋,重蹈覆辙,掉进那个"社保陷阱"。

第三,扩大覆盖面实现了社会公平:养老保险制度的公平与效率。在目前阶段,中国养老制度制约构建和谐社会的最大障碍在于覆盖面狭窄,而较少在于福利水平的提高。扩大覆盖面不仅是制度可持续性的客观需要,也是实现社会公平正义的必然要求。覆盖面狭小不仅表示其制度产出低下,效率损失较大,还显示其严重的社会不公正。要说不公平,覆盖面狭窄是眼下最大的社会不公平。

扩大养老保险覆盖面是促进社会公平正义,保障和改善民生以及构建和谐社会的重要标志和主要手段。在世界各国,覆盖率与贫困率呈强烈的负相关:凡是覆盖面狭窄的社会保障制度,大多表现为基尼系数偏高,贫富差距拉大,贫困发生率较高。例如,欧美社保制度覆盖面基本都在90%左右,贫困率大多低于20%,而拉美社保覆盖率基本都低于60%,而贫困率则平均在40%以上。即使在拉美国家,凡是社保覆盖率低于21%的,贫困率则都高于50%,凡是覆盖率低于30%的,贫苦率均在30%—55%之间,凡是覆盖率在48%—60%之间的,贫困率一般都在10%—21%之间。

在现阶段,在完善中国养老保险制度方面,促进社会公平正义还表现在个人缴费与退休待遇水平的关系上。凡是与个人利益紧密相连的制度,才是能够初步实现社会公平正义的制度,因为这个初始阶段它可覆盖到他们;凡是账户积累精确程度越高的制度,初始阶段的社会公平正义才越容易实现,因为这个起步阶段可以吸引大家迅速加入它。否则,养老制度可遇不可求,可望不可即,绝大部分人群常年徘徊在制度之外,老无所养,谈何社会公平正义?

九、"2020全覆盖"的量化预测:
混合型统账结合的前途

(一)2020年建立覆盖城乡社保体系的量化概念

十六届六中全会通过的《决定》首次提出了到2020年基本建立"覆盖城乡居民的社会保障体系";十七大报告中再次将"覆盖城乡居民的社会保障体系基本建立,人人享有基本生活保障"作为2020年实现全面建成小康社会的奋斗目标;温家宝在第十一届人大一次会议的政府工作报告上再次提出"建立和完善覆盖城乡的社会保障体系"。

基本建立一个覆盖城乡的社保体系是未来中国社保制度发展战略的一个路线图,有必要对"2020全覆盖"这个概念给予一个量化测算,旨在为社保制度的改革与完善设定一个具体的"2020目标"。经测算,"混合型"统账结合制度下"2020全覆盖"和"2020目标"的数量概念如下:到2020年,全国城乡人口约为 13.94 亿,其中城镇人口 8.37 亿(城镇化率 60%),城镇劳动年龄人口约为 6.05 亿(15—64 岁),城镇经济活动人口为 4.2 亿(按照劳动参与率为 70%计算),城镇就业人口为 4.06 亿(按登记失业率 4%计算),据此推算出,混合型统账结合覆盖人口总计为 7.5 亿人,其中退休金领取者 1.34 亿(城镇 0.64 亿,农村 0.7 亿),缴费者 6.16 亿(城镇 3.58 亿,农村 2.57 亿),即制度赡养比是 1:4.6。社会养老金覆盖人口总计为 1.57 亿(城镇 0.55 亿,农村 1.02 亿),实现了 65 岁以上人口全覆盖的目标(大约女性 0.83 亿,男性 0.74 亿)。上述养老保险覆盖的 7.5 亿再加上社会养老金的覆盖人口合计为 8.37 亿(除去 0.7 亿农村重复人口,他们既领取退休金,也领取社会养老金),占总人口的 60%——这就是中国"2020 全覆盖"概念的量化含意。如果再加上低保和五保户等,总覆盖人口将为 8.66 亿,占总人口的 62%(见图 7)。

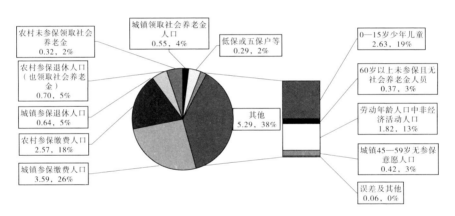

图 7   十七大提出的 2020 年实现全覆盖目标图解

资料来源:笔者制作。

上述社会保险覆盖的人口和社会保障大概念下的覆盖人口比例符合国际上通行的测算方法,可被看作是一个具有中国特色的、实现了十七大提出的"老有所养"的社保体系的路线图或制度目标。

仅就"养老保险"来说,截至 2007 年年底,全国覆盖人口为 2.52 亿(城镇 2.01 亿,农村 0.51 亿)。这个数字仅是 2020 目标的 34%;如果加上"养老保障",差距就更大了。所以,扩大覆盖面的任务还很艰巨。

(二)"混合型"统账结合的前途:是过渡性制度还是终极目标

现收现付制的致命弱点在于不能应对老龄化社会的现状。在世界各国从现收现付制向积累制过渡的进程中,转型成本是一个难以克服的最大困难,于是,名义账户制便应运而生,其优势在于它将有助于削减转型成本所造成的经济风险、政治风险和社会风险的影响。经济风险是指转型成本,它可以使其"分散"和"消化"到年龄跨度很宽的一个时段里;政治风险是指不能兑现未来收益的承诺;社会风险是指无力及时调整适应人口变化的政策。

在目前"简单型"统账结合制度下,一方面,隐性债务显性化,转型成本压力巨大,另一方面,"制度性资金不足"压力日益加大,部分积累制难以实现。"混合型"统账结合的一个重要启示在于,一个既定的稳态养老制度在转型初期应首先增加制度收入,一边逐渐解决成本问题,一边保证每一代人的福利都不会受到影响,然后可以择机实施转型;否则,如果现收现付制一步走向完全积累制或部分积累制,就必然以牺牲一代人的福利水平为代价,或以支付天文数字的转型成本为代价。

对"混合型"统账结合 2009—2070 年的长期测算显示,良好的制度可持续性既可使其在 2070 年之前选择某个时点,根据财力情况逐渐解决转型成本,不断扩大做实账户比例,甚至全部做实,也可以将"混合型"统账结合视为更长的过渡性制度,待 2070 年以后相机抉择。

参考文献:

罗伯特·霍尔茨曼、约瑟夫·斯蒂格利茨:《21 世纪可持续发展的养老金制度》,胡劲松等译,中国劳动社会保障出版社 2004 年版。

罗伯特·霍尔茨曼、爱德华·帕尔默:《名义账户制的理论与实践——社会保障改革新思想》,郑秉文等译,中国劳动社会保障出版社 2009 年版。

(本文原载于《战略与管理》2009 年第 3、4 期合编本,第 22—37 页)

关键词索引